股价形态总览

[美]托马斯·波考斯基 著

覃壮能 译

地震出版社
Seismological Press

图书在版编目(CIP)数据
股价形态总览/(美)托马斯·波考斯基(Thomas N. Bulkowski)著；覃壮能译. —北京：地震出版社，2021.6
书名原文:Encyclopedia of Chart Patterns
ISBN 978-7-5028-5192-7
Ⅰ.①股… Ⅱ.①托… ②覃… Ⅲ.①股票投资—研究 Ⅳ.①F830.91
中国版本图书馆 CIP 数据核字(2020)第 049537 号

著作权合同登记 图字:01-2017-8713
地震版 XM4085/F(5912)

股价形态总览

[美]托马斯·波考斯基 著
覃壮能 译

责任编辑：范静泊
责任校对：凌 樱

出版发行：地震出版社
北京市海淀区民族大学南路 9 号 邮编：100081
发行部：68423031 68467991 传真：68467991
总编室：68462709 68423029
证券图书事业部：68426052
http://seismologicalpress.com
E-mail:zqbj68426052@163.com
经销：全国各地新华书店
印刷：北京市兴星伟业印刷有限公司

版(印)次：2021 年 6 月第一版 2021 年 6 月第一次印刷
开本：787×1092 1/16
字数：1290 千字
印张：50.25
书号：ISBN 978-7-5028-5192-7
定价：298.00 元

导 言

吉姆在挣扎。

他是市里JCB超市的老板。他的竞争对手让他忧心忡忡。在他公司的账本上，现金流已经严重缺失。当JCB公司上市时，他想，这一回真不用客气了。他用首次公开发行股票(IPO)筹到的资金收购竞争对手的资产，顺便在市里多开几家分店。

因为有不断增长的销售基础，他的实力足以让他从供应商那里拿到更低的进货价格。进货成本降低，吉姆把店里商品的零售价格降下来一部分。这样一来，顾客受惠，超市的利润也不断增加。吉姆将公司的利润用于公司扩大再投资，开更多的分店。

汤姆是吉姆的朋友。吉姆给汤姆打电话，聊了把自己的超市扩张到整个州的计划。他们又聊了一会儿，相互交流有关公司扩张的一些策略。挂上电话，汤姆决定亲自去调研JCB公司。他拜访了几家JCB超市，看到了同样的事情：超市的停车场停满了来购物的人的车，顾客熙熙攘攘，推着满满的购物车，在收银台前排起了长队等待结账。汤姆问了一些顾客，获取了顾客群体的统计数据。在一些超市，他甚至和正在卸货的供应商聊天。回到办公室，汤姆对JCB公司进行综合分析，包括JCB公司的财务和竞争力，每个项目都核查通过之后，他告诉他的商业伙伴，以不高于每股10美元的价格买入JCB公司的股票。

当JCB公司的扩张计划发布后，华尔街愕然。毕竟，这个时候经济疲软，衰退的阴影还没有消散，按专家的说法，此时公司随意扩张显得愚蠢，甚至是在犯罪。JCB公司的股价跌到10美元以下，汤姆的团队开始行动，他们在不引起别人注意的情况下，尽可能多地买入JCB 公司的股票。股价开始上涨了，先涨回到11美元，然后涨到12美元，直到涨到13美元才掉头往下跌。

几个月过去了，经济前景还是和原来一样暗淡。JCB公司的股价轻松跌到9美元。汤姆向吉姆就公司最新发布的信息进行了解，之后汤姆让他的团队买入更多的JCB公司的股票。这一次买入很轻松，因为其他投资者此时都乐意抛掉手中的股票，尤其正值年末核税抛售期。在美国报税季前，投资者为了降低或减免其他方面投资收益税负，甚至亏本抛售某些股票。

六个星期之后，JCB公司发布的销售数据超出预期，公司股票瞬间上涨了15%，收于10.75美元。然而，这只是上涨的开始。六个月后，经济形势明朗，衰退的危险消除，所有的人都看到前景光明，JCB公司的股票一时突破20美元。

几年过去了，JCB公司的股票分割了几次。节日旺季到来了，汤姆访问从JCB超市出来的顾客，发现他们都在抱怨：广告促销的商品，货架上都没有。汤姆为此进行了深入调查，发现JCB公司销售旺季的高峰期存在严重的配送问题。JCB公司已经过度扩张，一周开一家新店的扩张速度使其基础设施无法支持这样的扩张。

汤姆意识到，卖出JCB股票的时间已经到了。他告诉他的商业伙伴，以不低于28.25美元的价格立即抛售JCB股票。他们抛售了大约三分之一的仓位，股价便跌落到28.25美元下方。

因为正值节日，每个人都有买进JCB股票的心态。投资新手跳进来，因为他们认为这个股价合算。那些主要的经纪公司也加入进来，推销JCB公司股票。汤姆比他们心里都明白，当股价反弹到原来的高点，他告诉他的商业伙伴卖掉剩余的仓位。股价达到峰顶，然后掉头下跌。在接下来的一个半月里，股价不知不觉地、缓慢地、不经意地下行，看起来没有投资者急着要卖出，聪明的资金像涓涓细流一样安静地全然退出。

随后，糟糕的旺季销售数据流出，有关公司配送问题、商品推销错误的问题以及公司现金流问题的传言到处传开。那些证券公司，几个星期以前还推荐买JCB公司的股票，现在都建议他们的客户卖出。JCB公司的股价一夜之间暴跌了39%。

这时，有一两个分析师说，JCB公司的股票已经超卖，这个时候的股票值得购买，投资者应该加仓。一些抄底的投资者听从他们经纪人的推荐，买入股票。严重失误！这个买入的热情短暂地推高股价，但新一轮的卖出很快又开始了。之后股价跌得一天比一天低，就像海浪一样一点点地不断侵蚀岸边的沙丘。仅在两个月的时间里，股价又跌了30%。

在下一个季度，JCB公司公布公司盈利很有可能远远低于预期，股价接着又跌落了15%。公司正在努力解决配送问题，但是这个问题不是那么容易解决的，公司决定停止扩张，专注于提高现有超市的盈利能力。

又过了两年，汤姆打开JCB公司的股票形态图，这只股票就像一只已经被打趴在地上的狗，趴在地上那么长时间，仿佛连心跳都已经停止。他打电话给吉姆，聊起JCB公司的前景，吉姆对一个叫互联网销售的新零售概念聊得很起劲，他对这个在互联网上而不是在实体店里销售办公用品的机会感到非常兴奋。做网店是有风险的，因为这个时候的网络社区还是一个新生事物，不过吉姆预判，网络社区将迅速扩张。汤姆对此产生了兴趣，他接下来开始着手研究。很快，他就再次买入了JCB公司的股票。

投资足迹

如果你在自己心里面画出JCB公司的股价运行图，你可能会认出三种股票形态：双重底形态、双重顶形态和“死猫”弹跳形态。对于知识渊博的投资者来说，股票形态图可不是股价图上的蚯蚓，它们是股市里聪明资金的足迹，这些足迹是他们要追随的。追随这些足迹，能使他们投资时与比自己资金多得多的投资大鳄同进退。在上面的故事里，对于其他投资者来说，投资大鳄就是汤姆那样的人。那些人在买入股票之前都会下苦功夫，做扎实的工作。他们就是那些留下足迹的人，对于这个人人都可以玩的游戏，他们就是那些设定游戏规则的聪明钱。这就是所谓的投资。

在你的投资决策里，无论你选择技术分析或基本面分析，知道市场正在想什么是有好处的，找到那些投资足迹也是有好处的，那些投资足迹将会带你避开悬崖，让你及时从某个股票中脱身。那双踏出投资足迹的脚，也会在你腿上踢一脚，提醒你去面对一个光明的投资机会。

让我告诉你我是怎样追随投资足迹的。我卖出持有的阿拉斯加航空公司（Alaska Air）股票，因为我认为那个股票将要下跌。以下是我当时的投资笔记：

“2011年9月6日，今早我在31.5美元处设置了止损点，止损点被击穿，我被止损出局。股价击穿了一个支撑区域，因为经济疲弱，而且会计年度结束时间(9月30日)即将临近，10月份即是新的会计年度，在这个时候，虽然小亏了2.5%，也是该离场了。对于这一次交易，其实，我本来应该在股价突破夏娃亚当双底形态时买入。目前，相对强弱指标已经触顶两次，现在正在下行，意味着应该卖出，同时趋势指标也建议卖出。”

我卖出阿拉斯加航空公司股票两天后，发生了“9•11”恐怖袭击。四天后，股票市场恢复交易，阿拉斯加航空公司的股票跌到17.70美元，只是我卖出时的二分之一。投资足迹没有骗我，它引领着我避开了悬崖。

这本书将给你提供发现投资足迹的工具，那些足迹预见了股价前进的方向、股价会走多远以及你所追随的足迹事实上会有多可靠，这些工具本身不会让你变得富有，工具本身不能自己赚钱，工具是获得更大财富的手段。请善用之。

数据库

在这本书中，我使用了几个数据库来搜索股票形态。主数据库由500只股票组成，每只股票的持续时间从1991年中期开始，为期5年，500只股票数据库包括道琼斯工业指数30只股票和在各种资本市场都耳熟能详的股票，数据库中包含的股票需要有“心跳”(也就是说，它们在5年期间没有过度平淡)，并且没有持续的大幅度的日内价格波动(交易太少或波动太大)。

我通常把低于1美元的股票排除，假设那些股票的公司可能面临破产。数据库中的大部分公司名称都是在纽约证券交易所(NYSE)、美国证券交易所(AMEX)或者纳斯达克(NASDAQ)上市的常见公司，书中各章所配的大量范例均为这些股票的代表性样本股。

为了得到2000—2002年熊市的数据，并延伸始于1996年的牛市，我增加了两个数据库：第一个数据库使用的股票是我日常跟踪的大约200只股票；另一个数据库包含大约300只股票，我已经不再关注的一些股票，它们的历史数据时间段有限(有些股票已经不再交易)。

对于罕见的形态，我使用全部三个数据库，在从1991年到最近的可用日期中进行搜索。对于数量丰富的形态，我使用已经找到的形态，并添加那些在熊市期间出现的形态。因此，我用来寻找形态的股票数量和历史报价的数量是不同的。

在第一版中，我使用计算机算法和人工搜索相结合来查找股票形态，现在这个版本包括第一版的15000个形态以及此后手动找到的其他形态，总共超过38500个形态。

股市表现(1991—2004年)

在阅读本书的各种股票形态之前，先回顾那个时期股票市场表现乃明智之举。附图所示为标准普尔500股票指数的月线图，你可以看到，从1991年中期开始，市场以舒缓的步伐上行，在1994年的大部时间里横盘运行。然后到1995年，股市重新上行，此时攀升的坡度更为陡峭。指数在1998年8月下跌，连续走低超过两个月，然后继续上行。2000年3月，指数达到峰顶，意味着牛市结束。这一轮的牛市从开始到结束，指数上涨了418%。牛市结束后，熊市开始，指数下行，到2002年10月到达低点，跌幅51%。指数反弹上行了一下，在2003 年3月跌到一个较高的低点，这意味着一个趋势的改变。由此，10月的低点标志着熊市的结束。

这一切意味着什么？熊市从2000年3月24日到2002年10月10日持续约两年半，就数据收集的目的而言，牛市就是一切，大约11年之久。这涵盖了我在这个版本中用来搜索形态的股市时间段。

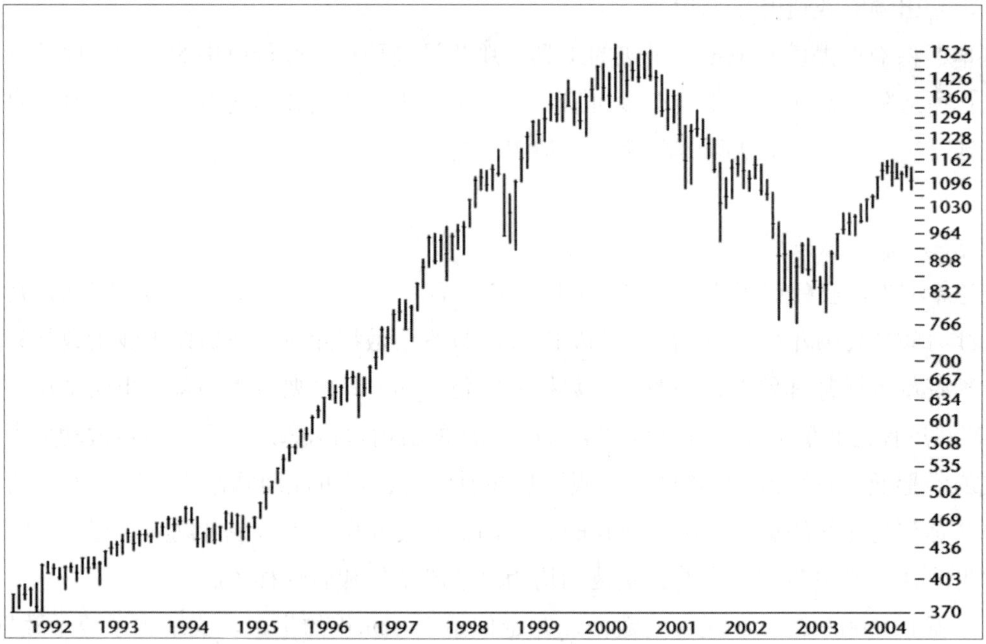

附图　标准普尔500股票指数1991—2004年

运用股票形态进行投资

我可以给路过的任何人一把牙医用的牙钻，但这并不意味他(她)能成为牙医，可以给人看牙了。这本书也是一样，它为你提供了成功投资的工具，它表明哪些形态表现最好，哪些形态应该避开，你能否用它们赚到钱，完全取决于你自己。

我把这本书称为百科全书，因为这就是我使用它的方式。每当我看到一个形态在我自己的股票或在我正在考虑购买的股票中形成，我就会阅读适用的章节，那些相关的信息使我重新获得对形态识别特征、形态表现以及那些能使我更快地交易或获得更大收益的提示。然后，我在同一只股票中搜索类似的形态(使用不同的时间尺度)，如果这个方法不起作用，我就在同一个行业的股票中搜索类似的形态。我仔细观察它们，以确定它们的秘密是否适用于当前的情况。我试着从错误中吸取教训。

培养一种投资风格

我最经常被问到的问题就是：我怎样才能培养一种投资风格？问题通常不是这么一个问法，很多时候人们问得更加直接：我如何交易股票赚钱？当我第一次问这个问题时，我无意中发现了答案。我想这就像给四个人展示蓝色，让他们描述一下。第一个人是色盲，所以你会自动忽略他说的任何话；第二个人说它是纯蓝色；第三个人说它根本不是蓝色，而是绿色；第四个人说它看起来像一个组合：蓝绿色。对于每一个人来说，蓝色看起来都像蓝色，不要尝试比较答案。

培养一种投资风格与这种情况非常相似。这是一种独特的尝试，与经验有很多共同之处。我不能给你经验，我只能给你得到经验的方法。

如果你阅读了牛市形态的一章，并在牛市中购买了第一只显示这种形态的股票，那么你很可能会成功。新手的第一次交易通常都会成功，甚至第二次或第三次也能成功。然而，最终总会有人从你的脚下拉走那温暖舒适的小地毯(谁知道呢，也许就在你的第一次交易)。你可能会对着股票形态按图索骥，进行投资，而结果却是不如所愿。也许你会偶然发现一大堆糟糕的交易，然后被彻底击垮。你也许会质疑自己的理智，你也许会质疑上帝，但有一件事是肯定的：你的交易风格行不通。

大多数人买股票就像买水果一样，看一看，也许还会嗅一嗅，然后就从口袋里掏出钱。我们这里谈的不是1.59美元，我们正在谈论一个公司的部分所有权，数以千计的美元。

如果你曾经是某个公司的董事会成员，你就能明白我在说的是什么。你对选举或委派你到这个岗位上的人是有受托责任的，你不仅要研究公司职员给你提交的材料，你还要亲自走到现场进行检验。不要以为公司职员说的都是对的，或者提的方案就是最好的解决方案。怀疑一切，并在检验的过程中学习，努力使自己有用而不是令人讨厌（我自己好像总是被归到被人讨厌的类别里)。作为一个股东，一个公司的所有者，难道也不应该这么做吗？

有一次，我考虑交易一家公司的股票，形态显示出从对称的三角形向上突破的公司股票，我的计算机程序告诉我这家公司是机械行业的一员，进一步的研究表明它生产耐火产品。我继续对公司进行研究，直到让我头疼的问题终于解决了。我一点儿也不知道耐火产品是什么，尽管我在寻找答案，我还是没有得到在研究可能的投资时通常得到的那种温暖的模糊感。所以，我放弃了。我交易了这只股票，当然，只在纸上模拟交易，不是在真实的市场里。“彼得•林奇综合征”建议：不要投资于任何你不能理解或解释的东西。好建议！

当然，如果你不加思考地就照着股票形态的曲线进行投资，并且还很奏效，我敢说你做错了吗？事实是，你真没有做错。如果你通过这个办法一直都在挣钱，你就已经培养了一种适合你个人的投资风格了。真心为你感到高兴！

至于我自己的投资风格，你可能已经猜到，它综合了基础分析、技术分析、情绪分析以及资金管理，不能因为我依赖于技术分析就意味着我不去关注那些市盈率、市销率以及其他深奥的比率，其次是情感因素。在几个月都没有一次交易之后，突然出现一个可赚钱的机会，我就会好好利用这个机会。三天之后，我想再次交易，为什么？难道我的交易只是为了找回久违沙场的快感吗？难道我的交易只是因为住在我隔壁的单身女子不知道我的存在？我是发泄我的挫败感吗？或者是想展现一下我的大钱包来引得她注意？这就是纸上模拟交易有用的地方。我可以操练新技术，不怕引火烧身。如果模拟足够逼真，我的潜意识就不知道这些经验和真实交易的经验有什么区别，我就会从这个过程中学到经验。

一旦解决了情绪问题，我就关注资金管理。我可能赚到多少钱？或者我可能要亏多少？合适的筹码应该是多少？什么时候应该加仓？股票会用多长时间到达我的目标价位？我是否应该投资一个前景没有那么光明但赚钱更快的股票？

运用股票形态进行投资是一项玩概率的活动，只要你玩的时间足够长，你就能胜出。诚然，你有些投资会失败，所以你必须学会止损，以免失控。但是，只要你让成功的投资利润最大化，那些成功的投资将回报颇丰。不要犯这样的错误：盯着一只股票上涨两倍、三倍，然后反转、下跌回到开始上涨的地方，甚至更低，而你无动于衷，不采取任何行动。

短线交易者、中线交易者、长线投资者

在我写这本书的时候，我不断地问自己，股票形态适用的时间长度是多少？股票形态最适用于短线交易者、中线交易者还是长线投资者？对此我的答案全部都是：是的。股票形态对于短线投资者，即一天内做买进又卖出的日内交易者，是有益的。很多短线交易者的投资风格基于股票形态图的形态、支撑和压力，他们专注于能够快速地使用测算规则完成目标价格预测的可靠形态。

对于中线投资者，即那些持有股票超过一天，但又不是长期持有股票的投资者，股票形态提供了便利的买进和卖出信号。我把自己归入这类投资者，如果交易变糟，我会快速卖出；如果股票还在看涨，我就不会过早获利了结；如果收益稳定，或者股票的运行符合预测，我就考虑继续持有。和短线交易者一样，我尽可能用手头的现金买入有望带来可靠回报且快速到达峰顶的形态。

对于长线投资者来说，股票形态也可以提供好的买入和卖出信号。我记得买过一个石油服务公司的股票，我知道那个投资需要2到3年的时间才能够得到丰厚的回报（我错了，股票在3 周内就翻了一倍）。我相信，3年的时间里，那只股票将涨到30多美元，从底部算起，增长6倍。它虽算不上合格的十倍股，但这个涨幅也不是一个小数目了。简而言之，道路是曲折的，前途是光明的。每当股票下跌我就加仓，因为打算长线投资这个股票，我预留了仓位以买入更多的股票。如果这只股票没有任何表现，就是我对该股票趋势的分析错了，那我将得到宝贵的教训。

交易故事

本书里包含的交易故事大多数都是虚构的，每个交易故事都使用我想说明的技术，通过虚构的人物、特殊的场景，加以阐明。你可以称之为诗意的放纵，我希望它们能给你一些关于如何增加利润或减少损失的想法。

统计数据："我不相信数字。"

高紧旗形态在牛市中的平均涨幅为69%。请问：如果你在牛市里频繁交易这种形态，你的平均收益是否为69%？答：不是。为什么不是？好吧，你可能会像我的一个朋友，他交易了十几次股票，但只赚了一次(几百美元)。另一个原因是：69%的平均涨幅代表253个完美的交易，完美的交易是指你以突破价格买进，在最高点卖出、最高点即从该点往后股价下跌至少20%。不仅交易完美，而且佣金不包括在内。所以，你的收益可能会比这个平均涨幅更小，又或者更大。此外，在形态和形态之间我用相同的电子表格公式，所以在大部分的情况下，除了旗形、三浪形态以及三角旗形态，你可以对不同的形态进行对比，而不用操心你是否相信这些数字。

"如果我重复你的测试，我会得到类似的结果吗？"是的。据我所知，印度的一个人正持续地从股票交易中获利30%～40%，甚至更多，他会说我的统计数据太保守了！一位对冲基金经理报告说，我关于"死猫"弹跳形态的数据非常完美。另外一个人说，他能够复制我的"死猫"弹跳形态数据，至于别的形态，他无法复制。如果你不遵循我使用的方法，你得到的结果将会有所不同。放心，这一版本包括了"词汇表和研究方法"一章，解释我是如何得出每一个结果的。

我使用的方法打开了通往一个新世界的大门，在那个世界里，你会发现，在熊市股价从形态突破1个月后，价格往往会表现强劲。你会发现，当股价出现反弹，看空形态的股价下跌幅度会受影响，对于做空股票的投资者来说，这意味着投资表现变差。你会发现，失败比率开始时低，但上升迅速。还有成交量形态、价格缺口、形态面积大小以及其他十几项衡量形态表现的指标，你会发现，它们对一些形态的表现有帮助，而对其他形态没有帮助。像这样的发现使这本书与众不同，这些数字说明了一个事实，我将在以下各章中与大家分享。

第二版序言

2000年3月24日，金融世界发生了变化。不，那不是这本书第一次在书店上架的日期，那是一个持续两年半的熊市的开始。终于，我有了用于查找股票形态的熊市数据。

我花了将近5年的时间从完成第一版的工作中恢复过来，我决定对第一版进行更新。书本编辑内容的方式我改变很小，但在其他方面做了重大的改进。以下是重要更改的详细列表：

统计数据全面覆盖牛市和熊市。

扩展的统计数据，所有形态的统计格式都类似。

统计简报，在每一章的开头都显示了最重要的数据和意外发现。

综合统计，包括平均涨幅或跌幅、失败形态的表现以及市场的表现。

失败比率，一个十级的列表，用于显示形态失败的频率。

突破及突破后的统计，显示年度交易价格范围、反弹比率以及出现缺口之后股价的表现。

到达最高点或最低点天数的频次分布，显示趋势可能在什么时候结束。

形态面积大小的统计信息，描述股价如何因形态的高度、宽度以及两者的组合而变化。

形态期间成交量统计信息，包括成交量趋势、一个我称之为成交量形状的新概念以及突破日交易量。

交易秘籍，一个交易提示的列表，以及它们在每个章节中的位置。

更多形态，我增加了14种新的形态。

事件形态，我增加了9种新形态，我称之为事件形态。这些形态包括财报意外、药品批准、同店销售、股票评级上调和下调。

更多样本，我发现超过38500个形态样本，比第一版中使用的15000个样本多出一倍还多，这使得许多统计数据的基础坚如磐石。

关键的统计表条目，每个统计表项目在相应文本讨论开始时都以粗体显示，便于查找。

感谢成千上万的读者购买了第一版。我相信，这第二版将帮助你成为一个更有知识和更成功的交易者。

托马斯•波考斯基

2005年1月

第一版序言

当我还是一个小淘气的时候，我认为最简单的致富方法就是炒股。毕竟，那是一个公平竞争的领域，一个负和游戏，在这个游戏中，有的人赢，有的人输(提示：赢家永远是证券经纪人)。一个人需要做的只是选择上涨的股票、避免下跌的股票。容易！

当我从雪城大学毕业，拿着工程学位，开始从事我的第一份专业工作时，我牢记了这一点。每天早上，我打开报纸，查看我精选的、用图表纸绘的、贴在墙上的股票，我的办公室伙伴鲍勃用同样的报纸来选择股票，我在做了刻苦的基本面研究后选择股票，而鲍勃只是闭上眼睛，手一旋转，将手指扎在报纸上。当他睁开眼睛挪开手指时，他宣布手指扎的就是他选择的股票。

经过对我们选择的股票几个月的跟踪，我有了一个惊人的发现：我受到了重创。鲍勃随机选择的股票战胜了我精心研究挑选的股票。我还发现了其他的东西：我通过模拟交易学到很多东西。

继承了我父母的犹豫和多疑。在最后选择股票，进行第一次交易之前，我研究了两打公司的股票，然后开立了一个货币理财账户。时机很好，我的投资收入超过17%。乍一看，这样的回报意味着这可能是一个风险巨大的投资，但其实不然，毕竟，同期的黄金收益率是21%。

怀着成功的喜悦，我鼓起勇气，开立了一个股票经纪账户，开始将我省吃俭用存下的一笔钱投资于股票市场。再一次，时机极好，我赶上了一个大牛市的开始。我以每股88美分的拆分调整价格买入一只股票，看着它一直涨到30美元，然后卖出。

为了不让你认为一切都很简单，且看接下来发生了什么。我的股票投资组合增长迅猛，但我的职业生涯即将转坏。变换工作比我愿意承认的还要频繁之后，我在一家公司找到一份工作，我以为我终于找到了一个可以称之为家的公司，我想这份工作将持续我的一生，也许，只有我希望如此。在我加入公司10周年的纪念日后6月，我收到了董事长的来信，他对我在公司工作十年向我表示祝贺，并期待在未来的岁月里，我能够取得更大的成功。

6个星期之后，我被解雇了。

我对情况进行了评估并决定，我已经36岁，我受够了。报纸上有术语称像我这样的人为“失踪”的百万人，无论出于何种原因，我们都要离开工作岗位，并决定不再回到劳动力队伍中去。我们退休了。每个人，我的意思是所有人(除了我的表妹玛丽安——愿上帝保佑她)，都认为我们是疯了。当然，他们是对的！

在很长的时间里，我一直对股票的技术分析着迷。在早年，我认为那些弯曲的线条跟巫术没有两样。尽管如此，我还是很好奇，为什么大的证券经纪公司纷纷招聘技术分析师。但我不敢把我的眼睛从基本面挪开，因为我对技术分析全然不知。后来我发现了一本叫《股票和大宗商品的交易技术分析》杂志。在我的午餐休息时间，我会坐电车到图书馆，读那些旧刊。虽然我看到我买过的股票的技术形态，但我从来没有真正重视过这些形态图。由于我选择的一些股票变得很糟糕，我开始以更尊重的方式查看这些股票形态图。有时候，股票的基本面往往看起来不错，但技术指标在我即将进行交易的时候就发出了趋势变化的信号，我买的股票要么干脆直接亏钱，要么我就是卖得太早，获利较少。

也许这种事情也曾经发生在你身上。你做了一只股票的基础研究，然后买入，然后单纯地持有股票，一年或更长时间。更糟的是，一旦你买入，股票就会暴跌。如果你看了技术形态图，你就能在那里找到答案。价格穿透了一条趋势线，一个头肩顶部形态突然冒了出来，相对强弱指标预示着这是一个超买的局势。简而言之，任何一种技术指标都在高喊，警告你，现在买入股票将会让你亏得连你的内衣都赔进去，但你从未看见这些信号。

你并不孤单，这样的事情我做了多年。最终，我对自己所选择的股票的表现感到非常沮丧，我决定做自己的技术分析研究。我去了图书馆，在许多书里读到了同样的东西：头肩形态在大部分时间里是有效的。那是什么意思？那意味着它们成功概率是51%，抑或是90%？没有人有答案。我不愿意仅仅因为一些陈词滥调就拿我辛苦挣来的钱去冒险。作为一名工程师，我想要确凿的、完全的事实，而不是模糊的陈词滥调。所以，我写了这本书。

各章按字母顺序排列成两个部分：技术形态和事件形态。在每一章中，你首先会看到一个“统计简报”的表格，接着是对表中主要统计发现的简短讨论。然后，“导入”一节将邀请你探索股票形态。“辨识指南”中的表格和深入讨论，使选择形态和确认形态变得更容易。

没有对错误的探索，任何工作都谈不上已经完成，而“关注形态失败”一节剖析了失败的原因。之后是最为重要的“统计数据”部分，如何交易形态？这就是“交易策略”和“交易故事”部分探索的内容。“交易秘籍”部分包括一个有关如何选择表现更好的形态提示和观察结果的列表。

如果你曾经修理过汽车或者做过木工活，那么你就会认识到，对于这些工作而言，选择合适的工具多么重要。当十字形螺丝刀工作得更好时，你不会希望使用平头螺丝刀。两者都可以完成工作，但它们很难互换。有时你应该使用的不是螺丝刀，而是凿子。选择合适的工具，知道如何使用这些工具，这是战斗的一部分。这本书是一本工具书，帮助你从各种形态中选取最好的形态。有时，一个股票形态可怕到让你想赶紧获利了结。而在有些时候，最好的交易，就是你根本什么都不用做。

我不能给你在股票市场上使用股票形态赚钱所需的经验，我能给你的只是工具，然后说：“先去做模拟交易吧。”这是培养一种适合你的交易风格的第一步，这样做你也会容易适应一些，你这样做的时候将得到不断提升。如果你复习你的模拟交易，你将了解为什么止损指令不仅仅是专业人士使用的工具。模拟交易将能够提高你预测支撑和阻力水平的能力，从而让你收紧你的止损点，在顶部附近了结交易，减少你的损失，让你的利润再飞一会儿。你会明白为什么这本书中的统计数据作为比较是有用的，但你的交易结果可能不如书中的数据这么好。你可能会发现你的女朋友喜欢钻石，但作为一个股票形态，钻石形态是一个糟糕的投资。一言以蔽之：经验。

祝你好运。

托马斯•波考斯基

1999年12月

目　　录

第一章　扩散形态之底部形态 Broadening Bottoms

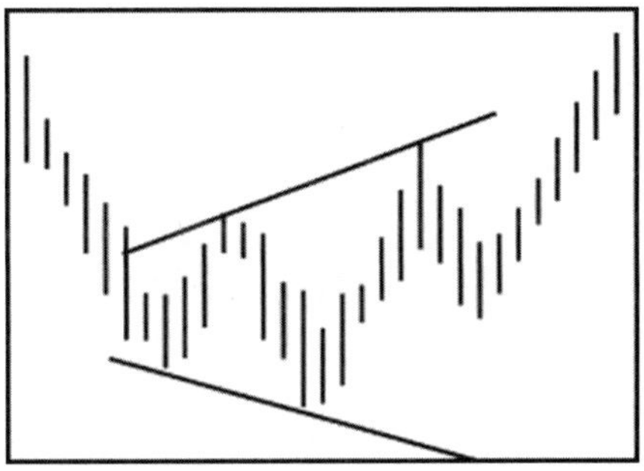

统计简报

向上突破

形状	股价趋势由上向下进入形态，形成高点不断抬升、低点不断下降、逐渐变宽的喇叭形状。突破方向是向上的。	
反转或持续	短期反转，行情看涨。	
	牛市	**熊市**
表现排名	17/23	12/19
保本失败概率	10%	9%
平均涨幅	27%	21%
趋势结束后的变化	-34%	-35%
成交量趋势	向上	向上
回调概率	41%	44%
实现目标价格概率	59%	53%
意外发现	回调有损股价表现。高形态比低形态表现更好；窄形态比宽形态表现更好。下降成交量趋势和随机成交量形状的形态表现突出。	
参见	扩散形顶部形态。	

向下突破

形状	与向上突破形状相同，但突破方向是向下的。	
反转或持续	短期持续，行情看跌。	
	牛市	**熊市**
表现排名	17/21	18/21
保本失败概率	16%	9%
平均跌幅	15%	18%
趋势结束后的变化	52%	46%
成交量趋势	向上	水平
反弹概率	42%	56%
实现目标价格概率	44%	31%
意外发现	突破出现在年度价格区间低位区域的形态表现更好。高形态表现比低形态好。高窄组合的形态表现最佳。上升成交量趋势和随机成交量形状的形态表现突出。	
参见	扩散形顶部形态。	

扩散形底部形态是一个平庸的表现者，其熊市形态有9%的保本失败概率，而牛市的保本失败概率是两位数(这是一个糟糕的表现)，平均涨幅或跌幅也低于其他形态的表现。

这类形态的意外发现很多，有少数列示在统计简报中，随后会更详细地讨论这些意外发现。

导入

你可能想知道怎样区分扩散形底部形态和扩散形顶部形态。扩散形底部形态的股价趋势由上向下进入形态的起点，而扩散形顶部形态的股价趋势则是自下而上进入形态的。两者的这个区别是我为了区分这两个形态类型所做的主观设定。我忽略如图1.1中所示的，在形态开始前几天短暂的下跌或上涨。

有些人坚持认为扩散形底部形态是不存在的，他们简单地把每一个扩散形形态归纳到扩散形顶部形态的类别，我决定把它们区分开来，心想它们的表现也许是不同的。

图1.1是一个扩散形底部形态的例子。这个特别的形态被称为五点反转形态，因为这个形态有5个交替的趋势线触点，其中2个小低点，3个小高点。五点反转形态很罕见，在我考察的77个扩散形底部形态中，只发现5个五点反转形态。价格趋势在8月底开始下行，在形态开始前两天达到低点。诚然，股价上行了好几天，进入形态顶部趋势线上的第一个接触点。不过，我仍然认为，总的价格趋势是由上而下进入形态的。股价冲过或下冲形态起点是普遍存在的。

这个特别的形态出现了一个局部下跌，股价从26美元下跌到24.50美元，然后反转，从形态顶部突破。股价在1年之后达到38.50美元的高点。

图1.1这是一个扩散形底部形态，尤其是一个五点反转形态。之所以被称为五点反转形态，是因为形态有2个小低点(偶数)和3个小高点(奇数)。

辨识指南

表1.1所示为扩散形底部形态的辨识指南。

价格趋势 如前所述，一个下跌的股价趋势先于扩散形底部形态，即使价格在扩散形底部形态起点之前上涨，也可以忽略此上涨，形态仍然是扩散形底部形态。这样武断的规定也有直觉上的好处：一个底部形态应该是出现在价格下跌趋势的末端，而不是出现在价格已经涨到天上去之时。

表1.1 辨识指南

特征	讨论
价格趋势	短期股价趋势应该是自上而下进入形态
形状	喇叭形状的顶部渐高、底部渐低
趋势线	股价沿着两条趋势线运动：顶部趋势线倾斜向上，底部趋势线倾斜向下
触点	至少应有2个小高点和2个小低点，但它们不一定是交替出现的触点
成交量	成交量总体趋势通常上升，有时也会呈U形
突破	当股价收盘高于形态顶部(向上突破)或低于形态底部(向下突破)时,即发生突破(详情参见文中内容)。突破可以是向上或向下，在最终突破之前，股价可能会横盘达数月之久

形状 这种形态的外形很明显，它让我想起了混沌理论，小的扰动经过反复振荡，逐渐发展成强大到无法预知的结果。在股票市场，这就是股价到达一个新高点后掉头，下行创出新低，形成不断扩散的形态。当你沿着小高点画一条趋势线，再画另一条趋势线连接小低点，所出现的形态看起来就像一个喇叭。

趋势线 两条穿过小高点和小低点的趋势线很重要。顶部趋势线应该向上倾斜，底部趋势线应该向下倾斜，分叉的趋势线是扩散形底部形态和其他形态如直角三角形形态(有一条水平的趋势线)或楔形(两条趋势线倾斜方向相同)。所以，两条趋势线的倾斜方向是相反的，这个很重要。

触点 扩散形底部形态至少应有两个小高点和两个小低点，才能形成一个有效的形态。任何触点少于这个数的形态意味着确认其为扩散形底部形态是不正确的。什么是小高点和小低点？小高点是指股价趋势上行，然后掉头下跌，留下一个轮廓清晰的峰顶。小低点的情形正好与此相反：股价不断向下移动，然后掉头向上，留下一个轮廓清晰的峰谷。图1.1所示为5个小高点和小低点，用数字标注，奇数标注的是小高点，偶数标注的是小低点。这里强调一下，小高点和小低点不必要一定是如表1.1所示那样交替出现。只要你能够数出至少2个峰顶和2个峰谷，不管它们什么时候出现都是可以的。

成交量 在成交量趋势里面没有什么特别奇妙的地方。我计算每个形态从起始点到结束点(不是突破点，突破点通常在形态结束后1个月)的线性回归，发现成交量趋势有57%的概率是上升的。如果仔细看扩散形底部形态，你会发现成交量趋势有时和股价趋势是同步的。图1.1中，在股价从峰顶1下跌到峰谷2的期间里，成交量也呈下降趋势。当股价从峰谷2上升到峰顶3，成交量同样呈上升趋势。如果你在11月末和1月末的成交量峰顶之间放置一块薄片，薄片会向下弯曲成一个U形。U形的成交量形状出现得比其他形状更加频繁。

突破 在喇叭口形态形成时，突破点是很难辨认的。我在股价穿透顶部趋势线或底部趋势线的地方，或股价持续运行的地方查找。如果股价穿透趋势线，那么穿透点就是突破点；如果股价沿着顶部趋势线上升，但没有穿透趋势线，这时我会回过头来找前一个小高点，画一条通过这个小高点的水平线，向前推移，直到股价穿过这条水平线。当股价穿过这条水平线，穿透点就是突破点。

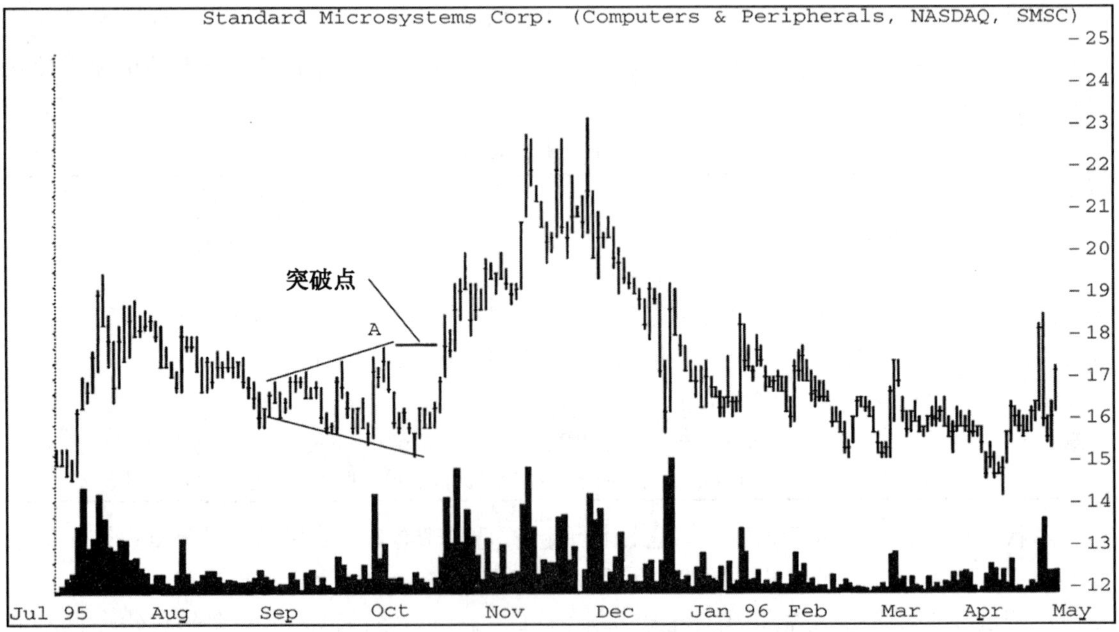

图1.2 当股价上升到形态最高点(点A)之上时，价格从扩散形底部形态突破。

举个例子。仔细看图1.2中的扩散形底部形态，其形成前的几个月，价格趋势是向下的。两条趋势线形成一个扩散价格形态的轮廓，这正是你在一个扩散形态中可以看到的。图中有超过2个小高点和2个小低点，符合表1.1中提到的另一个辨识标准。

对于这个形态，突破点是很容易找到的。如果把顶部趋势线向上延伸，你会发现股价上升远超顶部趋势线之上，意味着这是一个向上的突破。那么，接下来的问题就是回溯到最高的小高点，然后画一条水平线，以此确定实际的突破价格。图中点A为形态的最高点。

关注形态失败

图1.3所示为一个失败的扩散形底部形态。从4月到8月，股价下行，然后出现一个小的“死猫”弹跳。我不建议交易任何出现“死猫”弹跳形态的股票，不管形态看起来多么诱人。遵从这个建议6个月到1年，等待股价恢复正常，且公司管理层已经把公司管理好（或者解决好股价陷入困境的其他事情）。

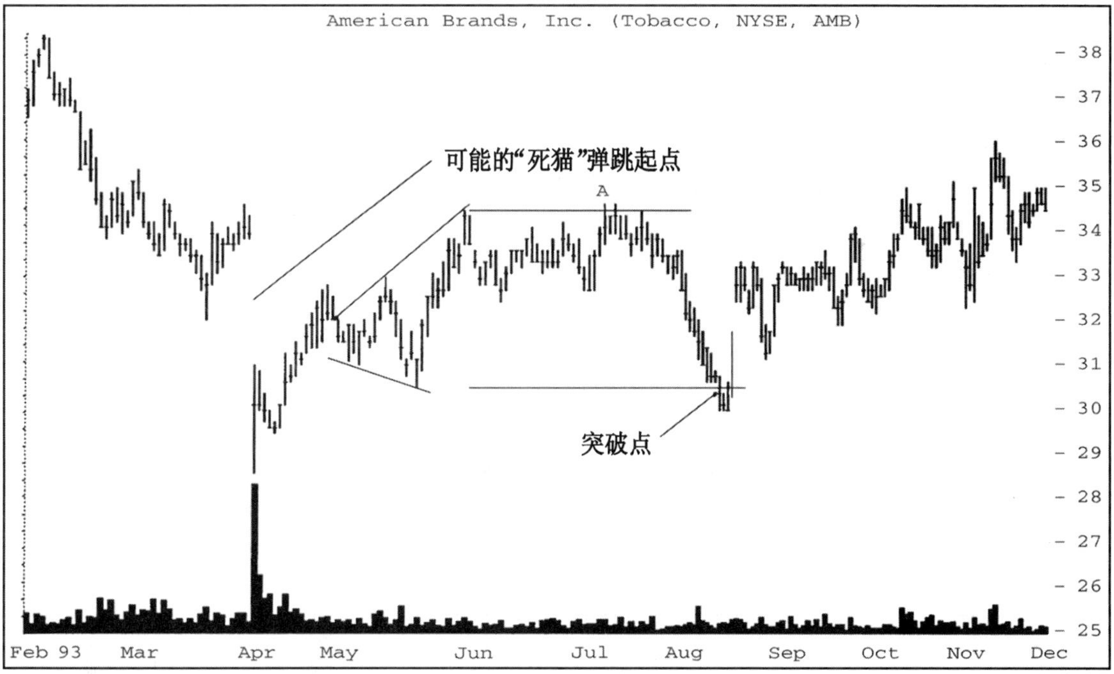

图1.3　这个扩散形态构成“死猫”弹跳形态股价回升过程的一部分。当股价收盘于形态底部下方，发生向下突破。点A标注了股价虽然上升到形态顶部上方，但收盘价格没有高于形态顶部。这个形态是失败的，因为股价下跌到突破点后继续下行不超过5%即发生反转。

在形态出现之前的3个星期里，股价受“死猫”弹跳形态的影响一直上涨。在6月，股价从形态顶部开始横盘超过1个月，然后轻松下行。在此期间，股价曾经上升到形态峰顶的上方（见点A）。

突破发生在股价收高或收低于形态顶部或底部之时。点A不是一个向上突破，因为股价收于33.88美元，远低于形态的顶部34.25美元。两天之后，股价的峰值又上到形态顶部之上，但是收盘价格低于形态顶部。

不过在7月中旬，股价开始下行，价格下跌到形态下方，收盘价格低于形态底部。要发生突破，价格需要下跌低于30.38美元，即低于形态底部。在股价的最低点，收盘价格为29.88美元。仅低于形态底部50美分，但已经足以表明这是一个向下突破。在形态底部下方运行不超过1个星期，价格急速上升到33美元，然后沿着一个更为缓和的轨迹继续上行。

图1.3代表我所说的5%失败。股价向下突破，但是没有沿着突破方向继续下行更远，而是在突破后下跌不超过5%便反转上行。对于向上突破而言，5%失败的定义也与此相同，即股价向上突破后，上行不超过5%便发生反转下跌。

统计数据

表1.2所列为扩散形底部形态的综合统计数据。

形态数量 我从1991年中期到2004年的500只股票数据中找到了237个扩散形底部形态。

反转或持续 你可以看到反转形态比持续形态多。根据定义，底部形态的股价是自上而下进入形态，但从哪个方向进入形态，那是相当随机的。在牛市，反转形态的数量远超持续形态的数量。但在熊市，情况正好相反：持续形态的数量远超反转形态的数量。

平均涨幅或跌幅 在牛市，向上突破的形态表现得到提升。而在熊市，向下突破的形态表现得更好。这种形态遵循“水涨船高”的道理，也是一个在顺势交易中如何提升交易成绩的好例子。

涨幅或跌幅超过45% 对于扩散形底部形态来说，表现突出的形态是极少的。表现最好的形态出现在牛市的向上突破，有20%的形态上涨超过45%。这个数据听起来很多，但其他形态的数据比这个好得太多了。因此，不要期望这个形态的股价在突破后有大的行情。对于向下突破，这个形态在两个市场几乎都没有上佳表现。

趋势结束后的变化 在牛市，股价向下突破后下行到达最低点，其后的反弹平均涨幅为51%。即便在熊市，反弹的幅度也有46%。所以，如果你能确定下跌趋势何时结束，就买入股票，然后持股待涨。

表 1.2 综合统计

描述	牛市 向上突破	熊市 向上突破	牛市 向下突破	熊市 向下突破
形态数量	92	34	79	32
反转(R)、持续(C)数量	92R	34R	79C	32C
反转(R)、持续(C)涨/跌幅	23%R，13%C[a]	21%R，16%C[a]	−11%R[a]，−15%C	−9%R[a]，−19%C[a]
平均涨/跌幅	27%	21%	−15%	−18%
涨/跌幅超过45%(数量或占比)	18 或20%	5 或15%	1 或1%	2 或6%
趋势结束后涨/跌幅	−34%	−35%	51%	46%
形态失败后涨/跌幅	51%[a]	28%[a]	− 26%[a]	−43%[a]
标准普尔500指数的变化	14%	−3%	1%	−11%
到达最高/低点的天数	112	65	40	24

注：(−)负号表示下跌；[a]表示样本小于 30 个。

失败形态的表现　极少有形态失败，所以这里的数据是不可靠的。尽管如此，这里的数据表明，失败形态表现得比那些不失败的形态更好。如果你看见股价在突破后继续移动不超过5%就返回到形态中，应该考虑在新的方向上交易，但要等到股价在新方向上突破后再进行交易。

标准普尔500指数的变化　将指数的变化与形态的平均涨幅或跌幅进行比较，可以看到，指数变化大的期间，相应的形态平均涨幅或跌幅也是大的。为了得到最好的投资表现，交易方向应当与市场趋势一致(牛市做多向上突破的形态，熊市做空向下突破的形态)。

到达最高点或最低点的天数　股价需要1个月至4个月的时间到达最高点或最低点。数据显示，熊市形态到达终点需要的时间比牛市形态的少，所以，熊市形态下跌的斜率比牛市形态上涨的斜率更加陡峭。

表1.3所示为扩散形底部形态的失败比率，它列示有多少数量的形态，其股价在突破后的最大涨幅或跌幅不超过某个给定的数值，以及这样的形态数量在这一类形态中的比重。在5%保本点，熊市的失败概率最低(9%)。随着股价最大涨幅或跌幅的变化，失败概率迅速攀升。股价最大涨幅或跌幅为10%时，形态的失败概率是股价最大涨幅或跌幅5%时的2～3倍。超过一半的向下突破形态跌幅不会超过15%，超过一半的向上突破形态涨幅在15%～25%之间。

这些结果意味着，对于扩散形底部形态，你不应该指望很高的涨幅或跌幅。再来看表中的各栏，牛市中向上突破的扩散形底部形态失败比率最低。买股就应该买这样的。

使用表1.3的另一个方法是，将它用于评估交易失败的可能性。如果交易成本是5%，你想得到20%的收益，在牛市中有多少向上突破的形态涨幅达不到25%(5÷20)？答案：59%，只有41%的形态能够达到你的利润目标。因为大多数形态不能达到你的利润目标。要实现利润目标，在投资组合里，赢家必须表现非常好，才能够弥补表现不好的多数。

表1.3　失败形态数量或概率

股价最大涨／跌幅(%)	牛市向上突破	熊市向上突破	牛市向下突破	熊市向下突破
5(保本点)	9 或10%	3 或9%	13 或16%	3 或9%
10	23 或25%	10 或29%	27 或34%	8 或25%
15	33 或36%	14 或41%	46 或58%	18 或56%
20	43 或47%	19 或56%	52 或66%	19 或59%
25	54 或59%	20 或59%	63 或80%	24 或75%
30	63 或68%	24 或71%	70 或89%	26 或81%
35	70 或76%	26 或76%	73 或92%	27 或84%
50	74 或80%	32 或94%	78 或99%	30 或94%
75	84 或91%	33 或97%	79 或100%	32 或100%
＞75	92 或100%	34 或100%	79 或100%	32 或100%

表1.4所示为扩散形底部形态突破和突破后表现的统计数据。

从形态结束到突破　股价与趋势线的最后一个触点和股价收于趋势线之外时，在时间上是有延迟的，这个延迟时间平均为3个星期至5个星期。在牛市，形态结束到突破所需的时间比在熊市的长，因为在熊市，股价下跌通常更为急促。

表1.4 突破与突破后股价表现统计

描述	牛市 向上突破	熊市 向上突破	牛市 向下突破	熊市 向下突破
从形态结束到突破	30天	23天	39天	23天
突破在年度价格区间低(L)、中(C)、高(H)各区域分布的百分比	L20%, C44%, H36%	L41%, C38%, H21%	L71%, C27%, H1%	L78%, C19%, H3%
形态在年度价格区间低(L)、中(C)、高(H)各区域突破后的涨/跌幅	L28%[a], C24%, H30%	L19%[a], C26%[a], H15%[a]	L17%, C12%[a], H8%[a]	L20%[a], C13%[a], H21%[a]
回调/反弹概率	41%	44%	42%	56%
回调/反弹期间	13天	10天	12天	11天
出现回调/反弹形态的平均涨/跌幅	25%	15%[a]	-12%	-19%[a]
未出现回调/反弹形态的平均涨/跌幅	28%	25%[a]	-17%	-18%[a]
出现突破缺口形态的表现	23%[a]	30%[a]	-15%[a]	-22%[a]
未出现突破缺口形态的表现	28%	20%	-15%	-18%[a]
缺口平均金额(美元)	0.74	0.34	2.17	0.92
局部上涨，向下突破(数量或占比)	N/A	N/A	28/42 或67%	11/17 或65%
局部下跌，向上突破(数量或占比)	43/54 或80%	11/17 或65%	N/A	N/A
局部上涨表现	N/A	N/A	-10%	-22%
局部下跌表现	29%	20%[a]	N/A	N/A
形态内局部上涨失败(数量或占比)	4/92 或4%	2/34 或6%	8/79 或10%	4/32 或13%
形态内局部下跌失败(数量或占比)	6/92 或7%	1/34 或3%	5/79 或6%	2/32 或6%

注：(-)负号表示下跌；N/A表示不适用；[a]表示样本小于30个。

年度位置 大多数突破出现在年度价格区间的低位区域附近。对于向下突破，这样的说法是合理的，尤其是那些向下突破的形态，但这种说法不能包括牛市向上突破的形态，因为44%的牛市向上突破出现在年度价格区间的中位区域。

年度位置及表现 在这一栏中，大部分项目都显示小样本量，这使得其结果不可靠。那些突破方向与市场趋势一致(牛市向上突破，熊市向下突破)的形态，当突破出现在年度价格区间高位区域时，突破后的股价表现最好。

回调和反弹 除了熊市向下突破，其他形态的回调和反弹的概率都在43%左右。熊市向下突破形态的反弹概率为56%。然而这些概率太小，不足以用来制定一个可靠的交易策略。

股价出现回调或反弹后，返回到原来的突破价格所需的时间平均都小于2个星期。在大多数情况下，当出现回调或反弹，股价的表现是变差的。在投资前，要先确认向上突破形态的上方阻力或向下突破形态的下方支撑。如果价格密集区域就在附近(距离小于5%)，股价有可能突破密集区域，但上方阻力将会减弱上行的动量，使股价表现变差。

缺口 在熊市，缺口均有助于形态表现，但这个结论是基于较小样本量基础之上的。如果增加样本量，结果可能会变化。在牛市，突破日缺口对股价要么有损害，要么没影响。

局部上涨或下跌 表1.4接下来的四栏数据是关于局部上涨或下跌出现的概率，以及如果出现了局部上涨或下跌，股价有怎样表现。根据统计结果，在牛市中，如果形态出现局部下跌，预计股价有80%的概率会出现向上突破。其他情况下的局部上涨或下跌对后市的预测成功率稍低，有大约2/3的机会成功预测。图1.1有一个局部下跌的例子，图1.4有一个局部上涨的例子。

当突破方向与总体市场趋势一致时(向上突破，牛市；向下突破，熊市)，出现局部上涨或下跌将提升股价表现。当突破方向与市场趋势相反时，出现局部上涨或下跌将使股价表现变差。所谓表现提升或表现变差，是指在出现局部上涨或下跌的形态中，突破后股价的表现，与平均涨幅或跌幅比较的结果。

形态内局部上涨和下跌　形态内局部上涨和下跌形状像是从顶部趋势线下吊的环形圈，形态内局部上涨或下跌是没有能够成功突破的局部上涨或下跌，此后的股价在形态里又交叉一遍。出现形态内局部上涨和下跌的机会不超过13%。

表1.5所示为突破形态后，股价到达最高或最低点天数的频次分布。这些数据表明股票在突破形态后到达最高点或最低点可能需要多长时间。比如，熊市向下突破的形态，超过一半(53%，或25+28)在2个星期之内到达底部，而牛市向上突破的形态几乎有一半(45%)在2个月之后(超过70天)才会到达峰顶。

到在突破后的35天和42天，数字出现微小的波动。熊市向上突破和牛市向下突破的股票在这个阶段里显示出更多的趋势变化。所以，在突破后5到6个星期时，要留意趋势的变化。

表1.5　到达最高点或最低点天数的频次分布

天数	7	14	21	28	35	42	49	56	63	70	＞70
熊市，向上突破	29%	6%	12%	6%	9%	3%	3%	9%	6%	0%	18%
牛市，向上突破	14%	13%	5%	3%	2%	5%	3%	1%	3%	4%	45%
熊市，向下突破	25%	28%	19%	6%	3%	0%	3%	3%	0%	0%	13%
牛市，向下突破	24%	15%	9%	4%	5%	10%	5%	8%	1%	1%	18%

表1.6所示为与形态面积大小相关的统计数据。需要注意的是，统计结果的质量受到样本量小的影响。

表1.6　形态面积大小统计

描述	牛市向上突破	熊市向上突破[a]	牛市向下突破	熊市向下突破
高形态表现	27%	28%	-17%	-24%
低形态表现	26%	16%	-13%	-12%
高度中值(与突破价格百分比)	15.13%	18.06%	17.50%	20.06%
窄形态表现	31%	22%	-15%	-19%
宽形态表现	22%	19%	-15%	-18%
长度中值	45天	31天	49天	35天
形态平均长度	55天	35天	55天	52天
低窄组合形态表现	30%	16%	-14%	-13%
低宽组合形态表现	19%[a]	15%	-11%[a]	-9%
高宽组合形态表现	24%	24%	-16%[a]	-23%
高窄组合形态表现	36%[a]	30%	-19%[a]	-24%

注：(-)负号表示下跌；[a]表示样本小于30个。

高度　高形态的表现比低形态的好。在交易扩散形态底部前，先计算形态的高度，再将形态高度除以突破价格，得出的比值与表格中的高度中值比较。如果数值高于表格中形态高度中值，则形态为高形态。高形态的表现可能并不比低形态突出太多，但它能增加胜算的概率。

宽度 宽形态的表现通常比窄形态的好。我使用表中的长度中值作为确定形态宽窄的分割点。

形态平均长度 形态的平均长度是1～2个月。

高度和宽度的组合 高宽组合的形态比其他组合的形态表现出色。应避免交易低宽组合的形态，该组合表现最差。

表1.7所列为与形态成交量相关的统计数据。在该表中，样本量是小的，如果样本量增加，结果可能会不一样。

表1.7 形态期间成交量统计

描述	牛市 向上突破	熊市 向上突破[a]	牛市 向下突破	熊市 向下突破
上升成交量趋势表现	25%	16%	-17%	-19%
下降成交量趋势表现	29%	27%	-12%	-18%
U 形成交量形态表现	29%	18%	-15%	-18%
半圆形成交量形态表现	21%	22%	-14%[a]	-18%
既非U形又非半圆形成交量形态表现	32%	26%	-16%[a]	-20%
巨量突破表现	26%	25%	-15%	-19%
轻量突破表现	28%[a]	12%	-15%[a]	-15%

注：(-)负号表示下跌；[a]表示样本小于30个。

成交量趋势 在向上突破的形态中，成交量呈下降趋势的形态表现更好，在向下突破的形态中，成交量呈上升趋势的形态表现更好。

成交量形状 在所有情况下，成交量呈随机形状——既非U形又非半圆形——的形态表现得比成交量呈其他形状的形态好。随机成交量形态包括形状呈水平的、上升的(趋势向上)，以及下降的(趋势向下)的成交量趋势。

突破成交量 在熊市，巨量突破的形态表现更好。在牛市，向下突破的形态中，巨量突破与轻量突破的形态表现没有差异，向上突破的形态中轻量突破形态表现更好。

交易策略

表1.8所示为扩散形底部形态的交易策略。

测算规则 第一个交易策略是确定你打算从一笔交易中获利多少。这个测算规则可以帮助你进行预测。测算规则如下：将形态的最高点减去形态的最低点等于形态高度。对于向上突破，将形态高度加上形态最高点，等于目标价格，对于向下突破，形态最低点减去形态高度，等于目标价格。

在牛市中，这种方法有59%的概率可以正确预测向上突破形态的目标价格。在熊市中，这种方法在预测向下突破的目标价格时表现最差，预测正确率仅31%。我个人认为，预测正确率高于80%才算可靠的预测，所以这个预测方法是不容乐观的。

表1.8　交易策略

交易策略	解释
测算规则	形态的最高点减去形态的最低点等于形态高度。对于向上突破，形态高度加上形态最高点等于目标价格。对于向下突破，形态最低点减去形态高度等于目标价格
在底部做多	一旦确认扩散形底部形态，当股价在底部趋势线掉头上行时做多
做多止损	在小低点下方0.15美元处设置止损指令，以防趋势反转
在顶部做空	当股价从顶部趋势线掉头开始下行后做空
做空止损	在小高点上方0.15美元处设置止损指令，以防股价反向突破。当股价在底部趋势线掉头开始上行时平掉空仓。对于向下突破，在股价接近目标价格或支撑水平时平掉空仓
移动止损点	对于做多交易，随着股价上行，将止损点抬升到下一个最接近的小低点；对于做空交易，随着股价下行，将止损点下移到下一个最接近的小高点
其他	如果形态出现局部下跌或上涨，应依此进行相应交易(局部下跌，做多股票；局部上涨，做空股票)

图1.4清晰地演示了这种测算规则的计算方法。点A是形态的最高点，股价为14.13美元。点B是形态的最低点，股价为12美元。形态高度等于两者之差，即2.13美元。对于向上突破，形态高度加上最高点等于目标价格，即16.26美元（14.13+2.13=16.26）。对于向下突破，形态最低点减去形态高度等于目标价格，即9.87美元(12-2.13=9.87)。可以看到，在图1.4中股价从来没有怎么接近向下突破的目标价格。

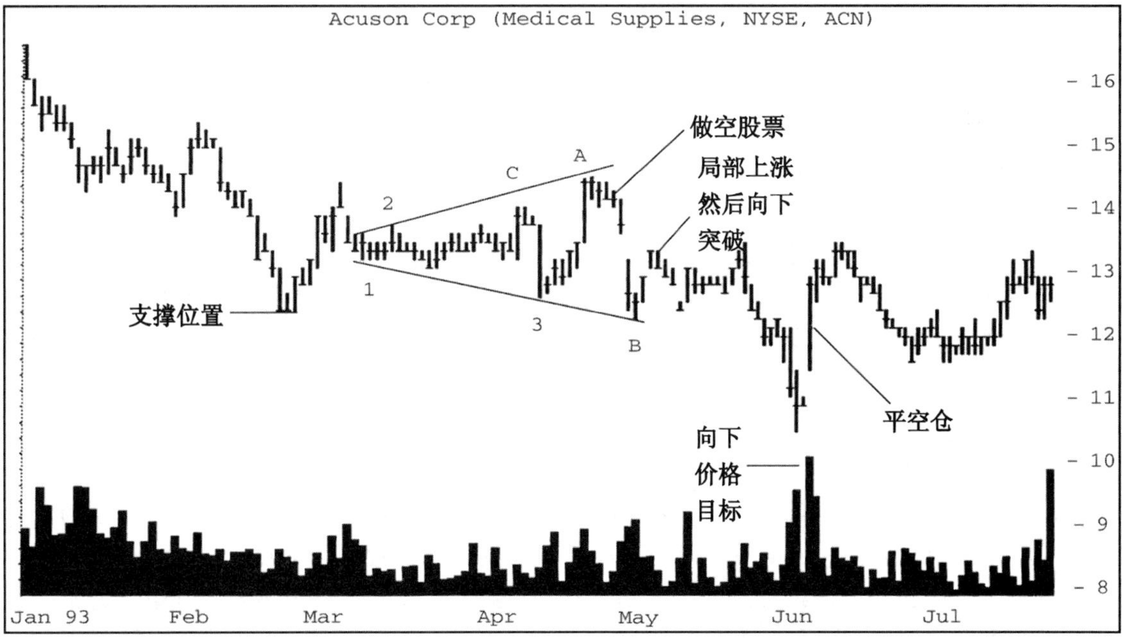

图1.4　这个扩散形底部形态有5个交替出现的触点。因为出现局部上涨，预计会有一个向下突破。

在底部做多　一旦发现一个扩散形底部形态，有了两个小高点和两个小低点，就可以考虑交易了。当股价从底部趋势线反弹时，买入股票，当股价掉头下跌时，卖出股票。掉头下跌可能出现在一个上行到形态中间的局部上涨中，也可能出现在股价穿过整个形态，到达形态的另一边，然后触及顶部趋势线之后。记着，股价可能会进行向上突破，所以不要卖得太早，以免少赚了钱。

做多止损 在一个上升的价格趋势中，在小低点下方0.15美元处设置止损点。如果股价掉头反转下行，也可以在较小的损失下被止损出局。随着股价上行走向形态的另一边，将止损点向上移动到前一小低点下方0.15美元处。这个小低点可能是一个阻力点，所以在卖出股票之前，应该给股票有机会在阻力位置反弹。

在顶部做空 针对向下突破形态的交易策略也是一样的，当股价触及顶部趋势线并掉头开始向下时，做空股票。

做空止损 在形态的最高点上方0.15美元处设置止损指令，然后等待股价下跌。

移动止损点 如果股价下跌了，随着股价下行，不断向下移动止损点。利用小高点，把新的止损点设置在小高点上方0.15美元的位置。

其他 如果股票出现局部上涨或下跌，考虑采取行动。这是突破方向的一个可靠的信号，好好利用这个信号，同时要确保设置好止损指令，以防万一。

一旦股价从形态突破，离开形态，当股价接近目标价格，考虑卖出。不能保证股价会触及或超过目标价格，所以要准备结束交易，尤其是在股价和目标价格之间有一个阻力区域时，股价可能会到达阻力区域，然后掉头。

交易故事

苏珊喜欢把自己想成家里最有头脑的人。她的丈夫是一个木匠，因为生意不好，生计受困。苏珊正在狠狠地敲打着键盘，仿佛键盘是她的奴隶。她是一个活跃的中线交易者，她不怕做空股票，只要有潜在的利润可图，尤其是遇到股票基本面或技术面糟糕时。这种生活压力很大，不过倒是经常能赚到钱。

当她发现图1.4中的扩散形底部形态时，开始做自己的分析。股票在1991年11月初达到37.38美元的高点，从那时起，一直下行。现在的股价是14美元，她想知道股票下跌还要持续多久。她画出两条趋势线，然后数出触点的数量(在图1.4中，3个触点用数字标注，点A是第4个交叉的触点)。

因为大部分扩散形态倾向于在出现4个交叉接触点后突破，此时的价格接近形态的顶部趋势线后便掉头向下，她猜测，股票将在下一个交叉时向下突破。于是她卖空这只股票，做空价格为13.88美元。这的确是一场赌博，但这是一次让她感到自信的赌博。为了防止意外出现，她在14.25美元处，即稍微比点A高出一点的位置设置了止损点。

两天后股价暴跌，直奔形态的另一边，在点B触及底部趋势线。她大喜过望。通常，她的交易都不会来得这么顺利。她决定保住利润，于是将止损点降至13.75美元，即最近的小高点C上方0.15美元处，然后她开始等待。

股票在底部趋势线反弹，而不是像她所预计的那样突破趋势线下行。她决定耐心等待，看看股票下一步怎么走。她把止损点设置在保本价格处，这样她就感到保险和自信，不再去管交易的事情。

股票在12美元的支撑区域反弹，形成一个局部上涨，在遇到阻力后掉头下行。股价形成了两日的峰顶时，她确定股价将会在下一个触点击穿底部趋势线继续下行。因而她在12.75美元处卖出更多的做空仓位，加倍自己的筹码。但她错了，股票只继续下跌了一天，然后便重新上行。苏珊调整她的止损指令以覆盖新增的仓位成本，止损点保持不变(13.75美元)。她再一次耐心等待。股价慢慢攀升，到达13.13美元的小高点，然后掉头向下。这一次的下跌，力度大到足以击穿底部趋势线的支撑。

当股价下跌到点B下方，苏珊降低了她的止损指令到点B上方0.15美元处，即12.15美元。然后她查看测算规则，计算目标价格，她计算出目标价格为9.88美元。她怀疑股价是否会真的跌到这个位置。为了安全起见，她决定，如果股价达到10.15美元，即普通支撑价格10美元(整数通常是支撑位置)的上方0.15美元处，她就获利了结。

当股票巨量下跌到10.38美元，她怀疑这是不是一个单日反转形态。在那些形态里，很难确定股价是否会反转。她决定坚持自己的目标，没有平仓。

两天以后，价格急速上升。她的仓位在止损指令12.15美元处完成交易。她没有挣很多钱(持仓时间仅一个多月，收益大约9%)，但她得到了经验和一些可以存到银行里的钱。

交易秘籍

下面的列表包含交易这种形态的提示和观测结果，以帮助你选择表现更好的形态，更多的信息，请参阅相关的表格。

●运用辨识指南以正确选择扩散形底部形态。见表1.1。

●交易方向应与市场趋势一致。在牛市中，选择向上突破的扩散形底部形态，在熊市中，选择向下突破的扩散形底部形态。见表1.2。

●如果你看到形态失败，可考虑进行交易。见表1.2。

●牛市向上突破的扩散形底部形态失败比率最小。避免交易牛市向下突破的扩散形底部形态。见表1.3。

●出现回调或反弹后形态的表现通常变差。在进行交易前，找到顶部阻力位(向上突破)或底部支撑位(向下突破)。见表1.4。

●利用局部上涨或下跌提前进行交易不会增加风险。见表1.4。

●熊市扩散形底部形态股价见底的速度比牛市扩散形底部形态股价见底的速度更快，所以在熊市做空扩散形底部形态获得收益最快(但平均而言，收益率也会低一些)。见表1.5。

●在股价突破形态之后5到6个星期留意股价趋势的变化。见表1.5。

●选择高形态或窄形态。见表1.6。

●高窄组合的扩散形底部形态表现超过其他组合的形态，避免交易低宽组合的形态。见表1.6。

●选择成交量趋势呈下降的向上突破形态，而向下突破的形态中，成交量呈上升趋势的形态表现更佳。见表1.7。

●选择成交量呈随机(水平、上升、或下降)形状的形态。见表1.7。

第二章 扩散形态之上升直角三角形
Broadening Formations, Right-Angled and Ascending

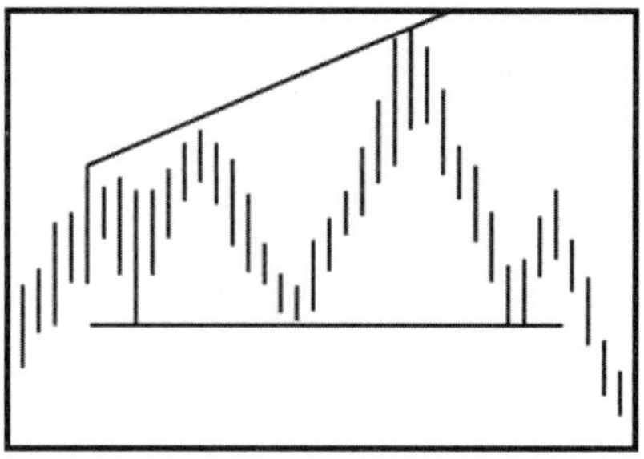

统计简报

向上突破

形状	水平的底部，高点沿着一条向上倾斜的趋势线不断上行。突破方向是向上的。	
反转或持续	短期反转，行情看涨。	
	牛市	**熊市**
表现排名	19/23	15/19
保本失败概率	11%	11%
平均涨幅	29%	15%
趋势结束后的变化	-31%	-38%
成交量趋势	向上	向上
回调概率	47%	43%
实现目标价格概率	68%	43%
意外发现	回调和突破日缺口损害形态表现。高形态比低形态表现好。高宽组合的形态表现最好。巨量突破有助于形态表现。	

向下突破

形状	与向上突破形状相同，但向下突破。	
反转或持续	短期持续，行情看跌。	
	牛市	**熊市**
表现排名	19/21	14/21
保本失败概率	20%	8%
平均跌幅	15%	22%
趋势结束后的变化	53%	47%
成交量趋势	向上	向上
反弹概率	65%	52%
实现目标价格概率	32%	51%
意外发现	反弹损害形态表现。高形态表现比低形态好。	

在研究这个形态之前，我以为这个形态的股价是不断上升的，原因很简单，因为这个形态的名字里有“上升”二字。然而，这个形态并没有那样的表现，它是一个看跌的形态。“上升”二字指的是不断抬高的小高点，形态的底部是水平的，形态的顶部总体上是沿着一条向上倾斜的趋势线上行。

在这个形态里的意外发现，包括当出现回调和反弹时损害突破后股价的表现，它们打断了股价的动量。高形态的表现比低形态好。对于向上突破的形态，高宽组合的形态表现得比其他组合的形态好。

导入

图2.1正确地展现了这种形态。图中有两个形态，第一个形态的轮廓不是很好，但形态表现比第二个好。两个形态的底部都是由一条水平趋势线连接小低点构成的，向上倾斜的趋势线形成顶部小高点的边界，由此构成一个股价不断向上扩散的三角形形态。不过，不要让这个不断上升的股价愚弄你，其实它是一个看跌形态，在多数情况下，股价会急剧跌穿底部趋势线。

那为什么会形成这样的上升直角三角形扩散形态呢？仔细看图2.2，股价在1991年12月中旬以近两个月从未有过的成交巨量开始上升，到了1992年2月底，股价涨到14美元的新高，在遇到卖出阻力后反转。股价返回到12.25美元，在那里找到支撑后，休整了差不多两个星期，形成一条水平的趋势线，构成了形态的底部特征。

形成水平趋势线的原因是价值发现的一种。当股价接近12美元的位置时，更多的投资者和机构持股人买入股票。他们认为这个时候的股票物有所值，由此，购买股票的热情超过了卖出股票的意愿，强劲的需求使得价格停止下跌，并最终使得股价再一次大幅上涨。4月中旬，股票的量价齐升，买入股票的热情将股价推上新高，强大的动量使得第二天股价再创新高，不过收盘时股价收低。有了第二个小高点，沿着小高点绘制一条向上倾斜的趋势线，这个图形便有了扩散形态的特征。

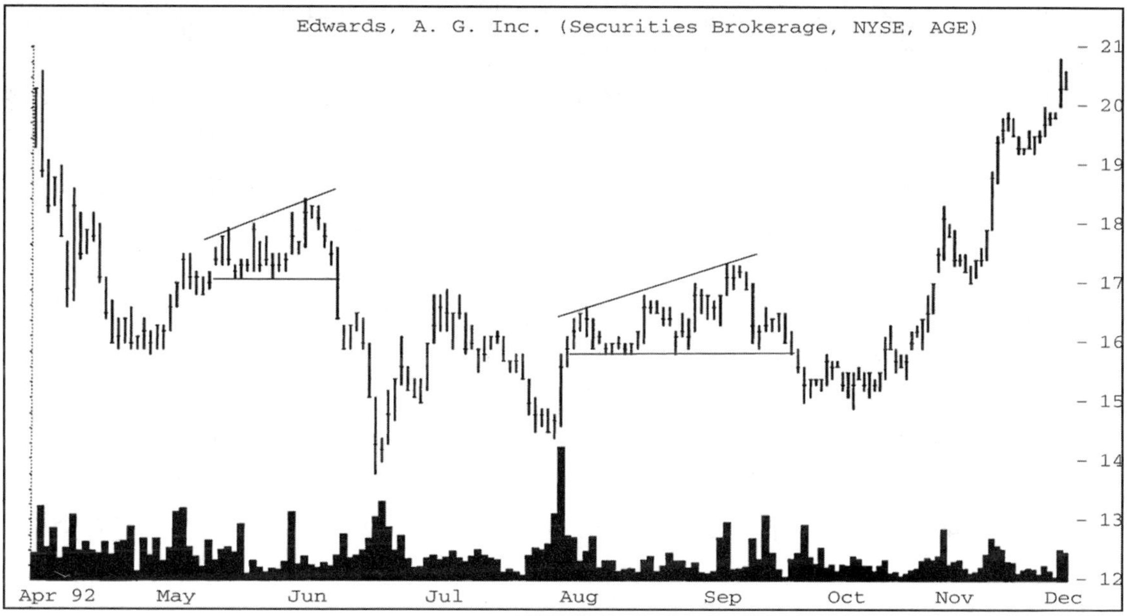

图2.1　这是两个上升直角三角形扩散形态，边界都是由一条水平底部趋势线和一条向上倾斜的顶部趋势线构成。股价在向下突破后继续下跌。

尽管有上升的成交量，但股价仍迅速下跌，一直跌到底部趋势线时停住。这表明买入股票的热情仍将持续。股价在5月6日被推到15.50美元的新高，而向上倾斜的趋势线构成的阻力区域击退了股价进一步上涨的尝试。股票再没有足够的上升动量承接这个新高点上的抛售压力。

图2.2　在形态底部出现的反弹。在上升扩散形态中，反弹经常出现。

次日，成交缩量，但剩下的股票上涨动量仍足以尝试进一步创新高。但这个尝试失败了。聪明的投资者撤退，成交量进一步萎缩。随着股价暴跌，其他投资者也加入撤退，成交量上升。在不到两个星期的时间里，股价又回到底部趋势线。

以微不足道的成交量再一次创新高的尝试虚弱，股价踌躇不前，沿着水平方向运行，然后熄火，形成一个局部上涨，这意味着股票遇到了麻烦。6月4日，股价巨量暴跌，退回到水平趋势线上。在那里停滞了一个多星期，然后继续下行，击穿12.25美元的支撑位置。

对于上升直角三角形扩散形态来说，在牛市中出现反弹是相当常见的，所以，在一个13%的快速下跌之后，股价反转，反弹回升到形态底部，这是不奇怪的。后来继续上涨，到10月底，开始形成另一个以16.50美元为底部的上升直角三角形扩散形态。

上升直角三角形扩散形态代表投资者和交易者在一个固定的价格附近持有股票的愿望。在上面的例子中，这个价格是12.25美元。投资者的购买热情推高股价，随着卖出压力不断增加，股价上升受到阻挡，继而下跌。在每一次买方和卖方的拉锯战中，愿意在低价位卖出股票的人越来越少，没有更高的价格，人们就不会卖出手中的股票，于是，出现不断上升的形态顶部价格区域，最终，在形态底部购买的热情被瓦解，股价的支撑被拆除。当这个情况发生时，股价就击穿支撑位下行。股价持续下跌，一直跌到有投资者认为已经物超所值而买入股票，下跌才会停止。

辨识指南

上升直角三角形扩散形态的特征是什么？要回答这个问题，须仔细阅读表2.1所列示的辨识指南。在阅读表2.1时，可以参阅图2.3股价周线图中的上升扩散形态。

表2.1 辨识指南

特征	讨论
形状	看起来像一个喇叭，形态的底部是水平的，顶部的边界是一条向上倾斜的趋势线
水平的底部支撑线	一条水平的、或接近水平的趋势线连接小低点。必须至少有2个明显的小低点才能绘制一条趋势线
向上倾斜的顶部趋势线	一条向上倾斜的趋势线构成顶部一系列不断扩张的股价的边界。必须至少有2个小高点才构成一条趋势线
成交量	趋势上升，稍微呈U形
提前突破	非常少见。股价收于水平趋势线下方，很可能是一个真实的突破
突破前的股价活动	在到形态顶部或底部之前，股价有时会水平运行几个月
向下突破	股价下跌到水平趋势线下方，通常伴随急剧上升的成交量
支撑和阻力	沿着两条趋势线向后延伸

形状 形态的形状总体看起来像一个有一条边为水平的喇叭。

水平的底部支撑线 形态的底部沿着一条水平的趋势线，而顶部的边界是一条向上倾斜的趋势线。

向上倾斜的顶部趋势线 顶部趋势线至少与2个小高点接触，水平的底部趋势线也至少有2个由股价下跌触及的小低点。这些不同的触点，有助于描绘出形态的边界。

成交量 成交量趋势通常是上升的，成交量形状通常呈U形，尤其是在形态的第三部分。在图2.3可以看到，成交量从1992年2月的高点到9月的高点是一个U形，随后呈圆弧下降，然后又上升，在1993年3月又升到高点。

提前突破　提前突破即是收盘价格先在形态边界之外，形态结束前又返回到形态中的股价活动。提前突破在这种形态中极少出现，故不用去关注它们。

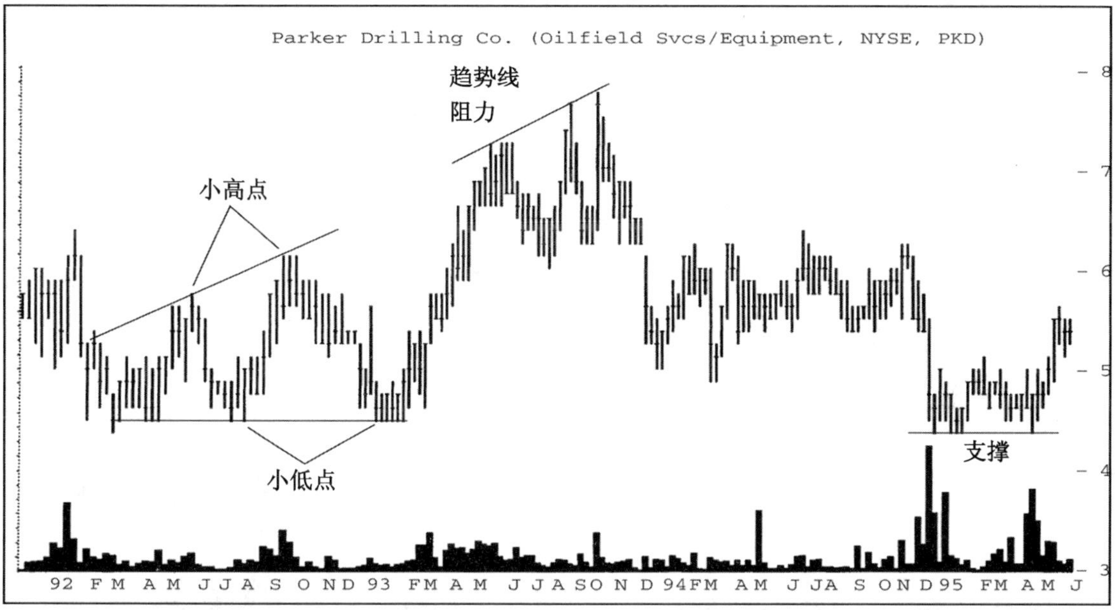

图2.3　这是股价周线图中的支撑和阻力区域。如图中例子所述，它们出现在趋势线轴上，并可以向后延伸。

突破前的股价活动　一些上升扩散形态在开始时，股价不断上升，同时形成一个稳固的水平底部，但之后却横盘好几个月，最终，股价或是上涨到形态顶部之上，或是沿着底部趋势线滑行，然后进行向下突破。

向下突破　股价向下突破后，往往会出现反弹。反弹的股价可能会继续上行，但通常反弹到底部趋势线后会反转继续下行。反弹往往给投资者另一次做空机会，或者增加原有的做空仓位。在做空之前，要确保反弹已经结束，股价正再次下行。

支撑和阻力　图2.3展现了两个普遍的支撑和阻力区域。从形态底部趋势线向后延伸的支撑区域，在形态结束2年多后阻止了股价的下跌。上升的趋势线在将近1年之后3次阻止了股价的上行。这个观察结果的适用是深远的。如果投资者持有一只股票，它正突破向上并不断上行，最好先预测它能上涨多高。做预测的一个方法就是查找像图中一样的形态。很多时候，向后延伸趋势线可以预测支撑和阻力区域。

虽然趋势线不能预测绝对的高点，它可以提示什么时候股价会停顿。阻力区域被证明是一个做空的好机会。

关注形态失败

我们可以从检查这种形态的失败中学到什么？图2.4所示为两个扩散形态，左边的一个没有下跌，而右边一个跌破支撑位。这个图中有一个教训是明确的：一定要等到突破确认后再交易股票。也就是说，要等待股价跌到底部趋势线下方之后再卖出股票。即使大部分的上升扩散形态向下突破，但其失败的比率还是太高了，不应该在不知道结果之前冒险进行交易。如果在第一个形态已经卖空股票，那么将在近1年的时间里都不赚钱。回头再看图2.3，在底部趋势线上做空股票将使你在后面的几年里都在亏钱。

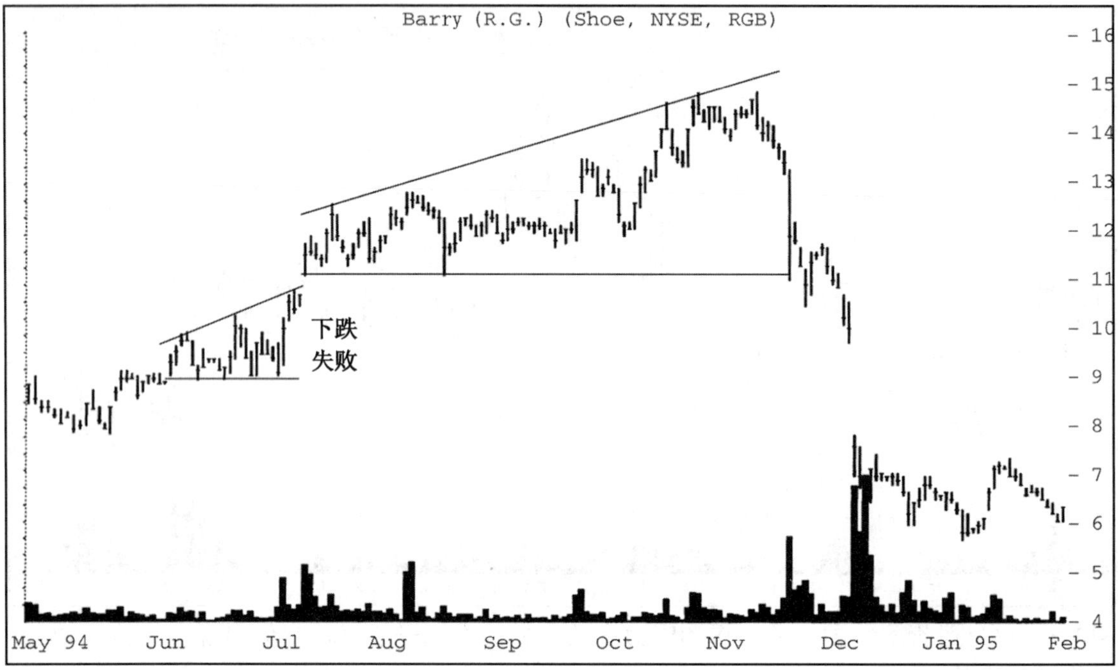

图2.4　两个扩散形态。左边的形态没有能够下跌到底部趋势线以下。应等到突破后再投资于上升扩散形态。

提前卖出股票也同样的糟糕。如果做多图2.4的股票，在6月卖出，到12月份股价下跌前，你可能都会一直后悔你的卖出行为。假设一直等待向下突破后卖出股票，仍然可以在股票上升期间持股。在第二个扩散形态确认时，即在股价穿透水平趋势线后卖出股票，将可以在一个更好的价格上获利了结。

统计数据

表2.2所示为这个形态的综合统计数据。

形态数量　在500只从1991年中期到2003年的股票数据中，我发现了380个上升直角三角形，并将它们按突破方向和市场环境进行了分类。

反转或持续　通常，这类形态是当前价格趋势的反转形态。因为样本数量占绝大多数的是牛市向下突破的形态，而牛市向下突破的形态中，反转形态占压倒性的多数。但持续形态表现得比反转形态好。

平均涨幅或跌幅　在牛市中，向上突破起决定性的作用。这个形态的牛市向上突破形态表现糟糕，价格在突破之后上涨29%。在熊市向上突破中，股价涨幅更小，15%，与牛市向下突破形态的下跌幅度一致。向下突破形态的平均跌幅比其他所有形态的平均跌幅小。

涨幅或跌幅超过45%　牛市向上突破的形态只有超过1/4(26%)的形态涨幅超过45%。其他的市场环境和突破方向的组合中，收益大的形态极少。对于向下突破，这样的结果是可以预计到的。而熊市向上突破的形态表现如此糟糕，原因可能是样本量小。

表2.2 综合统计

描述	牛市 向上突破	熊市 向上突破	牛市 向下突破	熊市 向下突破
形态数量	92	37	186	65
反转(R)、持续(C)数量	20R, 72C	10R, 27C	136R, 50C	39R, 26C
反转(R)、持续(C)涨/跌幅	29%R, 29%C	11%R, 17%C	-14%R, -20%C	-23%R, -22%C
平均涨/跌幅	29%	15%	-15%	-22%
涨/跌幅超过45%(数量或占比)	24或26%	0或0%	6或3%	4或6%
趋势结束后涨/跌幅	-31%	-38%	53%	47%
形态失败后涨/跌幅	41%[a]	35%[a]	-25%[a]	-40%[a]
标准普尔500指数的变化	14%	-4%	1%	-13%
到达最高/低点的天数	131天	39天	47天	42天

注：(-)负号表示下跌；[a]表示样本小于30个。

趋势结束后的变化 股价突破形态，达到最高点或最低点后，会发生什么？对于向上突破，股价的跌幅在31%～38%之间；对于向下突破，股价的涨幅在47%～53%之间。所以，如果能确切地知道趋势的底部，买入股票长期持有，将赚到一大笔钱。

失败形态的表现 这类形态很少出现失败形态，由于统计的样本太少，所以统计结果不可靠。不过，它们指明了突破后运行小于5%后价格的活动类型。股价向下突破时，失败形态应该比较容易识别，因为它们下跌到水平趋势线的下方，然后反转上行。

标准普尔500指数的变化 在这个形态期间，牛市的指数上升，熊市的指数下行。这些数据强调了交易方向与趋势一致的重要性。将指数的变化与形态的平均跌幅进行比较，发现突破方向与市场趋势一致的形态表现得比逆市场方向突破的形态好。

达到最高点或最低点的天数 你的交易要持续多长时间？只要未清仓了结，交易就一直在持续。计算突破点到最高点或最低点的时间，结果显示，在熊市，突破后股价的下跌比牛市形态的上升要急剧。我不是做空股票的大粉丝，但为了你的资本可以被满负荷利用(最大化每年的交易次数)，可以在熊市做空这种形态，那样做，平均而言，你的风险暴露在市场里的时间会更短，而且回报可能和在牛市里做多股票的回报一样好。

表2.3所示为这个扩散形态的失败比率，它所示为有多少数量的形态，其股价在突破后的最大涨幅或跌幅不超过某个给定的数值，以及这样的形态数量在这一类形态中的比重。除了牛市向下突破，保本失败概率都还是合理的。但是，被排除的那一栏样本数量却是最多的，所以，这一栏的失败比率可能是可靠的。

值得注意的是，当股价最大涨幅或跌幅仅移动10%时，失败比率就翻两倍或接近三倍。比如，熊市向下突破的形态中，突破后下跌不超过5%的占比是8%，当保本点从5%升到10%时，这个数值几乎翻了三倍，有22%的形态下跌不超过10%。而突破后下跌不超过25%的形态超过了半数(60%)。

将各栏进行比较可以看到，牛市向上突破一栏的失败比率最低。这个是合理的，因为牛市向上突破的形态也是表现最佳的形态(如表2.2所示，它们有最高的平均涨幅)。

表2.3　失败形态数量或概率

股价最大 涨/跌幅(%)	牛市 向上突破	熊市 向上突破	牛市 向下突破	熊市 向下突破
5(保本点)	10或11%	4或11%	37或20%	5或8%
10	21或23%	9或24%	85或46%	14或22%
15	30或33%	15或41%	117或63%	20或31%
20	40或43%	25或68%	145或78%	30或46%
25	47或51%	32或86%	158或85%	39或60%
30	53或58%	36或97%	168或90%	45或69%
35	60或65%	36或97%	176或95%	50或77%
50	71或77%	37或100%	183或98%	62或95%
75	83或90%	37或100%	186或100%	65或100%
>75	92或100%	37或100%	186或100%	65或100%

表2.4所示为与突破及突破后相关的统计。

表2.4　突破与突破后股价表现统计

描述	牛市 向上突破	熊市 向上突破	牛市 向下突破	熊市 向下突破
从形态结束到突破	31天	23天	13天	21天
突破在年度价格区间低(L)、中(C)、高(H)各区域分布的百分比	L7%, C8%, H86%	L14%, C30%, H57%	L31%, C40%, H28%	L29%, C58%, H12%
形态在年度价格区间低(L)、中(C)、高(H)各区域突破后的涨/跌幅	L18%[a], C18%[a], H31%	L16%[a], C18%[a], H13%[a]	L21%, C15%, H10%	L23%[a], C22%, H20%[a]
回调/反弹概率	47%	43%	65%	52%
回调/反弹期间	10天	10天	11天	10天
出现回调/反弹形态的平均涨/跌幅	23%	14%[a]	-15%	-20%
未出现回调/反弹形态的平均涨/跌幅	35%	16%[a]	-16%	-25%
出现突破缺口形态的表现	28%[a]	10%[a]	-25%[a]	-22%[a]
未出现突破缺口形态的表现	29%[a]	16%	-13%	-22%
缺口平均金额(美元)	0.77	0.41	0.45	1.48
局部上涨，向下突破(数量或占比)	N/A	N/A	107/144或74%	38/48或79%
局部下跌，向上突破(数量或占比)	22/27或81%	18/22或82%	N/A	N/A
局部上涨表现	N/A	N/A	-12%	-21%
局部下跌表现	27%[a]	13%[a]	N/A	N/A
形态内局部上涨失败(数量或占比)	4/92或4%	3/37或8%	8/186或4%	7/65或11%
形态内局部下跌失败(数量或占比)	7/92或8%	3/37或8%	28/186或15%	4/65或6%

注：(-)负号表示下跌；N/A表示不适用；[a]表示样本小于30个。

从形态结束到突破　从股价与趋势线的最后一个触点，到最终收于趋势线边界之外，需要2～4个星期的时间。这个观察结果表明，股价往往从趋势线反转后，慢悠悠地向对面趋势线的方向运行，然后突破。

年度位置　对于向上突破的形态来说，大部分突破发生在年度价格区间的高位区域。而向下突破的形态，多数在年度价格区间的中位区域突破。

年度位置及表现 将年度股价区间各区域突破的形态及其突破后的表现进行比较，我们发现，发生在牛市价格区间高位区域的向上突破形态表现好，发生在熊市价格区间低位区域的向下突破形态表现好。

回调和反弹 股价突破形态后，有一半的股票出现回调或反弹。发生回调或反弹后，股票需要约10天的时间返回到突破点价格。如表2.4中所示，当回调和反弹出现，股价表现会变差。

缺口 对于向上突破的形态，出现突破日缺口将影响股价的表现，但这个结论也可能是由样本量小导致的。对于向下突破的形态，出现缺口对形态表现既没有帮助，也没有损害。需要注意的是，熊市向下突破形态的缺口很大。

局部上涨或下跌 局部上涨或下跌可以准确地判断即将到来的突破方向。运用局部上涨或下跌，可以在一个更好的价格交易股票。

局部上涨或下跌是否对动量造成干扰？是的。如果比较表2.2和表2.4中的平均涨幅或跌幅会发现，在出现局部上涨或下跌后，形态表现变差。尽管如此，利用这个特征，不用等待突破，便可更早地交易股票，这将有助于提升投资收益。

形态内局部上涨或下跌 局部上涨或下跌预测即将到来的突破方向的失败概率有多少？答案是：4%～15%，具体要看市场环境和突破方向。

表2.5所示为突破形态后，股价到达最高点或最低点所需天数的频次分布。可以看到，熊市的下跌通常是迅速的。几乎一半的向下突破形态在不到2个星期就到达最低点。向上突破的形态需要更长的时间才能到达最高点，有时，这个时间会很长，牛市向上突破的形态中有48%在70天后还在寻找最高点。

表2.5 到达最高点或最低点天数的频次分布

天数	7	14	21	28	35	42	49	56	63	70	＞70
熊市，向上突破	16%	11%	16%	11%	8%	5%	3%	5%	3%	3%	19%
牛市，向上突破	22%	5%	3%	1%	2%	8%	4%	4%	0%	2%	48%
熊市，向下突破	31%	14%	11%	6%	3%	2%	2%	0%	0%	5%	28%
牛市，向下突破	34%	13%	8%	4%	3%	5%	5%	2%	3%	1%	22%

这意味着在牛市，对向上突破的形态要有耐心。至于其他市场环境和突破方向的组合，要留意股票的疲弱。运用测算规则来估计目标价格，在股价接近目标价格时考虑卖出股票。记住，只要获利，你就不会破产(只是要记得把那些亏损的计算在内)。

当然，在突破后1个月也要留意股价疲弱。在这个时期，股价倾向于反转。表2.5显示，牛市向上突破的形态在突破后42天反转，牛市向下突破形态的反转出现在42～49天之间。

表2.6列示的是与形态面积大小相关的统计数据。

高度 所有情况下，高形态的股价在突破之后的表现比低形态的好。

宽度 当突破方向与当前市场趋势一致，即牛市向上突破，熊市向下突破，宽形态表现得比窄形态好。当突破方向与当前市场趋势相反，宽形态和窄形态表现要么是没有明显区别，要么是窄形态表现稍微好一点。我使用长度中值作为宽窄的区分点。

形态平均长度 形态的平均长度为2到2.5个月。

高度和宽度的组合 高宽组合的形态表现比所有其他组合的形态都好。要获得最佳投资收益，就要避免交易低宽组合的形态。

表2.6 形态面积大小统计

描述	牛市向上突破	熊市向上突破[a]	牛市向下突破	熊市向下突破
高形态表现	36%	16%	-16%	-23%
低形态表现	23%	14%	-15%	-22%
高度中值(与突破价格百分比)	13.24%	14.77%	14.70%	17.22%
窄形态表现	27%	15%	-16%	-21%
宽形态表现	31%	15%	-15%	-24%
长度中值	59天	49天	64天	56天
形态平均长度	79天	58天	78天	65天
低窄组合形态表现	25%	15%	-16%	-22%[a]
低宽组合形态表现	19%[a]	14%	-10%[a]	-23%[a]
高宽组合形态表现	38%	16%	-17%	-25%[a]
高窄组合形态表现	32%[a]	15%	-14%[a]	-19%[a]

注：(-)负号表示下跌；[a]表示样本小于30。

表2.7列示的是与形态期间的成交量相关的统计数据。

表2.7 形态期间成交量统计

描述	牛市向上突破	熊市向上突破[a]	牛市向下突破	熊市向下突破
上升成交量趋势表现	27%	16%	-13%	-23%
下降成交量趋势表现	31%	14%	-18%	-21%[a]
U形成交量形态表现	28%	16%	-19%	-22%[a]
半圆形成交量形态表现	32%	16%	-14%	-23%[a]
既非U形又非半圆形成交量形态表现	26%[a]	12%	-8%[a]	-19%[a]
巨量突破表现	30%[a]	15%	-17%	-22%
小量突破表现	22%[a]	14%	-11%	-26%

注：(-)负号表示下跌；[a]表示样本小于30个。

成交量趋势 一些分析者认为，在突破前成交量低意味着股票处于强势。在牛市，这种说法似乎是符合这个形态的实际情况。但是在熊市，这种说法与实际情况正好相反，上升成交量趋势的形态表现比下降成交量趋势的形态更好。

成交量形状 多数形态在成交量呈半圆形状时表现更好。但牛市向下突破的形态除外，牛市向下突破的形态在成交量呈U形时表现更好。

突破成交量 除了熊市向下突破的形态，其余所有形态的巨量突破都有助于突破后股价的表现。熊市向下突破的形态在轻量突破时表现更好。

交易策略

表格2.8所列为交易策略。

表2.8 交易策略

交易策略	解释
测算规则	形态顶部最高点到底部水平趋势线的距离就是形态高度。对于向上突破，将最高点加上形态高度等于目标价格；对于向下突破，水平趋势线减去形态高度等于目标价格。更准确的目标价格的计算方法是使用形态高度的一半代替形态高度
局部上涨或下跌	利用局部上涨或下跌作为一个交易股票的信号
等待确认	如果你已持有这个形态的股票，当股价收于底部趋势线下方时，卖出股票
形态内交易	对于高形态，在股价接近底部趋势线时买入，股价在顶部反转下行时卖出

测算规则 测算规则用于预测目标价格。首先计算形态高度：形态顶部的最高点与底部水平趋势线之差，等于形态高度。然后计算目标价格：对于向上突破，形态高度加上形态的最高点就是目标价格。对于向下突破，水平趋势线的值减去形态高度就是目标价格。目标价格应该成为突破后股价预计达到的最小价格，但是，上升直角三角形扩散形态的股价在突破后往往无法到达目标价格。在牛市，向上突破的形态实现目标价格的概率是68%，向下突破的形态实现目标价格的概率是32%。在熊市，向上突破的形态实现目标价格的概率是43%，向下突破的形态实现目标价格的概率是51%。

一个更保守的测算目标价格的方法是，先按上面的方法计算形态高度，然后再将形态高度除以二，即取形态高度的一半按如上方法与形态的最高点或最低点相加或相减，计算出目标价格。

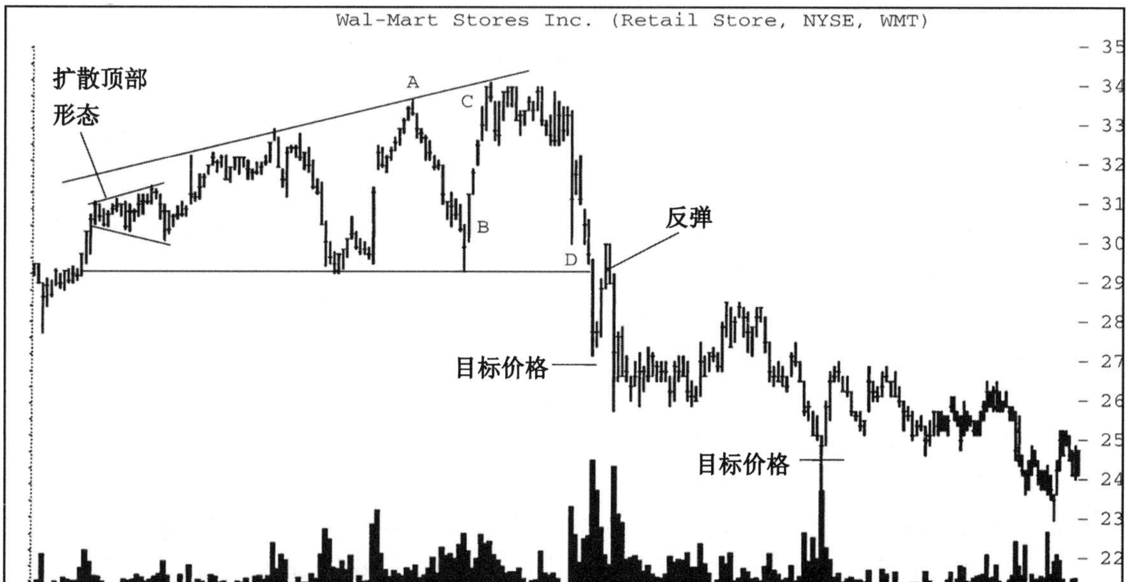

图2.5 上升扩散形态。分别使用形态高度的一半和全部预测目标价格。一个扩散形顶部形态出现在10月末。

图2.5的例子有助于解释测算规则的运用。形态高度等于形态最高点34.13美元与水平趋

势线29.25美元之差，即4.88美元。底部趋势线价格减去形态高度，等于向下突破后股价下行的目标价格24.37美元。更为保守的目标价格是使用形态高度的一半，即2.44美元代替形态高度，由此得出的目标价格是26.81美元。

局部上涨或下跌 局部上涨或下跌是很难交易的，因为价格经常在通往形态另一侧的半路上停滞，这样的停滞看起来像一个局部上涨或下跌。在确认股价不大可能继续在原来的方向上运行后再买入股票。尽量在价格收盘高于小低点或小高点到趋势线距离的中间点买入股票。

例如，假设顶部趋势线价格是20美元，股价从顶部下跌到14美元，然后开始反转回升，你认为这是一个局部下跌，那么，在股价收盘超过17美元时(即14美元和20美元的中间点)买入股票。你也可以使用斐波那契数列如38%、50%或62%作为买入点，如果股价反弹到这些黄金分割点，就可以考虑进行交易。

等待确认 如果股票出现上升直角三角形扩散形态，要当心了。很多时候，这个形态的突破将是向下的，所以要做好清仓的准备。一旦股价收在水平趋势线下方，就卖出股票。提前突破的情况极少，但也是会有发生的。

形态内交易 如果形态足够高，可以在形态内部两条趋势线之间进行交易。股价从底部趋势线反弹上行时买入，在顶部反转下跌时卖出。如果你够幸运，形态向上突破时可以持股待涨，利用不断移动的止损点来保障利润。当股价高于最近的小高点，将止损点移动到前一个小低点下方。这个策略可以给股价留下足够的腾挪空间。

交易故事

帕尔默是一个较瘦的小伙子，一个看起来像是喝了太多咖啡的人。我确信你一定遇到过这样的人。面对图2.5中那样的情况，他采取迅速果断的行动。在点A，即股价触及顶部趋势线时，他快速做空股票，卖空的股价为33.38美元。他在34美元设置了止损点，以防交易失败。然后就等待。

没过多久，股价横过形态到达水平趋势线。不幸的是，帕尔默没有使用指令自动在29.38美元（底部趋势线的价位)平空仓。所以，当股价从底部趋势线反弹回升，他第二天在点B的位置，即30.50美元平仓。随后，他立即做多股票，以同样价格买入股票。

为以防万一，帕尔默在水平趋势线下方29.25美元处设置止损指令，然后将顶部趋势线向后延伸，但是担心股价不会达到那个点，就把目标价格定在前一个高点(点A)的下方。不到一个星期，股价到达他的目标价格，在33.5美元处(点C)卖出股票。由于股价仍然显示向上的趋向，他犹豫了一下，等待趋势反转。三天后，他在33美元处做空股票。这一次，他在底部趋势线的上方即29.5美元处设置卖出指令。股价走势对他不利。股价涨到34美元，然后来回振荡了近三个星期，但一直没有达到他的止损点，即34.38美元的位置。后来股价暴跌，快速穿过形态，触及他的目标价格点D，他迅速平掉空仓。

意识到投资风向的变化，他在同样的价位做多股票，在底部趋势线下方设置止损点。接下来的日子，股价触及他的止损点，即29.25美元的位置，他止损了结。因为一些无法解释的原因，帕尔默从这点开始避开这只股票。也许，可能是因为他上一次交易遭受的那个小损失，或者，也许他只是咖啡因喝少了。

交易秘籍

下面的列表包含交易这种形态的提示和观测结果，以帮助你选择表现更好的形态。更多的信息，请参阅相关的表格。

●检查辨识指南，以确保正确辨识形态。见表2.1。

●交易方向与市场趋势一致：在牛市，买入向上突破的形态；在熊市，做空向下突破的形态。见表2.2。

●交易失败形态，或在股价达到最高点或最低点之后进行交易。见表2.2。

●在股价最大涨幅超过15%之后，牛市向上突破的形态失败率最低。见表2.3。

●在牛市，选择在年度价格区间高位区域向上突破的形态。对于向下突破，不论何种市场环境，都选择在年度区间低位区域突破的形态。见表2.4。

●回调和反弹使形态表现变差。寻找股价运行的附近支撑或阻力。见表2.4。

●出现缺口的向上突破形态表现受损。见表2.4。

●利用局部上涨或下跌提前交易股票。局部上涨或下跌作为突破方向的信号，预测的准确率超过74%。见表2.4。

●在牛市，要耐心持股，因为股价上涨到最高点需要更长时间。在熊市，股价的下跌可能是急剧而短暂的，所以利用利润目标以便获利了结。见表2.5。

●牛市突破后6到7个星期留意股价疲弱。见表2.5。

●选择高形态的股票。见表2.6。

●当突破方向与总体市场趋势方向一致(牛市，向上突破；熊市，向下突破)时，宽形态表现更好。见表2.6。

●选择既高又宽的形态，避免既低又宽的形态。见表2.6。

●在牛市，选择成交量呈下降趋势的形态；在熊市，寻找上升成交量趋势的形态。见表2.7。

●选择成交量形态为半圆形形态，但牛市向下突破的形态除外。见表2.7。

●选择巨量突破的形态，但熊市向下突破的形态除外。见表2.7。

第三章　扩散形态之下降直角三角形
Broadening Formations, Right-Angled and Descending

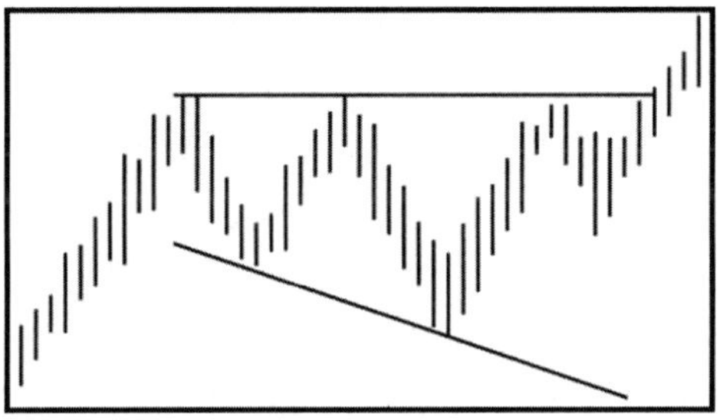

统计简报

向上突破

形状	顶部是水平的，底部沿着一条向下倾斜的趋势线不断下行。突破方向是向上的。	
反转或持续	短期持续，行情看涨。	
	牛市	**熊市**
表现排名	23/23	7/19
保本失败概率	19%	6%
平均涨幅	28%	23%
趋势结束后的变化	-26%	-35%
成交量趋势	向上	向上
回调概率	52%	50%
实现目标价格概率	63%	42%
意外发现	向上突破出现在年度价格区间高位区域。回调和突破日缺口损害形态表现。高形态比低形态表现好。上升的成交量趋势和U形成交量形态意味股价突破后有更好的表现。	

向下突破

形状	与向上突破形状相同，但突破方向是向下的。	
反转或持续	短期反转，行情看跌。	
	牛市	**熊市**
表现排名	13/21	4/21
保本失败概率	14%	4%
平均跌幅	15%	23%
趋势结束后的变化	55%	55%
成交量趋势	向上	水平
反弹概率	51%	57%
实现目标价格概率	44%	51%
意外发现	向下突破出现在年度价格区间低位区域。反弹对形态表现有损害。成交量呈半圆形和巨量突破的形态表现好。	

在股价日线图的数据库里查找这种形态，找到了140个向上突破的形态和134个向下突破的形态。对于向上突破，这类形态中，持续形态的数量是反转形态的数量的2倍。对于向下突破，情况正好相反，多数向下突破形态是反转形态。不论突破方向是什么，持续形态在牛市表现更好，反转形态在熊市表现更好。

牛市的保本失败概率比熊市的保本失败概率高3倍。这个发现意味着，这个形态在熊市过得更加幸福。随着保本点不断上升，情况就发生了改变。换句话说，这个形态在熊市开始时表现是好的，但交易时间一长，失败比率就不如牛市形态的失败比率低了。

股价突破形态之后的回调或反弹，以及股价到达最低点后的反弹，幅度都是可观的，即55%。所以，如果能够正确地知道什么时候趋势变化，即使入场较晚，也可以赚很多钱。

然而，下降的直角三角形扩散形态的表现是黯淡的，平均涨幅或跌幅远远低于其他类型的形态，所以交易这类形态时应保持谨慎。

导入

下降的直角三角形扩散形态看起来是什么样？它们怎么形成？图3.1是一个例子。那个典型的水平顶部和向下倾斜的底部都出现在图中。这是两个关键的特征。在形态顶部，股价达到相同的价格水平后下跌。一段时间以后，就可以画一条水平的趋势线连接它们。沿着形态的底部，多个小低点触及一条向下倾斜的趋势线。最终，股价突破形态，要么收盘高于顶部趋势线，要么收低于底部趋势线。

在图3.1中，突破是向下的，因为股价收在底部趋势线之下。我规定，股价收于趋势线之外才确认突破，这也是为什么在11月3日的峰顶没有被确认为向上突破的原因。在那一天，股价收于当天的低点19美元，低于19.50美元的顶部趋势线。

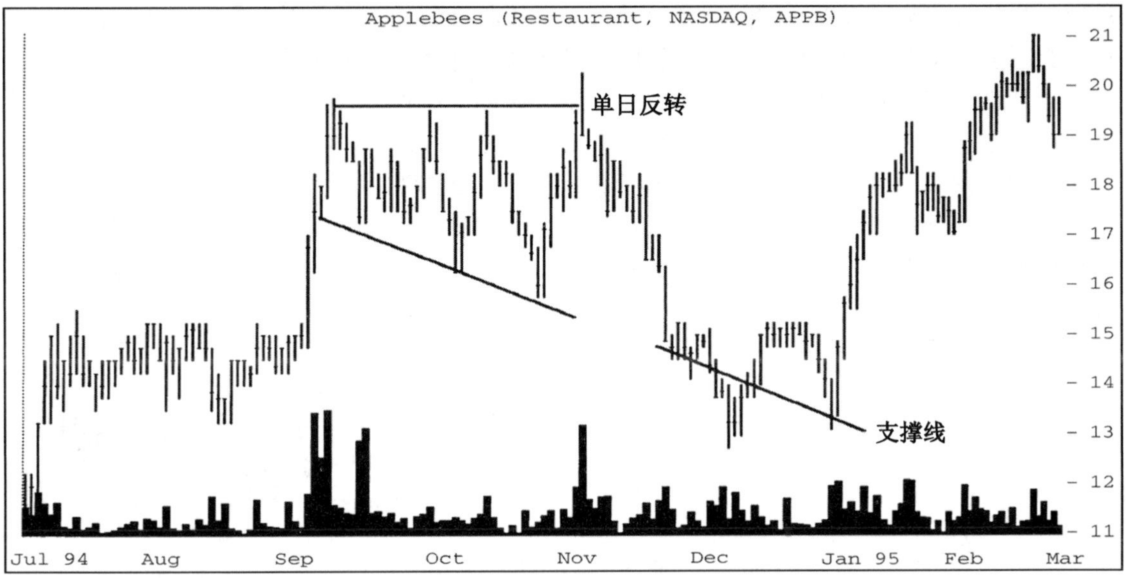

图3.1　这是一个下降的直角三角形扩散形态。一条水平趋势线沿着形态顶部，一条向下倾斜的趋势线连接小低点，这是这类形态的特征。那条延长的向下倾斜的趋势线显示未来的支撑和阻力区域。在11月3日，伴随巨量，股价推到形态顶部之上，但当天股价收低，出现了一个单日反转。

图3.2所示为一个向上突破的例子。形态顶部由几个股价上升到同一水平的小高点构成。3个单日的触点构成底部趋势线。只要股价触及趋势线，它就是一个趋势线的触点，不管它是由一个单日尖峰构成，还是由多日的连续触及构成。

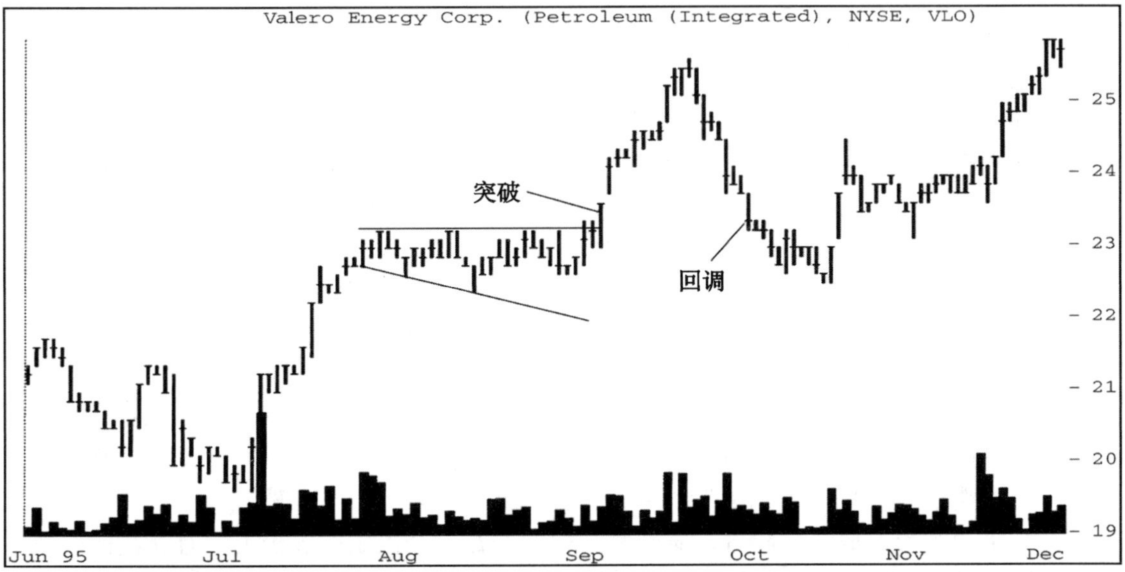

图 3.2　这是另一个下降扩散形态，但这一次突破方向是向上。突破后大概 4 个星期，股价回调到形态，然后不断上行。

图3.2所示的向上突破扩散形态，在2个多星期里上涨超过10%。1996年5月期间，股价竟涨到29美元，涨幅25%。图中也所示为一个回调，发生在突破后第4个星期，股价退回到形态

顶部。我认为突破30天以后的回调或反弹是正常的股价活动，不是形态的回调或反弹。图中这一个回调在突破后27天就出现了，所以可以作为股价突破形态的回调。

为什么会形成这样的形态？仔细看图3.3，在1993年期间，股价在4月初进入第一个形态，价格在形态内以温和的成交量上行，直到35美元。在这个价格水平上，投资者卖出与买入股票的热情旗鼓相当，上涨停滞。股价横盘运行。到5月10日，股价下跌到前一个小低点的下方。价格下行到31美元附近时，遇到由3月中旬的回调所形成的支撑区域，下跌停滞，股价横盘运行几天。因为有这个支撑区域，许多投资者相信下跌已经结束，股价将会上涨。股价如其所愿。随着成交量攀升，股价缺口上行，迅速飙升到原来的高点。

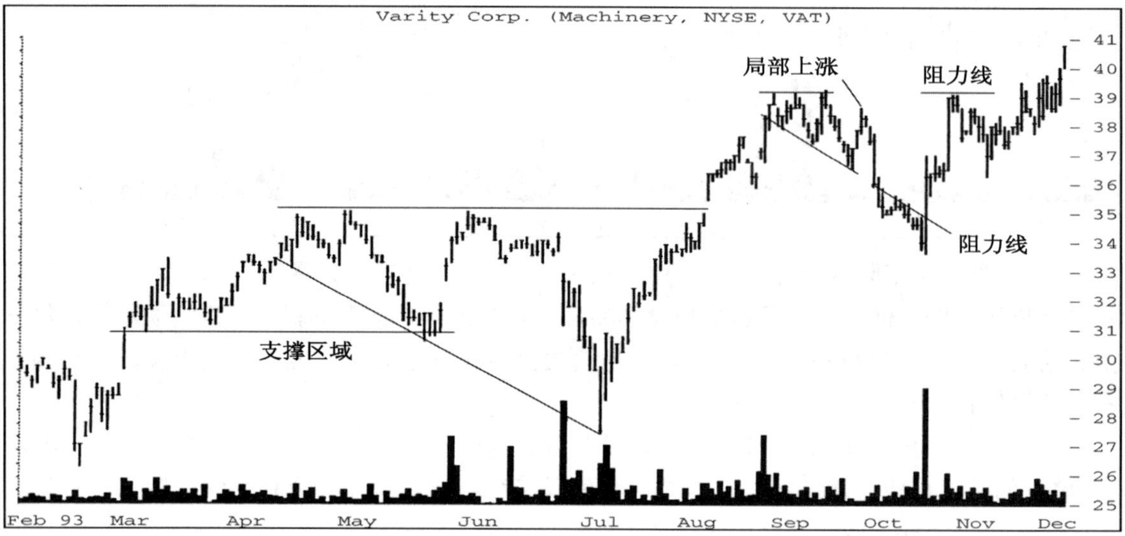

图3.3 这是两个下降的直角三角形扩散形态。第一个形态显示，股价在趋势线上反弹，因为这是以前的支撑区域。第二个形态显示一个局部上涨，这往往预示着最后的突破方向。图中的两条阻力线与趋势线平行。

在同一价位，股票遇到了来自机构和其他投资者的抛售压力。充足的供给阻止股价继续上行，价格横盘了几天，然后向下微跌，稍做歇息，开始快速下跌，直到新的小低点。

随着成交量的攀升，股价下跌，触及底部趋势线，这是一个支撑区域。投资者怀疑这个时候股票已经超卖，便买入股票，股价再次上涨。当股价上升到原来的高点，这个时候已经没有多少股票可以供购买。显然，在股价35美元时想办法卖出股票的投资者和机构，已经在之前的月份里卖出了他们手中的大部分股票。市场迅速抢购可获得的筹码，股价缺口上行，股价在原来的高点之上收盘，向上突破。

股价继续上行，但很快又形成另一个下降的直角三角形扩散形态。这个形态很紧凑，而且有行情下跌的意味。股价努力触及顶部趋势线，却没有成功，形成了一个局部上涨，这预示着一个下跌即将到来。在9月底股价暴跌，穿透底部趋势线，持续下行。

如果把两个形态放在一起看，原理是一样的。在一个固定的股价上，有充足的股票供给，供给耗尽后，股价要么上升到顶部趋势线之上，要么下跌到底部趋势线之下。至于往哪个方向运行，决定因素还不清楚。有时候股票供给超过购买需求，股价会下跌，在底部趋势线上，股价没有反弹，而是穿透底部趋势线下行。有时候股票供给并不会让股价下跌，热情的投资者踊跃买入，股价会不断上行。

辨识指南

有没有一些指南能够帮助辨识下降的直角三角形扩散形态？有，表3.1列示的就是这个形态的辨识指南。

形状 这个形态的形状看起来像一个顶部以水平方向放置的喇叭。股价攀升，触及顶部趋势线，然后反转下行。在另外一侧，不断下跌的股价形成了一系列的小低点，构成底部的趋势线。

表3.1 辨识指南

特征	讨论
形状	看起来像一个倾斜向下放置的喇叭，顶部是水平的，一条倾斜向下的趋势线构成底部的边界
顶部水平的阻力线	一条水平的阻力线连接顶部的高点，形成一条趋势线。必须有至少2个明显的触点(小高点)才能构成一条趋势线
向下倾斜的趋势线	底部不断下行的股价以一条向下倾斜的趋势线为边界。必须有至少2个明显的小低点才能构成一条底部趋势线
成交量	上升趋势，呈半圆形状
提前突破	非常少见。股价收于趋势线之外时，很可能是一个真实突破
突破	股价可能向任何一个方向突破，通常伴随上升的成交量，但成交量很快逐渐减小
局部上涨或下跌	对于一个已经形成的形态，当股价向顶部趋势线方向攀升或者向底部趋势线方向下跌但没有能够触碰到趋势线时，股价通常反转向相反方向突破形态
支撑和阻力	沿着两条趋势线向后延伸

顶部水平阻力线 当两个小高点在同样价位，或者接近同样的价格，可以画一条水平趋势线连接它们。

向下倾斜的趋势线 同样的方法适用于向下倾斜的趋势线：至少需要2个明显的触点才能画出一趋势线。通常有足够的时间来确认一个扩散形态，很多情况下每条趋势线上不至有两个触点。

成交量 在整个形态期间成交量呈上升趋势，有时候和股价运行一致。成交量形态多数时候看起来像一个半圆，而不是U形的坑或其他随机的形态。

提前突破 提前突破很少出现，所以如果股价收于顶部趋势线之上或底部趋势线之下，可以认为这是一个真实的突破。

突破 当股价收于(高于或低于)趋势线区域之外，突破出现。突破可能出现在任何方向，但作为形态前股价趋势反转的形态数量比作为持续的形态数量多。

局部上涨或下跌 一个局部上涨(如图3.3所示)，或者一个局部下跌，往往是最终突破方向的线索。当股价在局部上涨或下跌中反转，走向趋势线，股价往往迅速突破趋势线(也就是说，不会反转再次横越形态)。

支撑和阻力 当趋势线延伸向后，有时可以作为支撑或阻力区域。至于作为支撑区域还是作为阻力区域，取决于股价从哪个方向接近这条延伸的趋势线(如图3.1、图3.3和图3.6所示)。有时候，支撑或阻力水平可以持续几个月，有时甚至几年。

关注形态失败

因为下降的直角三角形扩散形态可以在任意方向突破，所以我将对两个方向的突破失败都做说明。第一个例子(如图3.4所示)，这个形态的突破方向已经被11月底的那个有泄密特点的局部下跌透露。股价从那个局部下跌反转上行，正如预见的，股价最终突破顶部趋势线。一旦股价收于趋势线之上，可以预见，股价要么还会回调到形态顶部，然后继续上涨；要么就直接向上运行，不回调。在这个例子中，股价在45美元停顿，然后如期返回到形态顶部，这是一个典型的回调。不幸的是，股票没有像典型的回调那样，在反弹之后上行，而是继续下跌。股价在形态内折腾了好一阵子，才从形态的另一侧突破冲出，径直下行。

图3.4　一个突破后股价没有继续上行的形态。局部下跌意味着股价最终将向上突破，但在突破之后，上行止步，股价没有继续上升，反而下行。

如果你在股价向上突破后买入这只股票，将会看到，股价从买入点44.50美元处下跌到36.88美元的低点。即使在形态的最低点设置止损指令，卖出股票的价格也达到39美元，依然是一个很大的跌幅。不过，如果持仓不动(不管怎么样，这个办法不建议)，迟早是有回报的。下跌的最低点出现在4月8日(图中没有显示)，后来证明，这是之后2年内的最低点。股票在1993年11月初上升到接近60美元的高点。

图3.5讲述了一个更为悲惨的故事，因为它包含了一个做空交易。投资者看着1994年10月14日开始的两天急剧下跌，就会在第二天尝试做空股票。如果他们真的这样做，或者，即使是多等了几天再做空，他们也将是在最低位附近卖空股票。从那时起，股价不断上升，反弹回到形态，并最终迅速上升到形态顶部。如果你是一个投资新手，没有给你的做空交易设置止损指令，你的损失将是从低点24.38美元开始亏到接近我的这个研究结束时的53美元高点。

图3.5展现了一个被我称为5%失败的类型。也就是说，当股价在突破后沿着突破方向继续运行不足5%时，便反转向与原突破方向相反的方向大幅移动。如果没有使用止损指令，这种失败的类型可以把一个微小的利润变成一个巨大的损失。

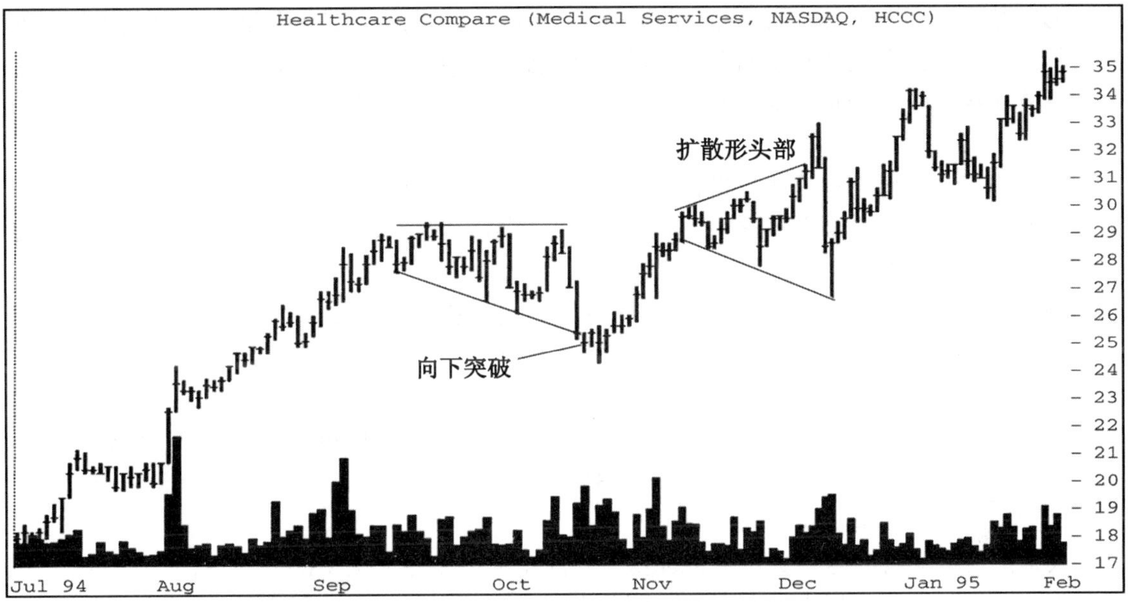

图3.5　一个向下突破的失败形态。突破后，股价下跌不到5%就反转，最终上升到42美元。这个形态中，失败形态极少，但还是会出现，所以止损指令一直都是重要的。一个扩散顶部形态在11月初形成。

要说图3.4和3.5中的闪光一面，那就是这样的失败不那么经常发生。下一节将讨论相关的统计数据，现在我提前说一下，每10个形态中有8个形态会沿着突破方向继续运行，至少会运行一段时间。尽管如此，这两个图也提供了一个警告，你应该确保使用止损指令来控制损失。即使你选择只在你的脑子里设置一个心理上的止损点，也要确保一旦事情变得糟糕时就止损。

统计数据

表3.2所示为下降直角三角形扩散形态的统计数据。

表3.2　综合统计

描述	牛市 向上突破	熊市 向上突破	牛市 向下突破	熊市 向下突破
形态数量	104	36	87	47
反转(R)、持续(C)数量	36R, 68C	11R, 25C	61R, 26C	35R, 12C
反转(R)、持续(C)涨/跌幅	20%R, 32%C	29%R, 21%C	-13%R, -20%C	-24%R, -20%C
平均涨/跌幅	28%	23%	-15%	-23%
涨/跌幅超过45%(数量或占比)	26或25%	3或8%	2或2%	2或4%
趋势结束后涨/跌幅	-26%	-35%	55%	55%
形态失败后涨/跌幅	44%[a]	35%[a]	-26%[a]	-55%[a]
标准普尔500指数的变化	13%	-5%	2%	-15%
到达最高/低点的天数	146	67	45	41

注：(-)负号表示下跌；[a]表示样本小于30个。

形态数量 在500只股票的从1991年中期到1996年中期、从1999年到2003年搜索到的形态，加上在这个范围之外发现的形态，我总共找到了274个形态。

反转或持续 这个形态作为反转形态的数量是143个，作为当前价格趋势持续的数量是131个。在牛市，这个形态作为持续形态时表现更好。在熊市，作为反转的形态表现更好。

平均涨幅或跌幅 与其他形态相比，不管是突破方向是向上还是向下，这个形态表现都是糟糕的。如果你一定要交易这种形态，那么，交易方向应该与当前市场趋势一致：牛市做多向上突破形态，熊市做空向下突破形态。

涨幅或跌幅超过45% 牛市向上突破的形态表现强劲，有25%的形态突破后上涨超过45%。向下突破的股票在哪个市场都表现得不尽如人意。但在熊市里，向上突破应该约为表中8%的两倍。

趋势结束后的变化 如果能确切知道什么时候趋势结束，就可以交易股票。股价向上突破上行达到最高点后，下跌的幅度在26%～35%之间。对于向下突破，股价达到最低点后，平均上涨到达惊人的55%。

失败形态的表现 这些数据告诉你如果在股票向一个令人失望的方向运行时，事情可以变得有多糟糕。比如，熊市中在上升不到5%之后，有两只股票暴跌平均超过55%。

标准普尔500指数的变化 将平均涨幅和跌幅与指数的表现做比较，你可以看到市场是如何影响个股的。这个数据建议你的交易方向应该与当前市场趋势一致。

到达最高或最低点的天数 股价在突破后，趋势结束前，运行的时间在6个星期到5个月之间。向上突破的形态需要花更长时间，尤其是在牛市。数据表明在熊市下跌比在牛市上涨急剧，但是运行没有那么远，或者持续没有那么长时间。

表3.3所示为在不同的市场环境和突破方向下，不同的失败比率。牛市形态的失败比率开始时高，为14%和19%，随着左边一栏数值的提高，失败比率变得更高。熊市表现出相似的趋势，只是开始时数值比较低。在超过15%之前，熊市的失败比率更低。在这之后，牛市向上突破的形态失败比率较少。

表3.3 失败形态数量或概率

股价最大涨/跌幅(%)	牛市向上突破	熊市向上突破	牛市向下突破	熊市向下突破
5(保本点)	20或19%	2或6%	12或14%	2或4%
10	31或30%	9或25%	34或39%	5或11%
15	39或38%	14或39%	51或59%	18或38%
20	49或47%	20或56%	66或76%	24或51%
25	56或54%	26或72%	73或84%	30或64%
30	66或63%	27或75%	76或87%	38或81%
35	74或71%	28或78%	82或94%	40或85%
50	79或76%	33或92%	86或99%	45或96%
75	90或87%	33或92%	87或100%	47或100%
＞75	104或100%	36或100%	87或100%	47或100%

与其他的形态一样，如果把保本点提高，即最大涨幅或跌幅是10%、15%或更高时，失败比率会出现相当大的攀升。大约一半的形态在突破后涨跌幅不超过20%。

在后面会讨论测算规则。在这里先举个例子，假设股价将从10美元攀升到13美元，30%

的涨幅。这种情况在牛市里出现的概率多大呢？表3.3所示为答案。因为63%的形态上涨不会超过30%，所以股价似乎不可能达到13美元。保守一点，设一个低一点的目标吧。

表3.4是与股价突破和突破后相关的统计数据。

表3.4　突破与突破后股价表现统计

描述	牛市 向上突破	熊市 向上突破[a]	牛市 向下突破	熊市 向下突破
从形态结束到突破	25天	34天	45天	22天
突破在年度价格区间低(L)、中(C)、高(H)各区域分布的百分比	L1%，C27%，H72%	L6%，C33%，H61%	L45%，C33%，H22%	L51%，C36%，H13%
形态在年度价格区间低(L)、中(C)、高(H)各区域突破后的涨/跌幅	L11%[a]，C37%[a]，H27%	L26%，C24%，H22%	L14%，C16%[a]，H15%[a]	L26%[a]，C20%[a]，H24%[a]
回调/反弹概率	52%	50%	51%	57%
回调/反弹期间	9天	11天	9天	12天
出现回调/反弹形态的平均涨/跌幅	21%	21%	−15%	−22%[a]
未出现回调/反弹形态的平均涨/跌幅	36%	26%	−16%	−24%[a]
出现突破缺口形态的表现	23%[a]	17%	−18%[a]	−22%[a]
未出现突破缺口形态的表现	29%	25%	−15%[a]	−23%
缺口平均金额(美元)	0.26	0.42	0.43	1.78
局部上涨，向下突破(数量或占比)	N/A	N/A	27/50或54%	16/20或80%
局部下跌，向上突破(数量或占比)	52/82或63%	25/38或66%	N/A	N/A
局部上涨表现	N/A	N/A	−13%[a]	−22%[a]
局部下跌表现	28%	25%	N/A	N/A
形态内局部上涨失败(数量或占比)	12/104或12%	6/36或17%	10/87或11%	4/47或9%
形态内局部下跌失败(数量或占比)	8/104或8%	4/36或11%	5/87或6%	3/47或6%

注：(−)负号表示下跌；N/A表示不适用；[a]表示样本小于30个。

从形态结束到突破　股价需要3～6个星期的时间才会收于形态趋势线区域之外。这样，如果没有立即辨识出这个扩散形态，应该还有足够的时间来采取合适的行动。

年度位置　在年度价格区域里，在哪里能够找到扩散形态的突破位置？对于上涨的股票，突破最经常出现在年度价格区间的高位区域，只有不到1/3出现在别的地方，对于下跌的形态，情况正好相反，一半或近半的形态在低位区域突破。

年度位置及表现　突破在年度价格区间三个区域中的哪个位置形态表现最好呢？结果要依据市场情况而定。牛市的扩散形态，在年度价格区间中位区域突破时表现得最好，而对于熊市，那些在年度价格区间低位区域附近突破的表现最好。

回调和反弹　股价突破形态之后，有一半的概率会发生回调或反弹，在发生回调或反弹之后，股价在不到2个星期的时间内就又返回到突破价格。当回调或反弹出现，形态表现变差。查看附近的支持或阻力区域，它们可能干扰股价运行，并引发回调或反弹。

缺口　多数情况下，突破日缺口会损害形态表现。唯一的例外是牛市向下突破时，缺口有助于形态表现，但样本量少。

局部上涨或下跌　局部上涨或下跌在熊市表现最好。其预测突破方向的正确率为66%～80%。在牛市表现没有那么好，正确率在54%～63%之间。尽管如此，局部上涨或下跌会让投资者在突破前以更好的价格进入股票交易。

如果比较表3.2中的平均涨幅或跌幅会发现，一个局部上涨或下跌通常会损害形态表现。

形态内局部上涨或下跌 形态内局部上涨或下跌很少见，概率最高的是熊市向上突破，为17%，最低的是向下突破，为6%。一个局部上涨或下跌看起来像一个环形触碰趋势线，出现在形态已经形成（每条趋势线至少有2个触点），但是突破并没有在预计的方向上发生，而股价穿过形态向对面的趋势线方向运行。这种情况发生的概率很低，所以不用去关注。

表3.5所示为到达最高或最低点时间的频次分布。牛市向上突破的形态最有机会获得最好收益，只有29%(20+9)在两个星期之内到达峰顶，这是这个群里最好的(比率最低者)，有近一半(49%)的形态在70天后还继续上升。这一发现意味着牛市向上突破组合的形态表现最好，回头再看表3.2，这一点是得到确认的。

表3.5 到达最高点或最低点天数的频次分布

天数	7	14	21	28	35	42	49	56	63	70	＞70
熊市，向上突破	19%	14%	6%	3%	11%	0%	6%	3%	0%	0%	39%
牛市，向上突破	20%	9%	3%	4%	4%	2%	2%	2%	3%	2%	49%
熊市，向下突破	17%	17%	17%	15%	9%	2%	0%	2%	6%	0%	15%
牛市，向下突破	33%	9%	10%	3%	3%	5%	5%	6%	0%	0%	25%

所有这些数据说明了什么呢？如果你持有一只扩散形态向下突破的股票，而总体市场(由标准普尔500指数衡量)是牛市，扫描一下本表以帮助确定股票将会在多长时间内到达最低点。有相当大的机会股票会在第一个星期到达最低点，因为表中显示33%的形态会在此期间到达最低点。因为数据是相加的，接近一半（42%，或33+9)的形态在两个星期内到达最低点。如果三个星期后股价还在下跌，这可能是做空的好机会，随着交易的发展，降低止损点以保障利润。

在介入交易后一个月要当心趋势改变，尤其是在熊市(向上突破11%形态在35天后熄火)。

表3.6所列为与形态面积大小相关的统计数据。

表3.6 形态面积大小统计

描述	牛市 向上突破	熊市 向上突破[a]	牛市 向下突破	熊市 向下突破
高形态表现	35%	25%	-18%	-21%
低形态表现	23%	21%	-13%	-24%
高度中值(与突破价格百分比)	13.13%	19.13%	14.20%	22.18%
窄形态表现	28%	26%	-14%	-26%
宽形态表现	28%	20%	-17%	-19%
长度中值	63天	63天	55天	47天
形态平均长度	76天	82天	66天	64天
低窄组合形态表现	27%[a]	25%	-13%	-26%
低宽组合形态表现	18%[a]	14%	-13%[a]	-16%
高宽组合形态表现	39%	24%	-20%[a]	-21%
高窄组合形态表现	30%[a]	29%	-16%[a]	-23%

注：(-)负号表示下跌；[a]表示样本小于30个。

高度 高形态表现得比低形态要好，除熊市向下突破外。你如何使用这个结果呢？从形态顶部趋势线到股价与底部趋势线的最后触点(形态中最低价点)计算出形态的高度除以突破点价格，得出的结果与高度中值做比较，如果比中值大，则形态为高形态；如果低于中值，则形态为低形态。除非对股票评估有把握，否则只对高形态进行投资。

宽度　熊市窄形态表现比宽形态好。牛市向上突破两者之间表现没有区别，向下突破则宽形态表现稍微好。

形态平均长度　测算出来的形态平均长度大约为2个月。

高度和宽度的组合　表现最差的组合是低宽组合的形态，应回避这种形态。表现最好的形态是高宽组合，其次是高窄组合，再次是低窄组合。

表3.7所列为成交量相关的统计数据。

表3.7　形态期间成交量统计

描述	牛市向上突破	熊市向上突破[a]	牛市向下突破	熊市向下突破
上升成交量趋势表现	30%	24%	-16%	-23%[a]
下降成交量趋势表现	26%	21%	-14%	-23%[a]
U形成交量形态表现	34%	27%	-12%	-23%[a]
半圆形成交量形态表现	28%	23%	-19%	-25%[a]
既非U形又非半圆形成交量形态表现	14%[a]	13%	-13%[a]	-19%[a]
巨量突破表现	26%	24%	-16%	-23%
轻量突破表现	37%[a]	21%	-14%[a]	-22%[a]

注：(-)负号表示下跌；[a]表示样本小于30个。

成交量趋势　在四栏中，前三栏的数据是上升成交量趋势的形态表现得比下降成交量趋势的好，最后一栏的数据是两者持平。

成交量形状　对于向上突破、U形成交量趋势的形态表现比成交量趋势呈别的形状的形态好。对于向下突破，成交量趋势呈半圆形的形态表现最好。

突破成交量　多数情况下，巨量的突破成交量与更好的形态表现相关。只有牛市向下突破的形态，在少量的突破成交量下表现更好，但这方面的样本量较少。

交易策略

表3.8概述下降扩散形态的交易策略。

测算规则　图3.6描述测算规则的运用。首先计算形态的高度，即最高点49.50美元和最低点43.50美元之间的差6美元，加水平趋势线值即得到目标价格55.50美元。股价在1996年3月中期到达这个目标，股价继续攀升直到60美元。

如果股价向下突破，测算规则的计算方法也差不多是一样的。形态最低价减去形态的高度就是目标价格37.50美元。注意，牛市向上突破的形态比其他组合的形态更有可能到达它们的目标价格(63%)。统计数据见“统计简报”一节的“实现目标价格概率”。

等待确认　你可能会以为，在一个上升的价格趋势上出现的形态，股价会向上突破，但其实，形态不是突破向上的概率大得惊人。所以，在交易之前，应该等待形态确认，即等待价格收于趋势线之外。

表3.8 交易策略

交易策略	解释
测算规则	通过计算形态水平顶部和底部最低点之差计算形态高度。对于向上突破，形态高度加上水平趋势线等于目标价格。对于向下突破，底部最低点减去形态高度等于目标价格
等待确认	股价从哪一边突破尚不明朗，所以最好等待股价收于趋势线之外。一旦股价收于趋势线之外，股价将会沿着突破的方向继续运行，可以依此进行交易
止损	一旦突破出现，考虑用形态的另外一边作为止损位置。然而，在许多情况下，你可以考虑用离买入价更近的位置作为止损的位置，所以查看较近的支撑或阻力区域。一旦股价大幅移动，推进止损点到保本点或更高的位置
形态内交易	对于激进的交易者，当股价在趋势线上反转时，考虑交易股票。在底部做多，在顶部做空，但要确保使用止损指令，以防不利的突破发生
局部上涨	在熊市，如果你看到一个局部上涨，一旦股价转弯并开始向下运行，做空股票

止损 一旦知道目标价格，就可以进行交易的盈亏评估。与目标价格相比，可能的下跌幅度是多少？潜在的利润与交易风险是否匹配？在图3.6中，有一个支持区域在46美元到47美元之间。检查股价之前的峰顶和峰谷以确定支撑和阻力位置。在1995年3月(图中未显示)，有一个由高点在46美元的对称三角形为边界的价格拥挤区域，另外的阻力出现在图中所示的7月和10月。综合来看，46美元到47美元之间是设置止损指令的好位置。

假设止损指令在45.75美元，稍低于支撑区域底部。如果交易发生在50.50美元，即向上突破次日的收盘价，那么潜在的损失低于10%。对于55.50美元的目标价格，即10%的涨幅，盈亏比率不是让人很兴奋。在这种情况下，要么提高止损点收紧止损(有被正常的股价活动触发止损出场的风险)，要么找别的更有利可图的交易。记住，没有一个规则说必须进行交易。

形态内交易 如果形态足够高，在股价从底部趋势线反弹时做多，在股价从顶部趋势线反转时做空。

局部上涨 这一章的“统计数据”一节讨论了局部上涨。在熊市，局部上涨之后出现向下突破的概率是80%。这个概率已经高到足以冒险交易了。如果看到一个局部上涨，不管这个上涨有多高，只要它没有触及或者接近到顶部趋势线，然后股价开始向下运行，则做空股票。运气好的话，股价会冲出形态的底部，并继续下跌。和往常一样，确保设置止损指令，并随着股价下跌而下移。

交易故事

拉尔夫是一个形态交易者，在从不同的形态里面榨取其中的利润方面有丰富的经验。当他注意到一个形态，他想这要么是下降扩散楔形，要么是下降直角三角形扩散形态，他就买入了股票。交易指令放置在图3.6的点C(46.38美元)，就在股票从底部趋势线反弹之后。

他仔细观察这个股票，看着股票在第二天上涨，然后稍微下跌。几天之后，拉尔夫看到一个对称三角形，他开始担心了。他推测，那些形态后面通常跟着下行的趋势。当股价跌到三角形底部趋势线下方时，拉尔夫卖出股票，在46.50美元平仓。

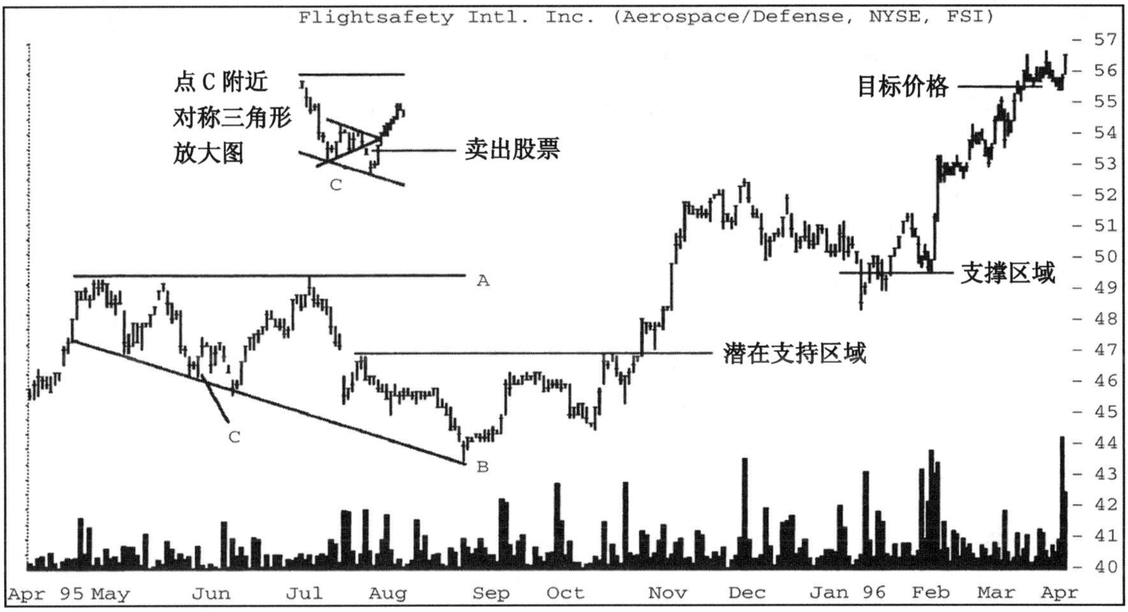

图3.6　下降扩散形态的向上突破。运用测算规则估算向上突破的目标价格，找出形态中的最高点和最低点，标示为点A和点B，将计算结果加上点A，得到目标价格。股价运行7个月后超过目标价格。在点C出现一个小的对称三角形。

当他在电脑屏幕上抹掉那些线条，看着全新的股价图，他知道他做了正确的决定，因为一个局部上涨，就像那个三角形形成的地方，通常预示着马上到来的下跌突破。

果然，接下来的日子里股价跌得更低。再次触及扩散形态底部趋势线。然后，股价反弹。在接下来的日子里，他惊讶地看到，股价快速上升，横穿形态，触及顶部趋势线。在把佣金计算在内以后，拉尔夫损失了一小笔钱。他是卖得太早吗？还是因为他太谨慎了呢？他从中得到什么样的教训呢？花一点时间在你的交易里寻找答案，你就会很快变成一个更好的投资者。

交易秘籍

下面的列表包含交易这种形态的提示和观测结果，以帮助你选择表现更好的形态。更多的信息，请参阅相关的表格。

●运用辨识指南以选择形态。见表3.1。

●选择那些与市场趋势一致的形态：牛市选择向上突破形态，熊市选择向下突破形态。见表3.2。

●如果你能确定什么时候趋势改变，在股票触底时买入，持股待涨，因为平均涨幅有55%。见表3.2。

●在股价变化幅度小时，熊市向下突破形态失败比率最低。股价变化幅度超过15%时，牛市向上突破的形态表现更好，因为股价运行时间更长。见表3.3。

●在牛市，选择在年度价格区间中位区域突破的形态；在熊市，选择在年度价格区间低位段附近突破的形态。见表3.4。

●回调和反弹对表现有损害。选择顶部阻力小的或者支撑位置强大的形态。见表3.4。

●突破日的缺口损害形态表现。见表3.4。

●熊市的局部上涨有80%的概率正确预示随后为向下突破。见表3.4。

●在熊市，股价向上突破形态1个月后，留意趋势的变化。见表3.5。

●选择高形态。见表3.6。

●在熊市选择窄形态。见表3.6。

●选择成交量呈上升趋势的形态。见表3.7。

●成交量呈U形的形态在向上突破后表现好。对于向下突破，选择成交量呈半圆形的形态。见表3.7。

第四章 扩散形态之顶部形态
Broadening Tops

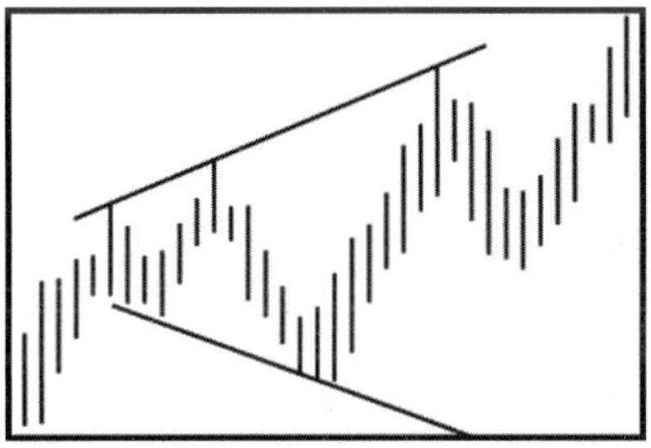

统计简报

向上突破

形状	股价趋势是向上进入形态。喇叭形状，顶部不断攀升，底部不断下降，不断扩散。突破方向向上。	
反转或持续	短期持续，行情看涨。	
	牛市	**熊市**
表现排名	19/23	13/19
保本失败概率	15%	11%
平均涨幅	29%	24%
趋势结束后的变化	-33%	-33%
成交量趋势	向上	向上
回调概率	54%	53%
实现目标价格概率	62%	61%
意外发现	突破发生在年度价格区间低区的形态表现最好。没有突破日缺口提高形态表现。局部下跌预示向上突破，预测准确率达70%。突破日成交量较小有助于形态表现。	
同义词	扩散三角形，传统扩散形顶部，五点反转。	
参见	扩散形底部形态。	

向下突破

形状	与向上突破形状相同，只是突破方向向下。	
反转或持续	短期反转，行情看跌。	
	牛市	**熊市**
表现排名	18/21	11/21
保本失败概率	18%	3%
平均跌幅	15%	20%
趋势结束后的变化	53%	49%
成交量趋势	向上	向上
反弹概率	48%	62%
实现目标价格概率	37%	32%
意外发现	多数形态在年度价格区间低区突破时表现最好。反弹损害形态表现。高形态表现比低形态好。成交量趋势呈U形的形态表现最好。	
同义词	和向上突破的一样。	
参见	和向上突破的一样。	

毫不奇怪，扩散形顶部形态与扩散形底部形态很相似。扩散形顶部形态和扩散形底部形态的区别是进入形态的价格趋势不同。对于顶部形态，进入形态的价格趋势是自下而上的。对于底部形态，进入形态的价格趋势是自上而下的。这是为了考察两者的表现是否有不同而做的主观区分。现在来回答这个问题，可能你也在提出的问题，答案是：这两个形态的表现有细微的差异。

对统计简报做一个简单的回顾，除了熊市向下突破，保本失败概率起步高，除了熊市向下突破的形态，其他形态的失败比率起步从11%～18%。熊市向下突破形态的保本失败概率只有3%。扩散形顶部形态平均涨幅只有29%，而其他所有牛市形态的平均涨幅是36%。向下突破形态的表现也一样糟糕，平均跌幅只有15%～20%，而其他所有形态的平均跌幅是18%～24%。

导入

扩散形态有不同的类型和名称，有扩散形顶部形态和底部形态、上升和下降的直角三角形形态、扩散三角形形态、传统扩散形顶部形态以及五点反转形态。最后的三种形态是扩散形顶部形态的同义词。

为了对形态有个初步的了解，请看图4.1。股票在1994年12月开始一个上坡跑，在1995年5月到7月停滞2个月，随后股价继续攀升，在9月中期，到达53.75美元的高点。对于股票持有者来说，经历了股价的长跑后，决定卖出持有的股票，股价因此向下走低。9月25日，成交量急剧上升，阻止股价进一步下跌。投资者看到，股价已经回调了从6月开始的涨幅的40%，以为股票已经超跌，便买入股票，使得股价不断上行。

10月19日，股价到达54.50美元新高的峰顶。许多勤勉的投资者可能会推测一个双头顶部已经形成，便迅速卖出持有的股票，最大限度地收割利润，导致股价暴跌。当股价跌到支撑点下方，即两峰之间的峰谷最低点48.75美元时，双顶形态确认。

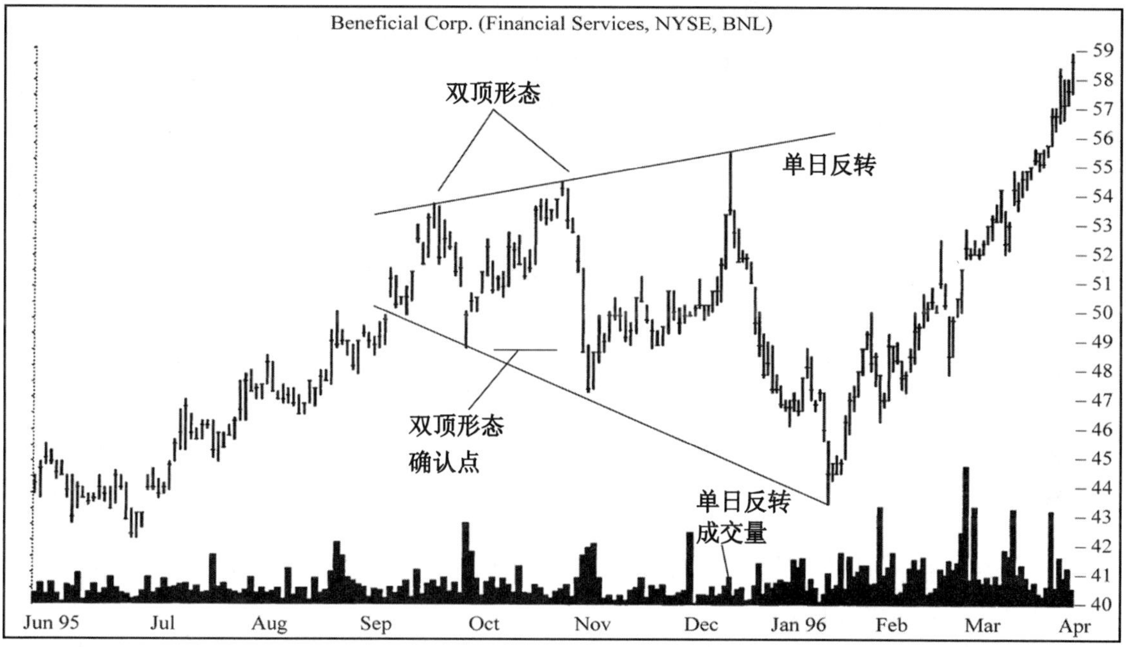

图4.1　由一个双顶形态变成一个扩散形态。在快速上涨后出现的单日反转成了第三个峰顶。扩散形顶部形态是在底部的热切买入者和舍不得卖出者之间的争夺，以及在顶部的快速获利了结的短线交易者的踪迹。

成交量开始聚集，股票的供需争夺重新起了作用。随着交易者的买入意愿超出卖出意愿，股价中止下跌。股价掉头，向上回升。此时，形态交易者可以画出两条趋势线：一条穿过双顶，另一条在两个峰谷下方，形成一个扩散形顶部形态。精明的交易者会在这个点位买入股票，与预期上涨的扩散形态共舞。股票也很配合，股价涨得更高，再次到达顶部趋势线，创55.50美元新高。

最后阶段的陡峭上涨是不可持续的。峰顶看起来像是一个单日反转，当日股价收盘接近日低点，股价当日振幅大。无论如何，成交量不能令人信服。那一天的成交量高于前一星期，但是，没有达到11月底的高度。最终，股价暴跌，很快达到43.50美元的新低，正好在向下倾斜趋势线上停住。当股价再次开始上涨，短线交易者跳上马车，股票量增价涨。买入的热情和上涨的动量将股价推得更高，价格越过顶部趋势线，发生向上的突破。

在形态的不同峰顶和峰谷，是买入者和卖出者之间的争夺。股价接近低点时，买入者们相信股票是超卖的，他们踊跃买入。在峰顶又迅速卖出股票，把可观的利润放到钱包里。这样的抛售，又使得股价下跌。

有些投资者看到股价跌到低于其买入价，依然相信股票有投资价值，便买入增持。这样的行为有助于股价在底部反转，而且也可能解释股价在顶部时他们紧绷的神经。这一次他们想要保住利润，而不是等着股票再次下跌，眼睁睁地看着利润蒸发掉。

图4.1中的形态也证实，辨别最终的突破方向是极为困难的。很显然，每一个新高或新低都可能就是最终突破。只有在股价向相反方向移动时，才能清晰地知道股价没有突破而出。我们在“交易策略”一节探索从这些行为中获利的方法。

辨识指南

表4.1所示为扩散形顶部形态的辨识指南。

表4.1　辨识指南

特征	讨论
价格趋势	进入扩散形态的导入期价格趋势应该是向上的
形状	喇叭形状，顶部渐高，底部渐低。五点反转形态有三个峰顶和两个峰谷
趋势线	股价以两条趋势线为边界：顶部趋势线倾斜向上，底部趋势线倾斜向下
触点	应该至少有2个小高点和2个小低点，但它们不一定必须是交替出现的触点
成交量	趋势上升，通常呈U形
突破	突破可以出现在任一方向，在一些情况下，股价沿着水平运行好几个月后才上演最终突破

价格趋势　第一个标准是，价格趋势是由下而上进入扩散形顶部形态。这一价格趋势是扩散形顶部形态和底部形态的区别所在。对一个扩散形顶部形态，价格趋势应该是自下而上进入形态的，而不可以像扩散形底部形态那样由上而下进入形态。这只是我用来区分这两个形态的一个非常武断的规定。

形状和趋势线　从峰顶和峰谷绘制的趋势线，形成一个喇叭。顶部的趋势线越来越高，底部的趋势线越来越低。这个形态对于那些精通识别形态的人来说显而易见。趋势线的斜度是这个形态与其他形态的区别。顶部趋势线必须是向上倾斜的，底部趋势线必须是向下倾斜的。当两条趋势线中的其中一条是水平的，或者近乎水平，则形态归类为上升直角三角形或下降直角三角形形态。当两条趋势线向同一方向倾斜，则形态为扩散形之楔形形态。

触点　在形态成为一个扩散形顶部形态之前，至少应该有2个小高点和2个小低点。图4.1中的形态有3个小高点触及顶部趋势线，有4个小低点或接近或触及底部趋势线。在形态，小高点和小低点不一定交替出现。

成交量　成交量趋势的线性回归线是趋势向上的。很多时候，成交量形状和股价形态相似：随着股价上升或下跌，成交量形状呈上升或下降趋势。不过，我的研究表明，最经常出现的成交量形状是U形。

突破　当股价运行到趋势线区域之外，或者沿着趋势线运行一段时间后，突破出现。图4.1中，如果向上延长顶部趋势线，它将会在约58美元处与股价相交。股价穿过这一位置，进一步走高。当突破发生，我认为实际突破价格就是这个形态的最大峰值。比如在图4.1中，突破价格是55.50美元，即12月初的峰顶值。

举个例子说明如何使用这些指南。在图4.2中的扩散形顶部形态，乍一看，它看起来像一个大喇叭，股价趋势总体上沿着两条倾斜的趋势线运行。顶部趋势线倾斜向上，底部趋势线倾斜向下。每一条都与小高点或小低点相交至少两次。股价随着时间推移形成高者更高低者更低，直至从形态中突破，一般地，回调之前运行于趋势线之外。

成交量形态一般会随股价的上涨而上升，随股价下跌而下降。图4.2清晰地展示了这一现象。比如，在11月份中的上涨中，随着股价达到锋顶，成交量大幅上涨。之后，随着股价下跌，成交量迅速减少。图4.3中显示一个呈U形的成交量趋势。在9月份和12月份，成交量较高，在其他月份，成交量较低。

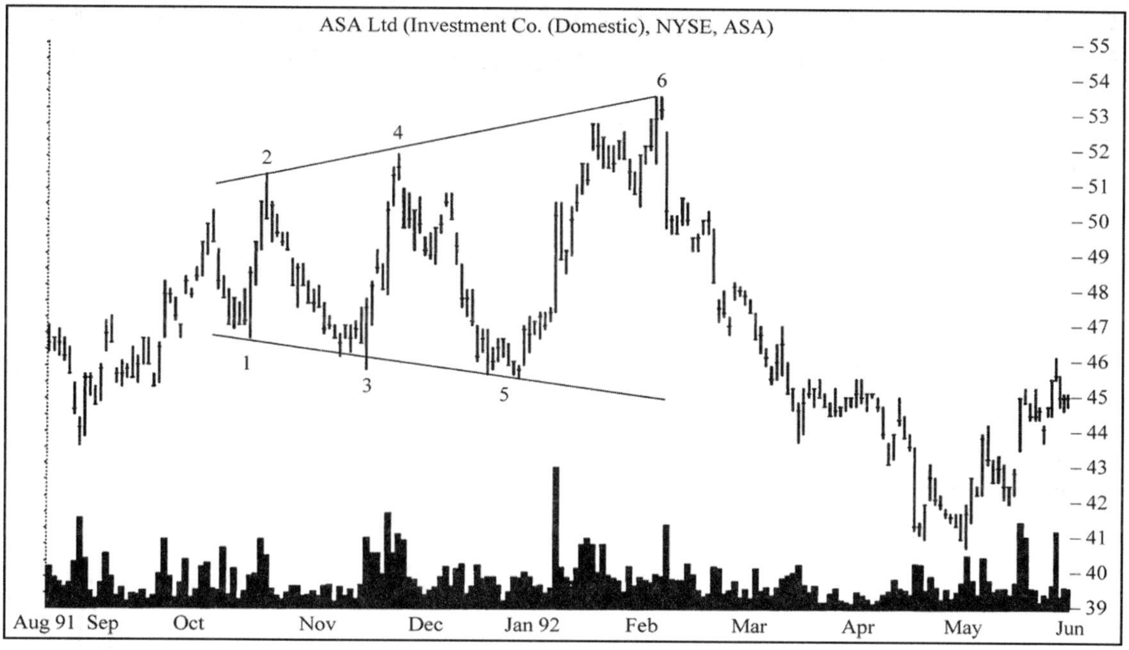

图4.2　扩散形顶部形态的顶部高点渐行渐高，底部低点渐行渐低，股价渐行渐宽。

传统扩散形顶部形态和五点反转形态描述的是相同的形态，它们都是简单的扩散形顶部形态，有3个小高点和2个小低点。图4.3中的形态就归入这一类。除了名字，我没有发现扩散形顶部形态和传统扩散形顶部形态以及五点反转形态有实质性的区别。

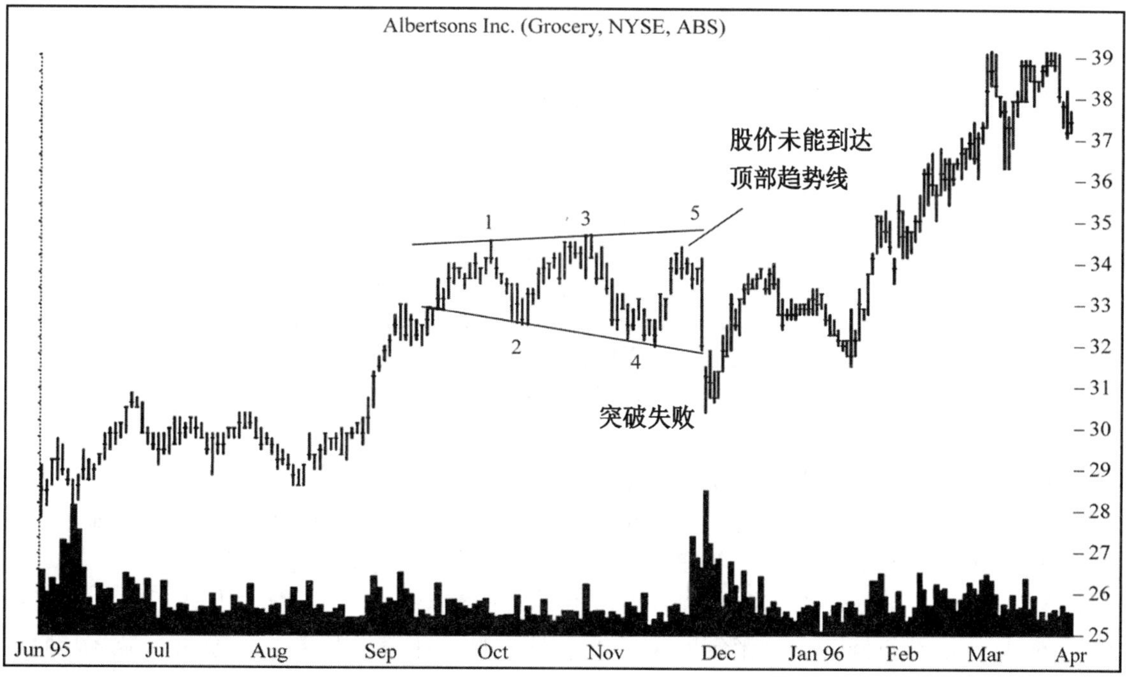

图4.3　一个弱的五点反转形态或传统扩散形顶部形态例子。这个形态的5个转折点由3个小高点和2个小低点组成。

一些分析者说五点反转形态是行情看空信号，这个形态预示着一个向下突破。我的统计数据虽然只是基于30个形态，但是证明这种说法是不精确的。其中有16个形态向上突破，其他的形态才向下突破。样本规模太小，所以不能得出一个权威的结论。

关注形态失败

失败形态看起来是什么样子？看看图4.3和图4.4，这两个形态中，突破后股价没有按照预测方向继续运行。图4.3显示，股价急剧下跌，以巨量下穿趋势线。显然，股价已经收在底部趋势线之下，因此，是一个向下突破。之前，股价尝试接近顶部趋势线，却失败了。但向下突破之后，价格因为巨量成交而无法继续下行，股价反转，不断上行。这是一个5%失败的例子，也就是说，股价突破之后，沿突破方向运行幅度不到5%，然后反转，沿着相反方向大幅运行。

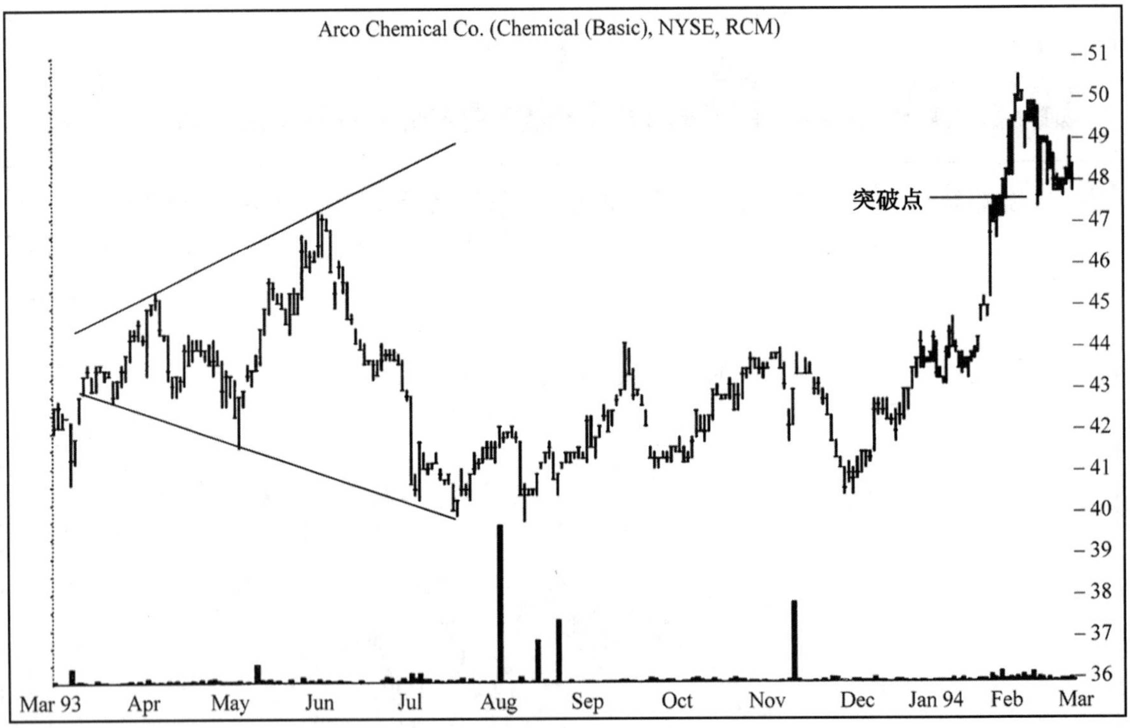

图4.4　在出现向上突破之前，这个扩散形顶部形态的股价横盘运行了6个月。这样的水平运行在扩散形顶部形态中普遍存在。

图4.4所示的形态和图4.3所示的形态行为相反。把这个图加进来，是因为我注意到大量的扩散形态是以这种方式运行的。股价在最后到达形态的顶部上方或底部的下方之前，并没有作出明确的向上或向下穿过趋势线的推动，而是沿着水平方向运行了好几个月。

在图4.4中，股价在7月初跌到趋势线下方，然后停止下行，微弱上升后，又做了回调，在8月初达到新低。在近半年的反弹中，股价的上升都没有高于44美元。最终，股价向上突破。

统计数据

表4.2所列为这个形态的综合统计数据。

表4.2　综合统计

描述	牛市 向上突破	熊市 向上突破	牛市 向下突破	熊市 向下突破
形态数量	183	62	182	66
反转(R)、持续(C)数量	183C	62C	182R	66R
反转(R)、持续(C)涨/跌幅	24%R[a], 29%C	N/A R, 24%C	15%R, 16%C[a]	20%R, N/A C
平均涨/跌幅	29%	24%	-15%	-20%
涨/跌幅超过45%(数量或占比)	43或23%	11或18%	4或2%	5或8%
趋势结束后涨/跌幅	-33%	-33%	53%	49%
形态失败后涨/跌幅	40%[a]	42%[a]	-33%[a]	-27%[a]
标准普尔500指数的变化	11%	-4%	1%	-14%
到达最高/低点的天数	116天	81天	50天	29天

注：(-)负号表示下跌；N/A表示不适用；[a]表示样本小于30个。

形态数量　在500只股票的1991年中期到1996年中期的数据及从1999年到2003年的数据中，我找到493个扩散形顶部形态。

反转或持续　这个形态表现为当前价格趋势的反转和表现为当前价格趋势的持续几乎是对半开的。就定义来说，因为我们说的是顶部形态，向上突破是持续，向下突破意味着反转。

如果统计数据是有效的，那么持续表现得比反转好，但这个结论是基于小样本量的。

平均涨幅或下跌　这个形态是一个糟糕的表现者，向上突破和向下突破的平均涨幅或跌幅都比其他所有形态的差。

涨幅或跌幅超过45%　这一扩散形态在牛市向上突破几乎有1/4（23%）上涨超过45%，这是相当可观的。这个形态的向下突破表现都不好。

趋势结束后的变化　股价达到最高点之后，下跌幅度约为33%。因为这个跌幅高于平均涨幅，如果没有适时卖出股票，利润将会全部回吐，还要亏到本金。下跌突破表现要好很多，突破之后涨幅约50%。当然，如果做空股票，要是下跌20%，然后猛涨50%，而你又没有平仓，你会有一种一脚踢翻自己的冲动。交易这个形态是要十分小心的。

失败形态的表现　如果形态破裂，应考虑在新的方向交易这只股票。表中的结果基于小样本量，不要指望交易中获得同样的结果。

标准普尔500指数的变化　要注意，总体市场有助于或是阻碍了股价表现。形态平均涨幅或跌幅与指数变化做比较，得出的数据表明你应顺市场趋势交易（牛市，向上突破；熊市，向下突破）。

到最高点或最低点的天数　股价到达最高点或降到最低点所需要的时间从116天到29天不等。熊市的下降比牛市的上涨更为急剧，而股价没有运行很远。

表4.3所列为扩散形顶部的失败比率。熊市向下突破的失败比率最小，为3%。但这个相对于牛市向上突破的优势并没有能够持续很长时间，在移动到15%或更大之后，牛市向上突破组合的形态失败比率最低。

注意，失败比率随着股价最大涨幅或跌幅变化而增加。熊市向下突破只有3%的形态下跌不会超过5%，但有23%的形态下跌不会大于10%，后者几乎是前者的8倍。对没有下跌大于15%的形态，这一比率又翻了一番，达到45%。

表4.3　失败形态数量或概率

股价最大涨/跌幅(%)	牛市向上突破	熊市向上突破	牛市向下突破	熊市向下突破
5(保本点)	28或15%	7或11%	32或18%	2或3%
10	53或29%	14或23%	74或41%	15或23%
15	73或40%	24或39%	103或57%	30或45%
20	89或49%	36或58%	133或73%	45或68%
25	98或54%	42或68%	149或82%	50或76%
30	109或60%	44或71%	158或87%	54或82%
35	120或66%	44或71%	167或92%	57或86%
50	145或79%	54或87%	179或98%	62或94%
75	161或88%	57或92%	182或100%	65或98%
＞75	183或100%	62或100%	182或100%	66或100%

表4.4所列为扩散形顶部形态突破和突破后相关的统计数据。

表4.4　突破与突破后股价表现统计

描述	牛市向上突破	熊市向上突破	牛市向下突破	熊市向下突破
从形态结束到突破	33天	28天	34天	26天
突破在年度价格区间低(L)、中(C)、高(H)各区域分布的百分比	L3%, C9%, H88%	L5%, C26%, H69%	L19%, C48%, H33%	L29%, C49%, H22%
形态在年度价格区间低(L)、中(C)、高(H)各区域突破后的涨/跌幅	L36%[a], C19%[a], H29%	L34%[a], C27%[a], H23%	L18%, C16%, H12%	L23%[a], C22%, H15%[a]
回调/反弹概率	54%	53%	48%	62%
回调/反弹期间	11天	11天	9天	11天
出现回调/反弹形态的平均涨/跌幅	24%	25%	-15%	-18%
未出现回调/反弹形态的平均涨/跌幅	34%	24%[a]	-15%	-25%[a]
出现突破缺口形态的表现	26%	16%[a]	-15%[a]	-21%[a]
未出现突破缺口形态的表现	29%	26%	-15%	-20%[a]
缺口平均金额(美元)	0.44	0.39	0.78	1.00
局部上涨，向下突破(数量或占比)	N/A	N/A	110/181或61%	44/59或75%
局部下跌，向上突破(数量或占比)	63/88或72%	31/39或79%	N/A	N/A
局部上涨表现	N/A	N/A	-16%	-19%
局部下跌表现	29%	21%	N/A	N/A
形态内局部上涨失败(数量或占比)	17/183或9%	6/62或10%	14/182或8%	3/66或5%
形态内局部下跌失败(数量或占比)	15/183或8%	4/62或6%	14/182或8%	13/66或20%

注：(-)负号表示下跌；N/A表示不适用；[a]表示样本小于30个。

从形态结束到突破　在突破并收于趋势线区域之外前，股价需要运行约一个月的时间。所以，即使可能晚发现一个扩散形顶部形态，还是有时间交易这只股票。股价在牛市比熊市需多花一个星期才突破。

年度位置　在年度价格区域内，扩散形顶部形态最有可能会在哪个区间突破？正如你已经猜到的，向上突破出现在年度价格区域的高区，而向下突破出现在年度价格区域的中区。

年度位置及表现　表现最好的期望其突破出现在年度价格区域的低区，不过这个数据基于小样本量。

回调或反弹　有近半的形态出现回调或反弹，股价再回到突破价格的时间少于两个星期。发生回调或反弹损害形态表现，突破方向与趋势方向相反(熊市，向上突破；牛市，向下突破)的除外。

缺口　当向上突破出现缺口，形态表现变差。对于向下突破，出现缺口和未出现缺口的形态表现差异甚微。尽管如此，注意向下突破的缺口是多么大。

局部上涨或下跌　利用一个局部上涨或下跌在突破之前进入交易是一个可靠的交易技术。你以更好的价格介入，而且它准确地预测到突破方向。这一点表现最好的是熊市局部下跌，其后出现向上突破的概率达79%。表4.4还所示为其他的组合与结果。

形态内局部上涨或下跌　局部上涨或下跌出现却没有导致一个立即突破的概率有多大？比率是5%到20%之间。这些形态内局部上涨和下跌看起来像环形触碰一条趋势线，它们是在形态形成之后出现的。

表4.5所列为股价突破形态后到达最高点或最低点所需天数的频次分布。比如，牛市向上突破，接近一半(48%)的形态需要超过70天才能达到最高点。大约1/4(27%，或22+5)的形态在不到两个星期达到最高点。这个观测结果表明在牛市，你要有耐心。

表4.5　到达最高点或最低点天数的频次分布

天数	7	14	21	28	35	42	49	56	63	70	＞70
熊市，向上突破	18%	10%	5%	8%	8%	3%	2%	2%	0%	5%	40%
牛市，向上突破	22%	5%	5%	2%	6%	3%	3%	3%	2%	2%	48%
熊市，向下突破	30%	18%	12%	9%	5%	8%	5%	2%	2%	0%	11%
牛市，向下突破	34%	8%	5%	4%	5%	4%	5%	4%	2%	3%	26%

在熊市向下突破，有30%的形态在第1个星期到达底部，近半(48%)的形态在2个星期内到达底部，只有11%的形态在70天后还在找底。所以，应准备快速获利了结。

查看表中各列那些短暂的回升数据，它们通常出现在突破后约1个月左右，预示着一个可能的趋势改变。在熊市尤为倾向于这样的特性(在突破点之后4～6个星期，根据表4.5)。

表4.6所列为与形态面积大小相关的统计数据。

高度　大多数情况下，高形态表现比低形态好。熊市向上突破是一个例外。

要运用这个信息，首先计算形态的最高点与最低点之差，得出形态高度，再将形态高度除以突破价格(对于向上突破，突破价格是形态的最高点；对于向下突破，使用最低点作为突破价格)，得出的结果与表4.6中的高度中值比较，高于中值的为高形态，低于中值的为低形态。要获得最大的收益，就选择高扩散形顶部形态，避免交易低形态。

宽度　有时候宽形态好(牛市，向上突破；熊市，向下突破)，有时候窄形态表现更好(熊市，向上突破)。我利用长度中值作宽窄形态之分。

形态平均长度　形态的平均长度在49天～65天之间，抑或约2个月。如果用平均长度与表4.2中的平均涨幅或跌幅作比较，会看到最高的平均长度(牛市，向上突破)也是最佳表现者。对于向下突破，最宽的形态(熊市，向下突破)也是最佳表现者。

高度和宽度的组合 表4.6所示为高度和宽度特性组合的形态表现，由于样本量小，统计结果前后有矛盾。

表4.6 形态面积大小统计

描述	牛市向上突破	熊市向上突破	牛市向下突破	熊市向下突破
高形态表现	39%	21%	-17%	-21%
低形态表现	22%	28%	-13%	-19%
高度中值(与突破价格百分比)	14.66%	16.53%	15.95%	21.72%
窄形态表现	27%	28%	-15%	-20%
宽形态表现	31%	21%	-15%	-21%
长度中值	52天	40天	49天	38天
形态平均长度	65天	49天	56天	61天
低窄组合形态表现	21%	35%[a]	-15%	-19%[a]
低宽组合形态表现	23%	18%[a]	-10%[a]	-19%[a]
高宽组合形态表现	36%	23%[a]	-17%	-22%[a]
高窄组合形态表现	45%	19%[a]	-15%[a]	-20%[a]

注：(-)负号表示下跌；[a]表示样本小于30个。

表4.7所列为与成交量相关的统计数据。

表4.7 形态期间成交量统计

描述	牛市向上突破	熊市向上突破	牛市向下突破	熊市向下突破
上升成交量趋势表现	27%	27%	-14%	-21%
下降成交量趋势表现	32%	18%[a]	-16%	-17%[a]
U形成交量形态表现	25%	32%	-17%	-22%
半圆形成交量形态表现	34%	20%[a]	-15%	-19%[a]
既非U形又非半圆形成交量形态表现	25%	16%[a]	-9%	-13%[a]
巨量突破表现	28%	24%	-15%	-19%
轻量突破表现	32%	25%[a]	-15%	-24%[a]

注：(-)负号表示下跌；[a]表示样本小于30个。

成交量趋势 牛市形态中，成交量呈下降趋势的表现得更好。熊市形态中，成交量呈上升趋势的表现突出。

成交量形状 多数情况下，成交量呈U形的形态表现好，但牛市向上突破的形态在成交量呈半圆形时表现更好。

突破成交量 在所有情况下，轻量突破要么对形态表现没有影响，要么有助于形态更好地表现。

交易策略

表4.8列示扩散形顶部形态的交易策略。

测算规则 考虑交易策略，首先要考虑的是测算规则。测算规则预测股价运行的目标价格。对于许多形态，只要简单地计算出形态高度，然后加上突破价格。扩散形顶部形态也差别不大。细看图4.5，形态的高度为最高点(12.13)与最低点(10)之差，即2.13。对于向上突破，将高度加上形态的最高点，得到股价运行最小目标价格14.26美元，如图中所示。

如何运用测算规则呢？想象一下你正在考虑买入一只股票，因为不清楚扩散形态最终的突破方向，所以很难选择一个长期持有的介入点。运用形态投资，最容易的办法是当股价在底部趋势线上掉头后买入。

表4.8　交易策略

交易策略	解释
测算规则	在形态的最高点和最低点之间计算得到形态高度，从最高点或最低点加或减形态高度，分别得出向上突破或向下突破的目标价格
在底部做多	一旦扩散形顶部形态出现，即可于股价在底部反转时买入股票
做多止损	在低于小低点0.15美元处设置止损指令，以便在股价出现反转时得到保护
在顶部做空	当股价在顶部掉头向下时做空股票
做空止损	在高于小高点0.15美元处设置止损指令，以便股价出现反向突破时得到保护。当股价在底部趋势线上掉头向上时平空仓。若股价向下突破，则在目标价格或任一支撑位置平仓
局部下跌	若扩散形顶部形态出现局部下跌，则做多股票，一旦股价向上突破，可考虑增加仓位

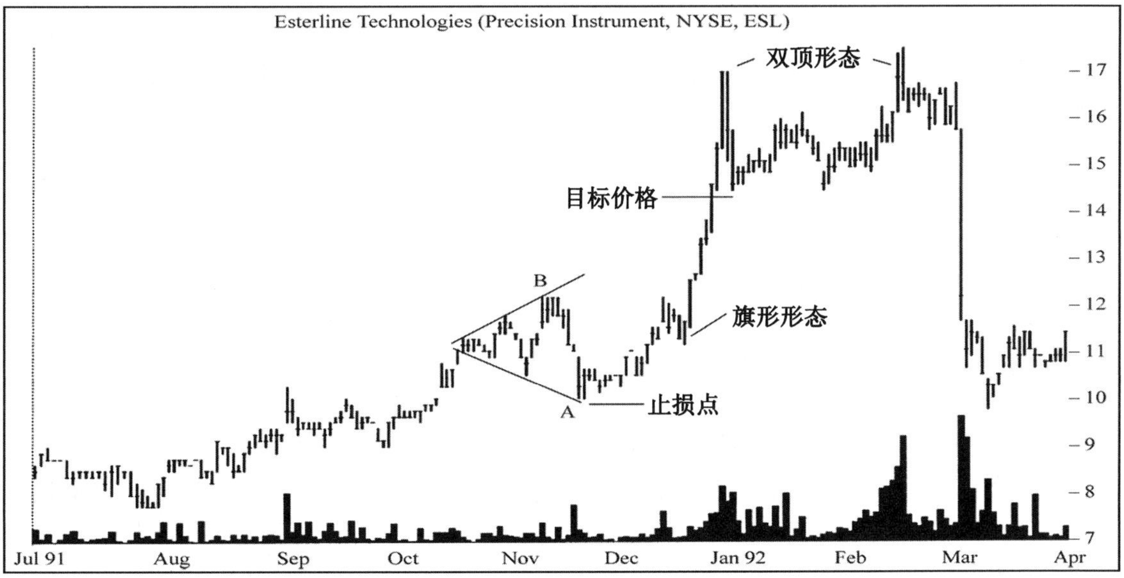

图4.5　运用测算规则计算目标价格。首先，计算从最高点到最低点的形态高度，然后根据突破方向，分别加减最高点或最低点，得出目标价格。

在底部做多　因为形成一个扩散形态需要有两个在顶部趋势线上的触点和两个在底部趋势线上的触点，当这些条件满足时，形态即确认。图4.5中所示的点A为一个适合的投资介入点。在设置买入指令之前，运用测算规则计算目标价格。目标价格有助于你决定潜在的收益是否值得去冒险。在图4.5所示的例子中，买入价格约为10.38美元，目标价格为14.25美元，涨幅37%。止损点应设置在9.85美元，潜在损失5%，收益风险比为7:1，足以冒险进行交易。在向上突破的形态中，股价达到目标价格的概率约为60%。所以，不要指望股价能够到达目标价格。

做多止损 股价触碰底部趋势线并反弹上行时，尽快买入股票。并在低于底部趋势线0.15美元处设置止损指令(点A下方0.15美元)。倘若股价下跌，你的仓位可以在未出现巨大损失前卖出。

如果股价到达顶部趋势线后没有能够突破向上，你可能有机会加入下一轮股价从底部再次反弹上行的行情中。当股价在底部趋势线反转上行时，买入股票，然后在股价达到前高点的水平时卖出。在这个位置上，股价可能会先横盘一点时间，然后才会继续上行到达顶部趋势线，或者有可能就在这个位置反转下行。所以要确保提高你的止损点，以保护你的利润。

对于向下突破，测算规则如何运用呢？重新演算一次：形态高度是2.13，从最低点(10)减去2.13，等于目标价格7.87。如果股价向下突破，应该会到达7.87。然而，向下突破目标价格的可靠率只有35%，所以结果不是很确定。

做空诀窍 对于扩散形顶部形态做空，在股价触及点B且反转开始向下运行时，做空股票。在高于形态最高点(在这个例子中为12.28美元)0.15美元处设置止损指令，以控制损失。一旦股价接近点A，降低止损点到下一个小高点或形态顶部的顶点(本例中为11.88美元或11.13美元)。有时候，股价没有下跌到趋势线便反弹开始回升；有时候，股价在掉头上升或继续下跌前会有一个长时间的横盘。一个较低的止损点有助于收获一定的利润。

局部下跌 最后一个交易策略是，留意当股价开始穿过形态但没有达到接近对面时，出现的局部上涨或下跌。在出现局部上涨或下跌之后，股价往往会掉转方向，很快地突破形态。当看到局部上涨或下跌，一旦股票掉转方向，就可以进行交易。如果突破出现，可以考虑加仓增持。

交易故事

桑德拉一直喜欢股票市场，但是从来没有足够的钱来加入这个游戏。尽管如此，她还是进行模拟股票交易来感受这个市场，梦想着有一天能够做真实的交易。后来，她父母和一个醉酒的司机死于一场悲惨的车祸。

接下来的那一年，对桑德拉来说，很艰难。她和他们那么亲密，她非常想念他们。她买了一条狗来帮助自己弥补生命的空白，但那还是不一样的。幸运的是，她父母都有保险，还有一些积蓄，这些她都得以继承。在给政府交完税之后，她突然意识到她没有继续工作的必要了。“为什么要等到我再老一些，等我的健康不再？或者我也许会像我父母一样早逝呢？” 她退休了，那时她29岁。

桑德拉知道，如果她把自己的开支缩减到极致，她可以靠积蓄维持生活。她还清了房贷、车贷，还清了信用卡欠款，然后不再到外面的餐馆吃饭。她改变了自己的生活方式，以适应有限的收入。但有一件事她不愿意放弃，那就是她的模拟交易。在开立了一个经纪人账户之后，她等待最佳的交易时间。最后她找到了一个，就是在图4.5中所示的那个。她发现了那个扩散形顶部形态，她发现得早，在股票突破之前买入，在股票到达点A两天之后，她下达交易指令，成交价10.50美元。她立即在低于最低点0.15美元的位置设置一个止损点，9.85美元，即6%潜在的损失。

桑德拉使用测算规则，找到目标价为14.25美元。如果事情都如其所料，她会有超过35%的收益。在交易完成后，她坐下来等待，2个眼睛盯着股价的变动。当价格停留在形态的高点时，她怀疑趋势会反转。她考虑收割她的利润，然后跑掉。但是她又决定不这么做。几天以后，她辨识出一个旗形。她希望这个旗形代表一个上涨的中继(旗形作为上升趋势中间点)。如果真是那样，她可以指望股价攀升到13.26美元(这个距离是旗形顶部12.13美元与向上趋势的开始10美元之差，得出形态高度2.13美元，对于向上突破的旗形形态，目标价格为旗形的最低点11.13美元加上形态高度)。

几天以后，股票不仅符合旗形的测算规则，也符合扩散形顶部形态。桑德拉卖出股票了吗？没有。因为股价继续上升，她决定让她的利润再飞一会儿。然而，她没有提高止损点到11.85美元，即低于形态顶部0.15美元。她把这个位置看作是一个支撑区域，如果股价回调到这个区域，股价会在她被止损出局之前反弹。

在2月中旬，第二个峰顶约17美元出现之后，她识别出一个双顶顶部形态。她提高她的止损点到确认点的0.15美元之下，即14.25美元处。在她提高她的止损点大约2个星期之后，股价从原来的15.63美元跌到12.13美元，她的仓位被止损卖出。扣除佣金，她在不到4个月的时间里，获利33%。

交易秘籍

下面的列表包含交易这种形态的提示和观测结果，以帮助你选择表现更好的形态，获取更多的信息，请参阅相关的表格。

●检查辨识指南，以选择正确的形态。见表4.1。

●选择与市场趋势一致的形态(牛市，向上突破；熊市，向下突破)，它们表现最佳。见表4.2。

●熊市下跌的斜度比牛市上升的斜度陡峭，但是运行没有那么远。见表4.2。

●选择牛市向上突破的形态，因其失败比例最小。见表4.3。

●选择在年度价格区间低区附近突破的形态。见表4.4。

●在多数情况下，局部上涨或下跌能够正确预测突破方向。见表4.4。

●有半数的熊市向下突破形态大约在两个星期左右达到最低点。准备快速获利了结。见表4.5。

●在熊市，预计突破后4到6个星期趋势变化。见表4.5。

●选择高形态。见表4.6。

●选择牛市成交量呈下降趋势的形态，熊市成交量呈上升趋势的形态。见表4.7。

●大多数形态在成交量趋势呈U形时表现最佳。见表4.7。

第五章　扩散形态之上升楔形
Broadening Wedges, Ascending

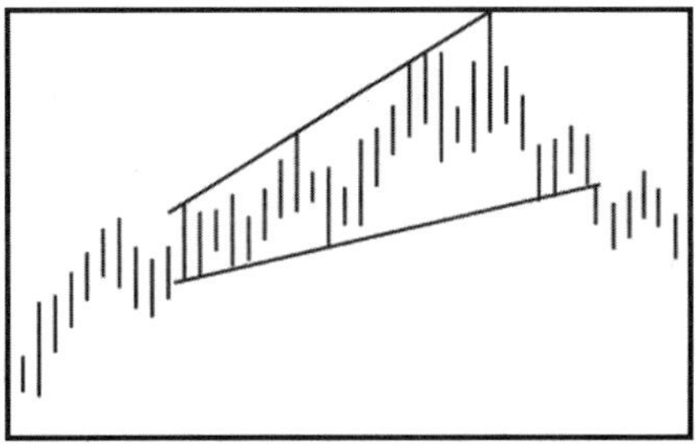

统计简报

向上突破

形状	股价沿两条向上倾斜且不断扩张的趋势线运行。突破方向向上。	
反转或持续	短期持续，行情看涨。	
	牛市	**熊市**
表现排名	6/23	10/19
保本失败概率	2%	0%
平均涨幅	38%	18%
趋势结束后的变化	-31%	-30%
成交量趋势	向上	水平
回调概率	50%	70%
实现目标价格概率	69%	60%
意外发现	回调损害形态表现。巨量突破的形态表现更佳。	

向下突破

形状	与向上突破形状相同，只是突破向下。	
反转或持续	短期反转，行情看跌。	
	牛市	**熊市**
表现排名	14/21	20/21
保本失败概率	11%	14%
平均跌幅	17%	21%
趋势结束后的变化	49%	37%
成交量趋势	向上	向上
反弹概率	57%	52%
实现目标价格概率	58%	86%
意外发现	反弹损害形态表现，不过突破日缺口有助于形态表现。局部上涨预示向下的突破。窄形态表现得比宽形态更好。巨量突破将股价推得更远。	

统计简报所示为扩散形上升楔形形态的统计数据。因为这类形态在熊市中很少见，所以这一章里的许多讨论都是关于牛市中的形态。由于样本量小，牛市的保本失败概率可能高于2%。至于向下突破的失败比率，11%可能是准确的。38%的平均涨幅比其他看多形态36%的平均涨幅高。

如果知道什么时候趋势变化，你可以在出现向下突破后赚到很多钱。比如，在股价达到最低点后，股价的平均涨幅达49%。所以，即使错过拐点，如果交易得当，在这个形态仍有足够的利润空间。

扩散形上升楔形有几个意外发现，其中大部分以前已经见过。局部上涨出现在形态的尾部，它有75%的概率准确预测到向下的突破。在统计部分还有更多的意外发现。

导入

扩散形上升楔形看起来像什么？仔细看图5.1中的形态，你首先注意到的是那两条倾斜的趋势线，顶部那条的斜率比底部那条的斜率稍为陡峭。两条趋势线同时向上不断扩张。一旦股价穿透底部趋势线，就快速下跌。形态看起来像一个饼状的楔形向上倾斜。这就是被称为扩散形上升楔形的原因。股价在两条趋势线范围之内交叉运行。

图5.2展示一个更好的扩散楔形的例子，两条向上倾斜的趋势线，顶部趋势线斜率比底部那一条陡峭许多。

图5.1和图5.2都表现了一个相似的情形，形态出现在一个上升的价格趋势末端，表明这是一个反转信号。虽然股价不一定会出现反转，也没有规定说，这种形态必须出现在上升的价格趋势末端，但是，这个形态出现在上升趋势末端且充当反转形态的数量比出现在其他情形的形态数量要多。

同时，图5.2也展示了一个有趣的形态，这是识别一个新的价格趋势开始的关键：局部上涨。股价在触及底部趋势线后，再一次反弹上行，但却没有能够触及顶部趋势线，随后股价反转下行，穿透底部趋势线后继续下跌。在年初，股价的活动也出现过相似的情形：从底部趋势线反弹上行，但是没有能够触及顶部趋势线，股价反转，下跌到底部趋势线，然后再次反弹，并快速地到达顶部趋势线。年初的这个局部上涨，没有能够预测到趋势的变化。原因我们稍后将进一步在“局部上涨”中探讨。

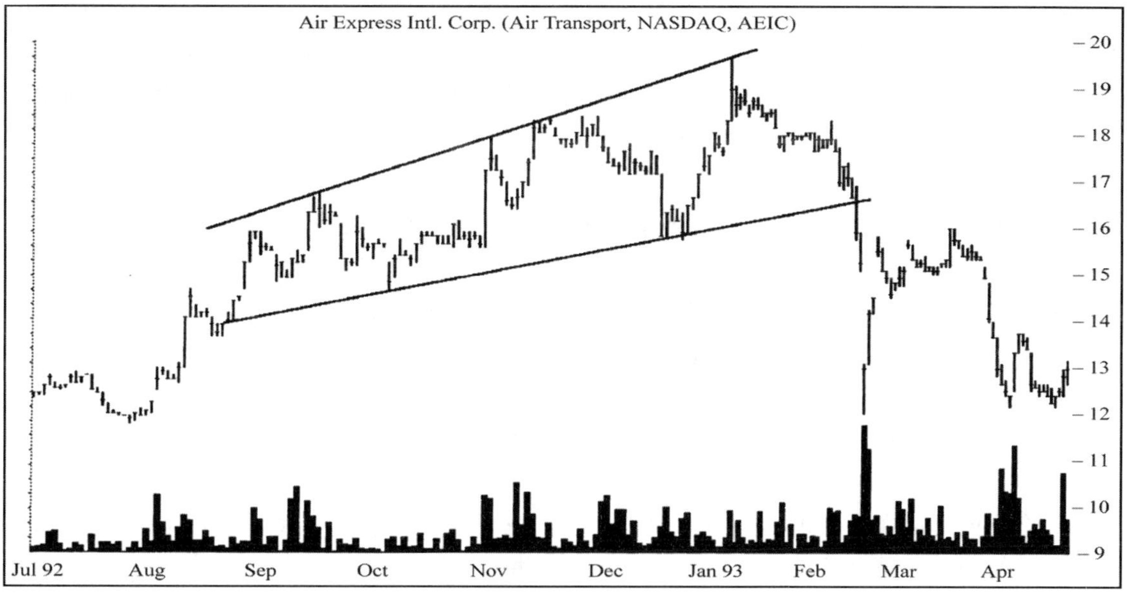

图5.1　这是一个扩散形上升楔形。两条向上倾斜的趋势线把不断扩张的价格包含在内。

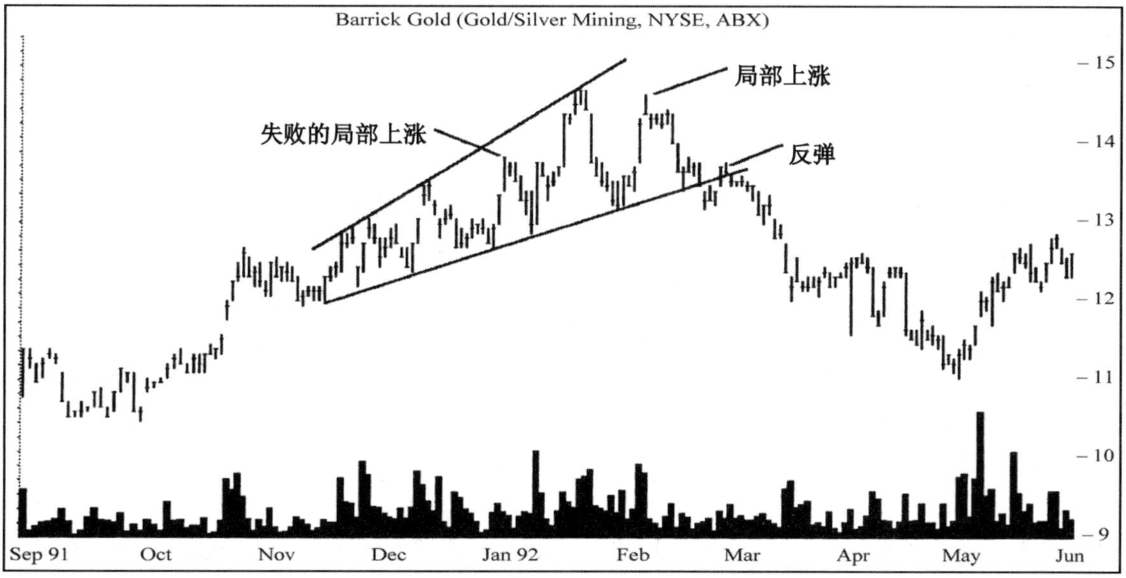

图5.2　一个扩散形上升楔形。渐宽的扩散特征在这个形态里很明显。反弹后未能触及顶部趋势线的局部上涨是一个即将到来的趋势变化的信号。

扩散楔形是怎样形成的呢？先假设一下你是某投资集团的总裁，公司有大把的钞票要花，你想买入一家公司的股票。当股价低时，你指令交易员开始买入。尽管交易员把订单拆分到几天，并拆分到几个不同的经纪人手上，但突然出现的需求还是使股价攀升不少。交易部门虽然悄悄买入，但你入市的消息还是透露出去了。短线投资者紧跟其后纷纷买入股票，推动股价飙升。股价高出你的预期，所以你指令交易部门暂时停止买入股票。

价值投资者感觉到了超买不断发展，乐意在一个较高的价位卖出他们持有的股票。很快，股价再一次向下运行，但在达到上一个低位之前，短线投资者冲进来，阻止了股价的下跌。你的交易部门看到一个更高的底部已形成，便重新加入交易，在股价还比较合理时买入。一些新的价值投资者也认为这是一只买入便能快速上涨的股票，这更加大了买入的压力。与此同时这家公司也加入进来，并在董事会的授权下，实施早已宣布的股票回购计划，从而买入股票。回购计划的期限即将期满，公司觉得是该买入股票以完成对股东承诺的时候了。

股票不断上行，当攀升到足够高时，卖出的压力超过了买入的需求，股价下跌，但股价不会下跌那么深——不是每个人都尽量在好价位买入。所以你看到的是不断抬升的高点，投资者毫无节制的买入热情不断推高股价，而你的集团以及公司本身则更为清醒和低调，尽量在一个固定的低价位买入。

但很快，即使对你来说，股价也太贵了，你甚至可能认为这个时候应该卖出部分股票，甚至全部卖出。与此同时，短线投资者轻松地把股价推得更高，但这一次股价没有接近顶部趋势线。

每个人的耳朵在贴着地面倾听，努力找出投资者的买入热情到底是因为什么。在远方，有轰隆隆的声响。做空者说，这个季度同店的销售数据将会更低。这一次，谣言找到了赞同的耳朵。之前听到的隆隆之声是聪明资金向出口奔逃的脚步声。股价快速下跌。股价可能会在支撑区域徘徊一段时间，这个时候，投资新手没有听明白那声音，便买入股票。当他们完成他们的交易时，那微弱的买入需求便随即衰退，股价撞破底部趋势线，向下跌去。

辨识指南

表5.1列示的辨识指南，都是这个形态的独特之处。在我讨论不同的指南时，仔细看图5.3描绘的上升楔形扩散形态。这个形态与图5.1和图5.2中形态的不同之处在于它是从一个调整区域中诞生的。从这个图的开始部分1991年11月，股价总体水平运行，没有跌到低于15.38美元水平太多(图5.3显示的只是股价前期运行中的一部分)。

在新年到来之前即12月23日股价开始上升，在1月中期达到一个新高，但很快就下跌了。在这个时候，画两条暂定的趋势线连接次高点和连接次低点，尽管这个时候形成一个明确的结论为时尚早，但一个扩散楔形看来已经成型。在股价上行并触及顶部趋势线后再次回落到底部趋势线时，那个扩散楔形就清晰可见了。在3月初期，股价上涨得更高，但很快停止，然后掉头向下，穿过底部趋势线。这个局部上涨和趋势线穿透意味着一个趋势变化即将发生。

这是一个假突破。股价在接下来的3天里，在一个狭窄的形态里不断上升，然后急剧上升，触及顶部趋势线。底部趋势线得重新画出，以便适应稍低于旧的趋势线的下跌。显然，股价在下跌到低于底部趋势线之前还有很多事情要做。

表5.1　辨识指南

特征	讨论
形状	看起来像一个喇叭，倾斜向上，股价的活动构成两条向上倾斜的趋势线
趋势线	顶部趋势线向上倾斜的斜率比底部趋势线的陡峭，两条趋势线中没有一条是水平的
触点	每条趋势线上至少应有3个明显的触点（或接近触点），这有助于确保形态的正确识别以及形态的表现
成交量	在整个形态期间，成交量呈不规则且稍微上升的趋势
提前突破	很少出现。股价收低于底部趋势线通常是一个真实的突破
突破	大部分情况下突破方向是向下的，但是向上突破也不是没有听说过
局部上涨	股价触及底部趋势线，向顶部趋势线攀升，但是没有能够触及顶部趋势线。股价反转并向下突破离开形态

一个月之后，股价回到底部趋势线，又上升了几天，然而，这个上涨“熄火”了，然后股价穿过底部趋势线。像一个月之前股价运行的一个回放，股价拉回到趋势线上，然后开始向上运行。然而，由于成交量小，这个上涨减弱了，股价很快退回到底部趋势线。4月16日，当股价出现缺口下行，真实的突破出现了。以连续不断的方式，股价暴跌到12.75美元下方，从高点下来，跌幅近50%。

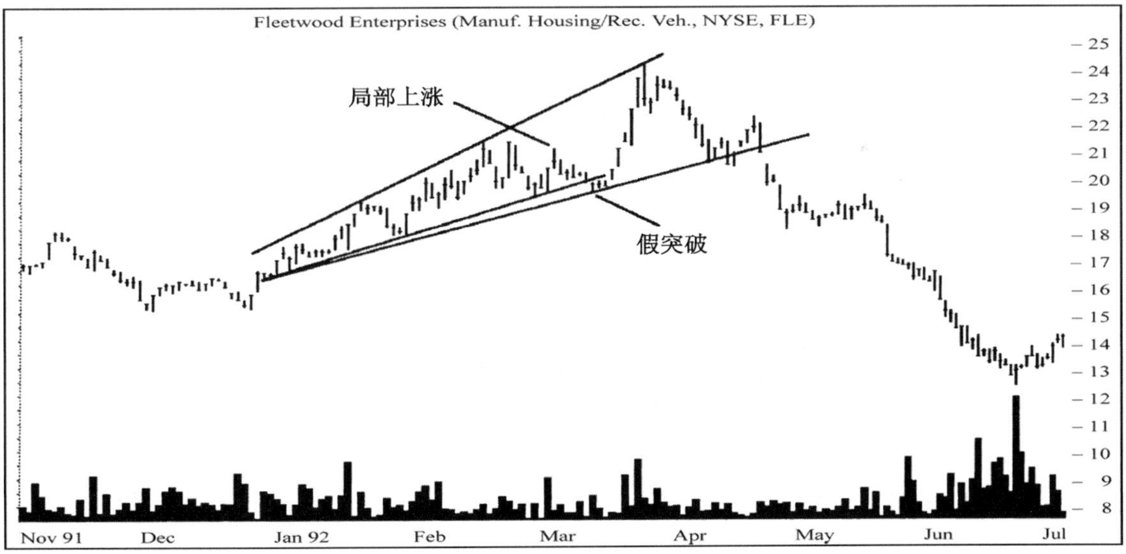

图5.3　股价突破原来的趋势线后没有继续下行，需要重新绘制形态的边界线。形态内部的局部上涨极少出现，出现概率约5%。

形状和趋势线　回头再看图5.1、图5.2以及图5.3，上升楔形扩散形态有几个共同的特征，总体形状看起来像一个喇叭，但这个喇叭是倾斜向上的；两条趋势线都不断向上倾斜。顶部趋势线的斜率比底部的高，给这个形态一个不断扩展的外形。

触点　在我选择的上升楔形扩散形态中，每条趋势线至少有3个触点(或者至少是接近的)，最少3个触点的要求有助于剔除正常的股价活动的因素，有助于识别可靠的形态。

成交量　成交量形态是不规则的，但总体是随着股价的上涨而上升、股价的下跌而下降。从形态上看虽然不明显，但成交量是趋向于上升的。在考虑到所有的上升楔形扩散形态时，这一趋势微不足道，不是选择指南的一项强制要求。

突破 图5.3所示为一个例外的提前突破。通常，股价沿着底部趋势线运行，直到接近突破时才穿透趋势线，突破之后，其运行可能会杂乱，正如图中所示。有时，股价直接穿过底部趋势线，未做停留。而有时，股价沿着趋势线迂回前进，最后才继续下行。不管哪一种情形，突破方向通常是向下的。

局部上涨 上面已经提到过局部上涨，它出现在上升楔形扩散形态的中间部分，所以它是一个重要的趋势变化信号。在一个局部上涨中，股价触及底部趋势线后开始时向上运行，在触及（或接近）顶部趋势前停住，然后退回到底部趋势线，通常跌得更低，上演了一个真实的突破。注意：局部上涨必须是从底部趋势线开始的反弹，而不是从顶部趋势线开始的回调。

关注形态失败

图5.4展示了一个失败形态的样子。虽然股价向下突破，但突破后股价未能继续向下运行超过5%。突破出现在50.13美元处，大约2个星期后，股价向下运行到48.63美元，跌幅3%——这个跌幅太小，所以这样的突破不能称为成功的突破。

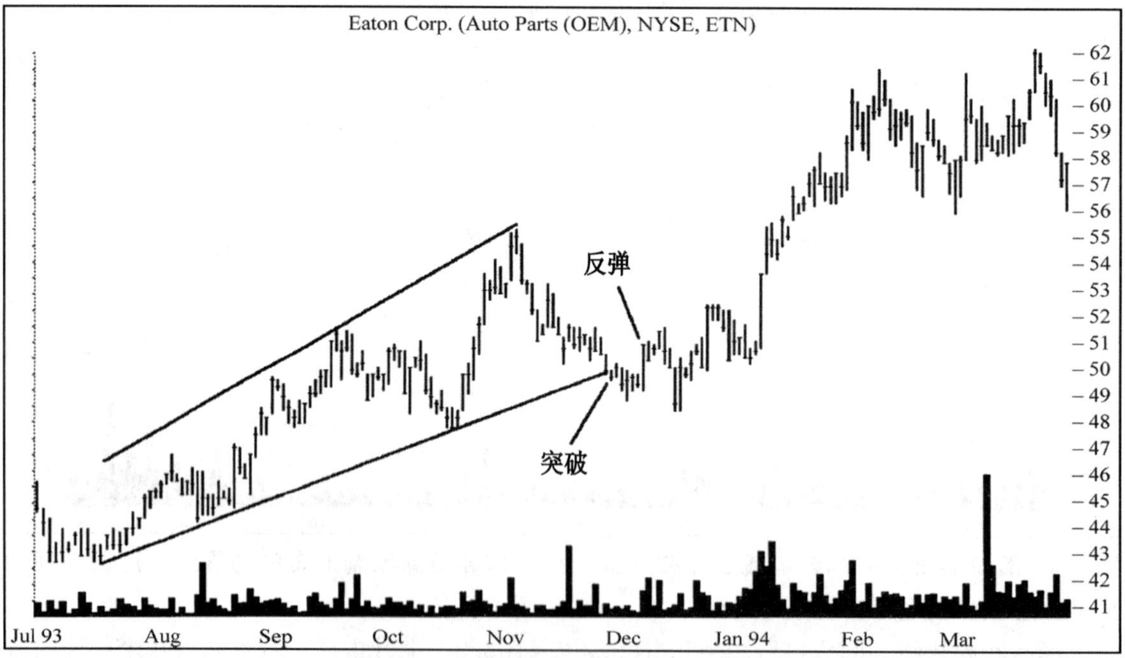

图5.4 一个突破后股价没有能够继续下跌的上升楔形扩散形态，股价在突破点下方反转前，跌幅小于5%。

在187个形态中，只有22个即12%的形态发生了向下突破却未继续向下运行超过5%。尽管如此，失败还是发生了。我的一位朋友在经历了一番痛苦后才明白这点。她不假思索地做空扩散楔形，然而，尽管有74%的机会这种形态会向下突破，但当这个概率对她不利时，她陷入亏损的泥潭。和其他大多数的形态一样，等待一个确认的突破进行投资才是值得的。

统计数据

表5.2所列为扩散形上升楔形的综合统计数据。

表5.2 综合统计

描述	牛市 向上突破	熊市 向上突破	牛市 向下突破	熊市 向下突破
形态数量	58	10	166	21
反转(R)、持续(C)数量	14R, 44C	1R, 9C	132R, 34C	17R, 4C
反转(R)、持续(C)涨/跌幅	46%R, 36%C	14%R, 19%C	-17%R, -17%C	-21%R, -19%C
平均涨/跌幅	38%	18%	-17%	-21%
涨/跌幅超过45%(数量或占比)	19或33%	0或0%	5或3%	1或5%
趋势结束后涨/跌幅	-31%	-30%	49%	37%
形态失败后涨/跌幅	45%[a]	30%[a]	-37%[a]	N/A
标准普尔500指数的变化	17%	-2%	3%	-7%
到达最高/低点的天数	161	78	63	51

注：(-)负号表示下跌；N/A表示不适用；[a]表示样本小于30个。

形态数量 尽管搜遍多年的日线股价数据，也没有找到我想得到的形态数量，我只找到255个。它们中的大多数被归为牛市向下突破一类中，作为一个作者，我该如何是好？我决定保留表格的标准格式，希望即使是一点点的信息也总比一点都没有的好。

反转或持续 大部分的情况下（好吧，64%），这一形态表现为当前价格趋势的反转。当突破是向上的，我们发现这一形态中，持续形态比反转形态的数量多。当突破方向与当前市场趋势一致(向上突破，牛市；或向下突破，熊市)，反转形态的数量比持续的多。

平均涨幅或跌幅 当突破方向与当前市场趋势不一致时，形态表现变差。由此，与市场趋势一致的交易比逆市场趋势的交易更能获利。

涨幅或跌幅超过45% 只有在牛市向上突破时这个形态才表现耀眼，58个形态中有2/3的形态突破后涨幅超过45%。至于其他情形，就不要指望那么高了。

趋势结束后的变化 一旦股价到达最高点或最低点，事情将作何变化？高点之后，股价平均下跌30%；低点之后，股价在熊市平均上涨37%，在牛市平均上涨49%。如果能够知道股票何时见顶或见底，便采取适当的行动，分别卖空或买入。

失败形态的表现 当股价在突破后运行小于5%便再回形态，交易新的运行方向。

标准普尔500指数的变化 表5.2所示为总体市场对形态平均涨幅或跌幅的影响。比如，在牛市，指数上涨17%，而本形态股价平均上涨38%，向上突破形态中的最好表现；在熊市，指数下跌7%，而本形态股价平均下跌21%。

到达最高点或最低点天数 股价到达最高点或最低点需要多长时间？到达最高点需要78～161天不等，到达最低点需要51～63天不等。具体因市场环境而异。注意，熊市向下突破的斜率比牛市向上突破的斜率要陡峭得多。

表5.3所示为失败比率。你如何理解这些数据呢？让我给你举两个例子吧。在牛市向下突破的形态中有11%没有能够下跌超过5%；在牛市向上突破的形态中有10%没有能够上涨至少10%。

表5.3　失败形态数量或概率

股价最大 涨/跌幅(%)	牛市 向上突破	熊市 向上突破	牛市 向下突破	熊市 向下突破
5(保本点)	1或2%	0或0%	19或11%	3或14%
10	6或10%	2或20%	56或34%	4或19%
15	13或22%	5或50%	84或51%	7或33%
20	18或31%	5或50%	103或62%	10或48%
25	25或43%	6或60%	127或77%	13或62%
30	31或53%	7或70%	142或86%	18或86%
35	35或60%	8或80%	145或87%	18或86%
50	43或74%	10或100%	165或99%	21或100%
75	51或88%	10或100%	166或100%	21或100%
>75	58或100%	10或100%	166或100%	21或100%

你能看到失败比率在开始时相当小，然后随着最大股价涨幅或跌幅的增加而快速上升。忽略熊市的小样本量，最低的失败比率出现在牛市向上突破的形态。在那种情况(牛市，向上突破)下，有一半的形态上涨不超过27%。

表5.4所示为与突破和突破后相关的统计数据。

表5.4　突破与突破后股价表现统计

描述	牛市 向上突破	熊市 向上突破[a]	牛市 向下突破	熊市 向下突破[a]
从形态结束到突破	30天	16天	14天	12天
突破在年度价格区间低(L)、中(C)、高(H)各区域分布的百分比	L2%, C11%, H88%	L20%, C20%, H60%	L10%, C32%, H58%	L14%, C48%, H38%
形态在年度价格区间低(L)、中(C)、高(H)各区域突破后的涨/跌幅	L37%[a], C38%[a], H38%	L10%, C26%, H20%	L20%[a], C15%, H17%	L17%, C26%, H15%
回调/反弹概率	50%	70%	57%	52%
回调/反弹期间	11天	9天	10天	13天
出现回调/反弹形态的平均涨/跌幅	32%[a]	20%	-16%	-18%
未出现回调/反弹形态的平均涨/跌幅	42%[a]	13%	-19%	-24%
出现突破缺口形态的表现	51%[a]	18%	-22%	-28%
未出现突破缺口形态的表现	37%	20%	-16%	-20%
缺口平均金额(美元)	0.29	0.24	0.17	1.77
局部上涨，向下突破(数量或占比)	N/A	N/A	97/131或74%	18/23或78%

注：(-)负号表示下跌；N/A表示不适用；[a]表示样本小于30个。

从形态结束到突破　股价需要花12～30天的时间才会收于趋势线区域之外，这是平均天数，所以会与你的结果有差异。向上突破的形态比向下突破的形态花更长的时间来穿透趋势线。这个观察结果讲得通，因为顶部趋势线有更为陡峭的斜率，而股价是沿着趋势线上升的。对于向下突破，趋势线向上倾斜但是股价是下落的。

年度位置　扩散形上升楔形的突破出现在股价年度区间的哪一个位置呢？突破通常出现在年度价格区间的高位区域附近，但熊市向下突破更多地发生在年度区间的中位区域。

年度位置及表现　在年度价格区间内标出形态的表现，我们发现年度价格区间中位区域的表现比其他区域的好。唯一例外的是牛市向下突破，但这一类形态的样本量小。

回调和反弹　形态有一半的概率出现回调或反弹，当出现回调或反弹时，股价需要9～13天时间返回到突破价格。然而，当回调或反弹出现时，形态表现变差，正如表5.4所示(除了熊市向上突破的形态)。

缺口　大多数情况下，当突破日缺口出现，形态表现得到提升。例外的是，牛市51%的上涨可能源于增加的样本。

局部上涨或下跌　仔细查看牛市向下突破一列，它有足够的样本规模，一个局部上涨正确预测向下突破的概率是74%。当一个局部上涨出现，股价在突破后平均下跌17%，与上升楔形扩散形态的平均跌幅相符。

形态内局部上涨和下跌　形态内局部上涨和下跌——出现在形态内但股价继续横穿形态——出现的概率最多有17%。所以，你交易一个局部上涨或下跌时应该感到安全。它们让你在突破之前进入交易，并能正确预测到突破方向（通常）。如果你对局部上涨或下跌不熟悉，参考词汇表。

表5.5所示为突破后股价到达最高点或最低点天数的频次分布。由于熊市的样本少，只参看牛市那两栏便可。超过一半（52%）的向上突破在70天内没有能够到达最高点。一半的向下突破形态将会在第1个月(20+10+14+7=51%，在28天内)到达底部。如果股价到达最高点或最低点快，回报通常是低于那些花更长时间才到达的形态。所以，这个表的关键是选择上涨或下跌时间长的形态，也就是那些牛市向上突破的和熊市向下突破的形态。这个形态也遵循“顺势交易”理论。

表5.5　到达最高点或最低点天数的频次分布

天数	7	14	21	28	35	42	49	56	63	70	>70
熊市，向上突破	10%	0%	20%	10%	10%	10%	0%	0%	0%	0%	40%
牛市，向上突破	5%	10%	3%	5%	0%	9%	3%	2%	7%	3%	52%
熊市，向下突破	14%	24%	10%	5%	10%	0%	0%	0%	0%	10%	29%
牛市，向下突破	20%	10%	14%	7%	4%	6%	3%	2%	4%	3%	27%

注意，牛市形态（包括两个方向的突破)在42天的有轻微的上扬。这意味着，在突破后6个星期要留意趋势的变化。

表5.6所示为与形态面积大小相关的统计数据。

高度　只有牛市向下突破的形态有足够的样本量确保统计结果可信。高形态表现比低形态好，下跌幅度分别为18%和16%。如何运用这些发现呢？计算最高点和最低点之差，然后除以突破价格，得出结果若高于中值，则形态为高形态，低于中值则为低形态。

宽度　大多数情况下，窄形态表现比宽形态好。我利用长度中值作为形态宽与窄的分割点。

形态平均长度　上升楔形扩散形态平均长度从61～90天不等，亦即2～3个月的长度。

高度和宽度的组合　即使是在牛市向下突破的形态，样本量也是小的。我们能说的是上升楔形扩散形态中既低且宽的形态差；其他形式高宽组合的形态表现更好。

表5.6　形态面积大小统计

描述	牛市 向上突破[a]	熊市 向上突破[a]	牛市 向下突破	熊市 向下突破[a]
高形态表现	50%	13%	-18%	-20%
低形态表现	30%	20%	-16%	-21%
高度中值(与突破价格百分比)	18.60%	28.10%	23.31%	19.25%
窄形态表现	35%	21%	-18%	-25%
宽形态表现	39%	15%	-16%	-15%
长度中值	66天	60天	83天	54天
形态平均长度	89天	61天	99天	61天
低窄组合形态表现	27%	26%	-18%	-26%
低宽组合形态表现	33%	13%	-12%[a]	-8%
高宽组合形态表现	45%	22%	-18%	-20%
高窄组合形态表现	73%	6%	-17%[a]	-20%

注：(-)负号表示下跌；[a]表示样本小于30个。

表5.7所示为与成交量相关的统计数据。

表5.7　形态期间成交量统计

描述	牛市 向上突破	熊市 向上突破[a]	牛市 向下突破	熊市 向下突破[a]
上升成交量趋势表现	38%	19%	-17%	-17%
下降成交量趋势表现	38%[a]	18%	-17%	-26%
U形成交量形态表现	48%[a]	18%	-17%	-19%
半圆形成交量形态表现	39%[a]	20%	-17%	-23%
既非U形又非半圆形成交量形态表现	30%[a]	18%	-17%	-22%
巨量突破表现	38%	18%	-18%	-22%
轻量突破表现	37%[a]	14%	-16%	-18%

注：(-)负号表示下跌；[a]表示样本小于30个。

成交量趋势　成交量趋势对突破后的形态表现影响很小，尤其是考虑到样本量时更是如此(样本量大时显示没有表现差异)。

成交量形状　当成交量形状呈U形时，牛市向下突破的形态表现没有变化，牛市向上突破则形态表现更好。在熊市则成交量呈半圆形的形态表现更好。

突破成交量　巨量突破有助于形态表现，整个表格都是如此。

交易策略

表5.8所示为交易策略。

测算规则　这一形态的测算规则与其他大部分形态的测算规则不同，它是基于形态最低点而不是形态高度（仅就向下突破而言)。对于向上突破，计算从最高点到最低点的形态高度，加上最高点，等于目标价格。结果统计简报列示有“实现目标价格概率”的结果。

表5.8 交易策略

交易策略	解释
测算规则	对于向下突破，使用形态底部趋势线作为股价运行的目标价格；对于向上突破，将形态高度加上突破价格，得出目标价格
等待确认	尽管这个形态向下突破的概率为73%，但在做空股票之前，最好还是等待向下突破
局部上涨	如果股票出现局部上涨并开始掉头反转向底部趋势线运行，考虑做空股票。一个局部上涨后往往会伴随一个向下突破

图5.5展示了两个上升楔形扩散形态和测算规则的应用。两个形态都很标准，但是第一个形态开始一路下跌之前在顶部趋势线上有一个轻微的上升倾向。图中每个形态都标注了形态的最低点。这些低点作为股价运行的最低目标价格。左边形态的股价在11月中期到达目标价格，然后股价掉头反弹。右边形态的股价在暴跌时到达目标价格。

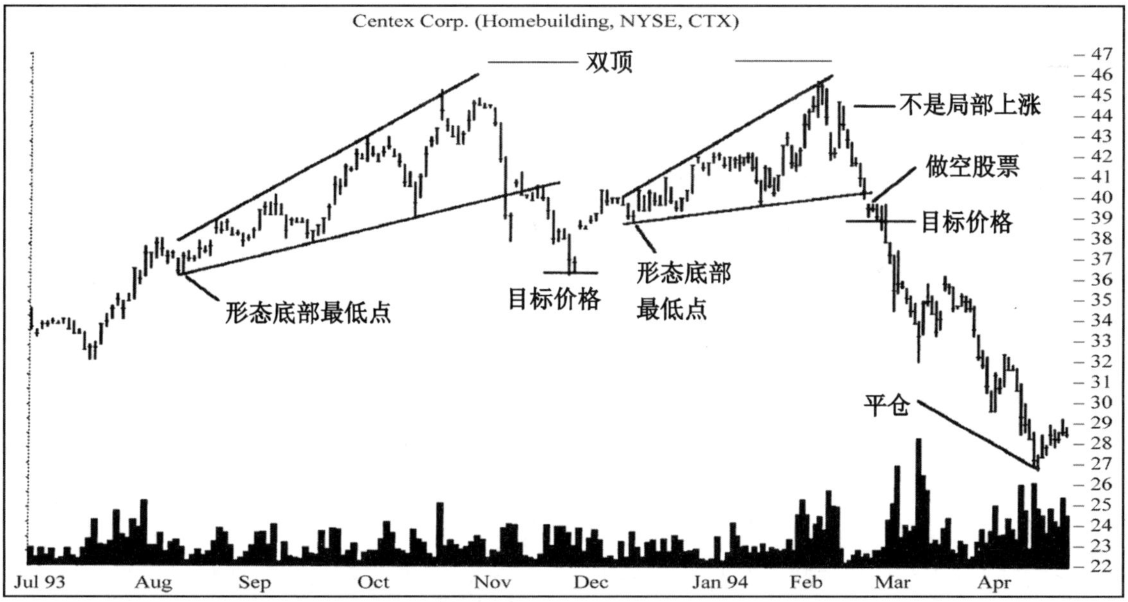

图5.5 测算规则在两个上升楔形扩散形态中的运用。精明的投资者会识别出这对峰顶是一个双顶形态。

选择形态最低点作为目标价格的原因简单，就是因为它的表现。以形态最低点作为目标价格，有58%～86%的形态会实现这一目标。只有超过80%的形态实现目标价格的情况才是我满意的结果。所以，58%是一个糟糕的表现。当你看到右边那个形态时，你可以看到，突破价格离目标价格是多么接近。

等待确认 这个形态在向下突破方面有很好的记录。尽管如此，还是有27%的概率向上突破。如果你在投资前等待确认，你会相当大地增加你的交易获利机会。一旦股价下跌低于底部趋势线，做空股票。做好在目标价格附近平仓的准备，尤其是如果股价接近支撑区域时。

在图5.5中，左边形态的最低点也是一个支撑点。在8月初，股价下跌到最低点然后掉头向上，创建形态。几个月以后，股价下跌到那个位置，然后掉头。在第二个形态之后，随着股价下跌，36美元的支撑位置变成了阻力位置，3月期间，股价尝试反弹，但在36美元位置附近反转下行。

局部上涨 等待确认原则的一个例外是如果出现了局部上涨。再看一下图5.5,你或许会判定在右边的形态中是有一个局部上涨的。错！我定义的局部上涨是当股价触及底部趋势线，掉头向上运行，然后退回到底部趋势线。图中所示股价从顶部趋势线起步，而不是底部趋势线。图5.2所示的局部上涨，是一个正确识别的局部上涨。

如果你发现一个局部上涨，考虑做空股票。一个局部上涨之后有74%～78%的概率会跟着出现一个向下突破。如果你在突破之前做空股票，你的利润应该是更大。当股价下跌到底部趋势线，移动你的止损价到保本位置。如果股价在底部趋势线上掉头向上回升，考虑平掉你的空仓。

交易故事

科提斯在自己家附近的一家大型面包店上夜班。在夜里上班，白天就能有足够的自由时间可以做别的事情，比如说睡觉。偶然的机会，他发现一种如图5.5中展示的情形，这使得清晨的阳光更加明媚。

每天倒在床上之前，他研究这只股票，饶有兴趣地看着第一个扩散楔形的形态。当第二个形态出现，他搓了一下眼，扫尽睡意，打起精神。仅仅这个扩散楔形不会让他这么兴奋，让他兴奋的是这个楔形形成的双顶。两个形态一起，预示着一个极为看空的行情，这种情况下，他愿意将自己辛苦挣到的钱倾囊而出，入市交易。

在股价收盘低于底部趋势线的次日，科提斯做空股票，在39.50美元完成仓位。他运用双顶测算规则来估计他的目标价格。峰顶45.75美元，峰谷36.25美元，得出目标价格为26.75美元(即形态高度为45.75-36.25=9.5，形态最低点36.25美元减去形态高度9.5美元，等于目标价格)。他决定设置平仓指令为27.13美元，就在整数27美元，即其他人都可能将其设置为指令位置的上方。之后他便安然入睡了。

之后的每一天，在他拉上窗帘睡觉之前都会查看一下他的股票。对他来说，看到股票立刻就开始运行向下，然后下跌到最近的扩散楔形目标价格附近(38.88美元)。在3月他有些日子睡不着，因为股价反弹向上，他担心趋势是不是已经过去。

科提斯坚守了下来，股票最终击破阻力区域，并持续下行。他希望3月的这个阻力只是一个缓慢下跌的调整阶段。若如此，向下目标价格应该是22.50美元，远低于他的目标价格27.13美元。但他决定不能因为贪婪而降低他自己的目标价格。

4月18日，他从睡梦中猛然被经纪人的电话吵醒。他的空仓已经在目标价格回补平仓。他每一股赚了约12美元。笑容即刻布满他的脸蛋，回到睡梦中，他梦到自己跟老板说自己就喜欢上夜班。

交易秘籍

下面的列表包含交易这种形态的提示和观测结果，以帮助你选择表现更好的形态，更多的信息，请参阅相关的表格。

●利用识别指南来选择形态。见表5.1。

●大部分扩散楔形向下突破。见表5.2。

●交易方向要市场趋势一致：在熊市选择向下突破的股票做空，在牛市则向上突破的股票做多。见表5.2。

●牛市向上突破形态的失败比率最低。见表5.3。

●回调和反弹损害形态表现，在进行交易之前，查找顶部阻力或底部支撑位置。见表5.4。

●突破日缺口通常有助于股价表现。见表5.4。

●一个局部上涨或下跌可以让你更早的介入交易，它通常预示突破方向。见表5.4。

●在牛市，在股价突破形态后6个星期留意趋势的变化。见表5.5。

●选择高或窄的形态。见表5.6。

●选择巨量突破的形态。见表5.7。

第六章 扩散形态之下降楔形
Broadening Wedges, Descending

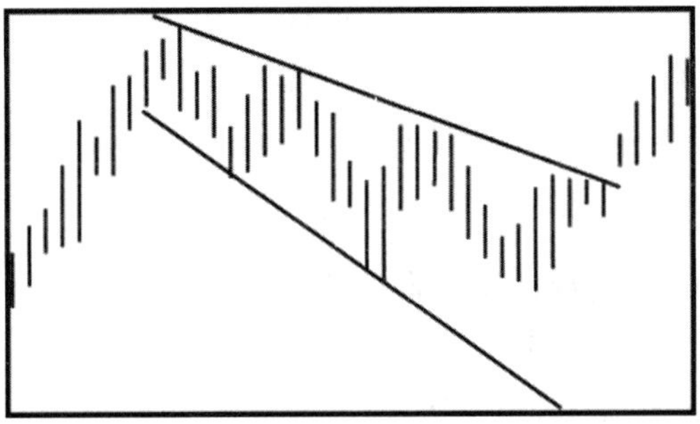

统计简报

向上突破

形状	股价沿着两条向下倾斜的趋势线扩散。突破方向是向上的。	
反转或持续	短期反转，行情看涨。	
	牛市	**熊市**
表现排名	12/23	14/19
保本失败概率	6%	11%
平均涨幅	33%	24%
趋势结束后的变化	-33%	-32%
成交量趋势	向上	向上
回调概率	53%	61%
实现目标价格概率	79%	58%
意外发现	回调损害形态表现；突破日缺口有助于形态表现；高形态比低形态表现好；成交量呈下降趋势的形态表现更佳。	

向下突破

形状	与向上突破形状相同，但突破方向是向下的。	
反转或持续	短期看空，反转形态数量和持续形态数量相等。	
	牛市	**熊市**
表现排名	11/21	6/21
保本失败概率	9%	2%
平均跌幅	20%	25%
趋势结束后的变化	47%	49%
成交量趋势	向上	向上
反弹概率	53%	66%
实现目标价格概率	36%	32%
意外发现	突破日缺口有助于形态表现；高或窄形态比低或宽形态表现更佳；成交量趋势呈上升的和呈U形的形态表现佳。	

“发生什么事了？”我问。我看到我的狗的耳朵竖起，当我开始将这本书的数据与上一个版本的统计数据作比较时，它就在我身边。一切都变了。在第一版中，这个形态有117个样本，下降楔形扩散形态被认为是一个持续形态，但现在不再是那样了。在第一版中，这个形态的失败比率是37%，但那是包括了突破方向错误的形态。以前的平均涨幅是46%，但在样本量增加3倍，且测算方法改变之后，如今的平均涨幅降低了。就连测算规则（即实现目标价格概率）也变了。我以前用形态高度加上突破价格得到目标价格，现在只用形态顶部就足够了。

我带着我的狗到屋外，和它一起玩球，直到我决定该怎么做。虽然我有了300个样本，但我还需要更多。所以我搜遍我用于写这本书的三个数据库，找到了464个形态。即使这样，把这些形态分配到牛市和熊市的向上突破和向下突破后，这些样本有时候还是显得太少。统计简报中所列的数据为最新的数据。

导入

这个形态看起来是什么样子？图6.1所示为一个构造很好的下降楔形扩散形态。股价在1994年6月开始上升，一年以后的8月到达顶部。在9月，股价开始以小的振幅不断扩散下跌，一个月后，两条趋势线高点和低点画出，楔形的形状变得清晰。

形态开始时成交量远低于正常水平，随着形态的发展，成交量虽然不稳定，但趋势是上升的。运用线性回归计算的成交量斜率证实了这个结论，斜率是正数，意味着成交量是上升的。

在10月中旬，价格缺口向上，腾空而起，超过顶部趋势线，出现突破。成交量骤增，随着股价攀升，成交量持续了几天的巨量。

当你看着这张图，你可能会有有趣的观察发现。股价有三个阶段，第一个阶段是从1994年6月起到1995年5月的长牛跑，通向一个两个月的调整或回调（第二阶段），然后股价升得更高（第三阶段）。在图6.1中，扩散形态是向上趋势的一个调整，它看起来像一个缓慢而有节奏的上升形态的调整阶段。

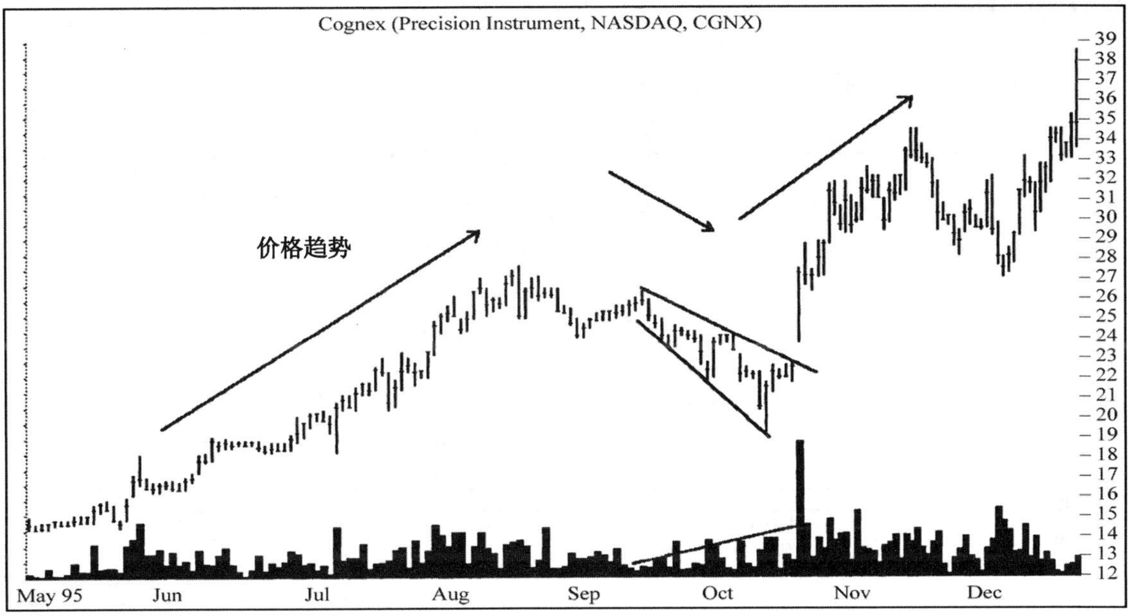

图6.1　这个下降楔形扩散形态作为向上趋势的一个调整。两条倾斜向下的趋势线构成扩散的股价活动的轮廓。成交量通常不断增加。

与图6.1不同，图6.2中的下降楔形扩散形态作为中期价格趋势的一个反转。股价在1992年5月到达峰顶，然后向下运行，在8月期间，股价在继续盘旋下跌的过程中开始扩散，形成一个下降楔形扩散形态。

在形态开始时成交量低，但也有几个骤增。进入9月，成交量上升，且变得更加没有规则。在10月初，随着股价开始向上运行，成交量减小。股价以可以忽略不计的成交量穿透顶部趋势线向上运行，一个趋势的反转即将到来。

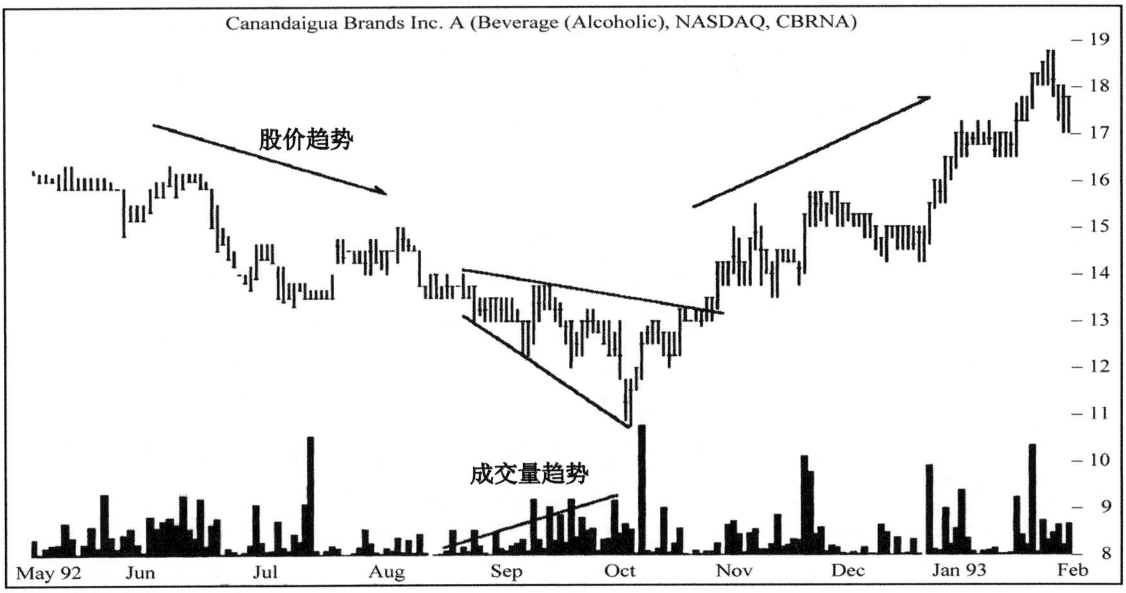

图6.2　这个下降楔形扩散形态作为中期下行价格趋势的反转。

辨识指南

表6.1所示为这个形态辨识指南的概要，图6.3所示为另一个下降楔形扩散形态的例子。

表6.1　辨识指南

特征	讨论
形状	形态看起来像一个向下倾斜放置的喇叭
向下倾斜的趋势线	两条趋势都倾斜向下，底部趋势线的斜率更加陡峭。所以，两条线不断扩散，没有一条是水平的
触点	形态要求至少每条趋势线有两个明显的触点
成交量	通常在整个形态期间呈上升趋势。不过，成交量形态不是先决条件
突破	可以是任一方向，但55%的概率股价从当前股价趋势的相反方向突破
局部下跌	对于局部下跌，股价必须触及顶部趋势线后向下运行，然后掉头上升，而不是接近底部趋势线。一个局部下跌之后通常跟随一个向上突破

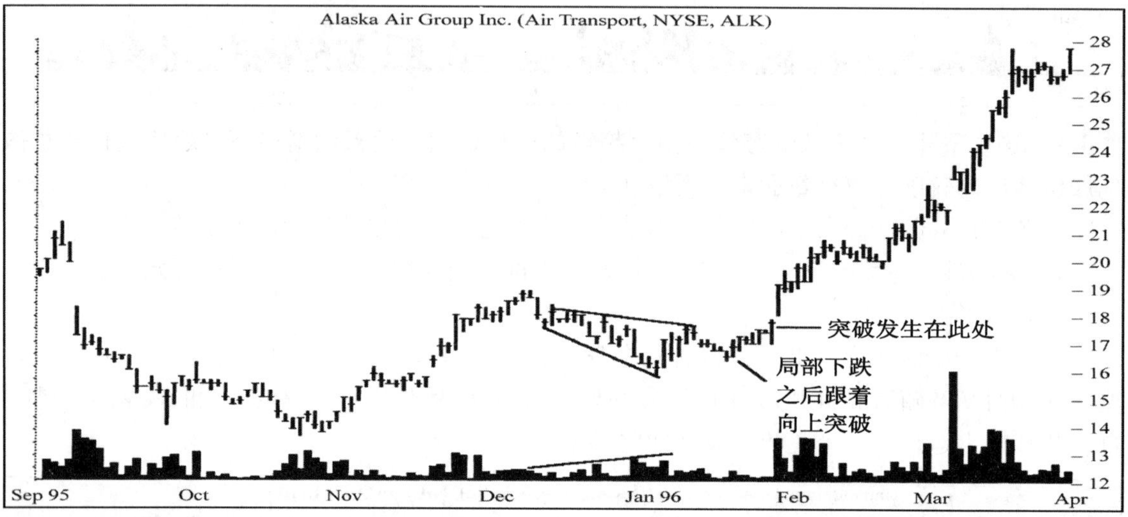

图6.3　一个下降楔形扩散形态作为上升趋势的一个调整。随着股价向下运行，成交量不断攀升。一个局部下跌表明一个向上突破即将来临。

形状和趋势线　图6.3中展示两条向下倾斜的趋势线，包含着一系列震荡下跌的价格。这两条趋势线看起来像是一个喇叭，向下倾斜。这个形态开始时窄，随后不断变宽。两条趋势线没有一条是水平的，这是这个形态区别于其他扩散形态的关键因素。

触点　在顶部趋势线上有多个小高点与趋势线接触，在底部趋势线上也有多个小低点与趋势线接触。每条趋势线上至少有两个明显的触点，即两个小高点(顶部趋势线)和两个小低点(底部趋势线)，才能够正确地绘制一个扩散形态的外形。

成交量　成交量趋势通常是向上倾斜的，这一点和渐窄楔形家族的形态不同。上升的成交量形状看起来像是把价格向上弹射，把它们弹出形态的顶部趋势线。突破日的成交量通常是高的，但这不是必备的条件，只要需求超过供给，股价就会上升。

突破　有略超半数的形态成为趋势的反转形态。图6.2展示了一个反转形态的例子。在股价突破形态之前，识别形态是持续形态还是反转形态是很困难的，只有在突破方向确定之后，才能判断形态最终是反转形态还是持续形态。

局部下跌　如图6.3所示，局部下跌经常意味着一个即将到来的向上突破。这一点无论是调整还是反转都适用。

为什么会形成这样的形态？这个形态和其他的许多形态一样，说明的都是供应和需求方面的争夺。图6.3中，股价10月早期在尝试封闭9月的缺口后，股价停顿，买入热情枯竭，股价掉头向下。

成交量有时在股价接近价格整数和前期上涨或下跌回调到38%、50%或62%时上升。在这些点位，股价可能更容易上演反弹。在图6.3中出现的就是这种情况。股价从低点的13.62美元涨到高点18.88美元，这个涨幅回调38%，即回调到16.88美元，和17美元相当接近，你可以看到股价在这个位置走得有些犹豫。然而，一旦股价接近62%的回调水平(15.63美元)，聪明资金知道把戏被拆穿了，它们在新年前后的5天里开始大量买入，股价停止下跌，反转上行。尽管如此，卖方也没有袖手旁观，他们逢高减持，股价最终横盘，然后慢慢下跌，形成了图6.3中标出的局部下跌。

恰恰这个时候，随着股价呈V形形态，成交量枯竭。在向上突破前的低成交量让我想起了暴风雨前的宁静。诸如上升三角形和下降三角形等形态在突破前普遍都是低成交量。成交量在股价收高于前面小高点(顶部趋势线在1月结束之处)当日骤然上升，短线炒家获得胜利，股价以非常高的成交量暴涨。

关注形态失败

如图6.4所示，在形态开始之前，股价是上升的；在突破之后，股价也是上升的。突破出现在9月3日，当日股价穿透顶部趋势线，收在趋势线之上。然而，突破后股价没有走很远，就退回到趋势线上。将图6.4中的顶部趋势线延长，便于看清这个回调，股价沿着这条线移动，直到在9月17日突破向下(突破性缺口)。

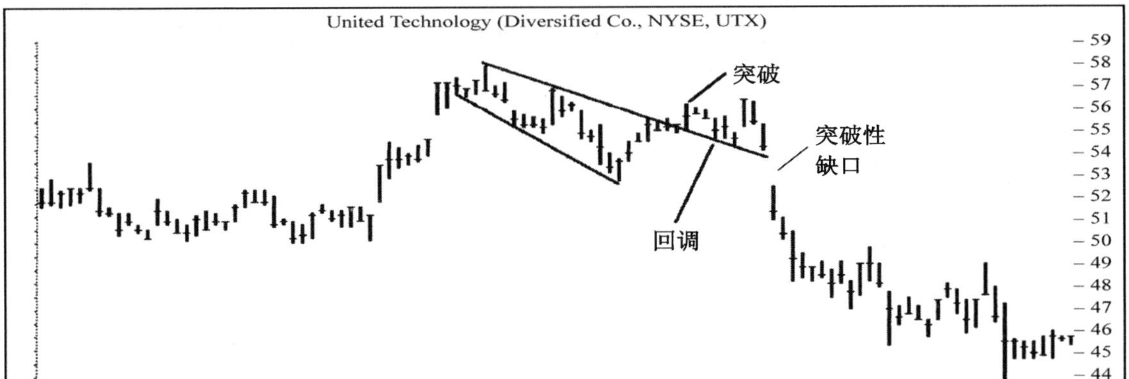

图6.4　根据那个5%的原则，这个形态是一个失败形态。突破后股价没有能够上升超过5%，便反转下行。

这个形态就是我所说的5%失败，即当股价突破后，运行小于5%就反转了。这种类型的失败很少出现，只有6%的出现概率。

为什么会出现这样的失败尚不清楚，有时候顶部阻力阻止股价上行，或者底部支撑阻止股价下行，使得股价停止前进，导致失败。交易者改变他们对一只股票的心态，迅速逃跑，导致股价向一个预想不到的方向运行。

统计数据

表6.2所示为下降楔形扩散形态的综合统计数据。

表6.2　综合统计

描述	牛市 向上突破	熊市 向上突破	牛市 向下突破	熊市 向下突破
形态数量	270	97	47	50
反转(R)、持续(C)数量	157R, 113C	52R, 45C	21R, 26C	25R, 25C
反转(R)、持续(C)涨/跌幅	30%R, 38%C	20%R, 28%C	-22%R, -19%C	-25%R, -25%C
平均涨/跌幅	33%	24%	-20%	-25%
涨/跌幅超过45%(数量或占比)	83或31%	16或16%	4或9%	2或4%
趋势结束后涨/跌幅	-33%	-32%	47%	49%
形态失败后涨/跌幅	24%[a]	43%[a]	-20%[a]	-25%[a]
标准普尔500指数的变化	9%	-5%	-5%	-16%
到达最高/低点的天数	131	66	40	23

注：(-)负号表示下跌；[a]表示样本小于30个。

形态数量　我在数据库里搜索查找这类形态，在1991年到2003年的500只股票中找到了464个这类形态。这类形态有点罕见，不容易找到。如果把它进行分配，它大多出现在熊市。

反转或持续　如果把反转的数量加起来，总计255个；把持续的数量加起来，总计209个，我们发现这个形态作为反转的概率是55%。这个结果只比掷硬币得到的概率大一点，所以如果你指望股价在下降楔形扩散形态之后反转，你可能会犯错误。每次交易都与突破方向一致，并使用止损点以防股价反转。

下降楔形扩散形态向上突破形态作为趋势持续的表现远超作为反转的表现。对于向下突破，牛市时反转表现稍好于持续，在熊市则两者表现无区别。

平均涨幅或跌幅　在突破向下时，这个形态是一个强劲的表现者(这些数据击败所有形态的平均数据)。为了取得最好的收益，做多牛市向上突破形态，做空熊市向下突破形态。那些“顺势而为”的形态失败比率最低，收益最高。

涨幅或跌幅超过45%　这类形态的向上突破表现好，而向下突破表现不佳。在两个方向上，数据都是你所能指望的。

趋势结束后的变化　一旦股价到达最高点或最低点，接下来发生什么呢？股价从最高点下来平均跌幅33%，从最低点上升平均涨幅约50%。所以，如果你能确定什么时候趋势变化，你的利润就相当可观了。不管你用什么方法，只要能发现趋势变化，接下来就只需要保持耐心了。股价下跌速度比上涨速度快，这一点应该谨记在心。

失败形态的表现　看形态表现的另外一个途径是，看突破后股价攀升没有能够超过5%后的形态的表现。遗憾的是，样本量太小，不足以确保统计结果的可靠性。比如，那个熊市43%涨幅的数据只有1个样本。从另外一个角度解读，这些数据将是值得欣慰的，这些数据显得不好，是因为不失败的形态表现的是那么好。

标准普尔500指数的变化　指数的变化在上涨9%和下跌16%之间。可以看到，总体市场帮助了下降楔形扩散形态的平均涨幅或跌幅。

到达最高点或最低点的天数　股价到达最高点或最低点要运行多长时间？平均从131天到23天不等。如果你细想股价花3个星期下跌25%，花4个半月上涨33%，你就能猜得到下跌斜率更加陡峭。

表6.3所示为这个形态的失败比率。从开始一直到最大股价跌幅达到20%的熊市向下突破形态，失败比率都是最低的。就在那个点，牛市向上突破接棒，表现出最低的失败比率。谨记，向下突破的样本量较少。

表6.3　失败形态数量或概率

股价最大涨/跌幅(%)	牛市向上突破	熊市向上突破	牛市向下突破	熊市向下突破
5(保本点)	15或6%	11或11%	4或9%	1或2%
10	46或17%	25或26%	12或26%	3或6%
15	70或26%	34或35%	24或51%	10或20%
20	95或35%	45或46%	31或66%	18或36%
25	120或44%	55或57%	34或72%	28或56%
30	141或52%	65或67%	37或79%	33或66%
35	161或60%	74或76%	40或85%	40或80%
50	196或73%	82或85%	43或91%	49或98%
75	228或84%	91或94%	47或100%	50或00%
＞75	270或100%	97或100%	47或100%	50或00%

这些数据有什么用呢？看一下牛市向上突破一列，6%的形态没有能够上涨超过5%，约1/4(26%)的形态没有能够上涨至少15%，略超一半(52%)的形态没有能够上涨30%。牛市向下突破的形态表现最差，一半(51%)的形态没有能够上涨超过15%。

将突破方向和总体市场环境(牛市、熊市)与你自己的下降楔形扩散形态作比较，你就能明白，你的形态将会有什么样的表现。记住，在每个失败之后，股价反转向相反方向运行将超过20%。由此，如果你买入一只股票，它上涨5%后反转，没有卖出它意味着将会招致一个大损失，或者回本时间将会是漫长的。

表6.4所示为与下降楔形扩散形态突破和突破后相关的统计数据。

从形态结束到突破　从形态的结束到实际的突破，要花费至少2个星期，有时候3个星期。在这期间，股价在反转前可能会横过形态并接近对面的趋势线。

年度位置　把每个下降楔形扩散形态的年度价格区间分成三个区域，在哪个区域发生突破的形态最多？向上突破常发生在年度价格区间的中间区域，而向下突破常发生在年度价格区间的低位区域。

年度位置及表现　在年度价格区间上配上形态的表现，我们发现，配比结果没有表现出持续的趋势。在熊市，表现最差的来自那些在高位区域突破的形态。

表6.4 突破与突破后股价表现统计

描述	牛市 向上突破	熊市 向上突破	牛市 向下突破	熊市 向下突破
从形态结束到突破	17天	16天	22天	16天
突破在年度价格区间低(L)、中(C)、高(H)各区域分布的百分比	L35%, C37%, H28%	L36%, C41%, H23%	L47%, C42%, H11%	L66%, C32%, H2%
形态在年度价格区间低(L)、中(C)、高(H)各区域突破后的涨/跌幅	L34%, C34%, H34%	L27%, C29%, H15%	L23%, C17%, H26%	L24%, C26%, H20%
回调/反弹概率	53%	62%	53%	66%
回调/反弹期间	10天	9天	10天	11天
出现回调/反弹形态的平均涨/跌幅	30%	20%	-24%[a]	-23%
未出现回调/反弹形态的平均涨/跌幅	37%	33%	-16%[a]	-29%
出现突破缺口形态的表现	44%	38%[a]	-38%[a]	-32%[a]
未出现突破缺口形态的表现	32%	21%	-17%	-24%
缺口平均金额(美元)	0.30	0.37	0.97	1.39
局部上涨，向下突破(数量或占比)	N/A	N/A	5/35或14%	6/13或46%

注：(-)负号表示下跌；N/A表示不适用；[a]表示样本小于30个。

回调和反弹 突破后，返回到突破价格的股票在熊市比在牛市更为频繁一些。这个发现意味着，在牛市，突破的强度比在熊市的突破强度更大。当回调或反弹出现，股价平均要花9～11天的时间完成返回到突破价格的过程。

大多数情况下，回调或反弹损害形态表现。例外的是牛市向下突破的形态，不过这方面的样本量小。

缺口 在所有的市场环境下和突破方向上，突破日缺口都有助于形态表现。

局部上涨和下跌 图6.3所示为一个局部下跌的例子。股价触及顶部趋势线，然后反转向底部趋势线方向运行，但未下行到底部趋势线，而是在中途掉头反转，然后上演一个向上的突破。在牛市，在一个局部下跌之后，出现向上突破的概率为87%。局部上涨对突破方向的预测成功概率远没有这么好，因为样本量小。

当发生一个局部上涨或下跌，形态表现是否变差？是，也不是。对于向上突破，出现局部下跌之后，形态的表现得到提升。对于向下突破，出现局部上涨会缩短突破后股价的跌幅，不过，如果样本量增加，这个结论可能会改变。

形态内局部上涨和下跌 形态内局部上涨和下跌看起来像是正常的上涨和下跌，只是股价继续横过形态而不是突破出去。它们看起来像是小环形贴在趋势线上。庆幸的是，它们不经常发生。所以，你可以交易局部上涨或下跌，可以得到更好的价格(相对于突破)，而不必担心突破是否会紧随其后(没有股价再横穿形态)。这通常是可行的，至少有80%的概率。

表6.5所示为突破形态后股价到达最高点或最低点天数的频次分布。留意股价在前面几个星期的趋势反转多么频繁。下降楔形扩散形态牛市向下突破的形态在前3个星期有58%的形态到达底部。而牛市向上突破的形态表现出较少的趋势反转，3个星期内出现趋势反转的形态有27%，它们同时拥有最多数量的形态超过70天，49%的形态在70天后还在寻找最高点。

表6.5　到达最高点或最低点天数的频次分布

天数	7	14	21	28	35	42	49	56	63	70	>70
熊市，向上突破	29%	11%	7%	2%	6%	8%	3%	0%	3%	3%	27%
牛市，向上突破	15%	6%	6%	7%	3%	3%	3%	3%	4%	2%	49%
熊市，向下突破	36%	14%	12%	8%	4%	8%	4%	2%	4%	2%	6%
牛市，向下突破	30%	17%	11%	4%	4%	4%	6%	0%	0%	4%	19%

留意那些稍微上升的数据，熊市形态在突破后35～42天有趋势变化。我已经在别的看空形态中看到这样的上升(有一些牛市形态喜欢在49天向下突破)。在突破后5～6个星期准备获利了结。

表6.6所示为与下降楔形扩散形态的形态面积大小相关的统计数据。

表6.6　形态面积大小统计

描述	牛市 向上突破	熊市 向上突破	牛市 向下突破	熊市 向下突破[a]
高形态表现	43%	30%	-21%	-28%
低形态表现	26%	20%	-20%	-23%
高度中值(与突破价格百分比)	21.77%	31.23%	22.40%	35.49%
窄形态表现	34%	21%	-25%	-26%
宽形态表现	33%	27%	-14%	-23%
长度中值	52天	47天	55天	52天
形态平均长度	64天	54天	62天	56天
低窄组合形态表现	29%	19%	-25%	-24%
低宽组合形态表现	22%	22%[a]	-13%	-17%
高宽组合形态表现	41%	30%	-16%	-26%
高窄组合形态表现	49%	29%[a]	-26%	-33%

注：(-)负号表示下跌；[a]表示样本小于30个。

高度　从表6.6可以看出，高形态表现比低形态好。运用这个发现，计算形态最高点到最低点的形态高度，再除以突破价格。得出的结果如果比中值高，则形态为高形态；如低于中值，则为低形态。尽量交易高形态以获得最佳收益。

宽度　窄形态通常表现得比宽形态更好，唯一的例外是熊市向上突破的形态。我用长度中值来区别形态的宽和窄。

形态平均长度　平均长度从54天到64天不等。在牛市的形态比熊市的稍微短一些。

高度和宽度的组合　对于高度和宽度组合的形态，我发现高窄形态通常表现得比其他组合好。看看牛市向上突破的统计数据，高形态攀升43%，窄形态攀升34%，结合这些结果，可以发现高窄形态攀升49%，比它们各自单独的表现好。

避免交易低宽组合形态，因为它们通常表现得比别的组合差。

表6.7所示为与成交量相关的统计数据。

成交量趋势　在整个形态期间，是上升成交量趋势的形态表现更好还是下降成交量趋势的形态的股价突破后表现更好呢？对于向上突破，当成交量呈下降趋势时，形态表现提升。在一个向下突破后(注意：样本量小)，上升成交量趋势的形态表现突出。

表6.7　形态期间成交量统计

描述	牛市 向上突破	熊市 向上突破	牛市 向下突破	熊市 向下突破
上升成交量趋势表现	33%	22%	-24%[a]	-26%[a]
下降成交量趋势表现	35%	27%	-17%[a]	-22%[a]
U形成交量形态表现	29%	27%	-27%[a]	-26%[a]
半圆形成交量形态表现	35%	24%	-16%[a]	-25%[a]
既非U形又非半圆形成交量形态表现	38%	20%[a]	-20%[a]	-24%[a]
巨量突破表现	38%	23%	-22%	-25%
轻量突破表现	28%	25%	-14%[a]	-27%[a]

注：(-)负号表示下跌；[a]表示样本小于30个。

成交量形状　成交量呈U形的扩散下降形态的表现超出别的成交量形态的表现。有一个例外，牛市向上突破的形态在成交量形状呈随机形状时形态表现更好。

突破成交量　形态的表现按市场方向区分。在牛市，巨量突破的形态表现得更好；在熊市，轻量突破的形态表现稍微好一点。

交易策略

表6.8所示为对于下降楔形扩散形态的交易策略。

表6.8　交易策略

交易策略	解释
测算规则	对于向上突破，使用形态最高点。对于向下突破，使用形态最低点减去形态高度之差。然而，这个方法只有32%～36%的概率奏效
等待确认	等待股价收高于趋势线后再进行交易
局部下跌	如果一只股票出现一个始于顶部趋势线的局部下跌并开始掉头向上，考虑做多。在一个局部下跌之后常常会跟着一个向上突破
交易趋势线	如果形态特别宽，在底部趋势线买入，在顶部趋势线卖出。如果股票出现一个局部上涨后开始下跌，平掉仓位，因为它可能会突破向下。或者，在形态顶部股价向下运行时做空，在股价从底部趋势线上反弹向上时平仓
止损	对于形态内交易，止损点设置在另外一边的趋势线上，以防出现一个不利的突破。随着股价横过形态，移动止损点。选择显示出支撑或阻力的区域

测算规则　对于向上突破，目标价格为形态的顶点。这个听起来目标价格将会容易达到，但牛市只有79%的形态达到，而熊市只有58%的形态达到。向下突破没有可用的测算规则。你可以尝试计算形态高度(最高点减去最低点)，然后用最低点减去这个值得出目标价格。这个办法只有1/3概率是有效的。也许更好的方法是寻找底部支撑，假设股价会在那里停止下跌。

等待确认　如果你考虑买入如图6.5中的股票，在开始时还不明确有一个扩散楔形正在形成。随着时间的推移，一旦有足够的小高点和小低点出现，画两条趋势线。接下来，就是等待突破的问题了。因为大多数的下降楔形是向上突破的，所以就照这个方向进行交易股票。等待股价收高于顶部趋势线再买入。

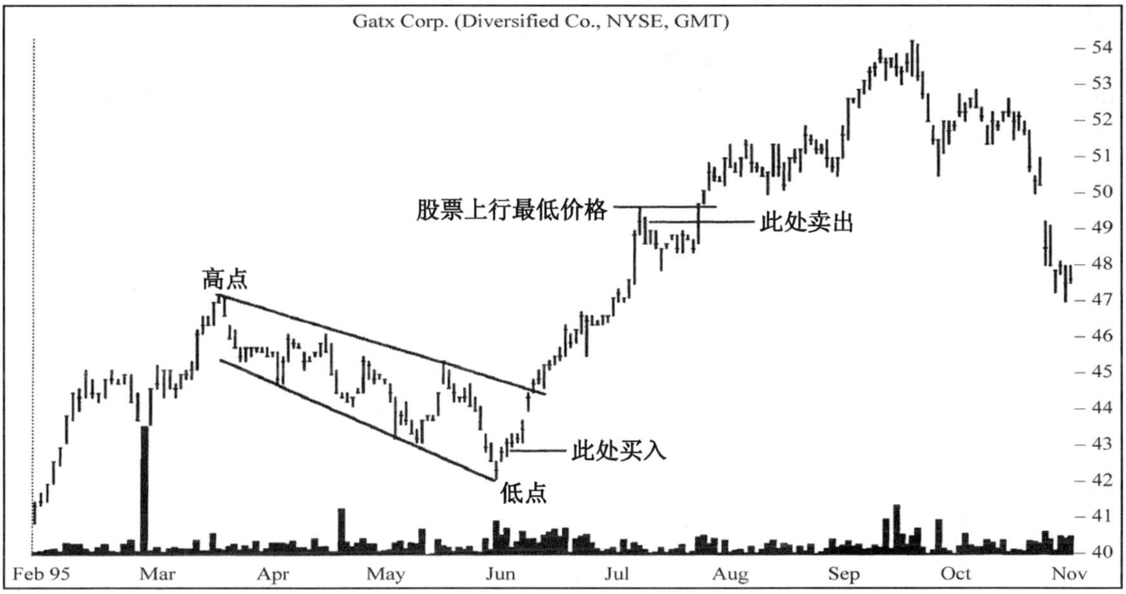

图6.5　正如交易故事里所描述的，玛丽利用形态高度作为预计上升的目标价格。为了获得最大利润，她应该提高她的止损价格，直到股票被止损卖出。

局部下跌　等待确认原则的一个例外是局部下跌。一旦股价从顶部趋势线下跌，盯紧一点。如果股价到达一个支撑区域后开始向上运行，买入，因为那是一个局部下跌，它通常标志一个即将到来的向上突破。在股价拐弯处下方0.15美元处设置一个止损点，以防万一。

交易趋势线及止损　如果形态特别宽，尝试形态内交易。在底部趋势线买入，在顶部趋势线卖出。或者，在顶部趋势线做空，在底部平仓。因为趋势线是倾斜向下的，做空会更加有利可图。设置一个止损点在相应的趋势线上方0.15美元处，以防出现不利突破。随着股价运行，调整你的止损点，使它对你更有利。设置止损点于低于支撑区域0.15美元处(做多)或者高于阻力区域0.15美元处(做空)。

交易故事

"你觉得幸运吗，小流氓?"玛丽说。她看着电脑屏幕，屏幕上显示着图6.5。她刚刚看完一部电影《肮脏的哈里》，这时候脾气还有点坏。

她决定，一旦股价从底部趋势线反弹，买入这只股票做形态内的交易。当股价又重新上涨，情况明确了，她开始行动，以每股43美元的价格买入。同时，她立即设置一个止损指令，在低于底部趋势线0.15美元处，价格是42美元。如果情况不妙，她只会损失3%。然后她开始等待。

股票很合作，每天向上运行。很快股价就到了顶部趋势线，她等待股价从顶部趋势线弹开并开始掉头向下。但是股价没有这样做。股价收盘高于顶部趋势线，这标志着一个向上突破。她用形态高度加上突破价格计算出目标价格49.63美元，她在这个位置上设置卖出指令。她把止损点提高到44美元，稍微低于4月中旬的小低点。

当股价创了新高，达到47.38美元，她把止损点位置提高到45.25美元，略低于4月末和5

月中的两个小高点。

在一次能量的爆发中，股价连续两天飙涨，到达她的卖出点。股票在当天的最高价49.63美元卖出。在这一次交易中，她每一股净赚超过6美元。更为得意的是，股价接下来下跌了好几天，这证实了她卖出决定的正确。

事实证明，她卖得太早了，但她并不介意。她在一只跟踪了一段时间的股票里发现另外一个前景可观的形态。她靠在自己的座椅上，笑着，咕哝着一些吉祥的话语，然后回到VCR前，插入另外一张《肮脏的哈里》电影卡带。

这笔交易展示了在目标价格位置设置卖出指令的问题。是的，玛丽在很好的价格卖掉股票，但是如果她用了止损指令使她止损出局，她可能会赚得更多。为了让你的利润延续，提高止损价格，把它设置在比前一个小低点稍微低的位置，当股价上升到新高，把止损点移动到下一个更高的小低点。最终，股价会下跌，你的仓位将会被卖出。尽管如此，这样做可以让股票有机会继续创新高。

对于老练的交易者来说，可以计算交易日前一个月的股票日平均交易价格振幅，然后以至少日交易振幅平均值1.5倍的距离设置止损点。比如，如果一只股票前一个月的日均交易价格振幅是2美元，那么可以在距离当日低点3美元的地方设置止损点。如果有一个低于当日低点2.25美元的小低点，它是不能作为一个止损点的，因为它离当日低点太近了，要选择一个更远的点。这种方法允许股票有腾挪的空间，而你也不至于在这期间被止损出局。

交易秘籍

下面的列表包含交易这种形态的提示和观测结果，以帮助你选择表现更好的形态，更多的信息，请参阅相关的表格。

●利用辨识指南来选择形态。见表6.1。

●交易股票要顺势而为：在牛市选择向上突破的，在熊市选择向下突破的楔形。见表6.2。

●在牛市向上突破形态出现的失败概率最低。见表6.3。

●牛市出现回调和反弹比熊市的少。见表6.4。

●回调和反弹损害形态表现。见表6.4。

●突破日缺口有助于股价表现。见表6.4。

●牛市的局部下跌之后，股价有87%的概率向上突破，同时牛市的局部下跌也会提升形态表现。见表6.4。

●在熊市，在突破后5～6个星期留意趋势变化，在牛市则7个星期。见表6.5。

●选择既高且窄的形态，避开那些既低且宽的形态。见表6.6。

●当突破向上时，成交量呈下降趋势的形态表现最好。而对于向下突破，成交量呈上升趋势的形态表现尤佳。见表6.7。

●成交量趋势呈U形的形态通常表现突出。见表6.7。

第七章　蹦跑形态之底部反转形态
Bump-and-Run Reversal Bottoms

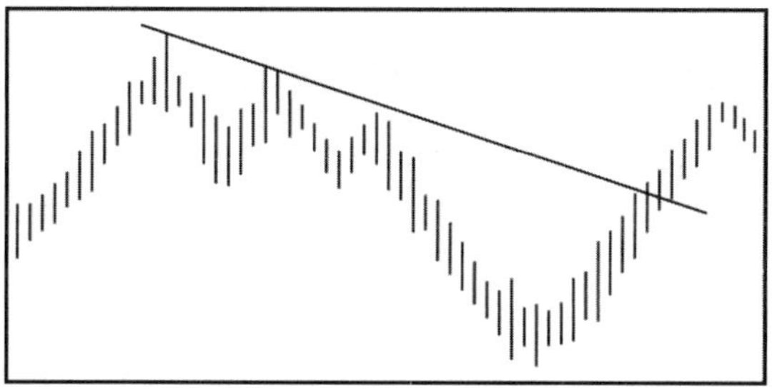

统计简报

向上突破

形状	看起来像一个煎锅，锅柄在左边，沿着一条趋势线向下，随后出现快速下跌。突破是向上的。	
反转或持续	短期反转或持续，行情看涨。	
	牛市	**熊市**
表现排名	8/23	3/19
保本失败概率	2%	1%
平均涨幅	38%	31%
趋势结束后的变化	-29%	-34%
成交量趋势	向上	向上
回调概率	59%	73%
实现目标价格概率	68%	64%
意外发现	回调损害形态表现；高宽形态表现比低窄形态好。	
参见	有柄杯形态；圆弧底部形态。	

我发现蹦跑顶部反转形态一年多之后，决定查找它的互补形态：蹦跑底部反转形态。推理很简单，许多形态，如双顶、上升三角形以及三角形的顶部都有底部版本，为什么蹦跑顶部反转形态没有呢？在这之前，我从来没想过找这个形态。当我在数据库搜索这个形态，我

怀疑这样做是否有实际的价值。有一些蹦跑顶部形态看起来像手柄在前的杯柄形态，而其他一些看起来像圆弧底部形态，直到我把统计数据编汇后，我的想法才有了改变。这个形态是一个强劲的表现者，突破后的收益在31%～38%之间。保本失败概率小，只有2%或更小。这个形态也同样有几个意外发现，有一个是我们以前发现过的：突破后的回调损害股价表现；高宽组合的形态表现比低窄组合的形态好。

导入

不管怎么说，蹦跑反转形态是什么？如果我必须独立于其他形态来命名这个形态，我可能会管它叫煎锅或者汤勺，因为这个形态的样子看起来像这些东西。不管怎么说，这个形态只是蹦跑顶部反转形态的倒转，所以我管它叫蹦跑底部反转形态。我想，更为准确的描述应该是倒置的蹦跑反转形态。

为什么会出现蹦跑底部反转形态？和顶部形态一样，研究蹦跑底部反转形态的形成也是一个基于动量的研究。仔细看图7.1，这是一个周线图，从1991年底开始，股票一直在6.50美元和11美元价格区间横向运行。然而，在1993年10月的最后一个星期，当股价攀升并收高于上一个星期时，情况发生了变化。刚开始时，这看起来没有什么不正常，因为在这之前，已经有一些周线股价收高于前一周。但这一次不一样，它在1月初开始上行，而且出现了这几年中从未有过的巨大成交量。股票在1994年1月14日到达14.38美元的新高。之后，尽管成交量还是相当高，但已经开始逐渐减少。股价在3月25日的那个星期触摸一个相对更低的14美元峰顶。这两个小高点，一个在1月中旬，一个在3月底，形成了一条向下倾斜趋势线的起点。

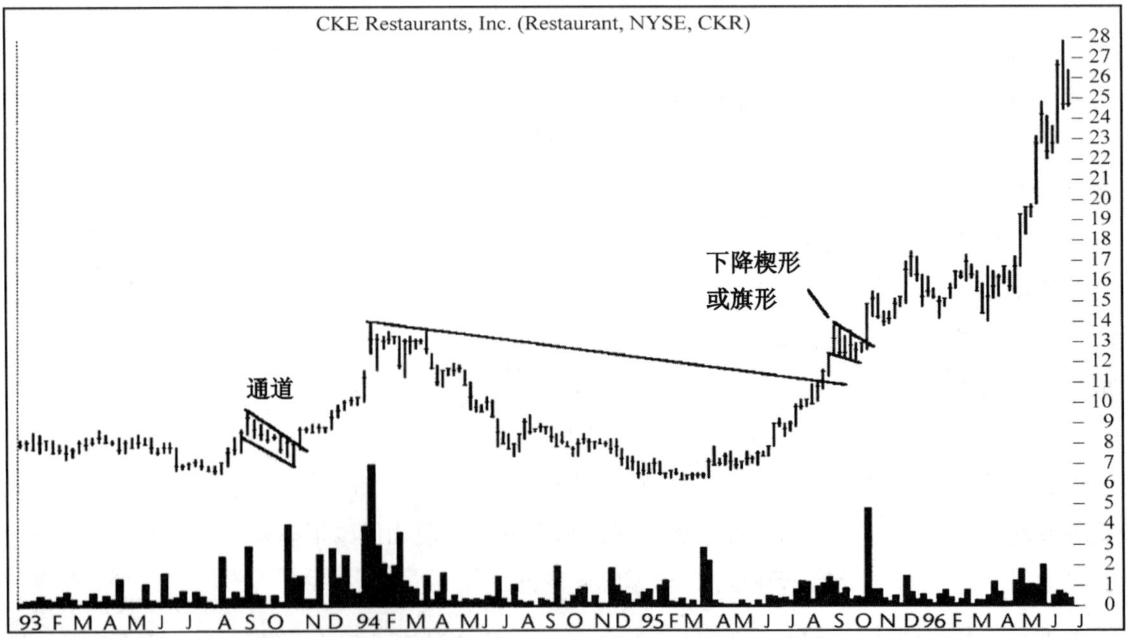

图7.1　蹦跑底部反转形态。在1993年底，向上动量推动股价攀升，然后在新年伊始时停住。成交量逐渐减少，股价亦逐渐下跌。一个有柄杯形态或圆弧底形态成型，从1995年底部算起，股价攀升350%。在1993年底出现一个价格通道。在1995年底出现一个下降楔形。

随着周线成交量呈现下降趋势，投资者对这只股票的热情相应减少。最终，看多的情绪不再能够支持这样高的股价，股价便崩塌了。随着股价向下运行，成交量持续逐渐减少。在1月推动股价创新高的向上动能现在起到反作用。在超过一年的时间里，股票回吐了之前的所有涨幅，而且，到了1995年2月，股价开始下行，跌到新低。

一个月之后的这个成交巨量很关键，因为它是转折点的信号。一个星期之后，又是一个成交巨量，股价收高超过10%。向上运行启动，但很快就停止。股票横盘近两个月，聚集力量以便进行上坡跑。然后，股价起飞，不是起跳，而是慢慢地向上运行，几乎是一周接着一周。在8月中旬，当股价到达趋势线，很明显，股价运行了一个巨大的圆弧底形态，这是一个表明股价上升趋势的转弯。

股价以比较高的成交量穿过趋势线，然后暂停一个月，形成一个下降楔形或者说是旗形。随后，伴随着一个非常大的成交量，股价跳上一个新高。但这没有能够坚持很长时间，股价在18美元下方进入盘整阶段，在那里，股价停留了几个月，然后跳高向上，一路上行，到6月末，股价达到28.75美元，从突破点算起，上涨了140%，从最低点算起，上涨了350%。

有人会把这个形态当作有柄杯形态，确实，它是有柄杯形态。但它同时也是一个蹦跑底部反转形态。因为杯形不需要依赖于如图7.1中所示的一条向下倾斜的趋势线和一个在左边较大的手柄。不论你管这个形态叫什么，结果都是一样的：股价继续走高。

辨识指南

表7.1所示为许多正确识别蹦跑底部反转形态的特征，图7.2所示为在表7.1中概述的各个特征。

表7.1　辨识指南

特征	讨论
等差坐标	使用等差坐标，不要使用半对数坐标
煎锅形状	这个形态看起来像是一个左边有手柄向下倾斜的煎锅。在一个大幅的暴跌之后，股价进入煎锅底部，在形态底部，股价横盘运行，最终从右侧急剧上行
倾斜向下的顶部趋势线：导入阶段及导入高度	形态的手柄由一条向下倾斜30°～45°（随坐标变化而不同）的趋势线构成。手柄部分称为形态的导入阶段，因为它将股价导入蹦落阶段。导入高度的计算方法是：连接小高点的趋势线到在导入阶段底部（不一定是导入阶段底部的最低点）最宽处的垂直距离。导入阶段应该有至少1个月的时间长度，具体依形态而定
蹦落阶段	蹦落阶段是煎锅形态的底部。这一阶段的趋势线向下倾斜60°甚至更多。股价急剧下跌，然后水平运行，转弯，转弯通常是圆弧形状，之后，股价上升，在上行时，有时候会停顿在倾斜30°的趋势线上，再继续上行。蹦落高度的计算方法是，从趋势线到形态的最低点的距离。蹦落高度至少应该是导入高度的2倍。在辨识具体形态时，不要求必须严格地遵循这一原则，它只作为一个总体指南
上坡跑阶段	一旦股价脱离蹦落阶段，它们开始一个上坡跑，股价不断攀升
成交量	在形态中，成交量巨大的位置通常在三个阶段：形态开始、蹦落开始、向上突破阶段。不过，高成交量不是一个形态确认的先决条件

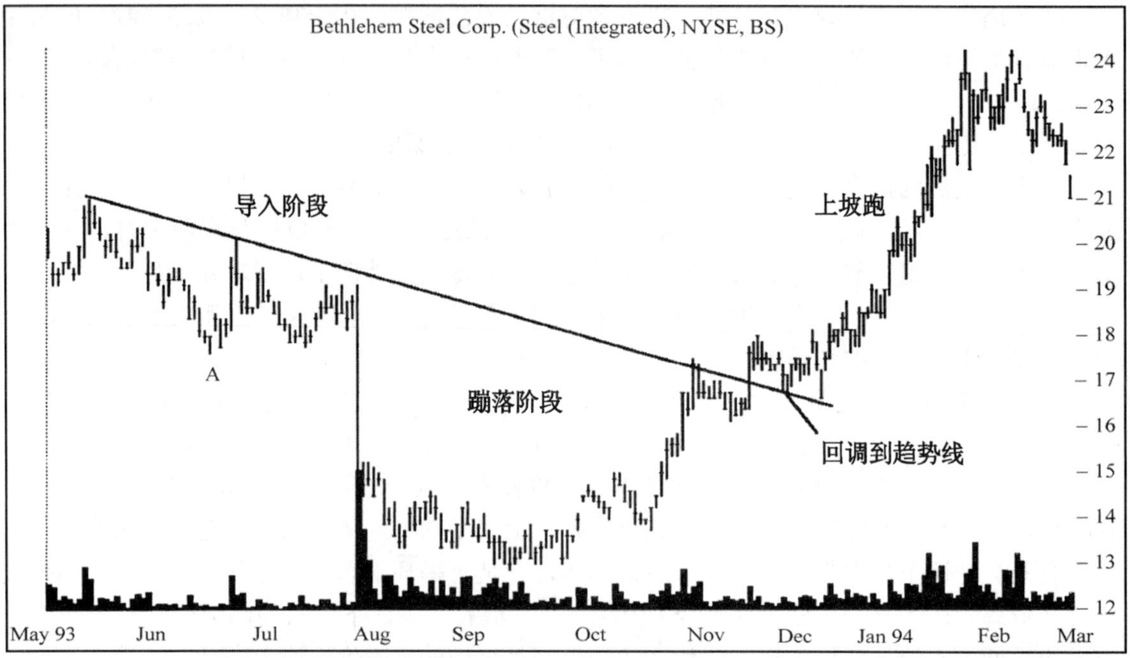

图7.2　蹦跑底部反转形态的不同部分。在股价窄幅运行的导入阶段之后，股价跌落，蹦落阶段形成，然后股价转弯向上，股价离开蹦落阶段上行，在上坡跑的阶段，股价走向新高。

等差坐标　使用等差坐标，不要使用半对数坐标，因为半对数坐标扭曲垂直距离。

煎锅形状　总的来说，形态看起来像一个煎锅。手柄，即导入阶段的趋势线，向下倾斜的斜率为30°～45°。沿着交易日股价高点，绘制一条趋势线，一旦股价穿透这条趋势线，就是买入的信号。

不像蹦跑顶部反转形态，有时候，导入阶段的水平趋势线包含有效的蹦跑底部反转形态。这种情况很少出现，而且应该避免交易这类形态。在这个研究中的趋势线都是左边高，而且向下倾斜，这样的形态有最佳的表现。

向下倾斜的顶部趋势线、导入高度　一旦趋势线形成，就计算导入高度。计算办法为：在形态导入阶段，找到趋势线与日内低点垂直距离最宽的位置，该垂直距离就是导入高度。比如，在图7.2中，计算导入高度时，使用的是6月16日（点A）的价格，那一天的最低价是17.63美元，垂直上方的趋势线的值为20.38美元，计算得出导入高度为2.75美元。最小的蹦落高度使用的是导入高度，所以，正确计算导入高度是很重要的。

蹦落阶段　导入阶段之后就是蹦落阶段。股价快速下跌，虽然可能没有图7.2所示的那样快速，然后形成一条新的倾斜度为45°～60°甚至更高的趋势线。在蹦落阶段的初期，成交量显著增高，但卖出的压力大于买入需求，真相终于出现：这家公司存在诸多问题。随着聪明资金和短线玩家成群结队地离开，股价继续下行。

最终，下行压力消退，股价得以恢复。股票掉头向上触及最初斜率30°的趋势线。在这里，股价可能会下行一些时间，或者可以直接顺利地穿过趋势线。多数情况下，股价开始逐渐上升，然后在继续上涨之前回调到趋势线上。

上坡跑、成交量　随着股价从形态突破上行，成交量也不断上升。股价不断上涨是上坡跑阶段的特征。

关注形态失败

图7.3所示为蹦跑底部反转形态失败的样子。在1994年6月，股价下跌到24.50美元的低点之后(图中没有显示)，股价开始上涨。尽管上涨不是直线的，但是，在后面的一年里，股价创造了新高 (图中左边的峰顶处)。然后从那里开始股价走下坡路。股价的下跌相当有序，股价的峰顶沿着趋势线不断下移。然而，到了9月早期，股价伴随成交巨量迅速下跌，形成蹦落阶段。股价迅速达到了33.63美元的低点，然后反弹。股价通过趋势线后，只稍微向上运行了一点点便回调，沿着趋势线下行。股价沿着趋势线下跌没有什么不正常，不正常的是接下来股价没有继续上涨。反而，股价在趋势线的末端急剧下跌。6月底，股价滑到每股20美元之下，小于峰顶时的一半。

蹦跑反转形态为什么会失败？图7.3所示的这个形态，不是一个好的蹦跑反转形态的例子。在这个例子中，蹦落高度不足导入高度的2倍。然而，这个高度又取决于怎么画趋势线。如果从点A的峰顶开始画趋势线，蹦落高度和导入高度的比大约2:1。新画的趋势线也触及峰顶点B。所以，如果你要等到股价运行到新的趋势线之上再投资，你可能就不会买入。有时候，画一条新的趋势线以查看形态的表现是明智的。

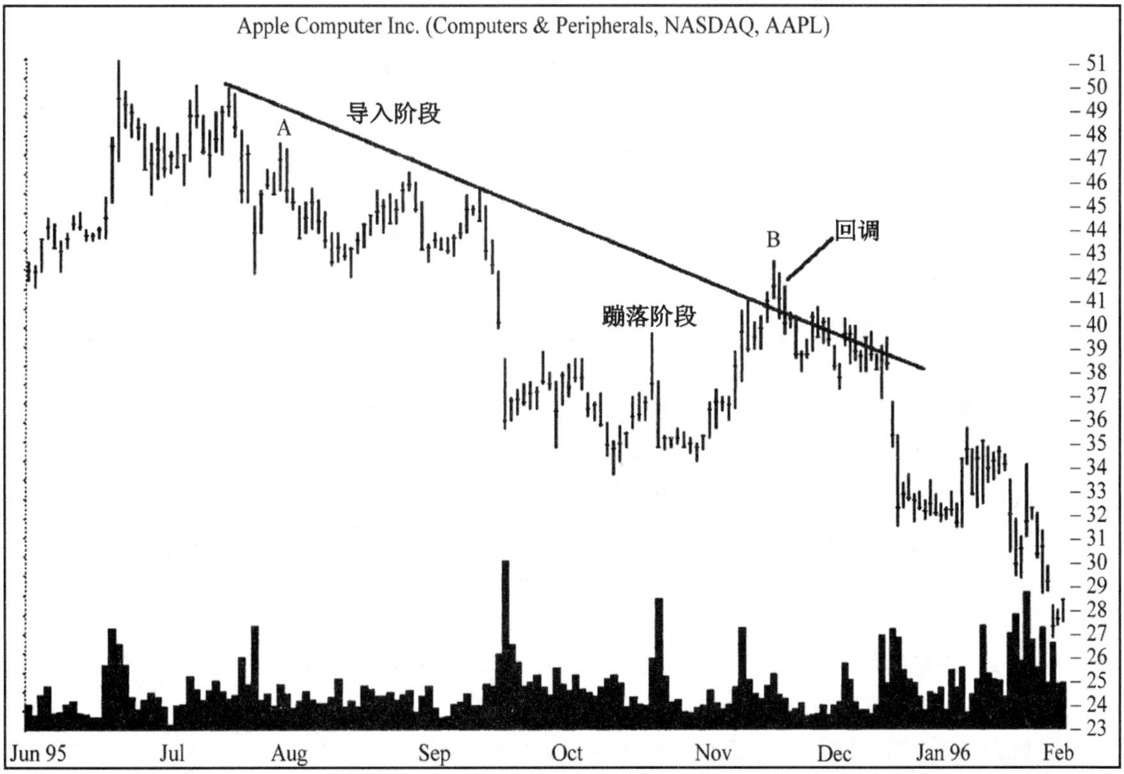

图7.3 一个失败的蹦跑底部反转形态。蹦落高度不足导入高度的2倍，这意味着这个形态不值得交易。从点A到点B画一条新的趋势线（图中不显示），这条新的趋势线将会满足蹦落高度是导入高度至少2倍的要求。如果投资者等待股价运行到新的趋势线上方，他将不会买入股票。

统计数据

表7.2　所示为蹦跑底部反转形态的综合统计数据。

表7.2　综合统计

描述	牛市 向上突破	熊市 向上突破
形态数量	412	120
反转(R)、持续(C)数量	203R，209C	66R，54C
反转(R)、持续(C)涨/跌幅	40%R，36%C	31%R，30%C
平均涨幅	38%	31%
涨幅超过45%(数量或占比)	142 或34%	30 或25%
趋势结束后涨/跌幅	-29%	-34%
形态失败后涨/跌幅	-28%[a]	-24%[a]
标准普尔500指数的变化	14%	-7%
到达最高点的天数	186	109

注：(-)负号表示下跌；[a]表示样本小于30个。

形态数量　在1991年中期至1996年中期的500只股票，和其他一批2000年到2002年熊市的股票，以及在这两者之间的其他一些零星股票里，我找到532个蹦跑底部反转形态。这些被发现的形态多数出现在牛市，因为牛市长度是熊市长度的好几倍。

反转或持续　从技术上来说，这个形态是作为反转的，但那只是因为作为反转的形态比作为持续的形态数量多了6个。不管怎么说，作为反转的形态表现比作为持续的形态好。

平均涨幅　这个形态的平均涨幅表现坚挺，牛市平均涨幅38%，熊市平均涨幅31%。两者均击败其他形态36%和25%的平均涨幅。

涨幅超过45%　我看到表中公布的数据，在这一项上，形态延续了上面坚挺的表现，25%～34%的形态突破后涨幅超过45%。正如你可能预料到的，蹦跑底部反转形态在牛市的表现比在熊市的更好。

趋势结束后的变化　在上升趋势结束后股票如何发展？到达最高点之后，股价反转下跌的幅度为29%～34%，回吐之前的大部分涨幅。你大概猜到了，熊市形态的跌幅更大。

失败形态的表现　失败形态会出现不多，所以表中的统计结果是不可靠的。尽管如此，这些结果还是所示为相当的跌幅。交易失败形态的问题是，一个短的回调看起来像一个失败的形态。多数情况下，股价会出现反弹，如果出现反弹，你的空仓将会遭受损失。交易失败形态要小心。

标准普尔500指数的变化　标准普尔500指数在牛市里的平均收益是14%，在熊市的平均损失是7%。总体市场指数对这个形态平均涨幅的影响比我原来想象的要小。在两个市场之间，指数振幅是21%，而这个形态的平均涨幅之差只有7%。

到达最高点的天数　这个形态在牛市里需要花超过6个月的时间(186天)到达最高点，在熊市里只需要3个半月的时间。这个运行时间表表明股价上升在熊市更为陡峭，但也攀升没那么远。

表7.3所示为形态突破失败的比率，这些结果是相当不错的。只有少量的形态在涨幅不

到5%就熄火——牛市2%失败，熊市1%失败。失败比率随着涨幅最大值的上升而增加。在牛市有一半的形态涨幅没有达到35%就见顶，在熊市有一半的形态涨幅不到30%就见顶。对于更大的涨幅（大于10%），牛市形态显示出更低的失败。

表7.3　失败形态数量或概率

股价最大 涨幅(%)	牛市 向上突破	熊市 向上突破
5(保本点)	8 或 2%	1 或 1%
10	42 或 10%	7 或 6%
15	84 或 20%	26 或 22%
20	124 或 30%	39 或 33%
25	169 或 41%	54 或 45%
30	193 或 47%	69 或 58%
35	223 或 54%	79 或 66%
50	289 或 70%	95 或 79%
75	339 或 82%	108 或 90%
>75	412 或 100%	120 或 100%

如何使用这张表呢？举一个例子：假设你的交易成本是5%，你想得到30%的收益，也就是总收益要达到35%。有多少形态涨幅不会达到35%呢？答案是：在牛市有54%，在熊市有66%。你所做的交易中，有1/2～1/3是不能够达成你的目标的。这就意味着，交易这类形态，如果要达成你的目标，赢出的股票必须表现非常出色才能够弥补其他股票的损失。

表7.4所示为与突破及突破后相关的统计数据。

表7.4　突破与突破后股价表现统计

描述	牛市 向上突破	熊市 向上突破
从形态结束到突破	4 天	3 天
突破在年度价格区间低(L)、中(C)、高(H)各区域分布百分比	L40%, C41%, H19%	L36%, C53%, H12%
形态在年度价格区间低(L)、中(C)、高(H)各区域突破的涨幅	L41%, C41%, H29%	L39%, C27%, H32%[a]
回调概率	59%	73%
回调期间	11 天	7 天
出现回调形态的平均涨幅	37%	28%
未出现回调形态的平均涨幅	40%	39%
出现突破缺口形态的表现	46%	25%[a]
未出现突破缺口形态的表现	37%	33%
缺口平均金额(美元)	0.26	0.18
双蹦落比例	20%	21%[a]

注：(–)[a]表示样本小于30个。

从形态结束到突破　这个形态股价击穿趋势线的速度迅速，从形态结束到收高于趋势线只需要3～4天时间。

年度位置　这类形态的突破发生在年度股价区间的什么位置呢？大多数情况下，突破发生在年度价格区间的中位区域或者低位区域。

年度位置及表现　年度价格区间上标出形态表现，我们发现表现最好的是那些在远离年度价格高位区域突破的形态（意思是突破位置在中位区域或低位区域），那些形态就是你交易时需要选择的。

回调 牛市超过一半（59%）的形态和熊市73%的形态出现回调。在熊市，股价在7天内迅速回到突破价格；在牛市，股价回调的时间为11天，比较正常。如表7.4所示，和其他的形态一样，回调损害股价表现。

缺口 在牛市，缺口有助于股价表现；但是在熊市，缺口对股价有损害。如果有更多的样本，结论可能会变化。

双蹦落比例 蹦跑底部反转形态有20%的可能出现第二个蹦落。股价在走向突破的途中，触及趋势线，股价没有能够继续上升，而是反转下跌，形成第二个蹦落。

图7.4所示为一个双蹦落的蹦跑底部反转形态的好例子。第一个蹦落完成于股价在1993年8月中旬触及向下倾斜趋势线之时。如果你在第一个蹦落内的任何位置买入股票，你都会被套住。股价从8月19日的22.75美元高点，到10月1日下跌至17.38美元，差不多25%的跌幅。

图7.4 双蹦落的蹦跑底部反转形态。应该等待股价突破向上后再买入股票。在这个例子中，如果你在7月买入，你在短期内将会亏钱。

从那以后，股价一路沿坡向上跑，股价迅速向上运行，1994年1月中期到达28.5美元的峰顶。从蹦落阶段最低点算起，涨幅为64%，从突破点算起，涨幅为33%。图7.4透露出一个有价值的教训：应该等待向上突破之后再买入。毫不奇怪，这个教训适用于许多形态，不只是蹦跑底部反转形态。

第二个蹦落跌得比第一个蹦落低，这样的双蹦落蹦跑底部反转形态是不常见的。正如刚提到的，双蹦落本来就是少见的，出现的概率只有20%。当然，这不会让你感到安慰，如果你已经买入股票，而股价开始再次下跌。

表7.5所示为股价达到最高点所需时间的频次分布。这个形态在两个市场中的表现接近。它们在大于70天那一列的数值都很大。在其他栏中，有少量形态在第1个或第2个星期就已经见顶熄火。总的来说，股价到达最高点所需的时间越长，收益越高。所以，表7.5给出的是好消息。

表7.5　到达最高点天数的频次分布

天数	7	14	21	28	35	42	49	56	63	70	>70
熊市	9%	10%	6%	4%	6%	5%	5%	3%	6%	0%	47%
牛市	7%	7%	5%	4%	3%	5%	2%	3%	3%	3%	59%

留意熊市形态怎么在突破后35天出现一个小波动，牛市形态的小波动出现在42天。我在其他形态中也发现类似波动，在突破后约1个月，上行的势头变弱。所以，对趋势变化要有准备(另一个波动出现在熊市突破之后2个月)。

股价上升到形态开始位置的概率有多大呢？这还得看市场环境。在牛市，48%形态股价上升的最高点在形态开始位置的15%之内。在熊市，63%的形态股价在形态开始时的高点15%以内停止上行。图7.5所示的例子，形态开始的股价是32.88美元，然后形成一个下降三角形。在6月，这家半导体公司的股价开始跳空下跌，6月7日收在23.75美元的低点，跌幅超过4美元。股价继续下跌，在6月中期达到蹦落阶段的低点。股价从这个低点开始恢复，不断上行，一直上升到形态开始的价格下方0.25美元的高点。

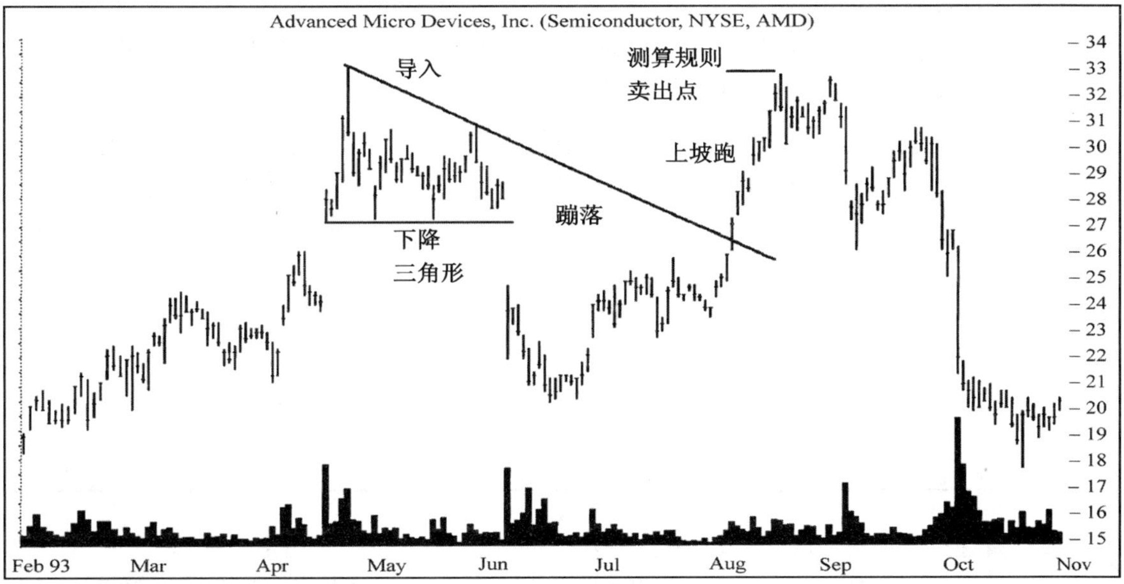

图7.5　蹦跑反转形态突破后上行到形态开始的高点15%以内停止上升。有48%～63%的蹦跑底部反转形态表现出这样的特点。

表7.6所示为与蹦跑底部反转形态面积大小相关的统计数据。

高度　高形态表现比低形态好。这个结论的运用，通过计算形态顶部最高点到底部最低点的距离得出形态高度，再除以突破价格(指股价收盘高于向下倾斜趋势线时的价格)。形态高度与突破价格的百分比与表7.6中的中值作比较，如果高于表7.6中的中值，那么形态就是高形态；如果低于中值，那么形态就是低形态。交易高形态以便获得最佳表现。

宽度　宽形态表现比窄形态好。我使用长度中值作为区分形态宽窄的分割值。

形态平均长度　蹦跑底部反转形态是长形态，平均长度在110～143天之间，即4～5个月的时间长度。

高度和宽度的组合　在牛市，既高又宽的形态比别的组合形态表现好；在熊市，既高又窄的形态表现好。表现最差的形态是既矮又窄的形态，要避免交易这类形态。

表7.6　形态面积大小统计

描述	牛市 向上突破	熊市 向上突破
高形态表现	44%	39%
低形态表现	34%	25%
高度中值（与突破价格百分比）	35.87%	46.95%
窄形态表现	34%	29%
宽形态表现	42%	33%
长度中值	120 天	98 天
形态平均长度	143 天	110 天
低窄组合形态表现	31%	24%
低宽组合形态表现	39%	28%[a]
高宽组合形态表现	45%	38%
高窄组合形态表现	44%	41%[a]

注：[a]表示样本小于30个。

表7.7所示为与成交量相关的统计数据。看这些数据就像看着一个充满氦气的派对气球，升空却没能飞上天，而是卡在树林里，让人扫兴。

表7.7　形态期间成交量统计

描述	牛市 向上突破	熊市 向上突破
上升成交量趋势表现	38%	31%
下降成交量趋势表现	38%	31%
U 形成交量形态表现	40%	35%[a]
半圆形成交量形态表现	38%	30%
既非U形又非半圆形成交量形态表现	32%	51%[a]
巨量突破表现	40%	27%
轻量突破表现	34%	35%

注：[a]表示样本小于30个。

成交量趋势　不同的成交量趋势对蹦跑底部反转形态的表现作用是一样的。

成交量形状　在牛市，U形成交量的蹦跑底部反转形态表现最佳；在熊市，随机形状成交量的形态表现好，但这一部分的样本量很少。

突破成交量　在牛市，巨量突破有助于形态表现。在熊市，情况正好相反，巨量突破损害形态表现。

交易策略

表7.8所示为蹦跑底部反转形态的交易策略。

测算规则　在适当地确认了一个蹦跑底部反转形态之后，你应该要确定交易可能的利润。你运用测算规则来确定。我已经改变了测算规则，原来需要计算，现在只简单地使用形态的顶部价格便可。形态的最高点就是目标价格。股价达到目标价格的概率是64%～68%。

等待确认　确认点为当股价收盘高于那条形成于导入阶段的趋势线之时，只要股价收盘高于那条趋势线，就买入股票。

在旧高点卖出　我已经讨论过股票出现蹦跑底部反转形态时，股价在旧高点(即形态的初始点)附近停止上行的概率，在旧高点设置卖出指令。这将确保你的利润不受影响，万一股价掉转下行，如果你不愿意卖出你的持仓，你可以考虑在股价达到旧高点时卖出半仓，然后看会发生什么。

止损　一如既往地在最邻近的支撑区域下方0.15美元处设置止损点，并随着股价的上涨，移动止损点的位置。这样操作，即使股价掉头向下，你也不会损失太多。

表7.8　交易策略

交易策略	解释
测算规则	形态中的最高点是目标价格
等待确认	等待突破可以提高投资表现。 买入股票前，股价应收高于向下倾斜的趋势线之上
在旧高点卖出	当股价上升到旧高点，如果股价出现疲软，考虑卖出
止损	在之前的阻力区域下方 0.15 美元处设置止损点

交易故事

也许解释交易策略最有趣的方式就是通过举例。约翰是一个投资新手，他没有花时间去全面学习蹦跑底部反转形态。有一天，当他浏览他的股票形态图，他注意到图7.6中所画的股票有一个有趣的情况正在发生。在8月，上升到峰顶，之后下跌了一点，然后形成第二高。随着股价从第二个峰顶下行，约翰在画一条连接这两个高点的试探性趋势线。很快，他注意到股价正沿着某个通道下跌。他画出线连接底部低点、与第一条趋势线平行的第二条趋势线。

图7.6　约翰投资的一个失败的蹦跑底部反转形态。他最后在股价见底前2天卖出股票。

然而，股价很快击穿第二条趋势线，继续下跌。当股价跌得更深，约翰认为自己认出了一个正在形成的蹦跑底部反转形态。他画出第三条趋势线，与其他两条趋势线平行，趋势线之间的间距等于导入高度。

当股价下跌探到低于第三条趋势线下方，他相信下跌已近尾声。所以第二天，他开始行动，以18.25美元买入100股。他对自己的买入价比当日收盘价还低一点感到高兴。

第二个星期，股价向上喷发，上穿第二条趋势线。约翰此刻热情高涨，相信选股就是简单的游戏。“简单的游戏。”他就是这么说的。当股票进入盘整阶段，约翰也没有在意。交易横盘阶段之后，通常跟着快速上涨。

当股价接近顶部趋势线，约翰算了一下目标价格。他运用旧的测算规则，而不是简单地使用形态最高点。他计算形态导入阶段中最宽部分的趋势线减去该日低点，得出导入高度。他使用8月20日的最低点24美元，趋势线的垂直高度26美元，两者之差为导入高度，即2美元。约翰相信股价会在约21.25美元突破，据此，他的目标价格为23.25美元，即导入高度加上突破价格。

约翰确信他可以获得更大收益。他计算，如果一切进行得如其所愿，从他的买入点算起，他将会收获至少25%的回报。

股价横盘大约一个月，不过这并没使他担忧。他甚至期望股票再跌一点，重新夺回部分快速上涨的收益。暗地里，他希望股价能够尽早突破这个成交区间上行。他有信心股票会上行，只是什么时候的问题。

其实，他错了。股票确实是突破了这个交易区间，但不是突破向上，而是向下。接近顶部趋势线后，股价又继续下跌，触及中间趋势线。约翰知道，股价通常会回调涨幅的38%～62%。他抓起计算器，计算自己股票的回调值。

股票从18美元的低点直线上涨至21.43美元的高点，涨幅约3.50美元。现在股票正在回吐之前的涨幅，已经下跌到了18.75美元，回调幅度达78%。很显然，这超出了简单回调的幅度。约翰怀疑趋势已经发生了变化，但他希望此刻看到当股票触及中间趋势线形成的停顿可以给股价一个支撑，并结束下跌。下跌确实停止了一会儿。股价在趋势线上暂停三天，然后再一次开始下行。股价迅速跌到他买入价下方，向下跌去。

虽然约翰买入股票时本来是玩短线的，但是他说服自己他真的喜欢这家公司，不介意长线持有它的股票。现在，至少他可以收回自己的损失保本离场。

股票下穿第三条趋势线，下行更低。那个简单游戏现在演变成了一个灾难。约翰在12月11日股价跌到12.75美元时第一次考虑要卖出股票，此时损失30%。他推迟了卖出的决定，他告诉自己这一持股是一个长线投资，遭遇这样的短期下跌本该预见到的。

第二天，股价收高，这让他重燃希望。的确，第三天股价甚至涨得更高。但是，股价这两天的反弹不过是海市蜃楼，随后股价再一次继续下跌。当股价下跌到低于12.75美元，约翰举双手投降，他告诉他的经纪人抛弃这只股票。他在12.25美元清仓，这是当天的最低点。两天后，股票在10.75美元触底。从买入点算，约翰损失35%。

像这次让他心烦意乱一样，并没有停止对他的折磨。他继续跟踪，看着它不断上涨。他延长蹦跑底部反转形态的向下趋势线(见图7.7)，注意到一个新的、更大的蹦跑底部反转形态已经形成。在挨过了一个大蹦落之后，股价不断上涨，直到碰上蹦落反转底部形态的趋势线。然后，股价沿着趋势线下跌，没有能够穿透阻力线。

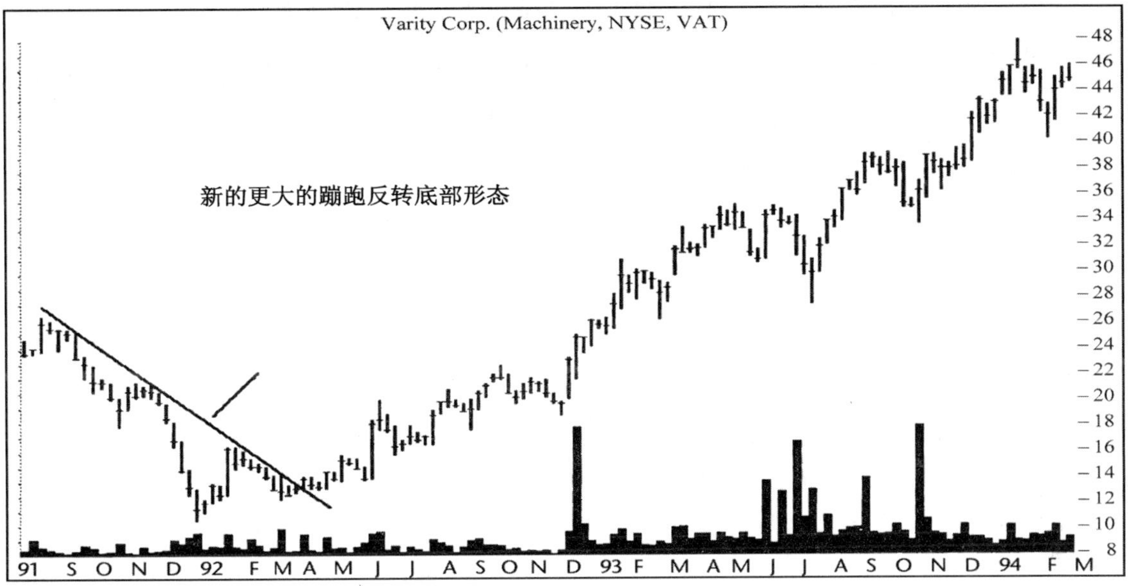

图7.7 周线图中的一个蹦跑底部反转形态。突破之后股价攀升超过350%。

1992年3月27日的那个星期，股价几个月来的第一次收于趋势线上方。这个蹦落反转底部形态已经完成，一个确认的突破已经出现。约翰买入吗？不。几个月来，他看着几乎一个星期比一个星期升得高的行进，感到厌恶，他放弃跟随。

1994年4月，约翰再看这只股票，惊讶地发现还在涨，它刚刚达到一个50.13美元的高点，涨幅接近370%。他抓着他的计算器，意识到他的错误使他失去超过3000美元。

他做错了什么？首先。他没有等到蹦跑反转形态上穿趋势线并继续上行。如果他这样做了，他将会在接近底部买入，节省他宝贵的资金。其次，他没有立即止损。在买入股票之后，他应该确定一个卖出点。中间的趋势线本该是一个设置止损指令的好位置。如果这样，他将在约17.88美元止损离场，仅比他的买入价18.25美元跌了一点。相反，他随着股价的下行改变了他的投资理念，由短期交易变为长线持有。

交易秘籍

下面的列表包含交易这种形态的提示和观测结果，以帮助你选择表现更好的形态，更多的信息，请参阅相关的表格。

- 利用辨识指南来帮助选择形态。见表7.1。
- 牛市选择反转形态，它们涨幅高于熊市。见表7.2。
- 熊市失败比率开始小，但牛市在收益大于10%后表现更佳。见表7.3。
- 挑选在年度价格区间低位区域附近突破的形态。见表7.4。
- 回调损害形态表现。进行交易之前查看顶部阻力。见表7.4。
- 在突破后5～6个星期留意股价疲弱。见表7.5。
- 选择高或宽形态，避开那些既低又窄的形态。见表7.6。
- 巨量突破有助于牛市形态表现，但轻量突破有助于熊市形态表现。见表7.7。

第八章 蹦跑形态之顶部反转形态
Bump-and-Run Reversal Tops

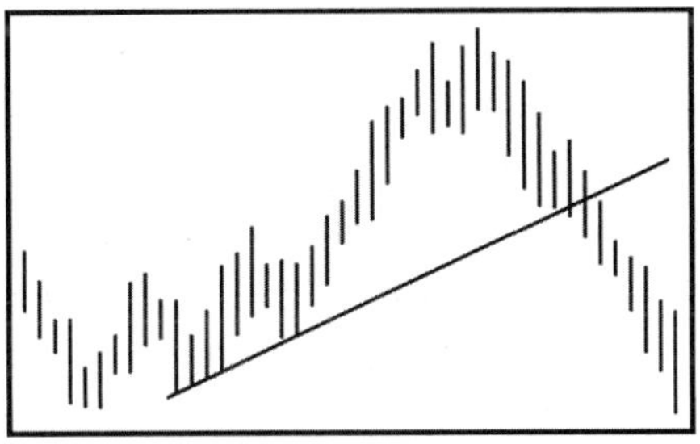

统计简报

向上突破

形状	股价沿着一条趋势线稳步上升，蹦高，反转，然后下跌穿过趋势线继续向下运行。	
反转或持续	短期反转，行情看跌。	
	牛市	**熊市**
表现排名	3/21	4/21
保本失败概率	5%	1%
平均跌幅	19%	27%
趋势结束后的变化	53%	48%
成交量趋势	向上	向上
反弹概率	62%	65%
实现目标价格概率	78%	90%
意外发现	表现最好的形态突破位置在年度价格区间中位区域；反弹损害形态表现，但突破日缺口有助于形态表现；高形态表现比低形态更佳。	

如果你想买入一家公司的股票，而且你能够知道第二天的买入价格会更低，这会不会很有意思呢？当然是。但是，你怎样预测明天的价格呢？当我发现蹦跑顶部反转形态时，我正

在研究这个问题。我一直努力找出一个可靠的方法，以确定明天的价格较今天的价格会更高或是更低，相差是多少。

我尝试所有的数学方法，以提高预测的准确率，但只获得有限的成功。后来，我便转移到视觉世界。我沿着股票形态图画一条趋势线，看看我能不能确定价格会跌到这条线下方多深。我查看许多股票形态图和趋势线，想办法找到趋势线和趋势中的各段之间是否有某种关系。这时候我发现了它：蹦跑形态。我琢磨着就使用蹦跑形态的名字好了，但是后来想到投资圈不会相信发现一个新形态的真实性，所以，我将这个名字修改为蹦跑反转形态——一个更具描述性和更容易接受的缩略词。

导入

图8.1所示为一个蹦跑反转形态的好例子。这个形态总体让我想到一座山峦。形态开始部分的山脚是低矮柔和的，没有离开向上倾斜的平原太远。在形态的初期成交量是高的，但很快就减少。山峦本身因巨大的成交量上升远高于山脚。当股价在顶部掉转时投资者的热情还在持续，然后在遥远的一侧衰退。当山峦结束，股价急剧下跌并继续下行。那就是一个蹦跑反转形态。股价蹦起，转弯，然后再次下行。这个形态是一个动量的视觉代表。这个形态的底部沿着一直倾斜向上的趋势线，它表明投资者获得的热切。日复一日，投资者给惜售的卖出者开出更高的价格，使得股价上升。

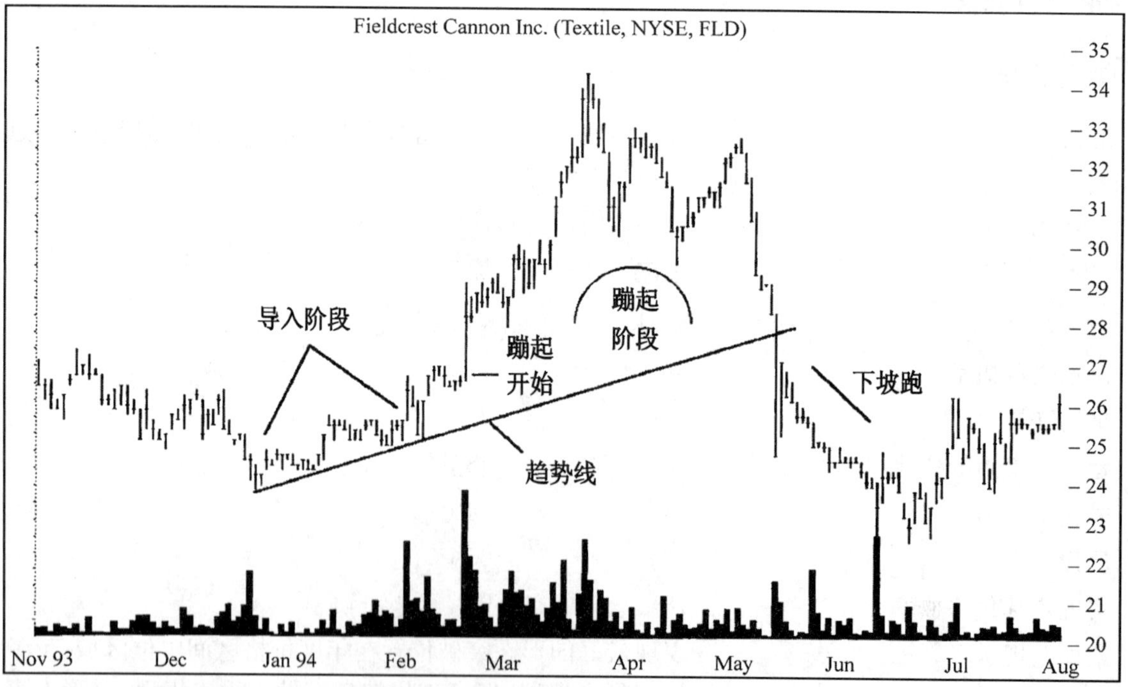

图8.1　蹦跑反转形态的一个好例子。在导入阶段，股价沿着趋势线上升，在蹦起阶段跳高，然后在下坡跑阶段暴跌，穿过趋势线下行。成交量在形态开始和蹦起开始通常是高的，但随蹦起阶段圆弧而缩减。约一半的形态成交量在股价击穿趋势线后重新上升。

其他的动量玩家最终注意到股价的上涨，在一个意外的良好收益宣布后，许多人跳上这辆马车，那就是蹦起的开始。随着股价的上升，成交量骤然上升。快速上涨的股价吸引更多的投资者加入争斗，结果使得股价涨得更高。随着短期炒客的增加，股价向上跃起形成一个新的倾斜度更高的趋势线。然后事情就开始变得糟糕了。

供应赶上了需求。当这种情况发生，上涨慢了下来，聪明资金变得谨慎，投资者的热情消退，供需的格局改变了，股价掉头开始下行。当聪明资金看到股价下跌，他们卖出股票，股价下跌加速。向下的动能增加，股价退回到趋势线。在这个点，买入的热情可能会增加，推动股价回升，为创新高作最后一搏。不过，股价通常不会反弹离开趋势线，而是继续下行。有时股价会有一个停顿，有时就是径直下穿阻力线，就如图8.1中所描述。

一旦股价击穿趋势线，随着投资者抛售股票成交量增加。这样的抛售使得更多的投资者惊慌，下跌趋势恶性循环。最终在几个月的连续下跌之后，抛售的压力消退，购买的热情阻止股价向下滑行。股价暂时水平运行，甚至可能反弹一点。一旦反转的因素从记忆中消退，股价又重新开始上升，这个程序又重新开始。

辨识指南

表8.1所示为图8.1中例子的形态不同部分的概述。

表8.1　辨识指南

特征	讨论
等差坐标	使用等差坐标，不要用半对数坐标
上升趋势线	一条连接低点的趋势线平稳上升，趋势线不可以是水平的或接近水平的，趋势线上行的倾斜度通常是30° ～45° (这个倾斜度因坐标而不同)。避免交易那些趋势线太陡峭(倾斜度超过60°)的形态，它们没有足够的空间留给蹦起部分
导入阶段及导入高度	导入阶段是股价急剧上升的蹦起阶段之前的部分。导入阶段中，最高点到趋势线的垂直高度，即导入高度，应该至少是1美元(最好是2美元或更多)。最小导入长度1个月，没有最大长度
圆弧的蹦起阶段	股价通常在出现利多(超出预期的收益、分析师推荐或者股票评级上升、更高的营业收入等)之后，巨量上涨(这时的趋势线斜率在45° ～60° 或者更大)。股价最终反转下跌，回落到30° 趋势线。在蹦起阶段中，从最高点到趋势线的垂直高度，即蹦起高度，必须至少是导入高度的2倍
下坡路阶段	在回落到趋势线之后，股价可能反弹上行，形成另一个蹦起，也可能是沿着趋势线滑行。最终，股价都将会下行，穿过趋势线，并持续下跌

等差坐标　使用等差坐标，不要用半对数坐标，因为半对数坐标扭曲垂直距离。

上升趋势线　在图8.1中，一条连接低点下方的趋势线一直延伸到5月，与回落的股价相交。成交量在形态开始时巨量，此后趋势上升。有一个关键的考虑因素：股价必须持续上升。趋势线的斜率应该在30° 左右，但这个斜率随用来观察形态的坐标的不同而不同。如果趋势线是水平的或者是接近水平的，那么，这个形态就不是一个蹦跑反转形态。一条上升趋势线表明投资者对该股票的热情。但是，趋势线也不应该太陡峭。陡峭的趋势线(超过60°)没有足够的空间让股价完成蹦起的阶段。

导入阶段及导入高度　形态的第一部分叫作导入阶段，股价由导入阶段进入蹦起阶段。导入阶段应该至少有1个月的时间长度，通常是2～3个月，但可能会比这个期间长得多。在这一阶段，股价上下波动，从最高点到趋势线的波动范围至少是1美元。这个范围叫作导入高度，导入高度的计算使用的是形态第一部分的价格。

比如，图8.1所示的形态第一部分，最高点出现在1994年1月12日，25.63美元，当日高点垂直下方的趋势线值是24.25美元，计算得出导入高度为1.38美元。导入高度是很重要的，因为后面计算最小蹦起高度和目标价格都会用到导入高度。计算导入高度另一个更为精确的方法是，计算从趋势线到顶部，不一定是顶部最高点，到趋势线的最大距离。至于用什么方法，你觉得用哪一种满意就用哪一种。

在导入期间，压抑的股价活动看起来像是股票正在为蹦起阶段积聚力量。股价从趋势线运行不太远，通常出现圆弧，如果你把形态想象成一座山脉，导入阶段相当于山麓。这往往是形态开始前出现的现象。

成交量在导入阶段开始时巨大，往往这是因为在形态刚开始前出现了某些影响股价的事件。成交量随后一直递减。在蹦起阶段开始时，成交量会突然上升。此后，不断上升的成交量和对不断膨胀的投资热情迫使股价暴涨。如图8.1所示，股价的暴涨发生在2月17日，当日的成交量达到近半年来的最高水平。

圆弧蹦起　在3月期间，在蹦起开始处，股价暴涨，迅速从26.50美元的低点上升到34.38美元的高点。在这期间，成交量依然保持高位，随着股价在顶部拐弯，成交量迅速减少。很多时候，顶部出现头肩形态或双顶或三重顶形态的形状，如果你在你的股票图中认出这样的形态，那么，忽略蹦跑顶部反转形态，直接遵循那些形态的提示。

蹦起高度是最高点到趋势线的垂直距离，它应该至少是导入高度的2倍。在这个例子中，蹦起高度是8美元(34.38－26.38)，比导入高度1.38美元的2倍还多。

这个最小2:1比例的理由是武断的。这样的规定是为了确保投资者的热情，也就是通常说的动量，能够被股价吸收。导入阶段向上倾斜的趋势线，在进入蹦起阶段后，变成一条斜率更高的趋势线，强调了不断上升的动量。维持这样无限的热情太久是困难的，股价最终下跌了。在图8.1发生的事情正是这样的。股价掉头，开始向下运行。有时下跌是有序的，有时是波浪不定的。在几乎所有的情况下，股价都会回落到趋势线。一旦到了趋势线，股票会出现几种情况。通常，股价会再一次蹦起，出现这种情况的形态被称为双蹦起的蹦跑反转形态。偶尔，一个双蹦起的蹦跑反转形态由几个蹦起构成，但结果都是一样的，股价最终跌落到趋势线之下。

下坡跑　有时候，股价会沿着趋势线滑行一个月左右，然后继续下跌。有时候，股价径直穿过趋势线，然后反转，再一次上升，最后才下跌。有极少的情况，股价从蹦起高点下跌，但没有跌落到趋势线，而是中途反转上行，这种情况通常出现在周线或月线图。

关注形态失败

在图8.2所示的周线图中，左边第一个蹦跑反转形态在蹦起的初始阶段出现高成交量，这一点你也许预料到了。蹦起高度和导入高度的比例看起来不错(超过2:1)，显然，投资者的热情是高的。然而，股价持续攀升，而不是转弯掉头向下。

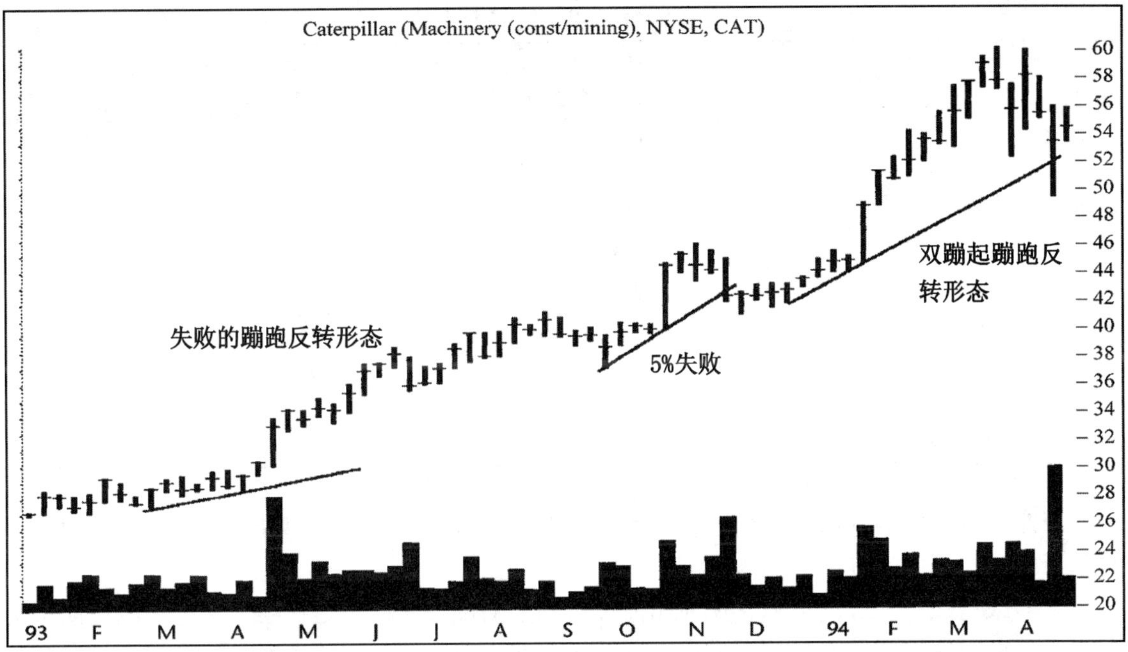

图8.2 周线图中的蹦跑反转形态。左边是一个失败形态，股价没有下行到趋势线之下，而是攀升上行。中间的蹦跑反转形态的圆弧有良好的成交量特征——在形态开始，蹦起开始，以及穿越趋势线时有高的成交量。然而，股价仅下跌到趋势线以下4%，这被称为一个5%失败。右边的蹦跑反转形态是一个双蹦起的蹦跑反转形态，因为股价在3月回落接近了趋势线，反弹形成第二个波峰，然后才下跌到趋势线下方。

将这个失败的蹦跑反转形态与位于中间的蹦跑反转形态比较，中间的那个有一个恰到好处的圆弧形状。成交量形态是你所预期的：在形态开始时，在蹦起开始时，以及在股价穿过趋势线时高。然而，股价下跌仅仅低于趋势线4%。任何形态在突破点下方运行不到5%后回升都被称为一个5%失败。

右边的蹦跑反转形态是一个双蹦起蹦跑反转形态。股价在1994年3月末接近趋势线，然后，就再一次迅速攀升，在跌穿趋势线之前形成第二个峰顶。通常，第二个蹦起的峰顶比第一个低。

在周线和月线股价图，你经常见到，随着时间的推移，股价稳步上行。不管怎么样，没有股价的急剧蹦起，这个上升的趋势就不能被称为一个正在形成的蹦跑反转形态。股价趋势线的斜率应该从开始的30%上升到蹦起阶段的60%或更高。

为了减少投资的失败，应该等待股价收于趋势线下方再进行交易。等待能够提高成功比率，但如果你在顶部附近卖出，利润会增加。在这一章的“交易策略”部分，我将会给你指出怎样在下跌真正开始前，在顶部附近卖出。那样做你就可以保有更多的利润，或者通过做空赚得更多。

统计数据

表8.2所示为蹦跑顶部反转形态的综合统计数据。

表8.2 综合统计

描述	牛市 向下突破	熊市 向下突破
形态数量	673	104
反转(R)、持续(C)数量	556R, 117C	94R, 10C
反转(R)、持续(C)涨/跌幅	-20%R, -13%C	-26%R, -32%C
平均跌幅	19%	27%
跌幅超过45%(数量或占比)	20 或3%	7 或7%
趋势结束后涨/跌幅	53%	48%
形态失败后涨/跌幅	39%[a]	31%[a]
标准普尔500指数的变化	8%	-11%
到达最低点的天数	68	39

注：(-)负号表示下跌；[a]表示样本小于30个。

形态数量 蹦跑顶部反转形态有很多，我发现将近800个，大多数出现在牛市(因为牛市比熊市长)。

反转或持续 大部分形态表现为当前价格趋势的反转，而不是持续。这种情况在熊市更甚，几乎所有熊市形态都是反转形态。反转形态在牛市表现得比持续形态好，但在熊市则更差，由于熊市的持续样本量少，这个比较的结果可能不准确。

平均跌幅 正如你所料，牛市的平均跌幅(19%)较表现极好的熊市平均跌幅(27%)小，两者均较其他所有形态的平均跌幅好。

跌幅超过45% 罕有看空形态跌幅超过45%的样本，蹦跑顶部反转形态也不例外。

趋势结束后的变化 如果你知道什么时候向下趋势结束(即什么时候股价到达最低点)，买入股票。离开底部后上涨巨大：在牛市为53%，在熊市为48%。

失败形态的表现 表8.2列示的失败形态的表现数据很少出现，所以数据可能会变化。

标准普尔500指数的变化 在牛市，标准普尔500指数攀升8%；在熊市，指数下跌11%。注意到熊市对蹦跑反转形态平均27%的跌幅有多么强大的帮助。

到达最低点的天数 在牛市，股价花两个多月（68天)的时间就到达最低点；但在熊市，下跌要花39天。由此，形态在熊市股价跌得更深而耗时更少，意味着更为急剧的下跌。这个发现建议，如果你持有一个有蹦跑顶部反转形态的股票，股价确认收于趋势线下方，立即卖出。否则，股价的激流可能会将你的获利仓位拖入亏损。

表8.3所示为蹦跑顶部反转形态的失败比率。失败开始时小，尤其在熊市，只有一个形态，或1%，没有能够下跌至少5%。正如所料，在熊市的失败比率低于在牛市的失败比率。在熊市一半的形态将不会下跌至少25%。在牛市，半道的标志在约18%，意思是一半的形态将不会下跌超过18%。与其他的看空形态比较，这些失败比率是小的。

运用这个表格的一个方法是结合测算规则。后面，在“交易策略”部分我会讨论这个规则。假设规则预测下跌从20美元到15美元，跌幅为25%，股价发生这样的跌幅可能性有多大呢？表8.3给出了答案。在牛市，73%的形态不会下跌至少25%；在熊市，比率为59%。由此，在两个市场，股价均不大可能有25%的跌幅。

表8.3　失败形态数量或概率

股价最大跌幅(%)	牛市 向下突破	熊市 向下突破
5(保本点)	34 或 5%	1 或 1%
10	134 或 20%	6 或 6%
15	275 或 41%	27 或 26%
20	386 或 57%	45 或 43%
25	490 或 73%	61 或 59%
30	569 或 85%	72 或 69%
35	610 或 91%	85 或 82%
50	662 或 98%	99 或 95%
75	673 或 100%	104 或 100%
>75	673 或 100%	104 或 100%

表8.4所示为与突破及突破后相关的统计数据。

从形态结束到突破　蹦跑顶部反转形态的突破发生迅速，只需2～3天。

表8.4　突破与突破后股价表现统计

描述	牛市 向下突破	熊市 向下突破
从形态结束到突破	3天	2天
突破在年度价格区间低(L)、中(C)、高(H)各区域分布的百分比	L11%，C41%，H48%	L7%，C41%，H52%
形态在年度价格区间低(L)、中(C)、高(H)各区域突破后的跌幅	L18%，C20%，H18%	L29%a，C32%，H23%
反弹概率	62%	65%
反弹期间	10天	10天
出现反弹形态的平均跌幅	18%	24%
未出现反弹形态的平均跌幅	21%	32%
出现突破缺口形态的表现	20%	33%[a]
未出现突破缺口形态的表现	19%	26%
缺口平均金额(美元)	0.40	0.90
双蹦起比例	28%	38%

注：[a]表示样本小于30个。

年度位置　我看到的蹦跑顶部反转形态大多数的突破发生在年度价格区间的高位区域。这个是合乎道理的，因为我们正在讨论的形态，有一条向上倾斜的趋势线，突破是在股价上升之后出现的。

年度位置及表现　突破在哪个位置的蹦跑顶部反转形态表现最好？表现明显的突破点在年度价格区间的中位区域。

反弹　反弹发生的概率在62%～65%之间，股价需要10天时间退回到突破点价格。当发生反弹时，形态表现变差。

查找附近潜在的支撑——任何可能推动股价上升的东西。如果你做空一只股票，股价反弹，它可能是由反弹导致的临时情况。后面股价应该会退回到突破点价格，最终重新它们的向下之旅。如果它们继续上升，平掉你的空仓。如果它们继续下跌，考虑增加你的空仓或者开新仓。

缺口 突破日缺口有助于形态表现。注意到熊市缺口大小是牛市缺口大小的2倍。

双蹦起比例 有时候，股价会从趋势线反弹，形成第二个蹦起，这就是所谓的双蹦起。比较图8.3和图8.4。

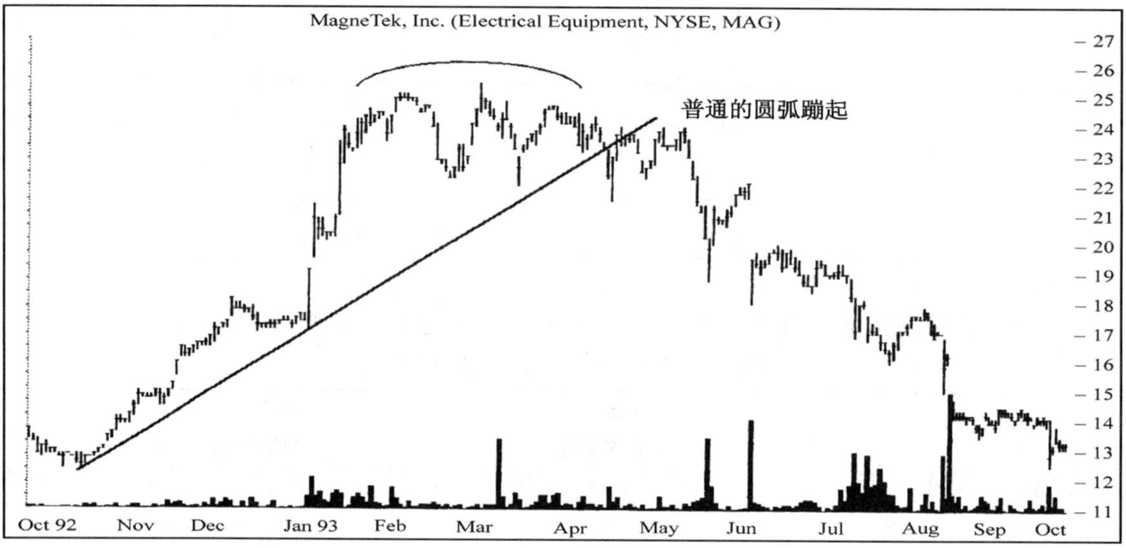

图8.3 蹦跑反转形态出现圆弧形蹦起的概率平均为76%。注意到4月中期真正突破前一个星期或两个星期的提前向下突破。在10月到达最低点，股价12.25美元，超过50%的跌幅。

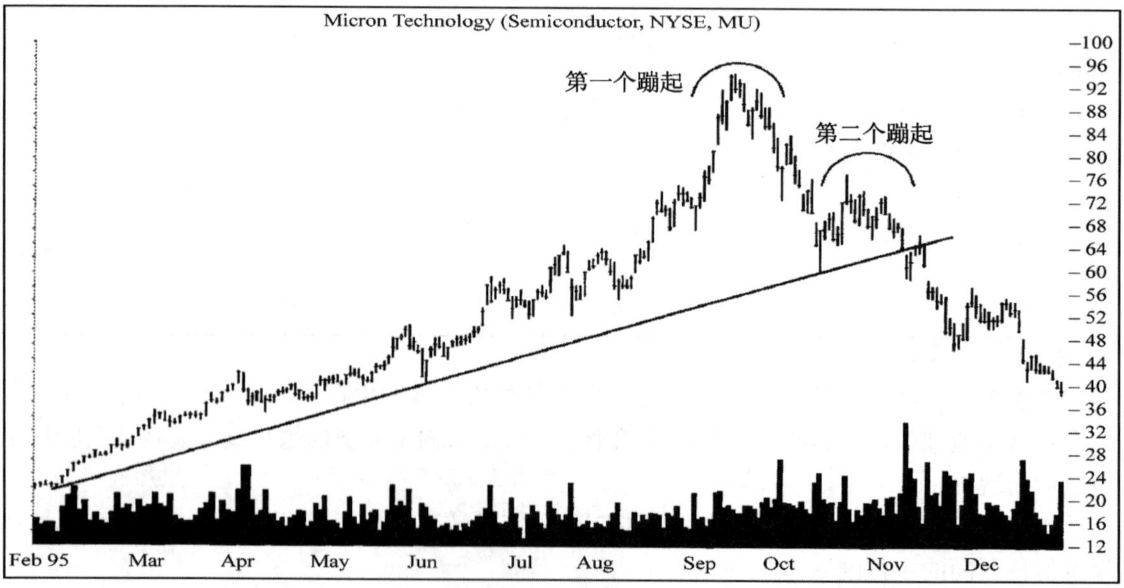

图8.4 蹦跑反转形态，第一个蹦起呈尖头形状，几乎没有留给投资者时间脱手股票。在1995年末，许多半导体公司的股票表现出相似的股价模式，为一个全行业的衰退创造了条件。在跌幅接近70%之后，在1996年1月中期到达最低点。

图8.3中的股票有一个圆弧形态的蹦起，给投资者足够的时间在高位附近卖出。图8.4是一个小窄得多的峰顶形态，投资者在股价迅速下跌之前在顶部只有几天的时间。图8.4中的形态图也是一个双蹦起蹦跑反转形态。在股价向下到趋势之下前有一个小一点的第二蹦起。双蹦起或多蹦起蹦跑反转形态出现的概率是38%，其中只有8%的第二个蹦起或另外的蹦起的最高点超过第一个蹦起的最高点。

表8.5所示为到达最低点所需时间的频次分布。和其他看空形态一样，我们发现许多形态提前熄火。我这句话的意思是股价没有花很长时间就到达最低点。差不多一半(24%+14%+11%=49%)的熊市形态不到3个星期的触底。蹦跑反转形态在牛市表现更佳，39%在3个星期内到达最低点。在表格的另一端，那是大跌幅形态的主战场，我们发现17%的熊市形态在70天之内都没有找到底部，而30%的牛市形态在70天之内没有见底。

表8.5　到达最低点天数的频次分布

天数	7	14	21	28	35	42	49	56	63	70	>70
熊市	24%	14%	11%	6%	9%	4%	5%	6%	2%	3%	17%
牛市	22%	9%	8%	8%	7%	4%	3%	4%	2%	3%	30%

注意到约在35天形态见底时的那个轻微的上升(熊市)，还有56天时。如果你在熊市做空一只股票，趋势可能会在突破后一个月改变，所以那个时候要密切留意。

表8.6所示为形态面积大小的统计数据。

表8.6　形态面积大小统计

描述	牛市 向下突破	熊市 向下突破
高形态表现	21%	29%
低形态表现	18%	25%
高度中值(与突破价格百分比)	43.48%	45.47%
窄形态表现	20%	25%
宽形态表现	18%	29%
长度中值	161天	127天
形态平均长度	192天	131天
低窄组合形态表现	18%	25%
低宽组合形态表现	16%	25%[a]
高宽组合形态表现	20%	31%
高窄组合形态表现	24%	25%[a]

注：[a]表示样本小于30个。

高度　高形态表现比低形态好。我计算形态最高点和最低点之差，再除以突破价格。得出结果高于高度中值者为高形态，低于中值者为低形态。你需要对你的股票形态进行计算，仅交易高形态。

宽度　窄形态在牛市表现比宽形态好，而在熊市则表现更差。我使用长度中值作为形态窄与宽的分割点。

形态平均长度　形态的平均长度在4个月(熊市)到6个月(牛市)之间。

高度和宽度的组合　在牛市，最好的组合是既高又窄组合的形态；在熊市，既高又宽的组合表现好。避开既低又宽的组合，它们表现最差。

表8.7所示为与成交量相关的统计数据。从数据来判断，在牛市向下突破没有被成交量影响。下面的分析是关于熊市的。

表8.7 形态期间成交量统计

描述	牛市 向下突破	熊市 向下突破
上升成交量趋势表现	19%	25%
下降成交量趋势表现	19%	30%[a]
U形成交量形态表现	19%	29%[a]
半圆形成交量形态表现	19%	27%
既非U形又非半圆形成交量形态表现	19%	23%[a]
巨量突破表现	19%	28%
轻量突破表现	19%	25%

注：[a]表示样本小于30个。

成交量趋势 成交量趋势呈下降的蹦跑反转形态表现比那些成交量呈上升趋势的形态好。

成交量形状 U形成交量的蹦跑反转形态表现最好。成交量呈随机形状的形态表现最差。

突破成交量 巨量突破有助于推动蹦跑反转形态的表现再一次超出。

交易策略

表8.8所列示的工具有助于判断什么时候卖出一只包含一个蹦跑反转形态的股票，以及计算出从这样的形态可以期望的最小跌幅(计算规则在后面讨论)。当你定期地检查你的股票形态图时，有一些股票会沿着趋势线上行，这些股票就是需要严密观察的。偶尔，一只股票伴随成交巨量股价开始快速上升，进入蹦起阶段。

表8.8 交易策略

交易策略	解释
测算规则	计算导入高度(参见表8.1导入高度定义)，再用突破价格减去导入高度，计算结果是期望的股价运行最低价格。80%的股票达到目标价格。
警戒线	以导入高度为距离在趋势线上方画平行线。这条线警示，股价正在进入警戒线和卖出线之间的卖出区域
卖出线	以导入高度为距离在警戒线上方画出的第二条平行趋势线。当股价触及卖出线时考虑卖出，尤其是如果蹦起是窄的。如果股价继续上升，延迟卖出。以导入高度为距离在前一条平行线上方再画另外的平行线，当股价掉转触及较低的趋势线时，卖出股票

警戒线和卖出线 根据定义，只有当从最高点到趋势线的距离之差的蹦起高度至少为导入高度的2倍时，蹦跑反转形态才有效。趋势线上方的两条平行线帮助这一确定。第一条线，称为警戒线，以导入高度为距离位于在趋势线上方。第二条趋势线，平行于前面两条，以导入高度为距离位于警戒线上方，称为卖出线。

警戒线作为蹦跑反转形态可能正在形成的信号，一旦股价稳步运行在这条线上方，考虑对做充分的基本面或技术面的研究，以便准备卖出股票。

当股价触及卖出线的时候，你应该充分了解这家公司、行业以及市场前景。卖出线不是一个自动卖出的机关，但它确实证实了一个蹦跑反转形态的存在。卖出线触及表明动量玩家占上风。这个游戏在进入下坡跑阶段前可能会持续几个星期或几个月，所以不要太仓促卖出。因为大部分的蹦起呈圆弧形状，所以有足够的时间卖出股票。在等待中，你给了动量玩家更多的时间来推高股价。

然而，有些情况，你需要迅速地开始行动。如果这家公司、行业或市场看起来不确定，那么，这可能是获利了结的时候了。你可能没有在确切的高位卖出，获利不会让你破产，但是亏损会。同样，如果蹦起没有呈圆弧状，那么，考虑卖出。急涨之后往往紧跟着急跌。

图8.5所示的蹦跑反转形态趋势线以及与其平行的警戒线和卖出线，每一条线之间的间距都是导入高度。这是一个股票形态周线图，突出一些蹦跑反转形态的松散性。如果你持有如图8.5中所描述的股票，当股价击穿卖出线下行时卖出股票，你可能没有在顶部卖出，然而你将会避免随后的40%的下跌。这个下跌也指出，在股票市场，账面上的赚钱可能是容易的，但保住这些钱却是困难的。

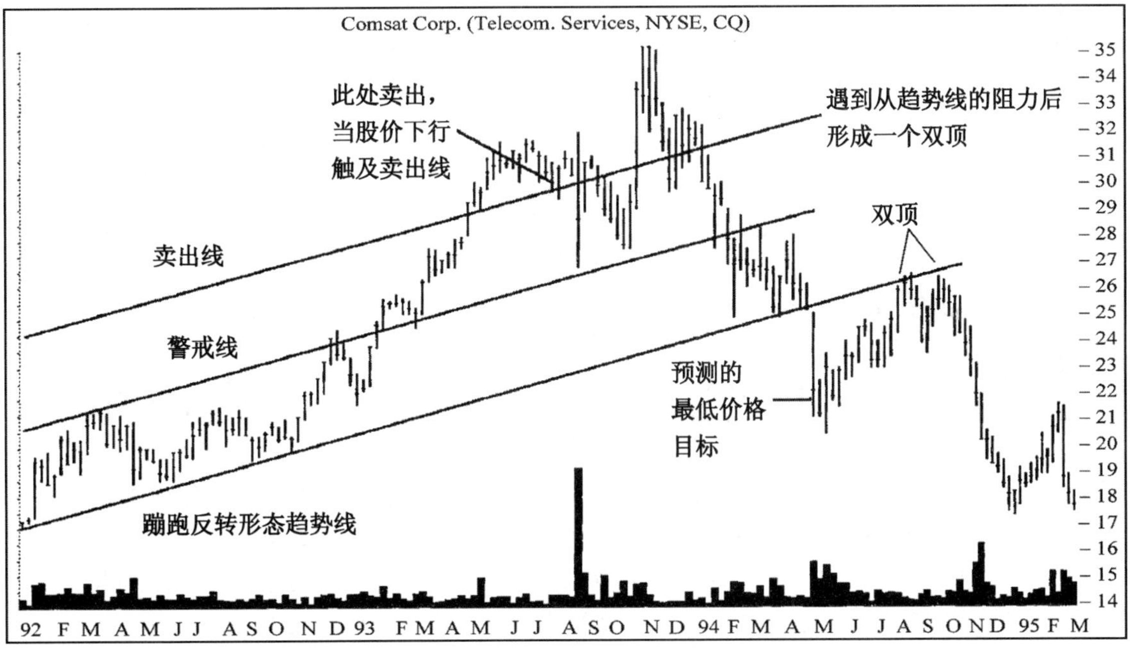

图8.5　蹦跑反转形态趋势线和两条平行的警戒线和卖出线。在这个蹦跑反转里有足够的时间获利了结。股价在12月到达17.50美元低点，从7月的卖出点起算，跌幅为40%。图中也显示7～9月期间是一个双顶。

测算规则　图8.5也展现了测算规则的运用。测算规则是用于预测股票最低下跌价格的一个方法。对于蹦跑反转形态，80%的股票下跌到预测目标价格之下。

计算预测的最低跌幅，把形态沿着趋势线平分成4份，计算出导入高度。在形态的第一部分，计算从最高点到趋势线的垂直距离(或者用两者之间的最宽距离)。得出结果作为趋势线被击穿下行的位置(突破点)的减项。在图8.5中，导入高度是3.5美元(21.50-18)。目标价格就是，股价在突破的那一个星期就到达21.63美元(25.13-3.50)。

在突破之后，股票在重新下跌之前回升到趋势线。因为当股价是从下而上接近趋势线时，趋势线变成了阻力区域，所以股价向下掉转毫不奇怪。股价在7～9月间形成双顶形态，然后骤然下跌。

交易故事

珍妮是个图书管理员，每天下班回家之前，她会上网查看她的股票组合。开始时她没有注意到一个形成中的蹦跑形态，9月中期，她在持股中发现一个蹦跑反转形态正在形成(见图8.6)。她花一个小时的时间在网上查找她能找到的关于这家公司的内容，她检查基本面、分析师的建议、知情者买入和卖出的模式，还有她所能想到的其他内容。

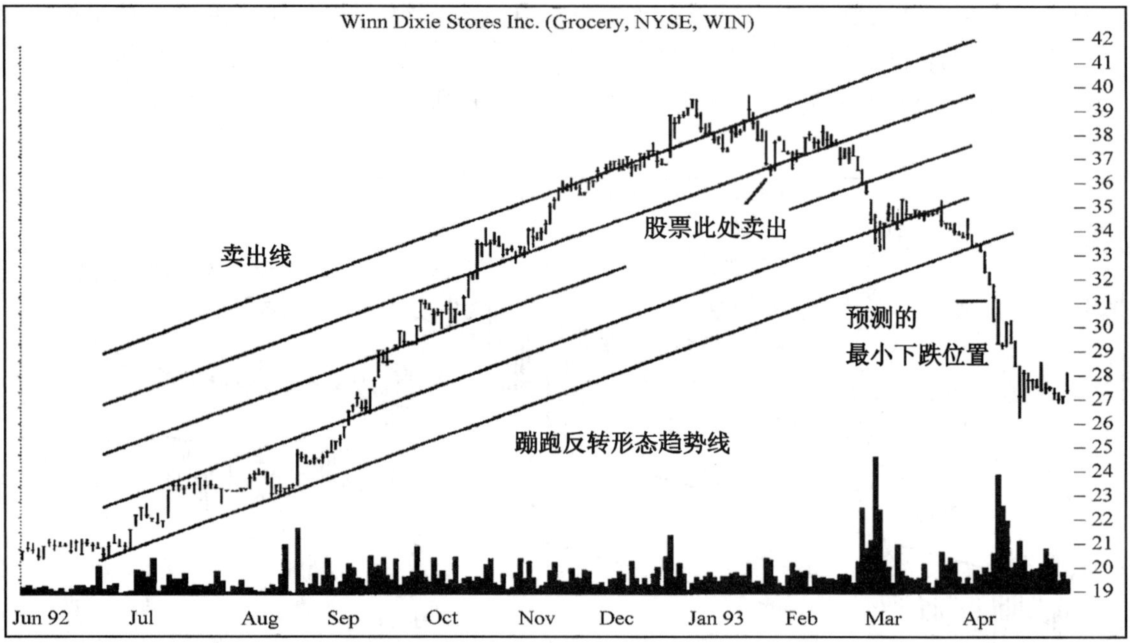

图8.6　蹦跑顶部反转形态的详细卖出线。正如交易故事中所描述的，随着股价的攀升，珍妮提高了自己的卖出价格。最终，她在股票突破较低的卖出线的第二天卖出股票。

她复核她当初买入的理由。她使用彼得•林奇的投资法则，即购买自己熟悉的股票，这个法则对她很有吸引力。她喜欢在这一家食品连锁店购物，它们所卖的东西是她真的喜欢吃的。她对持有这家公司的股票感到放心。

珍妮打印的股价形态图，详细检查那个蹦跑反转形态。她沿着底部画趋势线，把趋势线平均划分为四段，然后计算导入高度。她在趋势线上方以导入高度为间距画出了平行的警戒线和卖出线。她计算出了股票可能下跌到的最小目标价格，从计算时的30美元，计算出目标价格为23美元，跌幅差不多25%。即使她依然喜欢，但这么大的一个跌幅仍让她感到担忧。

她仔细回溯股票形态图的价格历史，寻找支撑区域，以便能够更好地找出股价下跌后可能会停止的区域。第一个支撑，在前一次股价上涨停止的地方，23～24美元的区域。有意思的是，那也是预测的下跌位置。如果股票下跌到支撑点之下，她注意到第二个强劲的支撑区域是在20～22美元之间。

可能的回报是什么？她能指望股价涨了多高呢？长期的股价图是帮不上忙的，因为股价几乎每天都创新高，也没有办法能够确定上涨会到哪里停住。她只能猜股价可能停在35美元、40美元或45美元，投资者可能决定在这些价位卖出。她认为，其中任何一个点股价都有可能掉头向下。即使是现在的30美元，也可能是最高的价格。

在她完成分析之后，她依然自信股票还有更多的上涨空间。与任何一只获得向上动量的股票一样，在股价停住之前，都不能确定股价会涨到多高。她决定继续持股。如果股价下跌到警戒线，她可能会卖出。她在当前的警戒线27.50美元处设置止损指令。

在9月末和10月初，股票沿着卖出线上行。10月12日，股价再一次向上跳跃，在差不多一个星期之后，珍妮已经可以画出另一条与股票价格相交，和原来趋势线平行的卖出线。她决定，如果股价下跌到较低的卖出线，她就抛售股票。她把止损点提高到31美元。不过，股票并没有退回到较低的卖出线。

股价在10月19日达到34.38美元的小高点，然后下跌，回吐部分之前的收益，股价掉头上升前，下跌到32.88美元的低点。珍妮打印出另外一张股价形态图，画一条新的趋势线。这条趋势线的斜率约为60°。她笑了，因为这个蹦跑反转形态表现正好和预测的一样。

在12月上旬，当股价开始横盘时，股价穿透了那条60°的趋势线，珍妮怀疑上涨已近尾声，但直到最后，谁也不能确定上涨是否已经结束。她决定，如果股票下跌到最近的卖出线之下，她就清仓。

股价再一次上行。圣诞节后几天，股价达到39.75美元新高，珍妮能够画出另一条新的卖出线。在接下来的两个星期，股价下跌到较低的卖出线，然后反弹挑战最近的高度。1月15日，股价达到39.88美元的峰顶，稍低于她之前估计的40美元阻力值。

对于珍妮来说，那一天的股价图看起来就像一个单日反转，但她不能确定。总体来看，两个最高点看起来就像是一个双顶，但是两者之间的凹处没有深到足以使它符合条件，两个峰顶较靠近。尽管如此，这是一个警示信号，使她感到不安。

不到一个星期之后，股价跌到较低卖出线下方。她这个时候是要卖出还是继续持有以获得更多收益呢？她回头看了一下到此为止自己已经获得的利润，决定不要太贪心。她在1月22日以36.75美元卖出。第二个交易日，股价收高1.25美元，收于38美元。

她继续观察，看着它在接下来的两个星期里犹豫地上行。她努力从她已经获得的那一大笔利润中感到慰藉，但面对失去的收益这不是什么安慰。她卖出太早了吗？5月23日当股价跌到她的卖出点下方下行，她的问题才得到了解答。

珍妮看着股票跌到35美元，在这个位置找到支撑。然后，股票继续下行，在4月上旬，股价跌到原来的趋势线下方，她计算出股价下跌的目标价格，预期价格至少会跌到31美元。股票在1个星期之内就到这个价格，然后继续下行。

她把她的注意力转移到其他有趣的事情上，忘掉了她的交易，一直到1994年7月，她偶然拿出那家公司的股票形态图，看到已经跌到约21美元的低点，她感到震惊，从高点下来差不多50%的跌幅。

交易秘籍

下面的列表包含交易这种形态的提示和观测结果，以帮助你选择表现更好的形态，更多的信息，请参阅相关的表格。

- 遵循辨识指南以选择正确的形态。见表8.1。
- 选择熊市的蹦跑反转形态以获得最大的平均跌幅。见表8.2。
- 在熊市的下跌比在牛市的下跌陡峭。见表8.2。
- 挑选熊市蹦跑反转形态以获得最小的失败比率。见表8.3。
- 选择在年度价格区间中位区域突破的形态。见表8.4。
- 反弹损害形态表现。在投资前查看潜在支撑。见表8.4。
- 突破日缺口有助于形态表现。见表8.4。
- 几乎一半的熊市形态在3个星期内到达最低点。在突破后一个月留意趋势变化。见表8.5。
- 挑选高形态，避开那些既低又宽的形态。见表8.6。
- 在熊市，一个下降的成交量趋势可能意味着更好的突破后表现。见表8.7。

第九章　杯柄形态
Cup with Handle

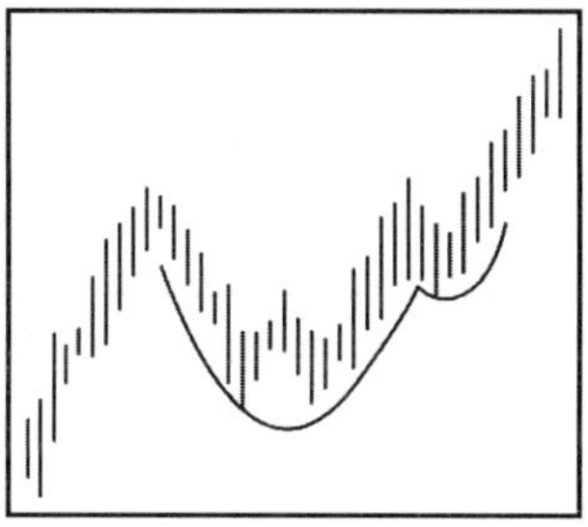

统计简报

向上突破

形状	看起来像一个带右侧手柄的茶杯。	
反转或持续	短期持续，行情看涨。	
	牛市	**熊市**
表现排名	13/23	9/19
保本失败概率	5%	7%
平均涨幅	34%	23%
趋势结束后的变化	-30%	-34%
成交量趋势	向下	向上
回调概率	58%	42%
实现目标价格概率	50%	27%
意外发现	那些高的、短柄的以及左边杯口较高的形态表现更好。	
参见	蹦跑反转底部形态；圆弧底部形态。	

与其他形态相比，这种形态的失败比率低，但平均涨幅也低，统计简报列出了这些数据。一些意外发现是这个形态所独有的。短柄杯形态（杯柄长度比柄长中值短）的表现往往优于其他杯柄较长的形态。如果左边杯口比右边杯口高，形态突破后的表现也会稍微好一点。左边较高杯口表现更好的结论是对本书第一版的修改，第一版中说右边杯口较高的杯柄形态表现更好。我相信这个结论的不同是由于方法论的改变以及更大的样本量。

导入

杯柄形态因威廉•欧奈尔的《如何在股市中赚到钱》一书而闻名。在他的书里，他举了很多例子，比如图9.1所示的例子。图中的股票在约2个月之内（从右边杯口到最高点）上涨了295%。但不幸的是，我认为图中的股票并不符合威廉•欧奈尔的杯柄形态标准。我一会儿再讨论我对欧奈尔标准的理解。现在让我们先仔细看形态。在4月初，股票价格从约5.50美元处开始平稳上行，到12月初，价格突然蹦起，急剧上升。巧合的是，这期间成交量也很大。股票在蹦起上行后，反转迅速下跌，并且跌破形态的趋势线。整个过程，股价形成了一个蹦跑反转形态。在这一次上涨期间，股价在12月底涨到26.88美元的高点，之后跌到12.38美元的低点，跌幅达54%。这个上涨和下跌构成了杯形的左侧，股价经过2个多月的缓慢上行，在3月底突破原来的高点，构成了杯形的右侧。

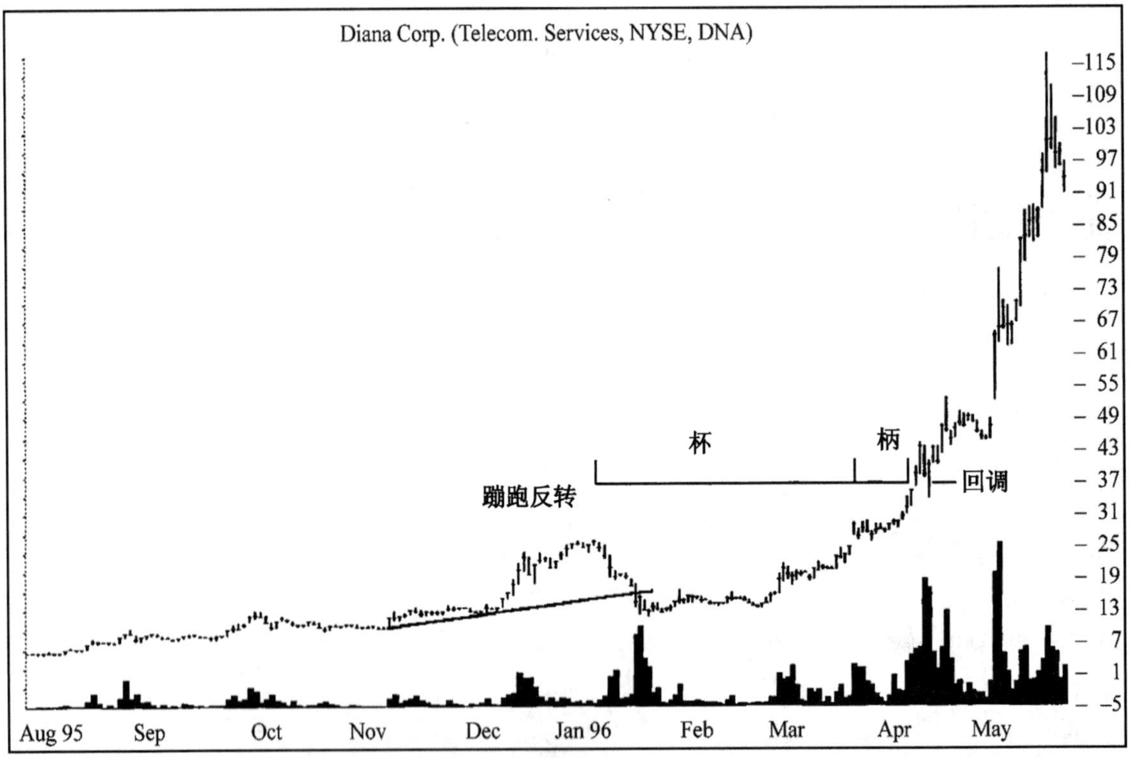

图9.1　由蹦跑反转形态进入杯柄形态。注意股价涨幅，股价在30美元处出现突破，在不到2个月时间里攀升到120美元。杯柄是一个高紧旗形态。

获利回吐抑制股价的上涨，股价在右杯口附近横盘了近2个星期，然后重新上行。这个横盘，形成一个杯柄的形态(巧合的是，这个柄状是一个高紧旗形态)。在杯柄期间，成交量呈向下倾斜趋势——在杯柄开始时高，随后逐渐下降。当股价反转，再次上行到杯口之上，突破发生。这一过程的上涨，量价齐升，股价不断上行。不过，在突破后的1个星期，股价出现了回调，股价返回到柄形顶部。这个回调给了敏锐的投资者开始做多或增持的机会。结束回调后，股价继续上行。到5月底，在突破后44天，股价爬上120美元的峰顶。

辨识指南

在研究股票形态过程中，当我在一个数据库里搜索形态时，我通常不会去理会大部分传统形态的选择标准，我会让形态自己确定它们的特征。我选择杯柄形态时就是使用这种方法的。表9.1所示为欧奈尔的形态选择标准和我的形态选择指南。

表9.1　选择杯柄形态的两种不同的方法

欧奈尔标准	波考斯基 选择指南
不断增加的相对强度	无
在杯形前的上升趋势中成交量显著上升	无
在杯形前上涨至少30%	相同
U形杯	相同
容许杯没有柄	杯必须有柄
杯长:7～65个星期	相同
杯身深度:12%或15%～33%;有些跌幅40%～50%	无
柄长:通常至少1～2个星期	最少1个星期
杯柄价格趋势下行	无
杯柄成交量趋势下降	无
杯柄形成于杯形上半部	杯柄看起来是形成于杯形的上半部,则选之
杯柄形成于200天移动平均价格之上	无
杯柄期间股价从高点下跌应该 只在10%～15%之间,除非杯形非常大	无
巨量突破,突破成交量比正常的高至少50%	无
带柄碟形态的杯形较浅	无
无建议	杯口应处于差不多相同的价格水平

在第一版，我尽可能多地使用欧奈尔标准，但我发现我认为是正确的杯形中，按欧奈尔标准选出的只有不足10%。此外，被选中的少量形态表现也没有我使用表9.1中波考斯基选择指南选出的形态表现好。有关杯柄形态更多的内容，可以参考欧奈尔的书。

这里简单讨论表9.1指南中我觉得重要的部分。

在杯形前上涨至少30%　当我选择杯柄形态时，很显然，我认为把杯形设定在一个股价的上升趋势之中是很重要的，所以我使用了欧奈尔“在杯形前上涨至少30%”的原则。测算这个涨幅时，我使用的方法与查找趋势起点的方法一样，同时检查那些进入杯形之前涨幅不足30%的股票。如果使用这样机械的方法找出的趋势起点与要求的30%涨幅有些小差距(通常只是几个百分点)，但价格趋势比较长，我会接受这种形态为杯柄形态。在471个形态中，只有15个形态(3%)属于这一类型。

U形杯及柄长　我删除所有V形杯形态，保留U形杯形态。我不确定这对形态的表现有什么样的影响。我也删除了那些杯柄长度小于7天(即5个交易日)的形态。我认为不带杯柄的杯形应该被称为圆弧底部形态。柄长是指从右边杯口到突破点的距离。

杯形长度 我使用欧奈尔关于杯形长度的苛刻标准，删除了短杯（杯长小于7个星期），以及超长杯(杯长超过65个星期)。

杯柄形成于杯身上半部 对于杯柄形成于杯身的哪个位置，我的标准比较宽松。换句话说，我凭肉眼观察杯身，只要杯柄部分股价下跌不超过杯身一半就可以接受。我删除那些下跌幅度超过杯身一半的形态(包括所有向下突破的形态)。在测算形态高度时，我使用的是等差坐标，而不是半对数坐标。

杯口股价相近 最后，我选择杯口(杯形顶部)股价在差不多同一水平的杯形。我认为杯口股价悬殊的形态最好归入扇形。对于杯口之间股价的差距，我没有作硬性的规定。你可以使用本章中的数据作为指南，自己判断。

图9.2所示为另一个杯柄形态的好例子。杯身平缓地反转，上行到略高于左杯口的高点时停顿，然后沿着杯柄下行。成交量一直到突破前都呈下降趋势，突然，成交量骤然增加，股价急剧上行。在突破2天之后，股价再一次回调下跌，运行在右杯口区域内。一个短暂的回调后，股价又回到上升轨道。在不到2个月之后，股价达到15.5美元的高点，涨幅为22%。

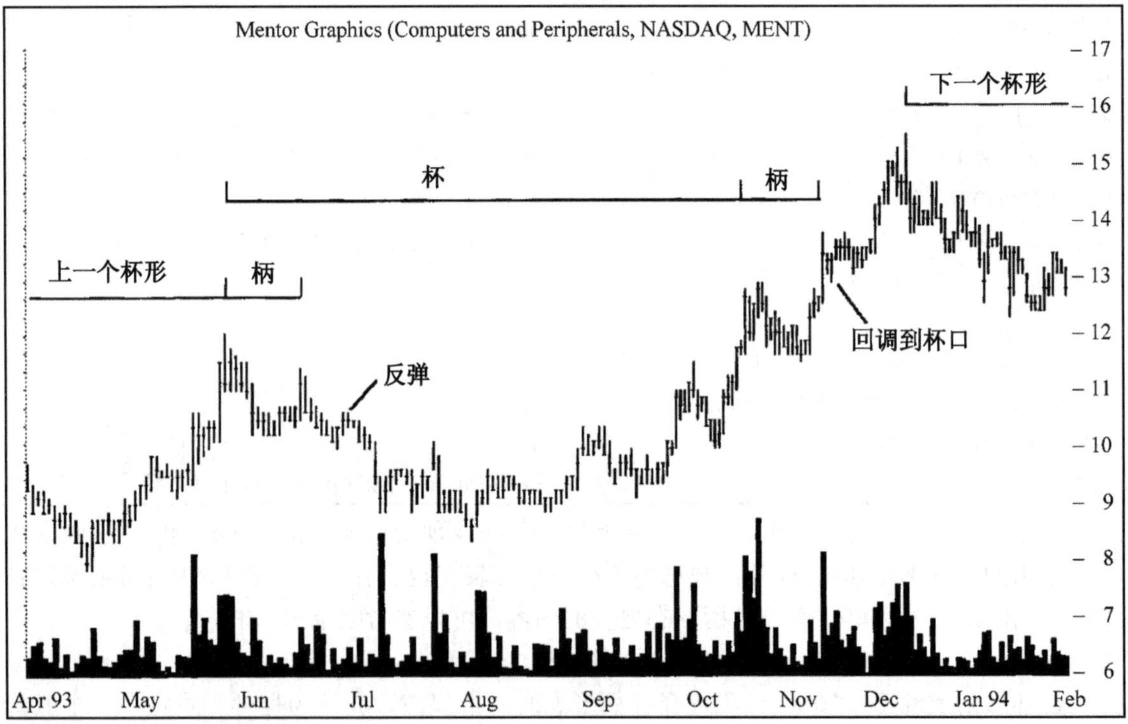

图9.2 一个杯柄形态。杯和柄形状很好，右边的杯口比左边的高一点。

从图9.2中杯形的两边可以发现两个失败的杯形(图中只显示其中一部分)：左边那个失败杯形向下突破了，所以是一个失败杯形；而右边那个失败杯形向上突破后股价持续涨幅不超过5%，所以也是一个失败杯形。只有中间的那个杯是合格的杯形，不过这个杯形突破后的表现也很一般。

图9.3所示也是一个杯柄形态，不过这个股价图是周线的。在我搜索各种形态的过程中，我发现周线图是辨识多种形态的捷径。当然，我也会查看日线图，通过日线图来验证周线图，以免错过发现新形态。

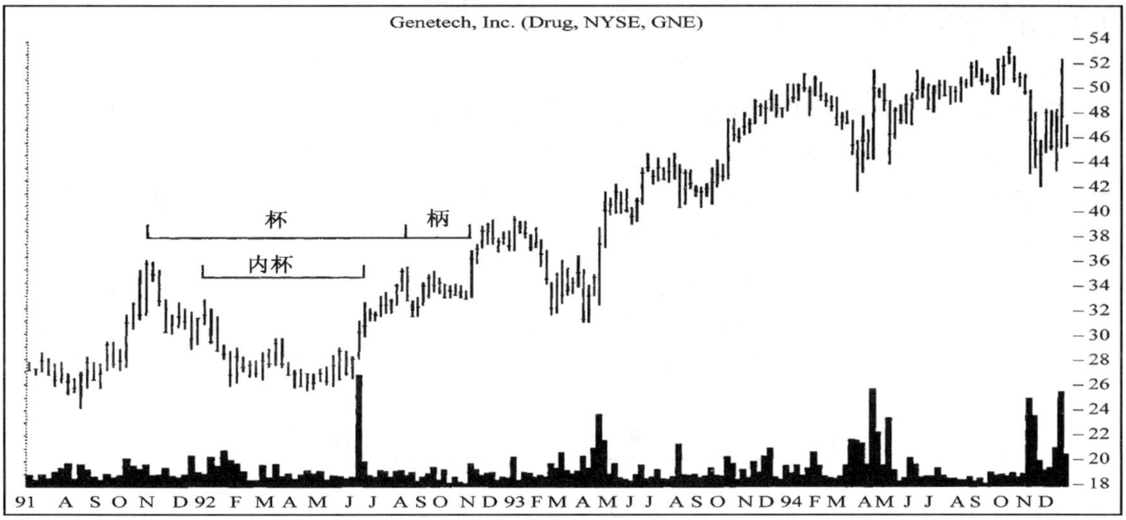

图9.3　杯柄形态周线图。这类形态在突破之后涨幅没有能够超过10%～15%是相当普遍的。不过，反弹并继续上行。

在图9.3所示的例子中，这个杯柄形态的股价在上涨11%后便受挫下跌，幸运的是，跌到杯柄底部后，股价反转，继续上行，还屡创新高，最终涨幅达52%。

图9.3同时也出现了一个被错选的杯形：内杯。因为杯柄形态之前的股价上涨幅度低于30%(因为股价趋势向下)，柄长只有两天。不过，内杯还是提供了一个很好的交易机会，因为它允许你在底部区域介入一个即将上涨的股票，即使股价只上涨到外杯左杯口高度，涨幅也是可观的。

图9.4所示的形态是另一个被错选的杯形。在形态图中，从点A到点B的上涨高度不足30%。如果你在股价涨到杯口上方投资这只股票，你会看到股价只攀升34.50美元便见顶，涨幅只有11%，在到达这个高点后，股价急剧下跌，不到1个月，股价便跌到21.50美元，跌幅达38%。

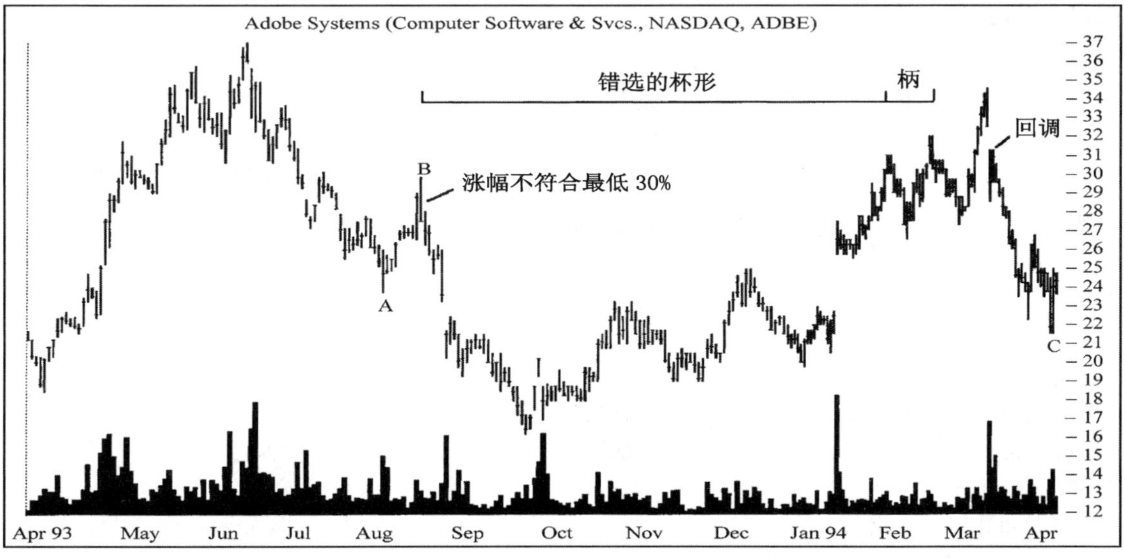

图9.4　一个错误的杯柄形态。股价从点A到点B涨幅不到30%。两个外部峰顶(在1993年6月和1994年3月)也没有形成一个杯形，因为柄部下跌太深(点C)——远低于杯身中间点。

关注形态失败

和大多数形态一样，杯形的失败是因为股价在突破后没有能够上涨超过5%便开始下跌。图9.5所示即为这种情况。股价从33美元上涨到45美元，形成一个漂亮的杯形，杯口的价格也差不多在一个水平，杯柄部分看起来像是一个小杯。在9月底，股价迅速上涨，突破右杯口价格上方，然后继续上行，但只上行了一点点，股价在47.88美元处见顶，然后横盘近3个星期，横盘之后开始下行，在两个月后，股价跌到37.63美元低点。在突破之后，股价涨幅略低于5%。我把股价突破后没有沿着突破方向继续运行5%以上的形态称为失败形态。

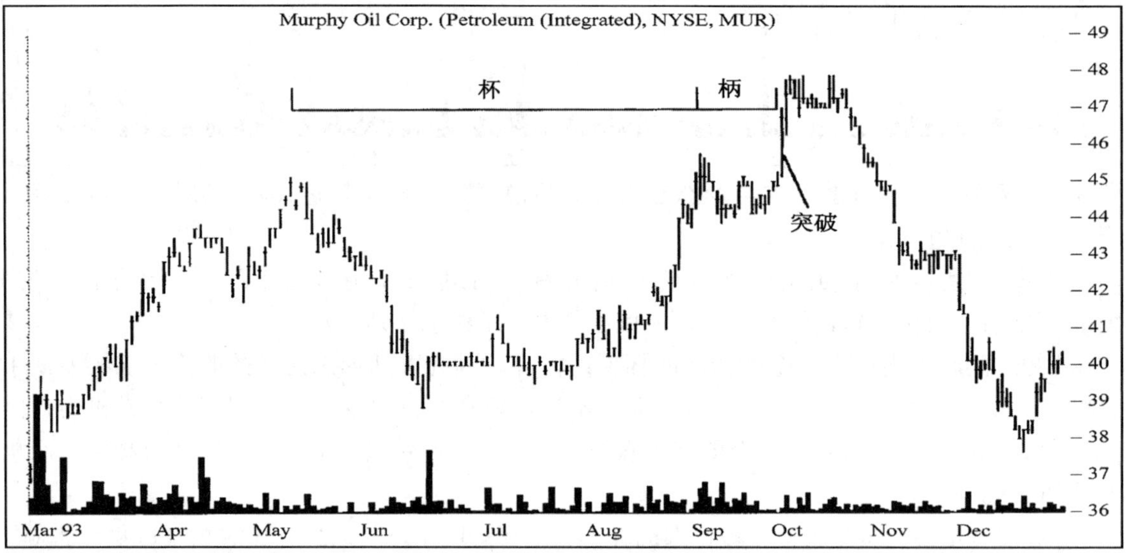

图9.5　一个5%失败杯柄形态。虽然股价突破向上，在暴跌前，它们从杯口上行不到5%。

统计数据

表9.2所示为杯柄形态的综合统计数据。

表9.2　综合统计

描述	牛市 向上突破	熊市 向上突破
形态数量	412	59
反转(R)、持续(C)数量	20R，392C	0R，59C
反转(R)、持续(C)涨/跌幅	15%R[a]，35%C	0%R，23%C
平均涨幅	34%	23%
涨幅超过45%(数量或占比)	117或28%	8或14%
趋势结束后涨/跌幅	-30%	-34%
形态失败后涨/跌幅	-28%[a]	-29%[a]
标准普尔500指数的变化	16%	-5%
到达最高点的天数	167	63

注：(-)负号表示下跌；[a]表示样本小于30个。

形态数量　这种杯形在熊市极少出现，这种稀缺性源于辨识指南的规定，辨识指南不仅要求股价在导入形态之前有30%的涨幅，同时还要求股价突破方向向上。并不是所有的股票在熊市都下跌，所以，杯柄形态也存在于熊市，只是数量比在牛市的少很多。

反转或持续　根据定义，股价进入本形态之前是上行的，形态的突破方向向上，这意味着形态将作为形态前上行价格趋势的盘整。在一些情况下，杯形也会反转形态前的价格趋势，这种情况下，形态之前股价上升其实是下跌趋势中反抽，股价向下突破形态后会继续下跌。这种作为反抽的杯形极少出现，即使出现反抽，其股价表现也比作为盘整的情况差得多。

平均涨幅　这种形态表现平庸，比其他所有形态类型的平均涨幅都稍为逊色。

涨幅超过45%　在牛市，超过1/4(28%)的杯柄形态突破后，股价涨幅超过45%；在熊市，这个比率约为牛市的一半(14%)。对于牛市来说，这个比率是比较正常的。

趋势结束后的变化　当向上趋势结束，股价会下跌超过30%。当有人告诉你买入和持有出现杯柄形态的股票时，要留意这一点。这个下跌意味着，在牛市，你的收益将几乎全部回吐。要仔细选择目标价格，在适当的时候卖出。当仓位出现盈利，持仓太长时间可能会带来灾难。记住，你持股时间越长，你的风险就越高。

失败形态的表现　虽然表9.2中这一项的样本量少，但数据上还是能看出形态突破失败以后股价下跌的幅度。如果你看股价上升后反转，只有在股票所在行业和股市行情与新趋势方向一致时，才考虑做空。

标准普尔500指数的变化　在牛市，指数上涨16%；在熊市，指数下跌5%。将指数与平均涨幅对比，我们发现总体市场趋势对一个股票表现的影响。简而言之，一个看涨形态在牛市的表现比在熊市的好。

到达最高点的天数　在牛市，股价平均需要167天(5个半月)见顶。在熊市，股价上涨高度没有在牛市的高，也更加容易见顶。所以，见顶所需时间也较短，平均只需要63天(2个月)。如果你按比例分配熊市数据，就会发现股价在熊市攀升的坡度一定比在牛市攀升的坡度陡峭。

表9.3所示为杯柄形态的失败比率。我删除了所有向下突破或水平突破的杯形。与其他形态类型相比，杯形保本失败概率的特点是，随着股价最大涨幅的提高，失败比率迅速攀升。在牛市，有22个杯柄形态(占5%)股价向上突破后没有能够继续上升超过5%，超过1/4(28%)的形态突破后的涨幅没有能够超过15%，有超过一半(55%)的形态突破后涨幅不超过30%。在熊市，杯柄形态的失败比率变化趋势与在牛市的类似，只是失败比率更高一点。

表9.3　失败形态数量或概率

股价最大 涨幅(%)	牛市 向上突破	熊市 向上突破
5(保本点)	22 或 5%	4 或 7%
10	68 或 17%	10 或 17%
15	117 或 28%	18 或 31%
20	158 或 38%	27 或 46%
25	199 或 48%	34 或 58%
30	224 或 55%	41 或 69%
35	256 或 62%	44 或 75%
50	308 或 75%	51 或 86%
75	356 或 86%	57 或 97%
＞75	412 或 100%	59 或 100%

表9.4所示为与突破及突破后相关的统计数据。

表9.4 突破与突破后股价表现统计

描述	牛市 向上突破	熊市 向上突破
从形态结束到突破(柄长)	34天	26天
突破在年度价格区间低(L)、中(C)、高(H)各区域分布的百分比	L1%, C5%, H93%	L2%, C8%, H90%
形态在年度价格区间低(L)、中(C)、高(H)各区域突破后的涨幅	L100%[a], C29%[a], H34%	L45%[a], C18%[a], H23%
回调概率	58%	42%[a]
回调期间	11天	11天
出现回调形态的平均涨幅	30%	25%[a]
未出现回调形态的平均涨幅	40%	21%
出现突破缺口形态的表现	39%	20%[a]
未出现突破缺口形态的表现	33%	23%
缺口平均金额(美元)	0.29	0.29

注：[a]表示样本小于30个。

从形态结束到突破 股价从右边杯口到突破点，也就是股价收高于右边杯口需要的时间在牛市和熊市都是一个月左右。右边杯口到突破点的距离也称为杯柄长度。

年度位置 从表9.4中可以看到，绝大多数的突破出现在年度股价区间的高区。因为根据形态的定义，股价进入形态之前应该有30%的涨幅，而股价向上突破时股价收高于右边杯沿，所以绝大部分形态突破位置出现在高区就不奇怪了。

年度位置及表现 至于杯形股价在年度股价区间的哪个区间突破表现最好，我觉得表9.4中关于这个问题的数据没有意义，因为样本量太少了。如果你相信这里的统计数据，那些在年度股价区间低区突破的杯形股价涨幅比那些在中区或高区突破的形态高很多。我仔细检查这个统计结果，发现这类杯形样本只有6个，而且都是在牛市的形态，其中大多数的涨幅可以让所有交易者垂涎。

回调 如果你把这一栏的两个数加以平均，回调出现的概率就是50%。这个数据同样因为样本量太小，统计结果不可靠。换句话说，不要把回调看作你买入仓位的另一个机会。

当出现回调，股价需要11天的时间才能回到突破点价格。在牛市，回调的出现对股价表现是有损害的。在熊市，发生回调有助于股价表现，但这个结论基于小样本量。就大部分形态来说，出现回调对股价都是有害的。

缺口 从表9.4的数据来看，在牛市，缺口对股价表现有帮助；而在熊市，缺口反而对股价表现有损害。

表9.5所示为股价到达最高点所需天数的频次分布。从表中可以看到，在牛市，超过一半(57%)的形态需要运行超过70天的时间才会见顶。而在熊市，需要运行超过70天才见顶的形态只有1/3(34%)。

表9.5 到达最高点天数的频次分布

天数	7	14	21	28	35	42	49	56	63	70	＞70
熊市	15%	3%	10%	10%	10%	5%	3%	2%	2%	5%	34%
牛市	10%	5%	4%	5%	2%	1%	4%	4%	3%	4%	57%

在表格的左边，我们看到有少量形态早早熄火。通常，见顶快的形态涨幅都不大，所以，表格右边数值越大越好。数据显示，在熊市，15%的形态股价在第一个星期见顶，一半的形态在35天内会下跌至少20%（这个 20%的跌幅是根据见顶的定义得出的）。

表9.6所示为与形态面积大小相关的统计数据。

表9.6　形态面积大小统计

描述	牛市 向上突破	熊市 向上突破
高形态表现	37%	26%[a]
低形态表现	32%	20%
高度中值(与突破价格百分比)	27.41%	36.80%
窄形态表现	36%	20%
宽形态表现	33%	26%
长度中值	155天	132天
形态平均长度	166天	151天
低窄组合形态表现	33%	20%[a]
低宽组合形态表现	31%	19%[a]
高宽组合形态表现	34%	29%[a]
高窄组合形态表现	43%	19%[a]
短柄表现	37%	23%[a]
长柄表现	32%	20%[a]
柄长中值	23天	22天
高右杯口表现	34%	19%
等高杯口表现	32%[a]	20%[a]
高左杯口表现	35%	29%[a]

注：[a]表示样本小于30个。

高度　在别的许多形态中，高形态表现都比低形态好，杯形也一样。计算杯形高度，首先要找出两个杯口最高者，最高者减去形态底部价格之差为杯形高度，杯形高度除以右杯口值(突破价格)的百分比，与表9.6中“高度中值(与突破价格百分比)”（下称中值比)进行比较，大于中值比的就是高形态，小于中值比的就是低形态。高形态的股价表现最佳。

宽度　在牛市，窄形态表现更佳；而在熊市，宽形态表现最佳。区分宽窄，我使用的是表9.6中的长度中值。

形态平均长度　不论是熊市还是牛市，杯长都差不多，也都超过5个月。在这里，顺便回顾一下表9.1关于杯长的定义，杯长必须在7～65个星期之间(49～455天)。

高度和宽度的组合　在牛市，既高又窄的形态表现突出；而在熊市，既高又宽的形态表现最好，但这个结论基于小样本量。表现最差的杯形是既低又宽的形态。

柄长　在第一版，我发现短柄杯形表现比长柄杯形出色，换句话说，如果股价快速上升突破，股价表现会更好。

杯口　我把形态按杯口分为高右杯口、等高杯口、高左杯口三类。高左杯口形态在突破之后，表现比其他两类的形态更好。

表9.7所示为与成交量相关的统计数据。

表9.7　形态期间成交量统计

描述	牛市 向上突破	熊市 向上突破
上升成交量趋势表现	34%	18%
下降成交量趋势表现	34%	28%
U形成交量形态表现	38%	28%[a]
半圆形成交量形态表现	30%	16%[a]
既非U形又非半圆形成交量形态表现	37%	26%[a]
巨量突破表现	34%	25%
轻量突破表现	37%	17%[a]

注：[a]表示样本小于30个。

成交量趋势　成交量趋势似乎只有熊市时才会对股价有所影响，熊市的形态，那些成交量呈下降趋势的形态，比那些成交量呈上升趋势的形态表现突出。

成交量形状　成交量呈U形的形态，表现比其他成交量形态要好。

突破成交量　在牛市，轻量突破的形态股价表现更佳；而在熊市，巨量突破的形态表现更好。

交易策略

表9.8所示为交易策略。

表9.8　交易策略

交易策略	解释
测算规则	通过计算右杯口到杯身底部最低点的距离得出形态高度，加上右杯口高度，计算出股价上升最小值，即目标价格。在牛市，仅50%的形态达到这个目标价格；在熊市，达到目标价格的只有27%。更有现实意义的做法是，以杯形高度1/2作为修正的形态高度，以此计算保守的目标价格（这个目标价格在牛市有76%的形态能够达到，在熊市也有55%的形态能够达到）
内杯买入	如果你发现一个杯形之内还有一个杯形，可以在内杯突破时买入（即股价高于内杯的杯口时），然后在前高点的位置卖出
止损	在低于杯柄0.15美元处设置止损点以控制损失，随着股价上行，把止损点上移到保本点或最邻近的支撑区域下方

测算规则　测算规则是用于预测股票上涨将达到的最低位置。传统的方法需要先通过计算右杯口到杯身底部最低点的距离得出形态高度，形态高度加上右杯口高度得出股价上升最小值，即上行目标价格。然而，用这个方法计算得出的目标价格成功概率只有50%（在牛市，仅一半的形态能达到这个目标价格；在熊市，这个比率更小，只有27%）。要算出更实际的目标价格，只要计算杯身高度然后除以2就可以了。这个新的稍低的目标价格成功概率在牛市是76%，在熊市是55%。我认为成功概率要达到80%才能称为预测可靠，这个新方法预测的目标价格还是略为逊色，不过总比原来的测算规则预测的上升目标价格要准确一些。

图9.6所示为两种不同的测算规则运用的例子。通过计算右边杯口（点A，19美元）和杯形

底部最低点(点B，10美元)的距离(9美元)，这个距离也就是杯形高度，然后将杯形高度与右边杯口(点A，19美元)相加，得到目标价格(28美元)。5月中旬，股价触及这个目标价格，接下来的那个星期，股价大跌。

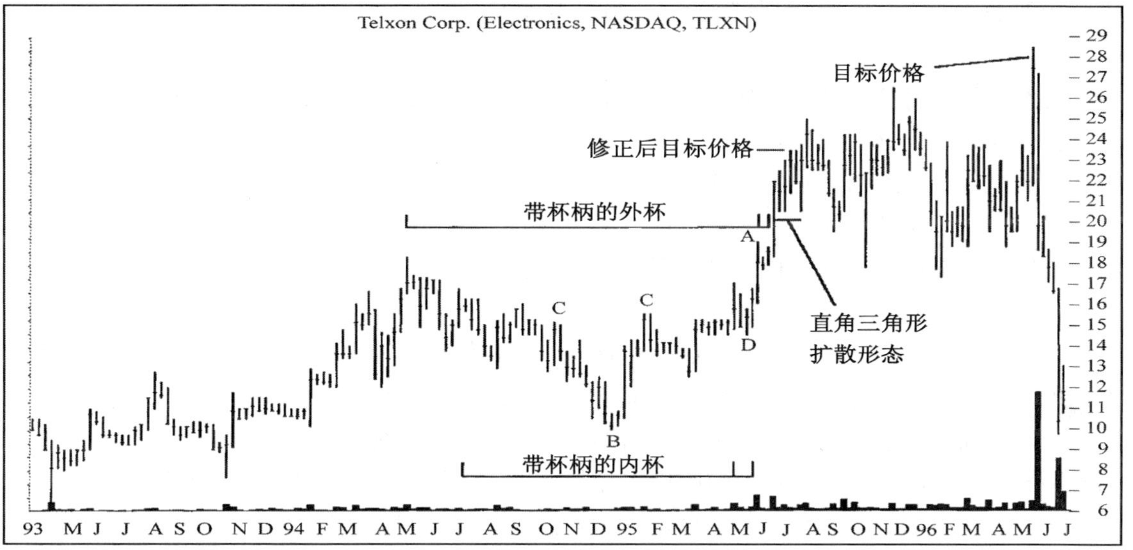

图9.6　两种不同的测算规则运用的举例。计算形态高度，除以2，作为修正的形态高度，加上右边杯口，计算出一个保守的目标价格。在杯柄形态的内杯买入，就可以以较低的价格介入。在1995年6月和7月期间，出现一个上升直角三角形扩散形态。

一个更为保守的目标价格测算方法是将形态高度除以2(9/2=4.5美元)，以此代替旧测算规则中的形态高度值，将此修正后的形态高度值与右边杯口(点A，19美元)相加，得到目标价格23.5美元。股价在7月早期到达这个修正后的目标价格。股票快速到达这个较低的目标价格，在通向风险更高的目标价格的过程中也没有强烈的下跌。

内杯买入　图9.6也展示了一个内杯。如果你打算交易杯形股票，那么当发现一个内杯时，可以买入。出现内杯是因为两个距离相当宽的次高点的高度在一个水平附近，当股价上行到旧高点(即外杯左杯口的高度)，外杯顺利地形成一个杯柄形态，你就大获全胜了。如果在图9.6中的内杯买入，每股的收益将提高大约2美元或12%。

止损　一旦你开始一个交易，就要在柄底部下方0.15美元处设置一个止损指令。柄部是一个支撑位置，有时候股价下跌会在这个位置停住。在柄底低点下方设置止损指令，如果股价继续下跌，你就可以被止损离场。

随着股价上行，将你的止损点移动到最接近你的保本点的支撑位置下方0.15美元处。通过这种方式，如果股价下跌，你也可以得到保障。随着股价上升不断上移止损点，这个技术会让你最终被动获利了结，而不必在股价反转时看它们白白浪费掉。

交易故事

科迪在读中学，他不能确定以后要以什么职业为生，不过在毕业前，他还有好几年的时间去考虑。当不去追啦啦队美少女们的时候，他要么就泡在财经报纸里，要么就在电脑上查看股票图。他对股票的兴趣缘于他父亲，他父亲在一家证券公司工作，教会他很多证券交易的知识。

虽然科迪不属于学校的投资俱乐部，不过他和这些投资玩家都成了朋友。一天，他无意中听到他们在谈论图9.6中的股票。刚开始，他没怎么在意，后来留意起来是因为看到了那个杯柄形态。

他不能确信交易这只股票会不会是一个好交易，再说了，他也没有钱买股票。他决定通过模拟交易来操作这只股票，就当作学习。在股票日线图中，他看到一个内杯在点C的位置形成，这是他决定入场交易的位置。

时间一周一周地过去，他等待的买入信号还是没有到来。最终，股价攀升高于右边杯口，但他没有注意到，当他打开电脑查看股票形态图时，股价已经出现了回调，所以他就又等股价重新回升到杯口之上。

事情发生在5月9日，那一天是他女朋友的生日。他有一种吉祥的预感，于是就在股票形态图纸上做一个买入标记，买入价格假定为第二天的收盘价格(15.25美元)。第二天，当他和女朋友见面，他就把这份标记买入点的形态图纸当生日礼物送给她。他的女朋友对这份生日礼物表现淡然，再说了，那天的股价实际收盘价比他标记的买入价还低。后来，在关注这只股票的过程中，他注意到有一个直角三角形扩散顶部形态正在形成。对他来说，那是一个看空信号，所以他上移自己的止损点到这个新出现的扩散顶部形态底部20.25美元下方，继续跟踪，等待结果。

后来，他从朋友那里得知这只股票有麻烦了，因为某些原因，他们对这家公司不大满意了。他打开电脑，查看这只股票，看到这只股票在8月末一个短暂的下跌时就已经触及他的止损点，意思就是它早就被动获利了结。科迪拿出计算器，计算他这一次交易的收益，他算出来自己每股赚5美元，收益率超过30%。“可惜是纸上的，”他自己轻声笑起来，心说，“下一次，我一定会把这个纸上收益变成真金白银，给女朋友买一些水晶球之外的东西作生日礼物。”

交易秘籍

下面的列表包含交易这种形态的提示和观测结果，以帮助你选择表现更好的形态，更多的信息，请参阅相关的表格。

●利用辨识指南选择杯形。见表9.1。

●选择牛市杯形，避开熊市杯形。见表9.2。

●与熊市杯形相比，牛市杯形失败比率较低。见表9.3。

●选择在年度价格区间低区附近突破的杯形。见表9.4。

●牛市形态的股价在突破后运行更长时间才到达最高点，所以也就有机会有更大的涨幅。见表9.5。

●挑选高杯形态。见表9.6。

●选择短柄杯形和高左杯口形态。见表9.6。

●成交量趋势呈现U形的形态表现最佳。见表9.7。

第十章　杯柄形态之倒置形态
Cup with Handle, Inverted

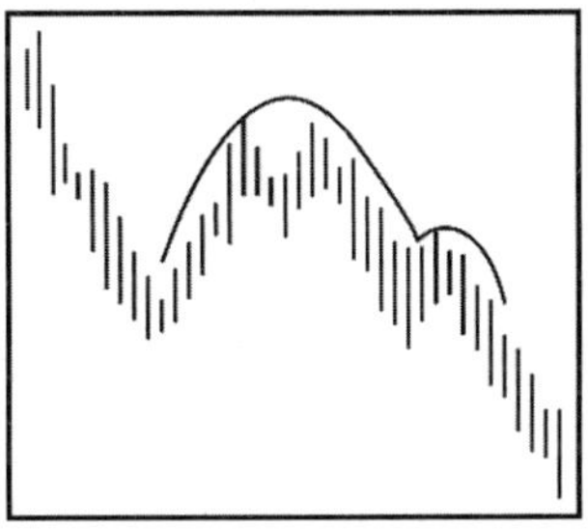

统计简报

向下突破

形状	股价沿着倒置的杯柄形态运行。股价突破方向向下。	
反转或持续	短期反转，行情下跌。	
	牛市	**熊市**
表现排名	8/21	1/21
保本失败概率	11%	2%
平均跌幅	16%	26%
趋势结束后的变化	56%	54%
成交量趋势	向下	向下
反弹概率	54%	48%
实现目标价格概率（减项为柄高，而不是杯高）	47%	49%
意外发现	这种形态较常出现在熊市。在牛市，下跌不超过20%的形态比熊市的多近2倍。反弹对股价的表现有损害，突破日缺口有助于股票表现，高形态或窄形态表现比低形态或宽形态好。	
参见	圆弧顶部形态。	

要找这类形态，我得有两样东西：一张从网上找到的理想的倒置杯形和一行相关的描述语言。有这两样就足够了。我遍寻我的数据库，找到这些形态，建立辨识指南，收集统计数

据，发现这个形态的统计结果比我预想的要好。

正如前面统计简报所示，在熊市里，这个形态的保本失败概率是2%，非常之低。平均跌幅是26%，对于看空形态来说，这个表现也是不错的。

本章交易策略中的测算规则是失败的，以右杯口减去杯高算出的目标价格，在熊市只有12%的成功概率，在牛市只有15%的成功概率。我认为成功概率超过80%的目标价格才是可靠的测算规则，所以我改变了测算规则。我把减项由“杯高”改成“柄高”来计算目标价格，由此测算的目标价格如统计简报中所示，效果比以杯高为减项的好，但还是远远没有达到基准的80%的成功概率。我也尝试用杯高的一半为减项，但测算出来的目标价格成功概率只有30%左右。

导入

图10.1所示为一个倒置的杯柄形态，这个形态看起来是圆弧顶，但是却多出一个杯柄。在这个例子中，杯身部分的形状是圆弧的，杯柄部分紧挨在杯形的右边。这个特殊的柄形窄而且高，这个回调把股价从顶部到右杯口(点A)的跌幅反弹了相当一部分(从点A到点B)。股价随后继续下跌，当下跌超过点A，也就是右杯口底部，这个倒置杯柄形态成立。图中的股价以巨量缺口向下突破，不过这种情况可遇不可求。倒置杯柄形态确认后，股价会下跌，但通常没有图中这样陡峭。

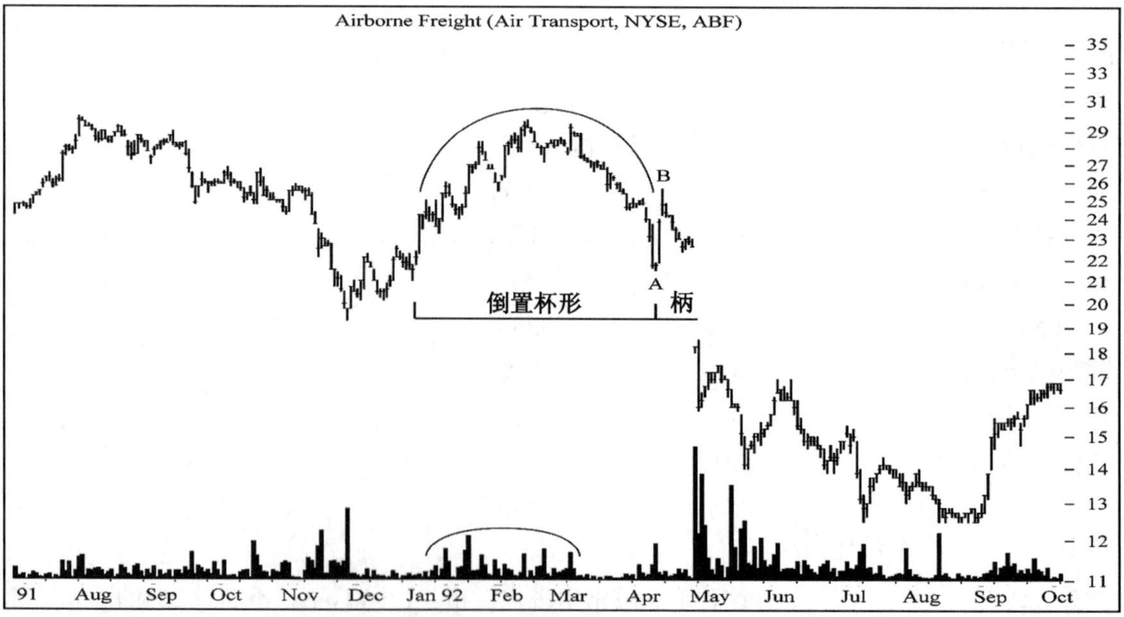

图10.1　在倒置杯柄形态出现时，成交量呈现半圆状。从点A到点B的反弹收复了部分跌幅，股价随后继续下跌到右杯口下方，在出现缺口向下前，倒置杯柄形态得到确认。

在图10.1中也可以看到半圆形成交量的形态，成交量的那个圆弧形态与股价所呈的形状相似。但情况并不全然都是如此，有时候成交量的半圆形状比这个更宽，比倒置杯柄形态的区域还要宽。

辨识指南

表10.1所示为倒置杯柄形态的辨识指南。我在讨论这些指南的时候会提到图10.2。

表10.1　辨识指南

特征	讨论
上升的价格趋势	这类形态只有超过一半的概率是作为股价顶部的，即股价从形态的底部进入，然后又从底部离开
圆弧杯形	看起来像是一个平滑的圆弧杯形。其他类似的杯形也可以接受
杯口	杯形的起点和结束点价格接近同一水平，通常相差不超过6%
杯柄	右杯口和突破点之间为杯柄，这个距离可以是任意长度，杯柄长度中值为40天
杯柄反弹	在杯柄阶段的股价一定不能高于杯形顶部，股价应该向上反弹。最常出现的反弹幅度依次为42%、35%和60%
突破	股价必须收低于右杯口倒置杯柄形态才能被确认

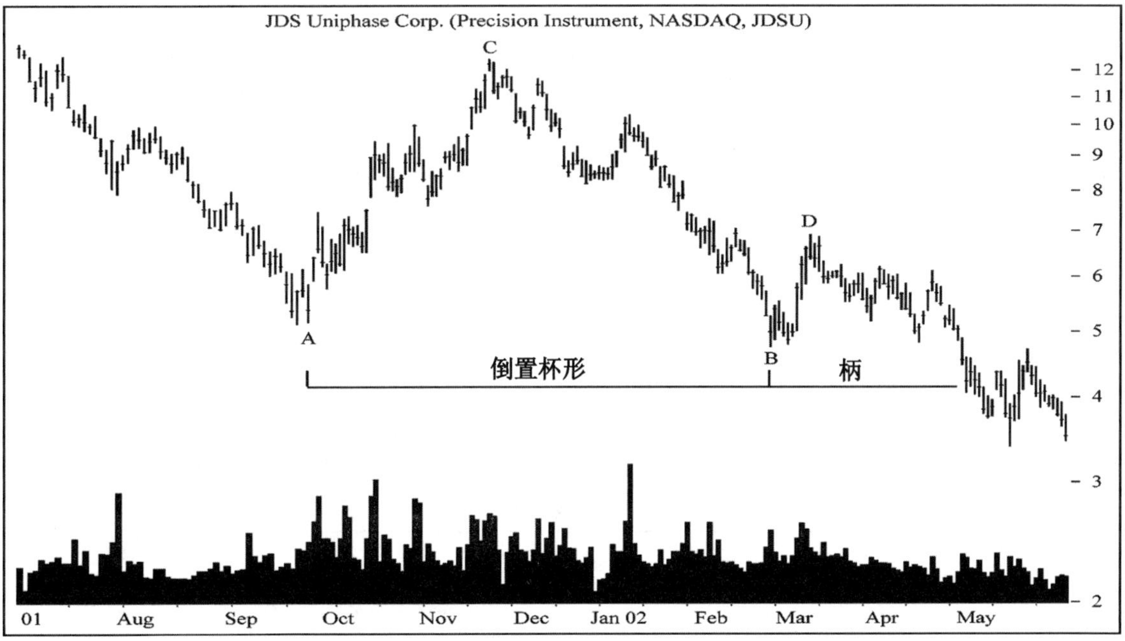

图10.2　最常见的反弹幅度是42%，即从点B到点D的距离是点B到点C距离的42%。

上升的价格趋势　这类形态有57%的概率是作为形态之前的股价趋势的反转。因为突破方向向下，也就是说，股价必须是由下上行进入形态。在图10.2，股价由上下跌进入形态，所以图中的形态是作为形态之前股价趋势的持续而不是反转。

圆弧杯形　我没有就圆弧杯形与V形杯形的表现作比较，我尽量选择U形的杯形。我认为图10.2中的形态是V形的(尽管如此，我在研究中还是使用它)，在本章中的其他杯形要么是U形的，要么是圆弧形的。你在自己查找这类形态时，脑子里想着一个倒置的茶杯就可以了。

杯口　在图10.2中，杯口是点A和点B。在我看到的倒置杯柄形态中，很少有杯口价格在同一位置水平的。通常杯口两边的价格相差不超过6%。

杯柄　我把杯柄定义为倒置杯柄形态的右杯口到突破点(在股价收于右杯口下方之时确

定为股价突破形态)的距离。在图10.2中，杯柄从点B开始，直到接近5月的部分。杯柄的时间长度不一，其中值是40天，从这个柄长中位数你大致对杯柄长度有了一个认识。

杯柄反弹 我根据两条原则：①杯柄不能高出杯顶；②股价必须有所反弹，股价在从杯顶下跌后要有所反弹上涨。当股价在杯柄阶段反弹，在大多数形态中，反弹幅度是42%，即杯口到反弹最高点的距离，通常是杯顶到杯口距离的42%。股价从杯口反转上行到这个高度之后，掉头下跌，直至突破形态。其他有可能的反弹幅度还有35%和60%。由此可见，这些反弹幅度与斐波那契回调数值50%、38%以及62%接近。

举例说明，比较图10.2中，从点B到点D的反弹距离，与从点B到点C的距离。从点B到点D的反弹距离是2.16美元(6.90-4.74)，从点B到点C的距离是7.70美元(12.44-4.74)，反弹幅度是这两个数值的百分比28%(2.16/7.70)。从图10.2来看，这个反弹似乎不及杯顶到杯口跌幅的1/4，但那其实是因为这张图使用了对数坐标。

突破 你要等到股价突破形态之后再进行投资。在我看过的这类形态中，有太多的形态没有突破向下，而是突破向上，尤其是在牛市。图10.2中的突破点是在股价收低于点B之时，这也是右杯口的最低点。

图10.3所示为倒置杯柄形态的另外一个例子。图中这个倒置杯柄形态两边杯口不平，杯形顶部是一个夏娃夏娃双顶形态，点A和点B之间股价相差9%，虽然这个差距不是我乐意看到的，不过我还是认为这是一个合格的倒置杯柄形态。

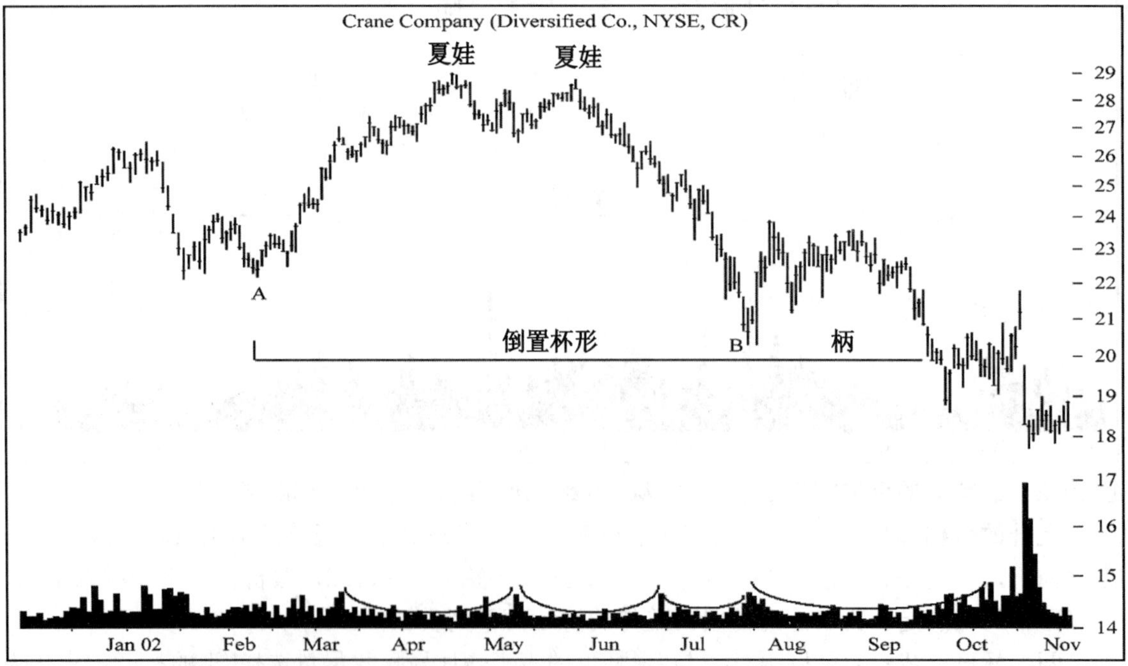

图10.3 这个倒置杯柄形态的杯口不平，成交量呈U形。

在图10.3中，一个有趣的事情就是成交量形状，从7月底到10月的成交量形状可以看到，在杯柄的两端成交量高，而杯柄的中间部分成交量减少，这像是一个U形吗？在杯形的下方，你可以看到类似的成交量形状。

关注形态失败

突破失败的形态看起来什么样子呢？又是什么原因导致形态突破失败呢？图10.4所示为一种失败形态的类型——辨识错误的形态。杯形形成于一个上升的价格趋势之后，这意味着这个杯柄形态如果成立，就有可能作为上升价格趋势的反转形态。杯形呈圆弧状，两边杯口之间的价格差是5%，这些都和杯柄形态的辨识指南所描述的辨识特征接近，杯柄的反弹幅度是46%，这个形态看上去，除了一个明显特征之外，其他都符合一个倒置杯柄形态的标准。你看得出来那个例外的特征是什么吗？

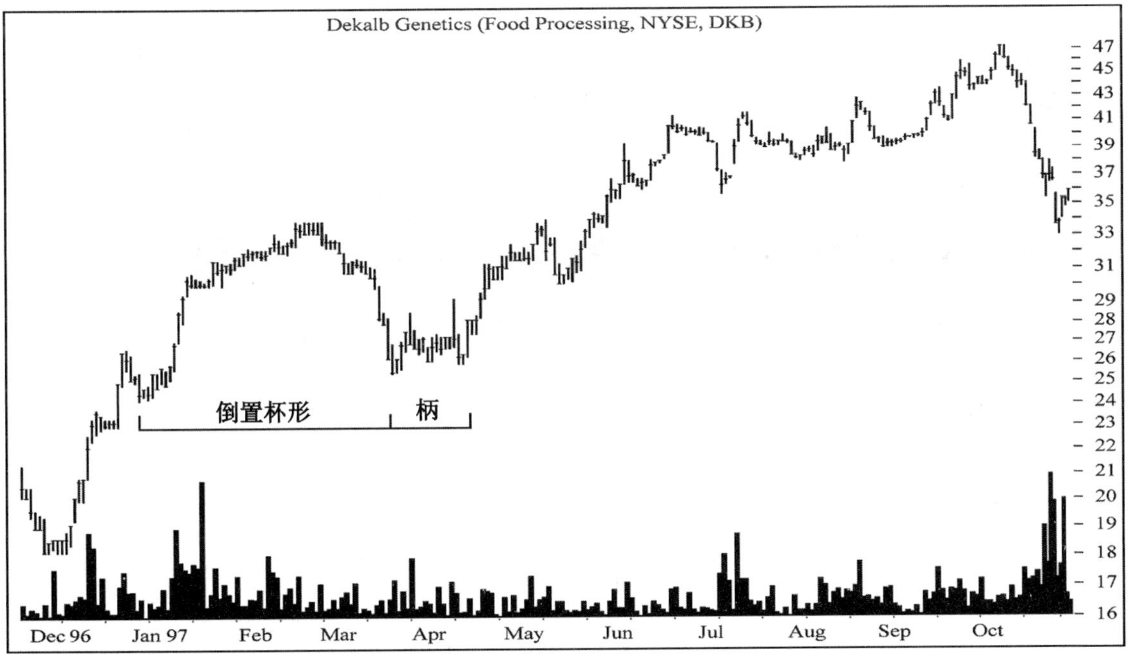

图10.4　这个形态不是倒置杯柄形态，因为股价没有下跌到右杯口下方，形态不成立。

你可能会猜，那是突破方向向上了。如果你在杯柄位置做空这只股票，那你现在只能看着自己亏损了。为什么说你要等到股价突破形态后再进行投资，尤其是考虑做空的时候，图10.4就是一个明显的例子。

图10.5所示为另外一个形态失败的例子。看看这个形态的各项特征，股价在进入倒置杯形之前是水平运行的，杯形是圆弧形的，两边杯口处在同一价格水平，杯柄有一个向上的反弹，反弹幅度为61%，接近斐波那契回调幅度62%，就连突破方向也是向下的，非常符合辨识指南的要求，但是，股价突破后下跌只有3%，然后就反弹了。这是怎么回事呢？

回看这只股票的周线图，可以看到在1999年中期开始(图中未显示)，股价有一个强烈的支撑，这个强支撑持续了近一年，股价上涨并未能穿透6.5美元，长时间保持在那个水平，形成一个支撑区域。这个区域也就是杯口形成的地方。当股价下跌突破形态，股价进入强支撑区，突破后只下跌了3%便停止下跌。

这个例子也很好地阐释了止损的重要性。在开了空仓做交易后，要在前高或前高附近的阻力区域上方设置止损点，止损点不要离前高太近，以免正常的股价波动将你被动止损出局。使用止损点能够让交易者免遭重大损失。

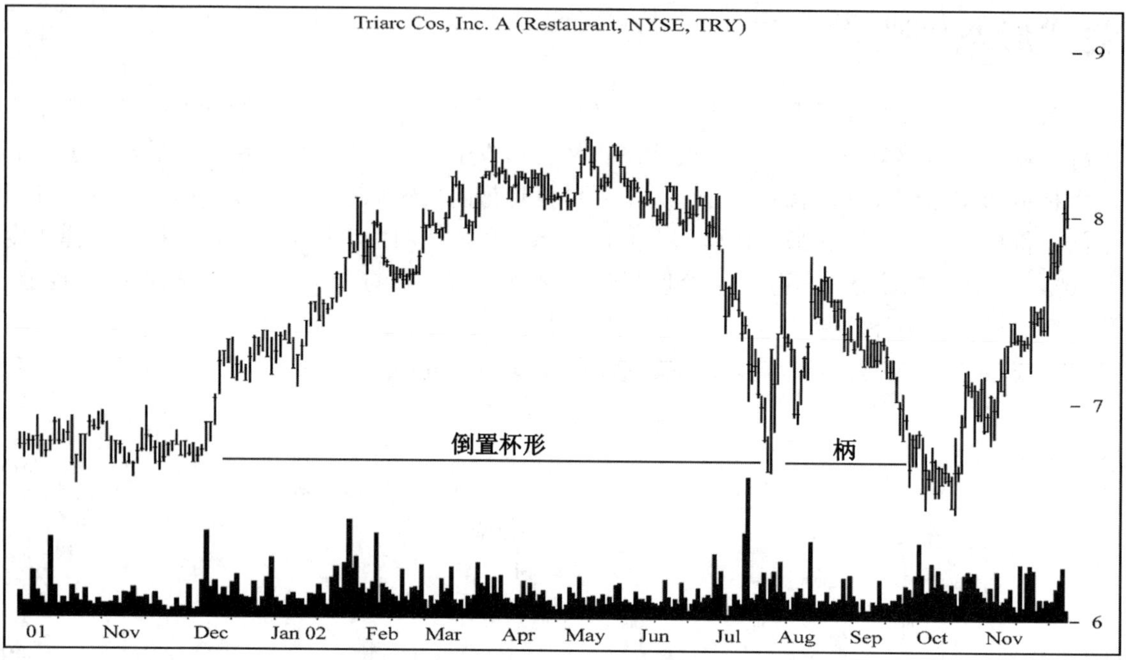

图10.5　在杯形开始前有一个巨大的水平底部，支撑股价并阻止股价下跌。

统计数据

表10.2所示为倒置杯柄形态的统计数据。

表10.2　综合统计

描述	牛市 向上突破	熊市 向上突破
形态数量	257	181
反转(R)、持续(C)数量	163R，94C	88R，93C
反转(R)、持续(C)涨/跌幅	16%R，16%C	26%R，26%C
平均跌幅	16%	26%
跌幅超过45%(数量或占比)	5或2%	11或6%
趋势结束后涨/跌幅	56%	54%
形态失败后涨/跌幅	62%[a]	65%[a]
标准普尔500指数的变化	4%	-16%
到达最高点的天数	53	27

注：(-)负号表示下跌；[a]表示样本小于30个。

形态数量　我把这个形态的研究分成三段：从1991年中期到1996年中期牛市的500只股票，从2000年到2002年熊市的200多只股票，以及从1999年到2004年的其他300只股票。这些股票有不同的时间跨度。我发现了438个这类形态，这个数字意味着什么呢？意味着这种形态在熊市比在牛市更加经常出现。

反转或持续　这个形态有57%的概率作为形态前股价趋势的反转，其余作为形态前价格趋势的盘整。在牛市，这种形态出现在上升价格趋势的顶部附近；在熊市，这个形态很可能作为现今下跌价格趋势的盘整。从统计结果来看，没有发现这个形态作为反转或持续方面表现有什么大的差别。

平均跌幅　这个形态在牛市的平均跌幅只有16%，比许多别的形态的18%的平均跌幅要低。在熊市，这个形态表现优秀，平均跌幅有26%，比其他形态的24%的平均跌幅要高。

跌幅超过45%　因为我们讨论的是一个看空形态，这种形态大跌的不多。

趋势结束后的变化　股价下跌见底后，股价反弹幅度有多大呢？这个要看当时的市场环境，股价平均涨幅是54%～56%之间。如果可以知道什么时候趋势发生变化，即便入市较晚，你赚的也会相当的多。

举个例子，根据定义，最低点是指股价到达一个低点然后上涨至少20%，这样就能确认趋势发生了改变。如果你在股价上涨20%后确认趋势已经改变后投资，平均来说，还可以获得35%的收益。

失败形态的表现　失败形态的样本数量只有20个，所以这一项的统计结果是不可靠的，而且数据也显得高了。通常，这个数据与“趋势结束后变化”的数据接近。

如果你看到一只股票的股价下跌一点点之后就大涨，就交易这个上涨的新方向。股价可能会在杯柄的顶部或者杯形的顶部停止上涨。

标准普尔500指数的变化　从这一项数据可以看到总体市场是如何影响这种形态的平均跌幅的。在牛市，总体市场的变化无助于这类形态股价的上涨。而在熊市，总体市场的变化对这类形态股价的下跌有很大的推动作用。

到达最低点的天数　在牛市，这类形态需要53天的时间见底；而在熊市，只需要牛市的一半(27 天)。在熊市，这个形态股价的下跌坡度比其在牛市的上涨坡度陡峭得多。如果想做空这样的形态，就在熊市里做。

表10.3所示为倒置杯柄形态的失败形态数量及比率。在熊市，失败比率开始时很小，但上升很快。尽管如此，熊市中这类形态在最大跌幅20%的一栏中，数值是36%，而牛市则高达66%，几乎是熊市的一半。也就是说，在牛市，高达66%的倒置杯柄形态在向下突破之后下跌不超过20%。如果你要做空这类形态，还是应该选择在熊市里做，而不要在牛市里做。在最大跌幅25%这一栏，熊市形态向下突破后有近一半的数量达不到。需要提醒的是，不要以为做空这类形态就很容易大赚。

表10.3　失败形态数量或概率

股价最大跌幅(%)	牛市向下突破	熊市向下突破
5(保本点)	29或11%	3或2%
10	90或35%	22或12%
15	121或47%	44或24%
20	169或66%	66或36%
25	200或78%	92或51%
30	221或86%	113或62%
35	233或91%	143或79%
50	253或98%	175或97%
75	257或100%	181或100%
＞75	257或100%	181或100%

表10.4所示为与突破及突破后相关的统计数据。

表10.4 突破与突破后股价表现统计

描述	牛市 向下突破	熊市 向下突破
从形态结束到突破（柄长）	54天	58天
突破在年度价格区间低(L)、中(C)、高(H)各区域分布的百分比	L68%, C27%, H4%	L84%, C16%, H0%
形态在年度价格区间低(L)、中(C)、高(H)各区域突破后的跌幅	L17%, C16%, H13%[a]	L25%, C29%[a], H0%
反弹概率	54%	48%
反弹期间	11天	12天
出现反弹形态的平均跌幅	14%	23%
未出现反弹形态的平均跌幅	19%	29%
出现突破缺口形态的表现	-18%	-27%
未出现突破缺口形态的表现	-16%	-25%
缺口平均金额(美元)	0.85	1.13

注：[a]表示样本小于30个。

从形态结束到突破 在这一栏里，牛市和熊市所得出的结果差不多一样，从杯形右杯口到突破的时长从54天到58天不等。我把这个时长定义为柄长，即杯柄的长度。杯形结束一直到突破这么长的时间里，有机会发现这类形态。

年度位置 对于这类形态，在年度价格区间的哪个区域最容易出现突破？因为这种形态是向下突破的，股价从形态的底部突破向下。你可以认为从高处向下突破的形态下跌更深，表现更好。事实上，在大多数情况下，这类形态的突破出现在年度价格区间的低位区域。

年度位置及表现 股价突破形态后的变化与股价在年度价格区间的哪个区间突破有关吗？这个答案有点复杂。在牛市，表现最好的形态是在低区突破的股票。在熊市，在中区突破形态的股票表现最好，但熊市中区突破的形态样本小，如果样本量增加，结果可能就不一样了。

反弹 这种形态约有一半的概率会发生反弹。这个概率还是不足以用来拟定一个交易计划(比如在做空前等待反弹)。股价大约需要2个星期的时间走完反弹过程，回到突破价格。

出现反弹对股价是有影响的，它使股价跌幅变小。从表中数据可以看到这个影响。所以，在交易一只股票之前，要找到它的支撑区域，这个支撑区域会阻挡股价的下跌趋势。

缺口 出现缺口的倒置杯柄形态突破后的股价下跌更深，但与没有出现缺口的形态比相差也不大。

表10.5所示为股价到达最低点所需天数的频次分布。举例说明，第一栏第一列的数据为29%，意思是在熊市有29%的倒置杯柄形态在第1个星期见底，即到达最低点。紧接着的18%，意思是近一半(29%+18%=47%)的形态在2个星期(14天)之内到达最低点。再看一下牛市数据的最后一项，大于70天对应的数据是25%，意思就是，有1/4的牛市形态70天(2个半月)后还在找底部。

表10.5 到达最低点天数的频次分布

天数	7	14	21	28	35	42	49	56	63	70	＞70
熊市	29%	18%	13%	10%	5%	6%	3%	4%	1%	2%	9%
牛市	24%	9%	9%	8%	7%	4%	5%	4%	3%	3%	25%

注意数列中间的小变化。比如在第42天对应的熊市数据是6%，比前面的5%略有微升，在49天位置对应的牛市数据5%，也是较前面的4%略有上升，这些数列的起伏，说明趋势开始有变化。所以，在股价突破形态后6～7周，要留意股价趋势的变化。

表10.6所示为与形态面积大小相关的统计数据。

表10.6　形态面积大小统计

描述	牛市 向上突破	熊市 向上突破
高形态表现	-18%	-29%
低形态表现	-15%	-23%
高度中值(与突破价格百分比)	31.93%	52.95%
窄形态表现	-17%	-27%
宽形态表现	-15%	-25%
长度中值	107 天	123 天
形态平均长度	118 天	145 天
低窄组合形态表现	-16%	-24%
低宽组合形态表现	-13%	-21%[a]
高宽组合形态表现	-17%	-27%
高窄组合形态表现	-19%	-32%[a]
低柄反弹表现	-16%	-28%
高柄反弹表现	-16%	-24%
反弹柄中值 (与突破价格百分比)	45.20%	41.31%
等高杯口表现	-19%[a]	-26%[a]
不等高杯口表现	-16%	-26%

注：(-)负号表示下跌；[a]表示样本小于30个。

高度　高形态表现比低形态好，下跌更深。要利用这个原则，就要确定什么样的形态是高形态。计算如下：形态高度等于杯形顶部与两个杯口中较低的价格之差，形态高度与突破价格的百分比与表10.6中的高度中值与突破价格百分比进行比较，高出表中中值的，就是高形态。

宽度　窄形态的表现比宽形态稍微好一点，下跌多一点。形态的宽窄，我就用表中的长度中值作为分界点。

形态平均长度　倒置杯柄形态是巨兽，平均有4～5个月的长度。在牛市的倒置杯柄形态比熊市的窄，原因还不得而知。

高度和宽度的组合　无论是熊市还是牛市，既高又窄的倒置杯柄形态都是下跌最深、表现最好的。而两市中表现最差者都是既低又宽的组合，它们下跌最少，所以做空时要尽量避开。

杯柄反弹　在牛市，反弹的大小并不影响突破后股价的表现，而在熊市，低于杯柄反弹中值的低柄反弹形态股价在突破后下跌达到28%，比高柄反弹表现多跌4%。

杯口　杯口是这个形态的两个最低点，分别在杯形的两边。在牛市，当两个杯口处在同一价格水平，形态突破后股价跌幅为19%，而两边杯口不在同一水平的形态，跌幅为16%。在熊市，杯口平或不平，对形态表现的影响没有区别。不过，等高杯口形态的样本很少。

表10.7所示为与成交量相关的统计数据。

表10.7　形态期间成交量统计

描述	牛市 向下突破	熊市 向下突破
上升成交量趋势表现	-16%	-26%
下降成交量趋势表现	-17%	-26%
U形成交量形态表现	-16%	-26%
半圆形成交量形态表现	-16%	-26%
既非U形又非半圆形成交量形态表现	-16%	-26%
巨量突破表现	-16%	-26%
轻量突破表现	-17%	-24%

成交量趋势、成交量形状和突破成交量　当你的目光扫过表10.7时，你会注意到，不管哪个类别，它们的差异都是很小的。由此可见，对于这类形态来说，成交量不是预测股价表现的好指标，至少对于我研究中所涉及的样本是这样的。

交易策略

表10.8所示为交易策略。

表10.8　交易策略

交易策略	解释
测算规则	右杯口位置股价减去杯柄高度等于预测的目标价格。警告：这个预测方法算出的目标价格成功概率只有50%左右
头肩形态	看杯形的左边是否也有一个柄形，如果有，这个形态可能是头肩形顶部形态，这个杯形就是它的肥头，两个柄形就是它的两肩
开空仓	当股价收低于右杯口位置时，做空股票
平空仓	如果股价快速下跌，在几天之内下跌好几个百分点（几乎是直线下跌），就考虑平掉空仓。股价往往会在这样的快速下跌后反弹
趋势线	从杯柄画一条向下的趋势线，当股价收高于这条趋势线时，平掉空仓
三浪下跌形态	如果杯柄属于三浪下跌形态的修正阶段，那么，在股价跌至第一浪下跌的低点附近时卖出

测算规则　为了让测算规则的预测效果更好，我尝试了多种计算方法，我发现使用杯柄高度与右杯口位置股价的差值作为减项算出的目标价格预测结果更好。举例说明，假设杯柄最高点股价为20美元，突破点股价（也就是右杯口位置的股价）是17美元，两者之差为3美元，计算右杯口股价减去差值3美元得到目标价格14美元。运用这种方法计算的目标价格，其成功预测的概率，在牛市为47%，在熊市为49%。这比我所愿意看到的80%的预测成功概率还是小太多。

头肩形态　看杯形左边是否也有杯形右边一样的柄形，如果有，这个形态应该是头肩形态，头肩形态的内容参见头肩形顶部形态一章。

开空仓　这让我想起以前我测试爱国者防空系统电路板的情景，每次我给电路板通电，电闸就会断电，后来我才发现，原来是制版人员把电线接到地上了。

当股价收低于右杯口，开空仓，确保设置止损点或者其他能在股价上涨时了结离场的方法。

平空仓　如果股价快速下跌，在几天之内直线下跌几个百分点，就可以考虑在股价停止下跌时平掉你的空仓了。通常，当剧烈的下跌结束，股价就见底了，股价将会快速反弹。

趋势线　另一个平仓离场的方法是从杯的右边画一条趋势线，股价在突破形态之后，下跌的斜率通常比杯形趋势线要陡，如果真是这样，一旦股价下跌到突破点下方，就从突破位置至当前股价(或使用杯柄顶部作为趋势线的顶点)画另一条趋势线，一旦股价收高于这条趋势线就平掉空仓离场。

三浪下跌形态　空仓离场的最后一个办法是找到股价的三浪下跌形态。在一些情形下，杯柄其实是三浪下跌形态的反弹回调。更多的三浪下跌形态内容参阅三浪下跌形态一章。

交易故事

山姆是拉斯维加斯21点纸牌游戏的营业员，她把赚到的小费投资到股市。从她12年前开始做纸牌游戏营业员，到现在她已经积累了相当的财富。图10.6展示的就是她如何操作一个倒置杯柄形态股票的全过程。

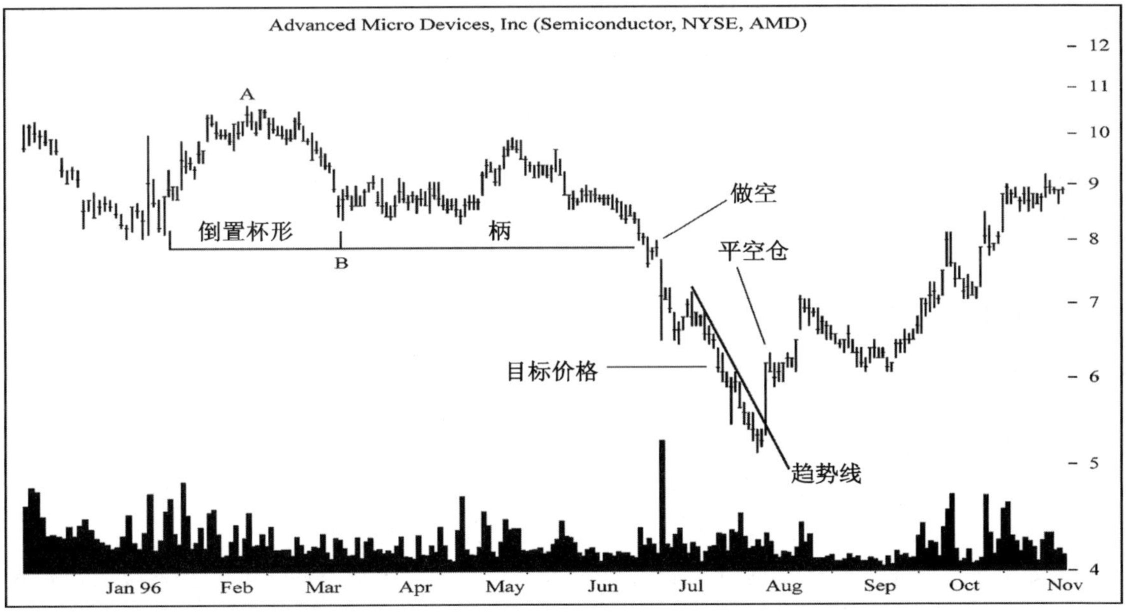

图10.6　这个倒置杯柄形态正是交易故事中所描述的山姆面对的形态。她画一条向下倾斜的趋势线作为卖出触发点，不过，她的仓位是被设置的止损点自动平仓的。

山姆要做的第一件事是确认这个形态。这个形态是否符合表10.1中所列的辨识指南？把这个表快速地浏览一遍，我们发现在这牛市中，在形态之前的股价是下行的。如果你想做顺势交易，在下跌趋势中做空，那么，一个下行的股价趋势也是好趋势。但即便是在下跌的价格趋势中做空，也还是做空熊市的下跌股价趋势更好。杯形看起来是圆弧形的，两边杯口股价不在同一水平，但也相差不太大。杯柄出现一个明显的向上隆起，但与杯形之间有一些距离。山姆不知道这个距离有没有影响。杯柄反弹幅度为69%，比斐波那契比率62%高。

接着她查看“交易秘籍”里的规则，以提高交易成功的概率。反弹有没有可能出现呢？不会出现(好事)，因为即便从1992年开始追溯，股价在这个位置也不曾有过支撑，直到两年前才有一点点重要的支撑。这个形态是不是一个高形态呢？不是(差评)，这个形态的高点为10.63美元，低点为8.13美元，差值即形态高度为2.5美元，突破点股价为8.13美元，形态高度与突破价格的百分比29.83%(2.5/8.38)，比表10.6中的高度中值31.93%略低，所以这个形态只能确认为低形态。这个形态是不是宽形态呢？不是(好事)，这个形态宽度为58天，比表10.6中的长度中值少近一半。这个形态的两杯口是不是平的呢？不是(差评)。这样看来，山姆面对的形态技术问题又复杂了。

她专心地在纸牌游戏岗位上工作，耐心地等待，直到胜算的概率越来越大，当股价收低于右杯口，她做空这只股票，并设定在7.90美元处平空仓。第二天股价的波动很大，让她有点担惊受怕了，幸好股价收盘时收在了当日的中间位置(这样就不是一个单日反转形态了)，接下来股价一天一天轻松下跌 (但下跌速度没有快到应该卖出股票)，股价在7月初尝试反弹，不过很快就继续下跌。几个星期之后，山姆画了一条图10.6中展示的向下趋势线。

她计算了杯形的高度，然后结合杯口数值，发现股价已经下跌超过了目标价格。因为在牛市这种方法预测的目标价格成功实现的概率只有15%(注：她计算目标价格的时候使用的是杯高而不是柄高作为减项，这两种方法的预测成功概率分别在统计简报和交易策略中阐述过)，她猜测，下跌已经差不多到头了。于是，她就在7月中旬的次高位置上方多出几分钱的地方6.10美元处设置止损指令(图中的“目标价格”正好在她的止损价格上方)。

每天晚上，她从赌场下班后，她就登录网络，查看她的持仓情况。在7月末，当股价向上反弹上升，她的止损点成功地在6.10美元处平掉空仓，她的仓位获利了结。在扣除佣金费用之后，她获得22%的收益。在股价突破形态6个星期之后，股价趋势改变了，正如表10.5中数据所警示的那样。

交易秘籍

下面的列表包含交易这种形态的提示和观测结果，以帮助你选择表现更好的形态，更多的信息，请参阅相关的表格。

- 选择符合辨识指南的倒置杯柄形态。见表10.1。
- 这种形态在熊市表现最佳，也是在熊市最经常出现。见表10.2。
- 如果你能确定股价什么时候见底或者什么时候股价突破形态后失败，买入股票，等着上涨。见表10.2。
- 熊市投资这种形态股票，因为在熊市这种形态的失败比率较低。见表10.3。
- 查看强支撑，查看是否有反弹，反弹损害形态表现。见表10.4。
- 缺口有助于突破形态后的股价表现。见表10.4。
- 在股价突破形态后的第6～7个星期留意股价趋势变化。见表10.5。
- 选择高形态或窄形态。见表10.6。
- 等高杯口形态的股价在突破后表现更好。见表10.6。

第十一章 钻石形之底部形态
Diamond Bottoms

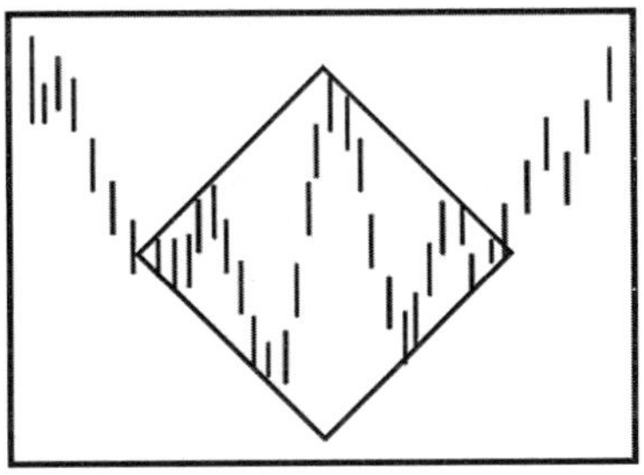

统计简报

向上突破

形状	钻石形态形成于一个向下的股价趋势之后。股价向上突破形态。	
反转或持续	短期反转，形态后看涨。	
	牛市	**熊市**
表现排名	8/23	2/19
保本失败概率	4%	3%
平均涨幅	36%	36%
趋势结束后的变化	-33%	-36%
成交量趋势	向下	向下
回调概率	53%	60%
实现目标价格概率	81%	60%
意外发现	在年度价格区间低位突破的形态表现最好；回调损害股价表现；高形态或宽形态比低形态或窄形态表现更好。	
参见	钻石形顶部形态。	

向下突破

形状	与向上突破形状相同，但股价向下突破。	
反转或持续	短期持续，行情看跌。	
	牛市	**熊市**
表现排名	1/21	2/21
保本失败概率	10%	0%
平均跌幅	21%	44%
趋势结束后的变化	59%	48%
成交量趋势	向下	向下
反弹概率	71%	40%
实现目标价格概率	63%	80%
意外发现	在年度价格区间低位突破的形态表现最好；反弹损害股价表现；高形态比低形态表现更好；成交量呈随机形状的形态或有巨量突破的形态表现突出。	
参见	钻石形顶部形态。	

投资钻石形底部形态的方法是不是和约女孩子出来吃饭方法一样呢？对的，处理这两个问题都要看套路。钻石形底部形态开始之前，股价趋势是向下的。而钻石形顶部形态开始之前，股价趋势是向上的。还有什么需要知道的呢？很多呀，上面的统计简报只是冰山一角，只说了皮毛而已。

钻石形底部形态的失败比率低，通常只有个位数。钻石形底部形态的平均涨幅也相当可观，有36%。股价突破形态上行见顶后，股价下跌，几乎能把之前所有的涨幅跌回去。所以，如果你想获利，就不要一直捂着股票。

向下突破后股价平均下跌21%，对于牛市里的看空形态来说算跌得多的了。那个在熊市里下跌44%的数据是不大可靠的，因为它的统计样本量太小了。事实上，很多统计数据都有样本量小的问题，所以你在依据这些数据做决策时要小心。

导入

图11.1所示为一个钻石形底部形态的例子。从图11.1可以看出，进入形态的股价趋势是一个向下的趋势，钻石形底部形态出现，然后股价趋势反转。股价下跌后进入形态，说明这是一个钻石形底部形态而不是一个顶部形态。

钻石形底部形态起于股价的上下扩张，向上高点抬高，向下不断有更低点，然后这个过程反过来，变成上下收缩，直到发生突破。

在形态形成期间，成交量是不断递减的。股价从形态突破的时候通常成交量显著增加。图11.1中，当股价出现缺口向上突破时，成交量巨大。在随后不到3个月，股价上涨超过22%，到达22.25美元的高点。

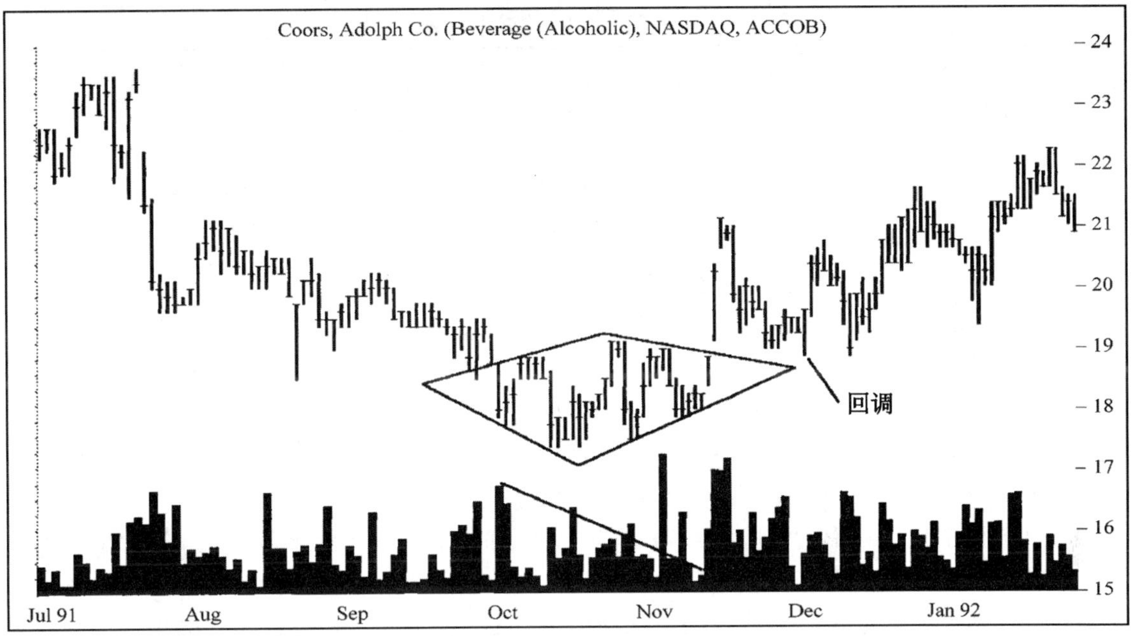

图11.1 一个钻石形底部形态，从形态开始一直到突破日成交量通常都是递减的。

钻石形底部形态代表股票买卖双方的争夺，买方的需要推高股价到一个小的新高，卖方的压力又迫使股价下跌回来，如果卖盘压力够大，股价就会下跌到一个小的新低。这样的扩散形态持续进行，但通常也不会有许多个回合。

在钻石形底部形态的另外一边，贪婪的股票持有者一看到手中的股票价格不错就卖出，上涨的股价停住了，掉头下跌。原来卖出股票的投资者直到看见股价跌到了新的低点才重新买入。他们喜欢这只股票，所以赶紧在股票反弹之前买入，以免踏空。这些行动减弱了股价下跌的动能，新的小低点越来越高。就这样，股价开始在钻石形的另一端收缩。

最终，交战双方终将有一方获胜，压倒性的购买需求或抛售压力，将导致价格从形态突破而出。股价将继续沿着突破方向运行，直到超出钻石形态边界几个点才会停下。对于向上突破，这个暂停可能足以吓得持股人卖出股票，使得股价跌回到形态的趋势线上(回调)。

对于下行突破，投资者相信他们是以大甩卖的价格在购买股票，购买的强烈需求使股价出现了反弹。聪明的投资者明白其中的奥秘，抓住最后的机会抛售他们的持股，这些新的抛售压力迫使股价再次下跌，通常这个下跌会持续相当一段时间(数星期到数月)。

这就是钻石形态的一生。如果你足够敏捷，可以参与形态内的买卖。当股价见底时买入，当股价在顶部附近时卖出，反手做空，然后在形态底部平仓。这听起来很容易，但其实不然(除非你喜欢赔钱)。

辨识指南

如何辨识钻石形底部形态呢？请查看表11.1中列示的识别特征。

形态前价格趋势 因为我们讨论的是钻石形底部形态，而不是顶部形态，形态前的价格趋势是向下进入钻石的。

表11.1 辨识指南

特征	讨论
形态前价格趋势	股价趋势自上而下进入形态
钻石形状	在形态的第一部分,股价高点不断抬高,低点不断下降;形态的第二部分,股价高点不断下降,低点不断抬高。围绕股价波动的趋势线看起来像一颗钻石,这颗钻石的菱形四边不一定对称
成交量趋势	从形态开始到结束,成交量呈下降趋势,在突破时成交量骤增

确定形态最难的部分都是看股价运行所形成的形状。对于钻石形，它们尤其难以辨识。然而，它们在股价转折点上出现过很多次。所以，在下跌的价格趋势末端寻找钻石形底部形态。钻石形底部形态很少出现在趋势的中间，也就是说，钻石形底部形态出现后，价格继续走低而不是反转的情况极少。

钻石形状 在寻找钻石形底部形态时，应该寻找价格随着时间的推移而扩大，形成更高的高点和较低的低点的形态。股价形态看起来应该像一个扩散底部形态。然后，价格不断收窄，形成的高点不断降低，低点不断抬高。第二部分看起来应该像一个对称三角形。如果你沿着小低点和小高点绘制趋势线，结果应该出现菱形。更有可能的是，钻石的顶部或底部会推向一边，所以形态图看起来好像是倾斜的。

成交量趋势 在形态形成期间，成交量通常呈下降趋势。但不要仅仅因为某些形态的成交量趋势向上而不是向下而丢弃它们。事实上，这类形态的成交量趋势中，有44%呈圆弧形，32%呈U形，其余形态的成交量趋势呈随机形状。成交量趋势(斜率)向下的占69%，其余部分向上。

突破日成交量通常很高，这意味着当日成交量超过最近1个月的平均日成交量的53%。再次，不要因为突破日成交量是轻量而不是巨量就丢弃一个钻石形态。

这里有3个钻石形态的例子。图11.2中显示的是第一个例子。股价下跌趋势持续了近2个月，然后进入形态。在形态内部，股价小幅回升，股价波动区间随着高点更高和低点更低而扩大。随后潮汐转换，低点不断抬高，高点不断下降，股价波动范围变窄。连接股价的边界，画出4条趋势线，钻石形态显现。

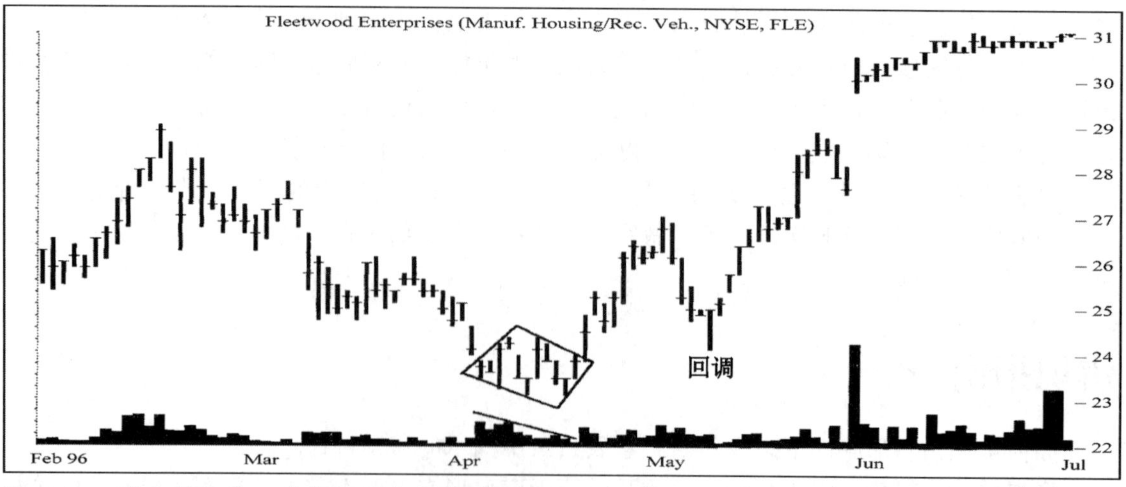

图11.2 图中所示为一个菱形底部形态，成交量呈下降趋势。股价突破形态后，价格迅速回升，达到新高。

在整个形态期间，交易量逐渐减少。这种情况是典型的，但并不是一个好的钻石形底部形态的先决条件。不同的钻石形底部形态成交量形状通常有很大的变化。然而，总体来说，在突破之前，成交量趋势是呈递减的，突破之后，成交量通常快速增加。图11.2显示的突破日成交量是前一天成交量的4倍，但仅是略高于日平均水平。

图11.3所示的例子说明钻石形底部形态通常形成股价的一个支撑区域。这个周线图所示为股价在10美元处的支撑。不同的钻石形底部形态支撑区域不同，在股价向上突破形态之后，出现回调时最常见的支撑区域是形态的底部附近。另一个股价回调后出现的支撑区域通常是形态的突破点。从图11.3可以看出。股价从形态突破后上行，有时停顿、反转、掉头向下。股价下跌到形态区域时遇到支撑，通常会在接近突破点价格时停止下跌，然后掉头回升。这种回调到形态的情况出现概率超过一半(53%)，这是着手新的交易或增加仓位的另一个机会。

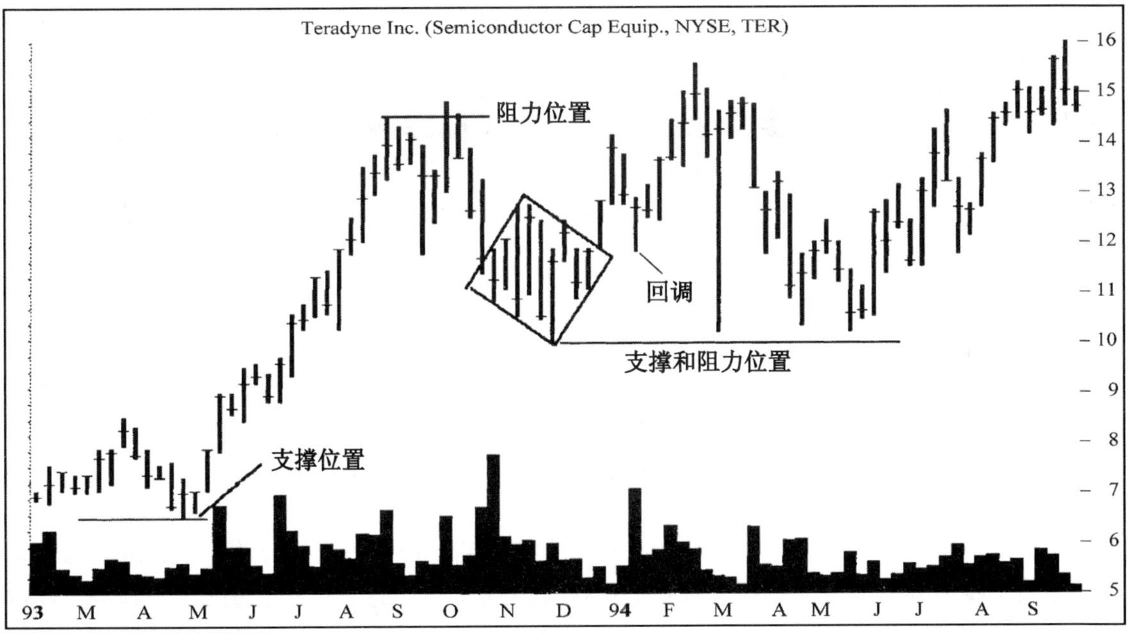

图11.3　钻石形底部形态的支撑区域在形态的底部附近。此处显示的是周线图中10美元位置的支撑。

图11.4所示为钻石形底部形态的最后一个示例。它是否遵守表11.1中的识别特征？是的。形态前的价格趋势正在下降，进入钻石形态。除了左上角，其他不断抬高的小高点和不断降低的小低点与趋势线接触相当好。在画左边的那条斜线时真让我无从下手，因为它没有两个小高点可以连接，而只有一个(形态的顶部)。我连接了某一天的高点，并连接到左下的趋势线。这个会不会使它少了一点钻石形态的特征呢？我还是让你决定吧。

成交量趋势倾斜向下(左边很高，右边减少)，突破日成交量也很高。

这个钻石形也是一个头肩形底部形态。我已经在图中标出那两个肩(S)和头(H)对这个形态作出注明。向下倾斜的颈线形成钻石形态右边顶部趋势线。不论你把它当作一个钻石形底部形态或者是一个头肩形态，行情看涨这一点都是明确的。股价突破形态后的上涨是巨大的。

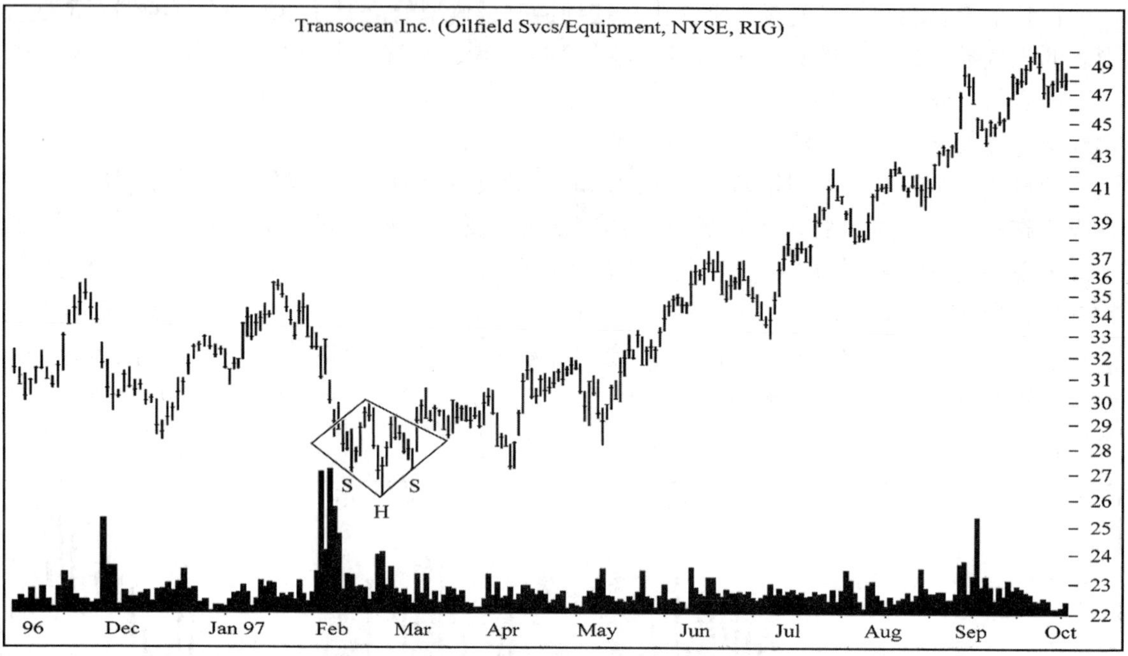

图11.4　图中所示的一个钻石形底部形态同时也是一个头肩形底部形态，意味行情看涨。

关注形态失败

我更改了形态失败的定义，我不再认为股价从形态的相反方向突破是失败的。如果你想交易一个向上突破的钻石形态，而它却向下突破了，你只需要改变一下交易方式就行。因此，只剩下5%失败的规定仍然适用，即形态失败是指股价突破形态后，在突破方向运行，但走不远(不到5%)就停止和逆转方向。

图11.5所示为一个股价形态的示例。这是有效的钻石形态吗？股价趋势下行进入那个形态，钻石形状清晰，但成交量呈上升趋势(右边比左边高)。是不是成交量的上升趋势有问题呢？不是。突破日成交量也是低而不是高的。除了成交量，一切看起来都很好。如果这是我在交易，成交量的异常甚至不会被注意到。我会更担心别的事情，你知道那是什么吗？

再看看这个图，看见那个向下的三角形挂在钻石形态上方就像暴风云吗？虽然您可能没有识别出那个三角形态，但您应该注意钻石形态头上的阻力。从10月开始(三角形开始的地方)到12月(三角形结束的地方)，股价几乎水平运行形成的坚实区域会吓跑我，对于这个交易，我唯一的交易方法是，一旦股价突破三角形态下跌，就做空它。

事情大体是这么发生的。股价向上突破钻石形态，但上面巨大的阻力阻止了它的上涨。价格退回到钻石形态，并继续下跌。我还要提一下，这个形态发生在熊市的中间。因此，我们有一个熊市，一个下跌的股价趋势进入钻石形态，和一个巨大的上方阻力。唯一的惊喜是，如果股价像浮石浮动而不是像钻石扔进池塘下沉，你作为交易者的工作就是找到漂浮的宝石。

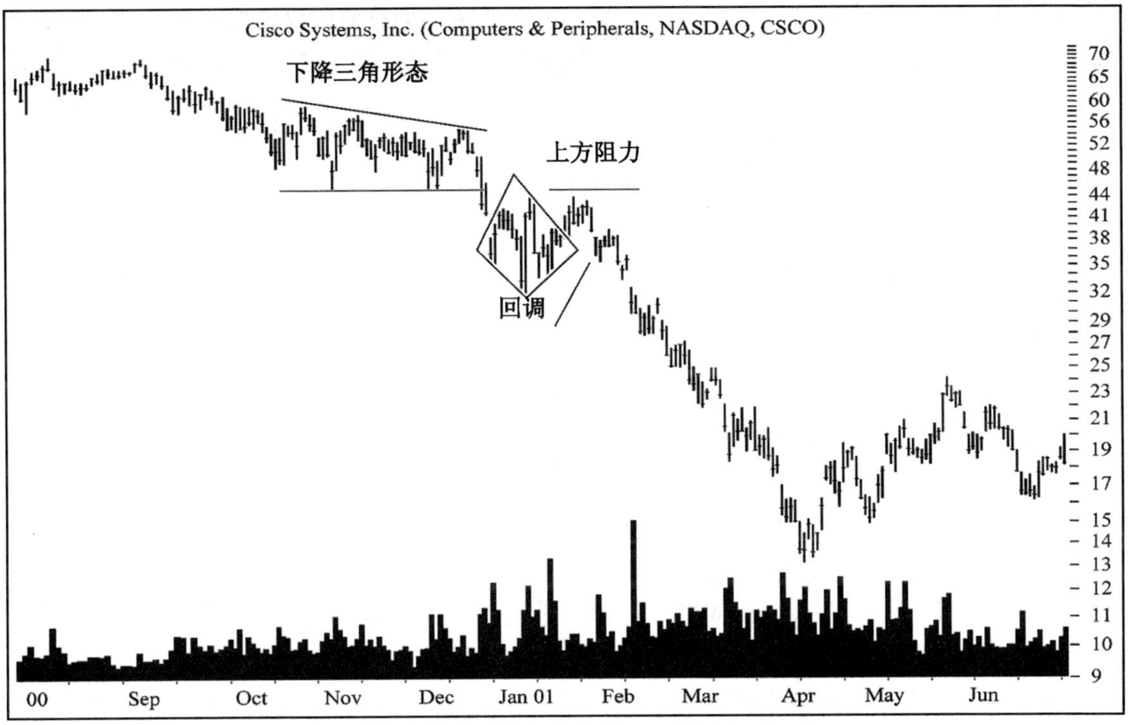

图11.5 钻石形底部形态上方的阻力区域阻止股价向上突破。

统计数据

表11.2所示为钻石形底部形态的综合统计数据。

表11.2 综合统计

描述	牛市 向上突破	熊市 向上突破	牛市 向下突破	熊市 向下突破
形态数量	140	63	72	20
反转(R)、持续(C)数量	140R	63R	72C	20C
反转(R)、持续(C)涨/跌幅	36%R，58%C[a]	36%R，N/A C	23%R[a]，21%C	82%R[a]，34%C[a]
平均涨/跌幅	36%	36%	-21%	-44%
涨/跌幅超过45%(数量或占比)	47或34%	16或25%	3或4%	5或25%
趋势结束后涨/跌幅	-33%	-36%	59%	48%
形态失败后涨/跌幅	25%[a]	N/A	-21%[a]	-26%[a]
标准普尔500指数的变化	11%	2%	-2%	-8%
到达最高/低点的天数	119	72	35	28

注：(-)负号表示下跌；N/A表示不适用；[a]表示样本小于30个。

形态数量 在第一版，我只发现45个钻石形底部形态，所以我很高兴地报告，我现在已经找到了295个。不幸的是，当你把它分到统计表中的四列时，这个形态数量还是不足以进行很好的统计分析。当样本小于30个时，你将在许多统计表中看到注释(对于单项或整列)。钻石形底部形态的熊市向下突破是一个很好的例子，我只发现了20个样本。

反转或持续 如表11.2所示，大多数钻石形态通常是形态前股价趋势的反转。对于底部形态，这意味着股价通常会向上突破。因为样本量小，要对反转和持续形态的表现作公平比较是不可能的。

平均涨幅或跌幅 平均涨幅为36%，平均跌幅为21%。那个44%的跌幅应该被忽略，我所知道的任何看跌形态都没有如此大的平均跌幅。换句话说，如果有更多的样本，这个数字将会减半。

涨幅或跌幅超过45% 大约1/3的牛市向上突破钻石形态股价突破后涨幅至少45%。这是表现最好的一类形态。正如人们可能预期的那样，牛市向下突破表现不太好，跌幅不太大。

趋势结束后的变化 一旦股价达到最高点，随后的跌幅将超过30%，基本上回吐大部分或全部先前的收益。对于向下突破，在股价达到最低点后，它在牛市中反弹达到惊人的59%！这么大的涨幅听起来可能难以置信，但其实其他的形态类型涨幅更大。

失败形态的表现 我在熊市向上突破的形态中没有发现突破失败的钻石形态。其他三种组合中，有上涨百分之二十几或下跌百分之二十几的。如果增加样本量，结果可能会改变。

标准普尔500指数的变化 指数的上涨有助于牛市中的股价上涨，而指数的下跌又在熊市中吞噬了这些收益。令人惊讶的是，尽管指数上涨分别为11%和2%，但牛市和熊市向上突破的股价涨幅都同样是36%。这样看起来，似乎在熊市有一些股票有强势的反弹。

到达最高点或最低点的天数 股价突破后达到最高价或最低价需要多长时间？答：在1个月和4月之间。大多数时候，你会看到向上突破后股价达到最高点花的时间比向下突破后股价达到最低点花的时间更长。比较一下，熊市向下突破，股价在突破后28美元内跌幅达44%，而牛市向上突破，股价突破形态后119天上涨36%。显然，熊市股价下跌的坡度一定比牛市股价上涨的坡度要陡得多。

表11.3所示为形态失败的概率。举例说明，牛市向上突破形态中有4%在突破后的股价涨幅不超过5%。总共有12%的牛市向上突破形态在股价突破形态后涨幅不到10%。再举最后一个例子，熊市中向下突破的形态中有30%，其股价在突破形态之后下跌幅度不超过25%。

表11.3 失败形态数量或概率

股价最大 涨/跌幅(%)	牛市 向上突破	熊市 向上突破	牛市 向下突破	熊市 向下突破
5(保本点)	5 或 4%	2 或 3%	7 或 10%	0 或 0%
10	17 或 12%	10 或 16%	20 或 28%	2 或 10%
15	34 或 24%	14 或 22%	26 或 36%	3 或 15%
20	44 或 31%	17 或 27%	37 或 51%	5 或 25%
25	53 或 38%	26 或 41%	46 或 64%	6 或 30%
30	61 或 44%	34 或 54%	53 或 74%	8 或 40%
35	72 或 51%	41 或 66%	60 或 83%	12 或 60%
50	99 或 71%	47 或 75%	69 或 96%	15 或 75%
75	116 或 83%	58 或 92%	72 或 100%	19 或 95%
＞75	140 或 100%	63 或 100%	72 或 100%	20 或 100%

这就是表11.3的解读方法。但是所有这些数字意味着什么呢？由于熊市的样本太少，可以考虑删除熊市向下突破那一列。失败比率最低的通常在牛市向上突破一列中，排第二位的

是熊市向上突破一列。

要旨：买入向上突破的钻石形态，因为它们的失败比率最低。

表11.4所示为与突破及突破后相关的统计数据。

表11.4　突破与突破后股价表现统计

描述	牛市 向上突破	熊市 向上突破	牛市 向下突破	熊市 向下突破
从形态结束到突破	3天	2天	3天	3天
突破在年度价格区间低(L)、中(C)、高(H)各区域分布的百分比	L37%,C41%,H22%	L59%,C35%,H6%	L49%,C33%,H19%	L45%,C45%,H10%
形态在年度价格区间低(L)、中(C)、高(H)各区域突破后的涨/跌幅	L42%,C37%,H26%	L37%,C38%[a],H20%[a]	L22%,C21%,H15%	L57%,C31%,H31%
回调/反弹概率	53%	60%	71%	40%
回调/反弹期间	11天	12天	12天	16天
出现回调/反弹形态的平均涨/跌幅	30%	33%	-18%	-22%
未出现回调/反弹形态的平均涨/跌幅	43%	42%[a]	-26%[a]	-53%
出现突破缺口形态的表现	40%	56%[a]	-26%[a]	-44%
未出现突破缺口形态的表现	36%	33%	－20%	－45%
缺口平均金额(美元)	0.34	0.85	0.51	0.62

注：(-)负号表示下跌；[a]表示样本小于30个。

从形态结束到突破　从钻石形态结束到突破需要多长时间？仅用几天时间(2～3天)。这个时间的延迟大部分原因是我的计算机显示钻石形态的方式，以及股价必须收于钻石形态边界之外而不仅仅是穿透形态边界的要求。

年度位置　股价突破钻石形态时处于年度价格区间哪个位置？通常情况下，突破发生在年度价格区间的低位或中位附近。

年度位置及表现　在年度价格区间内哪个位置突破的形态，突破后股价表现最好？在大多数情况下，表现最好的钻石形态突破位置是在年度价格区间的低位附近。

回调和反弹　回调和反弹，即突破后股价返回到突破价格或钻石形态边界，回调或反弹发生的概率超过一半。例外的是熊市中向下突破的钻石形态只有40%概率反弹，但这一项的样本数量很低。

当一个回调或反弹发生时，总的来说，股价需要11～16天的时间来完成这个过程。当出现回调或反弹时，对突破后股价表现会有不利影响。为了避开回调或反弹，在交易前寻找形态上方阻力或底层支撑。避开交易在附近被阻力区域或支撑区域堵塞住的钻石形态。

缺口　我比较了突破日有缺口的钻石形态表现与突破日没有缺口的钻石形态表现，大多数情况下，突破日缺口有助于突破后的股价表现，但这一发现可能会因为样本量的增加而变化。

表11.5所示为股价突破后到达最高点或最低点天数的频次分布。如果你希望找到一种形态，其股价走得尽可能的远，而且尽可能地快，此表就非常有用。从经验和统计学的角度，我知道向下突破的下跌比向上突破的上涨速度要快。向上突破的股价需要更长的时间才到达最高点，但其涨幅也更大。

钻石形态在熊市的向上突破似乎集中在统计表11.5的两端。在前2周内达到最高点的有46%，32%的形态达到最高点的时间要长于70天。牛市的向下突破也显示类似情况，有46%的形态在前2周达到最低点。

表11.5　到达最高点或最低点天数的频次分布

天数	7	14	21	28	35	42	49	56	63	70	>70
熊市,向上突破	25%	21%	5%	2%	5%	8%	2%	0%	2%	0%	32%
牛市,向上突破	19%	4%	8%	6%	1%	4%	4%	1%	2%	2%	49%
熊市,向下突破	20%	10%	25%	10%	5%	10%	0%	5%	0%	10%	5%
牛市,向下突破	22%	24%	13%	4%	6%	6%	7%	7%	3%	0%	10%

注意在股价突破一个月后数据轻微的向上波动。在熊市中向上突破的钻石形态，更多的股票开始在35～42天附近见顶。在牛市中向上突破的钻石形态，见顶时间稍为提前了一点(21～28天)。因此，在突破后一个月左右，寻找你的钻石形态顶部或底部。

表11.6所示为与形态面积大小相关的统计数据。

表11.6　形态面积大小统计

描述	牛市 向上突破	熊市 向上突破	牛市 向下突破	熊市 向下突破
高形态表现	43%	42%	-23%	-63%
低形态表现	31%	30%	-19%	-23%
高度中值(与突破价格百分比)	13.19%	19.69%	13.42%	17.78%
窄形态表现	33%	34%	-22%	-33%
宽形态表现	40%	39%	-20%	-53%
长度中值	27 天	26 天	27 天	24 天
形态平均长度	36 天	35 天	39 天	25 天
低窄组合形态表现	29%	34%[a]	-19%[a]	-27%
低宽组合形态表现	36%[a]	25%[a]	-18%[a]	-17%
高宽组合形态表现	42%	50%[a]	-21%[a]	-70%
高窄组合形态表现	44%[a]	34%[a]	-28%[a]	-46%

注：(-)负号表示下跌；[a]表示样本小于30个。

高度　高形态表现得比低形态好。要使用此结论，计算钻石形态的最高点减去形态的最低点，差值为形态高度，然后除以突破价格(股价收于钻石形态趋势线边界外时的价格)，将比值与表11.6中的高度中值进行比较，如果大于中值，那么你的形态就是高形态。

宽度　大多数宽的钻石形态表现得比窄的好，例外的是在牛市中向下突破的钻石形态。我用表11.6中的长度中值作为窄形态和宽形态的分割点。

形态平均长度　钻石形态的时间跨度有多宽？不同的形态长度不同，平均长度大约1个月。如果你的钻石形态非常短或太长，也不要惊慌。

高度和宽度的组合　既高又宽的钻石形态表现比大多数其他组合都要好；最差的表现者是短而宽的钻石形态。避开那些形态。

表11.7所示为与形态期间成交量相关的统计数据。

表11.7 形态期间成交量统计

描述	牛市 向上突破	熊市 向上突破	牛市 向下突破	熊市 向下突破
上升成交量趋势表现	41%	28%[a]	-25%[a]	-40%
下降成交量趋势表现	35%	41%	-19%	-46%
U形成交量形态表现	37%	47%[a]	-21%[a]	-22%
半圆形成交量形态表现	38%	38%[a]	-19%[a]	-47%
既非U形又非半圆形成交量形态表现	32%[a]	26%[a]	-24%[a]	-53%
巨量突破表现	36%	42%[a]	-23%[a]	-44%
轻量突破表现	37%	32%	-18%	-43%

注：(-)负号表示下跌；[a]表示样本小于30个。

成交量趋势 将统计结果与市场趋势比较分析：在牛市中，钻石形态的成交量呈上升趋势，其股价突破后表现最佳，涨幅最大；熊市中的钻石形态在交易量呈下降趋势时表现最好。

成交量形状 除了成交量呈随机形状的形态，在向下突破时表现很好以外，我看不到与成交量形状有关的其他趋势。向上突破钻石形态在成交量趋势呈半圆形(牛市)和U形(熊市)时表现很好。

突破成交量 巨量突破是否会推动股价进一步上涨？是的，在大部分情况下是如此。唯一的例外是，钻石形态出现轻量突破后，股价的表现与前者几乎一样，两者差别是微不足道的。

交易策略

表11.8所示为交易策略。

表11.8 交易策略

交易策略	解释
测算规则	钻石形态的最高点减去最低点，差值为形态高度，如果股价向上突破，形态高度加上突破价格等于目标价格，如果股价向下突破，突破价格减去形态高度等于目标价格
迅速上涨/下跌	在迅速上升或下跌进入钻石形态之后，股价通常会在返回到暴涨或暴跌前的起点
等待突破	钻石形态可以在任何方向突破，所以等待突破后再进行交易

测算规则 本章开头的“统计简报”（“实现目标价格概率”）所示为测算规则的成功概率。举一个例子，如图11.6所示，在这两个钻石形态中，计算形态的最高点(点A)减去最低点(点B)，差值为形态高度，然后加上(向上突破)或被减(向下突破)突破价格(点C)，计算出目标价格。突破价格指的是股价突破形态收盘价在钻石形态边界以外的当日收盘价格。

具体地说，图11.6顶部的钻石形态的形态高度为7.62美元(79.25-71.63)，高点减去低点。由于突破是向下的，突破价格减去差值等于目标价格，计算结果得出目标价格65.88美元(73.50-7.62，突破价格减去形态高度)。

快速上涨/下跌 图11.6还所示为测算股价上涨或下跌幅度的另一种方法。当股价快速上升(当形态为钻石形顶部形态时，如图)，通常有一个迅速下跌紧随其后，将股价跌回到暴涨前的起点。在图中我将此标示为“预期跌幅”。

图11.6　钻石形顶部形态和钻石形底部形态。运用测量规则，通过点A减去点B，计算出形态高度。对于钻石形顶部形态，点C减去形态高度等于目标价格;对于钻石形底部形态，点C加上形态高度等于目标价格。钻石形形态股价通常会退回形态前的快速上涨或下跌起点，“预期跌幅”和“预期涨幅”线是预测目标价格的另一种方法。在5月底，出现一个对称三角形。

对于钻石形底部形态，也显示类似的情况。股价急促下跌进入形态，然后以相似的趋势再次迅速上升。它们在接近形态前股价暴跌的起点时停止上升(图中显示为“预期涨幅”)。

等待突破　在你投资一个出现股票形态的股票之前，等待突破。因为钻石形态的突破方向是向上还是向下，你都无法准确地预测出来。因此，在进行投资之前，等待突破，等到股价收盘在形态边界之外。是的，提前突破确实会发生，但它们是罕见的。提前突破是指当股价收在钻石形态边界之外，但过了一两天内就返回形态内。在我研究的288个钻石形态中，我发现提前突破的形态少于一打。

交易故事

斯科特毕业于工程学院，在一家成长中的软件公司里从事他的第一份专业工作。这项工作报酬很好，但他有很多学校贷款和一大堆债务要还。他想用他的薪水来支付定期的账单，同时依靠牛市从股市赚钱来购买奢侈品。

他看中了一套新的音响系统，并希望能够买下来，把它用在7月4日由他召集的庆祝活动。现在留给他的时间已经不多，所以他要寻找一个他可以交易获利的股票形态图以便进行投资。他选择了图11.6所示的钻石形底部形态。斯科特第一次注意到这个钻石形态是在5月，在股价突破的前几天。他认为，价格下跌不会低于69.88美元，比整数70美元低0.12美元的位置，同时也是在1月两个价格峰值所在。

只需冒0.75美元的风险，就可能有3.75美元的回报，他的风险回报率为1:5。如果一切按计划进行，他会赚相当多的一笔钱，足够买那套音响。

在股票突破向上的第二天，他在71.75美元买入股票(在图11.6点C附近)。这个价格比他所预计的要高，但看股价强劲的表现，他确信这次交易会获得成功。斯科特让他的经纪人把止损指令设置在69.88美元。3天后，股价收盘于75美元，高于目标价格。他去逛了音响商店，只是为了摆弄一下他梦寐以求的音响的旋钮，试一试设备的开关。

然而事情却开始变得糟糕了。该股收盘下跌近3美元，跌至72.13美元。第二天，它跌到了71.38美元，第三天又跌了一点。突然间，斯科特赔钱了，他的音响梦有破灭的危险。这个时候，他是应该卖掉股票，还是再推迟一次聚会呢？

幸运站在他这边，股价又开始攀升，很快，股价到了74美元。但蜜月没有持续很长时间。股价已经走完了一个对称的三角形，但斯科特没有看到。股价穿过支撑趋势线(将右下角的钻石形态对角线延长到三角形态)向下突破。股票甚至给了他另一个机会获利了结，股价曾经试图反弹回到三角形态边界。斯科特忙于制订派对的计划，错过了这个信号。在7月中期，当他接到他的经纪人打来的电话，向他报告说他的股票已经在69.88美元止损出局时，斯科特抱住自己的头，想知道出了什么问题。你知道答案吗？

答案是贪婪。因为他需要钱买那套音响，当股价超出钻石形态的顶部，他应该有一个限价交易单，在他的目标价格卖出股票。虽然这项技术限制了更大利润潜力(因为你已经被动出局了，即便股票可能会翻倍)，它能够让交易者在接近高位的地方顺利卖出。我已经在事件形态中看到了这种行为。价格飙升，达到目标价格，然后迅速下跌。如果你不卖，你就会失去利润。我自己的一个交易例子是：几天前，一个止损指令把我的罗门哈斯公司股票在出现了113美元利润时卖出，如果我用我的利润目标，我会赚1000美元。

另一个原因是必须从交易中获利的心理压力。如果以你的交易利润来决定你是否要吃饭，那么你的交易就很有可能受到影响。你会感到压力，你会持有一个糟糕的投资超过必要的时间，或在通常情况下，你会在应该避开的高风险位置买入。

幸运的是，斯科特足够聪明，用止损指令来保护自己。如果他能注意到对称三角形态的向下突破，那也是一个卖出的信号。

交易秘籍

下面的列表包含交易这种形态的提示和观测结果，以帮助你选择表现更好的形态，更多的信息，请参阅相关的表格。

●检查辨识指南以便选择正确形态。见表11.1。

●顺势交易。在牛市，选择向上突破的钻石形态；在熊市，选择向下突破的形态。见表11.2。

●钻石形态向上突破在牛市的失败比率最低，而且样本量最多。见表11.3。

●选择突破位置在年度价格区间低位的钻石形态。见表11.4。

●回调和反弹损害股价突破后的表现。见表11.4。

●突破日缺口提高突破后股价的表现。见表11.4。

●预计突破后5～6周趋势会逆转。见表11.5。

●高形态比低形态表现更好。见表11.6。

●选择宽形态。见表11.6。

●在牛市中，成交量呈现上升趋势的钻石形态表现最好；在熊市中，成交量呈现下降趋势的钻石形态表现最好。见表11.7。

●巨量突破意味着突破后股价表现更好。见表11.7。

第十二章 钻石形之顶部形态
Diamond Tops

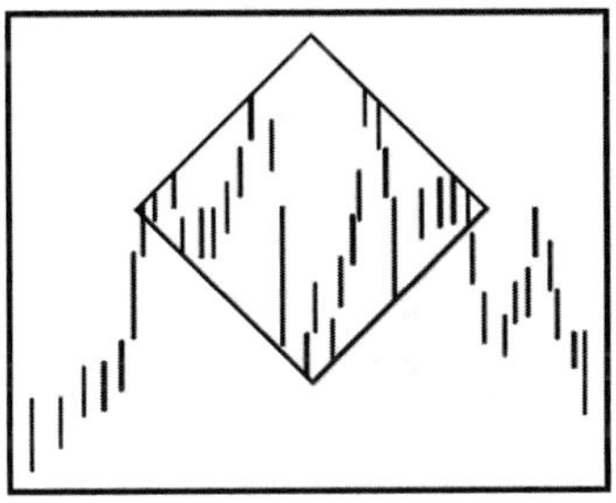

统计简报

向上突破

形状	钻石形态形成于股价上升趋势之后。突破方向向上。	
反转或持续	短期持续，行情上涨。	
	牛市	**熊市**
表现排名	21/23	2/19
保本失败概率	10%	0%
平均涨幅	27%	33%
趋势结束后的变化	-29%	-34%
成交量趋势	向下	向下
回调概率	59%	54%
实现目标价格概率	69%	79%
意外发现	突破后的回调损害股价表现；突破日缺口有助于突破后股价表现。	
参见	钻石形之底部形态。	

向下突破

形状	与向上突破形状相同，但突破方向向下。	
反转或持续	短期反转，行情看跌。	
	牛市	**熊市**
表现排名	7/21	10/21
保本失败概率	6%	4%
平均跌幅	21%	24%
趋势结束后的变化	47%	47%
成交量趋势	向下	向下
反弹概率	57%	57%
实现目标价格概率	76%	59%
意外发现	突破后反弹影响股价表现；突破日缺口有助于股价表现；高窄形态表现优于其他组合的形态；轻量突破的形态股价表现更佳。	
参见	钻石形之底部形态。	

统计简报所示为钻石形顶部形态的主要表现。在外观上，钻石形顶部和底部形态的唯一区别是，进入形态前的价格趋势。对于顶部形态，形态前的价格趋势是自下而上的，而对于底部形态，价格趋势则是自上而下进入形态的。

对这些数据的检查发现，在熊市中，0%的保本失败概率(向上突破)是具有欺骗性的，因为样本量太小，无法做到准确的计量。不过，其他失败比率是在10%或以下，这是相当不错的。一个奇怪的发现是，熊市中的形态平均涨幅33%，击败了在牛市中的形态。牛市中的形态平均涨幅27%。可能这是由于低样本量(28个样本)造成的。

向下突破的钻石形态在平均跌幅方面表现很好。统计简报中的其他数据是不解自明的，除了“实现目标价格概率”。我使用的钻石形态高度加上或减去突破价格作为目标价格。这个方法预测的目标价格只有超过一半的成功概率，远远低于我喜欢看到的80%的成功率。

导入

钻石形顶部形态是什么样子呢？图12.1展示了一个很好的例子。这个钻石形态预示着形态前价格趋势的反转，并所示为一个钻石形顶部形态的典型行为：股价跌回到钻石形态开始之前的水平。在这个点上，反转突出来就像一个疼痛的大拇指伸出在外。当然，并非所有的顶部形态都这样。有一些顶部形态不仅反转了形态前的股价趋势，回吐最近的收益，而且还继续向下跌。

辨识指南

表12.1列出了钻石形顶部形态的辨识指南。请参考图12.2中所示的钻石形顶部形态。

表12.1　辨识指南

特征	讨论
形态前的价格趋势	股价趋势上行，自下而上进入形态。钻石形顶部形态不一定是在股价形态的顶部，只要符合定义，它们可以出现在股价的任何地方
钻石形状	股价的高点不断抬高，低点不断降低（扩散形状）。围绕高点和低点的趋势线看起来像一颗钻石。这个钻石的菱形四边不一定对称
成交量趋势	在形态期间，成交量不断减少
突破成交量	突破日成交量通常很高，高成交量可能持续好几天
支撑和阻力	形态成为一个支撑或阻力的位置。钻石形顶部形态的顶部通常是支撑或阻力区域，这个支撑或阻力区域可以持续一年或以上

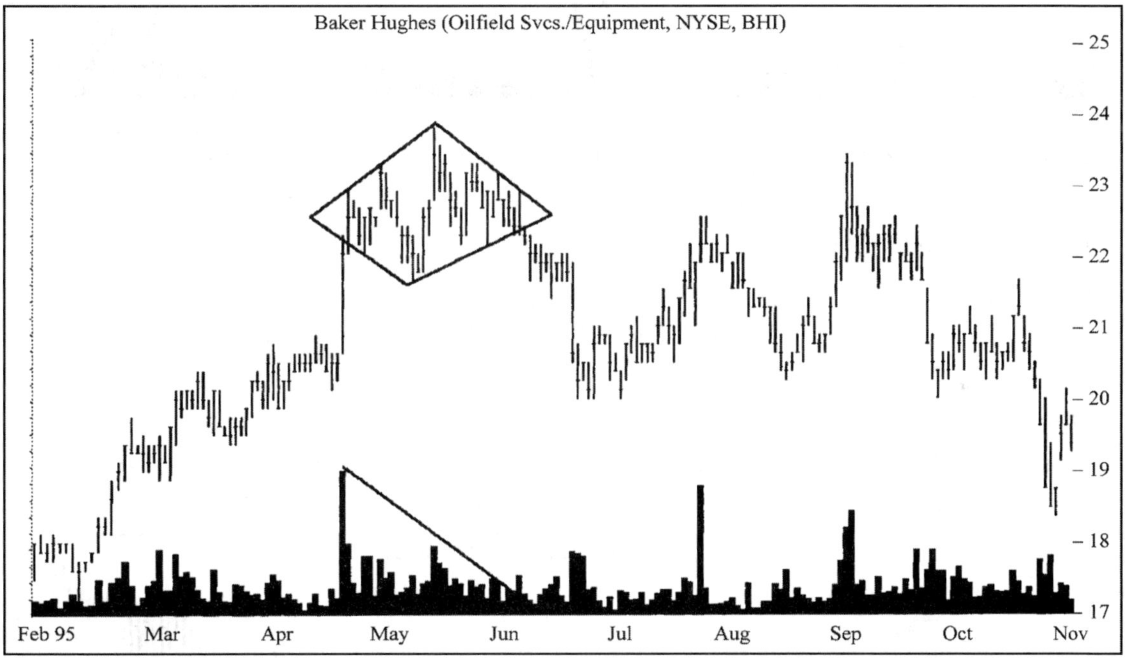

图12.1　钻石形顶部形态的一个很好的例子。请注意，价格迅速回调到20美元水平。

形态前的价格趋势　正好是在形态形成前，短期价格趋势上行，进入形态左边的小高点。然后股价在再次上升前，先下跌形成了一个小低点。在9月下旬，股价上升到一个新高，然后连续下行，下跌到前一个小低点之下。股价再一次上行，形成另一个小高点，然后，逐渐下行，穿过完右边的向上趋势线。

钻石形状　如图12.2所示，当把股价波动的小高点和小低点构成的起伏的峰顶和峰谷连接起来，就形成了钻石的形状。注意钻石的菱形不对称；不规则的菱形是常见的。

成交量趋势　成交量趋势逐渐减少，尤其是在股价不断收缩的形态后半部分(股价形态看起来像一个对称三角形)。

突破成交量　突破成交量通常很高，但这不是一个形态成为钻石形顶部形态的先决条件。在图12.2中，突破日和后几天的成交量充其量是温和的，但随着股价下跌，成交量呈上升趋势。

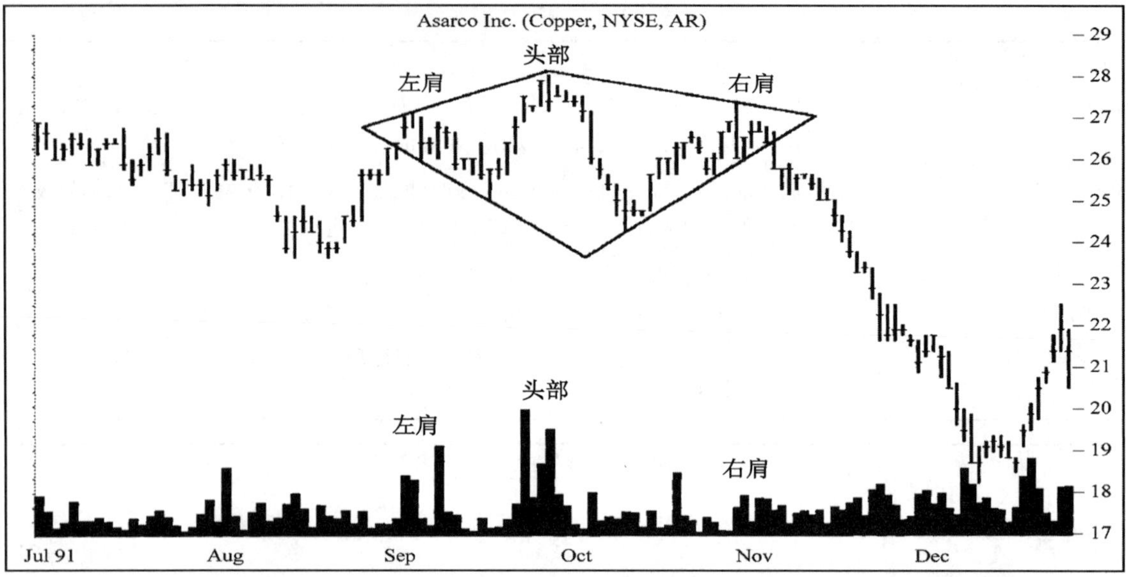

图12.2　一个钻石形顶部形态掩盖了一个头肩形顶部形态。无论哪种情况，前景看跌是肯定的。

这个形态是一个头肩形顶部形态，图12.2中标记了这个形态的左肩、头部、右肩上。这个成交量形状是典型的头肩形顶部形态的成交量形状，与左肩或头部阶段的成交量相比，右肩阶段成交量大大减少。

如果你找到一个钻石形态，发现它可能是一个头肩形顶部形态，不要担心。这两种形态的股价行情都是看跌的。发生此类冲突时，请选择股价表现更为保守的形态进行交易(请参见测算规则)。

支撑和阻力　如图12.3所示，钻石形顶部形态的支撑和阻力通常出现在形态的顶部。钻石形态反转形成阻力区域，在1993年3月和4月击退股价的上升，这个阻力区域直到一年后才击穿。

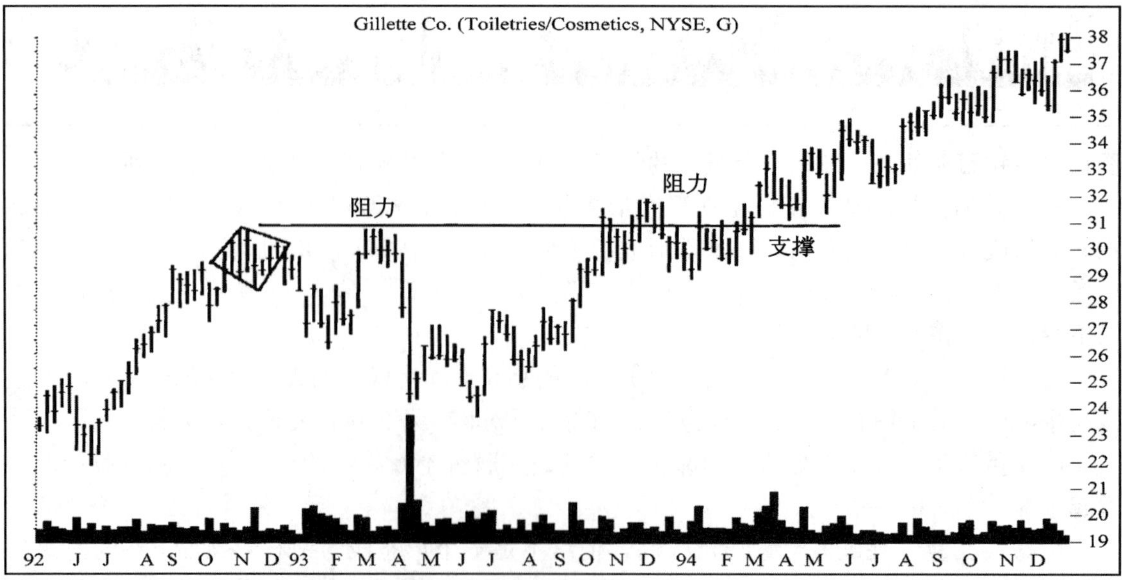

图12.3　钻石形态的顶部形成支撑和阻力区域。由钻石形态形成的31美元位置的支撑和阻力区域持续了一年半。注意这是一个周线图。

这个阻力位置在1993年10月形成了一个拥堵区域，拥堵区域一直持续到次年 3月股价有力地站上阻力位置上方才结束。即便后来，在1994年4月和5月，这个一年半前形成的31美元支撑区域在股价回调时还在提供支撑。

图12.4所示为钻石形顶部形态的另一个示例。在第一版中，我把这个例子称为失败形态，因为股价突破向上而不是向下。现在，我不再作出这样的区分：突破可以在任何方向发生。

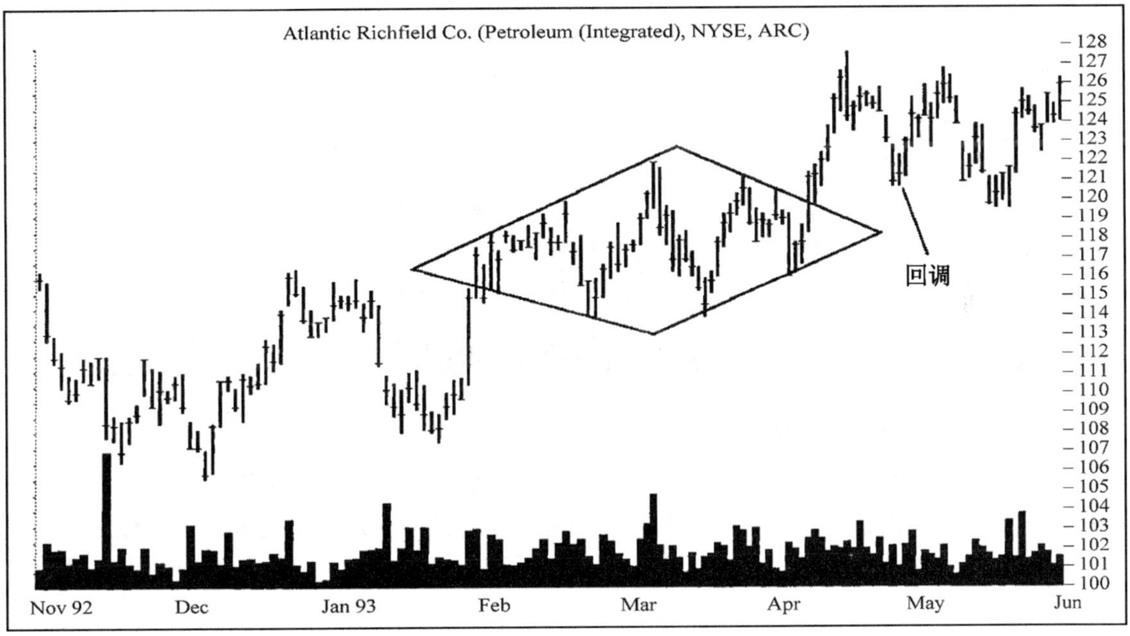

图12.4 一个没有反转的钻石形顶部形态。

我原来预计股价会下跌，因为股价快速上升进入形态(1月下旬)，然后下跌，直到股价在约108美元的位置，即1月股价区间的低点找到支撑。正如你所看到的，接下来股价并没有突破向下，而是上升了。

这个钻石形态是否符合辨识指南的标准呢？股价从底部上升进入形态，所以形态前价格趋势规则是没有问题的。在沿着小高点和低点绘制趋势线后钻石形状变得清晰。用线性回归方法计算的结果表明，成交量趋势倾斜向下，符合规则要求。突破成交量很高，但是，再次说明，这一点不是规则要求必须满足的，只是一个观察。低成交量的突破也是允许的。简而言之，图12.4所示的钻石形顶部形态是符合标准的。随着股价向上突破，我将会检查股价上行的上方阻力，但这个图没有显示这些内容。股票周线图能帮助投资者看清情况，并能让投资者估计可能的涨幅(假设价格停止在上方阻力位置)。

关注形态失败

图12.5所示为一个典型的失败的钻石形顶部形态。钻石形态可能形状不对称，看起来有些奇怪，那它有没有资格作为一个有效的钻石形态呢？是的。价格趋势上升进入形态，在趋势线上有大量的接触点，以及成交量左高右低，所有这些，都是正确选择的钻石形顶部形态的因素。然而，突破成交量却是温和的，远远没有达到突破日前三天的高度。

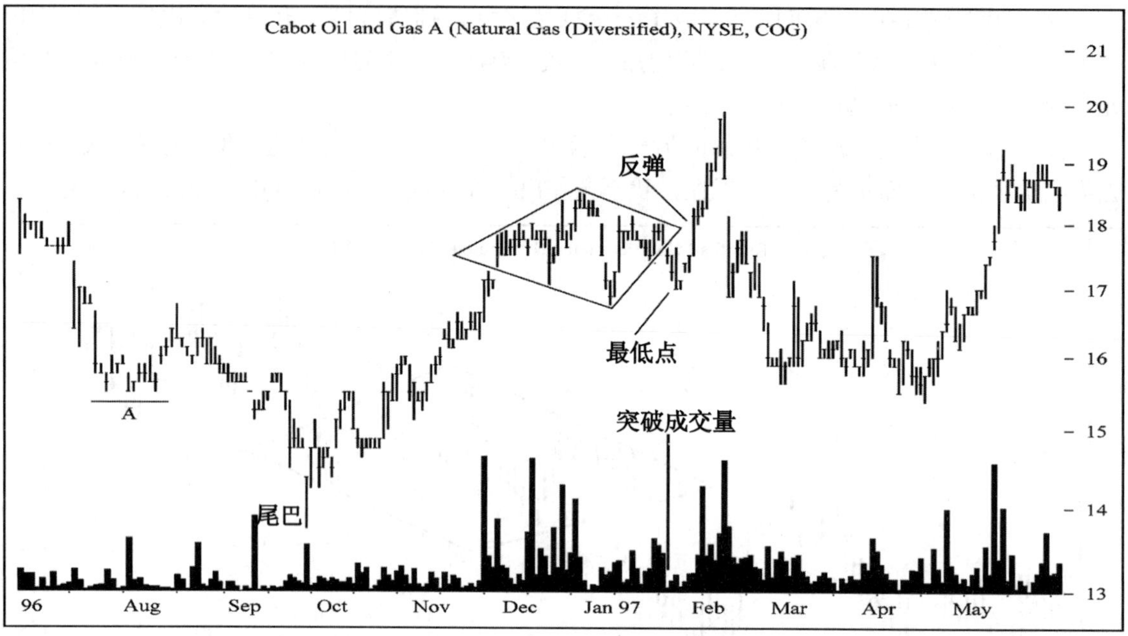

图12.5　一个有效的钻石形顶部形态会向下突破，但由于下方的支撑，价格无法下跌太深。

低的突破日成交量是突破后价格未能下跌(仅下跌3%)的原因吗？也许是的。巨量突破会使投资者增强看跌的信心，也许还会阻止反弹。我注意到，巨量向下突破后的股价出现反弹的情况比轻量突破的少。这个在直觉上也说得通，因为巨量向下突破比轻量突破更容易将股价推得更低。

也许这个形态失败的关键和其他许多形态失败一样：钻石形态下方的支撑区域使得下跌停止。在周线图上(图12.5不显示)，支撑区域出现在　1996年8月、1996年2月以及1995年5月，所有的股价峰值都在17美元左右。加上看涨的总体市场行情，上升的海浪抬高了所有的船只，也阻止了这一艘船的沉没。

根据这个股票图，如果是我进行交易，我会把7月的支撑区域(点A)作为一个警告标志。这将是我的猜测股价下跌后达到的目标位置。事实上，股价在次年4月就在这一水平停止下跌，但那已经是形态失败之后好长时间了。

如果点A处15.50美元的支撑区域被击穿，我预计股价在9月的低点后还会继续下降。为了安全起见，也许14.50美元(高于9月的尾巴，因为你不想将目标价格设置在一个异常峰值之下)的目标价格更实际。

我的空仓将会在前一个小高点(图12.5中“反弹”一词所指的位置附近)被一个止损指令平仓了结。

为什么形态会失败？谁知道呢？它们就是失败了。使用止损指令来保护你的投资，同时使用保守的目标价格。

统计数据

表12.2所示为钻石形顶部形态的综合统计数据。

表12.2　综合统计

描述	牛市 向上突破	熊市 向上突破	牛市 向下突破	熊市 向下突破
形态数量	88	28	203	56
反转(R)、持续(C)数量	88C	28C	203R	56R
平均涨/跌幅	27%	33%	-21%	-24%
涨/跌幅超过45%(数量或占比)	24或27%	6或21%	11或5%	3或5%
趋势结束后涨/跌幅	-29%	-34%	47%	47%
形态失败后涨/跌幅	26%[a]	28%[a]	-19%[a]	N/A
标准普尔500指数的变化	7%	-1%	-1%	-9%
到达最高/低点的天数	81	66	52	43

注：(-)负号表示下跌；N/A表示不适用；[a]表示样本小于30个。

形态数量　我搜遍了我的三个数据库，发掘足够的钻石形态，使统计数据表有价值。除了牛市向下突破，我不能确定我是成功的。不过，我的挖掘发现了375个钻石形顶部形态。大多数出现在牛市(因为牛市是最长的)，向下突破的形态比向上突破的形态更多。我使用的数据包括从1991年中期到1996年中期的500只股票，以及在1999年至2003年期间熊市的200只股票，另外的样本来自这两个范围之间的时间段。

反转或持续　由于股价是从底部上升后进入顶部形态的，大多数钻石形顶部形态表现为对形态前价格趋势的反转。这些作为反转的顶部形态就是有向下突破的那些。向上突破的钻石形顶部形态作为形态前价格趋势的持续。

平均涨幅或跌幅　向上突破的钻石形态表现不好，但向下突破表现不错，达到或超过所有其他形态类型的平均跌幅。

涨幅或跌幅超过45%　股价在突破形态之后表现有多好呢？向上突破形态的数据相当合理，但向下突破形态的数据却不然。不过，大幅下跌是不常见的，所以不要对这样糟糕的表现感到惊慌。

趋势结束后的变化　当价格达到最高或最低点时，会发生什么？在这里这种形态再一次表现糟糕。在达到最低点后，价格反弹的涨幅是47%。这一数字听起来可能很棒，但相比那些涨幅达60%的形态来说，就不怎么样了。在向上突破达到最高点后，股价的下跌幅度在29%～34%之间。这还算挺好。

失败形态的表现　失败的形态是指那些在突破后价格波动不到5%的情况。熊市向下突破的钻石形态没有任何这样的形态。其他三种情况下出现的失败形态表现都不佳，而且样本数量也很小。

标准普尔500指数的变化　这些数据表明，如果你购买了指数中的股票，而不是完美地交易钻石形态，你的收益将会有多好？这些数据也所示为市场总体环境对突破钻石形态后的股价平均涨幅或跌幅的影响。指数的大幅上涨(牛市)有助于形态股价的上涨，而指数的下跌(熊市)则会使形态股价的价格跌得更低。

到达最高点或最低点的天数　股价突破后达到最高点或最低点需要多长时间？它的范围在43～81天之间，或者大约6～11个星期。请注意，熊市中股价下跌的速度比牛市中股价上涨的速度快。

表12.3所示为钻石形顶部形态在不同的突破方向和市场条件下的失败比率。我敢肯定，你的眼睛首先看到熊市向上突破0%的失败比率。向下看那一列的底部，我只发现了28个形态。当然，在熊市中，向下突破比向上突破更有可能发生，正如样本规模所证实的(我在熊市中发现了56个向下突破的形态)。

表12.3　失败形态数量或概率

股价最大 涨/跌幅(%)	牛市 向上突破	熊市 向上突破	牛市 向下突破	熊市 向下突破
5（保本点）	9 或 10%	0 或 0%	13 或 6%	2 或 4%
10	24 或 27%	3 或 11%	45 或 22%	8 或 14%
15	34 或 39%	5 或 18%	69 或 34%	14 或 25%
20	40 或 45%	10 或 36%	106 或 52%	24 或 43%
25	48 或 55%	12 或 43%	136 或 67%	38 或 68%
30	55 或 63%	16 或 57%	155 或 76%	43 或 77%
35	61 或 69%	18 或 64%	171 或 84%	49 或 88%
50	70 或 80%	23 或 82%	197 或 97%	56 或 100%
75	80 或 91%	26 或 93%	203 或 100%	56 或 100%
＞75	88 或 100%	28 或 100%	203 或 100%	56 或 100%

对于股价突破后小幅的波动，向下突破的钻石形态表现最好。它们的失败比率最低(排除低样本量的熊市向上突破形态)。这种情况到了波动大于20%以后就发生了变化。对于大波动，牛市中的向上突破形态显示更小的失败比率。

你要如何理解这些数字呢？表12.3所示为你选择的形态股价无法上升或下跌到指定位置的可能性。例如，在牛市中，10%的上升突破钻石形态无法上升到5%以上，27%无法上涨10%。同样，牛市中向下突破的形态有6%下跌不会在5%以上。

表12.4所示为与突破及突破后相关的统计数据。

表12.4　突破与突破后股价表现统计

描述	牛市 向上突破	熊市 向上突破[a]	牛市 向下突破	熊市 向下突破
从形态结束到突破	3天	2天	3天	3天
突破在年度价格区间低(L)、中(C)、高(H)各区域分布的百分比	L7%,C26%,H67%	L18%,C36%,H46%	L9%,C26%,H65%	L11%,C38%,H51%
形态在年度价格区间低(L)、中(C)、高(H)各区域突破后的涨/跌幅	L25%[a],C31%[a],H22%	L54%,C21%,H36%	L22%[a],C22%,H20%	L19%[a],C16%[a],H29%[a]
回调/反弹概率	59%	54%	57%	57%
回调/反弹期间	9天	13天	12天	11天
出现回调/反弹形态的平均涨/跌幅	23%	30%	19%	18%
未出现回调/反弹形态的平均涨/跌幅	34%	35%	24%	30%[a]
出现突破缺口形态的表现	16%[a]	32%	20%	19%[a]
未出现突破缺口形态的表现	29%	36%	22%	27%
缺口平均金额(美元)	0.40	0.91	0.63	0.53

注：(-)负号表示下跌；[a]表示样本小于30个。

从形态结束到突破 突破出现延迟是由于我的软件绘制钻石的方式。数字都可以忽略。

年度位置 在年度价格区间的哪个位置股价最经常发生突破？这张统计表显示，大多数钻石形态在年度价格区间的高位附近突破。毕竟，我们谈论的是钻石形顶部形态，而不是底部形态。

年度位置及表现 将突破后的股价表现映射到年度价格区间图中，我们发现多种不同的结果。牛市里的形态突破位置在年度价格区间中部，其突破后股价表现更好。熊市的样本太少，数据无法使用。向上突破的形态股价在年度价格区间低位附近突破的，其突破后股价表现更好。而向下突破的形态突破位置在年度价格区间高位附近的，其突破后股价表现更好。

回调和反弹 股价出现回调(向上突破)或反弹(向下突破)到钻石形态的趋势线边界或突破价格的概率有多大？回答：大约50%的概率。

股价走完回调或反弹所需的时间介于9～13天之间。如表12.4所示，当出现回调或反弹时，股价表现会受到影响。因此，选择表现更好的形态的关键是在投资前找到形态的下方支撑或上方阻力。附近的支撑或阻力可能会阻止股价下跌或上涨。

缺口 总体而言，缺口损害突破后股价的表现。这里的缺口指是价格发生在股价收于形态边界之外当天的价格缺口(突破日)。根据市场情况和突破方向，缺口平均大小从0.40～0.91美元不等。其他形态都是向下突破的缺口更大，而钻石形态缺口较大的出现在熊市向上突破的形态，这可能是因为小样本量的原因造成的。

表12.5所示为股价突破后到达最高点或最低点天数的频次分布。注意在前几周内有多少个钻石形态达到了股价的最高点或最低点。例如，在熊市中，55%(23%+11%+14%+7%=55%)向下突破的钻石形态在第一个月就见底。在表格的另一端，13%形态在70天后仍在寻找最终的底部。

表12.5 到达最高点或最低点天数的频次分布

天数	7	14	21	28	35	42	49	56	63	70	>70
熊市,向上突破	14%	11%	7%	7%	11%	7%	7%	4%	0%	0%	32%
牛市,向上突破	18%	9%	10%	10%	3%	6%	2%	0%	2%	1%	38%
熊市,向下突破	23%	11%	14%	7%	4%	14%	2%	4%	7%	2%	13%
牛市,向下突破	18%	11%	6%	10%	6%	8%	5%	3%	2%	4%	27%

还要注意一个月左右数据的轻微波动。在熊市中，11%向上突破的钻石形态在35天后就出现峰顶。再往下看，在熊市中，14%向下突破的钻石形态在42天左右见底。事实上，在35天或42天，所有形态的频次分布数据都出现了轻微的上升。这一发现表明，突破后一个月股价出现或疲软(向上突破)或强劲(向下突破)。记住这一点，因为到那个时候你可能需要了结持仓离场。

表12.6所示为与形态面积大小相关的统计数据。

高度 虽然熊市的那一列的样本很少，但趋势是明显的：大多数高形态表现得比低形态好。要确定一个形态是低还是高，计算从形态最高点到形态最低点的差，差值为钻石形态高度，然后除以突破价格(在那里股价穿透钻石形态边界)。如果结果大于表中显示的中值，则表示你有一个高形态；小于中值，则形态是低形态。

宽度 大多数情况下，除了在熊市中有向上突破的钻石形态之外，窄的形态比宽的形态表现更好。在所有情况下，我都用长度中值作为窄形态和宽形态之间的分割点。

表12.6　形态面积大小统计

描述	牛市 向上突破	熊市 向上突破[a]	牛市 向下突破	熊市 向下突破[a]
高形态表现	27%	37%	-26%	-28%
低形态表现	27%	29%	-18%	-18%
高度中值(与突破价格百分比)	12.43%	17.18%	10.70%	16.33%
窄形态表现	29%	29%	-22%	-24%
宽形态表现	26%	36%	-21%	-23%
长度中值	37天	40天	36天	32天
形态平均长度	46天	54天	48天	47天
低窄组合形态表现	31%	33%	-18%	-21%
低宽组合形态表现	22%[a]	18%	-17%	-13%
高宽组合形态表现	29%	42%	-25%	-27%
高窄组合形态表现	24%[a]	16%	-28%	-28%

注：(-)负号表示下跌；[a]表示样本小于30个。

形态平均长度　平均的钻石形态有多长呢？它从46～54天不等，仅仅不到2个月。由于这是一个平均值，不同的形态长度将有所不同。

高度和宽度的组合　如表12.6所示，没有哪种组合比其他组合的形态表现得更好。然而，大多数情况下，低而宽的形态表现比其他组合更差。

表12.7所示为与形态期间成交量相关的统计数据。

表12.7　形态期间成交量统计

描述	牛市 向上突破	熊市 向上突破[a]	牛市 向下突破	熊市 向下突破
上升成交量趋势表现	30%[a]	31%	-21%	-23%[a]
下降成交量趋势表现	25%	33%	-21%	-24%
U形成交量形态表现	25%[a]	43%	-22%	-22%[a]
半圆形成交量形态表现	27%	30%	-22%	-27%[a]
既非U形又非半圆形成交量形态表现	30%[a]	19%	-19%	-19%[a]
巨量突破表现	27%	28%	-21%	-23%
轻量突破表现	27%	48%	-22%	-24%[a]

注：(-)负号表示下跌；[a]表示样本小于30个。

成交量趋势　熊市中的钻石形态在交易量呈下降趋势时表现最好。牛市中不同的成交量趋势要么影响突破后股价表现，要么成交量呈上升趋势的形态表现更好。

成交量形状　钻石形态在各种成交量形状中的表现没有一致性的趋势。这可能是由于样本量小。然而，具有随机成交量形状(既不是U形也不是半圆形)的钻石形态表现比其他三列都差，所以投资时要选择成交量呈U形或半圆形状的钻石形态。

突破成交量　奇怪的是，具有轻量突破的钻石形态大多数表现得比那些有巨量突破的钻石形态好(在牛市中向上突破的钻石形态除外)。许多数字或是接近的或样本量小，因此不要依赖这些数据。

交易策略

表12.8所示为钻石形顶部形态的交易策略。

表12.8　交易策略

交易策略	解释
测算规则	将形态最高点减去最低点计算出形态高度。对于向下突破，目标价格为形态高度减去股价突破钻石形态边界的位置之差。对于上行突破，突破价格加上差额等于股价上行的目标价格。对于向下突破，股价通常会回调到它们开始的位置，快速上行前的位置就是下行的目标价格
等待突破	为取得最佳投资效果，在进行交易前，等待股价收于钻石形态趋势线外
风险／报酬	在进行交易之前，寻找支撑(风险)和阻力(报酬)区域。这些区域是股价趋势可能暂停甚至停止的地方。从当前收盘价(突破之前)计算支撑或阻力区域和当前价格之间的差额。两者的比率必须足够令人心动，足以冒风险进行交易

测算规则　使用测算规则来预测目标价格。请考虑图12.6，这是一个钻石形顶部形态。通过计算形态的高点(在这个例子中是点A处，股价为43.85美元)和低点(点B，38.08美元)之差，差值为形态高度，然后将差值5.77美元(43.85-38.08)与突破价格(点C，41.85美元，价格穿透钻石形态边界的点)相加，结果为目标价格47.62美元(5.77+41.85)。股价达到目标价格的概率为69%～79%。具体数据请参阅统计简报(“实现目标价格的概率”)。在这个例子中，钻石形态突破后的股价远远没有达到目标价格。

然而，有一种替代方法有时会取得更准确的结果。该方法包括查看股价图，看看是否有东西可以反转。我的意思是，钻石形态有时是在股价快速上涨后形成的，反转通常会抹去这些快速上涨的收益，股价会退回到上涨前的位置。

等待突破　在交易像钻石形态这样的技术形态时，等待突破总是最安全的做法。如果你不等待突破，你可能会面临类似于图12.4所示的情况。股价不是反转，而是持续原来的趋势，投资者如果在突破之前做空，将会遭受亏损。

风险/报酬　在进行交易之前，考虑风险/报酬比例。实质上，您首先要确定支撑和阻力区域，并计算这些区域和当前价格之间的差。如果风险/报酬比例为1:2或更高，这时冒险交易是值得的。由于比例较小，风险可能过高，那样就不要进行交易。

交易故事

图12.6所示为洛伦佐交易的一个钻石形顶部形态。他第一次注意到这个钻石形态是在形态形成了好长时间之后，确切地说，是在股价回调时。回调的挂钩形态引起了他的注意，他搜索了附近的股价形态。在这个时候，他看到了一个钻石形顶部形态，但它是一颗钻石还是一颗锆石？

洛伦佐检查了辨识指南，发现股价是上升进入形态的，验证了这是一个顶部形态。钻石形状，虽然向一边倾斜，但每一个钻石边界(趋势线)都有足够数量的接触点。成交量从形态的中间位置开始减少直到形态的最后，所以成交量有一个向下的趋势。事实上，整个成交量形状呈半圆形。在牛市中，半圆形成交量趋势的向上突破钻石形态是一个不错的投资选择(不是最好的，也不是最坏的；见表12.7)。

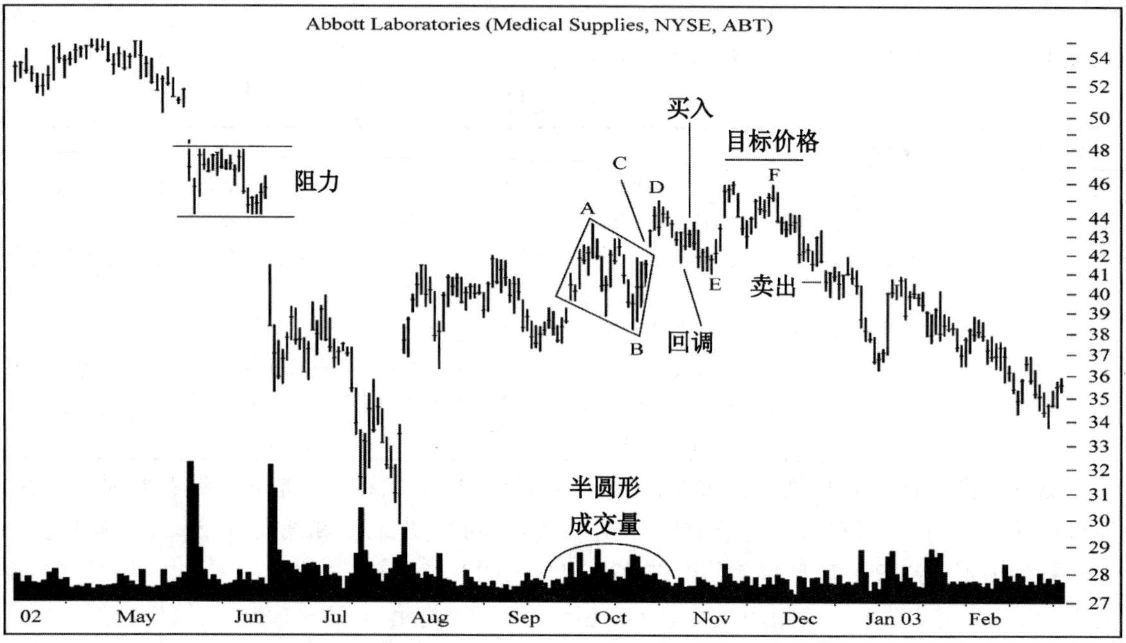

图12.6　成交量呈半圆形状的钻石形顶部形态。要计算目标价格，先计算形态高度(A-B)，将其加上突破价格点C，结果就是目标价格。

突破成交量很高，但也没有值得炫耀的，因为这远远低于前几天的成交量。股价有缺口向上，暗示着投资者的购买热情高涨。然而，他知道，出现突破日缺口的钻石形态股价在突破后的表现不如那些没有缺口的钻石形态好。这使他紧张。

由于突破是向上的，他检查了上方阻力，看到那个5月的长岛形态。股价尝试突破点D区域，结果导致了回调。不过，他知道，价格最终会刺穿这样的阻力区，也许需要经过多次尝试才能突破。

他用从突破价格中推算出的钻石形态高度计算出目标价格，他发现目标价格位于阻力区域末端的高点。因此，看起来股价很可能会在那里回调。这意味着为了获得最大利润，要密切关注股价变化，在股价接近目标价格时卖出。另外，如果股价下跌，他将在低于钻石形态底部(点B)上方止损出局。

在股价回调并补了突破缺口后两天，他买入股票，买入价43美元。在随后的日子里，股价下跌了。从经验中他知道，他的许多交易要么立即成功，要么立即失败。这个交易看起来好像会造成损失。他把止损指令放在37.93美元处，这个数低于38美元的整数支撑，也刚好低于钻石形态底部。

股价上涨。当股价收高于前一个的小高点，点D，他提高了他的止损点到附近的小低点E下方。价格持续上涨两天，然后回调，之后试图冲击另一个高峰(点F)，然后开始了一个漫长的下跌。

凭经验洛伦佐知道，股价冲击新高(点F)的失败是一个看跌的信号，但他希望价格会反弹。股价没有反弹，相反地，股价跳空缺口下跌，引发了他的止损指令。他的这只股票在40.98美元被卖出，损失了5%。

他犯了什么错误呢？因为形态上头的阻力，我是不会进行这种交易的。由于市场上的更有希望的形态股票很多，为什么要选择这种高风险且潜在收益有限的股票进行交易呢？值得肯定的是，他用了止损指令，并在价格攀升时抬高了止损点。最终，这个止损指令使他在出现小损失时止损出局，避免了更大的损失。当一个交易转坏时，这就是止损点能做的事情，它不能让你的利润增加，但能让你的损失减少。

交易秘籍

下面的列表包含交易这种形态的提示和观测结果，以帮助你选择表现更好的形态，更多的信息，请参阅相关的表格。

- 使用辨识指南正确识别形态。见表12.1。
- 向下突破最经常发生而且股价向下突破后的表现很好。见表12.2。
- 向下突破的形态在小跌幅时失败比率最低。在更大涨幅上，向上突破形态的失败比率更小。见表12.3。
- 回调和反弹损害突破后股价的表现。避免交易那些附近有支撑和阻力区域的形态。见表12.4。
- 突破日缺口意味着股价突破后表现不佳。见表12.4。
- 预计在突破后一个月左右会有趋势变化。见表12.5。
- 高形态通常比低形态表现得更好。见表12.6。
- 避免交易低而且宽的钻石形态。见表12.6。
- 选择具有轻量突破的形态。见表12.7。

第十三章　双底形态之亚当和亚当形态
Double Bottoms, Adam & Adam

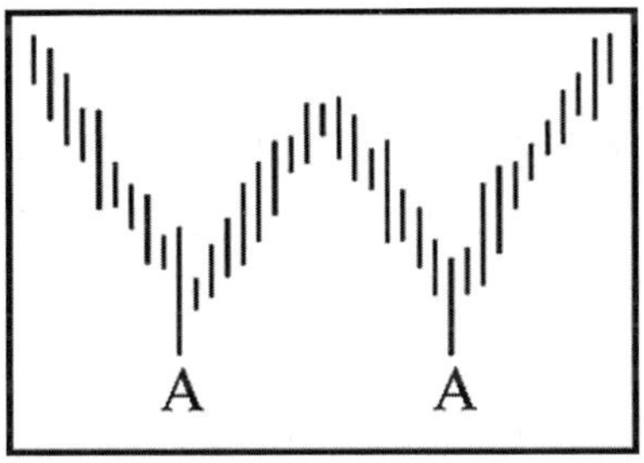

统计简报

向上突破

形状	狭窄或高跷的双底形态。突破方向向上。	
反转或持续	短期反转，行情看涨。	
	牛市	**熊市**
表现排名	10/23	10/19
保本失败概率	5%	7%
平均涨幅	35%	24%
趋势结束后的变化	-33%	-32%
成交量趋势	向下	向下
回调概率	64%	61%
实现目标价格概率	66%	48%
意外发现	回调损害突破后股价表现；高形态比低形态表现好；右底较左底低、成交量呈下降趋势、成交量形状呈半圆形、巨量突破以及左底成交量比右底大，这些情形均可提高形态表现。	
参见	双底之亚当和夏娃形态；双底之夏娃和亚当形态；双底之夏娃和夏娃形态。	

本章是关于双底形态的四章(第十三章至第十六章)中的第一章，这四章讨论不同的双底形状。亚当和亚当的双底让我想起了一个踩高跷的人：那狭窄的腿也许是用高跷做成的，它们踏在价位相近的位置上。

统计简报所示为关于这个形态的重要数据。亚当和亚当双底形态有体面的失败比率以及中等水平的平均涨幅。三个形态大约有两个形态会发生回调，所以你可以在股价回调时增加你的仓位或建新仓交易。意外发现中多数与成交量有关。我将在统计数据部分讨论所有这些问题。

导入

图13.1所示为亚当和亚当双底形态的第一个例子。由于我们讨论的是底部形态，这种形态形成于股价下跌趋势的末端。不过，这种形态也可以出现在三浪上升形态的修正阶段。注意：这种形态经常出现两个下跌的价格尖峰(底部)，它们下跌的幅度远远低于周围的价格低点，而且，它们都是在几乎相同的水平停止下跌。两个底部之间的波峰不一定是圆弧形状的，有时候，这个波峰是不规则形状的。例如，在这个例子中，左边底部的成交量比右边的高，成交量从左底到右底呈逐渐减少的趋势，和右底之后的成交量趋势连在一起，形成一个U形的成交量形状。

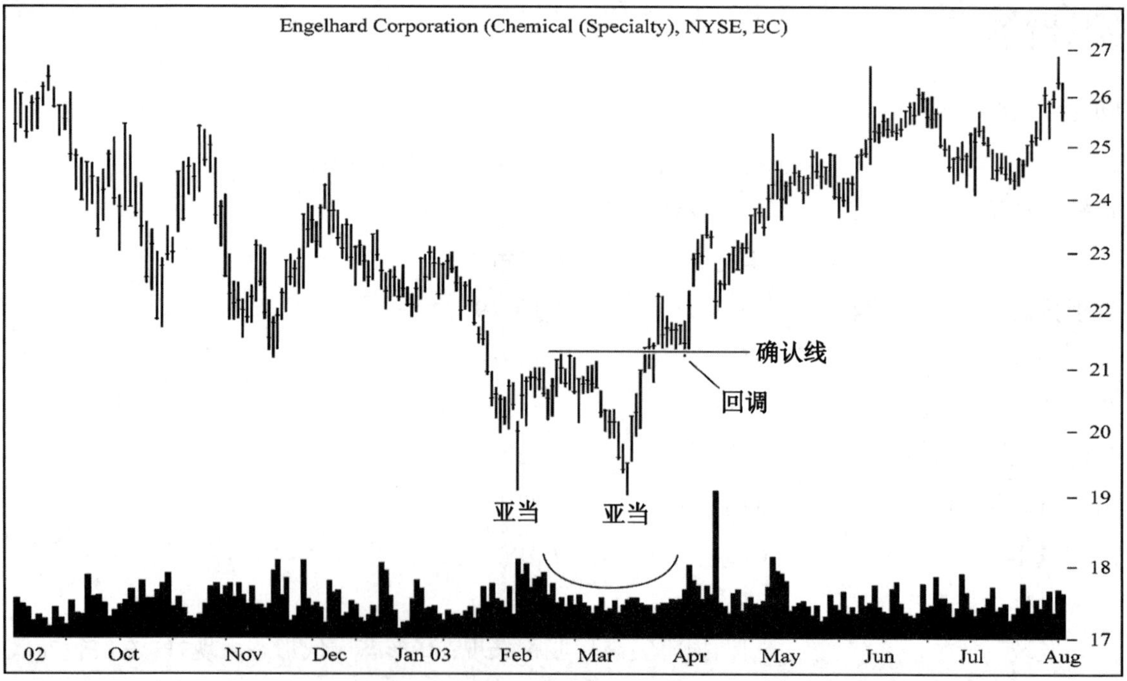

图13.1 这是一个有两个高跷底部的亚当和亚当双底形态。成交量在左底比在右底更大，成交量形状呈U形。

确认线在形态的最高点。直到股价收于确认线上方，这个双底才是一个有效的双底形态。这一确认也是形态的突破和投资者进行交易的时机。但是，在交易之前，你需要检查辨识指南，以确保你选择的形态是一个好形态。

辨识指南

双底形态是一种比较容易识别的形态，我已经扩展了这种形态的识别特征(见表13.1)，并使识别建议更加具体。

表13.1　辨识指南

特征	讨论
下跌的价格趋势	价格趋势向下进入双底形态，且趋势价格不应低于形态的左底
底部形状	底部呈狭窄的V形，有时由一根长的单日反转尖峰组成
底部峰谷涨幅	在两个底部之间，从最低的谷底到最高的峰顶相距至少10%。相距越高的形态表现越好
底部最低价格	底部之间的价格差别小。表现最好的形态是差别在2%～5%之间的形态
底部间距	底部之间至少要间隔几个星期。间隔3～6个星期的形态表现最好。间隔超过8个星期的形态表现恶化
股价从右底上涨后	价格必须收于确认点之上，且股价从右底上涨后不出现低于右底的下跌
底部成交量	通常在左底的比在右底的高
确认价格	两个底部之间的最高点。股价收于确认点上方的就是突破，同时确认形态为有效的双底形态

下跌的价格趋势　查看进入形态时的向下价格趋势。在我的《交易经典形态》一书中，有一项研究表明，进入形态前的股价趋势时间不足6个月的，对形态表现会有提升。大部分(58%)情况下，形态之前的股价向下趋势是短期(0～3个月)的。

底部形状　每个底部的形状看起来应该相似。这意味着两者看起来都应该是狭窄的，而不是一个宽、一个狭窄，可能会有一个长长的向下的尖峰或尾巴。要测量其宽度，请查看底部的顶部。我知道这听起来可能让人迷惑，但是向下的尖峰的顶部会比尾部更宽(夏娃底部将显得比亚当底部更圆润、更宽)。

当判断底部形状时，问自己，底部看起来是相同的还是不同的？如果它们看起来是一样的，那么这就是亚当和亚当底部或夏娃和夏娃底部。狭窄的底部象征亚当的特点，宽底象征夏娃的特点。

底部之间的涨幅　寻找这对孪生底部之间的涨幅至少10%的形态。底部之间的涨幅是指从两个底部之中的最低点与底部之间的最高点的距离。图13.2所示为一个亚当和亚当双底形态。该形态有两个狭窄的底部，两者都有尖峰(左长于右)，左底成交量比右底更高。AB双底(图中左上)可能看起来像一个双底，但从点A到点C的涨幅是4%，上升不够高，不是一个真正的双底形态。10%上升，这个数字是我随意定的，但我后面会证明，这个数字越高，股价表现越好(即：高形态表现优于低形态)。

底部最低价格　从左底的最低点到右底的最低点，价格的变化应该是小的。例如，在图13.2中，不要尝试把右底和点D划分为双底形态，因为点D的股价和右底的股价不足够接近，不足以将其定义为有效底部。

在收集了亚当和亚当底部形态的统计数据后，我发现表现最好的形态来自底部最低点之间价格变化介于2%～5%之间的底部形态。右底较低的形态其股价在突破后会表现得更好。

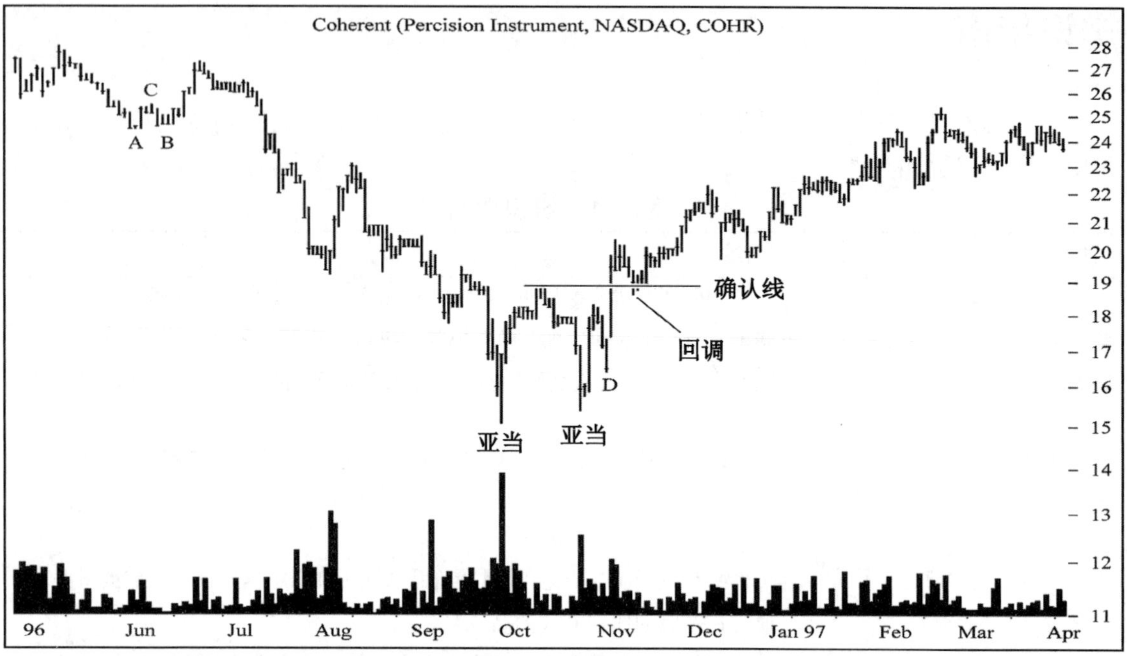

图13.2　一个出现回调的亚当和亚当双底形态。形态AB(左上)不是双底形态，因为点A上升到C涨幅不够高。

底部间距　底部之间应该相隔多远？一些人说，底部之间必须至少有1个月的间隔，但我没有设置这样的限制。我的规定是，双底都应该是明显区分的小低点，而不是同一价格拥塞形态的一部分。我发现两底之间最好的间距是3～6个星期。间距超过8个星期的双底形态其股价表现变差。我计算两个尖峰最低点之间的距离作为底部间距(这也标志着一个亚当和亚当底部形态的开始和结束)。

股价从右底上涨后　在双底形态股价下跌形成第二个峰谷之后，股价需要时间上升以便确认。你需要避免的是股价再次下跌形成第三个底部。与前两个价格位置相近的另一底部将形态成为三重底形态(但你仍需等待确认)。我删除任何第三个底部下跌低于其他两个底部的形态(这种形态不是三重底形态，价格位置也没有确认是亚当和亚当双底形态)。

底部成交量　左底通常出现较高的成交量。然而，如果右底的成交量较高，也不应被排除在这种形态之外。图13.1和图13.2都显示左底的成交量高于右底。后面我们将看到左底成交量更高的亚当和亚当双底形态表现更好。

确认价格　在股价收于两个底部之间的高度之上之前，不能确认双底为有效的双底形态。在投资一只股票之前，一定要等待确认，因为股价持续形态前下跌趋势的概率达64%，而且这还是在牛市！

图13.3所示为两个双底形态的例子。在这两个例子中，进入形态的价格趋势是向下的，符合要求。底部有单日反转的尖峰，所有的底部都是V形的，不是圆形的。最低点到确认线的涨幅分别是24%和17%。

每一个底部的价格都足够接近对方，它们看起来像底部形态，而不是上升的阶梯。两个底部之间的时间间距分别为3个星期和2个星期。股价以快速的方式上升到确认点，在短短几天内收于最高点。

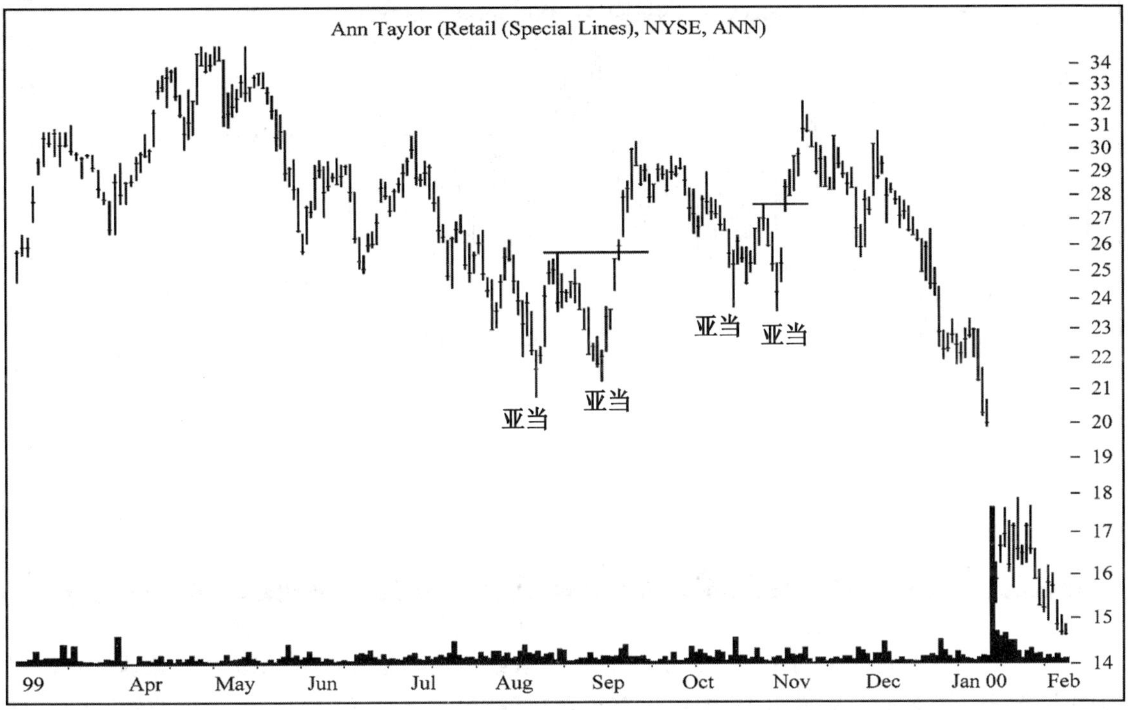

图13.3　两个亚当和亚当双底形态。水平线是确认线。股价收于线上意味着形态是一个真正的亚当和亚当双底形态。

成交量形态起伏不大，包括突破成交量。在这两个例子中，左底的成交量比右底的高。突破成交量略高于30天平均水平，该成交量被归类为巨量突破。因此，图13.3所示的两种形态都是有效的双底形态。然而，在突破之后，股价仅分别上涨了18%和16%。那我们怎样区别表现突出的形态和表现平庸的形态呢？

关注形态失败

图13.4所示为一个典型的失败的双底形态。这种形态形成在短期下跌的价格趋势之后，两个底部处在接近相同的价格水平。两个峰谷相隔29天，它们之间有17%的上涨。亚当和亚当双底形态在股价上升到确认线以上时得到确认。

突破后价格攀升仅2%。为什么这么低？第一个线索是，这个形态是在熊市，这里从来没有表现好的看涨形态。下跌的价格趋势从3月的峰顶开始，所以从峰顶到峰谷不到1个月的时间。在下跌之前，股价从2000年10月低点开始攀升。换言之，这个双底形态并不是作为形态前更长期的股价趋势的反转，而是持续。

如果你把目光延伸到这个图的左边，你会看到一长条的高点延伸到2000年5月。那条线代表了这个双底形态无法穿透的一个巨大阻力区域。一项对多元化天然气行业的其他公司的检查发现，同行业公司的股票大多数都在5月或6月见顶。那些股票也都在同一时间开始下跌。对同行业公司股票的检查表明，顶部形态占主导地位(双顶和三重顶)，发出了下跌趋势的信号。因此，精明的投资者是不会在这个时候投资这种股票的。

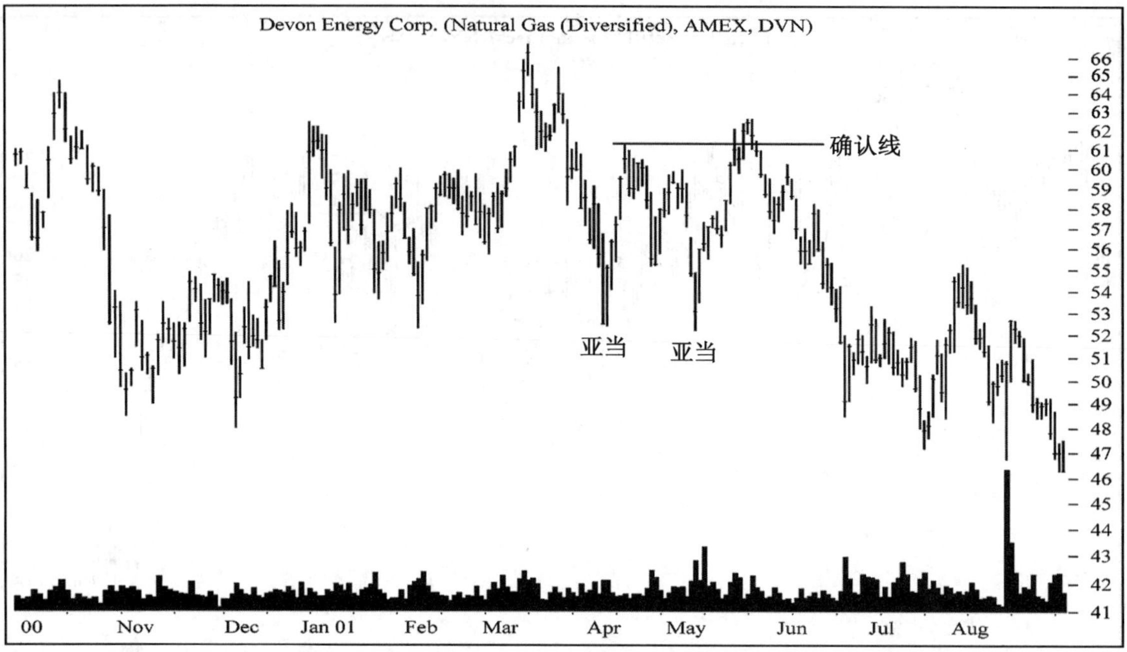

图13.4　第一类失败形态的例子。当股价收于确认线之上时亚当和亚当双底形态确认，但股价的上升很快停滞了。上方阻力(图中没有显示)可能已经发挥了作用，但同行业的其他股票也正在显示顶部形态。

图13.5所示为第二类失败形态的例子，这个也许你也看出来了。

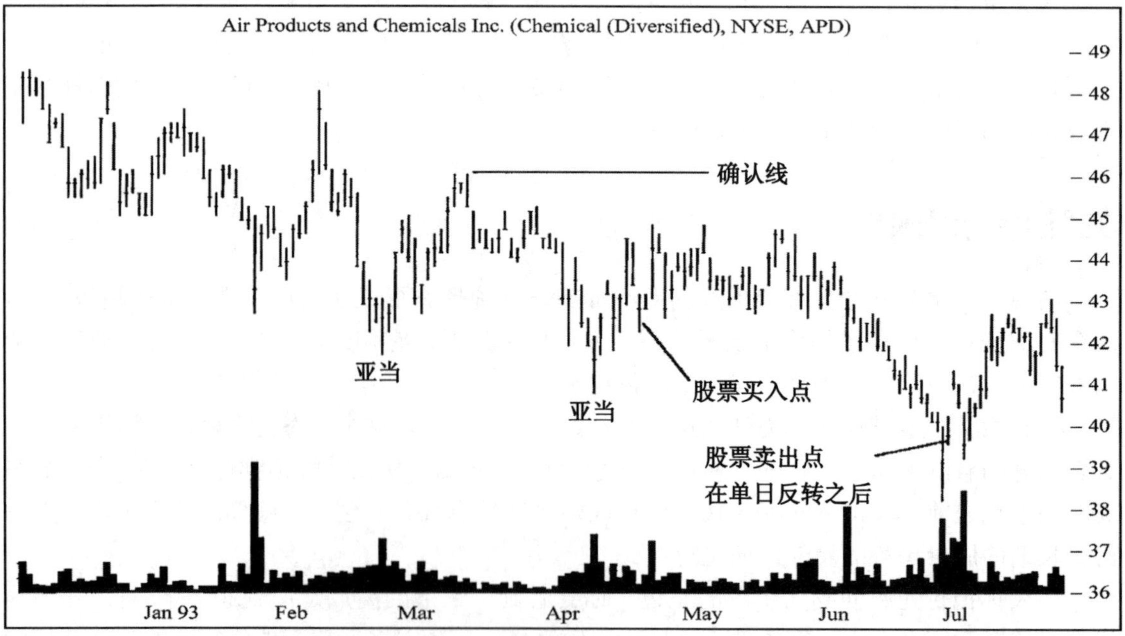

图13.5　第二类失败形态的例子。没有等待突破确认，泰德决定早一点介入双底形态，但最后却赔了钱。

泰德是一个有态度的投资新手，他看了看这张股票图，核对了辨识指南，认为这只股票正在形成一个双底形态。当股价在第二个底部之后上涨，泰德决定提前行动，在42.63美元处买入股票。他的理由是，所有迹象表明，股票已经完成了一个有效的双底形态。这样，为什么不在当前价格仍然低的时候买进，而要等待价格高于确认点(46.25美元)的时候再买进呢？泰德的观点提得好。泰德对股票的表现感到满意，这时候股价却开始掉头了。他现在应该以小利润卖出，还是应该冒着股价下跌的风险继续持股，等待更高的收益？这是一个反复出现的投资者困境。

他决定继续持有他的仓位。在5月，股票再次飙升，然后开始一个快速的下跌。泰德惊恐地看着他的利润消失，损失增大。最终，当股价出现向下尖峰时，他在第二天开盘时卖出股票，了结持仓。

他做错了什么？他没有等待突破确认。在进行交易之前，股价必须收盘高于确认点，否则你交易成功的概率就只有1/3。

统计数据

表13.2所示为亚当和亚当双底形态的综合统计数据。

表13.2　综合统计

描述	牛市 向上突破	熊市 向上突破
形态数量	206	75
反转(R)、持续(C)数量	206R	75R
平均涨幅	35%	24%
涨幅超过45%(数量或占比)	58或28%	11或15%
趋势结束后涨/跌幅	-33%	-32%
形态失败后涨/跌幅	-32%[a]	-35%[a]
标准普尔500指数的变化	16%	1%
到达最高点的天数	136	105

注：(-)负号表示下跌；[a]表示样本小于30个。

形态数量　我在500只股票中发现了281个亚当和亚当双底形态。这500只股票分布在从1991年中期到1996年中期和2000年到2004年，以及这两者之间的其他时段。

反转或持续　这个形态是一个向上突破的底部形态。因此，从定义来说，这个形态股价的所有行为都是向下价格趋势的反转。

平均涨幅　平均35%的上涨可能会符合你对牛市行情中看涨形态涨幅的期望。但熊市的24%涨幅让我吃惊，因为这个涨幅太低了，但它接近其他所有形态的平均值(25%)。

涨幅超过45%　这个形态的股价在突破后表现有多好呢？在牛市，该形态有超过1/4(28%)的股价突破后涨幅超过45%。熊市的形态也表现良好，15%的形态股价在突破后飙涨超过45%。

趋势结束后的变化　一旦股价在最高点见顶，那么会发生什么呢？股价见顶后下跌大约33%。在熊市中，股价见顶后下跌比原来的涨幅还要深。

对于熊市中的激进交易者，等待股价见顶后做空股票，任由股价下跌。当然，诀窍是在股价见顶之后买入空仓。你怎么知道股票什么时候会见顶？查看其他股票，特别是在同一个行业中股价突破后向下的顶部形态。强劲的市场下跌行情也有助于个股的下跌。或者，交易失败形态。

失败形态的表现 失败形态有良好的看跌表现，但样本很少。失败形态很容易被发现（如图13.4所示），因为股价突破形态之后，在下跌之前攀升不到5%。当你确信股价正在下跌，而不仅仅是正在完成一个回调，就做空股票。

标准普尔500指数的变化 标准普尔500指数在牛市和熊市分别上升至16%和1%。来自总体市场的强劲行情推动形态在牛市中的表现。

到达最高点的天数 股价突破形态后达到最高点需要多长时间？牛市行情中约需要4个月，熊市行情中约需要3个半月。

表13.3所示为亚当和亚当双底形态失败比率。亚当和亚当双底形态的保本失败概率是个位数。随着股价最大涨幅的提高，失败比率也随之增加。例如，5%的牛市形态在突破后上升不超过5%。约1/4(26%)的形态在牛市中的涨幅不到15%，35%的形态在熊市中涨幅不到15%。一半的形态在牛市中上涨略超25%后见顶，熊市中有一半的形态上涨20%后见顶。

表13.3 失败形态数量或比率

股价最大涨幅(%)	牛市	熊市
5(保本点)	11 或 5%	5 或 7%
10	36 或 17%	11 或 15%
15	54 或 26%	26 或 35%
20	77 或 37%	37 或 49%
25	93 或 45%	42 或 56%
30	110 或 53%	51 或 68%
35	128 或 62%	58 或 77%
50	155 或 75%	67 或 88%
75	180 或 87%	68 或 91%
＞75	206 或 100%	75 或 100%

也许最大的惊喜是失败比率上升的速度很快。在牛市中，从5%到17%，翻三倍。熊市中，从7%到15%，翻两倍，然后再翻一倍到35%，股价最大涨幅分别为5%、10%和15%。

这张统计表让你知道典型的双底形态是如何运行的。它还建议，你应该坚持在牛市交易双底形态(因为失败比率较低)。

表13.3的另一用途是检查测量规则的预测效果，这个问题稍后在交易策略部分讨论。假设测量规则预测熊市中某只股票将从10美元上涨到13美元，这是30%的涨幅。有多少形态至少会上涨那么多呢？32%的形态(平均来说，68%的形态将无法上涨这么高)。因此，看来预测的目标价格是太高了，你应该预计股价将会更快见顶。

表13.4所示为与突破及突破后相关的统计数据。

从形态结束到突破 平均而言，股价从右底的低位上升到突破点，只需要一个多月的时间。正如本章中的图例所显示的，右底的低位到突破点有的相距很宽。

年度位置 在年度价格区间内，亚当和亚当双底形态的突破最经常发生在哪里？对于牛市和熊市来说，年度价格区间的中间位置的突破是最为普通的。

表13.4　突破与突破后股价表现统计

描述	牛市	熊市
从形态结束到突破	38 天	35 天
突破在年度价格区间低(L)、中(C)、高(H)各区域分布的百分比	L32%,C43%,H25%	L32%,C35%,H33%
形态在年度价格区间低(L)、中(C)、高(H)各区域突破后的涨幅	L40%,C32%,H39%	L28%[a],C31%[a],H16%[a]
回调概率	64%	61%
回调期间	11 天	9 天
出现回调形态的平均涨幅	28%	23%
未出现回调形态的平均涨幅	44%	26%[a]
出现突破缺口形态的表现	45%	24%[a]
未出现突破缺口形态的表现	33%	24%
缺口平均金额(美元)	0.45	0.29

注：[a]表示样本小于30个。

年度位置及表现　在年度价格区间内，亚当和亚当双底形态股价在哪里突破时后市表现最好？答案取决于市场环境。在牛市，在年度价格区间附近的亚当和亚当双底形态后市表现最好。在熊市中，那些在中间位置突破的其股价突破后表现最好，但这一方面样本很少。

回调　每三个形态中几乎有两个形态会发生回调。这是一个高的回调率。因此，如果你错过投资一个双底形态，你可能有另一个机会，因为它很可能会回调。

从回调开始到回调结束的平均用时是9～11天。当亚当和亚当双底形态回调，突破后的股价表现会受到影响，所以一定要在交易前检查并避免形态的上方阻力。

缺口　突破日缺口有助于牛市中形态的表现，但在熊市中形态表现没有因此改善。通常，与牛市相比，熊市中的突破日缺口大小金额相对更大，但在这种形态中却不是如此，这可能是小样本量造成的。

表13.5所示为股价到达最高点需要运行天数的频次分布。许多形态在70天之后达到了最高点(其中牛市50%)。第一个星期见顶的形态不到20%。

表13.5　到达最高点天数的频次分布

天数	7	14	21	28	35	42	49	56	63	70	＞70
熊市	19%	7%	8%	7%	9%	1%	3%	3%	3%	4%	37%
牛市	14%	6%	4%	4%	5%	5%	2%	3%	4%	3%	50%

看看35天后会发生什么。在两个市场中，有更多的形态在这个时间见顶(熊市9%和牛市5%)。这一发现表明，在这段时间内，股价上涨略有疲软。因此，准备在股价突破形态后一个月结束你的交易。

表13.6所示为与形态面积大小相关的统计数据。

高度　高形态的股价在突破后表现比低形态的好吗？要使用这个发现，先计算从形态顶部的最高点到形态底部的最低点的形态高度，然后除以突破价格(形态顶部最高点)。将结果与表中显示的高度中值进行比较。结果高于中值，意味着你有一个高的形态；低于中值，你有一个低的形态。只交易高的形态，以便获得最佳的投资结果。

表13.6　形态面积大小统计

描述	牛市	熊市
高形态表现	39%	25%
低形态表现	33%	24%
高度中值(与突破价格百分比)	17.54%	19.27%
窄形态表现	35%	27%
宽形态表现	35%	22%
长度中值	37 天	25天
形态平均长度	52 天	48 天
低窄组合形态表现	37%	28%[a]
低宽组合形态表现	26%	18%[a]
高宽组合形态表现	45%	24%[a]
高窄组合形态表现	32%	26%[a]
小底部价格差异形态表现	34%	27%
大底部价格差异形态表现	36%	21%
价格差异中值	1.77%	1.64%
低左底形态表现	29%	23%
低右底形态表现	39%	26%

注：[a]表示样本小于30个。

宽度　窄的形态只在熊市中才会表现突出。牛市中形态的宽度对突破后股价的表现影响没有差异。我用表中的长度中值作为窄和宽形态之间的分割点。

形态平均长度　双底形态的平均长度略少于2个月。我用的是两个底部的最低点之间的时间距离。

高度和宽度的组合　高且宽的亚当和亚当双底形态在牛市中表现得更好。低而窄的亚当和亚当双底形态在熊市中表现良好，但样本规模较小。要避免低而宽的形态，因为它们表现最差。形态的表现指的是股价在突破形态之后的表现。

底部价格差异　我检查了一下，形态的两个底部的价格差异大(底部最低点之间)表现得更好还是那些差异小的表现得更好？结果是，在牛市中，双底价格差异大的形态表现得更好；而在熊市中，价格差异小的表现得更好。

低左底或低右底形态表现　当右底的价格比左底低时，形态倾向于表现得更出色，或者说是相当出色(牛市：涨幅39%比29%)。

表13.7所示为与成交量相关的统计数据。

成交量趋势　当成交量从左底到右底呈向下递减时，其股价在突破后的表现优于那些有呈上升趋势的形态。

成交量形状　最常见的成交量形状是U形(其次是半圆形，再次是随机形状)。将形态表现与那些具有不同成交量形状的形态进行配比，我们发现那些具有半圆形状成交量的形态表现得最好。表现最差的是那些成交量趋势呈随机形状的形态。

表13.7　形态期间成交量统计

描述	牛市	熊市
上升成交量趋势表现	30%	19%[a]
下降成交量趋势表现	38%	27%
U形成交量形态表现	33%	22%
半圆形成交量形态表现	43%	29%
既非U形又非半圆形成交量形态表现	23%[a]	18%[a]
巨量突破表现	36%	26%
轻量突破表现	31%	20%[a]
左底巨量形态表现	37%	27%
右底巨量形态表现	32%	21%[a]

注：[a]表示样本小于30个。

突破成交量　巨量突破会推动股价进一步上涨吗？我比较了月平均成交量(突破前)与突破日成交量，那些突破成交量比平均值大的形态比那些轻量突破的形态表现得更好。

底部成交量　我计算并比较了每个底部附近5天(最低点前2天和后2天)平均成交量，发现左底成交量比右底成交量更大的形态表现最好。

交易策略

表13.8所示为交易策略。

表13.8　交易策略

交易策略	解释
测算规则	计算双底中最高点与最低点之差，差值为形态高度，然后加最高点，得到的结果为目标价格
等待突破	始终等待确认(股价收盘在双底最高点之上)
顺势交易	为了提高你的成功概率，在牛市中交易这种看涨的形态
检查行业中的其他股票	在同一行业的其他股票是否出现了底部形态
回调	一旦价格在回调后开始反弹，开始建仓或增加你的仓位

测算规则　使用测算规则计算目标价格。在牛市中，有66%的形态股价在突破后达到目标价格，而在熊市只有48%的形态。

要找到目标价格，计算双底中最高顶部的最高点减去双底中最低底部的最低点，差值加上最高点，计算结果就是目标价格。例如，如图13.6所示，最高的高点是在20美元(即突破价格或确认线)，右底的最低点为15.50美元，将差值(4.50美元)加上最高的高点得到目标价格24.50美元。

等待突破　由于双底形态作为形态前价格趋势的反转时，还有64%的概率价格在形态后将继续下跌，而不是形成一个确认的双底形态，这就是为什么你应该等待突破(股价收于确认线之上，这个价格是两个底部的最高点)再进行投资。在突破之前买入是容易赔钱的。

顺势交易　由于这种形态在牛市中表现最好，应避免在熊市中进行交易这种形态。同时要看看基本面，看看股票是否有理由反转股价的跌势。

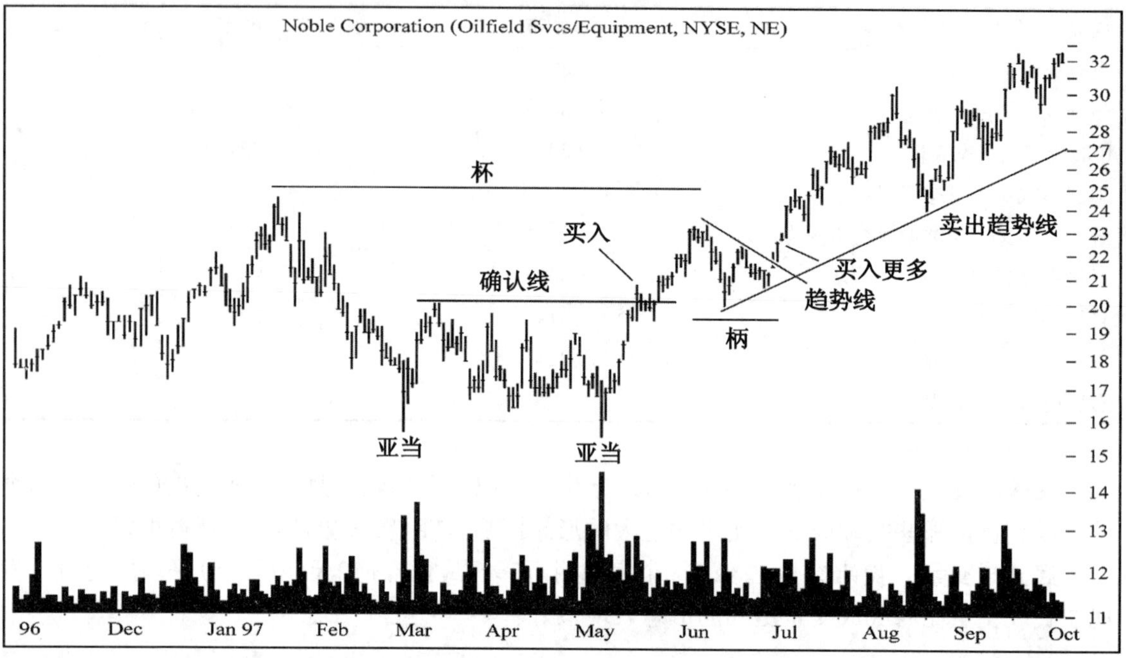

图13.6　兰迪交易的亚当和亚当双底形态。他以确认价格买入股票，当股价收于杯柄趋势线之上时，再次买入。在股价收于那条向上倾斜的长的卖出趋势线下方时卖出股票。

检查行业中的其他股票　同一行业的其他股票情况如何？如果它们所示为触底的迹象，那么双底形态就变得更加重要；如果其他股票继续下跌，那就避免交易双底形态。因为股票表现有可能无法达到预期。

回调　因为回调在牛市中发生的概率是64%，在熊市中是61%，你可以在股价回调里完成建仓或增加仓位。在投资之前，等待价格开始反弹，然后才买入。否则，回调可能会像图13.4所示那样把股价向下推。

交易故事

兰迪交易图13.6所示的股票，赚了一大笔钱。让我来告诉你他是怎么做到的。首先，他通过查看表13.1中列出的识别特征，将所选形态限定为真正的双底形态。简言之，在1995年2月开始的长期上升趋势之后，该股于1月初开始下跌。两个底部是狭窄的单日下跌反转的尖峰。双底之间的涨幅为29%；双底低点的价格差异是1%，双底相隔64天。奇怪的是，右底的成交量更高。他以确认价格为买入股票的价格，设置了买入指令。因此，他的买入价格为20美元，买入价格相当好。

这只股挣扎了一个星期左右，横盘运行，然后就升空了。价格一直上涨，直到7月初才开始回调。当价格穿透确认线20美元处时，回调变成了对双底颈线位的测试，价格再次上涨，然后回调，形成了一个杯柄形态的柄部。兰迪沿着杯柄画一条向下倾斜的趋势线，第二天，股价收盘高于趋势线，他在22.73美元买入更多股票。

他计算了双底形态的目标价格（24.50美元，见表13.8中的“测算规则”），当股价超过目标价格继续上行，他微笑了。然后，他沿着杯柄的轮廓画了一条向上倾斜的趋势线(图13.6中称为“卖出趋势线”)。他发誓，在股价收于卖出趋势线之下的次日他将卖出股票。股价在11月下旬(图中没有显示)收于卖出趋势线之下，他在32美元的位置卖出了股票。这个价格比高点38.19美元低很多，但他在这一次交易中盈利60%，其中41%来自杯柄形态。

交易秘籍

下面的列表包含交易这种形态的提示和观测结果，以帮助你选择表现更好的形态，更多的信息，请参阅相关的表格。

●检查辨识指南，以获得正确选择的形态及操作技巧。见表13.1。

●选择牛市形态，因为它们的平均涨幅最大。见13.2。

●牛市形态的失败比率最低。见表13.3。

●回调损害突破后股价的表现，所以要避开有上方阻力的形态。见表13.4。

●在股价突破形态后一个月留意价格疲软。见表13.5。

●选择高形态，避开那些既低又宽的形态。见表13.6。

●选择低右底的双底形态。见表13.6。

●选择成交量呈下降趋势和半圆形状的形态。见表13.7。

●突破巨量的形态表现好。见表13.7。

●左底巨量的形态表现突出。见表13.7。

第十四章　双底形态之亚当和夏娃形态
Double Bottoms, Adam & Eve

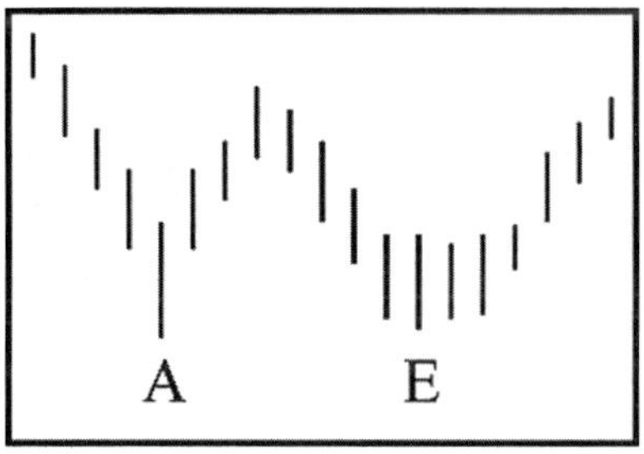

统计简报

向上突破

形状	底部一窄一宽的双底形态。突破方向向上。	
反转或持续	短期反转，行情看涨。	
	牛市	**熊市**
表现排名	8/23	3/19
保本失败概率	5%	4%
平均涨幅	37%	33%
趋势结束后的变化	-33%	-35%
成交量趋势	向下	向下
回调概率	59%	54%
实现目标价格概率	66%	56%
意外发现	突破位置在年度价格区间高位附近的形态表现最好；回调损害形态表现；高形态比低形态表现好；成交量呈下降趋势的形态表现好；左底成交量比右底高的形态表现更好。	
参见	亚当和亚当双底形态；夏娃和亚当双底形态；夏娃和夏娃双底形态。	

亚当和夏娃组合的双底形态和双顶形态是对我的股票形态库一个相对新的补充。我在2001年从一个网站上发现了它们。亚当的底部看起来是狭窄的V形，也许伴有大幅下行的价格尖峰。夏娃的底部是宽的圆形，有时有许多短的尖峰，像杂草生长在草坪上。

在亚当和夏娃双底形态的各种组合中，股价突破形态后的表现是相似的。不过，为了确定这一点，我还是把每个组合都当作一个单独的形态。统计简报所示为重要的表现数据。

从简报中可以看出，这个形态在熊市的平均涨幅是相当不错的，几乎和牛市37%的涨幅一样好。大约有一半的概率发生回调，当回调发生时，形态表现会受到影响。说到形态表现，亚当和夏娃双底形态中有以下特征的表现得很好：高形态、成交量呈下降趋势的形态，以及左底的成交量更大的形态。我将在统计数据一节中讨论这些发现。

导入

在我家附近，当地的电话公司正在安装光纤光缆。在许多街道的拐角处，他们打了大约9英寸宽、2英尺长的长方形洞，有6～10英尺深。这些狭窄的深洞让我想起了亚当底部形态。而一个挖掘的坑就像一个夏娃底部。图14.1所示为一个亚当和夏娃双底形态的例子。

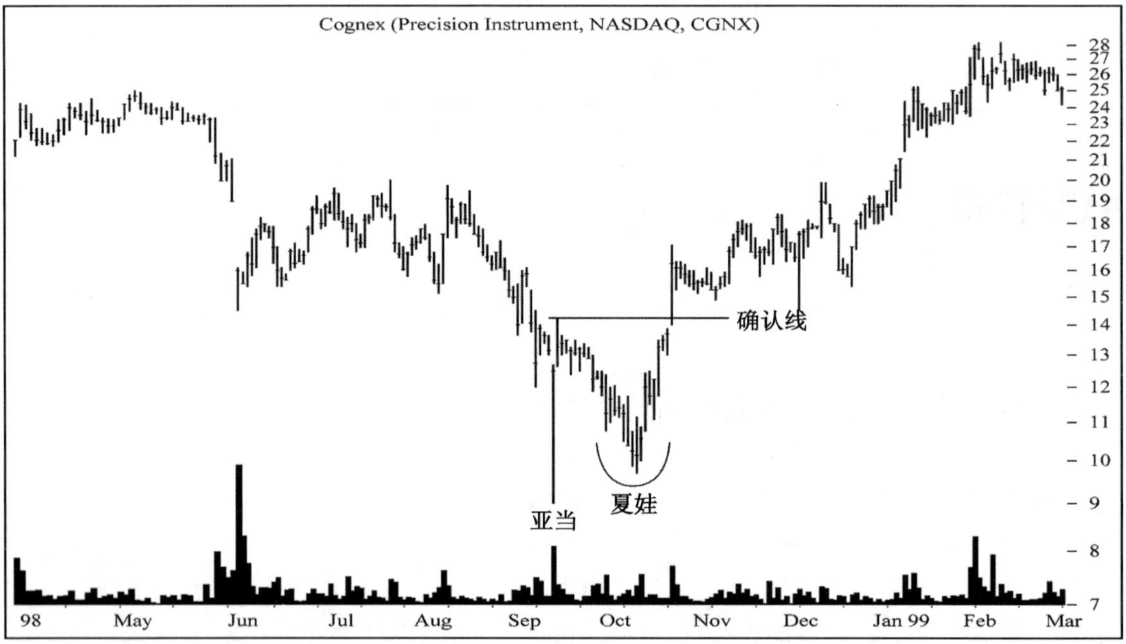

图14.1　高的单日下行尖峰是亚当底部，圆的转弯标识是夏娃底部。

我检查了两个数据源，以确保我有良好的数据，因为9月初大幅向下的价格尖峰困扰着我。结果是正确的。在这个例子中，亚当和夏娃双底出现在一个长期下跌的价格趋势之后。亚当底部很窄，而夏娃底部宽得多。不仅亚当底部非常的长，而且两个底部的最低点价格也不在同一水平线上。通常，两个底部之间的价格差异是轻微的，这一点要转入到下一节：辨识指南。

辨识指南

如何辨别亚当和夏娃双底形态呢？首先，让我们看看几个例子。图14.2所示的亚当和夏娃双底形态是在从2003年3月开始的三浪上升形态中的修正阶段出现的。这个亚当和夏娃双底形态允许价格重新组合，然后再冲击股价新高。

亚当底部是单日向下尖峰。夏娃底部也有一个尖峰，但它更短，尖峰附近宽大的价格拥堵，使得夏娃底部区别于狭窄的亚当底部。

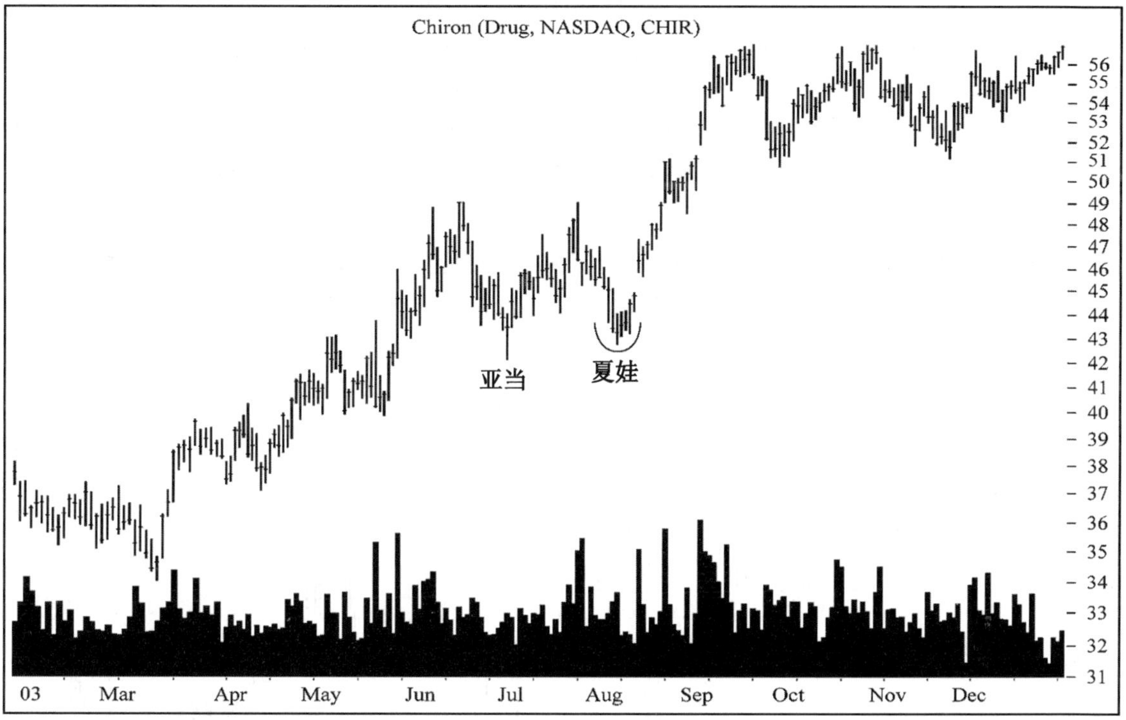

图14.2　这个亚当和夏娃双底形态作为三浪上升形态的修正阶段。

图14.3所示为亚当和夏娃双底形态的另一个例子，它是一个长期下行价格趋势的一部分。在形态之后，股价反转，上涨了几个月后，轻松回落。再次说明，亚当底部显得狭窄，而夏娃底部是宽的。夏娃通常有几个短的股价尖峰，亚当的股价尖峰很少(通常一个或两个)。表14.1所示为选择亚当和夏娃双底形态的辨识指南。

表14.1　辨识指南

特征	讨论
下跌的价格趋势	价格趋势向下，但不应跌落到左底下方
底部形状	左底(亚当)是狭窄的V形，可能看起来是尖尖的，有时由一根长的单日或两日尖峰组成。右底 (夏娃)底部显得更圆和更宽
底部之间的涨幅	两个底部之间从最低的峰谷到最高的峰顶至少相差10%。涨幅越高的形态表现越好
底部最低价格差异	底部到底部的价格变化小。右底较低的形态表现更好
底部间距	底部之间至少要隔几个星期。表现最好的形态底部间距是2～6个星期。间距超过8个星期的形态表现恶化
股价从右底上涨后	股价必须收于确认点上方，且在此之前不出现低于右底低点的下跌
底部成交量	通常左底的成交量比右底的高。左底成交量越高的形态表现越好
确认价格	两个底部之间的最高点。股价收在确认点上方时即是突破，同时确认形态为有效的双底

下跌的价格趋势 因为我们讨论的是双底形态，而不是双顶形态，所以寻找的是出现在下跌的价格趋势末端的形态。这一趋势不必很长，如图14.2所示的也可以，但经典的情形如图14.3所示的例子。价格下跌几个星期或几个月后进入形态。

底部形状 两个底部不应该看起来相似。左底，亚当，应该是窄的尖V形，也许伴随股价单日下跌尖峰。右底，夏娃，应该更宽和更圆，而不是V形。如果你比较两个底部，它们没有出现相同形状，那么你是在正确的轨道上了，它们要么是亚当和夏娃双底形态，要么是夏娃和亚当双底形态。对于亚当和夏娃双底形态，亚当的底部必须先出现。

底部之间的涨幅 我任意设定，两个底部之间的最低涨幅为10%。不管怎么说，底部之间的涨幅更高的形态比那些涨幅低的形态表现好，你在寻找亚当和夏娃双底形态的时候要记住这一点。

底部最低价格差异 两个底部的最低价格应该接近到足以让形态看起来不像楼梯。图14.1例子中，双底价格差异为8%，这是底部最低价格差异的极限。图14.3是一个更好的例子，因为底部价格接近相同。

图14.3 这个亚当和夏娃双底形态出现在一个下跌的价格趋势之后。这个形态起着反转的作用。

底部间距 底部的间隔有多远？我发现，表现最好的形态其底部间距是2～6个星期之间，底部宽超过8个星期的表现就不那么好了。然而，这一发现并不意味着为了找到表现最好的形态，你必须得找底部间距为1个月的亚当和夏娃双底形态。每只股票的表现都不同。

股价从右底上涨后 你必须等待确认(即股价收在形态的最高点上方)，因为双底形态的股价有64%的概率会继续下跌。从右底到确认点的上升可能短，但通常需要1个多月。如果股价在到达确认点之前下跌到右底低点之下，那么就找别的股票吧。在那种情况下，那个形态不是一个有效的双底形态。

底部成交量 大多数亚当和夏娃双底形态左底的成交量比右底的更高。如果形态右底的成交量更高，也不要排除。尽管如此，在形态的左底成交量大能够提升其股价在突破后的表现。

确认价格 确认价格是两个底部之间最高的高点，也称为突破价格。当股价超过确认价格时，它确认形态为一个真正的双底形态。只有这样，你才应该考虑买入股票。

为什么会形成双底形态？要回答这个问题，请仔细看图14.4中的双底形态。股价在6月到达多年来的低点，然后回升，收复部分跌幅。股价在下跌到一个新低，反弹后，股价通常会再次下跌，重新测试这个新低。股价再次跌回到低点，测试股价是否能在这个价格水平上得到支撑。如果不能得到支撑，股价将会继续下跌。如果能够得到支撑，这个低点通常成为下跌结束和股价上升的开始。

如图14.4所示，从成交量格局来看，许多投资者认为低点B是一个对点A的重测。在这两个地方，成交量激增，因为投资者以为下跌已经结束，但这种希望是徒劳的，投资者是错的。

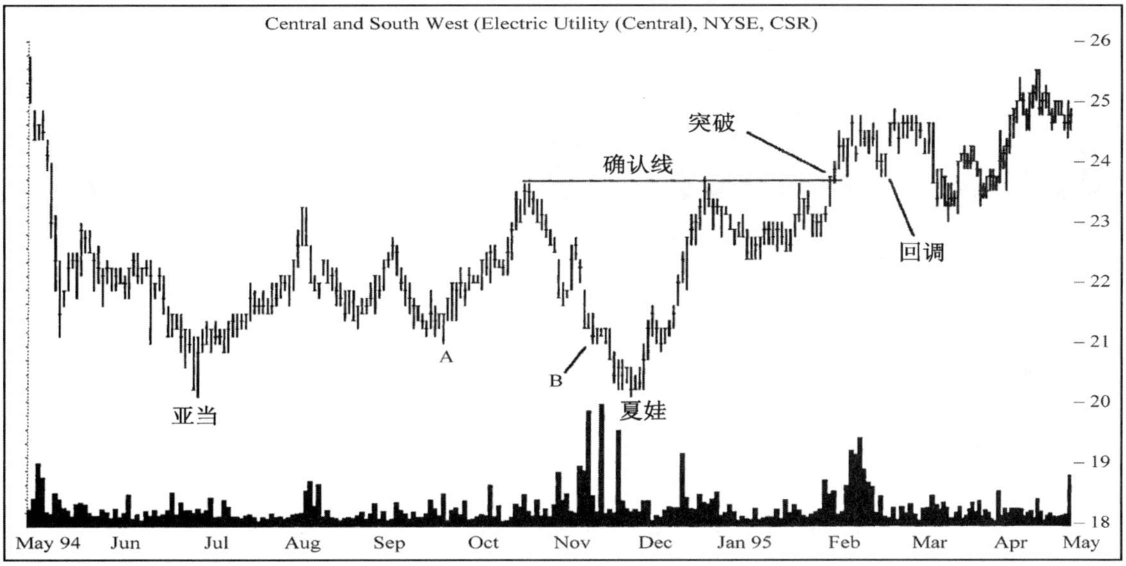

图14.4 股价一旦收在确认点上方，突破便确认，图中为一条水平线。确认点是两个底部之间的最高点。在突破之后，价格经常会回调到这个水平。

股价在继续下跌前在21美元的位置保持了1个星期。当股价掉头下行至7月的低点位置时，成交量再次飙升。这一激增实质上标志着下行暴跌的结束。价格在这一水平上犹豫了大约不到2个星期，然后掉头上行。

双底只不过是对低点的重新测试而已。投资者买入股票，希望下跌最终结束。有时他们是正确的，有时他们不是，这导致我们进入下一节：关注失败。

关注形态失败

很明显，图14.5所示的形态是双底形态。或许正如你所料，第一个底部出现在股价下跌趋势之后。两个底部的距离足够远，它们之间的涨幅足够宽，将两个小低点轮廓清晰勾勒，两个底部之间的价格变化很小。成交量形状是不寻常的，因为第二个底部有一个比第一底部更高、更密集的成交量形状。然而，这并不重要。在第二个底部之后，价格以稳定的速度一直上升到确认点，价格跳跃上涨，穿透40.63美元的前小高点。当价格收在确认线之上时，股价发生有效的突破，确认双底形态的形成。

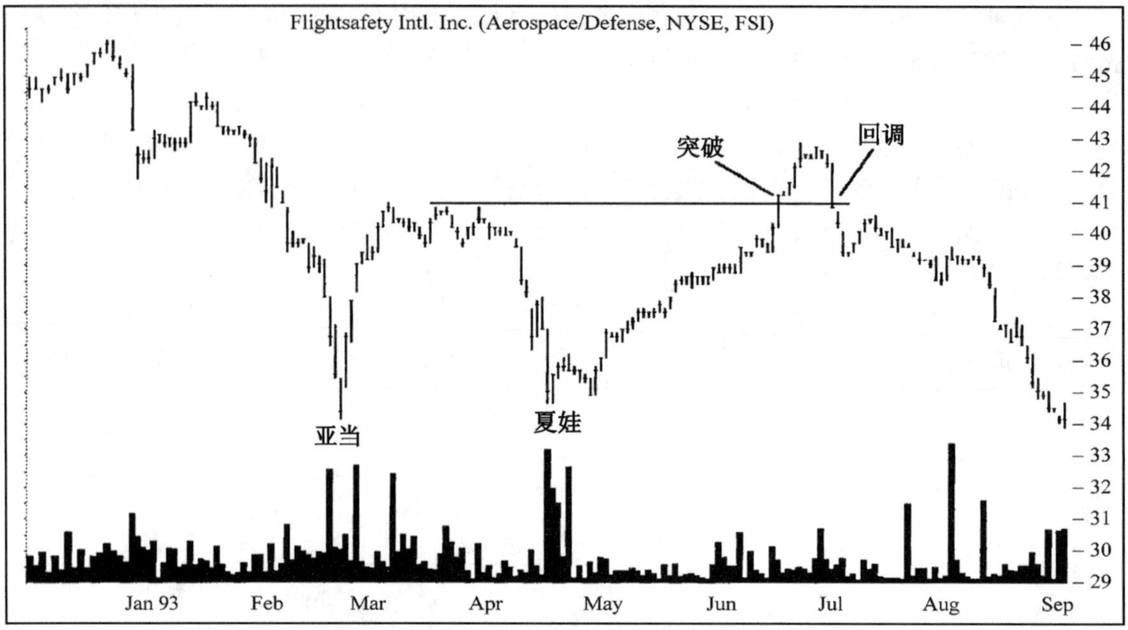

图14.5　一个5%失败的示例。这种罕见的情况发生时，股价突破后上涨不到5%开始暴跌。

在这种情况下，就像许多双底形态一样，价格又回调到了突破点。然而，股价继续下跌。在图14.5的右边(未显示)，你会看到股价在1993年9月达到一个新低31.63美元，低于2月34美元的低点。

如果你在股价突破时买入这只股票，并且坚持持股，你就会赔钱。我把这类失败称为5%失败。股价在突破形态之后不会上涨超过5%，然后就开始下跌。幸运的是，这类形态的5%失败也是罕见的，在我的研究中只发现15次这样的失败。从这个角度来看，这意味着在其他383个不同场合，价格会继续上涨5%以上。

统计数据

表14.2所示为亚当和夏娃双底形态的综合统计数据。

表14.2　综合统计

描述	牛市	熊市
形态数量	319	70
反转(R)、持续(C)数量	319R	70R
平均涨幅	37%	33%
涨幅超过45%(数量或占比)	94或29%	19或27%
趋势结束后涨/跌幅	-33%	-35%
形态失败后涨/跌幅	-28%[a]	-54%[a]
标准普尔500指数的变化	16%	0%
到达最高点的天数	160	99

注：(-)负号表示下跌；[a]表示样本小于30个。

形态数量 利用从1991年中期到2004年初的数据，我找到389个形态。所以，大多数形态都是来自牛市。

反转或持续 亚当和夏娃双底形态作为反转形态，为什么？进入形态的价格趋势是下跌的，股价突破形态的方向是向上的，这意味着在定义上它是一个反转的形态。

平均涨幅 像预期的那样，牛市中的平均涨幅比熊市的高，但数值很接近。两者都高于所有其他形态类型的平均值。

涨幅超过45% 超过1/4(29%和27%)的亚当和夏娃双底形态其股价在突破后飙涨超过45%。这个数值对于看涨形态来说是相当可观的。

趋势结束后的变化 一旦价格达到最高点，接下来会发生什么？股价的跌幅会在33%和35%之间，回吐几乎所有的获利，平均来说，买入持有股票可能不会像及时卖出那样有利可图。

形态失败后的表现 失败形态的样本很少。事实上，导致熊市下跌54%的数据只有3个样本。如果亚当和夏娃双底形态突破失败，可以考虑做空它，但不要期望回报能像表14.2中显示的那样。

标准普尔500指数的变化 当亚当和夏娃双底形态上涨超过30%，总体市场的表现如何呢？标准普尔500指数在牛市中攀升了16%，在熊市中不涨也不跌。当然，牛市的巨大上涨帮助了形态的表现，甚至不涨不跌的市场也可能帮助了熊市中形态的表现(它可能会使股价下跌和更低)。

到达最高点的天数 股价达到最高涨幅需要多长时间？在牛市中，大约需要5个月(160天)，在熊市大约需要3个月(99天)。因此，要有耐心，同时也要保持警惕，不要睡着了错过股票的换挡时机，并非所有的亚当和夏娃双底形态都要花那么长时间才会开始暴跌。

表14.3所示为亚当和夏娃双底形态的失败比率。你怎么阅读这张统计表呢？让我举几个例子。在牛市中，5%的双底形态其股价在突破形态后涨幅将不超过5%。4%的熊市形态其股价在突破形态后涨幅将不超过5%。一半的熊市形态其股价在突破形态后涨幅将不超过25%。

表14.3 失败形态数量或比率

股价最大涨幅(%)	牛市	熊市
5(保本点)	15 或 5%	3 或 4%
10	45 或 14%	12 或 17%
15	85 或 27%	18 或 26%
20	116 或 36%	25 或 36%
25	147 或 46%	35 或 50%
30	169 或 53%	39 或 56%
35	190 或 60%	44 或 63%
50	229 或 72%	53 或 76%
75	273 或 86%	63 或 90%
＞75	319 或 100%	70 或 100%

表14.3所示为失败比率随着股价最大涨幅增加而上升的速度。注意牛市的失败比率从5%到14%，翻了三倍，然后再翻两倍到27%。这一速度，先翻3倍再翻2倍在许多形态中是常见的。请记住，当形态失败时，这意味着随后的股价至少下跌20%。因此，36%的形态将回吐所

有的获利或甚至更多。

表14.4所示为与突破及突破后相关的统计数据。

表14.4 突破与突破后股价表现统计

描述	牛市	熊市
从形态结束到突破	42 天	34 天
突破在年度价格区间低(L)、中(C)、高(H)各区域分布的百分比	L29%,C49%,H22%	L43%,C33%,H24%
形态在年度价格区间低(L)、中(C)、高(H)各区域突破后的涨幅	L40%,C33%,H43%	L31%,C31%[a],H38%[a]
回调概率	59%	54%
回调时间	10 天	9 天
出现回调形态的平均涨幅	32%	28%
未出现回调形态的平均涨幅	43%	38%
出现突破缺口形态的表现	36%	33%[a]
未出现突破缺口形态的表现	37%	32%a
缺口平均金额(美元)	0.37	0.51

注：[a]表示样本小于30个。

从形态结束到突破 股价从形态的右底低点涨到突破点需要多长时间呢？答案是：大约1个月。由于某种原因，牛市的形态所花的时间要比熊市的长8天。

年度位置 亚当和夏娃双底形态在年度价格区间哪个位置突破呢？大多数情况下，在牛市，形态的突破出现中间位置；在熊市，突破出现在低位区间。

年度位置及表现 将形态的表现配比到年度价格区间，结果表明，股价突破后表现最好的来自那些突破位置在年度价格区间高位区域的形态。一个在年度价格区间高位突破的双底形态，就像图14.2中出现在一个上升价格趋势中的形态一样，表现最为优秀。

回调 表14.4中的下面几行是关于加大回调的。超过一半的时间股价在突破后回调到确认价格的概率略超一半。要完成一个回调的过程，股价需要9天或10天的时间。一个有趣的发现是，回调会使突破后的股价表现变差。因此，在交易一只股票之前，要先找到它的上方阻力。

缺口 突破日缺口损害牛市形态的表现，但对熊市形态的表现则有帮助。然而，这些数值很接近，因此它们有可能会改变。

表14.5所示为股价突破形态之后到达最高点所需天数的频次分布。例如，23%的熊市形态，12%的牛市形态，将在第一个星期达到最高点。两个星期后，这个数值分别为27%和17%(这是前两列数值相加)。

表14.5 到达最高点天数的频次分布

天数	7	14	21	28	35	42	49	56	63	70	>70
熊市	23%	4%	4%	3%	9%	6%	4%	4%	3%	1%	39%
牛市	12%	5%	4%	5%	3%	2%	4%	3%	3%	2%	56%

注意，在熊市中，在突破形态1个月后，见顶形态数量增多起来。因此，如果你看到向上的动量疲软，考虑卖出股票。动量疲软可能表明趋势的变化。

表14.6所示为与形态面积大小相关的统计。

表14.6 形态面积大小统计

描述	牛市	熊市
高形态表现	37%	34%
低形态表现	36%	31%
高度中值(与突破价格百分比)	17.28%	22.72%
窄形态表现	40%	30%
宽形态表现	33%	35%
长度中值	50天	39天
形态平均长度	66天	59天
低窄组合形态表现	40%	28%[a]
低宽组合形态表现	32%	37%[a]
高宽组合形态表现	35%	34%[a]
高窄组合形态表现	41%	34%[a]
小底部价格差异形态表现	35%	33%
大底部价格差异形态表现	38%	32%
价格差异中值	1.87%	2.23%
低左底形态表现	33%	36%
低右底形态表现	41%	28%[a]

注：[a]表示样本小于30个。

高度 在两个市场中，高形态的表现都优于低形态。要使用这个发现，先计算形态高度，形态的最高点到最低点之差就是形态高度，然后用形态高度除以突破价格(最高的高点)。将结果与表中的高度中值进行比较。高于中值的表示有一个高形态。

宽度 窄的形态在牛市中表现良好，但在熊市中宽的形态表现突出。我用表中长度中值作为窄和宽形态之间分割点。

形态平均长度 两个底部之间的平均距离约为2个月。

高度和宽度的组合 在牛市中，高和窄的亚当和夏娃双底形态优于其他组合。在熊市中，低而宽的形态表现不错，但样本规模较小。

底部价格差异 我计算了两个底部之间价格差异中值，然后将各个亚当和夏娃双底形态的底部价格差异与中值进行比较，大于中值的为大底部价格差异形态，小于中值的为小底部价格差异形态。统计结果表明，在牛市中，底部价格差异大的形态表现比底部价格差异小的出色；在熊市中，底部价格差异小的表现更好。

低左底或低右底形态表现 在牛市中，右底较低的形态其股价在突破之后表现得比那些左底较低的更好。在熊市中，结果相反(低的左底表现最好)，但样本规模较小。

表14.7所示为与成交量相关的统计数据。

成交量趋势 对亚当和夏娃双底形态来说，从底部到底部的成交量呈下降趋势，表明其股价在突破后会有更大的涨幅。我在牛市和熊市中都发现了这一点。

成交量形状 我看着不同的成交量形状，其中最突出的三种是U形、半圆形以及随机形状。在这三种形状中，U形出现最频繁。在牛市中成交量呈U形的形态表现最差，而成交量呈半圆形的形态表现最好。对于熊市来说，成交量呈U形的形态表现很好，不过，其他形状的样本数很小，这可能影响到统计结果。

表14.7　形态期间成交量统计

描述	牛市	熊市
上升成交量趋势表现	33%	31%[a]
下降成交量趋势表现	39%	33%
U 形成交量形态表现	35%	35%
半圆形成交量形态表现	41%	33%[a]
既非 U 形又非半圆形成交量形态表现	40%	20%[a]
巨量突破表现	36%	33%
轻量突破表现	38%	32%[a]
左底巨量形态表现	39%	34%
右底巨量形态表现	32%	26%[a]

注：[a]表示样本小于30个。

突破成交量　我已经说过，你应该只买突破成交量大的双底形态。我发现，亚当和夏娃双底形态的表现与突破成交量较30天成交量均值或大或小，差异不大。在牛市中，轻量突破的形态表现是最好的。在熊市中，具有巨量突破的形态表现得稍微好一些。

底部成交量　左底巨量是否表明突破后股价会更好？是的。无论是牛市还是熊市，在突破后，左底成交量更大的形态其股价比右底成交量更大的形态表现更好。

交易策略

对于一个看涨的形态，你只需要知道什么时候买入亚当和夏娃双底形态。当然，卖出是最难的部分。在买入之前，请考虑表14.8中所列的交易策略。

表14.8　交易策略

交易策略	解释
测算规则	计算两个底部的最高点到最低点之差，得出形态高度，然后加上形态最高点，得出结果为目标价格。这个目标价格的成功概率在牛市为66%，在熊市为56%
等待突破	始终等待确认（股价收在最高点之上）
顺势交易	为了提高你的成功概率，在牛市中交易这种看涨形态
检查行业中的其他股票	在同行业中，其他股票是否出现底部形态或正在上行
回调	一旦价格开始从回调反弹，开始建仓或增持

测算规则　测算规则预测，一旦突破双底形态上行，预期股价移动到达的最小价格。仔细看图14.6所示的形态图。计算目标价格时，首先从形态的最高点减去最低点，以此确定形态高度。在图14.6中，最低点出现在右底，股价为27.57美元。最高点，标在图中点A，股价31.09美元。将两者差值（3.52美元）加到确认点，即两个底部之间的最高点，计算出来的结果是34.61美元（31.09+3.52），这就是预期的最小价格。你可以在图中看到，股价在12月底达到目标价格。在达到目标价格后几天，股价暂时下跌，然后继续上行。在4月中旬，股价达到了40.26美元的最高点，然后下跌。

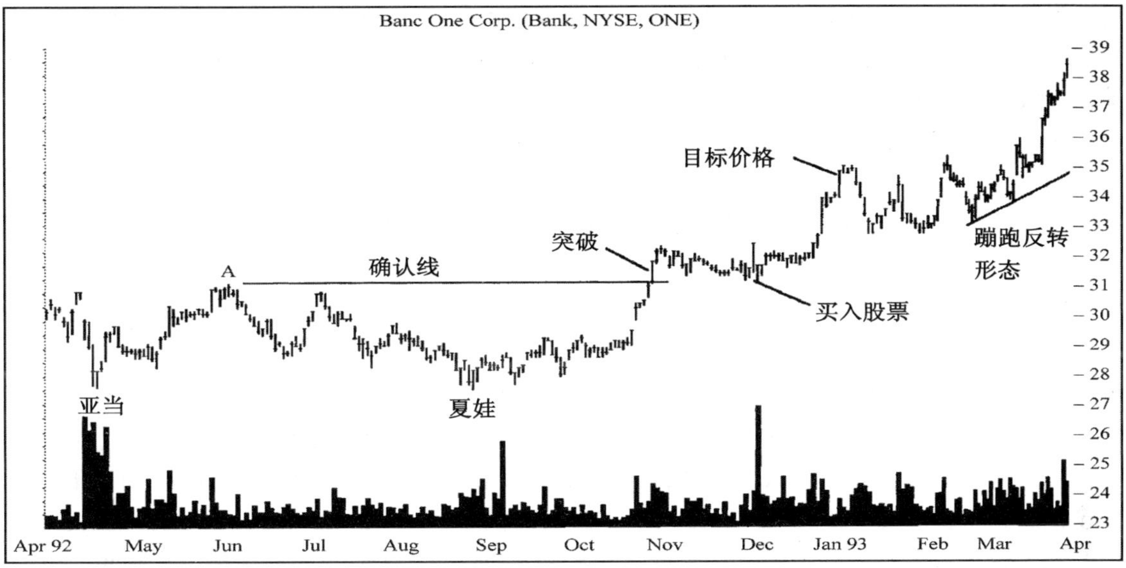

图14.6　双底形态交易困境。你怎么交易这个双底形态？你是在第二个底部买入还是等待价格上升到确认点之上？你等待股价完成回调后上涨再买入。从点A到突破点形成一个圆弧底部。

在找到潜在的双底后，请在进行交易之前查看辨识指南。图14.6所示为进入第一个底部的下降的价格趋势。两个底部之间的涨幅约为13%，略高于10%的门槛。两个底部处在几乎相同的价格水平，两底之间的时间距离有几个月。

在左底出现非常高的成交量，在右底的成交量大大减少，这种成交量形状是典型的。正如预期，总体成交量趋势从左底向右底向下倾斜。

等待突破　一旦双底的第二个底部出现，你可以使用测算规则来估计股价上行的最低价格。如果潜在利润足够大，那么等待突破。

股价收在确认点上方是一个突破的信号。确认点只是股价达到两个底部之间最高的高点的一个花哨的说法。图14.6中所示为确认点A，以及一条从点A延伸到突破点的确认线。

顺势交易　牛市中的亚当和夏娃双底形态其股价在突破后略有提升。换言之，你的交易应该与市场趋势一致。避免犯在熊市中交易看涨形态的错误，这就如同是逆流而上。不过，如果你不先淹死，你仍然可以到达你要去的地方。

检查同行业中的其他股票　我觉得这种策略特别有用。在交易之前，我会检查同一个行业的其他股票。如果它们是反弹或显示底部反转，那么我会相信这只双底形态的股票将按预期运行。如果其他股票下跌，这将增加投资失败的风险。也有可能这是一只看涨指标领先于同行业其他股票的股票，但为什么要冒这个险呢？

回调　这类形态大约有一半的概率出现回调。回调将给建新仓或增加一个现有仓位的机会。等待股价开始反弹后再买入。

交易故事

劳伦是学校的老师。虽然她喜欢教孩子，但她更喜欢通过网上交易股票发财。直到那个时候，她将她的投资活动硬塞到她每周几个小时的空闲时间。

当她看到图14.6所示的双底形态时，她知道这就是一见钟情。那个圆弧的底部形态(从点A到突破点)意味着股价将会不断创新高。不过，她拒绝了过早买入股票的诱惑，因为她不能保证股价会继续上涨。她假装在教学生如何进行交易，以此来证明她的行为是正当的。如果她做得不好，学生们怎么可能会做得好呢？

当股价达到两个底部之间的高点，劳伦决定买入股票。在她下买入指令之前，经纪人报给了她目前的股价。这个股价已经远远超过确认点。因此，她决定等待并祈祷股价回调。

股价在突破4个星期后，价格下跌至她的买入点，但股价会继续下跌吗？她必须等待，直到她确信股价会上涨。对她来说，事情发生在一天后的11月27日。那天股价收盘比前一个低点高，她觉得这个时候买入股票心里踏实。这是一场赌博，因为两天的股价上涨几乎不可能形成一个趋势。尽管如此，她还是坐立不安，不想等太久，眼巴巴地看着股价上涨超过她本该在一个月前买入的股价位置。所以，她在31.38美元处完成股票买入。

第二天，成交量飙升至300万多股，价格跃升逾0.75个点。这一峰值使她感到紧张，因为这让她想起了单日反转，但是股票收在当天的高位，这对形态来说是很少见的。也就是那个时候，她记起来要设置止损点。她选择了一个价格为30.88美元的位置作为止损点，低于最近的小低点即前一支撑区域约0.25美元。

第二天股价下跌，但随后几天，股价反弹了。12月中旬，股价直线上升，到达测算规则预测的目标价格。她无法下定决心是否要在这个位置上卖出股票。到她决定卖出时，股价已经跌回到了那条向上倾斜的趋势线上(画线连接9月～1月的最低点)，所以她继续持股。

股价上升了。3月下旬，股价大幅飙升，一天上涨近1.50美元。对这只股票来说，这是个很大的举动，她想知道发生了什么事情。她密切跟踪股票，情况变得很明显，股票进入了蹦跑反转形态的蹦起阶段。随着股价的上升，她不断地画出与原来的蹦跑反转形态趋势线平行的卖出线。当她看着股票形态图，她看到狭窄的山峰出现了，她知道股价上升的终点已经临近。当股价下跌到低于最近的卖出线，她下达卖出指令，在38.63美元获利了结。

她在这一次交易中获得了22%的收益，但按年化收益率计算，她赚60%。她微笑着，知道年化收益率是她的数学课需要学习的东西。现在她有了一个完美的例子。

交易秘籍

下面的列表包含交易这种形态的提示和观测结果，以帮助你选择表现更好的形态，更多的信息，请参阅相关的表格。

- 检查辨识指南的辨识特征以正确选择形态。见表14.1。
- 选择牛市形态。见表14.2。
- 牛市中形态的失败比率略低。见表14.3。
- 选择在年度价格区间高位突破的形态。见表14.4。
- 回调使股价表现变差，所以要检查附近的上方阻力。见表14.4。
- 在熊市中，在股价突破后1个月(35天)留意上行动量的减弱。见表14.5。
- 选择高形态。见表14.6。
- 选择两个底部之间成交量呈下降趋势的形态。见表14.7。
- 左底成交量更高的形态表现突出。见表14.7。

第十五章　双底形态之夏娃和亚当形态
Double Bottoms, Eve & Adam

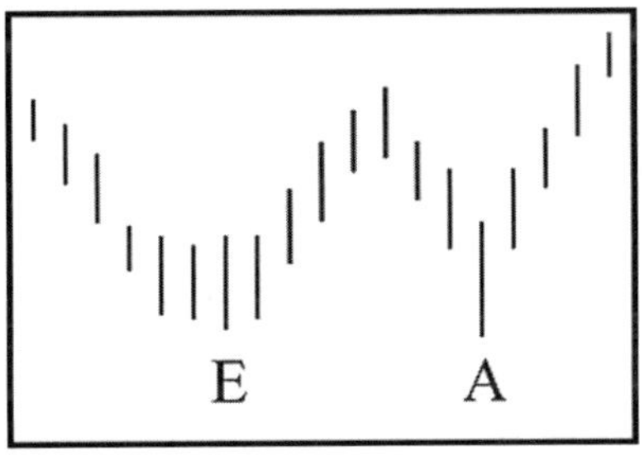

统计简报

向上突破

形状	左底宽圆形，右底狭窄V形的双底形态。突破方向向上。	
反转或持续	短期反转，行情看涨。	
	牛市	**熊市**
表现排名	11/23	8/19
保本失败概率	4%	8%
平均涨幅	35%	23%
趋势结束后的变化	-31%	-36%
成交量趋势	向下	向下
回调概率	57%	56%
实现目标价格概率	66%	47%
意外发现	没有突破日缺口的形态表现会更好；窄形态比宽形态表现更好；左底较低的双底形态表现更好；成交量趋势呈下降的、轻量突破的以及左底成交量较高的形态，表现会更好。	
参见	亚当和亚当双底形态；亚当和夏娃双底形态；夏娃和夏娃双底形态。	

在亚当和夏娃双底的四种组合中，夏娃和亚当组合是最稀有的。我发现的只有227个。它的表现和其他一些组合的一样好。然而，它的失败比率很小，平均涨幅在两个市场都表现良好。

夏娃和亚当双底形态有很多意外发现，但为了节省篇幅，我会在“统计数据”部分再进行讨论。

导入

夏娃和亚当双底形态是什么样子的呢？图15.1展示了一个很好的例子。股价在6月持续下跌，跌至底部。

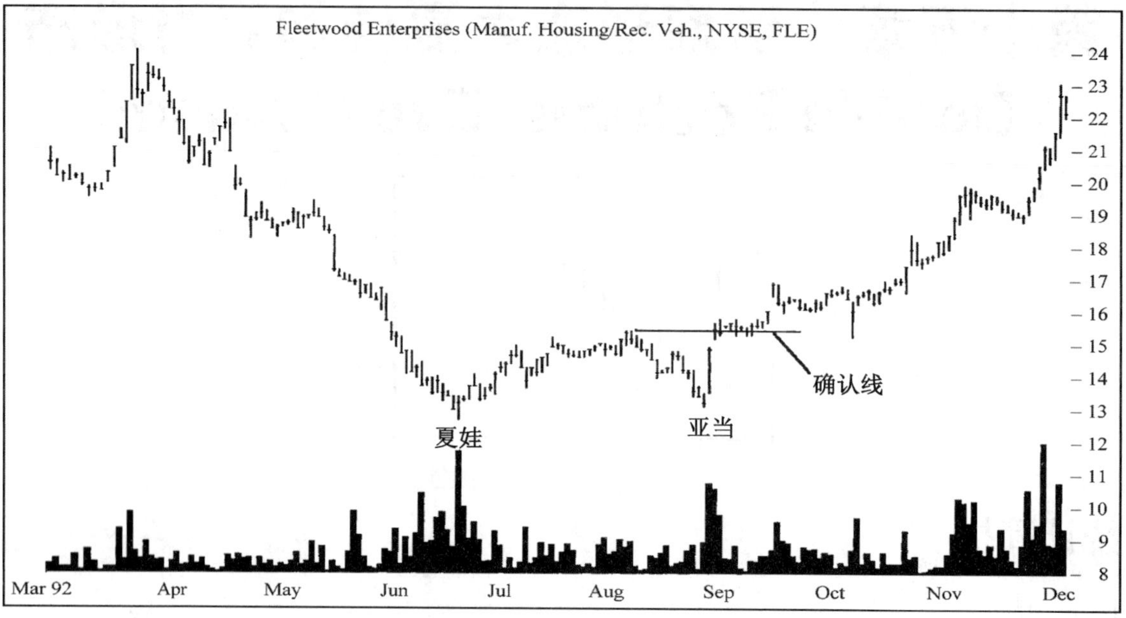

图15.1　在向下的价格趋势之后出现双底形态。高成交量通常出现在左底。

随着股价接近底部，成交量回升，然后在6月18日成交量爆表，超过110万股，当天价格达到低点12.69美元。从3月以来，该股股价在3个月内下跌47%。高成交量标志着转折点，股价向上运行。然而，对低点的重新测试还在后头，股价掉头再次下行。在8月下旬，当股价下跌到13.06美元低点时，成交量也很高。

在股价到达低点的第二天，投资者对股票的购买热情激增，股价跳跃上升，在短短的2天内达到确认点。然而，股价没有继续上升，而是回调到突破点，横盘近一个星期，然后才继续上行。到1月底，股价从突破价格上涨了75%。

辨识指南

如何识别夏娃和亚当双底形态呢？虽然很容易找到一个双底，但区分亚当和夏娃组合的底部形态可能很难。图15.2所示为另一个夏娃和亚当双底形态的例子。虽然图中没有显示形态确认(股价收在两个底部之间的最高点之上)，但形态确实得到了确认(图外右方)，这意味着它是一个有效的双底形态。

注意两个底部的不同形状。夏娃底部更宽，形状是圆形的。亚当底部是更像V形，更窄，通常由一个或两个大幅下降价格尖峰组成。夏娃底部也有尖峰，但却又多又短。

图15.3所示为另一个夏娃和亚当双底形态的例子。这个夏娃底部比图15.2中的峰值要长，其亚当底部也显得更加拥挤。尽管如此，亚当底部的V形明显，特别是与夏娃底部的圆

形形状对比时尤为明显。

当股价收在确认线之上时，双底形态就成为真正的夏娃和亚当双底形态。这个确认点也被称为突破价格点，它是两个底部之间最高的高点。

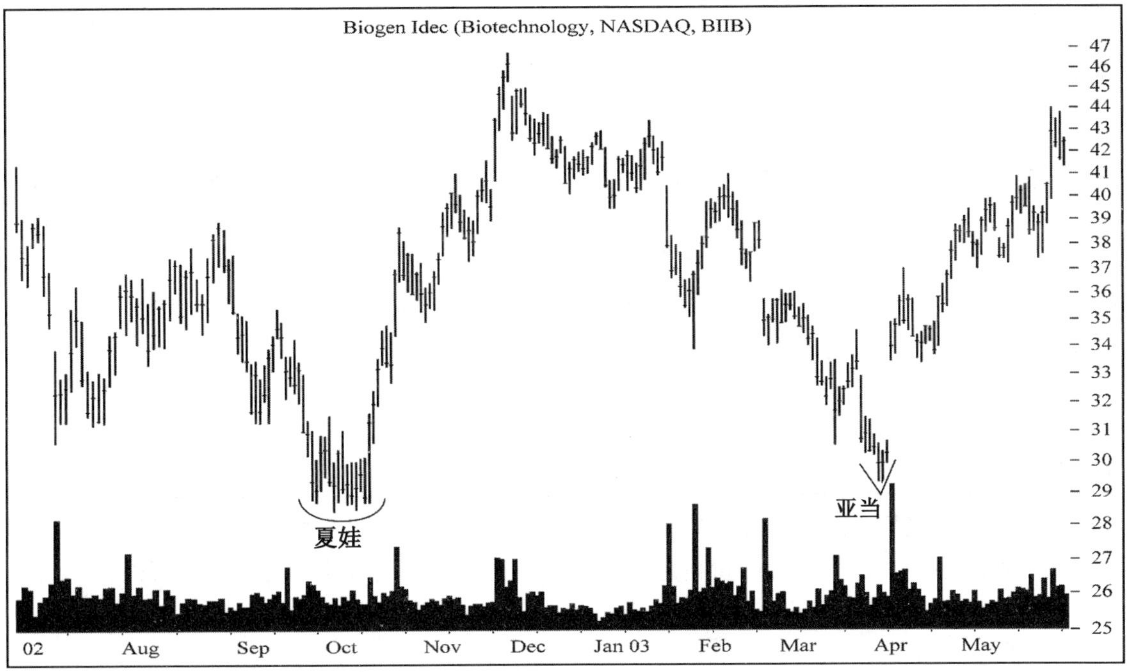

图15.2　夏娃底部看起来是圆的，宽于狭窄的V形亚当底部。

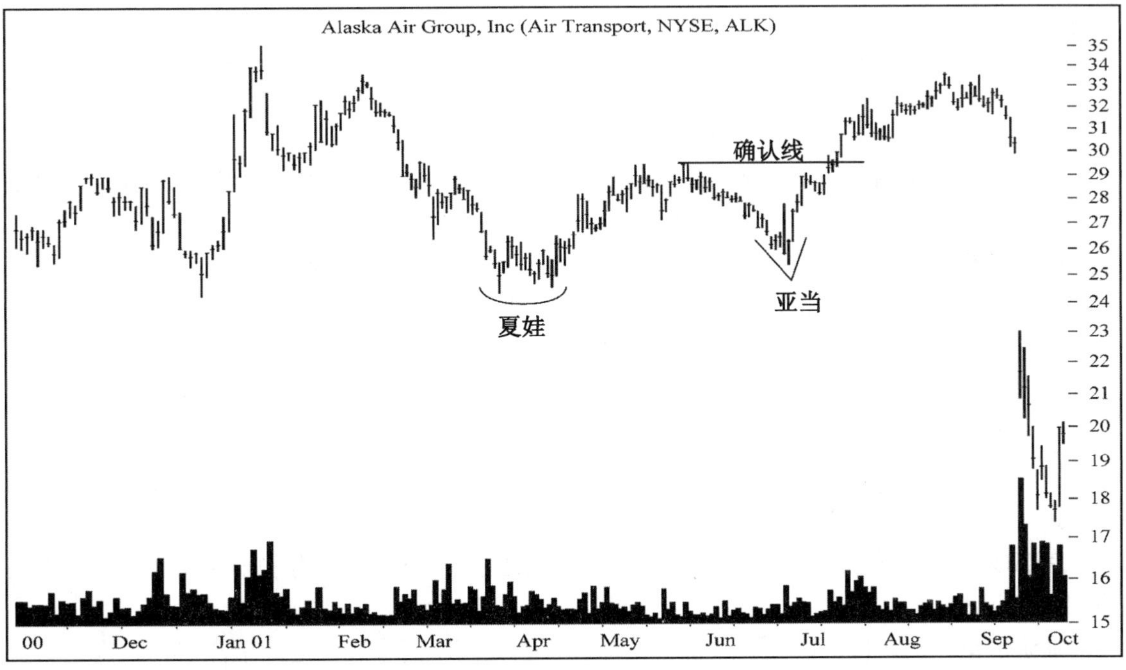

图15.3　夏娃底部的顶部比亚当底部的顶部宽。夏娃底部呈圆形，亚当底部呈V形。一旦股价收在确认线之上，形态就确认有效。

表15.1所示为夏娃和亚当双底形态的辨识指南。

表15.1 辨识指南

特征	讨论
下跌的价格趋势	股价趋势向下，不应低于左底。
底部形状	左底（夏娃）应宽而圆；右底（亚当）应该是狭窄的V形，也许有一个或两个向下的尖峰
底部之间的涨幅	底部之间从最低的峰谷到最高的峰顶涨幅至少10%
底部最低价格差异	底部到底部的价格变化小。表现最好的形态其双底最低价格差异在0～4%之间
底部间距	两个底部之间至少要间隔几个星期。表现最好的形态双底间隔是2～7个星期；间隔超过7个星期的形态，其股价在突破后表现恶化
股价在右底之后上行	股价必须收于确认点上方，且在此之前不出现低于右底低点的下跌
底部成交量	右底成交量更大的形态和左底成交量更大的形态各占一半
确认价格	两个底部之间的最高点。股价收在确认点上方即为突破，同时确认形态为有效的双底形态
突破成交量	巨量突破的形态表现最好

下跌的价格趋势 除非是作为修正阶段，通常是三浪上升形态修正阶段的一部分，否则这种双底形态不会在一个上升的价格趋势中形成。不过，更为经常的是，双底形态标志着一个下降趋势的结束。这一下降趋势不一定很长，但平均约为4个月。我排除了那些股价下跌低于左底的任何形态。

底部形状 看看这种形态的两个底部，它们的形态是相同的还是不同的？如果两个底部看起来不一样，那么你就走在正确的轨道上了。这种形态要么是亚当和夏娃双底形态，要么是夏娃和亚当双底形态。夏娃的底部应该看起来圆润宽大(特别是底部的顶部附近)，如果有尖峰出现，它们应该是短的或束在一起的。亚当的底部应该与夏娃的不同。它应该是狭窄的V形，通常有一根长的单日或两日向下尖峰。

底部之间的涨幅 通常，高形态表现得比低形态好，所以要找底部之间的涨幅至少是10%的形态。我没有设定涨幅的最高限制，但将那些涨幅小于10%的形态从考虑中剔除。

底部最低价格差异 寻找底部价格几乎一样低的形态。两个底部的最低价格不需要相同，但两个底部最低价格相差0～4%之间的形态其股价在突破后表现最好。

底部间距 要找表现最好的形态，就找底部间距在2～7个星期之间的形态。底部间距比这个更大的形态极少，而且它们表现得也不那么好。由于这些数字是平均值，因此与个股结果会有所不同。

价格自右底之后上行 当股价收于确认价格之上时，双底就成为有效的夏娃和亚当双底形态。在此之前，股价不应该出现第三个底部。

底部成交量 一些形态在右底的成交量更高(通常在牛市中)，有些则在左底成交量更高(通常在熊市中)。

确认价格 确认价格即是突破价格，即股价收盘高于两个底部之间最高点。只有在股价超过确认价格后，双底形态才成为有效的夏娃和亚当双底形态。

突破成交量 寻找巨量突破的形态，但也不要因为突破成交量低于平均水平而放弃那些形态。

图15.4中显示的双底是否是有效的夏娃和亚当双底形态呢？通过在表15.1中所列的识别特征，我们知道这种形态出现在向下的价格趋势的底部。两个底部看起来不一样，第一个比第二个更宽，也更圆。第二个底部是狭窄的V形，有一个双日向下急跌。两个底部低点之间的差异很小(1%)。从底部低点到低点之间的间距为43天。形态两侧没有出现任何可能会使其变成三重底的深跌。右底的成交量比左底的大，突破成交量低于平均值。这个形态是一个有效的夏娃和亚当双底形态。

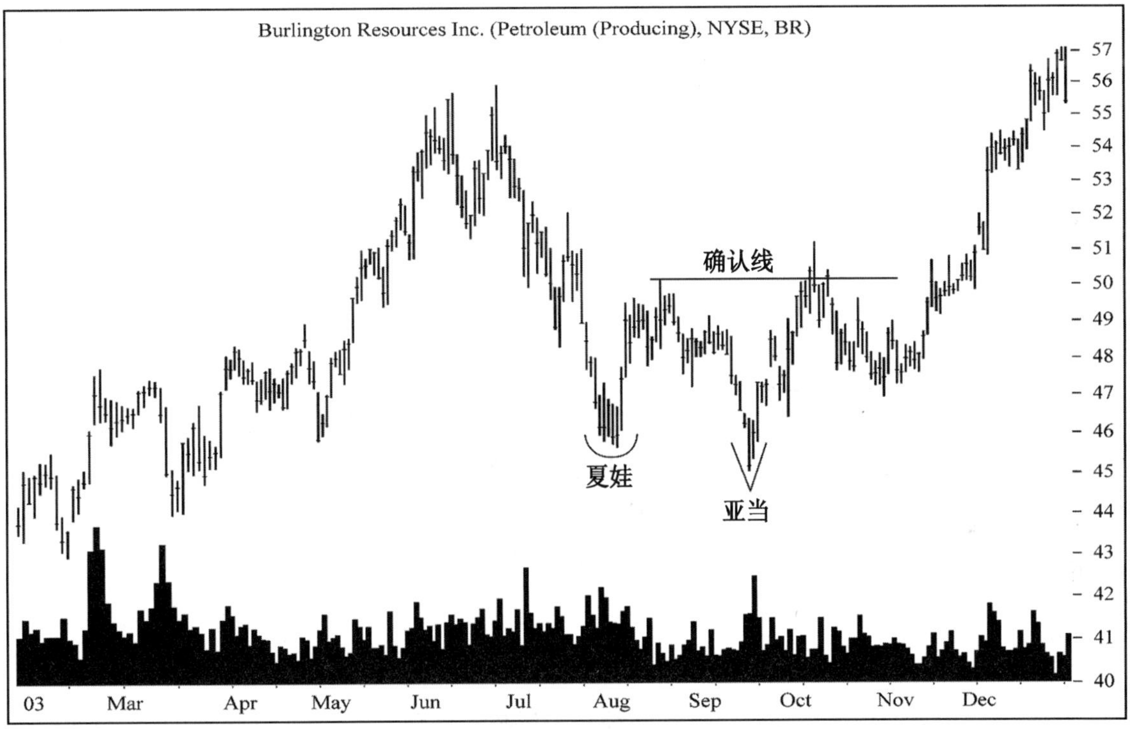

图15.4 一个夏娃和亚当双底形态，右底的成交量较高，突破成交量温和。

关注形态失败

从失败中我们能学到什么？图15.5所示为我所说的5%失败，即在突破之后，股价的上涨没有超过5%。夏娃和亚当双底形态的失败是极少的，我在227个形态中只发现12个失败形态。

在图15.5的例子中，形态底部之间的价格间距看起来很宽，但价格差异只有4%。如果查看表15.1中列出的识别特征，就会确认该形态为真正的夏娃和亚当双底形态。

为什么股价没能高于确认价格很多呢？对于这些类型的失败，答案是典型的：上方阻力。如果你看一下图15.5中的历史股价形态，你会发现在1996年中期略超37美元的双顶形态。这两个顶部，要么峰值在夏娃和亚当双底形态的确认线上，要么在确认线上形成价格拥堵。换句话说，这两个峰顶凸显了突破上方的阻力区。事实上，上方的阻力是如此之大，以至于它使股价在1998年中期回调(图中不显示)。这个夏娃和亚当双底形态在突破后上涨了3%，随后下跌47%。

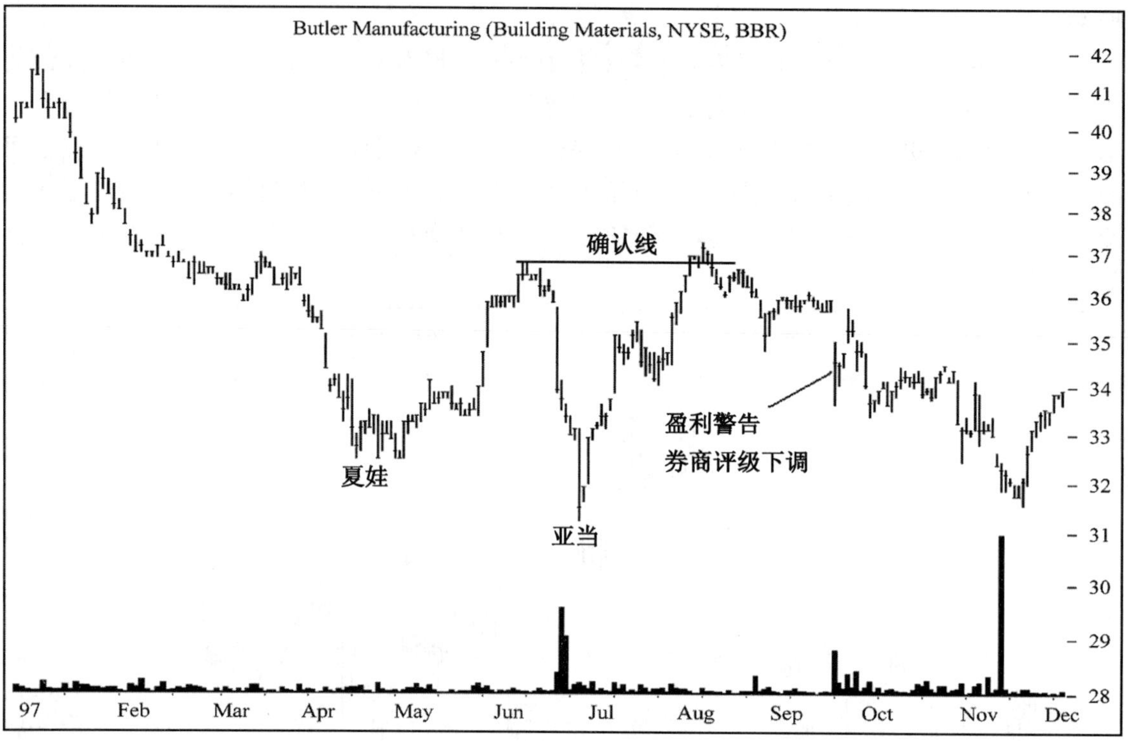

图15.5　一个5%失败的例子，股价突破价格之上没有上涨多少。

从公司基本面讲，该公司在9月中旬警告称，尽管该公司提高了股息，但全年收益将下降约20%。有一个券商降低了该股票的评级。股票因为这个新闻出现踏空缺口。

统计数据

表15.2所示为亚当和夏娃双底形态的综合统计数据。

表15.2　综合统计

描述	牛市	熊市
形态数量	161	66
反转(R)、持续(C)数量	161R	66R
平均涨幅	35%	23%
涨幅超过45%(数量或占比)	47或29%	10或15%
趋势结束后涨/跌幅	-31%	-36%
形态失败后涨/跌幅	-31%[a]	-29%[a]
标准普尔500指数的变化	17%	0%
到达最高点的天数	160	101

注：(-)负号表示下跌；[a]表示样本小于30个。

形态数量　四个双底形态中夏娃和亚当双底形态是最罕见的。我在500只股票只发现227个这类形态。这500只股票覆盖1991年中期到1996年中期，2000年到2003年的熊市，以及在这两个范围之间的其他时间范围。

反转或持续　根据定义，这一底部形态的作用是价格下跌趋势的反转。

平均涨幅　这类形态在牛市中平均上涨35%，远远高于熊市23%的涨幅。这一发现表明你应该坚持在牛市中交易这种形态。

涨幅超过45%　这类形态表现好的时候到底能好到什么程度呢？在牛市，超过1/4(29%)的形态股价在突破后涨幅45%以上。而在熊市，只有15%的形态能够上涨这么高。

趋势结束后的变化　一旦股价达到最高点，它随后就会下跌30%以上。在熊市中，跌幅为36%，远远高于股价在确认点之上的23%的涨幅。这样，你不仅要把所有的获利都回吐，还要从口袋掏钱出来。这个结果说明控制损失的重要性。

失败形态的表现　虽然样本很少，但数值也反映了在趋势变化后的结果。图15.5所示为一个失败的形态。如果股价没能上行，而是掉头轰轰烈烈地下行，考虑做空它。

标准普尔500指数的变化　标准普尔500指数显示牛市的平均涨幅为17%，但在熊市为0%，不涨也不跌。这一发现有助于解释这类形态在牛市中平均涨幅(35%上升)和熊市中平均涨幅(23%上升)之间的差异。

到达最高点的天数　股价在牛市中达到最高点花的时间比熊市长50%，这可能是因为其涨幅也超过熊市50%。这些数值表明，为了获得很大的收益，很多时候你必须有耐心(和幸运)。

表15.3所示为夏娃和亚当双底形态的失败比率。注意这些比率是如何从开始时的小比率然后迅速上升的。例如，在牛市中，股价在突破之后涨幅不到5%的形态是5%，而突破后股价上升未能超过10%的形态达到了15%，是5%失败比率的三倍。

表15.3　失败形态数量或比率

股价最大涨幅(%)	牛市	熊市
5(保本点)	7 或 5%	5 或 8%
10	24 或 15%	15 或 23%
15	41 或 25%	24 或 36%
20	53 或 33%	31 或 47%
25	71 或 44%	39 或 59%
30	86 或 53%	45 或 68%
35	97 或 60%	47 或 71%
50	122 或 76%	56 或 85%
75	139 或 86%	61 或 92%
＞75	161 或 100%	66 或 100%

比较牛市和熊市，我们发现亚当和夏娃双底形态在牛市中失败比率较低，正如人们的看涨形态的预期一样。这些数值表明，你应该交易与市场趋势一致的形态：牛市中交易看涨形态，熊市中交易看跌形态。如果你期望一个夏娃和亚当双底形态会有一个大的涨幅，比如说50%，你应该认识到76%的形态将无法上涨那么多(在熊市85%)。

表15.4所示为与突破及突破后相关的统计数据。

从形态结束到突破　平均而言，股价从右底上升到突破价格需要5～7个星期。

年度位置　夏娃和亚当双底形态藏在年度价格区间的哪一个位置？在牛市中，你发现大多数处在年度价格区间中间区域；在熊市中，突破价格处在是年度价格区间高位区域的1/3处。

表15.4　突破与突破后股价表现统计

描述	牛市	熊市
从形态结束到突破	46 天	37 天
突破在年度价格区间低(L)、中(C)、高(H)各区域分布的百分比	L31%,C40%,H29%	L35%, C23%, H42%
形态在年度价格区间低(L)、中(C)、高(H)各区域突破后的涨幅	L39%, C38%, H32%	L25%[a], C25%[a], H21%[a]
回调概率	57%	56%
回调期间	10 天	8 天
出现回调形态的平均涨幅	33%	28%
未出现回调形态的平均涨幅	39%	19%[a]
出现突破缺口形态的表现	32%[a]	22%[a]
未出现突破缺口形态的表现	36%	24%
缺口平均金额(美元)	0.25	0.50

注：[a]表示样本小于30个。

年度位置及表现　将形态的表现绘制在年度价格区间中，我们发现股价在年度价格区间低位区域突破的形态，股价在突破后表现最好。

回调　股价在突破形态后发生回调的概率是56%。回调发生后，平均来说，股价会在8～10天之间回到突破价格。在牛市中，当发生回调时，股价在突破后的整体表现会变差。在熊市中，发生回调也可能损害到股价的表现(表中数据显示的是回调有助于股价形态)，但是样本数量太小，无法作出准确的评估。顺便提一下，许多其他类型的形态都出现回调对牛市和熊市的形态都有损害的情况。

缺口　缺口对牛市和熊市的形态表现都有损害，但样本规模较小。请注意，熊市中的缺口大小比牛市的大两倍。这意味着你可以在确认线下方设置一个买入指令，但愿这将使你可以在缺口发生之前介入交易，而不会过度增加你的形态失败的风险。

表15.5所示为股价突破形态后需要多长时间才能达到最终的高点的频次分布，在第一星期，大约15%的形态达到最高点。大部分的形态在70天之后仍然在寻找高点。

表15.5　到达最高点天数的频次分布

天数	7	14	21	28	35	42	49	56	63	70	＞70
熊市	15%	6%	5%	2%	14%	2%	2%	5%	5%	2%	45%
牛市	14%	7%	2%	5%	2%	6%	1%	4%	3%	5%	51%

看看熊市股价突破后的35天，在那里，14%的形态因为某种原因见顶，就好像许多人同时投降一样。留意你的交易，在股价突破形态1个月后，查看趋势是否疲软。这时，你可能需要平掉仓位以保护你的利润。

表15.6所示为夏娃和亚当双底形态的面积大小统计数据。

高度　大多数形态类型都是高形态表现优于低形态，但夏娃和亚当双底形态不是。当形态的高度比牛市中的高度中值小时，股价往往会有突出的表现(低形态的股价在突破后涨幅为37%，而高形态的为33%)。熊市的高形态与低形态的表现没有差异，就好像它们不想站队一样。

表15.6 形态面积大小统计

描述	牛市	熊市
高形态表现	33%	23%
低形态表现	37%	23%
高度中值(与突破价格百分比)	18.03%	21.26%
窄形态表现	39%	31%
宽形态表现	32%	16%
长度中值	50 天	48 天
形态平均长度	69 天	66 天
低窄组合形态表现	42%	29%[a]
低宽组合形态表现	37%	23%[a]
高宽组合形态表现	32%	16%[a]
高窄组合形态表现	33%	34%[a]
小底部价格差异形态表现	37%	21%
大底部价格差异形态表现	34%	26%
价格差异中值	1.78%	1.89%
低左底形态表现	37%	26%
低右底形态表现	33%	19%[a]

注：[a]表示样本小于30个。

宽度 不管市场环境如何，窄形态的表现都比宽形态的好。我用表中的长度中值作为窄形态和宽形态之间的分割点。

形态平均长度 形态底部低点之间的平均长度约为2个月(66～69天)。

高度和宽度的组合 通过比较这些组合，我们发现低而窄的形态在牛市中表现得很好，高而窄的形态在熊市中表现得很好。表现最差的组合是高而宽的形态，所以要避免交易这种形态。

底部价格差异 我计算从底部低点到底部低点的价格差异，然后与表中的价格差异中值进行比较，确定形态底部价格差异的大小。底部价格差异小的形态在牛市中表现良好，而底部价格变化大的形态在熊市中表现得更好。

低左底或低右底形态表现 形态的左底低于右底的，股价在突破后往往表现得更好。

表15.7所示为与形态期间成交量相关的统计。

表15.7 形态期间成交量统计

描述	牛市	熊市
上升成交量趋势表现	34%	16%[a]
下降成交量趋势表现	37%	25%
U 形成交量形态表现	35%	18%
半圆形成交量形态表现	39%	33%[a]
既非 U 形又非半圆形成交量形态表现	30%[a]	27%[a]
巨量突破表现	33%	21%
轻量突破表现	43%	29%[a]
左底巨量形态表现	38%	25%
右底巨量形态表现	33%	20%[a]

注：[a]表示样本小于30个。

成交量趋势 那些成交量呈下降趋势的形态在突破以后表现得比那些成交量呈上升趋势的形态更好。表现的数值详见表15.7。

成交量形状 夏娃和亚当双底形态通常有三种成交量形状：U形、半圆形以及随机形状。在牛市和在熊市中，与其他成交量形状相比，半圆形成交量的形态表现都更好。

突破成交量 巨量突破是否意味着股价在突破后会有更好的表现？夏娃和亚当双底形态可不是这样。在牛市中，当突破成交量小于前30天平均值时，股价在突破后上涨43%，而巨量突破仅上涨33%；在熊市中明显地也有同样的趋势，但要注意熊市的样本规模较小。

底部成交量 如表15.7所示，左底成交量较右底更大的形态，比那些右底成交量比左底更大的形态，其股价在突破后表现更好。

交易策略

表15.8所示为夏娃和亚当双底形态的交易策略，这些交易策略和大多数双底形态的交易策略是相同的。

表15.8 交易策略

交易策略	解释
测算规则	计算两个底部的最高的高点到最低的底部低点的距离，差值即为形态高度，将差值加上最高高点，结果就是目标价格。在牛市，有47%的形态突破后股价会到达目标价格，而在熊市有66%的形态突破后股价会到达目标价格
等待突破	由于价格通常会持续下降，在进行投资之前，请等待股价收于确认点之上
顺势交易	为了取得最佳投资效果，在牛市中买入这类形态的股票
检查同行业中的其他股票	为了避免5%的失败，检查同一个行业中的其他股票，看看它们是否出现底部形态，或者它们的股价是否在上涨

测算规则 要确定价格可能上涨的程度，请使用测算规则：形态高度加上突破价格。例如，图15.6中显示的夏娃和亚当双底形态的确认价格为12.50美元，亚当底部是两个底部中最低的底部，其最低点为9美元，两者之差为3.5美元，这个差值就是形态高度。将此差值(3.5美元)加上突破价格(确认线12.50美元)，得到目标价格16美元。3月中旬股价攀升到了这个目标价格。

等待突破 我进行了一项研究，发现有64%的概率，股价没有收在确认点之上就下跌，而且跌到右底下方。换言之，如果不等待确认，则投资双底形态的失败概率是64%。确认和突破发生在股价收高于两个底部之间的最高点。总是等待确认，除非你有一个特殊的原因使你更早介入交易。

顺势交易 由于牛市中的夏娃和亚当双底形态比熊市的表现更出色，所以要在牛市中交易双底形态。即使你犯了错误，总体市场的上升浪也会抬高所有的船只，此时的市场更加宽容。

检查同行业中的其他股票 在同一行业中的其他股票是否在上涨呢？它们是否出现了底部反转形态(双底或三重底、头肩底部形态等)？如果业内许多公司表现良好，那就会给其他投资者买入股票的勇气，并增加股票需求。

然而，如果行业中的股票看起来病恹恹的，你怎么会认为这个双底形态的股价在突破之后会做得很好呢？它将是逆流而上。给自己存一些钱，避开这些股票，在别的行业里寻找更有前景的股票形态吧。

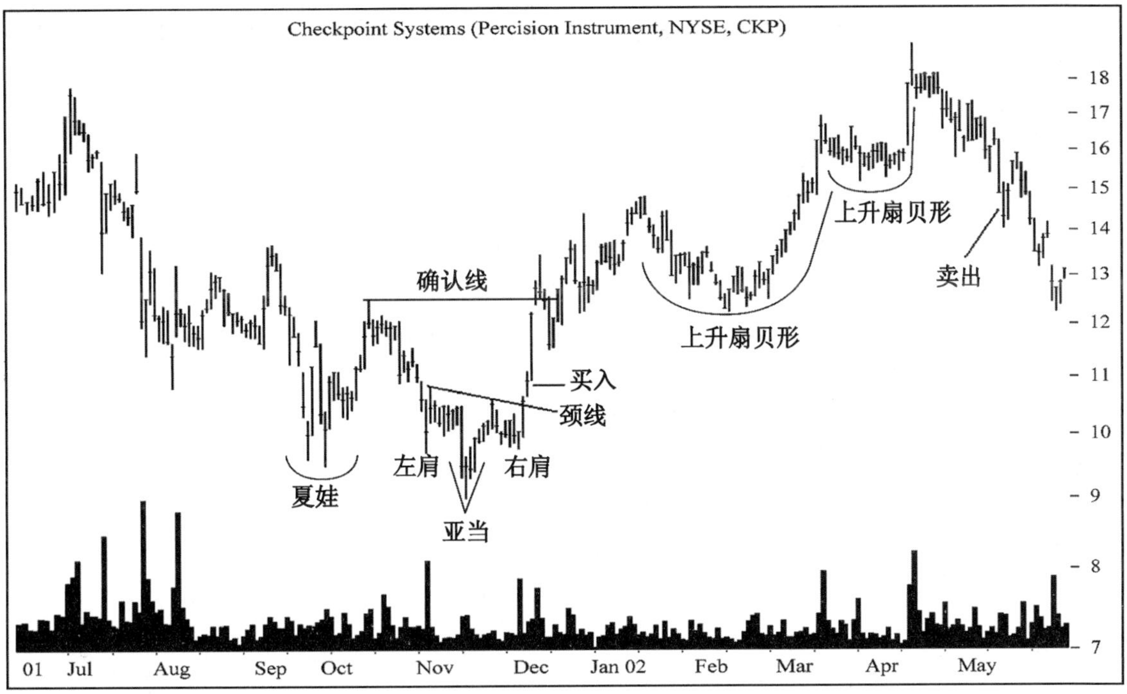

图15.6　如交易故事中所描述的，威利在这个夏娃和亚当双底形态早期买入股票。他在股价下跌到收缩的上升扇贝形态下方时卖出股票。

交易故事

图15.6显示的是威利交易的股票。他查阅了夏娃和亚当双底形态的辨识指南（见表15.1），并检查了形态的识别特征。简言之，股票价格呈向下趋势进入夏娃和亚当双底形态。夏娃的底部引起了他的关注，因为两个尖峰很长，但相隔了几天。是夏娃的底部吗？亚当底部有一条较短的尖峰。那真的是一个亚当底部吗？他抬头看着这两个有尖峰的底部，看到夏娃底部有几个星期宽，而亚当底部保持狭窄。他的结论是，这种形态是一个夏娃和亚当双底形态。两个底部之间的涨幅超过10%，底部之间看起来约有6个星期的距离。左底的成交量比右底的高，意味着股价在突破形态后将会有好的表现。

当他看着形态的发展，他看到了一个看起来像头肩底部的形态。他画了那一条向下倾斜的颈线，当股价收在颈线之上，头肩底部形态确认，他买入股票，买入价为11美元。在那之后，股价只花了2天的时间就达到了夏娃和亚当双底形态的确认价格。

威利的股票涨到了更高位置，股价形成了一个上升扇贝的形状，一个带有右手柄的圆弧弯转。当第二个也是更高的扇贝形状出现时，他越来越担心。有时，随着它们在价格趋势中越来越高，连续上升的扇贝形状变得越来越窄。通常，一个异常狭窄的上升扇贝形状之后股价就会见顶。因此，他决定一旦股价下跌到扇贝碗底下方就卖出股票。这个事情发生在5月初，他在14.93美元平仓获利了结，净收益为35%，而且这是在熊市。

交易秘籍

下面的列表包含交易这种形态的提示和观测结果，以帮助你选择表现更好的形态，更多的信息，请参阅相关的表格。

- 检查辨识指南的辨识特征以正确选择形态。见表15.1。
- 选择牛市形态。见表15.2。
- 牛市中形态的失败比率较低。见表15.3。
- 在年度价格区间低位突破的形态表现最佳。见表15.4。
- 在牛市中，回调使股价表现变差。见表15.4。
- 在熊市中，在股价突破后1个月留意股价疲软。见表15.5。
- 选择窄的形态。见表15.6。
- 选择左底比右底低的形态。见表15.6。
- 选择成交量呈下降趋势的形态。见表15.7。
- 成交量趋势呈半圆形状的形态表现良好。见表15.7。
- 轻量突破的形态其股价在突破后表现良好。见表15.7。
- 选择左底成交量比右底成交量大的形态。见表15.7。

第十六章 双底形态之夏娃和夏娃形态
Double Bottoms, Eve & Eve

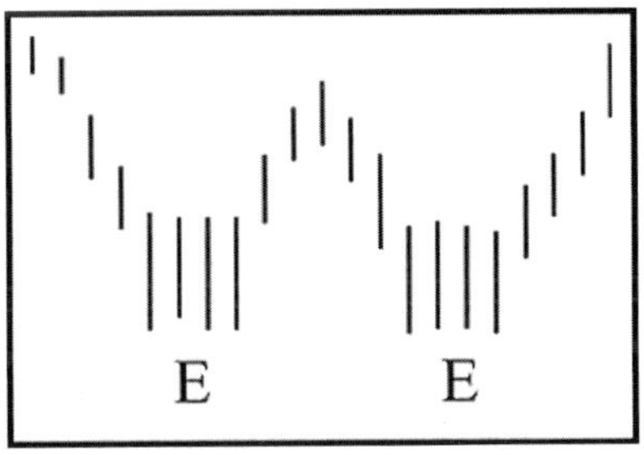

统计简报

向上突破

形状	两个底部都是宽的圆弧形状。突破方向向上。	
反转或持续	短期反转,行情看涨。	
	牛市	**熊市**
表现排名	6/23	8/19
保本失败概率	4%	7%
平均涨幅	40%	24%
趋势结束后的变化	-31%	-34%
成交量趋势	向下	向下
回调概率	55%	46%
实现目标价格概率	67%	54%
意外发现	在年度价格区间低位区域附近突破的形态表现最好,回调损害形态表现;窄形态表现突,右底比左底低的形态和右底成交量比左底成交量大的形态表现良好。	
参见	亚当和亚当双底形态;亚当和夏娃双底形态;夏娃和亚当双底形态。	

夏娃和夏娃双底形态是经典的双底形态。它形成两个圆弧底,圆弧底之间有一个上升的圆弧形将两底分开。这是理想的形态,但在现实中很少有这样完美的事情。在四类双底形态中,夏娃和夏娃双底形态的平均涨幅最高,在牛市中涨幅为40%。不仅如此,它还有一个很低的保本失败概率:4%。作为一个交易者,你还想要什么?

导入

夏娃和夏娃双底形态看起来像什么？图16.1所示为夏娃和夏娃双底形态的一个很好的例子。这个形态在一个扩散形底部形态之后形成。两个夏娃底部都是宽的圆弧形，两个不同的低底分离，使它们不在同一拥塞区域。在这个例子中两个底部之间的涨幅达到了40%，特别大。在3月，股价收盘高于形态的最高点，可以确认这个双底是一个真正的双底形态。

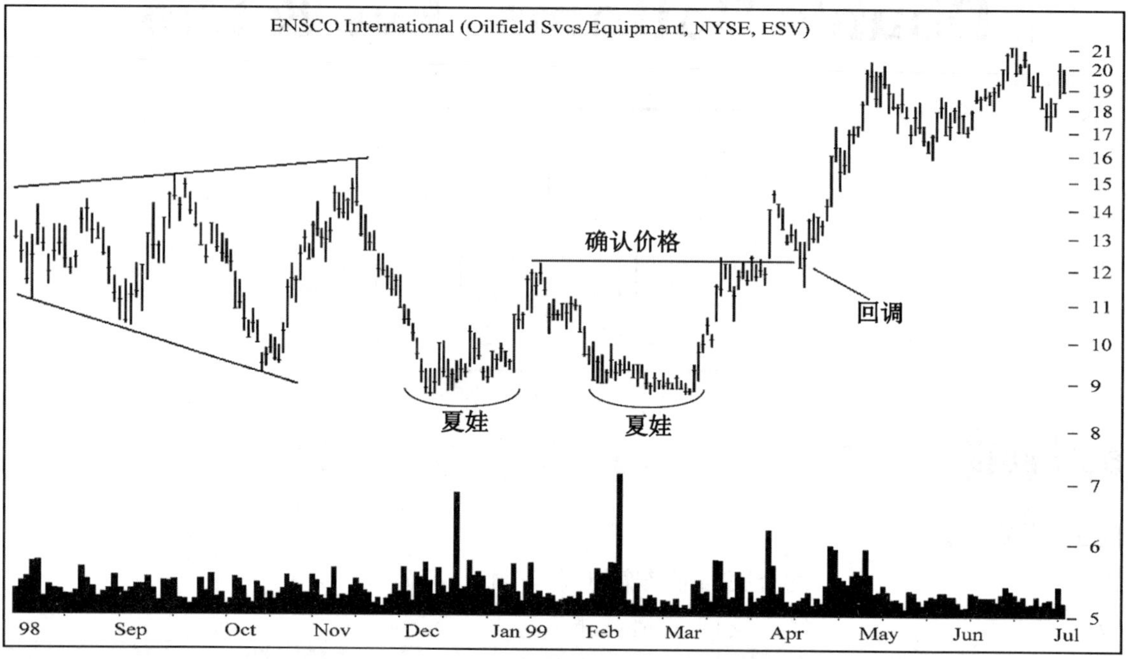

图16.1　一个扩散形底部形态通向夏娃和夏娃双底形态。两个夏娃底部呈宽且圆的形状。股价突破形态后上涨了67%。

双底形态是怎么形成的呢？所有形态表现的都是股票的购买需求和卖出压力之间的斗争。当价格下跌到买到股票就像偷到股票的地步时，交易者就会买入。如果交易者买得够多，股票价格就会上涨。这就是为什么底部通常显示成交量尖峰或成交巨量。在一个夏娃和夏娃双底形态，卖出压力与购买需求达到平衡，使得底部转弯长且温和。

价格上涨后，持续上涨，直到交易者认为股票已经超买，所以卖出股票，获利了结。卖出压力最终会遏制股价的上行。当其他交易者看到上涨势头放缓时，他们就会抛售股票。这种抛售迫使股价再次下跌。

当价格降到足够低的水平时，精明的投资者又会买入股票，有时他们会悄悄地买入，有时不会。另一些人则看到股价下跌趋势放缓，预示着趋势的转变，他们也跟着买入。

当股价从水下冒出来，更多的交易者买入股票，形成第二个温和的转折的夏娃底部。股价又开始攀升。当它接近两个底部之间的高点，它往往会在那里停留，因为有交易者获利了结。在一个有效的夏娃和夏娃双底形态，卖出压力不会使得股价再次下跌。相反，交易者感觉到股票内生力量而买入股票。这种购买需求迫使价格上行，当股价高于两个底部之间的高点，这就是突破的信号。

在一旁围观的技术派交易者簇拥买进股票。股价上升，股票成交量猛涨。卖家不情愿地抛售股票给渴望的购买者。价格攀升了好几天，然后事情变了。股价回调到突破价格的概率超过一半。回调是短暂的，股价积聚力量后再次上涨，飙升至新高。

辨识指南

我发现，辨认夏娃和夏娃双底形态很容易，但是，在这两种情况下，你必须知道你要寻找什么。不是任何两个底部在相同的价格水平的形态都是双底形态。表16.1所示的指南将使得正确选择这种形态更加容易。当阅读指南时，请参考图16.2。

表16.1　辨识指南

特征	讨论
下跌的价格趋势	价格趋势向下进入形态，股价进入左底之前不应低于左底
底部形状	夏娃的底部是宽的、圆弧的转弯，而不是狭窄的价格尖峰，也不是V形
底部之间的涨幅	两个底部之间从最低的谷到最高的峰距离至少10%，但允许例外
底部最低价格差异	底部之间的价格变化是小的。差异介于0～6%之间的形态表现最佳
底部间距	底部之间至少要隔几个星期。间距在2～7个星期的形态表现最好；间距超过7个星期的形态表现糟糕
股价从右底上涨后	价格必须收在确认点之上，在此之前的下跌不能低于右底的低点
底部成交量	通常在左底成交量比右底的高
确认价格	确认是指股价收在两个底部之间的最高的高点之上。它确认双底为有效的双底形态。确认价格也是突破价格

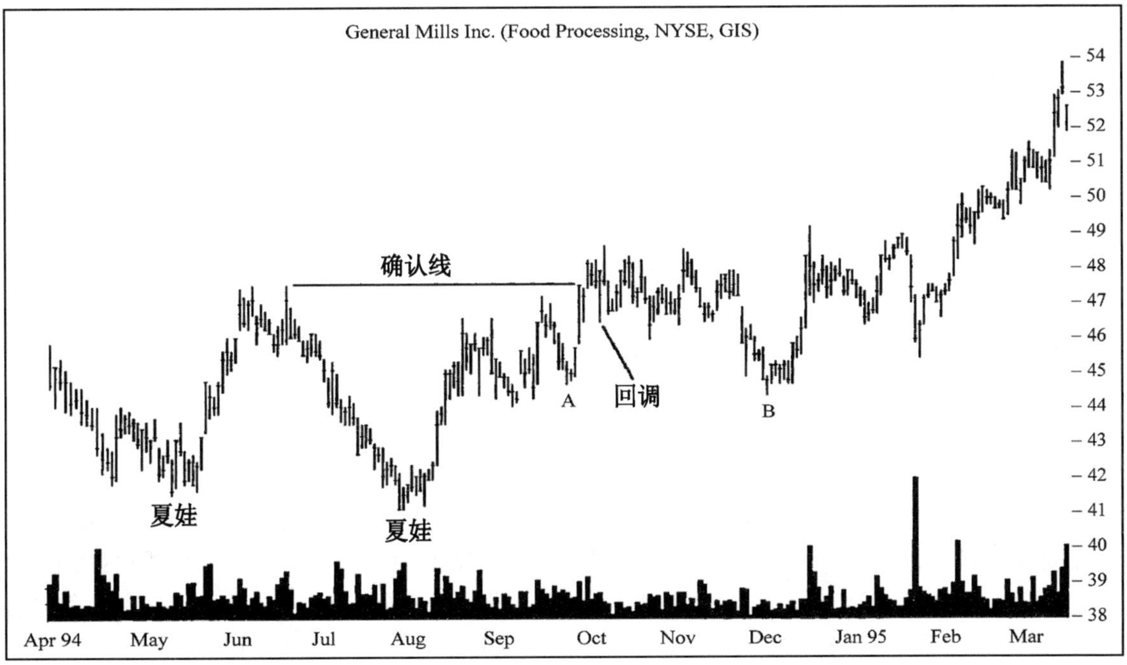

图16.2　点A和点B不是双底形态，因为在点A的左侧附近有更低的低点。

下跌的价格趋势 1993年10月中旬，股票价格从约56.50美元的地方开始下跌，在次年5月中旬，股价在约41.50美元处见底。在见底前的下跌趋势中，股价从来没有低于这个左底。这一项指南的理由是，你应该使用股价图上的两个最低的小低点。不要只是为了满足辨识指南的条件，而试图先选择一个低点，然后在这个低点附近找另一个低点。图16.2中标记为A和B的两个点代表一个不正确的双底形态，因为在点A的左侧有比它更低的低点。

底部形状 将双底形态分配到亚当或夏娃分类中。亚当底部是狭窄的V形，也许有单日或双日向下价格尖峰。夏娃底部是宽的圆弧形转弯，也可能有价格尖峰，但这些尖峰通常比较短，而且较多。

底部之间的涨幅 股价从形态的最低的底部低点上升到形态的最高点，涨幅应该至少10%。

底部最低价格差异 底部和底部之间的价格变化应该是小的。基本的规则是，两个底部之间在价格水平上应该似乎是彼此接近的。图16.2显示的两个底部之间价格差异大约为1%。

底部间距 两个底部应该至少相隔几个星期，但往往相隔数月，如图16.2所示。1个月是许多专业人士认为的最起码的间距，这样的间距才能导致强有力的动量积聚。我设置了一个较低的标准来帮助验证这个观点，结果发现，两个底部相近的形态表现得比那些相距更远的形态好。

价格从右底上涨后 股价从右底上行后，应上升到确认价格，而不能再次下跌形成第三个底部。平均来说，股价完成从右底到确认点的上涨需要1～2个月。

底部成交量 成交量最高的底部通常出现在左底。在右底的成交量已经减少，整体的成交量形状呈向下趋势。这些都不是绝对的规则。有时成交量最高的在右底，而不是左底。然而，平均而言，大多数的形态都服从这个规则。

确认价格 确认点是两个底部之间的最高点，它用于测算规则的计算和测量突破价格(关于这一点后文再细说)。图16.2显示的从右底到确认价格的上升为15%，高于10%阈值。

只有在股价上升到确认点之上，双底才是一个真正的双底形态。在统计数据时，我只计算价格上升至确认点以上的双底，因为失败比率很高，达到64%。在一项研究中，有980个形态看起来像双底形态，但它们的股价从右底上升后没有到达确认点，最终下跌比第二个底部还低。另外的525个形态运行符合预期，股价从右底上升到确认点并继续走高。如果你买入的股票触及了第二个底部，你交易成功的机会是1/3。换言之，应该等价格上升到确认点以上再进行投资。

现在，你知道双底形态看起来像什么了，下面我们来讨论如何正确区分亚当和夏娃。图16.3所示为另一个夏娃和夏娃双底形态的例子，但很难识别。两个底部都有一个单日下跌尖峰，然而当你向上看时，股价是扩散的。如果去掉那个单日尖峰，就会看到两个底部都是圆弧的转弯。亚当底部比这个更为狭窄，通常也更长。

在12月，当股价暴跌三天，就出现了一个很好的亚当底部的例子。底部看起来窄而尖，而不是宽而圆。注意亚当和夏娃之间的不同外观。当试图确定双底是否有亚当或夏娃的组成部分，问自己：两个底部看起来相似(亚当和亚当或夏娃和夏娃)还是不同(亚当和夏娃或夏娃和亚当)；它们看起来是否一样，底部是宽的还是窄的，是尖的还是圆的？

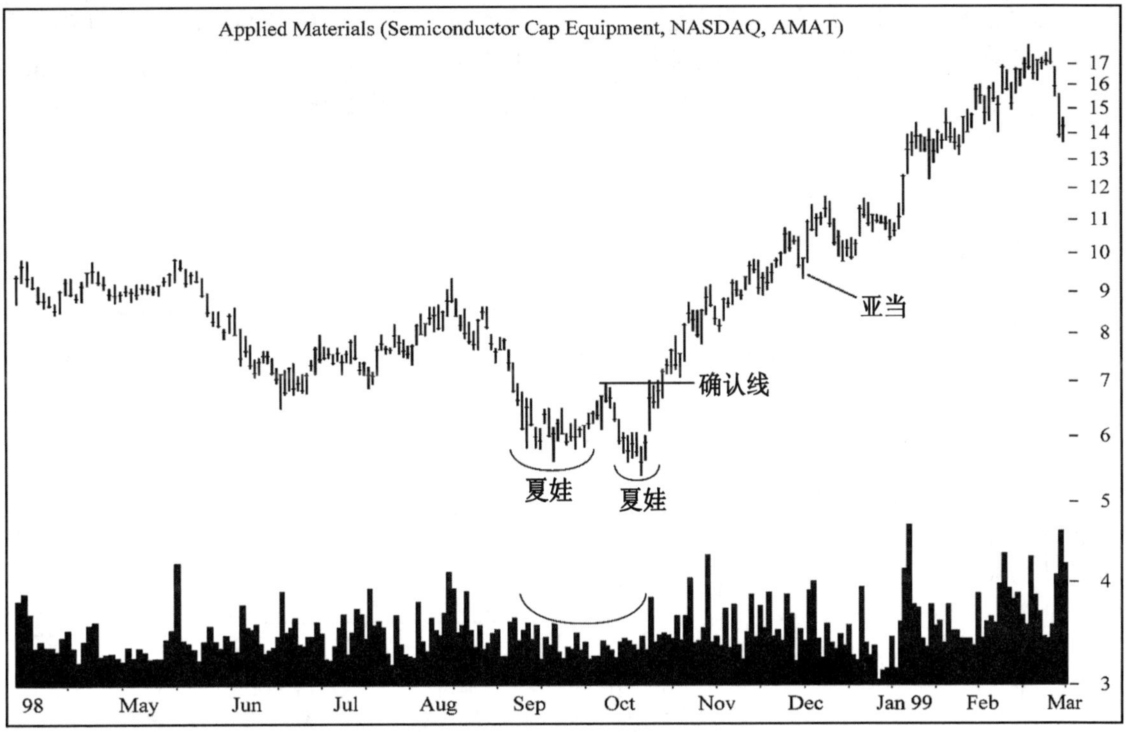

图16.3 尽管有一个单日下跌尖峰，但这两个夏娃底部比在12月的亚当底部更宽、更圆。

让我们看看另一个例子，图16.4中，第一个夏娃底部比第二个更窄，它看起来像一个宽大的号角(它有两个小低点)。右底看起来很宽，但它是V形的。这些是亚当底部吗？

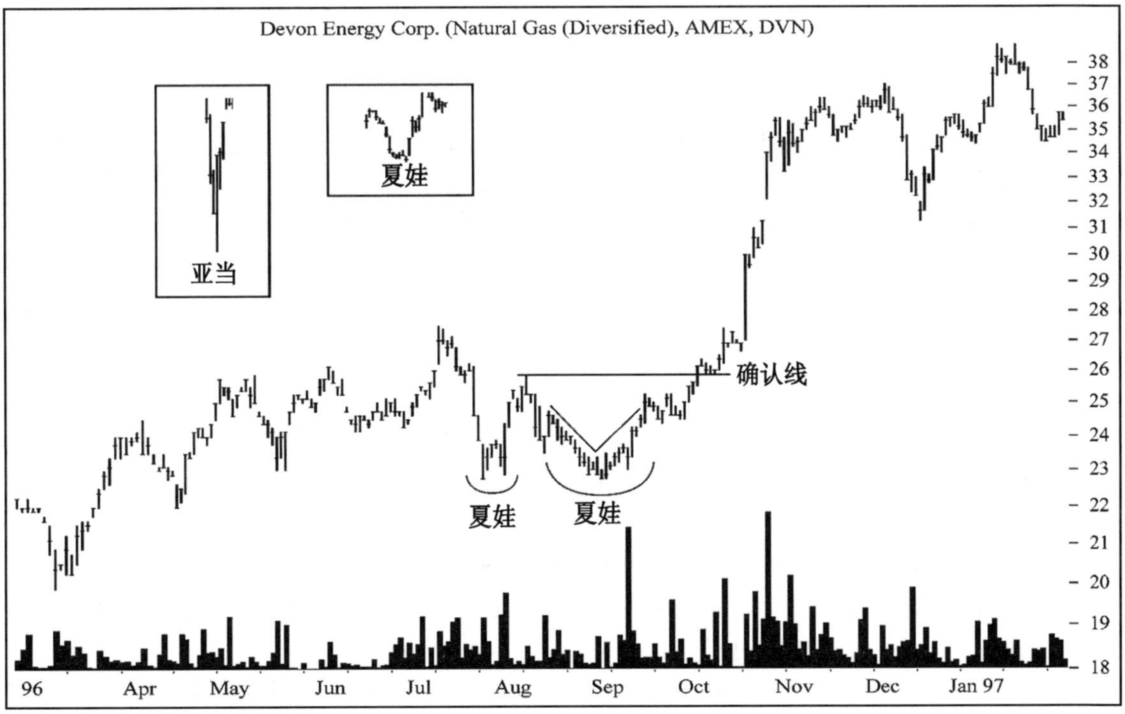

图16.4 两个较小的低点构成左夏娃底部，右底呈现V形。

有时候答案并不在底部本身，而是在周围的风景里。我在图16.4的股票中搜索亚当底部和夏娃底部的样本，它们出现在插图上。显然，两者之间的差异令人吃惊。将这两个插图与所谓的夏娃和夏娃底部进行比较，哪个插图看起来和这个双底相像呢？我认为夏娃的插图和两个夏娃的底部相吻合。

关注形态失败

图16.5是一个测验。这是一个夏娃和夏娃双底形态还是一个夏娃和亚当双底形态？答案是什么？现在，谁在乎呢？股价在突破后未能攀升，我在想着赔钱的事情，这比识别形态更重要。

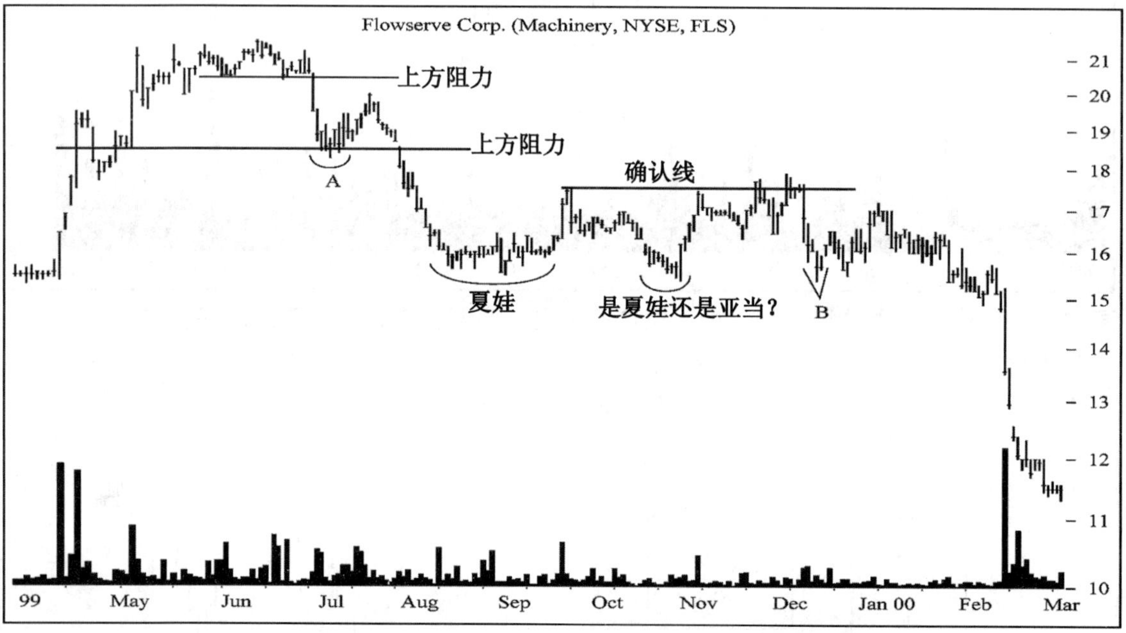

图16.5　这是一个夏娃和夏娃底部，还是夏娃和亚当底部？为什么股价没能上升很高？

左夏娃底部是不是真正的夏娃底部最具争议，它看起来宽而圆，而不像亚当底部那样有锋利的针尖。右底没有一个单日或双日价格尖峰出现，它看起来像V形，不过你得认为这个V形是倾斜到一边的。它看起来像是点A的夏娃底部还是点B的亚当底部？我认为这个双底是一个夏娃和夏娃双底形态。

为什么价格在突破之后没有爬得很远？我已经画出两个上方阻力区域。顶部的那个看起来很强大，足以击退大部分上升的企图。下面的那一个阻力区域是6月一个坚实的区块，但它可以回溯到4月。

在4月至8月的蹦起之前，股价一直长期下跌。如果包括一些小的低点，那么股价有一个在17.50美元水平波动长达3个月的区域(图中没有显示)。因此，夏娃和夏娃形态未能上升的原因是上方阻力加上公司恶化的基本面。

我喜欢知道我所跟踪股票后来的情况怎么样。我保留一个事件的数据库，可以匹配事件与股价的活动。该公司在蹦起阶段的两边，即分别于4月和8月公布了公司收益。第一次发布帮助了股价上涨，第二次发布帮助了股价下跌。在夏娃底部形成前夕，有消息称公司机床订单疲弱，比上月同比下降2%，与上年相比下降30%；再加上外国竞争增加和内幕交易的加剧，公司基本面正在变坏。这些信息对股价技术形态没有帮助。

4月至8月的股价蹦起阶段让我想起有时候会出现在钻石形顶部形态上的情况。股价在几天内飙涨，形成一个钻石形顶部形态，然后股价又掉头下跌回到它开始的地方。从此，股票好像失去了生存的意志一样，心跳都是平的。我不会考虑交易这种双底形态，因为那种情况看起来和这个相似。

统计数据

表16.2所示为夏娃和夏娃双底形态的综合统计数据。

表16.2　综合统计

描述	牛市	熊市
形态数量	412	74
反转(R)、持续(C)数量	412R	74R
平均涨幅	40%	24%
涨幅超过45%(数量或占比)	153或37%	16或22%
趋势结束后涨/跌幅	-31%	-34%
形态失败后涨/跌幅	-31%[a]	-30%[a]
标准普尔500指数的变化	16%	-2%
到达最高点的天数	170	77

注：(-)负号表示下跌；[a]表示样本小于30个。

形态数量　我在我的股票数据库中发现了一堆的夏娃和夏娃双底形态。大多数形态来自牛市，因为牛市比熊市更长。我使用的股票数据包括500只在1991年中期至1996年中期的股票，另有500只股票在2000年到2003年的熊市。

反转或持续　根据定义，夏娃和夏娃双底形态作为形态前股价趋势的反转(即突破方向向上的底部形态)。

平均涨幅　这种形态在牛市的平均涨幅是我所见的股票形态中表现最好的之一。然而，在熊市中，24%的涨幅与其他形态类型不相上下。所以，在牛市中交易夏娃和夏娃双底形态。

涨幅超过45%　在牛市，超过1/3(37%)的夏娃和夏娃双底形态股价在突破后上升超过45%。这个相当好。即使是熊市中，也有22%的形态表现得前途无量。

趋势结束后的变化　当股价达到最高时，牛市中价格暴跌31%，熊市中达到34%。因此，如果能确定什么时候股价已经攀升到它力所能及的高峰，在股价见顶后应该做空股票。记住，表中的数值是平均值，所以你的结果与此会有所不同。

失败形态的表现　尽管有不同的测算规则，但失败形态的表现接近于形态达到趋势结束后反转的表现。很少有夏娃和夏娃双底形态突破失败，但你必须盯着股价的回调，所以你会发现交易这种形态的失败形态很难。

标准普尔500指数的变化　在牛市强劲的总体市场上行(16%)帮助了这种形态的平均涨幅

(40%)击败其在熊市的平均涨幅(24%)。

到达最高点的天数 价格要花多长时间才能见顶？在牛市中将近6个月，在熊市中不到这个数的一半(77天)。这些数值意味着熊市的上升比牛市更陡。

表16.3所示为夏娃和夏娃双底形态的失败比率。让我举几个例子说明你应该如何阅读这张报表。在牛市中，4%的形态在突破后上升不超过5%；在熊市中，7%的形态未能上升5%。

表16.3 失败形态数量或比率

股价最大涨幅(%)	牛市	熊市
5（保本点）	18 或 4%	5 或 7%
10	63 或 15%	13 或 18%
15	109 或 26%	24 或 32%
20	136 或 33%	30 或 41%
25	167 或 41%	44 或 59%
30	205 或 50%	49 或 66%
35	225 或 55%	56 或 76%
50	280 或 68%	60 或 81%
75	331 或 80%	68 或 92%
>75	412 或 100%	74 或 100%

你可以看到，从股价最大涨幅5%～10%，牛市的失败比率几乎翻到4倍(从4%上升到15%)。一半的形态股价将在到达30%之前停止攀升。在熊市中，一半的形态将上升不到22%。

稍后我将讨论测算规则，在此先假设它预测的目标价格比突破价格高20%。熊市中有多少夏娃和夏娃双底形态会有这样的涨幅？答案是：59%(41%的形态突破后上升不超过20%)。如果41%的失败比率听起来太高，那么你应该把目标价格下移，使它离突破价格再近一点。

表16.4所示为与突破及突破后相关的统计数据。

表16.4 突破与突破后股价表现统计

描述	牛市	熊市
从形态结束到突破	39 天	57 天
突破在年度价格区间低(L)、中(C)、高(H)各区域分布的百分比	L32%,C41%,H27%	L32%,C35%,H32%
形态在年度价格区间低(L)、中(C)、高(H)各区域突破后的涨幅	L45%,C38%,H40%	L30%[a],C19%[a],H26%[a]
回调概率	55%	46%
回调期间	11 天	11 天
出现回调形态的平均涨幅	33%	24%
未出现回调形态的平均涨幅	48%	25%
出现突破缺口形态的表现	42%	21%[a]
未出现突破缺口形态的表现	40%	26%
缺口平均金额(美元)	0.47	1.78

注：[a]表示样本小于30个。

从形态结束到突破　从右底到突破点，股价要花费1个月(牛市39天)到2个月(熊市57天)的时间。在熊市中，股价从右底到突破点的上涨将会花费更长的时间，这个是讲得通的，熊市形态的右底到突破点更高。不过，在突破之后，熊市形态的股价上升得更快(见表16.2中的“到达最高点的天数”)。

年度位置　在牛市有近一半的形态，其突破发生在年度价格区间的中间区域。在熊市中，突破位置在低、中、高区域中几乎平分。

年度位置及表现　表现最好的形态其突破位置在哪里呢？在牛市和熊市中，夏娃和夏娃双底形态的股价在年度价格区间低位区域突破的表现最佳。股价在突破后表现最差的是，在年度价格区间中间区域突破的形态。这是许多夏娃和夏娃双底形态突破的地方。

回调　这种形态有一半的形态出现回调。回调是投资者建仓或加仓的另一个机会。当股价发生回调时，从突破点再回到突破点价格需要11天。这表明价格在不到1个星期内见顶，然后再花几天时间来回吐收益。请记住，如果你决定在确认价格买入，就要在回调之前卖出。

当回调发生后，股价的表现会受到影响。例如，在牛市中，当发生回调时，股价突破后的平均涨幅为33%，而没有发生回调的情况下，平均涨幅为48%。这项发现表明你应该查看上方阻力，避免任何可能导致价格被击退的情况。

缺口　突破日缺口对牛市形态的表现略有帮助，但对熊市形态有损害。请注意，熊市缺口平均大小几乎是牛市缺口平均大小的4倍。这项发现表明你设置的买入价格应该略低于突破价格，以便它能让你在实际突破之前买到股票。

表16.5所示为股价在突破形态后需要多长时间才能达到最终的高点的频次分布。在第一个星期，很少有形态失败(见顶)，但看看熊市的那一列，在35天和42天，在这2个星期里，熊市中的20%夏娃和夏娃双底形态的股价达到了最高点。因此，你应该预估股价在突破后短短1个月到达峰顶。牛市形态的股价在突破后第3个和第4个星期(表中的21天和28天)显示疲软。由于某种原因，这种疲软经常出现在熊市的所有形态类型中。

表16.5　到达最高点天数的频次分布

天数	7	14	21	28	35	42	49	56	63	70	＞70
熊市	8%	12%	9%	3%	12%	8%	3%	3%	5%	0%	36%
牛市	14%	5%	6%	6%	4%	3%	2%	2%	4%	3%	51%

表16.6所示为形态的面积大小统计数据。

高度　牛市的结果让我吃惊，因为高形态通常表现得比低形态好。尽管在熊市中的情况也是如此，但差异是微乎其微的。在牛市中，低于高度中值的形态在突破后表现较好，收益平均为41%，而高形态的平均涨幅为39%。

要利用这个结果，就要先计算形态高度，从两个底部的最高点到最低点的距离就是形态高度，然后除以最高点(突破价格)，其结果若小于表16.6中列出的高度中值，则形态为低形态，否则为高形态。

宽度　我测量形态宽度的方法是，计算从左底最低点到右底最低点的距离，其结果若小于表16.6中列出的长度中值，则形态为窄形态，否则为宽形态。窄形态比宽形态表现得好得多。

形态平均长度　从形态的左底到右底，形态平均长度在2～3个月之间(73～80天)。

表16.6　形态面积大小统计

描述	牛市	熊市
高形态表现	39%	25%
低形态表现	41%	24%
高度中值(与突破价格百分比)	16.40%	22.40%
窄形态表现	44%	26%
宽形态表现	37%	23%
长度中值	50 天	47 天
形态平均长度	73 天	80 天
低窄组合形态表现	49%	25%[a]
低宽组合形态表现	34%	19%[a]
高宽组合形态表现	41%	24%[a]
高窄组合形态表现	35%	27%[a]
小底部价格差异形态表现	41%	22%
大底部价格差异形态表现	39%	27%
价格差异中值	2.00%	1.71%
低左底形态表现	40%	22%
低右底形态表现	41%	25%

注：[a]表示样本小于30个。

高度和宽度的组合　牛市中既低又窄的形态，以及熊市中又高又窄的形态，其股价突破形态后往往表现得最好。表现最坏的来自既低又宽的形态。所有的熊市统计结果都只有少量的样本，所以这些数值可能不可靠。

底部价格差异　两个底部之间价格变化小的是否比那些变化大的表现得更好？是，也不是。两个底部变化小的形态在牛市中表现最好，而变化大的形态在熊市中表现好。

为了得到这个结果，我计算了每个夏娃和夏娃双底形态的底部价格差异，然后找到中间值。价格差异高于表中的中值的形态称为大底部价格差异形态，低于中值的形态称为小底部价格差异形态。

低左底或低右底形态表现　当右底低点低于左底低点时，股价突破形态后的表现略有提升。

表16.7显示与形态期间成交量相关的统计。

表16.7　形态期间成交量统计

描述	牛市	熊市
上升成交量趋势表现	38%	26%
下降成交量趋势表现	41%	23%
U 形成交量形态表现	42%	25%
半圆形成交量形态表现	41%	26%[a]
既非 U 形又非半圆形成交量形态表现	33%	16%[a]
巨量突破表现	40%	24%
轻量突破表现	39%	27%[a]
左底巨量形态表现	39%	24%
右底巨量形态表现	43%	25%

注：[a]表示样本小于30个。

成交量趋势 成交量的下降趋势意味着股价在突破后有强劲的表现，但只是在牛市才这样。在熊市中，上升的成交量趋势的形态表现会更好。

成交量形状 我查看了三种成交量形状，发现那些U形成交量的形态在牛市中表现最好(如图16.3所示为U形成交量的示例)。那些有半圆形成交量的形态在熊市中表现很好，但是样本很少。避免交易那些其他(随机)成交量形状的夏娃和夏娃双底形态。

突破成交量 许多技术分析家都会说，巨量突破意味着股价强劲的表现，轻量突破可能会带来灾难。在这两个市场中，我发现这种形态的表现在统计上差异很少。这类双底形态的巨量突破在牛市中表现良好，但轻量突破(少量样本)在熊市中表现得更好。

底部成交量 形态中右底的成交量比左底的大，是否意味着股价在突破后表现更好？是的。我使用底部周围5天的成交量作一个简单的比较。在牛市中，当右底显示较大的成交量时，股价在突破后上涨了43%。而左底成交量较大的只上涨39%。在熊市中呈现出类似的趋势，但涨幅更加相近。

交易策略

表16.8所示为夏娃和夏娃双底形态的交易策略。它们和其他双底形态一样。

表16.8 交易策略

交易策略	解释
测算规则	计算两个底部之间最高点到最低点之差，差值为形态高度。将差值加上最高点，得出结果就是目标价格。股价触及目标价格的概率，在牛市为54%，在熊市为67%
等待突破	在买入股票前，等待股价收于确认点之上。如果你在右底看到一个平层，就买入股票
顺势交易	为取得最佳投资效果，在牛市中交易
检查同行业中的其他股票	为了避免5% 失败，检查同一个行业中的其他股票，它们是否显示底部形态，或者它们的股票是否在上涨

测算规则 使用测算规则预测目标价格。有一个可以瞄准的目标可能让你在股价见顶附近卖出股票。如果价格接近了目标价格，要评估实际情况。价格会继续走高的可能性大还是下跌的可能性大？

若要查找目标价格，先计算两个底部的最高点减去最低点之差，得出形态高度。将形态高度加上最高点，得出目标价格。例如，图16.6所示为一个夏娃和夏娃双底形态。形态中最低的低点是左底的14.27美元，最高的高点是18.39美元(突破或确认价格)。将差异4.12美元加上最高点，得出目标价格22.51美元。在这个例子中，股价只上升到20美元便开始下跌。

您可以使用表16.3来检验目标价格。在这个例子中，从18.39美元上升4.12美元，意味着22%的涨幅。由于这个夏娃和夏娃双底形态发生在熊市中，这意味着大约47%(使用表16.3的数据，用插值法计算出这个数值)的形态将没有能够上涨超过22%。这一结果表明目标价格太高了。

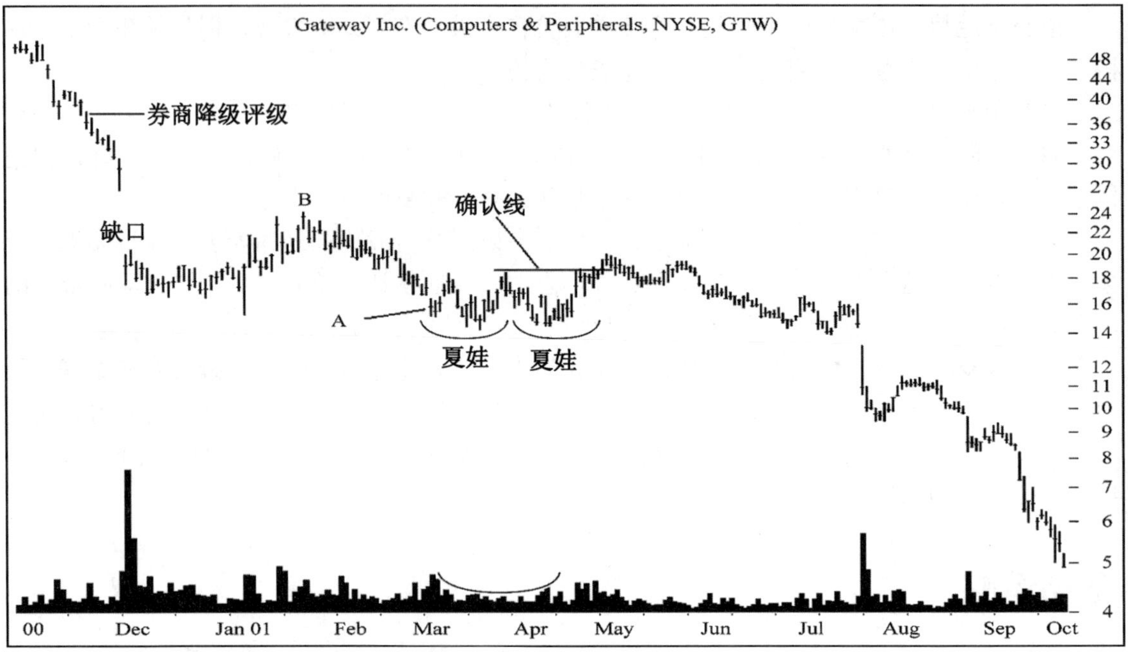

图16.6　由于基本面恶化，股价突破后仅上涨9%。

等待突破　即使是在牛市中，仅仅是因为股价看起来“便宜”就买入股票的抄底方法并不是一个好的策略。明天，股价会更便宜。到下个星期，公司可能宣布破产。

在交易双底形态时，等待股价收于确认点之上是一个很好的交易方式。你仍然可能赔钱，但这是最好的下注方式。如表16.3所示，夏娃和夏娃双底形态的保本失败概率小，只要你等待确认。

此规则的例外情况，是位于右底的平层。平层是一个价格拥塞区域，有时它可能表现为另一个股价形态。第十五章中的图15.6有一个这种情况的示例。当股价在拥挤的上方运行时买入，并在支撑区(即平层下方)的远端设置止损点。

顺势交易　让精明的投资者去做逆势交易。一旦他们清除道路上的地雷，开出一条大道，你就应该跟随他们的脚步。换言之，交易方向与总体市场趋势一致。当股市行情不断向上，买入看涨形态的股票(如夏娃和夏娃双底形态)。而在熊市中要避免做空那些看涨形态的股票。

检查同行业中的其他股票　如果同一个行业的其他股票表现良好，那么你的夏娃和夏娃双底形态向上突破的可能性就增加，下跌的价格趋势可能就会反转。如果该行业的其他股票表现出看涨的底部形态，或者它们的价格正在上涨，那么就交易夏娃和夏娃双底形态。如果其他股票的价格在下跌，不断创新低，那么就在别的地方寻求更有希望的投资机会吧。双底形态很多，继续搜索。

交易故事

并非所有形态交易都会如期进行，图16.6所示为这样一个例子。为了确定我们正在处理的是一个有效的夏娃和夏娃双底形态，让我们检查一遍形态的识别特征。在形态之前，股价呈下跌趋势。尽管图中在1月中旬(B)有一个高点，但股价见顶是在1999年11月中旬(图没有显示)。

两个底部的形状都呈圆形，左底包含两个较小的低点，即使将第一个小低点(图中的点A)排除在外，也不会影响对夏娃底部的评估。

底部之间的涨幅是29%，底部最低价格差异是4%，底部间距为18天(从最低点到最低点)。这是一个较窄的夏娃底部，但它仍然在2～7个星期的最佳范围之内。在熊市中，右底的成交量高于左底的成交量。这一观察表明股价在突破后的表现可能略有改善，但并不能保证如此。股价上涨到确认价之前，没有出现下跌低于右底低点的情况。这个形态是一个有效的夏娃和夏娃双底形态。

突破之后价格攀升到足以清晰画出确认线，然后回调，并继续下跌。股价跌至4.24美元低点，回升，然后再次下跌，在2003年2月跌至2.02美元时见底。如果你以突破价格买入并以最高的价格卖出，在不扣除佣金或其他交易成本的情况下，你赚的是9%。普通的交易者会赔钱，如果他们一直持有股票，可能会损失很多钱。

这不是一个上方阻力的例子，这是基本面起核心作用的例子。看到图表左边的那个大缺口了吗？在缺口前十天，券商将股票降级。当然，股票下跌，但它几乎没有注意到降级。

11月29日，在收市后，该公司宣布将不会实现以前的销售预测。当股票次日开盘时，价格跳空低开，收盘时股价比前一个交易日的收盘价低36%。简而言之，股票“死猫”弹跳了，弹跳阶段是夏娃和夏娃双底形态前的圆弧转弯(点B)。

在股价跳空低开的当天，一家证券公司对股票作出“表现优胜”评级。在一个巨大的缺口向下之后，这样正面的声明帮助股价在弹跳阶段上涨得更高。然而，可怕的情况最终暴露了炒作，然后股价就沉下去了。有时候股价跌得惊人，就如图16.6中所显示的。

因此，虽然我们有一个有效的夏娃和夏娃双底形态，但基本面是糟糕的销售。我不建议交易一只表现出“死猫”弹跳的股票，至少6个月之内，有时甚至长达1年。在那段时间里，许多形态可能看起来很有希望，但股价表现却不如预期。这是一个例子。

交易秘籍

下面的列表包含交易这种形态的提示和观测结果，以帮助你选择表现更好的形态，更多的信息，请参阅相关的表格。

- 查看识别特征，以便正确选择形态。见表16.1。
- 在牛市中交易夏娃和夏娃双底形态。见表16.2。
- 夏娃和夏娃双底形态在牛市中的失败比率比熊市的低。见表16.3。
- 选择在年度价格区间低位区域附近突破的形态。见表16.4。
- 回调损害股价表现。避免交易有上方阻力的夏娃和夏娃双底形态。见表16.4。
- 在熊市中，股价突破形态后5～6个星期后留意上升是否会停滞。见表16.5。
- 选择窄形态。见表16.6。
- 选择右底比左底低的形态。见表16.6。
- 选择右底成交量比左底成交量大的形态。见表16.7。

第十七章　双顶形态之亚当和亚当形态 Double Tops, Adam & Adam

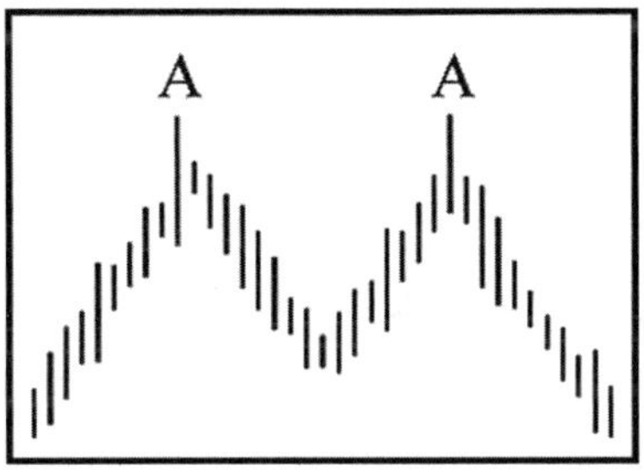

统计简报

向下突破

形状	两个非常清晰的峰顶，形状窄、尖，在时间上分开，但价格接近。突破方向向下。	
反转或持续	短期反转，行情看跌。	
	牛市	**熊市**
表现排名	4/21	17/21
保本失败概率	8%	11%
平均跌幅	19%	19%
趋势结束后的变化	54%	47%
成交量趋势	向下	向下
反弹概率	61%	48%
实现目标价格概率	72%	68%
意外发现	牛市中的形态比熊市中的形态失败比率更低；反弹损害股价表现；高和窄的形态表现得比低而宽的形态好；左顶较低的形态表现更好；巨量突破将股价推得更深。	
参见	亚当和夏娃双顶形态；夏娃和亚当双顶形态；夏娃和夏娃双顶形态。	

本章是关于双顶形态的四章（第十七章至第二十章）中的第一章，这四章涵盖了亚当和夏娃双顶的各种组合。亚当和亚当双顶是一个孪生双顶形态，但不是任何孪生双顶都是亚当和

亚当双顶形态。亚当顶部是狭窄的倒V形，有时有一个长的单日上涨价格尖峰。通常，在左顶的成交量比右顶的要大。

统计简报列出了这种形态的表现数据。奇怪的是，从保本失败概率来判断，作为一个看跌形态，亚当和亚当双顶形态在牛市中表现得比在熊市中的好。无论总体市场情况如何，这种形态的平均跌幅均为19%，这也是很奇怪的。反弹在牛市中比在熊市中更经常出现。

在运用测算规则计算“实现目标价格概率”中的目标价格时，使用的形态高度不是形态高度值，而是形态高度值的一半。这种计算方法提供了更好的预测结果。在本章的“交易策略”部分，将给出如何使用测算规则的示例。

意外发现有很多，但它们是不言而喻的，这些以后再深入讨论。

导入

图17.1所示为一个亚当和亚当双顶形态的例子。注意看，两个峰顶在高度和宽度上看起来是多么相似。在一个单日或双日尖峰中，价格像火箭一样飙升，然后退回到发射台上。顶部形态的底部比较窄。顶端看起来不是圆的，这与在夏娃顶部看到的不一样。在某种程度上，每个顶部看起来都像一个皮下注射针。

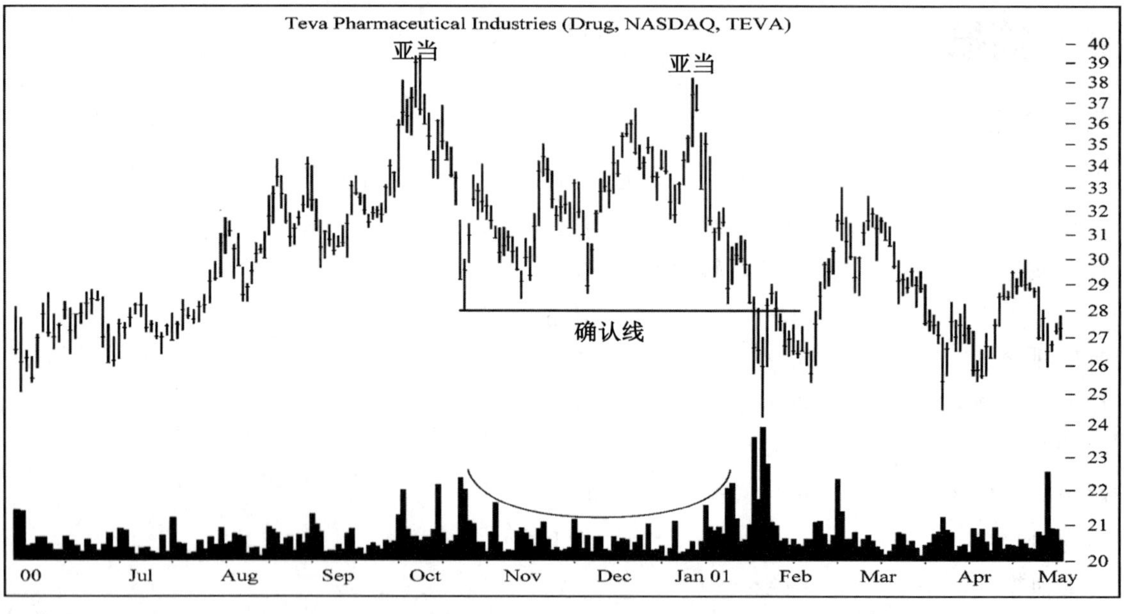

图17.1　亚当和亚当双顶形态有孪生峰顶，峰顶看起来和狭窄的尖塔相似。

当股价收在确认线之下时，双顶形态成为真正的亚当和亚当双顶形态。这一确认条件是重要的，因为在早期的研究中，我确实发现，股价继续上涨而不确认双顶形态的概率是65%。因此，除非你有有效的交易理由提前介入交易，否则请始终等待确认。

在图17.1所示的示例中，成交量呈U形，这是最常见的情况。左顶的成交量通常高于右顶的成交量。如果你仔细观察，会发现图中的形态出现了这个特征。大多数情况下，两个峰顶之间的成交量是呈下降趋势的。在熊市中，成交量呈下降趋势的概率是呈上升趋势的两倍；但在牛市中，这个比例要小一点。

辨识指南

一些人认为，交易形态最难的地方就是如何找到形态。双顶形态使寻找形态变得容易，加之还有辨识指南可以借助。我在稍后讨论这些辨识指南，现在先看看图17.2。

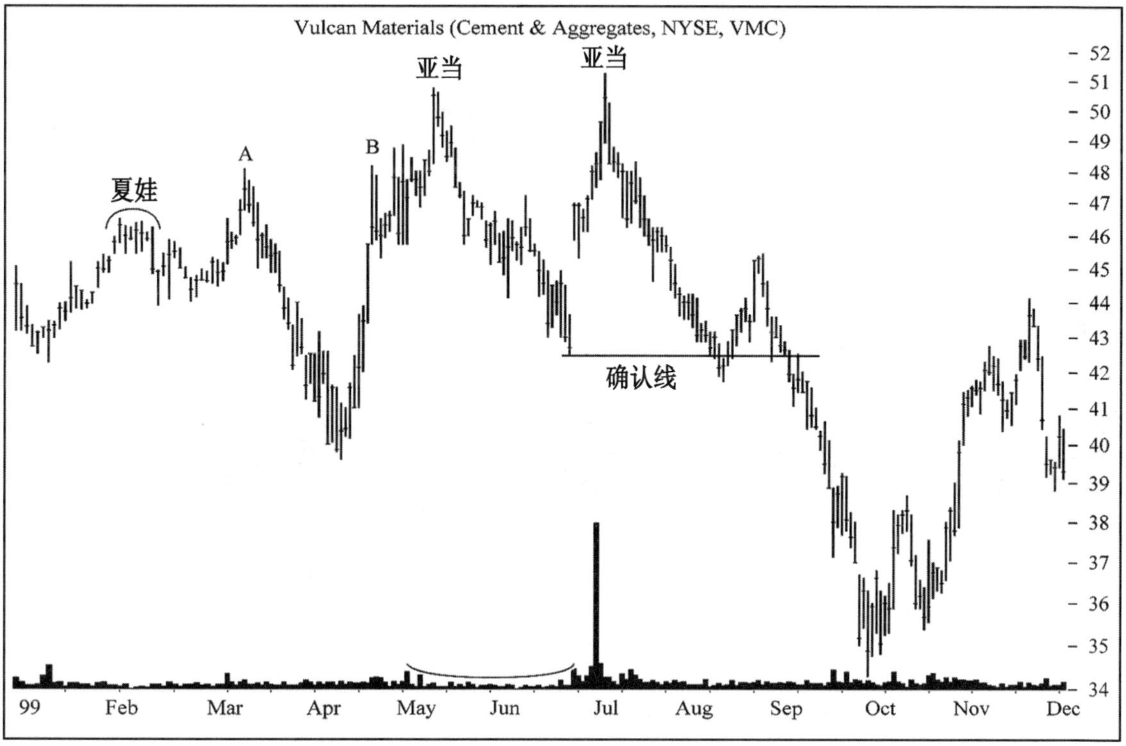

图17.2　亚当和亚当双顶形态当股价收在确认线之下时确认。两个峰顶看起来相似，并且都是狭窄的、尖的。将它们与2月的夏娃形态对比。

两个亚当顶部看起来很相似，这是关键。如果他们看起来不同，比如一个宽，另一个窄，那么你找到的是一个夏娃和亚当或亚当和夏娃顶部。当它们看起来一样，你找到的是一个亚当和亚当或夏娃和夏娃双顶。亚当顶部和夏娃顶部的区别在于它们的宽度和形状。图17.2中，亚当的顶端那么狭窄，那么尖，看起来像一个倒V形；在2月的夏娃顶部看起来圆润宽大。

当股价收在确认线之下时，亚当和亚当双顶形态确认为有效的双顶形态。确认线是两个顶部之间的最低点。亚当尖峰A和亚当尖峰B不是一个双顶形态，因为股价没有确认这个形态为双顶形态。相反，股价后来上升高于两个尖峰，使得A和B的双顶形态无效。

图17.3所示为另一个亚当和亚当双顶形态和一个夏娃顶部的例子。夏娃顶部是宽的，由几个低的尖峰小高点组成，这些股价组合呈圆弧形状。亚当顶部是狭窄的倒V形，通常由一个单日或双日价格尖峰组成。股价上升到形态，形成顶部，然后下跌到确认线，确认亚当和亚当双顶形态有效。在这个例子中，成交量呈上升趋势，这是不寻常的。如果你计算尖峰周围5天的平均成交量(右边2天，左边2天)，结果将是右顶的成交量比左顶的成交量更高。通常来说，左顶的成交量会更高。

图17.3 亚当和亚当双顶形态的另一个例子，股价下跌低于确认线不多。

表17.1显示亚当和亚当双顶形态的识别特征。在讨论表17.1时，我们会用到图17.4。

表17.1 辨识指南

特征	讨论
上涨的价格趋势	价格趋势向上进入形态，但不应该形成第三个峰顶，两个峰顶也不应该是同一组合形态的一部分。寻找两个清晰的小高点
顶部形状	亚当顶部是狭窄的价格尖峰，呈倒V形。两个顶部应该相似
峰顶之间的深谷	大深谷形态(高形态)比小深谷形态(低形态)表现更好
顶部最高价格差异	顶部和顶部之间的最高价格变化不大。差异介于0～6%之间的双顶形态表现最佳
顶部间距	双顶之间至少要隔几个星期。间距5～7个星期的形态表现最好；间距超过8个星期的形态表现变差
股价从右顶下跌后	股价必须收于确认点之下，在此之前，没有上升到右顶之上
顶部成交量	通常左顶的成交量更高，从顶部到顶部之间的成交量呈下降趋势
确认价格	确认是指股价收在两个顶部之间的最低点下方。它确认双顶为有效的双顶形态。确认价格也是突破价格

上涨的价格趋势 进入形态的股价必须呈上升趋势，形态才能符合顶部的定义，而不是底部。不过，上涨的价格趋势可能很短。

顶部形状 亚当的顶部应该显示为一个狭窄的倒V形，很多时候会有一个单日或双日的上涨价格尖峰。如图17.4所示，股价在11月的转弯中，夏娃顶部看起来更宽、更圆润。夏娃顶部的价格尖峰通常更短、更拥挤。

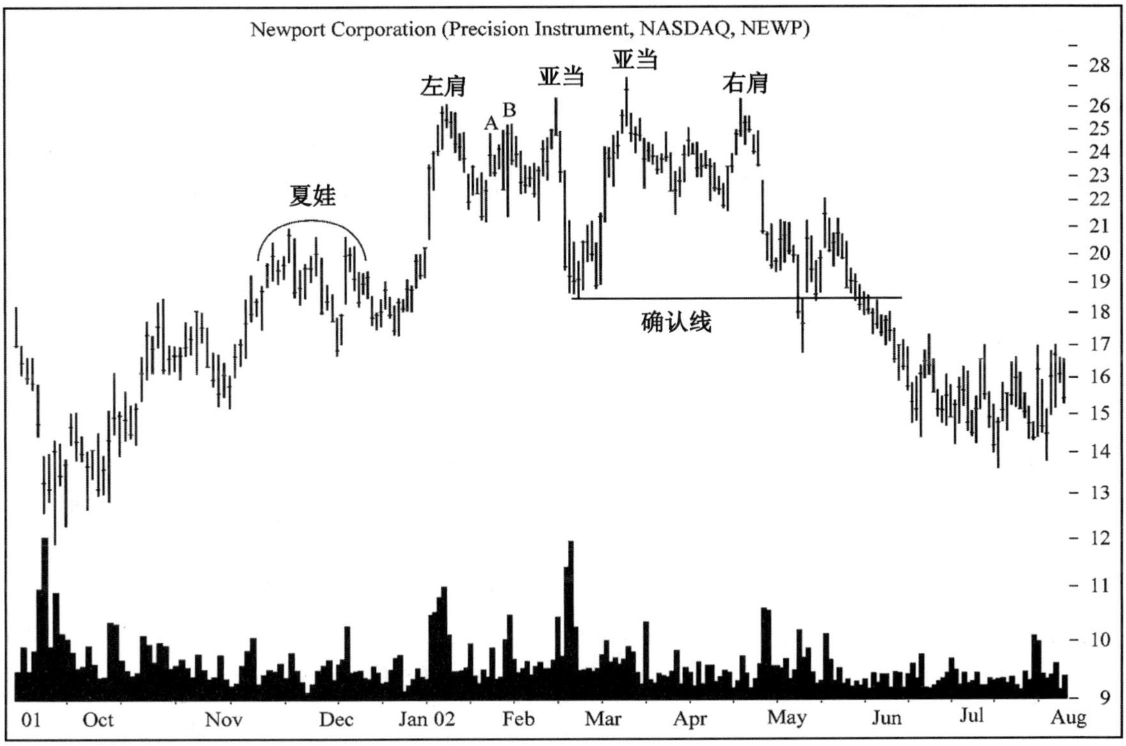

图17.4 一个亚当和亚当双顶形态被包含在一个复杂的头肩顶形态之中。双顶形态充当复杂头肩顶形态的双头。

峰顶之间的深谷 两个峰顶之间应该有一个深谷分开，使每个峰顶都突出，各自成为一个小高点。不要选择属于价格拥塞形态一部分的形态。因为这个原因，图17.4中标记为A和B的双峰不是一个双顶形态。

顶部最高价格差异 两个峰顶之间的价格差异通常是小的，介于0～6%之间。关键是，它们应该看起来是在同一价格水平或接近同一价格。例如，图17.4所示的两个顶部有4%的价格差异。

顶部间距 双峰应该相隔多远？一些分析家认为最低是1个月，但我对我选择的形态没有这样的限制。但是，要确保峰顶是明显的小高点。表现最好的亚当和亚当双顶形态其顶部间距为5～7个星期；顶部间距超过8个星期的形态，其股价在突破后表现变差，但样本规模较小。因此，不要让峰顶间宽大间距动摇你的观点。

股价从右顶下跌后 在你进行交易时，必须等到股价下跌到确认价格，除非有足够的依据提前采取行动。有时，股价没有下跌到确认价格，而是上升形成另一个峰顶，形成三重顶部形态。如果出现这种情况，就将该形态视为三重顶部形态。

顶部成交量 左顶的成交量通常高于右顶。从峰顶到峰顶的成交量线性回归分析表明，成交量趋势是下降的。

确认价格 在交易一个双顶形态股票之前，等待价格收在确认线之下。这种延迟的原因是，这种形态有65%的概率股价不会下跌到确认线，而是上行创新高。只有在股价下跌到确认线之后，双顶才成为真正的双顶形态。

关注形态失败

双顶形态有两种类型的失败。第一种是识别特征之一。只有等到股价收在确认线下方，双顶形态才能成为真正的双顶形态。你可以尝试在价格下跌到确认线之前进行交易，但是如果你做空股票，你可能会在股价飙升的时候遭受损失。做明智的事情，等待价格收盘低于两个顶部之间的低点。

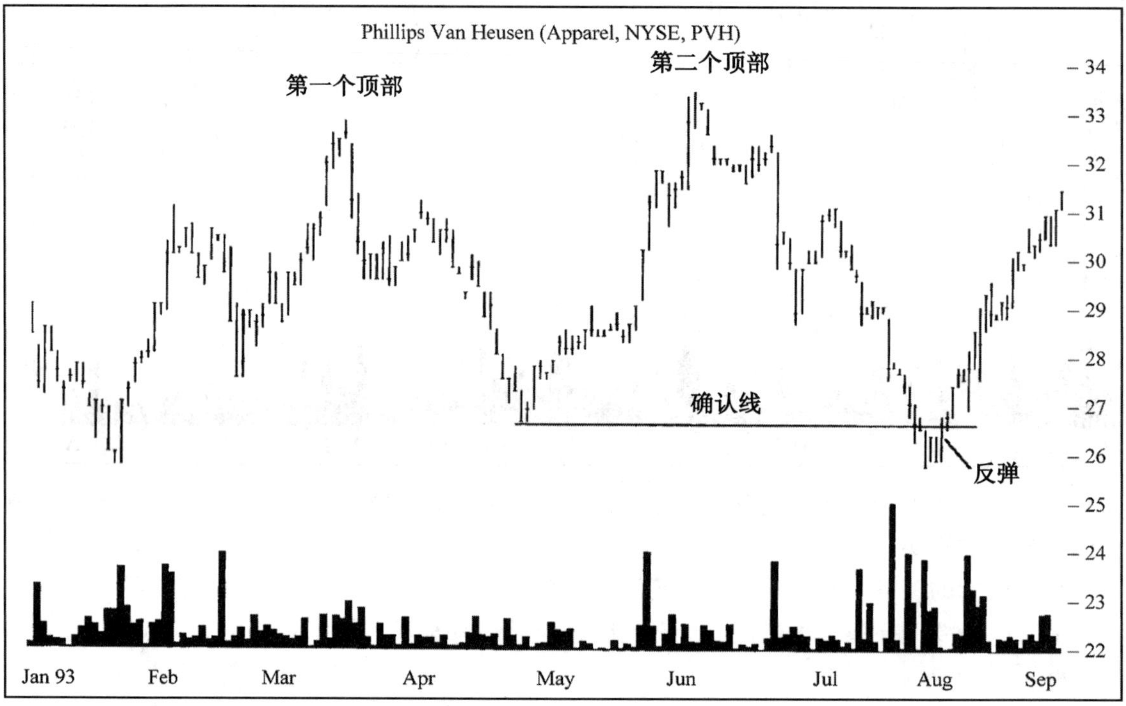

图17.5　有5%失败的双顶形态。在反弹之前，股价没有能够继续下跌超过5%。

第二种类型是5%失败。这意味着价格确认了形态，然后下跌低于突破价格不到5%就反弹。这种情况不经常发生(在牛市发生的概率为8%，在熊市发生的概率为11%)，但发生的概率不是0。做好准备，用止损点来控制损失。

请考虑图17.5，该双顶形态遵循辨识指南，包括股价收在确认线之下。股价的上坡攀升始于1992年5月，并在1993年3月达到顶峰，涨幅超过60%。价格回落了1个月，然后积聚力量，掉头上行，尝试创新高。它们在6月初成功创了新高，第二个高点比第一个高点高0.63美元。

然而，庆祝是短暂的，价格暴跌。在触及26美元的支撑之前，股价下跌20%。新的低点低于双顶形态的谷底，也就是所谓的确认点，但价格很快就反转了。价格以轻快的步伐上行，直到39美元才停下来。从低点算起，上涨了50%。如果你在股价低于确认点时卖出你的股票，你会少赚一大笔钱。

这种类型的失败称为5%失败。价格突破向下，但突破后的下跌没有超过5%，然后反转上行。幸运的是，5%失败的双顶形态是相当罕见的。

统计数据

表17.2所示为亚当和亚当双顶形态的综合统计数据。

表17.2　综合统计

描述	牛市	熊市
形态数量	188	108
反转(R)、持续(C)数量	188R	108R
平均跌幅	19%	19%
跌幅超过45%(数量或占比)	9或5%	5或5%
趋势结束后涨/跌幅	54%	47%
形态失败后涨/跌幅	40%[a]	37%[a]
标准普尔500指数的变化	2%	-11%
到达最低点的天数	51	32

注：(-)负号表示下跌；[a]表示样本小于30个。

形态数量　我发现296个亚当和亚当双顶形态，有很大一部分来自近3年的熊市。这让我很吃惊。不过，这种形态是不多见的。我使用的股票数据包括500只在1991年中期至1996年中期的股票，另有500只股票在2000年到2003年的熊市。

反转或持续　由于我们讨论的是顶部形态，而且突破方向是向下的，所有的形态都是上涨价格趋势的反转。这一上涨的价格趋势不需要太长，但在牛市中平均长度为113天(4个月)，在熊市中为70天(2.5个月)。

平均跌幅　无论市场状况如何，平均跌幅均为19%。我认为这很奇怪。我预计股价在熊市的跌幅会比在牛市的要大，尤其是在总体市场跌幅都那么大，应该会使个股的跌幅更深。

跌幅超过45%　5%的形态有很大的跌幅，跌幅超过45%。这是看跌形态的典型表现。

趋势结束后的变化　一旦价格达到最终的低点，在牛市中它就会攀升54%，在熊市中会上涨47%。因此，如果你能确定价格趋势什么时候从下跌反转为上涨，买入股票。

失败形态的表现　只有23个形态(12个在牛市，11个在熊市)失败。即便如此，这些数字也能给你一些提示，表明一旦失败形态开始反弹，结果会是什么样。

标准普尔500指数的变化　标准普尔500指数在牛市中攀升了2%，在熊市中下跌了11%。正如我刚才所说，令我感到惊讶的是，熊市并没有帮助这个形态的股价在突破后下跌，熊市平均跌幅为19%，没有超过牛市行情的跌幅。

到达最低点的天数　在牛市，股价在突破后需要51天的时间才能达到最低点；而在熊市，只需要1个月。由于两个市场都表现出19%的平均跌幅，在熊市的下跌一定会更陡。这一发现建议你在熊市中交易这种形态，因为你一年内会有更多的交易次数。

表17.3所示为亚当和亚当双顶形态的失败比率。在牛市，开始时的失败概率(保本点)较低，但这种情况不会持续很长时间。在大的股价最大跌幅中，熊市赢出，这表明在熊市中交易亚当和亚当双顶形态的效果会更好。

你该如何阅读这张报表？让我给你举一些例子说明。在牛市中，8%的亚当和亚当双顶形态在突破后下跌不到5%。在熊市中，突破后下跌不到5%的形态概率是11%。在牛市，有略超过一半(53%)的形态下跌不到15%便见底。在熊市，约一半的形态下跌不到18%便见底。

表17.3 失败形态数量或比率

股价最大跌幅(%)	牛市	熊市
5(保本点)	15 或 8%	12 或 11%
10	57 或 30%	26 或 24%
15	100 或 53%	45 或 42%
20	118 或 63%	64 或 59%
25	136 或 72%	80 或 74%
30	152 或 81%	89 或 82%
35	167 或 89%	96 或 89%
50	183 或 97%	106 或 98%
75	188 或 100%	107 或 99%
>75	188 或 100%	108 或 100%

请注意，股价最大跌幅的小变化，就使得失败比率有大的攀升。牛市的失败比率从8%上升到30%，至53%，而最大跌幅仅为15%。这表示股价小的跌幅会使得失败大幅增加。

这一切意味着什么？如果你持有一只股票，并看到低于确认价格的支撑区域，你能容忍损失到达这一水平吗？如果你正在做空股票，那么股价下行的潜在收益是否足以让你冒险交易？对于这种形态，不要赌它会有大的跌幅。

表17.4所示为与突破及突破后相关的统计数据。

表17.4 突破与突破后股价表现统计

描述	牛市	熊市
从形态结束到突破	28 天	29 天
突破在年度价格区间低(L)、中(C)、高(H)各区域分布的百分比	L27%,C42%,H31%	L34%,C44%,H21%
形态在年度价格区间低(L)、中(C)、高(H)各区域突破后的涨/跌幅	L19%,C18%,H20%	L21%,C18%,H18%[a]
反弹概率	61%	48%
反弹期间	9天	10天
出现反弹形态的平均跌幅	16%	18%
未出现反弹形态的平均跌幅	23%	20%
出现突破缺口形态的表现	-20%	-25%[a]
未出现突破缺口形态的表现	-19%	-18%
缺口平均金额(美元)	1.08	1.51

注：(-)负号表示下跌；[a]表示样本小于30个。

从形态结束到突破 从形态右顶最高点到突破点(确认线)，股价要花费1个月的时间。这是形态结束后股价下跌到确认线的时间。

年度位置 大多数情况下，突破发生在年度价格区间的中间区域。

年度位置及表现 将突破后股价的表现映射到年度价格区间内。我们发现，在牛市，股价表现最好的形态其突破发生在年度价格区间的高位区域；而在熊市，突破发生在低价区域的形态股价表现最好。表现最糟糕的是那些突破发生在中间区域的形态，而这个形态的股价突破最经常出现在那里。

反弹　牛市的形态出现反弹(61%)比熊市的(48%)更普通。出现这一情况可能是由于总体市场的上涨拉动了个股的上行。在熊市中，所有股票都在下跌，这使得个股在反弹时更难逆流而上。

股价不需要很长时间就能回到突破价格，平均只需要约10天。当出现反弹时，股价的表现会受到损害，如表17.4所示。

缺口　在牛市和熊市中，缺口的发生都会提升股价的表现，但股价表现的差异可能不像表中所示的熊市数值那样大。在那里，样本数量很小。请注意，熊市中的缺口较大。

表17.5所示为股价在突破形态后需要多长时间才能达到最低点的频次分布。例如，熊市中1/3的形态的股价将在突破后第1个星期达到最低点。第3个星期(21天)有51%(这是前三列数字的总和)的形态股价突破后见底。牛市形态股价需要更长的时间才能到达最低点。到了第3个星期，42%的形态股价已经下跌到最低点。

表17.5　到达最低点的天数频次分布

天数	7	14	21	28	35	42	49	56	63	70	>70
熊市	33%	9%	9%	14%	5%	6%	3%	4%	4%	0%	14%
牛市	24%	10%	8%	7%	4%	4%	6%	5%	4%	2%	26%

注意：在突破后28天的那一个星期内，在熊市有14%的形态下跌见底。我已经在其他形态类型看到了这种情况。它意味着在突破后1个月，股价变得强劲。如果你做空一只亚当和亚当双顶形态的股票，请记住这一点。

表17.6所示为与形态面积大小相关的统计数据。形态的大小是预测突破后股价表现的一个很好的预测工具。

表17.6　形态面积大小统计

描述	牛市	熊市
高形态表现	-21%	-21%
低形态表现	-18%	-18%
高度中值(与突破价格百分比)	17.12%	19.65%
窄形态表现	-21%	-19%
宽形态表现	-17%	-19%
长度中值	35 天	25 天
形态平均长度	43 天	36 天
低窄组合形态表现	-19%	-19%
低宽组合形态表现	-16%	-16%[a]
高宽组合形态表现	-18%	-22%
高窄组合形态表现	-25%	-19%[a]
小顶部价格差异形态表现	-19%	-20%
大顶部价格差异形态表现	-19%	-18%
价格差异中值	0.95%	1.31%
低左顶形态表现	-20%	-20%
低右顶形态表现	-18%	-19%

注：(-)负号表示下跌；[a]表示样本小于30个。

高度 在牛市和熊市中，高形态的表现都优于低形态，它们的跌幅分别为21%和18%。所以，坚持交易高形态。

宽度 在牛市中，窄形态表现得比宽形态更多。在熊市，两者的表现没有差异。我用表中的长度中值作为窄和宽形态之间的分割点。

形态平均长度 形态的平均长度从熊市形态的36天到牛市形态的43天不等。

高度和宽度的组合 表17.6所示为组合四种特征时股价的表现结果。既高又窄的形态表现最好，下跌最多。该表还表明，你应该避免既低又宽的双顶形态，它们在突破后下跌最少。

顶部价格差异 顶部之间的价格差异并不意味着突破后股价表现会更好。在熊市中，峰顶与峰顶之间价格差异小于差异中值时，股价突破后的平均跌幅为20%。大的顶部价格差异，股价突破后的平均跌幅为18%。在牛市中，双顶之间价格差异比中值大或比中值小，其股价表现是一样的。

低左顶或低右顶形态表现 当左顶最高点低于右顶的最高点时，在所有市场条件下，形态突破后股价的表现都很突出。因此，寻找一个左顶较低的形态进行交易。

表17.7所示为与成交量相关的统计。

表17.7 形态期间成交量统计

描述	牛市	熊市
上升成交量趋势表现	-18%	-22%
下降成交量趋势表现	-20%	-18%
U形成交量形态表现	-19%	-19%
半圆形成交量形态表现	-19%	-20%
既非U形又非半圆形成交量形态表现	-21%	-18%[a]
巨量突破表现	-20%	-20%
轻量突破表现	-18%	-16%
左顶巨量形态表现	-20%	-19%
右顶巨量形态表现	-18%	-19%

注：(-)负号表示下跌；[a]表示样本小于30个。

成交量趋势 在牛市中，成交量呈下降趋势的双顶形态表现更好；但在熊市，结果正好相反，成交量呈上升趋势的双顶形态表现更好，而且差距较牛市的更大。

成交量形状 最常出现的成交量形状是U形。在熊市中，成交量形状呈半圆形的亚当和亚当双顶形态股价在突破后表现更好；在牛市中，具有随机(既不是U形也不是半圆形)成交量趋势的形态表现最好。

突破成交量 许多交易者会发现，巨量突破增加形态的可靠性。亚当和亚当双顶形态确认了这一点，巨量突破确实表现最佳。

顶部成交量 我检查了每一个峰顶周围5天的成交量，发现在牛市，左顶成交量大的亚当和亚当双顶形态股价突破后表现更好。在熊市中，表现上没有差异。

交易策略

表17.8所示为亚当和亚当双顶形态的交易策略。

表17.8　交易策略

交易策略	解释
测算规则	计算从两个顶部最高峰值到两个顶部之间低谷的最低低点的形态高度，然后除以 2。最低低点减去此差值的结果就是目标价格。在牛市，股价触及目标价格的概率为 72%；在熊市中，此概率为 68%
等待突破	通常，在卖出股票之前，等待股价收在确认点下方
顺势交易	为取得最佳投资效果，在熊市中交易
检查同行业中的其他股票	为了避免 5%失败，检查同一个行业中的其他股票，它们是否显示顶部形态，或者它们的股票是否在下跌

测算规则　使用测算规则预测目标价格。对于大多数形态，规则使用完整的形态高度，但这个规则不能用于亚当和亚当双顶形态。在使用完整的形态高度时，目标价格在牛市中的实现概率只有40%，而在熊市中为44%。

为了取得最佳的预测效果，请使用一半的形态高度。从形态的最高点减去两个顶部之间低谷的最低点，然后除以2。例如，在图17.6中，双顶中最高的高点是左峰值的35美元，最低的低谷值为24.88美元。那么，形态高度就是10.12美元，除以2给出5.06美元。从最低点减去这个值，可以得到19.82美元的目标价格。如果结果为负数，则忽略它，股价不能降到0以下。使用一半的形态高度预测的目标价格成功率，在牛市增加到72%，在熊市增加到68%。

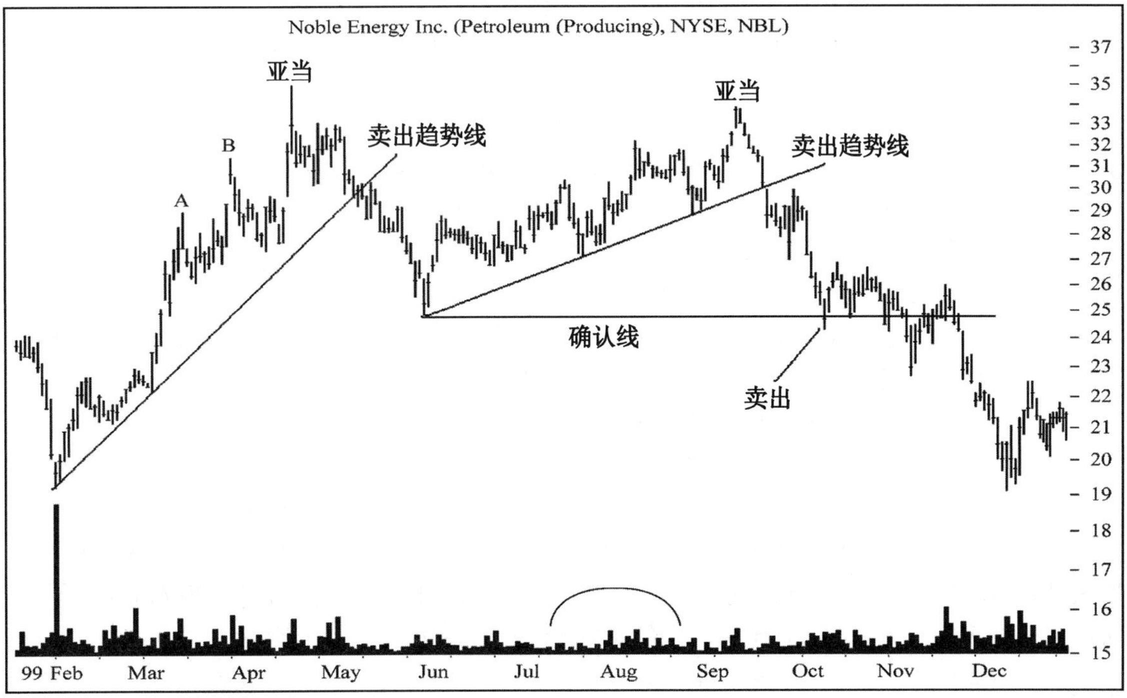

图17.6　两种卖出趋势线提供了一个以高于确认线的价格卖出股票的机会。

考虑将预测的跌幅变为百分比，然后查找表17.3中对应的失败比率。在这个例子中，5.06的跌幅意味着从突破价格24.88美元下跌了20%。表17.3显示，牛市中有63%的形态下跌不超过20%。因此，目标价格可能太远，你应该选择一个更保守的目标价格。

等待突破 通常，最好是等待突破(股价收低于确认线)，然后再交易这种形态。如果你不等待，股价跌不到确认线就上升的概率是65%(在牛市)。在交易故事中所示为如何忽略此规则并赚更多钱的示例。

顺势交易 尽管牛市和熊市的平均跌幅相同，但失败比率不同。顺势交易。因为这是一种看跌形态，如果总体市场也在下跌，做空股票，你将会有更多的成功机会。

检查同行业中的其他股票 在同一行业的其他股票可以给你想要交易的股票的表现提供一个重要的线索。如果它们正在下跌或显示出了见顶的迹象，那么做空股票或卖出长期仓位可能是明智之举。

找一只下跌比别的股票早的股票。例如，劳氏公司报告收入比家得宝公司早几天。当劳氏公司报告了疲软的收益，这也损害到家得宝公司的股票。当家得宝公司报告同样的问题(疲软的木材价格)和疲软的业绩时，家得宝公司的股价下跌甚至更多。看看哪种股票会先下跌，再看看上一次股票见底之后表现如何(也许在前几年的同一个月)。

交易故事

因为我是做长线交易的，让我给你一个如何使用双顶形态防守的例子。假设你拥有图17.6中的股票。你是怎么交易的？你会像一个业余投资者那样坚持持仓，还是就像一个波段交易者在第一个疲软迹象出现时抛售股票？

答案取决于几个因素，如税收、行业和市场前景。有时候，从下跌中脱身可能是明智之举。

假设你在2月的低点19.25美元买入股票，在第一个亚当顶部(35美元)，你赚了82%，几乎翻倍。看着股价下跌到确认线一定很痛苦。这一下跌把股价跌到了24.88美元，这一下跌使你的利润减少到只有29%。

看看如果你在股价收盘低于卖出趋势线的前一天卖出股票，这将使你在29.94美元获利了结，利润为56%。

我最近卖了一个公用事业股票，因为它的上升像图中股价到A点17.6美元的上升。由于迅速上升之后往往紧随快速下跌，我愿意在我的股票有7000美元利润和超过1300美元股息的情况下卖出股票，因为我不想回吐数以千计的利润。否则我将错过5.3%的收益率，而此时的货币市场基金只有0.3%的收益率。自从我卖掉它，这只股票就一路下跌。

点A和点B被称为尖峰或峰尾。这个点A特别好，因为这里的收盘价格接近当日低点。寻找一个收盘价格接近当日低点的长尖峰，这一点很重要。对于第一个亚当峰顶，如果你在峰顶次日卖出股票，你会取得62%的收益。如果你在点B次日收盘卖出，你就会赚到55%，在点A次日收盘价卖出，你就会赚到40%。无论你如何切割，在这些点卖出都能得到好的收获。

大多数业余投资者会持有股票并跟踪股价下跌。当股价在确认线上触底时，他们可能已经卖出(成交量的小幅上涨意味有些人这么干)。其他人坚持，发誓如果股价回到旧的高点就卖出。当价格攀升，接近旧的高点，他们的想法改变了。他们卖出的欲望变成了贪婪。“如果股票还在上升，为什么要卖出呢？”

好想法，但有时候你还得卖出。股价波动可能会动摇业余投资者，或使他们变得顽固和坚持。这一次他们持有股票下跌到确认点，此时双峰确认为一个有效的双顶形态，这也是卖出股票的时候。在确认线上设置止损指令意味着你不需要担心股票卖出位置。

在这个例子中，第二条卖出趋势线起了很好的作用。在9月，当股价收低于趋势线时，如果你在次日收盘时卖出，你就会赚50%。这比在确认线时卖出赚29%要好得多。

我并不是主张在确认前卖出股票。每次我这样做，双顶形态都没有确认过，而是掉头向上，再创新高，我少赚了很多利润。不过，你可以通过按示例显示的方式进行交易(例如，使用趋势线)来作为增加你的利润的捷径。如果股价不跌到确认点，你总是可以把股票再买回来的。

选择权在你。如果你这几天刚好将短期收益变为长期收益，延迟卖出可能是明智的。我做了类似的事情，延迟3天卖出，以便持有股票进入下一个新的税收年，转移收入。通过拖延，我的利润从40%变成了27%。

交易秘籍

下面的列表包含交易这种形态的提示和观测结果，以帮助你选择表现更好的形态，更多的信息，请参阅相关的表格。

●使用辨识指南以便正确识别形态。见表17.1。

●在熊市中交易亚当和亚当双顶形态。尽管两市中平均跌幅一样，但在熊市中，下跌幅度比牛市的要陡。见表17.2。

●在熊市，形态的失败比率通常较低。见表17.3。

●在牛市，选择突破点在年度价格区间高位区域的形态。在熊市，选择突破在低位区域的形态。见表17.4。

●反弹损害股价表现，所以通过查看下方支撑来避开反弹。见表17.4。

●在熊市，股价突破形态后的第一个星期，有1/3的形态股价到达底部。见表17.5。

●在熊市中，在股价突破后1个月留意股价反弹。见表17.5。

●牛市中，既高又窄的形态表现最好。在两个市场上都要避免既低又宽的形态。见表17.6。

●左顶较低的形态表现突出。见表17.6。

●巨量突破表明，在突破后股价会有好的表现。见表17.7。

第十八章 双顶形态之亚当和夏娃形态
Double Tops, Adam & Eve

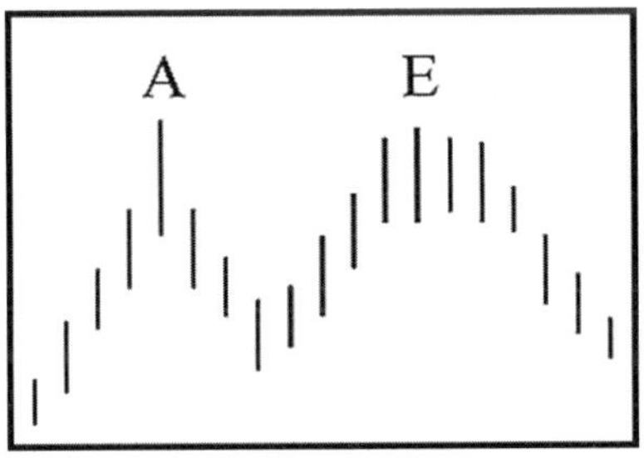

统计简报

向下突破

形状	两个非常明显的峰顶,第一个窄、尖,第二个宽、圆;两个顶部在时间上是分开的,但在价格上近乎相同。突破方向是向下的。	
反转或持续	短期反转,行情看跌。	
	牛市	**熊市**
表现排名	15/21	15/21
保本失败概率	14%	7%
平均跌幅	18%	22%
趋势结束后的变化	50%	43%
成交量趋势	向下	向下
反弹概率	59%	58%
实现目标价格概率	69%	69%
意外发现	反弹损害股价表现;高形态比低形态表现好;右顶较低的形态表现很好;成交量趋势呈U形的形态表现更好。	
参见	亚当和亚当双顶形态;夏娃和亚当双顶形态;夏娃和夏娃双顶形态。	

亚当和夏娃双顶形态与其他的看跌形态类型相比，表现达到平均水平(牛市)或略低于平均水平(熊市)。牛市中两位数的保本失败概率也是很高的。因此，要取得最好的投资表现，要在熊市里做空这种形态的股票。如果你在牛市中持有股票，而且股票形态是双顶形态，你

要卖出或是不卖出，取决于具体的情况。有时，在亚当和夏娃双顶形态之后，承受股价的小幅下跌是值得的，特别是当总体市场和同业中其他股票都在飙升的时候。

在亚当和夏娃双顶形态中有一些意外发现，将在下文的“统计数据”一节讨论。

导入

除了头肩形态，双顶可能是最流行的股票形态。许多投资新手在股价图上一看到两个峰顶，便宣布那是一个双顶形态。那可能不是。构成一个真正的双顶形态需要有许多特征，我们稍后将会讨论，现在首先看一下一个双顶看起来像什么。

请仔细看图18.1，这是埃尔克公司股票的双顶形态。第一个注意事项是双峰。它们应该处于接近相同的价格水平，双峰之间有宽大的间隔。进入第一峰顶的价格趋势是向上的，股价在第二个峰顶后下跌。

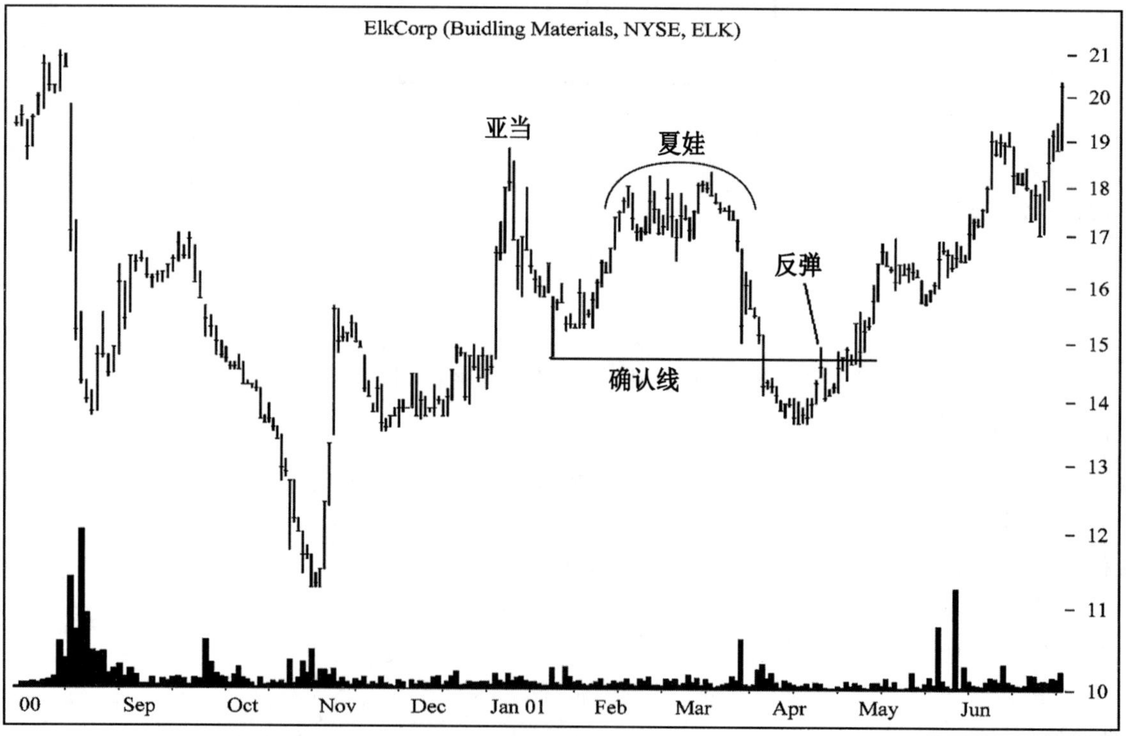

图18.1　双顶有两个峰顶，双顶通常相隔几个月，峰顶价格水平相当接近。只有当价格下跌低于谷底，双顶形态才能确认为有效的形态。

双顶之间的低谷是一个股价下跌10%～20%的峰谷，有时下跌幅度更多。谷底形成确认水平线或确认点。一旦股价收在确认点之下，双峰形态就成为一个真正的双顶形态，预示着一个向下的突破。

有时会出现反弹，如图18.1所示。股价的反弹让投资者有机会在股价重新下跌之前清仓离场。对于更具激进的交易者来说，反弹是一次卖空的机会，他们希望价格会继续下跌。

辨识指南

表18.1列出了亚当和夏娃双顶共有的识别特征。它们只是指南，而不是规则，例外情况很多。

表18.1　辨识指南

特征	讨论
上涨的价格趋势	价格趋势向上进入形态，不应该形成第三个峰顶，也不应该是同一整理形态的一部分。寻找两个明显的小高点
顶部形状	第一个峰顶是亚当顶，通常有一个狭窄的价格尖峰，倒 V 形。夏娃顶（第二顶）更宽、更圆，可能会由几个短尖峰组成。两个峰顶看起来应该不一样
双顶之间的谷深	具有大深谷的形态（高形态）比小深谷的形态（低形态）表现好。谷深幅度通常在10%～20% 范围之内，但允许例外
顶部最高价格差异	两个顶部之间的价格差异是小的，通常是0%～3%之间，但允许更大的差异
顶部间距	顶部之间的间距应该至少几个星期，大部分形态在2～7个星期范围内
股价从右顶下跌后	股价从右顶下跌后，必须首先收在确认点之下，在此之前，股价不能先上升到高于右顶之上
顶部成交量	通常左顶的成交量更高
确认价格	确认是指股价收在两个顶部之间的最低点。它确认双顶为有效的双顶形态。确认价格也是突破价格

上涨的价格趋势　图18.2所示为在11月开始的短期价格上涨之后形成的亚当和夏娃双顶形态。股价进入亚当和夏娃双顶形态前的平均上涨时间为128天，约4个月。

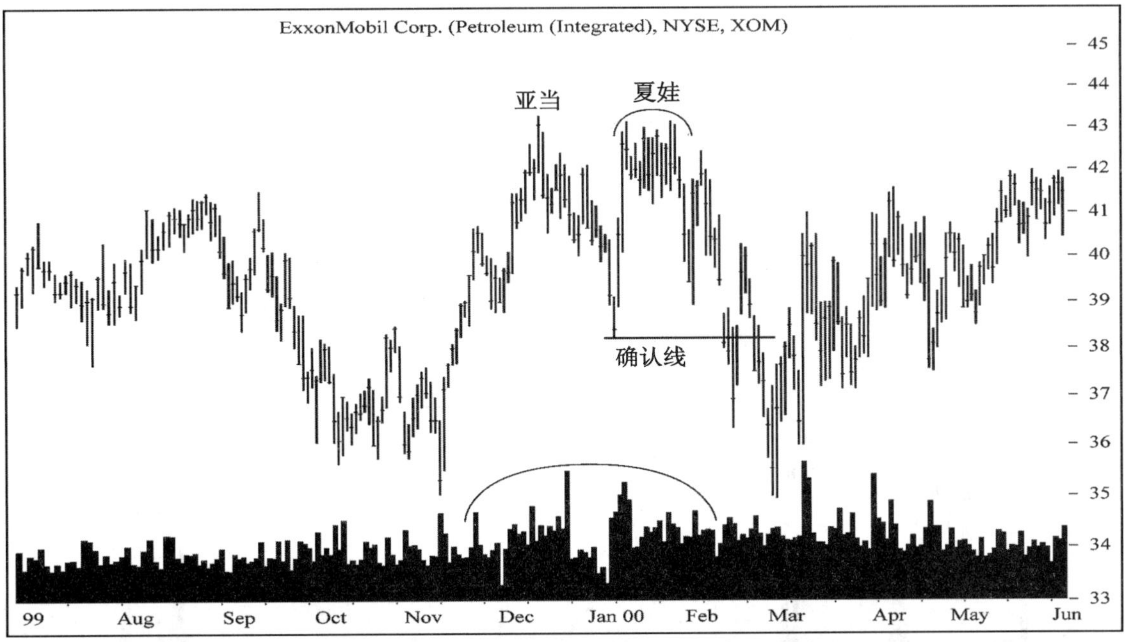

图18.2　亚当和夏娃双顶形态在12月形成，随后股价下跌到11月的低点。

顶部形状　当寻找亚当和夏娃双顶形态时，请记住，亚当顶部应该看起来与夏娃顶部不同。亚当顶部看起来像一个倒V形，通常有一个单日或双日的价格尖峰突出顶部。夏娃顶部又圆又宽。亚当顶部先出现，接着才是夏娃顶部。在本章所附的图中，两者形状的差异很明显。

双顶之间的谷深 我没有限定两个顶部之间的股价最低跌幅，只是为了看看跌幅小的形态是否表现得比跌幅大的更差(跌幅小的确实比跌幅大的表现差)。跌幅预计将在10%到20%的范围内，但允许例外。记住，下跌越深，股价突破后的表现就越好，换句话说，就是股价突破形态后跌幅也更大。图18.2所示为跌幅为12%的深谷。

顶部最高价格差异 两个顶部的价格差异通常很小。有些人这把个差异限定在3%。我对我选择的双顶形态没有作这样的限制，我只要求它们的峰顶看起来接近相同的价格水平。

顶部间距 有些人会告诉你，双顶之间至少要隔1个月。同样，我对我选择的形态没有这样的限制。不过，根据表18.6的数据，在两个峰顶之间的长度中值距离约为6个星期。图18.2中的双顶之间的间距为46天。

股价从右顶下跌后 本指南将双顶形态与三重顶形态区别开来。当股价收在确认线下方，即两个峰顶之间的最低点时，双顶成为有效的双顶形态。如果在确认前有第三个峰顶出现，则此双顶不是有效的双顶形态，应该检查它是否为三重顶形态。如果它是三重顶形态，就不应按双顶形态的交易规则交易该形态。

顶部成交量 从峰顶左右5天(2天前至2天后)的成交量来说，左顶的成交量通常高于右顶的成交量。如果右顶的成交量更大，也不要担心。这种情况是存在的。图18.2所示形态中的左顶成交量更大。图中还所示为半圆形的成交量形状。

确认价格 当股价收盘低于确认价格时，双顶成为真正的双顶形态。当这种情况发生时，是时候卖出长期持股或开始做空。在确认前(双顶形态未确认)卖出可能遭遇股价在卖出后继续上涨，在牛市出现这种情况的概率为65%。

为什么会形成双顶形态？请仔细查看图18.3，这是一个形状很好的双顶，满足辨识指南所有的标准。股价在1992年10月的9.88美元处开始上涨。开始时，成交量很不起眼，但确实有它闪耀的时刻，就像3月和4月出现的那样，成交量飙升，推动股价走高。

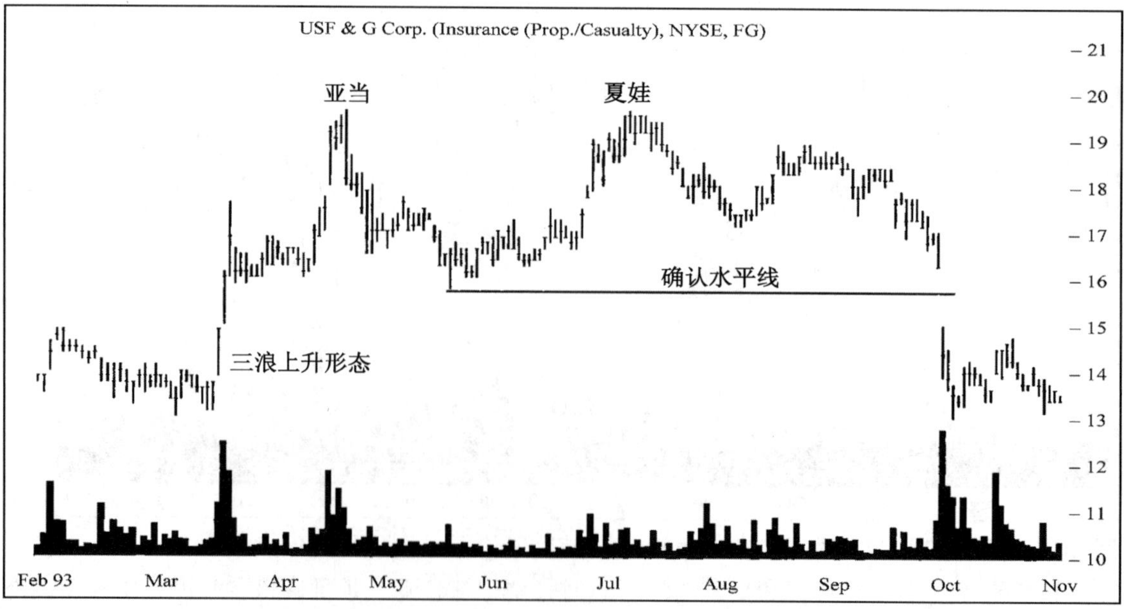

图18.3 超过3年的时间里，股价都没有上升到高于这个双顶形态。三浪上升形态形成于股价进入左顶前的上涨阶段。

许多不幸的投资者在左顶位置买入，希望价格继续上涨，也正是这种动能使得股价量价齐升。然而，精明的技术派投资者认识到了股票形态的真正含义：这是一个三浪上升形态。第一条腿发生只有短短3天，随后横盘几个星期，然后发生另一个急速上涨，股价上升到第一个顶部。

一旦三浪形态完成，成交量枯竭，上行的动能停滞。股价下行，形成了位于15.75美元低点的底部，轻微上行的盘整阶段持续了近2个月。

从峰值到谷底，股价下跌以美元计不是很多，但按跌幅计，它是20%的跌幅。相对来说，很少有投资者利用价格低迷来增加头寸或建立新仓。那些在高位买入的投资者发誓，他们一旦回本就会卖出股票。当股价再次上涨时，他们中的许多人扣动了扳机，卖出了股票。在此之前还是水平的成交量形状，急剧上升，并且不断加剧(在6月末至7月期间)。其他投资者相信盘整已经结束，开始买入股票。

7月，当股价掉头上升并形成第二个峰顶时，一些投资者准确地猜测到双顶形态正在形成。他们把股票卖在了顶部，锁定他们的利润。其他无畏的交易者卖空，希望股价会下跌。价格确实在随后下跌了，但在几个月前的峰顶之间盘整区域的顶部停了下来。

经过长时间的尝试，在8月下旬和9月，形成了第三个峰顶，然后股价在确认点15.75美元下方跳空低开。一个向下的突破开始了。精明的投资者立刻卖掉了他们的股票，舔他们的伤口。另一些人则希望这是股票的超卖，而其他人则继续卖空。

10月中旬，该股试图反弹，但最终放弃了。在接下来的几年里，股价未能高于双顶的高位。

图18.4所示为另一个亚当和夏娃双顶形态的例子。亚当峰顶没有一个长的单日价格尖峰。但与夏娃相比，峰顶是狭窄的。看看在确认线附近各个峰值的宽度，你会明白我的意思。如果顶部形状不便于识别形态，请查看底部的宽度，有时这种办法会有帮助。

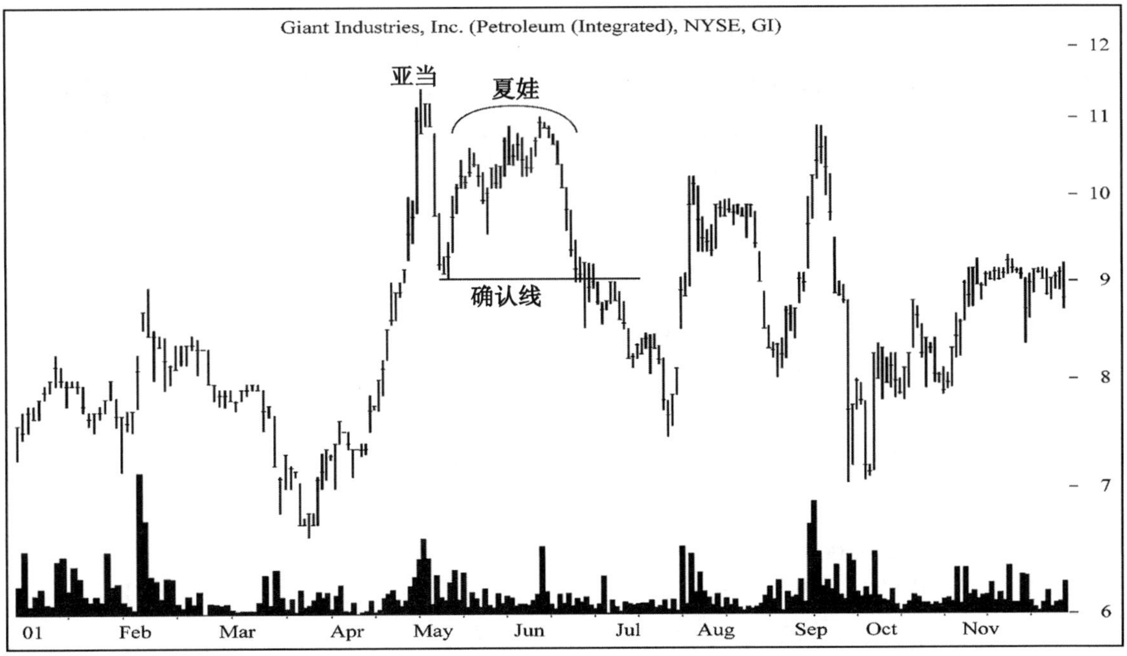

图18.4　这个亚当和夏娃双顶形态显示每个峰顶宽度之间的差异。

关注形态失败

图18.5所示为一个亚当和夏娃双顶形态的例子。你可能会认为这是亚当和亚当双顶形态，因为夏娃顶部有一个长的价格尖峰。如果你看看这个形态底部，你会看到，亚当顶部的总体仍然是狭窄的。夏娃顶部开始的是苗条的尾巴，然后往下不断扩大直到确认线附近。我的结论是，它是一个亚当和夏娃双顶形态，当股价收低于确认线时确认(图中的突破)。

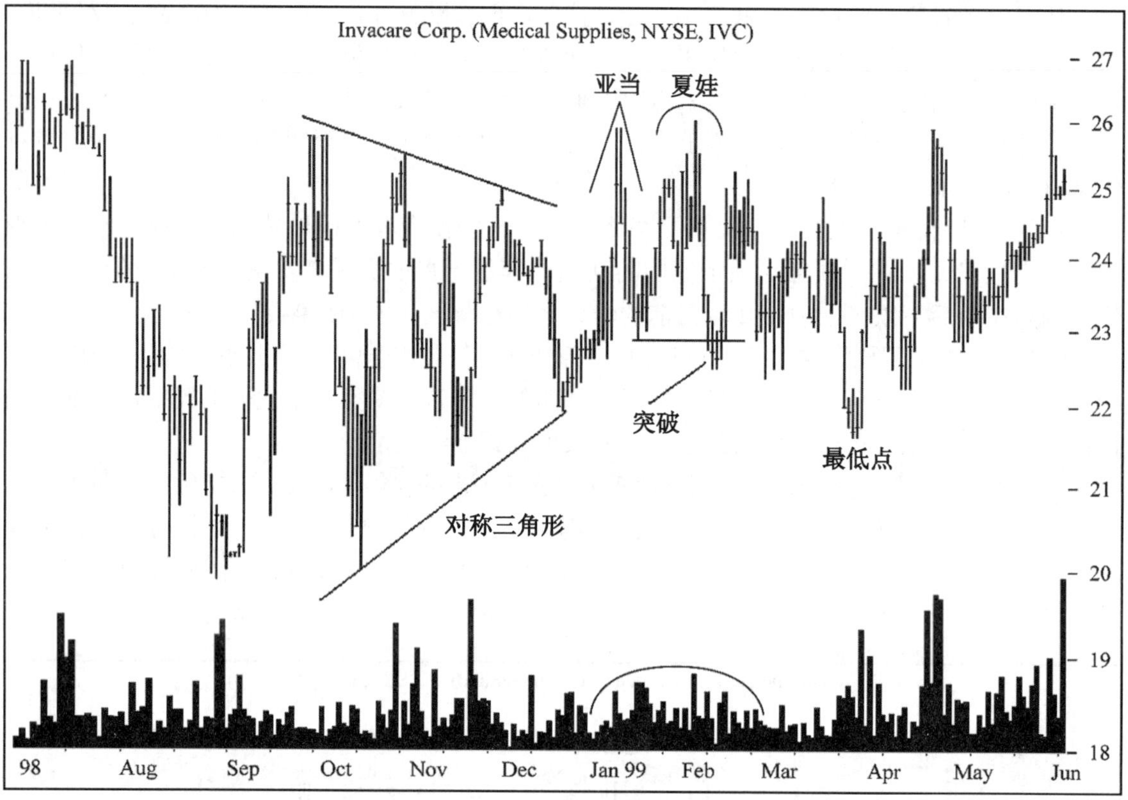

图18.5　亚当和夏娃双顶形态需要一些支撑才会反转。在这里，导致图中形态轻微上升的是下方支撑，在最低点阻止了股价的下跌。

不管你认为这是一个亚当和夏娃双顶形态或是一个亚当和亚当双顶形态，结果都是一样的：股价下跌，但跌幅不大。为什么？一句老话说："价格反转必有其因。"在图18.5的左边，股价从9月到1月，最低点的位置是水平的，几乎向上抬升。亚当和夏娃双顶形态股价从突破价格的位置到8月的最低点实际也只下跌了13%。

在周线图查看图18.5中的股票(书中未显示)，我们发现在20美元处有大量的支撑，其中一部分为8月和10月的低点。其余的支撑出现在三角形的顶点约23.50美元处，即正好在亚当和夏娃双顶形态范围的中心。当然，三角形态顶点支撑对亚当和夏娃双顶形态没有影响，因为支撑位置已经高于突破价格。

你会进行这样的交易吗？希望答案为不，因为支撑区域在20美元的位置。即使你能够作出完美的交易，也只有13%的收益，为什么还要冒风险交易呢？

统计数据

表18.2所示为亚当和夏娃双顶形态的综合统计数据。

表18.2 综合统计

描述	牛市	熊市
形态数量	238	102
反转(R)、持续(C)数量	238R	102R
平均跌幅	18%	22%
跌幅超过45%(数量或占比)	9或4%	8或8%
趋势结束后涨/跌幅	50%	43%
形态失败后涨/跌幅	43%[a]	35%[a]
标准普尔500指数的变化	0%	-13%
到达最低点的天数	49	45

注：(-)负号表示下跌；[a]表示样本小于30个。

形态数量 我在我查看的股票中发现了340个亚当和夏娃双顶形态。熊市中有102个形态，这样的表现不错，因为熊市比牛市短得多。我查看的是500只从1991年至1996年的股票，以及500只从1999年至2003年包括了熊市的股票。

反转或持续 由于我们讨论的是双顶形态，突破方向是向下的，所以所有的形态都是形态之前价格趋势的反转。

平均跌幅 正如你所料，熊市的平均跌幅比牛市还要高。这表明在熊市中做空交易这种形态可以获得最好的结果。

跌幅超过45% 熊市中下跌超过45%的形态比牛市中的多两倍。这并不能说明什么，因为在牛市也只有8%的形态股价在突破后会有如此大的跌幅。

趋势结束后的变化 股价一旦达到最低点,就会强劲反弹，在牛市中飙升50%，在熊市中涨幅也达到43%。这些都是平均值，你自己股票的表现可能与此会有所不同。

失败形态的表现 形态的失败是罕见的，可能不值得寻找，为什么？因为你可能认为双顶形态即将失败，但它变成了反弹，价格在回调完成后恢复了下行趋势。

标准普尔500指数的变化 标准普尔500指数在牛市中不涨不跌，在熊市中下跌13%。通过将指数的变化与形态的平均跌幅进行比较，可以看出市场影响形态的程度。

到达最低点的天数 平均来说，股价从突破到最低点大约需要7个星期的时间。熊市中股价跌得更快，也跌得更深，所以跌幅更陡。这一发现强化了人们的信念，即你应该在熊市中做空交易双顶形态，而不是在牛市中。

表18.3列出了牛市和熊市中亚当和夏娃双顶形态的失败比率。表中显示，双顶形态在熊市中表现最好，因为失败比率较低。例如，在熊市中，7%的形态突破后都没有下跌超过5%，25%的形态下跌没有超过10%。这是一个显著的增长，但同一个跌幅水平，牛市的形态有33%达不到。熊市中的一半形态将不会下跌超过20%。

如果你决定做空股票，请记住这一点。股价的下跌可能比你想象的小。如果你持有股票，请对照表18.3检查股价可能的跌幅，看看是否值得持有股票渡过下跌？只有你能回答这个问题。

表18.3　失败形态数量或比率

股价最大跌幅(%)	牛市	熊市
5(保本点)	33或14%	7或7%
10	78或33%	25或25%
15	123或52%	39或38%
20	151或63%	53或52%
25	180或76%	65或64%
30	199或84%	80或78%
35	214或90%	85或83%
50	232或97%	96或94%
75	238或100%	102或100%
＞75	238或100%	102或100%

表18.4所示为与突破及突破后相关的统计数据。

表18.4　突破与突破后股价表现统计

描述	牛市	熊市
从形态结束到突破	41天	34天
突破在年度价格区间低(L)、中(C)、高(H)各区域分布的百分比	L20%，C58%，H22%	L31%，C44%，H25%
形态在年度价格区间低(L)、中(C)、高(H)各区域突破后的跌幅	L18%，C19%，H16%	L22%，C22%，H23%[a]
反弹概率	59%	58%
反弹期间	10天	11天
出现反弹形态的平均跌幅	18%	18%
未出现反弹形态的平均跌幅	19%	28%
出现突破缺口形态的表现	-18%	-31%[a]
未出现突破缺口形态的表现	-18%	-20%
缺口平均金额(美元)	0.74	2.41

注：(-)负号表示下跌；[a]表示样本小于30个。

从形态结束到突破　从右顶到确认点需要花费多长时间？答案是：仅仅1个多月。这是一个平均值，但它表明，如果你迟一点发现双顶形态，在形态确认(当股价收于确认价格上方)之前你仍然有时间。

年度位置　在两个市场环境(牛市或熊市)下，最经常出现突破的位置是在年度价格区间的中间位置。

年度位置及表现　在牛市中，在年度价格区间的中间位置突破的形态表现最佳。表中熊市数值是可疑的，因为样本数量太少。但无论如何，熊市中股价在三个区间突破后的表现，差异是细微的。

反弹　反弹发生的概率超过一半。当发生反弹时，股价需要10天或11天的时间才能回到突破价格。反弹会使得突破后的股价跌幅变小。例如，在熊市中，那些有反弹的亚当和夏娃双顶形态跌幅18%，没有反弹的形态跌幅28%。这一发现表明，你应该在投资前找到下方的支撑。如果你正在做空股票，考虑如果股价在支撑区域停止下跌时，你是否值得冒险进行交易？

缺口　缺口只在熊市中有助于股价下跌更深，但样本量少(只有19个)，这意味着表中数值可能会发生变化。在熊市中的缺口是牛市的3倍。这个发现表明,在熊市中，如果你在股价突破形态之前做空一只股票，要将止损指令设置在稍高于确认价格的位置。这将有希望使你在突破之前介入交易，而不会过度增加你的风险。

表18.5所示为股价突破形态后达到最低点所需时间的频次分布。熊市中的第三个亚当和夏娃双顶形态将在第一个星期跌至最低点。

表18.5　到达最低点天数的频次分布

天数	7	14	21	28	35	42	49	56	63	70	＞70
熊市	33%	8%	10%	9%	9%	5%	3%	2%	1%	2%	19%
牛市	29%	9%	6%	7%	5%	5%	3%	6%	3%	4%	23%

在熊市中，股价在突破后14～21天内表现出明显的上行(这意味着下跌停滞)。在牛市中，股价在突破后1个月出现小幅上扬(28天，以及56天)。这些数字表明，当持股近1个月时，你应该仔细观察你的交易。如果价格开始攀升，那么立即平掉你的空仓。

表18.6所示为与亚当和夏娃双顶形态面积大小相关的统计数据。

表18.6　形态面积大小统计

描述	牛市	熊市
高形态表现	−20%	−25%
低形态表现	−16%	−20%
高度中值(与突破价格百分比)	17.02%	21.94%
窄形态表现	−19%	−21%
宽形态表现	−17%	−25%
长度中值	39天	42天
形态平均长度	56天	54天
低窄组合形态表现	−16%	−19%
低宽组合形态表现	−16%	−23%[a]
高宽组合形态表现	−18%	−25%
高窄组合形态表现	−25%	−25%[a]
小顶部价格差异形态表现	−18%	−21%
大顶部价格差异形态表现	−18%	−24%
价格差异中值	1.11%	1.67%
低左顶形态表现	−17%	−19%
低右顶形态表现	−18%	−25%

注：(−)负号表示下跌；[a]表示样本小于30个。

高度　高形态的股价在突破后表现得比低形态的好。表现差异最大的是熊市形态：高形态股价突破后下跌25%，低形态的下跌20%。

宽度　宽度对形态表现的影响是混杂的。在牛市中，狭窄的形态表现得比宽大的形态好。但在熊市，结果相反，在突破后，宽形态的股价表现得更好，下跌幅度更大。我用长度中值将窄和宽形态区分。

形态平均长度 在亚当顶最高点和夏娃顶最高点之间的时间距离平均略少于2个月。

高度和宽度的组合 我查看各种高度和宽度组合的形态，以找到表现最佳的形态。既高又窄的形态比大多数其他组合表现得更好。

顶部价格差异 两个顶部最高点的价格差异大表明突破后的股价会表现更好，但只在熊市中是这样。在熊市中，亚当和夏娃双顶形态两个顶部价格差异大的，突破后的股价表现更好。

低左顶或低右顶形态表现 这是一个更令人惊讶的发现：亚当和夏娃双顶形态的右顶比左顶低时股价表现超级的好。在熊市中，右顶较低的形态突破后股价下跌25%，而左顶较低的跌幅为19%。因此，要选择右顶比左顶低的形态进行交易。

表18.7所示为与亚当和夏娃双顶形态成交量相关的统计数据。

表18.7 形态期间成交量统计

描述	牛市	熊市
上升成交量趋势表现	-18%	-23%[a]
下降成交量趋势表现	-18%	-22%
U形成交量形态表现	-19%	-23%
半圆形成交量形态表现	-17%	-22%
既非U形又非半圆形成交量形态表现	-15%[a]	-18%[a]
巨量突破表现	-17%	-23%
轻量突破表现	-21%	-18%[a]
左顶巨量形态表现	-19%	-22%
右顶巨量形态表现	-16%	-24%[a]

注：(-)负号表示下跌；[a]表示样本小于30个。

成交量趋势 对于亚当和夏娃双顶形态，成交量趋势是毫无意义的。在熊市中，样本太少，无法作出明确的结论；在牛市中，没有表现差异。

成交量形状 双顶形态的成交量形状呈U形的，突破后股价表现比呈其他两个形状的更好。表现最差的是呈随机趋势成交量的形态，但样本量较小。

突破成交量 大多数交易员会告诉你，巨量突破的形态突破后表现更可靠(不管是什么意思)。亚当和夏娃双顶形态却表现出混合的结果，具体要视市场情况而定。在牛市中，突破成交量低于30天平均水平的形态，突破后股价表现好于那些巨量突破的形态。在熊市中，巨量突破的形态表现得更好，但样本规模较小。

顶部成交量 同样，结果也是混合的：在牛市中，左顶成交量更大的双顶形态比那些右顶成交量更大的形态表现得更好；在熊市中，结果正好相反，但样本规模较小。

交易策略

表18.8所示为交易亚当和夏娃双顶形态的交易策略。它们和其他双顶形态一样。交易双顶形态有两个目的：一是从长期持有中解脱出来；二是触发卖空。在我们进入交易故事之

前，让我们复习一下基础知识。

表18.8 交易策略

交易策略	解释
测算规则	计算从两个顶部最高点到最低点的形态高度，然后除以2。最低点减去该结果，得出目标价格。股价到达目标价格的概率是69%
等待突破	在卖出股票之前，通常要等待股价收盘在确认点下方
顺势交易	为了取得最佳效果，在熊市中做空该形态股票
检查同行业中的其他股票	为了避免5%失败，检查同一个行业中的其他股票，如果它们显示的是顶部形态或者它们正在下跌，就做空

测算规则 使用测算规则来帮助预测价格将会下降的程度。算出形态高度的一半，突破价格减去该结果，得出目标价格，即股价下跌至少能够达到的价格。不幸的是，这个方法预测的目标价格只有69% 的成功概率，远不及我喜欢看到的80%的成功概率。

举例说明，如图18.6所示，该亚当和夏娃双顶形态的最高点是在夏娃顶部的28.72美元，最低点(确认线)是25.78美元。将差异(2.94美元)除以2(1.47美元)，从最低点减去该结果，获得24.31美元的目标价格。股价在点A到达这个目标价格。

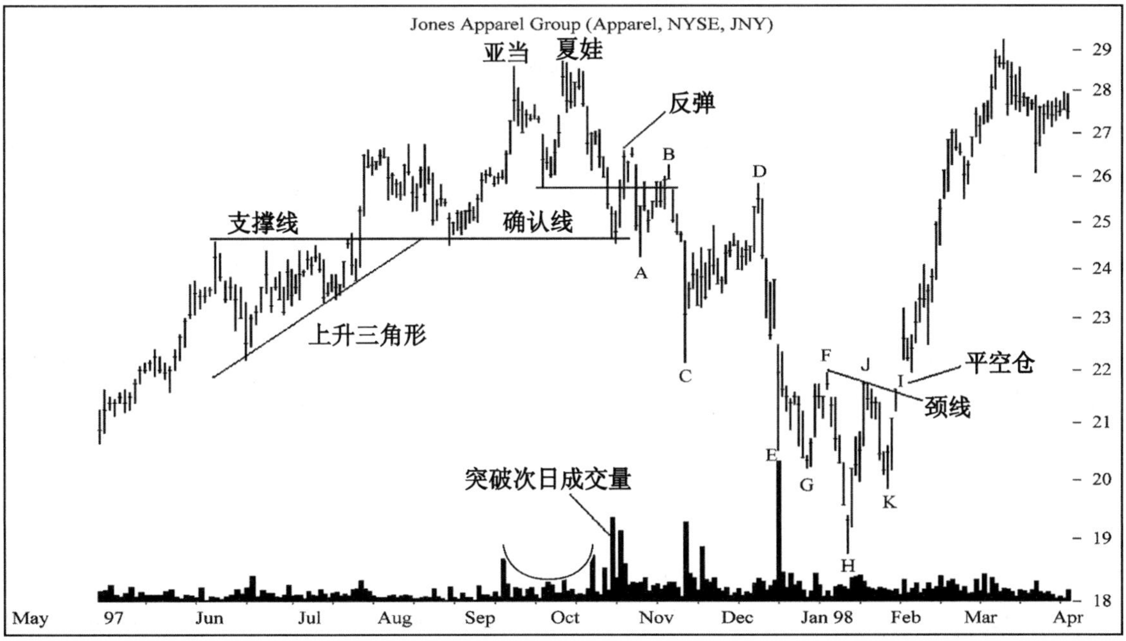

图18.6 使用测算规则，计算双顶形态的高度，然后除以2，然后从确认线减去该结果。计算结果即为目标价格。在这个例子中，股价下跌触及了点A的目标价格。

等待突破 作为交易信号，你要等待突破，然后退出一个长期的持仓或打开一个空仓。突破价格是两个顶部之间的最低点，如图18.6所示的确认线。如果你在确认线之前卖出你的股票，你有65%的机会错过新的上涨，股价有65%的概率不会下跌到确认线，便掉头上行，涨得更高。一旦价格收盘低于突破价格，卖出你的股票或考虑做空股票。

顺势交易 如果你在牛市中拥有股票，要找到潜在的支撑，看看你能否容忍股价下跌到这一支撑水平的损失。随着牛市推动个股价格上涨，股价的下跌可能会很短暂。在熊市中，当股票出现亚当和夏娃双顶形态时，就是做空股票的时候了。顺着市场趋势进行交易，可以取得最佳的投资效果。

检查同行业中的其他股票 如果同一个行业的其他股票表现疲软(下跌或形成看跌形态)，那么考虑出售你的股票。你甚至可能考虑在突破之前卖出，但在牛市中，如果股价掉头回升，这样做你可能会失去后面的获利机会；在熊市中，这是一个更安全的赌注。不过，记住，你永远不会因为获利而破产。

交易故事

图18.6所示为亚当和夏娃双顶形态的交易示例，并提供了使用渐进式设置止损点来保护利润的教程。

这个亚当和夏娃双顶形态是一个好例子。亚当顶部是狭窄的，由一个单日价格尖峰组成。夏娃顶部看起来相对更宽、更圆润。当价格收在确认线以下时，双顶成为有效的亚当和夏娃双顶形态。

需要注意的是，这个双顶形态发生在牛市。这意味着比起熊市，下跌幅度要小得多。在10月7日，标准普尔500指数刚刚达到新高，但在突破日(10月16日)轻松下跌。我所跟踪的服装行业的5只股票都在1997年10月到达峰顶，在确认日都呈下行趋势。这是一个很好的信号，表明应该卖出股票。

夏娃顶部成了年度价格的高位，按照表18.4，表现最差的形态来自突破在年度价格高位区域的形态。这种观察结果是一个注意事项。

6月的上升三角形态建立的支撑线表明，价格将难以穿透这个位置。因此，预期股价会有反弹。表18.4显示，反弹会损害股价表现，但在牛市中，有反弹与没有反弹对形态表现的影响没有多大区别。

这是一个高形态吗？形态高度与突破价格的比值为11.4%。这比中位数低，所以这是低形态，这意味着突破后的股价表现会相当的不佳。

这个形态是否狭窄？是的。这个形态顶部间距是16天。在牛市中，狭窄的形态表现略好。

哪个峰顶较低？亚当峰顶比夏娃峰顶低，根据表18.6，在牛市中，左顶低的亚当和夏娃双顶形态表现不佳，但与右顶较低的形态表现差异并不显著。

成交量呢？图18.6所示为两个顶部之间成交量呈U形，这是一个好消息，根据表18.7，具有U形成交量形状的形态表现明显优于其他成交量形状的形态。突破成交量是巨量还是轻量？我突出标识了突破后一天的成交量，只是让你可以更容易地找到突破日的成交量。在突出标识位置的前一天，即突破日，成交量很轻。表18.7显示，轻量突破的形态表现更好。最后，哪个顶部的成交量更大？我用每个峰顶周围5天的成交量做了比较，根据我的电子表格，右边顶部的成交量更大。表18.7显示右顶成交量高的形态预计表现不佳。

因此，这一分析所示为混合的技术性证据。如果你持有这只股票，你可以在突破时卖出。在卖出之前等待反弹是危险的，因为反弹发生的概率只有59%。但在有了上行三角形的底部支撑，赌股价反弹还是一个很好的赌注。

如果你想做空这只股票，做空时间是一样的。在股价突破时做空，当股价反弹完成，价格回落后增加你的仓位，或只在反弹结束股价再次下跌时做空。

如果你在突破时做空股票。股价反弹后，回落到点A。由于这是一个新的小低点，把止损点设置在高出反弹的顶部0.1美元左右的位置，即最近的小高点。价格攀升到点B然后下降到点C，点C低于点A，所以它是一个新的小低点。将止损点降低到点B。价格攀升到点D，然后下降到点E。将止损点移动到点D。由于从点D到点E的下降幅度很大，你可能需要计算股票的波动性，并将止损点移动到不超过波动率1.5倍距离的地方。

我的意思是什么？由于突破发生在10月16日，计算前一个月高点和低点的价格差异，得出平均价格差异。在这个例子中，平均差异是0.71美元。这代表了从9月中旬到10月中旬每天的平均价格波动。再乘以1.5，得出1.07美元的结果。将止损点设置在不低于当前收盘价格上方1.07美元的位置。当前收盘价格点E是21.94美元，止损点设置在不低于23美元的位置。如果你在点B到点C的阶段使用这种方法，止损指令将使你在24.14美元处获利了结，这个价格低于突破价格6%。

随着价格的下跌，继续降低止损点。在股价下跌到新低点H途中，止损点将被降下到点F。这个位置与点H有17%的距离(从高点到低点)，但对于这种波动的股票，我会收紧止损位置，使用波动性规则，因为价格几乎是垂直下跌的。

你是怎么卖的？如果股价上涨，止损指令会自动将你平仓出局。另一种方法是查看在点G、点H、点K上形成的头肩形底部形态。从点F到点J画一条颈线，并延伸到右边标识的突破价格位置。在股价收盘在颈线上方的次日平仓。

如果你交易了这只股票，你就赚了16%。这与牛市的平均跌幅18%(见表18.2)接近，但计算平均跌幅使用的是最低值点H，跌幅为27%。请注意，股价从点C(第27天)到点D的上涨发生在股价突破形态后1个月，正如在讨论表18.5时所警告的那样。

交易秘籍

下面的列表包含交易这种形态的提示和观测结果，以帮助你选择表现更好的形态，更多的信息，请参阅相关的表格。

- 使用辨识指南正确识别形态。见表18.1。
- 这种形态在熊市中，或者在总体市场下行时，表现最好。见表18.2。
- 熊市中的形态有较低的失败比率。见表18.3。
- 避开反弹，因为反弹会让股价表现变差。在交易前查看附近的下方支撑。见表18.4。
- 在牛市中，在突破后1个月留意股价回升。在熊市中，在突破后14～21天留意股价回升。见表18.5。
- 高形态比低形态表现得更好。见表18.6。
- 选择既高又窄的形态。见表18.6。
- 右顶更低的形态表现更优。见表18.6。
- 选择U形成交量趋势的形态。见表18.7。

第十九章　双顶形态之夏娃和亚当形态
Double Tops, Eve & Adam

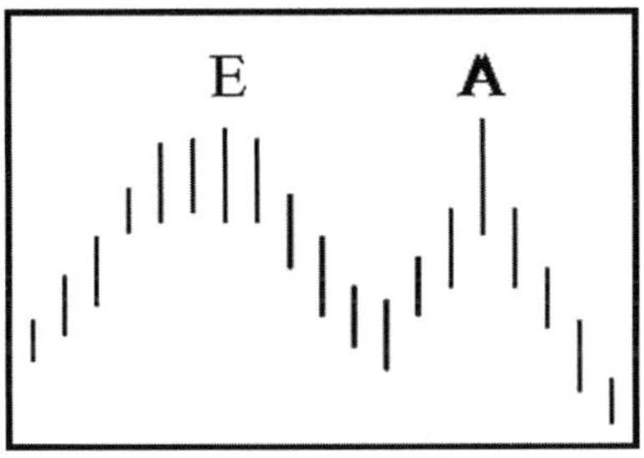

统计简报

向下突破

形状	双顶在接近相同的股价。左顶看起来宽而圆，右顶窄而尖，呈倒V形	
反转或持续	短期反转，行情看跌。	
	牛市	**熊市**
表现排名	13/21	7/21
保本失败概率	13%	5%
平均跌幅	15%	24%
趋势结束后的变化	54%	51%
成交量趋势	向上	向上
反弹概率	64%	54%
实现目标股价概率	72%	79%
意外发现	反弹损害股价表现。高或窄的形态表现优于短或宽的形态；顶部之间股价差异大的形态表现很好；轻量突破的形态表现最好。	
参见	亚当和亚当双顶形态；亚当和夏娃双顶形态；夏娃和夏娃双顶形态。	

统计简报所示为夏娃和亚当双顶形态的重要统计数据。这种看跌的形态显示其在熊市中的失败比率几乎是在牛市中的1/3。不过，在牛市以及熊市中，平均跌幅相对于所有形态的平均数来说都是比较小的。在股价达到最低点后，股票回升的涨幅超过50%，涨幅巨大。失

败形态的表现甚至更好，不过失败形态是极少见的。

成交量趋势是不寻常的，因为大多数这类形态的成交量是呈向上趋势的，不像其他双顶形态。正如你可能预期的那样，牛市中的反弹比熊市中发生的频率更高(因为不断上涨的市场往往会推动股价回升)。

意外发现和通常的一样，我会在“统计数据”部分解释。

导入

图19.1所示为夏娃和亚当双顶形态的样子。夏娃顶部宽而圆，亚当顶部看起来狭窄，像倒V形，通常有一根长的单日或双日股价尖峰。形态形成于一个上涨的价格趋势之后，但要等到股价收盘低于确认线时才成为一个真正的双顶形态。只有到这个时候，交易者才能持有头寸或卖出现有持股。

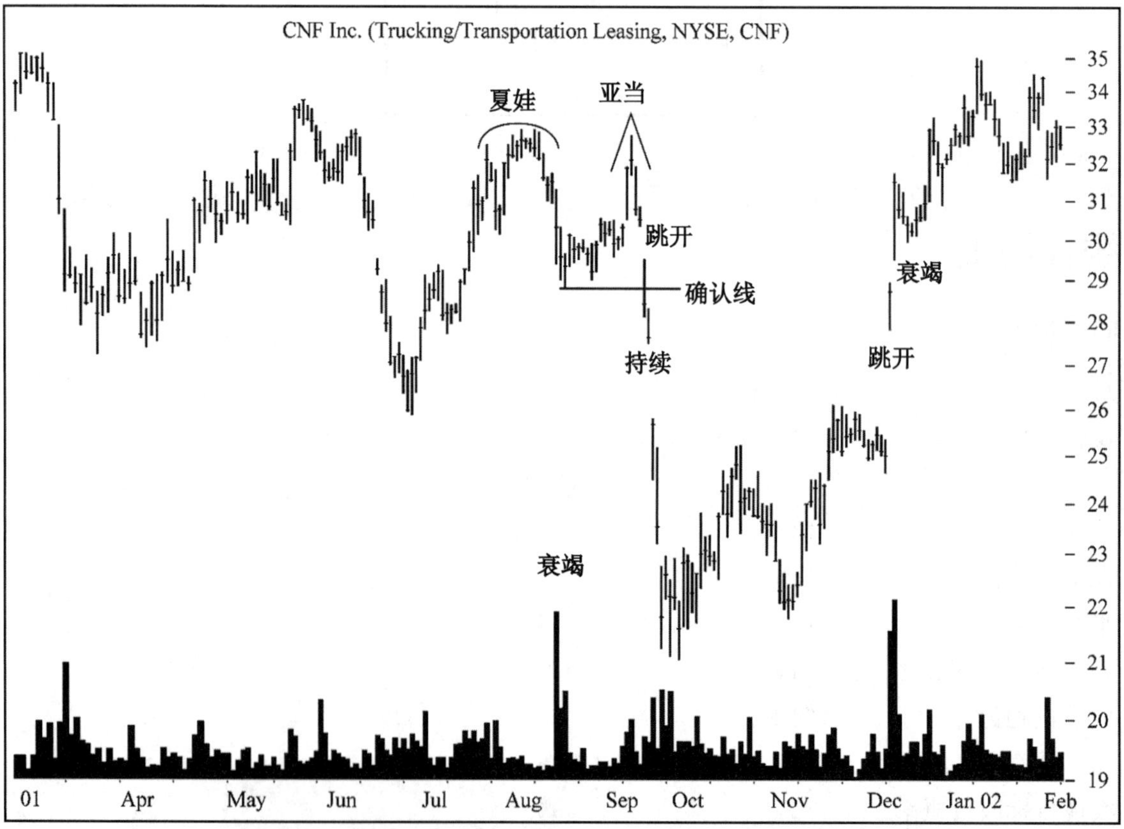

图19.1　除了成交量趋势，这是一个很好的夏娃和亚当双顶形态例子。成交量左顶通常比右顶大。在9—12月的缺口形成了一个岛形形态。

图19.1也是一个缺口的好例子：跳开、持续、衰竭。第一个三重奏出现在确认之前，并导致9月的最低点。另一个则始于12月，其跳开缺口与早先的持续差距重叠，使得9—12月成为一个股价孤岛。衰竭缺口预示着这个快速上坡跑的结束。之后，股价仍在攀升，但速度却缓慢了。

辨识指南

你如何从普通的双顶形态中辨识出夏娃和亚当双顶形态呢？看图19.2和表19.1来寻找答案。图19.2所示为两个夏娃和亚当双顶形态，它们的成交量形状相反。2月的形态成交量呈U形，而5月的形态成交量呈半圆形。具有半圆形成交量的形态表现更好。

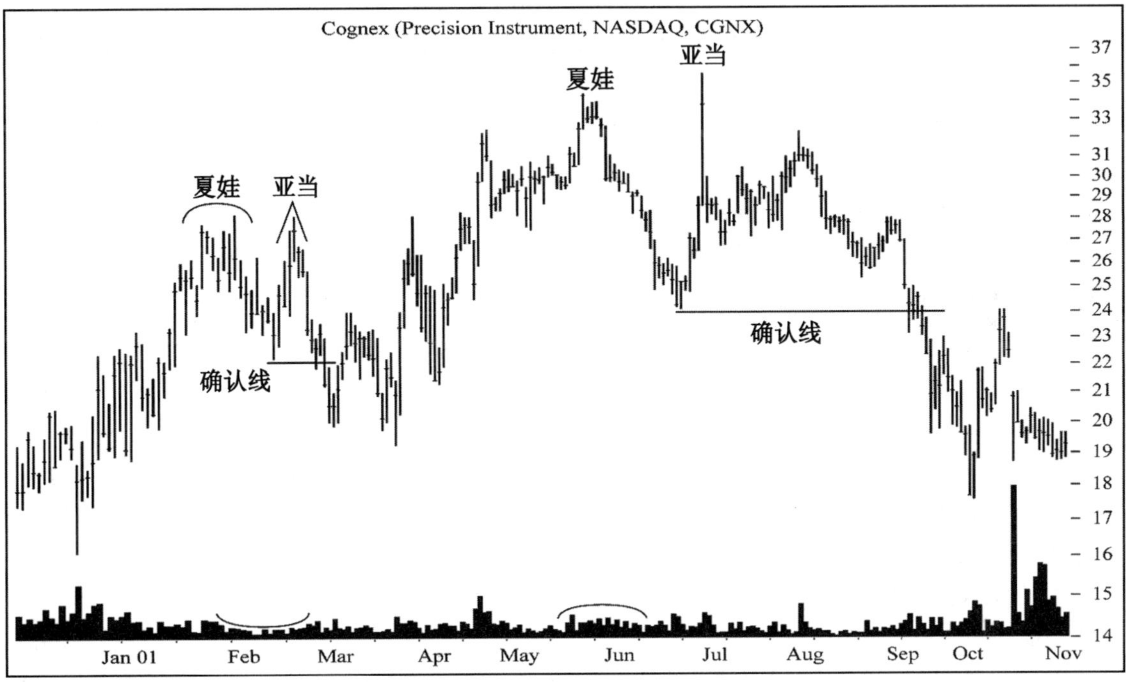

图19.2　当股价收在确认线以下时，两个双峰都被确认为夏娃和亚当双顶形态。2月的形态成交量呈U形，5月的形态成交量呈半圆形。

表19.1　辨识指南

特征	讨论
上涨的价格趋势	价格趋势向上进入形态，不应该形成第三个峰顶，双顶也不应该是同一整理形态的一部分。找到两个小高点
顶部形状	左顶是夏娃顶部，比亚当顶部更宽更圆，可能会由几个短尖峰组成。右顶是亚当顶部，通常有一个狭窄的价格尖峰，呈倒V形。两个顶部看起来应该不一样
双顶之间的谷深	具有大深谷的形态（高形态）比小深谷形态（短形态）的表现好。谷的深度通常在10%～25%范围之内，但允许例外
顶部最高价格差异	两个顶部的最高点之间的价格差异是小的，通常是0～3%，但允许较大的差异。双顶价格差异较大的形态（表19.6中的中值）表现更好
顶部间距	顶部和顶部之间相距应该至少几个星期，大部分形态的顶部间距在2～6个星期范围内；大于5个星期的顶部间距往往表现不佳，但也有出现例外的
股价从右顶下跌后	股价必须收在确认点之下，在此之前，股价不应回升高于右顶高点
顶部成交量	通常在右顶更高
确认价格	确认是指股价收于两个顶部之间的最低点之下。它确认双顶为有效的双顶形态。也称为突破价格

上涨的价格趋势 要形成一个顶部，股价必须呈上升趋势，即使趋势很短。以我查看的股票作为参考，进入双顶形态之前的股票价格趋势平均为84天，或约3个月。

顶部形状 仔细看两个峰顶：相比右边的亚当顶部，左边的夏娃顶部应该更宽、更圆。亚当顶部是狭窄的，通常呈倒V形，并且往往有单日或双日股价尖峰。最重要的是，两个顶部看起来应该不一样。

在图19.2的两个例子中，双顶之间的差异都是明显的。为了帮助测量顶部的宽度，从顶部朝形态的底部往下看。亚当顶部通常很窄，而夏娃顶部是开阔的。例如，5月的夏娃和亚当双顶形态在29美元处，亚当顶部只是一个单日价格尖峰，但夏娃看起来宽得多。

双顶之间的谷深 两个顶部之间股价跌幅在10%～25%之间，或更大。双顶之间的深谷将两个顶部分开，这样两个顶部就不是同一价格盘整区域的一部分。

顶部最高价格差异 左顶最高点和右顶最高点的价格差异应该是0～3%。两个峰值的顶端看起来应该接近同一价格水平，但允许有例外。当两个峰值不在同一价格水平时，股价在突破后往往表现得更好。

顶部间距 两个顶部之间的平均距离是51～55天，这个时间距离使用顶部的最高点之间计算。你看到的应该是两个小高点，两者间隔清晰明显。大部分的形态顶部间距在2～6个星期之间，但如果相隔一年，那也不用担心，它仍然可能是一个有效的夏娃和亚当双顶形态。然而，顶部间距过宽会使得价格突破形态后表现变差。这里的关键是，相比双顶间距为1年的形态，交易者更容易看到双顶间距1个月的形态。如果交易者错过双顶间距1个月的形态，那意味着他们买入或卖出股票的热情就减少，驱动股价的力量也就会减少。

股价从右顶下跌后 股价从右顶下跌后，在价格收低于确认价格之前，不应该出现回升上涨形成第三个峰顶。如果在确认前出现第三个峰顶，则将该形态作为三重顶形态进行交易。

顶部成交量 在四种类型的亚当和夏娃双顶形态中，这是唯一一个在右顶的成交量更高的。但是，如果左顶的成交量更高，也不要感到惊讶。这种情况发生的概率为48%。

确认价格 在夏娃和亚当双顶形态成为有效的双顶形态之前，股价必须先收于两个顶部之间的最低点。没有确认，你在屏幕上看到的就只是弯曲的线条，而不是股票双顶形态。

关注形态失败

夏娃和亚当双顶形态怎么会失败？有许多原因，包括总体市场趋势的反转。由于水涨船高，你的股票可能会随着牛市而攀升，或随着熊市飘摇而下。如果该行业的其他股票表现良好，这种局面将有利于支持股票上涨。基本面因素，如良好的销售收入、特别好的季报、内部人员购买、股票回购计划或管理层的积极评论都将有助于提高股票价格。但是，我一次又一次地发现，一个关键因素是，在股票形态下方有一个坚不可摧的支撑区域。图19.3所示为一个例子。

支撑区域早在1997年1月形成，股价位置在大约12.50美元。我将这个区域的顶部标识为支撑线。10—11月的峰值和点B位置上的拥塞加强了这个巨大的支撑。这种支撑足以使股价在点A上反弹，并在点C上停顿。当我在2004年2月写这到这里的时候，股票仍然低于支撑区，但我预计股价在上涨途中也会在这个位置停顿。

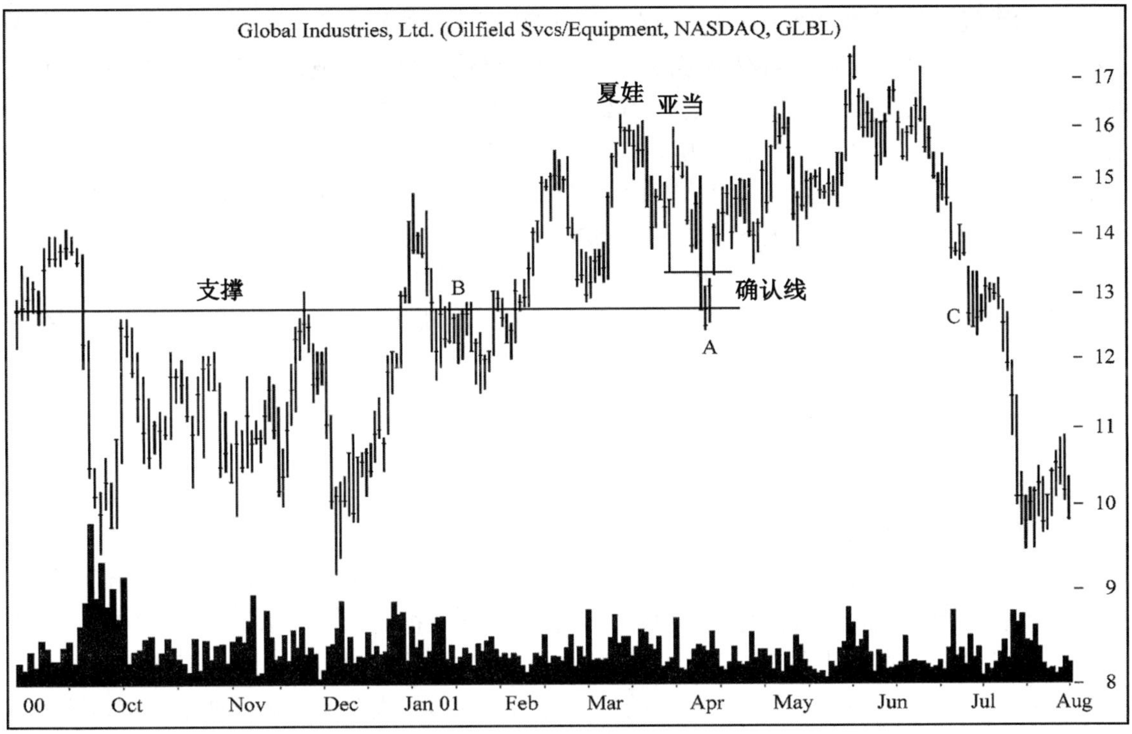

图19.3　在点B的支撑和10—11月的许多峰值使得股价下跌在点A停住。支撑区域也造成了点C位置上的拥塞。

统计数据

表19.2所示为夏娃和亚当双顶形态的综合统计数据。

表19.2　综合统计

描述	牛市	熊市
形态数量	212	105
反转(R)、持续(C)数量	212R	105R
平均跌幅	15%	24%
跌幅超过45%(数量或占比)	9或4%	6或6%
趋势结束后涨/跌幅	54%	51%
形态失败后涨/跌幅	63%[a]	55%[a]
标准普尔500指数的变化	1%	-16%
到达最低点的天数	43	40

注：(-)负号表示下跌；[a]表示样本小于30个。

形态数量　我在500只股票中发现了317个夏娃和亚当双顶形态，我使用了大约为期9年的每日股价数据，数据截至2004年初。

反转或持续　由于我们正在看的是顶部形态，其突破方向是向下的，按照定义，所有夏娃和亚当双顶形态都是作为股价上涨趋势的反转。

平均跌幅 如表19.2所示，平均跌幅在牛市和熊市中的数据不同。统计结果表明，你应该只在熊市中交易夏娃和亚当双顶形态，才能获得最佳的投资表现。如果你在牛市中持有的股票出现了一个夏娃和亚当双顶形态，那么你就要做一个选择。股价会下跌，把这个作为一个给定的条件。你要寻找股价的下方支撑。如果行业或市场的趋势也在下行，那么在形态确认的时候卖出股票可能是明智之举。否则，考虑坚持持有，跟随股价完成15%的平均跌幅，特别是如果附近有支撑的情况下，之后市场或行业将会疯狂看涨。

跌幅超过45% 看跌形态在这个项目上表现不好，所以结果也与预期一致。

趋势结束后的变化 股价在跌至最低点后，平均上涨50%以上。因此，如果你能判断股价何时跌到谷底，那就买入股票并坚持持有。

失败形态的表现 交易这种形态一个更简单的方法是寻找失败形态。突破后，股价下跌不到5%，然后飙升。在新的趋势成立时买入股票。

标准普尔500指数的变化 在牛市中，指数上升了1%，帮助减少夏娃和亚当双顶形态股价的跌幅，但熊市的16%跌幅帮助了股价下跌。

到达最低点的天数 股价只需要1个多月的时间就达到最低点，但是，较牛市而言，在熊市中，股价达到最低点需要的时间更短，而股价却下跌得更深。所以，下跌的坡度一定会更陡。为了使每年的交易次数最大化，可以在熊市中做空此种形态。

表19.3所示为夏娃和亚当双顶形态的失败比率。熊市的失败比率远远低于牛市，这表明你应坚持做空这种形态。

表19.3 失败形态数量或比率

股价最大跌幅(%)	牛市	熊市
5(保本点)	27或13%	5或5%
10	75或35%	21或20%
15	118或56%	34或32%
20	145或68%	48或46%
25	171或81%	60或57%
30	190或90%	70或67%
35	197或93%	84或80%
50	206或97%	102或97%
75	211或100%	105或100%
＞75	212或100%	105或100%

你应该怎样解读这个统计表呢？让我举几个例子。假设你的总交易成本是5%，有多少个形态无法下跌到那么远？答案是：在牛市13%，在熊市5%。如果你想在你的成本之外再获得10%的收益(总共15%)，多少形态将无法下跌15%？答案是：在牛市中超过一半(56%)，在熊市32%。

在“交易策略”部分，我们将研究测算规则。假设股价从10美元下跌到8美元，跌幅20%。在牛市中，有多少形态会有这样的跌幅呢？答案是：32%(68%将无法下跌到20%)。因此，8美元的目标价格似乎是一个梦想，所以目标价格要更加保守一点，选择更接近10美元的目标价格。

表19.4所示为与突破及突破后相关的统计数据。

表19.4　突破与突破后股价表现统计

描述	牛市	熊市
从形态结束到突破	34天	29天
突破在年度价格区间低(L)、中(C)、高(H)各区域分布的百分比	L26%，C46%，H28%	L33%，C48%，H19%
形态在年度价格区间低(L)、中(C)、高(H)各区域突破后的跌幅	L16%，C15%，H16%	L22%，C22%，H32%[a]
反弹概率	64%	54%
反弹期间	11天	10天
出现反弹形态的平均跌幅	14%	23%
未出现反弹形态的平均跌幅	17%	25%
出现突破缺口形态的表现	-15%[a]	-20%[a]
未出现突破缺口形态的表现	-16%	-25%
缺口平均金额(美元)	0.54	0.98

注：(-)负号表示下跌；[a]表示样本小于30个。

从形态结束到突破　股价从右顶的高点跌至确认价格需要时间为大约1个月。

年度位置　在年度价格区间内，股价通常在中位区域突破。

年度位置及表现　在年度价格区间内，突破位置在哪里股价表现最好？答案是不清楚的，因为结果要么太接近了，要么样本数太少。然而，许多看跌的形态都是在低位区域附近突破时表现最好。

反弹　牛市中的夏娃和亚当双顶形态有较高的反弹率。几乎有2/3的形态会反弹，股价需要花费10～11天来返回到确认线(突破点)。当股价反弹时，向上的反弹会打破下行的势头，并影响股价的表现。

在交易之前，找到下方的支撑。如果支撑区域在附近，则股价会有反弹。如果你预计股价会反弹，而且你也是一个波段投资者，就在股价突破形态的位置做空股票，在几天或一个星期后，股价见底而反弹尚未开始之时平空仓。在反弹完成时进行另一个交易，股价将会重新开始下跌。

缺口　如表19.4所示，缺口会损害股价的表现。缺口在熊市对股价的表现影响最大，但这可能是由于样本数量小(24个样本)造成的。

表19.5列示为股价突破形态后到达最低点所需时间的频次分布。在第1个星期，超过1/4的形态将达到最低点。注意，突破35天后，熊市中10%的形态触底。之后，股价平均至少上涨2个星期(这些信息不在表19.5中，只在我的电子表格里)。因此，在做空后1个月左右准备把你的空仓平掉。同样的趋势也出现在牛市，但上涨似乎要持续大约3个星期。在所有情况下，样本规模都很小。

表19.5　到达最低点天数的频次分布

天数	7	14	21	28	35	42	49	56	63	70	>70
熊市	26%	13%	6%	7%	10%	9%	4%	5%	2%	1%	18%
牛市	29%	9%	10%	8%	5%	4%	4%	5%	5%	2%	18%

表19.6所示为与形态面积大小相关的统计信息。

表19.6　形态面积大小统计

描述	牛市	熊市
高形态表现	-19%	-25%
低形态表现	-13%	-23%
高度中值(与突破价格百分比)	15.82%	20.24%
窄形态表现	-16%	-26%
宽形态表现	-15%	-22%
长度中值	40天	35天
形态平均长度	55天	51天
低窄组合形态表现	-15%	-24%
低宽组合形态表现	-9%	-20%[a]
高宽组合形态表现	-19%	-29%[a]
高窄组合形态表现	-19%	-29%[a]
小顶部价格差异形态表现	-15%	-22%
大顶部价格差异形态表现	-16%	-26%
价格差异中值	1.18%	1.43%
低左顶形态表现	-15%	-26%
低右顶形态表现	-16%	-23%

注：(-)负号表示下跌；[a]表示样本小于30个。

高度　高形态比低形态表现好。我确定形态是高形态或低形态的办法是，计算两个峰值的最高点到确认价格的距离，然后除以确认价格(突破价格)。结果高于表中列示的高度中值，表示形态是高形态。

宽度　采用类似的方法，我确定形态宽度的方法是，计算两个峰值的最高点之间的距离，然后与表中的长度中值进行比较。窄的形态表现优于宽的形态。

形态平均长度　两个顶部最高点之间的平均时间距离是略超50天，即相隔不到2个月。

高度和宽度的组合　不考虑低的样本量，高形态表现最好，无论它们是配对到宽形态或窄形态。表现最糟糕的来自既短又宽组合的形态。

顶部价格差异　我查看了两个顶部最高点之间的价格差异。当差异大于中位数时，股价在突破后倾向于有更优表现。股价表现差别最大的发生在熊市。

低左顶或低右顶形态表现　右顶较低的形态表现会更好吗？是，也不是。在牛市中，右顶较低的形态表现最好；但在熊市中，左顶较低的形态会表现得更好。

表19.7所示为与形态期间成交量相关的统计信息。

成交量趋势　牛市中的形态成交量呈下降趋势的表现得更好。在熊市中，结果相反。成交量呈上升趋势的形态平均下跌26%，而成交量呈下降趋势的形态平均跌幅为22%。

成交量形状　成交量形状给出了股价表现的线索吗？在牛市中，那些成交量形状呈半圆形的形态表现最好，但结果与其他成交量形状的形态也很接近。在熊市中，样本数量较小，但成交量呈随机形状的形态表现最好(紧随其后的是半圆形的形态)。

表19.7　形态期间成交量统计

描述	牛市	熊市
上升成交量趋势表现	-15%	-26%
下降成交量趋势表现	-16%	-22%
U形成交量形态表现	-15%	-23%
半圆形成交量形态表现	-16%	-25%
既非U形又非半圆形成交量形态表现	-15%	-27%[a]
巨量突破表现	-15%	-23%
轻量突破表现	-16%	-28%[a]
左顶巨量形态表现	-17%	-22%
右顶巨量形态表现	-14%	-26%

注：(-)负号表示下跌；[a]表示样本小于30个。

突破成交量　就巨量突破的形态表现更好的信念而言，夏娃和亚当双顶形态是一个例外。我发现，夏娃和亚当双顶形态的突破成交量比30天平均水平低时，突破后的表现比那些有很大突破成交量的形态更好，但是由于样本数小，而且数据也接近，这意味着如果有更多的样本，可能会改变统计结果。

顶部成交量　在牛市中左顶成交量较大的形态表现良好；但在熊市中，右顶成交量较大的形态表现更好。

交易策略

表19.8所示为夏娃和亚当双顶形态的交易策略。它们和其他双顶形态的一样。

表19.8　交易策略

交易策略	解释
测算规则	计算两个顶部最高点到最低点的形态高度，然后除以2。最低点减去此结果，计算出目标价格。股价下跌触及目标价格的概率，在牛市为79%，在熊市为72%
等待突破	通常，在卖出股票之前，等待股价收于确认点下方
顺势交易	为取得最佳投资效果，在熊市中做空
检查同行业中的其他股票	为了避免5%失败，检查同一个行业中的其他股票，如果它们显示的是顶部形态或者它们的股票正在下跌，进行做空交易

测算规则　使用测算规则可以帮助预测股票在突破后可能下跌到的目标价格。例如，在图19.4中，亚当峰值是两个顶部中最高的，它的最高点为34.90美元。确认价格是两个峰值之间最低的低点，为31.70美元。差值是3.20美元，也就是形态高度。形态高度的一半为1.60美元。计算确认价格减去1/2形态高度，结果是30.10美元，这就是目标价格。突破后次日股价就跌到了这个价格水平。

虽然这个目标价格在图19.4所示的股票中是起作用的，但其实用这个测算规则预测的目标价格成功概率只有72%～79%，比我喜欢看到的80%小。

等待突破　多数情况下，在投资前，你应该等待股价收低于确认价格下方，双顶形态得到确认。如果你不等待确认，你有65%的机会看到股价掉头上升，而不是下跌到确认线。不过这也有例外。如果你在你自己的持股中看到一个特别可怕的情况出现，那就早一点卖出持仓，以便保护你的利润。如果市场或行业正在下降，而你的股票快速上升进入形态，那就考虑早一点卖出持仓(快速下降往往伴随迅速上升)。其他技术指标可能建议卖出，所以也要检查。

顺势交易 由于这种形态在熊市中表现最好，避免在来势汹汹的牛市行情中做空股票，除非情况许可。在牛市中，持有股票和忍受住下跌可能是有意义的。寻找能够阻止下跌的下方支撑。通常，当牛市推高股价时，当看到双顶形态时卖出股票是错误的。可能在几个星期或几个月内，股票的价格会更高。不过，波段交易者就想着在形态确认后尽快卖出。

检查同行业中的其他股票 看看总体市场和在同一行业的其他股票表现如何。它们的活动通常是你的股票将如何运行的关键。如果行业中的其他股票正在下跌或者显示出见顶的迹象，那么你的股票也会下跌。如果是这样，最好是卖出长期持股或考虑做空股票。

交易故事

图19.4所示为夏娃和亚当双顶形态的交易例子。当你看着这个图的时候，你可能会觉得这个双顶发生在一个向下的价格趋势之中，从图19.4左边的高处开始，股价下滑到右边的低处。它让我想起了三浪下跌形态。

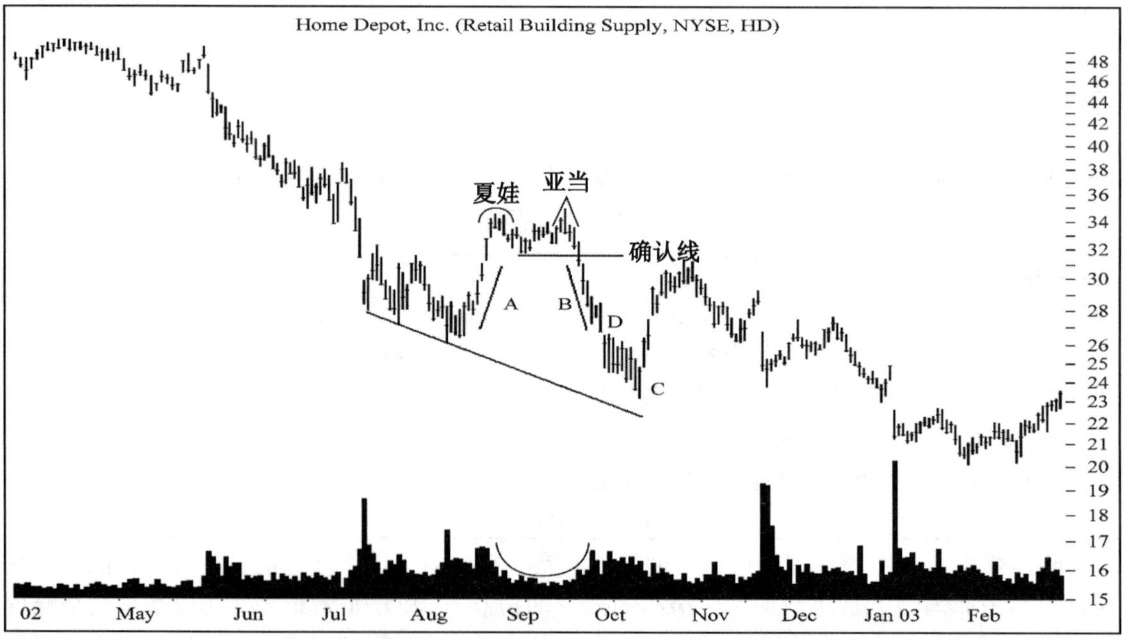

图19.4 这个夏娃和亚当双顶形态，前有迅速上升，后有迅速下跌。股价下跌在趋势线支撑附近停滞。

形态是否符合表19.1中列出的特征？直线A显示的短暂上升满足了上涨的价格趋势上行进入夏娃和亚当双顶形态的条件。两个顶部有一个是圆弧形的夏娃顶部，与之配对的另一个顶部是突起的亚当顶部。两个顶部中间的深谷跌幅9%，比10%稍微小一点点。两个顶部之间的股价差异只有1%，双顶之间的间距是25天。股价下跌到确认线前没有出现第三个峰顶。左顶的成交量比右顶的大，这是不寻常的。因此，这个形态符合辨识指南的特征，所以，它是一个夏娃和亚当双顶形态。

这个夏娃和亚当双顶形态有什么特别的呢？两件事。第一，那个U形成交量形状很特别。第二，注意股价进入形态前的快速上升，用线条A突出标识。股价骤然上升1个星期，然后在形态中横盘。和上升一样陡峭的是股价从形态下跌，图中用线条B来标识。如果我交易这个双顶形态，我会在确认线设置卖出股票的空单。这样，我就会在这个形态确认时以一个好的价格进入交易。

由于7月的拥堵，我预计股价会有反弹。为了防止最坏的情况出现，我会在亚当顶部设置止损点，以免情况失控。对于下行的目标价格，用测算规则预测的股价至少下跌到30.10美元。测算规则我在表19.8的“测算规则”中已经讨论过。由于我知道快速下跌往往紧跟着迅速上升，我会将目标价格设定得更低，设在迅速上升开始之前的位置，约27.78美元，但是因为这个数字低于整数28，我可能会将目标价格设置为28.07美元，或一些古怪的数字。每个人都要尽量在28美元买入，我想在其他人把股价推高以前平掉空仓。

事实上，你可以看到，股价在28美元的位置停滞了3天(图19.4中的点D)，然后才重新下跌。如果在某种魔力的影响下，我留在交易中，我预计股价会进一步下跌到那条向下倾斜的趋势线。随着股价的下跌，一个上升的成交量趋势是股价强劲下行的好迹象。

在点C之后的快速上升表明，如果你没有使用止损指令，你需要非常留意这只股票，紧盯着它，以便把握离场时机。延误的代价高昂。

交易秘籍

下面的列表包含交易这种形态的提示和观测结果，以帮助你选择表现更好的形态，更多的信息，请参阅相关的表格。

- 用辨识指南正确识别形态。见表19.1。
- 在熊市中交易这种形态。见表19.2。
- 如果你能看出什么时候股价达到最低点或形态是否会失败，买入股票。见表19.2。
- 在熊市中，失败比率最低。见表19.3。
- 反弹损害股价表现，所以选择没有下方支撑的形态。见表19.4。
- 在熊市，突破后1个月左右股价会上涨。见表19.5。
- 选择高形态或窄形态。见表19.6。
- 选择峰顶股价差异大的形态。见表19.6。
- 突破成交量低于平均值的形态表现突出。见表19.7。

第二十章　双顶形态之夏娃和夏娃形态
Double Tops, Eve & Eve

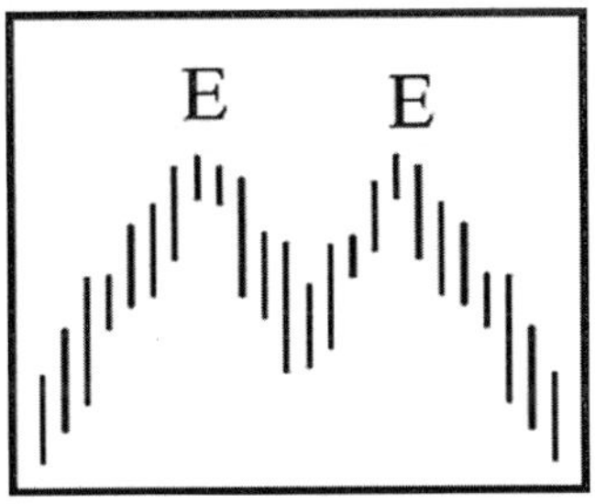

统计简报

向下突破

形状	两个峰值接近相同的价格水平。两个峰顶都有宽阔、圆润的顶部。	
反转或持续	短期反转，行情看跌。	
	牛市	**熊市**
表现排名	2/21	9/21
保本失败概率	11%	2%
平均跌幅	18%	25%
趋势结束后的变化	63%	45%
成交量趋势	向下	向下
反弹概率	59%	51%
实现目标股价概率	73%	76%
意外发现	在牛市中，股价在达到最低点后上升异常巨大；反弹使得股价表现变差；高或窄的形态表现优于短或宽的形态；左顶成交量更大的形态表现好。	
参见	亚当和亚当双顶形态；亚当和夏娃双顶形态；夏娃和亚当双顶形态。	

当交易者说“双顶形态”时，他们指的是夏娃和夏娃双顶形态。它成为经典形态的一个原因：它表现良好。在熊市中，保本失败概率仅为2%，突破后价格平均下跌25%。这是出色

的表现。即使在牛市，这种形态也展现了它的本领。在达到最低点后，股价平均飙升63%。牛市中失败形态表现得更好：有70%的上涨。

这个形态有很多意外发现我们之前听到过，有一个是新的，当左顶的成交量比右顶的更大的时候，形态往往会表现得更好。我在统计数据一节中将会讨论这些意外发现。

导入

图20.1所示为夏娃和夏娃双顶形态的样子。它让我想起一个大眉毛的人，确认线是鼻子，嘴巴是U形的成交量趋势。双顶形态形成于一个上涨的股价趋势之后，在两个顶部之间有一个圆弧形的转弯。圆弧形的转弯不是先决条件，我没有研究这方面双顶形态的表现。

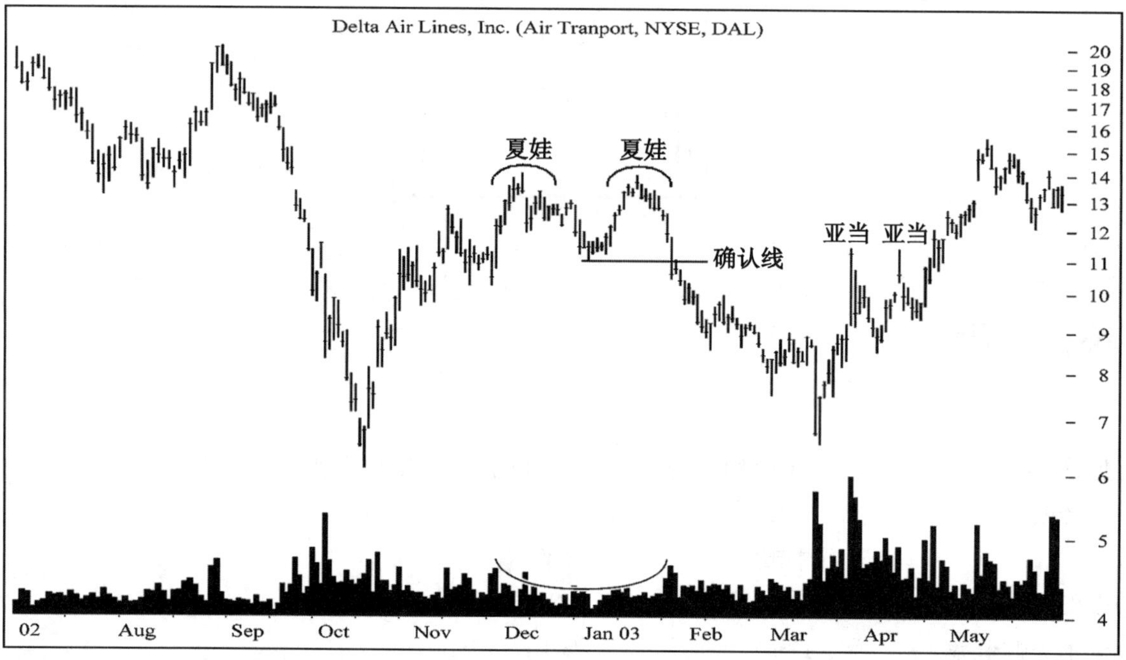

图20.1　当价格收在确认线下方时，这个双顶形态成为有效的夏娃和夏娃双顶形态。

两个峰顶看起来相似，两者都有宽大的底部，顶部都有一个温和的价格转弯。对比3月和4月的两个夏娃顶部和两个亚当顶部，那些亚当峰顶是狭窄的，有一个单日价格尖峰高出周围的价格线。在许多亚当顶部，价格尖峰更短，数量也更多(尽管在图20.1中的亚当顶部并不如此)。

最常见的成交量形状是U形，其次分别为半圆形和随机形状。在左顶的成交量通常比右顶的要大，顶部成交量由各个顶部最高点周围的成交量数据计算得出。

交易者应该查看什么以便选择可靠的(低失败比率和高性价比)夏娃和夏娃双顶形态呢？

辨识指南

表20.1所示为夏娃和夏娃双顶形态的辨识指南。在讨论这些指南时，使用到图20.2。

表20.1　辨识指南

特征	讨论
上涨的价格趋势	价格呈上升趋势进入形态，不应形成第三峰顶，双顶也不应是同一盘整形态的一部分。能看到两个明显的小高点
顶部形状	两个夏娃顶部都应该显得圆润而宽广，而不是单一的狭窄价格尖峰。两个峰顶看起来应该一样
双顶之间的谷深	具有大深谷（高形态）的形态比小深谷（低形态）的形态表现好。峰谷深度通常在10%～20% 范围之内，但允许例外
顶部最高价格差异	顶部之间的价格变化很小，通常是0～3%，但允许更高的差异
顶部间距	顶部之间的间距应该是至少几个星期，大部分形态在2～6个星期范围内
股价从右顶下跌后	价格收于确认点下方前，必须不能首先上升到高于右顶高点
顶部成交量	通常在左顶的比右顶的大
确认价格	确认是指股价收盘在两个顶部之间的最低点下方。它确认双顶形态为有效的双顶形态。确认价格也是突破价格

上涨的价格趋势　由于我们正在讨论的是顶部形态，价格必须趋势向上进入形态，离开形态的价格趋势是向下的。虽然这一描述听起来很简单，但对双顶形态的研究发现，65%的形态股价是上行离开形态，而不是下跌到确认线。进入双顶形态前的价格上涨趋势不必太长。图20.2所示为从6月末开始的48天上升趋势。

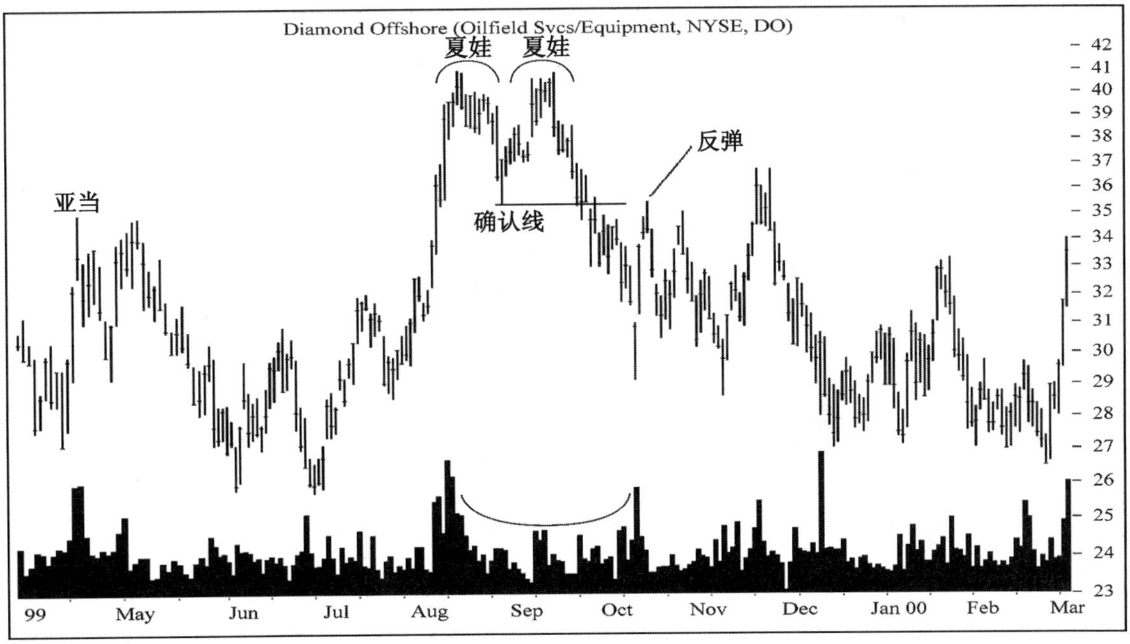

图20.2　两个峰顶有类似的外观，形态处在价格趋势之上，并作为价格趋势的反转。

顶部形状　两个顶部应该看起来相似。在图20.2中，9月宽而圆的顶部看起来不应该像4月亚当顶部的狭窄价格尖峰。虽然8月的夏娃顶部有两个尖峰，但顶部的宽度足以匹配9月的顶部，所以我把它归类为夏娃顶部。亚当顶部看起来更像是在图中标注的“反弹”所指向的峰顶。从形态的顶端向下看时，宽度不会扩大很多。两个夏娃顶部都比亚当的“反弹”宽得多。

双顶之间的谷深　各个形态顶部股价见顶的价格应该在同一高位附近。两个峰值的价格差异通常是10%～20%的范围之内。图20.2显示的跌幅为14%，这个深度是从形态最高的高点到最低点的距离。这个特征只是一个指南，而不是规则，所以允许变化。

顶部最高价格差异 两个顶部的峰值应该在相同的价格水平。两个峰值之间的价格差异通常在0～3%的范围内。峰值不应该看起来像楼梯台阶，而是像两个顶部在接近相同的价格触及上方阻力。图20.2显示的顶部几乎没有(0.29%)价格差异。

顶部间距 寻找两个分隔得很明显的峰顶，它们不是同一个盘整形态的两个峰顶。例如，图20.2中的夏娃和夏娃双顶形态双顶的间距有33天。大多数双顶形态的顶部间距为2～6个星期，但允许例外。

股价从右顶下跌后 股价必须收于确认线以下，双顶形态才是一个有效的夏娃和夏娃双顶形态。正如我之前所提到的，我看过的双顶中，有65%没有下跌到确认线下，而是掉头回升，上行超过了右顶。这样的双顶形态不是夏娃和夏娃双顶形态。

如果一个夏娃和夏娃双顶形态在股价收低于确认线之前形成第三个峰顶，那么其将被视为三重顶，并按三重顶形态交易。

顶部成交量 不管市场状况(牛市/熊市)如何，左顶的成交量通常比右顶的高，这种情况概率在60%左右。但是，不要仅仅是因为在右顶的成交量比左顶的高而排除一个潜在的夏娃和夏娃双顶形态。

确认价格 价格必须收在两个峰顶之间最低的低点之下。当这种情况发生时，它确认形态是一个真正的夏娃和夏娃双顶形态。不等待确认就进行投资通常是外行者的游戏，他们将以亏损或失去利润而告终。

图20.3所示为另一个夏娃和夏娃双顶形态的例子。右顶看起来像两个亚当顶部，但峰顶分离不够宽。有人可能会说，这种形态真的是三重顶，但我不同意。

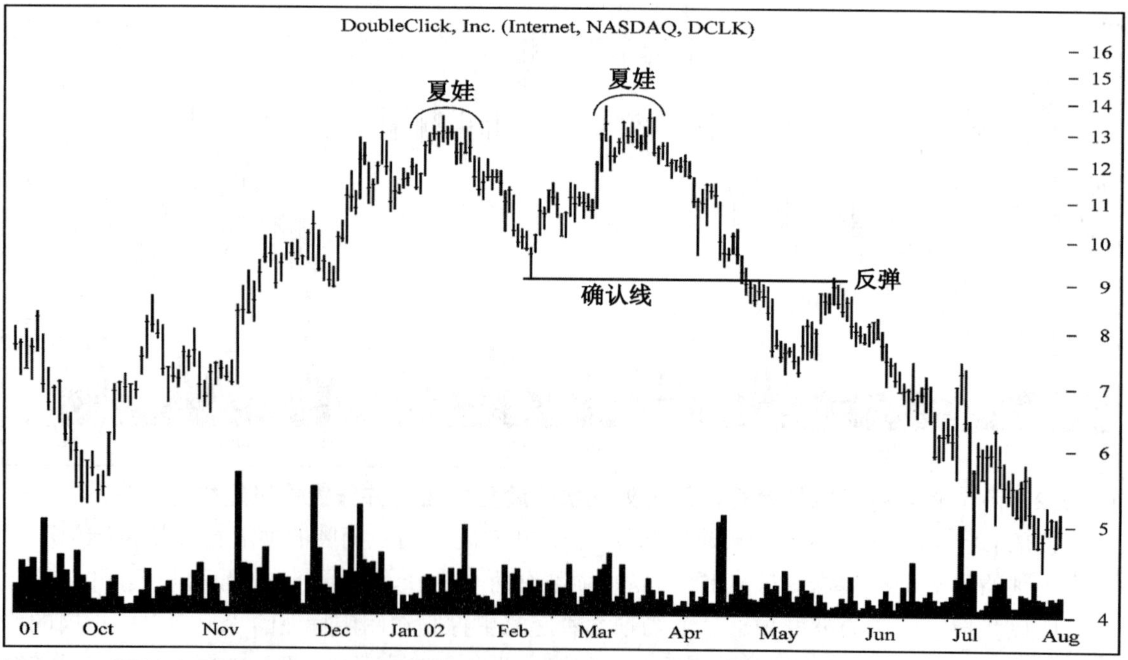

图20.3 夏娃和夏娃双顶形态反转价格的上涨趋势。当价格收盘在确认线之下时，该形态确认为有效的双顶形态。

查看辨识指南，我们看到价格趋势上行进入第一个顶部。两个顶部看起来圆润，它们之间的峰谷把峰顶分成两个单独的高点。两个顶部的价格差异在统计上被认为是很大的，差异3%，但两个顶部看起来像是他们在接近相同的价格上见顶。在右顶的成交量比左顶的高(使用各个峰顶最高点的前2天至后2天范围的成交量)，这是不寻常的。在4月，当股价收低于确认线时，形态确认。在1个月内，在继续下跌之前，股价反弹到确认线。

关注形态失败

一个失败的夏娃和夏娃双顶形态是什么样子呢？我们从中能学到什么呢？请仔细观察图20.4，这是一个常见的失败的双顶形态。两个顶部满足了表20.1中列出的所有辨识特征，但有两个例外。首先，成交量形状是可疑的。左顶部的成交量很高，但仅持续1天。右顶部的成交量是密集的、高的，并保持约1个星期。然而，为形态做一个辩护，成交量形状往往与指南的不同，这些对最终的结果没有提供多大的线索。

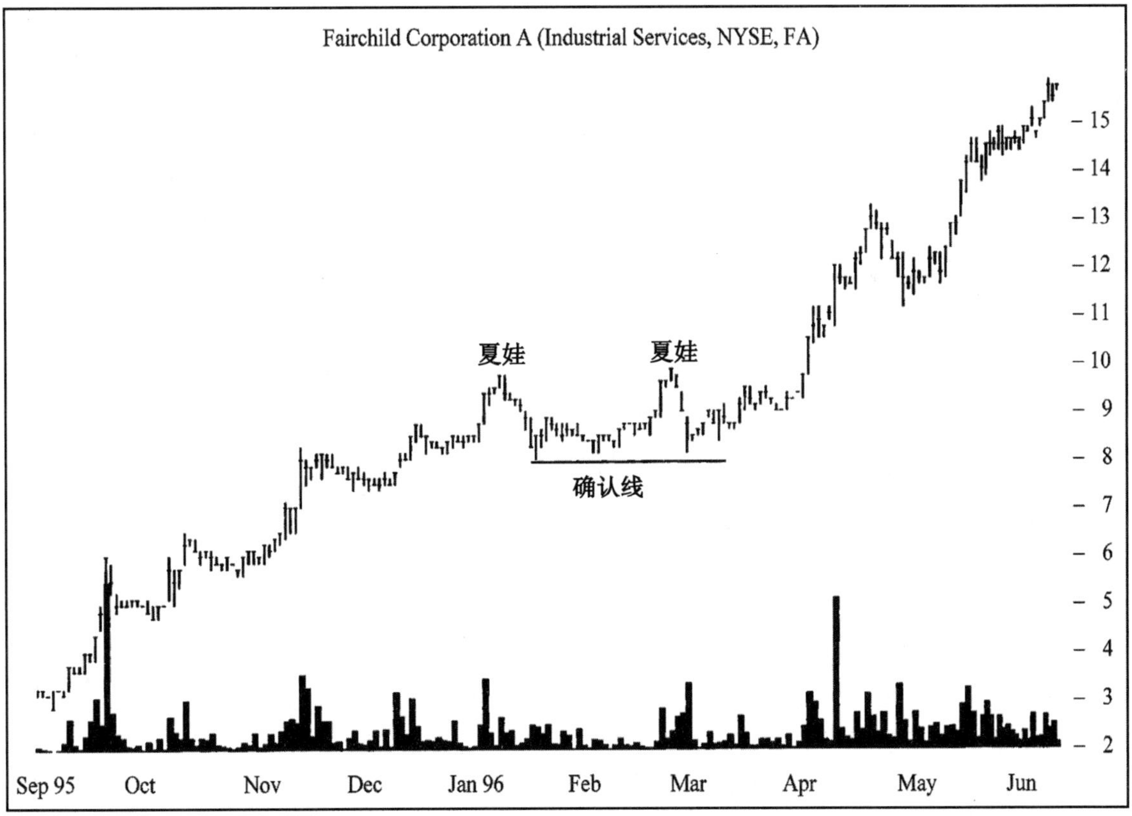

图20.4 常见的失败双顶形态。股价从第二峰顶下跌之后，在到达确认点前上涨。

违反的第二条指南比上面的两个情况更重要：股价未能收在确认点下方。到我研究的所有双顶形态，2/3(65%)的形态表现如图20.4所示。换言之，股价走高。

预计顶部反转形态(如中双顶)在牛市中表现不佳，而底部反转形态是出色的。这本书所涵盖的许多形态就是这样。

统计数据

表20.2所示为夏娃和夏娃双顶形态的综合统计数据。

表20.2　综合统计

描述	牛市	熊市
形态数量	264	196
反转(R)、持续(C)数量	264R	196R
平均跌幅	18%	25%
跌幅超过45%(数量或占比)	6或2%	18或9%
趋势结束后涨/跌幅	63%	45%
形态失败后涨/跌幅	70%[a]	29%[a]
标准普尔500指数的变化	-2%	-15%
到达最低点的天数	44	39

注：(-)负号表示下跌；[a]表示样本小于30个。

形态数量　我在我看的股票数据中发现460个夏娃和夏娃双顶形态。这是一个足够高的样本数，使大部分的统计牢靠可信。

反转或持续　根据定义，双顶形态作为形态之前价格趋势的反转：价格是上升进入形态的，并在离开形态后下跌。

平均跌幅　股价在熊市中平均下跌25%，比牛市18%的跌幅要好得多，这也让人相信“水涨船高”的理论，或者，在这种例子中，退潮会使所有的船只下降。在牛市中做空夏娃和夏娃双顶形态，就像是逆水行舟。在到达目的地之前，你可能已经感到疲惫(在这里，指的是股价的下跌可能没有希望的那么大)。

跌幅超过45%　夏娃和夏娃双顶形态少有大跌幅的形态，不过，这种情况在看跌形态中是常见的。双顶形态在熊市中表现得很好，突破后有9%的形态跌幅超过45%。

趋势结束后的变化　在牛市中，一旦价格达到最低点，它就会有巨大的涨幅，涨幅达63%。即使你等待趋势变化，股价上涨20%后(从下到上)，也仍然是令人垂涎的43%涨幅。

失败形态的表现　在牛市中，失败形态表现得更为出色，在23个失败形态中，平均涨幅为70%。表中熊市的29%涨幅源于仅有的3个样本，所以不要理会它了。

标准普尔500指数的变化　尽管熊市15%的跌幅远超过牛市2%的跌幅，但在两个市场中指数均有所下跌，这是不寻常的。熊市涨幅大有助于增加夏娃和夏娃双顶形态平均涨幅。

到达最低点的天数　股价在突破后经过大约6个星期的时间达到最低点。由于熊市的见底速度更快，且跌幅更大，这就意味着下跌幅度较陡。这一发现进一步强调，你应该在熊市中做空交易这种形态。

表20.3所示为夏娃和夏娃双顶形态的失败比率。熊市的数值相当不错，从2%开始，一下上升到11%，然后上升到25%。这是牛市的一半：牛市中50%的双顶形态不会下跌超过15%。熊市达到50%的失败比率时，最大跌幅约为22%，这意味着熊市中一半的形态下跌将小于22%。

表20.3的数据提供了两个教训：在熊市中做空股票，而且，做空时决不能有买入持有的心态。看到短促急剧的下跌后进行平仓。

表20.3　失败形态数量或比率

股价最大跌幅(%)	牛市	熊市
5(保本点)	28 或 11%	3 或 2%
10	81 或 31%	22 或 11%
15	131 或 50%	49 或 25%
20	171 或 67%	87 或 44%
25	203 或 77%	115 或 59%
30	221 或 84%	135 或 69%
35	233 或 88%	153 或 78%
50	258 或 98%	183 或 93%
75	264 或 100%	195 或 99%
>75	264 或 100%	196 或 100%

表20.4所示为与突破以及突破后相关的统计数据。

表20.4　突破与突破后股价表现统计

描述	牛市	熊市
从形态结束到突破	35 天	34 天
突破在年度价格区间低(L)、中(C)、高(H)各区域分布的百分比	L31%,C42%,H27%	L33%,C46%,H21%
形态在年度价格区间低(L)、中(C)、高(H)各区域突破后的跌幅	L17%,C17%,H19%	L25%,C25%,H25%
反弹概率	62%	51%
反弹期间	11天	11天
出现反弹形态的平均跌幅	16%	22%
未出现反弹形态的平均跌幅	22%	28%
出现突破缺口形态的表现	-18%	-22%
未出现突破缺口形态的表现	-18%	-26%
缺口平均金额(美元)	0.55	1.85

注：(-)负号表示下跌。

从形态结束到突破　股价从右顶最高点下跌到确认价格(双顶之间的最低点)仅需1个多月。我计量的是股价在右顶最高点的日期到股价收在确认线下方的日期。

年度位置　大多数形态在年度价格区间的中间区域突破。

年度位置及表现　这里唯一有意义的结果是牛市的数据。在年度价格区间高位区域发生突破的形态，其股价突破后表现最好。

反弹　牛市比熊市更经常发生反弹，这一点可能和人们猜测的一样(因为牛市倾向于支撑股价，熊市往往会把股价向下吸)。在反弹期间，股价需要11天的时间才能回到突破价格。如表20.4所示，当反弹发生时，股价的表现会受到影响。寻找下方有支撑的股票，但避开支撑位置太近的股票，因为支撑位置太近会导致反弹。

缺口　缺口只在熊市中才重要，因为这是它们损害股价的地方。请注意，熊市的缺口大小是牛市的3倍。做空股票时，空单介入位置尽量设置在突破价格上方。这样，你可以在确认之前介入，却不会大大增加你的风险。

表20.5所示为股价突破后到达最低点的时间。许多形态(25%或29%)在突破后的第1个星期达到了最低点。在熊市中，57%的形态不到1个月就能见底。

表20.5 到达最低点天数的频次分布

天数	7	14	21	28	35	42	49	56	63	70	＞70
熊市	25%	13%	13%	6%	8%	6%	4%	3%	2%	1%	20%
牛市	29%	9%	5%	10%	3%	6%	6%	2%	3%	2%	24%

注意，股价通常在突破后35天(熊市)和28天(牛市)见底。如果你做空一个夏娃和夏娃双顶形态，在股价突破后1个月，留意趋势的变化。那时，你可能需要平仓了结。

表20.6列示与形态面积大小相关的统计信息。

表20.6 形态面积大小统计

描述	牛市	熊市
高形态表现	-19%	-26%
低形态表现	-17%	-24%
高度中值(与突破价格百分比)	17.13%	22.54%
窄形态表现	-20%	-26%
宽形态表现	-16%	-23%
长度中值	43 天	42 天
形态平均长度	62 天	57 天
低窄组合形态表现	-19%	-26%
低宽组合形态表现	-12%	-19%[a]
高宽组合形态表现	-18%	-25%
高窄组合形态表现	-20%	-28%
小顶部价格差异形态表现	-26%	-25%
大顶部价格差异形态表现	-20%	-25%
价格差异中值	1.12%	1.75%
低左顶形态表现	-19%	-24%
低右顶形态表现	-17%	-25%

注：(-)负号表示下跌；[a]表示样本小于30个。

高度 夏娃和夏娃双顶形态和许多的形态一样，高形态表现优于低形态。形态高度是指从形态的最高点到确认线的高度，形态高度除以突破价格(确认线的值)，如果结果高于表20.6中列示的中值，那么你就得到一个高形态。只交易高形态，以获得最佳的平均收益。

宽度 狭窄的形态比宽的形态表现更好。在牛市中，表现差别最大。在突破后，宽形态平均下跌16%，窄形态平均下跌20%。形态长度中值是指各个顶部最高点之间的中间值，我用它作为窄形态和宽形态的分割点。

形态平均长度 从峰顶到峰顶(每个峰顶的最高点)的时间距离平均约2个月。

高度和宽度的组合 我看了高度和宽度的组合，发现在两个市场上，表现最好的形态是高窄组合的形态。表现最糟糕的来自低宽组合的形态。将你计划交易股票形态的长度与表20.6中的长度中值作比较，避免交易低宽组合的形态。

顶部价格差异 当每个顶部之间最高点的股价差异小的时候(低于1.12%的中位数)，牛市的形态表现得更好。在牛市中，顶部价格差异小的时候，突破后股价平均下跌26%，差异大的平均下跌20%。在熊市，结果显示没有区别。

低左顶或低右顶形态表现　在牛市中，左顶低的形态表现更好，但在熊市中，右顶低的形态表现略佳。

表20.7所示为与形态期间的成交量相关的统计信息。

表20.7　形态期间成交量统计

描述	牛市	熊市
上升成交量趋势表现	-18%	-24%
下降成交量趋势表现	-18%	-26%
U 形成交量形态表现	-19%	-26%
半圆形成交量形态表现	-16%	-25%
既非 U 形又非半圆形成交量形态表现	-19%	-22%[a]
巨量突破表现	-18%	-25%
轻量突破表现	-17%	-25%
左顶巨量形态表现	-18%	-26%
右顶巨量形态表现	-17%	-24%

注：(-)负号表示下跌；[a]表示样本小于30个。

成交量趋势　下降的成交量趋势对熊市的形态很重要，但对牛市的形态没有统计上的差异。

成交量形状　成交量趋势呈U形的形态在表现上赢得了比赛。在熊市中，当形态具有U形成交量趋势时，突破后股价平均跌幅为26%，而成交量形状既不是U形也不是半圆形的形态，平均跌幅只有22%。

突破成交量　股价表现差异较小。突破日成交量与前30天平均成交量相比，我发现突破日成交量大的形态，在牛市中突破后的股价表现稍微更好一些，而在熊市两者没有表现出差异。

顶部成交量　在牛市和熊市中，在左顶形成期间成交量较大的形态突破后的股价表现比那些右顶形成期间成交量较大的更好。

交易策略

表20.8所示为夏娃和夏娃双顶形态的交易策略。它们和其他双顶形态一样。

表20.8　交易策略

交易策略	解释
测算规则	计算两个顶部最高点到最低点的形态高度，然后除以 2。最低点减去该结果，得出目标价格。在牛市，76%的形态达到目标价格；在熊市中，73%的形态达到目标价格
等待突破	通常，在卖出之前，等待股价收在确认点下方
顺势交易	为了取得最佳投资效果，在熊市中做空
检查同行业中的其他股票	为了避免 5%失败，检查同一个行业中的其他股票，如果它们显示的是顶部形态，或者如果它们的股票正在下跌，则进行交易
等待趋势变化	如果你可以确定何时股票见底或如果形态失败，那么就买入股票

测算规则 使用测算规则来帮助估计突破后股价将会下跌多深。计算形态的最高点(两个峰顶中最高的高点)和峰谷低点(两个峰顶之间)的差，然后除以2，再从确认价格中减去该结果，得到目标价格。

例如，图20.5所示的夏娃和夏娃双顶形态，形态的最高点32.45美元在左峰顶，最低点是在突破点28美元，形态高度即两者之差4.45美元，除以2等于2.23美元，从最低点减去这个结果，得到目标价格25.77美元。股价到达该目标价格即点B处。这种方法计算的目标价格有效率在牛市为73%，在熊市为76%。

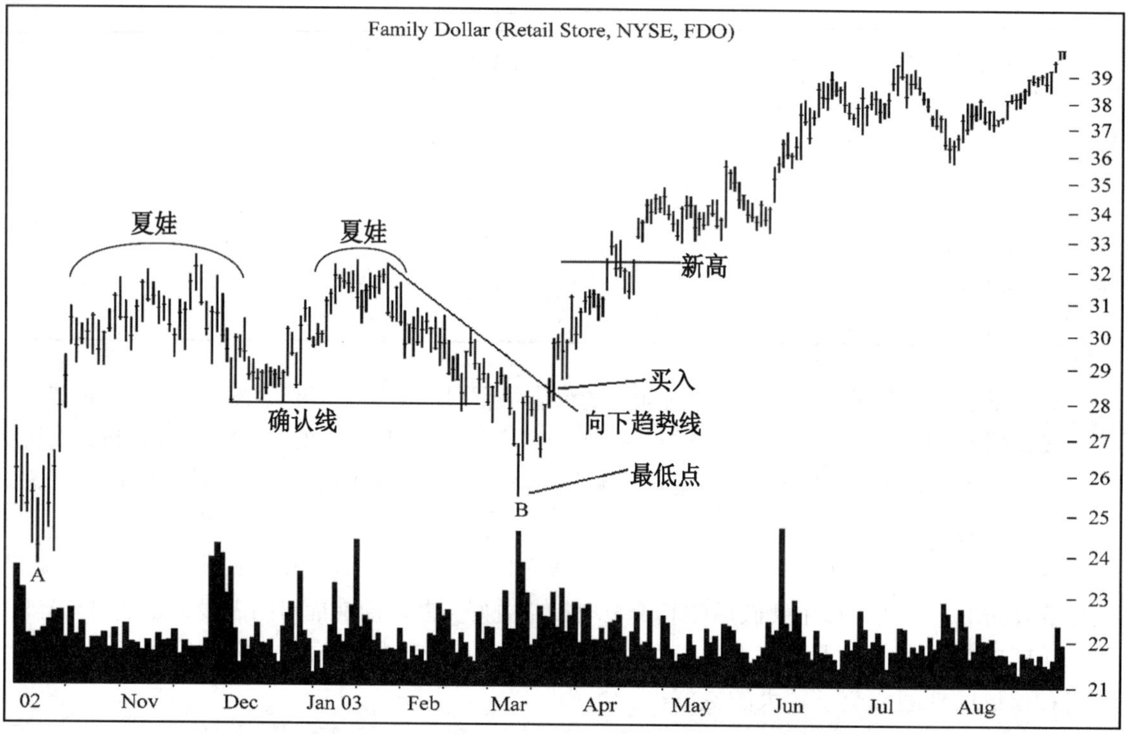

图20.5 一旦下跌完成后，考虑买入股票。有时，股价的上涨可能获利颇丰。

等待突破 由于65%的双顶形态不会确认(股价趋势向上)，你应该等待突破再卖出长期持股或做空股票。此规则的例外情况是，如果你有令人信服的情况需要快速退出持股，例如，如果价格刚刚完成第二个顶部的转弯，公司发布了收益警告，使得股价暴跌，那么考虑立即卖出。有可能公司的下个季度收益也会很糟糕(但这取决于为什么收益疲软，有些问题很容易解决，而有些则不会)。

顺势交易 夏娃和夏娃双顶是看跌形态，所以在熊市中进行交易是合理的，而不是在牛市中。如果你在牛市中持有股票，并且股票出现双顶形态，你能经受下跌吗？如果当你的股票出现双顶，而总体市场是疲软的，也许是时候卖出股票了。

检查同行业中的其他股票 如果同一个行业的其他股票和你的一样暴跌，那么卖掉你的股票或者考虑做空。如果总体市场也在暴跌，这个建议尤其有用。

等待趋势变化 从最低点(或者从一个失败形态)之后，股价的上涨的幅度如此之大，那么考虑买入。交易故事给出了一个例子。

交易故事

图20.5所示为夏娃和夏娃双顶形态的交易示例。在牛市，在双顶形态之后，股价从最低点上涨63%。即使你迟到了，没有在最低点买入股票，你还是可以赚钱的。仔细看在图中显示的夏娃和夏娃双顶形态。

在你交易这只股票之前，问问你自己，这是不是一个夏娃和夏娃双顶形态。检查表20.1中列示的识别特征，我们发现，进入形态的上行价格趋势从A点开始上涨(最左边的底部)。两个顶部看起来相似，因为它们都是宽的，并由几个短的尖峰组成，所有这些特征都是夏娃顶部的特征。左顶更尖，且宽于右顶。

峰谷跌幅14%，两个峰顶大约相同的价格见顶。顶部和顶部之间的时间距离是55天，或近2个月。在右顶的成交量比左顶的更高。最后，到确认线的下跌是直线下跌，股价没有形成第三个峰顶。简而言之，当股价收于确认线下方时，这是一个有效的夏娃和夏娃双顶形态。

你要怎样交易呢？对于这项交易，想象一下，你没有持有股票，也不想做空。标准普尔500指数在2002年10月达到低点，然后反弹，在3月初，当股价跌到底部点B时，形成了一个更高的低点。零售业的其他股票也在同一时间触底，或者正在完成底部的重新测试(一个更高的低点)。

在3月底之后，显而易见的是，一切都开始协同起来。该行业开始复苏，总体市场也开始复苏(一个新的牛市开始)。当股价收在向下倾斜的趋势线上方时，就出现了买入的信号。在点B的巨大成交量(一个普遍的底部现象)也意味着底部——恐慌抛售。

主要转折的另外的证据来自点A和点B，点A标志股票的一个主要转折，点B作为一个较高的低点，是低点的一个重新测试，由于它没有降到低于点A，这是一个看涨信号。

如果你错过了更高的低点B和趋势线信号，那么，股价收在双顶形态的上方时将是另一个买入信号。这类形态突破后平均上涨63%，你有足够的时间买入。如果你在最低点B的时候买入，你会赚73%。在双顶形态的顶部买入，你也将获利36%。顺便说一下，股票在44.13美元见顶，然后跌回到32美元接近双顶形态的高点。

并非所有的交易都能和这个交易一样奏效。在10月的低点之后，一个大的牛市行情开始，该行业的股票涨幅很大。两者都有助于推动这只股票走高。看涨因素的组合通常决定了交易的成败。

交易秘籍

下面的列表包含交易这种形态的提示和观测结果，以帮助你选择表现更好的形态，更多的信息，请参阅相关的表格。

- 使用辨识指南正确识别形态。见表20.1。
- 熊市形态的平均跌幅最大。见表20.2。
- 在牛市中，在夏娃和夏娃双顶形态见底后或形态失败后进行交易。见表20.2。
- 熊市中的形态失败比率最低。见表20.3。
- 反弹影响股价跌幅，因此要检查股票的下方支撑。见表20.4。

- 预计股价趋势将在突破后1个月反转。见表20.5。
- 高窄形态表现最佳。见表20.6。
- 交易左顶成交量较大的形态。见表20.7。

第二十一章　旗形形态
Flags

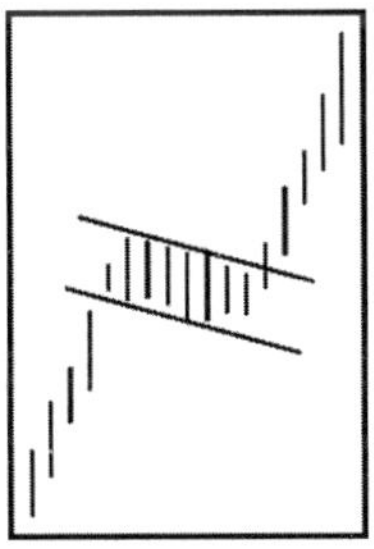

统计简报

向上突破

形状	由两条平行趋势线包围的倾斜的短矩形。突破是向上的。	
反转或持续	短期反转，行情看涨。	
	牛市	**熊市**
表现排名	不适用	不适用
保本失败概率	4%	3%
平均涨幅	23%	17%
趋势结束后的变化	-22%	-25%
成交量趋势	向下	向下
回调概率	43%	53%
实现目标价格概率	64%	55%
意外发现	回调损害股价的表现；高宽的旗形表现得比低窄的好；成交量呈下降趋势的或轻量突破的形态表现更好。	
参见	高紧旗形态；三角旗形态；矩形底部形态；矩形顶部形态。	

向下突破

形状	与向上突破形状相同，但突破是向下的。	
反转或持续	短期反转，行情看跌。	
	牛市	**熊市**
表现排名	不适用	不适用
保本失败概率	2%	0%
平均跌幅	16%	25%
趋势结束后的变化	41%	40%
成交量趋势	向下	向下
反弹概率	46%	44%
实现目标价格概率	47%	54%
意外发现	反弹损害股价的表现；高旗形态比低旗形态表现更好。	
参见	高紧旗形态；三角旗形态；矩形底部形态；矩形顶部形态。	

小旗子像马路上被来往车辆不慎撞死的动物。你发现它们在一个快速运行的价格趋势，在短短几天内震荡几个点。股价在旗形内横盘几天，然后在进入旗形前的趋势上继续前行。当然，旗形态的运行并不总是如此，因为股价反转比比皆是，所以你应该等待突破再确定。

统计简报列示股价表现的统计信息。保本失败概率是小的，但随着保本点的提高，保本失败概率会有相当大的增加。我预计旗形在达到目标价格方面表现得更好。然而，它们到达目标价格的比率远远不及我喜欢看到的80%。平均而言，旗形是一个半旗形态(在旗形之后运行的价格和时间与旗形之前的一样长)。由于统计数据与其他形态的数据不可比，因此无法对旗形的表现进行评级。

导入

图21.1所示为一个很好的旗形示例。它由两条平行的趋势线作为边界，通常不到3个星期长(往往只有几天)。你看到这些形态出现在强势的上涨或下跌趋势中，通常在趋势的中间点附近。这种特殊的旗形与上涨的价格趋势背道而驰。这是最常见的行为——作为下跌趋势的反弹。但它是水平旗形(作为短矩形)或向下倾斜(跟随趋势)也很正常。因为旗形也可能出现在股价的上升趋势中，它们通常倾斜向下，但可以是水平的或倾斜向上的。

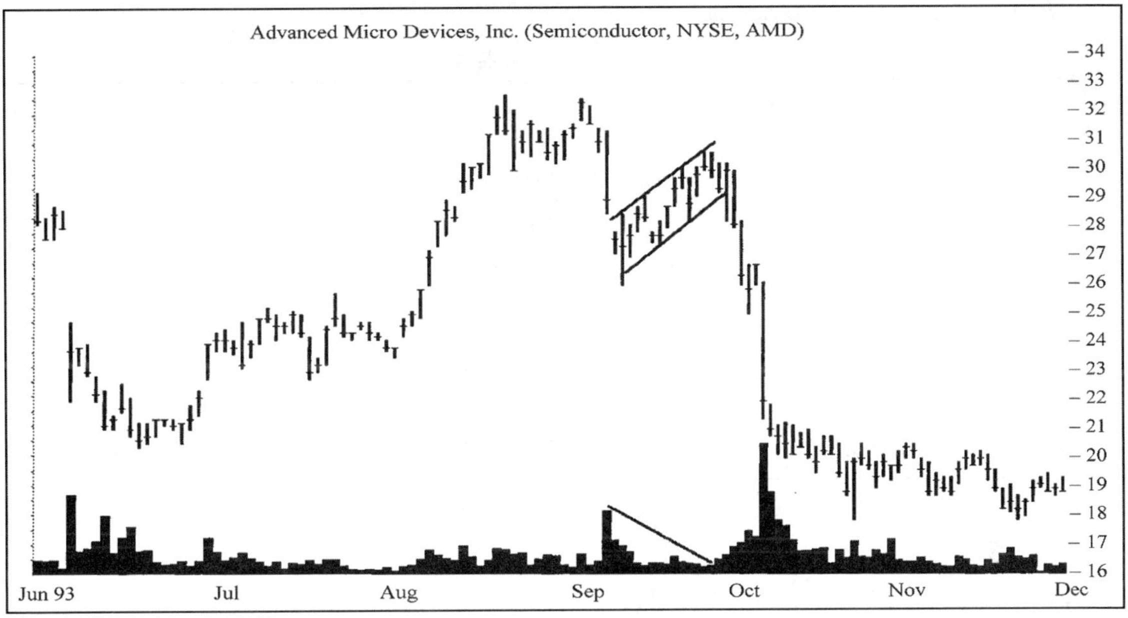

图21.1　由两条平行趋势线包围的旗形通常有一个下降的成交量形态。

辨识指南

图21.2所示为两个旗形：第一个是在向下的价格趋势中；第二个是在价格在底部掉头之后。股价快速运行始于点A，结束于点B。在这两个示例中，旗形后面股价运行的时间比旗形前面的要长。但情况并非总是如此。旗形完成后股价运行的这个特点是这个形态的一个关键特征。通过计算进入形态之前的趋势长度，你可以判断突破后股价将会运行多远。

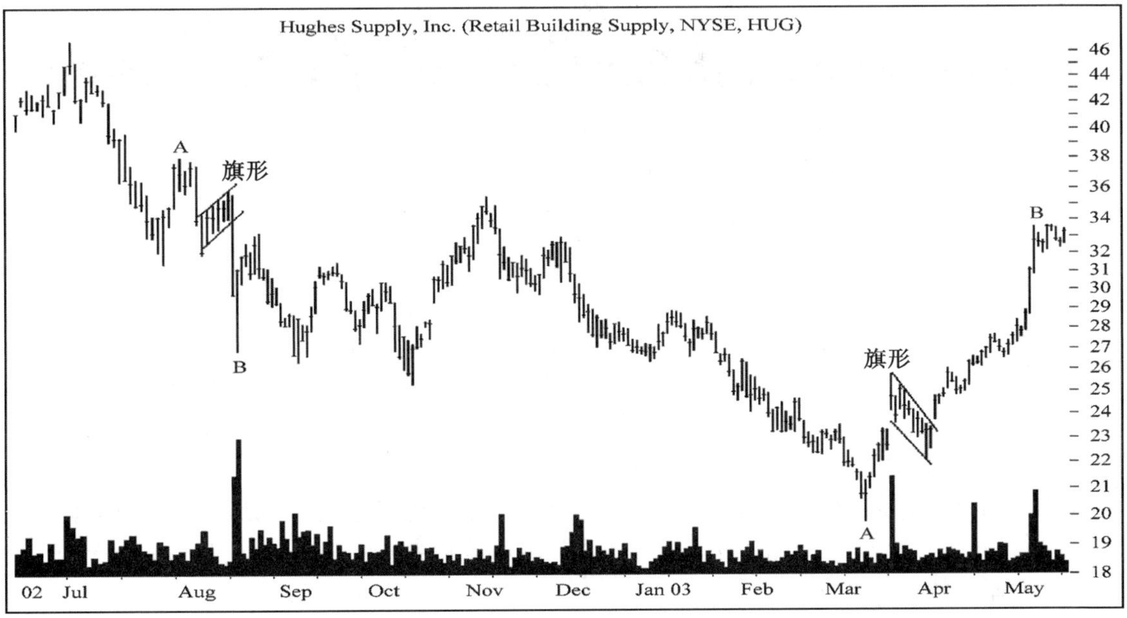

图21.2　两个不同价格趋势中的旗形有助于测量股价从A到B的运行。

表21.1概述了旗形的识别特征。

表21.1　辨识指南

特征	讨论
价格由两条趋势线包围	股价的活动由两条平行趋势线包围。股价运行通常与进入旗形前的价格趋势方向相反，它们在下跌趋势中上升，在上涨趋势中下行，但例外是普遍的
最多3个星期	旗形是短的，从几天到3个星期不等。超过3个星期长的形态最好被归类为对称三角形、长方形或楔形形态（上升或下降）
陡峭、快速的价格趋势	这些形态通常形成在陡峭、快速的价格趋势的中间点附近。如果进入形态前没有强劲的上涨或下跌，请忽略该旗形
下降的成交量趋势	在整个形态过程中，成交量通常呈下降趋势

价格由两条趋势线包围　两条平行的趋势线包围了旗形的价格活动，如图21.3所示。

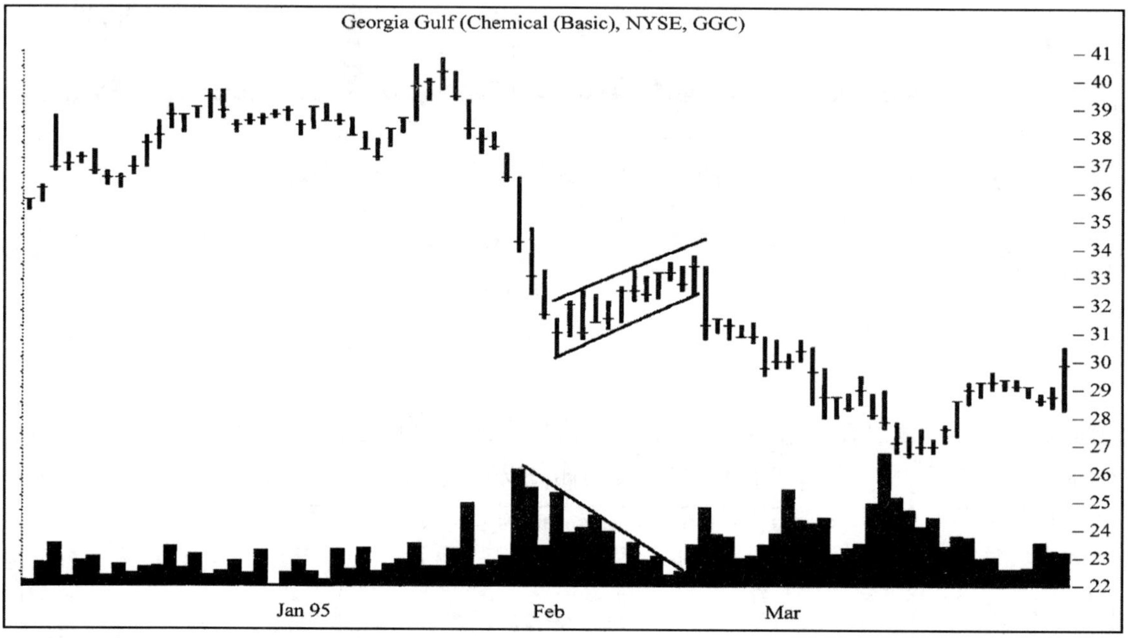

图21.3　这个旗形在下跌趋势的中途出现。

最多3个星期　与本书中其他许多图表形态相比，旗形是短的。如图21.3所示，形态时长为12个交易日。很多时候，当一个形态很短，如3天或4天，它就像一个水平的长方形，在快速的价格趋势中间的一个黑暗斑点。形态通常短于3个星期，但这是一个随意的限制。

陡峭、快速的价格趋势　可靠的旗形出现在陡峭的、快速的价格趋势中。趋势可能是上升或下降，但价格上升或下跌迅速，移动几个点在短短几天到几个星期。例如，图21.3中股价的下跌趋势在1月18日开始，旗形在2月1日开始。在短时间内，价格从40.75美元的高位跌至30.13美元的低位。

图21.3中，旗形的价格趋势向上倾斜。这种与当前股价趋势相反的运行是旗形的典型行为（即旗形运行的方向通常与股价趋势相反）。旗形通常出现在股价趋势的中间点附近。因此，它们通常被称为半旗形态。

下降的成交量趋势　在形态期间，成交量趋势几乎总在下降的。然而，这不是一个不可违背的规则，但情况通常是这样的。

选择旗形进行交易时，旗形最重要的特征是快速、陡峭的价格趋势。如果价格蜿蜒向上或向下，形成一个旗形，那么不要交易它。旗形必须是一个股价可以在快速运行中喘息的地方。股价逆着快速运行的短期趋势运行几天，然后回到原来的趋势继续前行。

关注形态失败

与所有形态一样，旗形形态也不能幸免于失败。图21.4所示为一个旗形的形态失败。这个旗形遵循了股价由两条向下倾斜的趋势线包围，成交量趋势表现很好。在旗形完成后，价格应该继续走高，但实际不是。为什么？一个解释是，形态长度26天，太长了。有时，过长的形态意味着形态即将出现失败或股价运行疲软(在突破之后)。交易形态长度超过3个星期的旗形要特别小心，或完全放弃它们。在此示例中，旗形与其前面的向上趋势不成比例，表明进行交易时需要谨慎。

图21.4　股价无法持续上涨的原因可能是两个：进入形态的价格上涨是短的；旗形比正常的要长。

图21.5所示为一个更常见的失败。2月的旗形从股价为43美元的点A开始下跌，在点B的38.90美元处结束，下跌了4.10美元。从点C到点D的下跌幅度为3.06美元。如果旗形是真正的半旗形态，这两段下跌的幅度应该是差不多相等的。这只是一个例子，统计简报显示超过一半的旗形形态股价突破后达到价格目标。

在这个例子中，股价必须艰难地突破旗形下方的趋势线支撑。下跌是短暂的，有些时候股价只是穿插趋势线，回升后急剧上涨，最终创出新高。此外，从点A到点B的下跌可能更强劲(更长)，就像11月旗形的下跌。

图21.5　A—B长于C—D，这意味着测算规则运用在本例中失败。旗形的下方支撑阻止了股价的下跌。

统计数据

表21.2所示为旗形的一般统计信息。形态表现的统计不使用通常的最高点或最低点的方法(等待一个20%的趋势变化)。相反，我使用的是价格趋势的开始和结束(通常是在形态中最近的小高点或小低点)。因此，将此形态与除三角旗形态(使用的方法与此形态的相同)以外的任何其他形态进行比较是不公平的。

表21.2　综合统计

描述	牛市 向上突破	熊市 向上突破	牛市 向下突破	熊市 向下突破
形态数量	149	133	103	138
反转(R)、持续(C)数量	149C	133C	103C	138C
平均涨/跌幅	23%	17%	-16%	-25%
涨/跌幅超过45%(数量或占比)	13或9%	4或3%	0或0%	17或12%
趋势结束后涨/跌幅	-22%	-25%	41%	40%
形态失败后涨/跌幅	30%[a]	N/A	-7%[a]	-19%[a]
标准普尔500指数的变化	3%	1%	-2%	-6%
到达趋势高/低点的天数	17	17	17	17

注：(-)负号表示下跌；N/A表示不适用；[a]表示样本小于30个。

形态数量 我没有进行密集搜索就发现了523个旗形形态。许多旗形只有几天的时长。给他们归类是一个巨大的痛苦，因为它们是如此之小，却又如此丰富。

反转或持续 我只查看当前股价走势的持续，而不看反转。为什么？如果我要买一只在上升趋势中出现旗形的股票，但旗形却在向下突破(反转)，我会转到别处去交易别的股票。担心反转是在交易前等待突破的一个很好的理由。

平均涨幅或跌幅 熊市向下突破后的股价表现相当不错。这些数字表明你应该顺势交易这种形态：在牛市(旗形在上涨的价格趋势中)做多和在熊市(旗形在下跌的价格趋势中)做空。

涨幅或跌幅超过45% 表21.2所示的结果没有什么引人注目的，除了熊市向下突破股价跌幅比牛市向上突破的涨幅更大之外，别的形态这一项通常是向上突破的形态表现得更好。

趋势结束后的变化 一旦价格达到了趋势的最高点或最低点，股价掉转方向。上升的趋势结束后，股价下跌22%～25%，下跌的趋势结束后，股价上涨40%。结果这么低是因为测量方法，我测算旗形使用的方法是从前一个小高点或小低点到旗形之后在股价趋势中的高点或低点，而不是寻找20%趋势变化。

失败形态的表现 样本量少于4个，所以结果是不可信的。忽略它们。

标准普尔500指数的变化 将总体市场的上涨或下跌与旗形股价突破后的上升或下跌进行比较。股价突破旗形后涨幅或跌幅最大的与指数的大涨幅或大跌幅相关联。这证明了“顺势交易”这句话是真的。

到达趋势高点或低点的天数 平均来说，股价需要17天的时间才能达到趋势的高点或低点。我仔细检查了电子表格，以确保这个观察是正确的，因为所有的4个数值是相同的。

表21.3所示为旗形的失败比率。它们开始小，4%或更少，但保本点上升到10%后，失败比率骤升到10%～24%。这是什么意思？例如，20%的旗形在牛市中向上突破后上涨不到10%。在熊市中，21%的旗形突破后股价无法上涨超过10%。

表21.3 失败形态数量或比率

股价最大 涨/跌幅(%)	牛市 向上突破	熊市 向上突破	牛市 向下突破	熊市 向下突破
5(保本点)	6 或 4%	4 或 3%	2 或 2%	0 或 0%
10	30 或 20%	28 或 21%	25 或 24%	14 或 10%
15	53 或 36%	63 或 47%	50 或 49%	35 或 25%
20	82 或 55%	86 或 65%	74 或 72%	58 或 42%
25	98 或 66%	101 或 76%	81 或 79%	77 或 56%
30	120 或 81%	113 或 85%	91 或 88%	97 或 70%
35	127 或 85%	124 或 93%	96 或 93%	106 或 77%
50	138 或 93%	131 或 98%	103 或 100%	124 或 90%
75	146 或 98%	133 或 100%	103 或 100%	138 或 100%
＞75	149 或 100%	133 或 100%	103 或 100%	138 或 100%

表现最好的是熊市中向下突破的旗形。它们的失败比率在各行中都是最低的。其次是牛市中向上突破的旗形。第一行之后，它们保持良好表现。建议你进行交易时不要与当前的市场趋势相左(如熊市向上突破或牛市向下突破)。

表21.4所示为与突破及突破后相关的统计数据。

表21.4　突破与突破后股价表现统计

描述	牛市 向上突破	熊市 向上突破	牛市 向下突破	熊市 向下突破
从形态结束到突破	2 天	2 天	2 天	2 天
突破在年度价格区间低(L)、中(C)、高(H)各区域分布的百分比	L17%,C22%,H62%	L28%,C45%,H27%	L45%,C39%,H15%	L54%,C29%,H17%
形态在年度价格区间低(L)、中(C)、高(H)各区域突破后的涨/跌幅	L17%[a],C19%,H26%	L17%,C16%,H17%	L18%,C15%,H13%[a]	L27%,C28%,H15%[a]
回调/反弹概率	43%	53%	46%	44%
回调/反弹期间	14天	12天	15天	12天
出现回调/反弹形态的平均涨/跌幅	13%	14%	-13%	-19%
未出现回调/反弹形态的平均涨/跌幅	31%	20%	-18%	-30%
出现突破缺口形态的表现	20%[a]	15%[a]	-13%[a]	-24%[a]
未出现突破缺口形态的表现	23%	17%	-16%	-25%
缺口平均金额(美元)	0.28	0.29	0.15	0.41

注：(-)负号表示下跌；[a]表示样本小于30个。

从形态结束到突破　旗形结束之后，股价只有2天的时间就能达到突破点。当价格收在旗帜趋势线外时，就发生突破。

年度位置　旗形突破最常发生在哪里？答案因市场条件和突破方向的不同而不同。例如，向下突破的旗形在年度价格区间的低位区域附近突破，但在牛市向上突破的旗形其突破的位置在年度价格区间的高位区域。

年度位置及表现　在年度价格范围内，旗形显示的表现趋势并不一致。例如，在牛市中向上突破的旗形突破点在年度价格区间的高位时股价表现是最好的；向下突破的形态表现最好是突破发生在年度价格区间低位(牛市)或中间位置(熊市)附近的形态。

回调和反弹　回调(向上突破)和反弹(向下突破)发生的概率不到一半。在回调或反弹的过程中，股价需要12～15天的时间才能返回到突破价格。当回调或反弹发生时，股价表现就会受损。例如，在牛市中发生回调的旗形股价在突破后上涨了13%。当不发生回调时，股价平均上涨31%。

为了避免回调或反弹，寻找附近的上方阻力或下方支撑。选择阻力或支撑较远或不存在的旗形。

缺口　我只发现了86个缺口，跳空向上缺口和跳空向下缺口数量相等。在所有情况下，如果不发生缺口，股价表现就会提高，但这可能是由于那些具有缺口的形态的样本数较低。因此，我暂时不作评价。缺口平均的大小从15美分到41美分不等。

表21.5所示为股价到达趋势的高点或低点所需时间的频次分布。正如你所看到的，大多数形态很快就达到了趋势的终点。在突破后2个星期内，56%～58%的形态将结束它们的趋势。在突破后1个月内，80%～88%的形态将达到趋势的高点或低点。

表21.5 到达趋势高点或低点天数的频次分布

天数	7	14	21	28	35	42	49	56	63	70	>70
熊市，向上突破	32%	24%	14%	12%	9%	2%	2%	2%	2%	0%	2%
牛市，向上突破	26%	32%	13%	9%	7%	1%	0%	1%	1%	1%	1%
熊市，向下突破	36%	21%	16%	12%	1%	7%	2%	2%	1%	1%	1%
牛市，向下突破	32%	25%	12%	16%	5%	4%	4%	2%	1%	0%	0%

因此，准备迅速获利了结。如果你进入了一个旗形交易，并打算买入和持有，这可能是可行的，只是不要依赖于旗形给你一个很大的价格变动。不会的。旗形是给波段交易者的，他们想要赶上快速的价格移动，在价格趋势掉转时卖出。

表21.6所示为与形态面积大小相关的统计信息。

表21.6 形态面积大小统计

描述	牛市 向上突破	熊市 向上突破	牛市 向下突破	熊市 向下突破
高形态表现	35%	19%	-19%	-33%
低形态表现	13%	15%	-14%	-19%
高度中值(与突破价格百分比)	6.68%	6.94%	5.38%	8.79%
窄形态表现	21%	16%	-16%	-24%
宽形态表现	25%	17%	-15%	-27%
长度中值	8天	7天	9天	7天
形态平均长度	10天	9天	11天	10天
低窄组合形态表现	14%	15%	-16%	-17%
低宽组合形态表现	12%[a]	14%[a]	-11%[a]	-21%[a]
高宽组合形态表现	36%	20%	-19%	-31%
高窄组合形态表现	32%	18%[a]	-17%[a]	-35%[a]
趋势前段长度	15天	12天	16天	17天
趋势后段长度	19天	19天	19天	18天
旗形前股价涨/跌幅	22%	22%	-17%	-26%
旗形后股价涨/跌幅	23%	17%	-16%	-25%

注：(-)负号表示下跌；[a]表示样本小于30个。

高度 从整个统计表来看，高形态比低形态表现得更好。两者相差最大的是在牛市中向上突破的旗形。突破后，高形态的股价上升了35%，但低形态的股价只攀升了13%。

宽度 宽形态表现优于窄形态，除了牛市向下突破的旗形例外。

形态平均长度 平均旗形长度范围在9～11天之间。

高度和宽度的组合 既高又宽的形态表现胜过其他组合，除了熊市向下突破的既高又窄的形态例外，但这个组合的样本量很少。

趋势长度和价格走势 我测量的趋势时间长度是从趋势开始到旗形的开始，以及从旗形结束到趋势结束的长度。可以看到，平均而言，从旗形结束到趋势结束所需要的时间要比从趋势开始到旗形开始的时间要长。

为了衡量价格走势，对于向上突破，我用趋势开始的低点到旗形的高点(旗形前股价移动)和从突破日低点到趋势结束时的高点(旗形后股价移动)。对于向下突破，我从趋势开始的高点到旗形的低点(旗形前股价移动)和从突破日高点到趋势结束时的低点(旗形后的股价移动)。

在所有情况下，除了牛市向上突破的形态之外，旗形前的价格移动长度都比旗形后的价格移动长度长。谨慎设定目标价格，因为突破后的价格移动通常会比进入旗形的价格移动时间短。

表21.7 所示为与成交量相关的统计信息。

表21.7 形态期间成交量统计

描述	牛市 向上突破	熊市 向上突破	牛市 向下突破	熊市 向下突破
上升成交量趋势表现	20%	15%	15%[a]	28%
下降成交量趋势表现	24%	17%	16%	24%
U形成交量形态表现	19%	16%	17%	28%
半圆形成交量形态表现	23%	17%	16%	24%
既非U形又非半圆形成交量形态表现	34%[a]	15%[a]	16%[a]	26%[a]
巨量突破表现	19%	16%	16%	26%
轻量突破表现	26%	18%	16%	24%

注：(-)负号表示下跌；[a]表示样本小于30个。

成交量趋势 在所有的情况下，除了熊市向下突破的形态，在形态期间成交量趋势下降的旗形都显示出更好的表现。例如，在牛市向上突破的形态，成交量呈上升趋势的旗形突破后攀升了20%，成交量呈下降趋势的上升了24%。

成交量形状 多数旗形成交量的形状呈半圆形。成交量呈半圆形的向上突破形态表现良好(别忽略这个34%的涨幅是基于小样本量)。向下突破的旗形成交量呈U形的表现更好。图21.5所示为成交量形状的示例。

突破成交量 当突破成交量很小——低于30天成交量平均水平时，股价在突破旗形后表现得更好(牛市向下突破16%是四舍五入得到的，加强轻量突破优势)。熊市中突破成交量比平均值大的向下突破形态表现较佳。

交易策略

表21.8所示为旗形的交易策略。在讨论表21.8中列出的策略时，参阅图21.6。

表21.8 交易策略

交易策略	解释
测算规则	计算趋势开始和形态之间的价格差异。股价在突破形态之后应该至少上涨超过这个价格(对于上行趋势)或下跌到这个价格之下(对于下跌趋势)
等待突破	一旦价格在趋势线范围外运行，就进行交易

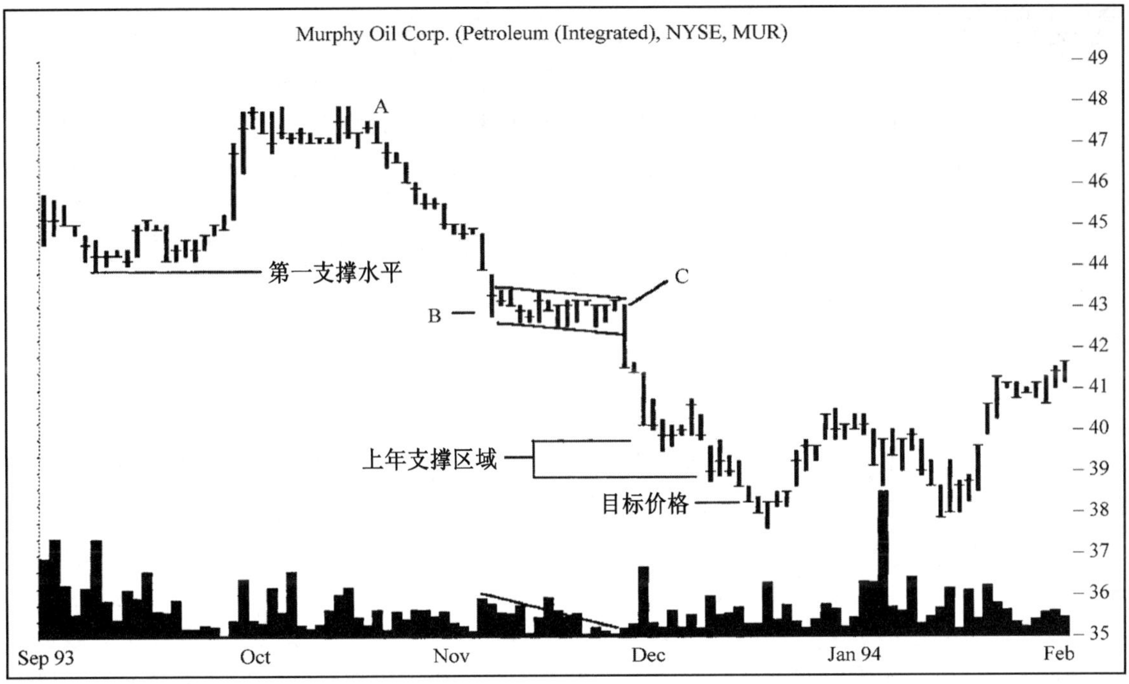

图21.6 使用测算规则来计算这只股票的跌幅。计算前一个小高点(点A)与形态开始时的低点(点B)的差异。形态结束时的高点(点C)减去前面的差值，结果为预期股价到达的最低价格。

测算规则 测算规则测量价格运行的最小值。首先，确定趋势开始的位置，这通常是形态前的小高点(下跌趋势)或小低点(上涨趋势)。图21.6显示的趋势开始于点A。从点A(47.50美元)减去在形态开始处的低点(点B，42.75美元)，得出4.75美元的差值。形态结束时的高点(点C，43美元)减去差值，计算出目标价格为38.25美元。在形态趋势线下方运行13交易日后，股价到达目标价格。

当交易旗形时，你必须首先确保你选择的是一个有效的形态。使用表21.1中列示的辨识指南，以确保正确识别旗形。

使用测算规则来衡量交易中可能产生的利润，并权衡可能出现的失败风险。在过去的价格趋势被击退的地方寻找支撑和阻力区域。很多时候，价格会在这些地方暂停或掉头反转。这些价格区域成为交易的风险点。可以通过计算当前价格与测算规则预测的目标价格以及第一级或第二级支撑或阻力来比较风险与收益。

对于图21.6所示的股票，潜在的回报是4.75美元(43-38.25)。第一个阻力水平是44美元，还有另一个在45美元(假设走势对你不利，股价上涨)。风险是1或2，即44-43或45-43。收益与风险的比例是4.75:1，表明这个形态是值得交易的，假设你可以限制你的损失。止损点放置在44.13美元左右，稍高于第一阻力水平，效果很好。

等待突破 一旦价格突破形态，股价运行在形态边界之外，就可以进行交易。一旦价格接近按照测算规则预测的目标价格，考虑清仓了结。由于关于股价成功达到目标价格的统计数字很差，所以应准备提前结束交易。如果你等待价格达到目标价格，你可能会把获利的交易变成亏损。

交易故事

举一个例子，让我们假设您正在考虑做空图21.6所示的股票。由于在牛市中的这个价格走势呈下降趋势，统计数据显示，平均而言，47%的形态会达到其价格目标。这是一个糟糕的表现，值得注意。

随着形态的形成，你需要密切监控股价的变化，不仅要在交易日后对价格进行跟踪，而且还要在交易日内检查它。当你拨打你经纪人的电话，查询午间的价格报价，你发现价格已经移动到形态趋势线之外，你决定进行交易。你在42美元做空股票，这个价格正好超过收盘价格41.50美元。

随着价格的下跌，你密切关注股票。回顾过去一年的交易历史，你会发现两个支撑级别，约为40美元和39美元。你相信股票会跌到第一个支撑水平，但第二个支撑水平可能会有些难度。毕竟，这里接近38.25美元的目标价格，比第一个支撑水平的支撑能力更强劲。

当股票在第一个支撑横向移动时，你检查你的交易工作，并重新审视基本面和技术指标。一切似乎都好，所以你留在交易里。

最终，股票穿透了第一个支撑水平，并下跌到第二个支撑，在那里股价停住了。股价收在39美元，但第二天股价向上回升。因此，第二天，你决定平掉空仓，相信价格上涨的风险远远超过可能的收益。你的空仓在39美元平掉，你每股收益近3美元。在短短2个星期里，这样的收益不是一个糟糕的利润。以年率计算，回报非常丰厚！

交易秘籍

下面的列表包含交易这种形态的提示和观测结果，以帮助你选择表现更好的形态，更多的信息，请参阅相关的表格。

●使用辨识指南正确识别形态。见表21.1。

●交易方向与当前市场趋势一致：在牛市交易向上突破的形态，在熊市交易向下突破的形态。见表21.2。

●熊市向下突破的旗形失败比率最低。见表21.3。

●向上突破的旗形突破点在年度价格区间高位区域的股价表现良好。向下突破的形态则在低位区域突破的表现好。见表21.4。

●回调和反弹损害股价表现。查看附近的支撑或阻力。见表21.4。

●没有突破日缺口的旗形表现更好。见表21.4。

●超过一半的旗形将在突破后2个星期内达到趋势的高点或低点。见表21.5。

●选择高宽形态。见表21.6。

●旗形之后的趋势股价运行时间比旗形前的稍长。在旗形之后的价格移动幅度略小于旗形之前的移动幅度。见表21.6。

●选取成交量呈下降趋势的或轻量突破的旗形。见表21.7。

第二十二章　旗形形态之高紧旗形
Flags, High and Tight

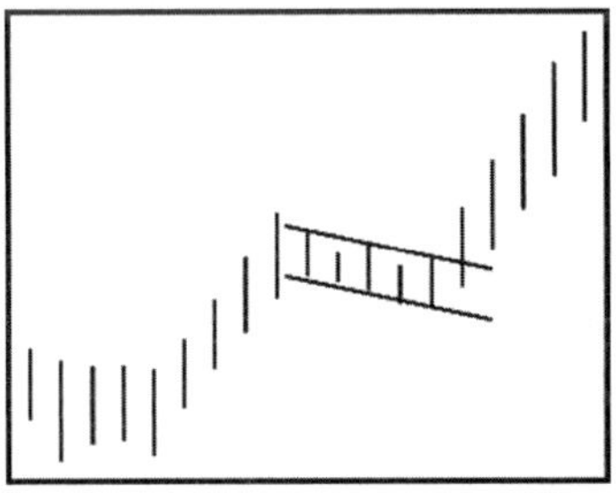

统计简报

向上突破

形状	在股价翻番后数天至数周的盘整区域。	
反转或持续	短期反转，行情看涨。	
	牛市	**熊市**
表现排名	1/23	1/19
保本失败概率	0%	0%
平均涨幅	69%	42%
趋势结束后的变化	-36%	-35%
成交量趋势	向下	向下
回调概率	54%	65%
实现目标价格概率	90%	91%
意外发现	这种形态平均涨幅巨大，而失败比率小；回调损害股价表现；短或窄的形态比高或宽的形态表现更好；旗形后的价格趋势大约是进入旗形的价格趋势的一半；成交量呈下降趋势的形态表现良好。	
参见	旗形形态，三角旗形态。	

我恋爱了，也许不是和我的前女友，是和旗形形态——最新版本是高紧旗形。你必须热爱统计，因为它们像金币一样闪亮。牛市的平均上涨是69%，牛市和熊市的形态都有零保本失败概率。是的，它们确实也有失败的，但是307个形态只有5个形态股价突破后上涨不到10%，没有一个形态上涨不足至少5%。这是任何形态的最好开局。

达到目标价格的百分比几乎是百分之百。目标价格也称为测算规则，这里的测算规则是基于从趋势开始到旗形的高度的一半，预计向上突破。交易策略部分进一步讨论了这个话题。

意外发现有很多都是我们以前见过的。高紧旗形不是半旗形态，它们通常并不标志着股价趋势的中途点。在时间线上，进入旗形的趋势比旗形后的趋势长6天。按百分比计算，在旗形之前的价格趋势时间长度是旗形后的两倍。在设定价格目标时要牢记这一点。

导入

图22.1是一个高紧旗形的典型例子。从低点14美元快速上升到旗形的高点30.75美元，需要的时间不到2个月。成交量趋势在整个形态过程中呈下降趋势。稍作停顿后，股票继续上涨。又过2个月后，达到了120美元的峰值。

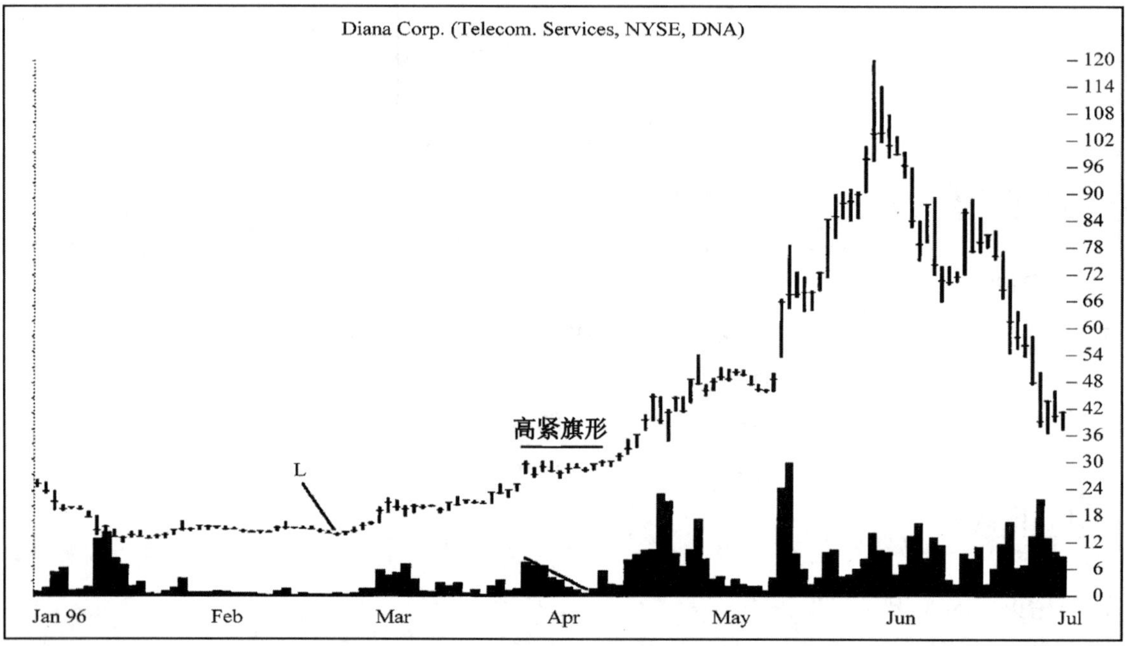

图22.1　在2个月内，高紧旗形态后股价从30.75美元上升到120美元。

高紧旗形是一个动量的游戏。当股票在短时间内翻番时，通常需要喘息和巩固。在这个时候，它给了交易者在股价重新上涨前买入股票的机会。如何正确识别高紧旗形？

辨识指南

高紧旗形这句话是有点用词不当的，因为形态通常不像一个旗形形态。有时价格随着旗形的发展而略微上升，如图22.1所示，但通常价格会短暂(一两天)下跌便会回升，然后再下行或水平运行，直到最后突破形态上行。

这一形态被威廉•奥尼尔在他的著作《如何在股票中赚钱》(麦格劳-希尔，1988)中所推广。在他对这个形态的介绍中，他指出了许多高紧旗形共有的特征。

简言之，奥尼尔寻找那些在不到2个月的时间里价格翻倍的股票，在旗形的形成中，3～5个星期的横盘运行，价格在旗形内下跌不超过20%。这样的标准排除了很多形态，合格的形态不到10%。我没有遵循这些标准。我编制自己的计算机程序，以确定在2个月或更短的时间内价格最低上涨100%的所有股票。然后，我手工核查了每一只筛选出来的股票，寻找盘整区域。如果从低点开始到该区域价格上涨接近100%，那么我接受它作为一个高紧旗形。

例如，图22.1中的旗形符合了所有奥尼尔的准则，而图22.2中的旗形则不符合(如果你严格遵循)。图22.2中的股票达到7月初的低点5.25美元，然后开始向上运行，在9月初，股价达到了10.25美元，几近翻倍。诚然，95%的价格涨幅低于对奥尼尔的准则的严格定义，但也很接近了。高紧旗形向下倾斜38天，比最大值多出3天，下跌22%，比20%的门槛多2%。你可以辩称，这些数字足够接近奥尼尔的准则，足以成为一个高紧旗形。我就接受它作为旗形。

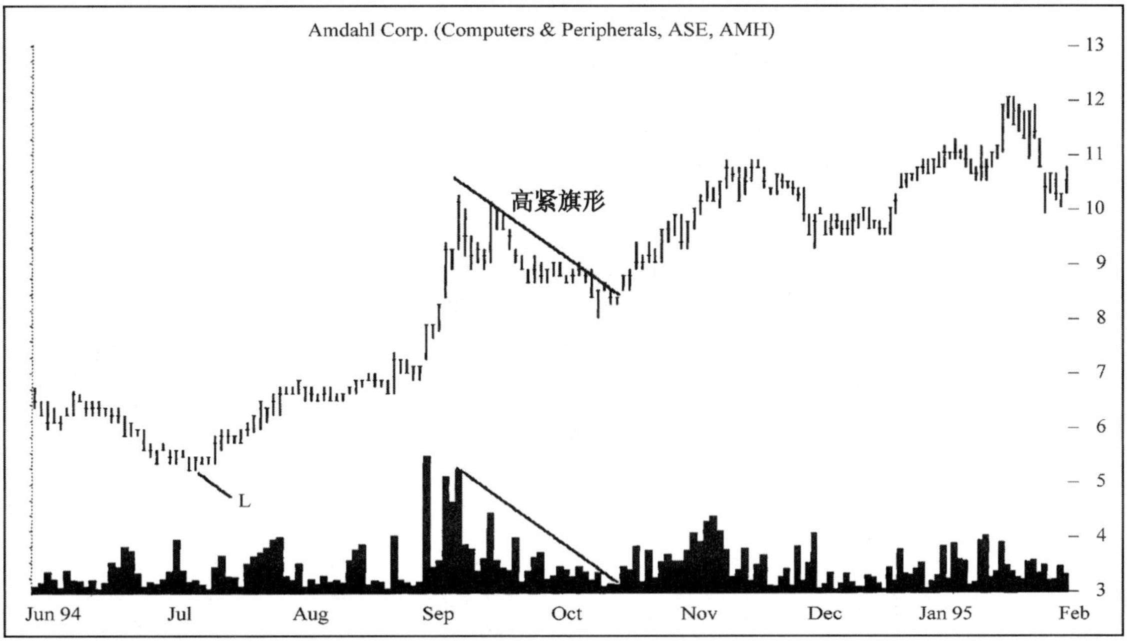

图22.2　如果严格地按解释，这个高紧旗形仅符合奥尼尔指南的一项准则，其余都不符合。在不到2个月的时间里，股价上涨了95%(从标记为“L”的低点起)后到达旗形。旗形的股价在38天内下跌22%，在突破旗形后，股价上升33%，高于9月初最高点。

表22.1　所示为我在选择和评估高紧旗形时使用的准则。

表22.1　辨识指南

特征	讨论
大幅上涨	上涨持续不到2个月，涨幅至少 90%（股价上涨接近一倍）
寻找盘整区域	找到一个股价在当前的上升趋势中停顿、股价比趋势开始时翻一倍的盘整区域
成交量趋势下降	旗形期间的成交量趋势应该是下降的，这样的形态表现最好

大幅上涨　首先，必须有一个短暂的、快速的上涨。我的意思是，在2个月或更短的时间内，股价几乎翻番。股价可以上涨更多，上涨也不需要从一个平坦的底部(价格水平运动)开始启动。在我发现的高紧旗形中，我用裸眼寻找在2个月内价格翻番的股票，然后让我的电脑确定趋势何时开始(请参阅术语表和方法中的“趋势开始”)。

寻找盘整区域 一旦在一个上涨价格趋势上找到符合条件的股票，接下来就是查看最近的盘整区域。在我的选择中，我不在乎股票的盘整时间长度，也不关心旗形在上升前的下跌幅度。我觉得重要的是，这个盘整区域即便是对于漫不经心的观察者也是显而易见的。盘整区域的价格应为约2个月前低点的2倍。

成交量趋势下降 最后一条辨识指南与其说是用于识别，不如说是就形态的表现而言。成交量下降趋势的旗形表现胜过那些成交量趋势没有呈下降趋势的形态。不过，我不会因为其成交量上升而忽视一个高紧的旗形，但我认识到它的表现可能会受到影响。

关注形态失败

投资一只显示出高紧旗形的股票并非没有风险。图22.3所示为一个突破后上升幅度很小的旗形。由于一只股票在突破旗形后预期股价会大幅上涨，我认为这一只股票的行为是股价表现未如预期的失败。

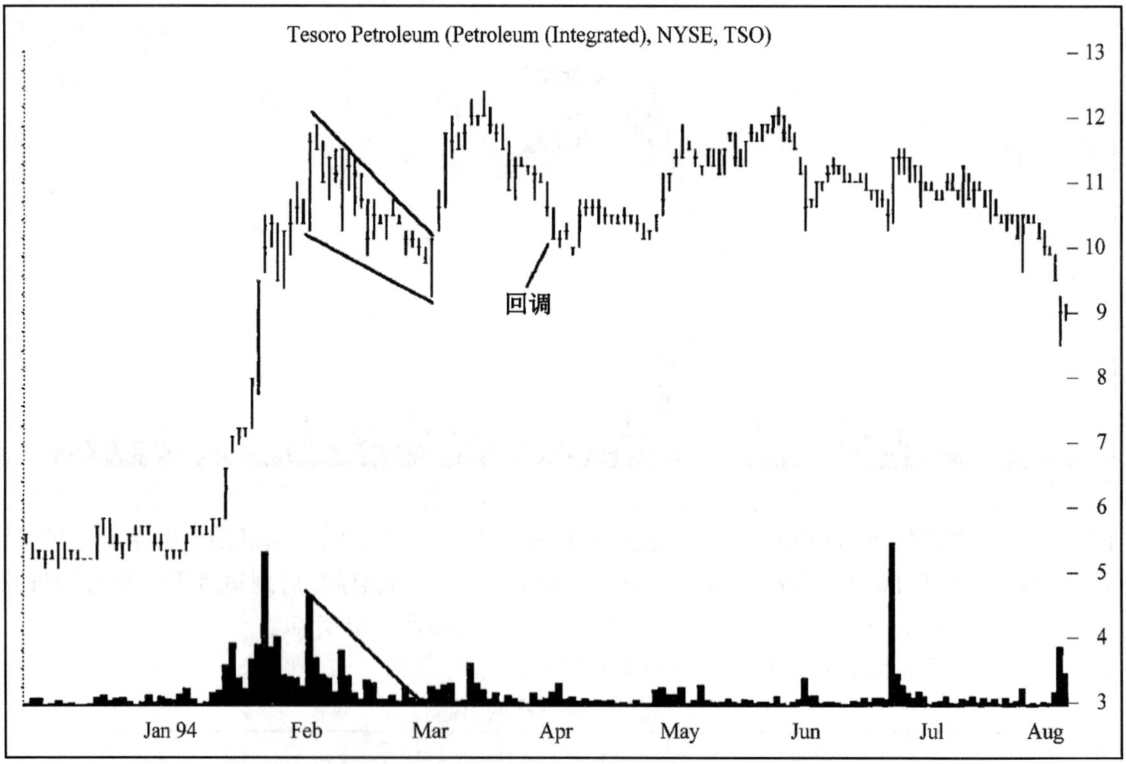

图22.3 一个失败的高紧旗形态。股价在掉头下跌前没有能够继续上涨很远。

图22.3所示为股价快速的、几乎垂直的上涨，然后进入旗形形态。随着上涨的停滞，原来的高成交量逐渐减弱。当价格在旗形形态部分(在图中由两条倾斜趋势线标记)下跌得更深，成交量下降。在突破向下的趋势回升之前，股价在旗形下行近1个月。在上涨了1个多星期后，股价达到一个新高，股价开始掉头蜿蜒下跌。股价下跌到旗形底部附近，然后水平运行几个月，之后再一次下跌得更深。

统计数据

表22.2所示为高紧旗形态的综合统计数据。

表22.2 综合统计

描述	牛市	熊市
形态数量	253	54
反转(R)、持续(C)数量	253C	54C
平均涨幅	69%	42%
涨幅超过45%(数量或占比)	148或58%	22或41%
趋势结束后涨/跌幅	-36%	-35%
形态失败后涨/跌幅	N/A	N/A
标准普尔500指数的变化	5%	0%
到达最高点的天数	39	25

注：(-)负号表示下跌；N/A表示不适用。

形态数量 随着牛市推动互联网和其他科技股票上涨，我发现了大量的高紧旗形态。正如人们可能猜测的那样，高紧旗形态在熊市中几乎消失。

反转或持续 由于我正在寻找一个在价格大幅上涨后的向上突破(仅为向上突破)，每个高紧旗形态均作为上涨的价格趋势的持续。

平均涨幅 从突破点(当价格收于在趋势线边界外面或形态高点，两者中取最低者)后股价上升到最高点的平均涨幅在牛市为69%，在熊市为42%。两者都特别高。

涨幅超过45% 牛市中超过一半的形态表现出超过45%的涨幅，甚至熊市中股价突破旗形后表现也很好。

趋势结束后的变化 一旦价格达到了最高点，股价就下跌了35%。因此，如果你能知道趋势何时结束，做空股票，等待价格下跌。表22.2中列示的结果是平均值，所以请注意附近的支撑会不会使股价停止下跌。

失败形态的表现 我没有发现任何失败的形态，因为所有股票突破旗形后的上升都超过5%。

标准普尔500指数的变化 从旗形突破日到股价达到最高点时，标准普尔500指数在熊市中没有涨也没有跌，在牛市中上升5%。注意，强劲的市场上行趋势倾向于推高股价(牛市的平均涨幅比熊市的高)。

到达最高点的天数 高紧旗形像火箭一样，或多或少，大约1个月内，股价便达到到最高点。如果你看到一个高紧旗形态正在形成，在股价飙升到形态顶部之上或穿透趋势线时，再买入股票之前，你可能要考虑先设置一个止损指令。完成以上操作之后，你就可以在股价骤涨之前买入股票。

表22.3所示为高紧旗形态的失败比率，我印象深刻。我从来没有见过更低的失败比率。牛市中仅有10%的高紧旗形态未能上升20%以上。一半的高紧旗形态股价突破形态后将上升超过50%。

表22.3 失败形态数量或比率

股价最大涨幅(%)	牛市	熊市
5(保本点)	0 或 0%	0 或 0%
10	5 或 2%	0 或 0%
15	14 或 6%	0 或 0%
20	25 或 10%	0 或 0%
25	42 或 17%	9 或 17%
30	59 或 23%	16 或 30%
35	83 或 33%	23 或 43%
50	117 或 46%	34 或 63%
75	170 或 67%	44 或 81%
＞75	253 或 100%	54 或 100%

熊市中第一次失败出现在25%的涨幅之后，但这是由于样本数小(54 个)。如果有更多的样本，我相信失败比率会像牛市的一样(但会稍微糟糕一点)。

失败比率低的原因是，我现在使用股价收于形态的趋势线边界上方作为突破信号，而不是股价收于形态的高点(这是本书第一版使用的方法)。例如，图22.3所示的高紧旗形态，股价上升仅为高出形态高点4%，但是高于形态趋势线边界21%。

表22.4所示为高紧旗形态突破及突破后相关的统计数据。

表22.4 突破与突破后股价表现统计

描述	牛市	熊市
从形态结束到突破	2天	2天
突破在年度价格区间低(L)、中(C)、高(H)各区域分布的百分比	L19%,C19%,H62%	L36%,C30%,H34%
形态在年度价格区间低(L)、中(C)、高(H)各区域突破后的涨幅	L65%,C73%,H71%	L51%[a],C46%[a],H36%[a]
回调概率	54%	65%
回调期间	11天	15天
出现回调形态的平均涨幅	49%	38%
未出现回调形态的平均涨幅	100%	53%[a]

注：[a]表示样本小于30个。

从形态结束到突破 从形态结束到价格收于形态趋势线边界以外或上升到高于旗形的最高点(当高紧旗形态是一个不规则的形状，趋势线无法绘制时)，股价需要运行2天。

年度位置 在牛市中，高紧旗形态的突破往往出现在年度价格区间的高位附近。在熊市中，突破几乎均匀地分布在低、中、高三个区域。

年度位置及表现 在年度价格范围内，突破后股价表现最好的形态在哪里突破？牛市的数值基于一个很好的统计样本数量，统计表明，表现最好的高紧旗形其突破位置在年度价格区间的中间区域。在熊市中，当突破出现在年度价格区间的低位区域附近时，突破后股价表现最好。

回调　形态发生回调的概率是65%。发生回调后，股价在牛市和熊市分别需要11天和15天的时间返回到突破价格。当发生回调时，股价表现会受到影响。例如，在牛市那些出现回调的形态股价突破后平均涨幅为49%。而那些没有回调的形态，股价涨幅达到惊人的100%。熊市中的回调也呈现出类似的趋势，但涨幅相差没有那么大。

表22.5所示为股价突破形态后到达最高点所需时间的频次分布。这张统计表让我很吃惊，因为我认为股价到达最高点需要更长的时间。很少有高紧旗形态花70天以上的时间才到达最高点。在熊市中，有一半的形态在不到2个星期时间里达到了最高的高点。在牛市，一半的形态3个星期就能见顶。

表22.5　到达最高点天数的频次分布

天数	7	14	21	28	35	42	49	56	63	70	＞70
熊市	24%	26%	11%	11%	15%	2%	0%	0%	0%	2%	9%
牛市	26%	14%	10%	8%	9%	4%	4%	4%	5%	3%	14%

这些数字表明，快速买入是这种形态赚钱的关键。对于不那么激进的投资者来说，在高紧旗形态的高点价位设置买入止损单会让他们以一个好的价格介入交易。对于激进的投资者，使用高紧旗形态的趋势线边界(如果有，因为形状旗形通常是不规则的)作为买入止损单的位置。

一旦你进行交易，密切关注你的股票，因为从上坡冲刺到衰退，它可能不会花费很长的时间。然后价格可能会下跌，有时会急剧下跌。

表22.6所示为与形态面积大小相关的统计信息。

表22.6　形态面积大小统计

描述	牛市	熊市
高形态表现	68%	40%[a]
低形态表现	69%	45%[a]
高度中值(与突破价格百分比)	20.91%	19.40%
窄形态表现	71%	46%[a]
宽形态表现	65%	38%[a]
长度中值	14 天	11 天
形态平均长度	17 天	15 天
低窄组合形态表现	67%	49%[a]
低宽组合形态表现	74%	37%[a]
高宽组合形态表现	59%	39%[a]
高窄组合形态表现	78%	42%[a]
趋势前段长度	47	32
趋势后段长度	41	26
旗形前股价涨幅或跌幅	124%	98%
旗形后股价涨幅或跌幅	69%	42%

注：[a]表示样本小于30个。

高度　比高度中值小的形态表现得比高出高度中值的形态好，但它们的结果是接近的。在熊市的样本很少，所以数字可能不可靠。在许多其他形态，高形态表现比低形态更好，但高紧旗形态不是这样。

宽度 在两个市场中，窄的形态比宽的形态表现得要好。我用表中的长度中值作为窄和宽形态的分割点。

形态平均长度 高紧旗形态的平均时间长度仅为2个星期。

高度和宽度的组合 我查看不同的高度和宽度组合，发现在牛市中，既高又窄的高紧旗形 表现比其他组合好。在熊市中，如果你不理会小样本量的因素，那么短而窄的形态表现很好。

趋势长度和价格走势 我测量了从趋势开始到旗形开始的时间，以及从旗形结束到最高点经过的时间。趋势开始和最高点依据20% 的价格变化。

股价进入形态前的趋势长度平均在32～47天之间。股价突破旗形后，这一趋势将分别持续26～41天。因此，旗形后的价格趋势比旗形前的趋势短了6天。

旗形后股价涨幅大约是进入旗形前股价涨幅的一半。例如，在熊市中，形态前股价涨幅平均为98%，旗形后，又继续上涨42%。要使用这个结果，请参阅后面“交易策略”部分中的“测算规则”。

表22.7所示为高紧旗形期间股票成交量相关的统计信息。

表22.7 形态期间成交量统计

描述	牛市	熊市
上升成交量趋势表现	52%[a]	41%[a]
下降成交量趋势表现	71%	42%
U形成交量形态表现	70%	55%[a]
半圆形成交量形态表现	64%	38%[a]
既非U形又非半圆形成交量形态表现	81%[a]	30%[a]
巨量突破表现	63%	42%
轻量突破表现	79%	42%[a]

注：[a]表示样本小于30个。

成交量趋势 成交量呈下降趋势的形态表现优于那些成交量呈上升趋势的形态。不幸的是，成交量呈上升趋势的高紧旗形态样本量太小。但这也表明你的高紧旗形态有可能会呈下降的成交量趋势。这是个好消息。

成交量形状 我看着成交量形状，发现在牛市中随机成交量形状的高紧旗形态比其他组合表现得更好。对于熊市，高紧旗形态期间成交量呈U形的突破后股价表现好，但样本规模小。

突破成交量 在牛市中，轻量突破的高紧旗形态比巨量突破的好；在熊市中，两者表现没有差异。

交易策略

表22.8所示为高紧旗形态的交易策略。

表22.8 交易策略

交易策略	解释
测算规则	测算股价进入形态前的趋势涨幅，股价将在旗形低点的基础上，上涨前面涨幅的一半
突破后买入	如果股价突破了旗形部分，买入股票。如果你不能确定是否会出现突破，那就等待股价收于旗形最高点之上

测算规则　使用测算规则预测目标价格。要计算目标价格，先找出趋势开始的位置，计算趋势开始的低点到高紧旗形态的高点(形态中最高的高点)之间的价格变化。将差值除以2，然后加上高紧旗形态的低点，结果是目标价格。股价突破后达到目标价格的概率是90%。当股价接近目标时，注意价格失速停顿。要查找趋势开始，请参阅术语表和方法以了解更详细的信息。

突破后买入　因为第一个星期的价格上涨可能是你看到的上涨最大的一个星期，所以在设置好止损指令后，在高紧旗形态趋势线边界上方买入股票。如果高紧旗形态的形状不规则，则使用形态的顶部位置作为买入点，同时在那里设置止损指令。

如果价格收低于旗形形态，立即卖出持有的股票，因为价格将要下跌。反转确实会发生，所以要保持警惕。一旦你持有股票头寸，当价格上涨并创新高的时候，把你的止损点抬高到低于前一个小低点的位置。随着股价上涨，继续抬高止损点。最终，当趋势发生变化或重大回调时，这种方法会帮你清仓离场。

交易故事

当约翰发现了图22.4所示的高紧旗形态时，他没有浪费时间，立即采取行动建仓，在股价穿透上方趋势线点A处时买入股票，在低于形态低点0.13美元(即5.63美元)处，设置止损指令。两天后，他被止损出局。

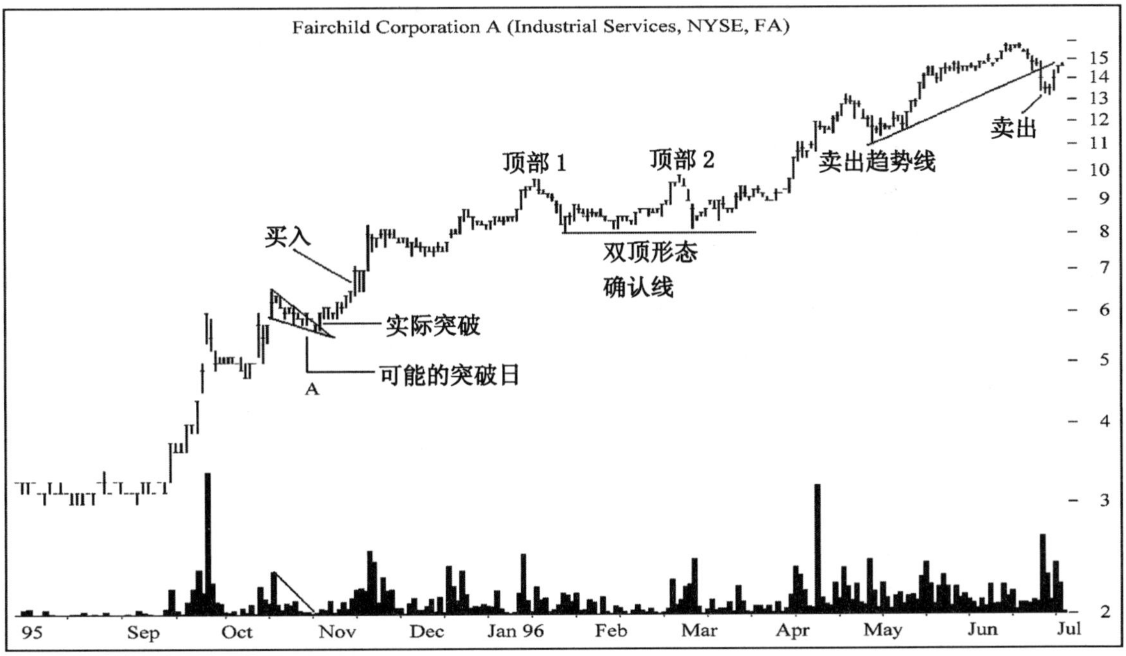

图22.4　高紧旗形态的股价像上楼梯一样不断攀升，你是如何交易这个高紧旗形的呢？

“这里十个亿，那里十个亿，很快你就是亿万富翁了！”他说。

他观察了几天，等待股票爬上高点(6.50美元)。当股价到达这个高点，他又在6.50美元买入股票。他认为旗形的底部是支撑区，所以将这个位置作为止损点。但是，这一次他用的是心理止损指令，这个止损指令没有传递给经纪人，只留在他自己的脑中。在投资中使用心理止损指令也没有什么问题，只要在股价达到止损点时，投资者愿意扣动扳机，执行止损指令。

约翰不时地看股价图，只是想看交易进展如何。该股上升到8美元的支撑区，在此区域水平运行3个月。到了那个时候，他把他的心理止损点提高到了7.75美元。

然后，股价再次攀升。股价无视1月初和2月下旬形成的双顶形态，约翰也是如此。到了4月，股价达到一个新高，悄然表明那个双顶形态已然被证明是假的。当股票在4月中期超过13美元时，约翰开始提高警惕。他看见股价到达13.25美元后回调了一点，下跌到11.13美元低点。然后股价又急速上涨。约翰沿着最近股价的运行画出了一条向上的趋势线，当价格击穿这条线时，他打电话给他的经纪人，下达卖出指令。他的卖出价格是13.63美元，不怎么接近15.88美元的高点，但也是“足够接近”了。在扣除佣金之后，他在不到8个月的时间里赚了108%。

交易秘籍

下面的列表包含交易这种形态的提示和观测结果，以帮助你选择表现更好的形态，更多的信息，请参阅相关的表格。

- 查看辨识指南以便作出正确选择。见表22.1。
- 选择牛市中的形态，牛市形态的平均涨幅最高。见表22.2。
- 当保本点较低时，熊市形态的失败比率较低，但小样本规模可能是一个因素。见表22.3。
- 当突破位置是在年度价格区间中位区域时，牛市形态表现得很好。见表22.4。
- 回调损害突破后股价的表现。在交易前，查找上方的阻力区域。见表22.4。
- 股价见顶来得很快，所以应尽早买入。有一半的形态在2个或3个星期内见顶。见表22.5。
- 低的或窄的形态比高的或宽的形态表现更好。表22.6。
- 进入旗形前的价格趋势在时间和涨幅上都比旗形之后的更长。预计旗形的价格涨幅是旗形前涨幅的一半。见表22.6。
- 选择成交量呈下降趋势和形状为U形的形态。见表22.7。

第二十三章　缺口形态
Gaps

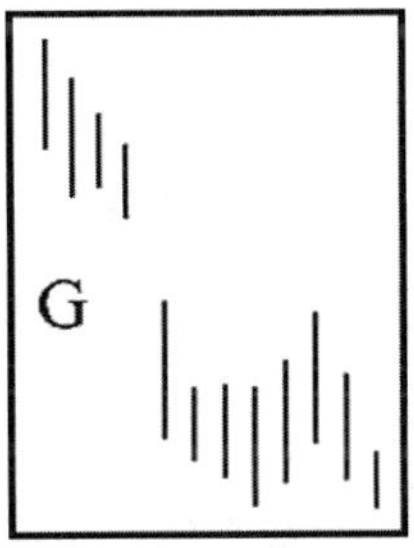

统计简报

向上突破

形状	当目前的低点高于先前的高点时，就出现了价格缺口。	
反转或持续	短期持续，行情看涨。	
表现排名	不适用	
在一个星期内回补缺口	**牛市**	**熊市**
普通缺口	89%	93%
突破性缺口	2%	9%
持续性缺口	4%	20%
衰竭性缺口	61%	78%
意外发现	最大的缺口发生在熊市；在牛市中，当缺口出现在年度价格区间高位区域时，股价表现很好；大的缺口表现得比小的缺口好得多。	

向下突破

形状	当目前的高点低于先前的低点时，就出现了价格缺口。	
反转或持续	短期持续，行情看跌。	
表现排名	不适用	
在一个星期内回补缺口	**牛市**	**熊市**
普通缺口	92%	89%
突破性缺口	1%	1%
持续性缺口	9%	13%
衰竭性缺口	64%	63%
意外发现	最大的缺口发生在熊市；在牛市中，当缺口出现在年度价格区间高位区域时，股价表现很好；大的缺口表现得比小的缺口好得多。	

有五种缺口类型，其中四种是我在本章中讨论的。除权性缺口，本章不讨论，因为它很少发生，没有投资的意义。除权性缺口通常发生在公用事业股或有高额股息的股票上。在股息分配日，价格有时会向下跌，从而在股价图中留下缺口。即使股票的价格在除权之后下跌，日交易范围通常补上缺口，因此没有实际的缺口在股价图上出现。

我定义回补缺口为当价格回归并完全跨越缺口。普通缺口回补最快，近90%的普通缺口在1个星期内回补。

在统计简报中列出的股价回补缺口时间是平均时间。有时缺口很快就会回补(如衰竭性缺口)，因为它们出现在趋势的末端，价格反转时就会填补缺口。其他缺口的回补时间要长得多，因为它们标志着一个强劲新趋势(突破性缺口)的开始。持续性缺口是这两者的结合，因为它通常出现在趋势的中间。

缺口形态有几个意外发现。我发现，由于某种原因，熊市中出现更大的缺口。在牛市中，当缺口出现在年度价格区间的高位附近时，能够提高股价的表现。最后，大的缺口表现得比小的缺口好得多。

导入

当昨天的高点低于今天的低点时，上涨的价格趋势中就出现了缺口。下跌缺口的出现也是相似的，在昨天的低点高于今天的高点时形成。在这两种情况下，某种类型的热情正在驱使股票产生缺口。它有时仅仅是因为股息分配而使得股票不值原来的价钱了。在其他情况下，产生的影响会更加严重。公司收益出现意外，无论是积极的还是消极的，往往会导致缺口，股票上升10%、15%或下降30%甚至更多，这取决于消息的严重性。

图23.1所示为大量不同的缺口类型。普通缺口发生在价格拥堵区，通常是在价格水平运行时。价格缺口向上或向下，缺口迅速回补。在所有的缺口类型中，普通缺口是常见的，经常出现在各处。突破性缺口出现在趋势的开始。它们的数量也相当多，而且伴随着高的成交

量。通常有一些基本面的事件驱动股票，造成一个突破性缺口。持续性缺口相对比较少见，因为它们出现在强劲趋势的中间，这些趋势本身并不经常发生，它们之中包含的缺口就更少了。衰竭性缺口标志着趋势的结束，它们是趋势反转或横盘前的最后的一跳，向上或向下。

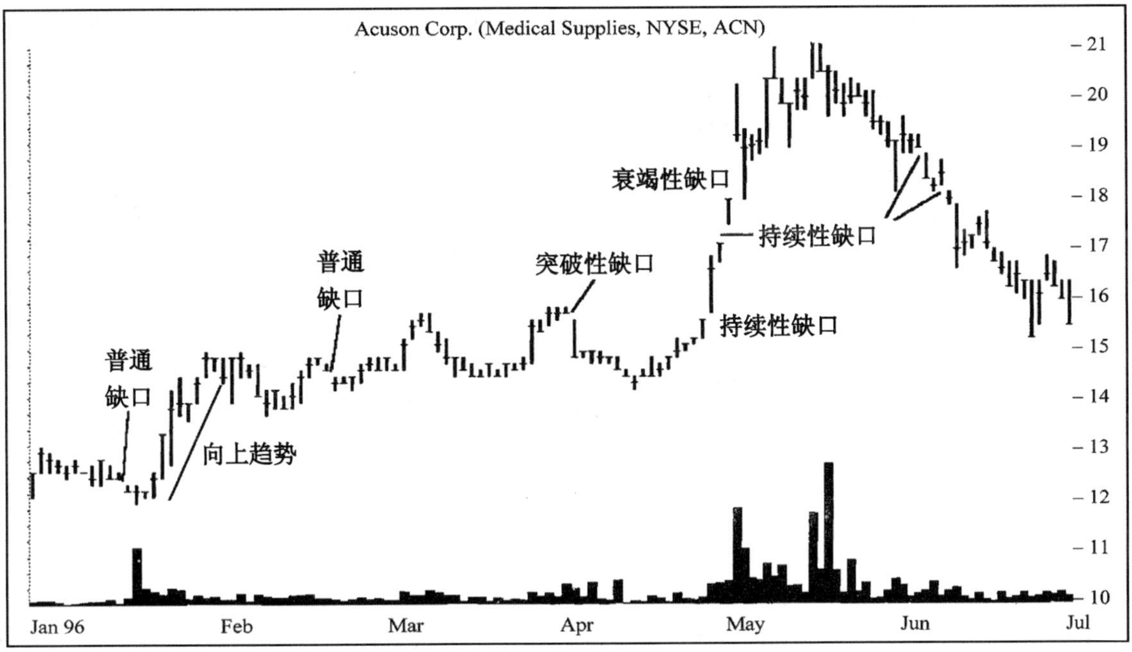

图23.1　在日股价图中会出现大量的缺口。最多数是普通缺口。

辨识指南

表23.1列出了缺口形态的辨识指南。

表23.1　辨识指南

缺口类型	讨论
普通缺口或一般性缺口	发生在价格拥挤区域(无趋势市场)，并迅速回补。缺口日的成交量可能很高，但在一两天内恢复正常。在缺口之后，没有新的高点(在上涨趋势)或低点(在下跌趋势)出现。有一个明显的弯钩，因为缺口回补是这一缺口类型的关键标志
突破性缺口	标志一个新趋势的开始，通常在股价从盘整区域突破后发生。缺口日伴随着高成交量，且持续几天。在缺口之后，这一趋势会持续足够长的时间，足以出现几个新的高点(上涨趋势)或新的低点(下跌趋势)
持续性缺口，测量缺口或逃逸缺口	发生在直线上涨或下跌的中间。价格在不填补缺口的情况下继续创造新的高点或低点。成交量通常很高，推动价格朝着趋势方向发展
除权性缺口	是由股息分配引起的价格缺口。价格随分配的股息数额而下降，如果当天的交易区间不回补，则出现缺口
衰竭性缺口	在趋势结束时发生，缺口日有高成交量。这一缺口之后，随之而来的并没有新的高点或低点，而缺口本身可能非常宽。在缺口之后，价格进入盘整区域或反转。衰竭性缺口通常发生在持续性缺口之后。缺口快速回补，通常在1个星期之内

普通缺口　普通缺口或一般性缺口是同一类型缺口的名称。缺口在盘整区域之内或紧跟

在盘整区域之后形成。普通缺口很容易被发现，因为价格似乎像挂钩，缺口在不到1个星期(许多时候在下一个交易日)回补。图23.2所示为这个钩子的许多特征：例如，你可以看到在3月下旬，价格缺口跳空向下，第二天的高点回补了这个普通缺口。类似的快速回补是普通缺口的特征。通常，在缺口之后，很少或没有新的高点(对于向上趋势)或低点(当价格缺口跳空低开)立即发生。

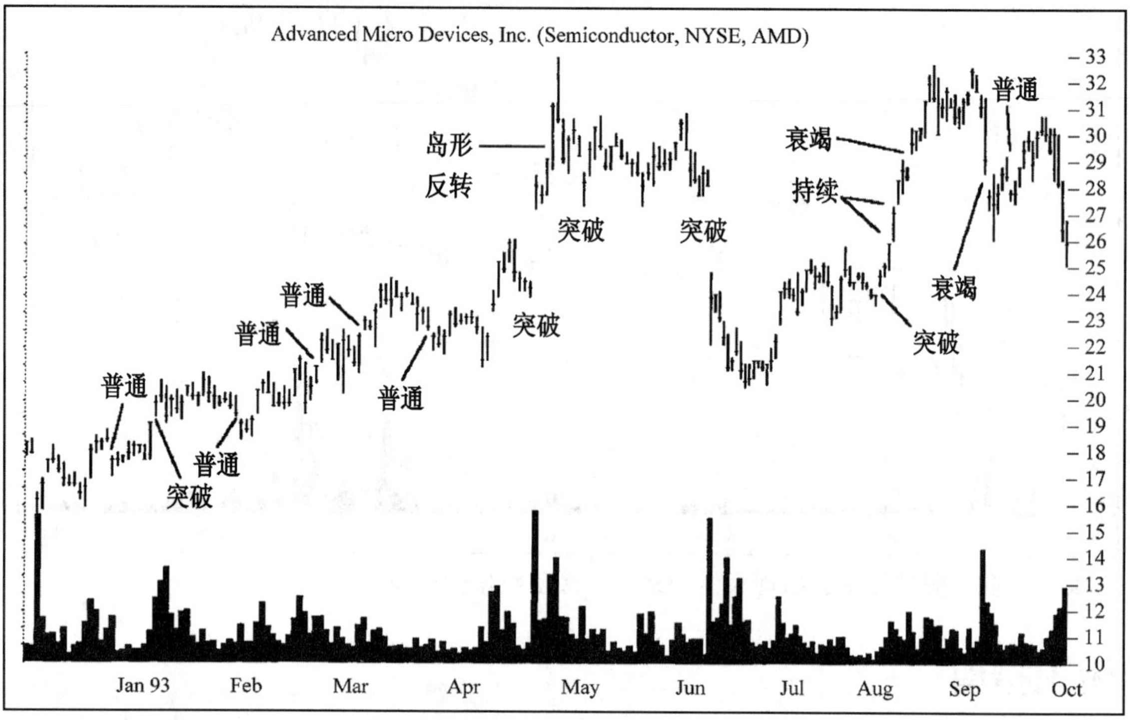

图23.2 各种缺口类型，普通缺口具有弯钩特征。成交量形状和缺口在趋势中的位置是正确识别不同缺口类型的关键。

在出现价格缺口的当天成交量可能会很大，但通常会很快降下来。你可以在1月下旬看到这种行为。缺口日的成交量峰值会在第二天回归到正常水平。

突破性缺口 突破性缺口突出了新趋势的开始。成交量大幅上升，高于前一天，价格缺口跳空向上，并继续上升(如果是向下的价格缺口，则继续下跌)，形成新的高点(或低点)。

仔细看图23.2中1月初的突破性缺口。你可以看到价格围着缺口上涨了3天，与此同时，成交量呈上升趋势。然后，价格平走，水平运行了几个星期，出现一个普通缺口，价格向下跳空低开。两天后，出现了另一个突破性缺口(图中没有标注)，价格连续上涨3天，达到新的高点，然后跌落。

由于价格继续上涨，在4月中旬伴随着成交量尖峰出现的是一个大的突破性缺口，不是衰竭性缺口。6月的突破性缺口从一个小的价格拥堵区开始,但这个缺口可能是一周前下行价格走势的持续(缺口)。成交量飙升，价格缺口很大。通常大的缺口与衰竭性缺口有关，但在几天之后，价格继续下跌。

持续性缺口 持续性缺口发生在价格趋势的中间。它们不会经常发生，因为它们需要股价先有一个急剧上升，然后是一个缺口，接着继续上升(下跌趋势相反)。在图23.2中，你可以看到，在8月，当价格在2个星期内从23.50美元的低点暴涨到32.63美元的时候，就出现了两个持续性缺口。缺口出现在快速、大幅上涨价格高位，但成交量并不是异常的高。股价快速上升形成了新的高点，缺口仍然没有回补(和这些持续性缺口相比，普通缺口的回补非常迅速)。当然，在下跌的趋势中，价格缺口向下跳开，形成新的低点。

除权性缺口 当分红股票分配股息时，股价图上会出现除权性缺口。通常情况下，正常的交易范围将回补这一缺口。

衰竭性缺口 衰竭性缺口通常跟在持续性缺口之后。8月上升趋势中的最高缺口是一个衰竭性缺口。起初，我认为这是另一个持续性缺口，但缺口略大于正常范围，价格停顿了2天，然后才创下新高。这些是与衰竭性缺口有关的一些关键要素。在趋势接近尾声时，缺口太大很可能是衰竭性缺口。在图中有两个衰竭性缺口，一个在8月，一个在9月。9月的缺口迅速回补，这是衰竭性缺口的典型特征。

大多数衰竭性缺口发生时成交量也很高，这就像是价格趋势结束之前的最后喘息。从图23.2中可以看到，两个衰竭性缺口都有很高的成交量，在9月的缺口较高。即使价格下降，成交量也在上升，成交量在缺口后数天仍保持高位，然后才缩减。高成交量凸显出那些想以良好价格买入股票的投资者和那些试图以最好的价格卖出股票离场的投资者之间的争夺。

统计数据：普通缺口

表23.2所示为普通缺口的综合统计数据。

表23.2 综合统计

描述	牛市 向上突破	熊市 向上突破	牛市 向下突破	熊市 向下突破
形态数量	127	154	127	76
缺口平均回补时间	3天	3天	3天	3天
1个星期内回补	89%	93%	92%	89%
2个星期内回补	99%	100%	100%	100%
3个星期内回补	100%	100%	100%	100%
缺口平均金额(美元)	0.31	0.55	0.28	0.59

形态数量 在从1991年中期到2004年初期的数据中，我在97只股票中发现484个普通缺口，但我的数据没有涵盖中间的所有年份。由于我正在查看缺口回补的时间，我发现没有必要增加更多的样本。

缺口平均回补时间 平均而言，无论市场状况或突破方向如何，价格回补缺口只需要3天的时间。

缺口回补百分比 统计表显示回补比率。几乎所有的普通缺口在第一个星期回补，而那些在牛市中向上突破的缺口，回补缺口需要的时间最长的达3个星期。

缺口平均大小 在四种缺口类型中,缺口平均金额最大的出现在熊市中。为什么是这种情况，对我来说是个谜。缺口平均金额最小的出现在牛市，通常是向上突破，但这个向上突破不是一个普通缺口(向下突破的普通缺口的缺口平均金额最小)。

统计数据：突破性缺口

表23.3所示为突破性缺口的一般统计数据。

表23.3 综合统计

描述	牛市 向上突破	熊市 向上突破	牛市 向下突破	熊市 向下突破
形态数量	345	92	226	74
缺口平均回补时间	136 天	61 天	168 天	111 天
1个星期内回补	2%	9%	1%	1%
2个星期内回补	9%	22%	6%	15%
3个星期内回补	18%	38%	11%	35%
1个月内回补	23%	45%	17%	38%
2个月内回补	39%	62%	38%	53%
3个月内回补	46%	73%	46%	55%
6个月内回补	56%	87%	64%	62%
1年内回补	66%	95%	75%	70%
缺口平均金额(美元)	0.43	0.85	0.68	1.38
突破在年度价格区间低(L)、中(C)、高(H)各区域分布的百分比	L24%,C25%,H51%	L33%,C41%,H26%	L24%,C30%,H46%	L35%,C41%,H24%
形态在年度价格区间低(L)、中(C)、高(H)各区域突破后的涨幅	L38%,C35%,H41%	L36%,C30%,H29%[a]	L19%,C18%,H20%	L29%[a],C29%,H29%[a]
小缺口形态表现	35%	27%	-19%	-25%
大缺口形态表现	41%	35%	-19%	-32%
缺口大小中值(美元)	0.27	0.59	0.38	0.62

注：(-)负号表示下跌；[a]表示样本小于30个。

形态数量 我在132只股票里找到737个突破性缺口。在一个小样本集合中有大量的缺口，这所示为这些缺口形态发生的频率。

缺口平均回补时间 缺口回补的平均时间从大约2个月(61天，熊市向上突破)到将近6个月(168天，牛市向下突破)不等。

缺口回补百分比 如表23.3所示，突破性缺口不会很快回补。即使过了1年，仍然存在一些缺口没有回补。

缺口平均大小 缺口平均大小在不同的市场条件和不同的突破方向有所不同，熊市缺口大于牛市缺口，熊市向下突破的缺口是最大的。

年度位置 由于突破性缺口对交易者来说很重要，我检查了突破性缺口在年度价格区间出现的位置。牛市中突破性缺口出现在年度价格区间高位区域的最多；熊市中更多的突破性缺口出现在年度价格区间的中间区域。

年度位置及表现 在牛市中，当突破性缺口发生在年度价格区间的高位区域附近时，突破后的股价表现最好。在熊市中，缺口发生在年度价格区间的低位区域附近时，突破后的股价表现很好，但向下突破的小样本量影响了结果的可靠性。

缺口大小 大缺口的表现比小缺口的好吗？我算出了缺口大小中值，将各个缺口的大小与中值进行比较，那些缺口大小比中值数大的缺口形态为大缺口形态，缺口大小比中值小的为小缺口形态。如果你想交易一个突破性缺口，将你的缺口与表23.3中列出的中值进行比较，查看它是大缺口形态还是小缺口形态，这可能影响股票的表现。

统计数据：持续性缺口

表23.4所示为持续性缺口的综合统计数据。

表23.4 综合统计

描述	牛市 向上突破	熊市 向上突破	牛市 向下突破	熊市 向下突破
形态数量	168	83	122	122
缺口平均回补时间	98天	43天	77天	91天
1个星期内回补	4%	20%	9%	13%
2个星期内回补	20%	39%	23%	27%
3个星期内回补	29%	57%	39%	36%
1个月内回补	35%	58%	52%	47%
2个月内回补	55%	80%	64%	60%
3个月内回补	61%	86%	75%	66%
6个月内回补	71%	93%	90%	75%
1年内回补	80%	95%	93%	81%
缺口平均金额(美元)	0.47	0.86	0.48	1.24
缺口在时间趋势中的位置 (趋势开始到缺口开始)	50%	55%	69%	72%
缺口在价格趋势中的位置 (趋势开始到缺口中心)	43%	48%	57%	52%

形态数量 我用了173只股票，在1991年中期到2004年初期发现495个持续性缺口。不过我没有搜索整个时期，我将期间分成1991—1996年期间和1999—2004年期间，后者包括熊市。

缺口平均回补时间 与突破性缺口相比，持续性缺口的回补会更快，正如人们可能猜测的那样(因为突破性缺口出现在趋势开始附近，而持续性缺口出现在趋势的中间)。平均而言，最长的持续性缺口(牛市向上突破)也只需要略超3个月的时间回补。

缺口回补百分比 熊市向上突破的持续性缺口回补最快，比熊市向下突破的持续性缺口回补快两倍还多。

缺口平均大小 熊市向下突破的缺口最大。如果总体市场有助于缺口增长，那么我预计牛市向上突破的缺口会很大。事实上并非如此，熊市的缺口大于牛市的缺口。

缺口位置 缺口在时间趋势上的位置随突破方向而变化。那些向上突破的缺口似乎出现在时间趋势的中间(离趋势结束还有50%或55%的时间)；那些向下突破的缺口距离趋势末端大约还有3/4的时间。

以价格为基础来测量，缺口出现在趋势开始价格水平和缺口中心价格水平之间的中途点附近。那些向上突破的缺口位置稍短于中途点(这意味着缺口之后的上涨幅度会更高)。熊市中的缺口所处的位置稍微长一些，即靠后一些，在缺口之后，跌幅会比缺口之前的跌幅小。

统计数据：衰竭性缺口

表23.5所示为衰竭性缺口的综合统计数据。

表23.5 综合统计

描述	牛市 向上突破	熊市 向上突破	牛市 向下突破	熊市 向下突破
形态数量	120	111	129	111
缺口平均回补时间	9天	7天	14天	10天
1个星期内回补	61%	78%	64%	63%
2个星期内回补	91%	90%	78%	85%
3个星期内回补	93%	94%	87%	92%
1个月内回补	98%	95%	90%	95%
2个月内回补	100%	99%	95%	96%
3个月内回补	100%	100%	97%	96%
6个月内回补	100%	100%	98%	99%
1年内回补	100%	100%	100%	99%
缺口平均金额(美元)	0.49	0.79	0.63	0.94

形态数量 我在173只股票中发现了471个衰竭性缺口。这一发现表明，衰竭性缺口是丰富的。

缺口平均回补时间 衰竭性缺口会快速回补，平均回补时间通常在1～2个星期之间。

缺口回补百分比 表23.5所示为衰竭性缺口的回补是多么的快速。在1个星期内，大约2/3的衰竭性缺口回补。两周后，除了牛市向下突破还有22%仍没有回补外，几乎所有的衰竭性缺口都回补了。

缺口平均大小 平均大小各不相同，一般缺口最大的出现在熊市向下突破。那0.94美元的大缺口几乎是牛市向上突破的缺口大小的两倍。

交易策略和交易故事

表23.6所示为缺口形态的交易策略。为了成功地交易缺口形态，你必须行动快速，确保使用止损指令，随时准备好结束交易。不过，交易缺口形态是有利可图的。看一看吉娜对图23.3所示的情况做的交易。

表23.6　交易策略

交易策略	解释
普通缺口	这些缺口时间太短，无法进行可持续盈利的交易
突破性缺口	如果高成交量出现在趋势的开始，则顺着趋势进行交易。在交易前检查辨识指南以验证缺口类型
持续性缺口	持续性缺口通常标志着中途点，所以你可以衡量股价运行的最终价格。计算从趋势开始到缺口中心的距离，预测从缺口中心向预测的高点或低点的距离
衰竭性缺口	如果出现异常宽的缺口，或在趋势结束时出现缺口，则在趋势反转时清仓。在趋势反转之后，考虑交易新趋势(如果先前的趋势是向上的，就做空股票)。剧烈的反转往往紧随衰竭性缺口而出现。在股价不能创出新高(上涨趋势)或新低(下跌趋势)的次日结束交易
止损点	缺口的较低边缘(对于上涨趋势)或较高边缘(对于下跌趋势)是一个设置止损点的好地方(离边缘0.15美元左右)。缺口提供了短期支持或阻力，所以这个策略对于那些不快速回补的缺口很有效

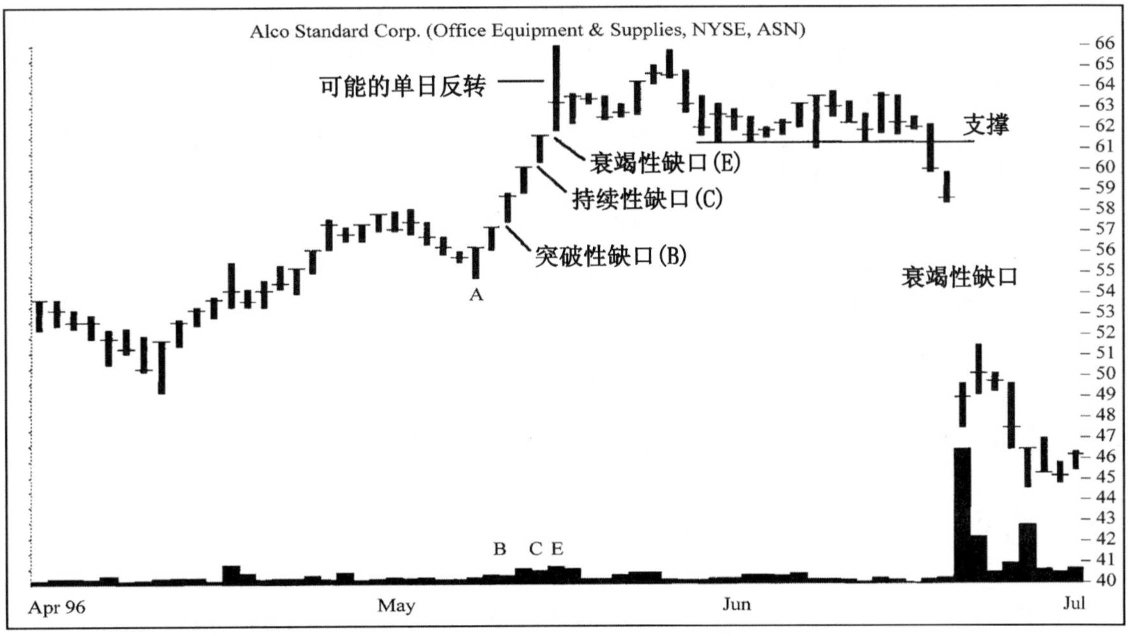

图23.3　吉娜在突破性缺口买入股票，几天后卖掉，赚了7500美元。然后，她做空股票，因为衰竭性缺口变成了一个“死猫”弹跳形态。

作为一个经验丰富的投资者，吉娜知道关于缺口形态的所有东西，并在进行模拟交易，大部分都取得了成功。这一练习磨炼了她的技能，她越来越自信她的交易方式可以让她在市场上取得成功。因此，她迈出了一大步，决定将她的知识系统运用到真实的交易中。

她跟踪这只股票有很长一段时间，对公司的基本面都很熟悉和满意。当她注意到在5月10日出现一个突破性缺口时，她迅速检查了辨识指南。缺口日成交量高于平均水平(虽然从图表中可能看得不清晰)，一个新的价格趋势似乎正在形成。她打电话给她的经纪人，在那天以58美元的价格购买了1000股。

为了安全，她在57美元设置止损指令，即低于缺口边缘0.13美元。如果这是一个普通缺口，她可能会被止损出局，会有一个小的损失。在她做模拟交易的时候，她发现大多数缺口提供短期支持或阻力，所以她相信她的止损点是可靠的。

她密切注视着股票。两天后，股票又出现了缺口。她认为，这可能是一个持续性缺口或一个衰竭性缺口。成交量很大，大约是25天移动平均成交量的两倍，所以成交量方面没有提供线索。第二天，当价格再次出现缺口时，她知道前面的形态是一个持续性缺口。

吉娜检查了股价图，并以持续性缺口的中心作为中间点，她计算趋势低点(图中点A)到缺口中心的差值。差值是5.50美元(60.25-54.75)。将差值加上持续性缺口的中心，预测价格将在65.75美元见顶，所以她在65.50美元设置止损点，不久，股票被卖出了。当天，该股攀升至66美元的高位，略高于预期价格，当日收盘63.25美元。

除去佣金费用，她在短短3天内赚了7500美元。但她还没完。她卖出股票的当天，股票价格振幅很大，成交量高，这让她想到了单日反转形态，但她不确定。她决定暂时不做选择，寻找一个机会做空。她每天都跟踪这只股票，当股价收盘低于61美元的支撑水平时，她决定做空股票，并在59美元建完空单。

第二天，她惊讶地发现，巨大的衰竭性缺口已经形成，股价跌到了49美元，一夜之间她就赚了1万美元。知道这一个缺口实际上是一个“死猫”弹跳形态，她改变了战术，并没有立即平掉她的空单。相反，她看着股票反弹，股价上涨几天，然后继续走低(正如形态预示的)。她没有变得贪婪，而是决定平掉她的空单，获利了结。她以45美元平仓，在不到2个星期的时间里，轻松获得1.4万美元的利润。

如果你认为吉娜很幸运，在2个星期内收获2.1万美元，你是对的。但她在正确地判断投资机会，并在采取措施减少损失方面迅速采取行动的能力，很大程度上解释了她的运气。有些人称之为技能。

吉娜是个严肃的投资者，不会放过任何机会。她不是只读了一些关于缺口形态的书就贸然进行交易。相反，她研究了形态，密切跟踪股票，并培养了一种成功的交易风格，包括交易缺口形态。这种交易风格对她有用，但对你可能就不适用。

交易秘籍

下面的列表包含交易这种形态的提示和观测结果，以帮助你选择表现更好的形态。更多的信息，请参阅相关的表格。

●查看辨识指南以便作出正确选择。见表23.1。

●最大的普通缺口出现在熊市向下突破的股票中。见表23.2。

●牛市中，选择在年度价格区间高位区域的突破性缺口形态。在熊市中，选择在年度价格区间低位区域附近的缺口。见表23.3。

●大的突破性缺口比小的突破性缺口表现好。见表23.3。

●持续性缺口出现在价格趋势的中间附近。见表23.4。

●在向上突破中，持续缺口出现在时间趋势的中间，但在向下突破中，持续性缺口出现在时间趋势终点方向的大约2/3位置。见表23.4。

●对具体交易策略进行审查。见表23.6。

第二十四章　头肩形底部形态
Head-and-Shoulders Bottoms

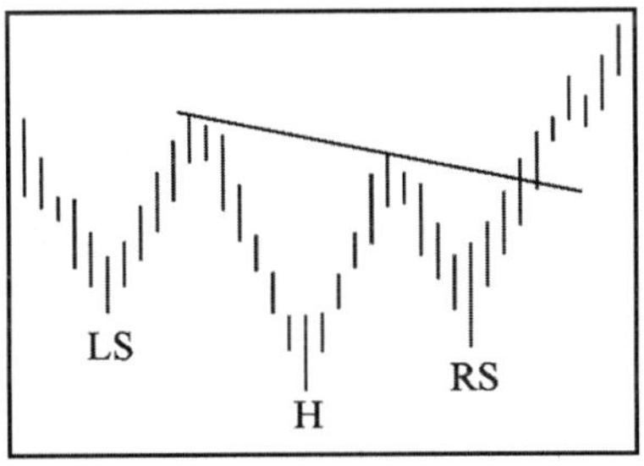

统计简报

向上突破

形状	中心波谷比其他波谷更低的三个波谷形态。	
反转或持续	短期反转，行情看涨。	
	牛市	**熊市**
表现排名	7/23	6/19
保本失败概率	3%	4%
平均涨幅	38%	30%
趋势结束后的变化	-31%	-33%
成交量趋势	向下	向下
回调概率	45%	51%
实现目标价格概率	74%	58%
意外发现	突破日缺口有助于股价表现；高和窄组合的形态表现得比低和宽组合的形态好；成交量呈下降趋势或呈 U 形的形态表现良好。	
参见	头肩形底部形态之复杂形态。	

我发现找顶部形态比底部形态容易。也许这是因为我花了太多的时间担心何时卖出。在交易中，买入的交易是容易的，卖出的交易才是最困难的。在我寻求在适当的时机卖出的过程中，我经常忽略了买入方面：底部反转。头肩形底部形态就是这样的形态。它们很容易被

发现，而且非常有利可图。

统计简报突出显示这种看涨反转形态的统计信息。同其顶部形态一样，底部形态的失败比率也极低。只有少数的形态突破后股价涨幅少于5%。牛市中，突破后股价上涨38%；熊市中，突破后股价上涨30%。

头肩形底部形态为交易者提供了一些意外发现，包括：突破日缺口有助于推动股价上涨；高而窄的形态比低而宽的形态表现得更好；成交量呈下降趋势或成交量呈U形的头肩形底部形态表现更好。

导入

头肩形底部形态是什么样子的？图24.1所示为一个很好的这种形态的例子。股票在2月(即图 24.1 的开始部分)见顶。从这一点开始，股票向下运行，在3月下旬跌到更低的低点，然后回升。在图中，这个转弯标记为左肩。股票上升后再次下跌，在4月下旬达到新低，形成了头部。当股票再次回升，然后沿着趋势线(图24.1中的颈线)继续下跌，右肩出现了。到1995年8月中旬(图24.1中未显示)，该股的交易价格已略低于60美元。

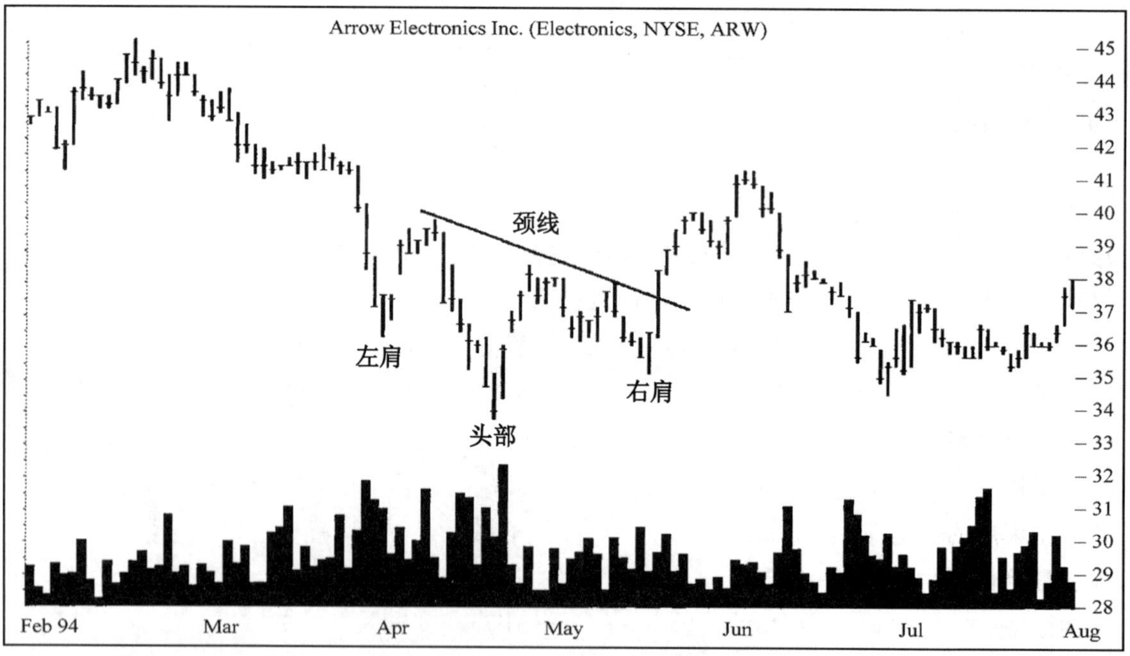

图24.1　头肩形底部形态，两个肩谷围绕着一个位置更低的头部。

根据新的统计数据，图24.1所示的头肩形底部形态有一个典型的成交量形态。成交量通常在头部是最高的，左肩次之，右肩再次之。从头部到右肩的股价上升伴随着成交量的增加，而实际的突破也随之而来。

相比之下，这个形态在股价从头部到右肩的上升中，成交量几乎没有增加。突破成交量也并不让人兴奋，这有助于解释为什么股价的上升会失速。上行动能未能推动价格上涨得更高，股价转弯，掉头向下。

图24.2所示为一个头肩形底部形态的周线图。我选择这个图来向你展示头肩形底部反转形态的典型趋势。作为反转形态，头肩形底部形态通常是在价格持续下跌后形成的。一旦它们形态完成，股价就会上升。

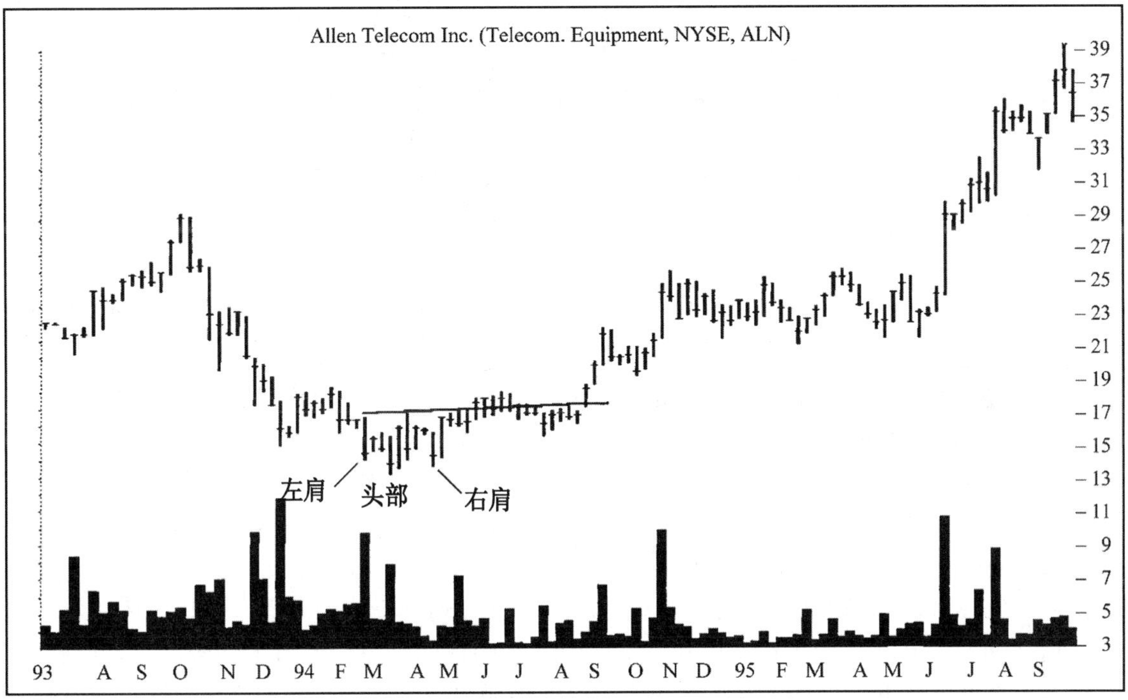

图24.2　头肩形底部形态周线图，这个头肩形底部形态在向上突破前，股价运行了好几个月。

为什么会形成头肩形底部形态？这个形态代表了股价寻找底部的挣扎，这是代表股票最佳价值的最低价格。随着股票在1994年2月下跌，投资者买入股票的数量也在不断增加。即使股价下跌，成交量还在攀升，在左肩形成期间的1个星期里，成交量飙升。投资者对股票的购买需求会拖住下滑股价，价格上涨，但上涨只持续了1个星期。接下来的1个星期，价格下跌。随着股价下跌到新低，成交量再一次暴涨，形成了头部。预期股价最终会上升或基本面会改变，精明的投资者正在积极买入股票。股价上涨，而成交量在缩减，随后股价回调，形成了右肩。

三个波谷期间的成交量是递减的。左肩的成交量很大，头部的成交量较为小一些，右肩的成交量最低。只有在价格开始从右肩上行后，成交量才急剧上升。

突破成交量是不可信的，它取决于你确定的突破发生位置。8月下旬，价格明显高于颈线，并上演了一个最终的突破。即便如此，成交量也是直到2个星期后才有显著的增加。

辨识指南

表24.1所示为头肩形底部形态的辨识指南。从图24.3中可以看出，这个形态并不是出现在长期下跌趋势的末端，而是出现在短期下跌趋势(最多3月)的末端。在之前的上升趋势开始前，有另一个头肩形底部形态。这一形态反转了短期轻微的下降趋势，但持续了长期的上

升趋势。

表24.1 辨识指南

特征	讨论
形状	一个中间波谷低于其他两个波谷的三波谷形态。它看起来像一个向下倒立头肩形态。三个波谷和两次轻微的上升形状应该清晰明显
对称	左肩和右肩应该分别处在头部的两边，与头部的距离在时间和价格上接近等距。左右肩会有很大不同，但形态围绕头部的对称性是明显的
成交量	通常在左肩或头部的成交量最高，右肩的成交量萎缩
颈线	连接两肩之间的上升高点的直线。颈线穿透标志股价向上突破。对于向上倾斜的颈线，使用形态的最高点作为突破价格
向上突破	突破是向上的，通常出现高成交量推动价格上涨。但低成交量突破并不是一个即将出现的形态失败信号

形状 总体上，这个形态故意蓄起了三个泄露秘密的波谷：左肩、头部、右肩。左肩与右肩的价格水平大致相同，并且似乎宽度也相同。这种对称性在头肩形态(顶部形态、底部形态以及复杂形态)中很常见。如果左肩是陡峭的或是尖的，右肩也将是如此。

头部在低于两个肩膀的一个合理的位置。根据这个特点，我认为这种形态不是一个三重底部形态——三个波谷在相同的价格水平。

在图24.3中，左肩突然下降3天，然后反转，攀升到一个小的高点。同样，股价在头部和右肩之间的上升几乎到了在左肩和头部之间上升同样的高度，然后下跌到右肩。所有5个特征，三个波谷和两次轻微上升，都出现得很清晰明显。当您的目光扫描股价图以查找头肩形底部形态时，这些特征就非常重要。

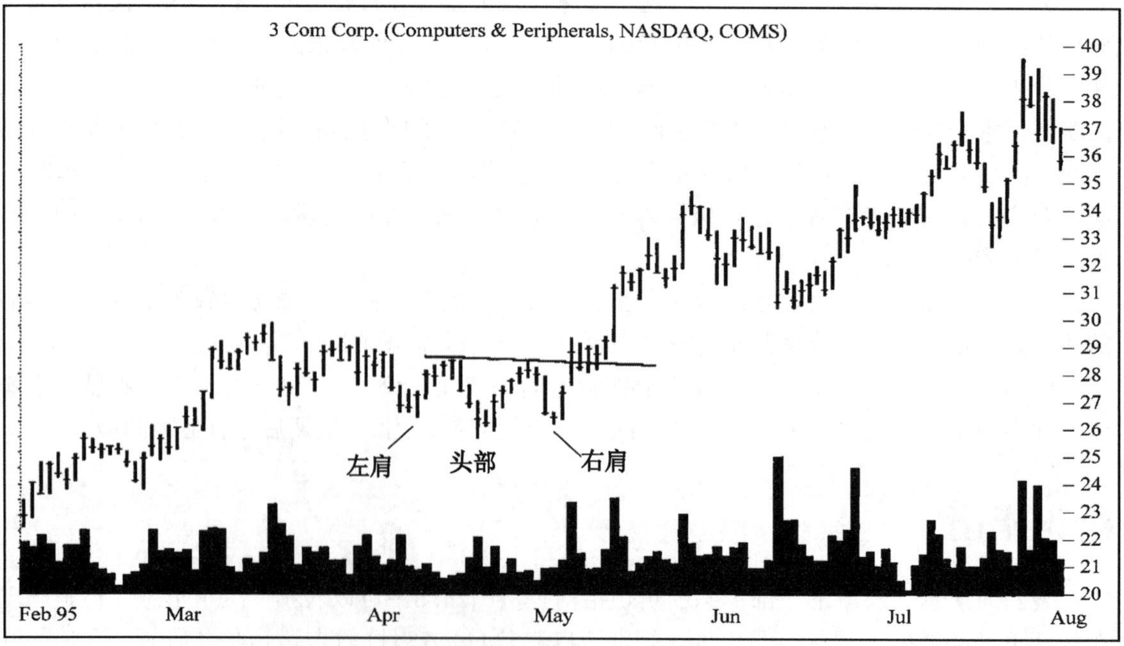

图24.3 一个罕见的上升趋势初期的头肩形态盘整。

对称 对称性是选择有效的头肩形底部形态的另一个重要的关键特征。形态的右侧通常模仿左侧。右肩下降到与左肩价格水平差不多的位置，两个肩部到头部的距离相近。当然，还有很多其他的特征，但对称性应该是使一个头肩形底部形态从一系列三波谷形态中脱颖而出的特征。

成交量　成交量是判断一个底部有效性的另一个线索。左肩或头部的成交量最高，右肩的成交量减少了。

突破成交量通常是高的，它推动价格上升到高于颈线。然而，在牛市中有1/4的形态，其突破成交量远远低于30天日平均成交量水平。一般来说，在突破之日成交量会上升，但不一定非得这样。

颈线　颈线是一个假想的线，连接两个肩部与头部之间的上升高点，它可以向下或向上倾斜。在形成良好的形态中，颈线的斜率不会很陡，但是有陡峭颈线的形态也不应该被认为是不合格的候选者(见图24.1，图中形态有一条相当陡峭的颈线)。

向上突破　当股价收于向下倾斜的趋势线之上或收在形态的最高点之上时，标志着突破。使用形态的高点作为突破点，而不是一条向上倾斜的颈线，因为你会更快得到一个突破信号。如果是以一条陡峭的向上倾斜的颈线作为突破点，你可能永远都不会得到一个突破信号。

关注形态失败

和大多数形态一样，这种形态也有两种失败类型。第一种类型是头肩形底部形态没有能够穿透颈线并上升更高的失败，如图24.4所示。正如你所料，这种形态出现在价格下跌趋势之后。价格的最高峰值在图24.4的左上角可见一部分。从高点38.75美元，价格下跌到低点21.25美元，跌幅45%。当底部形态形成，就标志着趋势的反转。

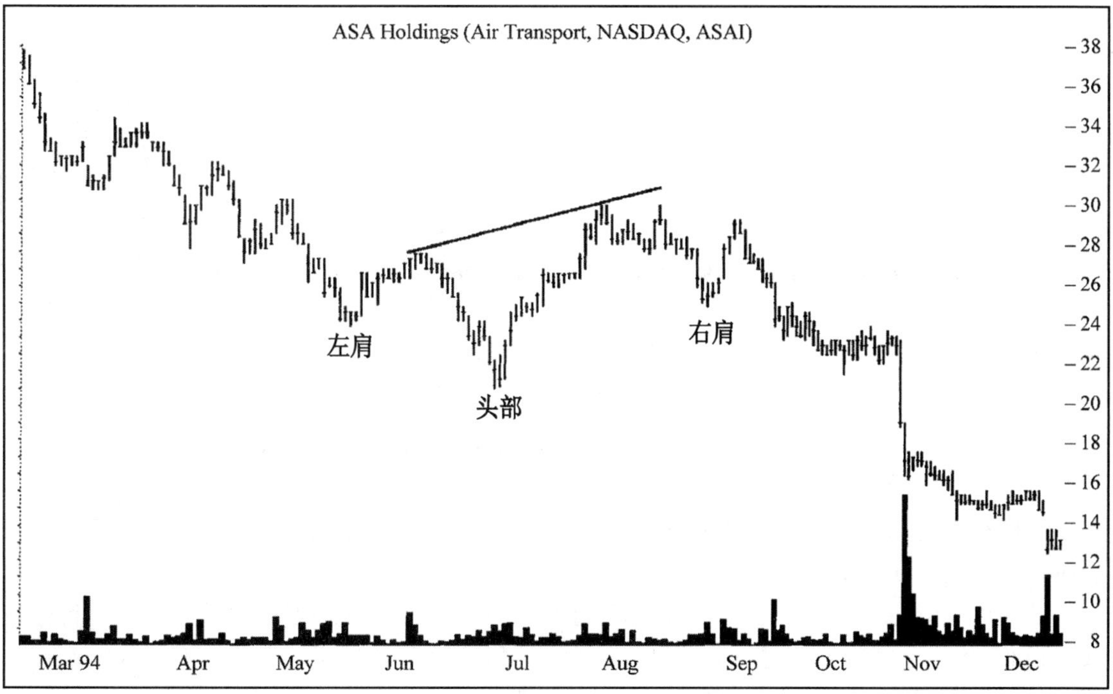

图24.4　头肩形底部形态的上行突破行进中失败。

关于图24.4中的形态，一个有趣的事情是左肩的形状几乎和右边的形状差不多。两肩低点的差异只有1美元，头部远远低于两个肩谷。右肩离头部的距离比左肩离头部的距离稍微远一些。这一特征很典型。

在整个形态期间，成交量低得让人怀疑。左肩和头部的成交量相同，而右肩成交量比其他两个波谷高。当然，不规则的成交量形态不是放弃一个形态的理由，但它可以作为一个警告。

在右肩形成和价格开始上升之后，成交量迅速萎缩，穿透颈线的尝试失败，突破的尝试甚至没有能够使股价上升到接近颈线。

从整个形态来看，没有一项预示着即将出现的失败。有一些可疑的活动，主要是成交量形态不正常，但没有什么可以吓倒投资者的。

第二种类型即5%失败，如图24.5所示。两个肩谷和头部的形状看起来完好清晰。左肩看起来和右肩不同，但两肩之间的上升高度相似，两肩的价格水平也相差到令人起疑。

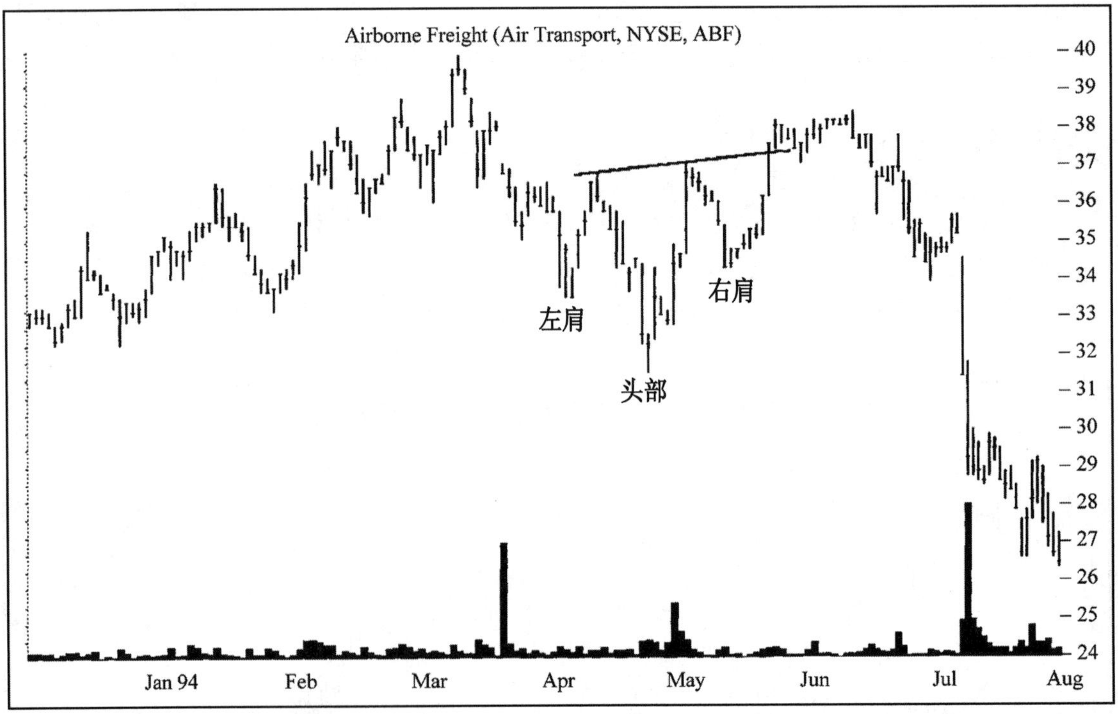

图24.5 头肩形底部形态中出现的5%失败。在形态成为一个成功形态之前，价格在突破后必须至少上涨5%。图中5%的涨幅价格应该上升到39.38美元，但这只股票没有做到。

成交量异常。唯一的高成交量出现在头部附近，股价从这个高成交量点向右肩方向上升。右肩成交量看起来很高，但又没有高到令人震惊。

价格在右肩部形成后巧妙地前进。当上升到斜坡上方后，股价暴涨3天，然后停止。股价在开始下跌前横盘了2个星期。

虽然这个形态有一个向上的突破，但股价突破后没有能够上升超过颈线5%以上。价格应该达到39.38美元才达到5%的门槛，但股价没有上涨那么高。结果造成了一个5%失败：在突破之后，价格必须上涨5%以上，否则就形成一个哑弹。

统计数据

表24.2所示为头肩形底部形态的综合统计数据。

表24.2 综合统计

描述	牛市	熊市
形态数量	554	118
反转(R)、持续(C)数量	554R	118R
平均涨幅	38%	30%
涨幅超过45%(数量或占比)	187或34%	28或24%
趋势结束后涨/跌幅	-31%	-33%
形态失败后涨/跌幅	-27%[a]	-31%[a]
标准普尔500指数的变化	16%	-1%
到达最高点的天数	176	107

注：(-)负号表示下跌；[a]表示样本小于30个。

形态数量 我发现了672个头肩形底部形态，其中大部分来自牛市。我分别看了牛市和熊市中的500只股票，但在熊市中,头肩形底部形态似乎躲起来了，并且熊市也比牛市短得多。

反转或持续 根据定义，头肩形底部形态作为当前价格趋势的反转。这是因为我们谈论的是向上突破的底部形态——它们反转下跌的价格趋势。

平均涨幅 在牛市，股价突破形态后的平均上涨是可观的38%；在熊市中，平均涨幅为30%。这一发现表明，你应该顺着市场趋势进行交易，在牛市中做多，在熊市中做空。不要做空头肩形底部形态；相反，要找看跌形态做空。

涨幅超过45% 1/4～1/3的形态涨幅超过45%。这是一个很好的表现。

趋势结束后的变化 价格达到最高点后，下跌超过30%。即便是对买入并持有股票的投资者来说，这样的跌幅也是卖出股票的好理由。如果你的股票将会有30%的亏损，那为什么不现在就卖出股票，然后把钱存起来呢？为什么还要持有股票，然后跟着股价一起下跌呢？

失败形态的表现 失败形态可能值得一看，但这取决于你什么时候交易这些形态。对于这种形态来说，一个股价在突破后攀升不到5%的真正的失败形态是罕见的。怎样将回调与新的下降趋势区分开来？这是失败形态难以交易的地方。

标准普尔500指数的变化 注意牛市和熊市之间的形态平均涨幅变化和指数的变化。总体市场似乎在牛市中推动股价上涨，而在熊市中压低股价。为了获得最好的投资表现，在市场行情上涨的时候做多股票。

到达最高点的天数 股价在熊市中上升得更快。这是一个有趣的发现，如果你碰巧是在熊市，虽然平均涨幅不会那么大，但你的股票会更快见顶，让你可以交易得更频繁。

表24.3列出了头肩形底部形态的失败比率。它们开始时小，3%或4%，但攀登快速。到了保本点价格攀升到35%的时候，一半以上的形态，其股价突破形态后都没有上涨那么高。

那么如何使用这张统计表？试想一下，你的交易成本是5%，这应该包括佣金、证管会费用以及其他费用。如果你想拥有10%的利润率(总共15%)，那么有多少头肩形底部形态突破后股价没有能够上升至少15%？在牛市中，21%的形态将无法上涨那么高；在熊市中，25%的形态将无法取得这样的成绩。因此，如果你完美地交易头肩形底部形态，你有很大的机会达成15%的利润率。你可能需要增加一些额外的利润以适应“不完美的”交易，保本点至少增加到20%，这个时候，大约1/3的形态突破后股价无法上升这么高。

表24.3　失败形态数量或比率

股价最大涨幅(%)	牛市	熊市
5(保本点)	15 或 3%	5 或 4%
10	58 或 10%	19 或 16%
15	119 或 21%	30 或 25%
20	169 或 31%	43 或 36%
25	216 或 38%	54 或 46%
30	264 或 48%	69 或 58%
35	305 或 55%	74 或 63%
50	392 或 71%	93 或 79%
75	464 或 84%	107 或 91%
>75	554 或 100%	118 或 100%

表24.4所示为与突破及突破后相关的统计数据。

表24.4　突破与突破后股价表现统计

描述	牛市	熊市
从形态结束到突破	16 天	17 天
突破在年度价格区间低(L)、中(C)、高(H)各区域分布的百分比	L35%，C43%，H22%	L35%，C47%，H18%
形态在年度价格区间低(L)、中(C)、高(H)各区域突破后的涨幅	L37%，C37%，H42%	L43%，C26%，H27%[a]
回调概率	45%	51%
回调期间	11 天	10 天
出现回调形态的平均涨幅	32%	30%
未出现回调形态的平均涨幅	43%	30%
出现突破缺口形态的表现	43%	34%
未出现突破缺口形态的表现	37%	30%
平均缺口金额(美元)	0.32	0.20

注：[a]表示样本小于30个。

从形态结束到突破　价格从右肩低点攀升到颈线上方(向下倾斜颈线)或高于形态高点(向上倾斜的颈线)，只需2个多星期的时间。

年度位置　在年度交易价格范围内，年度价格区间的中间区域显示出最多的头肩形底部形态突破。

年度位置及表现　在牛市中，当形态突破出现在年度价格区间的高位附近时，突破后的股价表现最好，平均涨幅为42%。在熊市中，那些在年度价格区间低位区域出现突破的形态表现最好，平均涨幅43%。

回调　股价突破形态后有近一半的概率会发生回调，一旦发生回调，股价需要大约10天或11天回升到突破价格。如果在牛市发生回调，股价的表现就会受损。在熊市中，有没有回调对股价的表现没有影响(这是不寻常的形态，因为通常没有回调时股价表现会更好)。

缺口　出现突破日缺口意味着股价会有更好的表现。有突破缺口的头肩形底部形态比没有缺口的表现得更好。这种行为在牛市中尤为明显，在有缺口的情况下，平均涨幅为43%，而在没有缺口的情况下，平均涨幅为37%。

表24.5所示为股价到达最高点所需要天数的频次分布。在股价突破形态后第一个星期，几乎没有什么形态能见顶。许多形态需要超过70天(大约2个半月)的时间才能达到最高点。在这段时间内，要留意熊市形态突破后的1个月内的价格走势疲软。统计表中在各段时间里数值出现轻微上升。牛市形态在42和56天(突破后6个星期和8个星期)出现回落。

表24.5　到达最高点天数的频次分布

天数	7	14	21	28	35	42	49	56	63	70	＞70
熊市	14%	9%	4%	8%	8%	6%	4%	3%	3%	1%	39%
牛市	10%	5%	5%	5%	3%	4%	2%	4%	2%	2%	57%

表24.6所示为头肩形底部形态的面积大小统计信息。

表24.6　形态面积大小统计

描述	牛市	熊市
高形态表现	41%	34%
低形态表现	36%	27%
高度中值(与突破价格百分比)	18.81%	24.22%
窄形态表现	39%	33%
宽形态表现	37%	27%
长度中值	55天	50天
形态平均长度	70天	69天
低窄组合形态表现	38%	27%
低宽组合形态表现	33%	27%[a]
高宽组合形态表现	40%	28%
高窄组合形态表现	43%	50%[a]

注：[a]表示样本小于30个。

高度　对于大多数形态来说，当形态高度与突破价格之比大于统计表中的高度中值时，股价表现得最好，头肩形底部形态也不例外。例如，在熊市中，高形态的平均涨幅为34%，但低形态的平均涨幅仅为27%。我首先计算形态最高点到最低点的形态高度，然后除以突破价格，所以我的比较是基于同一基准的比较。

宽度　窄的形态比宽的形态表现得更好，这个结果可能让你大吃一惊。许多经验丰富的技术分析人员会告诉你，“大”形态的表现比“小”形态要好，但我发现这些结论并不能令人信服。一些宽形态表现得很好，一些窄形态也表现得很好。我用表中的长度中值区分形态的窄与宽。

形态平均长度　头肩形底部形态平均约2个月长。

高度和宽度的组合　我查看高度和宽度组合的形态，然后衡量它们的表现。表现最好的头肩形底部形态是那些既高又窄的形态，高形态和窄形态各自的表现也都是最好的。表现最差的是低而宽的形态，应该避免交易这种形态。

表24.7所示为头肩形底部形态的成交量统计信息。

表24.7　形态期间成交量统计

描述	牛市	熊市
上升成交量趋势表现	36%	23%
下降成交量趋势表现	39%	33%
U形成交量形态表现	44%	35%[a]
半圆形成交量形态表现	37%	29%
既非U形又非半圆形成交量形态表现	36%	30%[a]
巨量突破表现	37%	31%
轻量突破表现	41%	29%
左肩成交量最高时形态表现	38%	33%
头部成交量最高时形态表现	39%	30%
右肩成交量最高时形态表现	36%	23%[a]

注：[a]表示样本小于30个。

成交量趋势　在牛市和熊市中，成交量呈下降趋势的头肩形底部形态在突破后股价都表现得比那些成交量呈上升趋势的更好。

成交量形状　最普遍的成交量形状是半圆形，在头部的成交量最高，向双肩逐渐递减。然而，这种成交量形状的形态并不是表现最好的形态。成交量呈U形的形态在牛市和熊市中都表现最佳。

突破成交量　高的突破成交量并不能保证突破后股价有更好的表现。在牛市中，轻量突破的形态表现最好。在熊市中，那些巨量突破的形态比那些轻量突破的形态表现得稍微好一些。

肩部成交量及表现　我把头肩形底部形态分为左肩成交量最高的形态、头部成交量最高的形态，以及右肩成交量最高的形态。在牛市中，当头部成交量(波谷周围5天)在三个波谷中最高时，突破后股价上涨39%。在熊市中，左肩成交量最高的形态表现最好，突破后股价上涨33%。

表24.8所示为头肩形底部形态的其他统计信息。

表24.8　其他统计

描述	牛市	熊市
向上倾斜颈线形态表现	34%	24%
水平颈线形态表现	34%	38%[a]
向下倾斜颈线形态表现	42%	35%
高左肩形态表现	39%	35%
高右肩形态表现	37%	25%
等高双肩形态表现	37%	63%[a]

注：[a]表示样本小于30个。

颈线斜坡　在牛市中，颈线向下倾斜的头肩形底部形态表现(42%)比其他组合(34%)要好很多；在熊市中，水平颈线的形态表现很好，但那一块样本规模小。

肩部低点　我比较的是两个肩部的最低价格，当左肩的低点位置较高时，即“高左肩”，股价突破后的平均涨幅为39%，这是牛市中最高的数值。对于熊市来说，表现最好的来自两肩价格相同的形态，但这种结论只使用了两个样本。

交易策略

表24.9所示为头肩形底部形态的交易策略。

表24.9　交易策略

交易策略	解释
测算规则	头部的最低点与对应的上方颈线的垂直距离等于形态高度。将形态高度加上股价突破颈线时的价格，等于目标价格。对于向上倾斜的颈线，使用头部和右肩之间上升的高点（即上升波段的最高点）代替颈线突破价格
等待确认	如果你能确定一个头肩形态正在完成，考虑买入股票。这种形态很少令人失望，涨幅也足够大。但是，你必须确保头肩形底部形态已经存在；否则，等待价格收于颈线或最高点之上。
止损	将止损指令设置在两肩中最低的肩谷下方。通常情况下，价格先下跌到肩底，然后才会得到支撑。随着价格攀升，抬高止损点
注意回调	如果你错过了向上突破，那就等一等。有一半概率股价回调到颈线。一旦股价回调，就可以买入股票或增加仓位

测算规则　一旦股价突破颈线，使用测算规则预测目标价格。在图24.6中，头部标志着形态的最低价格，确定这个最低点上方垂直对应的颈线价格，颈线对应点价格减去形态最低点价格，等于形态高度。在这个例子中，头部最低价格为13.13美元，上方垂直对应的颈线价格为17.50美元，差额即形态高度为4.38美元。形态高度加上股票收于颈线之上时的价格等于目标价格。这只股票的突破发生在3月28日，我用当日的低价15.50美元，计算得到目标价格19.88美元。7月中旬股票达到目标价格。

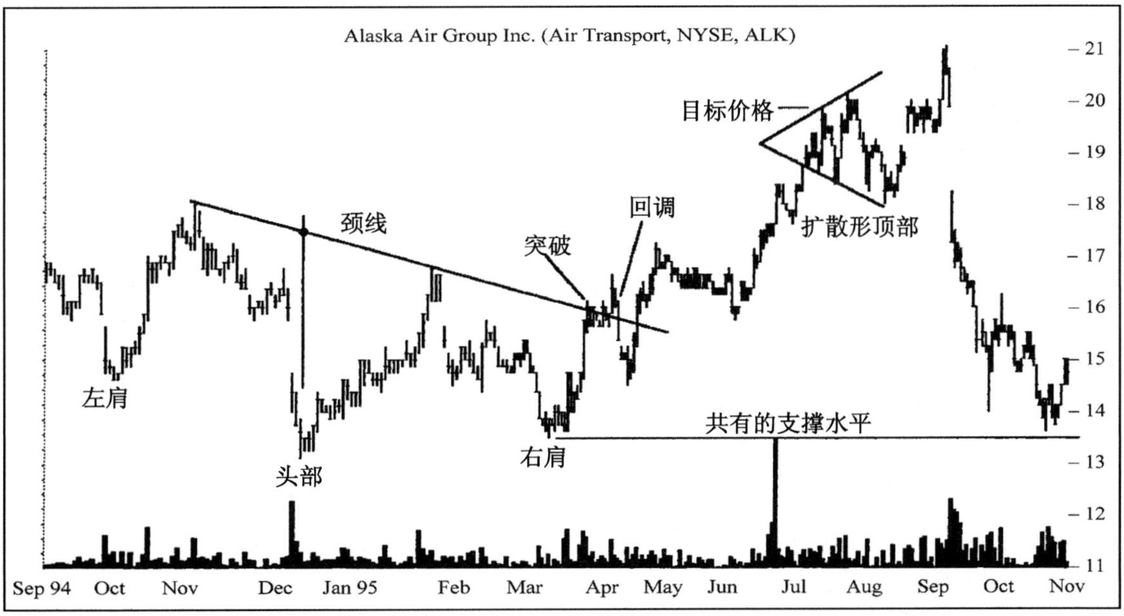

图24.6　头肩形底部形态。运用测量规则计算目标价格，方法是从颈线减去垂直下方的形态最低点的价格，算出形态高度。形态高度加上股价突破颈线时的突破点价格，计算出股票至少会攀升到的目标价格。7月，在目标价格附近出现一个扩散形顶部。

等待确认 如果你能确定一个头肩形底部形态正在形成，那么就没有必要等待确认(即价格收在颈线之上)再进行交易。这类形态的失败比率很低，你的猜测会让你在较低的价格水平进入交易，获得更高的利润。然而，这一结果取决于头肩形底部形态的有效性。如果你猜错了，你可以看到你的利润迅速变成了亏损。如果你不确定股价运行是否是一个头肩形底部，就在投资之前等待价格上升到收高于颈线或颈线右高点(形态的最高点)。这样的操作才是安全的交易。

两个肩部是共有的支撑区域。图24.6的例子所示为这个特征。双肩的较低者，在这个例子中是右肩，在10月下旬支撑了股票。

止损 在进行交易后，考虑将止损点设置在两肩中较低者的下方0.15美元左右。如果股价下跌，他们往往会在低于肩底的情况下回头。如果这一个位置离你的买入点太远，就将止损点设置在最近的支持区域下方0.15美元处。价格攀升时，抬高止损点。

注意回调 因为大约有一半的概率会发生回调，如果你错过了突破，你可能有另一个机会投资。在股价回调后，一旦价格恢复上升趋势就买入股票。

交易故事

有些人可能认为鲍勃不幸，但他有一个可爱的妻子和两个孩子。他在附近的一家汽车厂当蓝领工人，工作很开心。不幸的是，工会的罢工给他的收入造成了损失，他一直在寻找别的方法来补充他的收入。

孩童时代，他就一直迷恋华尔街。他一直想玩股票，当他看到图24.6中的头肩形底部形态时，他决定动用他的一些积蓄。他在价格穿过颈线的前一天以16美元的价格买入股票。

在一个多星期的时间里，股票表现得很好。价格慢慢上涨，达到了16.63美元的高位，然后反转。股价回调到颈线，然后继续下跌。突然间，他就赔钱了。他应该亏损卖掉或是因为他知道股价会走高而继续持有？

他决定坚持到底。股票跌到14.50美元见底，很快就恢复上行。股价上升到一个较高的高点，然后横盘运行了一个多月，并略有下跌。鲍勃不担心，因为他在挣钱，虽然不是很多，但他知道，只要有耐心，他会做得很好。

在夏天，航空公司股票升温，股价起飞了。几乎每天股价都飞得更高，不断创下新高。一个看跌的扩散形顶部出现了。但鲍勃不知道这些，在股价高飞的稀薄空气中，他感到飘飘然了。股价在21.38美元时进入云层。

当航空公司的股票在9月中旬遭遇湍流并向地面进发时，鲍勃简直不敢相信。股票暴跌，他所能做的就是看着他的利润不断降低。他和妻子商量了一下，他们决定坚持住。“股价会回到原来的高点，等到股价回到原来的高点，我就卖出。”

股票继续下跌。很快，他的利润消失，他已经亏损了。他坚定立场，即直到价格回升到原来的水平之前，他不会卖出。

在10月，事情发生了变化。股价在拉升之后反转下跌，一头插入13.63美元的底部，之后的股价不但没有横盘运行，反而开始攀登，一个月后，鲍勃的持仓盈亏平衡。

在新的一年开始时，一个下降扩散楔形形态形成时，价格的下跌扩大了，但结果证明这是一个看涨的预兆。1月中旬，在不起眼的成交量下，股票反转。成交量攀升，帮助价格达到更高的高度。

当股价接近他的目标价格21.38美元时，鲍勃打电话给他的经纪人，下令以这个价格卖出股票。2月下旬，股票开始直线上行，股价飙升冲过21.38美元，触发他的卖出指令，并继续不断攀升。在短短一个多月里，股价达到30美元。

鲍勃不再投资股票。对于这只股票，你会用不同的方式交易吗？你能从他的错误中汲取什么教训？

交易秘籍

下面的列表包含交易这种形态的提示和观测结果，以帮助你选择表现更好的形态。更多的信息，请参阅相关的表格。

●使用辨识指南帮助选择形态。见表24.1。

●在牛市交易这种形态，因为牛市的平均涨幅最高。见表24.2。

●牛市中的形态失败比率最低。见表24.3。

●在牛市，选择突破位置在年度价格区间高位附近的形态。在熊市中，选择在年度价格区间低位附近突破的形态。见表24.4。

●在牛市中，回调损害股价的表现。见表24.4。

●选择具有突破日缺口的形态。见表24.4。

●在熊市中，预计价格趋势将在突破后1个月内疲软，在牛市中，这个时间是6～8个星期。见表24.5。

●高或窄的形态表现优于低或宽的形态。既高又窄的形态表现最好。见表24.6。

●选择成交量呈下降趋势的头肩形底部形态。见表24.7。

●成交量呈U形的形态表现好。见表24.7。

●在牛市中，选择轻量突破的形态。在熊市中，选择巨量突破的形态。见表24.7。

●双肩中左肩较高的形态倾向于表现得更突出。见表24.8。

第二十五章　头肩形底部形态之复杂形态
Head-and-Shoulders Bottoms, Complex

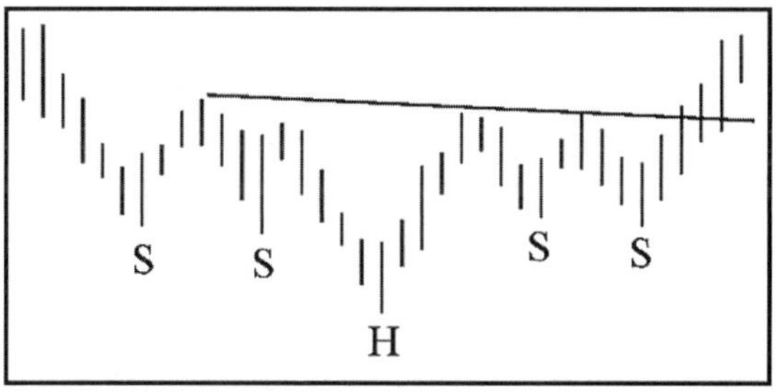

统计简报

向上突破

形状	一个倒立的头肩形态，有多个头部或多个肩部，或两者都是多个。	
反转或持续	短期反转，行情看涨。	
	牛市	**熊市**
表现排名	9/23	4/19
保本失败概率	4%	3%
平均涨幅	39%	31%
趋势结束后的变化	-29%	-33%
成交量趋势	向下	向下
回调概率	63%	66%
实现目标价格概率	74%	49%
意外发现	在熊市的上涨比在牛市的上涨要陡峭。回调损害股价表现，缺口有助于股价表现。成交量趋势呈上升的，随机成交量形状的，以及巨量突破的形态表现突出。具有向下倾斜的颈线的形态表现得很好。	
参见	杯柄形态、双底形态(所有类型)、头肩形底部形态、哈喇形底部形态、圆弧形底部形态。	

我发现一个复杂的头肩形底部形态比正常的头肩形底部形态更难辨认，但这并不令人担忧，毕竟，如果你能找到一个正常的头肩底部，那么你就有一个良好的机会看到一个复杂的形态。在两个肩部的左右，你可能会看到额外的肩部。多个肩部是复杂形态的一个标志。在深入研究形态识别之前，先简要回顾一下统计简报中重要的统计数据。

复杂的头肩形底部形态有强大的表现，保本失败概率低，突破后股价平均涨幅很高。成交量趋势向下倾斜。约2/3的形态会回调到突破价格，然而，当回调发生时，股价表现会受到影响。因此，您应该寻找附近的上方阻力，并避开附近有上方阻力的形态。

为了提高突破后股价表现，寻找有上升成交量趋势、随机成交量形状、巨量突破或有颈线向下倾斜的形态。具有这些特征的头肩底复杂形态往往比没有这些特征的表现得更好。

导入

头肩底部复杂形态有两种类型：一种是有多个肩部的形态，另一种是有多个头部的形态。仔细看图25.1中的那一个复杂的头肩形底部形态。形态有两个左肩、一个头部和两个右肩。如果你扫描你的股票图寻找普通的头肩形底部形态，这个形态可能会蹦出来。左、右肩的轮廓很好，头部在它们下方。当你拓宽视野时，你会看到另一对肩部，左肩与右肩与头部之间的距离差不多。两个最外层的肩部也处在接近相同的价格水平。

看看所有的肩部和头部，这个图是一个复杂的头肩形底部形态很好的例子。然而，成交量形态是异常的，因为它在右边的成交量大于在左边的成交量。大多数情况下，左肩的成交量比右肩的高，而有一半的机会头部的成交量最大。

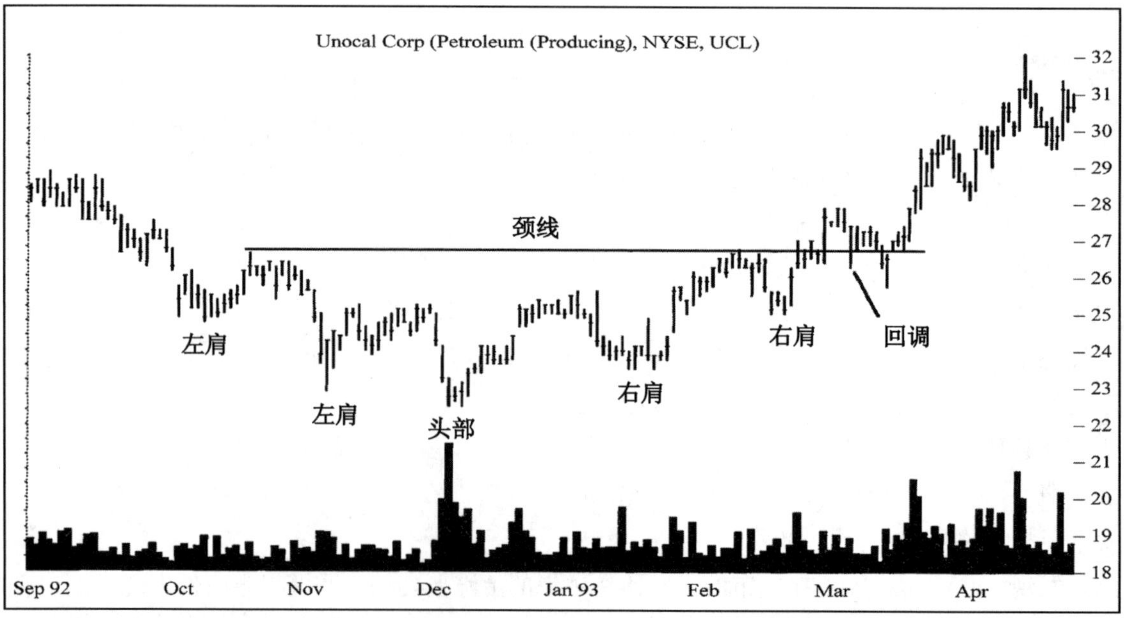

图25.1 一个双重肩的复杂头肩形底部形态。注意那条水平颈线和回调。形态是一个圆弧形底部形态的一部分。

如果忽略图上的各种标签，则可以看到一个圆弧形底部。虽然成交量形状不是一个典型的碗形形状，温和的价格转弯(如果把小的低点你连接起来)支持一个底部的形态。对这种形态无论如何进行分类，其看涨反转都是明确的。

如图25.1中所示的回调，股价回调到颈线，在头肩形态类型中，这是经常发生的，尤其是在复杂的形态中。虽然股价需要1～2个星期的时间才会真正开始上行，但这只股票接下来攀升到32.63美元的高位后才开始下跌。

与图25.1相比，图25.2中的形态是一个有两个头部的复杂底部形态。总的来说，这种形态是相当对称的。这个形态有两个肩部和两个头部。颈线连接的形态的高点，随着时间的推移向前延伸，直到价格收于颈线之上。颈线的穿透就是突破点。

在图25.2中，11月中旬的突破迅速地回调到颈线，并在一两周内向下运行。之后股价上涨，但又再次回调，然后才最终突破，不断向上运行。到3月底，股价达到了16.63美元的高位，远远高于形态头部的低点9.19美元。

左边的成交量比右边的大。在这方面，这个形态比图25.1中的形态更为典型。

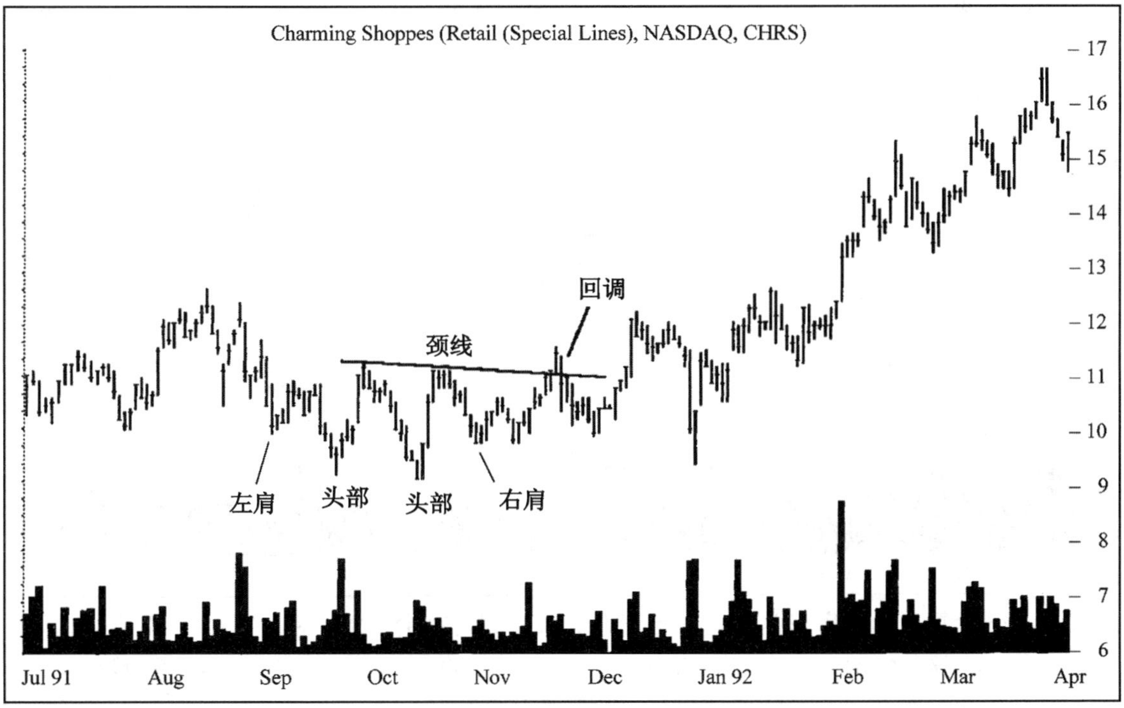

图25.2　一个双头反转形态，左边的成交量比右边的大。

辨识指南

是否有某些特征使头肩形底部形态容易识别？是的，在表25.1中概述了这些特征。

形状　如前所述，有两大类型的复杂头肩形底部形态：有多个肩部的和有多个头部的(有两个头部的形态很少)。图25.3所示为一个有多个肩部的复杂底部形态，头部明显低于肩部，低到足以将形态与三重底部区分开来。

表25.1 辨识指南

特征	讨论
形状	有多个肩部、多个头部或头和肩两者都有多个(很少)的头肩形底部形态。头部比肩部低，但一般不会低太多
对称	肩部围着头部形成自己镜像的倾向很强。头部两边的肩部的价格水平是差不多的，两边的肩部到头部的时间距离也差不多。肩部看起来形态也是相同：左边或窄或宽的肩部是右边肩部镜像
成交量	通常在左侧肩部的成交量高于右侧相应肩部的成交量。总体而言，成交量趋势下降。很多时候，头部的成交量最高
接近水平的颈线	连接形态中间左边上升的最高点和右边上升的最高点。许多，但不是全部形态有接近水平的颈线
向上突破	当价格收盘价在向下倾斜的颈线上方时，就发生了突破。对于那些有向上倾斜的颈线的形态，使用头部和最右侧的肩部之间的最高点作为突破价格

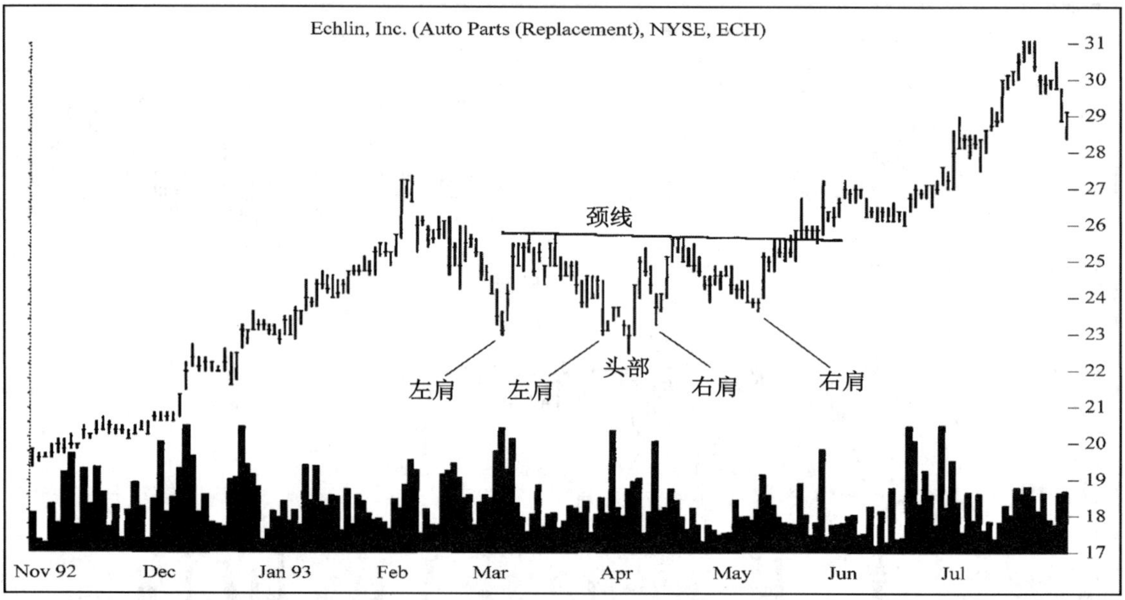

图25.3 一个复杂的头肩形盘整。一旦形态结束，趋势就会恢复上涨。

对称 在这种情况下，在普通的头肩底部的两侧有额外的一对肩部。整体的形态是对称的。两个左肩与两个在右边的肩部与头部的距离是匹配的。图25.3显示的形态中，最远的右肩比对应的左肩高。然而，对于几乎所有的复杂头肩形底部形态，不包括额外部分的对称是典型的。

成交量 图25.3还所示为通常的成交量形态：两个左肩的成交量比两个右肩的高。总的来说，成交量是呈下降趋势的。

接近水平的颈线 颈线连接左边峰顶的最高点与右边峰顶的最高点。大多数情况下这条线几乎是水平的。虽然这是主观的，但对所有的形态扫描表明，74%的形态遵守这一准则。本章列举的许多形态都有接近水平的颈线。

向上突破 对于那些向上倾斜的颈线，使用形态中最高的高点作为突破价格。使用陡峭的向上倾斜的颈线来测算突破点是有风险的。股价可能永远不会超过颈线。

一旦价格收在颈线上方，就发生了突破。通常情况下，价格会回调到颈线，可能还会下跌更低，然后才最终继续上行。图25.2中的例子所示为这一行为，在12月下旬，当价格暴跌，股价从高点11.50美元跌到9.44美元，在短短的2天下跌近20%！当下跌结束时，股价会迅速回升。

图25.3显示的形态是不寻常的，因为它作为上升趋势的盘整。从11月到1月，股价稳步攀升，然后在突破后继续上涨。形态是一个盘整区域，在这个区域里，股价水平运行了一段时间。

关注形态失败

如果在股票市场赚钱对你来说很重要，你就有必要去研究你的失败。你学到的教训将会为你服务多年。当你把你的失败看成一个群体，你可能会开始看到其中的趋势。对待股票形态，情况也是如此。

图25.4所示为一个典型的失败形态，突破这个复杂的头肩形底部形态后，股价没有能够反转形态前的下跌趋势。在头肩形态完成后，价格确定上行了，但仅升到57.13美元。价格挤上颈线之上，在收于颈线之上短短的几天之后，在3月初下跌到颈线之下。最终，股票在8月达到40.63美元。

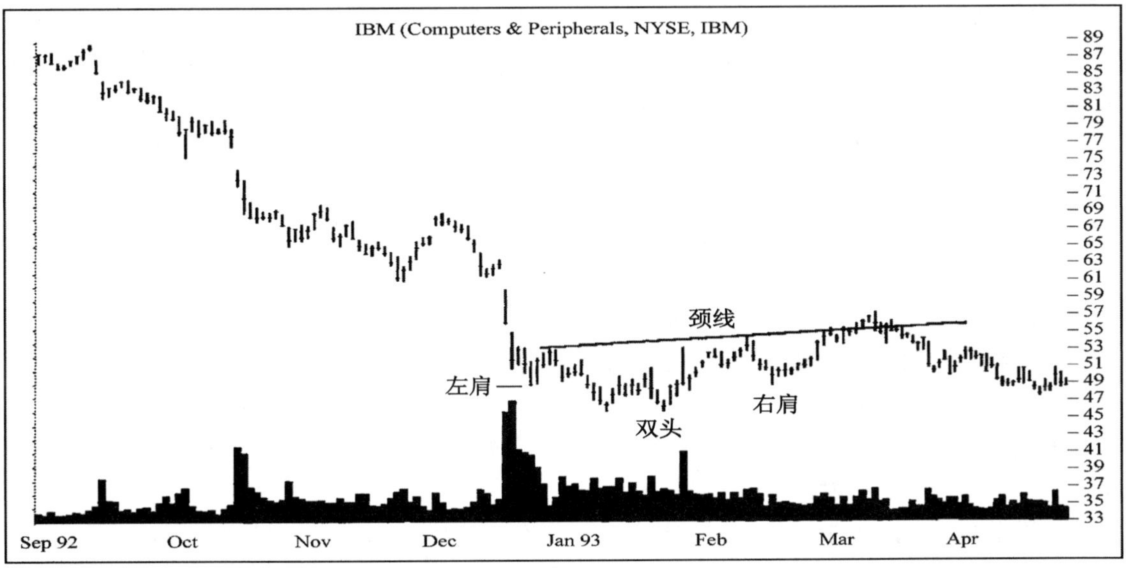

图25.4　一个向上突破后没有能够上升超过5%的失败的复杂头肩形态。只有4%的形态以这种方式失败。

左肩的成交量巨大。成交量在双头减少，右肩的成交量更少。突破成交量是微弱的，这可能解释为什么形态失败。

我认为任何突破后股价没有上升超过5%的形态都是失败形态。例如，图25.4符合5%失败的原则。突破是向上的，但价格未能在反转之前上升得很高。一旦股价跌到了头部以下，我就知道再没有办法了，只能标示这个形态为一个失败形态。

我没有发现可靠的线索表明一个复杂头肩形底部形态的最终失败。这不应该令人担忧，因为这种形态中，失败形态的占比只有4%。不过，还是要保持使用止损点来保护自己。

统计数据

表25.2所示为复杂头肩形底部形态的综合统计数据。

表25.2　综合统计

描述	牛市	熊市
形态数量	268个	98个
反转(R)、持续(C)数量	268R	98R
平均涨幅	39%	31%
涨幅超过45%(数量或占比)	90或34%	26或27%
趋势结束后涨/跌幅	-29%	-33%
形态失败后涨/跌幅	-23%[a]	-30%[a]
标准普尔500指数的变化	20%	-2%
到达最高点的天数	257天	107天

注：(-)负号表示下跌；[a]表示样本小于30个。

形态数量　我认为这个形态很容易找到，数量丰富。我搜索了500只从1991年到1996年的股票，以及另外在熊市中的500只股票，发现了366个形态。大多数形态来自牛市，因为牛市更长。

反转或持续　因为我们正在讨论的是底部形态，股价下跌进入形态，然后离开形态后上行，所以所有这类形态都是反转形态。理论上是这样。在实践中，这种形态有时会成为一个三浪上升形态的修正阶段，股价在上涨趋势中暂停上升。

平均涨幅　复杂的头肩形底部形态的表现与简单的头肩形底部形态的表现非常接近，这让我感到吃惊。牛市的平均涨幅是39%，这是一个很好的表现。在熊市中，当交易有如逆流而上时，平均涨幅为31%。两个数字都高于所有形态类型的平均值。

涨幅超过45%　有1/4的形态涨幅大于45%。正如预期的那样，牛市中表现得好的复杂头肩形底部形态比熊市的更多。为了取得最好的投资结果，在牛市中交易这种形态。

趋势结束后的变化　达到最高的高点后，股价会下跌30%左右，几乎能回吐之前的所有上涨。因此，在尽可能接近顶部的地方卖出股票比买入并持有的策略要好得多。

失败形态的表现　失败形态的表现对于向下反转来说是足够好。如果你决定交易失败形态，把你的选择限制在熊市中的形态。

标准普尔500指数的变化　在牛市中，从复杂头肩底形态的突破日到股价最高点期间，标准普尔的上涨达到惊人的20%。在熊市中，总体市场下跌2%。有了这样一个强劲的市场，我预计的平均涨幅要比统计表中的高出很多(因为熊市的“平均涨幅”和牛市的几乎一样好，而熊市的市场趋势是下跌的，逆着上涨趋势的)。

到达最高点的天数　在牛市中，股价花两倍于熊市的时间才达到最高点。这一发现表明熊市的上涨幅度比牛市要陡峭。

表25.3所示为复杂头肩底形态的失败比率。就失败比率而言，复杂头肩底形态表现得很好。我看了在涨幅至少5%的位置(保本点)，失败比率在3%和4%。在突破之后，一半形态的股价无法上升超过30%，但这仍然是一个很好的表现。

表25.3　失败形态数量或比率

股价最大涨幅(%)	牛市	熊市
5(保本点)	10 或 4%	3 或 3%
10	32 或 12%	13 或 13%
15	59 或 22%	25 或 26%
20	82 或 31%	32 或 33%
25	101 或 38%	44 或 45%
30	125 或 47%	52 或 53%
35	149 或 56%	62 或 63%
50	190 或 71%	77 或 79%
75	228 或 85%	88 或 90%
＞75	268 或 100%	98 或 100%

从表25.3中可以看出，随着最大股价涨幅的增加，失败比率攀升的速度会有多快。在最高股价涨幅为10%时，失败比率是12%，是最高股价涨幅为5%时失败比率的3倍(牛市)。在15%的最高股价涨幅水平，失败比率几乎翻倍，到了22%。熊市也显示出类似的趋势，即小的最高股价涨幅上升导致失败比率巨大的上升。

这些信息是什么意思？明智地投资，跟踪交易。要认识到，股价上涨越高，股票就越接近到达峰顶的旅程。

表25.4所示为与突破及突破后相关的统计数据。

表25.4　突破与突破后股价表现统计

描述	牛市	熊市
从形态结束到突破	20 天	14 天
突破在年度价格区间低(L)、中(C)、高(H)各区域分布的百分比	L24%,C46%,H30%	L33%,C49%,H18%
形态在年度价格区间低(L)、中(C)、高(H)各区域突破后的涨幅	L32%,C46%,H33%	L33%,C29%,H33%[a]
回调概率	63%	66%
回调期间	11天	10天
出现回调形态的平均涨幅	37%	28%
未出现回调形态的平均涨幅	42%	39%
出现突破缺口形态的表现	46%	34%[a]
未出现突破缺口形态的表现	38%	31%
缺口平均金额(美元)	0.32	0.38

注：[a]表示样本小于30个。

从形态结束到突破　股价从右肩低点(用于统计目的的形态结束点)上升到突破点需要2～3个星期。

年度位置　大多数复杂头肩形底部形态的突破点位于年度价格区间的中间区域。因为突破是在形态的顶部，又因为形态通常是大的，所以这个结果是合乎道理的。

年度位置及表现　在牛市中，表现最好的形态是突破点在年度价格区间中间区域的形态。在熊市中，除突破点位于年度价格区间中间区域之外，在其他地方突破的形态表现都很好。如果有更多的样本，熊市形态的结论可能会改变。

回调 在我看到的复杂头肩底形态中，出现回调的形态大约占2/3。当回调发生时，股价要花近2个星期的时间掉头回到突破价格或颈线。当发生回调时，股价表现会受到影响。这可能会让您感到惊讶，但它对于形态来说很常见。我的想法是，回调抢了上升的动能。关键是在交易前搜寻上方阻力，并在可能的情况下避免交易有上方阻力的股票。

缺口 在两个市场中，在突破时出现缺口都倾向于将股价推得更高。熊市中的缺口比牛市的缺口稍大，但样本很少。

大缺口的形态比小缺口的形态有更好的表现吗？我将每个形态的缺口金额大小与缺口大小中位数进行了比较，发现牛市中有大缺口的形态股价在突破后飙升了56%，而小缺口的形态只攀升了35%。在熊市中，结果是倒过来的，小缺口的形态表现更突出，小缺口形态和缺口形态的涨幅分别是33%和24%。在熊市中，样本数为19个(牛市为49个)，所以不要过分重视这个结果。

表25.5所示为从突破到股价见顶所需要天数的频次分布。在最初的几个星期里，相对较少的形态会熄灭。1个月后，熊市中34%的形态会见顶，牛市中见顶的形态只有16%。如表所示，许多形态在2个月内就平稳到达了最高点。

表25.5 到达最高点天数的频次分布

天数	7	14	21	28	35	42	49	56	63	70	>70
熊市	12%	11%	5%	6%	6%	3%	3%	1%	1%	6%	45%
牛市	5%	4%	3%	4%	3%	3%	2%	3%	3%	2%	67%

除了在突破1个月后会有更多的形态到达峰顶，这张统计表没有真正的意外。我已经在别的形态类型中看到这样的结果，所以当你交易时记住这一点。

表25.6所示为复杂头肩形底部形态面积大小的统计信息。

表25.6 形态面积大小统计

描述	牛市	熊市
高形态表现	39%	34%
低形态表现	39%	28%
高度中值(与突破价格百分比)	17.70%	27.84%
窄形态表现	35%	32%
宽形态表现	42%	30%
长度中值	90 天	69 天
形态平均长度	101 天	86 天
低窄组合形态表现	34%	27%
低宽组合形态表现	47%	31%[a]
高宽组合形态表现	38%	29%
高窄组合形态表现	40%	41%[a]

注：[a]表示样本小于30个。

高度 在许多其他形态类型中，高形态表现得比低的形态好，但在复杂头肩形底部形态中，只有熊市形态才这样。在突破后，高形态股价攀升34%，而那些低于高度中值的形态攀升28%。

宽度 在牛市中，寻找宽的形态，因为它们表现得比窄的形态好。在熊市中，结果是相反的：窄形态表现得更好。在比较形态宽度时，我用的是长度中值，而不是平均值。

形态平均长度 复杂头肩底形态是长形态，长度3～3.5个月。

高度和宽度的组合 看着各种高度和宽度的组合，我们发现在牛市中，既低又宽的形态在突破后表现最好。请注意，组合形态的涨幅(47%)比低形态(39%)和宽形态(42%)的单个涨幅高，组合消除了表现差的形态。

对于熊市，表现最好的组合来自高和窄组合的形态，它们在突破后上涨41%，但样本规模较小。

表25.7所示为复杂头肩形底部形态的成交量统计信息。

表25.7 形态期间成交量统计

描述	牛市	熊市
上升成交量趋势表现	40%	35%
下降成交量趋势表现	38%	29%
U形成交量形态表现	41%	30%[a]
半圆形成交量形态表现	37%	31%
既非U形又非半圆形成交量形态表现	41%	35%[a]
巨量突破表现	40%	34%
轻量突破表现	34%	24%
左肩成交量最高时形态表现	44%	31%
头部成交量最高时形态表现	36%	31%
右肩成交量最高时形态表现	36%	31%[a]

注：[a]表示样本小于30个。

成交量趋势 熊市成交量呈上升趋势的复杂头肩底形态在突破后涨幅35%，相比之下，成交量呈下降趋势的形态涨幅只有29%。在牛市，两者的差异较小，分别为40%和38%。选择交易形态时，要寻找成交量呈上升趋势的形态。

成交量形状 从最左边的肩部到最右边的肩部，成交量形状能预测股价的表现吗？也许。当成交量形状是随机的，即既非U形又非半圆形形状时，突破后股价的涨幅等于或优于其他形状。

突破成交量 当出现巨量(高于30天平均值)突破时，在牛市和熊市股价表现得都更好。

肩部成交量及表现 我比较了最左肩、最低头部和最右肩的成交量(使用各点周围5天平均值)，发现在牛市，那些在最左肩成交量最高的复杂头肩底形态表现最佳，突破后股价攀升44%。在熊市中没有表现出明显差异。

表25.8所示为复杂头肩底形态的其他统计信息。

颈线斜坡 最佳表现来自具有向下倾斜颈线的形态。颈线是沿着肩部的高点绘制的线。当颈线向下倾斜时，股价收在颈线之上标志着一个突破和一个有效的复杂头肩底形态。它允许你以较低的价格买入复杂头肩底形态，而不用等待价格攀升到形态最高点之上。当颈线向上倾斜时，买入信号发生在价格收高于形态的最高点之上。我使用这个信号，以避免在陡峭的向上倾斜的颈线中等待买入信号(这个信号可能永远不会发生)。表25.8所示为突破后股价的表现结果。在熊市中，股价突破水平颈线后上升8%，这个由于样本量小，所以忽略它。

肩部低点 我相信你注意到了熊市肩底低点相同形态的111%涨幅。忽略这个结果，因为这一类形态我发现只有两个样本。我把最左边肩部的最低点与最右边肩部的最低点进行比较。当最右肩低点高于最左肩低点，突破后股价上涨更高，涨幅在牛市和熊市分别为40%和32%。在牛市肩底低点价格相同的24个样本形态中，突破后股价平均上涨了47%。

表25.8　其他统计

描述	牛市	熊市
向上倾斜颈线形态表现	35%	27%
水平颈线形态表现	33%[a]	8%[a]
向下倾斜颈线形态表现	43%	34%
高左肩形态表现	35%	30%
高右肩形态表现	40%	32%
等高双肩形态表现	47%[a]	111%[a]

注：[a]表示样本小于30个。

交易策略

表25.9所示为交易策略。

表25.9　交易策略

交易策略	解释
测算规则	计算形态高度，头部的最低点减去垂直上方的颈线价格，等于形态高度。形态高度加上价格穿透颈线的突破价格，得出目标价格
交易内层头肩形态	交易内层的头肩形底部形态。这种方法可以让你在一个不错的价格介入交易。有关具体的交易提示，请参阅第二十四章头肩形底部形态
止损	股票有时会跌到右肩最低点，然后掉头。寻找靠近肩部的支撑区域。在最低的肩部或头部下方0.15美元处设置止损指令
注意回调	在股价回调期间买入或增加头寸。在交易前等待价格完成下跌，因为价格有时回调后会继续下跌

测算规则　测算规则预测股价预期的最低价格。用一个例子解释。图25.5所示为一个周线图中的复杂头肩形底部形态，头部跌至13.50美元低点。在这一点的垂直上方，颈线的值为18.63美元。两者之差5.13美元，这就是形态高度。将形态高度加上突破点价格(17美元)，计算出目标价格(22.13美元)。

图25.5中的复杂头肩形底部形态形成于股价将近2年的上涨之后。这一形态标志着一个6个月回调的反转。

在突破后2个星期股价便达到目标价格，但股价的上涨并没有完成。在横盘近1年后，股价继续走高。股价达到39.38美元的高位，几乎是头部低点13.50美元的3倍，比突破价格高出2倍多。

交易内层头肩形态　因为内层的头肩形态是更大的复杂头肩底形态的一部分，所以交易内层形态。在价格突破向下倾斜的颈线时买入，或使用内层的右肩高点作为突破价格买入。通常，这种方法会让你更快介入交易，这个买入信号也一样强。

图25.5　复杂的头肩形底部形态周线图。该图所示为使用测算规则找到的目标价格。计算从头部低点到垂直上方的颈线距离，得出形态高度。形态高度加上突破价格等于目标价格。在将来的股价下跌中，右肩往往成为支持。

具有双头的形态是有点不同。双头形态两个头部的低点通常相距不到1个月。两个头部紧密结合在一起，使它们区别于经典双底形态。肩对称和接近水平的颈线，应该是形态辨识的最后关键特征。

止损　一旦持有股票头寸，就应该设置止损点。许多时候，各肩部的肩谷可以作为支撑水平。如果头肩形态位于年度价格区间的低位区域，那么很有可能，股价在头部掉头，或下跌略低于头部(10%左右)，然后见底。从那一点开始，股价不断攀升。

如果形态不是位于年度价格区间的低位区域，那么，一旦价格跌到头部以下，卖出股票。股价跌到头部下方标志形态失败，这时最好的办法是减少你的损失，而不是祈祷它们会掉头。它们是不会调头的。

注意回调　向上突破后，股票回调到颈线的概率超过60%。如果价格停止下跌，考虑增加仓位或进行长期交易。你应该等待价格在回调中反弹，否则你可以发现自己处在如图25.2中所示的类似情况。价格回调到颈线，然后继续下跌一个多星期。根据你买入股票的时间，再等几天，你可以看到你的收益有近10%的提升。

交易故事

当天气好的时候，我喜欢骑自行车出去兜风。在我的一次自行车旅行中，我遇到了米罗蒂。当我告诉她我做什么谋生，她承认她是一个夜总会的舞者，赚了大量的小费。我不确定我是否相信了她的故事，但她看起来相当漂亮(戴着自行车头盔和太阳眼镜，谁能确定？)。

不管怎样，她告诉我她在图25.5中的股票所做的交易。股票引起了她的兴趣，是因为一条从10月初的最高点到头部转折点的趋势线。这个转折点就是价格上涨到足以穿透趋势线的地方。

米罗蒂知道股价在开始一个持续的上涨之前通常重新测试低点，所以她跟踪股票，看着它掉头下跌到14美元。然后，她瞥了一眼侧边，注意到另一个低点14.38美元。这是她发现(内层)头肩底部的地方。

连接两肩之间的上升的颈线非常陡峭，她没有办法应用传统的测算规则来确定目标价格(因为价格没有收在颈线上方)，所以当价格收在右肩高点之上的时候，她决定买入股票。

这发生在5月末，她在17.50美元买入股票。仔细看看这个图，她看到了两个肩部，一个在2月初，一个在5月中期，两个肩底低点都是16美元。她的简单头肩底部变成了复杂的头肩底部。

这一认识并没有影响到她的投资计划，但这使情况更加有趣。她想知道是否会出现另一对肩部。7月下旬，当另一个肩部形成时，她的怀疑得到了证实。这个低点在15.75美元的肩部是1993年12月中旬肩部的镜像。很快，股价开始上升。股价上升到了8月中旬的突破点之上，上演了一次向上的突破。现在，她能够适用于复杂底部的测量规则，计算出目标价格是22.13美元。

由于她不急需用钱，在股价上涨时，她坚持持有股票。她认为，股票有足够的上行动能达到旧的高点约29.25美元，她把目光定在那里。只要价格不下跌到低于她的买入价，她就会继续持有股票。

她看到股票在21～26美元之间建立了一个基地，想知道怎么回事。一个向下的突破是确实有可能的，所以她提高她的止损点到21美元——10月份稳定期的高点——略低于似乎正在形成的基地。

在6月中旬，在她买入股票仅超过1年，股价飙升，并达到了她的卖点。股票在29美元卖出。股价还继续攀升，但她需要这笔钱做一所房子的首付。

交易秘籍

下面的列表包含交易这种形态的提示和观测结果，以帮助你选择表现更好的形态。更多的信息，请参阅相关的表格。

- 使用辨识指南来帮助选择形态。见表25.1。
- 选择牛市中的形态，因为它们上升得最远。见表25.2。
- 牛市中的形态失败比率是最低的。见表25.3。
- 回调损害股价表现，所以在投资寻找上方阻力。见表25.4。
- 突破缺口提升股价表现。见表25.4。
- 交易这种形态要有耐心，因为股价需要很长的时间才能达到最高点。在突破1个月后，留意股价的疲软。见表25.5。
- 选择比中值更低、更宽的牛市形态。在熊市中，高和窄的形态表现最好。见表25.6。
- 选择成交量呈上升趋势的形态。见表25.7。
- 选择具有随机成交量形状的形态(既不是U形也不是半圆形状)。见表25.7。
- 突破成交量大的形态表现突出。见表25.7。
- 有向下倾斜颈线的形态表现最好。见表25.8。
- 交易最右肩低点较高的形态。见表25.8。

第二十六章 头肩形顶部形态
Head-and-Shoulders Tops

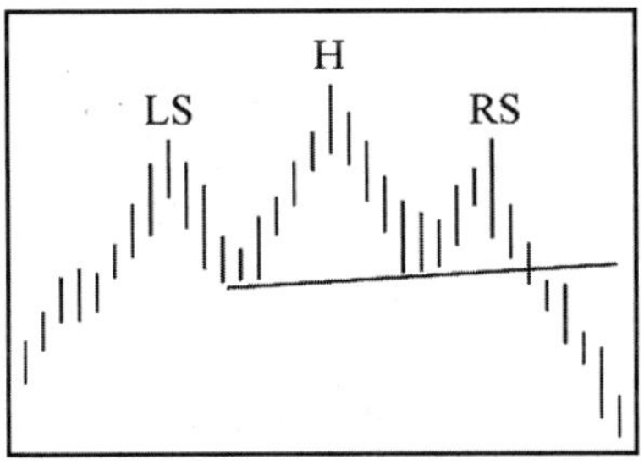

统计简报

向下突破

形状	中心峰顶比两旁峰顶高的三峰顶形态。	
反转或持续	短期反转，行情看跌。	
	牛市	**熊市**
表现排名	1/21	6/21
保本失败概率	4%	1%
平均跌幅	22%	29%
趋势结束后的变化	51%	45%
成交量趋势	向下	向下
反弹概率	50%	64%
实现目标价格概率	55%	56%
意外发现	反弹损害股价表现。高或窄的形态表现优于短或宽的形态。成交量呈上升趋势的、成交量形态呈U形形状的以及突破成交量巨大的形态表现突出。当最高的成交量出现在头部，形态表现良好。有水平颈线或左肩更高的形态往往会有优胜的表现。	
参见	复杂头肩形顶部形态。	

在本书的所有形态中，头肩形顶部形态也许是最受欢迎的。这源于它的可靠性、表现和易于识别。在熊市中，形态的表现很耀眼，在突破形态后，只有1%的股票下跌不超过5%，平

均跌幅高达29%。不精通形态的交易者也可以猜到头肩形顶部形态看起来像什么样子，而且能猜得正确。

头肩形顶部形态的意外发现很多，但多数都是不言自明的。那些不是不言自明的意外发现，我会在本章稍后讨论。

导入

图26.1所示为一个很好的头肩形顶部形态的例子。三个波峰突起明显可见，中心的波峰是三个波峰中的最高点。左肩通常出现在一个延长的上坡运行之后。从一年的日线图来看，整个形态看起来似乎都是独立的，这使头肩形顶部在股价图中容易被识别。

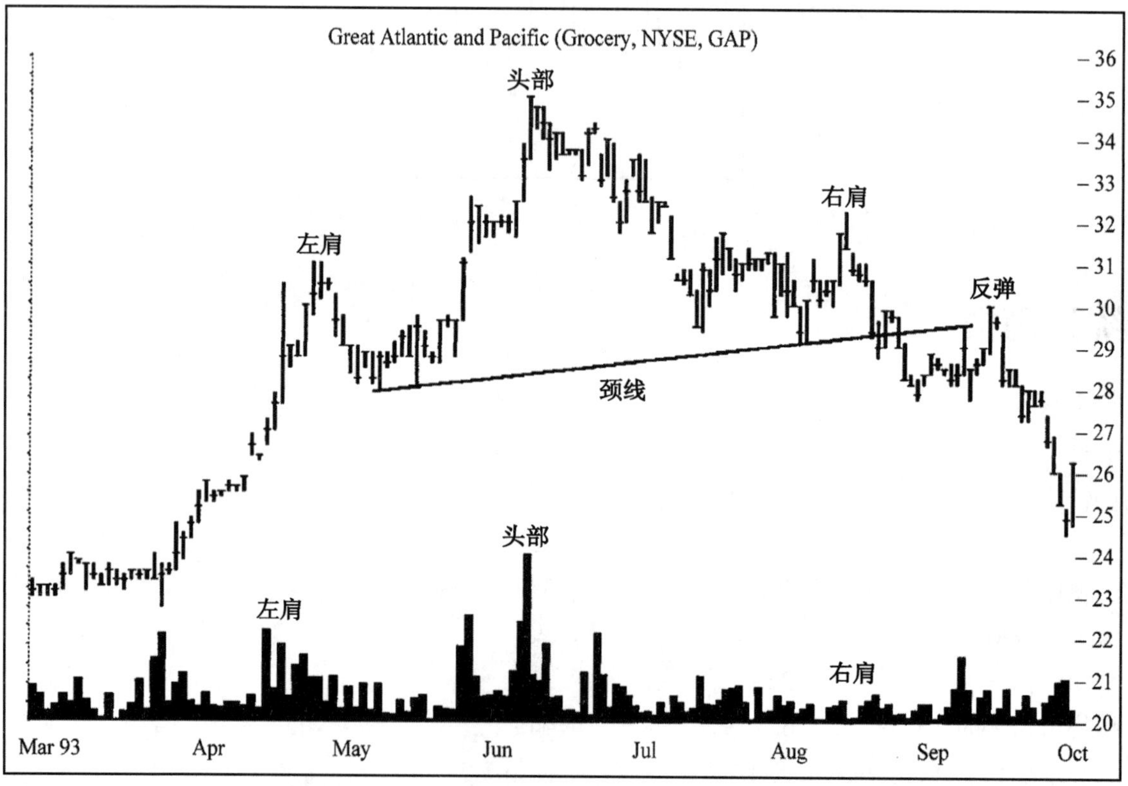

图26.1　一个头肩形顶部形态，中心波峰高出其他两个一大截。反弹到颈线是经常发生的。

图26.1中，最高的成交量出现在头部。通常左肩的成交量最高，其次是头部，在右肩的形成过程中成交量大大减少。辨识指南是可变通的，因为不同的形态有不同的成交量特征。

沿着三个波峰之间的两个波谷底部绘制的趋势线，形成了形态的颈线。颈线可以向任何方向倾斜，其中，倾斜向上的概率大约为52%，倾斜向下的概率为45%，其余的是水平方向。颈线倾斜的方向是价格下跌剧烈程度的预报。

为什么会形成这些形态？假设你是一个大户，代表通常所谓的聪明的资金。你正在寻找股票购买，托尔兄弟(Toll Brother)的情况引起你的兴趣。你检查它的基本面，一切看起来都很好，所以在7月中旬价格下跌时，你开始买入股票。你的购买使得情况发生转变：股价开始上涨(见图26.2)。

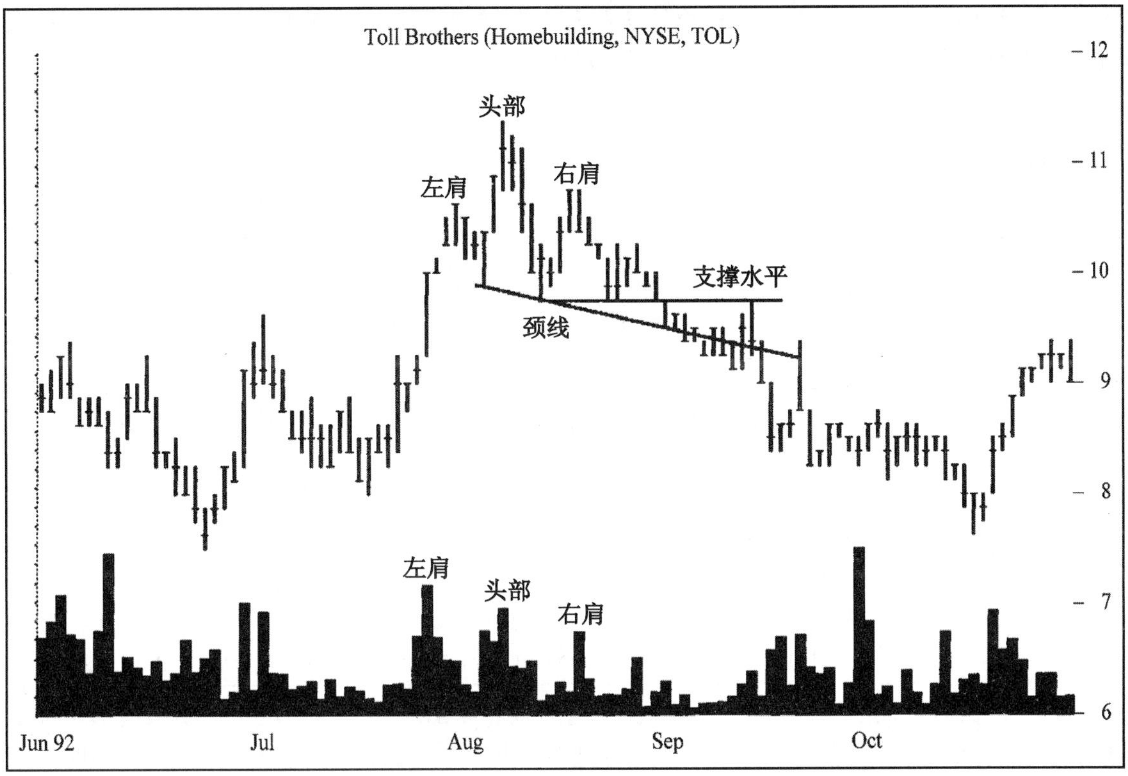

图26.2　这种头肩形顶部的成交量形态服从一般特征：在形态的左肩成交量最高，右肩的成交量最小。向下倾斜的颈线表明形势特别疲软。

很快，你已经获得了所有想要的股票，然后坐下来等待。正如所料，公司发布好消息，股票开始启动。其他投资者加入游戏，买入股票，推高股价。当股票涨到高于10美元时，你决定卖出。毕竟，已经在2个星期内赚了20%。你的卖出导致股票上涨停顿，然后开始回吐之前的上涨。

觉察到股价的疲软，你停止卖出，并密切监视形势。其他的短线交易者和抄底买入的玩家相信这是股价进一步上涨前的一个底部，这是一个进入机会，于是，他们在股价回调时买入。下跌停止，股票又开始上涨。

随着股价上升，更多的短线交易者出价竞买或直接买入股票。当股价超过10美元，你又开始卖出股票。刚开始时卖出的量不是很多，因为你有大量的股票要卖出。尽管如此，市场参与者注意到你卖出了，股价上升刚超过11美元就掉头向下了。

当股价开始暴跌时，你甩卖剩余的股票。成交量上升，因为其他玩家也把他们的股票卖给不知情的买家。股价继续下行，跌回到10美元下方。相信股票已经超卖，需求回升，最后一次将股价推高。

你旁观股票的运行，满足于你已经取得的利润。股票攀升到右肩的10.75美元，在缺乏支持的情况下，成交量疲软，上行衰退，然后股价掉头下跌。精通技术分析的投资者看到了这个头肩形顶部形态意味着什么：反转。他们悄悄地卖掉股票，获利了结。另一些人则通过在高位卖出股票做空，他们希望股票下跌。

价格回落到上一次价格下跌的支撑水平。股票在那里停顿了一个星期，并作出了微弱的努力尝试再次上升。当尝试失败，股票下跌，并穿透颈线。成交量放大，股票大跌。最终，价格回落到他们开始上行的地方，到8美元下方。

辨识指南

是否有一些指南使得辨识头肩形顶部形态变得容易？是的，表26.1列出了这些指南。但是请记住，辨识指南也就是个指南。

表26.1　辨识指南

特征	讨论
形状	在一个上涨的价格趋势之后，形成三个波峰的形态，中心的波峰最高，类似胸围
对称	两个肩部的价格水平差不多。从肩部到头部的距离大致相同。形态的外观可能有很大的变化，但对称性通常是形态的真实性的一个好线索
成交量	左肩的成交量最高，其次是头部，右肩的成交量是三个波峰中最低的
颈线	将三个波峰之间的两个波谷低点连接的直线，这条线可以倾斜向上或向下。当价格穿透颈线时，通常构成一个触发点(买入或卖出)
向上突破	一旦价格穿透颈线，它可能会短暂反弹，然后再继续向下运行

形状　头肩形顶部形态可以是各种各样的形状。如图26.3所示，这是一个头肩形顶部形态，但有四个肩部，只有一个头部。当一个形态出现比标准的两个肩部和一个头部多时，它被称为复杂的头肩形态。顶部和底部复杂头肩形态都有自己的一章，但许多形态出现在本章的统计里。毕竟，它们也是头肩形顶部形态。

头肩形顶部形态通常出现在一个长期的上升趋势末端。有时，当形态前的上升趋势是短期的，这个反转形态会将股价跌回到它们开始攀升的地方(见图26.2)。在其他时候，下跌通常是短期(最多3个月)或中期的(3～6个月)，或可能预示着前面看涨趋势的改变。股价下跌的实际长度是无法预测的。

对称　尽管图26.3所示的构造有点奇怪，但它确实有对称的外观。两个左肩的价格水平与相应的两个右肩差不多。两个左肩到头部的距离与两个右肩到头部的距离大致是相同的，就像一个镜像。在形态中，头部位于中间位置。头肩形顶部形态的对称外观是其关键识别特性之一，这有助于从所有的三波峰形态中分离出有效的头肩形态。

成交量　成交量服从以下一般特征：左肩成交量比头部成交量高，头部成交量比右肩成交量高。如果您只考虑图26.3中的三个内层的波峰，则成交量形态有一些变化，因为左肩的成交量比头部的成交量低了。即便如此，左肩上的成交量仍然高于右肩的成交量。

颈线　如图26.3所示，颈线连接了内层三个波峰之间的两个波谷。它向上倾斜，但颈线并不一定这样(图26.2的与此相反)。颈线用作确认点。一旦价格穿透了颈线，假设它们不反弹，股价会继续急切地下行。

向下突破　股价下跌后经常发生反弹到颈线的情况。完成反弹通常需要不到2个星期的时间。但不要被这个反弹愚弄，股价很快就恢复下行的趋势。然而，反弹确实让你再一次有机会了结长期头寸或进行短期交易。

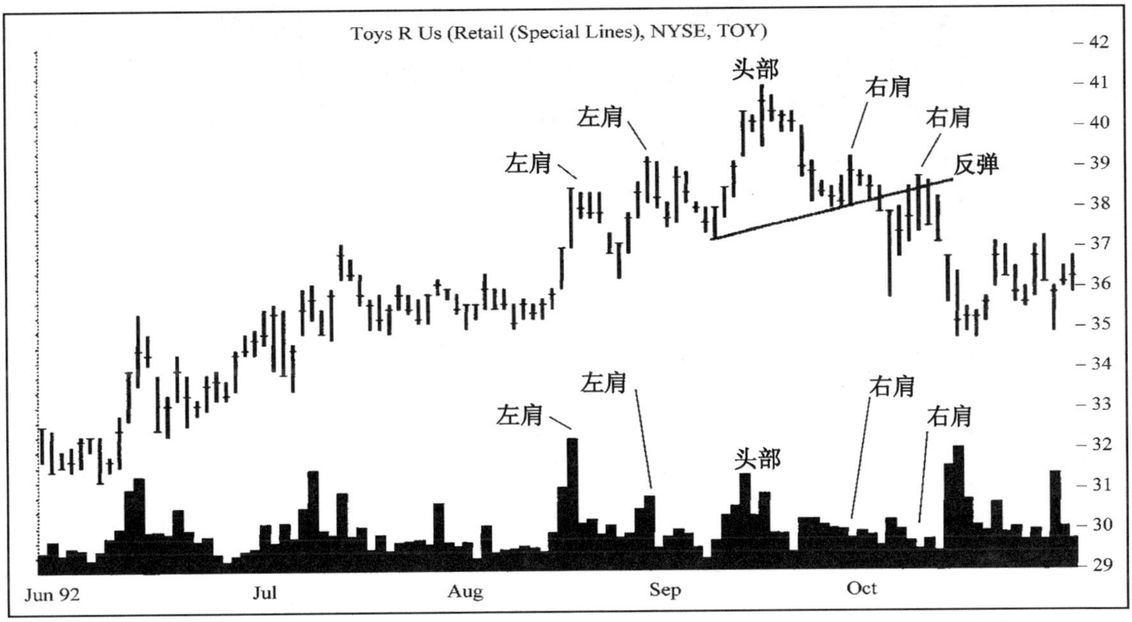

图26.3　一个复杂的头肩形顶部形态。该图显示了头肩形态外观可以有不同的变化。

关注形态失败

头肩形态的失败是罕见的，但确实发生了。图26.4所示为一个形态失败的例子。这个形态形状良好，有一个头部位于两个肩部之间的中央。左、右肩的价格水平相同，都是29.13美元。左肩的成交量是最高的，右肩的成交量最低，如预期。

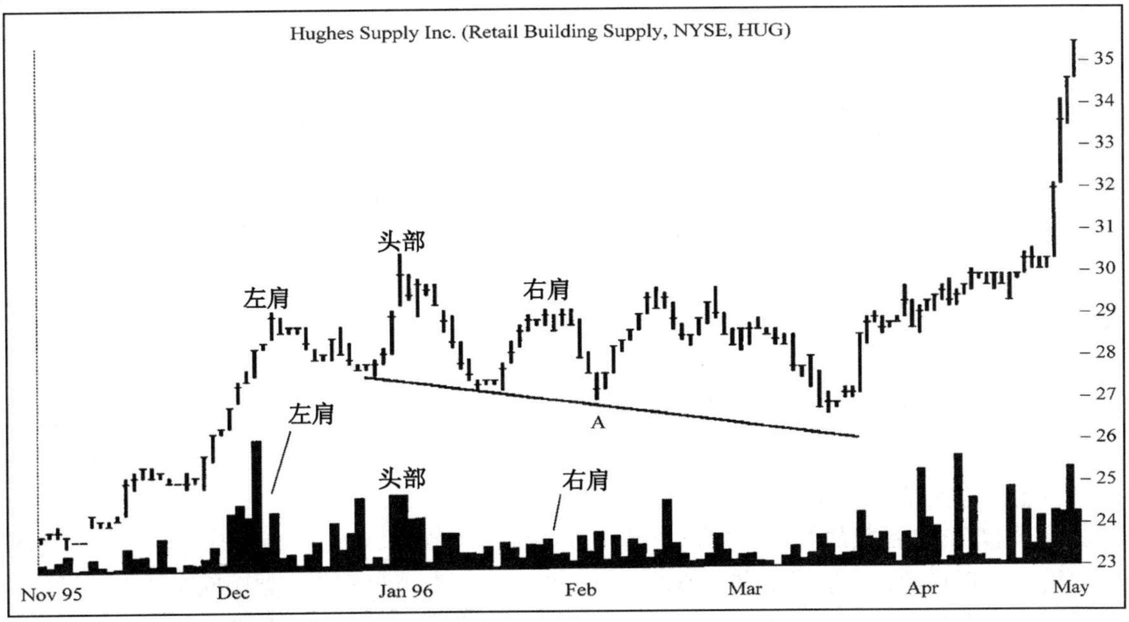

图26.4　一个罕见的头肩形盘整。在到达点A之后，形态无法继续下行。对称性和成交量形态没有对最终的失败提供任何线索。

为什么价格不能在点A穿透颈线下行呢？答案还不清楚。除了没有能够下跌，形态是完美的，它充当了上升趋势的盘整或持续。没有显示在图中的前两个形态是下降三角形。这些形态通常突破向下的，但图中的这些没有。两者都是向上突破，这两个都预示着一个看涨的趋势。这两种形态都是上升力量的线索，但也有人认为，这个头肩形态的出现可能预示着这一持续的上涨的结束。事实不是这样。

统计数据

表26.2所示为头肩形顶部形态的综合统计数据。

表26.2　综合统计

描述	牛市	熊市
形态数量	640个	174个
反转(R)、持续(C)数量	640R	174R
平均跌幅	22%	29%
跌幅超过45%(数量或占比)	34或5%	23或13%
趋势结束后涨/跌幅	51%	45%
形态失败后涨/跌幅	40%[a]	21%[a]
标准普尔500指数的变化	1%	-13%
到达最高点的天数	62天	41天

注：(-)负号表示下跌；[a]表示样本小于30个。

形态数量　我在股票中发现了这么多的头肩形顶部形态，我就放弃寻找牛市形态，专注于熊市形态。在使用从1991年到1996年期间的500只股票和从1996年到2004年期间的200只股票中，我总共发现814个形态。

反转或持续　根据定义，头肩形顶部是反转形态。价格从底部进入形态，并突破向下。因此，价格反转了当前的趋势。

平均跌幅　在熊市中，这种形态表现非常好，跌幅平均为29%，远远高于所有看跌形态类型24%的平均跌幅。

跌幅超过45%　看跌形态从未出现持续的大幅下跌。即便如此，在熊市中跌幅超过45%的形态仍有13%，这是一个不错的表现。

趋势结束后的变化　在价格达到最低点后，股价飙升，在牛市上涨51%，在熊市上涨45%。如果您可以确定什么时候趋势发生变化(即，如果你能找到最低点)，那么就买入股票，坚持持有。

失败形态的表现　我希望头肩形顶部的失败形态表现得更好。首先，股价突破向下后，在反弹之前很少有形态下跌少于5%(熊市只有一个样本)。当形态出现失败，反弹也并不强烈。其他形态类型的反弹幅度达60%。

标准普尔500指数的变化　熊市总体市场的大幅下跌(13%)与牛市总体市场的1%涨幅相比，有助于解释熊市头肩形底部形态的出色表现。这一发现也应作为要顺应市场趋势进行交易的警告。避免在牛市中或者当市场走势强劲向上时做空头肩形顶部形态的股票。

到达最低点的天数　价格达到最低点大约需要2个月。请注意，熊市的跌幅与牛市的相比，价格上跌幅更大，时间上更短。因此，熊市的跌幅必定更陡峭。这一事实表明，在熊市中做空一只头肩形顶部形态的股票，可获得最佳投资业绩，并使每年的交易次数最大化。

表26.3所示为头肩形顶部形态的失败比率。表现最好的形态是在熊市中，因为它们的失败比率最低。例如，在熊市中，1%的形态下跌不会超过5%。另一个例子是：在熊市中近一半(49%)的形态下跌不会超过25%以上。在牛市中，形态表现更为糟糕，因为68%的形态跌幅不超过25%。

表26.3　失败形态数量或比率

股价最大跌幅(%)	牛市	熊市
5(保本点)	26或4%	1或1%
10	98或15%	9或5%
15	226或35%	29或17%
20	347或54%	58或33%
25	432或68%	85或49%
30	501或78%	109或63%
35	553或86%	124或71%
50	623或97%	161或93%
75	639或100%	174或100%
＞75	640或100%	174或100%

请注意，失败比率会随着股价最大跌幅的小变化而攀升。当最大跌幅从5%上升到15%(牛市)时，失败比率翻了三番。这些数字应该作为一个警告，尽管像头肩形顶部形态这么可靠，也不是所有的形态都表现得同样好。监控你的交易，用止损点来控制你的损失。当股价创新低，把止损点抬高到略高于前一个小高点。

使用表26.3的另一种方法是进行价格预测。假设测算规则(见交易策略)表明股价从10美元突破下跌到8美元，这是20%的跌幅。牛市中有多少头肩形顶部形态至少会下跌20%？答：54%。这一发现表明，测算规则预测的目标价格不太可能实现。应设定一个不那么远的目标价格。

表26.4所示为与突破及突破后相关的统计数据。

表26.4　突破与突破后股价表现统计

描述	牛市	熊市
从形态结束到突破	15 天	11 天
突破在年度价格区间低(L)、中(C)、高(H)各区域分布的百分比	L13%,C41%,H46%	L18%,C48%,H33%
形态在年度价格区间低(L)、中(C)、高(H)各区域突破后的跌幅	L23%,C24%,H21%	L25%,C30%,H28%
反弹概率	50%	64%
反弹期间	12 天	11 天
出现反弹形态的平均跌幅	20%	27%
未出现反弹形态的平均跌幅	24%	31%
出现突破缺口形态的表现	-22%	-30%[a]
未出现突破缺口形态的表现	-22%	-28%
缺口平均金额(美元)	0.50	1.23

注：(-)负号表示下跌；[a]表示样本小于30个。

从形态结束到突破 平均来说，股价从右肩峰顶下跌到突破点大约需要2个星期的时间。

年度位置 大多数头肩形顶部形态位于年度价格区间的中间或高位区域。这是合乎情理的，因为头肩形顶部形态是作为价格反转的顶部形态。避免没有任何趋势可以反转的形态，意思是进入形态的价格涨幅太小。

年度位置及表现 当头肩形顶部形态在年度交易范围中间区域突破时，突破后股价表现最好。

反弹 在牛市有一半的形态会发生反弹，在熊市有2/3的形态会发生反弹。股价要在突破后2个星期才会开始进行反弹，股价回升到突破价格或颈线。当出现反弹，股价表现会受到影响。例如，在牛市中，出现反弹的形态在突破后跌幅20%。没有反弹的形态跌幅24%。

缺口 只有在熊市中，突破日缺口才会提升股价表现，但样本量少。缺口平均大小是异常得大，两个市场环境的缺口宽达0.50到1.23美元。为什么熊市的缺口大小比牛市的大两倍多，这还是一个谜，但熊市中的缺口几乎总是比较大。

表26.5所示为股价到达最低点所需天数的频次分布。在突破1个月后，53%的熊市形态和42%的牛市形态将达到最低点。

表26.5 到达最低点天数的频次分布

天数	7	14	21	28	35	42	49	56	63	70	>70
熊市	22%	14%	9%	8%	6%	3%	5%	10%	2%	2%	20%
牛市	15%	8%	9%	10%	6%	5%	6%	5%	4%	3%	28%

注意在突破结束后28和56天(牛市和熊市)数字有小幅上扬。如果你的交易持续那么长时间，那么留意股票那时将会见底。你的股票可能不会，但做好准备总是有用的。

表26.6所示为与形态面积大小相关的统计信息。

表26.6 形态面积大小统计

描述	牛市	熊市
高形态表现	−24%	−31%
低形态表现	−20%	−26%
高度中值(与突破价格百分比)	17.27%	20.45%
窄形态表现	−23%	−29%
宽形态表现	−21%	−28%
长度中值	49天	42天
形态平均长度	62天	52天
低窄组合形态表现	−22%	−28%
低宽组合形态表现	−17%	−23%[a]
高宽组合形态表现	−24%	−31%
高窄组合形态表现	−26%	−31%[a]

注：(−)负号表示下跌；[a]表示样本小于30个。

高度 高形态的表现比低的好吗？是的。最大的差别在于熊市，因为高形态价格下跌了31%，而低形态只跌了26%。我确定高度的方法是，计算形态的最高点到最低点(从左肩峰顶开始到右肩峰顶)的距离，然后除以突破价格。

宽度 作为股价表现的指示器，宽度不如高度可靠。在两个市场中，如果形态比长度中值窄，表现会稍有提升。

形态平均长度　表26.6中所示为头肩形顶部形态的平均长度。大多数形态在左、右肩峰之间约有2个月长。

高度和宽度的组合　查看高度和宽度的组合，我们发现表现最好的形态是高和窄组合的形态，但高和宽的形态在熊市中也表现良好。避免交易低和宽的形态。

表26.7所示为头肩形顶部形态的成交量统计信息。

表26.7　形态期间成交量统计

描述	牛市	熊市
上升成交量趋势表现	-24%	-30%
下降成交量趋势表现	-21%	-27%
U 形成交量形态表现	-24%	-30%
半圆形成交量形态表现	-21%	-27%
既非 U 形又非半圆形成交量形态表现	-20%	-34%[a]
巨量突破表现	-22%	-29%
轻量突破表现	-21%	-27%
左肩成交量最高时形态表现	-22%	-27%
头部成交量最高时形态表现	-23%	-30%
右肩成交量最高时形态表现	-20%	-29%[a]

注：(-)负号表示下跌；[a]表示样本小于30个。

成交量趋势　成交量呈上升趋势的头肩形顶部形态在两个市场都很好。例如，在牛市中，成交量呈上升趋势的头肩形顶部形态平均下跌24%。成交量呈下降趋势的形态下跌了21%。

成交量形状　在我看过的五种成交量形状中，我在表26.7中所示为最普遍的三种。有U形成交量的头肩顶形态表现最好。熊市中具有随机形状的形态仅有8个样本，所以我对34%的跌幅表示怀疑。

突破成交量　许多分析人士表示，巨量突破往往会推低价格，但我发现许多形态类型的结果好坏参半。对于头肩形顶部形态，巨量突破在两个市场对股价的表现都有帮助，但只是稍微地有帮助。

肩部成交量及表现　我查看两个肩部和头部周围的5天的成交量。当头部成交量最高，形态往往比当成交量在其他两个肩部上最高的表现更好。

表26.8所示为头肩形顶部形态的其他统计信息。

表26.8　其他统计

描述	牛市	熊市
向上倾斜颈线形态表现	-23%	-29%
水平颈线形态表现	-24%	-33%[a]
向下倾斜颈线形态表现	-21%	-28%
高左肩形态表现	-25%	-30%
高右肩形态表现	-20%	-27%
等高双肩形态表现	-19%	-23%[a]

注：(-)负号表示下跌；[a]表示样本小于30个。

颈线斜坡 表现最好的形态来自有水平颈线的头肩顶形态，但熊市的这个33%跌幅只有两个样本。其次是具有向上倾斜颈线的头肩顶形态。常识说，向下倾斜的颈线会意味着一个特别看跌的预兆，因为价格已经表现出疲软的迹象。为什么具有向上倾斜的颈线的头肩顶形态表现得更好还是个谜。

肩部高点 右肩更低的形态是否预示更为看跌的情况？是的。在牛市，高左肩峰顶(低右肩)的形态突破后跌幅25%，在熊市跌幅30%。当右肩高于左肩时，牛市的跌幅为20%，熊市为27%。肩部高点价格相同的头肩顶形态表现最差。

交易策略

表26.9中显示的是头肩形顶部形态的交易策略，图26.5所示为运用测算规则的一个示例。如果忽略成交量形状，则这个形态看起来是很好的。三个波峰中，每个波峰都呈现圆弧状，整体的形态是对称的。

表26.9 交易策略

交易策略	解释
测算规则	计算从头部最高点减去垂直下方的颈线的值得出形态高度。价格穿透向上倾斜的颈线的突破价格减去形态高度，或者，如果颈线向下倾斜，用股票收于右肩低点下方的价格减去形态高度，结果是价格下跌到达的最小目标价格。计算形态高度的另一个方法是，股价最高点减去两个波谷中较高谷的最低点，两个波谷中最高波谷的最高点减去这个形态高度，得出目标价格。这种预测方法提高了目标价格的成功率，而且不用依赖于颈线或突破点（适用于陡峭的颈线）
等待确认	谨慎行事：等待价格收于颈线或右肩低点下方，确认形态
做空止损	对于卖空交易，在两个波谷中较低谷的下方或略高于颈线的上方位置设置一个止损指令，两个位置中以较高者为准
注意反弹	在反弹期间中，建空仓或增加你的空仓头寸。等待价格开始再次下跌，然后再进行交易，因为价格有时反弹后继续上涨

测算规则 测算规则使用形态高度作为计算目标价格的基础。测量在头部的股价最高点与垂直下方颈线的距离，得出形态高度。在这个图中，股票在9月13日达到了51美元的高点。垂直下方的颈线价格约为47.38美元，差距3.62美元即形态高度。

一旦价格穿透颈线，在突破当日最高价格减去形态高度，等于目标价格。在图26.5中，突破日的最高点是48.50美元，减去形态高度3.62美元，等于目标价格44.88美元。11月底，股价下跌超过目标价格。由于目标价格是作为股价运行最小可以到达的价格，股价到达目标价格后经常继续下行，如图26.5所示。

如上文所述，测算规则是计算目标价格的常规方法。然而，它确实有一个缺陷。请仔细考虑如图26.6所示。在右波谷凹处价格下跌至27.75美元，远低于较高波谷的低点31.25美元。连接两个低点的颈线太陡了。价格一直没有跌穿颈线，这就不可能使用常规的方法计算目标价格。作为替代的方法，计算形态高度，要使用头部的最高点和较高的波谷的最低点(图中点A)的差值。在算出形态高度后，从点A减去这个形态高度值便获得目标价格。在这个例子中，头部的最高点是在33.63美元，在最高的波谷的最低点是31.25美元，计算出形态高度2.38美元。将结果从31.25美元中减去，获得28.87美元的目标价格。图26.6所示为这个目标价格，股价在4月中旬达到了。

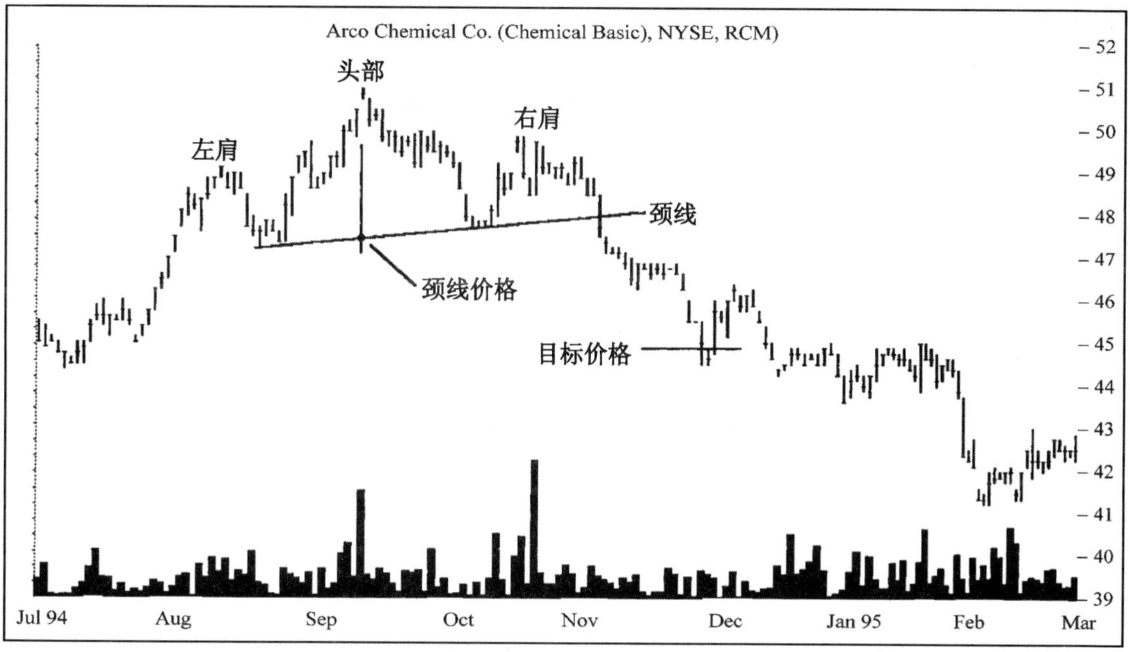

图26.5　运用于头肩形顶部形态的测算规则。通过计算最高点减去垂直下方颈线的价格得出形态高度。突破日的最高点减去形态高度，结果是价格下跌的最小目标价格。

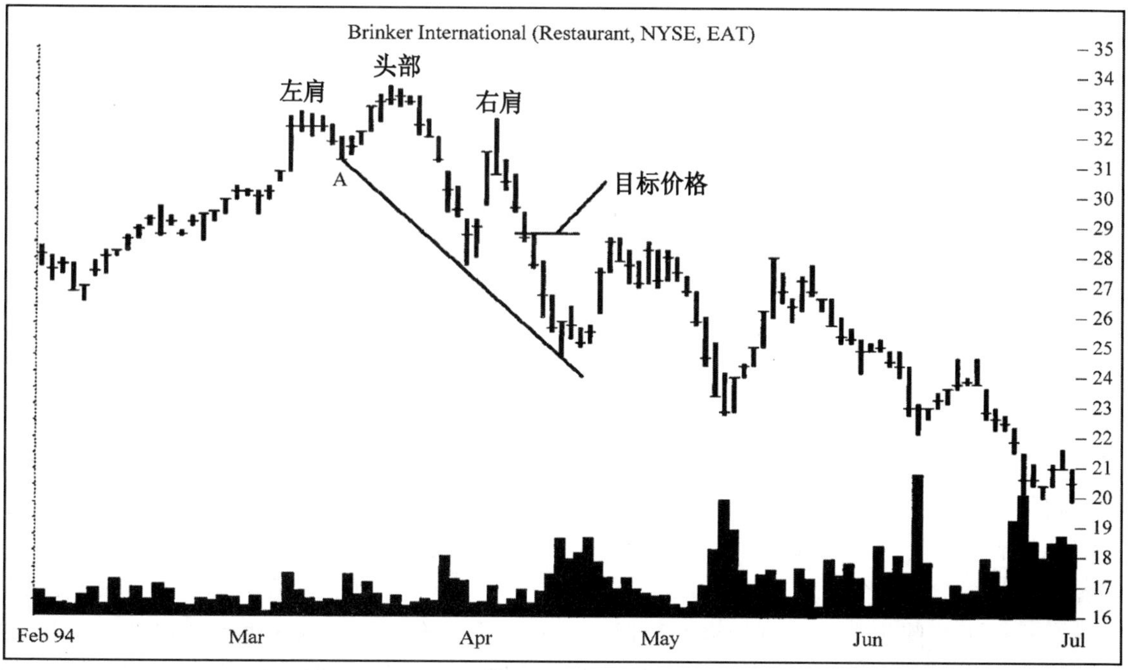

图26.6　头肩形顶部陡峭的颈线。由于陡峭的颈线，没有办法使用常规测算规则计算目标价格。作为替代的方法，计算从头部最高点减去最高波谷的低点(点A)得出形态高度。从A点减去这个形态高度等于目标价格。

测算规则的替代方法有两个优点。首先，它便于计算，因为它不依赖于颈线的价值，所以颇为容易使用。第二，它更准确，达到62%的预测成功率，这意味着，相对于用传统方法预测的目标价格，更多的形态到达使用这种替代方法预测的目标价格。

等待确认 回到表26.9，因为任何事情都可能发生，在卖出持仓或新建空仓前，等待确认总是一个好主意。在牛市中，很有可能价格没有下跌到突破价格之下，便已经创新高了。

做空止损 如果你卖空，把止损指令设置在略高于颈线或者两个波谷较低谷的上方，两者取较高者。选择附近的阻力点作为止损点通常也有效。

注意反弹 如果价格反弹到颈线，考虑增加你的空头仓位。不过，一定要等待价格反弹后开始下跌再进行交易。偶尔，价格会反弹后继续上涨。

交易故事

凯莉不只是一个家庭主妇。当她的丈夫把熏肉带回家时，她不仅把它炸了，还要清理之后的烂摊子。她要保持家里收支平衡，还要不停地盯着他们的新生儿。

她几年前就开始为了好玩做投资了。现在，投资已成为她日常生活的一部分。在琐事之间的空余时间里，她经常盯着电脑屏幕，查看将来要买入的股票的统计数据，还让女儿敲打着键盘。

多年来，她一直能够把微薄的积蓄投资到6位数退休投资组合。这并不总是容易的，错误是痛苦的，但她把每一个失败看成是学习经验。

凯莉不热衷于做空股票，因为她在做空的模拟交易中很少成功。尽管如此，她还是睁大眼睛，寻找好的投资候选股票。图26.6所示的股票引起了她的兴趣。

股票在1993年5月之前开始上坡运行。它沿着缓慢倾斜的趋势线向上，直到1月下旬，股价开始下跌。在恢复上涨之前，股票跌至26.50美元，跌幅不到3%，但已出现了疲软的迹象。凯莉紧跟着股票，当头部出现时，她在她的程序上做了一个笔记，说它可能会变成一个头肩形顶部形态。“它多多少少有一点那个意思。”她是正确的。

股价在右肩暴跌，价格低于她的预期，但很快回升到左肩高位附近。她在两个波谷下方画了一条颈线，并认为这条线太陡峭，无法作为测算规则的锚，所以她使用了替代测算规则计算出目标价为28.88美元。这似乎也不对，所以她用右肩低点，重新计算目标价格。这个结果是21.88美元，或者说是从右肩波谷低点向下伸出一段从头部到右肩波谷的高度。该目标价格将使股价回到1993年7月的水平，对她来说似乎是合理的。

尽管如此，有些事情还是让她对这只股票感到困惑，她决定不交易这只股票。这时，门铃敲响了，她让女儿去应门。片刻之后，电话响了，是她的经纪人打电话来证实，股票已经卖空了。凯莉赶紧跑到电脑前，看到女儿正站在椅子上敲打键盘，脸上还带着宽阔但内疚的笑容。凯莉真希望这个交易只是个玩笑，但是，这不是玩笑，她确实在31美元卖空股票。

在经历了一些焦虑的时刻审查交易后，凯莉决定持有这个空仓。做空的股票数量只有100手，这是她可以承受的数量。价格迅速回落到颈线，在那里股票获得了支撑，股价反弹。当股价上升到高于右肩低点时，她很担心。几天后，股价平稳下来并开始横盘运行。以防这是一个三浪上升形态的开始，她在29美元处设置平掉空仓的止损指令。那个位置止损出局虽然她获得利润少一点，但如果股票继续下跌，她仍可以继续持有卖空的仓位。

两个星期后，她得到了答案。股票连续5天暴跌，然后迅速恢复，只是这次它形成了一个较低的高点。股价的波动使她筋疲力尽，因此当价格达到旧的低点时，她向她的经纪人下指令平掉她的头寸。当价格下跌到22.75美元时，她平掉空仓。股价后来一直跌到20美元。在扣除费用之后，她在这一次交易中赚了大约25%。她给她的女儿一个大大的吻。

交易秘籍

下面的列表包含交易这种形态的提示和观测结果，以帮助你选择表现更好的形态，更多的信息，请参阅相关的表格。

- 查看辨识指南以正确选择形态。见表26.1。
- 选择熊市形态，因为它们下跌最深。见表26.2。
- 熊市中的头肩顶形态失败比率较低。见表26.3。
- 选择突破位置在年度价格区间中间位置附近的形态。见表26.4。
- 反弹损害股价表现。所以避免交易附近有下方支撑的形态。见表26.4。
- 股价突破形态后4个星期(牛市)和8个星期(熊市)，留意价格触底。见表26.5。
- 高或窄的形态表现优于低或宽的形态。避免交易既低又宽的形态。见表26.6。
- 选择具有上升成交量趋势和巨量突破的形态。见表26.7。
- 成交量形状呈U形的形态表现最佳。见表26.7。
- 选择形态头部成交量最大的形态。见表26.7。
- 选择有水平的或向上倾斜的颈线的形态。见表26.8。
- 双肩中左肩峰顶较高的形态表现最佳。见表26.8。

第二十七章 头肩形顶部之复杂形态
Head-and-Shoulders Tops, Complex

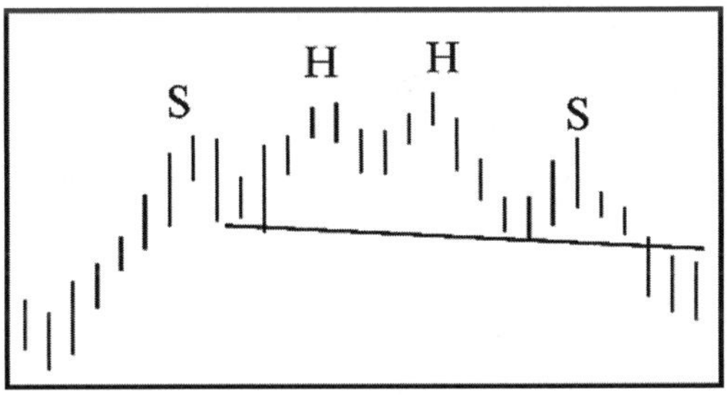

统计简报

向下突破

形状	有多头、多肩或既多头又多肩的头肩形态。	
反转或持续	短期反转，行情看跌。	
	牛市	**熊市**
表现排名	3/21	8/21
保本失败概率	4%	1%
平均跌幅	23%	27%
趋势结束后的变化	48%	42%
成交量趋势	向下	向下
反弹概率	67%	60%
实现目标价格概率	53%	45%
意外发现	反弹损害股价表现。高形态比低形态表现好。具有上升成交量趋势的形态和具有巨量突破的形态表现得很好。	
参见	双顶形态(亚当和夏娃的所有组合)；头肩形顶部形态；圆弧形顶部形态；三重顶形态。	

除了外观，复杂的头肩形顶部形态和普通的头肩形顶部形态没有太大的区别。增加一个双头或一些额外的肩部到一个普通形态，你就有了一个复杂的头肩形顶部形态。这两种形态的成交量趋势通常都是在肩部之间总体向下倾斜。左肩的成交量通常比对应的右肩的成交量高。

复杂形态有几个意外发现。先说反弹，一旦发生反弹，股价表现就会受损。这种行为对于许多形态来说是典型的。其他的意外发现包括高形态表现比低表现更好，成交量呈上升趋势的形态和巨量突破的形态对股价表现有提升。我后面再讨论这些。

导入

复杂头肩形顶部形态有两个基本种类，如图27.1和图27.2所示。在图27.1中，形态出现在一个开始于1992年11月的延续上涨之后，10月中旬上涨消退，形成一个头肩形态的底部。股票反弹，形成左肩。股价停摆在31～32美元平均水平，横盘运行，然后以类似上升三浪形态的方式再次向上冲刺。这个上升三浪形态只上升了1美元就结束了，远没有到达它的目标价格，股价开始再次回调，这个峰顶形成了一个头部。

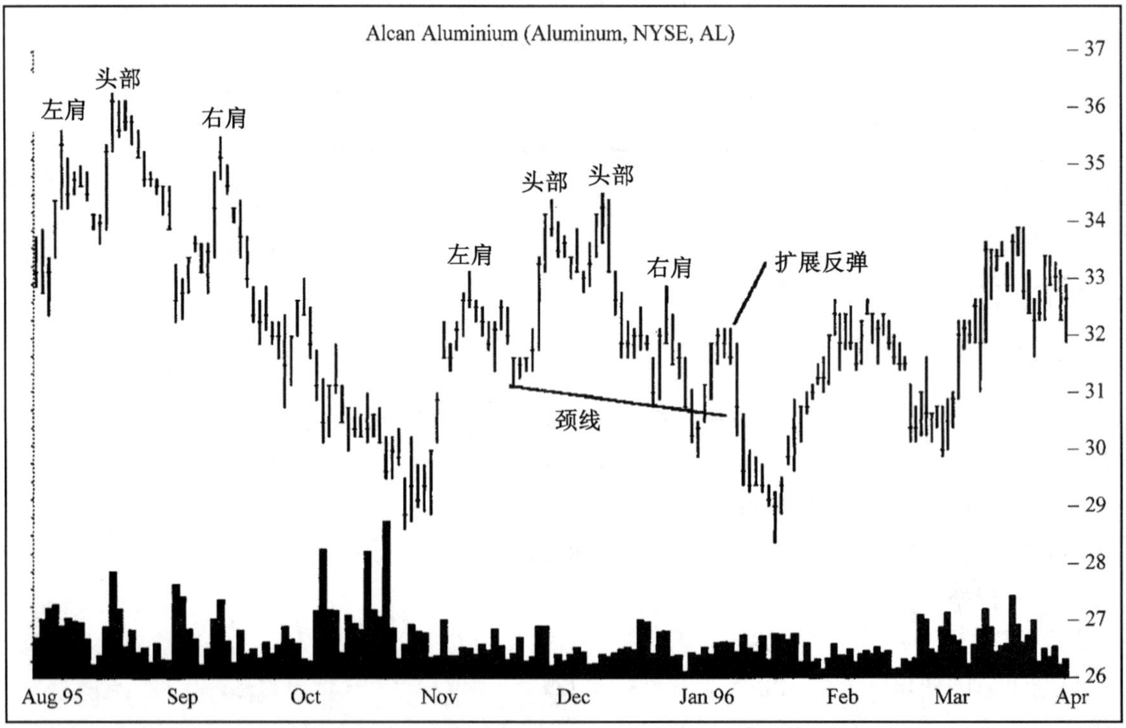

图27.1 复杂的头肩形顶部形态，形态有两个头部。阶梯式的上升三浪形成左肩和头部。双峰呈现喇叭形顶部形态的形状，之后的向下运行类似于另一个波浪形态，只是时断时续。在8月，一个简单的头肩形态出现。

向下移动了一点后，股价向上运行到达标记的旧高点，然后下跌。另一个头部出现。一旦价格从头部滑落，他们就会发现第一个肩谷的牵引力，股价反弹，形成右肩。股价穿过连接两个肩谷形成的颈线后，迅速反弹，向上运行。股价在32美元的阻力水平转身，以直线的方式继续下行，直到28.38美元。

使用线性回归计算形态期间股票日成交量的直线(最外层肩部到肩部)，表明成交量呈下降的趋势。虽然很难从图27.1中判断出，但2/3的复杂头肩顶部的成交量是呈现下降趋势的。

图27.2所示为另一种类型的复杂头肩形顶部形态。多肩单头是两种最普通的复杂形态

中的一种。图为这种技术形态让投资新手的心撕裂了。试想一下，有人就在上涨开始之前的10月买入这只股票，价格很快从大约13美元的低点上升到27.88美元的高位，股价在3月内翻倍。在股价上升的道路上，我们的投资新手认为选股是一件容易的事，他的选择正变成金子。

图27.2　典型的复杂的头肩形反转。多肩与单头在一个相当扁平的形态上形成这个形态。成交量形态强调，在形态左侧的成交量通常高于右侧的成交量。

当价格触及27.88美元，第一个肩部形成，然后股价回调到低点22美元。这一下跌无疑使我们的投资者朋友感到不安。他可能告诉自己，一旦它回到原来的高位，他就会卖掉股票。

在1月初，价格将大涨，在27.50美元达到一个较小的峰值。因为上涨太陡了，我们无畏的投资者认为，当股票要走高时，为什么要卖掉它呢？他是对的。价格回调，然后上涨得更高，以28.63美元的价格形成了头部。一旦头部完成，我们伙伴的麻烦事情就开始出来了。他正在被互联网上对股票在一年内上升到35或40美元的预测所忽悠。

在顶部，价格反转，开始下跌。股价中途在两个左肩之间波谷的位置停留，然后最后尝试上行创新高。到目前，有几个机会可以以较好的价格卖出股票。我们的投资新手把握住了吗？可能不会。他们总是乐观地认为，价格最终会爆发，并达到更高的水平。他没有看到正在萌芽的复杂头肩形态意味着什么：警告。

当价格跌到颈线以下时，在股价开始最终暴跌前，我们的投资新手只有2天。第三天，股票收盘为23美元，接近当日的低点。价格迅速下跌，最终达到了15美元的低点，只是比购买价格高出几美元。这时候我们的投资者认输了，卖出了股票。当然，这是接近底部，股票最终在1年以后攀升到30美元。

辨识指南

我们的投资新手怎么才能识别出这个看跌的反转呢？表27.1概述了复杂头肩形顶部形态的一些辨识技巧。

表27.1　辨识指南

特征	讨论
形状	有多肩或极少出现的双头的头肩形顶部形态。头部高于肩部，但一般高出不多
对称	肩部在头部的另外一侧形成自己的镜像的倾向很强。头部两边的肩部价格水平大致相同，两侧的肩部到头部的时间距离也是大致一样的。肩部形态看起来也是相同的：在左边窄的或宽的肩部在右边也有同样的镜像
成交量	通常在左边的成交量比在右边的更高。在比较左边的肩部和右边相应的肩部时通常能够看到。总体而言，成交量趋势下降
颈线	连接最低左肩谷与最低右肩谷的直线。当延伸的颈线和价格交叉，就标志着一个突破
向下突破	当价格收在颈线下方时，发生突破。对于那些陡峭的向下倾斜的颈线，使用最低波谷的低点作为突破点

形状　如图27.3所示为另一个多肩形态的例子。在图27.3左侧的一个头肩形态下跌之后(在图中仅出现右肩)，价格在7月初跌至底部。然后，股价回升，站起来了，但步履蹒跚，形成一个新的头肩形态：一个复杂的顶部形态。如果您暂时忽略图中的标签，内层的价格活动看起来像一个圆弧形顶部形态。这种平滑的价格翻转在复杂头肩形态中是常见的。当然，扁平头部的多肩形态(图27.2)也是典型的。

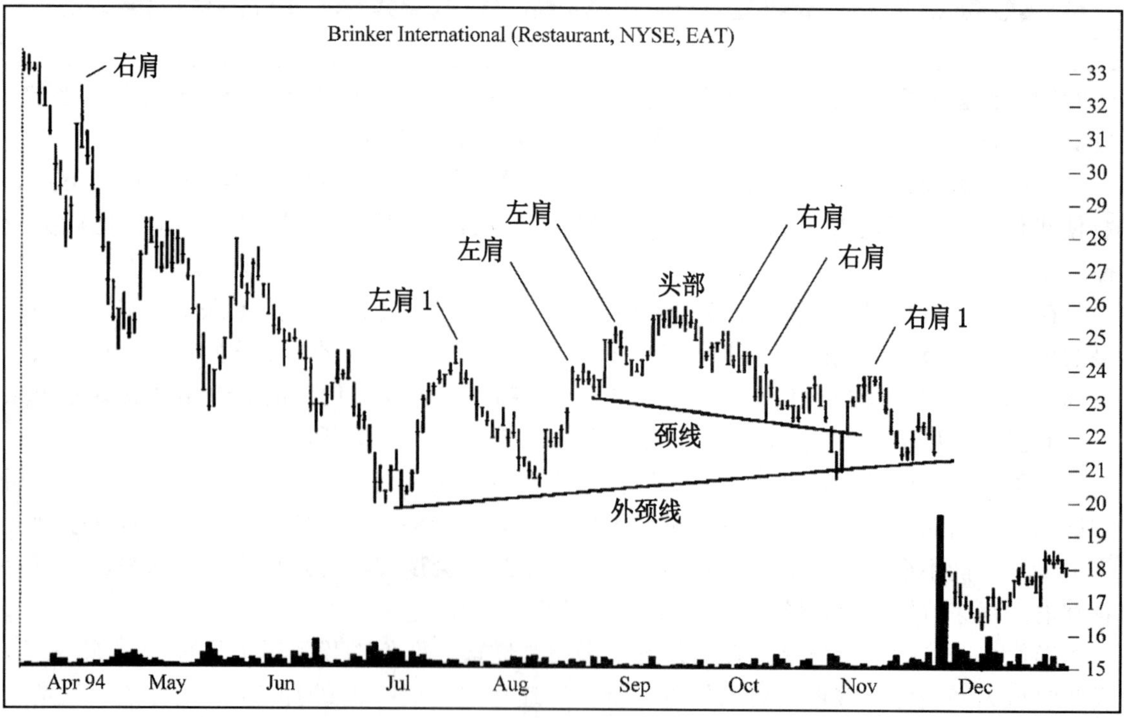

图27.3　一个圆弧形状的复杂头肩形顶部形态。左肩1和右肩1可以被认为是一个大的头肩形顶部的一部分。内层的头肩形看起来像一个圆弧形顶部形态。

对称　忽略外部的肩部，你可以把图27.3看成一个纯粹的头肩形态。对于单头形态，这是正确识别复杂的头肩形顶部形态的最简单的方法。首先找到一个普通的头肩形态，然后展开你的视野，把额外的肩部包括进来。在这个例子中，头部上升高于周围的肩部。从头部看两肩，两个肩部通常是等距的，或者几乎如此。左、右肩的价格水平几乎相同。因此，复杂的头肩顶部的对称性比普通的头肩形态更为明显。

在一个普通的头肩形态，一个肩部在价格上可能会高于其他肩部，或一个肩部离头部的距离会更远——一个延长的肩部。复杂形态通常不会这样。对称性是至高无上的，是关键的识别元素。

对于外层的肩部，它们与头部也是等距的，也是几乎在相同的价格水平。继续对称的例子，标记左肩1和右肩1的两个峰顶似乎是同一形态的肩部，虽然离头部比内层的更远。

如果你认为内层的四个肩部是头部的一部分，那么剩下的是一个大的普通头肩形态。这形态由左肩1、右肩1和大圆头部(由五小高点组成)组成。即使外颈线也支持这个例子，因为价格触及颈线几次后，然后才单日跳空低开4个点穿透颈线。

成交量　如果你可以放大成交量的形态，会看到在形态左侧的比在右侧的略高，至少在内颈线（较高)的范围内。形态左边的成交量比右边的高在复杂头肩形态中是典型的，大约2/3的形态会出现这种情况。

颈线和突破　颈线连接最低肩波谷的低点，其解释与普通的头肩形顶部形态的相同。一旦价格穿透了颈线，就出现向下突破，价格下行。突破时成交量通常会上升，高成交量可以保持数天，这取决于下跌的剧烈程度。

关注形态失败

复杂的头肩形态会遭受两种类型的失败。这两种失败都极少出现。图27.4显示的是第一种类型的失败。我对向下突破的定义是，当股价收于颈线下方，或在陡峭的颈线的情况下，收于最低的肩谷下方。图27.4显示，在5月8日股价曾经穿透颈线下方，但收盘时价格高于颈线。从这一点开始，价格上升，上涨到最高的头部之上，产生向上突破。

形态本身形成良好。两个头部在相同的水平，两个肩部也接近相同的价格水平。整个形态的对称性也很好，头部两侧的肩部与头部是等距的。如你所料，左肩上的成交量比右肩的更大。只是在从右头到右肩的下跌期间，成交量是上升的。简而言之，没有真正的迹象表明价格将无法继续下跌，但价格确实无法继续下跌了。

图27.5中的情况稍微有所不同。该股在突破日单日下跌2美元，但随后以一个上升扩散楔形的形态上涨。这个楔形是一个看跌形态，突破向下，但股价也不能下跌得很远。在几个月内，股票再次创下新高。

我认为这个形态是失败的形态，因为在突破之后，股价下跌没有超过5%。

这一形态的失败有什么线索吗？成交量形态是平的。随着时间的推移，它没有显示减少的趋势。逐渐减少的成交量形态不是一个硬性规则，所以我不认为这种形态是异常的。为了回答这个问题，对公司的基本面进行更仔细地检查可能会提供一些线索。通常像这样的情况下，下方的支撑会阻止股价的下跌趋势。5月到6月的扩散形顶部成为12月支撑股价的盘整区域。

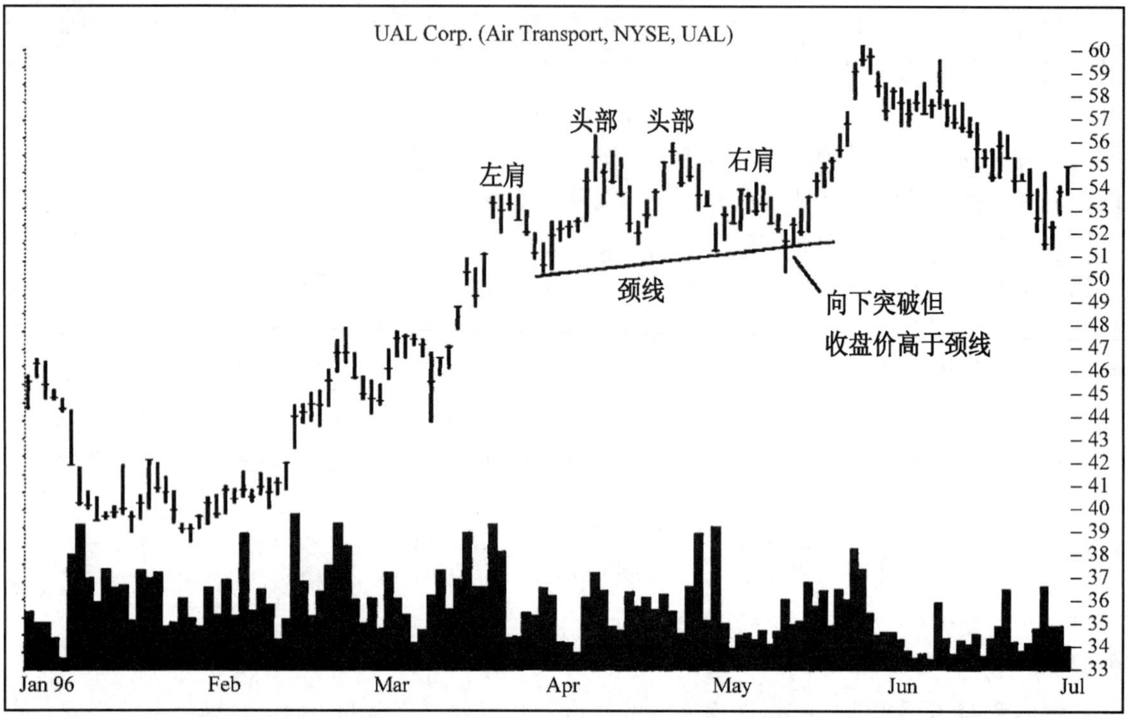

图27.4　一个没有反转的复杂的头肩形态。股价没有能够收在颈线下方，股价上行到形态顶部之上，上演了向上突破。

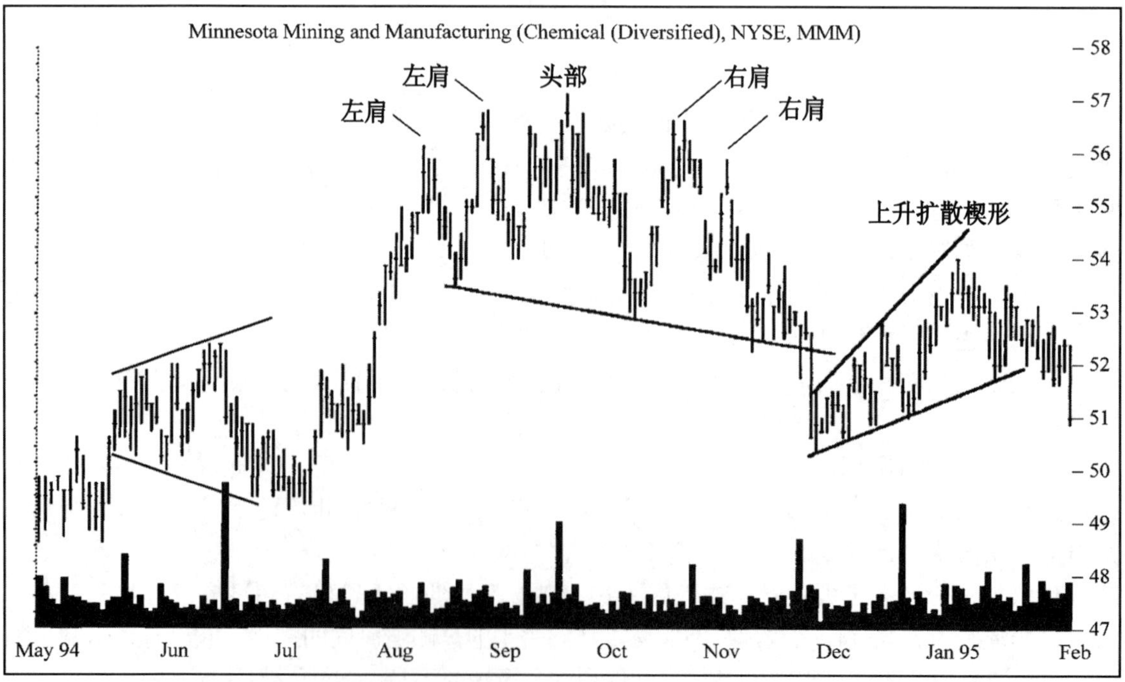

图27.5　另一个失败的复杂头肩形顶部形态。这一个形态在突破后下降没有超过5%。在11月下旬和12月形成一个上升扩散楔形。

统计数据

表27.2所示为头肩形顶部形态的综合统计数据。

表27.2 综合统计

描述	牛市	熊市
形态数量	210个	78个
反转(R)、持续(C)数量	210R	78R
平均跌幅	23%	27%
跌幅超过45%(数量或占比)	17或8%	8或10%
趋势结束后涨/跌幅	48%	42%
形态失败后涨/跌幅	60%[a]	35%[a]
标准普尔500指数的变化	1%	-13%
到达最高点的天数	60天	39天

注：(-)负号表示下跌；[a]表示样本小于30个。

形态数量 复杂头肩形顶部形态的隐藏工作做得很出色。搜索了500只股票的日线图数据，我只发现288个复杂头肩形顶部形态。

反转或持续 由于这些形态在价格上涨趋势的顶部形成，并有向下的突破，它们充当的是反转形态。

平均跌幅 与其他看跌形态相比，复杂头肩形顶部形态的跌幅是相当不错的。在熊市中, 平均跌幅为27%。

跌幅超过45% 与大多数看跌形态一样，复杂头肩形顶部形态不会大幅下跌。跌幅超过45%的形态不到10%。

趋势结束后的变化 一旦价格达到最低点，会发生什么？在牛市股价反弹48%，在熊市42%。这听起来好像很多，可其他形态的反弹达到了50%～60%的幅度。不过，40%的回报也不可小看。

失败形态的表现 突破后股价下跌少于5%的形态数量极少，因此这项统计不可靠。简而言之，忽略这项结果。

标准普尔500指数的变化 表27.2显示总体市场对形态平均跌幅的影响。注意，在熊市中，指数下跌了13%，形态的平均跌幅为27%。在牛市中，指数上升了1%，但形态平均跌幅23%(低于熊市跌幅)。这些观察结果表明，你应该顺应市场趋势进行交易。如果总体市场下跌，找到一个看跌的形态。在一个不断上升的市场，只有交易看涨形态才能得到最高回报。

到达最低点的天数 股价突破后达到最低点需要大约2个月或更短的时间。请注意，熊市的39天低于牛市的60天，但价格下跌却多出4%。由此看来，熊市的下跌必然更陡，才能在更短的时间内下跌更多。

表27.3所示为形态的失败比率。有关如何计算它们的详细信息，请参阅“词汇表和方法”一章。与其他形态相比，复杂头肩形顶部形态的失败比率较低。在熊市中，突破后只有1%的形态下跌不超过5%。一半的形态没有能够下跌超过25%。

表27.3 失败形态数量或比率

股价最大跌幅(%)	牛市	熊市
5(保本点)	8或4%	1或1%
10	29或14%	6或8%
15	65或31%	10或13%
20	101或48%	24或31%
25	129或61%	38或49%
30	156或74%	53或68%
35	171或81%	59或76%
50	204或97%	72或92%
75	210或100%	78或100%
＞75	210或100%	78或100%

牛市的失败比率更高。4%的形态突破后下跌不超过5%。一半的形态没有能够下跌超过22%。这样的失败比率听起来可能很高，但当您将其与其他形态类型的失败比率进行比较时，会发现这是相当不错的。

由于熊市数字显示出较低的失败比率，要做空这类形态，就要在熊市，而不是牛市。

表27.4所示为复杂的头肩形顶部形态的突破及突破后相关的统计数据。

表27.4 突破与突破后股价表现统计

描述	牛市	熊市
从形态结束到突破	15天	14天
突破在年度价格区间低(L)、中(C)、高(H)各区域分布的百分比	L9%,C49%,H42%	L22%,C60%,H18%
形态在年度价格区间低(L)、中(C)、高(H)各区域突破后的涨幅	L20%[a],C24%,H21%	L23%[a],C27%,H33%[a]
反弹概率	67%	60%
反弹期间	9天	11天
出现反弹形态的平均跌幅	20%	26%
未出现反弹形态的平均跌幅	27%	29%
出现突破缺口形态的表现	-22%	-30%[a]
未出现突破缺口形态的表现	-23%	-26%
缺口平均金额(美元)	0.50	1.22

注：(-)负号表示下跌；[a]表示样本小于30个。

从形态结束到突破 平均而言，从右肩峰顶到突破价格，股价的下跌大约需要2个星期的时间。当颈线向上倾斜时，我使用收于颈线下方时的价格作为突破价格；当颈线向下倾斜时，我使用一个收于最低的右肩下方的价格作为突破价格。使用肩部是为了避免陡峭的向下倾斜的颈线可能永远不会出现触发交易突破颈线价格。

年度位置 大多数的复杂头肩形顶部形态在年度价格范围的中间区域发生突破。由于我们正在讨论的顶部形态，突破是在形态的底部，这个结果不应该令人惊讶。

年度位置及表现　在年度价格范围中间或高位区域突破的形态表现最好。

反弹　股价突破形态后发生反弹的概率在60%～67%之间，取决于市场情况(熊市或牛市)。牛市形态显示出更多的反弹，这是合乎道理的，因为突破向下违背了上行的市场浪潮。

价格恢复到突破价格需要不到2个星期的时间。发生反弹形态的平均跌幅比没有发生反弹形态的平均跌幅小。因此，为了最好的投资表现，交易前要查看下方支撑，避免交易附近有下方支撑的股票。

缺口　在牛市中，没有突破日缺口的形态比那些有缺口的形态表现得稍微好一些。在熊市中，突破日缺口有助于股价表现。此外，熊市中的缺口平均大小比牛市中的缺口大2倍。它可能就像顺流游泳一样，你可以以更少的力气游得更远。因此，在熊市的突破缺口往往会比牛市的突破缺口把股价推得更低。

表27.5所示为股价突破形态后到达最低点时间的频次分布。在第1个星期，几乎有1/4的形态见底。在第1个月，61%的熊市形态将达到最低点，46%的牛市形态将跌到最低点并开始反弹。我是通过对各列求和得出这个结论的，您可以估计您的股票会在表中的哪个时期跌到最低点。

表27.5　到达最低点天数的频次分布

天数	7	14	21	28	35	42	49	56	63	70	>70
熊市	23%	18%	15%	5%	5%	3%	8%	4%	0%	1%	18%
牛市	20%	7%	9%	10%	3%	4%	2%	5%	5%	4%	30%

请注意，在牛市，10%的形态在28天达到最低点；在熊市，8%的形态在49天到达最低点。因此，在突破后1个月到7个星期之间留意股价的强劲表现。

表27.6所示为与形态面积大小相关的统计信息。

表27.6　形态面积大小统计

描述	牛市	熊市
高形态表现	-25%	-29%
低形态表现	-21%	-25%
高度中值(与突破价格百分比)	19.49%	25.18%
窄形态表现	-23%	-26%
宽形态表现	-22%	-28%
长度中值	73天	62天
形态平均长度	84天	71天
低窄组合形态表现	-22%	-26%[a]
低宽组合形态表现	-18%[a]	-25%[a]
高宽组合形态表现	-25%	-29%[a]
高窄组合形态表现	-26%[a]	-28%[a]

注：(-)负号表示下跌；[a]表示样本小于30个。

高度　高形态比低形态表现好。在牛市中，高形态突破后股价的跌幅平均为25%，而低形态仅为21%。在熊市中，趋势与高形态的相似，高形态表现突出。

宽度　在牛市中，狭窄的形态表现得稍微好一些，但在熊市中，宽形态表现得更好。我用长度中值(不是平均值)来确定宽度。

形态平均长度 形态平均长度是在2个月(熊市)和3个月(牛市)之间。

高度和宽度的组合 高度和宽度的组合产生不同的结果。既高又窄的形态在牛市中表现最好，突破后股价平均下跌26%。对于熊市来说，既高又宽的形态比其他组合表现得更好。

表27.7所示为复杂头肩形顶部形态的成交量统计信息。

表27.7 形态期间成交量统计

描述	牛市	熊市
上升成交量趋势表现	-23%	-29%
下降成交量趋势表现	-22%	-26%
U形成交量形态表现	-26%	-26%[a]
半圆形成交量形态表现	-21%	-27%
既非U形又非半圆形成交量形态表现	-18%[a]	-29%[a]
巨量突破表现	-23%	-28%
轻量突破表现	-22%	-26%
左肩成交量最高时形态表现	-22%	-26%
头部成交量最高时形态表现	-24%	-27%[a]
右肩成交量最高时形态表现	-22%	-30%[a]

注：(-)负号表示下跌；[a]表示样本小于30个。

成交量趋势 当成交量从左肩向右肩(峰值至峰值)呈上升趋势时，股价在突破形态后表现得更好。最大的差异出现在熊市，成交量呈上升趋势的形态价格下跌29%，成交量呈下降趋势的形态只下跌26%。

成交量形状 在牛市成交量形状呈U形的形态突破后下跌26%，优于其他成交量形状的形态。随机成交量形状(既非U形又非半圆形)的形态在熊市中表现良好，但样本量小，所以数字可能是不可靠的。

突破成交量 巨量突破的形态突破后股价表现良好。巨量突破伴随着上升的成交量趋势，表明在突破之后股价的上行会有更有力。

肩部成交量及表现 肩部巨量是否意味着突破后股价会有强劲的下行？也许是的。在牛市，与最左肩成交量和最右肩成交量相比，当成交量在头部(最高点的周围5天)最高时，突破后股价下跌24%。这个数字高于成交量最高在其他肩部组合。在熊市中，右肩成交量最高时，突破后股价平均下跌30%，但样本规模较小。

表27.8所示为复杂头肩形顶部形态的其他统计信息。

表27.8 其他统计

描述	牛市	熊市
向上倾斜颈线形态表现	-22%	-24%
水平颈线形态表现	-24%[a]	-11%[a]
向下倾斜颈线形态表现	-23%	-30%
高左肩形态表现	-23%	-24%
高右肩形态表现	-21%	-30%
等高双肩形态表现	-24%[a]	-21%[a]

注：(-)负号表示下跌；[a]表示样本小于30个。

颈线斜坡　水平颈线的数字并不强劲，水平颈线牛市中有8个样本，在熊市中仅有1个。如果你排除了水平颈线，那么表现最好的是向下倾斜颈线。表现差异最大的是熊市形态，30%与24%。

肩部高点　同样，对于等高双肩形态，样本量也很小，牛市中有13个样本，熊市中有1个样本。如果忽略样本量小的问题，在牛市中，表现最好的是左肩高点较右肩更高的形态，但差别很小：23%与21%。在熊市中，那些右肩高点较高的形态突破后下跌30%，左肩高点更高的形态下跌24%(都是用最左边的肩部或最右边的肩部的最高点进行比较)。

交易策略

表27.9展示了复杂头肩形顶部形态的交易策略。

表27.9　交易策略

交易策略	解释
测算规则	头部最高点减去垂直下方颈线的值等于形态高度。价格穿透颈线的突破价格减去形态高度等于目标价格。如果形态看起来像一座山突然出现在一个平坦的基地上，价格可能会回到基地。见图27.2和图27.5
等待确认	如果一个简单的头肩形态确认，考虑在不等待复杂头肩顶形态确认的情况下进行交易。进行做空交易或卖出任何长期持股。这种形态很少令人失望，下跌幅度高于平均水平
做空止损	查看颈线附近的阻力区域。在底部位置较高的肩谷上方设置止损指令。肩峰顶和头部也是设置止损点的好位置
注意反弹	在股价反弹过程中进行做空交易或增加空仓头寸。等待价格开始下跌再进行交易，因为价格有时反弹后继续上涨

测算规则　测算规则预测股价预期下跌到达的最小价格水平。将图27.6作为表27.9中概述的测算规则的示例。计算形态的最高点(31.63美元)与最高点垂直下方颈线的值(27美元)之间的差额(4.63美元)，得出形态高度。突破价格(25.75美元)，即股价下跌穿透颈线处的价格，减去形态高度，等于目标价格(21.12美元)。3月初，股价下跌到目标价格下方。

这是常规测算规则，它的预测成功率在45%和53%之间。这低于喜欢看到的测算规则的80%的成功率。传统的方法也有一个缺陷，当颈线倾斜陡峭，在这种情况下，尽管股票不断下跌，但价格可能永远不会穿透颈线。幸运的是，在复杂的形态中很少有陡峭倾斜的颈线。然而，如果你碰到一个俯冲颈线的形态，就使用最低的肩部低点作为突破价格。同正常的测算规则计算方法一样，计算肩谷低点减去形态高度得出目标价格。

稍微更保守一点的测算规则是，计算形态最高点到肩谷与颈线连接点中的较高点的差值，得出形态高度，然后计算肩谷与颈线连接点中的较高点的值减去形态高度，结果就是目标价格。这个方法预测的目标价格成功率在51%(熊市)和62%(牛市)之间。

以图27.6中所示的形态为例，形态最高点为31.63美元，肩谷与颈线连接点中的较高点为点A(27.50美元，使用当日最低价)，两者之差为形态高度4.13美元(31.63-27.50)，目标价格等于23.38美元(27.50-4.12)。在3月2日的单日大跌期间，股价达到了目标价格。

如果头肩形态不是出现在一个延续的上升趋势之后，如图27.1所示的情况，那么价格可能会回落到形态开始时的低点。在图27.1中，在进入形态前，股价开始上升的低点约为28美元。这是突破后价格下跌回到的水平。

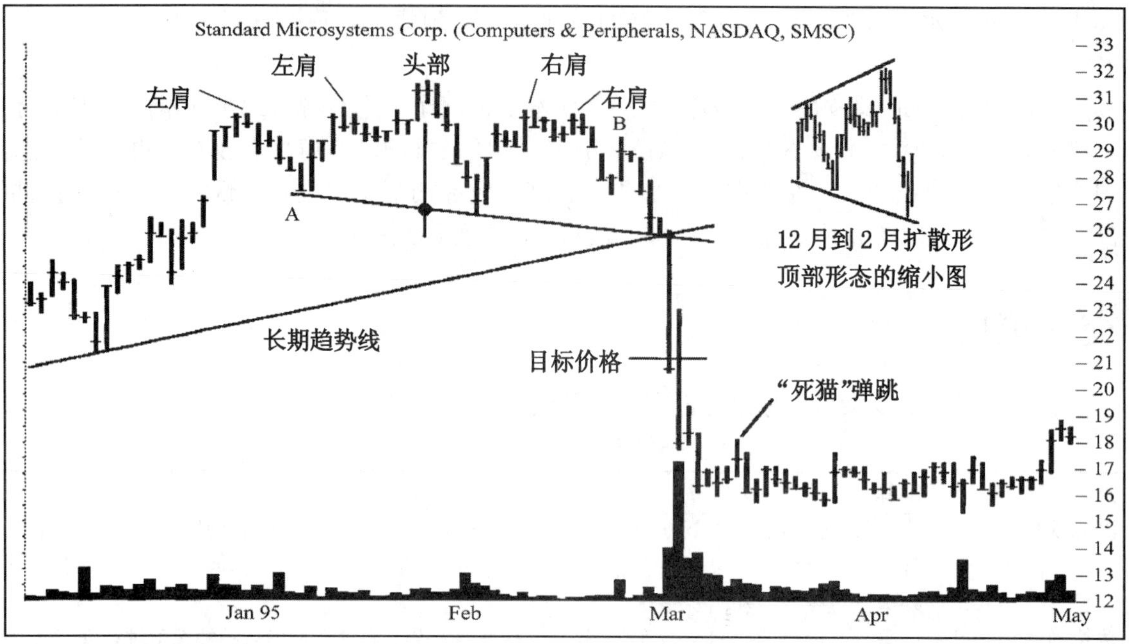

图27.6　一个复杂的头肩形顶部形态。使用测算规则，计算形态最高点与垂直下方颈线之间的差值，突破价格减去该差值，等于目标价格。从12月到2月出现一个扩散形顶部形态，随后出现一个“死猫”弹跳。

在其他情况下，形态会突然从一个基地向上爆发，然后就像迅速上涨时一样，迅速下跌返回基地。图27.2和图27.5中的例子所示为这种情况。

等待确认　因为一个复杂的头肩形顶部形态是由一个简单的头肩形顶部形态组成的，所以可以交易内层的头肩形态。这一策略可以让你提前介入交易，而不必等待价格收于颈线或肩部低点。对于保守的投资者，等待复杂形态确认(当价格低于颈线或肩部低点)。如果你持有股票，在确认后卖掉它，因为价格正在下跌。

做空止损　对于空头仓位，查看股票的力量区域——阻力水平——并将止损指令设置于该水平之上。常见的阻力水平是肩谷、肩顶、头顶。如果价格上升到复杂形态最高点之上，平掉空仓，因为价格可能继续上升。

注意反弹　有时价格突破向下后，重整旗鼓，回升在颈线之上，然后再暴跌(见图27.1和图27.3)。这些扩展反弹和普通反弹是一个开始做空或增加空仓头寸的好位置。

交易故事

亨利经营一个小型对冲基金。他考虑买入图27.6所示的股票，但需要更多的看涨证据。在1994年8月，他每天使用的指标确认了买入信号，因此他以平均价格17.25美元为他的基金购买了股票。

在1995年1月，亨利怀疑末日临近，所以他开始仔细地审视基本面。他太全神贯注于对公司的研究，没有注意到正在形成的形态。和他的基金经理朋友们喝咖啡时，他跟他们分享了他对公司的挖掘的收获。这些消息不太好。

“所以这就是为什么它形成扩散形顶部形态!”有人说。亨利皱起眉头,在他心目中想象股价运行图，他看到一个扩散形顶部形态，正如他的朋友所说的一样。

第二天，亨利打开股价图，更仔细地观察起来。他看到了较高的高点和较低的低点(参见图27.6中的缩小图)，这是扩散形态的特点。再加上他对公司的基本面的研究，他知道现在已经接近卖出的时间了。但他还没有卖出股票，他想在顶部卖出，当时的价格是图中标记的趋势线最高点。

2月初，当价格试图冲上以前的高位时，尝试失败了，股价下跌了好几天，然后再次尝试(两个右肩)。第二次上升甚至比前一次更短，股价发出疲软信号，于是亨利立即开始抛售。

触及扩散形态的顶部却没有能够突破形态上行，意味着这是一个局部上升。在扩散形顶部形态的局部上升通常意味着一件事：随后将会有一个向下的突破。

当股票被拉回两个右肩的底部(点B)时，亨利卖掉了他的持仓。当他准备离开办公室回家时，电脑屏幕上的东西吸引了他的眼球。那个扩散形态已经变成一个复杂的头肩形顶部形态。两个左肩与两个右肩以一个头部为中心形成对称。

亨利与他的导师和他的基金经理朋友讨论了这个新的形势，然后决定做空股票。当价格达到了长期上升趋势线，他卖出一大笔空单。

两天后，股价暴跌。股价在1天内跌掉了20%(即5美元)，并且继续下跌。在不到1个星期的时间里，股价跌到了16美元，暴跌了36%。在这个点股价找到了一些支撑。

亨利研究过“死猫”弹跳形态的行为，他掏出笔记本，温习起来。他知道股票会向上反弹，通常在1个星期内完成反弹，然后趋势向下，跌得更低。

不出所料，价格上涨了一点(到18.13美元)，但这不是他预期的平滑的、圆弧的反弹。在接下来的几天里，股价走低，亨利不再抱怨，但他密切关注着形势。

该股在大约16美元见底，然后横盘运行。对他来说，股票看起来好像是在建造一个基地，准备向上运行，所以他把他的空头头寸平掉了一半。在4月下旬，当价格骤升到18.50美元，他立即平掉他剩余的空头头寸。

交易秘籍

下面的列表包含交易这种形态的提示和观测结果，以帮助你选择表现更好的形态，更多的信息，请参阅相关的表格。

- 查看辨识指南以正确选择形态。见表27.1。
- 在熊市中交易这种形态。见表27.2。
- 复杂头肩形顶部形态在熊市中更少失败。见表27.3。
- 在牛市中，选择在年度价格区间中间区域突破的形态。在熊市中，在高位区域附近有突破的形态表现最佳。见表27.4。
- 反弹损害股价表现。见表27.4。
- 突破后1个月，熊市有46%的形态见底，牛市有61%的形态见底。见表27.5。

- 选择高形态。见表27.6。
- 选择有上升成交量趋势的形态。见表27.7。
- 突破日成交巨量将价格推得更低。见表27.7。
- 选择有向下倾斜颈线的形态。见表27.8。

第二十八章 牛角形底部形态 Horn Bottoms

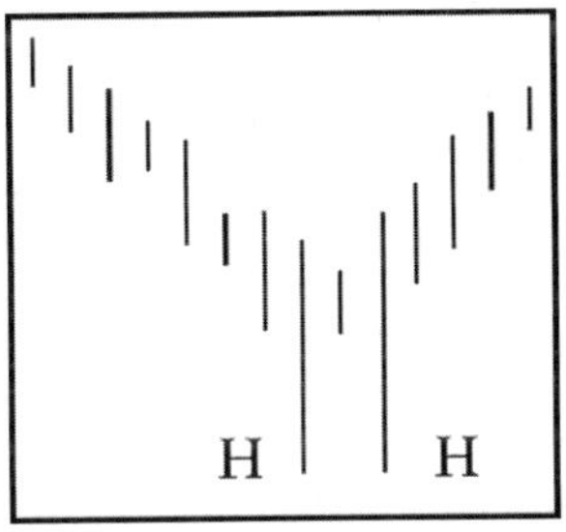

统计简报

向上突破

形状	周线图中两根向下尖峰被分开一个星期。	
反转或持续	短期反转，行情看涨。	
	牛市	**熊市**
表现排名	14/23	6/19
保本失败概率	9%	7%
平均涨幅	35%	27%
趋势结束后的变化	-32%	-37%
成交量趋势	向下	向下
回调概率	29%	58%
实现目标价格概率	76%	61%
意外发现	回调损害股价表现。高形态比低形态表现好。巨量突破的形态和尖峰低点之间价格差异大的形态表现突出。当右尖峰在左尖峰的交易范围内时，形态表现提升。	
参见	双底形态(亚当和夏娃的所有形态类型)；管形底部形态。	

我第一次发现牛角形底部形态，是在我思考双底形态的研究结果时。底部紧密结合的双底形态，比那些底部分开的间距宽的形态表现好。你可能想知道那些间距只有1个星期左右的形态表现如何？我对这个想法进行了测试，发现这样的形态表现良好。

正如统计简报所显示的那样，牛角形态的保本失败概率很低，平均涨幅高于其他看涨形态。您可以通过仔细选择形态来提高你的投资表现。意外发现描述了一些要关注的东西。例如，如果在向上突破附近有上方阻力，那么牛角形态就更有可能回调。当回调发生时，股价表现会受到影响。我在接下来的几页中会讨论这个问题以及其他意外发现。

导入

图28.1所示为牛角形底部形态的样子。在1993年12月下旬见顶之后，价格从50.75美元的高点跌到了牛角形底部形态低点30.75美元。在牛角形态的左边，周价格范围很大，约7美元。巨大的成交量使本周看起来像单周反转(与单日反转特征相同，但过程是一个星期)，预示着可能的趋势变化。

接下来的1个星期，价格收低，但远没有左牛角的低点低。然后，1个星期之后，价格再次飙升，但收盘于本周的最高点附近，而且只比前一周的收盘价低0.13美元。这时，牛角形底部形态完成了：两个价格尖峰被标志着转折点的1个星期分开。从这一点股价开始上行，从尖峰低点算起，价格在大约一年半的时间里上涨超过2倍。

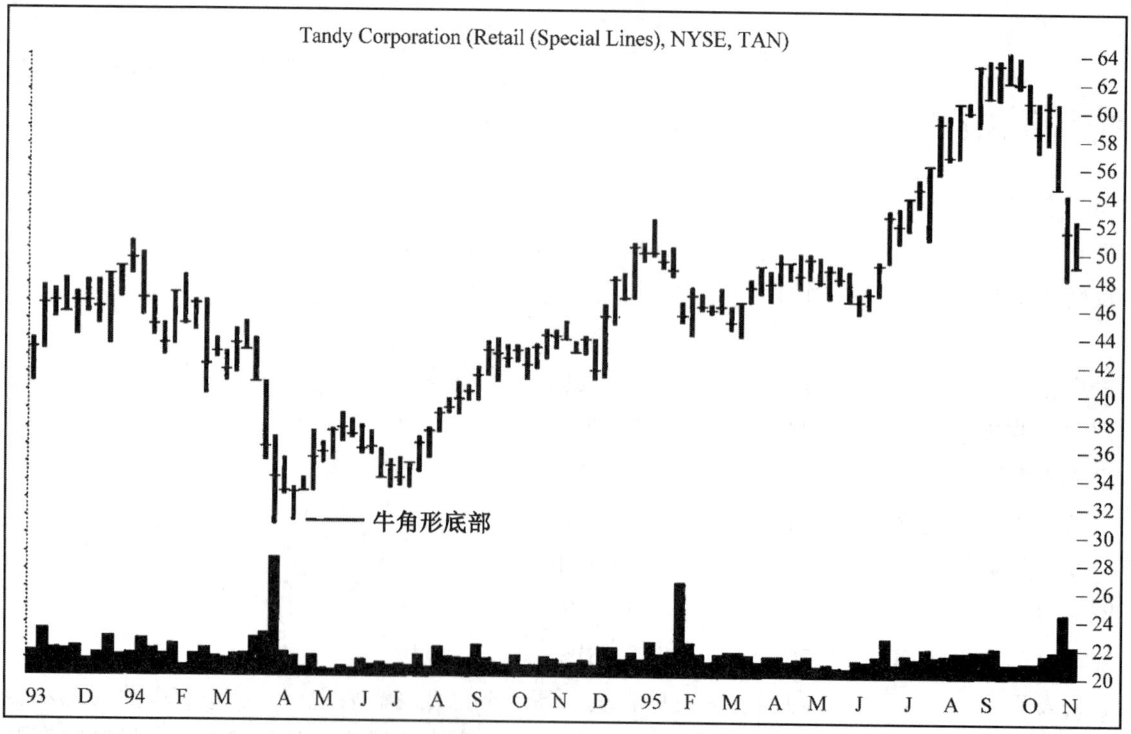

图28.1　一个很好的牛角形底部形态例子。两个下跌的价格尖峰，相隔1个星期，看起来像一对倒置的公牛角。

辨识指南

如何正确识别牛角形底部形态？表28.1所示为识别特性。

表28.1　辨识指南

特征	讨论
周线图，向下尖峰	使用周线图找到两个相隔1周向下的价格尖峰。这两个尖峰应该比上一年的类似尖峰更长，且远低于中心周的低点。形态应该看起来像一个倒公牛角。尖峰异常长的形态表现更好
清晰可见性	在下跌趋势中，牛角低点应远低于周围的低点，特别是在形态的左侧的数周内（或数月）。 通常，牛角形态出现在下跌趋势接近结束的地方，但也会出现在上升趋势的回调中（这时左边的可见性不太清晰）
确认	当股价收于这个3周形态中的最高点之上时，该形态成为有效的牛角形底部形态

周线图，向下尖峰　牛角形态在周线图上可见。虽然它们出现在日线图中，但在周线图中更容易选择。对于图28.2中左侧的形态，形态显示两个长的向下的价格尖峰，由1个星期隔开。中心周的低点远高于两个尖峰低点，突出了形态的倒牛角形状。

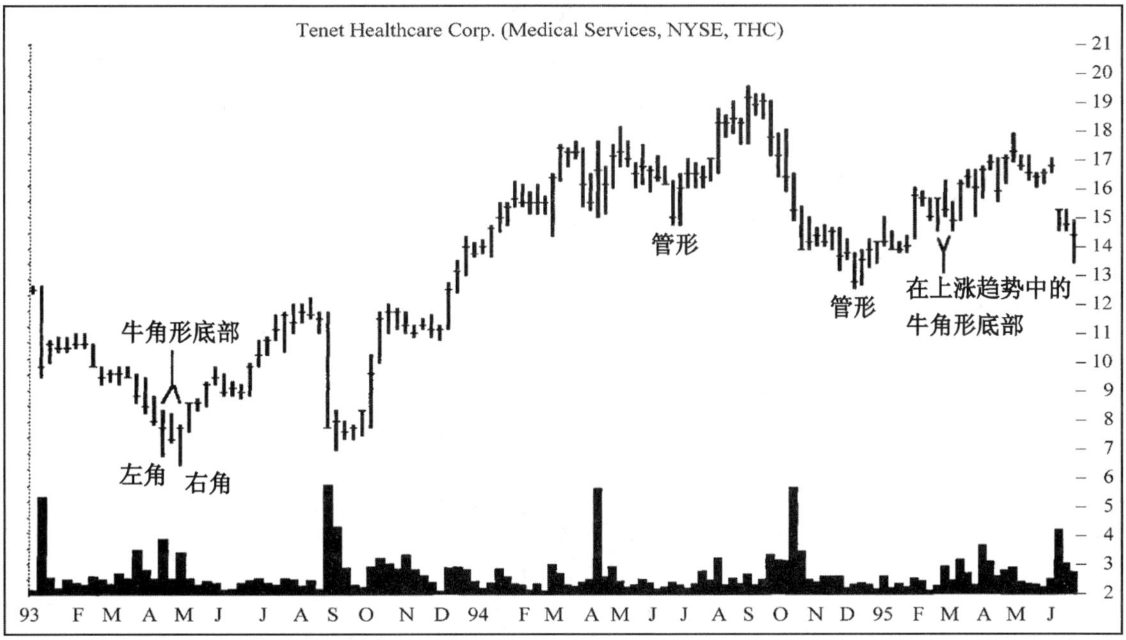

图28.2　两个牛角形态的例子，一个在向下的趋势中，一个在上涨的趋势中。请注意，第二个管形形态确切地说是掉头。

回头看过去的几个月，你可以看到并没有与牛角尖峰长度相近的向下的价格尖峰出现（从最低的低点到两个相邻周的低点）。这一对牛角标志着一个不寻常的事件，这是一个投资者应该注意的事件。

清晰可见性　图28.2中左边形态，牛角形态出现在一个下跌的价格趋势之后，使得形态的左边清晰可见，因为没有向下的趋势或价格异常会使视图模糊。这种可见性很重要，因为这个形态应该独立存在，而不是价格拥堵区域的一部分。它应该标志着一个下行价格趋势的转折点。

图28.2中右边的形态是一个牛角形底部形态在上升趋势中的样子。股价有3个星期的小回调，形态就像牛角形底部形态。这几个星期的股价使形态从周围的价格运行中分离，并且

使得形态容易识别。

这两个尖峰的低点价格相同，都是14.50美元，价格很好地重叠(因为右尖峰几乎完全与左尖峰重叠)。您可以辩称，与12月初和6月末的管形形态相比，牛角形底部形态与周围几周时间股价运行的分离并不特别。这当然是真的，但大部分形态的价格都是明显的平底，而不是锯齿状海岸线的轮廓。

确认 当价格收在3周形态中最高点之上时，双底形态确认为有效的牛角形底部形态。没有确认，你的形态就不是牛角形态。

关注形态失败

虽然牛角形底部形态的失败比率低，它们仍然会失败。图28.3所示为一个5%失败的牛角形底部形态。一个5%失败是当价格从正确的方向启动，但步履蹒跚(上升不超过5%)，转过身来，然后往回走。那一对双下跌的价格尖峰看起来很好，它们长且重叠得好。它们形成从高位回调的价格的一部分，股价通常会反弹形成第二高峰(双顶)，或可能会上涨更高。如果你相信这只股票将形成第二个峰顶，那么这个形态可能不值得去赌，因为价格升值的潜力并不是很令人激动。

如果你以不同的眼光看待这种形态，你可能会怀疑它会形成一个头肩形顶部形态。左肩在1994年5月下旬已经可见，大概在1995年4月或5月形成的另一个肩部，可能是左肩的镜像。如果是这样的话，那么你也应该放弃交易这个形态，因为右肩可能会在约16美元见顶。根据这一理论，价格可能继续下跌，在10～12美元的范围(形成颈线)见底，然后反转上行，上涨到右肩。既然价格还会下跌，为什么现在买入股票呢？

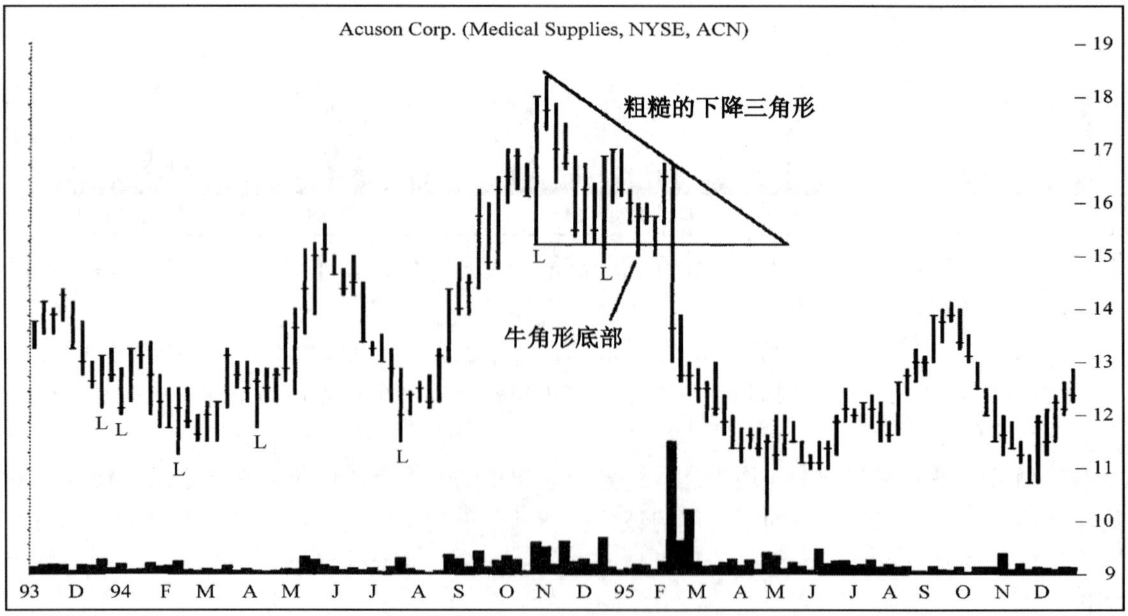

图28.3 牛角形底部形态的失败形态。在其他线索中，类似的长价格尖峰(标记L)表明这种形态可能是不可靠的。下降三角形态表明价格走低。

这个形态失败的另一个线索是价格尖峰本身。如果你看一下前面的价格，就会看到几个与牛角形态长度相媲美的下行价格尖峰。这是警告信号，意味着这个牛角形态可能不是什么特别的东西。

这个形态的可见性很差，因为前面的价格挡住了视线。通常情况下，下跌趋势股价不断走低(如1995年2月至4月的跌幅)。在急剧下降中出现的牛角形态，在形态的左侧应该有很好的可见性。这个模糊的视野告诉我们，价格似乎形成一个底座，而它们的顶部股价正在下跌。换言之，一个下降的三角形态正在形成，投资者应该警惕。

把这些因素放在一起，似乎有充分的证据表明，这个牛角形态可能不会像预期的那样运行。但是，从统计学上讲，牛角形底部形态的失败比率是多少?

统计数据

表28.2所示为牛角形态的综合统计数据。

表28.2　综合统计

描述	牛市	熊市
形态数量	286个	118个
反转(R)、持续(C)数量	286R	118R
平均涨幅	35%	27%
涨幅超过45%(数量或占比)	89或31%	23或19%
趋势结束后涨/跌幅	-32%	-37%
形态失败后涨/跌幅	-23%[a]	-41%[a]
标准普尔500指数的变化	14%	5%
到达最高点的天数	180天	90天

注：(-)负号表示下跌；[a]表示样本小于30个。

形态数量　我查看500只股票中发现了404个牛角形态，涵盖了大约十年的时间跨度。

反转或持续　我研究的所有牛角形态都是下行价格趋势的反转。换句话说，它们是底部，不是顶部。一些形态出现在价格上涨的趋势中，因一周或两周的下跌进入牛角形态，但大多数形态出现在下降趋势接近结束的地方。

平均涨幅　与所有看涨形态相比，牛市形态的平均涨幅为35%，熊市的为27%；与所有看涨形态的平均涨幅相比，它与平均涨幅相当或略高于平均涨幅。

涨幅超过45%　在牛市中，这种形态光芒四射，几乎1/3(31%)的形态上升了45%以上。在熊市中，突破后只有19%的形态股价涨幅超过45%，但这仍然是一个很好的表现。

趋势结束后的变化　突破之后，一旦价格达到了最高点，股价掉头下跌的幅度在32%～37%之间，从而回吐前面所有的上涨，甚至还多吐了一些。这种行为表明你不能买入并持有股票，及时的卖出会让你的钱包变鼓。

失败形态的表现　股价突破形态后攀升不到5%便掉头下跌的牛角形态，平均下跌23%～41%。熊市的大幅下跌是因为只有8个样本，否则，预期表现会更差。

标准普尔500指数的变化　从牛角形态突破的那天到股价达到最高点期间，指数在牛市上涨14%，在熊市上涨5%。熊市中指数上涨有点不寻常。

到达最高点的天数　在牛市，股价花了近6个月的时间达到最高点，但在熊市只花大约3个月。即使如此，熊市形态的股价突破后平均上涨了27%，上涨比牛市的要陡峭。

表28.3所示为牛角形底部形态的失败比率。请注意，在熊市中，失败比率开始较小，但到了最高股价涨幅上升到15%以后，牛市的失败比率比熊市的低。

表28.3　失败形态数量或比率

股价最大涨幅(%)	牛市	熊市
5(保本点)	26或9%	7或7%
10	57或20%	20或17%
15	90或31%	41或35%
20	118或41%	57或48%
25	142或50%	67或57%
30	158或55%	77或65%
35	175或61%	83或70%
50	206或72%	98或83%
75	237或83%	109或92%
＞75	286或100%	118或100%

怎么解读这张统计表呢？让我举一些例子。在牛市中，大约1/3(31%)形态的涨幅不会超过15%，一半的形态涨幅不超过25%。在熊市中，35%的形态涨幅不会超过15%。

如果你想在扣除了5%的佣金和费用后有15%的利润(总共20%)，牛市中41%的形态和熊市中48%的形态将无法达到你的利润目标。

表28.4所示为突破和突破后相关的统计数据。

表28.4　突破与突破后股价表现统计

描述	牛市	熊市
从形态结束到突破	19 天	16 天
突破在年度价格区间低(L)、中(C)、高(H)各区域分布的百分比	L27%,C37%,H36%	L34%,C44%,H22%
形态在年度价格区间低(L)、中(C)、高(H)各区域突破后的涨幅	L33%,C38%,H32%	L32%,24%,H27%[a]
回调概率	29%	58%
回调期间	17天	17天
出现回调形态的平均涨幅	26%	21%
未出现回调形态的平均涨幅	39%	36%

注：[a]表示样本小于30个。

形态结束到突破　从右牛角上升到突破价格，即形态的最高点，只需超过2周的时间。

年度位置　大多数牛角形态在年度交易价格范围的中间区域有突破(在牛市37%和在熊市44%，三个价格区域中最高)。

年度位置及表现　表现最好的形态在牛市中是在年度交易价格范围的中间区域突破的形

态，在熊市中是在低位区域突破的形态。

回调　在周线图中，回调是相当少见的。回调发生必须在1个月内。我排除了任何比这个时间更长的回调。在牛市中，大约有1/4的形态回调到突破价格，而熊市中有一半的形态。平均来说，股价花17天的时间来进行这次旅行。当价格发生回调时，股价表现受到影响。例如，在牛市中，发生回调的牛角形态平均上涨26%；当没有发生回调时，平均上涨39%，这是一个可观的差异。

表28.5所示为股价到达最高点的时间频次分布。在熊市中，24%的牛角形态在第1个星期达到了最高点，但在牛市中仅有17%。70天后，1/3(32%)的熊市形态和超过一半(56%)的牛市形态仍在寻找最终的高点。

表28.5　到达最高点天数的频次分布

天数	7	14	21	28	35	42	49	56	63	70	＞70
熊市	24%	8%	4%	10%	7%	3%	3%	3%	4%	3%	32%
牛市	17%	6%	3%	3%	3%	3%	2%	2%	3%	1%	56%

注意在28(10%)天和35(7%)天熊市中数字的小波动。我在其他形态中也看到了这样的疲软。预计价格上涨1个月后将疲软，所以到那个时候要准备清仓离场。

表28.6所示为牛角形态面积大小的统计数据。

表28.6　形态面积大小统计

描述	牛市	熊市
高形态表现	45%	30%
低形态表现	29%	24%
高度中值(与突破价格百分比)	11.33%	17.19%
长尖峰形态表现	37%	26%
短尖峰形态表现	30%	30%

高度　如表28.6所示，高形态表现得比低的好。高的意思是三杠形态(周线)的最高点和最低点之间的差异，除以形态的最高点(突破价格)，结果的比值比表中的高度中值高的形态。高形态股价突破后上升的幅度比低形态的涨幅大得多。

尖峰大小　我计算过去一年的价格尖峰的平均大小，并将每个牛角形态的尖峰与平均值进行了比较。牛角形态尖峰大小是牛角形态低点最高的尖峰和周围3个周线低点(即形态前一周，中间周，后一周)的差异。

当尖峰长度高于股票的平均值时，在牛市中，价格倾向于上升(37%比30%)。在熊市中，短尖峰的牛角形态表现得更好。

表28.7所示为牛角形态的成交量统计。

成交量趋势　我用线性回归法找到从牛角形态左边到右边成交量趋势的斜率。当成交量上升时，牛市中的牛角形态表现略有提升。在熊市中，成交量呈下降趋势的形态突破后表现得更好，但样本规模较小。

突破成交量　我计算了1个月的平均成交量，并将其与每个股票的突破日成交量进行比较。突破成交量大的形态比那些突破成交量小的形态表现得好很多。

表28.7　形态期间成交量统计

描述	牛市	熊市
上升成交量趋势表现	36%	25%[a]
下降成交量趋势表现	34%	28%
巨量突破表现	41%	32%
轻量突破表现	30%	25%
左尖峰巨量、右尖峰轻量表现	41%	24%
左尖峰巨量、右尖峰高表现	32%	30%
左尖峰轻量、右尖峰高表现	37%	22%[a]
左尖峰轻量、右尖峰轻量表现	27%	40%[a]

注：[a]表示样本小于30个。

成交量和尖峰　我查看了各种尖峰成交量的组合和它们突破后的股价表现。在牛市中，当左尖峰高于1个月的平均成交量，而右尖峰成交量低于1个月的平均成交量时，股票在突破后飙升了41%。在熊市中，两个峰值上都是轻量的形态表现最佳，但样本量较小(14个样本)。

表28.8所示为牛角形态的其他统计信息。

表28.8　其他统计

描述	牛市	熊市
牛角间价差大表现	40%	29%
牛角间价差小表现	31%	25%
价差中值(与突破价格的百分比)	0.97%	1.44%
低左尖峰表现	36%	29%
低右尖峰表现	35%	23%
等值尖峰表现	30%	30%[a]
右管为内周表现	40%	34%
右管为外周表现	27%	21%[a]

注：[a]表示样本小于30个。

价格差异　我计算牛角形底部形态与突破价格的百分比。当结果大于中位数时，牛角形态在突破后往往表现得更好。换句话说，寻找有不平衡的底部的牛角形态可以获得最佳的投资表现。

尖峰低点　我查看与两个尖峰值的较低者相关的结果。当左尖峰低于右尖峰时，熊市形态在突破后价格攀升了29%。当左尖峰高于右尖峰时，上升幅度为23%。等低点的尖峰只有4个样本，因此忽略此结果。牛市中的牛角形态与尖峰高低相关的结果只显示出较小的差异。

内周和外周　内周是指右尖峰的股价活动是在左尖峰的交易范围内(右尖峰的高点较低，低点较高)。外周相反，右尖峰有一个更广泛的交易范围，吞噬左尖峰。我不允许价格相连，我忽略了这种3周形态的中心周。

右牛角作为内周的形态表现大大优于右牛角作为外周的形态。这一发现与我在第一版中发现的完全相反。造成这样的差异是由于测量最高点方法不一样，另外还增加了样本，并将结果分成牛市和熊市，期间更长。

交易策略

表28.9列出了牛角形底部形态的交易策略。

表28.9　交易策略

交易策略	解释
测算规则	从牛角形态中的最高点减去最低点，将差额加上最高点，结果是目标价格
识别	使用表 28.1 中概述的特征正确识别牛角形底部形态。右牛角后的一周是关键。价格应该很迅猛攀升，周低价不应该靠近牛角低点(换句话说，牛角形态应该看起来像一个牛角形而不是被随后的价格运行侵占)
上涨趋势	有些牛角形态出现在上涨的末端附近，所以要注意趋势的变化
下跌趋势	牛角形态通常不会标志着下跌趋势的结束，但它们接近趋势尾声。价格可能继续下跌 1 美元左右(低于牛角形态的最低点)，然后掉头上行
止损	如果您能承受得起损失，请在牛角形态最低点的下方 1 美元设置止损点，以减少股价重新测试低点时将您止损出局的概率

测算规则　通过从最高点减去最低点来计算形态高度。将差额加到最高点，得出目标价格。在牛市，股价超过目标价格的概率是76%，在熊市中，该方法预测的成功率是61%。

识别　也许牛角形底部形态的最重要的关键特征是其应该看起来像牛角(参见表28.1中“清晰可见性”)。在一对牛角尖峰之后，股价应该上行。如果您需要等待额外的一周或两周来证明这种情况，那么就等待吧。

上涨趋势　将进入形态的价格趋势分为上涨趋势或下跌趋势。在上涨趋势中出现的牛角形态可能标志着价格上涨的结束。股价继续走高(大概10%左右)，然后停止。当然，如果你的牛角形态出现在上升趋势的开始，那么价格很可能正在上涨的道路上。

下跌趋势　下跌趋势中的牛角形态很常见。一方面，如果下跌趋势只是当前上涨趋势的回调，则参考上升趋势指引。在这种情况下，如果牛角形态出现在一个延续的上涨趋势中，那么上涨趋势可能接近结束。谨慎投资，或找别的投资机会。

另一方面，如果股票已经持续了很长一段时间的下跌趋势(至少几个月)，那么下跌趋势的终点可能已经在望。牛角形态可能不会确切地标志着下跌趋势的低点，但它应该是接近低点的。通常，牛角形态在实际转折点之前或之后1个月左右出现。

如果价格呈下跌趋势，你看到一个牛角形态正在形成，为了确保价格是否真的已经转向，你可以在买入股票之前先等待。对于价格呈上涨趋势的，这种情况下，考虑立即买入，因为价格只会从你的身边上行。

止损　将止损点设置在形态最低点下方1美元左右的位置。对于低价股票来说，这可能意味着要承担重大损失。在这种情况下，也许最好的方式是不参加交易，寻找别的机会。把止损点放在低于牛角形态最低点的原因是让价格有时间掉转方向。在回升并呈上涨趋势之前，股价有时会反转重新测试低点(运行于牛角形态低点下方1美元左右)。

交易故事

玛丽看到图28.4所示股票的牛角形底部形态正在形成。对她来说，这个形态意味着价格将继续上涨。价格确实迅速地爬上了牛角形态右牛角低点(31)之上，使得牛角形态在周线图上清晰可见。

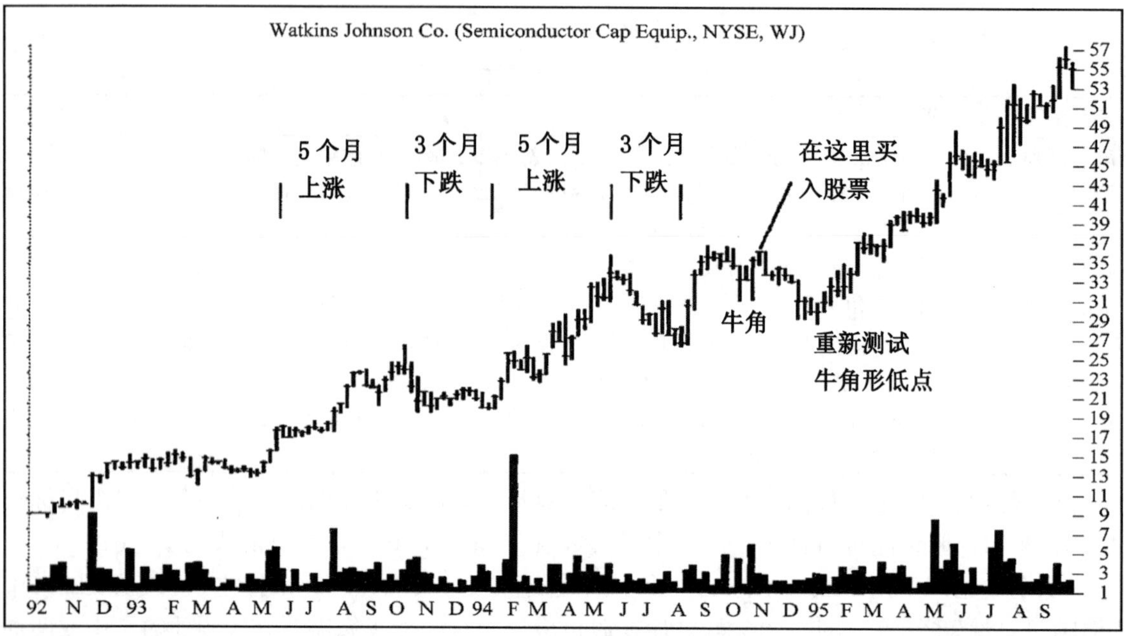

图28.4　周线图上的牛角形底部形态。正如交易故事中所描述的，玛丽在价格翻倍之前就被止损出局了。

回顾整个股价图，她看到1992年10月初价格开始从低点8.63美元处攀升。从那时起，股价在几波飙升中到达目前的价格水平。价格上涨波浪长度在4个月至5个月之间，股价下行波浪长度是3个月。

当牛角形态形成时，那个5个月的上升形态正在进行中，这就是她所希望的。她在牛角形态完成后1周以35美元的价格买下股票。她希望牛角形态标志着短期回调的结束，价格将会恢复上升趋势。她错了。当价格转弯时，她在牛角形态最低点下方0.12美元处，即在30.88美元设置止损指令。她怀疑这可能不够低，但12%的损失是她能够容忍的最大损失。

12月初，她最害怕的事发生了。由于股价从33美元跌至29美元，她被止损出局了。3个星期之后，股价跌至28.50美元底部，然后反转向上。股价从高位到低点的下跌持续了3个月，和她预期的一样，跌幅是19%。价格迅速上涨，并达到了最高点57美元，正好翻番。

是玛丽卖得太快了，错过了几乎股价翻番的机会呢？还是她用谨慎的理财手段来控制她的损失？这些问题是我们作为交易者和投资者都会面对的。你知道答案吗？在我看来，玛丽正确地处理了这种情况。毕竟，价格可能会继续下跌。

交易秘籍

下面的列表包含交易这种形态的提示和观测结果，以帮助你选择表现更好的形态，更多的信息，请参阅相关的表格。

- 使用辨识指南帮助选择形态。见表28.1。

●牛角形态的涨幅高于平均水平，在熊市显示出更陡峭、更短的上升。见表28.2。

●对于小的保本点，熊市中的牛角形态表现出较低的失败比率。对于更高的保本点(涨幅超过10%)，牛市中的形态表现更优。见表28.3。

●回调损害股价表现。在交易时查找附近的上方阻力。见表28.4。

●在熊市，预计股价突破形态后1个月内价格疲软。见表28.5。

●选择高形态。见表28.6。

●选择具有巨量突破的形态。见表28.7。

●两个尖峰价格区别大(低点价格不相等)或左尖峰较低的形态表现好。见表28.8。

●内周牛角形态表现最好(忽略中心周)。见表28.8。

第二十九章　牛角形顶部形态 Horn Tops

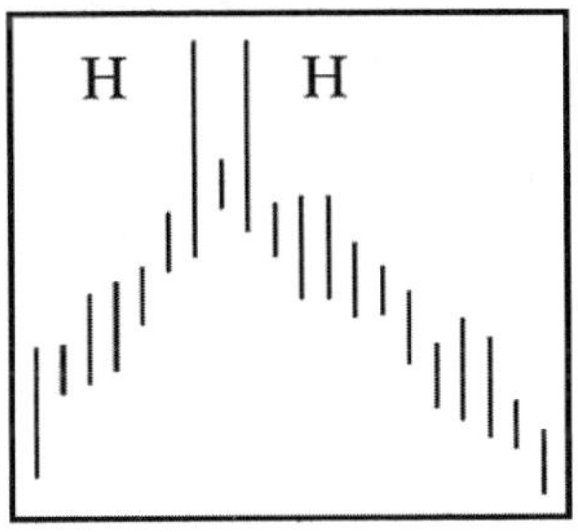

统计简报

向下突破

形状	在周线图上两个向上的价格尖峰被1个星期隔开。	
反转或持续	短期反转，行情看跌。	
	牛市	**熊市**
表现排名	4/21	10/21
保本失败概率	7%	2%
平均跌幅	21%	22%
趋势结束后的变化	51%	47%
成交量趋势	向下	向下
反弹概率	33%	44%
实现目标价格概率	70%	60%
意外发现	反弹损害股价表现。高形态和短尖峰形态表现最好。当形态为外周时，股价表现会提高。	
参见	双顶形态(亚当和夏娃的所有类型)；管形顶部形态。	

牛角形顶部形态是一种罕见的形态，尤其是在熊市中。我发现对看跌形态来说，这个发现是令人惊讶的。但这就是数字告诉我的。这种形态的失败比率很低，有的下跌幅度相当可观。在下跌的价格趋势结束后，反弹并不明显，特别是在熊市，反弹的涨幅只有47%。这个

数字听起来挺多，但是其他形态表现得更好(差不多是60%)。

我们在其他形态中看到了许多相同的意外发现。一个不寻常的意外发现是，当右尖峰在左尖峰的股价交易范围之外时，这种形态在突破后往往表现得更出色。更多关于这些意外发现的事情将在后面讨论。

导入

许多形态通常都有一个镜像，例如，双底形态有双顶形态。这个牛角形顶部形态是这样形成的。第二十八章讨论牛角形底部形态，本章讨论牛角形顶部形态。发现了底部后，我想知道是否也有顶部形态。首先，牛角形顶部形态看起来像什么？

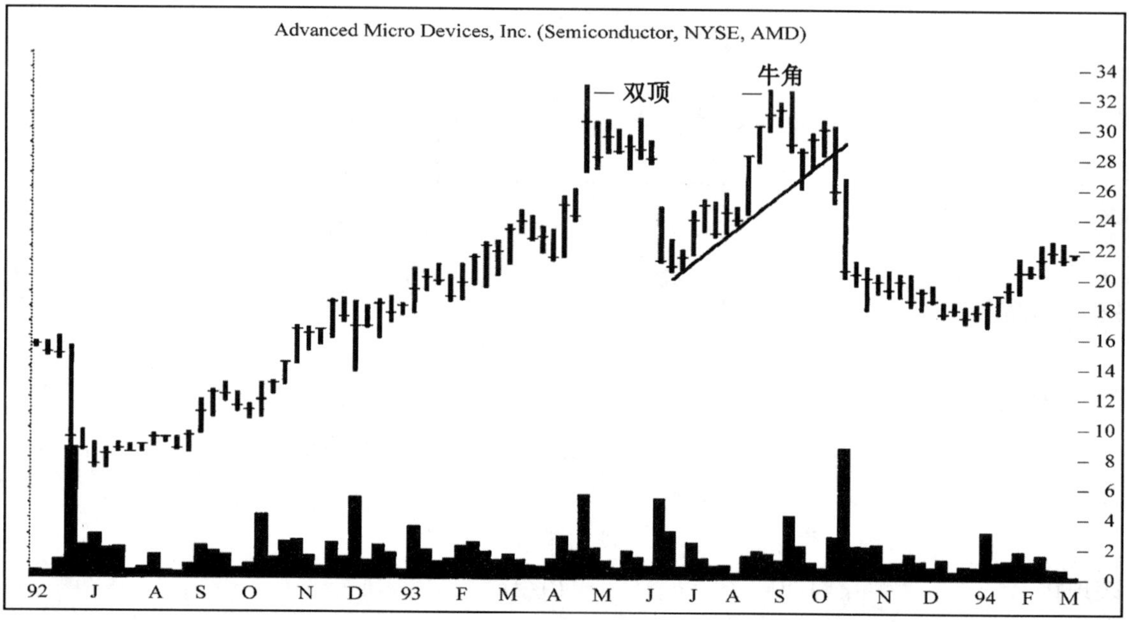

图29.1　牛角形顶部有一对尖峰。到达牛角形顶部后，价格几乎下跌一半。注意这是周线图。在4月和8月的两个峰顶代表一个双重顶部。

图29.1所示为一个适时出现的牛角形顶部形态的例子。如果你读了第二十八章牛角形底部形态，那么牛角形顶部形态的出现应该是不足为奇的。牛角形顶部形态是一个周线图中牛角形底部形态的反转版本。一个牛角形顶部有一对尖峰，中间分隔一个星期，通常出现在上升趋势接近结束的地方。两个峰值的成交量通常都是巨大的，但没有巨大到超过成交量的25日移动平均值。在右尖峰后，股价下跌，并继续下行，有时大幅下跌。

在图29.1中，股票在1993年6月中旬开始从20.38美元上升到牛角形态，股价最高达到32.63美元，在2个月内上涨60%。在如此之短的时间里获得如此巨大的收益，出现盘整或拥塞区域是可能的。而牛角形顶部形态标志着趋势的变化。加上前面的顶部，这个双顶形态是一个看跌信号。

在这一对牛角峰出现后，价格下跌到26美元，随后大体沿着一条向上倾斜的趋势线反弹到牛角形态的底部。然后价格再次下跌。1月初，价格跌至16.75美元的底部，跌幅近50%。

辨识指南

表29.1所示为辨识牛角形顶部形态的识别特征。牛角形态顶部形态如图29.2所示。

表29.1　辨识指南

特征	讨论
周线图,向上尖峰	使用周线图找到中间分隔一个星期的两个向上价格尖峰。这两个峰值比过去一年的峰值要长,比中心周的高点要高。它应该看起来像一个牛角
清晰可见性	牛角高点应该远远高于周围的高点,表现最好的反转出现在一个长的上升趋势末端
确认	当价格收低于形态最低点时,该形态成为有效的牛角形顶部形态。不经确认,不得交易

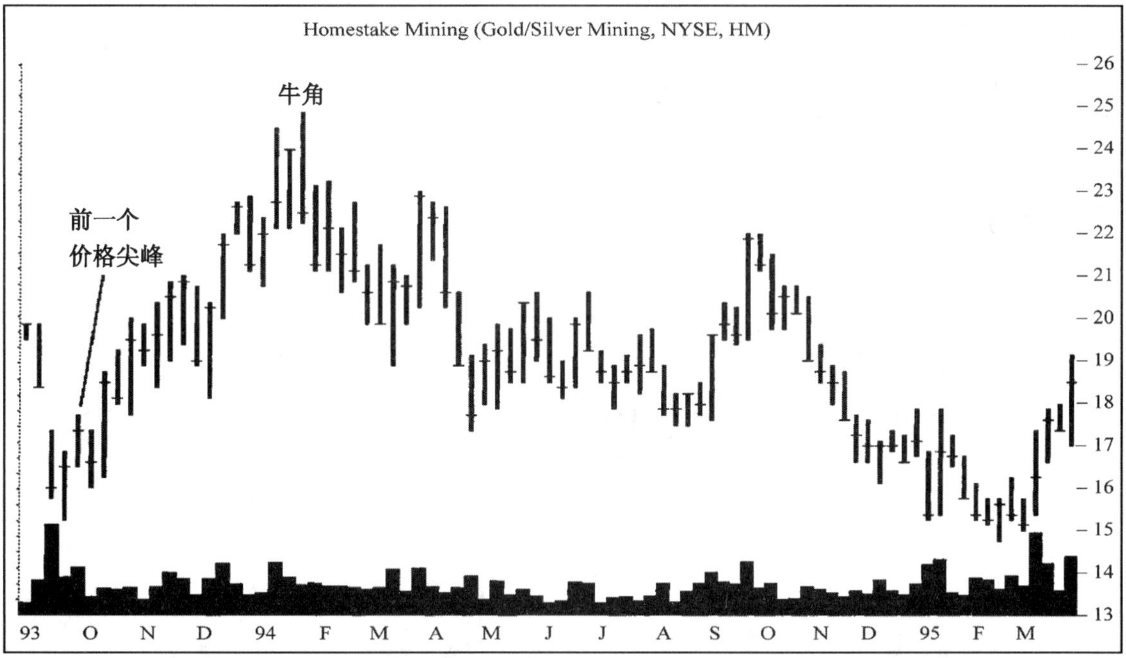

图29.2　牛角形顶部形态有异常高的价格峰值。这个牛角超过了先前尖峰的净空。

周线图，向上尖峰　使用周线图来方便辨识形态。寻找两个被一个星期分隔的价格尖峰。

清晰可见性　两个峰值应该远远高于周围的价格(清晰可见性)，在顶部被中心周很好地分隔。如果你回顾过去一年的价格历史，两个峰值应该突出，比其他大多数峰值都要大。在图29.2中，您可以看到9月下旬的价格尖峰是唯一真正的竞争对手(至少，在整个图表中)。

两个峰值之间的高点到高点价格的变化通常很小，但这一点不是必须的。

确认　当价格收在形态最低点下方时，确认发生。只有发生确认时，这个3周形态才成为一个有效的牛角形顶部形态。不要在没有确认的情况下交易牛角形顶部形态，因为价格可能会继续上涨。

关注形态失败

为什么一个形态会失败有各种各样的原因。有些形态突破向上后从不回头，而另一些则开始下行，步履蹒跚，然后恢复攀升。后一种情况，即所说的5%失败，在牛角形顶部形态失败中占大多数。股价无法继续下跌超过5%，便开始掉头回升。然而，5%失败是罕见的。

从检查失败形态中可以学到什么？大多数牛角形态都是对即将到来的下跌的警告，在形态出现后不到2个月股价就会出现下跌。这一发现值得去了解。如果一个牛角形态没有在你的股票中成功言中，那么要警惕一个可能的趋势变化即将到来。

如果考虑股票所处的整体环境，可以提高你的投资业绩。如图29.3中所示的牛角形顶部形态。在下跌一年后，股价向上穿透向下倾斜的趋势线，预示着趋势的变化，股价走高，然后牛角形顶部形成。

在这样的情况下，长期下跌后，股价通常反弹，转弯，并重新测试低点(但并非总是如此)。因此，当牛角形态形成时，它可能预示着这是价格重新测试低点前的高点。尽管图29.3中没有显示，但该股票确实下跌了。但它先是向上运行了几个月(到达63.50美元)。最终，股票在反转上行前跌至49.13美元。

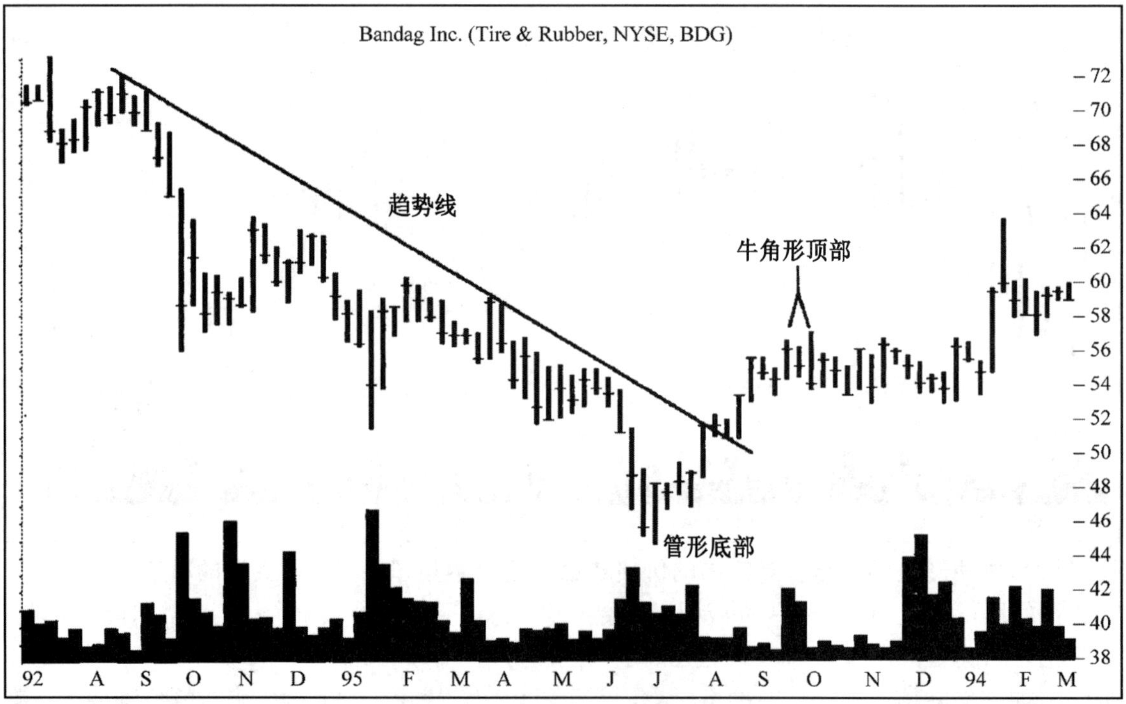

图29.3 牛角形顶部出现在一个持续的下降趋势之后。也许最好忽略这样的牛角形顶部形态。管形底部形态标志着转折点。

在你投资这个形态之前，必须把重点放在股价对向下趋势线的穿透上。这表明股价会上涨(穿透是趋势变化的一个指标)。价格的上涨即将到来，你为什么要考虑做空股票？尽管牛角形反转形态表明价格将会下跌(短期内股价确实下跌了，但只跌了1美元左右)，但这是否值得进行交易呢？

当对一个情况有严重的矛盾或怀疑时，应寻找一个更有成功前景的交易。当然，你可能会错过一次又一次的交易，但你不想因为各种各样的损失把你的交易资金耗尽。

统计数据

表29.2所示为牛角形顶部形态的综合统计数据。

表29.2　综合统计

描述	牛市	熊市
形态数量	266个	57个
反转(R)、持续(C)数量	266R	57R
平均跌幅	21%	22%
跌幅超过45%(数量或占比)	14或5%	9或16%
趋势结束后涨/跌幅	51%	47%
形态失败后涨/跌幅	35%[a]	N/A
标准普尔500指数的变化	-1%	-9%
到达最低点的天数	67天	64天

注：(-)负号表示下跌；N/A表示不适用；[a]表示样本小于30个。

形态数量　比起熊市，我在牛市中发现了更多的形态。是的，都使用了大约500只股票，牛市的时间更长，但熊市的形态似乎还是很不足。

反转或持续　根据定义，作为一个顶部，该形态的作用是反转当前的价格趋势。

平均跌幅　这类形态的平均跌幅是，嗯,看跌形态平均的水平。请注意，它在熊市的跌幅是高一点，但可能没有你预期的那么高。

跌幅超过45%　与大多数看跌形态一样，大幅下跌是罕见的。我查看的形态中，仍然有16%的牛角形顶部形态在熊市完成了超过45%的下跌(突破后)。

趋势结束后的变化　一旦价格下跌达到了最低点，它们反弹后，攀升的幅度会超过它们的下跌幅度。在牛市中，上涨幅度为51%，而在熊市中，上涨幅度为47%。这一发现表明，如果你做空股票，价格跌至底部，开始反弹时，平掉空仓。这听起来可能显而易见，但如果持有空仓超过必要的时间，你可能会蒙受巨大的损失。记住，你从来不会因获利而破产。

失败形态的表现　在熊市中只有一个形态，而且时间太近了，没有办法得到有效的价格数据。在牛市中,失败形态后股价上升了35%，表现不佳。

标准普尔500指数的变化　从牛角形顶部形态突破到股价达到最低点期间，总体市场不论是牛市还是熊市都显示下跌。这对于牛市来说是不寻常的，但却发生了。

到达最低点的天数　突破后，股价平均只需要2个月的时间达到最低点。因为这是一个平均值，所以你的结果会与它有所不同，但这个结果表明你需要耐心才能得到这个形态的全部潜能。

表29.3所示为牛角形顶部形态的失败比率，熊市的失败比率比牛市的小。这个发现不应该是一个意外发现，因为牛角顶部形态是看跌形态。请注意熊市失败比率从2%一下跃升到25%。我怀疑这个跳跃的原因是由于低样本量，但从5%到10%和到15%，所有形态的失败比率都是先翻三倍，然后翻两倍。

怎么解读这张统计表呢？让我举几个例子。在牛市中，26%的形态下跌不会超过10%。仅有超过一半(51%)的熊市形态和54%的牛市形态下跌不会超过20%。

表29.3　失败形态数量或比率

股价最大跌幅(%)	牛市	熊市
5(保本点)	19或7%	1或2%
10	68或26%	14或25%
15	114或43%	25或44%
20	144或54%	29或51%
25	177或67%	32或56%
30	208或78%	40或70%
35	224或84%	42或74%
50	258或97%	53或93%
75	266或100%	57或100%
＞75	266或100%	57或100%

表29.4所示为与突破及突破后相关的统计数据。

从形态结束到突破　股价离开右尖峰后，需要约3周的时间在收于形态低点下方，标志这是一个有效的牛角形顶部形态，即将向下突破。在周线图上，这个时期只有3条周线，但对于一个喜欢炒股的交易者来说，这似乎是永恒的。

表29.4　突破与突破后股价表现统计

描述	牛市	熊市
从形态结束到突破	22天	21天
突破在年度价格区间低(L)、中(C)、高(H)各区域分布的百分比	L24%，C34%，H42%	L30%，C40%，H30%
形态在年度价格区间低(L)、中(C)、高(H)各区域突破后的跌幅	L23%，C19%，H23%	L26%[a]，C23%[a]，H17%[a]
反弹概率	33%	44%
反弹期间	16天	17天
出现反弹形态的平均跌幅	16%	18%
未出现反弹形态的平均跌幅	23%	25%

注：[a]表示样本小于30个。

年度位置　在牛市中，突破往往出现在年度价格区间的高位区域。这一发现表明，在暴跌之前，牛角形顶部形态出现在价格峰值附近。在熊市中，牛角形态的突破最常发生在年度价格区间的中间区域。因此，你可能会看到它们出现在下跌趋势中、在一个短暂的上升之后或在下跌继续之前。

年度位置及表现　在熊市中表现最好的牛角顶部形态是那些在年度价格区间低位区域附近有突破的形态。更多的样本可能会更改这个结果。在牛市中，表现最好的形态其突破出现在高位区域和低位区域，换言之，避免选择突破位置出现在年度价格区间中间区域的牛角形顶部形态。

反弹　对于牛角形顶部形态来说，反弹是罕见的。当反弹发生时，价格只需要超过2周的时间回到突破价格。当出现反弹时，突破后股价的表现受到影响。例如，在熊市中，当反弹发生时，突破后的股价平均下跌18%。而没有反弹的形态，下跌幅度明显更大——25%。

表29.5所示为突破后股价到达最低点的时间频次分布。例如，在熊市中，26%的牛角顶部形态在第1个星期达到了最低点。在牛市中，第1个星期中有24%的形态到达底部。在表格的另一端，大约有1/3的形态在突破2个月后仍在寻找底部。

表29.5　到达最低点天数的频次分布

天数	7	14	21	28	35	42	49	56	63	70	>70
熊市	26%	7%	9%	14%	2%	4%	4%	2%	2%	0%	32%
牛市	24%	6%	7%	7%	4%	6%	3%	3%	3%	2%	36%

注意14%的熊市形态在突破后第1个月见底。我在其他形态中看到过这种行为。为什么突破后1个月那么重要，我也不明白，但预计在突破后1个月成交量会放大。

表29.6所示为与形态面积大小相关的统计信息。

表29.6　形态面积大小统计

描述	牛市	熊市
高形态表现	-26%	-23%
低形态表现	-18%	-21%
高度中值(与突破价格百分比)	10.87%	14.15%
高于平均尖峰大小表现	-19%	-20%
低于平均尖峰大小表现	-24%	-25%[a]

注：(-)负号表示下跌；[a]表示样本小于30个。

高度　由于牛角形态有一个限定的3周宽度，所以只有高度是重要的。我将牛角形态与表中高度中值进行比较，发现低形态突破后比高形态表现得更好。在牛市，两者的表现差异是明显的，高形态下跌26%，低形态下跌18%。

尖峰大小　我将每只股票牛角尖峰大小与其过去一年的平均尖峰大小进行比较。尖峰大小低于平均值的形态时，股价表现提升。例如，在牛市中，在突破后，尖峰大小高于平均值的形态股价跌幅19%，低于平均值的形态股价跌幅24%。尖峰大小是指尖峰高于周围价格水平的最小距离。

表29.7所示为牛角形顶部形态的成交量统计。

表29.7　形态期间成交量统计

描述	牛市	熊市
上升成交量趋势表现	-21%	-19%[a]
下降成交量趋势表现	-21%	-25%
巨量突破表现	-21%	-24%
轻量突破表现	-21%	-20%[a]
左尖峰巨量、右尖峰轻量表现	-22%	-27%[a]
左尖峰巨量、右尖峰高表现	-20%	-19%[a]
左尖峰轻量、右尖峰高表现	-20%	-19%[a]
左尖峰轻量、右尖峰轻量表现	-24%	-24%[a]

注：(-)负号表示下跌；[a]表示样本小于30个。

成交量趋势　在熊市中，成交量下降趋势的牛角形态比那些成交量呈上升趋势的形态表现突出，但样本数量很低。在牛市中，没有表现上的差异。

突破成交量 巨量突破似乎只有助于熊市形态的表现。

成交量和尖峰 我绘制了牛角形顶部形态的表现，按每个尖峰上的成交量排序。当右尖峰的成交量比30日平均值小时，突破后股价的表现提升；当右尖峰成交量高于平均值时，股价表现变差。

表29.8所示为牛角形顶部形态的其他统计数据。

表29.8 其他统计

描述	牛市	熊市
牛角间价差大表现	-22%	-21%
牛角间价差小表现	-20%	-23%
价差中值(比上突破价格)	0.82%	0.90%
低左尖峰表现	-22%	-21%[a]
低右尖峰表现	-20%	-23%[a]
等高尖峰表现	-21%	-23%[a]
右牛角在周内表现	-18%	-19%[a]
左牛角在周外表现	-22%	-20%[a]

注：(-)负号表示下跌；[a]表示样本小于30个。

价格差异 我查看了牛角形顶部形态两个高点之间的价格差异，并将其与中值进行了比较。当牛市有很大的价格差时，牛角形态在突破后往往表现得比牛角间价差小更好(22%比20%)。在熊市中，结果正好相反，价格变化小的形态突破后股价表现更好(23%比 21%)。

尖峰低点 在牛市中,表现最好的形态来自左尖峰较低的形态，即左尖峰的高点比右尖峰的高点低。在熊市中,表现最佳的形态来自左尖峰的高点和右尖峰的高点相同，或者右尖峰高点低于左尖峰高点的形态，但样本数量较小。

周内和周外 当右尖峰交易范围显得更宽时(周外，如果你不理会中心周)，牛角形态表现好。换言之，右尖峰的高点比左尖峰高点高，低点比左尖峰低点低。这一发现是与右尖峰作为周内比较得出的，周内是指右尖峰位于左尖峰的交易范围内。在牛市中，周外的牛角顶部形态平均下跌22%。周内的形态在突破后仅下跌了18%。

交易策略

表29.9所示为牛角形顶部形态的交易策略。

表29.9 交易策略

交易策略	解释
测算规则	计算形态的最高点减去最低点，得出形态高度。从最低点减去形态高度等于目标价格
威胁性评估	寻找一个跨越多个月的上升趋势。这种上涨通常会在趋势接近结束时出现牛角形顶部形态。如果牛角顶部形态出现在一个长的下跌趋势结尾附近，那最好避开它。注意下行趋势之后，当趋势变化且价格开始走高时出现牛角形态，股价可能还会下降，但下降通常是短暂的(形态在两底之间的上升处)
成交量小	在牛市中，如果两个峰值的成交量低于平均成交量，则形态的失败比率会下降
趋势变化	牛角形顶部形态通常预示着即将到来的趋势变化，通常趋势变化将发生在 2 个月之内

测算规则 计算形态的最高点减去最低点，得出形态高度。最低点减去形态高度，结果等于目标价格。在牛市中，股价有70%的概率达到目标价格。在熊市中，股价有60%的概率达到或超过目标价格。

威胁性评估 在您正确地识别了牛角形态之后，看看形态周围的价格形态。股票是否趋势向上，股价是否已经上涨有几个月了。如果是这样的话，牛角形态可能标志着股价已经接近趋势的顶部。有时牛角形态会准确地预测，而有时候它的预测与结果相差几个月(通常它先于变化，但有时滞后)。

如果牛角形态出现在下降趋势中，那就好了。这一形态只是暗示着这一趋势将继续下行。然而，如果牛角形态在长期下跌趋势之后出现，那么进一步下跌的可能性可能会受到威胁。如果牛角形态出现在长时间下跌趋势之后，在价格开始再次上涨之时(它们正在收复一些跌幅)，通常，这样的反弹意味着真正的趋势变化。你可能打算在价格下跌并重新测试低点时买入股票，但价格只略微下跌，然后掉头上行。

在长时间下跌趋势后卖空时要谨慎，尤其是在下跌已经结束时而牛角形态看起来像是向上反弹结束时，不要指望价格会跌得太远。这个时候的股价偶尔会再出现大跌，但对大部分的股票来说，大跌已经过去了。

成交量小 成交量低于1个月平均水平的尖峰表现出较低的失败比率，同时提升牛市形态的平均跌幅。在你进行交易之前，这是值得考虑的。

趋势变化 即使牛角顶部形态出现失败，突破后股价下跌不到5%，牛角形态也有可能是看跌趋势变化的提前信号。因此，每当你看到一个牛角形顶部形态，要知道，上升趋势的结束可能只是几个月的距离。

交易故事

你可能会说：“这些陈词滥调都是好的，但我要如何真正交易呢？”考虑一下图29.4中桑迪面临的情况。她看着这个复杂头肩形态在她持有的股票中成形。在左肩的成交量比头部的高，正如预期的那样，右肩的成交量进一步减少。总之，复杂头肩形顶部形态的形成是一个可怕的情况。当她发现右肩上的牛角形顶部形态时，她知道终点就在附近。

在右牛角尖峰出现2个星期后，她卖掉了她的股票，获得可观的利润。但她没有就此离场。接下来的1个星期，她在34.25美元做空股票。她使用头肩形态的测算规则，用自己的卖点代替突破价格计算出股价将下跌到16美元。这比测算规则预测的目标价格12美元要高，因为她使用了她的卖点，而不是突破点(股价还没有达到突破点，所以她不知道突破点是多少)。

在34美元卖空股票，预测股票会下跌到16美元似乎过于乐观。尽管如此，当股票暴跌时，她还是兴高采烈地看着。股价以快速整理的方式下跌到大约25美元，在这个位置，股价遇到了支撑。桑迪扫描了周线图寻找支撑水平，她注意到一个在10月约24.50美元的支撑和一个在6月大约23.75美元的支撑。这两个支撑水平以及整数25美元可能使得股票难以继续下跌。

当股票在5月末掉头向上时，她决定在27美元平掉她的空仓。她在短短4个月内就赚了每股7美元。一年后，当她再次看股价图时，她看到股价确实跌得更低，正如使用头肩形态测算规则预测的那样。在11月初，股价达到了20.13美元，仍然远远高于她用自己卖出价格计算出来的16美元目标价格和测算规则预测的12美元目标价格。这个故事的小波折是，在她卖出股票后，股价攀升到了30.75美元，仅低于她的卖点10%。

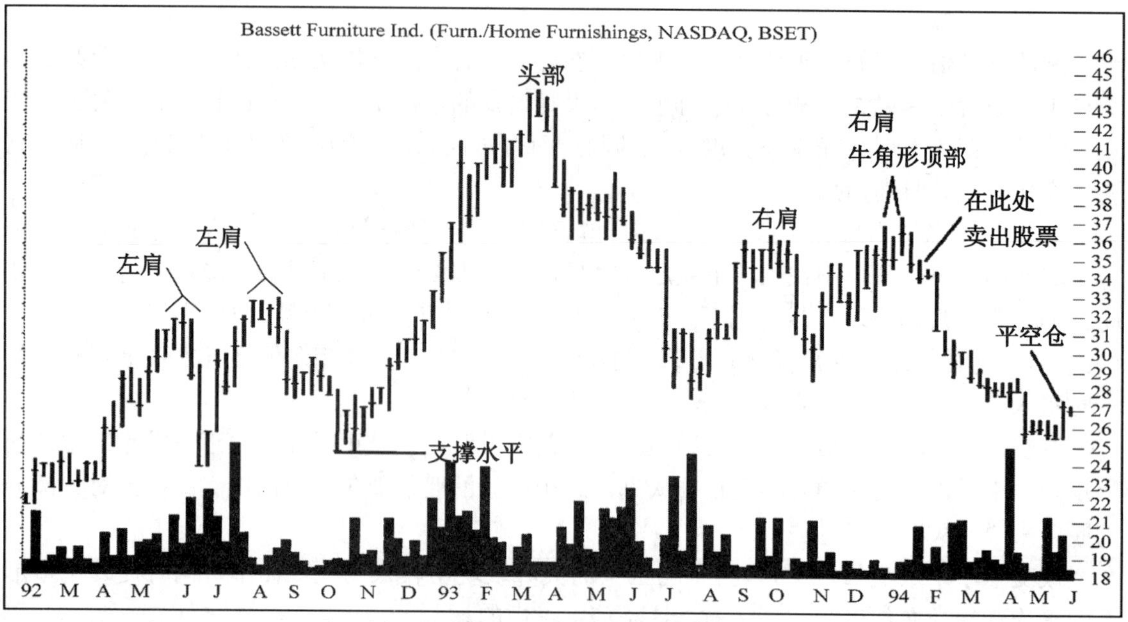

图29.4　牛角形顶部形态作为一个复杂的头肩形态右肩的一部分。

交易秘籍

下面的列表包含交易这种形态的提示和观测结果，以帮助你选择表现更好的形态，更多的信息，请参阅相关的表格。

- 查看辨识指南以正确选择形态。见表29.1。
- 这种看跌形态在熊市中是罕见的。见表29.2。
- 熊市中的牛角形顶部形态失败比率较低。见表29.3。
- 选择在年度价格区间低位区域突破的股票。见表29.4。
- 反弹损害股价表现。见表29.4。
- 在熊市中，在进行交易后1个月留意趋势的变化。见表29.5。
- 挑选高形态。见表29.6。
- 熊市中成交量呈下降趋势的牛角形态表现得更好。见表29.7。
- 选择右尖峰成交量低于成交量1个月平均值的形态。见表29.7。
- 选择右牛角的交易价格范围超过左牛角交易价格范围的形态。见表29.8。

第三十章　岛形反转形态
Island Reversals

统计简报

顶部形态（向下突破）

形状	股价缺口跳空上升到形态，然后在相同的价格水平缺口跳空下跌，离开岛形。突破是向下的。	
反转或持续	短期反转，行情看跌。	
	牛市	**熊市**
表现排名	21/21	13/21
保本失败概率	17%	5%
平均跌幅	17%	23%
趋势结束后的变化	45%	46%
成交量趋势	向下	向下
反弹概率	65%	59%
实现目标价格概率	62%	46%
意外发现	反弹损害股价表现。既高又窄的形态表现最好。	
参见	岛形长岛形态。	

底部形态(向上突破)

形状	股价缺口跳空下跌到形态，然后在相同的价格水平缺口跳空上涨，离开岛形。突破是向上的。	
反转或持续	短期反转，行情看涨。	
	牛市	**熊市**
表现排名	23/23	11/19
保本失败概率	18%	10%
平均涨幅	23%	21%
趋势结束后涨/跌幅	-28%	-37%
成交量趋势	向下	向下
回调概率	70%	75%
实现目标价格概率	69%	49%
意外发现	回调损害股价表现。	
参见	岛形长岛形态。	

岛形反转形态的表现也许只是因为它的平庸而令人惊讶。顶部形态和底部形态的失败比率都是合理的，低于我认为一个可靠的形态最大允许的20%阈值。

岛形顶部形态的平均下跌幅度在17%和23%之间，取决于市场条件。该范围与许多其他看跌形态类似。然而，岛形底部形态的平均涨幅是一个令人失望的21%～23%，这远远低于我喜欢的看涨形态的35%～40%的涨幅。

这种形态表现是这样的平庸，交易你看到的每个岛形形态都是一条通往损失深渊之路。您可以通过选择适当高宽特征组合的形态来提高投资表现，如本章后面所述。

反弹和回调普遍存在，这表明岛形形态完成之后的缺口很快就会封闭。投资者可以利用这种行为延迟投资，直到反弹或回调完成，股价恢复到其突破方向后再进行交易。

导入

图30.1所示为岛形反转形态的样子。第一个岛形在最左边，是一个单日反转。在对岛形的研究中，我没有对这种狭窄的形态进行制表，但这个图所示为一个小反转的例子。形态的中心是一个岛形底部。9月中旬价格缺口跳空下跌，10月初达到新低，然后在10月末上涨。这两个缺口出现在大约相同的价格水平，11.50美元。从这一点开始，价格攀升得相当迅速，达到了21.50美元的高位，远远高于突破前的11.25美元。注意，突破的成交量非常高。在图中的最后一个岛形突出显示在顶端附近。它是一个岛形顶部形态，价格从大约20美元下跌到不足8美元。这种形态是传统的岛形顶部形态，因为它大小紧凑。我没有把它算在我的统计表里，因为它右边的缺口小于我用来过滤这些形态的0.25点。不过，它仍然在良好的时机强调了趋势的反转。岛形底部形态右边的缺口与一个大的岛形左边的缺口共享(点A)，而大的岛形右边缺口是6月中旬价格大跌(点B)。这个大岛形跨度长近8个月。

图30.1　单日反转、岛形底部以及岛形顶部形态。您可以看到每次反转后股价改变趋势方向。

辨识指南

岛形反转是容易辨认的，表30.1显示岛形反转形态的识别特征。

表30.1　辨识指南

特征	讨论
形状	缺口触发岛形顶部和底部，分享全部或部分相同的价格水平。大多数时候，价格在另一边以清晰的缺口离开岛形（左缺口通常不会很快封闭）
上涨趋势	股价从左缺口跳空上行进入顶部形态，并从右缺口跳空下跌离开形态
下跌趋势	股价从左缺口跳空下跌进入底部形态，并从右缺口跳空上行离开形态
成交量	在突破日（价格出现第二个缺口，形成岛形的当天），成交量通常很高，但这不是必需的
时间	岛形可以是一天（单日反转） 到几个月长。一些分析家认为，岛形相当短，最多一周或两周，有相对平坦的价格区域，但我对岛形没有这样的限制

形状　两种反转形态（顶部和底部），都是由缺口引起的。缺口出现在或接近相同的价格水平，但大小通常不一样。在图30.1中标记为点B的大缺口（最右边）说明了这一点。这个缺口有差不多5美元的大小，而左边的那个（点A）只有0.38美元宽。

就识别而言，1991年12月中旬的缺口（点C）不应与10月下旬的缺口（点A）配对，因为它们的价格水平不相同。虽然价格形态看起来像一个岛形，因为它是由缺口构成，但它不是一个传统定义的岛形反转形态。左右缺口必须价格重叠或彼此价格相当接近。在这项研究中，所有岛形的缺口之间价格差异在0.13美元以内，缺口大小至少0.25美元或更大。此外，我没有考虑单日反转（岛形由1日价格组成）作为本研究的一部分。我相信以这些岛形为基础制订有效的交易政策太难了。

价格趋势　请仔细看图30.2，图中所示为几个岛形反转。前两个岛形是作为在下跌趋势中回调的一部分出现的。这个小的岛形顶部持续了大约1个星期，然后价格重新向下暴跌。

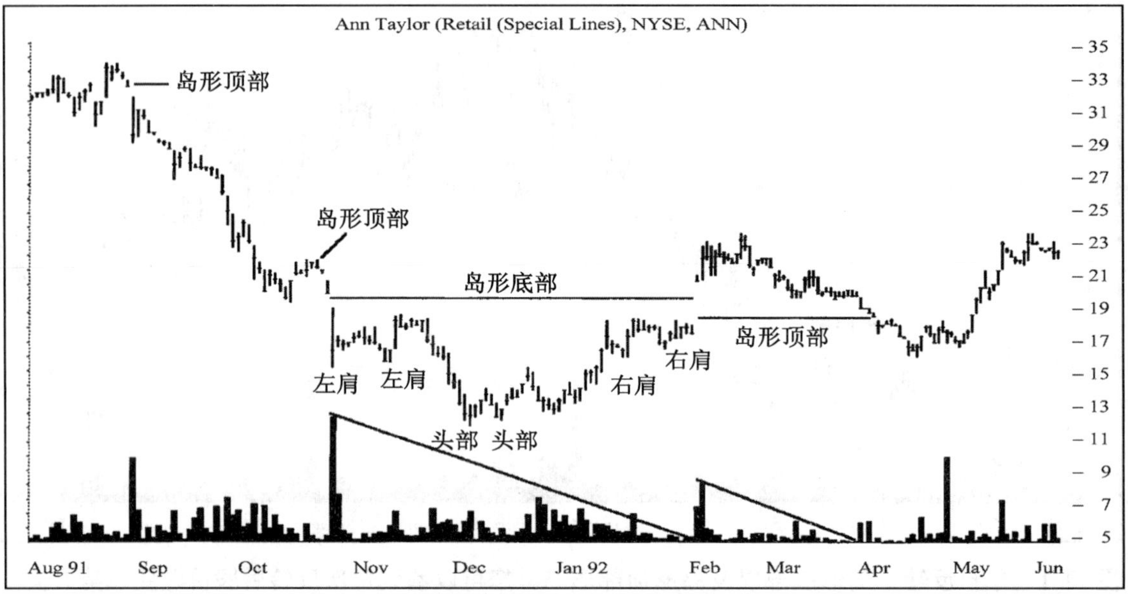

图30.2　几个岛形反转形态，有些是期间很短，有些期间则较长。岛形底部也是一个复杂头肩底部形态，岛形底部在4月份重新测试颈线。

在岛形底部形成之前，股价经历了大幅下跌，在不到5个月的时间里，股价从高点36.50美元跌到12美元。那个衰竭性缺口发生时，成交量非常高，当天价格的振幅非常大，交易范围达到3.50美元。在1月下旬价格出现缺口上升之前，这一缺口仍一直保持开放。从整体来看，它看起来像一个复杂的头肩形底部形态。图中标记了两对肩部和双头。头肩形态的成交量正如你所预期：左肩最高，头部减少，右肩相当低。成交量在价格缺口上升后才放量了2天，随着股价恢复正常，并开始趋势下跌。

在这个图右边的岛形顶部形态有点难以发现，因为与右边的小缺口匹配的左边的缺口是一个大缺口。只需要几天的时间价格就达到高点，然后缓缓下行。当3月底价格缺口跳空下行时，成交量并没有变动。

成交量　在形态的缺口到缺口期间，成交量通常呈向下趋势，有约57%的形态成交量形状呈半圆形，34%的形态成交量呈U形，其余的呈随机形状。突破日成交量与30日平均成交量相比，79%的形态突破日成交量呈巨量。

这个结果意味着什么？没有意味着什么。成交量可以是半圆形状倾斜向下，符合正常的特征，或不符合。什么都行。

时间　岛形的平均长度略超1个月，但它可以从1天到6个月或1年不等。岛形太长可能很难发现。如果交易者不能识别一种形态，那么他们就不会交易这种形态。坚持交易明显的岛形，通常是期间短的岛形(比如说，3个月)。

关注形态失败

图30.3所示为一个大的岛形顶部形态。这种失败在许多形态中很典型，尤其是那些下跌

幅度小的形态。这个岛形在一个盘整区域之后形成，这是不寻常的。第一个缺口是一个突破性缺口，因为它以巨量突破脱离了盘整区域，价格上行。第二个缺口是一个衰竭性缺口，这个缺口很快就封闭了。

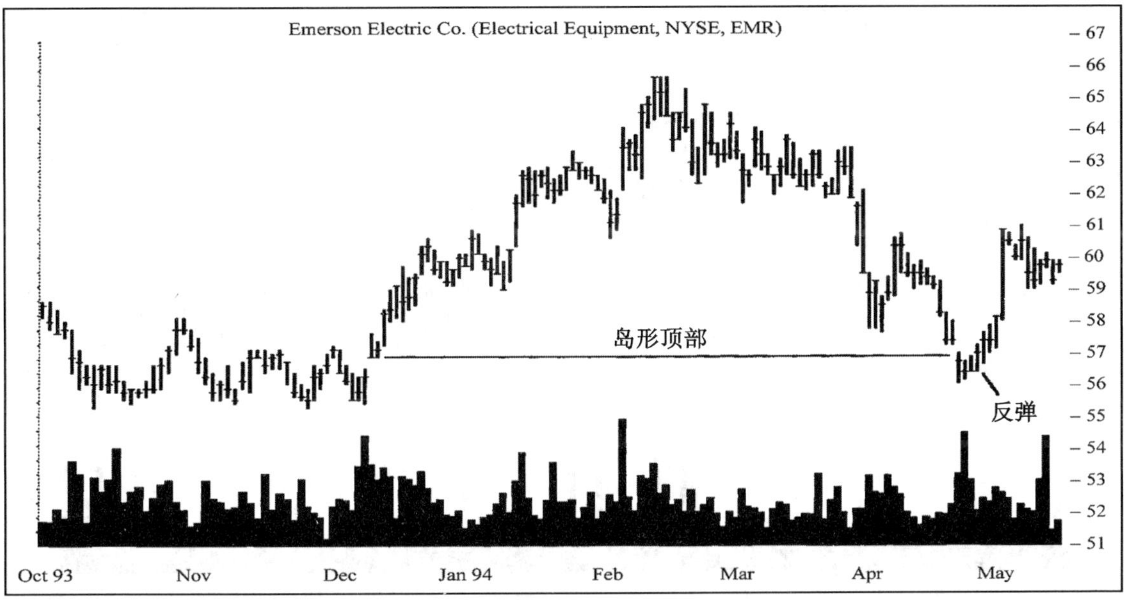

图30.3 长岛形顶部形态因价格下跌不足5%而失败。一个反转形态需要一些东西支持反转。

图30.3中显示一个5%失败。在右边的第二个缺口之后，价格下跌，但下跌不超过5%便开始回升并大幅上涨。为什么？有一项普遍的规则，没有更好的术语，即说反转不会比先前的上涨走得远。换言之，一个反转必须有东西支持反转。在图30.3中，您可以看到价格盘整了2个月。当岛形顶部出现时，有什么支持反转？从12月到2月中旬，价格从大约55美元轻松地上升到65美元。价格开始稳步下行，然后暴跌，在56美元结束。除此之外，前一年在这一水平上的支撑是太巨大，股价无法进一步下跌。一定有什么支持反转。在你投资股票时，特别是像岛形反转形态这样已知表现较逊的股票时，要记住这一点。

图30.4所示为另一种失败形态。岛形底部在图表上清晰可见。这两个缺口将岛形与大陆隔开，并有大块的分隔海域清晰可见。在形态形成过程中，第一个缺口仍然是开放的。第二个缺口约1周后股价回调到突破点时封闭，之后价格继续走低。

在下沉之前，你怎么知道这个岛形底部的反弹上升会不超过5%？对于岛形底部，平均而言，回调发生的概率是70%～75%。这么高的概率允许投资者在投资前有足够的等待时间。当价格回调到形态时，等待股价回升。假设股价回升，就跳进去买入股票。

如图30.4所示，股价没有恢复上涨，它继续下行。如果投资者一直在关注股价运行，他压根儿就不会陷入这一亏损的局面。

还有其他理由怀疑这个岛形吗？当然有，它被称为趋势线。如果沿着峰顶绘制一条向下倾斜的趋势线，从最高点开始，你很快就会发现岛形底部之后的小高点(点C)远远低于趋势线。趋势线以其可以阻止价格前行的能力而著称。在这种情况下，趋势线起到抵抗上升趋势的作用。它击退股价的上行，股价掉头下行。

换言之，投资者在购买股票之前，应该等待价格收在趋势线之上。即使他错误地连接点

A和点B当成趋势线，并延伸这条线向下通过点C，这条趋势线也能让他暂停买入股票。尽管价格穿透了趋势线，但它却未能收于趋势线之上。如果价格不能收于趋势线之上，股价怎么会上涨呢？

图30.4　一个失败的岛形底部形态。在投资这个岛形底部形态之前，等待价格收于趋势线之上。因为它没有收于趋势线之上(而是在点C)，放弃这个交易。

统计数据

表30.2是岛形底部形态的综合统计数据。

表30.2　综合统计

描述	牛市 向上突破	熊市 向上突破	牛市 向下突破	熊市 向下突破
形态数量	345个	118个	289个	165个
反转(R)、持续(C)数量	345R	118R	289R	165R
平均涨/跌幅	23%	21%	-17%	-23%
涨/跌幅超过45%(数量或占比)	72或21%	16或14%	14或5%	15或9%
趋势结束后涨/跌幅	-28%	-37%	45%	46%
形态失败后涨/跌幅	42%	23%[a]	-24%	-26%[a]
标准普尔500指数的变化	8%	1%	0%	-10%
到达最高/低点的天数	128天	53天	53天	34天

注：(-)负号表示下跌；[a]表示样本小于30个。

形态数量　我没有怎么努力找就发现了917个岛形形态。我选择的形态仅限于缺口大小至少0.25美元的形态，缺口之间的价格差异不超过0.13美元(缺口到缺口)。我使用从1991年中期到1996年中期期间的500只股票，以及另外500只在2000年到2002年熊市期间的股票。

反转或持续　根据定义，所有形态都是前一价格趋势的反转。这意味着顶部形态突破方向向下，底部形态突破方向向上，将上涨趋势改变为下跌趋势(顶部形态)和将下跌趋势改变为上涨趋势(底部形态)。

平均涨幅或跌幅　表现最好的形态来自牛市的向上突破形态和熊市中的向下突破形态，因此交易这种形态时要与当时的市场趋势一致。与市场为敌就像是在步行穿过一条六车道的高速公路：这是可能的，但是很危险。

由于所有岛形在突破日都有缺口，我用了突破后次日的日内低点(向上突破)或日内高点(向下突破)作为突破价格。这个延迟是假设您在突破后一天以最佳价格买入。使用形态高点(向上突破)或低点(向下突破)有利于改变平均涨幅或跌幅，但只是变化1个或2个百分点。

涨幅或跌幅超过45%　对于岛形形态来说，出现大幅上涨比大幅下跌更为频繁。然而，这样的行为在许多其他看涨形态和看跌形态中也是普遍的。

趋势结束后的变化　一旦突破趋势结束，价格从最高点下跌28%～37%，或从最低点上涨45%～46%。这个涨幅远远低于其他形态类型50%～60%的涨幅。

失败形态的表现　这个结果是令人失望的。其他形态的向上突破的失败形态涨幅通常是50%～60%。由于失败形态的表现是如此之差，如果是我交易，我会交易表现更好的其他形态。

标准普尔500指数的变化　从岛形突破到最高点或最低点，指数上涨8%或下跌10%。注意形态的数据如何跟踪平均上涨或下跌。我的意思是，形态平均涨幅大，是与总体市场大的涨幅有关的。同时，平均跌幅最大的形态(熊市，向下突破)与总体市场指数10%的跌幅是相关的。这种关联意味着，你进行交易的方向应该与目前的市场趋势一致。在牛市中做多，熊市中做空。

到达最高点或最低点的天数　牛市中向上突破的形态比其他组合需要多出超过两倍的时间才会达到最高点或最低点。请注意，熊市中的向下突破的岛形下跌34天后见底，而牛市中向上突破的形态需要128天才见顶。由于两者运行的距离相同，都是23%，所以熊市的下跌必须大大陡峭于牛市的上涨。这里的含义是，你应该在熊市中持有现金而不是持有股票。

表30.3所示为岛形的失败比率。

表30.3　失败形态数量或比率

股价最大涨/跌幅(%)	牛市向上突破	熊市向上突破	牛市向下突破	熊市向下突破
5(保本点)	62或18%	12或10%	49或17%	8或5%
10	125或36%	34或29%	119或41%	38或23%
15	163或47%	55或47%	160或55%	54或33%
20	196或57%	71或60%	199或69%	78或47%
25	218或63%	78或66%	218或75%	93或56%
30	234或68%	84或71%	239或83%	111或67%
35	248或72%	89或75%	255或88%	129或78%
50	285或83%	106或90%	281或97%	156或95%
75	317或92%	117或99%	289或100%	165或100%
＞75	345或100%	118或100%	289或100%	165或100%

在牛市中有18%的岛形出现向上突破，但突破后上升不超过5%。近一半的形态(47%)突破后上升不超过15%。对于向下突破形态，这个统计表的解读方式是一样的。在熊市中，5%的形态在突破后下跌未能超过5%。这是这类形态中最低的失败比率。近一半(47%)的形态突破后未能下跌超过20%。

在熊市中，有向下突破的岛形在下跌幅度达到30%之前表现很好(有最低的失败比率)。在那个点之后，牛市向上突破的形态表现突出，失败比率最低。

请注意每列中的失败比率是如何发展的。例如，在熊市向上突破，失败比率从10%到29%翻了3倍，然后几乎翻倍到47%，而保本点价格的移动是5%、10%和15%。失败比率这种3倍和2倍的上升在股票形态中是常见的。它表明，表现优秀的形态是很难找到的，所以你需要在条件允许的情况下多休息。这就是为什么交易要与市场趋势一致，使用止损指令，以及当股票、行业和总体市场开始表现疲软时获利了结，诸如此类的事情可以解释百万富翁交易者和无家可归的投资者之间的区别。

表30.4所示为与突破及突破后相关的统计数据。

表30.4　突破与突破后股价表现统计

描述	牛市 向上突破	熊市 向上突破	牛市 向下突破	熊市 向下突破
从形态结束到突破	1天	1天	2天	2天
突破在年度价格区间低(L)、中(C)、高(H)各区域分布的百分比	L26%，C32%，H42%	L44%，C38%，H19%	L26%，C41%，H33%	L47%，C38%，H15%
形态在年度价格区间低(L)、中(C)、高(H)各区域突破后的涨幅	L24%，C24%，H23%	L23%，C22%，H15%[a]	L20%，C16%，H15%	L21%，C24%，H28%[a]
回调/反弹概率	70%	75%	65%	59%
回调/反弹期间	9天	6天	8天	8天
出现回调/反弹形态的平均涨/跌幅	18%	19%	-14%	-19%
未出现回调/反弹形态的平均涨/跌幅	38%	28%[a]	-23%	-30%

注：(-)负号表示下跌；[a]表示样本小于30个。

从形态结束到突破　股价出现第二个缺口的当天即发生突破。因为这个缺口可能发生在周末或假日，岛形到突破的平均时间是1天或2天。

年度位置　这些数字告诉我，岛形出现在年度价格范围内的任何地方。例如，在牛市中向上突破的岛形最常出现在年度价格区间的高位附近。在熊市向上突破的岛形通常出现在年度价格区间低位区域附近，牛市向下突破的岛形经常出现在年度交易价格范围的中间区域。

年度位置及表现　大部分的数据表明，表现最好的岛形在年度价格区间的低位区域附近有突破。这一发现对所有市场条件和突破方向都是适用的，除了熊市向下突破的形态之外。熊市向下突破的形态突破位置出现在年度价格区间高位区域时表现最好。

回调和反弹　在岛形中，回调和反弹经常发生(概率在59%～75%之间)，这意味着第二个岛形缺口会迅速地封闭。股价完成回调或反弹回到突破价格的时间从6天到9天不等，这是非常快速的(11天或12天更为典型)。

当发生回调或反弹时，股价表现会受到影响。例如，在牛市中向上突破的岛形，在突破后出现回调时股价平均涨幅18%，而没有回调时，涨幅为38%——一个巨大的区别。

在交易岛形之前，请检查下方支撑或上方阻力。如果股票有附近的支撑或阻力，那么要考虑寻找更一个更有希望的投资机会。毕竟，一旦发生了回调或反弹，价格可能会继续朝着不利的方向发展，给你带来损失。

表30.5所示为股价突破形态后到达最高点或最低点时间的频次分布。正如你所看到的，大约1/3的形态在第一周达到最高点或最低点。在统计表的另一边，可以看到，在突破后2个月，有一些股票继续在突破方向上运行，它们仍然在寻找最终的高点或低点。

表30.5　到达最高点或最低点天数的频次分布

天数	7	14	21	28	35	42	49	56	63	70	>70
熊市，向上突破	32%	7%	8%	7%	4%	5%	2%	3%	3%	3%	25%
牛市，向上突破	30%	6%	6%	6%	4%	3%	3%	2%	2%	1%	38%
熊市，向下突破	39%	11%	8%	5%	5%	4%	5%	4%	2%	2%	15%
牛市，向下突破	33%	7%	6%	5%	6%	4%	3%	4%	1%	3%	27%

在熊市中，股价通常在突破形态后1个月到6或7个星期表现疲软。这个特征表现在向上突破(42天在5%)和向下突破(49天)的数字上。在牛市中，向下突破形态的数字在35天(6%的形态在这里见底)也出现小幅上升。

表30.6所示为与形态面积大小相关的统计信息。

表30.6　形态面积大小统计

描述	牛市 向上突破	熊市 向上突破	牛市 向下突破	熊市 向下突破
高形态表现	25%	20%	-20%	-23%
低形态表现	22%	22%	-14%	-23%
高度中值(与突破价格百分比)	8.82%	18.19%	8.96%	15.92%
窄形态表现	23%	22%	-16%	-25%
宽形态表现	24%	20%	-17%	-21%
长度中值	15 天	23 天	18 天	32 天
形态平均长度	32 天	36 天	35 天	45 天
低窄组合形态表现	22%	22%	-15%	-24%
低宽组合形态表现	21%	18%[a]	-12%[a]	-20%[a]
高宽组合形态表现	25%	20%	-19%	-22%
高窄组合形态表现	26%	19%[a]	-22%[a]	-30%[a]

注：(-)负号表示下跌；[a]表示样本小于30个。

高度　在大多数情况下，高形态的表现与低形态的表现一样好，或优于低形态。例如，牛市中高于高度中值的岛形股价在突破后下跌幅度为20%。低形态的股价在突破后只下跌了14%。

宽度　不同宽度形态的表现紧跟市场的情况。宽形态在牛市中表现最好。窄形态在熊市中表现得很好。我测量形态宽度是从缺口到缺口之间的距离，你可能会估计到了，所有的形态宽度都跟表30.6中的长度中值进行比较。

形态平均长度 除了在熊市中向下突破的岛形平均长度为45天以外，其他岛形平均约1个月长。

高度和宽度的组合 查看高度和宽度的组合，表现最好的组合是既高又窄的形态（熊市向上突破的除外）。表现最糟糕的形态是既短又宽的岛形。

表30.7显示与形态期间成交量相关的统计信息。

表30.7 形态期间成交量统计

描述	牛市 向上突破	熊市 向上突破	牛市 向下突破	熊市 向下突破
上升成交量趋势表现	24%	15%[a]	17%	17%
下降成交量趋势表现	23%	22%	17%	26%
U形成交量形态表现	27%	19%	16%	25%
半圆形成交量形态表现	22%	22%	17%	24%
既非U形又非半圆形成交量形态表现	23%[a]	11%[a]	22%[a]	17%[a]

注：（-）负号表示下跌；[a]表示样本小于30个。

成交量趋势 对于牛市来说，成交量趋势并不是一个很好的股价表现预测指标，这里的意思是每一列的结果都太接近彼此了。然而，在熊市向下突破的形态中，成交量呈下降趋势的形态表现大幅胜出。

成交量形状 结果五花八门。成交量呈U形的形态，突破方向与市场方向一致时，即牛市向上突破或熊市向下突破，突破后的股价表现良好。其他组合在随机成交量形状或半圆形状时表现良好。

交易策略

表30.8概述了交易策略。

表30.8 交易策略

交易策略	解释
测算规则	形态最高点减去最低点等于形态高度。对于岛形底部形态，形态最高点加上形态高度计算得出目标价格；对于顶部形态，形态最低点减去形态高度计算得出目标价格。目标价格是价格上升（底部）或下跌（为顶部）的目标
等待回调或反弹	岛形反转表现出不愿意继续在突破的方向上运行。价格通常掉转方向，迅速填补缺口，然后才恢复，继续其原来趋势。等待反弹（顶部形态）或回调（底部形态）完成，价格恢复其原来的方向之后再进行投资
观察趋势线	趋势线穿透时，往往标志着趋势变化。如果一个岛形反转出现在趋势线附近，那么在投资之前，等待价格收于趋势线之上

测算规则 第一种交易策略根本就不是策略：这是测算规则，它帮助投资者判断是否值得冒风险进行一项交易。如图30.5所示的岛形底部。形态的最高点是24.63美元（略低于2月初的缺口，而不是2月中旬较大的缺口），最低点是17.50美元。将两者的差额7.13美元加上最高点，得到预测的目标价格。在这个例子中，目标价格为31.75美元，股价在形态失败之

前都未达到目标价格。

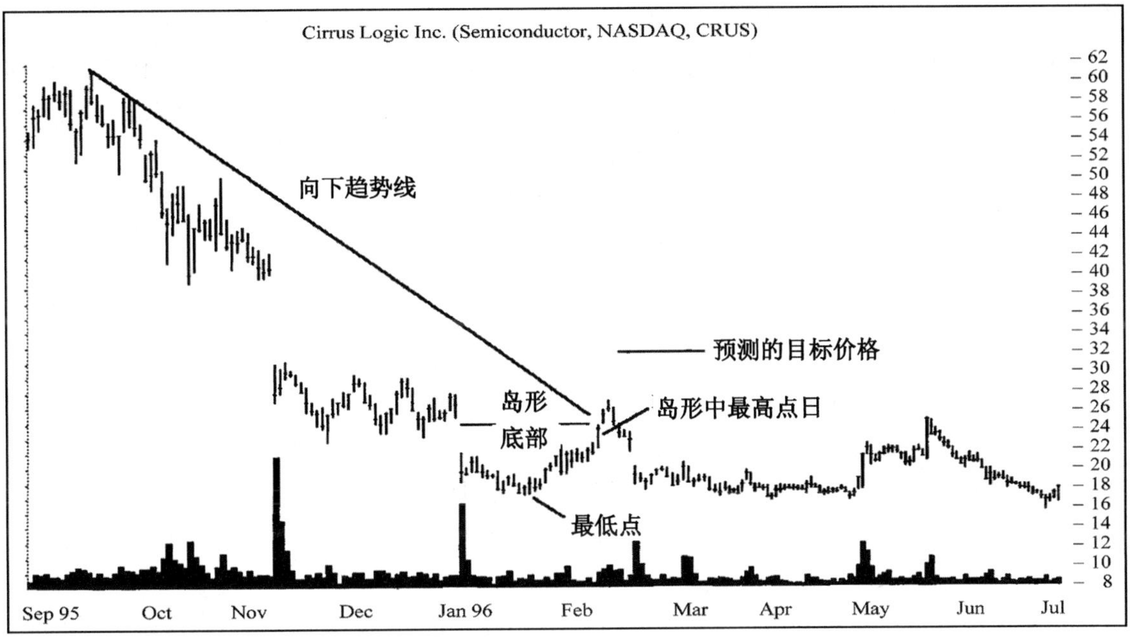

图30.5　一个失败的岛形底部形态。有时候，你所能做的最好的交易就是根本不交易。

等待回调或反弹　有两种方式交易岛形形态。为了降低风险，你可以在突破后立即买入股票，持股直到股价开始掉头转向突破价格(在回调中或反弹中)。如果价格反转，反转将是快速的，通常在第1个星期或第2个星期。以这种方式进行交易可以让你从股价第1周的大波动中获利。

为了避免回调或反弹，并享受更大的平均移动幅度，查看下方支撑或上方阻力。在附近有支撑或阻力时，股票更有可能回调或反弹。

第二种交易岛形的方式是等待回调或反弹完成。因为大多数形态都会发生回调或反弹，又因为岛形反转有失败比率低但股价表现差，所以等待回调是明智的。回调或反弹通常发生在第二个缺口之后一两个星期。如果回调或反弹不是快速发生(在1个月之内)，那么放弃交易，转到下一个交易机会。

当出现回调或反弹时，不要立即进行投资。等待回调完成，价格掉转方向，并重新在原来的运行方向上，再进行投资。有时价格会回调到形态，然后继续朝着与突破方向相反的方向前进。

观察趋势线　在本章的关注形态失败中我详细地讨论了趋势线的使用，所以这里没有太多的内容要添加。然而，向上趋势线和向下趋势线都可以显示一个趋势的变化。在进行交易之前，等待价格收于向下趋势线的上方或下方趋势线的下方。很多时候，价格会接近趋势线，然后被击退，所以你要确保股价确实穿透趋势线，发出趋势变化的信号。

交易故事

考虑一下克拉伦斯所面临的如图30.5所示的情况。他看着半导体公司的股票暴跌。在11

月和12月，股价形成了一个长的岛形盘整。他知道这不是反转，因为两个缺口之间的价格水平没有相互一致。然后另一个岛形在1月到2月初形成了。

由于价格缺口跳空下跌到第二个形态，然后再缺口跳空上升离开形态，他知道他在面对一个岛形底部形态，一个比岛形顶部形态表现更好的投资对象。他用测算规则来预测股票可能上涨的价格。预测的目标价格有近30%的上涨，这个涨幅值得冒风险进行交易。

在买下股票之前，他做了几项检查。他看到股价趋势是向下的，因为股票已经从高点(61.13美元)下跌到岛形的低点(17.50美元)。克拉伦斯从最高的高点向下画出趋势线，这条趋势线穿过了岛形右边缺口。这是一个很好的迹象，因为价格已经超过了趋势线，并收于趋势线之上。它预示着可能的趋势变化。

不过，有些东西的感觉不大对。股价下跌到了一个新的低点，半导体工业作为总体来说是疲软的。这个岛形底部真的标志着一个转折点吗？股票会不会上升、反转，然后重新测试低点？他不确定，所以他决定等待，看看价格是否回调到形态。如果股价回调，然后继续上涨，他就会买入这只股票。在上行突破3天后，股票回调并封闭了缺口。现在，克拉伦斯知道，股票要做的事情是走高。股价没有走高，股票继续下跌，在不到1周的时间里，又跌到了趋势线以下。他决定寻找别的更有希望的投资机会。

一年多后他回顾这只股票，他看到股价达到了8美元的低位，而且从未上升到27.25美元以上，即股价穿透趋势线之后的高点。他意识到有时候你能做的最好的交易是根本就不进行交易。

交易秘籍

下面的列表包含交易这种形态的提示和观测结果，以帮助你选择表现更好的形态，更多的信息，请参阅相关的表格。

●查看辨识指南以正确选择形态。见表30.1。

●顺势交易。在牛市选择向上突破的形态，在熊市选择向下突破的形态。见表30.2。

●熊市价格的上涨速度比牛市的快4倍。见表30.2。

●熊市下行突破的形态有最低的失败比率。见表30.3。

●选择突破点在年度价格区间低位区域的形态，但在熊市的向下突破形态除外。见表30.4。

●回调和反弹损害股价表现。在交易前，查看上方的阻力或下方的支撑。见表30.4。

●1/3的形态在突破后第1个星期达到最高点或最低点。见表30.5。

●在牛市中选择高或宽的形态，在熊市中选择窄的形态。见表30.6。

●选择在熊市中成交量呈下降趋势的岛形形态。见表30.7。

第三十一章　岛形长岛形态
Islands, Long

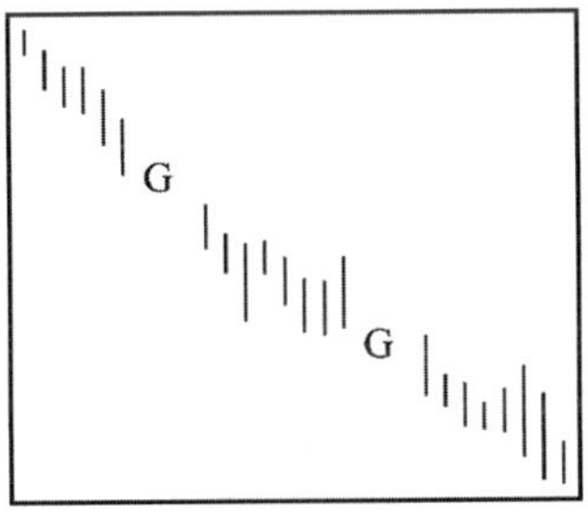

统计简报

向上突破

形状	一个由缺口引起的价格岛形，通常两个缺口的价格不相等。突破方向是向上的。	
反转或持续	短期持续，行情看涨。	
	牛市	**熊市**
表现排名	15/23	5/19
保本失败概率	11%	4%
平均涨幅	31%	25%
趋势结束后的变化	-35%	-37%
成交量趋势	向下	向下
回调概率	67%	74%
实现目标价格概率（使用形态高度的一半）	82%	72%
意外发现	突破出现在年度价格区间低位区域的形态表现最佳。回调损害股价表现。高或窄的形态表现优于短或宽的形态。越是临近趋势的末端，岛形越短。	
参见	岛形反转形态。	

向下突破

形状	与向上突破形状相同，但突破方向是向下的。	
反转或持续	短期持续，行情看跌。	
	牛市	**熊市**
表现排名	6/21	6/21
保本失败概率	5%	2%
平均跌幅	22%	26%
趋势结束后的变化	46%	48%
成交量趋势	向下	向下
反弹概率	54%	54%
实现目标价格概率（使用形态高度的一半）	78%	76%
意外发现	反弹损害股价表现。大缺口的岛形突破后股价下跌得更远。高形态比低形态表现好。越是接近趋势的末端，岛形越短。	
参见	与向上突破的相同。	

长的岛形是一个新的形态，但我相信你们很多人以前见过。几年前，当我第一次开始寻找岛形反转形态时，我原来认为长岛形态是合格的岛形反转形态，但其实它们不是。长岛形和岛形反转形态之间的区别是缺口排列。对于岛形反转，这两个缺口必须有相同的价格。对于长岛形，缺口的价格通常是不同的。

当我开始寻找长岛形态，我发现它们无处不在，所以我提高了条件，直到我有一个可行的数字。“辨识指南”一节讨论了我所定的条件。

长岛形态表现很普通。大多数情况下，保本失败概率都是很低的，平均跌幅也还好。平均涨幅说不上突出，因为它在牛市上涨31%便见顶。

意外发现是平常的事情，最不需要解释。例外的是，越是接近趋势的末端，岛形往往越短。这种观察结果可以帮助你避免不赚钱的交易，并帮助你预测未来趋势变化。

导入

到现在，你可能会想知道长岛形态长什么样。图31.1所示为两个示例。第一个长岛形态出现在缺口1和缺口2之间，并且它出现在5月末到6月。在这个例子中，成交量呈U形形状。请注意，缺口没有相同的价格水平，岛形浮动在较长的大陆中间。

第二个长岛形态，在缺口2和缺口3之间，缺口也没有一致的价格水平。这个岛形更长，从6月持续到7月，然后完成了一个向上的突破。同样，岛形倾向于飘离大陆，但在一个典型的岛形中，缺口没有这么大。

根据定义长岛形态的方式，其他长岛形态出现在缺口3和缺口4、缺口4和缺口5、缺口5和缺口6以及缺口6和缺口7之间。为了记录，我只使用前两个形态，因为其他的形态缺口太窄，不符合条件。

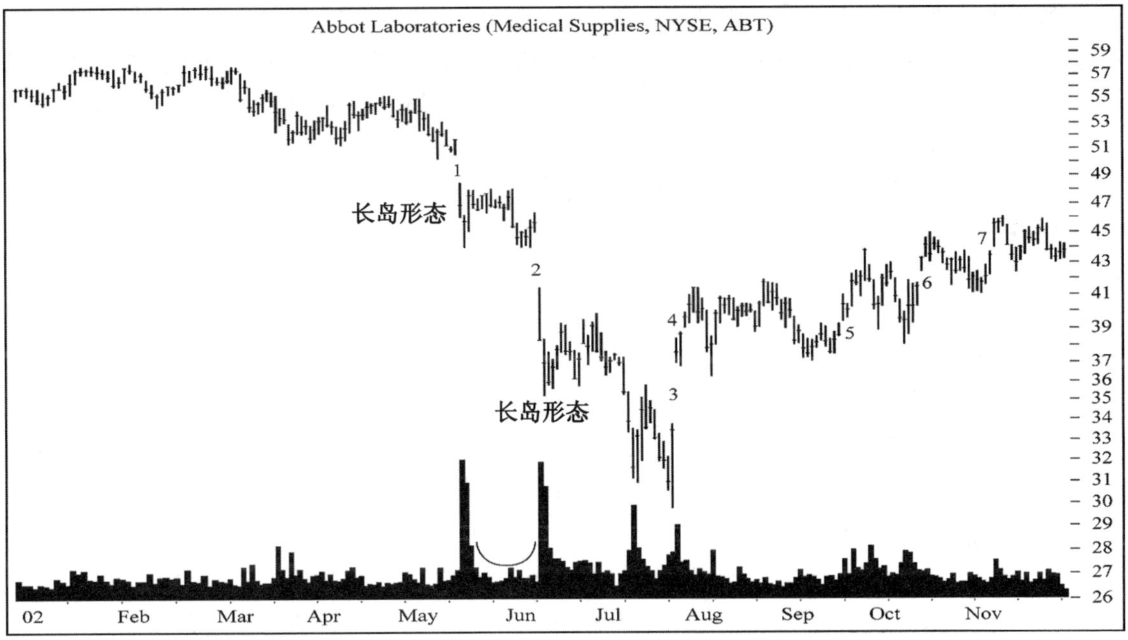

图31.1　一个长岛形态出现在缺口1和缺口2之间，第二个长岛形态出现在缺口2和3之间。

辨识指南

长岛形态需要符合什么样的条件？在回答这个问题之前，让我们再看几个例子。图31.2所示为另外4个长岛形态。

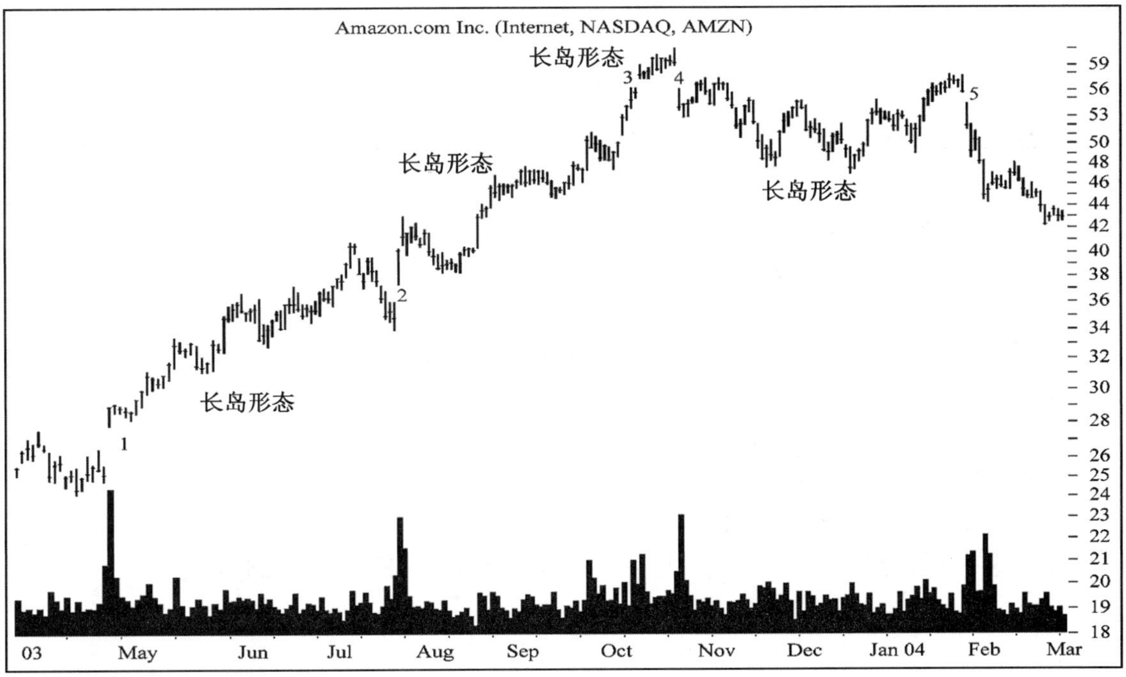

图31.2　4个长岛形态，所有的缺口的大小至少1美元宽，形态不到4个月长。

第一个出现在缺口1和缺口2之间。第一个缺口大小约为2.20美元，第二个缺口大小为1.35美元。这个岛只有差不多3个月长。这两个缺口没有对齐，当然我没有排除缺口对齐的岛形。重叠的缺口使岛形成为一个岛形反转形态。在这项研究中使用的长岛形态中有18%的形态同时也是岛形反转形态。把岛形反转形态看成是长岛形态的一种特殊形态。

虽然从图31.2中看不出来，但第一个长岛形态的确是作为一个在2001年10月股价5.51美元处开始的长期上升趋势的持续。缺口2和缺口3是第二个长岛形态，也是上升趋势的持续。缺口3和缺口4所示为一个形成顶部的岛形，标志着趋势的反转。

注意看这些岛形在接近趋势末端时是如何变得更短的。上升趋势中每个岛形的长度从左向右分别是88天、77天和12天。

表31.1所示为长岛形态的辨识指南。我创建了一个计算机程序来找到这些形态。当我运行这个程序时，它发现了超过2000个形态。所以，我增加了缺口的大小，缩短了岛形长度。

表31.1　辨识指南

特征	讨论
缺口不对齐	这两个缺口通常没有相同的价格。那些缺口价格水平相同的形态也是长岛反转形态
大缺口	两个缺口大小至少相距1美元宽。这个条件使长岛形态从附近的价格带中分离出来
长度短	形态长度小于4个月的岛形
U形状成交量形态	大多数岛形在每个缺口处都会有成交量高峰，形成 U 形的成交量形态
岛形顺序	在价格趋势中出现的岛形，随着趋势发展而变得越来越短
突破	第二个缺口标志着突破日

缺口不对齐　寻找两个不共享相同价格的缺口。如果它们确实有共同的价格，那么你看到的就是一个岛形反转形态。在我对岛形态的研究中，我没有排除岛形反转形态，但它们仅占18%样本量。岛形反转形态也是一个长岛形态，但长岛形态不一定是岛形反转形态。

大缺口　小缺口经常发生，所以我寻找的缺口至少有1美元宽。这个参数大大减少了岛形的数量，但我在200只股票中仍然发现了接近1000个岛形。

长度短　我选择了长度不到4个月的岛形。这个时间段比一个财务季度(3个月)还要长，但也不是太长以至于看不见(想一下相距1年的双底形态，有多少交易者会注意到它？)。

U形成交量形态　当价格出现缺口时，成交量通常会爆发然后消退。这种行为让典型的长岛形态出现U形成交量形态。不要仅仅因为成交量形态而排除一个长岛形态，特别是因为那些成交量呈半圆形状的形态通常表现得更好。

岛形顺序　当多个岛形出现在同一个价格趋势中时，它们的长度往往会越来越短。图31.2所示为这种行为的一个示例。最左边的第一个长岛形态(缺口1和缺口2)比接下来的一个长岛形态(缺口2和缺口3)更宽，缺口3和缺口4之间的长岛形态最短。缺口3和缺口4之间的长岛形态标志着上升趋势的结束。

突破　突破发生在第二个缺口。

使用这些辨识指南识别出来的长岛形态在股票日线图中既丰富又清晰可见。

关注形态失败

图31.3所示为一个失败岛形的例子。这个是2001年9月11日悲惨事件时航空公司股票发生的情况的一个例子。股票市场关闭了一个星期，当它重新开放时，航空公司股票缺口跳空向下(缺口1)。从那时起，价格持续走低了数天，然后反弹，再次下跌形成一个更低的低点。然后，股票恢复，形成一个对称的三角形。

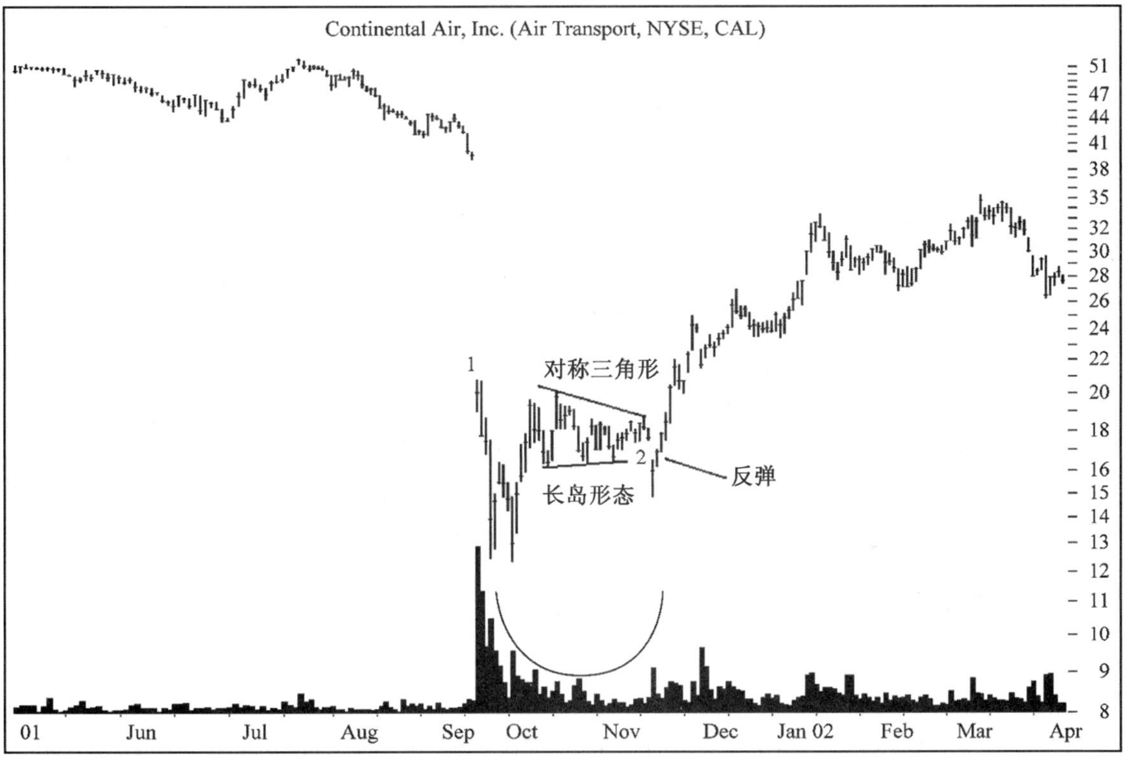

图31.3 价格突破后下跌，但很快回升，导致形态失败。

在11月中旬，股票缺口下跌(缺口2)，那一天其他航空公司股票也显示疲软，但我不知道为什么。我知道，那是在季报发布后不到2个星期。这个向下突破很短暂，随着第二天价格回升，股价继续走高。

这是一个需要设置止损指令的很好的例子。如果交易者在下跌后做空股票，止损指令将会使损失得到控制。如果没有止损指令，交易者将会看到价格从14.85美元的低点，在不到4个月后攀升到35.25美元的高点，涨幅为137%。好消息是，除了在牛市的向上突破形态，这种性质的损失，即价格在突破后沿突破方向运行不到5%(失败形态)，是罕见的。在牛市的向上突破形态中，失败比率为11%。这些信息在统计数据中可以方便地看到。

统计数据

表31.2所示为长岛形态的综合统计数据。

表31.2 综合统计

描述	牛市 向上突破	熊市 向上突破	牛市 向下突破	熊市 向下突破
形态数量	255	206	193	266
反转(R)、持续(C)数量	110R，145C	114R，92C	99R，94C	103R，163C
反转(R)、持续(C)涨/跌幅	31%R，31%C	27%R，24%C	22%R，22%C	26%R，26%C
平均涨/跌幅	31%	25%	22%	26%
涨/跌幅超过45%(数量或占比)	71或28%	35或17%	10或5%	33或12%
趋势结束后涨/跌幅	-35%	-37%	46%	48%
形态失败后涨/跌幅	58%[a]	37%[a]	-28%[a]	-33%[a]
标准普尔500指数的变化	8%	1%	-1%	-7%
到达最高/低点的天数	67	33	27	26

注：(-)负号表示下跌；[a]表示样本小于30个。

形态数量 在从1996年到2001年和从1999年到2003年两组数据中，我在220只股票中发现了这种形态。实际上，我用了大约500只股票来确定这220只股票，约有一半的股票显示没有长岛形态(许多股票也没有从1996年到2001年全部期间的数据)。我在我看过的股票中找到了920个长岛形态。

反转或持续 这种形态作为趋势的持续往往比作为趋势的反转的概率要高，它们出现的概率分别为54%和46%。在表31.2中可以看到，大多数持续形态发生在当突破方向与市场趋势一致(牛市向上突破和熊市向下突破)时。更多的反转形态出现在走势与市场趋势相反之时。当形态向上突破时，在熊市中，反转形态的表现优于持续形态。

平均涨幅或跌幅 熊市形态的表现相当不错，但牛市形态的表现低于其他形态类型的平均值。这些数字表明，你的交易方向应该与市场趋势一致——牛市做多向上突破的形态，熊市做空向下突破的形态。

涨幅或跌幅超过45% 向上突破的形态中，突破后股价涨幅超过45%的形态在牛市和熊市分别为28%和17%，牛市形态大涨幅的股票最多。向下突破形态中没有如此大的概率。

趋势结束后的变化 一旦趋势结束(在最高点或最低点)，在牛市中，股价下跌约36%，在熊市中，股价飙升约47%。这一发现表明，交易一只股票，而不是买入并持有股票，才是获得更大利润的途径。这些数字也可以作为警告，坚持持股太长时间意味着你可能失去你的所有收益甚至更多。

失败形态的表现 在突破后股价移动不到5%便掉头向与突破方向相反的方向运行的长岛形态极少，但它们表现很好。在牛市中的58%涨幅尤其的好。有这么大的涨幅，即使你加入新趋势晚了，交易仍然可能是盈利的。

标准普尔500指数的变化 请注意，平均涨幅或跌幅是如何跟随指数波动的。例如，牛市向上突破的岛形表现最好。在那段时间里，指数攀升也最多(8%)。总体市场的大幅下跌(熊市向下突破的指数跌幅7%)帮助看跌岛形的表现，跌幅26%。

到达最高点或最低点的天数 突破后股价到达最高点或最低点的时间从左栏向右栏递减。如果仔细研究这些数字，你会发现熊市的下跌(向下突破)是比牛市上涨(向上突破)更短更陡峭。在熊市中交易形态(向下突破)，每年进行交易的数次更多。

表31.3所示为长岛形态的失败比率。让我用几个例子来解释一下这张统计表。在牛市中有27个向上突破的岛形，或11%的岛形，突破后没有能够上升超过5%。在最大涨幅不超过10%，这个数字为28%，几乎翻了三倍。在熊市中，向下突破表现最好，跌幅不超过5%的形态只有2%。在跌幅未能超过10%时，这一统计数字放大到14%。

表31.3　失败形态数量或比率

股价最大涨/跌幅(%)	牛市向上突破	熊市向上突破	牛市向下突破	熊市向下突破
5(保本点)	27或11%	9或4%	9或5%	5或2%
10	72或28%	48或23%	41或21%	38或14%
15	109或43%	81或39%	75或39%	75或28%
20	136或53%	106或51%	105或54%	115或43%
25	146或57%	129或63%	134或69%	150或56%
30	157或62%	145或70%	152或79%	180或68%
35	167或65%	153或74%	163或84%	200或75%
50	196或77%	177或86%	185或96%	250或94%
75	119或86%	196或95%	193或100%	266或100%
>75	255或100%	206或100%	193或100%	266或100%

如果您知道做生意的成本(不管您怎么定义这一点，例如佣金、SEC费用、公用事业费用甚至房租)，您可以使用表31.3来估计这种形态保本失败的概率。假设你的交易成本是5%，你想赚平均20%的收益，这种形态有多大可能会失败？看看25%行(5%的成本加上20%的利润)，表现最好的岛形发生在熊市向下突破中，超过一半(56%)的形态下跌不会超过25%。由于一半的形态将失败，赢家将不得不大幅超过输家，才能给你25%的利润率。

表31.4所示为关于长岛形态突破及突破后的统计数据。

表31.4　突破与突破后股价表现统计

描述	牛市向上突破	熊市向上突破	牛市向下突破	熊市向下突破
从形态结束到突破	2	1	1	1
突破在年度价格区间低(L)、中(C)、高(H)各区域分布的百分比	L13%,C20%,H67%	L33%,C38%,H29%	L43%,C26%,H31%	L53%,C33%,H13%
形态在年度价格区间低(L)、中(C)、高(H)各区域突破后的涨/跌幅	L34%,C21%,H33%	L27%,C25%,H24%	L27%,C21%,H20%	L25%,C25%,H30%
回调/反弹概率	67%	74%	54%	54%
回调/反弹期间	9天	8天	9天	10天
出现回调/反弹形态的平均涨/跌幅	24%	19%	-18%	-20%
未出现回调/反弹形态的平均涨/跌幅	54%	44%	-28%	-34%
大缺口形态表现	32%	32%	-27%	-32%
小缺口形态表现	45%	32%	-23%	-30%
缺口大小中值(美元)	1.25	1.29	1.34	1.26

注：(-)负号表示下跌；缺口是突破前一天收盘价到最高点或最低点的距离。

从形态结束到突破 从形态结束到突破的平均时间是一个单独的一天，除非它正好在周末或假日。因为这个原因，牛市向上突破平均为2天。

年度位置 向下突破的长岛形态最常见的突破位置是在年度价格区间的低位附近。长岛形态向上突破经常发生在年度价格区间高位区域(牛市)或中间区域(熊市)附近。

年度位置及表现 最好的岛形在哪里出现呢？大多数时候，在年度价格区间的低位附近。例外的情况是，在熊市中有向下突破的岛形，它们在年度价格区间高位区域附近突破的时候，突破后的股价表现最好，但也要注意到样本量是小的，只有13%的形态属于该类别。

回调和反弹 相对于向下突破的反弹(牛市熊市都是54%)，向上突破的回调更经常出现(67%和74%)。发生这种情况的原因是股价下行趋向于更陡峭、运行得更远，从而减少了反弹的可能性。对于回调，如果没有人购买股票，价格就会暴跌。

股价运行回到突破价格需要8天到10天的时间。当发生回调或反弹时，股价表现会受到影响。例如，牛市向上突破的形态中，出现回调的形态在突破后平均上升了24%，没有出现回调的形态涨幅平均为54%。

缺口 大的价格缺口意味着更好的表现吗？是的，但只在向下突破中。我使用了突破前一天的收盘价(所以我可以包括缺口)，将缺口大小与缺口大小中值比较。当缺口大于中位数时，该岛形的表现往往会更好。对于缺口大小中值，我在计算中用了岛形两个缺口中的较小缺口。

表31.5显示股价突破形态后到达最高点或最低点时间的频率分布。在第1个星期内，你可以看到，1/3的岛形熄火。在熊市向上突破的岛形中在1个星期内44%的形态达到最终的低点。在表格的另一端，牛市中向上突破的岛形有24%在70天(超过2月)内还没有达到最高点。

表31.5 到达最高点或最低点天数的频率分布

天数	7	14	21	28	35	42	49	56	63	70	>70
熊市，向上突破	44%	11%	8%	5%	4%	6%	5%	4%	0%	1%	12%
牛市，向上突破	34%	10%	6%	5%	3%	5%	4%	2%	4%	2%	24%
熊市，向下突破	43%	12%	10%	9%	5%	4%	3%	2%	2%	1%	8%
牛市，向下突破	39%	11%	10%	9%	5%	4%	3%	4%	3%	2%	9%

仔细看到在熊市向下突破的岛形中65%的形态3个星期内见底(前三列数字的总和)。股票可能会大幅下跌，不要指望它了。

请注意，向上突破的岛形在突破后42天开始出现轻微上升。在其他形态已经看到了这种行为。突破后1个月价格动量减弱，一些形态在那段时间到达终点。在股价突破形态后5～7个星期要格外谨慎。

表31.6所示为与形态面积大小相关的统计信息。

高度 高形态比低形态表现好。例如，在牛市向上突破的高形态在突破后平均上涨37%，但低形态的涨幅仅为27%。为获得最佳的投资表现，交易那些比高度中值高的形态。

宽度 除了熊市向下突破的形态，窄的形态表现得比宽的形态好得多。我用表中长度中值作为窄和宽形态的分割点。

形态平均长度 两个缺口之间的平均时间长度约6个星期。我把岛形长度限制在至少2天(以避免有单日反转)，但最长不超过4个月。

表31.6　形态面积大小统计

描述	牛市 向上突破	熊市 向上突破	牛市 向下突破	熊市 向下突破
高形态表现	37%	29%	-24%	-28%
低形态表现	27%	22%	-20%	-24%
高度中值(与突破价格百分比)	21.46%	30.21%	27.33%	38.00%
窄形态表现	32%	28%	-24%	-25%
宽形态表现	31%	23%	-20%	-27%
长度中值	41天	38天	43天	42天
形态平均长度	46天	44天	49天	48天
低窄组合形态表现	30%	25%	-22%	-23%
低宽组合形态表现	19%	16%[a]	-16%	-25%
高宽组合形态表现	40%	26%	-22%	-28%
高窄组合形态表现	34%	36%[a]	-28%	-29%

注：(-)负号表示下跌；[a]表示样本小于30个。

高度和宽度的组合　大多数时候，既高又窄的岛形表现胜过其他组合。例外的是牛市中向上突破的岛形，当形态既高又宽时股价表现最好。

岛形顺序　回头看看图31.2，看看这些岛形在接近趋势的末端时如何变得更短？为了找到这个结果，我把每个岛形都按它们在趋势中顺序编目(第一、第二、第三等)。然后，我做了一个结果频次分布图，发现每个形态在趋势中第一个位置、第二个位置等的平均宽度。这是天数频次分布:53、44、42、38、46、32和28天。这项分析表明，随着接近趋势的末端，岛形的长度往往会越来越短。因此，当一个岛形突破后，在进行交易前，问自己，这个岛形态是否比正常的形态短？你可以查看别的股票同样的趋势中其他岛形的长度。异常短的岛形可能标志着(或接近)趋势的末端。但是，这不是绝对规则，例外的情况很多。

表31.7所示为与成交量有关的统计信息。

表31.7　形态期间成交量统计

描述	牛市 向上突破	熊市 向上突破	牛市 向下突破	熊市 向下突破
上升成交量趋势表现	27%	26%	-19%	-26%
下降成交量趋势表现	32%	25%	-23%	-26%
U形成交量形态表现	29%	25%	-21%	-27%
半圆形成交量形态表现	35%	25%	-23%	-25%
既非U形又非半圆形成交量形态表现	24%[a]	26%[a]	-19%[a]	-28%[a]

注：(-)负号表示下跌；[a]表示样本小于30个。

成交量趋势　牛市中，成交量呈下降趋势的岛形表现最好。熊市不同成交量趋势的形态表现出很少或根本没有差异。

成交量形状　只有超过一半的岛形(51%)呈现U形成交量形状，42%的形态成交量呈半圆形状，其余的形态呈随机形状(通常水平形状)。牛市中表现最好的岛形其成交量呈半圆形状。在熊市中，具有随机成交量形状的岛形表现最好，但样本规模较小。

交易策略

表31.8所示为长岛形态的交易策略。

表31.8 交易策略

交易策略	解释
测算规则	计算形态最高点到最低点的形态高度，除以2，将高度应用于第二个缺口前一天的收盘价，结果就是目标价格
避免短岛形	岛形很好地出现在一个价格趋势中，且异常狭窄，可能预示着即将到来的趋势变化
顺市场及行业趋势交易	交易方向与总体市场以及相同行业的其他股票趋势的方向相同
短期交易	除了交易的是牛市中向上突破的岛形之外，都要准备好快速获利

测算规则 使用测算规则可以帮助预测在突破后价格将会走多远。仔细看图31.4所示的长岛形态。计算形态高度，从形态的最高点点4(29.75美元)减去最低点点3(20美元)，然后除以2。如果突破是向下的，从突破前一天收盘价格(接近点5，25.99美元)减去形态高度的结果(4.88美元)，得出目标价格21.11美元。如果是突破向上，则将形态高度结果加到突破前一天收盘价格，得出目标价格为30.87美元。统计简报中所示为此方法在不同市场条件下的成功概率(请参阅“实现目标价格概率”)，在72%～82%之间。

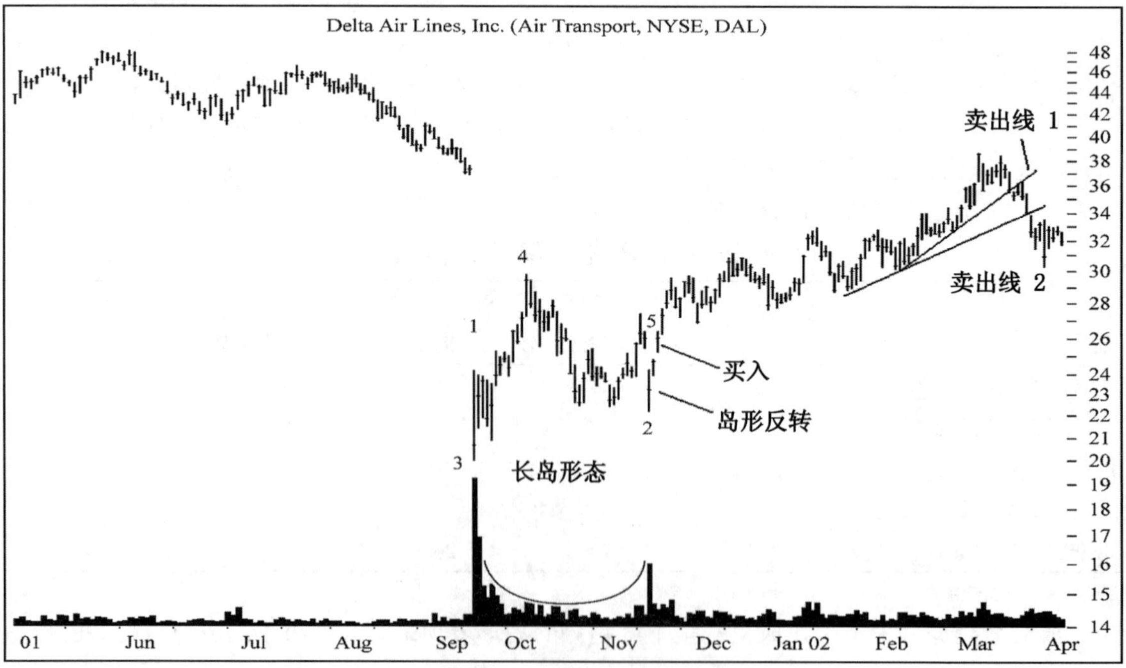

图31.4 一个“死猫”弹跳形态形成一个长岛形态(点1和点2)。

顺市场及行业趋势交易 为了提高您交易的成功概率，始终以市场和行业趋势为方向进行交易。换言之，在牛市中做多，在熊市中做空。如果你想买的同一个行业里的其他股票有麻烦，那么你的股票也会遭受损失。如果其他股票表现得好，那么你的股票也会表现得好。哪只股票是龙头股？哪一只股票最先到达转折点？如果你的股票跟随龙头股几天或几周，这可能有助于你交易你的股票。

避免短岛形　当一个岛形看起来很好地处在一个价格趋势之中，而这个岛形异常短时，这可能意味着趋势的结束即将临近。在趋势开始时的岛形长度几乎是接近或处在趋势末端岛形长度的两倍。因为这个观察结果是平均的，你的结果会与此有所不同，但它值得重视。

短期交易　超过一半的岛形在突破后2个星期内达到最高点或最低点(从表31.5)。因此，要准备迅速获利了结。另外，由于第1个星期股价的涨幅或跌幅通常很大，所以一定要迅速进入交易，然后用止损指令来保护自己。

交易故事

图31.4所示为本节中讨论的交易示例。我选择了达美航空公司，因为它的股票与图31.3大陆航空公司股票在2001年9月11日之后有相似之处。两只股票在当天都有很大的单日暴跌缺口，但都恢复了。图31.4中的反弹将价格从点3上升到点4，然后滑落到点2，完成一个“死猫”弹跳的形态。在点2，当价格缺口跳空向下时，长岛形态就形成了。

作为一个波段交易者——持有股票数天、数月甚至数年——我不会做空这只股票。在市场收盘后一天，我建立了我的数据库。看到点2的下跌缺口，我会问我的经纪人报价，发现价格走高(注意点2后日内低点远远高于前一天的收盘价)。如果股价在上涨，为什么要冒风险卖空呢？

这座长岛形态代表了在最终低点后进行交易的机会和参与到平均48%涨幅的反弹(见表31.2，“趋势结束后的变化”，并注意到这不是一个失败形态，因为突破后价格下跌了8%)。股票达到了底部点3，反弹，然后在点2重新测试低点。请注意，重新测试的低点停在点3之上。将图31.4与图31.3进行比较，大陆航空的股票也出现更高的低点，然后开始反弹。事实上，我跟踪的所有9家航空公司股票都出现更高的低点，或者在“9•11”之后才飙升。

在长岛形态的第二个缺口之后两天，价格上行到缺口之上，封闭了缺口，形成一个岛形反转(点2和第二天形成一个双日岛形反转)，那是买入信号。看着其他航空公司股票领先走高，持有这只股票将是很容易的事。

到1月，您可以在价格上涨趋势(从11月下旬开始)下方绘制一条趋势线(图31.4未显示)。如果价格收低于趋势线，那将是一个卖出信号。在2月，一些其他航空公司的股票疲软(9只股票中有4只)。其他5只股票，如达美航空，继续飙升。由于股票出现更高的低点，这说明股票的耐性，但其他航空公司的股票警告前方动荡。到2月底，其他航空公司的股票重新回到上涨的队伍中，并继续上行。

一个趋势线，在图31.4显示为“卖出线2”，是卖出信号。这一条趋势线并没有持续很长时间，因为价格在更为陡峭的斜坡上攀升。连接低点的卖出线1是新的卖出信号。当股价在趋势线下收盘时，是时候卖出股票了。除了其中一家航空公司股票，所有航空公司在2月下旬或3月都达到峰顶。

以标准普尔500指数作为代表的总体市场也从连接12月和1月峰值的水平趋势线上隆起，

在3月初见顶。这些峰顶形成一个下降直角三角形的扩散形态。那个开口是指一条水平顶部和一条向下倾斜的底部趋势线组合的形态。该指数在3月初和3月中旬两次触及水平趋势线，但似乎不情愿或无法穿透趋势线。第二次接触的价格水平更高，但接触点不止一个。未能取得显著的新高是趋势变化的另一个警告信号。

像一个蹦跑反转顶部形态，一个由陡峭的趋势线表明不断增长的动能的形态，上涨的狂欢总有结束的时候。价格不能以这样的速度继续向上移动。因此，在这两条趋势线中的一条上卖出股票是明智的，特别是因为许多其他航空公司的股票在4月出现更低的高点。用交易日的收盘价买入和卖出(假设你在卖出线1之后卖出)，你就已经赚了35%。7月下旬，这只股票股价跌到13.20美元，远远低于3月初的38.69美元的高点。

交易秘籍

下面的列表包含交易这种形态的提示和观测结果，以帮助你选择表现更好的形态，更多的信息，请参阅相关的表格。

●查看辨识指南以正确选择形态。见表31.1。

●顺势交易。在牛市做多(向上突破的长岛形态)和在熊市做空(向下突破)长岛形态。见表31.2。

●熊市中向下突破的岛形，在最大跌幅到了30%时，其失败比率最低。之后，牛市向上突破的岛形出现较低的保本失败概率。见表31.3。

●当突破位置在年度价格区间低位附近时，大多数岛形表现最佳。见表31.4。

●避开回调和反弹的形态，因为发生回调和反弹的形态表现变差。见表31.4。

●大多数长岛形态在出现大缺口和向下突破时表现更好。见表31.4。

●在股价向上突破后1个月到7个星期留意价格疲软。见表31.5。

●选择高形态。见表31.6。

●比中值窄的形态通常表现突出。见表31.6。

●非常窄的岛形可能标志着趋势的结束。见表31.6。

●牛市中成交量呈下降趋势的岛形表现突出。见表31.7。

第三十二章 三浪下跌形态
Measured Move Down

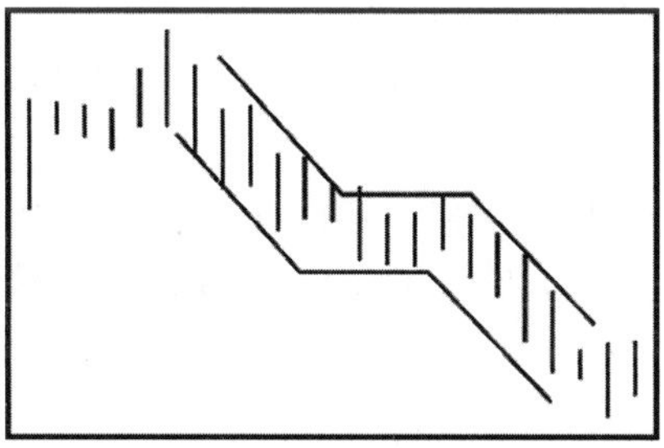

统计简报

形状	股价下行，反弹，然后再次下行。	
反转或持续	中期反转，行情看跌。	
	牛市	**熊市**
表现排名	不适用	不适用
趋势结束后的变化	46%	49%
成交量趋势	向下	向下
第1浪平均跌幅	27%,在61天内	36%,在45天内
修正阶段平均反弹幅度	48%,在30天内	44%,在22天内
第3浪平均跌幅	25%,在62天内	36%,在46天内
实现价格目标概率	35%	39%
实现时间目标概率	53%	49%
意外发现	修正阶段的反弹越大，达到价格目标的概率就越高。熊市股票的跌幅更陡更远。成交量呈U形状的形态达到价格目标的概率更大。	
同义词	波浪下跌形态；简单ABC修正形态。	
参见	旗形；三角旗形态。	

三浪下跌形态，有时被称为波浪下跌形态，是一个令人兴奋的形态，因为它生动地所示为价格将会下跌到多远。与其他形态不同，我将三浪下跌形态归类为看跌的中期反转形态。对于其他形态，我以股价到达最低点的时间为测量的期间，但对于三浪下跌形态，我使用的是形态长度作为测量的期间。

我不显示平均跌幅或失败比率。平均跌幅是从突破到最低点的距离，不适用于这种形态。失败比率是衡量突破后价格运行多远，也不适用于这种形态。

统计简报是不言自明的，除几个例外。“修正阶段平均反弹幅度”是指反弹涨幅与第1浪跌幅的百分比。在两个市场，价格几乎反弹了第1浪下跌的一半。

在价格上，第3浪的跌幅有35%～39%的概率比第1浪的跌幅长。在时间上，第3浪期间比第1浪期间长的概率是一半(牛市49%，熊市53%)。要到达测算规则计算的目标价格，第3浪需要比第1浪期间更长的时间。

这些信息有什么意思呢？如果你计算了第1浪的跌幅，并将其从修正阶段的顶端向下投射，以此为目标价格，股价达到目标价格的可能性为35%～39%。如果你用第1浪跌幅的一半向下投射，股价到达目标价格的概率在83%～93%。后者为保守的目标价格。然而，从跌幅来看，第1浪和第2浪的平均跌幅是几乎相等的。

一个有助于衡量形态表现的意外发现是，修正阶段的反弹幅度。修正阶段出现幅度超过62%大反弹时，接下来的第3浪跌幅更有可能等于或超过第1浪的跌幅。如果是出现小反弹(反弹幅度不到第1浪跌幅的38%)，第3浪就有更大的可能比第1浪股价跌幅小。此外，熊市形态比牛市形态下跌更陡、跌幅更大，但这不应该是一个惊喜，因为三浪下跌形态是一个看跌形态。最后，成交量呈U形状的形态第3浪期间长度与第1浪的相等或更长。

导入

图32.1所示为一个典型的三浪下跌形态的例子。从高点(点A)到反弹的起点(点C)的下跌称为第1浪。反弹通常被称为修正阶段，剩余的到低点的下跌被称为第3浪。第1浪和第3浪大小几乎相同，它们的行为在后面的“统计数据”部分会有更详细的描述。

修正阶段只是下跌趋势的向上反弹。这是让股票喘气和让投资新手买入股票的一个地方。投资新手购买股票，推动股价上升，他们相信下跌正在结束。不要上当受骗。股价的下跌只进行了一半。这就是这种形态的魅力所在。在你买入一只长期下跌的股票之前，要考虑到它可能在进行一个波浪下跌，下跌还没有结束。小心谨慎可能可以为你节省一大笔钱。

回到图32.1，你可以看到第1浪和第3浪的趋势线斜率几乎相同。情况并非总是如此，但有惊人数量的形态服从这一规律。此外，一个通道——两条沿着价格向下的平行线——将会包括第1浪和第3浪的趋势线。虽然图32.1中的示例在第1浪上是弱的，但您可以看到第3浪是如何沿着连接点D和点E的顶部趋势线延伸向下的。

最后，标记A、B和C的三个点代表另一个三浪下跌形态。这是一个更紧凑的形态，这样的嵌套形态并不少见。有时候，你会看到一个又一个的三浪下跌形态。

图32.1 一个典型的三浪下跌形态。两个浪的趋势线的斜率相似。点A、点B和点C标记的是一个嵌套的三浪下跌形态。

辨识指南

表32.1所示为三浪下跌形态的辨识指南。

表32.1 辨识指南

特征	讨论
第1浪	通常从一个新的高点开始，股价以直线的方式迅速下跌。避免有转弯的下跌（它们是圆弧形态、扇形形态或碟形形态）
修正阶段	价格可以水平运行，但通常会上升，收复之前跌幅的38%～62%，然后再继续下跌。如果修正阶段的反弹接近或高于第1浪高点，那么就寻找别处的机会
第3浪	第1浪向下趋势线的斜率通常会延续到第3浪。第1浪和第3浪通常包含在各自的趋势通道中
避免	对于层叠式三浪形态，使用第一次反弹，而不是后面的反弹，因为它们越来越接近趋势的结束。避免水平的、锯齿的盘整区域和从水平基础上升的波浪形态。确保测算规则预测的价格不会下跌至零以下

第1浪 当股价达到了一个新的高点，趋势开始变化时，发生了第1浪。股价下跌，在图表上留下了一个价格峰顶。从那里开始，价格持续走低，通常是直线下跌。大多数时候，你可以画两条平行线，一条连接小高点，一条连接小低点，形成一个向下倾斜的趋势通道。

修正阶段 修正阶段停止了股价的下降。价格可以水平运行，但通常会反弹收回股价损失的很大一部分，通常是跌幅的38%～62%之间。

第3浪 第3浪开始时，下跌继续。价格通常跟随第1浪设置的斜率下行，但因形态不同而异。当然，两个下跌浪不会有相同的趋势线，因为修正阶段使它们岔开了。即使如此，随着价格以直线的方式下跌，第3浪通常包含在自己的趋势通道中。第3浪的跌幅接近第1浪的跌幅，第3浪运行的时间与第1浪运行的时间长度也接近相同。

避免 在寻找三浪下跌形态时，应该遵循以下几条准则。避免圆弧形的第1浪，即如果在第1浪股价下行后出现圆弧形、扇形或碟形掉头，避免交易。第1浪的价格趋势应该是直线下跌。

在修正阶段，价格不应该反弹到(或接近)第1浪的高点。如果价格上升到接近或高于第1浪高点，则避免交易这种形态。

在价格下跌趋势中观察股价连续逐级的下行。下跌最终将会结束，所以最好是在第一级或第二级的下跌中交易，并避免在其余阶段交易。

有时，当前的价格趋势将会横向运行。价格上涨，达到高点，然后开始在第1浪中下跌。当价格回到原来的地方时，它们会反弹。这种反弹，被错误地解释为三浪下跌的修正阶段，实际上是一个盘整趋势中的小高点。价格回到原来的地方，在开始一个持续上行之前，可能会反弹多次。总体的形态看起来像一个水平的锯齿形态。避免交易从水平趋势中出现的波浪形态。

最后一个警告是考虑测算规则。我在本章的“交易策略”部分会讨论测算规则，但测算规则说第3浪与第1浪的跌幅近似。如果第1浪有很大的跌幅，你可能会发现，预测的目标价格会非常接近于零，甚至可能是负数。很明显，股价不会出现负数，而且可能会保持在零以上，所以出现这种情况时，你可能需要在别处寻找一个更有希望的交易机会。这些特点会在“关注形态失败”部分重点讨论。

图32.2所示为两个三浪下跌形态的例子。第一个形态标记为点A、点B、点C和点D，形态在一个长时间的价格上涨之后开始。这只股票从1994年11月下旬的43.13美元上升到7月初的59.63美元。然后，价格沿着一条趋势线下跌，下跌的股价保持在那个趋势的通道内，直到8月中旬，当股价达到51.50美元的低点。修正阶段开始时的成交量高，但并不是异常得高。价格上涨，收回68%的下跌幅度，然后再次暴跌。在第3浪中，价格下跌到低于第1浪的低点(点B)，继续下行至点D。至此，形态结束。

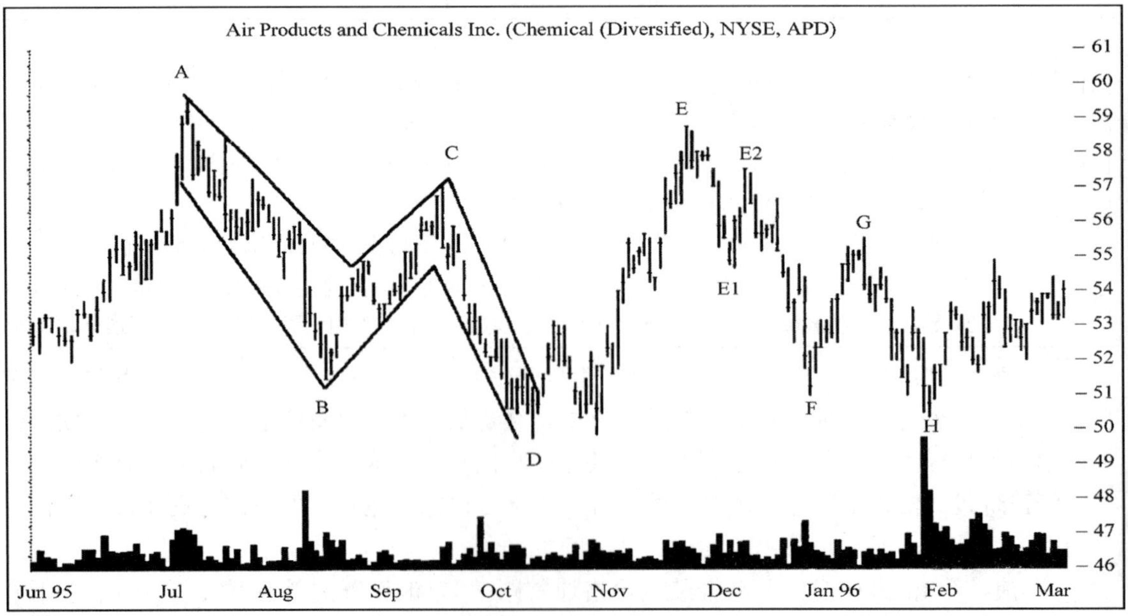

图32.2 两个三浪下跌形态。注意股价如何在趋势通道内整齐地排列。在这个波浪下跌中，股价从点C到点D的跌幅和股价从点A到点B的跌幅几乎相等。

第3浪比第1浪陡峭，运行时间大约是第1浪的一半(36天比19天)。另外，第3浪的跌幅稍短于第1浪(第1浪下跌8.13美元，而第3浪下跌7.25美元)。

另一个三浪下跌形态发生在11月中旬，并于次年1月下旬结束，结束的价格水平与第一个形态相同(见点E、点F、点G和点H)。如果你仔细观察图32.2，就可以看到另一个三浪下跌形态，形成在第1浪，从点E到点F。点E1和点E2为修正阶段。

关注形态失败

我想指出一些形态辨识方面的错误。图32.3所示为第一个错误。在1995年夏天和秋季，半导体制造商的股票和其他一些芯片制造商的股票一起走高。在8月和9月，股票在下跌前形成了一个头肩形顶部形态。以近乎直线的方式，股票从高33.50美元暴跌到9.13美元低点。

如果这一下跌作为三浪下跌形态的第1浪，那么第2浪价格将会下跌多远？这取决于修正阶段价格反弹有多远。修正阶段股价上升到15.25美元高点。我稍后会讨论测算规则，测算规则说第3浪与第1浪的价格跌幅接近。如果我们进行计算，发现预测目标价格是负的9.13美元。即使公司宣布破产，其股票价格也不会为负数。

图32.3　股价从一个头肩形顶部形态进入一个三浪下跌形态。头肩形顶部形态形成股价大跌的基础。与巨大的第1浪下跌相比，修正阶段是小的。使用测算规则预测的目标价格将是负数。

另一个重要的错误是修正阶段的大小。通常，价格回升第1浪跌幅的38%～62%，但这只股票的反弹幅度不到这个数字(反弹幅度约25%)。随着价格的大幅下跌，修正阶段也相应地增大。然而，图32.3中的形态并不显示出这种行为。

图32.4显示的是另一种情况：水平底部的问题。从2月开始，价格基本上水平运行。我

的意思是，小的低点都是在相同的价格水平上——大约40美元。当价格在8月上升并在9月达到小高点时，这并没有什么异常。虽然先前的小高点并没有这么高，但没有理由怀疑有一个三浪形态会随之而来。

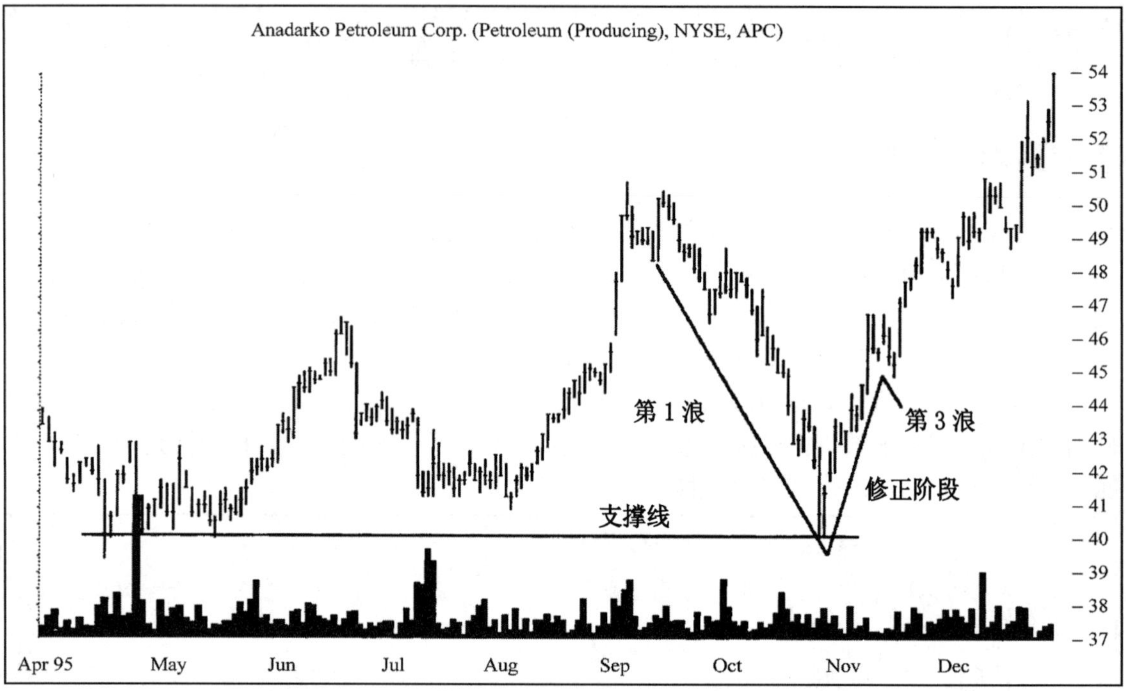

图32.4　从水平底部形成的三浪下跌形态。这些形态很少按预期的那样运行。

当价格跌至40美元的底部并反弹时，一个天真的投资者可能会认为一个三浪形态正在形成。10月下旬和11月初的修正阶段，股价大幅反弹收复第1浪的下跌，然后转弯下行。如果投资者在这一点上卖空，这将是一个代价高昂的错误。价格从第2浪的低点44.88美元迅速飙升到5月的60美元。为什么这种形态会失败？在40美元的强大支撑水平阻挡了任何重大的下跌。换言之，没有什么可以反转的。

图32.5所示为最后一种失败，这是一个错误识别的例子。经过长时间的持续上涨，出现反弹是可以预期的，甚至可能会出现趋势反转，使得价格大幅走低。1月初股价掉头向下时，下跌早就该出现了。如果把上升趋势中的小低点连接起来，你就会发现价格在12月中旬穿透了趋势线。这种穿透支持了趋势正在改变的理论。这个理论不是确定性的，但它确实使得股价运行的方向倾斜了。整个12月，价格在上冲创新高之前基本上水平运行，股价冲新高之后暴跌。股价未能继续走高是趋势变化的另一条线索。最后的线索是，价格下降到低于前面于10月下旬的小高点。在反弹之前，股票甚至跌到了支撑水平12.63美元的下方。

三浪下跌形态的修正阶段反弹了第1浪跌幅的85%。远远高于正常水平，可能标志一个潜在的问题。有了这么大的反弹，价格可能会下跌到之前的低点后停止下跌(因为第3浪比第1浪小一点)，但股价根本没有下跌得那么远。价格在下降到了先前的小高点13.50美元，股价在这里企稳了一个星期，然后上行。

为什么这种形态会失败？由于修正阶段的反弹幅度大，选择这种情况的三浪下跌形态是糟糕的。如果把图拉得更大，就会发现第1个下跌浪只不过是一个三浪上升形态的修正阶段！

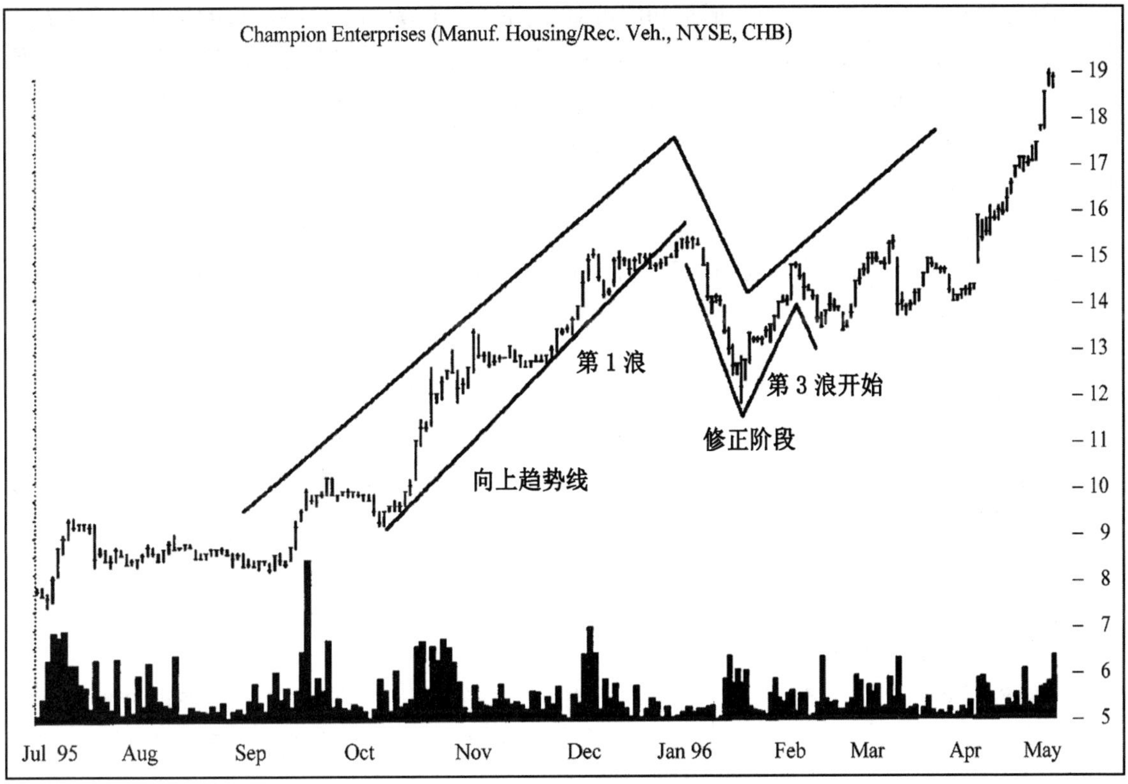

图32.5　这个三浪下跌形态实际上是一个三浪上升形态的修正阶段。

统计数据

因为这种形态的独特性，本章中的统计表与其他章节中的统计表不同。在其他地方提供的许多统计数字不适用于这种形态，因为这种形态没有突破，也没有最终的低点。表32.2所示为三浪下跌形态的一般统计数据。

表32.2　综合统计

描述	牛市	熊市
形态数量	647个	264个
反转(R)、持续(C)数量	566R，81C	214R，50C
趋势结束后涨/跌幅	46%	49%
最常见的修正阶段反弹幅度	40%～60%	40%～60%
三浪下跌形态平均长度	153天	113天
第1浪平均价格跌幅	27%，在61天内	36%，在45天内
修正阶段平均反弹幅度	48%，在30天内	44%，在22天内
第3浪平均价格跌幅	25%，在62天内	36%，在46天内

形态数量　使用从1991年中期开始5年的日线图数据，在500只股票中我发现911个三浪

下跌形态。另外220只股票是从2000年1月开始到2003年的牛市/熊市数据。

反转或持续 牛市大约87%的形态和熊市81%的形态表现为当前价格趋势的反转。反转发生有两种方式。第一种方式，三浪下跌形态可以在价格上涨趋势的末端形成。第二种方式，股价可能会在三浪下跌形态完成后开始一个新的趋势。我认为这两种方式都是有效的价格反转。

如果作为持续形态，则三浪下跌形态是形成于已有的价格下跌趋势之中的。修正阶段的大小与第1浪和第3浪成正比，有助于确定形态的起点和终点。由于股价是下跌进入形态，而且股价在形态之后继续下跌，所以三浪下跌形态作为价格下跌趋势的持续。

趋势结束后的变化 第3浪结束后，股价的涨幅在46%(牛市)和49%(熊市)之间。用20%的价格变化来衡量趋势的变化，这个方法和寻找顶部最高点一样。这些涨幅低于其他形态通常见到的50%～60%涨幅。然而，它们确实表明在形态结束后股价恢复得不错。如果是在牛市，考虑在三浪下跌形态完成后做多股票。

修正阶段反弹 我做了一个股价收复第1浪下跌百分比的频率分布。在牛市和熊市中，价格最常收复第1浪跌幅的40%～60%。反弹越大，第3浪就越有可能比第1浪长。例如，当反弹小于38%，只有22%的形态有更长的第3浪。当反弹在38%～62%之间(斐波那契数)，31%的形态有更长的第3浪。当反弹超过62%，58%的形态有更长的第3浪。

形态平均长度 从第1浪的开始到第3浪的结束，下跌三浪形态在牛市中运行的时间约为5个月(153天)，在熊市中约为4个月(113天)。

下跌浪平均跌幅 我测量了三浪下跌形态三部分的价格移动：第1浪、修正阶段以及第3浪。第1浪的跌幅几乎等于第3浪的跌幅，不管是在时间上还是在价格上都是如此。例如，在牛市中，第1浪在61天内平均下跌27%，第3浪在62天内下跌25%。在两者之间的修正阶段反弹高度是第1浪下跌的48%。

请注意，平均而言，相对牛市，熊市中的形态在较短的时间内(45天)下跌得更远(36%)。下跌浪跌幅的计算是从各下跌浪的顶部到底部的百分比，修正阶段的反弹幅度是修正阶段长度与第1浪长度的百分比。

从股价上来说，牛市形态第3浪的跌幅比第1浪跌幅长的概率是35%。第3浪比第1浪短19%。在熊市中，39%的形态第3浪比第1浪长。平均来说，第3浪比第1浪短20%。

表32.3所示为成交量的统计信息。

表32.3 形态期间成交量统计

描述	牛市	熊市
成交量呈上升趋势的形态占比	26%	27%
成交量呈下跌趋势的形态占比	74%	73%
上升成交量趋势第3浪比第1浪长占比	43%	72%
下降成交量趋势第3浪比第1浪长占比	49%	56%
U形成交量形状形态占比	33%	41%
半圆形成交量形状形态占比	61%	53%
既非U形又非半圆形成交量形状形态占比	6%	6%
U形成交量形状第3浪比第1浪长占比	57%	73%
半圆形成交量形状第3浪比第1浪长占比	43%	51%
随机成交量形状第3浪比第1浪长占比	40%	53%

成交量趋势　表32.3中没有显示形态表现的统计数据，显示的是成交量呈下跌趋势的形态数量和成交量呈上升趋势的形态数量的比例。下跌三浪形态从第1浪的顶部到第3浪的末端成交量趋势通常是逐渐递减的。

我查看在某一成交量趋势下，第3浪的期间长度等于或长于第1浪期间长度的形态数量的比例。熊市中，第3浪期间比第1浪期间更长的形态数量最多。在熊市中，成交量呈上升趋势的三浪下跌形态中，有72%的形态第3浪期间比第1浪期间长。在牛市中，第3浪期间比第1浪期间长的形态数量不到牛市形态数量的一半，大部分牛市形态第3浪期间比第1浪期间长。

成交量形状　同样，我不显示股价表现，而是显示与成交量形状关联的形态数量。大多数时候，成交量呈现半圆形状的形态盛行。

成交量形状与下跌浪长度比较　成交量形状给出了股价表现的线索吗？是的。当成交量呈U形时，牛市中第3浪比第1浪长的形态占73%，而熊市中占57%。这些数字比其他成交量形状的数字大。因此，当预测向下的价格趋势时，需要查看成交量形状。如果成交量形状看起来是U形状，那么这个形态有一个更大的概率出现第3浪至少和第1浪跌幅一样长。

表32.4所示为三浪下跌形态结束后，价格反弹到达的高度。例如，在图32.2中，我说到在三浪下跌形态ABCD结束之后，股价从点D到点E的移动。

表32.4　形态结束后统计

描述	牛市	熊市
股价在修正阶段下方停止上涨	16%	20%
股价在修正阶段内停止上涨	35%	52%
股价在修正阶段上方三浪下跌形态高点之下停止上涨	31%	20%
股价在三浪下跌形态高点之上停止上涨	18%	8%

为什么这些信息很重要？如果你持有一只股票很长时间，价格即便下跌，也将会有反弹，跌幅将被收复，最终上行。在牛市中，平均来说，价格有1/3的概率在修正阶段内停止下跌。只有16%的股价在形态结束之后反弹上升没有到达修正阶段。

在熊市中，修正阶段显示出更多的阻止股价上升的力量。在修正阶段价格停止上升的有略超过一半的形态。超过1/4个的形态(20%+8%)，价格攀升高于修正阶段。

要正确理解这些数字，在三浪下跌形态结束后，有80%(熊市)和84%(牛市)的形态价格攀升达到或超过了修正阶段的开始。这些数字应作为一个警告，需要使用止损点来保护你的空头位置免遭不利。

交易策略

表32.5所示为三浪下跌形态的交易策略。

测算规则　使用测算规则预测价格将会下跌的幅度。在计算时，要参阅图32.6。在图中，4个点构成了三浪下跌形态的轮廓：点A到点D。首先，计算第1浪(点A和点B)的最高点(52.88美元)减去最低点(42美元)，得到第1浪的高度。这个计算的结果是10.88美元。修正阶段的最高点(点C，47.75美元)减去第1浪高度，差值就是目标价格36.87美元。股价在12月

7日达到目标价格。

表32.5　交易策略

交易策略	解释
测算规则	第3浪平均比第1浪短19%，所以预计实际价格会低于目标价格。计算第1浪的最高点到最低点(在修正阶段开始)的差距，得到第1浪的长度。从修正阶段达到的最高高度减去第1浪高度，结果就是目标价格。要预测一个更保守的目标价格，则使用第1浪高度的一半。价格到达这个使用缩短的高度计算的目标价格的概率在83%(牛市)到93%(熊市)之间
在第3浪中做空，止损	一旦三浪下跌形态的形成变得清晰，做空股票。如果价格上涨到修正阶段的高点之上，那么平掉你的空仓。在最终下跌前，价格偶尔会第二次上升到修正阶段的高点，所以把你的止损点设置在修正阶段上方约0.15美元处
平空仓	当价格跌至支撑区域，进一步下跌遇到阻力时，特别是在测算规则预测的目标价格附近时，要平掉你的空仓
支撑/阻力	修正阶段显示未来支持或阻力

做空　一旦你推测一个三浪下跌形态正在形成，可能正好是修正阶段完成后，价格开始下跌，那就做空股票。使用测算规则预测目标价格，但要估计到目标价格可能不会实现。所以要在修正阶段高点(修正阶段是支撑和阻力的来源)上方0.15美元处设置止损点。要计算更为保守的目标价格，按照测量规则使用第1浪高度的一半进行计算。价格达到保守目标价格的概率是83%。例如，图32.6中第1浪高度的一半是5.44美元，从修正阶段高点减去这个值，得出一个接近42.31美元的目标价格。

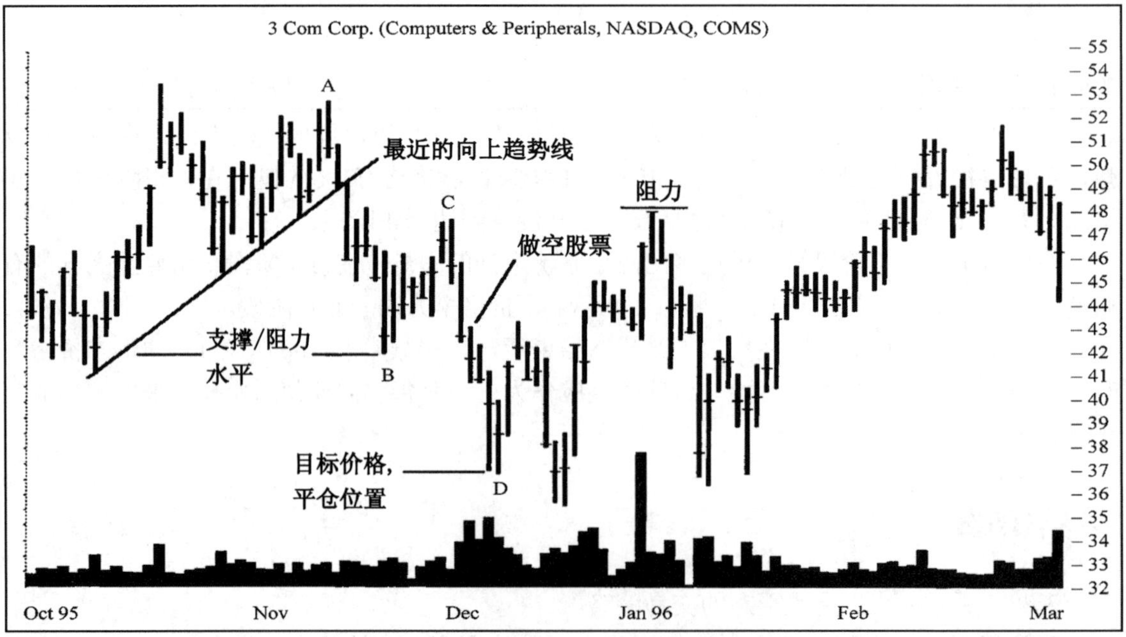

图32.6　三浪下跌形态跟着修正阶段。在交易这个(点A-D)三浪下跌形态中，艾迪每股赚5美元。

平空仓　如果价格反弹到支撑区域或接近测算规则的目标价格，就要平掉您的空仓。

支撑/阻力　在三浪下跌形态完成之后，修正阶段通常会为未来的股价移动提供一个阻力区域。价格在接近修正阶段低点和顶点时会停住。图32.6标记了这些区域。如果你很敏锐，就可以预见这一上升，一旦三浪下跌形态完成，就做多股票。如果价格在修正阶段遇到麻烦并开始走低，就卖出股票。在牛市中，你通常可以预期价格最终会穿过修正阶段的阻力，上升到旧的高点，但这可能需要数月或数年。

交易故事

有些人是令人讨厌的，艾迪这么说。他是航空公司的预订代理。公司监控他的电话，以确保他在适当的时候兜售了汽车和酒店。在电话的另一端，人们向他尖叫。这是一种艰苦的生活。对于设备问题和天气，他无能为力，但人们似乎并不理会。就像是满月升上天空，召唤着疯子们一样。

他真正想做的是投资股票。他现在也这么做，但投资金额有限。幸运的是，只要动几下电脑鼠标，他就可以上到互联网，并在他不忙的时候监控他最新选择的股票。

这就是他如何发现图32.6所示情况的。他看着股票从1994年6月的10美元低位攀升到1995年10月的53.63美元高位。他常常会沿着股价小低点的底部画出趋势线，并注意到上升的趋势似乎在加速(随着时间的推移，趋势线变得越来越陡)。

因为他知道这不可能持续下去，他预计会有一个趋势的变化。这个变化发生在11月14日当价格击穿趋势线向下移动时。

他没有立即做空股票，而是决定等待反弹。出乎他的意料，反弹没有出现。股价稳步走低，直到达到42美元的支撑水平。从那时起，价格上涨了一个半星期。然后，股价急剧下跌，一下子暴跌3美元。

当价格下跌时，它们穿透了一条沿着上升股价底部，从点B到点C绘制的，小的上升趋势线。艾迪在画这条趋势线时认出了这正在形成的形态。这个形态正在进行三浪下跌，所以他在当天做空股票，在42美元建好空仓。

他用测算规则计算预测的目标价格，并让他的经纪人在预测的目标价格(36.88美元)处设置平空仓的指令。在他进行交易3天后，空仓就被平掉了。他每股赚了约5美元，或12%。

如果你仔细看图32.6，你可以看到价格上升到修正阶段底部(点B)的水平，然后在艾迪完成他的交易后回调了2天。在后面，你可以看到，价格也上升到修正阶段的顶部停止。修正阶段是一个支撑和阻力区域。

交易秘籍

下面的列表包含交易这种形态的提示和观测结果，以帮助你选择表现更好的形态，更多的信息，请参阅相关的表格。

- 查看辨识指南以正确选择形态。见表32.1。
- 在熊市交易三浪下跌形态，跌幅更短但更陡。见表32.2。
- 在股价上，第3浪的跌幅比第1浪的跌幅少20%。见表32.3。
- 选择成交量呈下降趋势的形态和成交量呈U形状的形态。见表32.3。
- 在形态结束后，价格有至少80%的概率会上升到修正阶段。见表32.4。

第三十三章　三浪上升形态
Measured Move Up

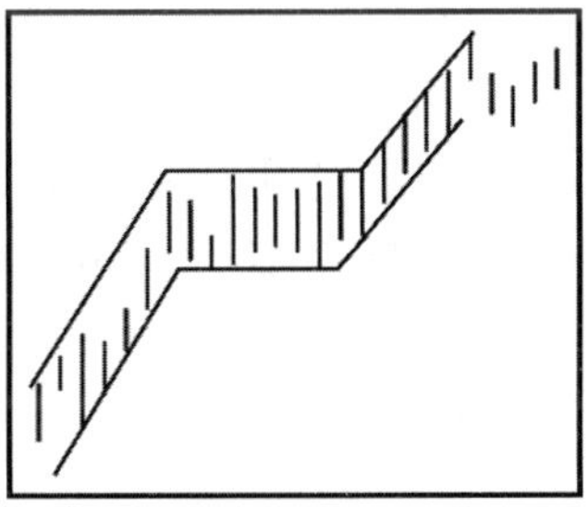

统计简报

形状	价格上涨，回调，然后再次上涨。	
反转或持续	长期反转，行情看涨。	
	牛市	**熊市**
表现排名	不适用	不适用
趋势结束后的变化	-26%	-27%
成交量趋势	向下	向下
第1浪平均涨幅	46%，在87天内	39%，在30天内
修正阶段平均回调幅度	47%，在32天内	50%，在22天内
第3浪平均涨幅	32%，在60天内	35%，在33天内
实现价格目标概率	45%	56%
实现时间目标概率	38%	56%
意外发现	第1浪价格变化是一个糟糕的目标价格预测工具。在形态完成后，价格有35%～40%的概率下跌到修正阶段。	
同义词	波浪上升形态。	
参见	旗形；三角旗形态。	

三浪上升形态是三浪下跌形态的倒置，但形态表现更差。在一个完美的形态里，第1浪和第3浪长度是相同的。对于三浪上升形态，牛市形态的第1浪股价涨幅比第3浪的涨幅多50%(涨幅分别是46%和32%)。时间上，第1浪期间也比第3浪期间多出大约50%(分别是87天和60天)。在熊市中，第1浪和第3浪的数字更加接近，结果没有统一性，在股价涨幅上，第1浪稍大于第3浪；但在运行期间上，第3浪的时间更长。

使用第1浪的价格涨幅，从修正阶段的底部向上投射，可以获得目标价格，但这个目标价格的成功概率只有45%～56%。我喜欢看到成功概率在80%以上，所以这个目标价格不符合我的要求。使用第1浪的期间作为投影基础，结果更加糟糕，时间目标的成功概率只有38%。所有这些信息都意味着，在预测目标价格时，要保守。最好的方法是使用第1浪长度的一半来向上投射。

三浪上升形态有两个意外发现。第一个是我已经提到的糟糕的目标价格预测。第二个是，一旦三浪上升形态完成，价格下跌，股价有35%和40%的概率在修正阶段内停止下跌。因此，该区域有时充当支撑区域。

导入

图33.1所示为一个三浪上升形态，形态的各部分都做了标记。第1浪的价格沿着一条趋势线上涨。很多时候，在股价两边的小高点和小低点各绘制一条趋势线可以构成一个通道。

图33.1　一个三浪上升形态。第3浪的涨幅与第1浪的涨幅几乎相等。

修正阶段大幅回调第1浪的涨幅，通常回调幅度在40%～60%，然后股价再次继续上涨。在图33.1中，修正阶段始于1月下旬，持续2月的大部分时间。股价回调了第1浪价格涨幅的55%。当修正完成，价格在第3浪中就会更快地攀升。你可以看到价格向上拱起而不是触及趋势线，股价在上方像一个圆弧绕弯运行，直到在6月见顶。从修正阶段到形态结束的这个上升通常被称为第3浪。

一旦形态完成，价格有时回落到修正阶段的水平或更低。在这个例子中，您可以看到，价格下跌到了修正阶段的顶部(7月)，然后回升。

辨识指南

表33.1所示为三浪上升形态的辨识指南。

表33.1 辨识指南

特征	讨论
下跌趋势	在形态开始之前通常有一个从几个星期到超过1年的价格持续下跌趋势。形态通常从年度价格区间低位区域附近开始一个趋势的变化
第1浪	大多数时候,价格沿着趋势通道上升,然后进入修正阶段
修正阶段	价格下跌,通常是第1浪移动的40%~60%,然后再次上行。回调通常与第1浪的涨幅成正比:大的涨幅跟随大的回调。有时,在价格突破向上大涨之前,修正阶段会形成类似于锯齿的形态(连续的急剧上升和下跌)。这种锯齿形态通常与长期价格上涨后进入形态有关
第3浪	价格上涨,松散地沿着第1浪设定的趋势线的斜率上行。价格在上升时通常包含于一个通道中,但这种行为不是先决条件
避免	避免修正阶段过多回调第1浪涨幅的形态。任何超过80%的回调都是回调过多,这种形态的投资太冒险

下跌趋势 三浪上升形态通常但并非总是，开始于一个价格下跌趋势见底之后。下跌的价格趋势可以范围很大。例如，在图33.1中，股价在1991年12月开始牛市行情，价格上冲，2个月后行情结束。随后价格横盘运行——实质上是水平运行并微微下行。6个月后，股价从一个约18.25美元的高位下跌到14.75美元的低点，你看到的11月价格底部就是这么来的。

第1浪和第3浪 如图33.2所示，形态之前的价格下跌是短暂的，仅仅1个月。第1浪在上升的早期有轻微的拱起。您可以延伸趋势线，并绘制一个连接小高点的平行线，你将看到第1浪包含在一个趋势通道中。第3浪表现得更好。底部趋势线与股价有多个接触点，一条平行的顶部趋势线(为确保图的清晰，图中不显示这条线)也很好地与小高点相交。

修正阶段 在这个例子中，一个下降楔形构成了修正阶段。这一形态使得交易这个三浪上升形态变得容易，因为这一形态预示着价格上涨。一旦价格从楔形中跳出来，买入股票，并持股待涨。如果你遵从这一指导买了这只股票，你会赚到15%~20%，这取决于你什么时候进行股票交易。持有股票时间约6个星期，这样的回报不算差。还要注意，下跌楔形的非常独特的向下倾斜成交量趋势。

沿着第1浪的小低点画出的趋势线的斜率，和沿着第3浪的小低点画出的趋势线的斜率，几乎是一样的。这一观察结果经常是真实的，这有点令人惊讶。但是，因为趋势的斜率有很多是不同的，没有理由因为趋势线斜率不同就把形态排除在考虑之外。

在这个例子中，修正阶段回调了股价先前收益的40%，这个回调幅度处在通常的40%~60%范围内。有时，如果进入形态开始的上升巨大，修正阶段会变得长且波浪起伏的，像由快速上升和急剧下跌形成的锯齿形态。在这种情况下，为谨慎起见，在投资前等待价格上升到高于第1浪的高点。这样，您就可以避免普通的三浪上升形态失败。

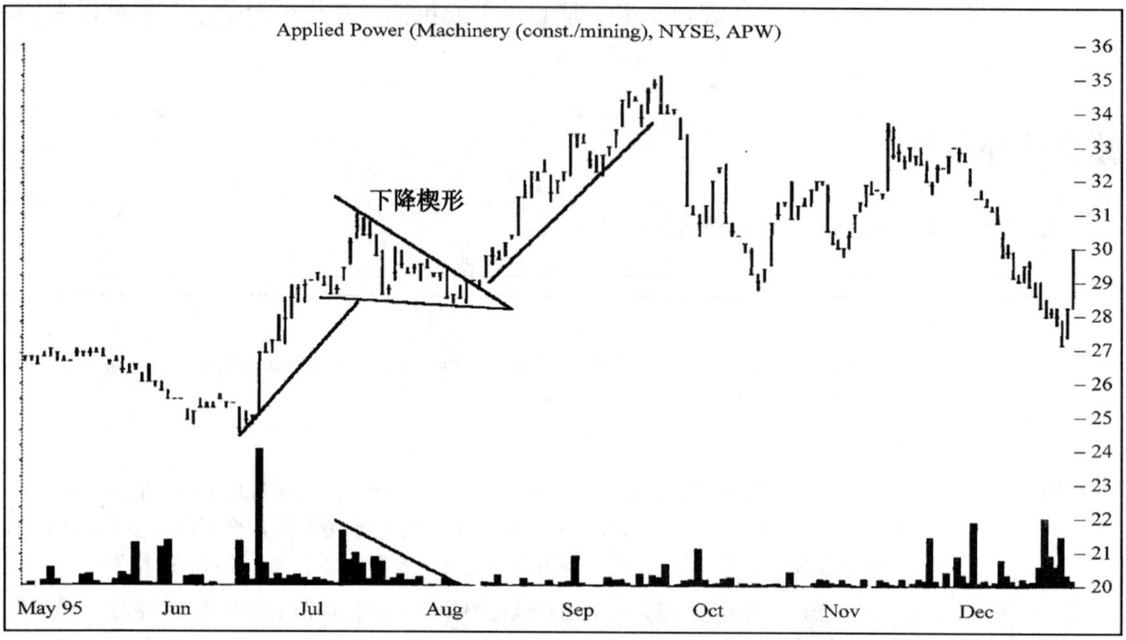

图33.2　在这三浪上升形态中，修正阶段是一个下降楔形。注意楔形的下降成交量趋势。

避免　你应该避免修正阶段下跌到第1浪开始附近的形态。对于这种回调，我没有一个确实的幅度，但我可能会远离回调超过前面涨幅80%的形态。

此外，如果第1浪没有直线上升，或如果它不能被包含在一个确定的趋势通道里(如图33.3所示的第1浪)，你可能需要寻找另一个更有前途的投资机会。有时，当股价形态感觉不对或看起来不对，那么它就是在给你一个警告，让你远离它。因为这种形态很常见，您可以轻松地找到另一个机会。

关注形态失败

图33.3所示为最常见的三浪上升形态失败类型。股票形成一个双顶形态，结束了第3浪的上升。第3浪的涨幅没有像表现最好的三浪上升形态那样接近第1浪的价格涨幅。为什么这种特殊的形态会失败？该图所示为进入第1浪的一个起伏的水平锯齿形态。第1浪在锯齿形态的两个顶部上方急剧上升，价格上涨的幅度相当大。然后股价转过身，开始调整。这个形态图，在这个时候，让我想起了一个小的蹦跑反转形态。然而，蹦起高度与引线高度比不是2:1。不过，这确实需要你在交易这种情形之前认真考虑。

第3浪开始上升，而成交量没有显著变化。这是一个警告信号。有一个常见的华尔街公理说，价格的上涨需要高成交量，但价格的下跌只靠自身的重量就能实现。这一形态似乎是该公理的一个例子。由于没有向上的买入力量来推高股价，动量渐弱，比前一个高点低，于是价格暴跌。随后股价下跌至低于第1浪的开始。

在我们的讨论进入“统计数据”部分之前，我想提醒您一些关于形态识别的问题。当股价长期稳步上涨时，比如说超过1年或更长的时间，然后开始一个三浪上升形态，修正阶段可能会波动非常大。我在“辨识指南”部分和表33.1中提到了这种行为，这是值得牢记的。

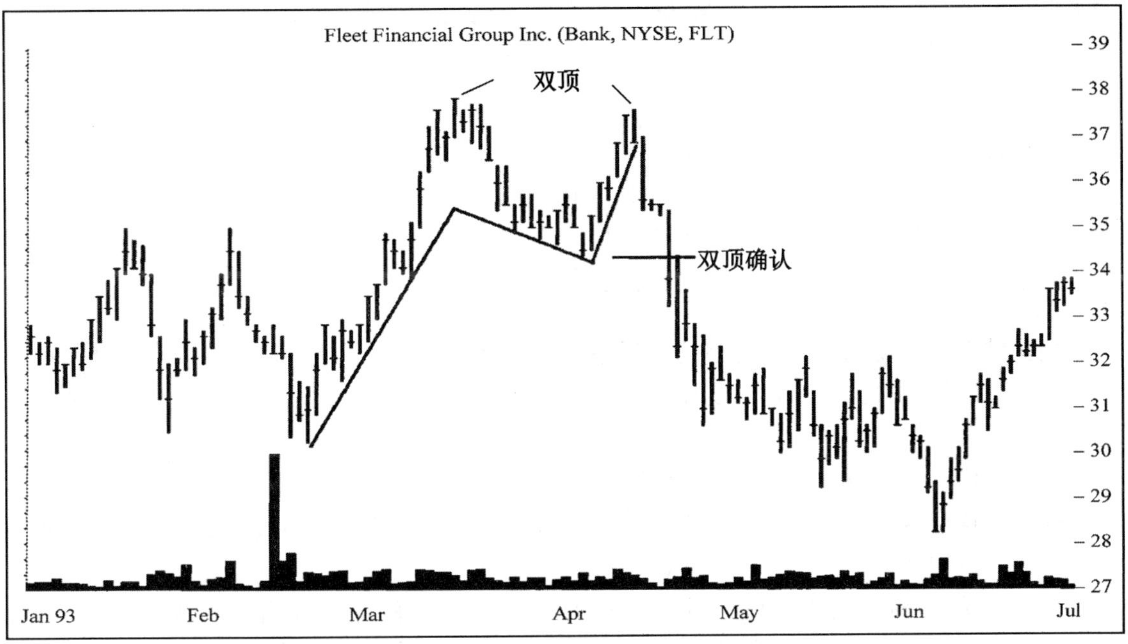

图33.3　一个三浪上升形态在变成双顶形态后失败。

还有，不要太早就进行交易。要记住，修正阶段应该与第1浪的涨幅成正比。我的意思是，在开始第3浪之前，价格应该下跌到第1浪的40%～60%。如果价格仅下跌15%就掉头向上，那么这可能是一个假突破。

有时，先前的峰值是价格回调到多远的关键。这些小高点往往是股价的支撑区域。当价格下跌到这一水平，股价会暂停下跌并水平运行一段时间，然后继续下跌或反弹。成交量通常是预测这些情况下支撑水平的关键。先前一个高成交量的峰顶将会给下跌的股票提供更有力的支撑。这并不是说，股票不会穿过支撑区域，只是它可能需要更多的推力才能够从悬崖上摔下去。

统计数据

本节中的统计表与其他章节中的统计表不同，因为这种形态是唯一的。其他形态提供的许多统计数字不适用于这种形态，因为这种形态没有突破，也没有最终的低点或高点。表33.2所示为三浪上升形态的综合统计数据。

形态数量　我在我查看的股票中发现810个三浪上升形态。由于形态是如此丰富，我没有查看我的数据库所有的股票。相反，我用的500只股票数据从1991年中期到1996年中期，另外有约200只股票包含在2000年到2003年的熊市里。

反转或持续　这种形态大多数情况下作为价格趋势的反转。反转可能以两种方式发生：价格可能在进入形态时和退出形态时反转。偶尔(概率在23%～32%之间)，价格会在三浪上升形态结束之后持续形态前的上升趋势，这时形态就作为一个趋势的持续。

表33.2 综合统计

描述	牛市	熊市
形态数量	577个	233个
反转(R)、持续(C)数量	393R,184C	179R,54C
趋势结束后涨/跌幅	-26%	-27%
最常见的修正阶段回调幅度	40%～60%	40%～60%
三浪上升形态平均长度	180天	85天
第1浪平均价格涨幅	46%,在87天内	39%,在30天内
修正阶段平均回调幅度	47%,在32天内	50%,在22天内
第3浪平均价格涨幅	32%,在60天内	35%,在33天内

注：(-)负号表示下跌。

趋势结束后的变化 一旦价格达到形态的最高点之后，它的平均跌幅为26%～27%。跌幅是指从形态的结束直到趋势再次变化的距离(与衡量最终的低点——20%价格变化——的方法相同)。

修正阶段回调 我做了一个频率分布，发现价格通常折回到第1浪涨幅的40%～60%之间。

形态平均长度 牛市的形态平均长度是熊市的2倍——180天比85天。这一发现是有道理的，因为熊市的涨幅(逆势上行)往往比牛市的涨幅短。

上升浪平均涨幅 表33.2显示上升浪的大小，这个比值是各个上升浪的涨幅与其低点价格的百分比。在牛市中，第1浪在大约3个月内上涨46%，但第3浪在2个月内平均上涨32%。熊市数字在百分比和时间上都比较接近。

在牛市和熊市中，修正阶段平均回调幅度为47%和50%。

从时间上看，在牛市中，第3浪(参看统计表中的百分比)比第1浪长约2/3。在熊市中，第3浪比第1浪短，但不多。

以价格计算，牛市中第3浪比第1浪短11%，熊市中第3浪比第1浪长8%。以价格为基础，我的意思是，我找到每个上升浪的股价长度多少个美元，然后汇总所有牛市形态第1浪的价格长度，再汇总第3浪价格长度，最后两个汇总结果进行对比。我对熊市形态也使用同样的方法做对比。

表33.3所示为成交量的统计信息。

表33.3 形态期间成交量统计

描述	牛市	熊市
成交量呈上升趋势的形态占比	39%	31%
成交量呈下跌趋势的形态占比	61%	69%
上升成交量趋势第3浪比第1浪长占比	33%	41%
下降成交量趋势第3浪比第1浪长占比	25%	32%
U形成交量形状形态占比	27%	49%
半圆形成交量形状形态占比	62%	45%
既非U形又非半圆形成交量形状形态占比	11%	6%
U形成交量形状第3浪比第1浪长占比	31%	35%
半圆形成交量形状第3浪比第1浪长占比	26%	35%
随机成交量形状第3浪比第1浪长占比	31%	29%

成交量趋势 从形态开始到形态结束期间，大部分三浪上升形态的成交量呈现下降趋势。

我计算了在成交量呈上升趋势或下降趋势的情况下，第3浪比第1浪价格涨幅百分比更大的情况出现的概率。换句话说，在成交量呈上升趋势，如果第1浪涨幅是20%，第3浪涨幅25%，我就把它计算在内。如果第1浪涨幅大于第3浪涨幅，我就把这个形态排除。

在成交量呈上升趋势的情况下，第3浪在牛市和熊市中都可能比第1浪更长。当你考虑这个问题，你会发现这是有道理的。分析家们常说,上升的成交量趋势行情看涨，也许这就是证据。成交量呈上升趋势的三浪上升形态显示股价的走势更长。

成交量形状 在牛市中，成交量通常呈半圆形状。在熊市中，U形状占主导地位，但与半圆形的数字接近。

成交量形状与上升浪长度 在牛市中，半圆形状成交量出现后，只有26%概率第3浪比第1浪长，这一发现意味着，半圆形状成交量的形态第3浪长度，不及U形或随机形状成交量的其他形态的第3浪。在熊市中，随机形状成交量的形态表现最差，只有29%的随机形状成交量的形态的第3浪，比其他成交量形状形态的第3浪长。

在比较中，我用的是每个上升浪的价格变化百分比，而不是变动多少个美元数量。

表33.4所示为形态结束后到价格停止下跌的地方。这些信息是重要的，当你买入股票，股价走完三浪上升形态，你应该在顶部卖出还是持有股票等待更多的收益？

表33.4 形态结束后统计

描述	牛市	熊市
股价在修正阶段上方停止下跌	19%	24%
股价在修正阶段内停止下跌	35%	40%
股价在三浪上升形态低点上方停止下跌	31%	19%
股价在三浪上升形态低点下方停止下跌	15%	16%

在19%～24%的形态中，价格下跌，但仍高于修正阶段的最高点。通常(介于35%～40%之间，取决于市场条件)，价格在修正阶段内停止下跌。另外19%～31%的形态，价格继续下跌，但在三浪上升形态低点之前停止下跌。其余的15%～16%的形态，价格继续下跌。

综合这些数字，有54%～64%的形态，价格不会下跌低于修正阶段。因此，您可以使用修正阶段的底部作为止损价格。这时，一半的概率价格会继续攀升。如果股价继续下跌，你有一半的概率止损出局，免受更大的损失。坏消息是，股价下跌到修正阶段可能意味着一个巨大的利润回吐。

如果你是一个波段交易者，你可能会在价格接近目标(第3浪高点)时卖出，并在修正阶段反弹后再次买入。在三浪上升形态完成后继续持有股票意味着你将遭受平均26%～27%的下跌。

交易策略

表33.5所示为三浪上升形态的交易策略。

测算规则 测算规则预测股价将上涨的水平。要估计目标价格，先计算第1浪的高度。以图33.4中所示的三浪上升形态为例。找到第1浪的最高点。通常，这是在修正阶段开始附近的某个地方，在图中显示为点A。从这个值(21.13美元)，减去在第1浪的最低点(14.13美元)，显示为点B，差值(7美元)是第1浪的高度。将其加上点C(18.38美元)——修正阶段的最低点——得出目标价格。在这个例子中，目标价格是25.38美元。在修正阶段结束后，股价仅10个交易日就达到了目标价格。

表33.5 交易策略

交易策略	解释
测算规则	从第1浪的最高点到最低点计算第1浪的高度。将第1浪高度加到修正阶段的最低点，结果就是预期的目标价格。对于一个更保守的测算，使用第1浪高度的一半。根据预测的目标价格决定是否值得冒着风险进行交易
买入	在修正阶段完成后，股价在第3浪上涨时，买入股票
支撑/阻力	修正阶段表现出未来的支撑或阻力

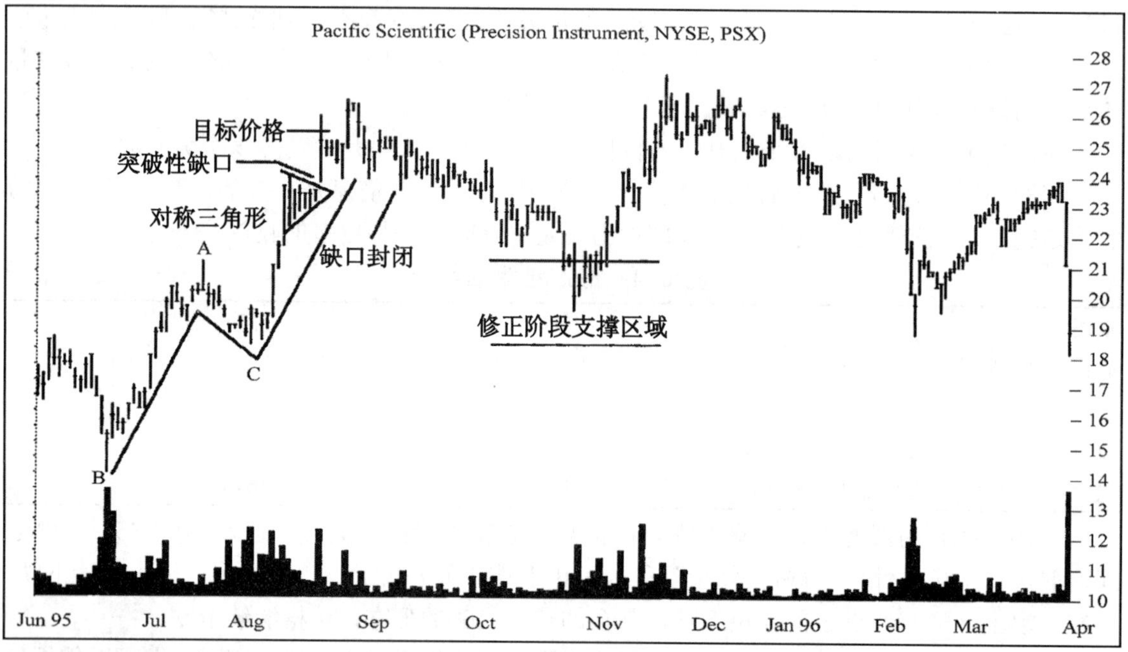

图33.4 有对称三角形的三浪上升形态。正如在交易故事中所描述的，米歇尔在这个三浪上升形态中持股待涨。当那个突破性缺口封闭时，她卖掉股票。对称三角形所示为典型的成交量趋势。

使用第1浪的全长来预测股价上升的目标价格，其成功概率为牛市45%和熊市56%。一个更好的预测方法是使用第1浪高度的一半，这样的预测结果成功概率在牛市为85%，在熊市99.6%。不要让熊市的这个数字愚弄你，你的交易可能正是那个例外的。

使用测算规则计算目标价格后，询问自己是否有足够大的收益来证明交易的合理性。如果答案是肯定的，那么再看一遍股价图。在股价通往目标价格的路上，是否有阻力区域，股票前进是否会受阻？如果是这样，您可能需要降低目标价格。如果你是幸运的，重要的阻力是在你的目标价格之上，你可以把目标价格上升到刚好低于阻力区的地方。十有八九，股票将上冲到阻力区，所以你将有充分的机会清仓离场。

买入 在股价离开修正阶段后，买入股票。为了衡量突破点，在修正阶段，沿着小高点绘制一条向下倾斜的趋势线。一旦股票的收盘价在趋势线以上，买入股票。当股票接近目标价格时，不要太早卖出。如果价格的上涨势如破竹，那你就随波逐流，等到价格开始下跌再卖出股票。显然，如果价格在接近目标价格的地方停顿，那么此时卖出股票可能是明智之举。

支撑/阻力　一旦价格开始下跌，股价有时会一路上都没有什么有意义的抵抗，一下子跌回到修正阶段。股价可能会暂停在修正阶段的顶端或在修正阶段的底部反弹。有时，价格就会直接穿过修正阶段的底部下行。不管是什么情况，请注意，如果你在目标价格附近不卖出股票，决定坚持持有，你可能会失去所有的收益。

交易故事

米歇尔是个工程师。这些年来，在一个男性主导的专业里，她已经习惯了大学同学给她递纸条，脸皮都厚了。即使在大学毕业后进入职场，小纸条仍在继续。别误会：她很漂亮，他们只是想引起她的注意。当我顺道去她的办公室去问一个问题时，我亲眼看到了这一点。她当时不在那里，但她办公桌上的记事簿上有很多男人涂鸦的爱的小纸条。当然，我加上了我自己的。但我离题了。

如果你给米歇尔一个魔方，她就不一定能解决。首先，她想把它拆开，看看它是如何构造的。这个好奇心加上她以独特的方式解决棘手问题的能力，使她在工程师中变得突出。她作为投资者，也是具有同样的品质。

米歇尔有一种独特的方式来利用图33.4所示的情况。她已经持有这只股票，但她相信这只股票动能已经耗尽。在去年的11月到2月期间(图中未显示)，她看到股票形成了一个双顶形态。股价从24.13美元的高点下跌到三浪上升形态开始时的14.13美元的低点。

不幸的是，作为一个投资新手，她没有在价格确认双顶形态后卖出股票。她持股下跌，幅度降低到最低，看到41%的收益蒸发了。当股票开始上升时，她松了一口气。不过，她发誓下一次要做得更好。随着股价开始攀升，她看到成交量增加。成交量的增加意味着这次的上涨将是一个持续的上升，因之似乎有足够的热情来推动股价走高。

所有的牛市行情都必须时而暂停，这一次的情况也没有什么不同。米歇尔在7月看到股票暂停上行，盘整了近1个月。她回头看了看这张图表，注意到股票已经达到了一个阻力区，那里有几处旧高点，这些阻力把股价挡在了21美元附近。成交量回升，当价格迅速上冲时，她立刻认出了这个三浪上升形态。她卖了吗？没有。她持股待涨。米歇尔计算，该股票将上升到25.38美元，一个年度新高。她怀疑股票可能会在24美元的旧高点遇到阻力，而这恰恰发生了，股价形成了一个对称三角形。这个形态遵循对称三角形形态的规则，高点渐低和低点渐高，成交量呈下降趋势，她相信，她已经正确地识别这个形态了。

由于没有办法知道股票将从三角形的哪个方向突破，她不敢乱动。后来，价格从形态的顶部缺口跳高上行。这个缺口是一个突破性缺口还是一个衰竭性缺口？由于这个缺口出现在一个盘整区域之后，她认为这很可能是一个突破性缺口，所以价格将继续上涨，但上涨会有多远？她希望三角形是一个向上运行的中途标记。她知道对称三角形形态有时像半旗形态，所以她期望股价攀升到28美元(参见对称三角形的测算规则)。对她来说，这听起来像是一个不大会成功的目标，但还是值得等待。她计算出的目标价格25.38美元已经在价格从对称三角形中跳高上行当天实现。

在股价离开三角形1个星期之后，价格达到了一个新的高点，然后回落。当价格在9月上旬封闭缺口时，她决定卖掉股票。幸运的是，第二天的价格急剧上涨，她在24.50美元卖出她的股票，接近当日最高点25.13美元。之后，股票就跌回了修正阶段的中间，正好在支撑区域的中心。然后，股票恢复上行。当股票攀升，并出现一个新的高点，她想知道她是否卖得太早了？6个月后，她回头再看这张图表，看到价格徘徊在15美元的范围内，她感觉好多了。

交易秘籍

下面的列表包含交易这种形态的提示和观测结果，以帮助你选择表现更好的形态，更多的信息，请参阅相关的表格。

●查看辨识指南以正确选择形态。见表33.1。

●对于涨幅的百分比，第3浪的百分比约为第1浪百分比(牛市)的2/3。在熊市中，第3浪百分比稍短(4个百分点)。见表33.2。

●按多少个美元来算，牛市形态的第1浪的平均长度比第3浪的短11%。在熊市中，第3浪长出8%。见表33.2。

●选择具有上升成交量趋势的形态。见表33.3。

●在三浪上升形态结束后，价格在修正阶段停止下跌的概率是54%～64%。见表33.4。

第三十四章　三角旗形态
Pennants

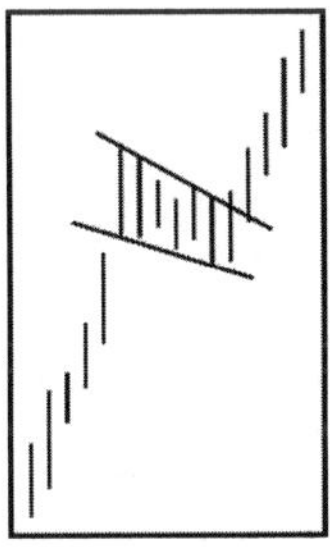

统计简报

向上突破

形状	由两条收敛的趋势线作为边界的小三角形。	
反转或持续	短期持续，行情看涨。	
	牛市	**熊市**
表现排名	不适用	不适用
保本失败概率	2%	2%
平均涨幅	25%	21%
趋势结束后的变化	-25%	-24%
成交量趋势	向下	向下
回调概率	47%	54%
实现目标价格概率	60%	63%
意外发现	表现最佳的三角旗形态是那些在年度价格区间低位附近突破的形态。回调损害股价表现。有突破日缺口的三角旗形态表现更好。高形态表现好。股价在三角旗形态后的运行时间比三角旗前的股价运行时间长1个星期，但价格移动幅度没有三角旗形态前的移动幅度大。成交量呈上升趋势的三角旗形态表现更好。	
参见	旗形；高紧旗形；对称三角形底部形态；对称三角形顶部形态；下降楔形；上升楔形。	

向下突破

形状	与向上突破形状相同，但突破方向是向下的。	
反转或持续	短期持续，行情看跌。	
	牛市	**熊市**
表现排名	不适用	不适用
保本失败概率	4%	0%
平均跌幅	19%	25%
趋势结束后的变化	40%	50%
成交量趋势	向下	向下
反弹概率	31%	54%
实现目标价格概率	51%	50%
意外发现	反弹损害股价表现，但突破日缺口有助于股价表现。高或宽的形态表现最好。股价在三角旗形态之后的持续期间与进入三角旗形态那一段期间几乎相同，但价格移动幅度较小。巨量突破推动价格走得更远。	
参见	旗形；高紧旗形；对称三角形底部形态；对称三角形顶部形态；下降楔形；上升楔形。	

活跃的交易者在交易中关注旗形和三角旗形态。跟旗形一样，三角旗形态是半旗形态。进入这种形态前的趋势和形态之后的趋势一样长。这是理论，无论如何，但这个理论效果如何？在统计简报中，实现目标价格（“测算规则”）概率给出了答案。三角旗形态实现目标价格的概率在50%～63%。我喜欢看到实现目标价格的概率平均在80%以上，所以三角旗形态达不到这个要求，但仍然是有用的形态。

三角旗形态有很多意外发现，大多数都是不言自明的。我发现，平均来说，向上突破的三角旗形态向上运行的时间比进入形态之前的运行时间多1个星期，但上升幅度没有那么大。向下突破的形态前后股价走势需要的时间相同，但突破后的价格走势没有进入形态的价格走势长。

导入

图34.1所示为一个旗形的样子。旗形和三角旗形态之间唯一的视觉差异是形态的形状。两条最终会相交的倾斜趋势线构成一个三角旗形态的轮廓，看起来像一个小楔子。有时趋势线向上倾斜，如图34.1所示，有时候它们没有向上倾斜。通常情况下，它们在上升趋势中向上倾斜，在下跌趋势中向下倾斜。

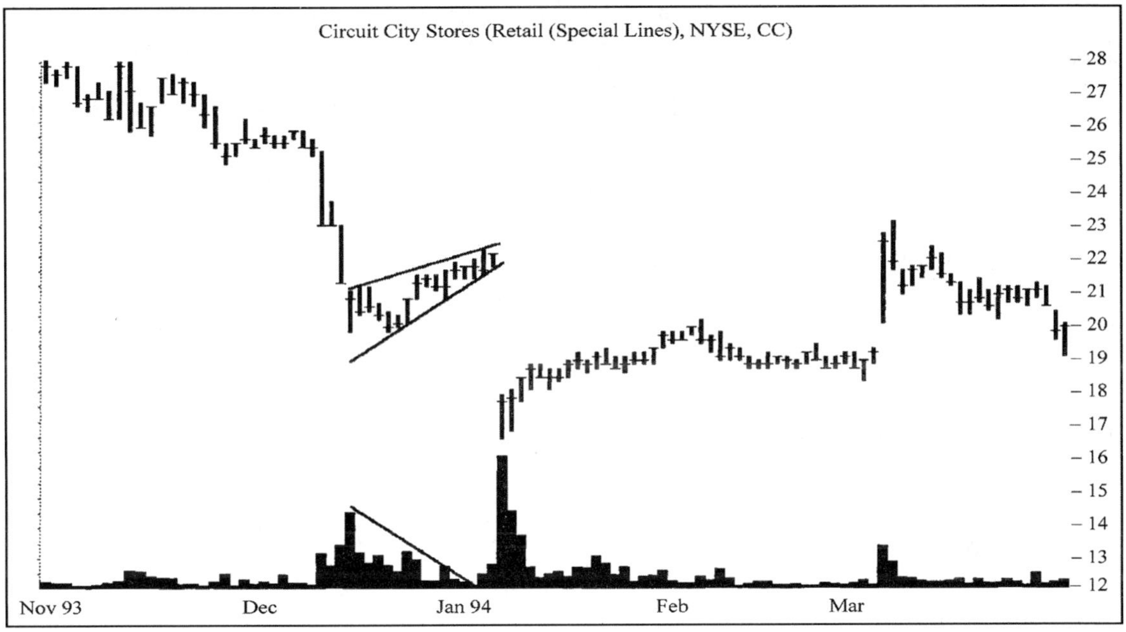

图34.1　由两条收敛的趋势线构成一个三角旗形的边界，看起来像一个小的上升楔形。

辨识指南

图34.2所示为一个三角形形态的示例，表34.1所示为三角旗形态的识别特征。

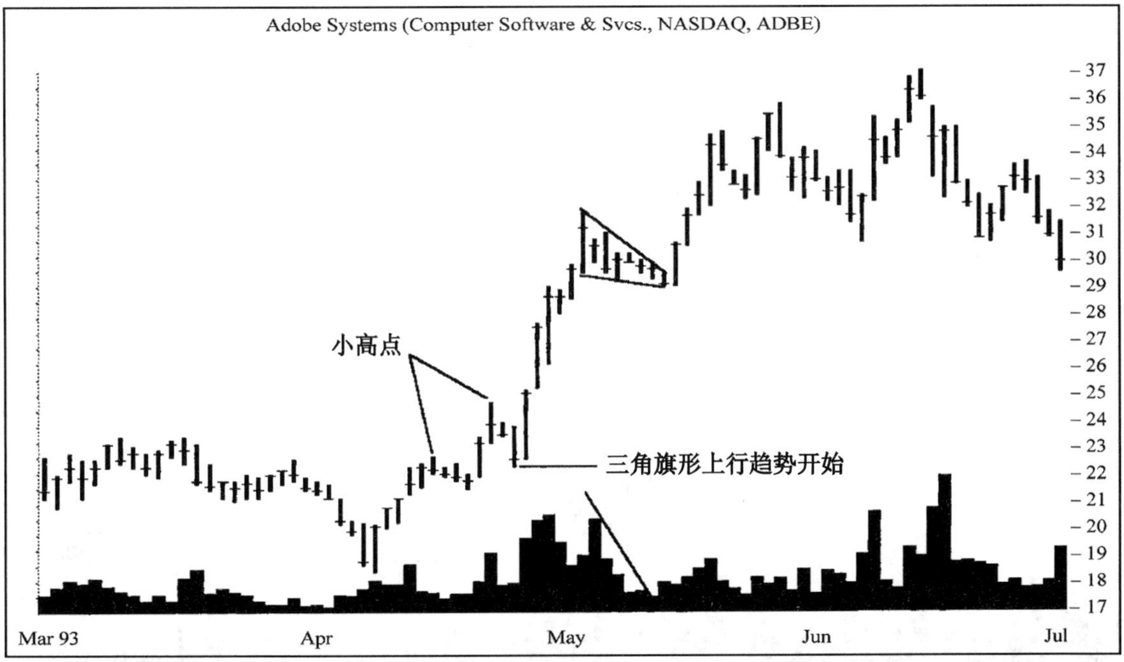

图34.2　一个短的三角旗形态在快速的价格上升之后形成。三角旗形向下倾斜，价格在离开形态后向上运行。

表34.1 辨识指南

特征	讨论
价格由两条趋势线界定	两条趋势线围绕价格的运行收敛，形成一个小的三角旗形。三角旗形内的股价运行通常与趋势方向相反：它在下降趋势中向上，在上升趋势中向下
最多3个星期	三角旗形态是短形态，持续几天到3个星期。持续超过3个星期的形态是对称三角形或楔形
陡峭、快速的价格趋势	一个快速的(陡峭的)价格移动(向上或向下)进入形态
下降的成交量趋势	在整个形态期间，成交量通常呈下降趋势

价格由两条趋势线界定 三角旗形态以两条收敛的价格趋势线为边界。三角旗形可以倾斜向上、倾斜向下或水平，但它倾斜的方向通常与当前价格趋势相反。例如，图34.1中的三角旗形倾斜向上，图34.2的三角旗形倾斜向下。两个形态的倾斜都与先前的价格走势相反，但这不是必需的。

最多3个星期 3个星期的最大值是一个武断的限制。三角旗形态的长度可从2天到3个星期不等。比3个星期更长的形态更好地被归类为对称三角形、上升或下降楔形。我查看的三角旗形态平均是9～11天长。

陡峭、迅速的价格趋势 一个陡峭的、快速的价格趋势进入形态。这一特征是重要的，它有一个附带的好处，使三角旗形态更容易发现。股价的直线运行可以向上或向下，并应在几天内有几个点的运行幅度。

下降的成交量趋势 大多数时候，三角旗形态会有一个向下的成交量趋势，但不能因为一个形态的成交量趋势倾斜向上而把它排除在外。图34.3所示为在一个下跌的价格趋势中出现的三角旗形态。价格在形态开始时冲过形态，但这个三角旗形仍然作为下行价格趋势的持续。请注意，三角旗形态的倾斜方向是怎么与股价2天的上涨方向相反的。形态结束后，股价缺口跳空下跌。

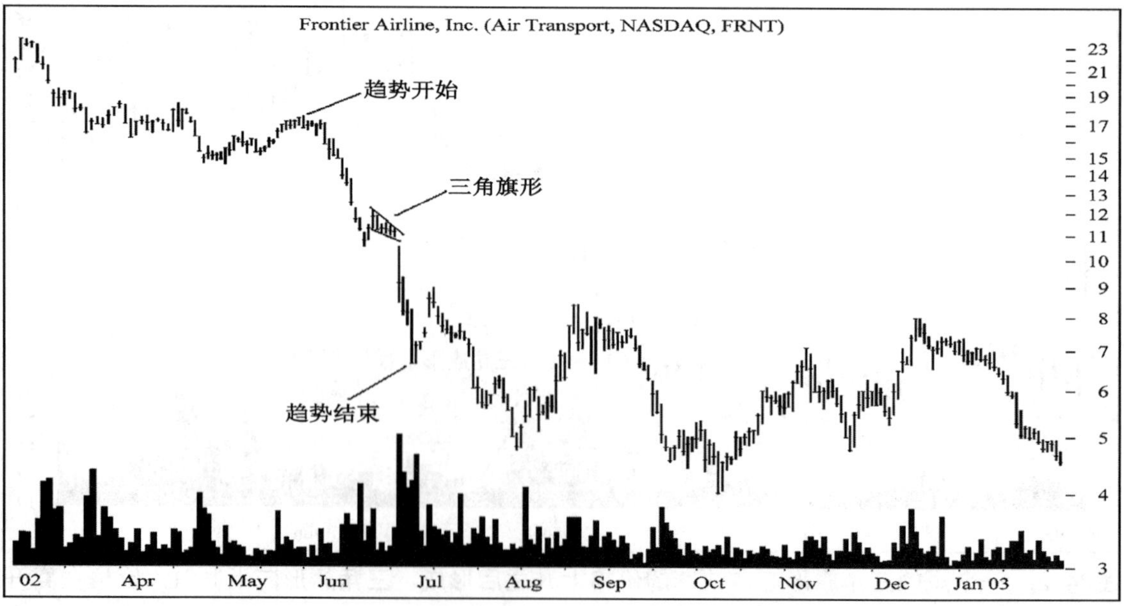

图34.3 下跌的价格趋势冲过小的三角旗形态，三角旗形态出现在趋势开始和结束之间的中途。

回顾辨识指南，在图34.3中的三角旗形是很明显的，随着时间的推移，价格运行范围逐渐收缩。注意进入形态前的价格急剧下跌，以及形态结束后价格趋势的斜率，两者几乎是一模一样的。在这方面，三角旗形态的功能有如三浪形态一样。成交量在旗形期间是下降的。因此，该形态确认为有效的三角旗形态。

我使用趋势开始和结束衡量形态的表现：我没有寻找最终的低点或高点和20%的价格变化，而是停止于价格趋势结束的地方，在一个小的低点或高点。我想看看三角旗形态是否扮演了半旗的形态(它们确实这样做了)。注意看这个三角旗形在标记趋势开始和趋势结束的下跌价格趋势中间是如何运行的。

关注形态失败

图34.4所示为一个在下跌趋势中的三角旗形态的失败。这种形态可能会让你想起一个短的对称三角形——一个作为反转的形态(对于对称三角形来说这是不寻常的)。如您所料，成交量趋势是下降的。形态的价格趋势，由两个倾斜的趋势线所界定，看起来也不错。进入形态的价格趋势有18%的下跌。在这一形态结束之后，价格应该继续走低，但它们没有这样做。为什么？

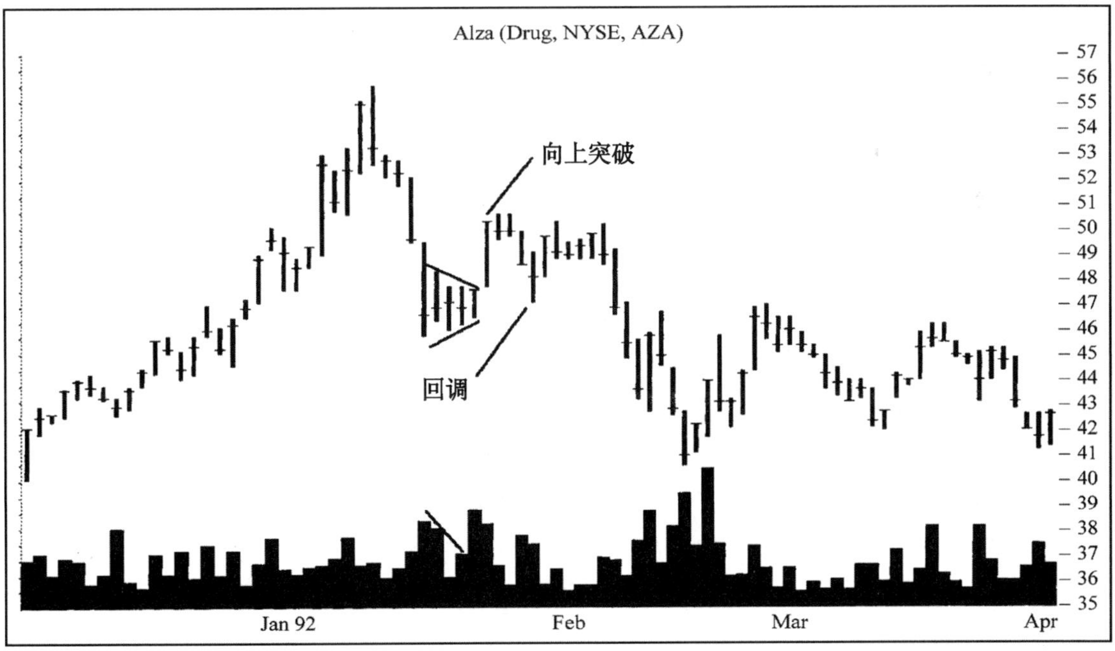

图34.4　这个三角旗形态像是一个小的对称三角形态。价格突破向上，回调到形态，然后下行。

你可以看到在图34.4中，价格绕过形态的末端，然后下行(回调)。如果坚持持有你的空仓，你最终是会赚钱的。然而，我仍然把这一形态归类为失败形态。在穿透趋势线边界后，价格应立即下跌。价格立即上升的原因不清楚。

在研究三角旗形态时我没有包括如图34.4所示的反转形态。这样排除的原因很简单。如果一个交易者希望做空图34.4中的股票，那么因为有向上的突破，交易者将不会持有空头头寸。

统计数据

表34.2所示为三角旗形态的综合统计数据。表34.2中的股价表现统计数据显示的是从趋势开始到结束的股价表现，而不是最终的高点或低点。

表34.2　综合统计

描述	牛市 向上突破	熊市 向上突破	牛市 向下突破	熊市 向下突破
形态数量	173	107	84	98
反转(R)、持续(C)数量	173C	107C	84C	98C
平均涨/跌幅	25%	21%	-19%	-25%
涨/跌幅超过45%(数量或占比)	27或16%	11或10%	6或7%	9或9%
趋势结束后涨/跌幅	－25%	－24%	40%	50%
形态失败后涨/跌幅	27%	N/A	-12%	-24%
标准普尔500指数的变化	4%	2%	-3%	-6%
到达趋势高/低点的天数	22天	18天	16天	16天

注：(-)负号表示下跌；N/A表示不适用。

形态数量　因为这些形态可以只有2天，它们可能很难被发现，但如果你花时间进行彻底搜索，它们数量是丰富的。在我停止搜索之前，我找到了462个形态。

反转或持续　在这项研究中我没有包括反转的形态，因为大多数交易者使用三角旗形态作为半旗形态。我找的那些形态都是突破之后继续了当前的价格趋势。

平均涨幅或跌幅　股价突破后的移动测量的是从突破到趋势末端的距离，不是最终的高点或低点。因此，不应与其他形态(除了旗形)进行比较。

涨幅或跌幅超过45%　有时，突破后的价格走势可能会相当长。对于牛市三角旗形态，有6%突破后上涨超过45%。再次说明，涨幅的计算是从突破到趋势结束，而不是最终的高点或低点。

趋势结束后的变化　一旦价格达到了趋势的末端，会发生什么？在向上突破之后，价格下跌在24%～25%之间。向下突破之后，平均价格会上涨到40%～50%之间。趋势结束后的下跌或上涨，参见20%趋势变化(一个新的最终低点或高点)。

失败形态的表现　这项计算也使用20%趋势变化(一个新的最终低点或高点)。从定义上来说，失败形态是股价突破形态后继续运行不到5%，熊市向上突破的形态没有一个是符合条件的(因为它们在突破后都有大于5%的移动)。

与其他形态相比，这种形态的失败形态表现较差。如果你想交易一个失败形态，最好再看看别处。

标准普尔500指数的变化　一个有趣的观察是指数趋势，从上升4%到下跌6%。这一趋势分别对应形态25%的上升和25%的下跌，它所示为总体市场趋势对突破形态后的股价的影响。因此，在牛市中做多，在熊市中做空。抵御逆流而上、在牛市中做空或者在熊市中做多的诱惑。你当然可以这样做，但结果并不怎么好。你会发现，与当前市场趋势方向一致的交易将有助于你的交易获利。

到达趋势高点或低点的天数　这项数据表明，在突破之后，达到趋势的高点或低点需要的平均时间。向上突破比向下突破需要较长的时间来达到趋势的末端。平均而言，熊市的下跌幅度比牛市的上涨幅度要陡。

表34.3所示为三角旗形态的失败比率。请注意，熊市向下突破有0%的保本失败概率。这一发现并不意味着价格在掉头上涨之前不会下跌到5%。这只是意味着，我没有发现任何三角旗形态表现那么差。

表34.3　失败形态数量或比率

股价最大涨/跌幅(%)	牛市向上突破	熊市向上突破	牛市向下突破	熊市向下突破
5(保本点)	3或2%	2或2%	3或4%	0或0%
10	21或12%	10或9%	12或14%	9或9%
15	54或31%	25或23%	31或37%	22或22%
20	81或47%	50或47%	44或52%	43或44%
25	103或60%	70或65%	56或67%	56或57%
30	125或72%	82或77%	71或85%	69或70%
35	135或78%	88或82%	74或88%	82或84%
50	155或90%	101或94%	79或94%	91或93%
75	165或95%	106或99%	84或100%	98或100%
＞75	173或100%	107或100%	84或100%	98或100%

在熊市向下突破的三角旗形态的失败比率最低，紧随其后的是在牛市中向上突破的三角旗形态。这两个形态就是顺势交易的例子。

表34.4所示为与突破及突破后相关的统计数据。

表34.4　突破与突破后股价表现统计

描述	牛市向上突破	熊市向上突破	牛市向下突破	熊市向下突破
从形态结束到突破	2天	2天	2天	2天
突破在年度价格区间低(L)、中(C)、高(H)各区域分布的百分比	L21%,C26%,H53%	L31%,C31%,H38%	L52%,C36%,H12%	L55%,C32%,H13%
形态在年度价格区间低(L)、中(C)、高(H)各区域突破后的涨/跌幅	L29%,C25%,H25%	L24%,C19%,H21%	L24%,C14%[a],H16%[a]	L26%,C24%,H28%[a]
回调/反弹概率	47%	54%	31%	54%
回调/反弹期间	15天	14天	12天	14天
出现回调/反弹形态的平均涨/跌幅	24%	20%	-16%[a]	-23%
未出现回调/反弹形态的平均涨/跌幅	26%	23%	-20%	-28%
出现突破缺口形态的表现	30%	24%[a]	-20%[a]	-32%[a]
未出现突破缺口形态的表现	24%	21%	-19%	-24%
缺口平均金额(美元)	0.35	0.48	0.23	0.65

注：(-)负号表示下跌；[a]表示样本小于30个。

从形态结束到突破 价格收盘在趋势线边界以外，出现突破和确认形态有效需要2天时间。

年度位置 三角旗形态出现在年度价格范围的哪里？那些向上突破的形态最经常出现在年度价格区间的高位区域附近，那些向下突破的形态出现在年度价格区间低位附近。

年度位置及表现 表现最好的三角旗形态在哪里出现？当突破出现在年度价格区间低位附近时，几乎所有的三角旗形态都表现得最好。唯一的例外是那些在熊市中有向下突破的形态，它们在年度价格区间高位突破时表现好，但样本规模小(13个)。

回调和反弹 这个形态有1/3到1/2的概率发生回调和反弹。熊市中的三角旗形态往往比牛市中的更容易发生回调和反弹。

价格回到突破价格需要12～15天。这个时间比许多其他形态的长几天，所以这个结果是不寻常的。当出现回调和反弹时，股价表现会受损，正如表中数字显示的。

缺口 对于许多三角旗形态来说，样本规模小，但在突破日出现的缺口似乎会推动股票上涨。最大的差别来自熊市向下突破的三角旗形态。当出现缺口时，股价跌幅32%，而在没有价格缺口时则为24%，同时它的缺口也是最大的。

表34.5所示为股价突破后到达趋势高点或低点时间的频次分布。这项计算不同于最终的高点或低点。三角旗形态是短期形态，其影响也是短期的。超过一半形态在突破后2个星期之内到达趋势末端。很少有三角旗形态的趋势会持续1个多月。

表34.5 到达趋势高点或低点天数的频次分布

天数	7	14	21	28	35	42	49	56	63	70	＞70
熊市，向上突破	36%	22%	16%	11%	0%	4%	4%	3%	1%	0%	3%
牛市，向上突破	25%	25%	14%	10%	8%	6%	3%	1%	1%	1%	5%
熊市，向下突破	38%	21%	12%	12%	4%	5%	1%	2%	2%	2%	0%
牛市，向下突破	30%	25%	13%	17%	8%	2%	5%	0%	0%	0%	0%

表34.5表明，买入和持有策略对三角旗形态来说不是一个好的玩法。设置利润目标或使用测算规则设置价格目标是更好的策略。交易股票，但一旦动量下降，价格掉头，就要清仓了结。

表34.6所示为三角旗形态面积大小的统计信息。

高度 高的形态表现得比低的形态更好。差异最大的发生在牛市向上突破的三角旗形态。突破后，高形态上升了39%，但低形态只攀升了16%。

宽度 大多数时候，宽形态的表现比窄形态的表现更好。例如，在牛市向上突破的三角旗形态，宽度比长度中值窄的形态突破后股价上升23%，宽形态的攀升27%。这一差异的原因是比例。很少有一个小(或窄)的三角旗形出现在一个长期上涨或下跌的价格趋势中。这些三角旗形态应与周围的价格移动成比例。我用的是长度中值，而不是平均值，来区分形态的宽窄。

形态平均长度 三角旗形态是小的，平均长度在9～11天之间。

高度和宽度的组合 查看高度和宽度的组合，我们发现，当形态既高又窄的时候，向上突破的三角旗形态表现很好。向下突破最好的组合是既高又宽的形态。不过，在许多情况下，样本量很小。

趋势长度和价格走势 我测量从趋势开始到三角旗形态开始的时间，以及从三角旗形态末端到趋势结束的时间。平均而言，从三角旗形态末端到趋势结束的时间，比从趋势开始到三角旗形态开始的时间更长。对于向上突破，形态前趋势长度比形态后趋势长度短约1个星期。对于向下突破，形态后的趋势长度与形态前的趋势长度相同或近似。

表34.6　形态面积大小统计

描述	牛市 向上突破	熊市 向上突破	牛市 向下突破	熊市 向下突破
高形态表现	39%	25%	-24%	-34%
低形态表现	16%	18%	-15%	-18%
高度中值(与突破价格百分比)	6.86%	7.38%	6.72%	8.64%
窄形态表现	23%	22%	-17%	-23%
宽形态表现	27%	21%	-21%	-28%
长度中值	8天	8天	9天	7天
形态平均长度	10天	9天	11天	10天
低窄组合形态表现	16%	19%	-16%	-18%
低宽组合形态表现	15%	17%[a]	-13%[a]	-19%[a]
高宽组合形态表现	38%	25%[a]	-25%[a]	-35%[a]
高窄组合形态表现	41%	25%[a]	-23%[a]	-32%[a]
形态前趋势长度	14天	13天	18天	16天
形态后趋势长度	23天	20天	18天	18天
形态前股价涨/跌幅	27%	26%	-20%	-27%
形态后股价涨/跌幅	25%	21%	-19%	-25%

注：(-)负号表示下跌；[a]表示样本小于30个。

为了测量价格走势，对于向上突破，我用趋势开始低点到三角旗形的高点(三角旗形态前的价格走势)和从突破日价格低点到趋势结束时的高点(三角旗形态后的价格走势)。对于向下突破，我从趋势开始的高点到三角旗形的低点(三角旗形态前的价格走势)和从突破日高点到趋势的低点(三角旗形态后的价格走势)。

在所有情况下，形态之前的股价涨幅或跌幅都比形态之后的长。因此，要设定保守的目标价格，因为在突破后的价格移动通常是短于形态前的价格移动。

表34.7所示为与成交量相关的统计信息。

表34.7　形态期间成交量统计

描述	牛市 向上突破	熊市 向上突破	牛市 向下突破	熊市 向下突破
上升成交量趋势表现	27%[a]	25%[a]	-19%[a]	-23%[a]
下降成交量趋势表现	24%	21%	-19%	-25%
U形成交量形态表现	31%	21%	-22%[a]	-24%[a]
半圆形成交量形态表现	22%	21%	-17%	-26%
既非U形又非半圆形成交量形态表现	15%[a]	34%[a]	-12%[a]	-21%[a]
巨量突破表现	30%	21%	-19%	-26%
轻量突破表现	20%	21%	-18%	-24%

注：(-)负号表示下跌；[a]表示样本小于30个。

成交量趋势 在三角旗形态期间上升的成交量趋势表明股价在向上突破后会有更好的表现。向下突破形态成交量呈下降趋势时可能会表现得更好。

成交量形状 我查看了三种成交量形状：U形、半圆形和随机形状。半圆形状最常发生。然而，在牛市，那些成交量呈现U形的三角旗形态在突破后往往表现得更好。

突破成交量 巨量突破的三角旗形态与轻量突破的形态表现相当或更优。

交易策略

表34.8所示为三角旗形态的交易策略。三角旗形态是为短期(波段)交易者，而不是为买入和持有的投资者准备的。

表34.8 交易策略

交易策略	解释
测算规则	计算趋势开始和三角旗形开始之间的价格差异，获得形态前趋势的涨幅或跌幅。形态后趋势的涨幅或跌幅，即从突破后到趋势结束的价格移动幅度，应该比形态前的价格移动幅度小
等待突破	一旦价格收在三角旗形态边界外，就交易股票
了结交易	当价格停滞时，通常是在接近测算规则的目标价格或支撑/阻力区域时，了结交易

测算规则 使用测算规则帮助预测目标价格。图34.5所示为一个示例。这个趋势开始于点A，然后上升到了三角旗形态。计算三角旗形态开始处的顶部(日内高点，点B，10.69美元)和趋势开始时的低点(点A，7.50美元)之间的差异，结果得出3.19美元的趋势高度。将此趋势高度值加到三角旗形态末端的低点(点C，11.44美元，突破前一天)，计算出目标价格(14.63美元)。在突破后3天，价格攀升至目标价格。

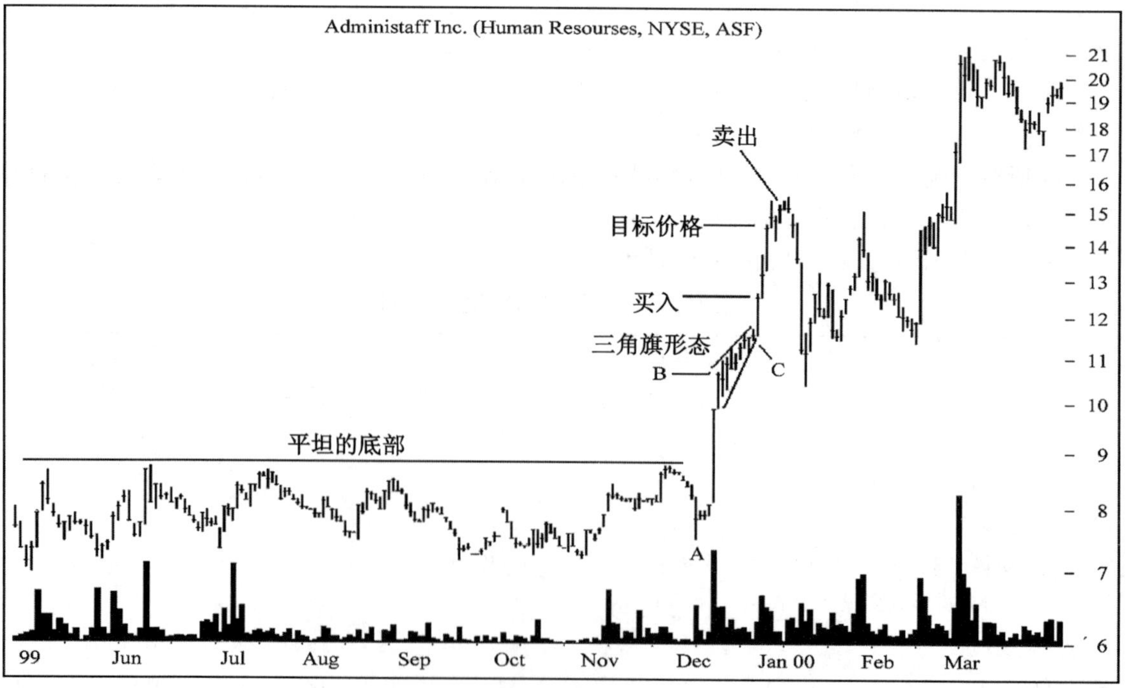

图34.5 使用测算规则来预测目标价格。计算从点A的低点(趋势开始)到点B的高点(三角旗形开始)的差异，将它从在点C的低点(突破之前)投射向上。

警告：此方法成功的概率在1/2(熊市)和2/3(牛市)之间，因此在您估计时要保守一些。

等待突破 由于三角旗形态有时会反转，所以，在投资之前，最好等待突破。当价格收在三角旗形态边界之外时，就发生了突破。只有到了这个时候，你才能交易股票。

了结交易 价格应该朝着当前价格趋势的方向发展，其倾斜通常与形态前的趋势斜率相似。当价格不稳(停顿)时，卖出。

交易故事

仔细考虑图34.5所示的情况。这个三角旗形遵循表34.1所示的辨识指南。这个三角旗形态看起来很奇怪，因为价格在三角旗形态中的走势是上升，而不是下跌。从这方面来说，这个三角旗形态是不寻常的，但它仍然是一个三角旗形态。

这项交易的关键是平坦的底部。这个平底始于1999年初，其中只有一部分出现在图中。许多技术交易者都在寻找这种类型的情形——经过长时间的横向移动后，出现巨量突破。他们说底部越长，上涨的力量就越大。基于这个例子，我必须同意这种说法。

你可以看到价格是如何巨量突破底部的天花板，然后轻松上行，形成了三角旗形态。一旦价格冲出顶部(收盘价在三角旗形态趋势线之外)，这就是进行交易的阶段了。

许多专业交易者会在股价从底部突破时(当价格收在底部的顶部)入场交易，然后他们持股待涨。使用三角旗形态作为一个测算规则的卖出信号将是一个额外的好处。

假设你看到了图中的这个三角旗形态，看到价格突破。第二天你以开盘价12.53美元买入，这也是当日低点。

价格上升到测算规则预测的目标价格14.63美元。当价格走高时，继续持股。你可以在目标价格附近设置卖出指令，这样市场就会自动卖出你的股票，了结离场。这样的卖出指令通常会导致在接近一个小的高点时卖出，比你自己努力在某一点卖出的利润更高。

在这个例子中，由于价格呈上升趋势，所以留在交易中。当价格走低，并出现较低的高点，这就是卖出的信号。在股市开盘时即以开盘价14.69美元卖出股票。这恰好是当日低点。这个交易策略将使你在短短4天内获得17%的利润。

在完成了回调之后，股价继续上行，在2000年9月中旬达到了44.56美元的高点，涨幅超过了底部顶点400%。

显然，并非所有的交易都和这个例子一样好。关键是要在低价时进入交易，并及时退出(接近顶端)。仅仅延迟几天，当价格跌回到三角旗形态时，你将只能在股价下行中卖出。

记住，1/2到2/3的三角旗形态满足它们的目标价格，所以1/2到1/3的形态错过目标价格。寻找上方阻力，并在该阻力下方设置一个卖出指令，或每日盯盘，酌情卖出。

交易秘籍

下面的列表包含交易这种形态的提示和观测结果，以帮助你选择表现更好的形态，更多的信息，请参阅相关的表格。

- 使用辨识指南正确识别形态。见表34.1。

●顺势交易：牛市做多向上突破的形态，熊市做空向下突破的形态。见表34.2。

●熊市向下突破后的股价趋势比牛市向上突破后的股价趋势更陡。见表34.2。

●在熊市中向下突破的三角旗形态失败比率最低。见表34.3。

●交易年度价格区间低位附近突破的形态。见表34.4。

●回调和反弹会损害股价表现，因此在交易前查看上方阻力或下方支撑。见表34.4。

●突破日缺口推动价格走高。见表34.4。

●进行短期交易。超过一半的三角旗形态将在不到2个星期内到达趋势终点。见表34.5。

●选择高形态。见表34.6。

●向上突破的三角旗形态，突破后趋势长度比突破前趋势长度多1个星期，但是，突破后涨幅没有突破前的涨幅大。向下突破的形态，突破前和突破后的趋势长度相等，但是，突破后的跌幅没有突破前的跌幅大。表34.6。

●交易成交量呈上升趋势和向上突破的形态。向下突破形态在成交量呈下降趋势时表现最好。表34.7。

●挑选牛市成交量呈U形的三角旗形态。表34.7。

第三十五章　管形底部形态
Pipe Bottoms

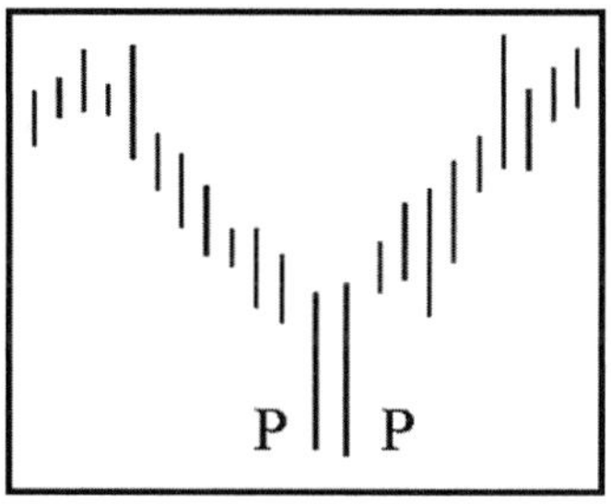

统计简报

向上突破

形状	在周线图上的两个相邻的、向下的价格尖峰。	
反转或持续	短期反转，行情看涨。	
	牛市	**熊市**
表现排名	2/23	3/19
保本失败概率	5%	4%
平均涨幅	45%	32%
趋势结束后的变化	-33%	-36%
成交量趋势	向下	向下
回调概率	44%	52%
实现目标价格概率	83%	72%
意外发现	回调损害股价表现。高的管形比低的管形股价表现好。下降的成交量趋势或大的突破成交量推动股票走高。当左尖峰成交量高于平均水平、右边尖峰成交量低于平均值时，形态表现突出。内周表现优于外周的。	
参见	牛角形底部形态。	

在研究了牛角形顶部和底部的股价表现后，自然要考虑的是移除牛角形态中间的1周，然后再次测试形态，这就是管形形态的来源。管形底部形态是一个令人兴奋的发现，它的失败比率低(5%)，在牛市的平均涨幅高(45%)。

我对管形底部日线图进行了深入研究，结果令人失望。统计数据显示，管形形态的日线图中失败比率为18%，平均涨幅为33%。近半数的形态(45%)的涨幅不到20%。然而，也有许多收益大的形态，近1/4的形态(23%)的涨幅超过了50%。

我开始相信，投资者交易的日线图的管形要么选择一个失败的形态，要么选择一个收益小的形态，以至于交易无利可图，所以我放弃了对日线图的研究，并使用周线图，从前面的数字可以看出，股价表现很好。这一形态不仅值得进一步探索，而且它可能是一个表现优秀的形态，值得添加到您的技术工具箱。

唯一需要解释的意外发现是内外周。内周是指右边尖峰的交易范围在前一周的交易范围内。外周正好相反，右边尖峰的高点高于前一周的高点，低点低于前一周的低点。内周的管形形态比外周的管形形态表现得更好。

导入

图35.1所示为管形形态和形态之后的价格上涨，它是一个周线图，你可以看到，价格在1993年中期开始下跌，向下进入管形形态。在左管尖峰期间，成交量回升，第二个星期的成交量甚至更高。两个下跌的价格尖峰，长度几乎相等，两者相互重叠，标志着一个转折点，一个下跌已经结束的信号。

图35.1　一个周线图上的管形底部形态。管形通常形成于一个上升趋势的回调中或在一个长期下跌趋势的底部。

从底部开始，价格迅速上涨，在11月初达到一个新高，在短短9个月内攀升了近120%。对于这种形态，如此大收益的并不少见。牛市中近20%的管形形态突破后涨幅超过90%。

辨识指南

如何正确识别管形底部形态？表35.1概述了其辨识特征。虽然有很多准则需要考虑，但这个形态确实相当明显。仔细看图35.2所示的管形形态。

表35.1　辨识指南

特征	讨论
周线图	日线图上的管形底部是存在的，但周线图上的管形股价表现更好。使用周线图
两个向下的相邻大尖峰	找到相邻的两个下行价格峰值。在 2 周内，价格应该大幅下降，比当年大部分的向下尖峰要大得多。管形形态突出，前一个周线和后一个周线的价格低点在管形高位附近
大重叠	构成管形的2个周之间应该有很大的价格重叠
高成交量	这不是先决条件，但大多数管形在至少一个或两个尖峰值显示出超过平均水平的成交量
明显的管形	管形在图表上应该是明显的。如果它不像一个疼痛的拇指伸出，那么你应该看看别处的机会。表现最佳的管形出现在下跌趋势的末尾
等待确认	当价格收高于形态的最高点时，形态确认为管形底部形态

周线图　第一个准则建议您使用周线图。尽管管形出现在日线图上，但日线图上的管形形态没有在周线图上的表现好。

两个向下的相邻大尖峰　两个相邻的向下价格尖峰构成了管形底部形态，它看起来像图表上的两条平行线。管形尖峰应显示为在连续的2个周内一个巨大的价格下跌和宽大的交易价格范围。管形之前和之后一周的低点应该在管形顶部附近。这一特点使得管形在价格图上突出，成为一种容易辨识的形态。例如，图35.2所示管形前一周低点11.63美元，相当靠近左管形高点12.56美元(当然远远高于低点10.31美元)。右边一周更加明显，它的低点12.25美元，靠近右管形高点12.50美元。

尖峰下跌应该是难得一见的。尖峰的长度应该远远高于过去一年的向下尖峰的平均长度。它在价格图上必须出现大幅下跌，而不仅仅是在长期下跌中的众多价格向下尖峰中的另外2个周的价格尖峰。

大重叠　管形价格有很大的重叠。这在图35.2中很明显，因为管形的左边比右边稍微高了一点。作为一个选择形态的指南，一个很大的左侧和一个小的右侧的形态不是你要看的。

高成交量　每个管形尖峰的成交量通常都高于平均值，但这一点不是必需的。左尖峰成交量高于平均值而右尖峰成交量低于平均值的管形表现得比所有其他组合都要好。但是，我不会仅仅因为一个形态不服从成交量特征而把它排除。

明显的管形　管形必须是足够的与众不同，在价格图中脱颖而出。通常情况下，管形在一个下跌趋势结束时形成，并标志着转折点，如图35.1和图35.2所示。管形作为上升趋势的盘整出现没有那么频繁。在那种情况下，股价下跌了2周，然后继续上涨。

如果仔细观察图35.2，你应该能够看到另一个管形。我已经把它标记为点A，以便让你容易认出来。这个管形的轮廓不如其他管形那么好，涨幅不是那么惊人。价格从管形右边的低点15.38美元上升到18.13美元的高点，然后股价继续下跌。

等待确认 只有当价格收在形态的最高点之上时，这个双底形态才确认为管形底部形态。不要在形态没有确认的情况下投资管形形态。

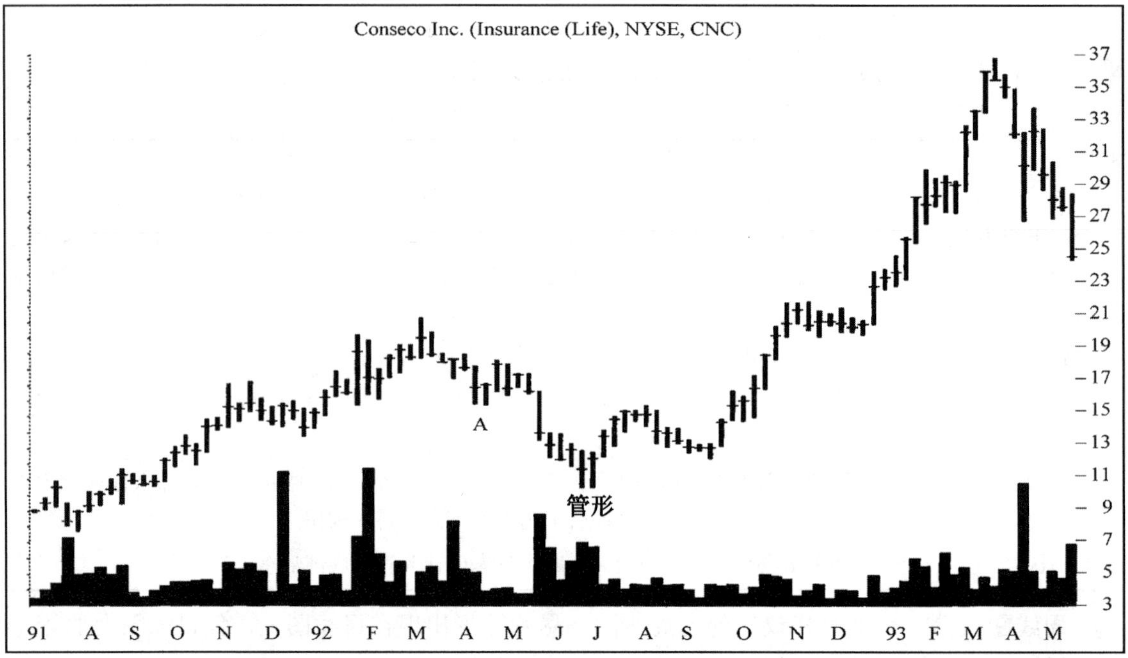

图35.2 另一个周线图上的管形底部形态的示例。点A是另一个管形底部形态，结果并不那么引人注目。

关注形态失败

对于管形底部形态，只有一种5%失败。5%失败是，股价在突破后上涨不超过5%便出现了趋势反转。图35.3所示为两个这样的失败。在4月和5月的两个管形，形态轮廓良好。它们看起来像管形，但它们的行为不像管形。在管形形态结束之后，价格应该会大幅上行，但它们没有这样做，反朝下运行。为什么？两个管形左边尖峰的成交量都低于月平均值。然而，两个管形的右尖峰成交量都高于平均值。不过，成交量形态是无法令人信服的，因为它在管形底部形态中通常显得最活跃。对比一下，看看图35.3左边的管形。两个尖峰的成交量都远远高于平均水平。

关于失败的另一个线索隐藏在表35.1所概述的指南中。价格应该在2周内异常地下跌，超过过去一年中大多数的向下价格尖峰。当你看这个图时，你可以看到好几个向下尖峰(例如12月和2月)，这些价格尖峰和这两个管形的长度几乎相等。整个股价图看起来充满了长度参差不齐的价格尖峰。因此，你应该怀疑对这两条管形的投资。

图35.3所示的失败管形根本不是管形形态，因为股价不超过形态中最高的高点。因此，交易者不应该交易这些形态。

由于管形通常出现在价格下降趋势的末端，价格有时上升，掉头向下，重新测试低点。1991年12月初的管形就是一个例子。价格反弹向上，掉头，然后回落，在98.13美元形成一个新低。对原低点的重新测试在3月下旬完成。

管形底部形态在它们的低点表现出支撑。在股价反弹和开始持续的上升趋势之前，很少有价格下跌超过管形低点约半个百分点。这半个百分点不是绝对规则，因为它取决于股票的价格(图35.3中显示的是100美元的股价，股价下跌低于前一个低点1美元)。

所以，即使在管形顶部买入了股票，看到价格下跌，你还是应该坚持持有。

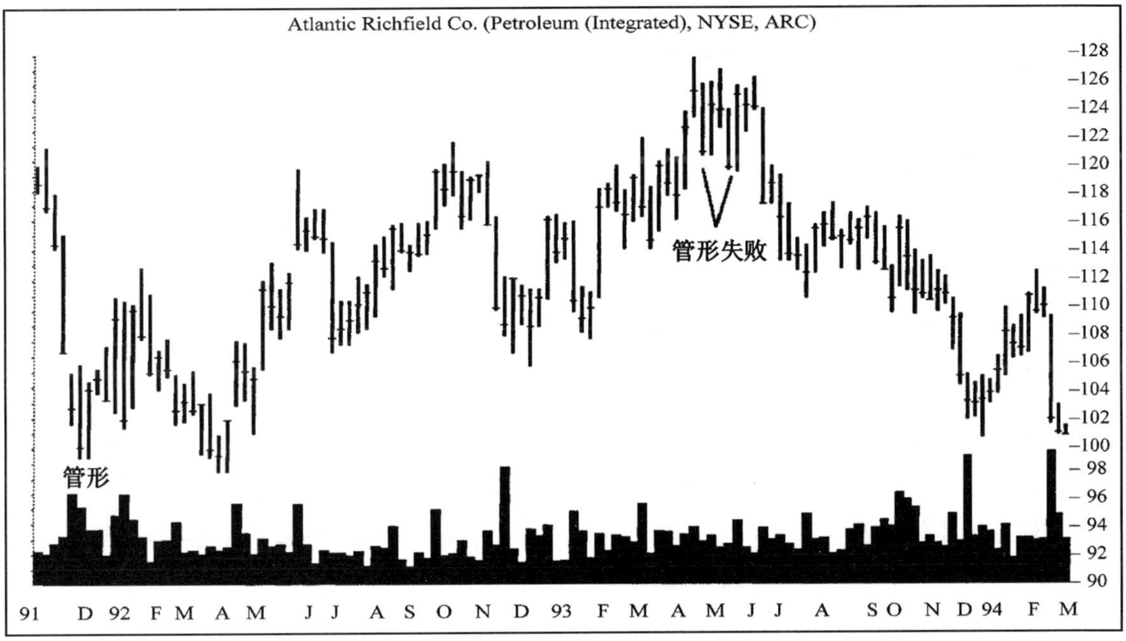

图35.3 管形底部形态失败。这两个管形形态失败的线索在尖峰的长度和成交量趋势。表现最好的管形形态形成于价格呈下降趋势中。这两个失败的管形根本不是管形形态，因为两个形态的股价都没有收于形态最高点之上。

统计数据

表35.2所示为管形形态的综合统计信息。

表35.2 综合统计

描述	牛市	熊市
形态数量	926个	226个
反转(R)、持续(C)数量	926R	226R
平均涨幅	45%	32%
涨幅超过45%(数量或占比)	361或39%	67或30%
趋势结束后涨/跌幅	-33%	-36%
形态失败后涨/跌幅	-28%	-30%
标准普尔500指数的变化	15%	1%
到达最高点的天数	194天	133天

注：(-)负号表示下跌。

形态数量 管形到处都是。我只需要200只牛市(1991年中期到1996年中期)股票就找到差不多1000个形态。对于熊市，我用了从2000年到2003年大约220只股票。

反转或持续 根据定义，管形底部形态是下跌价格趋势的反转，价格向上突破形态之后上行。

平均涨幅 牛市的平均涨幅是一个巨大的45%！在熊市中，这种形态表现得不那么好，平均上涨了32%。在牛市中交易这种形态，以取得最佳投资效果。

涨幅超过45% 管形显示出色的股价表现，在牛市39%的形态攀升超过45%。在熊市中，超过1/4(30%)形态的股价在突破后涨幅超过了45%。

趋势结束后的变化 一旦达到最高点，股价就会暴跌33%和36%，这取决于市场情况。正如你所料，在熊市中，价格下跌的幅度比牛市的还要大。这一观察表明你应该在熊市而不是牛市做空股票。

失败形态的表现 失败形态所示为与前一行“趋势结束后的变化”相似的表现数字。“趋势结束后的变化”表明所有管形形态的数据，而失败形态只包括那些股价突破形态后向上移动小于5%的形态。在交易一个失败形态之前，等待价格收盘低于管形的低点。这样，你就可以指望价格会继续下跌。

标准普尔500指数的变化 在牛市和熊市中，指数都是上涨的。指数是可能出现上升的，因为这个结果取决于股价从管形形态突破日到最终高点期间指数发生的变化。

到达最高点的天数 股价从32%上升到45%(分别为熊市和牛市的管形平均涨幅)需要很长的时间(4～6个月)。这些数据表明，熊市的上涨比牛市的上涨稍为陡峭。

表35.3所示为管形底部形态的失败比率。熊市开始时失败比率最低，但牛市在最大涨幅大于5%之后的失败比率比熊市的低。

你怎么解读这张统计表？例如，22%的牛市管形突破后涨幅不超过15%。在熊市中，26%的形态突破后上涨不超过15%。牛市中一半的形态攀升不到35%，熊市中一半形态攀升不到30%。

使用表35.3来估计你的交易成本的保本概率和实现你想得到的利润率的可能性。例如，假设你的成本是10%，你想在交易中赚10%，总共20%。有多少形态上升不会超过20%？在牛市，30%的形态涨幅将达到要求；在熊市，结果更糟，35%的形态突破后上涨不会达到20%。

表35.3 失败形态数量或比率

股价最大涨幅%	牛市	熊市
5(保本点)	42或5%	8或4%
10	130或14%	36或16%
15	200或22%	59或26%
20	281或30%	79或35%
25	343或37%	97或43%
30	406或44%	117或52%
35	462或50%	136或60%
50	602或65%	169或75%
75	730或79%	199或88%
>75	926或100%	226或100%

表35.4所示为与突破及突破后相关的统计数据。

表35.4　突破与突破后股价表现统计

描述	牛市	熊市
从形态结束到突破	17天	19天
突破在年度价格区间低(L)、中(C)、高(H)各区域分布的百分比	L38%,C30%,H32%	L38%,C36%,H26%
形态在年度价格区间低(L)、中(C)、高(H)各区域突破后的涨幅	L44%,C42%,H49%	L43%,C28%,H26%
回调概率	44%	52%
回调期间	15天	14天
出现回调形态的平均涨幅	38%	24%
未出现回调形态的平均涨幅	51%	42%

从形态结束到突破　平均来说，价格需要2～3个星期的时间才收盘在形态高点之上，发生突破。由于熊市对股价上涨趋势的抑制，平均而言，股价在熊市将花费更长的时间才能达到突破点。

年度位置　通常情况下，管形突破发生在年度价格区间的低位区域，这个你可能想到了(毕竟，这是管形底部形态)。

年度位置及表现　在年度交易价格范围内，表现最好的管形出现在哪里？在牛市中，在年度价格区间高位区域突破的管形表现最佳。由于动量的重要性，这个发现是有道理的。交易者在年度价格区间高位区域买入股票，推动价格上涨更高。这一因素是为什么你不应该做空一只不断创新高的股票的原因之一。

在熊市中，在年度价格区间低位区域突破的管形表现得很好。投资者可能会因为股价便宜而买入股票，他们推断如果在年度价格区间的低位买入，价格会反弹得更远。在年度价格区间低位区域买入股票是危险的，因为价格经常会继续下跌。

回调　形态大约有一半的概率会发生回调，在牛市，这个概率略低。发生回调之后，股价再次回到突破价格需要大约2个星期的时间。因为这是周线图，回调的时间比通常的9～12天要长。

一个令人意外的结果是，出现回调的管形表现不如没有出现回调的管形。例如，在牛市中，出现回调的管形在突破后攀升38%，没有出现回调的管形涨幅平均为51%。为了避免回调，查看附近的上方阻力。如果你发现了一些上方阻力，那么寻找另外一个更有希望的交易机会，或等待价格穿透阻力区域(上行)，然后再交易股票。

表35.5所示为股价到达最高点时间的频次分布。你可能首先注意到的是，在70天(2.5个月)之后仍在寻找最高点的形态的数量很多。在统计表的另一端是，在第1个星期，相当大概率的形态(14%～15%)达到最高点。

表35.5　到达最高点天数的频次分布

天数	7	14	21	28	35	42	49	56	63	70	>70
熊市	15%	6%	4%	6%	7%	2%	2%	3%	4%	3%	48%
牛市	14%	5%	4%	4%	4%	3%	4%	3%	2%	2%	57%

注意，在熊市，股价突破形态后28～35天数字轻微的波动。这一波动意味着在你进行交易1个月左右，股价疲软。因此，如果你看到价格走势开始不稳(失去动力)，那么就准备清

仓了结。

表35.6所示为管形形态面积大小的统计信息。

表35.6 形态面积大小统计

描述	牛市	熊市
高形态表现	52%	34%
低形态表现	40%	30%
高度中值(与突破价格百分比)	11.64%	15.96%
长尖峰形态表现	46%	31%
短尖峰形态表现	35%	36%[a]

注：[a]表示样本小于30个。

高度 高形态表现比低形态好，这样的趋势在许多其他形态也同样出现。例如，在牛市中，高形态的股价在突破后平均上升52%，低形态上升40%。只交易高形态的股票。

尖峰大小 我查看了过去一年的尖峰平均大小，并与管形的尖峰大小比较。在牛市中，那些尖峰比平均值长的管形形态往往表现突出。在熊市中，结果正好相反，但这个结果可能会随着样本量的增加而改变。我相信的是长尖峰管形表现突出。

表35.7所示为管形的成交量统计信息。

表35.7 形态期间成交量统计

描述	牛市	熊市
上升成交量趋势表现	42%	30%
下降成交量趋势表现	48%	33%
巨量突破表现	47%	36%
轻量突破表现	43%	29%
左尖峰巨量右尖峰轻量表现	50%	37%
左尖峰巨量右尖峰高表现	42%	29%
左尖峰轻量右尖峰高表现	43%	34%
左尖峰轻量右尖峰轻量表现	47%	29%[a]

注：[a]表示样本小于30个。

成交量趋势 当成交量趋势向下时，意思是当左尖峰的成交量比右尖峰的高时，管形的表现最好。

突破成交量 突破成交量超过1个月平均水平的管形倾向于表现优胜。因此，寻找突破成交量大的形态。请记住，当价格收在2周管形形态中最高点之上时，发生突破。

成交量和尖峰 我用各种不同的成交量组合来观察管形的股价表现。正如我在“成交量趋势”(使用线性回归)中提到的，表现最佳的形态来自于在左尖峰上的成交量比月平均值更大而右尖峰上的成交量较小的管形。奇怪的是，表现最坏的形态来自两个尖峰上的成交量均大于平均成交量的管形。

表35.8所示为管形的其他统计信息。

价格差异 我查看了管形底部形态的价格差异，发现混乱的结果。在牛市中，管间价格差异大于中值的在突破后往往表现得更好。在熊市中，管间价格差异小的表现得更好。

尖峰低点 我查看管形中每个峰值的低点，并据此确定股价表现。当左尖峰的价格比右尖峰的低时，管形在牛市和熊市中都表现得更好。在熊市中，峰值低点相同的形态样本量小(在226只股票中只有15个形态)，所以我忽略它的结果。尖峰低点价格相同的管形可能会表现得更出色，但它们很少发生，所以，寻找左尖峰低点较低的形态作为替代。

表35.8　其他统计

描述	牛市	熊市
管间价差大表现	50%	29%
管间价差小表现	41%	35%
价差中值(与突破价格的百分比)	0.83%	1.31%
低左尖峰表现	47%	32%
低右尖峰表现	44%	30%
等值尖峰表现	42%	33%[a]
右管为内周表现	47%	35%
右管为外周表现	43%	24%[a]

注：[a]表示样本小于30个。

内周和外周　在牛市和熊市中，内周的管形比外周的管形表现得更好。内周是指右边的尖峰价格范围在前一周的交易范围内部(较低的高点和较高的低点)，不允许价格相等。外周是指右边在尖峰的价格范围在前一周的交易范围外部(更高的高点和更低的低点)。再次说明，我不允许两边价格相等。

外周的管形有损突破后股价的表现，而内周的管形有助于提高股价表现。

交易策略

表35.9列出了管形形态的交易策略。也许管形底部形态最关键的特征是第三周发生的事情。虽然你可以很容易地发现两个相邻的下跌价格尖峰，但如果第三周价格不上涨，就要抛弃这种形态。第三周，第二个管形尖峰的后一周，应该使得双尖峰在股价图上清晰可见。这个4周搭配(包括管形的前后周)是一个V形状，当结合下跌的价格趋势看时，应该更加明显。

表35.9　交易策略

交易策略	解释
测算规则	许多股价表现最好的管形形态都是由下跌的价格趋势进入形态的。管形形态经常出现在价格上涨趋势的回调中或标志着一个持续的价格下跌趋势的结束
买入	在管形底部形态符合表35.1中所示的识别特征后，买入股票
止损	管形充当支撑区域，但价格有时会跌到低于管形低点的半个百分点，因此请将其用作止损点。随着价格攀升，抬高你的止损点
等待确认	等待价格收于形态最高点之上

下跌趋势　如表35.9所述，在下跌的价格趋势中通常会看到这些形态，至少表现最好的形态就在那里。价格向下运行，到达管形底部形态，然后掉头开始攀升。图35.1和图35.2是这种行为的好例子。

买入　一旦你在周线图上识别出一个确定的管形底部形态，就买入股票。因为一只股票在开始一个持续的上涨前，通常会重新测试最近的低点，所以你要为此做好准备。

止损　在管形最低点下方0.5%处(允许重新测试跌到低于管形低点之下的空间)设置一个止损点。如果股价下跌穿透止损点，那么价格可能会继续下降。在这种情况下，了结您的交易，并写一封信回家要钱!

等待确认　当价格收高于管形的最高点，管形确认为有效的管形形态，通常这需要2～3周的时间。这让形态有足够的时间在管形的两边显示出良好的可见性，意味着它应该看起来像一个轮廓清晰的管形，股价从管形底部上涨，而不是再创新低。

即使你错过了突破点，也可以考虑交易这个形态。在股价到达最高点之前，你有4～6个月的时间，突破后股价平均涨幅45%，你应该仍然有足够的利润空间。

交易故事

彼得是我认识的软件工程师中比较聪明的一个。他不仅聪明，而且还很有风度。他非常友好，乐于助人，但是如果管理部门强迫他必须按时完成工作，压力就会渗漏出来，他的火暴脾气就爆发了。当压力太大，彼得觉得需要休息的时候，他不像其他人那样去散步。相反，他投资于股票市场。由于他的办公室里有互联网连接，他在短短几秒钟就上线了。图35.4所示的情况引起他的兴趣。从1992年4月以来，股价一直水平横向运行，形成了一个延伸的底部，在这里，一个大幅上行的突破将会上演，他希望如此。

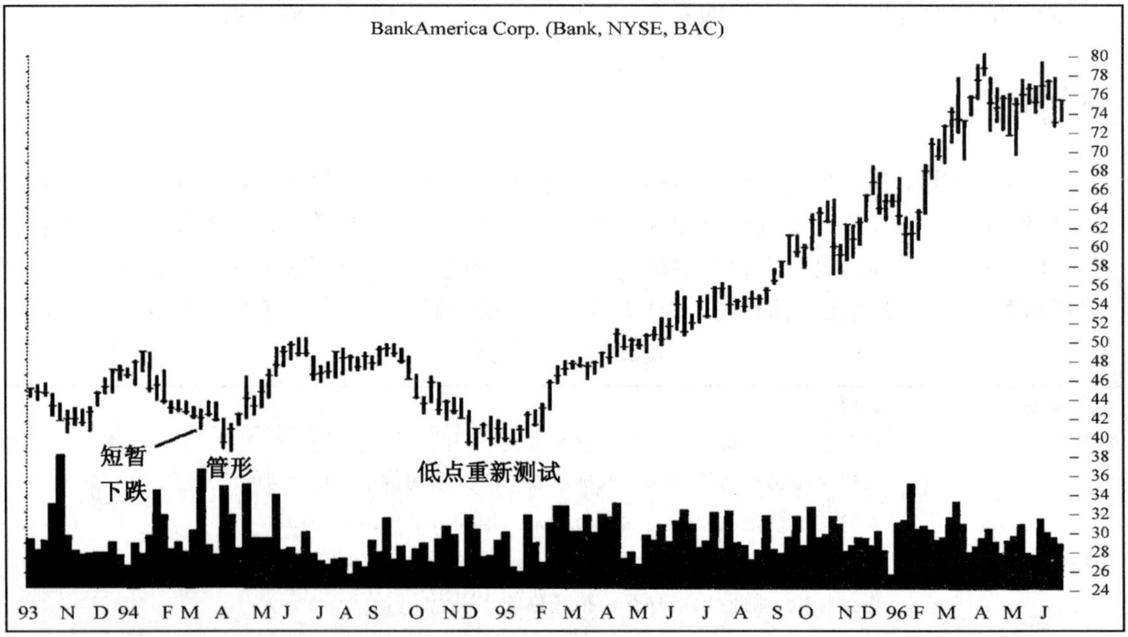

图35.4　管形底部形态之前的短暂价格下跌和之后的低点重新测试。正如交易故事中所描述的，彼得在管形结束后一周购买了这只股票，并在2年后卖出，获得71%的收益。

在较短的期限内，股价在1994年1月中旬开始呈下跌趋势。股价在1994年4月4日的一周里达到低点，同时成交量也超过平均值。如果这一下跌的价格尖峰是单个的，它可能标志一个单日反转(其实是单周反转，因为我们是在周线图上)。然而，接下来的一周又出现了一个下行尖峰。价格并未跌至上一周的低点(38.38美元)，而是收于38.63美元。双尖峰的长度足以使其与周围的价格周线分开，当然比3月中旬短暂的1周下跌尖峰长。接下来的一周价格大幅上涨，在图35.4上留下了清晰的管形底部形态。当价格证实了管形形态，彼得在42美元买入股票。他把止损点设置在37.88美元，整数下方0.12美元处。彼得把止损点放在那里，因为他知道整数有时是支撑区域。将止损点放在38美元以下就能让股票有机会掉头上行。

彼得看着股票，他很高兴股票运行得很好。他知道，真正的考验是当股价接近交易密集区间的顶部时。在过去的2年里，股价到过55.50美元的高点和40.50美元的低点。如果你排除价格急速上涨然后回落的3个月，交易密集区的高点约49美元。彼得知道49美元和55.50美元是关键。如果价格穿透了这些水平，那么它们可能会继续走高。

彼得看着股票，当它达到了50.25美元的高点并回落时，他知道这次的下跌不是将股票送得更高的那个。他看到价格再次崩溃，希望这只是一个低点的重新测试，而不是新的下行突破的开始。

在11月下旬，价格达到了38.63美元的低点，与其中一个管形的低点相同。然后价格小幅走高。彼得决定加倍持仓，买入更多的股票。2月初，价格突破了价格拥堵区，急速上升。从那个时候起，股价就没有再回头了。

价格几乎是在一条直线的串珠上持续上涨，一直到1996年4月。然后，在创了一个新的高点(80.38美元)后，价格回调。彼得估计到在上升趋势中的折回，他继续持有股票。他看着股票下跌，当股价达到72美元，他不再坚持，卖掉了股票。价格下跌到69.95美元，然后再次开始上涨。彼得卖得太早了(股价后来继续大幅走高)。不过，他在大约2年内，每股赚了30美元，或71%的收益。

交易秘籍

下面的列表包含交易这种形态的提示和观测结果，以帮助你选择表现更好的形态，更多的信息，请参阅相关的表格。

●使用辨识指南帮助选择形态。见表35.1。

●选择牛市中的管形形态。见表35.2。

●牛市中的管形形态的失败比率较低。见表35.3。

●在牛市中选择年度价格区间高位区域附近的管形形态，在熊市中选择年度价格区间低位区域附近的管形形态。见表35.4。

●查看上方阻力，以避免回调，回调损害股价表现。见表35.4。

●对交易要有耐心。管形形态需要很长时间才能到达最终的高点。见表35.5。

●在熊市中，突破后1个月股价会疲软。见表35.5。

●选择高形态。见表35.6。

●选择下降成交量趋势和有巨量突破的管形形态。见表35.7。

●选择左尖峰成交量高于平均值和右尖峰成交量低于平均值的管形形态。见表35.7。

●选择在左尖峰更低的或右尖峰的交易范围在左尖峰的交易范围之内(内周)的管形形态。见表35.8。

第三十六章 管形顶部形态 Pipe Tops

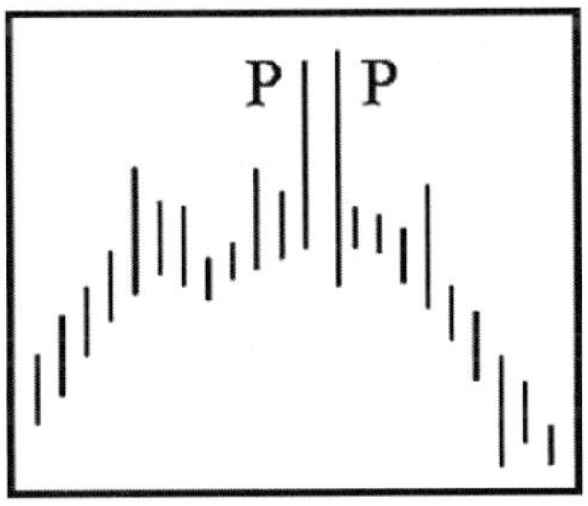

统计简报

向下突破

形状	周线图上两个相邻的、向上的价格尖峰。	
反转或持续	短期反转，行情看跌。	
	牛市	**熊市**
表现排名	4/21	3/21
保本失败概率	11%	2%
平均跌幅	20%	27%
趋势结束后的变化	56%	50%
成交量趋势	向下	向下
反弹概率	41%	37%
实现目标价格概率	70%	68%
意外发现	表现最佳的管形顶部形态在年度价格区间低位区域附近突破。反弹损害股价表现。高的形态比低的形态表现好。价格差异大或左尖峰较低的管形表现突出。	
参见	牛角形顶部形态。	

从统计简报中给出的统计数据来看，管形顶部形态在熊市表现得更好，平均跌幅很大，失败比率也很小。这一结果是讲得通的，因为管形是看跌形态，通常出现在接近上升趋势的末端或在下跌趋势的中间。一旦下跌趋势结束，反弹的涨幅是惊人的：熊市50%，牛市56%。

管形的意外发现是很多的，但大多数都是不言自明的，除了双管最高点之间的差异很大的管形形态之外。当双管最高点之间差异大于中值时，突破后股价往往表现很好。

导入

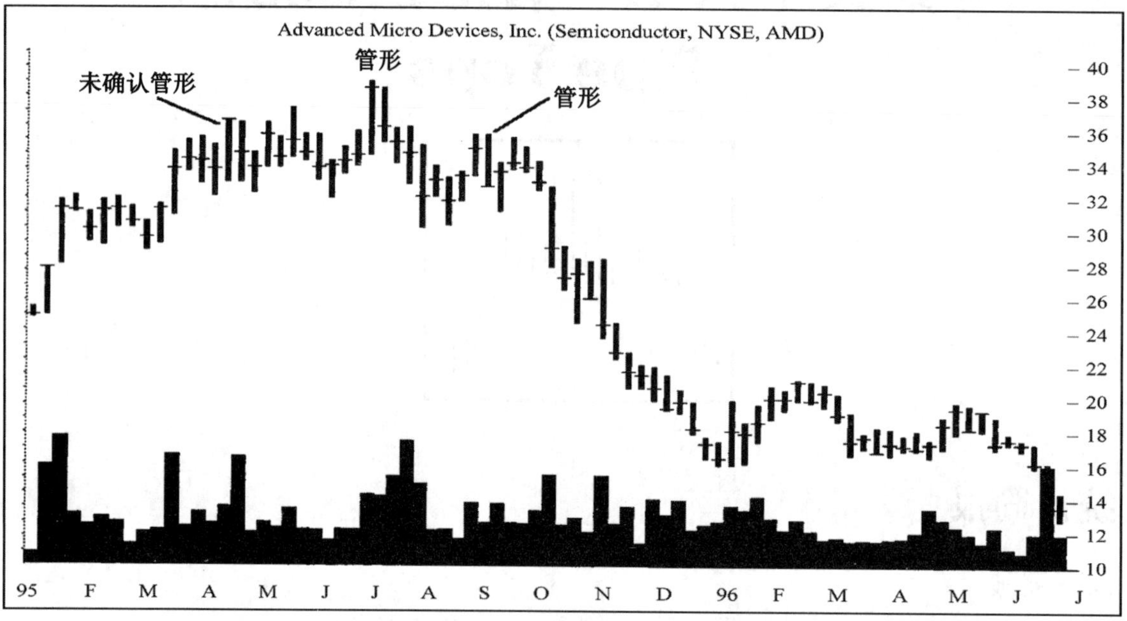

图36.1　左边的管形根本就不是管形形态，因为价格在上升到管形顶部之上前没有收盘在形态的低点下方。

图36.1所示为管形的样子以及它们的表现。图中所示为三个管形，且都是顶部形态，所有这些形态都警告即将到来的趋势变化。左边的管形是在价格仍在上涨的时候发生的，作为趋势盘整的一部分。然而，这个管形不是一个管形形态，因为形态没有确认——价格没有收在形态低点之下，便上行创新高。

中间的管形确实标志着转折点。它超越周围的山坡高高耸立，两边的价格都是坠落的。形态看起来像是倒V形。

右边的管形是价格真正开始暴跌之前的最后一个管形。它标志着卖出您的持股或以一个好价格做空的最后机会。从高点39.25美元开始到这项研究结束，价格跌至低于13美元，跌幅为67%。

辨识指南

表36.1所示为正确识别管形顶部形态的指南。

周线图，向上尖峰　首先，使用周线图，因为它们使管形容易发现。你应该查找两个相邻的上涨价格尖峰。这个双尖峰应该是不寻常的，因为它们应该远远高于周围的价格，高于过去一年里其他大多数价格飙升的尖峰。

表36.1　辨识指南

特征	讨论
周线图，向上尖峰	使用周线图，找到两个相邻的上涨价格尖峰。这两个尖峰比过去一年的尖峰还要长，远远高于周围的价格
大重叠	两个尖峰之间应该有很大的价格重叠。不要用长的尖峰和短的尖峰配对
价格差异小	两个尖峰的高点之间的价格差异很小，通常是0.35美元或更少，但价格高的股票可能会有1美元或更多的价差
下跌趋势的反弹	表现最好的形态出现在长期的下降趋势中的反弹的顶端
确认	价格必须收在管形的最低点下方，双尖峰形态才成为真正的管形顶部形态

大重叠　两个尖峰之间应该显示出巨大价格重叠，一个尖峰不应该比另一个短太多，它们应该有许多的相同价格范围。

价格差异小　尖峰和尖峰之间的价格差异较小，价差中值为0.35美元，平均数为0.64美元。

下跌趋势的反弹　如果你看过足够多的管形顶部形态，你会发现许多形态作为在下降趋势向上反弹的一部分，如图36.2所示。

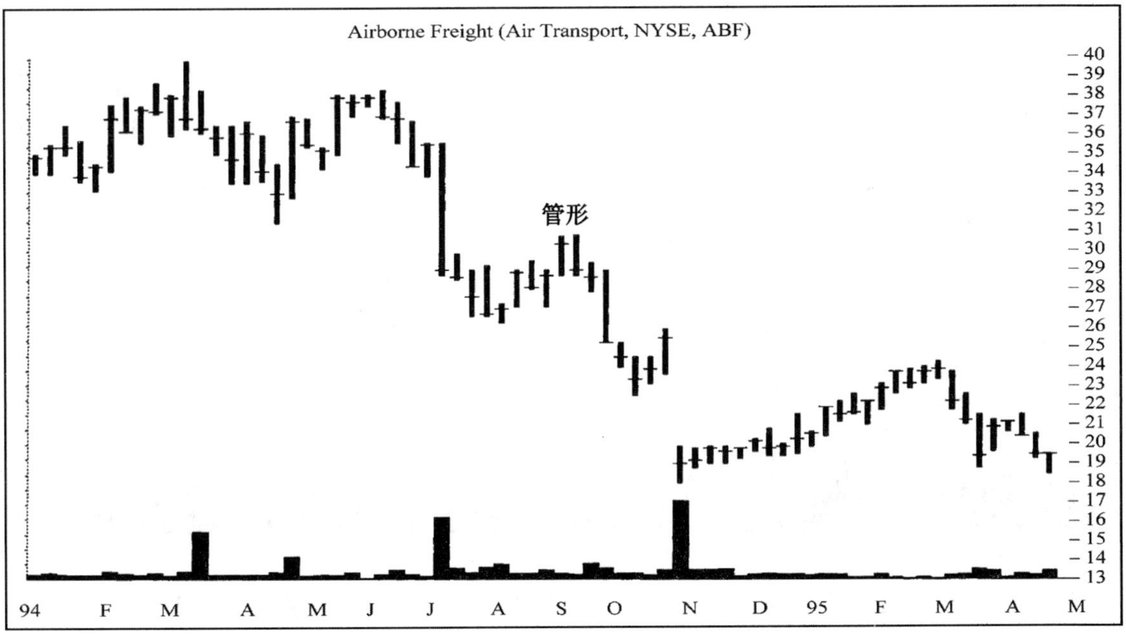

图36.2　和一些表现最好的管形一样，这个管形顶部形态出现在一个长期下跌趋势的回调中。

管形的双尖峰的高点价差仅为0.13美元，双尖峰的高点远高于周围的周线价格高点。除了3月中旬的尖峰，与过去一年的其他尖峰相比，价格尖峰异常高。由于管形尖峰都有相同的低点，两个尖峰表现出很大的价格重叠。

管形预示着下降趋势的重新开始。在不到2个月的时间里，价格跌至18美元的低点，然后略微反弹。

确认　始终等待价格确认形态，即，价格必须收在管形的最低点的下方，形态才成为真正的管形形态。永远不要交易未经确认的管形。

关注形态失败

绝大多数的失败都发生在价格突破形态后下跌不到5%，便重新恢复上涨趋势。这类5%失败并不经常发生，但一旦发生就很重要，足以使人们对情况进行重新审视。

许多失败发生在股价上涨的趋势中。上涨趋势从几个月到一年不等，管形似乎预示即将到来的趋势变化。有时他们猜对了，价格确实下跌，但跌幅不到5%。在其他时候，下跌会更加严重，但那个下跌是2个月到5个月或更远的未来。在管形和下跌之间，股价是不断走高的。

另外，在上升趋势中的少量失败是与下跌趋势有关的。这时，管形出现在长期下跌的末端，或在趋势发生变化后，股价开始向上移动不久。管形是股价走高的转折点，而不是下跌趋势中向上反弹。

如图36.3所示，一个管形顶部形态出现在已经横盘了大约一年的股票中。从这些长期而平坦的盘整区域向上突破通常意味着持续上涨的开始，就像这个例子一样。对于许多股票形态，甚至那些有测算规则可以预测最终价格的形态，有一个压倒一切的规则：必须有什么可以反转。

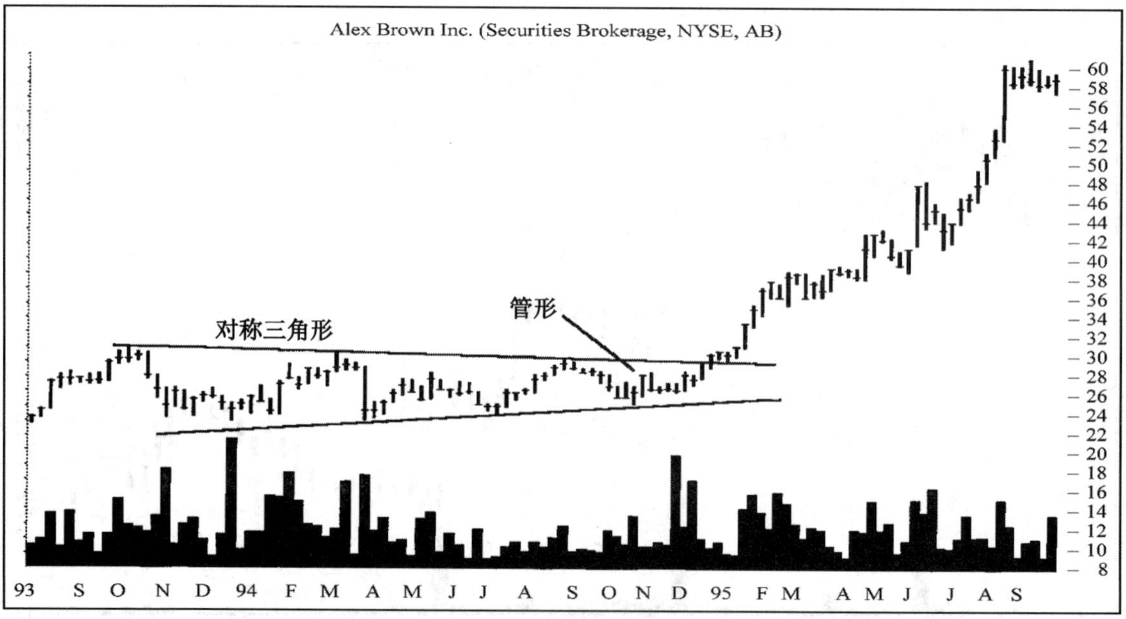

图36.3 这个管形顶部形成于一个长的对称三角形态末端附近。投资者在交易此管形之前，应等待向下突破。这个管形从未确认为有效的管形形态。

您可以看到，盘整区域随着时间的推移而变窄，这让人联想到一个长的对称三角形态。即使是成交量形态也支持这个形态，在形态的大部分时间里，成交量是递减的。由于对称三角形的边界是支撑和阻力线，从管形底部下跌到三角形边界的概率只有5%，而不是一个非常让人难以抗拒的投资。从本质上讲，只是没有太多的涨幅可以反转。

然而，说句公道话，如果管形正确地预测了股价从三角形向下突破，我会告诉你一个不同的故事。由于很难或不可能预测股价从一个对称的三角形的突破方向，最好还是等待实际突破。如果投资者等待价格收于管形之下，他们就可以避免亏损。正因为如此，图36.3所示的管形是价格下跌的失败。价格在9月达到了60.75美元的高点，超过了管形价格的双倍。

统计数据

表36.2所示为管形顶部形态的综合统计数据。

表36.2 综合统计

描述	牛市	熊市
形态数量	412个	418个
反转(R)、持续(C)数量	412R	418R
平均跌幅	20%	27%
跌幅超过45%(数量或占比)	26或6%	41或10%
趋势结束后涨/跌幅	56%	50%
形态失败后涨/跌幅	38%[a]	35%[a]
标准普尔500指数的变化	1%	-11%
到达最低点的天数	75天	54天

注：(-)负号表示下跌；[a]表示样本小于30个。

形态数量 我搜索到从1991年中期到1996年中期的200只股票，以及2000年至2003年涵盖了熊市的220只股票。我在熊市中发现的形态更多，因为搜索到的股票数量更多。

反转或持续 从技术上讲，当价格从底部进入形态并从底部向下突破离开形态时，形态起到的是反转价格趋势的作用。然而，在现实中，股价也会自上而下进入管形形态，然后从底部突破形态，继续下行，所以，你会发现形态是作为下行价格趋势的持续。

困惑？这样说如何：这种形态在长期趋势中表现为一个小的4周反转形态。如果价格趋势是下跌的，预计股价将继续下行。我经常在上涨趋势的顶端看到管形，这么说会让你更加困惑。

平均跌幅 牛市和熊市中管形的平均跌幅比所有类型的看跌形态的平均跌幅都要高。为了取得最佳投资业绩，做空熊市中管形的股票。

跌幅超过45% 看跌形态中，很少出现突破后跌幅超过45%的形态。这种看跌的管形形态也不例外。突破后只有10%的形态下跌在45%以上。

趋势结束后的变化 一旦价格达到最终的低点之后，股价涨幅在50%～56%之间。请注意，涨幅最大的形态是在牛市，正如你所料。

失败形态的表现 失败形态的表现不佳(好的数值应该接近50%)，但是样本量很小。

标准普尔500指数的变化 指数在牛市中上涨了1%，在熊市中下跌了11%。熊市中指数强劲的表现解释了为什么熊市中的管形表现优于牛市。

到达最低点的天数 熊市平均跌幅为27%，需时54天。在牛市中，跌幅为20%，需时75天。因此，在管形突破之后，熊市的跌幅必然更陡，而且比牛市的更远。这表明，在熊市期间，不使用止损点的投资者可能会在短时间内损失大量资金。

表36.3所示为管形的失败比率。请注意，熊市中的失败比率低于牛市。这一发现支持了这样的观点：管形顶部形态更适合熊市。例如，在牛市中，25%的形态最大跌幅不超过10%。在熊市中，这个位置只有13%的形态失败。牛市中有一半的形态跌幅不超过17%，而熊市中一

半的管形跌幅不超过22%。

请注意，当价格最大跌幅变化攀升到5%、10%和15%，跌幅的小变化会导致失败比率的迅速增加，这是典型的。它强调了形态交易的风险性。

表36.3　失败形态数量或比率

股价最大跌幅(%)	牛市	熊市
5(保本点)	44或11%	9或2%
10	102或25%	56或13%
15	181或44%	121或29%
20	243或59%	178或43%
25	296或72%	225或54%
30	335或81%	274或66%
35	355或86%	325或78%
50	399或97%	387或93%
75	412或100%	417或100%
>75	412或100%	418或100%

表36.4所示为与突破及突破后相关的统计数据。

表36.4　突破与突破后股价表现统计

描述	牛市	熊市
从形态结束到突破	21天	19天
突破在年度价格区间低(L)、中(C)、高(H)各区域分布的百分比	L25%,C28%,H48%	L25%,C40%,H35%
形态在年度价格区间低(L)、中(C)、高(H)各区域突破后的涨幅	L22%,C19%,H19%	L28%,C27%,H26%
反弹概率	41%	37%
反弹期间	16天	16天
出现反弹形态的平均跌幅	16%	20%
未出现反弹形态的平均跌幅	22%	30%

从形态结束到突破　价格需要大约3个星期的时间才能收于最低点的下方，发出向下突破的信号。如果价格收在管形的顶部上方(位于形态的最高点)，那么就将管形扔到废料堆上。它不是有效的管形顶部形态。

年度位置　在牛市中，管形顶部通常出现在年度价格区间高位附近，意味着一个价格的高峰。在熊市中，大多数管形出现在年度交易价格区间的中间位置，这表明它们作为下行价格趋势的一部分出现。

年度位置及表现　表现最佳的管形在突破年度价格区间三个区域中低位区域附近。

反弹　我查看了价格突破下行后在1个月内折回到管形底部的频次。仅仅有1/3的形态出现这样的反弹，股价通常需要大约2个星期的时间来完成这个旅程。从统计数据来看，当出现反弹时，股价表现会受损。

为了避免可能反弹的管形，请在交易前查看下方支撑。

表36.5所示为股价到达最低点的时间频次分布。在熊市中，35%(24%+11%)的管形在两周内达到最低点。在牛市，这个比率只有28%。在70天以后(大约2.5个月)，仍有25%和36%的形

态继续寻找最后的低点。

如果你做空一只出现管形顶部形态的股票，要仔细观察，准备迅速平仓。你可以考虑在反弹开始前平掉它，通常这是在价格见底后的第1个星期。

表36.5 到达最低点天数的频次分布

天数	7	14	21	28	35	42	49	56	63	70	＞70
熊市	24%	11%	8%	8%	7%	6%	3%	3%	2%	3%	25%
牛市	21%	7%	7%	6%	4%	4%	4%	4%	3%	4%	36%

表36.6所示为与管形面积大小有关的统计信息。

表36.6 形态面积大小统计

描述	牛市	熊市
高形态表现	-23%	-29%
低形态表现	-17%	-24%
高度中值（与突破价格百分比）	10.23%	14.69%
高于平均尖峰大小表现	-20%	-27%
低于平均尖峰大小表现	-14%[a]	-26%[a]

注：(-)负号表示下跌；[a]表示样本小于30个。

高度 高的管形比短的管形在突破后股价表现更好。要使用这个发现，从形态的最高点到最低点测量你的管形高度，然后除以突破价格(形态最低点)。如果结果比表36.6中显示的高度中值高，则你有一个高管形态。否则，它是一个低的管形。

尖峰大小 我测量了管形尖峰的大小，并将其与去年尖峰的大小进行了比较。尖峰大小是指从管形的两个价格峰顶中较低的顶部到管形之前和之后一周的周线中较高者的距离。从本质上来说，尖峰大小是在管形顶部与周围价格水平的最小距离。

在牛市和熊市中，尖峰大小比平均尖峰大小高的管形表现最好。注意，小尖峰的管形形态样本不到30个。

表36.7所示为管形的成交量统计信息。

表36.7 形态期间成交量统计

描述	牛市	熊市
上升成交量趋势表现	-19%	-27%
下降成交量趋势表现	-20%	-26%
巨量突破表现	-19%	-27%
轻量突破表现	-20%	-27%
左尖峰巨量右尖峰轻量表现	-19%	-28%
左尖峰巨量右尖峰高表现	-20%	-24%
左尖峰轻量右尖峰高表现	-20%	-27%
左尖峰轻量右尖峰轻量表现	-19%	-30%

注：(-)负号表示下跌。

成交量趋势 由于成交量趋势引起的形态表现差异不大，因此成交量趋势不能很好地预测股价表现。

突破成交量 突破成交量似乎不会影响股价表现。通常，巨量突破推动价格走得更远，但管形形态不这样。在牛市中，轻量突破的管形表现得稍微好一些。

成交量和尖峰 我观察了各种管形成交量和股价表现的组合。在牛市中，尖峰成交量对股价表现影响不大。在熊市中，交易成交量比1个月的平均值小的管形，避免那些成交量大的管形。

表36.8所示为管形顶部形态的其他统计信息。

表36.8 其他统计

描述	牛市	熊市
管间价差大表现	-21%	-29%
管间价差小表现	-19%	-25%
价差中值(与突破价格的百分比)	0.64%	1.33%
低左尖峰表现	-21%	-29%
低右尖峰表现	-18%	-26%
等值尖峰表现	-20%	-21%[a]
右管为内周表现	-19%	-27%
右管为外周表现	-21%	-27%

注：(-)负号表示下跌；[a]表示样本小于30个。

管形价格差异 我测量了两个价格峰值之间的价格差异，在管形中发现，当差额高于中值时，突破后的股价表现提升。

尖峰低点 当一个尖峰低于另一个时，突破后股价表现会发生变化吗？是的。较低尖峰指的是管形的顶部，而不是底部。当左尖峰高点低于右尖峰的高点时，形态表现突出。

内周和外周 在牛市中，作为外周的管形表现比内周的管形表现更佳。熊市没有表现出差异。外周是右尖峰的交易范围超过前一周的交易范围。换言之，右尖峰有较高的高点和较低的低点。内周是指右尖峰的交易区间是在前一周的交易价格范围内(较低的高点和较高的低点)。我不允许任何价格相等。

交易策略

表36.9所示为管形顶部形态的交易策略。

表36.9 交易策略

交易策略	解释
测算规则	计算管形的高度，然后从突破价格中减去形态高度，等于目标价格
下跌趋势	表现最佳的管形出现在下跌趋势期间。价格反弹向上，形成一个管形，然后重新开始下跌趋势
注意趋势结束	如果管形出现在长期的下跌趋势之后，不要投资它，因为这样的管形可能预示着趋势的结束
长期上涨趋势	如果管形出现在一年或更长时间的上升趋势中，则管形可能预示趋势反转。小心，因为管形的信号有时是提前2～5个月
上涨趋势回调	管形经常出现在上涨趋势中。它们标志着短期的股价疲软，这时趋势反转，股价下行。这种股价的短期波动可能是有利可图的

测算规则 使用管形的测算规则来预测目标价格。通过从管形中的最高点减去最低点来计算形态高度。突破价格(最低点)减去形态高度等于目标价格。在牛市中，这种方法预测的

目标价格成功率70%，在熊市的成功率68%。

下跌趋势　管形的股价表现取决于当前的趋势。要找到跌幅更大的形态，请查找在下跌趋势中出现的管形。管形通常会出现在一个长期下降的向上反弹中，或者尝试在那些下跌趋势已经明显但又刚刚开始的地方查找管形。

注意趋势结束　不要在下跌趋势接近结束的地方进行投资。当然，确定一个趋势何时结束是一种艺术。然而，如果股票已经下跌了许多个月(比如一年或更长)，那么你应该在别处寻找机会。

长期上涨趋势　在长期的上涨中，管形可能预示着趋势的结束。有时它是提前好几个月，所以不要在太急于做空股票。有时候，对周围价格形态的审查可能是有益的。双顶或三重顶部有时会在其中一个顶部出现管形，准确地说，称之为掉头。

上涨趋势回调　对于许多上涨趋势，管形代表短期疲软期。在恢复上行趋势之前，价格将下跌1或2个月(有时更多)。下跌幅度可能是10%～20%，但很少出现大的跌幅。不过，如果你小心(和幸运)的话，管形是有利可图的。

交易故事

约翰尼是一个在州立办公室工作的公务员，他负责为刚起步的公司处理文件。大多数是独资企业，在不到一年的时间内就破产了，但也有例外的。与客户的讨论帮助他在股票市场上发现有利可图的趋势，并帮助他避免了代价高昂的错误。

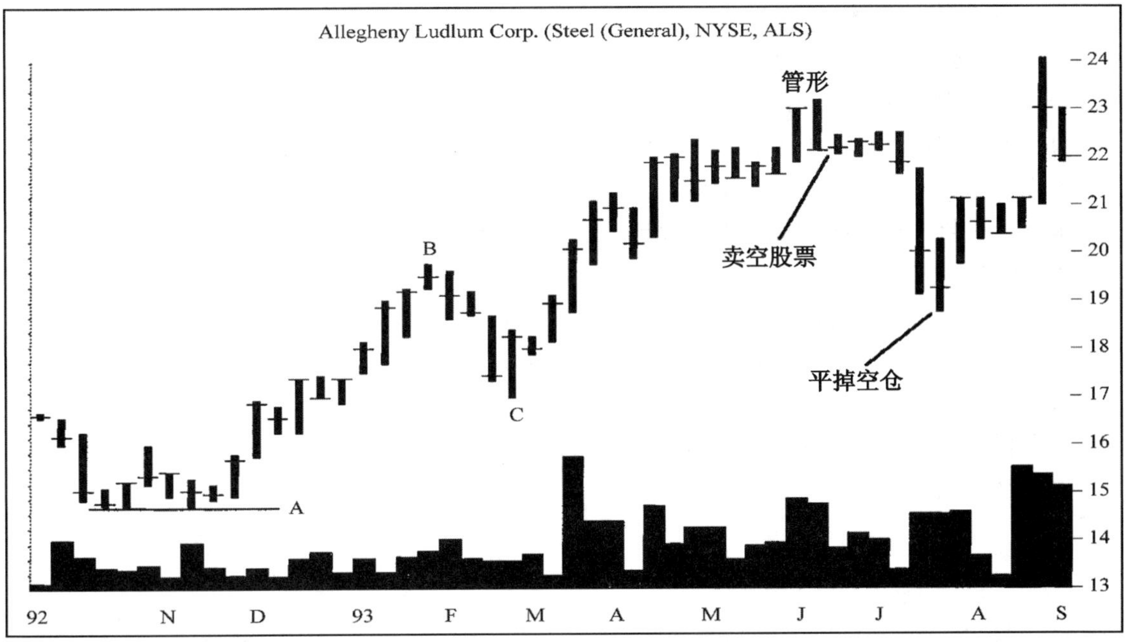

图36.4　这个管形顶部形态出现在上升回调形态的末端，价格攀升35%，然后下跌15%。

当他得知联邦政府正在考虑惩罚外国生产商在美国倾销钢材时，他的兴趣转向了钢铁行业。他从关于钢铁产品价格如何迅速下跌的评论中了解到这一趋势。使用廉价钢材的公司认为这样的下跌是好事，但钢铁公司并不这么认为。这就是为什么他们开始对他们喜欢的政客们颇为光火。

当约翰尼看到图36.4中的情况时，他构想出了一个从这个管形顶部形态中获利的独特计划。他测量了底部(图中点A)到第一个小高点B的涨幅。这个涨幅是34%。然后他计算了从点B到点C的回调，结果是14%。

当他看着价格从C点上升到管形，他掏出他的计算器，发现涨幅是36%，相当接近第一浪34%的涨幅。他怀疑并希望管形顶部形态标志着向下回调的开始，股价将下行，跌幅大约15%，与点B到点C折回相当。所以，他在22.25美元卖空股票。他估计股票会下跌15%，所以在19美元处设置平空仓的指令。另外，他内心设置一个止损指令，位于23.25美元，略高于右管高点23.19美元。

股票水平移动了几个星期，然后暴跌。当股价达到19美元，他的空单被平掉了，他在5星期之内赚到每股大约3美元。其间，股票跌到了18.75美元，刚好低于他的目标价格，跌幅与先前的回调幅度相似。

让我提醒一下你，免得你对这种上升折回的交易太兴奋了。虽然我用这个操作有利可图，但很多时候事情并不那么顺利。要小心，并使用止损指令，特别是如果你是做空股票的时候。搜索支撑区域以帮助评估最终的跌幅。

交易秘籍

下面的列表包含交易这种形态的提示和观测结果，以帮助你选择表现更好的形态，更多的信息，请参阅相关的表格。

- 查看辨识指南以正确选择形态。见表36.1。
- 在熊市中交易管形顶部形态。见表36.2。
- 在熊市中，管形顶部形态之后下跌较陡，但走得更远。见表36.2。
- 熊市中管形的失败比率非常低。见表36.3。
- 选择在年度价格区间低位附近突破的管形。见表36.4。
- 反弹损害股价表现。避免交易有下方支撑的形态。见表36.4。
- 如果管形看起来可能会反弹，平掉你的空仓。见表36.5。
- 选择尖峰大小高于平均水平的高管形态。见表36.6。
- 在熊市中，选择成交量比1个月平均值小的管形。见表36.7。
- 选择尖峰顶部价格相差很大的管形。见表36.8。
- 选择左尖峰较低的管形。见表36.8。

第三十七章 矩形底部形态
Rectangle Bottoms

统计简报

向上突破

形状	价格趋势向下进入形态，在两条水平的趋势线之间波动，然后突破向上。	
反转或持续	短期反转，行情看涨。	
	牛市	**熊市**
表现排名	11/23	11/19
保本失败概率	10%	11%
平均涨幅	46%	24%
趋势结束后的变化	-28%	-35%
成交量趋势	向下	向下
回调概率	53%	60%
实现目标价格概率	85%	64%
意外发现	回调损害股价表现；高的形态比低的形态表现好；有上升的成交量趋势或随机成交量形状的形态表现很好；局部下跌正确预测形态将向上突破；形态前股价没有上涨的形态表现最好。	
参见	旗形形态；三浪下跌形态；矩形顶部形态。	

向下突破

形状	与向上突破形状相同，但突破方向是向下的。	
反转或持续	短期反转，行情看跌。	
	牛市	**熊市**
表现排名	12/21	8/21
保本失败概率	16%	4%
平均跌幅	14%	25%
趋势结束后的变化	62%	48%
成交量趋势	向下	向下
反弹概率	69%	53%
实现目标价格概率	50%	66%
意外发现	反弹损害股价表现；既高又宽的形态表现比既低又窄的形态好；巨量突破提升股价表现；局部上涨正确地预测形态将向下突破；形态前股价没有上涨的形态表现最好。	
参见	旗形形态；三浪下跌形态；矩形顶部形态。	

像对待其他没有经典定义的顶部或底部形态一样，我决定给矩形形态一个定义，根据进入形态的价格趋势把它们区分开来。如果趋势是向上的，那么形态归类为顶部形态；如果趋势是向下的，那么形态是底部形态。这种区别也许是武断的，但它确实有助于寻找某个特定突破方向的原因。

本章与矩形底部形态有关。底部形态有两个突破方向：向上和向下。

矩形底部形态是一个平庸的表现者。表现最好的形态与市场趋势一致：牛市的向上突破和熊市的向下突破。在牛市向上突破的矩形底部形态有一个最佳的实现目标价格的概率(测算规则，85%)。我认为80% 以上的概率是可靠的。

意外发现与我们在其他形态所看到的相同，除了形态前的上升之外。形态前的上升是指在矩形形态开始之前价格的快速向上蹦起。那些价格下行进入矩形而不是蹦起再进入矩形的形态，其股价在突破后往往表现得更好。

导入

图37.1所示为一个矩形底部形态的示例。短期价格趋势向上(尽管只有3天)进入形态，但我放弃这个短期向上的趋势。我看的是中期趋势，中期趋势是向下的，我认为形态开始的前几天下跌是一个超调。这种超调通常发生在价格在支撑区域和阻力区域之间振荡之前。

形态的形成是在价格于1994年10月至1995年1月期间环状运行并回调了先前部分涨幅之后。价格从支撑区域快速下跌，从57美元跌到52.50美元，然后股价蹦起上冲到56美元的矩形顶部，然后回落到54美元找到支撑。

价格箱体弹跳，像乒乓球在球员的球拍间弹跳。上下、上下，价格随着成交量的上升来回弹跳。很快，一个球员打喷嚏了，球从他身边射过去。价格上涨，休整一天，然后便伴随着巨大的成交量走高。价格迅速攀升，进入另一个价格拥堵区。这一次，拥堵区是一个向上突破的下降三角形。

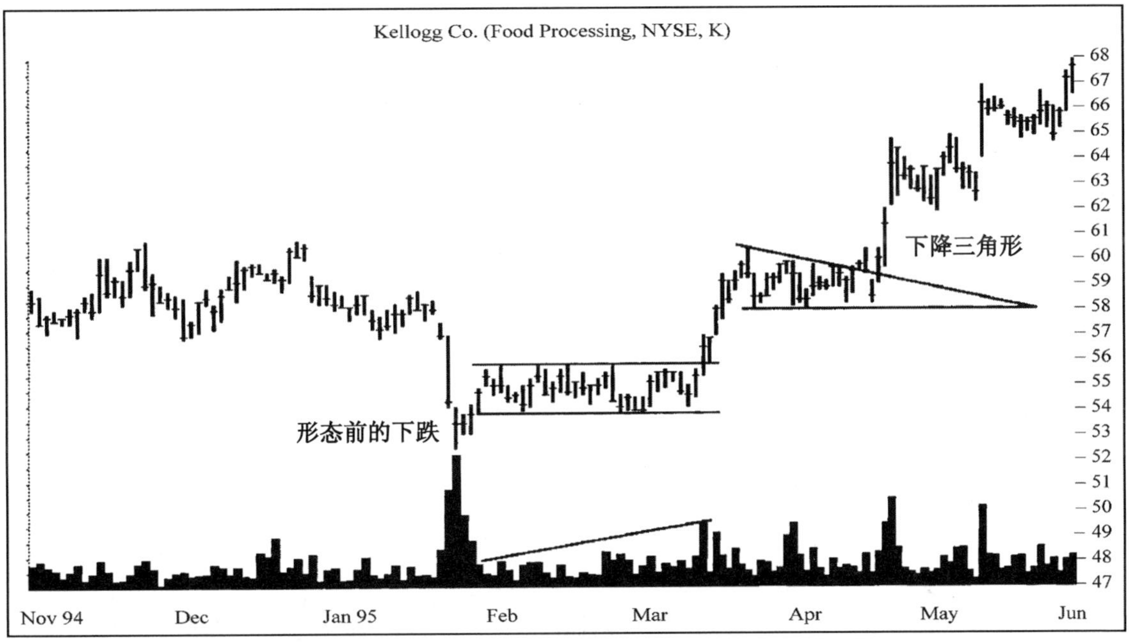

图37.1　一个中期的下跌的价格趋势进入向上突破的矩形底部形态。突破之后，价格进入了一个下降三角形，又从这一形态中突破向上。

辨识指南

表37.1所示为矩形底部形态的辨识指南。在查看指南时，思考这些指南如何应用于图37.2所示的矩形形态。

表37.1　辨识指南

特征	讨论
下跌的价格趋势	进入形态的当前价格趋势是向下的
水平的趋势线	两条水平的，或几乎水平的趋势线约束价格沿着形态的顶部和底部运行
接触点	每条趋势线至少应有两个接触点(形态接触点总数至少 4 个)
成交量	成交量通常呈下降趋势

下跌的价格趋势　进入矩形底部形态的价格趋势是向下的，这就是将矩形底部形态与其顶部形态区分开的东西。如图37.2所示，我忽略在形态前那几天，那几天是形态的超调，选择那个普遍的、更长的趋势来代替。

水平的趋势线　价格在两个水平之间弹跳，在底部建立一个支撑区，在顶部有一条阻力线。如果你用趋势线连接小高点，它应该是水平的或者差不多是水平的。在底部绘制的类似线形成一条平行的趋势线。两条趋势线约束价格行动。偶尔，其中一条线不会是完全水平的，或会在将近末端的地方中断，这是可以的，只要斜坡不太陡峭打破整体的形态图。

接触点 每条趋势线需要至少两个接触点，矩形才是有效的。图37.2所示为三个交替接触点。接触点不需要交替出现，但你应该至少有两个清晰的小高点和两个小低点接近或触及趋势线。除了在12月初短暂穿过顶部，价格在两条边界线内运行，直到1月中旬伴轻量突破下行。

成交量 在我查看的矩形形态中，69%(向上突破)和73%(向下突破)的形态成交量呈下降趋势。这是对第一版说法的变化，我在第一版中说，成交量跟随突破方向。在有了更多的样本之后，我发现这个观察结果是不准确的。相反，无论突破方向如何，成交量都是下降的。但是，不要因为成交量向上倾而丢弃矩形。成交量不断上升的矩形表现往往胜过那些成交量呈下降趋势的矩形。

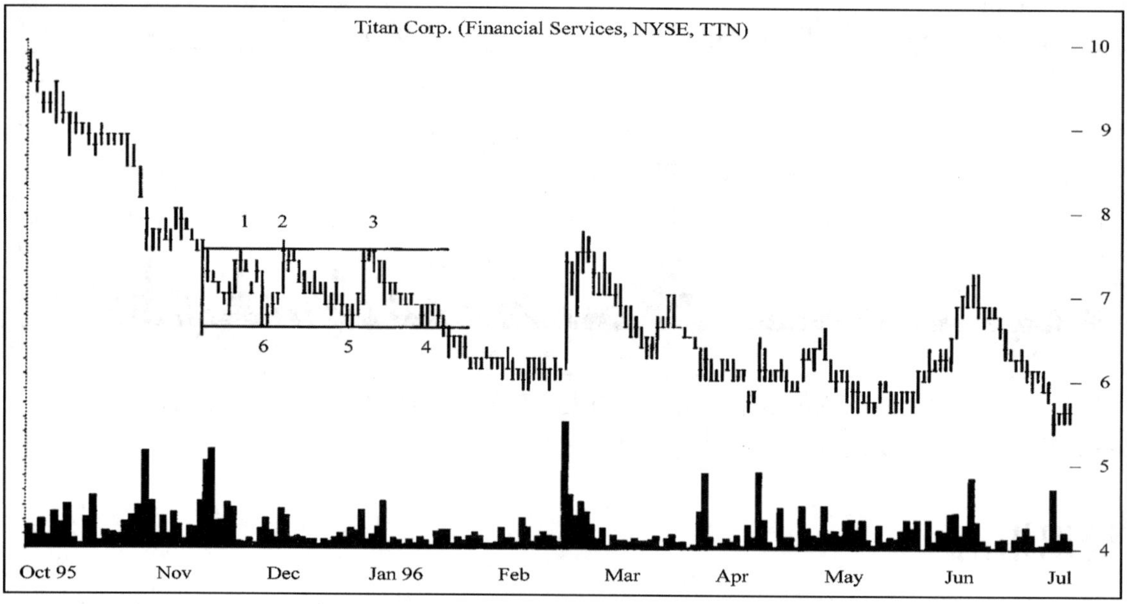

图37.2 矩形底部形态出现在下行趋势中。在股价继续下跌前，价格掉到矩形的底部，然后反弹到矩形的顶部。

关注形态失败

图37.3所示为一个下跌趋势中的矩形底部形态。由于多数矩形底部(55%)作为当前趋势的盘整，突破方向预期是向下的。价格从54.75美元的支撑线下跌，在2天后，股价反弹回到形态。在最终爬上矩形的上方之前，价格水平运行了数天。当价格穿透矩形顶部趋势线，并收于趋势线上方，我以为下跌趋势结束了。由于最初突破底部趋势线后股价只继续跌了3%，这是一个失败形态(没有在突破方向继续移动5%以上的形态就是我所说的5%失败)。虽然这个形态最终走低了，但股价是在收于形态顶部之后走低的。如果你预计价格会下跌而做空这只股票，你可能已经被止损出局了。当然，你的担心会随着价格攀升而增加。

阻止矩形突破后的价格下降的东西和阻止其他形态突破后股价下跌的东西是一样的。当购买需求超过卖出压力时，价格就会上涨。如果这种情况持续一段时间，趋势就会发生变化，价格就会反弹。导致购买需求激增的原因是多方面的：改善的基本面，下方的支撑，交易新手之间的抄底行为，内部人员买入——诸如此类的事情。

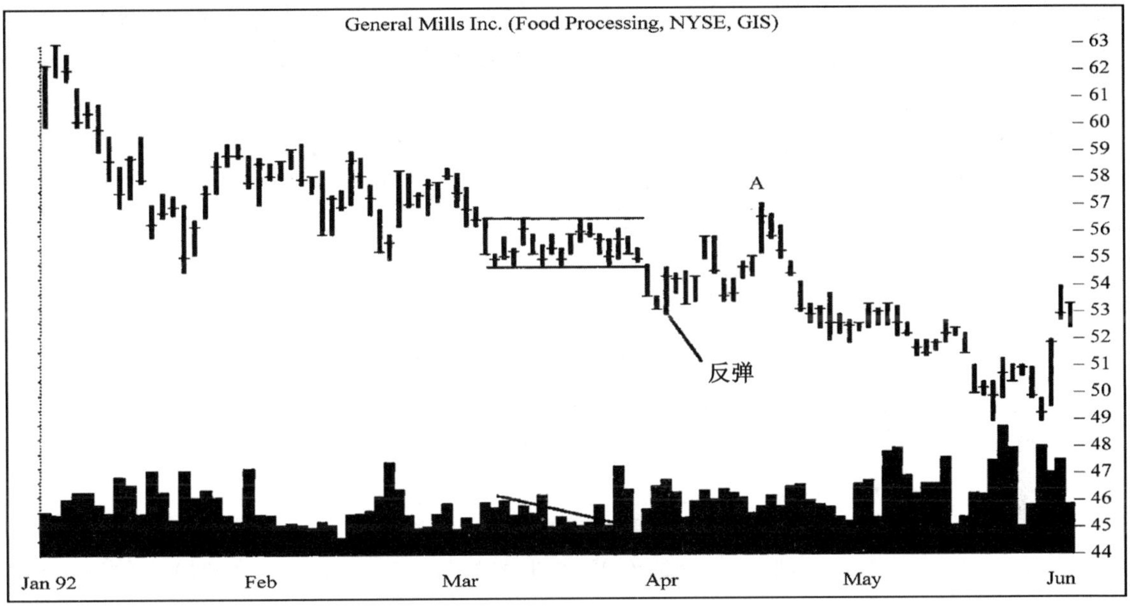

图37.3 下跌趋势中的矩形底部形态。这是少数的矩形失败之一。价格向下突破后移动少于5%，便掉头上涨，收于形态顶部上方。

统计数据

表37.2所示为矩形底部形态的综合统计信息。

表37.2 综合统计

描述	牛市 向上突破	熊市 向上突破	牛市 向下突破	熊市 向下突破
形态数量	115个	55个	98个	106个
反转(R)、持续(C)数量	115R	55R	98C	106C
平均涨/跌幅	46%	24%	-14%	-25%
涨/跌幅超过45%(数量或占比)	48或42%	10或18%	3或3%	14或13%
趋势结束后涨/跌幅	-28%	-35%	62%	48%
形态失败后涨/跌幅	31%[a]	49%[a]	-21%[a]	-35%[a]
标准普尔500指数的变化	14%	-2%	1%	-15%
到达最高点或最低点的天数	177天	81天	41天	33天

注：(-)负号表示下跌；[a]表示样本小于30个。

形态数量 我在1991年中期到1996年中期的500只股票中搜索，为了得到熊市形态的资料，我又在2000年到2003年的500只股票中搜索。我发现矩形底部形态是374个，比我希望得到的少。我把这些形态按市场条件和突破方向进行分类。

反转或持续 因为矩形底部必须有价格从形态的顶部进入形态，一个向上突破代表对价格趋势的反转，向下突破代表对价格趋势的持续。如果你使用表37.2中的数字进行计算，会发现55%的矩形底部形态是作为价格趋势的盘整。

平均涨幅或跌幅 牛市向上突破的矩形底部形态表现最好。事实上，当突破方向与总体市场的方向相同时，形态表现得更好。例如，在熊市中，向下突破的矩形底部形态显示平均下跌25%，但牛市下跌的平均值仅为14%。这种行为表明了市场对形态的影响，并强化了你应该顺应市场的总体趋势进行交易的信念。

涨幅或跌幅超过45% 看涨的形态通常比看跌的形态会有更大的移动幅度。这种说明是真的，但部分是因为计算的原因。股票可以翻倍或翻三倍，但股票不能下跌超过100%。超过1/3(42%)在牛市向上突破的矩形底部形态显示突破后涨幅超过45%。在牛市中向下突破的矩形底部形态中，只有3%的形态跌幅超过45%。

趋势结束后的变化 牛市向下突破的形态恢复得最好。股价在到达底部之后，平均回升62%。最糟糕的表现是在牛市向上突破的矩形，一旦价格见顶，接下来的下跌是28%。

失败形态的表现 失败形态的股价表现不凡。当你认为股价在顶部而没有买入或股价确实到了底部而卖出股票时，你就会更加觉得失败形态的表现很糟糕。好消息是，失败形态是罕见的。

标准普尔500指数的变化 将市场指数的变化与形态的平均涨幅或跌幅进行比较。当总体市场和突破方向同步时，股价移动幅度更大(牛市向上突破，熊市向下突破)。逆势移动幅度更小。这是重复一遍：交易应顺应市场的趋势。

到达最高点或最低点的天数 价格下跌25%(熊市，下跌突破)需要33天的时间，但它上升46%(牛市，上升突破)需要177天的时间。两者运行都与总体市场趋势一致，但牛市形态需要多出5倍的时间来移动多出不到2倍的距离。熊市的跌幅必然比牛市的上涨更陡峭，这种情形我们在其他形态中已经看到。

表37.3所示为矩形底部形态的失败比率。对于小的移动幅度，熊市(向下突破)的矩形底部形态表现最好，只有4%的形态突破后股价下跌没有超过5%。当保本点达到15%，牛市中向上突破的矩形底部形态将有更低的失败比率。

表37.3 失败形态数量或比率

股价最大涨/跌幅(%)	牛市向上突破	熊市向上突破	牛市向下突破	熊市向下突破
5(保本点)	11或10%	6或11%	16或16%	4或4%
10	18或16%	14或25%	40或41%	17或16%
15	27或23%	25或45%	59或60%	32或30%
20	36或31%	34或62%	71或72%	42或40%
25	41或36%	35或64%	76或78%	61或58%
30	56或49%	37或67%	86或88%	74或70%
35	60或52%	39或71%	91或93%	78或74%
50	72或63%	47或85%	97或99%	97或92%
75	91或79%	51或93%	98或100%	106或100%
＞75	115或100%	55或100%	98或100%	106或100%

注意失败比率攀升的速度。例如，牛市中有16%的矩形在向下突破后没有能够下跌超过5%。这一数字在没有能够下跌超过10%的地方猛涨到41%，没有能够下跌超过15%的形态达到了60%！

另外，请注意，形态的突破方向与总体市场趋势一致时——牛市向上突破和熊市向下突破——失败比率是最低的。逆势矩形(熊市/向上突破，牛市/向下突破)有较高的失败比率。

这里是另一种使用表格的方法。假设你的持股有一个矩形顶部形态，突破价格为10美元，矩形高度是2.50美元。测算规则(本章后面讨论)表明，在向上突破之后，股价会上升到12.50美元。这是25%的涨幅，在熊市，这样的涨幅可能性有多大？答：64%的形态将无法走得那么远。

表37.4所示为与突破及突破后相关的统计数据。

表37.4 突破与突破后股价表现统计

描述	牛市 向上突破	熊市 向上突破	牛市 向下突破	熊市 向下突破
从形态结束到突破	3天	3天	3天	4天
突破在年度价格区间低(L)、中(C)、高(H)各区域分布的百分比	L24，C42%，H34%	L27%，C53%，H20%	L56%，C35%，H9%	L59%，C34%，H7%
形态在年度价格区间低(L)、中(C)、高(H)各区域突破后的涨/跌幅	L42%[a]，C51%，H41%	L20%[a]，C27%[a]，H24%[a]	L18%，C12%，H7%[a]	L28%，C21%，H29%[a]
回调/反弹概率	53%	60%	69%	53%
回调/反弹期间	9天	9天	9天	9天
出现回调/反弹形态的平均涨/跌幅	45%	23%	-13%	-21%
未出现回调/反弹形态的平均涨/跌幅	47%	26%[a]	-18%	-29%
出现突破缺口形态的表现	70%[a]	25%[a]	-13%[a]	-25%[a]
未出现突破缺口形态的表现	40%	24%	-14%	-25%
缺口平均金额(美元)	0.51	0.32	0.36	0.56

注：(-)负号表示下跌；[a]表示样本小于30个。

从形态结束到突破 股价从矩形结束到突破的移动是快速的，平均在3～4天。

年度位置 向上突破的矩形经常发生在年度交易价格范围中间区域。向下突破的形态经常发生在年度价格区间低位区域。在买入一只创新低的矩形顶部形态的股票之前，先考虑一下这些信息。突破可能是向下的，这突出抄底(因为你认为股价准备反弹而买入股票)是一个很难掌握的技能。

年度位置及表现 由于样本量低，因此股价表现映射在年度价格范围内会产生杂乱的结果。当突破在年度价格区间中位区域时，向上突破的矩形表现最佳。当突破在接近年度价格区间低位区域的时候，向下突破的形态表现很好。

回调和反弹 当你逆市场趋势进行交易时，更可能会发生回调或反弹。对于顺应市场趋势的交易，回调或反弹发生的概率是53%。

完成一个回调或反弹的平均时间为9天。当发生回调或反弹时，股价表现会受到影响。

缺口 矩形有少量突破缺口。对于有向上突破的矩形，缺口有助于股价表现(但样本量较小)。对于向下突破，缺口并没有很大地改变股价表现。

表37.5所示为股价到达最终的高点或低点的时间频次分布。注意在头2或3个星期内有多少矩形底部形态达到他们的目标。例如，54%(前3个星期的总和)的牛市向下突破矩形底部形态，在不到3个星期内达到了最终的低点。只有20%牛市向上突破的矩形底部形态在3个星期

内达到了目标，它们花了相当长的时间才到达最终的高点(突破后2.5个月后仍有63%在寻找顶部)。

正如表37.2预测的(见“到达最高点或最低点的天数”)，熊市中向下突破的矩形底部形态显示下跌速度最快，55%的形态在不到3周内达到最终低点。在表格的另一端，14%的形态在70天后仍在寻找最终的低点。

这些数字是什么意思？表37.5所示为随着时间的推移，矩形到达顶部/底部的可能性。向上突破的矩形比那些向下突破的矩形需要更长的时间才能达到最终的高点。在熊市中，矩形底部形态在56天表现强劲，所以如果你做空股票，可能需要在突破后7～9个星期的时候平掉你的头寸。

表37.5　到达最高点或最低点天数的频次分布

天数	7	14	21	28	35	42	49	56	63	70	>70
熊市，向上突破	18%	13%	0%	5%	4%	4%	5%	7%	5%	5%	33%
牛市，向上突破	12%	6%	2%	2%	2%	1%	2%	3%	3%	3%	63%
熊市，向下突破	24%	18%	13%	8%	5%	5%	4%	7%	1%	2%	14%
牛市，向下突破	32%	10%	12%	7%	9%	3%	2%	2%	3%	1%	18%

表37.6所示为与形态面积大小相关的统计信息。

表37.6　形态面积大小统计

描述	牛市 向上突破	熊市 向上突破	牛市 向下突破	熊市 向下突破
高形态表现	66%	35%[a]	-14%	-26%
低形态表现	34%	19%[a]	-14%	-25%
高度中值(与突破价格百分比)	10.89%	11.76%	11.53%	13.88%
窄形态表现	41%	25%[a]	-14%	-25%
宽形态表现	51%	24%[a]	-15%	-26%
长度中值	65天	60天	64天	43天
形态平均长度	75天	77天	79天	58天
低窄组合形态表现	30%	21%[a]	-14%	-25%
低宽组合形态表现	42%[a]	16%[a]	-14%[a]	-25%[a]
高宽组合形态表现	58%	33%[a]	-15%	-27%
高窄组合形态表现	85%[a]	41%[a]	-12%[a]	-24%[a]

注：(-)负号表示下跌；[a]表示样本小于30个。

高度　高的形态比低的形态表现好。例如，牛市中的高矩形在突破后上升66%。高度比高度中值低的矩形突破后上升仅34%。

宽度　通常，宽形态表现得比窄形态好，但差异是轻微的。例外情况是在熊市中，有向上突破的矩形中窄形态突破后上升25%，宽形态上升24%。我用长度中值作为窄和宽形态之间的分割点。

形态平均长度　矩形的平均长度大约78天，除了那些熊市向下突破的形态之外。它们平均长度为58天。我设置的最短长度为约2个星期，因为更短的矩形最好归类为旗形。

高度和宽度的组合　看着高度和宽度的组合，你会期望既高又宽的形态表现得最好，因为这些特性各自单独的表现都是很好的。表37.6显示，如果您忽略了低样本量的结果(牛市向上突破的矩形涨幅85%，使用18个样本；而熊市向上突破的矩形涨幅41%，有9个样本)，情况的确是如此。

表37.7所示为与成交量相关的统计信息。

表37.7 形态期间成交量统计

描述	牛市向上突破	熊市向上突破	牛市向下突破	熊市向下突破
上升成交量趋势表现	64%	38%[a]	-19%[a]	-23%[a]
下降成交量趋势表现	38%	21%	-12%	-26%
U形成交量形态表现	43%	28%[a]	-13%	-29%
半圆形成交量形态表现	48%	21%[a]	-13%	-18%
既非U形又非半圆形成交量形态表现	52%[a]	28%[a]	-24%[a]	-20%[a]
巨量突破表现	49%	23%	-14%	-26%
轻量突破表现	36%[a]	27%[a]	-13%[a]	-23%[a]

注：(-)负号表示下跌；[a]表示样本小于30个。

成交量趋势 大多数情况下，成交量呈上升趋势的矩形股价表现会比成交量呈下降趋势的矩形好。唯一的例外是熊市向下突破的矩形。

成交量形状 大多数情况下，随机形状——既非U形又非半圆形成交量形状——的矩形表现最好。但样本数量非常低，因此最好忽略这个结果。如果你这样做了，那么股价表现最好的形态来自有U形成交量的形态。例外的情况是牛市向上突破的矩形，它们在半圆形成交量时表现最好。

突破成交量 当突破方向与当前市场趋势方向一致时——牛市向上突破和熊市向下突破——巨量突破的形态股价表现是最好的。它们的表现更好或大大好于突破成交量低于30天平均值的矩形。逆势突破的矩形底部形态显示出混杂的结果。

表37.8所示为矩形底部形态的其他统计信息。

表37.8 其他统计

描述	牛市向上突破	熊市向上突破	牛市向下突破	熊市向下突破
局部下跌正确预测向上突破	56/69或81%		N/A	N/A
局部上涨正确预测向下突破	N/A	N/A	59/71或83%	
出现局部下跌形态表现	51%	21%[a]	N/A	N/A
未出现局部下跌形态表现	44%	27%	N/A	N/A
出现局部上涨形态表现	N/A	N/A	-16%[a]	-25%
未出现局部上涨形态表现	N/A	N/A	-14%	-25%
出现形态前上涨的形态表现	35%[a]	15%[a]	-14%	-24%
未出现形态前上涨的形态表现	50%	30%	-15%	-26%
出现形态前下跌的形态表现	62%	20%[a]	-16%[a]	-30%[a]
未出现形态前下跌的形态表现	38%	25%	-14%	-24%

注：(-)负号表示下跌；N/A表示不适用；[a]表示样本小于30个。

局部上涨或下跌 如果您不熟悉局部上涨或下跌，请查阅词汇表与方法论章节中的图表和相关文字说明。局部上涨和下跌是突破方向的可靠预测因素。例如，局部下跌之后跟随向上突破的概率是81%。局部上涨之后跟随向下突破的概率是83%。我没有把数字分类成牛市或熊市。

当出现局部下跌时，股价表现是否受到影响？是，也不是。使用矩形顶部作为突破价格，在牛市中出现局部下跌的形态突破后平均涨幅是51%，而没有出现局部下跌的形态突破后平均涨幅44%。在熊市的结果颠倒过来，也许是由于样本量低。

局部上涨对向下突破的矩形形态有同样的影响，但影响并不大。

形态前上涨或下跌 在矩形开始前有一个短的尖峰或超调，图37.4所示为一个形态前上涨。在所有的市场条件和突破方向，当形态前上涨没有出现时，矩形表现更好。

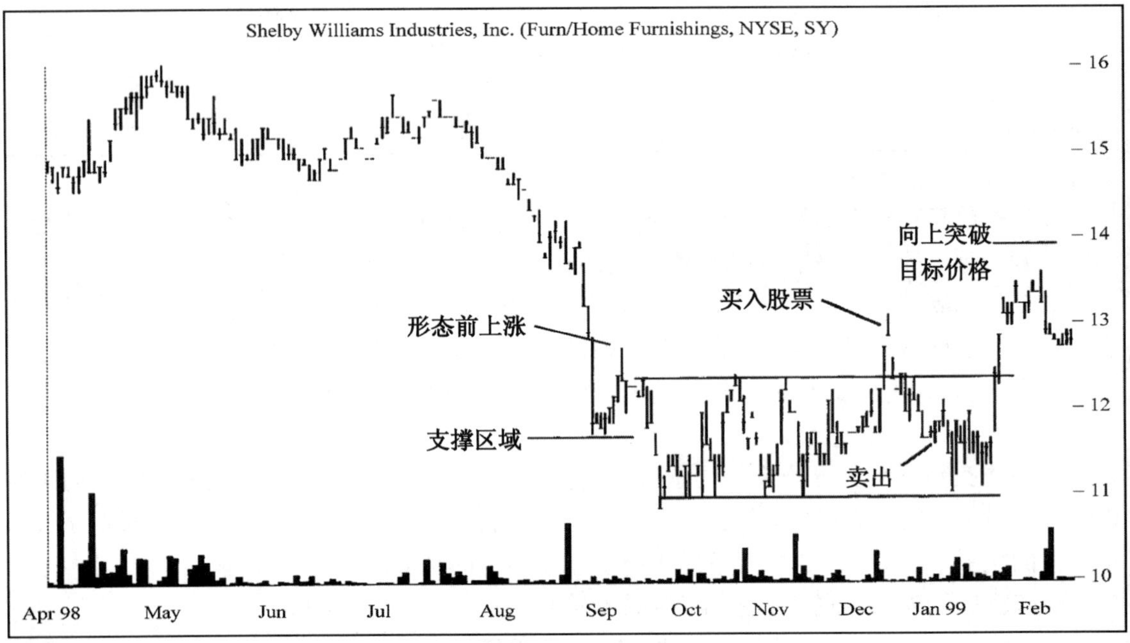

图37.4 矩形底部形态向上突破。应用测算规则，将矩形底部形态趋势线之间的差异作为形态高度。将形态高度加到顶部趋势线上，得出向上突破的目标价格为13.88美元。

图37.1所示为一个形态前下跌，即矩形前的短暂下探。在大多数情况下，具有形态前下跌的矩形往往比没有出现形态前下跌的矩形表现得更好。唯一的例外是熊市向上突破的矩形。

我认为这些结果有意义吗？不是，我没有看到在矩形开始前股价短暂的上涨或下跌与突破后的股价表现有关联。虽然表37.8 的结果很有趣，但它们可能没有什么交易上的用途。

交易策略

表37.9列出了矩形底部形态的交易策略。

测算规则 第一种策略是使用测算规则确定预测的目标价格。计算方法是，首先将形态的最高点减去最低点，得出形态高度。实质上，就是两条趋势线的价格相减。图37.4所示为示例。顶部趋势线为12.44美元，底部为11美元，两者之差为1.44美元，这就是形态高度。

将形态高度加上顶部趋势线的值，得出向上突破的目标价格(13.88美元)。从底部趋势线的值中减去形态高度，得到向下突破的目标价格(9.56美元)。一些分析家建议测量矩形的长度(而不是高度)，将其竖立在顶部或底部趋势线之上，便得出价格移动的最大值(分别为向上和向下突破)。这种方法听起来有点牵强，但它是一个方便的指南。不过要谨慎使用，因为我还没有验证过它的效果。

表37.9　交易策略

交易策略	解释
测算规则	两条趋势线的值相减，计算出形态高度。对于向上突破，将形态高度加到顶部趋势线；对于向下突破，从底部趋势线的值减去形态高度。结果是预期的价格移动的最低价格，即目标价格。对于最大目标价格，测量矩形的长度，并将其垂直地竖在顶部趋势线之上(对于向上的突破)或底部趋势线之下（向下突破)，得出的价格将成为预期价格的最大移动
等待突破	由于您无法确定矩形将在哪个方向上突破，所以在交易前等待价格收于趋势线之外
高矩形内交易	如果矩形足够高，则在顶部趋势线附近卖出股票或卖空，并在底部趋势线附近买入股票或平空仓
回调和反弹	如果你的股票有一个向下突破，注意反弹，一旦价格开始重新下跌，做空股票或增加你的空头头寸。在向上突破的股票中使用相同的技术：等待回调，当价格上涨时建仓或增加您的仓位
其他	警惕矩形形态成为三浪形态的修正阶段并相应地调整目标价格。矩形反转形态有时会显示为平整的底部形态

测量规则(垂直高度法)对向下突破的目标价格预测成功率在50%～66%，对向上突破的目标价格预测成功率在64%～85%。

等待突破　因为不能准确地预测出突破的方向，所以在投资前要等待突破。在价格收在矩形趋势线之外，然后顺应趋势进行交易。

高矩形内交易　如果形态足够高，考虑在两条趋势线附近进行形态内交易。当价格从顶部开始下跌时，做空股票。当股价从底部趋势线反弹时平掉空仓(不要在价格继续下跌的时候过早平仓)。在底部做多股票，当价格开始从顶部掉头向下时卖出股票。再一次强调，等待方向的变化，因为价格可能会上演向上突破。

回调和反弹　回调和反弹允许投资者有另外一个机会进行交易，增加他们的头寸，或者了结交易以减少损失。利用它，但要等待价格完成回调或反弹再进行交易或增加头寸。等待的原因是价格可能继续在不利的方向运行，而不是回到趋势线和反弹。

其他　有时，矩形底部形态作为三浪形态的修正阶段。有关如何利用这个形态的信息，请参阅“三浪下跌形态”一章。偶尔，矩形标志着一个大幅下跌的结束，矩形的出现看起来像价格上涨之前的平坦底部。

交易故事

图37.4所示为我做的一个模拟交易。矩形底部出现在价格从1997年10月高20.63美元的下跌之后。下跌是巨大的，但它没有一次就跌到底部。价格相当迅速地下跌到15美元，在那里股价横盘运行了8个月。然后，进入下跌的后半部分，价格跌到大约11美元的低点。

价格从底部反弹了几次，像一个男孩在蹦床上迈出他的第一步。他们是试探性的、摇摇晃晃的、没有太多的激情的。然后，在1998年10月中旬，价格触及了底部趋势线，并迅速越过形态，到达9月的高点12.38美元。通过多次的振荡，两条趋势线边界变得明显了。

如果看一下总体情况，你可能认为价格会继续下跌——向下突破(沿着下行的趋势)。我不知道价格会往哪个方向走，所以我决定等待突破。如果形态是一个股价的盘整阶段，那么突破将是向下的。然而，从高处20.63美元开始的一个两步下跌趋势，这让我想起了一个有长的修正阶段的三浪下跌形态。我想股价可能会向上突破。如果矩形较高，我会尝试做形态内交易(11.13美元买入，12.38美元卖出，然后倒过来做)。

在12月初，价格穿过了顶部趋势线，并收在趋势线上方，上演了向上突破。我在突破发生后一天注意到这个突破，并在13美元买入了股票，当天的中间价格。

我估计一个支撑区域已经在11.75美元形成，所以我在11.63美元设置了止损点。价格曾经在形态形成之前在这个水平停止过，又在12月突破之前再一次在这个水平停止。一个更好的止损点应该是在矩形底部趋势线下方，因为两条趋势线是充当支撑或阻力区域。然而，我不想承担如此大的损失(15%+)。

即使是模拟交易出错，这就是这里发生的事情。在买入股票一天后，价格回到了矩形形态，在形态内运行了更长时间。价格非常缓慢地下行，到12月下旬触及我的止损点。我的模拟交易损失了11%。在第二次向上突破之后，价格继续转弯，然后下跌，最终在1999年3月跌至8.88美元的底部，然后反弹回到16美元，然后改变方向。

交易秘籍

下面的列表包含交易这种形态的提示和观测结果，以帮助你选择表现更好的形态，更多的信息，请参阅相关的表格。

●查看辨识指南以正确选择形态。见表37.1。

●交易应顺应当前的市场趋势：在牛市做多，在熊市做空。避免逆市交易。见表37.2。

●在最大跌幅上升到10%之前，熊市向下突破的矩形失败比率最低。之后，牛市向上突破的形态表现更好。见表37.3。

●选择在年度价格区间中间区域向上突破的矩形，以及在年度价格区间低位附近向下突破的矩形。见表37.4。

●回调和反弹损害股价表现，因此在交易前查看上方阻力或下方支撑。见表37.4。

●大约一半向下突破的矩形在3个星期之内到达最低点。留意你的做空交易。向上突破的形态需要更长的时间才见顶，所以要有耐心。见表37.5。

●选择既高又宽的形态。见表37.6。

●选择上升的成交量趋势和巨量突破的矩形。见表37.7。

●使用局部上涨或下跌来预测突破方向。见表37.8。

第三十八章　矩形顶部形态 Rectangle Tops

统计简报

向上突破

形状	价格趋势上升到形态，然后在两条水平的趋势线之间摆动，最后再向上突破。	
反转或持续	短期持续，行情看涨。	
	牛市	**熊市**
表现排名	12/23	19/19
保本失败概率	9%	16%
平均涨幅	39%	20%
趋势结束后的变化	-30%	-38%
成交量趋势	向下	向下
回调概率	64%	71%
实现目标价格概率	80%	60%
意外发现	回调和缺口会损害股价表现。高或宽的形态表现得比低或窄的形态更好。成交量呈下降趋势的形态表现得很好，巨量突破推动价格进一步上涨。局部下跌预示着向上突破的方向，但股价表现受到影响。	
参见	旗形；三浪上升形态；矩形底部形态。	

向下突破

形状	与向上突破形状相同，但突破方向是向下的。	
反转或持续	短期反转，行情看跌。	
	牛市	**熊市**
表现排名	6/21	16/21
保本失败概率	11%	9%
平均跌幅	17%	21%
趋势结束后的变化	57%	45%
成交量趋势	向下	向下
反弹概率	58%	65%
实现目标价格概率	63%	63%
意外发现	反弹损害股价表现。高的形态比低的形态表现好。局部上涨后股价表现提升。具有形态前下跌的矩形表现突出。	
参见	旗形；三浪上升形态；矩形底部形态。	

如果您将矩形视为价格将由此大幅移动的水平盘整区域或平坦底部，则矩形形态就更容易识别了，而且其统计数据也更有意义。正如统计简报显示的，矩形顶部形态是牛市的坚实表现者。失败比率最低，并且当价格朝着当前市场趋势一致的方向移动时，股价表现最好：牛市向上突破，熊市向下突破。逆势运行时股价表现变差。

意外的发现并不令人惊讶，因为许多结果和其他形态类型中的一样。然而，相对于其他一些形态，矩形的有些特点是独一无二的：形态前上涨和下跌，局部上涨和下跌。形态前的上涨或下跌是当价格在矩形开始前向上蹦起或向下蹦落。局部上涨或下跌出现在矩形的末端，它可靠地提供突破方向的信号。在本章“统计数据”部分中我们将讨论更多这方面的内容。

导入

图38.1所示为一个矩形顶部形态的示例。股价在1992年6月从14美元开始了上行的长途跋涉，在第二年的5月到达矩形。然后，价格盘整了一个多月，在上方阻力24.63美元和下方支撑23.63美元之间弹跳。连接小高点的趋势线是水平的，就像连接小低点的那条趋势线一样。这两条趋势线上都有许多接触点，表明这个形态是可靠的。在形态开始时，价格向上和向下都穿越两条趋势线，均到过趋势线外。此样的运行不是问题，因为它出现得很早，出现时形态还没有被识别为矩形形态。

成交量形态以典型的方式开始——成交量递减。然而，在通往突破之路大约2/3的地方，成交量形态改变了。成交量变大，仿佛为即将到来的释放增加压力。然后，随着股价在顶部趋势线下方横盘超过1个星期，成交量神秘地消退了。当价格穿透顶部趋势线时，成交量回升，但并不显著。成交量只是在价格开始沿着顶部趋势线滑行、为趋势的扩展蓄势时增加。

股价很利索地离开形态上行。在6月后期，有一个轻微的3天下跌，它看起来好像价格正在试图回调到形态的顶部。但买入压力太大，回调停止了，价格掉头继续向上运行。

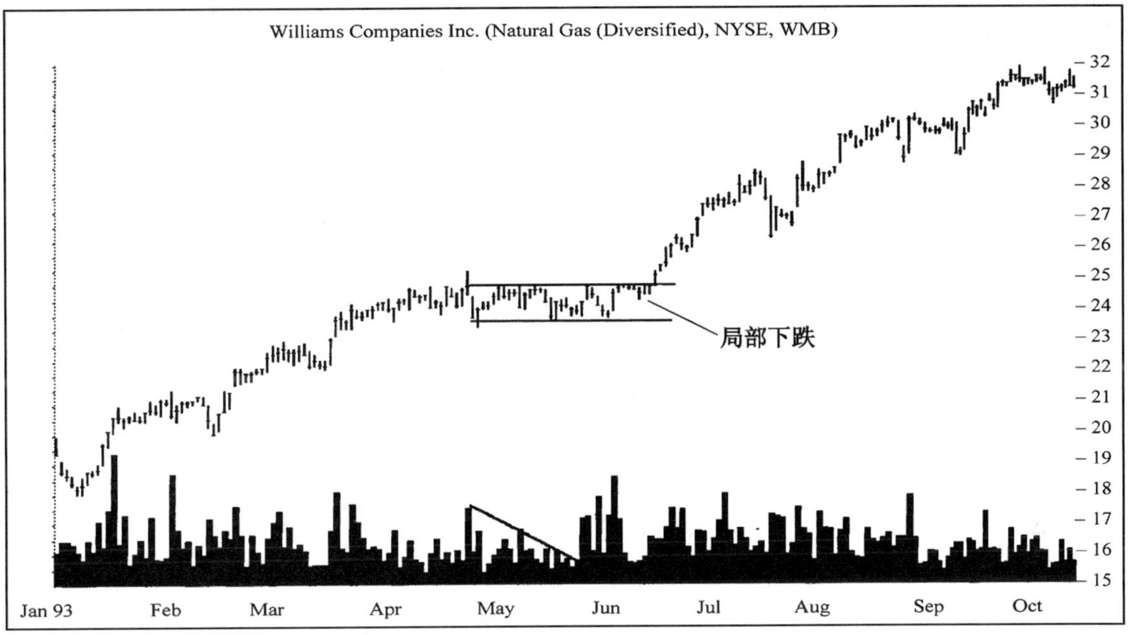

图38.1 向上突破的矩形顶部形态在这一上升趋势中表现良好。

为什么会形成矩形形态？矩形形态是股票持有者和空仓者之间的斗争。那些拥有股票的投资者想在确定的价格卖出他们的股票。当价格达到这个水平时，他们就卖出，迫使价格走低。当价格下跌，他们不再抛售股票。在形态的另一边，是另外一组想要买入股票的投资者。他们把买入订单设置在他们认为价格合理的地方。当价格下跌到他们的目标价位，买入订单超过股票供给，于是价格上涨。如果这种拉锯战足够长，价格就会在两个极端之间反弹。随着时间的推移，你可以沿峰顶和峰谷各绘制一条水平趋势线，一个矩形形态便成型了。最终，一方的弹药用尽。如果是出售股票的一方先耗尽弹药，那么买入需求就会超过股票的供给，价格就会穿透顶部趋势线。如果买家把所有的钱都花光了，然后离开赌桌，价格就会从矩形的底部掉下去。无论是哪一种情况，股价都将由于需求增长(价格上涨)或供应增加(价格暴跌)而继续沿着突破方向运行。

辨识指南

表38.1所示为矩形顶部形态的辨识指南。

上涨的价格趋势 在短期到中期内，价格趋势应该上升进入形态。这一向上的趋势是矩形顶部形态区别于矩形底部形态的所在。这样的区别是武断的，我想看看这两种形态的表现有什么不同。

水平的趋势线 随着矩形的形成，价格上升到阻力水平然后退回到支撑区域，然后做另一个上行的尝试。如果这样的运行模式继续下去，小高点可以与一条沿着形态顶部绘制的趋势线连接，另一条趋势线可在小低点下方绘制。两条趋势线是水平的或几乎是水平的。如果趋势线有轻微的倾斜，只要不扰乱拥塞区域的整体外观，就不要担心。

接触点 要成为合格的矩形形态，价格必须至少触及每条趋势线两次。接触不需要从一条趋势线交替到另一条趋势线，但小高点和小低点必须是不同的。你不应该看到两个顶部的接触点作为相同的小高点的一部分。相反，至少要找到2个清晰的峰顶和峰谷。

表38.1 辨识指南

特征	讨论
上涨的价格趋势	进入形态的短期到中期价格趋势应该是上升
水平的趋势线	两条水平的(或近乎水平的)趋势线构成了价格活动的轮廓，一条在小高点上方，另一条在小低点下方
接触点	每条趋势线至少应有2个接触点(总共至少有4个接触点)
成交量	成交量通常是下降的，直到突破

成交量 成交量趋势因形态不同而异，但通常都是呈下降趋势。本章中的许多形态均所示为这种趋势。

图38.2所示为矩形顶部形态的样子。价格呈上升趋势进入矩形。然后，股价在54美元的支撑和59.50美元的上方阻力之间来回弹跳。这个既宽又高的矩形有大量的趋势线接触点。如果幸运的话，你也许能在这个形态中做3～4次交易。每一次从边到边的穿行都是一个价格大约5美元的变动，有充足的盈利机会引起波段交易者的兴趣。

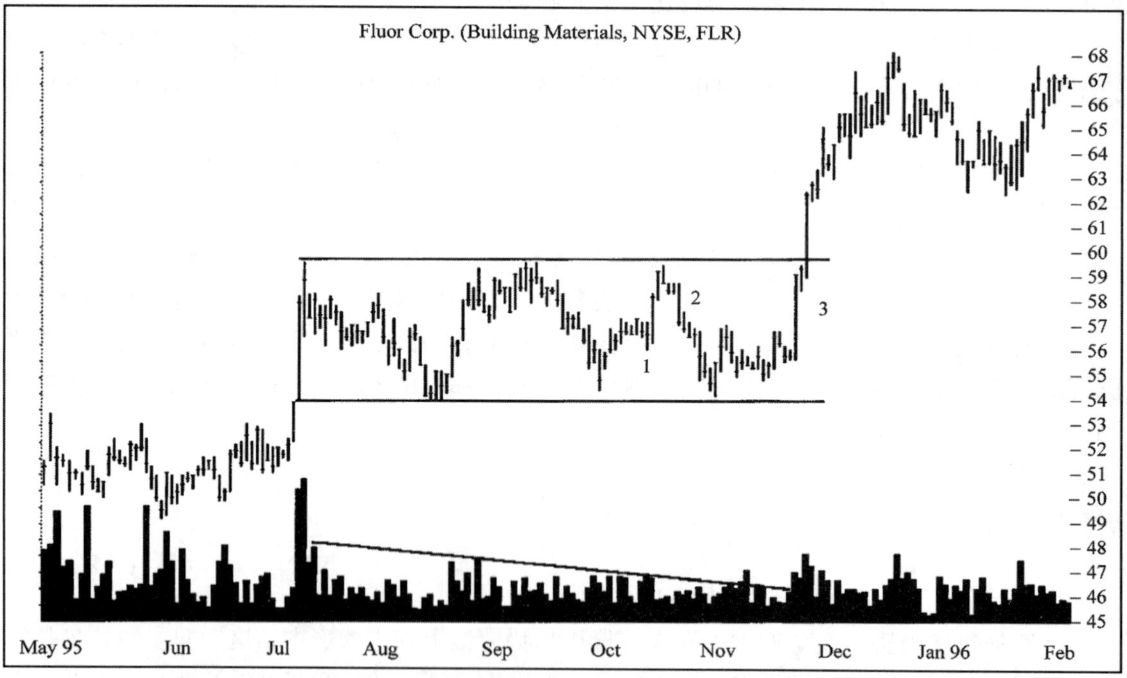

图38.2 一个成交量呈下降趋势的矩形顶部形态。虽然大多数矩形显示出下降的成交量趋势，但不要自动排除那些成交量呈上升趋势的形态。3个有利可图的交易机会标记在价格从一边穿插形态内部到另一边的过程中。

在整个形态期间，成交量趋势向下。在形态接近结束的地方，成交量突然猛增，向上推高股票价格，直到股价突破向上，迅速升到新高点。统计数据显示，大多数矩形的成交量趋势都是向下的。但我不会仅仅因为成交量趋势向上而排除一个矩形形态。

关注形态失败

在我查看的近700个矩形中，大约有11%是失败的。图38.3所示为一个失败形态的例子。价格在35.63美元在从形态向上突破，上升到一个新的高点37美元。然而，股价在4月中期徘徊不前，然后转身回落到形态。一旦价格选择了一个新的方向，它们就会快速前行。这个短暂的攀升只有4%的价格变化。我认为任何在突破方向运行少于5%的举动都是失败的。当价格收于突破方向的另外一边时，失败证实。

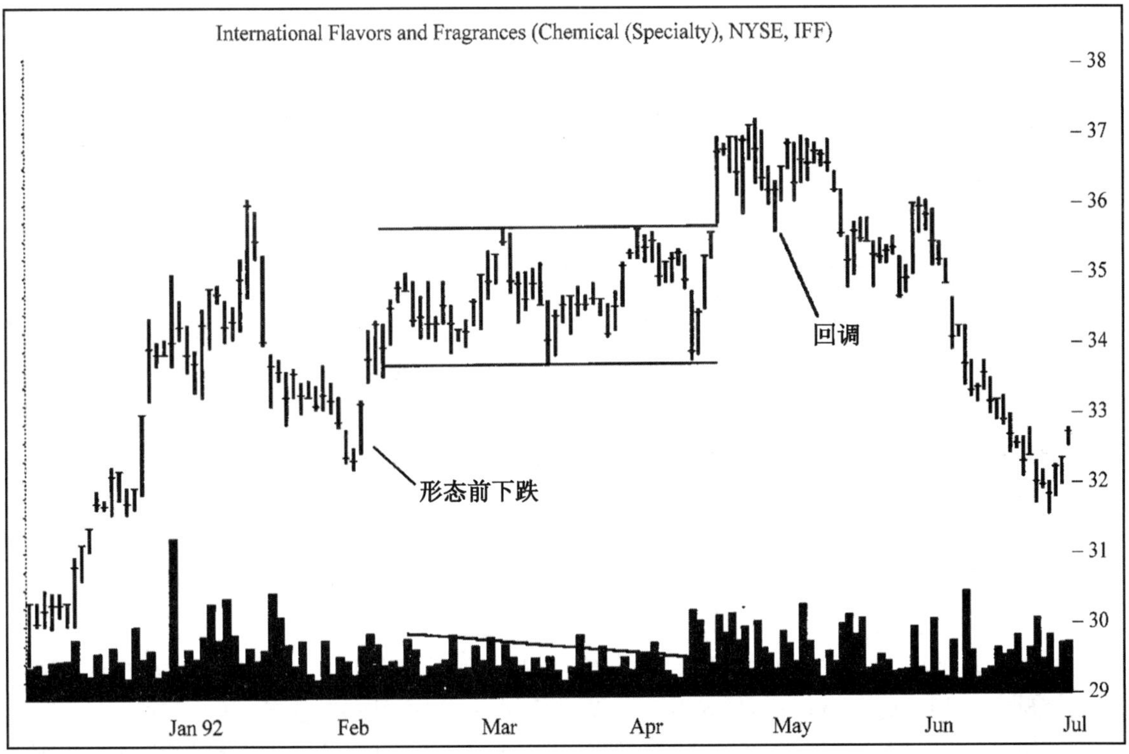

图38.3 矩形顶部形态的5%失败。价格跟随现有的趋势向上，但只有一点点收益，然后就掉头回到矩形，并从另一边冲出。

我标记5%失败，因为我想要一个方法来归类表现不佳的形态。换另一种方式理解：如果你在股价离开矩形的顶部时买了这只股票，当股价回调到形态并继续走低，你将会感到不安。如果你卖出的扳机扣动不太快，你甚至可能会遭受损失。

统计数据

表38.2所示为矩形顶部形态的综合统计信息。

形态数量 我敲击键盘，操控鼠标，直到我发现矩形数量超过第一版数量的3倍。近半数的形态来自牛市向上突破的形态。我发现的676个形态是从1991年中期到1996年中期以及从2000年到2003年中的大约500只股票。

反转或持续 由于我们讨论的是顶部形态，根据定义，从一个矩形向上突破是作为趋势的持续，而向下突破是作为趋势的反转。

平均涨幅或跌幅 平均的涨幅或跌幅跟随市场趋势。当市场强劲向上移动时，如在牛市中向上突破的矩形，突破后平均涨幅很大：39%。这同样适用于下行突破的形态和下行的市场环境。熊市中向下突破的矩形在突破后平均跌幅为21%。

表38.2 综合统计

描述	牛市 向上突破	熊市 向上突破	牛市 向下突破	熊市 向下突破
形态数量	331个	129个	136个	80个
反转(R)、持续(C)数量	331C	129C	136R	80R
平均涨/跌幅	39%	20%	-17%	-21%
涨/跌幅超过45%(数量或占比)	112或34%	14或11%	3或2%	3或4%
趋势结束后涨/跌幅	-30%	-33%	57%	45%
形态失败后涨/跌幅	43%[a]	34%[a]	-20%[a]	-29%[a]
标准普尔500指数的变化	14%	-3%	0%	-12%
到达最高/低点的天数	170天	75天	56天	40天

注：(-)负号表示下跌；[a]表示样本小于30个。

涨幅或跌幅超过45% 在牛市向上突破的矩形中，有1/3在突破以后涨幅超过45%。其他突破方向和市场条件组合的形态，表现就差得多了。表现最差的是向下突破的矩形形态，它们中只有不到4%的形态在突破之后下跌会超过45%。

趋势结束后的变化 一旦价格达到最终的高点或低点后趋势发生变化，股价的移动可能是巨大的，如表38.2所示。例如，在价格达到最终的低点(向下突破)，在牛市的形态平均上涨57%。因此，如果你持有一个做空的仓位太长时间，你可能会损失大量的钱。这个结果是对买入并持有交易策略的警告。如果你愿意失去一半的收益，那就长时间地忽略股票的波动；否则，使用止损指令来保护你的利润。

失败形态的表现 如表38.2所示，失败矩形的表现是糟糕的。如果你等待另外一个突破在原突破方向相反的地方确认(股价收于趋势线之外)，那么结果就更糟糕。

标准普尔500指数的变化 你可以看到总体市场的看涨或看跌对形态平均涨幅或跌幅的影响。当市场趋势与突破方向一致时，股价的表现得到提升，逆势突破后股价表现变差。

到达最高点或最低点的天数 牛市形态价格需要近6个月才能攀升39%，但在熊市中，21%的跌幅只需要40天就把本该88天的路程走完(假设斜率与牛市的相同)，因此，熊市的下跌比牛市的上涨要陡峭。如果你像我一样不喜欢做空，那就要远离熊市。

表38.3所示为矩形顶部形态的失败比率，是交易形态收益或损失的频次分布。例如，牛市向上突破的矩形中，9%的形态突破后上涨不到5%，1/3的形态涨幅不会超过20%，一半的形态上涨不到35%便见顶。熊市向下突破的形态也显示出类似的趋势。

这两种情况显示出的失败比率最低，因为它们顺应市场趋势。逆势移动，即，熊市向上突破，牛市向下突破，其失败比率较大。

注意失败比率如何在开始时比较小，然后迅速攀升。表现最差的形态来自牛市向下突破的形态。失败比率从11%上升到24%，再到44%，对应的最大跌幅分别为5%、10%和15%。你不会想交易其中一个形态，所以远离那些突破方向与当前市场趋势相反的矩形。

表38.3　失败形态数量或概率

股价最大涨/跌幅(%)	牛市向上突破	熊市向上突破	牛市向下突破	熊市向下突破
5(保本点)	30或9%	21或16%	15或11%	7或9%
10	62或19%	40或31%	33或24%	15或19%
15	85或25%	61或47%	60或44%	29或36%
20	111或34%	80或62%	91或67%	43或54%
25	132或40%	88或68%	106或78%	55或69%
30	154或47%	101或78%	114或84%	61或76%
35	176或53%	109或84%	124或91%	66或83%
50	225或68%	117或91%	133或98%	77或96%
75	270或82%	123或95%	136或100%	80或100%
>75	331或100%	129或100%	136或100%	80或100%

表38.4所示为与突破及突破后相关的统计数据。

表38.4　突破与突破后股价表现统计

描述	牛市向上突破	熊市向上突破	牛市向下突破	熊市向下突破
从形态结束到突破	3天	3天	4天	4天
突破在年度价格区间低(L)、中(C)、高(H)各区域分布的百分比	L4%，C19%，H77%	L6%，C20%，H73%	L24%，C43%，H33%	L23%，C46%，H31%
形态在年度价格区间低(L)、中(C)、高(H)各区域突破后的涨/跌幅	L51%[a]，C38%，H40%	L34%[a]，C21%[a]，H19%	L20%，C15%，H17%	L22%[a]，C18%，H25%[a]
回调/反弹概率	64%	71%	58%	65%
回调/反弹期间	9天	9天	8天	9天
出现回调/反弹形态的平均涨/跌幅	37%	18%	15%	20%
未出现回调/反弹形态的平均涨/跌幅	44%	24%	19%	23%[a]
出现突破缺口形态的表现	38%	16%[a]	17%[a]	19%[a]
未出现突破缺口形态的表现	40%	21%	17%	22%
缺口平均金额(美元)	0.35	0.23	0.59	1.75

注：[a]表示样本小于30个。

从形态结束到突破　从形态结束到突破，即到股价收于形态顶部上方或底部下方，并不需要很长的时间，平均需要2～4天。

年度位置　大多数向上突破的矩形出现在年度价格区间高位区域。向下突破的矩形聚集在年度价格区间的中间区域。对于向上突破，顶部趋势线为突破价格；对于向下突破，底部趋势线为突破价格。

年度位置及表现　表现最佳的矩形顶部形态出现在哪里？当突破出现在年度价格区间的低位附近，大多数形态表现得最好。

回调和反弹　回调和反弹发生的概率为58%～71%之间，平均而言，股价需要大约9天的时间返回到突破价格。当发生回调或反弹时，股价表现会受到影响。例如，在牛市向上突破的矩形显示，当回调发生时，股价在突破后有37%的涨幅，但不发生回调时，股价的涨幅是44%。

把这种行为看成是一项动量研究，回调或反弹会干扰突破动量，导致股价表现受到影响。

缺口 如表38.4所示，大多数情况下，股价表现会因为没有突破缺口而提高。样本数量很小，因此结果可能因为出现更多的样本而变化。

表38.5所示为股价突破后到达最高点或最低点时间的频次分布。许多矩形在突破后2星期内达到最高点或最低点。例如，熊市向下突破的形态中有46%(前2周的总和)在那段时间见底。只有15%的形态在2.5个月后还没有找到最终的低点。

表38.5 到达最高点或最低点天数的频次分布

天数	7	14	21	28	35	42	49	56	63	70	>70
熊市，向上突破	22%	11%	7%	5%	5%	3%	4%	2%	6%	5%	31%
牛市，向上突破	11%	7%	5%	4%	5%	5%	2%	4%	2%	1%	56%
熊市，向下突破	31%	15%	8%	9%	5%	4%	1%	9%	1%	3%	15%
牛市，向下突破	23%	9%	6%	9%	6%	7%	6%	1%	4%	1%	29%

牛市向上突破的形态到达最终的高点花的时间最长，但这已经不是新闻，我们早就从表38.2中学到了。将表38.5看作是之前统计表的更为精确的描述。表38.5所示为矩形在1、2、3等周中的见顶或见底的可能性。

请注意，向下突破的形态的数字在第4周时有轻微上涨。在56天(熊市)和42天(牛市)的其他变动显示矩形顶部形态在这些时间段内触底。因此，如果你在那段时间还持有一个开放的空头头寸，就准备好价格开始上涨。这些数字很小，但做好准备总是有好处的。

表38.6所示为与形态面积大小相关的统计信息。

表38.6 形态面积大小统计

描述	牛市向上突破	熊市向上突破	牛市向下突破	熊市向下突破
高形态表现	46%	20%	18%	23%
低形态表现	35%	19%	16%	20%
高度中值(与突破价格百分比)	10.59%	9.68%	10.09%	11.50%
窄形态表现	38%	18%	16%	22%
宽形态表现	41%	22%	17%	21%
长度中值	65天	60天	62天	53天
形态平均长度	82天	71天	80天	77天
低窄组合形态表现	35%	19%	15%	21%
低宽组合形态表现	36%	21%[a]	18%[a]	17%[a]
高宽组合形态表现	44%	22%	17%	22%
高窄组合形态表现	49%	15%[a]	21%[a]	29%[a]

注：[a]表示样本小于30个。

高度 高形态比低形态表现得更好。当你认为一个矩形是一个支撑或阻力区时，这是一个重要的发现。当你有一个高的矩形，股价在矩形内上下波动，然后从该区域发生突破，由此产生的股价运行可能值得一赌。把一个矩形看成是一个被收紧的弹簧，等待爆发。

宽度 形态宽度比高度是更为不可靠的股价表现指示器。宽形态的表现优于窄形态(使用长度中值作为宽和窄之间的分割点)，除了熊市向下突破的矩形。熊市向下突破的形态中，窄形态表现得更好，但差别很小。

形态平均长度　在不同的突破方向和市场条件，平均矩形长度都是相当稳定的，范围从71到82天不等。

高度和宽度的组合　流行问答：如果高形态表现得最好，宽形态表现得最好，那么高和宽组合的矩形是否会表现得最好？不。当显而易见的事情却没有发生时，我从来没有停止过吃惊。既高又窄的形态表现最好，除了那些在熊市向上突破的形态之外。

表38.7所示为与成交量相关的统计信息。

表38.7　形态期间成交量统计

描述	牛市 向上突破	熊市 向上突破	牛市 向下突破	熊市 向下突破
上升成交量趋势表现	38%	19%	18%	20%[a]
下降成交量趋势表现	40%	20%	17%	22%
U形成交量形态表现	40%	20%	17%	24%
半圆形成交量形态表现	36%	20%	18%	19%
既非U形又非半圆形成交量形态表现	49%	14%[a]	8%[a]	11%[a]
巨量突破表现	40%	20%	17%	20%
轻量突破表现	36%	17%[a]	17%	23%[a]

注：[a]表示样本小于30个。

成交量趋势　在大多数情况下，当成交量在矩形顶部形态期间呈下降趋势时，突破后的股价表现得更好。但在牛市向下突破的矩形例外，它们在成交量呈上升趋势时表现得更好，但结果是接近的：18%比17%。

成交量形状　大多数矩形的成交量都呈U形。在两种情况下，牛市向上突破和熊市向下突破，成交量呈半圆形状的形态股价表现提升。牛市向上突破的形态中，成交量呈随机形状，既不是U形也不是半圆形，表现得非常好(涨幅49%)。但是，相对于其他形状上百的样本量，这一类形态的样本量并不充沛，只有35个。因此，不要指望一个随机成交量形状的矩形会有优异的表现。

突破成交量　聚会上总会有一个扫兴的人，向下突破的矩形就是其中一个。如果你可以信任低样本量的结果，你就会相信当轻量突破时它们的表现与巨量突破的相同或甚至更优。当突破日成交量超过30天平均值时，向上突破的形态表现最好。

表38.8所示为形态的其他统计信息。

局部上涨或下跌　如果你对局部下跌不熟悉，图38.1所示为一个局部下跌的例子。请参考词汇表和方法论章节，了解局部上涨和下跌的更多信息和其他例子。

在预测突破方向时，局部下跌比局部上涨更可靠(正确率89%比61%)。在许多情况下，因为价格波动的方式，可能很难确定何时会出现局部上涨或下跌，但如果你能确定它们什么时间出现，那将允许你在突破前进入交易。平均来说，如果你用止损点来控制股价的不利移动，你的利润应该更大，而风险也更低。如果价格触及矩形的水平趋势线然后反转，而不是突破，立即了结交易，价格可能会穿过矩形到形态的另一边。

发生局部下跌时，股价表现受损。这一发现是有意义的，因为股价是走低的，它削弱了上行的动量。但是，当局部上涨发生，股价表现得到提升，但提升不多。我没有将局部上涨和下跌的表现分为牛市和熊市。

表38.8 其他统计

描述	牛市 向上突破	熊市 向上突破	牛市 向下突破	熊市 向下突破
局部下跌正确预测向上突破	151/170或89%		N/A	N/A
局部上涨正确预测向下突破	N/A	N/A	87/143或61%	
出现局部下跌形态表现	38%	15%	N/A	N/A
未出现局部下跌形态表现	40%	21%	N/A	N/A
出现局部上涨形态表现	N/A	N/A	17%	23%
未出现局部上涨形态表现	N/A	N/A	16%	20%
出现形态前上涨的形态表现	38%[a]	21%[a]	16%[a]	27%[a]
未出现形态前上涨的形态表现	40%	20%	17%	20%
出现形态前下跌的形态表现	45%	20%	19%	26%
未出现形态前下跌的形态表现	34%	20%	15%	18%

注：(-)负号表示下跌；N/A表示不适用；[a]表示样本小于30个。

形态前上涨或下跌 形态前上涨或下跌是我所说的矩形开始之前股价的快速上涨或下跌。图38.1所示为两者，图38.3所示为一个形态前下跌。

形态前上涨的样本量低，结果比较乱。有时，形态前上涨有助于形态表现(在熊市)，有时不是这样(牛市)。

有形态前下跌的形态，数据都很好。当发生形态前下跌时，股价表现要么不受影响，要么有提升，有时会大幅提高。为什么会出现这种情况，对我来说是一个谜，但如果它把一个34%的上升变为45%，那么它是值得注意的。

交易策略

表38.9解释了矩形顶部形态的交易策略。

表38.9 交易策略

交易策略	解释
测算规则	从趋势线到趋势线测量矩形的高度。对于向上突破，将形态高度加到顶部趋势线；对于向下突破，从底部趋势线减去形态高度，结果就是最低的目标价格。对于最大目标价格，请测量矩形长度，并将其垂直扩展到顶部趋势线之上(对于向上突破)或底部趋势线之下(对于向下突破)，得出的价格作为预期的最大目标价格
盘整	超过 2/3 的矩形作为当前价格趋势的盘整。预期股价突破形态后持续当前趋势
等待突破	由于您无法确定矩形将在哪个方向上突破，所以等待价格收在趋势线之外，然后再以突破方向进行交易
高矩形内交易	如果矩形足够高，在顶部趋势线附近卖出股票或卖空股票，并在底部趋势线附近买入股票或平掉空仓
其他	警惕矩形形态成为三浪上升形态的修正阶段，并相应地调整目标价格。矩形反转有时表现为平坦的顶部形态

测算规则 测算规则预测最低的目标价格。首先，计算矩形的高度，从顶部趋势线减去

底部趋势线，得到形态高度。对于向上突破，顶部趋势线加上形态高度；对于向下突破，底部趋势线减去形态高度，结果是目标价格。

有关测算规则的示例以及它如何应用于矩形，仔细看图38.4中所示的矩形顶部形态。顶部趋势线的值为38.75美元，底部趋势线的值为33.75美元，5美元的差值是矩形的高度。如果这个矩形是向下突破，那么目标价格将是28.75美元，即底部趋势线的值减去形态高度。如果突破是向上的，将形态高度加到顶部趋势线，得到目标价格43.75美元。股价在突破后1个月左右达到目标价格。

我曾经读过，要计算最大目标价格，可以用物理方法计算矩形长度，对于向上突破，将其矩形长度加到顶部趋势线；对于向下突破，将它从底部趋势线减去，结果就是最大的目标价格。我用这项技术在我的电脑进行计算，得出的结果接近最终的高点。在理论上，这个结果是不大准确的。我没有广泛地测试这种方法，不能保证它的准确性。然而，人们不得不想弄明白，如何测量一个价格(以英寸为单位)可以准确地转化为价格移动。谁知道，然而，这个系统可能有效，或至少证明是有帮助的。

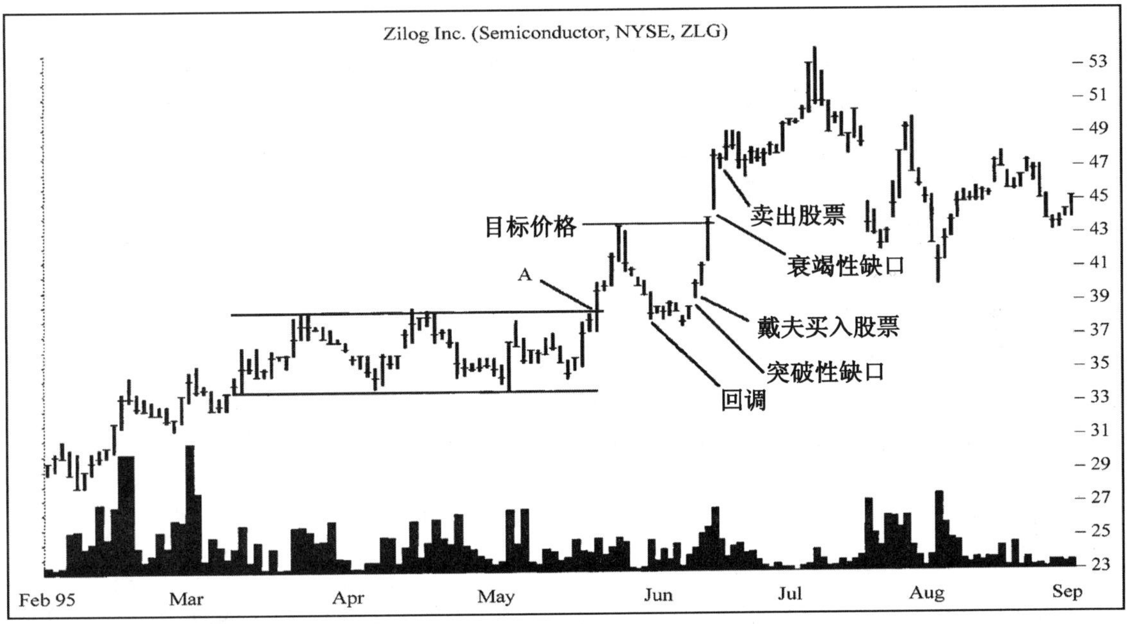

图38.4 出现突破性缺口和衰竭性缺口的矩形顶部形态。当回调完成时买入股票。

盘整和突破 回到表38.9，突破方向通常是在先前价格趋势方向上。对于图38.4，先前价格趋势的方向是向上的，这也是突破发生的方向。一旦价格收在形态之外，则突破(或提前突破)发生。如果突破是向上的，做多股票或平均掉你的空仓。如果突破是向下的，那么做空股票或卖出你的头寸。

高矩形内交易 如果矩形足够高，你可以在股价从趋势线摆动到趋势线时进行交易。在最顶端的趋势线上做空股票或卖出股票，在底部趋势线上平掉空仓或买入股票。在发生突破时，留意进入形态的价格趋势。如果股价运行在矩形趋势线外，而你正在赔钱，请了结你的交易。你可能还想在新的趋势下顺势在新方向上进行交易。

如果在价格得体地退回到矩形，突破变成提前突破，不要惊慌。还有一个机会，价格将重新在其最初的突破方向突破。同样，如果交易对你不利，股价从矩形的另一边冲出，那么就了结你的交易，要快速地完成。如果形态出现回调或反弹，可能有另一个机会增加你的仓位或了结交易。利用它，特别是如果你在赔钱的时候。通常，价格会回到形态边界，然后掉头而去。如果不在回调或反弹时退出交易，那么你的损失很可能会增加。不要错过第二次机会，也不要希望股价会继续恢复。它们不会的！

其他 在交易矩形形态之前，查看形态是否是一个更大形态的一部分。有时，矩形是三浪形态的横盘部分，称为修正阶段。知道一个矩形是一个三浪形态的一部分，你可以更好地测算预期价格的移动。当矩形顶部形态是当前价格趋势的反转时，形成的形态类似于平坦的顶部形态。如果进入矩形的价格趋势异常陡峭，就怀疑一个反转形态可能正在形成。

交易故事

戴夫是个艺术家。谋生是艰难的，他想进入到电脑世界，成为一个图形艺术家。他一直在玩一些复制画笔不同手感的硬件和软件，他希望获得最新版本。

识别形态对他来说很容易。他有敏锐的眼光，他一直在寻找一个有利可图的股票投资机会。这是他无意中发现图38.4所示的矩形的一个原因，但他没有及时发现这个矩形。他注意到这个形态的唯一原因是股价的回调。回调和反弹是奇特的，它们有钩形的回调，很容易发现。但一个人只能回头看才能辨认出与之相关的形态。

戴夫计算了形态高度，并将其加到矩形的顶部趋势线，以获得预期的最低目标价格。当价格回调到形态时，他是否开始行动买入股票呢？不，他等着。他密切跟踪股票，当股价缺口跳空上行(一个突破性缺口)，他买入股票，在40美元完成买入交易。股票日益走高，在3天内达到了43.75美元的目标价格。之后的一天，股票再次出现缺口(衰竭性缺口)，预示着股价的上升即将结束。在缺口次日，价格徘徊不前，这时他卖掉股票，在47.50美元了结交易。他在不到1个星期的时间里，每股赚了7美元，即18%的收益。

交易秘籍

下面的列表包含交易这种形态的提示和观测结果，以帮助你选择表现更好的形态，更多的信息，请参阅相关的表格。

●使用辨识指南以正确选择形态。见表38.1。

●顺势交易：牛市向上突破，熊市向下突破。见表38.2。

●选择突破方向与市场趋势一致的矩形(牛市中向上突破或熊市中向下突破)，因为它们的失败比率最低。见表38.3。

●选择在年度价格区间低位区域突破的矩形。见表38.4。

●避免回调和反弹，因为它们损害股价表现。见表38.4。

●避免有突破日缺口的矩形。见表38.4。

●在熊市中，准备迅速获利了结，但牛市中让利润滚雪球。对于向下突破，留意在突破后4、6和8个星期时股价的强劲表现。见表38.5。

- 选择高或宽的矩形。见表38.6。
- 选取有向上突破和下降成交量趋势的矩形。见表38.7。
- 选择巨量突破的矩形(向上突破)。见表38.7。
- 局部下跌正确预测突破方向，但股价表现受影响。见表38.8。
- 局部上涨有助于预测突破方向和提升股价表现。见表38.8。
- 选择形态前股价下跌的矩形。见表38.8。

第三十九章　圆弧底部形态 Rounding Bottoms

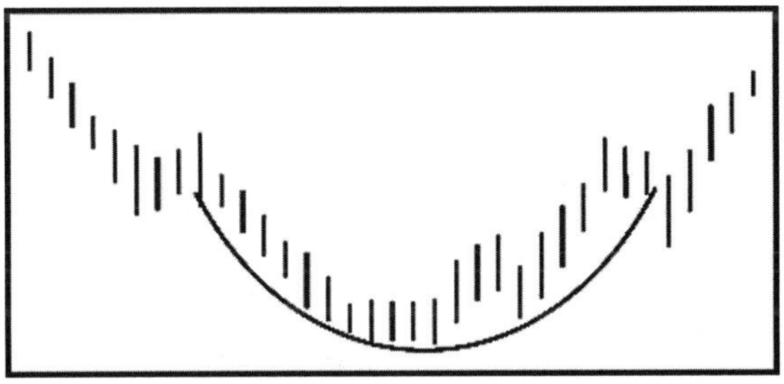

统计简报

向上突破

形状	一个碟形凹陷的价格转弯。	
反转或持续	短期持续，行情看涨。	
	牛市	**熊市**
表现排名	5/23	6/19
保本失败概率	5%	5%
平均涨幅	43%	31%
趋势结束后的变化	-31%	-33%
成交量趋势	向上	向上
回调概率	40%	43%
实现目标价格概率	57%	53%
意外发现	这种“底部”形态是当前趋势的持续。回调损害股价表现。高或宽的形态表现更好。成交量呈上升趋势或U形状的形态表现得很好。	
同义词	圆弧转弯；碟形。	
参见	蹦跑形态之底部反转形态；头肩形底部之复杂形态；扇形形态（上升和下降）。	

圆弧底部、圆弧转弯和碟形是同一个形态的同义词。圆弧底部形态具有很低的保本失败概率，平均上升幅度很大，所以它们表现良好。因为形态可以是高的，像一个高碗边的碗而不是浅碟，测算规则的目标价格可能很难达到(在统计简报中的“实现目标价格概率”)。只有超过一半的圆弧底部形态到达它们的目标价格。

圆弧底部形态的意外发现是丰富的，让我感到吃惊的是，这些所谓的底部形态根本不是底部。如果它们是底部，它们应该作为反转形态。偶尔，价格确实反转趋势，圆弧底部形态也扮演一个真正的底部形态。然而，更有可能的是，圆弧底部形态出现在上涨的价格趋势中，一个圆弧转弯只是给交易者在股价重新继续攀升之前喘一口气。

导入

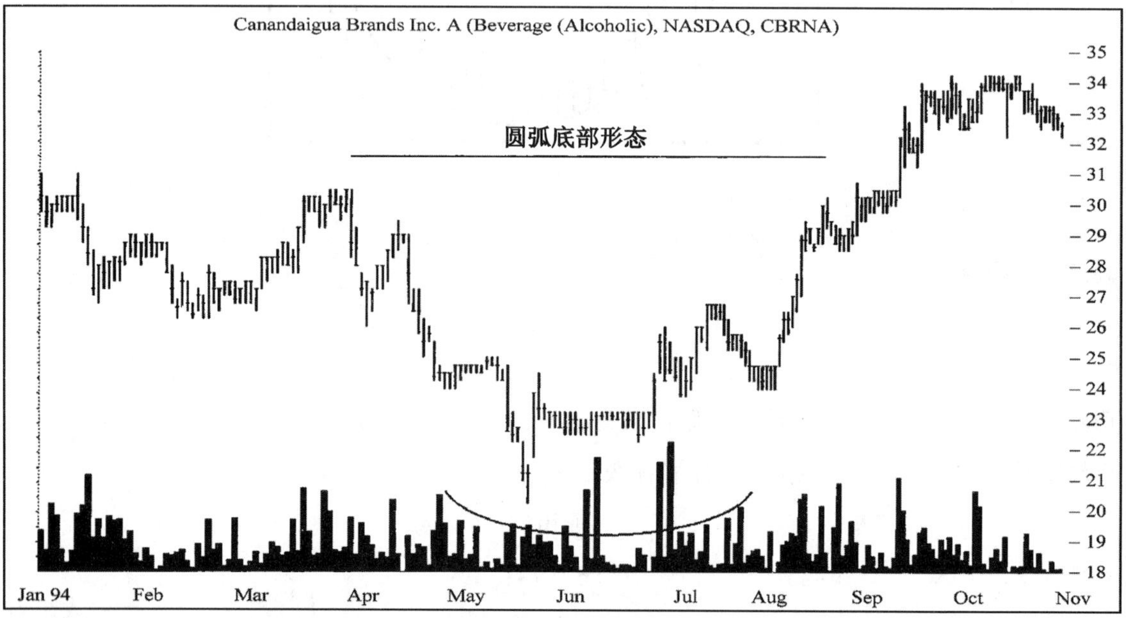

图39.1　日线图上的圆弧底部形态。底部在5月中旬有短暂的下跌，在6月后期迅速上升。

图39.1所示为一个日线图上的圆弧底部形态的示例。我不会称它为一个好例子，因为这个底部太不规则了。在5月中期，一个形态外的价格下跌以价格迅速反弹告终。在6月后期价格跃升然后逐渐下跌。像6月这样的股价跃升并不少见，所以当它出现在你的股票上时，你也不要太激动。价格应该返回到接近圆弧底部形态的底面，然后再继续上涨。如果您忽略中心位置恼人的尖峰，则成交量趋势形状就是圆弧形的。

一个圆弧底部标志股票的买入需求和卖出压力之间的力量几乎相等。在形态的第一部分，卖家占优势，它们推动价格走低。最终，力量开始平衡，股票到达底部然后水平运行。到了后来，购买需求回升，股价缓慢向上。股价的攀升并不总是一帆风顺的。有时，需求的大幅激增会导致价格飙升，但在1个月左右价格掉头下跌，并在它们离开的地方上方滑行。然后它们重新攀升。当股票达到旧高点时，卖出压力通常会使得价格下跌，形成一个手柄形状。然后股价回升，突破旧高点，将股价不断推高。

辨识指南

随着形态的发展，圆弧底部很容易识别。表39.1列出了它们的辨识指南。

表39.1 辨识指南

特征	讨论
周线图	使用周线图来识别这些庞然大物，虽然使用日线图效果也很好
圆碗形状	价格趋势平缓地以弧线运行，通常持续数月，通常在上升的价格趋势之后出现。连接周线图低点，视觉上构成一个碟形或碗形
圆弧的成交量趋势	成交量趋势有时模仿价格趋势，形状呈碗形，但半圆形状更为经常出现

周线图、圆碗形状 由于圆弧底部往往相当长(在这项研究中，最长的是超过两年半)，我通常使用周线图，这样识别起来更容易。我搜索看起来像一个碗或碟形的价格形态。一旦我发现了这种形态，一眼向后看，通常会发现价格呈上升趋势。圆弧底部形态往往是之前一些收益的温和回调。

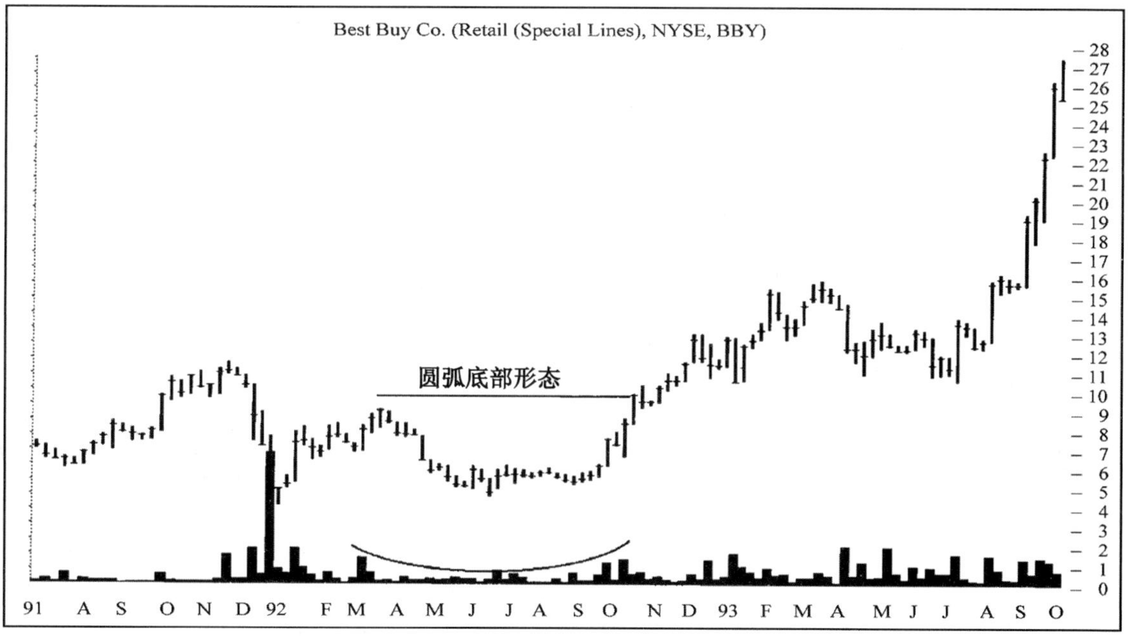

图39.2 这个周线图上的形态是一个很好的圆弧底部形态的示例。注意碗形的成交量趋势。

仔细看图39.2。1991年12月，股价随着非常高的成交量开始上升，然后进入形态。价格在3个月左右攀升235%，然后股票就会放缓。下跌并不是一个快速的直线向下的过程。相反，股价慢悠悠地下跌到4.25美元，一路弯曲和横走。

一旦价格达到了最低点，股价犹犹豫豫地上行，先横走数周，然后再加速上行。价格达到左碟沿儿的价格水平，但并没有停下来。股价继续攀升，直到达到13美元，然后再到16美元，之后才回调到11美元。

圆弧底部形态不需要有手柄，但大多数情况下你会看到它有一个手柄。手柄是一个价格盘整区，通常形成于右碟沿儿之后。当价格上涨达到旧的高点时，手柄是典型的行为。由于需求的疲软或卖方过重压低了价格，上涨停滞不前。然后，两个高点成为一个阻力区域。有时，价格会做出几次尝试，试图穿透阻力区域上行；有时，价格放弃上行的尝试，沿着下坡路滚落下去了。

圆弧的成交量趋势 成交量趋势偶尔也会以圆弧形来呼应价格趋势。您可以在图39.2中看到这一点，有时圆弧形的成交量趋势比这个明显。然而，半圆形状以54%的占比占主导地位，碟形形状只占46%。

关注形态失败

虽然圆弧底部形态的失败比率较低，但它们有时也是会失败的，图39.3所示为一个失败形态的示例。这个圆弧底部(点A和点B)出现在一个下跌的价格趋势中，但这个底部并不像我喜欢看到的那样平滑。形态的开始，点A轮廓并不是很清晰，因为股价的停顿只持续了几天。相应的形态末端，点B作为一个附在圆弧底部形态上的小手柄的开头。

价格攀升到高过了点B，并收于点B上方，形成突破。但上涨很快就停滞了。在前面的7月或8月价格峰顶和峰谷表明，上方阻力太大了。股票试图穿透它，但失败了，股价下跌，最终达到8.56美元的低点。

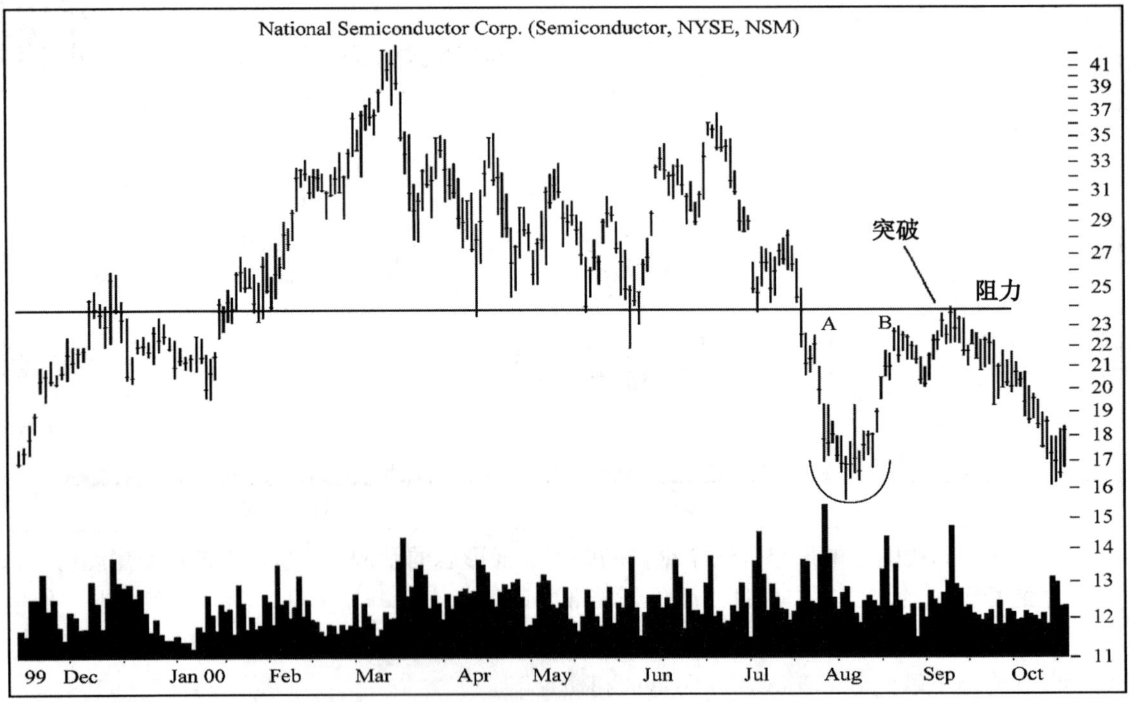

图39.3 作为趋势的短期反转的圆弧底部形态。

这种类型的情况很容易判断。在交易之前，始终要寻找上方阻力和下方支撑。知道什么时候价格可能会停止将会给你有价值的信息。如果股价运行触及阻力墙，交易可能就不会有足够的利润。如果价格暴跌到支撑区的损失太大，可能就不值得冒这么大的风险进行交易。如果交易看起来不正确，或者风险和回报比不够低，那么，寻找一个更有前途的交易机会。好的交易机会(和形态)值得等待。

统计数据

表39.2所示为圆弧底部形态的综合统计信息。

表39.2　综合统计

描述	牛市	熊市
形态数量	261个	192个
反转(R)、持续(C)数量	122R，139C	91R，101C
反转(R)、持续(C)涨/跌幅	38%R，47%C	31%R，30%C
平均涨幅	43%	31%
涨幅超过45%(数量或占比)	108或41%	48或25%
趋势结束后涨/跌幅	-31%	-33%
形态失败后涨/跌幅	-33%[a]	-37%
标准普尔500指数的变化	18%	-6%
到达最高点的天数	189天	105天

注：(-)负号表示下跌；[a]表示样本小于30个。

形态数量　我在从1991年中期到1996年中期和从2000年到2003年期间的500只股票发现453个形态。这些时期涵盖了牛市和熊市。然而，不是所有熊市中的股票包含了3年的范围(有的合并和收购)。

反转或持续　与其他真正的底部形态不同的是，圆弧底部形态作为当前价格趋势的盘整或持续略微比作为反转的时候多一些。在牛市，持续形态表现显著优于反转形态；在熊市，反转形态表现比持续形态稍微更好一点。

平均涨幅　在牛市中，形态的平均涨幅43%，相当不错，相比之下，熊市的涨幅31%，比较逊色。这些数字表明，上涨的市场浪潮会影响所有股票。在所有计算中，我用右碟沿儿作为突破价格。

涨幅超过45%　在牛市突破后涨幅超过45%的圆弧底部形态占到惊人的41%。即使在熊市中，也有25%的形态攀升超过45%。这种形态的表现非常强劲。

趋势结束后的变化　一旦价格达到最高点之后，它就会下跌。在熊市中，下跌回吐前期上涨的收益，平均下跌33%。在牛市中，下跌仍然巨大，跌幅31%。这一发现表明，需要在顶部附近卖出股票，清仓离场，而不是买入和持有股票或变得贪婪。

失败形态的表现　如果一只股票在右碗沿儿的上方上升不到5%，然后就开始掉头向下(但要考虑到这个下跌可能是一个回调)，那么就考虑做空股票。形态失败后的跌幅平均为33%～37%。一定要设置止损指令，如果你猜错了，它可以将你止损出局。

标准普尔500指数的变化　总体市场变化的数字那么大，表明市场对形态表现有很大的影响。指数上扬了18%，有助于推动牛市的圆弧底部形态上行，形态平均涨幅达43%。在熊市中，市场的下行趋势压制了形态的上涨，形态涨幅31%。

到达最高点的天数　注意，在牛市中股价达到最终高点花的时间要比在熊市中的多两倍。如果你盘算一下，就会发现熊市的上涨比牛市的要陡峭。

表39.3所示为圆弧底部形态的失败比率。这些失败比率开始时小，但迅速攀升。牛市的失败比率表现更好(较低的失败)。这个观察结果并不奇怪，因为熊市的向上突破是逆势的举动，就像逆流而上。

表39.3　失败形态数量或比率

股价最大涨幅(%)	牛市	熊市
5(保本点)	14或5%	9或5%
10	31或12%	32或17%
15	54或21%	51或27%
20	74或28%	70或36%
25	102或39%	92或48%
30	117或45%	114或59%
35	130或50%	125或65%
50	167或64%	149或78%
75	211或81%	176或92%
＞75	261或100%	192或100%

牛市中一半的形态上升不到35%。与其他形态类型相比，这是一个很好的表现。在熊市，一半的形态涨幅不到26%。注意看当最大价格涨幅有小变化时失败比率是如何上升的。例如，在熊市中，当保本点从5%移动到10%，失败比率从5%翻三番到17%。保本点在15%时的失败比率是在5%时的5倍(27%)。

这些数字给你一个圆弧底部形态会如何表现的线索。如果你正在寻找一个价格可以翻倍的股票，那就找牛市的圆弧底部形态。最大价格涨幅越大，你的股票到达那个涨幅的可能性就越高。

表39.4所示为与突破及突破后相关的统计数据。

表39.4　突破与突破后股价表现统计

描述	牛市	熊市
从形态结束到突破	52天	27天
突破在年度价格区间低(L)、中(C)、高(H)各区域分布的百分比	L7%，C11%，H82%	L13%，C32%，H55%
形态在年度价格区间低(L)、中(C)、高(H)各区域突破后的涨幅	L20%[a]，C34%[a]，H46%	L21%[a]，C32%，H32%
回调概率	40%	43%
回调期间	12天	9天
出现回调形态的平均涨幅	33%	28%
未出现回调形态的平均涨幅	50%	33%
出现突破缺口形态的表现	43%	26%
未出现突破缺口形态的表现	43%	32%
缺口平均金额(美元)	0.31	0.39

注：[a]表示样本小于30个。

从形态结束到突破　从形态结束到突破，牛市中形态需要的时间要比熊市的多2倍。实质上，这些活动代表了手柄的长度(在右沿儿之后)。这里的含义是，即使你在形态形成期间没有识别出来，仍有充裕的时间来交易这个形态，只有在价格收在右沿儿之上才能交易这种形态。

年度位置　大多数圆弧底部形态在年度价格区间的高位区域出现突破。因为这种形态是一个长形态，突破位置在形态的顶部附近，这些数字就不奇怪了。

年度位置及表现 将股价表现映射到年度价格范围，我们发现表现最好的形态是那些在年度价格区间高位附近突破的形态。这个观察结果可能会随着增加的样本而变化，特别是牛市的数据。

回调 圆弧底部形态的回调发生得比其他许多形态少，但我不知道为什么。价格回到突破价格需要的时间(9～12天)通常和别的形态差不多。当回调发生时，突破后的股价在牛市平均上涨33%，在熊市上升28%。当没有出现回调时，股价的表现得到提升：分别为50%和33%。因此，回调阻碍上行动量，股价表现变差。在交易之前，查看上方阻力，交易没有上方阻力的形态。

缺口 突破日缺口损害了股价表现，但仅在熊市中——没有缺口的涨幅32%，有缺口的涨幅26%。

表39.5所示为价格达到最高点所需的时间。在第1个星期，几乎没有什么形态见顶。大多数形态需要2.5个月(70天)的时间到达最高点。这么长的运行时间给价格一个持续上涨的机会(平均来说，股价要上涨得更高需要更长的时间)。

表39.5 到达最高点天数的频次分布

天数	7	14	21	28	35	42	49	56	63	70	＞70
熊市	12%	7%	6%	4%	9%	5%	4%	4%	4%	1%	45%
牛市	9%	6%	4%	6%	2%	1%	2%	2%	2%	3%	62%

注意，在进行交易1个月后，在熊市中9%的形态达到了最高点(数字轻微的波动)。这一情形可能是股价疲软的警示信号。我在其他形态见过这种行为。所以如果股价在交易后1个月停顿，考虑卖出股票。牛市见顶的时间还要早1个星期。

表39.6所示为圆弧底部形态面积的大小统计信息。

表39.6 形态面积大小统计

描述	牛市	熊市
高形态表现	52%	32%
低形态表现	38%	30%
高度中值(与突破价格百分比)	31.58%	24.20%
窄形态表现	38%	28%
宽形态表现	48%	34%
长度中值	196天	71天
形态平均长度	241天	83天
低窄组合形态表现	32%	30%
低宽组合形态表现	46%	29%[a]
高宽组合形态表现	51%	36%
高窄组合形态表现	53%	20%[a]

注：[a]表示样本小于30个。

高度 高形态表现优于低形态，特别是在牛市(52%比38%)。我用中间形态的高度——从最高点到最低点——除以突破价格作为基准。高形态的表现优于高度中值，所以交易高形态。避免交易低形态。

宽度 在牛市和熊市中，宽形态表现得比窄形态更好，表现最好的形态来自牛市(平均涨幅48%比38%)。我用长度中值作为宽和窄之间的分割点。

形态平均长度 看起来，牛市的圆弧转弯比熊市的宽(宽3倍)，也许意味着熊市有更剧烈的波动，缩短了圆弧的范围。

高度和宽度的组合 既高又窄的形态在牛市中表现优于其他组合。这个发现是奇怪的，因为高和宽的形态应该有胜出，因为高形态和宽形态各自都表现得很好。在熊市中既高又宽的形态表现得很好。

表39.7所示为圆弧底部的成交量统计信息。

表39.7 形态期间成交量统计

描述	牛市	熊市
上升成交量趋势表现	43%	32%
下降成交量趋势表现	42%	29%
U形成交量形态表现	43%	33%
半圆形成交量形态表现	42%	30%
既非U形又非半圆形成交量形态表现	54%[a]	22%[a]
巨量突破表现	44%	30%
轻量突破表现	39%	31%

注：[a]表示样本小于30个。

成交量趋势 成交量呈上升趋势的形态表现略好于成交量呈下降趋势的形态。然而，由于数字是如此接近，所以不太重视它们。

成交量形状 我原来期望呈U形成交量的形态数量会更多。然而，相反，半圆形状成交量的形态占了优势，不过也只有51%。至于形态表现，呈U形状成交量的形态比半圆形成交量的形态表现略好。随机形状的样本太少，不用认真对待(在牛市10个样本，熊市18个样本)。

突破成交量 当突破成交量超过30天平均值时，牛市形态表现突出。在熊市中，轻量突破的形态表现略为胜出。

表39.8所示为其他统计信息。

表39.8 其他统计

描述	牛市	熊市
高左沿儿形态表现	48%	30%
高右沿儿形态表现	39%	31%
等沿儿形态表现	45%[a]	30%[a]

注：[a]表示样本小于30个。

沿儿及形态表现 只是为了好玩，我查左边沿儿高、右边沿儿高或左右边沿儿在相同价格水平的形态。在牛市中，那些左边沿儿高的形态表现大幅好于那些右边沿儿高的形态。在熊市中，两者的表现几乎相同。

交易策略

如果你正在考虑交易这个形态，这里有一个关键的诀窍，可以提高你的投资表现：等待价格收于右沿儿之上再进行投资。表39.9概述了其他交易策略。

表39.9 交易策略

交易策略	解释
测算规则	碟形形态右沿儿减去形态的最低点，等于形态高度。形态高度加上碟形形态右沿儿的值，计算结果为目标价格。这是预期股价运行的最低价格。测算规则只有一半左右的机会预测成功，所以预测时要保守一点，并降低目标价格
等待突破	在买入股票之前，等待价格上升(收盘)在左或右沿儿之上，两者取价格较低者
警惕手柄	价格将多次达到左沿儿价格水平，然后下跌形成手柄。当价格上升到右沿儿之上(或穿透手柄趋势线向上移动)时买入股票

测算规则 测算规则有助于估计潜在利润。要应用测算规则并帮助您形象地理解它的用法，仔细看图39.4所示的形态。碟形形态的右沿儿减去形态的最低点，等于形态高度。在图39.4中，低点是25美元，碟形形态右沿儿是(有争议)31.44美元(点B)，计算得出形态高度为6.44美元。将形态高度加到碟形形态右沿儿的值，得到目标价格。在这个例子中，目标价格是37.88美元。价格在1月底达到了这个水平。

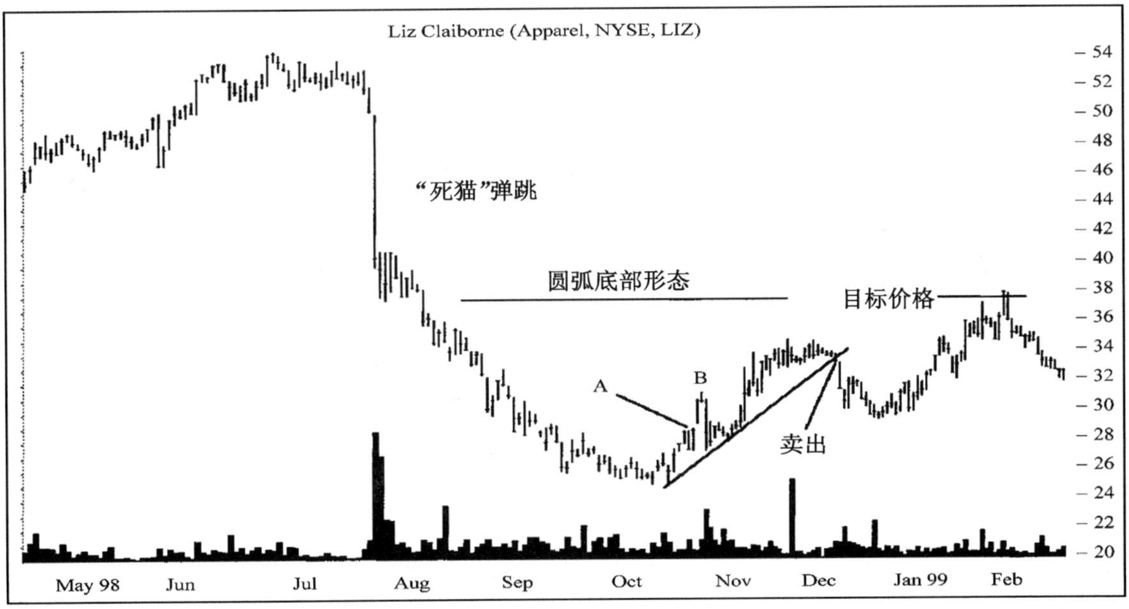

图39.4 一个险恶的、没有左沿儿的圆弧底部形态的例子。在上涨令人失望之后，股价下跌，形成"死猫"弹跳，然后出现了这个圆弧底部形态。

等待突破，警惕手柄 我认为圆弧底部形态是一个更险恶的形态。如图39.4所示。在判断什么时候突破发生时，你可以使用碟形形态两个沿儿中的任何一个。就看使用哪一个能让你最快地介入交易。不幸的是，图中这个圆弧的转弯没有左沿儿。这种情况下，你怎样衡量突破？这就是我所面临的情况。我知道，在这种情况下，我需要等待手柄形成，价格爬上手柄高点之上(或杯形右沿儿)。当股价上升到手柄高点之上(点A)，或者只是我这么认为股价这么做了，当股价登上波峰 (点B)时，我在模拟交易中买入了股票。结果证明这是一个小高点。第二天价格下跌，然后慢慢回升，形成另一手柄。一个好的卖出股票的位置是当价格在12月初穿透上升趋势线之时。

交易故事

如何运用交易策略来提高你的投资业绩？仔细看一下格伦对图39.5所示的情况做了什么。他的梦想是成为日内交易者，但他既没有交易资金，也没有必要的技能来做这项工作。他决定一个时间里只做一次交易，花更长的时间进行交易，逐渐过渡到日内交易。

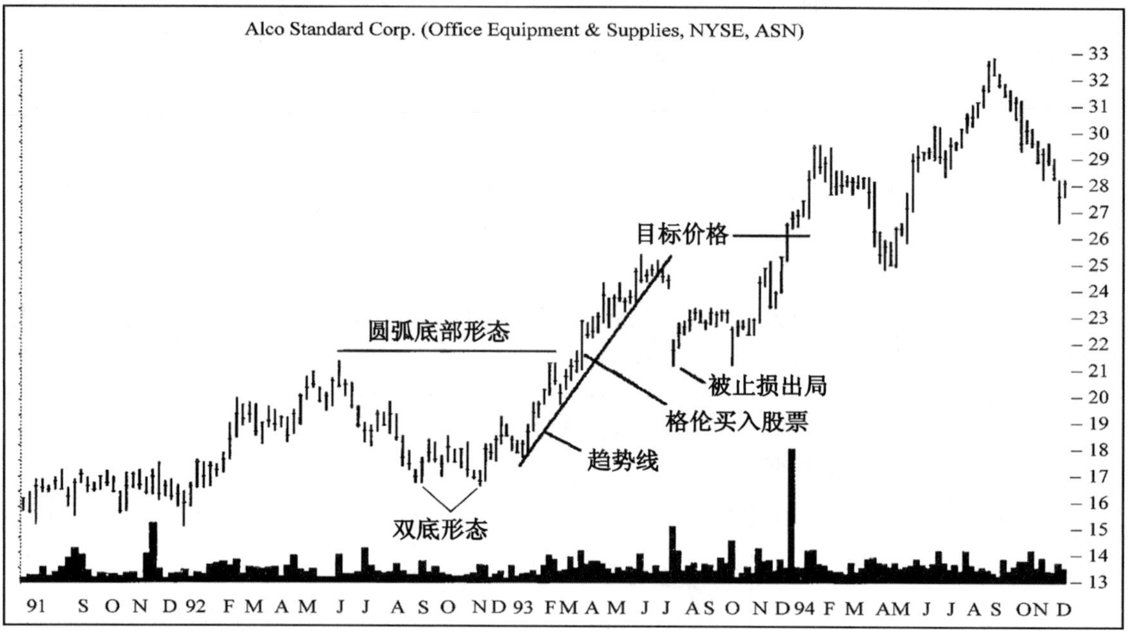

图39.5　在这个周线图中，在圆弧底部形态内的双底形态几乎无法识别。

在12月，当他翻阅股票图时，他遇到了一个看似温和的双底形态。在日线图中，在8月和11月的两个底部几乎看不清。这是否是一个有效的形态？他现在是否应该买入股票？格伦认为，两个底部之间的反弹不够高，两个底部不够清晰，这个形态不值得考虑交易。他认为，如果他很难发现这个形态，那么其他人也会有同样的问题，如果没有人发现这个形态，那么价格就不会上涨。

当他翻到周线图，他所看到的形态特征就变了。在他的电脑屏幕上显示一个明显的圆弧底部形态。成交量形态支持这一结论：成交量随着股价的下跌而下降，随着价格上涨而呈圆弧形上升。因此，他决定等待圆弧底部形态的股价停在左沿儿价格水平约21.38美元的上方。当股价在2月停顿了2个星期，他知道这个形态已经蓄势待发。问题就变成了，下一步该怎么办？唯一能找到答案的方法就是等待。

随后一个星期价格下跌。他等待，直到价格收在碟形右沿儿之上并上行。他知道，过早买入股票将可能冒股价下行的风险，如果股价下行，在很长一段时间内不会回升。如果股价上行高于碟形的右沿儿，那么可能的结果是股价会持续走高。

当价格达到22美元时，他买入股票。他回头看了看这个股价图，决定在碟形沿儿下方0.15美元处，就在支撑水平的下方，设置一个止损指令。他认为如果股票下跌到达他的止损点，十有八九股价会继续下跌。对他的投资决定和交易计划，他很满意，他相信他从现在的职业生涯转变到日内交易者只有一步之遥。当股票攀升时，他更加自信。他开始翻阅几家提供日内交易研讨班的公司的小册子。然后股票下跌了，收盘低于上升趋势线。这是一个任何人都可能错过的警告信号。格伦当然也错过了。

在随后的那个星期，当他接到经纪人的电话，说股价已经达到了他的止损指令时，他感到震惊。格伦的账户上每股损失1美元。当他看着股票时，他变得更加不安。结果表明，他的股票卖出的位置是这个周的低点。

三年后，在当天交易结束后，格伦碰巧回顾了这项交易。他决定拉起股价图，看着他发现的一切，他倒吸一口气。股票达到66美元的峰值，正好是他购买价格的3倍。

交易秘籍

下面的列表包含交易这种形态的提示和观测结果，以帮助你选择表现更好的形态，更多的信息，请参阅相关的表格。

- 使用辨识指南来帮助选择形态。见表39.1。
- 在牛市中交易圆弧底部形态。见表39.2。
- 在牛市中持续形态的表现大大优于反转形态。见表39.2。
- 牛市中的形态有较低的失败比率。见表39.3。
- 选择在年度价格区间高位区域附近突破的形态。见表39.4。
- 避开回调。见表39.4。
- 预计在进入交易4～5个星期后获利了结。见表39.5。
- 选择高形态或宽形态。见表39.6。
- 选择具有上升成交量趋势和U形状成交量的形态。见表39.7。
- 交易牛市中巨量突破的形态。见表39.7。
- 选择熊市中左沿儿高于右沿儿的圆弧底部形态。见表39.8。

第四十章　圆弧顶部形态
Rounding Tops

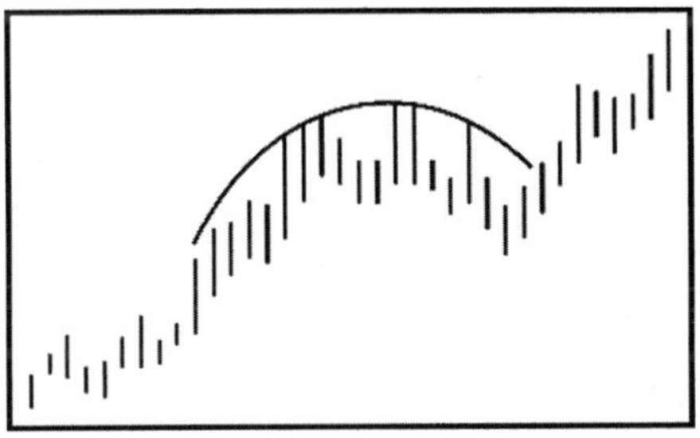

统计简报

向上突破

形状	当价格上涨时，它们会圆弧形弯曲，然后向上突破。	
反转或持续	短期持续，行情看涨。	
	牛市	**熊市**
表现排名	13/23	16/19
保本失败概率	9%	16%
平均涨幅	37%	19%
趋势结束后的变化	-31%	-35%
成交量趋势	向下	向下
回调概率	53%	52%
实现目标价格概率	61%	35%
意外发现	失败形态表现良好。表现最佳的形态来自在年度价格区间低位区域附近突破的形态、有突破缺口的形态、高形态、窄形态、高窄形态以及成交量呈下降趋势的形态。	
同义词	圆顶形；圆弧转弯。	
参见	蹦跑反转顶部形态；头肩顶部复杂形态；上升扇形反转形态；下降扇形反转形态。	

向下突破

形状	与向上突破形状相同，但突破方向是向下的。	
反转或持续	短期反转，行情看跌。	
	牛市	**熊市**
表现排名	5/21	10/21
保本失败概率	12%	9%
平均跌幅	19%	23%
趋势结束后的变化	57%	53%
成交量趋势	向下	向下
反弹概率	48%	57%
实现目标价格概率	24%	15%
意外发现	持续形态表现好于反转形态。失败形态表现良好。表现最佳的形态来自在年度价格区间低位附近突破的形态。反弹损害股价表现。突破日缺口改善股价表现。高形态、成交量呈U形状的形态、巨量突破或右沿儿高的碟形形态，往往表现突出。	
同义词	圆顶形；圆弧转弯。	
参见	蹦跑反转顶部形态；头肩顶部复杂形态；上升扇形反转形态；下降扇形反转形态。	

什么时候顶部形态不是顶部？当它是一个圆弧顶部形态的时候，价格突破上升的概率是53%。我不喜欢将这个形态称为圆弧顶部形态，而是称之为圆弧转弯。

统计简报所示为股价表现的结果。对于向上突破，形态在牛市中的表现比熊市更好(平均涨幅更高，失败比率更低)。正如人们可能期望的那样，对于向下突破，结果正好相反，圆弧顶部形态在熊市中的表现优于牛市。

圆弧顶部形态的意外发现都是不言自明，除了碟形形态的沿儿。想起字母U翻转过来。左边和右边的沿儿是U形的两端。右沿儿较高的形态往往会表现得更出色。

导入

图40.1所示为日线图中一个圆弧转弯的示例。注意形态的起始点(点A)和结束点(点B)的价格是多么得接近。这个特征使圆弧顶部形态区分于扇形倒置形态，不管是上升形态或下跌形态。唯一一个隆起也将它与复杂头肩顶部形态区分开来，虽然我没有删除任何作为头肩形态一部分的圆弧顶部形态。在这个例子中，转弯是一个平缓的，但仍然有不规则的价格移动伸出(点C和点D)。在这个例子中，成交量趋势是上升的，但对于圆弧顶部形态来说，这是不寻常的。

发生圆弧顶部形态的原因并不难解释。看涨热情推高股价上涨，这一点由开始时的高成交量证实了。由于知道价格正在攀升，卖家捂住持有的股票更长时间，使得股价上涨需求进一步增加。然而，随着股价的不断上涨，购买需求逐渐衰减，最终股票的供给赶了上来，价格在顶部弧形转弯。由于股票价格高于其内在价值，于是出现了更多的卖家。精明的投资者也开始卖出，价格下跌。

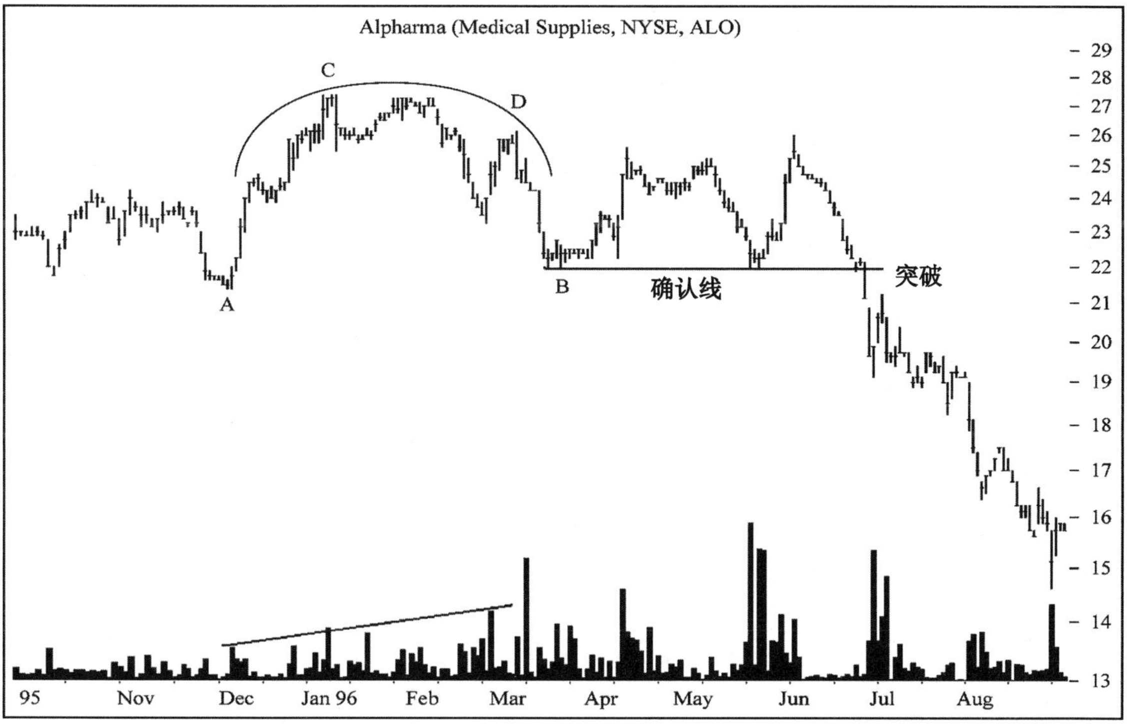

图40.1　圆弧顶部形态开始于点A，然后弧形转弯，在与开始时价格水平接近的地方(点B)结束。点C和点D使弧线看起来不规则，但这种情况在圆弧转弯中经常出现。成交量通常趋势向下，不像这个例子。

一旦投资者发现上涨的价格势头已经转向，抛售压力就会增加，迫使价格走低。随着价格下跌，越来越多的交易者抛售股票，成交量上升。最终，当紧张的新手认输出局，下跌就结束了。当所有想卖出股票的人都卖出股票后，精明的投资者就会跳进来，买入股票，或者做空股票，最终将股票推向新高(向上突破)或新低(向下突破)。

辨识指南

表40.1所示为圆弧顶部形态的辨识指南。

日线图或周线图　使用日线图或周线图，价格向上从圆顶形态的底部开始移动。随着它们向上移动，它们会在顶部弯曲并掉头，然后继续转弯，直到它们下行回吐了之前的大部分涨幅的地方。购买需求通常会使得股价不会跌到开始的位置。

两端价格相等　寻找两端价格接近相同的圆弧顶部形态，或许说，差异在5%以内(但允许有变化)。在我查看过的776个形态中，底部到底部之间的价格差异平均为3%，末端通常略高于开始，概率为52%。不要选择的是倒置扇形形态，倒置扇形形态的开始和结束的价格差异很大。

表40.1 辨识指南

特征	讨论
日线图或周线图	这些形态通常足够长，可以出现在周线图上，也可以出现在日线图上
两端价格相等	形态开始时的价格接近于形态结束时的价格。平均差异为3%。结束点价格高于开始点价格的形态占52%
圆弧半月形状	价格趋势曲线从左边较低点开始上行，到圆弧的顶部，转弯，然后再次下行
圆弧的成交量趋势	成交量有时在中间高两边低
突破	股价收在形态的最高点之上标志向上突破；收在形态结束点之下(右沿儿)标志向下突破

圆弧半月形状 从开始到结束的价格应该看起来平滑，作为一个平缓的圆弧转向像一个半月形或倒置U形。允许价格偶尔穿透顶部，形成一个不规则的外观，对于既窄且高的形态，看起来应该像一个倒V形而不是一个倒U形。

圆弧的成交量趋势 成交量通常是在形态的中心最低，在两边更高。这种观察结果只是一个指南，而不是不可侵犯的规则。很多时候你会在形态期间看到不规则的成交量趋势。不要理会，它仍然是一个圆弧顶部形态。重要的是，价格是圆弧的，一个碗形的成交量趋势只是增加了形态的真实性的证据。

突破 突破方向可以是任一方向。当价格收盘高于形态高点时向上突破发生，在我查看的股票中，向上突破发生的占比是53%。当价格收盘在右沿儿(形态结束)下方时，向下突破发生。

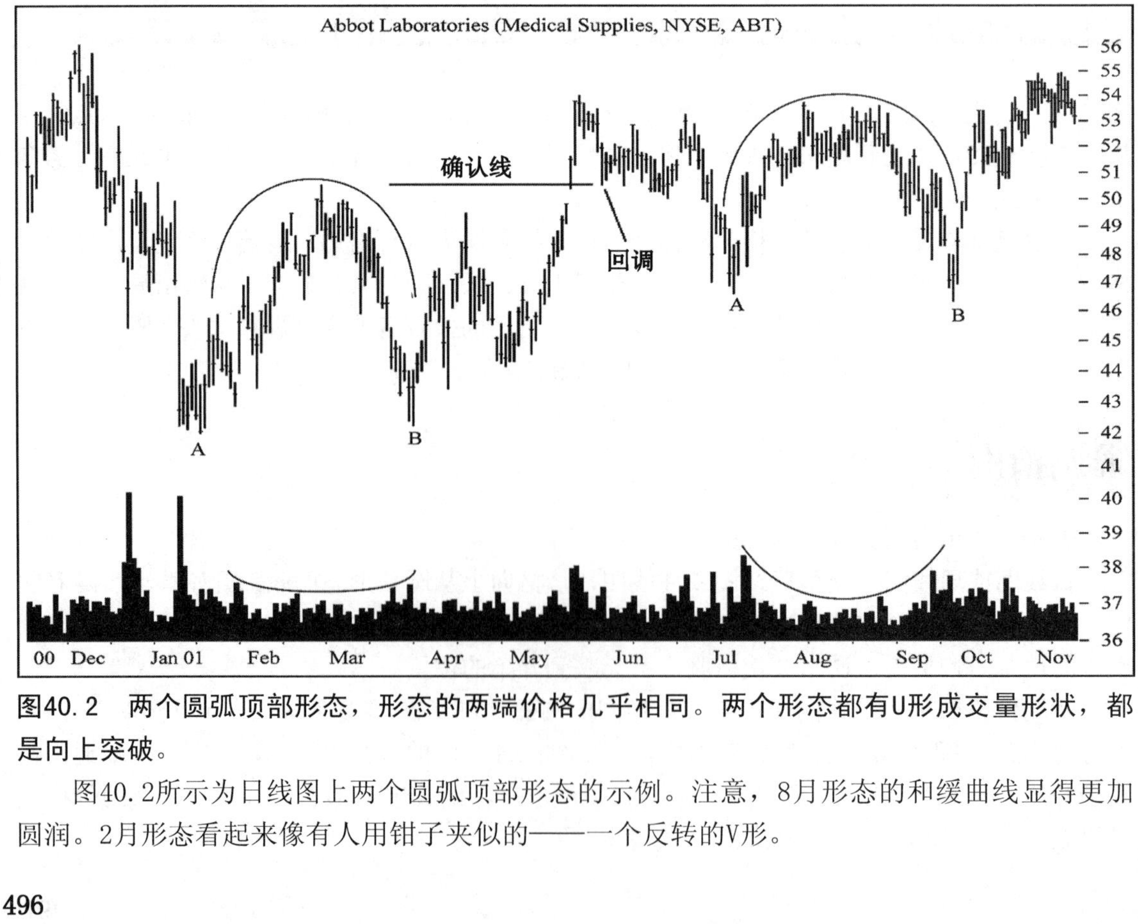

图40.2 两个圆弧顶部形态，形态的两端价格几乎相同。两个形态都有U形成交量形状，都是向上突破。

图40.2所示为日线图上两个圆弧顶部形态的示例。注意，8月形态的和缓曲线显得更加圆润。2月形态看起来像有人用钳子夹似的——一个反转的V形。

每个形态的开始和结束几乎在相同的价格水平上。这个特征是重要的，因为它区分了圆弧顶部形态与扇形形态。圆弧顶部形态可能是复杂头肩形态的一部分，所以要进行检查，如果是这样，就把它当作复杂的头肩形态来交易。

这些示例中的成交量形状是U形，这是圆弧顶部形态成交量的主导形状。不要因为成交量形状是圆弧形的就排除这个形态。在熊市向上突破的形态中，成交量呈圆弧形状提升了形态的表现(市场条件和突破方向的其他组合中表现最好的是成交量形状呈U形的形态)。

这两个形态在价格收盘高于形态最高的高点时，都发生了向上突破。如果是向下突破，价格必须收在点B之下。

关注形态失败

图40.3所示为一个典型的失败例子。价格的转弯是圆弧形状的，在点A和点B(形态的开始和结束)的价格几乎相同，这个形态符合辨识指南的要求。成交量形状是圆弧形状的，这对于圆弧顶部形态来说也是典型的——它发生的占比是43%。

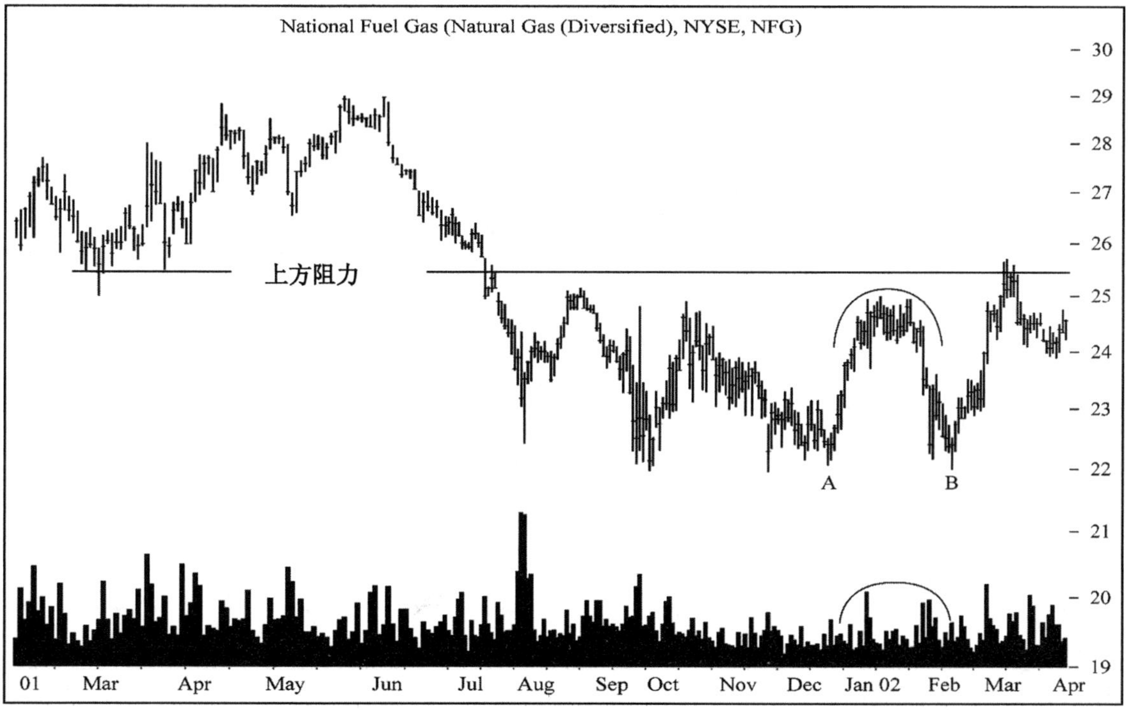

图40.3　上方阻力阻止了这个圆弧顶部形态的向上突破。

购买需求和抛售压力决定了股票价格的走势。基本面驱动这些力量。如果有消息传出说一家公司正在考虑破产，你可以肯定股票价格会下跌。大多数新闻对价格的影响较小。

例如，从2002年1月下旬开始，天然气价格开始上涨，在3月从一个对称三角形突破上行，正好是这只股票冲上一个新的小高点的时间。天然气价格在5月达到峰顶，然后开始了一段长时间的下行，直到8月下跌才结束。对比之下，这只股票在2002年3月见顶，然后持续走低。因此，即使天然气不断走高，这只股票也在暴跌——我们称之为“背离”。然而，这只股票和天然气价格都在几个星期内见底，然后，这只股票领先反弹上涨。

技术因素也影响价格波动，并导致形态失败。例如，如果你知道乔氏商店正在买入一只股票，而它的交易记录是令业界羡慕的，你可能也想买入。这种从众本能就是动量的全部。另一个例子是：共同基金将交易分散在几个经纪人身上，试图让它们大象一般庞大的行动保持隐秘。它们的大交易可能导致价格波动，因此它们在一段时间内分散下单，以减少影响。如果你看到一个负责处理共同基金的经纪人出售一大批股票，你可能也想抛售你的持股(或做空股票)。这种抛售压力是下行动量的原因之一。

在图40.3中，股票上演了向上突破，但撞上了上方的阻力。我只所示为阻力区的末端，其实这个阻力区可以回溯到1997年12月，大约在形态出现之前5年。你可以看到价格是如何在8月和9月，然后在10月，尝试穿透这个天花板。在2002年3月初，它成功地创造了一个新的高点，但上涨很快就停住了，预示着天然气价格的暴跌。图中没有显示，到了7月底，股票下跌到15.61美元，是多年来的低点。

很多时候，价格趋势变化的原因不像这个例子中那么清晰(上方阻力和背离天然气价格)。然而，通过挖掘的基本面和运用技术知识——丰富的经验——你会惊讶于你成功预测的概率。

统计数据

表40.2所示为圆弧顶部形态的综合统计信息。

表40.2　综合统计

描述	牛市 向上突破	熊市 向上突破	牛市 向下突破	熊市 向下突破
形态数量	238个	173个	157个	208个
反转(R)、持续(C)数量	84R, 154C	90R, 83C	89R, 68C	90R, 118C
反转(R)、持续(C)涨/跌幅	36%R, 38%C	19%R, 19%C	-19%R, -20%C	-21%R, -25%C
平均涨/跌幅	37%	19%	-19%	-23%
涨/跌幅超过45%(数量或占比)	82或34%	26或15%	7或4%	14或7%
趋势结束后涨/跌幅	-31%	-35%	57%	53%
形态失败后涨/跌幅	53%[a]	64%[a]	-28%[a]	-38%[a]
标准普尔500指数的变化	18%	-4	6%	-13%
到达最高/低点的天数	161天	77天	45天	25天

注：(-)负号表示下跌；[a]表示样本小于30个。

形态数量　在第一版中我只找到了几个形态。这一次我在之前的搜索范围前面增加5年，从1991年中期开始，又从1999年初开始增加另外5年。利用500只股票，我发现了776个形态，把它们归类到不同的市场条件和突破方向之中。

反转或持续　略超一半的形态(55%)作为价格趋势的持续，其中很大一部分归功于牛市向上突破的形态。平均而言，持续形态表现等于或优于反转形态，所以交易方向要与价格趋势(形态之前的趋势)一致。

平均涨幅或跌幅　牛市的涨幅只略高于其他所有类型形态的平均值，然而熊市的跌幅就比其他所有类型形态的平均值小了。这些数字表明，你应该按市场趋势来交易这种形态：牛市上行，熊市下行。逆势运行的结果较差。

涨幅或跌幅超过45%　在牛市向上突破的形态中有超过1/3涨幅超过45%。这是一个很好的表现。不同市场条件和突破方向的其他组合表现没有这么好。

趋势结束后的变化　正如你可能猜到的,表现最好的形态是在牛市中向下突破的形态在股价到达最低点后的表现。价格平均攀升了57%。不过，熊市的涨幅也不太寒酸：53%。关键是找到最终的低点。即使你等待股价反弹20%，即确立了趋势的变化，这时你加入，你仍然有超过30%的收益(平均)。使用止损指令来保护你的持仓。

失败形态的表现　这种形态在突破失败后确实会表现强烈。我说的失败意思是，在突破后价格波动不到5%就反转朝着新的方向前进了。缺点是，失败形态少(每列都少于30个样本)，所以交易机会有限。更糟糕的是，除非你等待价格运行到形态的另一端，否则很难从一个普通的回调中分辨出失败形态。这个等待牺牲了股价移动幅度的大部分。

标准普尔500指数的变化　注意形态的平均涨幅或跌幅跟随市场趋势的波动有多强。涨幅最大的形态来自牛市向上突破的形态。跌幅最大的形态来自熊市中向下突破的形态。交易方向与市场走势背道而驰将使交易结果变差。因此，进行交易应始终与市场(和行业)趋势一致。

到达最高点或最低点的天数　牛市形态股价上涨到最高点所需的时间(161天内37%)比熊市形态股价到达最低点所需的时间(25天23%)要长。股价下跌的幅度必然比上升幅度要陡峭。这一发现意味着在熊市中你可以做交易的次数比在牛市多，但平均来说，利润将会大幅小于牛市的交易。

表40.3所示为圆弧顶部形态的失败比率。最低的失败比率与市场趋势相关联：多头市场交易多头，熊市做空头。逆势交易有更多的风险。例如，在牛市向上突破的圆弧顶部形态中，20%突破后的涨幅未能超过10%，但在熊市中，36%的形态涨幅没有能够到10%以上。熊市中有一半的形态(51%)没能下跌20%以上，但在牛市中57%的形态没有能够下跌20%以上。

表40.3　失败形态数量或比率

股价最大 涨/跌幅(%)	牛市 向上突破	熊市 向上突破	牛市 向下突破	熊市 向下突破
5(保本点)	22或9%	28或16%	19或12%	18或9%
10	47或20%	62或36%	42或27%	46或22%
15	63或26%	95或55%	62或39%	82或39%
20	82或34%	111或64%	90或57%	107或51%
25	101或42%	123或71%	109或69%	129或62%
30	112或47%	133或77%	124或79%	150或72%
35	127或53%	141或82%	131或83%	166或80%
50	170或71%	155或90%	154或98%	200或96%
75	204或86%	166或96%	157或100%	207或100%
＞75	238或100%	173或100%	157或100%	208或100%

你可以看到，失败比率开始时是低的，但在最大价格涨幅或跌幅稍微变化时，失败比率的攀升多么地迅速。例如，在熊市向下突破的形态显示的失败比率为9%、22%和39%，对应的

跌幅分别为5%、10%和15%。三倍，然后双倍，这在许多形态类型是常见的。

表40.4所示为突破和突破后相关的统计数据。

表40.4 突破与突破后股价表现统计

描述	牛市向上突破	熊市向上突破	牛市向下突破	熊市向下突破
从形态结束到突破	112天	71天	58天	79天
突破在年度价格区间低(L)、中(C)、高(H)各区域分布的百分比	L3%, C18%, H79%	L9%, C23%, H68%	L70%, C27%, H3%	L78%, C21%, H1%
形态在年度价格区间低(L)、中(C)、高(H)各区域突破后的涨/跌幅	L45%[a], C44%, H36%	L31%[a], C21%, H18%	L20%, C18%, H12%[a]	L24%, C19%, H9%[a]
回调/反弹概率	53%	52%	48%	57%
回调/反弹期间	9天	9天	9天	9天
出现回调/反弹形态的平均涨/跌幅	36%	20%	-17%	-20%
未出现回调/反弹形态的平均涨/跌幅	39%	19%	-22%	-27%
出现突破缺口形态的表现	42%	20%	-25%	-24%
未出现突破缺口形态的表现	36%	19%	-18%	-22%
缺口平均金额(美元)	0.83	0.59	1.20	1.97

注：(-)负号表示下跌；[a]表示样本小于30个。

从形态结束到突破 一旦价格回落到右沿儿，股价平均要在2～4个月的时间内回升到形态的高点之上。对于向下突破，股价所需要的时间会短一些，但仍是相当长的，约2个月(58～79天)。

我原来预计股价在形态结束后到达突破价格所需时间最短的应该是突破方向与市场趋势方向一致的形态。如果一个上升的浪潮托起所有的船，那么它将帮助股票攀升得更快。这个解释听起来是不错的，但数据显示的牛市和熊市的情况都并非如此。另一种解释是，熊市中挣扎着要抵御退潮(下跌)的股票，必须有一个很好的理由去攀升。这种攀升的热情使股票上涨的速度远远超过股票在上涨的市场趋势中敷衍上行的速度。

成功交易的关键是找到牛市中有向上暴涨需求的股票，或者在熊市中找到那些不仅想一败涂地，还要挖一个深到地核的洞掉进去的股票。

年度位置 正如你可能猜到的，向上突破出现在年度价格区间高位区域，向下突破经常发生在年度价格区间低位区域附近。

年度位置及表现 由于大多数形态徘徊在年度价格区间的高点区域附近，或者在年度价格区间的低点区域附近挖洞，在其他区域突破的样本数量就很少了。记住这个发现，当突破位置在年度价格区间的低位附近时表现最好。

回调和反弹 大约一半的形态会发生回调或反弹。平均来说，股价需要9天才能回到突破价格。当发生回调或反弹时，股价表现通常会受损。唯一的例外是在熊市向上突破的形态，那些发生回调的形态上涨20%，没有发生回调的上涨19%。

缺口 我不知道缺口有多重要，因为在形态结束4个月后，谁会注意到突破日的缺口？不管怎么样，在所有情况下，缺口都有助于股价表现，有时也会大大提升股价表现。注意向下突破的缺口有多大。

表40.5显示股价从突破到最终的高点或低点的时间频次分布。注意有多少圆弧顶部形态在第1或2周出现趋势变化。最坏的情况出现在熊市向下突破。在前2周中，有近60%的形态触底。这一发现似乎很奇怪，因为突破方向与市场趋势的方向是一致的。由此可见，向下移动必定是剧烈的，建议你应该在突破之前做空股票；否则，可能会错过一个可能的大跌(如果突破日出现突破性缺口)。寻找总体市场(标准普尔500指数)和行业趋势向下，缺乏下方支撑，且在形态之前价格呈下跌趋势的股票。如果这些条件存在，考虑做空股票。股票将在1或2个月内在形态底部的右沿儿触底反弹。当股价在反弹中到达峰顶并开始重新下跌时，做空股票。这一举动应该能让你在突破之前介入到正确的交易方向。使用渐进的止损指令(随着股价下跌而降低止损点)，以防你的交易错误。

表40.5　到达最高点或最低点天数的频次分布

天数	7	14	21	28	35	42	49	56	63	70	>70
熊市,向上突破	25%	6%	6%	6%	8%	4%	2%	3%	2%	1%	37%
牛市,向上突破	15%	3%	5%	5%	4%	4%	3%	4%	2%	2%	55%
熊市,向下突破	46%	13%	9%	8%	6%	2%	3%	1%	0%	2%	9%
牛市,向下突破	25%	8%	10%	10%	6%	4%	7%	6%	2%	2%	21%

其他的突破方向和市场条件组合需要更长的时间达到最终的高点或低点，有时要长得很多。例如，55%在牛市向上突破的形态需要超过70天才能达到最终的高点。数据表明在熊市需要迅速进行交易，在牛市则似乎更加悠闲一些。你有充足的时间来买入股票，但你必须要有耐心才能得到好的回报。

表40.6所示为与形态面积大小相关的统计信息。

表40.6　形态面积大小统计

描述	牛市 向上突破	熊市 向上突破	牛市 向下突破	熊市 向下突破
高形态表现	41%	22%	-21%	-27%
低形态表现	34%	16%	-18%	-19%
高度中值(与突破价格百分比)	23.90%	23.14%	31.02%	42.41%
窄形态表现	39%	20%	-19%	-22%
宽形态表现	35%	19%	-19%	-24%
长度中值	123天	72天	118天	83天
形态平均长度	138天	83天	134天	111天
低窄组合形态表现	33%	17%	-19%	-19%
低宽组合形态表现	36%	14%[a]	-17%[a]	-19%
高宽组合形态表现	35%	21%	-21%	-27%
高窄组合形态表现	52%	25%[a]	-21%[a]	-28%

注：(-)负号表示下跌；[a]表示样本小于30个。

高度　在所有的市场条件和突破方向上，高的形态表现得比低的形态好。例如，牛市中形态高度与突破价格的比值比表中的高度中值高的形态，即高形态，平均涨幅为41%，但低形态涨幅仅为34%。

宽度　当突破方向向上，形态宽度比表中的长度中值小的窄形态表现好。我用长度中值作为窄和宽形态的分割点。

形态平均长度 形态平均长度从83天到138天不等。注意平均值比中间值大，这意味着有大的异常点将平均值向上拉。

高度和宽度的组合 哪一种高度和宽度的组合表现最好？既高又窄的形态表现最好。表现最差的形态是既低又窄或既低又宽的形态。

表40.7显示与成交量相关的统计信息。

表40.7 形态期间成交量统计

描述	牛市 向上突破	熊市 向上突破	牛市 向下突破	熊市 向下突破
上升成交量趋势表现	33%	16%	-19%	-22%
下降成交量趋势表现	41%	22%	-19%	-23%
U形成交量形态表现	42%	19%	-21%	-24%
半圆形成交量形态表现	34%	21%	-18%	-20%
既非U形又非半圆形成交量形态表现	30%[a]	13%[a]	-15%[a]	-21%[a]
巨量突破表现	39%	19%	-20%	-24%
轻量突破表现	30%	19%	-16%	-19%

注：(-)负号表示下跌；[a]表示样本小于30个。

成交量趋势 成交量呈下降趋势的形态在所有情况下表现均优于那些成交量呈上升趋势的形态，但一个情况例外(牛市向下突破)。例如，在牛市中向上突破的形态中，成交量呈上升趋势的形态突破后平均收益为33%，但成交量呈下降趋势的形态收益为41%。

成交量形状 大多数时候，U形状成交量的形态比其他形状的形态表现要好。唯一的例外是在熊市中向上突破的形态。当成交量呈圆弧形状时，形态表现得更好(21%比19%)。

突破成交量 突破成交量超过30天平均值的形态表现等于或优于那些轻量突破的形态。

表40.8所示为圆弧顶部形态的其他统计信息。

表40.8 其他统计

描述	牛市 向上突破	熊市 向上突破	牛市 向下突破	熊市 向下突破
高左沿儿表现	35%	19%	-17%	-22%
高右沿儿表现	39%	19%	-21%	-24%
等沿儿表现	33%[a]	30%[a]	-22%[a]	-15%[a]

注：(-)负号表示下跌；[a]表示样本小于30个。

沿儿及形态表现 大多数情况下，右沿儿较高的形态表现优于那些左沿儿更高的形态。沿儿，指的是圆弧的开始或结束。例如，在图40.1中，沿儿为点A和点B，右沿儿点B高于左沿儿。在图40.2中，8月的圆弧顶部形态显示左沿儿更高(点A)。很少有左右沿儿价格相等的形态，所以我认为这些形态的表现结果是异常的。

交易策略

表40.9所示为圆弧顶部形态的交易策略。

表40.9　交易策略

交易策略	解释
测算规则	从形态高点减去右沿儿的低点，计算结果为形态高度。对于向上突破，形态高度加上形态高点；对于向下突破，从右沿儿低点减去形态高度，计算出目标价格
突破时买入股票或做空股票	当价格收于圆弧顶部形态的高点之上，或右沿儿的低点之下时，买入股票
反弹超过30%时买入	对于一个风险较大但有利可图的交易，在股价上升到右沿儿低点上方形态高度的30%时买入
右沿儿低点支撑	右沿儿低点显示支撑。如果价格回调到这个水平，并继续下行，卖出股票或卖空股票

测算规则　测算规则估计预期的最低目标价格。这个测算规则的效果相当好，对牛市向上突破形态的预测成功率为61%。使用测算规则时，一定要查找阻力区域。阻力区域是价格上涨可能停滞的地方，它使得测算规则表现不佳。使用测量规则，计算形态的最高点减去右沿儿的最低点，得出形态高度。在图40.4中，点A是形态末端的最低点45.63美元，点B是形态的最高点49.88美元，两者之差4.25美元(形态高度)。最高点(点B)加上形态高度等于目标价格。在这个例子中，目标价格是54.13美元，股价于7月初达到目标价格。

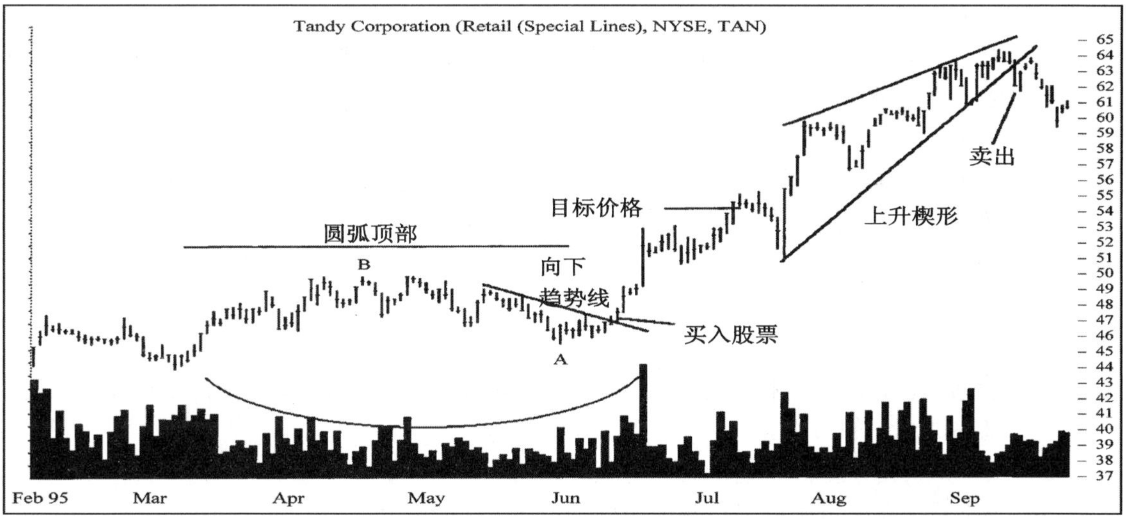

图40.4　一个圆弧顶部形态和一个上升楔形。正如在交易故事中所描述的那样，这种形态变成了莎伦的一个有利可图的机会。她在那个位置买入股票，在上升楔形突破后卖出。

突破时买入股票或做空股票　有几种方法可以从圆弧顶部形态中获利。建议的方法是交易方向与突破方向一致。

反弹超过30%时买入　对于向上突破，这意味着在价格收于形态顶部高点之上时买入。对于向下突破，这意味着在股价收于右沿儿低点下方时做空股票。如果你想承担更多的风险，可以以更低的价格买入股票(在高于右沿儿低点1/3形态高度的位置)。我使用30%的反弹幅度，因为这种规模的上升通常突破了股价转弯下跌时有时会形成的向下倾斜趋势线。突破一条趋势线，或一个30%的回调，通常强劲到足以引起其他投资者的注意(它们跳进上升趋势中)，并使得向下突破的概率达到最小。

右沿儿低点支撑　如果你在圆弧转弯形态结束后买入股票，看到价格上涨1个月左右，成交量呈圆弧形，随着股价跌到右沿儿低点下方，卖出股票。很有可能股价会继续下跌。警惕股价在右沿儿的反弹，因为该区域有时充当支撑区域。一往如常，查看其他的支撑区域，以衡量下跌可能会有多远。

交易故事

莎伦是个精力充沛的球员。她是你看到的在专业滑雪坡道上失控后横冲直撞的那个人；她是你看到的下班后一夜又一夜地在酒吧放松、周围都是男人的那个人。换句话说，她很有趣，是社交场上的活跃人物。

她的投资风格反映了她的生活方式。当她发现图40.4中的圆弧顶部形态时，她等待着正确的买入时间。开始的时候，她认为这可能是一个头肩形顶部形态，但两个肩部和头部在相同的价格水平，成交量形态也不对。

在6月中旬，当价格开始上行，穿透了向下倾斜的趋势线，她买入股票，在47美元完成买入交易。然后，她坚持持股，每天看着股票。随着股价上涨，她注意到，股价从小高点到小低点振幅似乎正在缩小。对她来说，这些振幅表明，一个上升楔形正在形成，但成交量形态不正常。对于一个上升楔形，成交量形态往往是随着时间的推移而递减。

9月初，莎伦变得惊慌起来，因为成交量趋势开始大幅下降。她的研究显示，在一个上升楔形突破之前，成交量趋势往往出现剧烈下降。所以在价格下跌后的那一天，她把股票在62美元卖出了。

她的分析是完美的。在出售股票后，价格又反弹到楔形底部趋势线下方，在那里徘徊了2天，然后才暴跌。在新年伊始，股票跌到了34.13美元的低点。

交易秘籍

下面的列表包含交易这种形态的提示和观测结果，以帮助你选择表现更好的形态，更多的信息，请参阅相关的表格。

●使用辨识指南以正确识别形态。见表40.1。

●顺势交易：在牛市中做多，在熊市中做空。见表40.2。

●持续形态表现优于反转形态。见表40.2。

●逆势交易有更大的失败比率，所以交易方向应与市场趋势一致。见表40.3。

●选择在年度价格区间低位区域附近向下突破的形态。见表40.4。

●回调和反弹通常会损害股价表现。避免上方阻力或下方支撑。见表40.4。

●选择有突破日缺口的形态。见表40.4。

●在市场和行业下跌的趋势下，在形态没有下方支撑，价格下跌进入形态，则做空股票。在价格到达右沿儿低点，反弹上行，然后开始下行，则进行交易，并使用渐进的止损指令。见表40.5。

●选择高形态或既高又窄的形态。见表40.6。

●选择成交量呈下降趋势、形状呈U形以及巨量突破的形态。见表40.7。

●选择右沿儿高的形态。见表40.8。

第四十一章　扇形上升形态
Scallops, Ascending

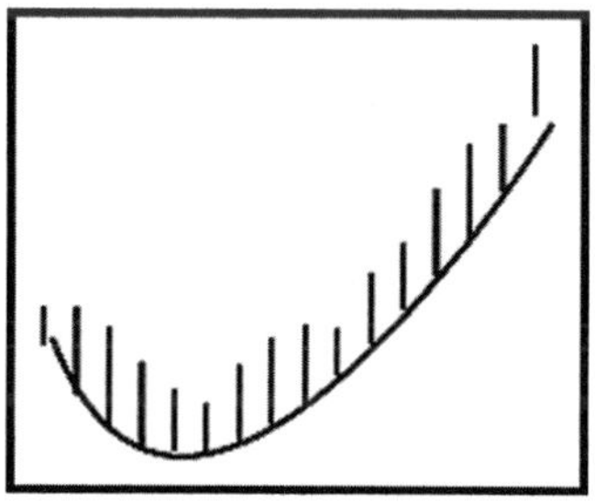

统计简报

向上突破

形状	价格峰值，回调，圆弧转弯，然后形成一个更高的峰值。价格形态看起来像向上突破的字母J。	
反转或持续	短期持续，行情看涨。	
	牛市	**熊市**
表现排名	16/23	18/19
保本失败概率	10%	16%
平均涨幅	31%	19%
趋势结束后的变化	-32%	-34%
成交量趋势	向上	向上
回调概率	58%	42%
实现目标价格概率	58%	39%
意外发现	反转形态的表现优于持续形态。表现最佳的形态是那些在年度价格区间低位区域附近突破的形态。缺口有助于股价表现。高形态比低形态表现好。在上涨价格趋势中的扇形形态往往变得越来越低和窄。窄扇形股价突破后达到最高点需要的时间比宽扇形少。成交量呈上升趋势和成交量呈U形状的形态表现突出。	
参见	杯柄形态；复杂头肩形底部形态；圆弧底部形态。	

向下突破

形状	与向上突破形状相同，但突破方向向下。	
反转或持续	短期反转，行情看跌。	
	牛市	**熊市**
表现排名	20/21	19/21
保本失败概率	27%	14%
平均跌幅	14%	19%
趋势结束后的变化	54%	46%
成交量趋势	向上	向上
反弹概率	56%	57%
实现目标价格概率	25%	30%
意外发现	表现最佳的是那些在年度价格区间低位附近突破的形态。缺口有助于突破后的股价表现。高形态比低形态表现好。在上涨的价格趋势中的扇形往往变得低和窄。成交量呈上升趋势、成交量呈圆弧形状以及巨量突破的形态表现突出。	
参见	杯柄形态；复杂头肩形底部形态；圆弧底部形态。	

最让我印象深刻的是上升扇形糟糕的表现。我认为表现良好的形态是它的保本失败概率应该低于20%。在牛市向下突破的扇形上升形态中，27%的形态下跌没有能够超过5%。向上突破的形态表现得比较好，但10%或16%的失败比率并不鼓舞人心。两个突破方向的平均涨幅或跌幅也低于平均水平。

或许，上升扇形唯一可以弥补的品质是它们预测趋势结束的能力。平均而言，在一系列扇形形态中，与前面的扇形相比，后面扇形的长度会越来越窄、越来越短。例如，在一个由三个上升扇形组成的系列中，第一个扇形将比最后一个更宽更高。此外，在价格峰顶(上涨价格趋势的结束)的扇形向下突破后，行情是看跌的，通常意味着趋势的变化。

导入

图41.1所示为三个上升扇形，第一个特别大。它看起来像一个圆弧底部形态，除了那个小高点，这个在形态右边的小高点是形态结束的地方(在4月中旬)，它远远高于形态左边的小高点(在12月初)。这种情况在上升扇形中是典型的——右边高点在左边高点之上。不过，如果两个峰顶在价格上彼此接近，那也是可以的。这一特征往往预示着系列扇形和上涨价格趋势的结束。

J形状出现在图41.1中最小的扇形上。看到这个形态我有些震惊。在寻找扇形时，人们应该查看价格线的底部，而不是价格线顶部。如果你把前面两个形态的小低点连接起来，就会发现价格呈一个碗形。在那个最小的形态，碗的形状是不清楚的，除非你沿着价格线的高点跟踪。

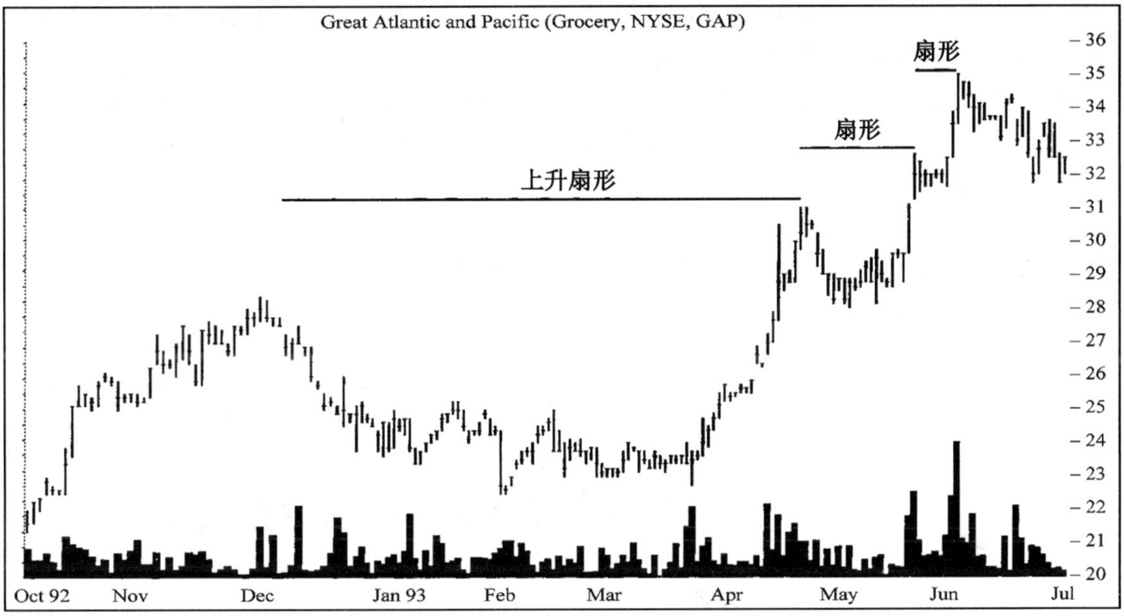

图41.1　三个上升扇形。形态像字母J。

图41.1中最小的形态具有最佳的成交量形态——U形趋势。这种成交量形态在上升扇形中是常见的，但这不应该被视为一个必备条件。第一个扇形没有一个容易辨认的碗状成交量趋势，但它确实是有一个碗状成交量趋势。在形态末端附近的成交量峰值比形态中心的高。

辨识指南

表41.1所示为上升扇形的辨识指南。

表41.1　辨识指南

特征	讨论
价格趋势	价格应该上升进入扇形上升形态
J形状	寻找两个价格峰值，双峰之间有一个圆弧的凹陷，且右峰值更高。上升扇形看起来像字母J
成交量	上升扇形的成交量趋势往往呈U形状
宽度	扇形在接近趋势开始处比接近趋势末端处更宽，但允许有变化
两端不相等	如果扇形的末端和开始的价格几乎相等，这表明趋势将接近结束

价格趋势　正如人们可能从形态的名称猜测，上升扇形出现在上涨的价格趋势中。它们很少出现在下跌的价格趋势中。在大多数情况下，当扇形在长期下跌趋势之后出现时，它标志着一个趋势的变化(从向下到向上)。

J形状　形态看起来像字母J。左侧的峰值低于右侧，在双峰之间有一个圆弧的凹陷。两个峰值的价格不应该接近(否则，形态为杯柄形态，或圆弧转弯，或双顶形态)。

成交量　成交量通常看起来像价格形态：在末端比在中间高。但是，不要排除成交量呈圆弧或其他形状的扇形。

宽度　宽扇形通常标志着价格上涨趋势的开始，而窄扇形通常出现在接近趋势的末端。

我的这个观察结果基于扇形的平均宽度，所以有时你看到的正好与此相反：宽扇形出现在趋势的末端，窄形态出现在趋势开始附近。

两端不相等 在一个扇形系列中，很多时候在系列中最高的扇形看起来像一个圆弧形态或双顶形态，它的开始和末端价格几乎相同。在这种情况下，股价可能会立即发生向下突破，或者趋势变化很快就会出现。对数据库的检查表明，开始和结束价格接近的扇形表现不如那些两者价格离得更远的形态。

图41.2所示为两个上升扇形的例子，第一个向上突破，第二个向下突破。当价格收在形态的最高点(点A)之上，向上突破发生。当价格收低于形态的最低点(点B)时，出现向下突破。这两个形态都有圆弧形状的成交量，这对于扇形来说是不寻常的。

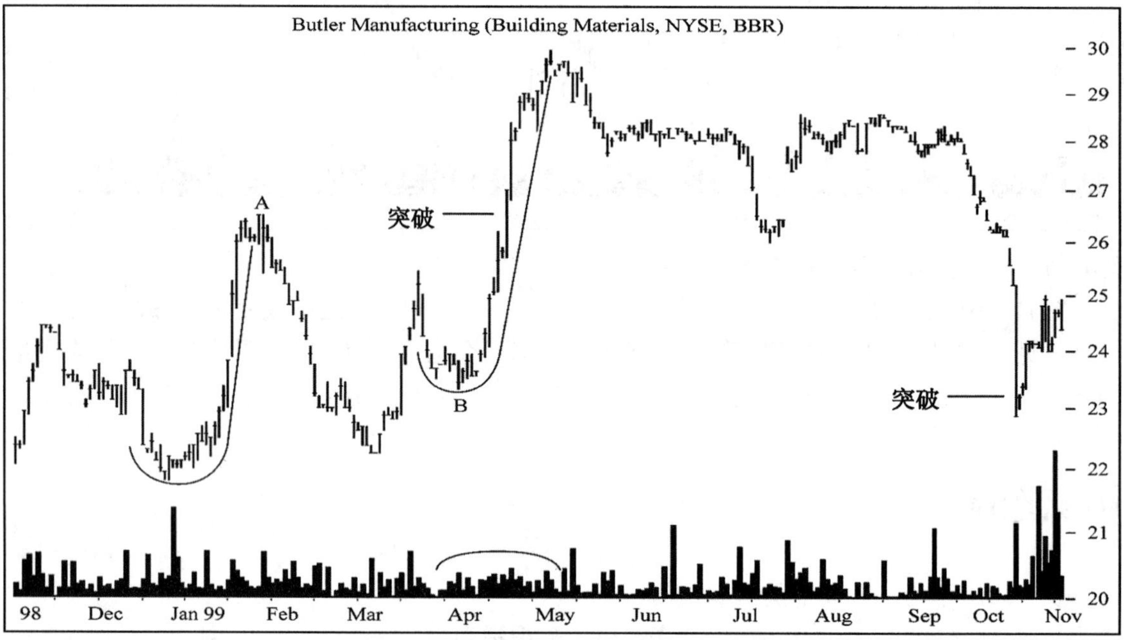

图41.2 两个扇形上升形态，第一个向上突破，第二个向下突破。价格必须收在高于或低于扇形，才发生突破。

每个扇形的J形状都轮廓清晰，形态末端的价格远远高于形态开始。在开始和结束之间是一个看起来圆弧的凹陷形态，形成了扇形形态的底部。有时转弯看起来不规则，在谷底会有一些价格线挡在圆弧线上，但那样也是可以的。使用本章中的形态图作为上升扇形的例子。

关注形态失败

扇形也会遭受我所说的5%失败。5%失败是指当价格突破在预期的方向，但没有继续在同一方向移动超过5%。价格原路返回，朝着相反的方向运行，有时会导致投资者赔钱。图41.3所示为一个失败形态的例子。

在4月到5月期间，图41.3中的上升扇形没有什么问题。价格很好地向上转弯，并继续走高，如果你忽略成交量在5月初的双峰，成交量形态是碗状。然而，7月末的形态标志着股票的高点。同样，这个形态真的没有问题。J形状很明显也很圆润。成交量形态有点崎岖，但两端都比中间的高。形态的狭窄是它失败的一条线索。形态大约2个星期宽，对于扇形形态来说，这是相当狭窄的(平均宽度是1个月长)。从高点19美元，股票以波浪起伏的方式向下运行，到这项研究结束(1996年7月中旬)时，股价为13.50美元。

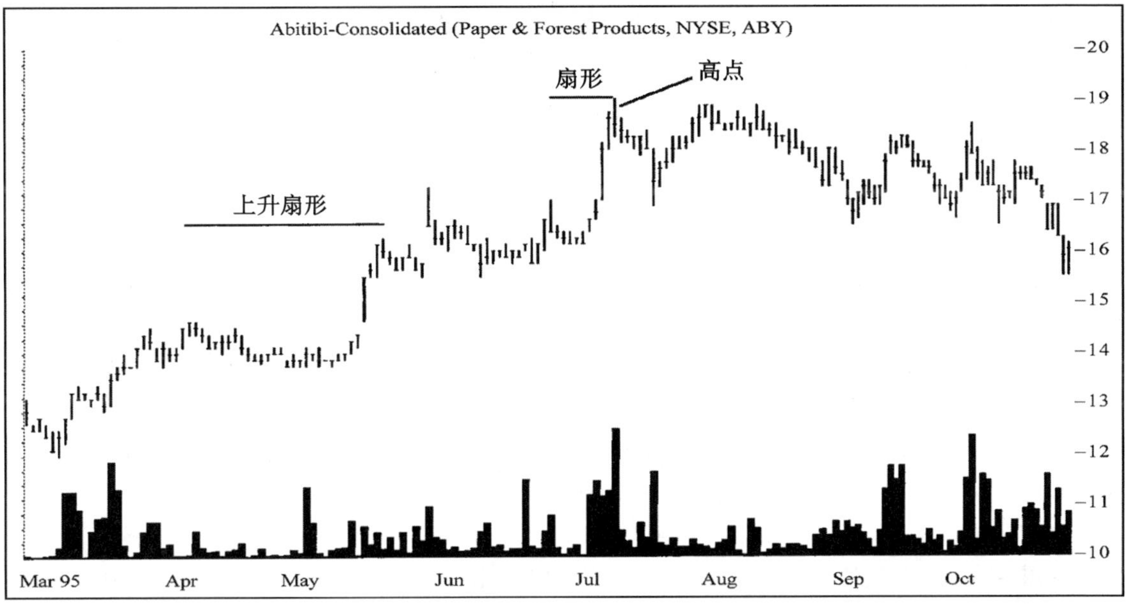

图41.3　在6月底出现的失败的扇形上升形态。大多数扇形充当价格趋势的盘整阶段，但在6月底的后面的狭窄上升扇形标志着股价已经到达峰顶。

统计数据

表41.2所示为上升扇形的综合统计数据。

表41.2　综合统计

描述	牛市 向上突破	熊市 向上突破	牛市 向下突破	熊市 向下突破
形态数量	736个	365个	161个	118个
反转(R)、持续(C)数量	84R, 652C	53R, 312C	147R, 14C	94R, 24C
反转(R)、持续(C)形态涨/跌幅	33%R, 31%C	23%R, 19%C	-14%R, -11%C	-17%R, -24%C
平均涨/跌幅	31%	19%	-14%	-19%
涨/跌幅超过45%(数量或占比)	198或27%	47或13%	1或1%	6或5%
趋势结束后涨/跌幅	-32%	-34%	54%	46%
形态失败后涨/跌幅	53%[a]	39%[a]	-27%	-33%
标准普尔500指数的变化	12%	-4%	1%	-17%
到达最高/低点的天数	162天	68天	44天	35天

注：(-)负号表示下跌；[a]表示样本小于30个。

形态数量　扇形上升形态是丰富的。我搜索从1991年中期到1996年的500只股票数据，从1999年到2003年的300只股票数据，以及从2000年到2003年约100只股票数据，找到1380个扇形形态，我就放弃了继续搜索。即使如此，我发现的向下突破形态还是相对较少，正如你可能会预料到的。

反转或持续 向上突破的扇形作为当前(上升)价格趋势的持续。向下突破的扇形作为上升趋势的反转，有一些分散在下跌的价格趋势中(那些形态作为持续形态)。除熊市向下突破的形态外，在其他所有情况下作为反转形态的扇形表现都优于作为持续的扇形。

平均涨幅或跌幅 牛市和熊市的平均涨幅都低于我希望看到的，也低于所有形态类型的通常表现。即使是向下突破的形态，表现也低于普通水平。

涨幅或跌幅超过45% 一个亮点是27%的扇形在牛市中攀升45%以上。这表明你应该在牛市中交易向上突破的上升扇形，或者交易方向与市场趋势一致：在牛市中交易上行的股票，在熊市中交易下跌的股票。

趋势结束后的变化 一旦价格达到了最高点或最低点，反弹并不惊人，尤其是向下突破的扇形。

失败形态的表现 这些数字表明，如果扇形在一个方向上突破，然后反转，则交易新的方向。例如，如果股票向下突破，下跌了一点，然后回升，收在扇形左高点之上(两个扇形峰值中较低者)，则买入股票。使用止损指令来保护你的利润和控制损失。很多时候，股价在突破方向上的小移动(5%或更少)是在突破相反方向大反弹的前兆。当然，那就是一个失败形态的定义。

标准普尔500指数的变化 注意看指数的大幅变化(涨幅12%)是如何帮助向上突破扇形在牛市的表现(涨幅31%)。熊市指数(下跌4%)压低了扇形突破后的价格上涨(上涨19%)。向下突破所示为同样的趋势：上升的总体市场(1%的上升)损害了向下突破形态的表现(跌幅14%)，下跌的总体市场(-17%)裹挟向下突破的形态(下跌19%)。这些数字增强了这样的信念：你应该以当前市场趋势为方向进行交易，避免逆势交易。

到达最高点或最低点的天数 在牛市中，扇形突破后攀升31%需要162天，在熊市中，扇形花35天下跌19%。按比例而言，以牛市股价运行的斜率，熊市形态下跌19%应花99天。因此，熊市的下跌一定是比牛市的上涨更陡峭。这个发现不是上升扇形独有的。这表明，要使交易获利最大化，应充分利用熊市中的做空交易。熊市做空交易速度会更快，但交易获利不会那么容易，只有老练的交易者才应该尝试。

表41.3所示为上升扇形的失败比率。这个形态的失败比率高于其他许多形态。考虑到27%的扇形在牛市突破下跌少于5%。近一半(46%)下跌少于10%。显然，你应该避免逆着市场趋势的交易。

注意失败比率如何攀升。在大多数情况下，它们在股价从5%移动到10%时翻一倍。保本点从10%移动到15%时失败比率上升50%。让我举个例子，牛市中的扇形在向上突破时，有10%的形态涨幅不超过5%。涨幅上升仅到10%，失败比率翻了一倍，上升到21%；涨幅移动到15%时，失败比率攀升到30%。该失败比率(30%)是保本点失败比率10%的3倍。

表现最好的形态来自交易方向与市场趋势一致的扇形：牛市向上突破和熊市向下突破，它们的失败比率最低。在熊市中，向上突破的扇形比那些向下突破的扇形在股价移动幅度更大时表现更佳。也就是说，股价在移动15%之后，向上突破的失败比率低于那些向下突破形态的失败比率。

表41.3　失败形态数量或比率

股价最大涨/跌幅(%)	牛市向上突破	熊市向上突破	牛市向下突破	熊市向下突破
5(保本点)	76或10%	60或16%	44或27%	17或14%
10	151或21%	122或33%	74或46%	34或29%
15	218或30%	168或46%	100或62%	52或44%
20	294或40%	209或57%	118或73%	73或62%
25	367或50%	245或67%	134或83%	83或70%
30	431或59%	267或73%	146或91%	96或81%
35	471或64%	288或79%	154或96%	104或88%
50	562或76%	327或90%	160或99%	113或96%
75	640或87%	346或95%	161或100%	118或100%
＞75	736或100%	365或100%	161或100%	118或100%

表41.4所示为与突破及突破后相关的统计数据。

表41.4　突破与突破后股价表现统计

描述	牛市向上突破	熊市向上突破	牛市向下突破	熊市向下突破
从形态结束到突破	42天	34天	61天	63天
突破在年度价格区间低(L)、中(C)、高(H)各区域分布的百分比	L4%, C14%, H82%	L6%, C24%, H70%	L23%, C50%, H27%	L48%, C43%, H8%
形态在年度价格区间低(L)、中(C)、高(H)各区域突破后的涨/跌幅	L40%[a], C30%, H32%	L22%[a], C21%, H19%	L15%, C13%, H15%	L22%, C17%, H13%[a]
回调/反弹概率	58%	42%	56%	57%
回调/反弹期间	9天	8天	10天	9天
出现回调/反弹形态的平均涨/跌幅	30%	20%	14%	18%
未出现回调/反弹形态的平均涨/跌幅	33%	19%	14%	20%
出现突破缺口形态的表现	34%	21%	15%	20%[a]
未出现突破缺口形态的表现	31%	19%	14%	18%
缺口平均金额(美元)	0.43	0.34	0.24	1.20

注：[a]表示样本小于30个。

从形态结束到突破　平均来说，价格需要1个多月的时间才能收于扇形的高点之上，需要2个月的时间收低于扇形的低点。对于向上突破，这是价格在J形态上形成一个手柄时间，它看起来就像一个厨房里的长柄勺，厨师把长柄勺挂到钩上，方便拿到。在某些情况下，回调下跌的股价可能远远低于扇形的顶部，但仍然会高于扇形的底部(否则，股价将会向下突破)。

年度位置　向上突破的扇形通常形成在年度价格区间高位附近(以突破来衡量)。向下突破的形态最经常发生在年度价格范围的中间，或者，如果是在熊市，则在年度价格区间低位附近。

年度位置及表现　表现最好的形态是那些位于年度价格区间低位的扇形，如果你相信这些基于低样本量的结果。

回调和反弹　大约有一半的概率发生回调和反弹。当它们发生时，股价需要8～10天的时间才能回到突破价格。有时，当突破方向与市场趋势一致时，回调会损害股价表现。在选择扇形进行交易之前，查看附近的下方支撑或上方阻力。出现回调和反弹的风险是，价格会继续朝着与突破相反的方向前进，你将会蒙受损失。在交易前查看支撑和阻力，避开回调和反弹。

缺口 在突破日出现缺口将提升扇形的表现。在所有情况下，表现差异都很小。

表41.5 显示突破后股价到达最终的高点或低点的时间频次分布。注意许多扇形达到最高点或低点的速度有多么快。例如，在熊市中有一半的扇形在2周或更短的时间内达到了最终的低点。与此相比，牛市形态在此期间仅有21%的形态到达最高点。在统计表的另一端，有一半的牛市形态在2个月后仍在寻找最终的高点。

表41.5 到达最高点或最低点天数的频次分布

天数	7	14	21	28	35	42	49	56	63	70	>70
熊市,向上突破	23%	8%	7%	7%	5%	5%	3%	4%	2%	2%	33%
牛市,向上突破	15%	6%	3%	4%	2%	4%	3%	4%	3%	3%	52%
熊市,向下突破	35%	15%	6%	7%	6%	3%	4%	2%	2%	3%	18%
牛市,向下突破	35%	9%	7%	6%	8%	5%	6%	2%	1%	0%	20%

由表41.5可知，不同的市场状况和突破方向，你的交易将需要多长时间。它表明，在牛市要有耐心(向上突破)，对于向下突破要注意一触即发(35%的形态在1周内达到最低点)。

注意，在35天，牛市向上突破的扇形数据有小幅上升(上升到8%)。我在其他形态也看到，在交易1个月后股价趋势疲软。所以如果股价出现疲软，要准备结束你的持仓。

表41.6所示为与形态面积大小相关的统计信息。

高度 在所有的市场条件和突破方向上，高形态的表现均优于低形态。形态面积大小是衡量股价突破后可能的表现的重要工具。从形态的最高点到最低点测量形态高度，然后除以突破价格(这里指的是扇形的最高点或最低点)。如果结果比表中的高度中值高，那么你有一个高的扇形。

宽度 股价的表现跟着市场趋势走：当交易与市场方向一致(牛市向上，熊市向下)时，宽形态表现得更好。当突破方向与市场潮流相左时，窄扇形表现得更好。我用长度中值作为宽和窄形态之间的分割点。

形态平均长度 扇形的平均长度是大约40天，牛市向上突破的扇形显示长得多的平均长度(53天)。

高度和宽度的组合 除了在熊市向下突破的扇形，其他高度和宽度组合的表现通常与其各自的结果一致。熊市向下突破的扇形中，既高又窄的形态表现得最好。避免交易低扇形。

系列中扇形的宽度和高度 我在上涨的价格趋势中查看连续的扇形，发现当它们所处的股价位置越来越高时，它们往往变得越来越窄、越来越短。图41.1和图41.3所示为这一特征。我看到过在攀升时变得越来越宽的扇形系列。所以这个发现因股票和股票不同都有差异。如果你在长的上涨趋势中看到一个扇形出现，而它似乎异常的宽或窄，那么可能就接近趋势的终点，考虑在别处寻找一个更有希望的交易机会。什么是异常的宽或窄？使用表41.6中的平均值和长度中值以及本章中的股票图作为参考。由于扇形很丰富，在你打算交易的股票中寻找它们，将它们和同一行业其他股票的扇形进行比较，以获得关于扇形宽度更好的感觉。

表41.6 形态面积大小统计

描述	牛市 向上突破	熊市 向上突破	牛市 向下突破	熊市 向下突破
高形态表现	34%	23%	16%	20%
低形态表现	29%	17%	12%	18%
高度中值(与突破价格百分比)	19.77%	22.67%	21.47%	25.47%
窄形态表现	30%	20%	16%	18%
宽形态表现	33%	18%	12%	19%
长度中值	39天	35天	34天	31天
形态平均长度	53天	40天	42天	40天
低窄组合形态表现	29%	18%	13%	15%
低宽组合形态表现	30%	15%	11%	20%[a]
高宽组合形态表现	35%	21%	13%	18%
高窄组合形态表现	33%	24%	21%	23%[a]
三个扇形的系列中第一、第二、第三扇形的平均宽度(天)	54,56,49	41,37,37	47,35,43	40,42,31
三个扇形的系列中第一、第二、第三扇形的平均高度(与突破价格的百分比)	22%,20%,19%	23%,23%,22%	19%,17%,19%	25%,21%,17%
窄扇形：股价到达最高点或最低点的天数	147天	66天	48天	31天
宽扇形：股价到达最高点或最低点的天数	176天	70天	40天	40天

注：[a]表示样本小于30个。

扇形的宽度和时间 我用宽度中值作为窄和宽形态之间的分割点，然后将时间映射到最高点。我发现，窄形态达到终点所需要的时间少于(通常)宽形态。例外是在牛市向下突破的形态，那一类形态中窄扇形多花了8天的时间才达到最终的低点。

表41.7所示为与成交量相关的统计信息。

表41.7 形态期间成交量统计

描述	牛市 向上突破	熊市 向上突破	牛市 向下突破	熊市 向下突破
上升成交量趋势表现	32%	20%	14%	19%
下降成交量趋势表现	30%	16%	13%	17%
U形成交量形态表现	32%	20%	12%	18%
半圆形成交量形态表现	30%	19%	17%	20%
既非U形又非半圆形成交量形态表现	29%	14%[a]	4%[a]	12%[a]
巨量突破表现	33%	19%	15%	19%
轻量突破表现	28%	19%	12%	18%[a]

注：[a]表示样本小于30个。

成交量趋势 扇形在上升的成交量趋势中表现更好。在大多数情况下，表现差异很小，所以不要让成交量趋势否决一个有希望的交易机会。不过，如果你发现两个同等投资价值的扇形，交易成交量呈上升趋势的那个。

成交量形状 向上突破且有U形成交量的扇形表现最佳。当成交量为半圆形状时，向下突破的扇形表现更好。

突破成交量 由表41.7可知，巨量突破通常比轻量突破会将股价推得更远。我使用了30天平均成交量(直到突破，但不包括突破)作为巨量和轻量之间的分割点。

交易策略

表41.8所示为上升扇形的交易策略。

表41.8 交易策略

交易策略	解释
测算规则	将形态右边高点减去形态最低点，计算出扇形高度。对于向上突破，将形态高度加到形态右边最高点；对于向下突破，将形态高度从形态最低点减去，结果就是预期的最低目标价格
手柄	一旦价格上升到右沿儿的高点，它们就会下跌。如果它们下跌到形态底部下方，那么突破将是向下的
买入点	一旦价格下跌到右边的高点之下并见底，就可以买入股票
止损	低于最低价0.15 美元

测算规则 第一种交易策略是确定一旦形态完成，价格可能会移动多远。这个估计方法被称为测算规则，因为它涉及测量形态高度并将其应用于突破点。

将形态右边的高点减去形态碗状的最低点，计算出形态高度。一旦你有了形态高度，将其加上形态右边的最高点(向上突破)或从形态的最低点减去形态高度(向下突破)，结果就是预期的最低目标价格。举一个例子来解释，以使得计算变得更加清晰。如图41.4所示，仔细看一下9月下旬形成的上升扇形。将测量规则应用于此形态。从右侧高点减去形态底部，计算形态高度。点B是形态底部低点12.50美元，右侧高点A是16美元，相差3.50美元是形态高度。将形态高度加上右侧高点(点A)得出目标价格19.50美元。价格在4月下旬达到目标价格(图41.4中未显示)。如果扇形向下突破，那么用形态低点(点B)减去形态高度得出目标价格。在这个例子中，目标价格是9美元(12.50-3.50)。

手柄 一旦扇形完成，价格就会下跌。它们将回吐全部或部分收益(即从右边高点到碗形低点)然后掉头向上(向上突破)，或继续向下(向下突破)。在图41.4中，您可以看到，第一个扇形后的回调将价格跌到扇形左沿儿的高点14.25美元。11月的扇形回调后，价格跌回到了碗形低点的附近。

买入点 一旦价格在右侧达到顶峰，开始下跌，等待下跌结束。在有些情况下，另一个扇形将会形成，在碗形期间买入股票将是相对容易的。

止损 止损点应超过支撑或阻力水平0.15美元。图41.4中，设置止损指令的位置为12.35美元或第一扇形的形态低点(点B)下方0.15美元处。如果从买入点算起，这样的损失太大，考虑将止损点移动到左峰值下方。如图41.4所示，左峰值是一个支撑区域，但是支撑位置不同的形态是不同的。

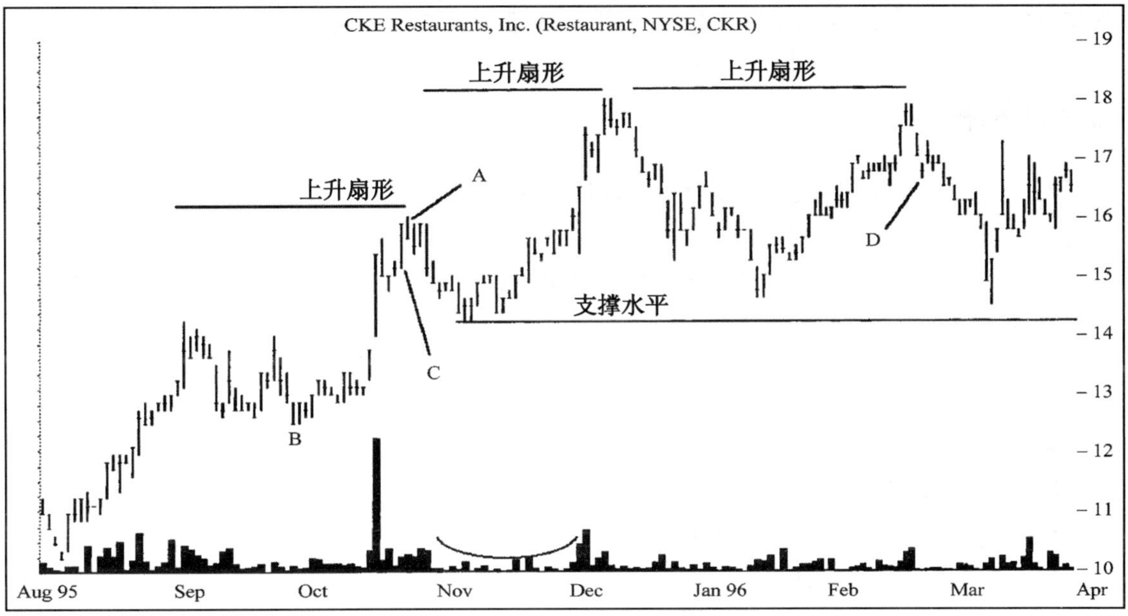

图41.4　三个连续的扇形上升形态。正如交易故事中所描述的，克里斯蒂在股价到上升扇形顶部上方(点C)时买入股票。最后的扇形是一个V形碗状，右边缘的价格与左边的高点几乎相同。她在点D卖出股票。

交易故事

克里斯蒂对图41.4中左侧的扇形感兴趣。扇形碗状部分的V形和下降的成交量趋势让她担忧。但她喜欢这家餐馆公司的前景，她的基本分析相当全面，结果很诱人的。

在点C买入股票之前，她计算了估计的收益，并将其与损失的风险进行了比较。目标价格是上升到18.75美元(她使用3天前的右边峰值)。风险点为14美元，这是左侧的高点，也是1994年初股价曾经达到的巨大的支撑区域。在她的买入点15.25美元，风险是1.25美元(15.25-14)，潜在的回报是3.50美元(18.75-15.25)。回报与风险的比例接近3:1，高到足以冒风险交易。

当价格在当天高位收盘时，她感到欣慰，这表明第二天的价格仍将继续走高。第二天，价格确实达到了一个新的高位，但收盘走低。当她随时了解股票的每日报价时，股价在过去的一两周的下跌趋势令她担忧。但她并不过分担忧。克里斯蒂认出了另一个扇形形成中的圆弧转弯，看到她的止损点还没有被触发。

日复一日，她跟踪着股票，她不喜欢在扇形系列中的第三个扇形(最右边的那个)。那个碗状是不规则的，成交量形态没有说服力。当股价暴跌前在旧高点处停止上行，她知道上涨已经结束。当价格从碗形的低点(未显示)击穿了上升趋势线，她结束持仓，在16.75美元卖出股票，在图中显示为点D。

就短期而言，克里斯蒂是正确的，价格下跌。股价向下移动，直到到达碗形的底部，然后反弹。到了6月中期，股价已经几乎翻了一番，达到了28.75美元，比18.75美元的目标价格高出10美元。不过，在她的1000股交易里，她赚了近1500美元。

交易秘籍

下面的列表包含交易这种形态的提示和观测结果，以帮助你选择表现更好的形态，更多的信息，请参阅相关的表格。

●检查辨识指南以正确选择形态。避免过宽或过窄的扇形和峰值价格接近相同的扇形。见表41.1。

●交易方向与市场方向一致：牛市中交易向上突破的形态，熊市中交易向下突破的形态。见表41.2。

●交易反转形态，除非熊市向下突破的形态。见表41.2。

●在牛市中向上突破的扇形失败比率最低。见表41.3。

●选择在年度价格区间低位区域突破的形态。见表41.4。

●突破日缺口有助于股价表现。见表41.4。

●在股价向下突破后要准备迅速获利了结。见表41.5。

●选择高形态。见表41.6。

●连续的扇形越是接近趋势末端，变得越来越窄、越来越低。见表41.6。

●窄扇形通常花费较少的时间到达最高点。见表41.6。

●选择一个上升的成交量趋势的扇形。见表41.7。

●选择U形成交量形状的扇形(向上突破)或半圆形成交量的扇形(向下突破)。见表41.7。

●选择突破成交量大于平均值的扇形。见表41.7。

第四十二章　扇形上升形态之倒置形态
Scallops, Ascending and Inverted

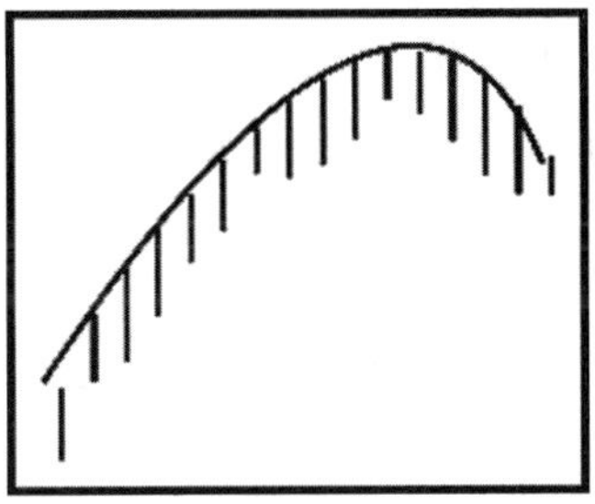

统计简报

向上突破

形状	看起来像一个向后仰的倒置字母J，或雨伞的右半部分。	
反转或持续	短期持续，行情看涨。	
	牛市	**熊市**
表现排名	3/23	7/19
保本失败概率	4%	7%
平均涨幅	43%	26%
趋势结束后的变化	-32%	-33%
成交量趋势	向下	向下
回调概率	61%	65%
实现目标价格概率	61%	55%
意外发现	反转形态表现优于持续形态。突破位置在年度价格区间低位附近的形态表现最佳。回调损害股价表现。高形态比低形态表现好。在上升扇形系列中，扇形的宽度和高度呈现递减。在突破后，宽扇形需要更长的时间才能到达最高点。	

上升扇形倒置形态是我几年前发现的一种形态。我那时候想，上升扇形和下降扇形是否有相应的倒置形态？它们看起来会是什么样子？没有花很长时间，我就发现了倒置的上升扇

形。我认为它所示为很好的前景，所以就简要地研究它，然后才把它放在一边。本章将进一步了解该形态的表现，并探讨它的许多意外发现。

这种形态看起来像一个向后仰的倒置字母J或打开的雨伞的右半边。保本失败概率低，在牛市4%，在熊市7%，但随后的攀升迅速。突破后平均涨幅在牛市43%，在熊市26%，两个数字都很好。

如统计简报中所述，这个形态有许多意外发现，下面详细讨论这些内容。

导入

一个上升的倒置扇形是什么样子的？图42.1所示为两个示例。注意，长期价格走势是向上的，这个上行的趋势从1996年秋季开始，阶梯式的上涨，直到2月，然后下跌，进入扇形。

第一个扇形在点A开始、在点B结束，两个小低点都标志着短期价格趋势的变化。成交量趋势是没有异常，除了轻微的向下倾斜。第二个扇形在点B开始、在点C结束。这个扇形的成交量趋势是圆顶形状，如图42.1所示。

两个扇形都是从一个上坡攀升的价格开始的，在顶部之前，股价直线上行，到了顶部，股价圆弧转弯。我喜欢看到一个圆弧形的顶部，但一两个小包从圆弧隆起突出也是可以的。有时，圆弧形状并不是由连接价格高点的线条组成，而是由连接价格低点的线条组成的。关键是，看起来像伞的右半部分或向一边倾斜的倒置的字母J。

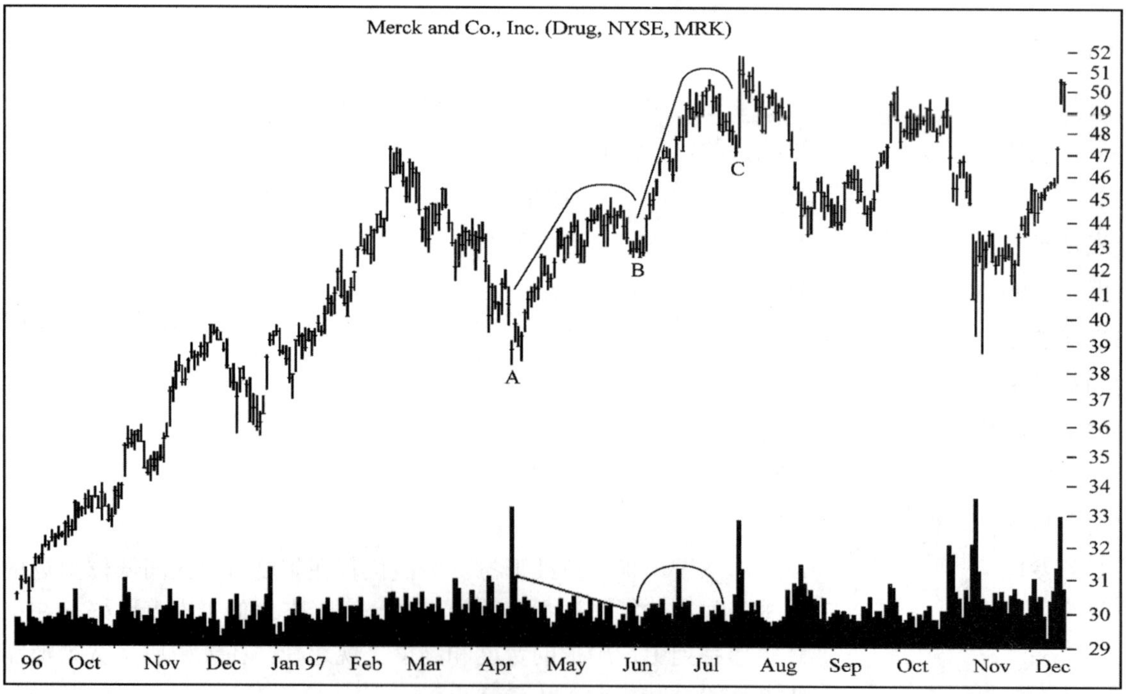

图42.1　在一个长期上涨趋势之后，价格回调，然后形成始于点A结束于点B的第一个扇形。第二个扇形开始于点B、结束于点C。注意，从点A到点B的水平距离比点B到点C的宽。这种差异在同一上升趋势中的多个扇形是典型的。

辨识指南

在手动搜索数以百计的倒置扇形后，我制定出了表42.1中的辨识指南。

表42.1　辨识指南

特征	讨论
日线图	使用日线图来查找形态，虽然更大的形态也出现在周线图中
上涨的价格趋势	选择出现在上涨的价格趋势中，或下跌的价格趋势的看涨转折点上的形态
向后仰的倒置J形	价格趋势向上，然后在顶部圆弧转弯，形成一个向后仰的倒置J形，看起来也像一把伞的右半边
圆滑的顶部	寻找连接时能形成一个圆滑的转弯的日价格高点。因为你连接的是小高点，所以较大的形态可能不那么圆滑
回调	形态的圆弧顶部通常回调前一股价上行的50% 左右。价格下跌不能低于形态开始的位置
确认价格	价格必须收于形态的最高点之上。只有这样，形态才有效

日线图　我用日线图来找这种形态，但我确信它们会像蠕虫一样在大雨之后出现在任何时间尺度的股价图上。较长的形态出现在周线图上，但我没有检查它们的日线图，不了解它们在日线图中的样子以及表现如何。

上涨的价格趋势　我在上涨的价格趋势中选择扇形。你不会看到它们出现在下跌趋势中(因为它们不确认)，除了在看涨的转折点。转折点可能是一个新的上升趋势的开始，但更有可能的是，它是一个三浪下跌形态的修正阶段。换言之，价格下跌，然后在倒置扇形形成的地方停止。形态确认，价格略为走高，然后恢复下行，进入第3浪下跌。图42.4所示为股价这类运行的例子。

为了取得最佳的投资表现，在牛市中选择那些出现在既定的上涨价格趋势中的扇形。在熊市，你选择一个作为价格趋势的反转或持续的扇形都不重要，因为两者的表现都一样糟糕。

向后仰的倒置J形　以图42.2为例。价格在10月下旬开始的时候很巧妙地上涨，然后在形态的顶部转过身来。形态看起来像字母J翻转倒置并倾斜到一边。

圆滑的顶部　我忽略了那些有急转或尖锐顶部的形态，但确实允许有一些形态有单日的尖峰射出顶端。它们让我想起山顶上的一棵树。只要山顶看起来圆滑，那么你的选择就是对的。有时，日价格低点比日价格高点看起来更圆滑。您可以在图42.2中看到这种情况。两棵矮树在山顶上达到最高峰，如果有伐木工人来伐掉它们，形态看起来就会更好。如果你把价格低点连接起来，这个转弯会比你连接高价格时更圆滑。

回调　形态从点A开始，顶部在点B处，回调以点C结束。从点B到点C的平均回调，与AB的长度相比，是50%。回调幅度的变化很大，但在任何情况下下跌都不能低于点C。否则，就应该找另一个扇形进行交易。

确认价格　一定要等待确认，也就是说，要等待价格收于形态的高点之上。只有这样，形态才成为有效的扇形。

图42.3所示为一个从10月到12月的圆顶形状成交量的例子，圆顶形成交量开始于中间扇形的开始，但在扇形结束前完成。此行为是典型的，不应影响形态的识别。

我加入这张图，因为三个倒置上升扇形的宽度随着价格的攀升而缩小。这样的收缩给交易者提供了趋势结束的线索。如果你看到一个狭窄的扇形正在形成，考虑向上的趋势是否将出现反转，并相应进行交易。这只股票在2002年6月中期攀升至46美元，然后暴跌到差不多30美元(图42.3中没有显示)。

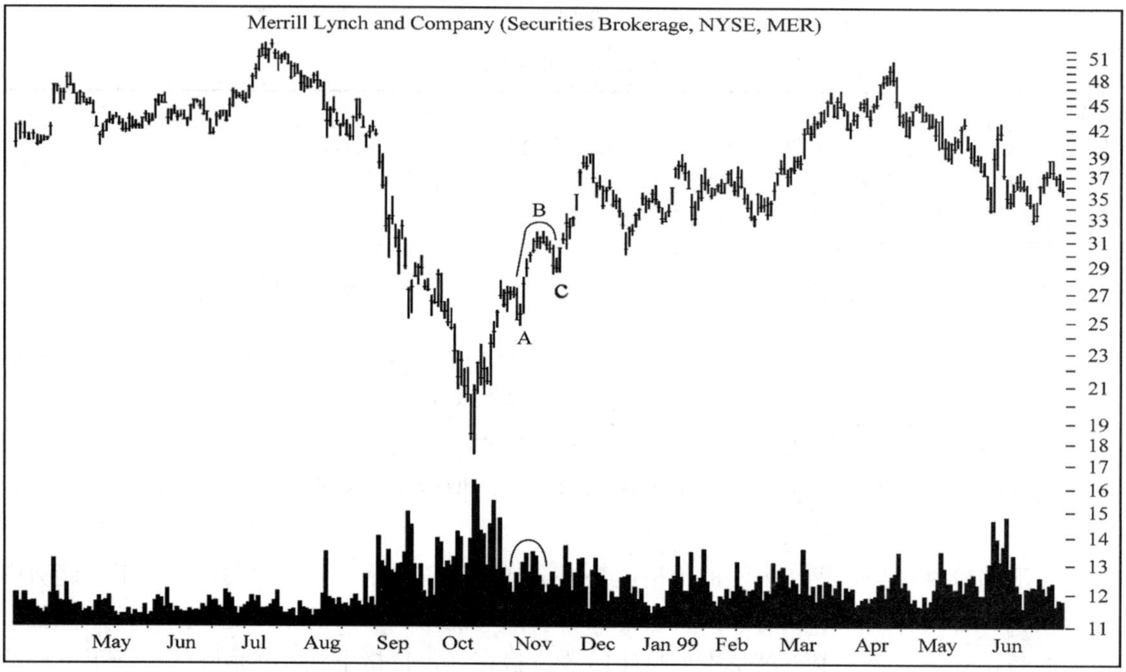

图42.2　如果您连接的是价格低点而不是价格高点，这个扇形看起来会更圆滑。带圆顶形成交量的扇形具有良好的表现。

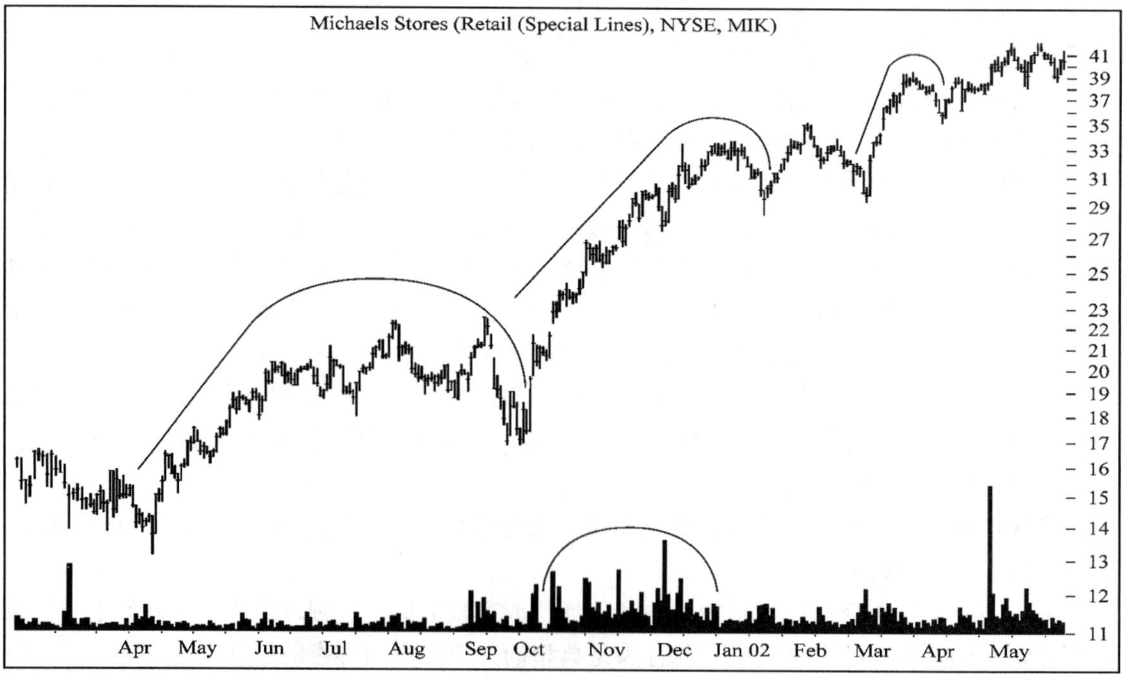

图42.3　对于许多成交量形状，成交量形态与扇形的开始和结束并不完全对齐。此圆顶形状的成交量在形态完成之前结束。

关注形态失败

这个形态会出现什么问题？大多数问题都出现在错误地选择形态上。在您熟悉该形态之前，识别形态是不容易的，因此这里要找两种场景。第一个，如图42.4所示，是在下跌的趋势中选择一个形态。

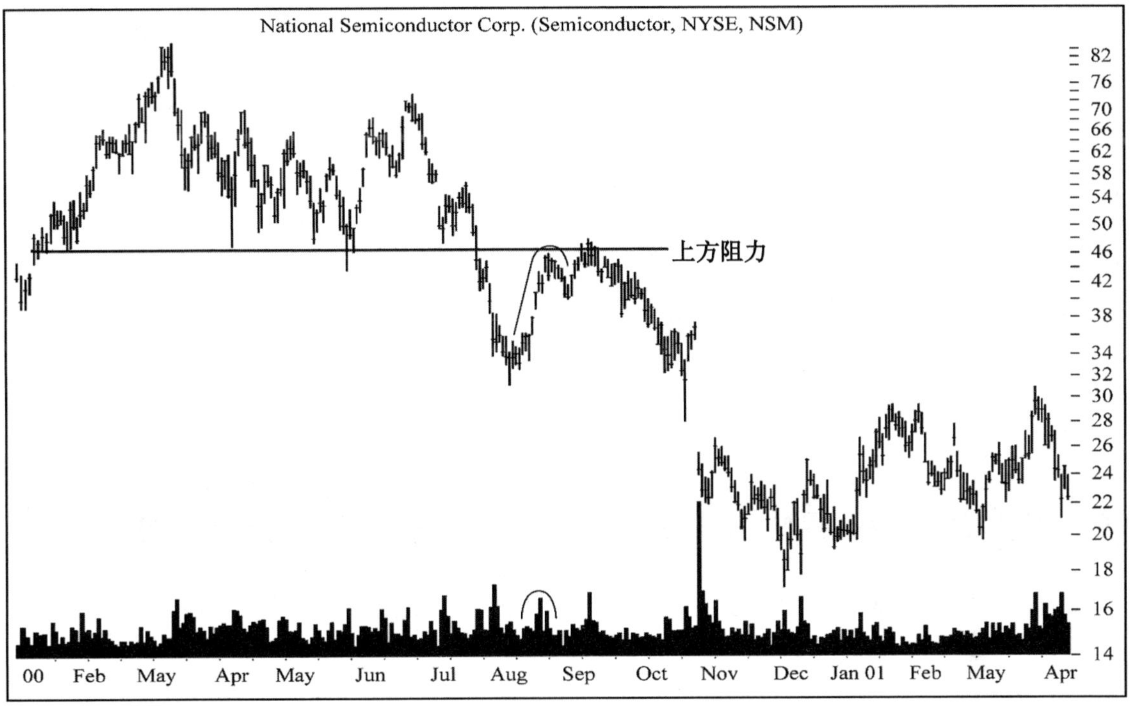

图42.4　这是一个有效的形态，因为它确认了，但看跌趋势应该使交易员暂停交易。加上上方的阻力，这项交易是不可能成功的。

如果你幸运，你的形态将确认，股价将上涨在一个长期的牛市趋势中。不过，更有可能的是，得到一个像在图中显示的酸柠檬。价格下跌进入形态，然后反转，形成扇形。当股价收于形态的最高点之上时，确认扇形的有效性。不幸的是，市场的下行将价格吸得更低，而且由于有上方阻力，这项交易从一开始就注定要失败。

从图42.4中应该吸取两个教训：第一，关注当前的价格趋势。选择上涨价格趋势中的形态，避开下跌价格趋势中的形态。其次，在投资前一定要查看支撑区域和阻力区域。这里的股价形态图很重要，因为它们可以帮助您判断价格趋势将会走向哪个方向。我的《交易经典形态》(威利，2002)是一本关于支撑和阻力的好教程，里面包含了形态表现的统计。

图42.5所示为第二种类型的失败。三个形态中有两个是有效的倒置上升扇形。哪一个是“哑弹”？你可能会猜是第一个，我承认它的顶部看起来更像一个平坦的长方形而不是圆弧的扇形。形态的变化是如此广泛，你必须灵活。你可以忽略可疑的形态，只交易那些确定的形态。

中间的那个形态顶部看起来像对称三角形。最后的和最高的扇形没有圆弧转弯可言。如果你忽略了向上倾斜的顶部，这个最高的形态是“哑弹”，因为它没有确认。价格下跌到形态最低点之下，然后才上升收于形态的高点之上。如果价格在下跌到形态开始的下方之前没有收高于形态的最高点之上，则形态不是倒置的上升扇形。其他两个形态看起来是奇怪，但它们是倒置的扇形。

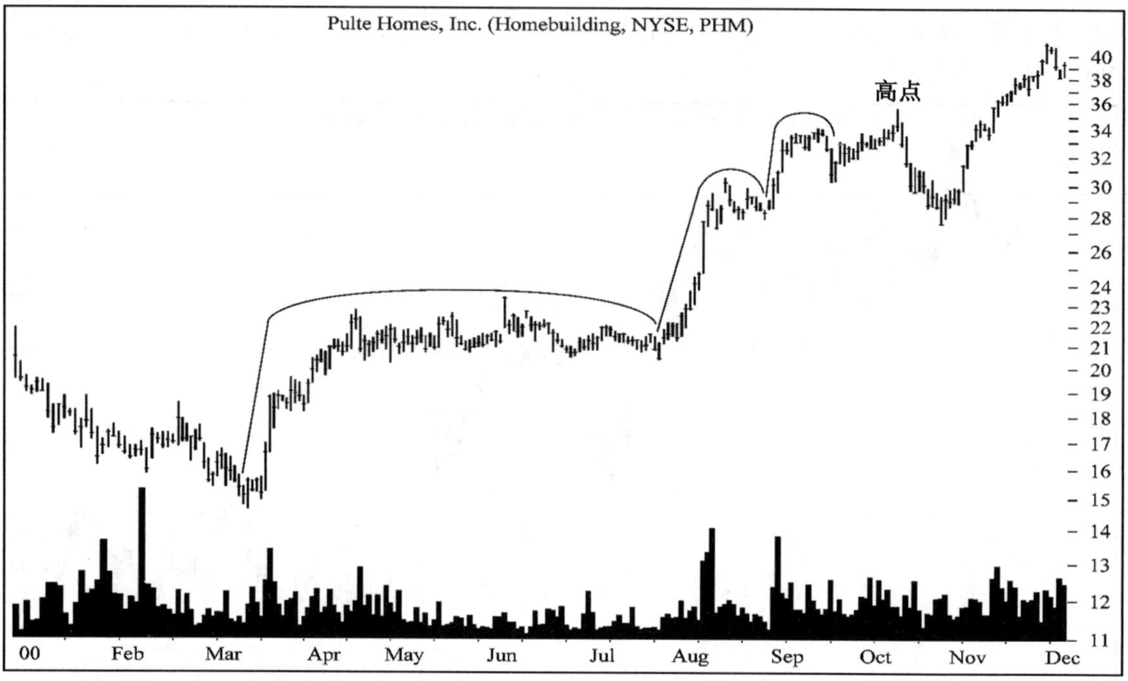

图42.5　最高的扇形有什么问题？在价格到形态低点下方之前，这个形态从未得到确认。

统计数据

表42.2所示为倒置的扇形上升形态的综合统计数据。

表42.2　综合统计

描述	牛市	熊市
形态数量	357个	178个
反转(R)、持续(C)数量	104R,253C	49R,129C
反转(R)、持续(C)形态涨/跌幅	47%R,41%C	27%R,26%C
平均涨幅	43%	26%
涨幅超过45%(数量或占比)	141或39%	38或21%
趋势结束后涨/跌幅	-32%	-33%
形态失败后涨/跌幅	-29%[a]	-28%[a]
标准普尔500的指数变化	18%	-2%
到达最高点的天数	137天	104天

注：(-)负号表示下跌；[a]表示样本小于30个。

形态数量　因为我在牛市和熊市200多只股票中发现了535个形态，我觉得没有必要再寻找更多的形态了。我发现的第一个形态出现在1994年末，最后一个形态出现在2003年中期，大多数形态是1996年以后的。将样本分成牛市和熊市，得出表中显示的数字。

反转或持续 大多数扇形形态作为当前价格趋势的持续。大约1/3的形态(牛市27%，熊市25%)充当反转。扇形作为反转形态表现得比那些作为持续的更好，尤其是在牛市。

平均涨幅 倒置上升扇形是看涨形态。也许形态的平均涨幅支持“上升的浪潮托起所有的船”理论。在牛市中，股价突破形态后平均上升43%。在熊市中，涨幅为26%。两者都高于其他看涨形态类型的平均值。

涨幅超过45% 衡量45%以上的涨幅是对形态表现良好程度的一种表述。在牛市中，超过1/3(39%)的倒置上升扇形在突破后攀升了45%以上。在熊市中仅有21%的形态攀升那么高。

趋势结束后的变化 在达到最高点后，股价会暴跌，但跌得有多远？在牛市和熊市中，跌幅约为33%。这个跌幅将回吐在熊市中交易这种形态所产生的所有利润，甚至更多。

失败形态的表现 突破后上升不到5%便掉头下行的扇形，随后的下跌幅度近30%。如果你是一个经验丰富的交易者，你可以做空它们。一旦新的方向确认，就交易失败形态。我建议等到股价收在右峰谷的下方。等待可能让你少获得部分跌幅，但此时的形态更可能开始一个持续的下坡运行。

标准普尔500指数的变化 在牛市中，指数平均攀升了18%。将这一数字与同期扇形的平均涨幅43%相比，可以看到强劲看涨的市场对扇形的平均涨幅作出巨大的贡献。在熊市中，指数下跌了2%，而倒置扇形上涨了26%。

到达最高点的天数 价格在突破后达到最高点需要多长时间？在牛市中，股价攀升的时间是4.5个月(137天)。在熊市中，股价攀升的时间平均为3.5个月(104天)。如果你琢磨一下这些数字，你就会发现，较之于牛市的上升，熊市上升的斜率较低(没有那么陡峭)，正如人们可能预期到的。

表42.3所示为倒置上升扇形的失败比率，显示为股价涨幅的频率分布。例如，如果你的交易成本是5%，也就是我所说保本失败概率，有多少扇形不能上升到这个点？答：牛市4%，熊市7%。有多少形态涨幅不会超过50%？牛市中有2/3的形态(65%)不会上升到那么远。在熊市中，有一个83%的大块被从这个队伍中排除掉。因为这种形态在牛市中的失败次数更少，因此避免在熊市中交易这种形态。

表42.3 失败形态数量或比率

股价最大涨幅(%)	牛市	熊市
5(保本点)	13或4%	12或7%
10	58或16%	27或15%
15	92或26%	56或31%
20	112或31%	69或39%
25	133或37%	98或55%
30	157或44%	112或63%
35	179或50%	124或70%
50	231或65%	147或83%
75	284或80%	165或93%
＞75	357或100%	178或100%

与其他图表形态一样，请注意失败比率是如何开始，又如何快速的上升。在熊市中，失败比率先是翻一番，从7%到15%，然后再次翻倍，到达31%，价格上涨分别为5%、10%和15%。

这戏剧性的增长在形态中是典型的。关键是要找到一个低失败比率和高平均涨幅的形态。这样，你就有了更好的机会以较低的风险赚取利润。

表42.4所示为突破及突破后相关的统计数据。

表42.4　突破与突破后股价表现统计

描述	牛市	熊市
从形态结束到突破	26天	21天
突破在年度价格区间低(L)、中(C)、高(H)各区域分布的百分比	L7%[a],C21%,H72%	L3%,C22%,H75%
形态在年度价格区间低(L)、中(C)、高(H)各区域突破后的涨/跌	L47%[a],C39%,H43%	L29%[a],C29%,H25%
回调概率	61%	65%
回调期间	10天	9天
出现回调形态的平均涨幅	39%	23%
未出现回调形态的平均涨幅	49%	33%
出现突破缺口形态的表现	45%	24%
未出现突破缺口形态的表现	42%	27%
缺口平均大小(美元)	0.36	0.47

注：[a]表示样本小于30个。

从形态结束到突破　股价需要大约3个星期的时间才能从形态的结束点爬到扇形的顶部上方，上演突破。在图42.2中，这是在形态结束后从点C到点B的价格水平所用的平均时间。

年度位置　将突破价格分配到年度价格范围内会有一些有趣的结果。大多数形态在年度价格区间的高位区域发生突破。在年度价格区间低位附近突破的形态极少。

年度位置及表现　表现最好的形态来自牛市和熊市中在年度价格区间低位区域突破的形态。然而，在535个符合识别标准的形态中，只有32个形态在这个区域突破，所以，能找到一个隐蔽在那里的机会是难得的。

回调　回调发生在近2/3的交易中。当回调发生时，平均来说，它需要9～10天的时间来返回到突破价格。当扇形发生回调时，它会使股价表现变差。例如，当从牛市中的扇形突破后发生回调时，突破后平均涨幅是39%。没有发生回调的，平均涨幅为49%。

缺口　突破日缺口改善股票在牛市的表现，但在熊市中股价表现受损。缺口平均金额小，从36美分到47美分不等。由于某种原因，熊市中的缺口通常较大。

表42.5所示为突破后股价到达最高点的时间频次分布。注意在突破2.5个月(70天)之后才见顶的扇形数字。

表42.5　到达最高点天数的频次分布

天数	7	14	21	28	35	42	49	56	63	70	＞70
熊市	14%	5%	3%	6%	4%	3%	6%	3%	3%	2%	49%
牛市	10%	7%	4%	4%	3%	5%	4%	1%	5%	5%	52%

数字表明，如果你的交易在第1个星期就能幸免于见顶，那就耐心一点。价格可能需要几个月才能达到最高点。注意在熊市突破后28天和49天的数字波动。你的形态可能会在那个

时期见顶，所以留意观察交易。

表42.6所示为倒置上升扇形面积大小的相关统计。

表42.6　形态面积大小统计

描述	牛市	熊市
高形态表现	46%	29%
低形态表现	41%	24%
高度中值(与突破价格百分比)	22.51%	21.14%
窄形态表现	47%	26%
宽形态表现	38%	27%
长度中值	34天	29天
形态平均长度	49天	43天
低窄组合形态表现	44%	27%
低宽组合形态表现	35%	19%
高宽组合形态表现	40%	31%
高窄组合形态表现	56%	23%
三个扇形的系列中第一、第二、第三扇形的平均宽度(天)	51,47,46	47,31,33
三个扇形的系列中第一、第二、第三扇形的平均高度(与突破价格的百分比)	25%,24%,24%	25%,21%,19%
窄扇形：股价到达最高点的天数	130	85
宽扇形：股价到达最高点的天数	144	124

高度　对于大多数形态(包括这一个)，形态高度是形态表现的唯一最佳线索。越高的形态，突破后股价表现越好。

宽度　窄的形态在牛市中表现明显更好，但在熊市的表现却略显不佳。我用长度中值来确定扇形是窄的还是宽的。

形态平均长度　扇形平均长度为6～7个星期长。

高度和宽度的组合　牛市中既高又窄的形态和熊市中既高又宽的形态表现最佳。这些结果遵循高度和宽度的个体特征。

扇形系列宽度　图42.3和图42.5展示了扇形在上涨趋势中出现时如何变得越来越窄的例子。并不是所有在单一的上升趋势中出现的系列倒置上升扇形都会像这样的变得越来越窄，不过，投资一个窄扇形还是要小心，因为它可能预示着即将到来的趋势变化。

在牛市中，从形态开始到结束的形态系列的平均宽度为从最大的51天收缩到最低的46天。熊市形态表现出类似的趋势，但第三个扇形的平均宽度33天，仅基于9个形态。

扇形系列高度　扇形高度是否会随着价格的上涨而变化？是的，它变得越来越低了。我从形态的最高点到最低点测量形态高度，并除以突破价格(形态最高点)，将形态高度与突破价格的比值进行比较，熊市显示出最好的结果。价格趋势中最低的扇形平均高度为25%。第二个扇形高度为21%，最高的一个形态为19%。

扇形的宽度和时间　我比较每一个扇形，以确定它是比中位数更窄或更宽，然后计算出到达最高点的平均天数。

表42.6显示，窄扇形到达最高点所需的时间比宽形态的要少。

表42.7所示为与成交量有关的统计信息。

表42.7　形态期间成交量统计

描述	牛市	熊市
上升成交量趋势表现	48%	25%
下降成交量趋势表现	40%	27%
U形成交量形态表现	43%	26%
半圆形成交量形态表现	43%	27%
既非U形又非半圆形成交量形态表现	43%[a]	19%[a]
巨量突破表现	44%	26%
轻量突破表现	38%	27%

注：[a]表示样本小于30个。

成交量趋势　在牛市中，成交量呈上升趋势的扇形表现突出，但在熊市中，成交量呈下降趋势的扇形表现更好。

成交量形状　图42.5(最宽的扇形)所示为一个U形状成交量的例子，图42.2～图42.5(仅8月的扇形)显示一个半圆形状的成交量。图42.1中4～6月的形态和图42.3中的2001年4～9月的形态为成交量的随机形态。

对于牛市中，扇形的各成交量形状之间没有表现上的差异，如表42.7所示。熊市扇形中表现最好的是成交量呈半圆形状的形态。

突破成交量　在牛市中，巨量突破往往将股价推得更高。在熊市中，突破成交量对股价的影响不大。

交易策略

表42.8所示为上升及倒置扇形的交易策略。

表42.8　交易策略

交易策略	解释
搜索附近的支撑和阻力	趋势线、形态边界、小高点和小低点、整数以及水平盘整区域都是支撑区域和阻力区域的原因之一
识别	你是否有一个有效的形态？有关识别的诀窍，见表42.1
测算规则	用于预测目标价格。计算出扇形的高低点差异。把这个差异加到扇形的高点。结果就是目标价格
等待确认	只有在价格收盘于形态的高点之上才能买入股票

搜索附近的支撑和阻力　下方的支撑保护您的交易，以防交易出错。如果价格低于形态右侧的低点，则卖出股票(在图42.6低于点B)。交易故事中讨论趋势线支撑，但您也应该寻找其他类型的支撑。

上方阻力是我避免交易的主要原因之一。如果有一个坚实的价格区域，形成一个交易的天花板，我会寻找另一个有更好前景的交易机会。

识别　你确定你有一个有效的倒置上升扇形吗？检查表42.1中以获得一些辨识技巧。在一个既定的上涨的价格趋势中选择扇形，不要试图抓住反转(那些在下跌趋势末端的反转)。

在熊市中，反转很可能会变成一个三浪下跌形态的修正阶段，价格在你买入后会下跌。

测算规则　使用测算规则预测价格可能攀升到多远。图42.6所示为一个例子。形态的高点(点E)减去形态的低点(点A)计算出形态高度。将形态高度加上形态高点(点E)，得出目标价格。在这个例子中，形态低点为3.27美元，高点为4.61美元。高低点的差异为形态高度，即1.34美元。将此结果加到形态高点得到目标价格：5.95美元。股价在3月中旬攀升到了那个点。

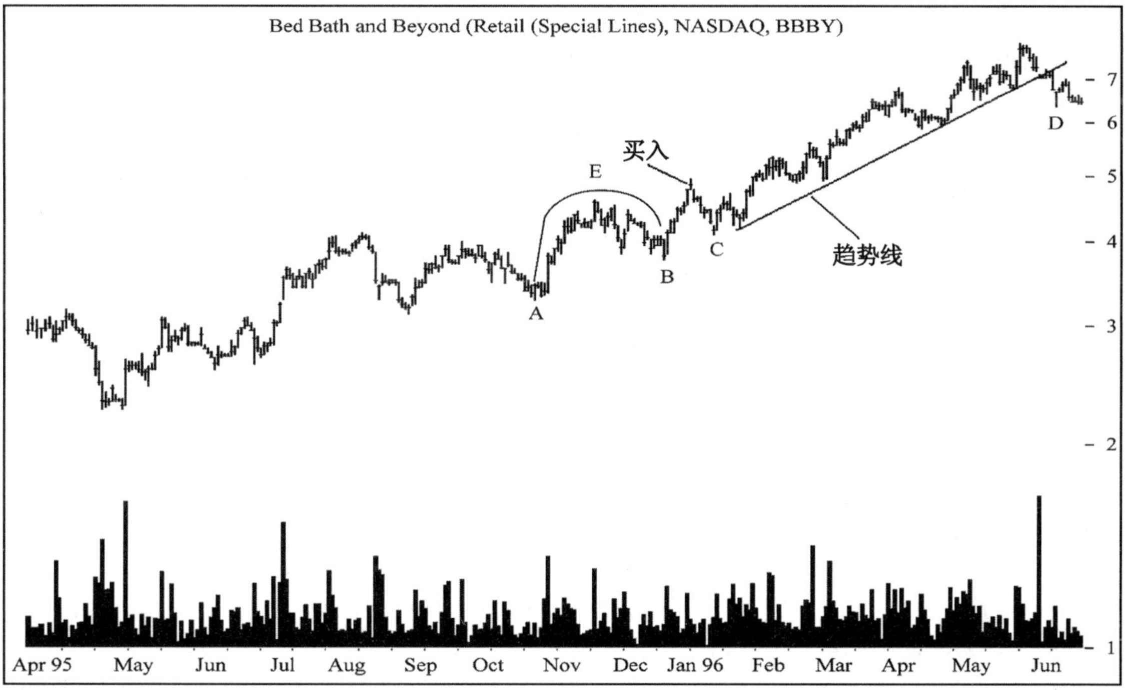

图42.6　正如交易故事中所描述的，罗伯特在形态确认的第二天买入股票，当股价突破趋势线的时候在点D卖出。

让我提醒你，测算规则在牛市中的成功率为61%，熊市中为55%。我喜欢看到成功率是80%或更高，所以测算规则运用于这个形态的结果让人失望。一个更好的测算方法是使用上方阻力，并假设价格会在这一点上掉头。它们可能不会，但这是估计你的回报(上方阻力)和风险(下方支撑)的方法。

等待确认　始终等待形态成为有效形态。在价格收高于形态高点时，形态确认为有效形态，这也是买入信号。在形态确认前投资的做法，最好留给业余爱好者。

交易故事

罗伯特看了图42.6所示的股票图，他喜欢股票从4月开始的上涨价格趋势。他看了在9月和10月形成的第一个扇形。这个形态的回调在A点结束，回调幅度达83%，超过他可以接受的，所以他忽略了潜在的交易机会。如此大的折回可能意味着一个特别疲软的技术形态，有大回调的扇形往往表现不佳。

当第二个扇形在10月下旬到12月初形成的时候，他看到的回调幅度是一个更为可以接受的64%。

他检查表42.1中的辨识指南，发现了以下内容： 在日线图中，形态是在上涨的价格趋势中，它看起来像一个倒置的向后倾斜的J形，顶部相当圆滑，价格没有下跌到扇形的开始点A的下方。符合指南中的这些特征，形态是一个倒置的上升扇形。

在股价收于扇形高点之上的第二天，他买入股票。这一买入时机被证明是错误的，股价随即下跌。罗伯特是一位经验丰富的交易员，对回调了如指掌，所以他并不担心。在反弹之前，价格回调到点C，在他的止损点上方(他的止损点在B点下方5美分处)。

罗伯特喜欢使用趋势线作为卖出信号。他从点A到点B绘制了一条趋势线，并将其向上延伸(图42.6中未显示)。他知道，陡峭的趋势往往是短暂的，但这条向上的趋势线并没有陡峭到使他担心。当价格攀升时，他重新画了一条趋势线(正如图42.6中所显示)。

为了好玩，他计算了目标价格，目标价格是5.95美元。价格攀升到了目标价格，在5美元这个整数和通常的支撑和阻力区附近徘徊，最终穿透这个区域继续上行。

由于价格不断地与趋势线碰撞但没有穿过趋势线，他没有担心，一直到6月初。当价格下跌穿过意味着卖出的趋势线，加上几天前成交量过大，这样看起来，似乎是时候卖出股票了。这就是他第二天做的事情，卖出股票(在点D)。

罗伯特以4.90美元买入,在6.50美元卖出，在5个月内获利33%。从这一点起，股价花了一年多的时间到达新高。

交易秘籍

下面的列表包含交易这种形态的提示和观测结果，以帮助你选择表现更好的形态，更多的信息，请参阅相关的表格。

- 查看辨识指南以正确选择形态。见表42.1。
- 在牛市交易扇形，因为其平均涨幅更大。见表42.2。
- 牛市中的扇形有较低的失败比率。见表42.3。
- 在年度价格区间低位区域附近突破的扇形表现最佳。见表42.4。
- 避免回调，因为回调损害股价表现。见表42.4。
- 要有耐心，因为价格可能需要几个月才能达到最终的高点。见表42.5。
- 选择高形态或既高又窄(牛市)或既高又宽(熊市)的形态。见表42.6。
- 在上涨价格趋势中的一系列扇形，随着价格趋势越来越高，扇形往往越来越窄、越来越低。因此，一个窄或低的扇形可能表明趋势正在接近结束。同样，在这一趋势开始时，一个宽的扇形可能预示着一个更长期的上升趋势。见表42.6。
- 宽扇形比窄扇形需要更长的时间达到最高点。见表42.6。
- 牛市中巨量突破推高股价。见42.7。

第四十三章 扇形下降形态
Scallops, Descending

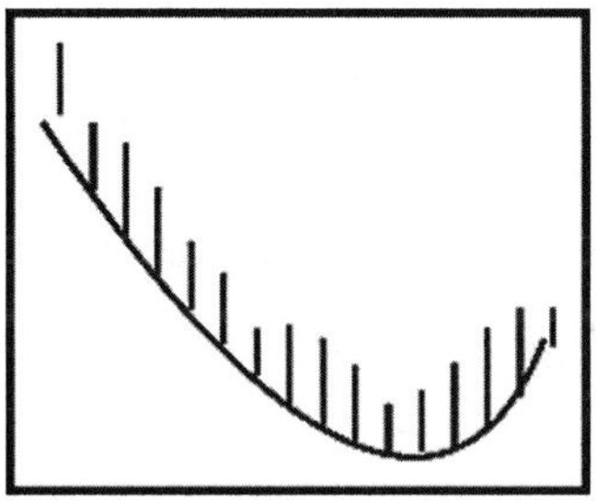

统计简报

向上突破

形状	价格形态看起来像反转的字母J，突破是向上的。	
反转或持续	短期反转，行情看涨。	
	牛市	**熊市**
表现排名	22/23	16/19
保本失败概率	22%	20%
平均涨幅	22%	20%
趋势结束后的变化	-32%	-36%
成交量趋势	向下	向下
回调概率	62%	58%
实现目标价格概率	35%	33%
意外发现	作为反转的表现优于作为持续。突破在年度价格区间低位附近的形态表现最佳。在出现回调和缺口后股价表现提升。高或宽的形态表现很好。当成交量呈上升趋势并且有圆弧形状时，形态表现最好。	
参见	头肩形底部形态；复杂圆弧底部形态。	

向下突破

形状	与向上突破形状相同，但突破方向是向下的。	
反转或持续	短期持续，行情看跌。	
	牛市	**熊市**
表现排名	16/21	11/21
保本失败概率	15%	8%
平均跌幅	17%	23%
趋势结束后的变化	51%	51%
成交量趋势	向下	向下
反弹概率	55%	52%
实现目标价格概率	30%	32%
意外发现	反弹损害股价表现。有突破日缺口的扇形有更好的表现。缺口提高股价表现。巨量突破将价格推得更远。	
参见	头肩形底部形态；复杂圆弧底部形态。	

扇形形态的经典定义仅指上升的扇形形态类别，在这种情况下，你有时会在上涨的价格趋势中发现重复的碟形形状的形态。我想，如果有上升的形态类别，就有可能有下跌的形态类别。所以我决定弄清楚，并寻找它们。

扇贝可以做成一顿可口的饭菜，但作为股票形态，它们让我感到饥饿。向上突破形态的失败比率过高，平均上升幅度过低。向下突破的形态表现更好，但只有在熊市的扇形表现出体面的结果，即使如此，它们的表现也低于其他所有形态类型的平均值。下降扇形是看跌形态，这是交易这种形态的方法。避免在其他市场条件和突破方向交易这种形态，除非你发现一个难以抗拒的情况。

导入

图43.1所示为三个下降扇形的例子。一个下跌的价格趋势在9月进入第一个扇形，这是三个扇形中最宽的一个。它从8月的小高点(点A)开始，下跌后在点C找到支撑，并且转弯向上。在右边，向上反弹到第一个小高点(点B)标志形态的结束。

下降扇形看起来像反转的字母J，形态结束的位置(点B)是形态底部到形态起点(点A)距离的大约中间位置。如果股价上行，收于点B之上表示突破；如果股价下行，收盘低于点C表现突破，形态的最低点点C是突破价格。9月和12月的扇形都有向上突破，但2月的扇形突破向下。由于总体的价格趋势是向下的，注意看股价向上突破后是怎么在碰到一条从最左边开始沿着价格尖峰向下倾斜的虚拟趋势线(图中未显示)后停止的。那条趋势线在图43.1中充当了上方的阻力。

需要注意的是，所有三个扇形都在点C的支撑上停驻。扇形底部是一个通常的阻力区域。我说阻力，因为，对于向下突破，价格将穿过支撑区域下行，之后股价尝试反弹，但往往反弹到那里就停滞了，这样，下方的支撑变成上方阻力。股价在未来向上运行时，往往在扇形的底部附近停顿，所以请记住这一点，即使你不交易这些形态。

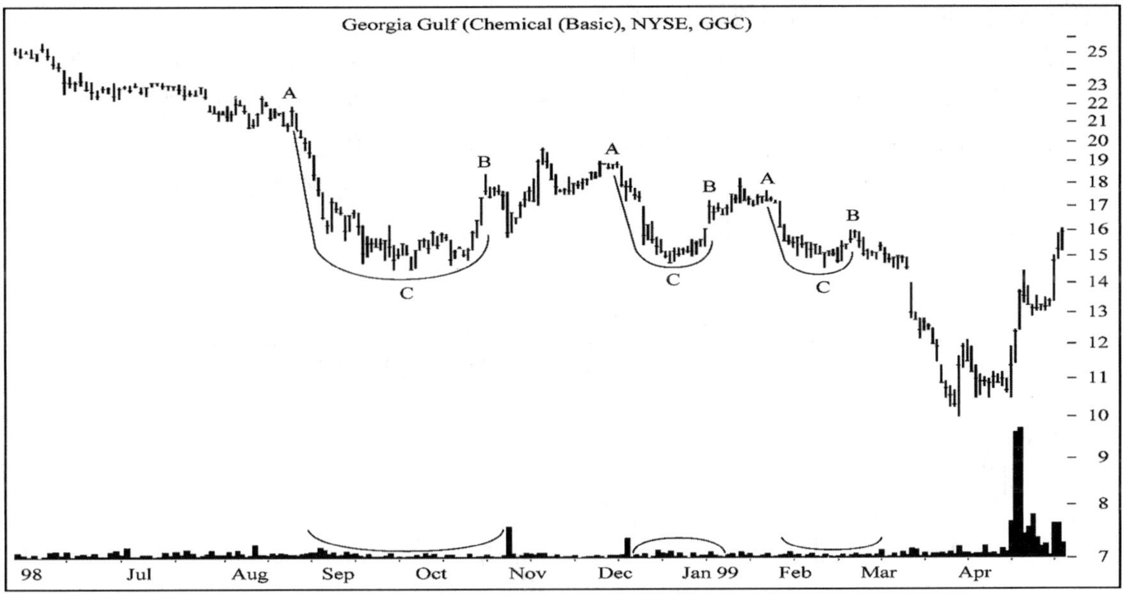

图43.1 三个下降扇形出现在一个下跌的价格趋势中。注意它们是如何沿着趋势变得越来越窄和越来越短的。

最后，注意随着股价的下跌，这三个形态如何变得越来越窄和越来越低。对于下降扇形，这一特征并不像上升扇形那样明显。

辨识指南

表43.1所示为下降扇形的辨识指南。

表43.1 辨识指南

特征	讨论
价格趋势	寻找一个进入扇形的下跌价格趋势。下降扇形确实会发生在上涨的价格趋势中，但很罕见的
形状	一个左边的价格比右边的价格更高的反转J形。碗形应该是圆弧的转弯
结束	形态的开始和结束在价格上不应该彼此接近。结束点(右边峰值) 通常反弹左边高度的60%
成交量	成交量出现圆顶形状的概率是70%

价格趋势 我查看的下降扇形，出现在下跌趋势中的占64%，或者说，大约每三个下降扇形就有两个出现在下跌趋势中。由于下降扇形中表现最好的是看跌形态，所以避免交易那些在上涨的价格趋势中的形态。有时你会看到一个下降扇形形成于一个长期上涨的价格趋势的顶部。当价格突破向下时，它会起到反转的作用。这种形态可能是值得交易的，在交易故事中讨论了一个这样的交易。

形状 寻找左边高于右边的反转J形形态。该形态底部的碗应显得圆滑，不过分粗糙或呈V形。允许有不同的形状：既高且窄的扇形可能比宽的扇形看起来更像V形，往往会有价格尖峰向下突出。

结束　形态的开始和结束(图43.1中的点A和点B)在价格上应该相距较远。通常的反弹，点C到点B，是点A到点C距离的60%。这个数字是平均值，允许有变化，但关键是要避免看起来像圆弧转弯的扇形——两端的价格几乎相同。

成交量　70%的形态，成交量是半圆形状。我从来没有因为成交量形状而排除扇形。但圆顶形状成交量的向上突破扇形表现更好，向下突破的扇形成交量呈U形时表现最好。

图43.2所示为四个下降扇形。我们可以看到，总体价格趋势是向下的。从左边大约20美元开始，这些碟形形状的形态下跌到大约15美元。下降扇形看起来像反转的J形。右边的小高点低于左边的小高点，双峰之间是一个圆弧形的凹陷。最后一个扇形的两个小高点几乎相等。这一特征往往表明下跌价格趋势即将结束。在这个例子中，价格在不到2月内达到最终低点13.63美元，相当接近最后一个碗形的低点14.75美元。

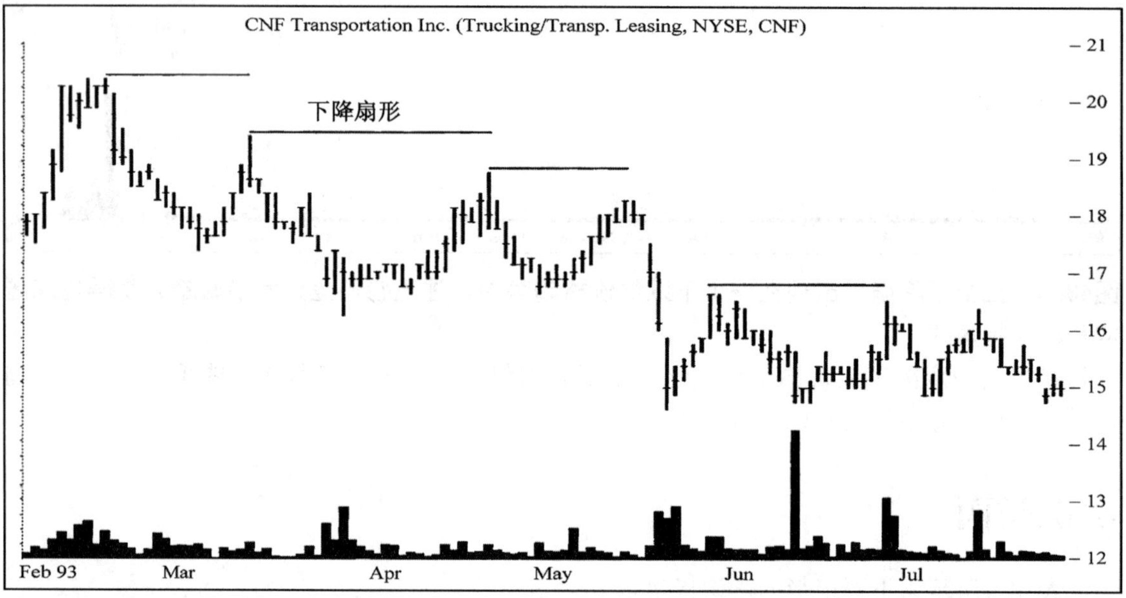

图43.2　四个连续的下降扇形。

成交量趋势是不规则的。我注意到，在形态中心价格从向下运行转为向上运行的地方，附近往往会出现成交量尖峰。在图43.2中，您可以看到3月下旬和6月中旬的尖峰。

关注形态失败

下降扇形失败通常是由于两种情形：支撑和阻力。图43.3所示为失败形态的第一个示例。7月的扇形开始于点A、结束于点B。这个碗形有一个向下的价格尖峰，使转弯没有我想看到的那么圆滑。成交量是圆顶形状，这在下降扇形中是典型的。在点B之后，价格下跌，看起来它们将会下跌到碗形低点之下，并发生突破。由于价格下跌进入扇形，下跌是预期的突破方向。然而，价格差一点就向下突破了，但收盘价仍然在碗形低点之上。当它收在高于点B和点C时，形态令人惊讶地向上突破了。

价格上升到点A的高度，然后回调到点B的水平。上方阻力是罪魁祸首。许多峰谷触及阻力线，而1～3月的一个坚实的水平运动的价格区域，更是增加了这个区域的强度。

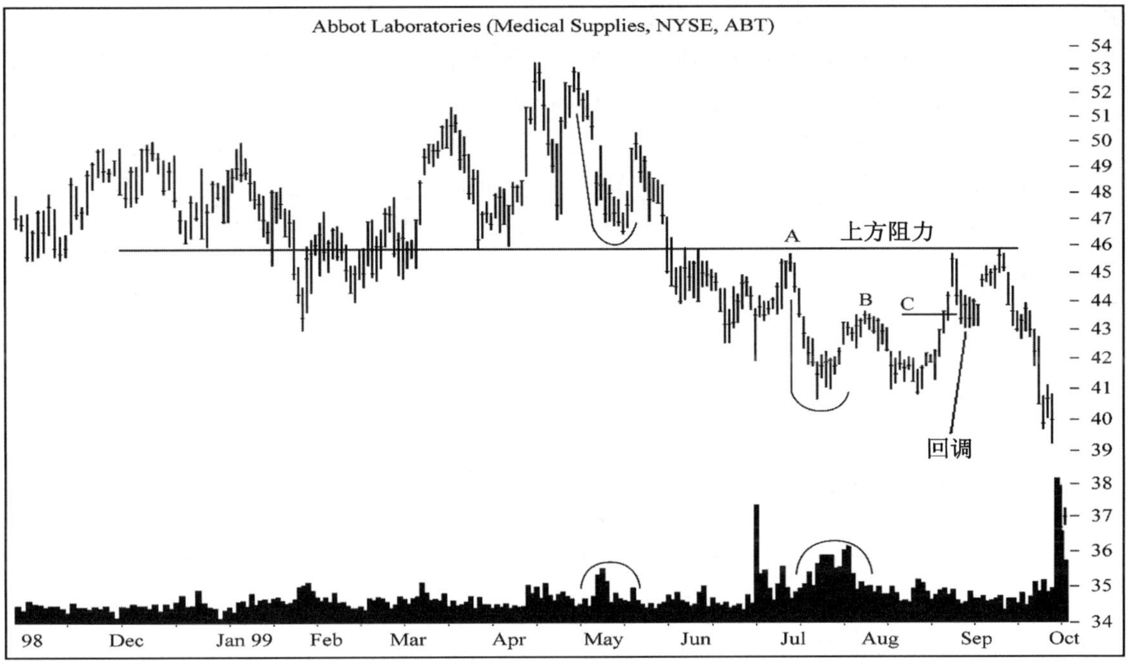

图43.3　上方阻力导致7月的扇形停止上行，最终股价掉头下跌。突破后的涨幅仅为5%。

和大多数回调一样：价格回升，尝试上升到新的高点，并且成功了，但并不是很成功。上方阻力就在那里把它拍打下来，随后价格下跌到形态低点之下。从点B上升到股价停滞的阻力区，价格涨幅5%。

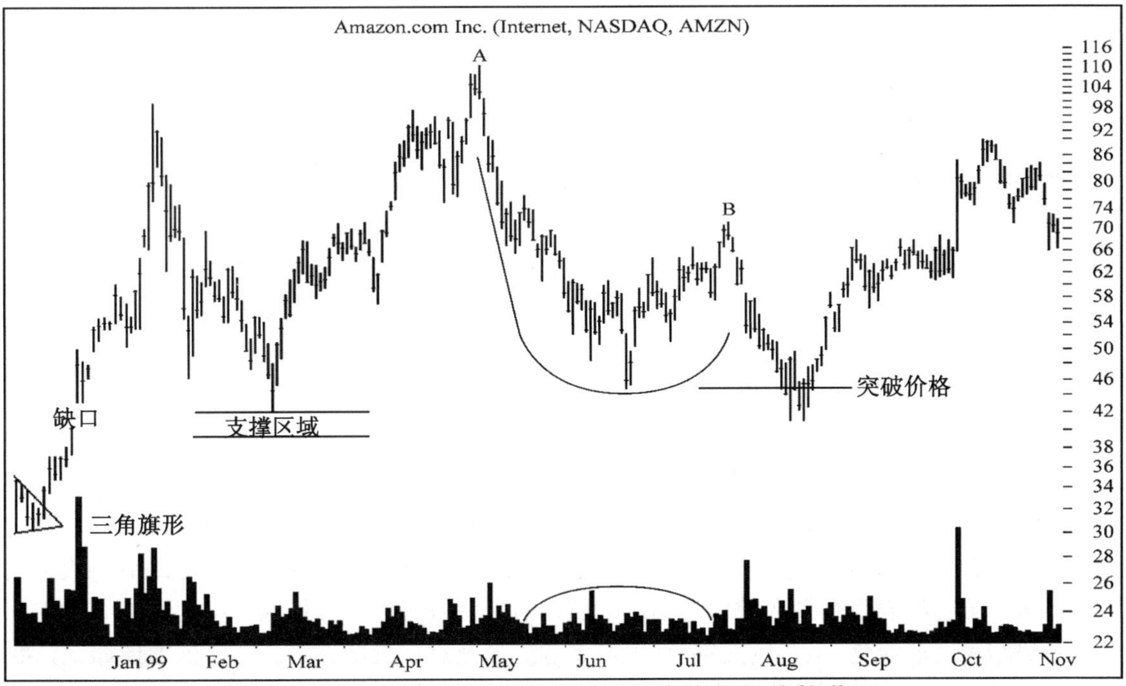

图43.4　这个扇形在向下突破之后没有下跌很远。注意宽大的价格范围。

图43.4所示为失败形态的第二个例子，这一次是向下突破。价格没有下跌很远，然后反

弹，最终创造年度价格新高113美元(图中未显示)。

为什么这个下降扇形会失败？我能提供的唯一解释是，这很难解释。2月低点和1998年12月缺口的支撑都很微弱。在那个下方，有一个三角旗形提供了支撑。

如果是我交易这只股票，看到了向下突破，我会相信价格将继续下跌。也许公司的基本面可以解释这个阻止了股价下跌的有力支撑，但我的记录并没有追溯到那么远。不管是什么原因，当价格在不到5个月的时间里，从8月的低点41美元攀升至113美元时，正确使用止损点将会赚一大笔钱。

统计数据

表43.2所示为下降扇形的综合统计数据。

表43.2　综合统计

描述	牛市 向上突破	熊市 向上突破	牛市 向下突破	熊市 向下突破
形态数量	232个	142个	457个	273个
反转(R)、持续(C)数量	200R, 32C	83R, 59C	120R, 337C	106R, 167C
反转(R)、持续(C)形态涨/跌幅	23%R, 17%C	20%R, 19%C	-19%R, -16%C	-22%R, -23%C
平均涨/跌幅	22%	20%	-17%	-23%
涨/跌幅超过45%(数量或占比)	40或17%	18或13%	7或2%	22或8%
趋势结束后涨/跌幅	-32%	-36%	51%	51%
形态失败后涨/跌幅	45%	46%[a]	-27%	-37%[a]
标准普尔500指数的变化	8%	-4%	-1%	-14%
到达最高/低点的天数	106	70	47	30

注：(-)负号表示下跌；[a]表示样本小于30个。

形态数量　我一网就捕到了1104只扇形形态，考虑到我只检查了500只从1991年中期到1996年的股票以及200只从1999年到2003年的股票，这一网的收获是相当大的。

反转或持续　如表43.2所示，多数扇形(54%比46%)作为价格趋势的持续。因此，如果价格呈下降趋势，预计突破也将是向下的。反转发生在上升趋势的顶部和下跌趋势期间，可能是在下跌趋势的底部，也可能是在下跌趋势的中间，作为三浪下跌形态的修正阶段。

在所有的市场类型和突破方向，反转表现都优于持续，但在熊市的向下突破除外。

平均涨幅或跌幅　下降扇形除了熊市向下突破的形态之外，都表现很差。突破后的平均跌幅23%，还不如所有看跌形态类型24%平均跌幅。

涨幅或跌幅超过45%　通常，一个表现良好的形态会有大量的形态涨幅超过45%，下降扇形只有17%的形态有这样的成绩，远远低于我喜欢看到的30%到40%的比例。这么小的数字更强调了这个形态的表现有多么糟糕。不过，预计向下突破的数字会更低。

趋势结束后的变化　一旦价格达到了最高点或最低点，价格将会反转，但即便如此，数字也并不好看。表现最好的是在向下突破之后见底反弹的股票，上升幅度51%。这一数字听起来不错，对于涨幅接近这个数字的形态我都会进行交易，不过我看到在其他形态反弹的涨幅是60%或以上。

失败形态的表现 当股价突破形态后，价格波动不到5%，之后便从相反的方向突破，你可以在交易新的方向中赚钱。表43.2所示为结果的平均值，但它们夸大了你能得到的收益(从最高点到新的最低点，或反过来)。

标准普尔500指数的变化 牛市的指数疲软，涨幅为8%，这可能解释了下降扇形平庸的平均涨幅。在其他形态期间，指数的涨幅在15%或更高，这也有助于个别股票的上涨。看来，下降扇形没有其他形态那么幸运。

在熊市中，市场的跌幅为14%，这是一个很好的表现，帮助了下降扇形的下跌。试想一下，“上涨的潮水把所有的船都托起来”，将这个道理应用到下跌的市场，你就会明白总体市场行动对个别股票表现的重要性。以市场趋势为趋势进行交易，取得最佳投资效果。

到达最高点或最低点的天数 比较一下，牛市形态上升22%需要106天，熊市下跌23%需要30天。没有做做运算，你可以猜测熊市的下降必定是比牛市的上涨还要陡峭。这项发现表明你应该在熊市中做空这种形态。牛市的上涨需要多出3倍的时间。

表43.3所示为下降扇形的失败比率。当然，你的眼睛会搜索表中的最低比率，然后发现它在最右边的一栏：熊市下跌突破。只有8%的形态下跌不超过5%。这个数字几乎翻三番到了22%，然后又几乎翻了一倍到了37%，对应的下跌幅度分别为10%和15%。有一半(48%)的看跌形态下跌不超过20%。需要注意的是，对于股价较大的移动，超过25%,向上突破扇形(在牛市和在熊市)表现得更好(它们有较低的失败比率)。

表43.3 失败形态数量或比率

股价最大涨/跌幅(%)	牛市向上突破	熊市向上突破	牛市向下突破	熊市向下突破
5(保本点)	52或22%	28或20%	69或15%	22或8%
10	88或38%	49或35%	150或33%	59或22%
15	113或49%	64或45%	230或50%	101或37%
20	129或56%	78或55%	302或66%	132或48%
25	146或63%	90或63%	365或80%	172或63%
30	155或67%	102或72%	397或87%	200或73%
35	173或75%	108或76%	419或92%	222或81%
50	197或85%	129或91%	453或99%	257或94%
75	215或93%	136或96%	457或100%	273或100%
＞75	232或100%	142或100%	457或100%	273或100%

这些数字是什么意思？在熊市中交易这种形态时，做空股票。表43.3让你大致了解，一个扇形无法实现满足你的交易费用和利润率要求的概率有多大。例如，如果你的交易费用是5%，想在每笔交易中赚10%(合计15%)，那么在熊市中超过1/3(37%)的扇形将不会有超过15%的下跌。乐观地说，每三笔交易中，大约有两笔会奏效，但结果取决于你的交易技巧和运气。如果损失10%，为了抵消这个损失，你的赢家将必须有平均27%的跌幅。如表43.3所示，在熊市向下突破后，73%的扇形无法下跌到30%。该统计数据表明，要使你的利润率始终如一，将是非常困难的。

表43.4所示为与突破及突破后相关的统计数据。

表43.4 突破与突破后股价表现统计

描述	牛市 向上突破	熊市 向上突破	牛市 向下突破	熊市 向下突破
从形态结束到突破	35天	22天	24天	21天
突破在年度价格区间低(L)、中(C)、高(H)各区域分布的百分比	L44%, C39%, H17%	L41%, C39%, H20%	L69%, C28%, H3%	L64%, C32%, H5%
形态在年度价格区间低(L)、中(C)、高(H)各区域突破后的涨/跌幅	L30%, C22%, H15%	L25%, C17%, H15%[a]	L16%, C18%, H24%[a]	L22%, C24%, H17%[a]
回调/反弹概率	62%	58%	55%	52%
回调/反弹期间	8天	9天	11天	11天
出现回调/反弹形态的平均涨/跌幅	25%	20%	14%	21%
未出现回调/反弹形态的平均涨/跌幅	18%	19%	19%	24%
出现突破缺口形态的表现	23%	23%[a]	22%	26%
未出现突破缺口形态的表现	22%	19%	16%	22%
缺口平均金额(美元)	0.27	0.39	0.80	1.79

注：[a]表示样本小于30个。

从形态结束到突破 股价从扇形的右侧峰值到突破，需要大约3个星期的时间。由于某种原因，牛市向上突破的形态需要多出2个星期的时间(总共35天)。

年度位置 下降的扇形，特别是向下突破的下降扇形，最经常出现在年度价格区间低位区域的附近。

年度位置及表现 表现最佳的向上突破下降扇形在年度价格区间低位附近突破，而向下突破的扇形则在年度交易价格范围的中间或高位附近突破时表现最佳。

回调和反弹 大约一半的形态会发生回调或反弹，当发生回调或反弹时，股价需要8～11天才重新回到突破价格。向上突破形态需要的时间比向下突破的稍微少一些。

当出现回调(向上突破)后，股价的表现得到提升。这是一个不寻常的结果。其他形态的结果和向下突破的扇形类似：如果不发生反弹，股价表现会提高。

缺口 在所有市场条件和突破方向，缺口都有助于突破后股价的表现。需要注意的是，在向下突破的形态中，缺口大小要比向上突破的形态缺口大得多。此特征可能是不好的基本面消息的结果(糟糕的营收，糟糕的同店销售业绩，等等)。这样大的缺口也可以解释为什么在缺口后股价的表现得到改善。我看到过强劲的势头把股票向下压得太深，导致股价无法反弹。下行动量将价格推得更低。

表43.5所示为突破后股价到达最高点或最低点的时间。注意在前2周内有多少扇形到达它们移动的终点。例如，在熊市向下突破的扇形中47%的形态在2周内达到底部。到了第3周，有62%的形态跌到底部。根据统计表最右一栏的数据，向上突破的形态似乎需要更长的时间才到达终点。牛市向上突破的扇形有1/3在70天之后(大约2.5个月)仍在寻找最终的高点。

这些数字表明，对向上突破的形态要有耐心，对向下突破的形态随时扣动扳机。在股价向下突破之后，准备好迅速地平掉空仓(在1或2个星期之内)。

此外，注意到在49天后，在熊市中的扇形撞击天花板(向上突破)的增加。如果你的交易持续那么长时间，在突破后6～8周观察趋势的变化。

表43.5　到达最高点或最低点天数的频次分布

天数	7	14	21	28	35	42	49	56	63	70	＞70
熊市，向上突破	24%	10%	8%	3%	6%	2%	7%	1%	7%	1%	30%
牛市，向上突破	28%	11%	7%	3%	3%	3%	3%	2%	5%	2%	33%
熊市，向下突破	31%	16%	15%	7%	6%	4%	5%	3%	0%	3%	11%
牛市，向下突破	30%	13%	6%	6%	6%	5%	4%	4%	3%	1%	22%

表43.6所示为与形态面积大小相关的统计信息。

表43.6　形态面积大小统计

描述	牛市 向上突破	熊市 向上突破	牛市 向下突破	熊市 向下突破
高形态表现	28%	20%	-17%	-26%
低形态表现	18%	19%	-17%	-20%
高度中值（与突破价格百分比）	24.00%	26.97%	22.27%	29.25%
窄形态表现	21%	19%	-17%	-22%
宽形态表现	23%	20%	-16%	-23%
长度中值	42天	33天	34天	30天
形态平均长度	49天	40天	41天	38天
低窄组合形态表现	18%	19%	-17%	-20%
低宽组合形态表现	17%	20%[a]	-16%	-21%
高宽组合形态表现	29%	19%	-17%	-25%
高窄组合形态表现	27%	20%[a]	-18%	-26%
三个扇形的系列中第一、第二、第三扇形的平均宽度（天）	49，50，50[a]	40，43[a]，37[a]	41，40，46	38，35，39[a]
三个扇形的系列中第一、第二、第三扇形的平均高度（与突破价格的百分比）	24%，24%，22%[a]	30%，32%[a]，34%[a]	26%，21%，25%	30%，37%，74%[a]
窄扇形：股价到达最高点或最低点的天数	103	68	47	30
宽扇形：股价到达最高点或最低点的天数	109	72	46	29

注：（-）负号表示下跌；[a]表示样本小于30个。

高度　高形态的表现等于或优于低形态的表现。所以选择形态高度比高度中值高的形态。

宽度　在4个类型中，宽形态在3个类型中表现得都比窄形态好。在牛市向下突破的扇形，形态宽度比长度中值（我用来确定形态的宽窄）窄的形态表现得稍微好一些。

形态平均长度　扇形的平均长度超过1个月（典型的是6至7个星期）。

高度和宽度的组合　哪种高度和宽度的组合效果最好？在牛市向上突破的形态中，既高又宽的扇形表现得很好。在熊市中，既高又窄的形态在向下突破之后表现突出。其他组合之间的表现只是略有差异。

扇形系列宽度和高度　我列出了一个系列中的扇形的平均宽度和高度。例如，图43.1中显示的三个扇形，随着它们在价格趋势中的位置越来越远，往往会变得越来越窄，越来越低。

在熊市，系列扇形中的扇形平均高度往往越往后越高。但在形态宽度方面，没有显示出连续的趋势。

扇形的宽度和时间　向上突破的宽扇形需要稍微更长的时间达到最高点。向下突破的窄扇形需要稍长的时间才能到达底部。由于结果如此接近，我觉得它们没有任何意义。

表43.7所示为与成交量相关的统计信息。

表43.7　形态期间成交量统计

描述	牛市 向上突破	熊市 向上突破	牛市 向下突破	熊市 向下突破
上升成交量趋势表现	24%	23%	17%	22%
下降成交量趋势表现	21%	17%	17%	23%
U形成交量形态表现	20%	19%[a]	18%	25%
半圆形成交量形态表现	23%	20%	16%	22%
既非U形又非半圆形成交量形态表现	14%[a]	14%[a]	19%[a]	19%[a]
巨量突破表现	23%	20%	18%	23%
轻量突破表现	21%	20%	16%	21%

注：[a]表示样本小于30个。

成交量趋势　当成交量呈上升趋势时，向上突破的扇形往往会表现得更好。向下突破的扇形表现正好相反，但差异太小可以忽略不计。如果你有一个难以抗拒的理由要交易一个向上突破的扇形，那么查看在形态末端的成交量是否比在开始的高。如果是这样，您可能有表现更好的形态(但不能保证)。

成交量形状　向上突破的形态在成交量呈圆顶形状时表现得最好。向下突破形态的表现是一个大杂烩，有时是随机形状成交量的扇形表现突出，有时呈U形成交量的扇形表现得更好。

突破成交量　表中数据表明，股价并没有因为突破成交量而明显地改善，但它们确实表明，具有较大突破成交量的扇形往往表现得更优秀。

交易策略

表43.8所示为下降扇形的交易策略。

表43.8　交易策略

交易策略	解释
测算规则	计算形态中最高点和最低点的差异，得出扇形高度。对于向上突破，将形态高度加到扇形右边的峰值；对于向下突破，从最低点减去形态高度，得到目标价格。这项策略只有33%的概率成功
突破	股价收在右沿儿时标志向上突破，收在形态的最低点之下时标志向下突破
止损	对于向上突破，将止损点设置在形态的最低点。对于向下突破，将止损点设置在稍高于右沿儿的高点。随着价格运行，移动止损点
趋势	以市场趋势为方向进行交易，尤其是对熊市中的下行突破的形态

测算规则　我希望我有测量规则的好消息，但好消息很少出现。统计简报(“实现目标价格概率”)所示为统计的数字，但只有1/3 的扇形到达预测的目标价格。

下面举一个例子，看如何使用测算规则。图43.5所示为一个在上涨的价格趋势顶部出现的下降扇形。它的作用是反转。价格会下跌到多远？计算形态高点点A(23.75美元)减去形态低点点B(21.11美元)，得出形态高度2.64美元。由于突破方向是向下的，从形态低点(点B)

减去形态高度，得到目标价格18.47美元。7月下旬价格达到了目标价格。

如果突破方向是向上的，那么你就将形态高度(2.64美元)加到点C，即形态的右沿儿高点(22.71美元)，得出目标价格为25.35美元。

突破　向上突破价格使用股票收在扇形右侧高点上方时的收盘价格(如图43.5中的点C)。向下突破价格使用股票收在形态中最低点(点B)下方时的收盘价格。因为突破的方向是未知的，除非你有一个令人信服的理由，否则，在突破发生前不要交易扇形。请记住，突破方向通常遵循进入形态的价格趋势。例如，如果价格呈下降趋势进入形态，预计形态会有向下的突破。在强大的熊市中，向上突破可能会减少。

止损　由于扇形的表现如此糟糕，你更加需要使用止损指令来保护您可能拥有的任何利润，并控制损失。对于向下突破，点C(见图43.5)是一个好止损起始点。对于向上突破，使用形态低点(点B)作为止损点。

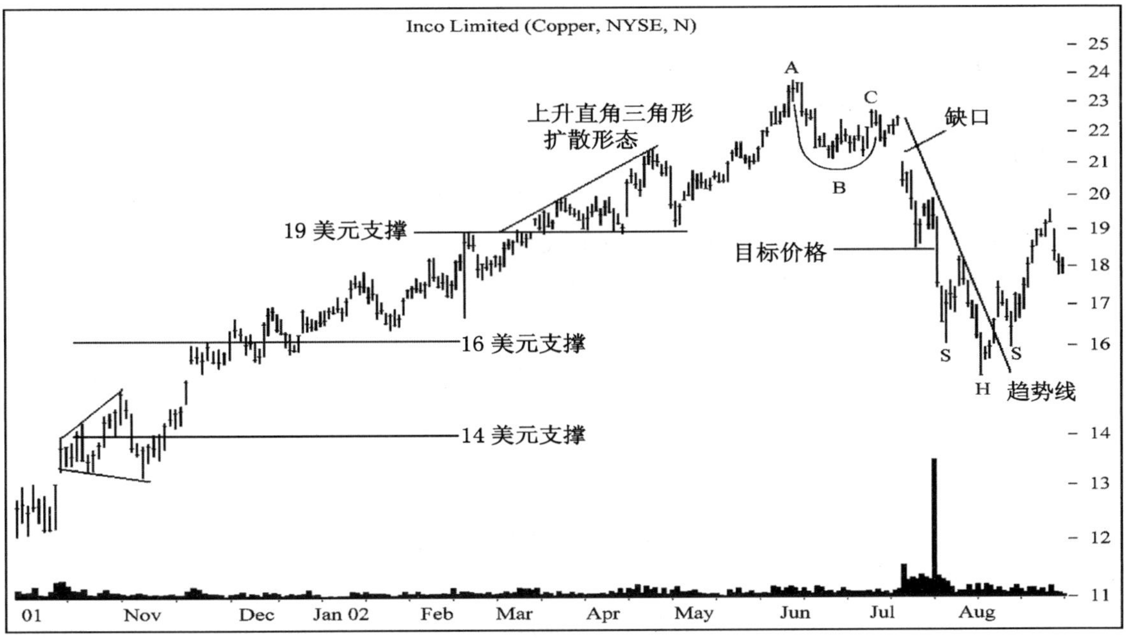

图43.5　这一下降扇形作为价格上涨趋势的反转。

将止损点设置在低于形态低点几美分的地方(对于做多交易)，最好是用一个古怪的数字(例如用20.93美元而不是21美元)。投资新手将会使用整数，所以你的止损位置要比它们的低。它们将被止损出局，而你有更好的机会让你的交易完好无损。但有时候，这个策略将导致更大的损失，因为会破位下行。这是当一个止损指令被触发导致股价下跌，然后触发更多的止损指令，迫使价格走得更低。为了避免这个隐患，把你的止损点放在其他人的止损点上方，比如21.07美元而不是21美元。这个位置也会缩小你的损失(对于做多交易)。当价格上涨时，将止损点移动到略高于先前的小高点(对于向下突破)，或低于之前的小低点(对于向上突破)。由于破位下行很少发生，我把我的止损设置在低于整数的位置。

趋势　由于下降扇形在下跌的价格趋势中表现最好，只在熊市中做空股票。如果你持有这样的股票，问自己是否想经受20%的跌幅。大多数情况下，明智的做法是卖出股票，寻找一个更有希望的投资机会，而不是在下跌的趋势中持股。

交易故事

图43.5所示为下降扇形的交易示例。你将如何交换6月的扇形？你注意到的第一件事可能是，它出现在一个长期上涨的价格趋势的末端。因此，这个扇形的作用是反转。这一事实并没有变得清晰，直到股票收盘在形态的最低点(点 B)的下方。当这种情况发生时，它预示着一个向下的突破和趋势的变化。这一行动意味着做空股票(或卖出你持有的股票)。做空股票是一个风险很大的操作，应该交给专业的交易者和投资者。

在投资股票之前，使用测算规则来确定价格会下跌多少。在交易策略中讨论过这一点，请参考测算规则的讨论以了解更多信息。

查看支撑和阻力区域。上方阻力可能会出现在原来的高点(在6月初期23.75美元)，也许形成一个双顶形态。

支撑出现在19美元，如图43.5所示，由一个扩散形的上升直角三角形形态的底部构成。如果价格穿透19美元，那么它可能会在16美元停住。图中没有显示，16美元是2001年夏天和秋季股价下跌停止的地方。另外一个支撑是一个扩散形顶部形态，中心在14美元附近，可以追溯到1999年。

由于测量规则预测的目标价格(18.47美元)和支撑价格(19美元)几乎是相同的，我预计价格会在这个位置停止下跌。如果总体市场在交易过程中也呈下降趋势，股价进一步下跌到下一个支撑区(16美元)是可能的，甚至是很有可能的。下跌到14美元那个位置下方可能就是一个梦想，除非公司基本面有严重的问题。

突破价格是21.11美元，目标价格19美元，一个5%下跌是否值得进行交易，尤其是风险很高的做空交易？我认为不值得。假设价格下跌到16美元，那么跌幅就是24%。我们现在只是在谈话!

如果基本面分析显示，市场充斥着镍、铜、钴或其他贵重金属，所有这些都是这家公司的产品，那么商品的供过于求就应该转化为股价的下跌。这样的消息会让我有信心做空这只股票。

根据表43.4的数据，熊市中出现缺口的形态股价的跌幅比没有缺口的更大。假设你在缺口后第二天收盘时做空了股票，这时价格将是20.45美元，远低于形态的低点21.11美元。

在接下来的日子里，价格下跌。对于短期交易者，考虑当价格接近19美元的支撑位置或预测目标18.47美元时平掉空仓。很多时候，下跌将不会到达目标价格，谨慎的做法是获利了结或收紧(降低)你的止损点。一个较低的止损点可以让你获取更多的利润，但仍然保留股票进一步下跌的空间。

如果你在18.47美元设置平仓指令，那么你就错过止损了，因为价格跌到18.52美元后反弹了1个星期。然而，耐心会得到回报，当价格跌穿支撑，并继续下行时，触发平仓指令。

这只股票下跌到16.05美元，然后反弹到目标价格的位置，随后又重新下跌，创出新低。绘制一条连接小高点的向下趋势线将给出一个及时的平仓信号。如果你错过了这个信号，还有另一个机会是在8月初股价对16美元低点的重新测试。由于这个小低点没有创新低，这表明一个趋势的变化。股价形态形成了一个头肩形底部形态(在7月和8月的S-H-S形态)，表明股价将会上升，这是平空仓的时间了。如果空仓已经平掉，比如说在17美元平的仓，这样在大约1个月的时间里，收益接近17%。

交易秘籍

下面的列表包含交易这种形态的提示和观测结果，以帮助你选择表现更好的形态。更多的信息请参阅相关的表格。

●查看辨识指南以正确选择形态。见表43.1。

●交易熊市向下突破的扇形。见表43.2。

●反转的形态表现略好于持续的形态。见表43.2。

●在跌幅超过25%之前，熊市向下突破的扇形失败比率最低。之后，向上突破的扇形失败比率最低。见表43.3。

●选择在年度价格区间低位区域附近向上突破的扇形。见表43.4。

●回调有助于股价表现，但反弹损害股价表现。见表43.4。

●交易突破日有缺口的扇形。见表43.4。

●在牛市中持股让利润滚雪球，但在熊市中要准备好快速平空仓。预计在熊市中扇形在向上突破后6至8个星期价格疲软。见表43.5。

●选择高形态。见表43.6。

●选择宽形态，但那些在牛市中向下突破的形态除外。见表43.6。

●上升的成交量趋势对向上突破的形态表现有帮助。见表43.7。

●选择有向上突破和圆顶形状成交量的扇形。见表43.7。

●交易有巨量突破的扇形。见表43.7。

第四十四章　扇形下降形态之倒置形态
Scallops, Descending and Inverted

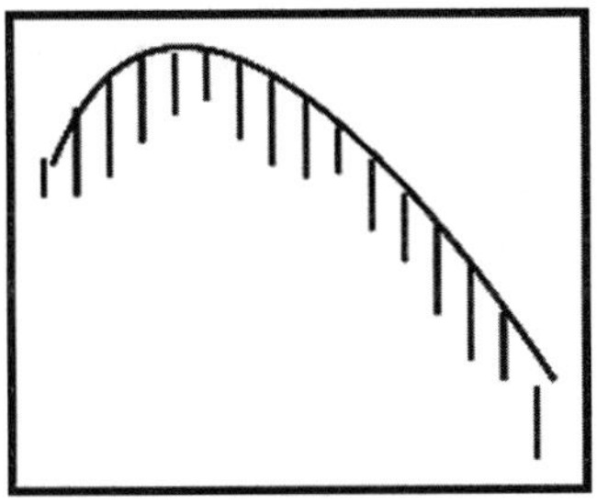

统计简报

向下突破

形状	价格形态看起来像一个倒置的字母J。	
反转或持续	短期持续，行情看跌。	
	牛市	**熊市**
表现排名	6/21	5/21
保本失败概率	10%	5%
平均跌幅	18%	23%
趋势结束后的变化	55%	55%
成交量趋势	向上	向上
反弹概率	58%	50%
实现目标价格概率	38%	27%
意外发现	反弹损害股价表现。高形态比低形态表现好。在下跌的价格趋势(牛市)中的系列扇形随着价格下跌，往往变得越来越窄，越来越低。在熊市中，成交量呈下降趋势或U形状的扇形表现更好。	

本章将介绍扇形形态的第四个类型：扇形下降形态及它们的倒置形态。倒置的下降扇形看起来像一个倒置的字母J，价格在不到3个月内就会达到最低点。这是一种看跌的形态，意味着价格的向下突破并持续走低。

就像这个形态戴着眼镜一样，这种形态在达到目标价格方面是有困难的，不到1/3 的形态实现目标价格。我喜欢看到实现目标价格的概率在80%以上，但这样的形态极少出现(其他所有形态也是一样)。低成功率表明价格可能不会像你希望的那样下跌得那么深。

和它的兄弟姐妹一样，这种形态有很多意外发现，其中大部分都是不言自明的。然而，当几个扇形出现在同一个牛市的下跌价格趋势中，随着时间的推移，它们往往变得越来越窄，越来越低。因此，如果你正在考虑交易一个在价格已经下跌之后出现窄的或低的扇形，要谨慎。扇形可能预示着即将到来的趋势变化。

导入

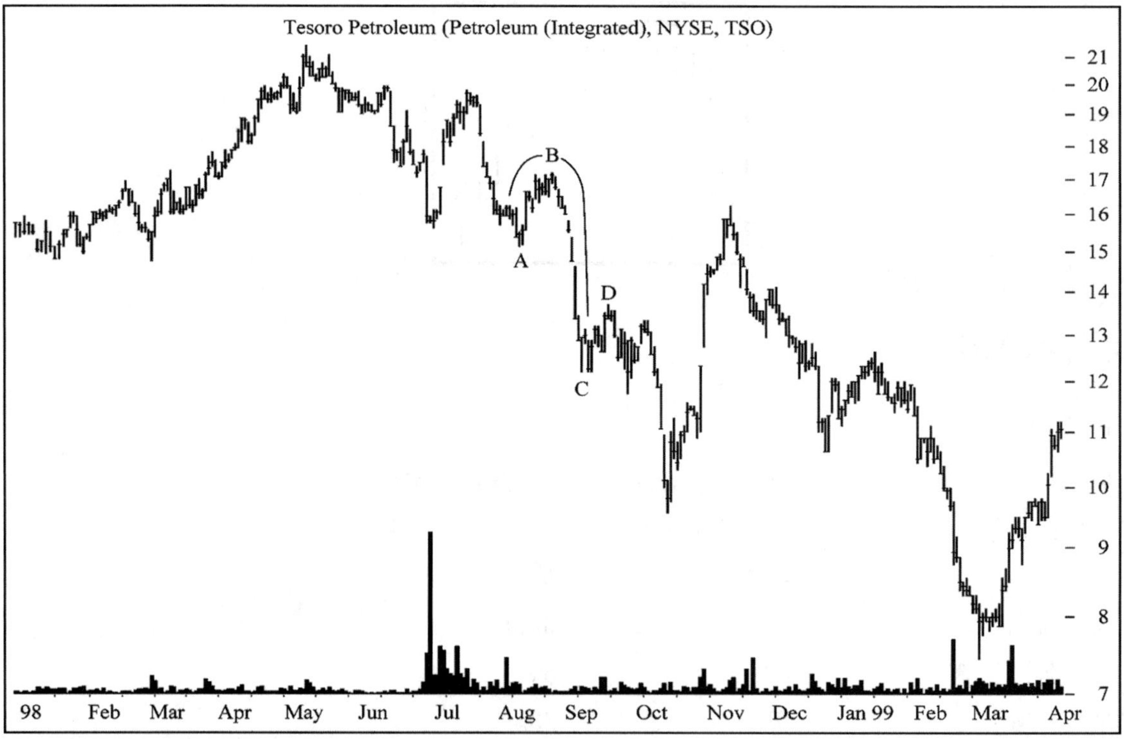

图44.1　一个倒置下降扇形看起来像一个颠倒的字母J。

一个倒置的下降扇形是什么样子的？图44.1所示为一个典型的例子。价格趋势向下进入形态，然后蹦跃上升(从点A到点B)，在顶部圆弧反转，形成一个倒扣的碗形。之后，价格下降，通常是一个急剧的直线下跌，如图中所示点B到点C。

在形态的末端(点C)，价格向上回调，形成一种钩状(点D；想象一把倒挂的汤舀)。当价格收盘低于形态的最低点时，突破发生。突破后，价格继续下行。

辨识指南

表44.1所示为倒置下降扇形的辨识指南。

表44.1　辨识指南

特征	讨论
日线图	使用日线图查找形态
下跌的价格趋势	大多数倒置下降扇形出现在下跌的价格趋势中或看跌转折点上
倒置的J形	价格上行，在顶部转弯，然后暴跌，形成一个倒置的字母J形状
圆滑的顶部	连接价格日线的高点，形成一个圆滑的弧形转弯。较大形态的弧形可能不那么圆滑。允许有变化
碗形高度	从扇形开始到顶部倒置的碗形高点的距离。通常约为接下来的下跌幅度的一半(55%)
结束点	寻找在扇形开始之下的形态结束点。开始和结束都应该出现在转折点上。
比例	扇形的宽度应与接下来的下跌幅度成比例。避免选择窄弯之后接下来大幅下跌的形态，或反转的形态
确认价格	价格收低于形态最低点，且在此之前，必须不能出现上涨到形态顶部之上的反弹。只有这样，形态才有效

日线图　我使用的是日线图，没有检查周线图或日内图中形态的表现。我可以在日线图中找到大量的形态，而不必求助于其他周期的图表。您可能希望在不同周期的股票图中寻找这种形态，以了解它的行为方式，以及这种形态在股票以外的证券中的表现。

下跌的价格趋势　寻找一个进入扇形的下跌的价格趋势。偶尔，你会在上涨的价格趋势末端发现扇形，但这种情况很少出现。

倒置的J形　形态看起来像一个倒置的J，形态开始的价格(图44.1中的点A)高于结束(点C)。

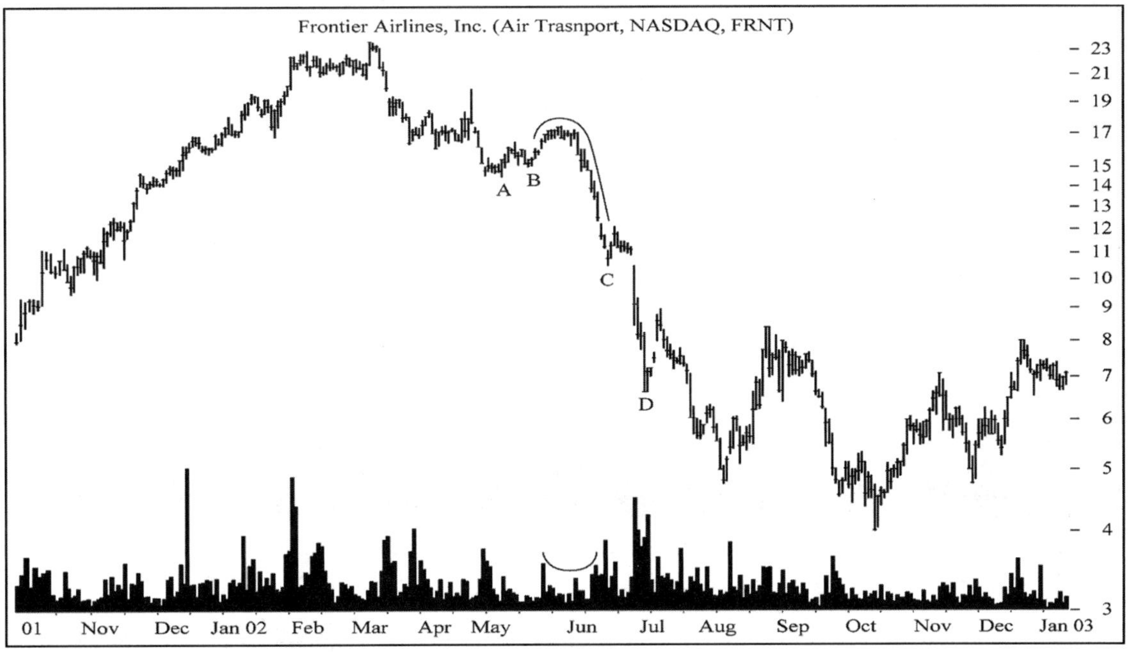

图44.2　扇形的开始和结束为点B和点C，而不是点A或点D。

圆滑的顶部　形态的顶端看起来应该圆滑，虽然有时候你必须用你的想象力。不包括倒置V形的扇形，它根本没有转弯，而是两条几乎笔直的趋势线的交接。

碗形高度　我称形态的圆弧顶部为碗形，虽然它是一个倒扣的碗形。在图44.1中，碗形的高度是从点A到点B的距离。通常，碗形高度是股价从点B到点C移动距离的一半(在牛市

54%，在熊市58%)，但预计会有变动。

您应该避免点C高于点A的形态——即结束点高于开始点。简而言之，寻找较低的低点。

结束点 你会在形态的结束点方面遇到问题。我就是这样的。看图44.2，扇形从哪里开始：在小低点A还是点B？扇形在哪里结束，在点C还是点D？在我研究扇形时，我选择了内点B作为形态开始，点C作为形态结束。当我想勾勒一个大的扇形时，我会使用外点，点A和点D。在那种情况下，BC扇形的轮廓不如图中所示的那样好。我用最近的价格转折点来作为两端。

比例 这个形态看起来应该成比例，这意味着在顶部倒扣的碗形应该可以判定接下来的下跌幅度的大小。不要将一个宽大的碗形与小量的下跌配对。使用本章中的数字作为指导。

确认价格 价格必须收在形态最低点下方。如果价格先攀升到形态的最高点之上，那么这个形态不是一个扇形形态。

关注形态失败

为什么扇形没有预期的表现？大多数问题都发生在形态的识别上。图44.3所示为判断错误的形态。形态的两端应使形态看起来像倒置的字母J。图中显示的扇形不符合描绘的特征吗？点A和点B的价格太接近，这使它看起来像一个倒置的U，而不是一个J。

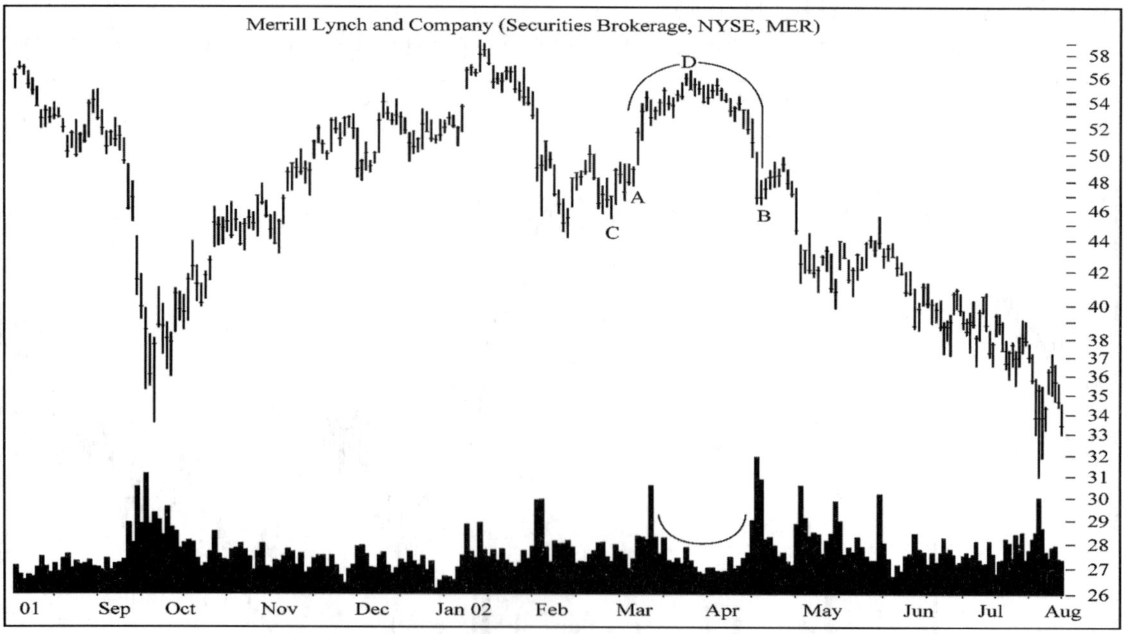

图44.3 形态失败：点A的价格应该远远高于点B。

这个形态图还提出了形态开始的问题。如果你选择以点C作为出发点，那么形态显然是错误的，因为点C低于点B。选择点A作为第一个价格转折点时，形态开始略高于点B，但仍然离得不够远。

假设点A和点B没有问题。查看宽度与高度的比。从点D到点B的下跌与宽度不成比例。换言之，这么宽的形态可能会有更长的下跌。在我看过的形态中，从点D到点B的下跌幅度通常接近从D到点A之间的两倍。这是一个平均数，但它是一个指引，所以要牢记在心。

统计数据

表44.2所示为倒置下降扇形的综合统计数据。

表44.2　综合统计

描述	牛市	熊市
形态数量	556个	177个
反转(R)、持续(C)数量	81R，475C	19R，158C
反转(R)、持续(C)形态涨/跌幅	19%R，18%C	25%R，23%C
平均跌幅	18%	23%
跌幅超过45%(数量或占比)	15或3%	20或11%
趋势结束后涨/跌幅	55%	55%
形态失败后涨/跌幅	45%	39%[a]
标准普尔500指数的变化	-1%	-13%
到达最低点的天数	61	28

注：(-)负号表示下跌；[a]表示样本小于30个。

形态数量　我用了两个数据库来查找这种形态。第一个包括从1991年中期到1996年中期的500只股票。第二个包括从1996年到2003年中期的大约200只股票。我找到了733个形态，并将它们分类到牛市和熊市。

反转或持续　我发现的反转形态很少：只有15%的形态作为牛市上升趋势的反转，而在熊市中反转的形态更少(11%)。绝大多数形态作为当前下跌价格趋势的持续。我确实在下跌价格趋势的末端发现了一些形态，看起来像扇形，但由于它们没有确认，所以我没有把它们纳入这个研究。不管怎么样，反转形态的表现略好于那些持续的形态。

平均跌幅　扇形的平均跌幅在牛市和熊市分别为18%和23%。这一发现表明，你应该顺应市场趋势进行交易。在牛市中交易看跌形态你可能只会获得微薄的利润，甚至会损失。

跌幅超过45%　与大多数看跌形态一样，很少有倒置下降扇形的跌幅超过45%。如你所料，比起牛市，更多的熊市扇形会下跌超过45%。

趋势结束后的变化　一旦价格达到最终的低点，会发生什么？股价会反弹55%。即使你等待股价上涨了20%，也就是标志了趋势的变化，然后再买入股票，股价仍然有很多的上行空间。坏的消息是，这55%的收益率是平均的，所以你应该期望更少。

失败形态的表现　在一个形态失败后，股价的上涨我认为是不强的。其他形态的反弹更强烈，所以可能还是找别的机会比较好。

标准普尔500指数的变化　13%的市场下跌幅度助长了熊市扇形的下跌。

到达最低点的天数　突破后股价达到最低点需要多长时间？在牛市，大约有2个月，但在熊市需要不到1个月。因此，在熊市中交易这种形态。平均而言，你可以在更短的时间内赚更多的钱。请注意，熊市下跌的斜率必然比牛市上涨的斜率要陡峭，我们在其他形态中也看到这种情况。

表44.3显示倒置的下降扇形形态的失败比率。熊市的失败比率为5%，这是相当好的。它是牛市失败比率的一半。接下来，熊市失败比率翻了四倍，上升到20%，然后几乎再次翻番，上升到38%，相应的股价最大跌幅分别为10%和15%。在熊市，有一半的形态(51%)的下跌将不

会超过20%。这些数字并不令人鼓舞。牛市的情况更糟。四分之三的倒置下降扇形无法下跌超过25%。

表44.3 失败形态数量或比率

股价最大跌幅(%)	牛市	熊市
5(保本点)	53或10%	9或5%
10	143或26%	36或20%
15	260或47%	67或38%
20	352或63%	90或51%
25	419或75%	107或60%
30	475或85%	125或71%
35	509或92%	135或76%
50	547或98%	165或93%
75	556或100%	177或100%
>75	556或100%	177或100%

这些数字是什么意思？如果你交易一个倒置下降扇形，并希望股价突破形态后大幅下跌，比方说下跌50%，只有2%的牛市形态和7%的熊市形态会真的下跌这么远。因此，你要么过于乐观，要么内幕交易。希望我永远不会为这种情况动到我的银行账户，而且，管理当局是不赞成内幕交易的。

表44.4所示为与突破及突破后相关的统计数据。

表44.4 突破与突破后股价表现统计

描述	牛市	熊市
从形态结束到突破	31天	23天
突破在年度价格区间低(L)、中(C)、高(H)各区域分布的百分比	L65%，C31%，H4%	L70%，C29%，H1%
形态在年度价格区间低(L)、中(C)、高(H)各区域突破后的跌幅	L17%，C19%，H16%[a]	L24%，C22%，H21%[a]
反弹概率	58%	50%
反弹期间	10天	9天
出现反弹形态的平均跌幅	17%	19%
未出现反弹形态的平均跌幅	19%	27%
出现突破缺口形态的表现	-20%	-23%[a]
未出现突破缺口形态的表现	-18%	-23%
缺口平均金额(美元)	0.43	1.14

注：(-)负号表示下跌；[a]表示样本小于30个。

从形态结束到突破 投资者交易这种形态有时需要超过1个月才能等到突破。熊市形态更为陡峭的下跌可以解释为什么熊市形态发生突破比牛市的早1个星期。

年度位置 多数扇形在年度价格区间低位区域附近突破。发生在高位区域附近的很少。这一事实不应该是一个完全的意外发现，因为突破是在形态的底部，这使它远离高位区域。

年度位置及表现 将突破后股价的表现与其突破位置映射到年度价格范围中。结果表明，牛市中最佳表现者在年度价格区间的中间位置突破向下。在熊市中，那些低位区域附近突破的形态突破后的股价表现最好。

反弹　大约一半的形态会发生反弹。股价发生反弹后，平均要花9到10天才能回到突破价格。当反弹发生时，股价的表现受到影响。例如，在熊市中，在突破后，有反弹的形态平均下跌19%，没有反弹的形态平均下跌27%。

为了防止反弹，避开附近有下方支撑的倒置下降扇形。

缺口　就突破日缺口而言，形态显示出混杂的结果。在牛市中，有缺口的扇形表现更好。在熊市中，有缺口和没缺口对股价表现没影响。注意，熊市的缺口平均大小几乎是牛市的3倍(1.14美元:0.43美元)。我在其他形态已经看到了这个特点。在某些情况下，坏消息更容易将股价压得更低，而好消息则不会那么容易推高股票。

表44.5所示为突破后股价到达最低点的时间频次分布。在熊市中，几乎一半的倒置下降扇形在第2个星期达到最终的低点。这对交易者来说是个好消息，因为它们可以通过做空来最大化年度交易的次数。

表44.5　到达最低点天数的频次分布

天数	7	14	21	28	35	42	49	56	63	70	＞70
熊市	38%	11%	9%	12%	3%	5%	3%	5%	3%	2%	8%
牛市	22%	9%	8%	7%	5%	3%	4%	4%	4%	3%	30%

在统计表的另一端，我们发现牛市中30%的扇形在70天后仍像一个手电筒没电了的洞穴探险爱好者，在摸索寻找终点。

注意，进行交易之后1个月(熊市28天)统计数字的轻微上升。如果你做空一个倒置下降扇形的股票，在突破后1个月准备平仓了结交易。

表44.6所示为扇形面积大小的统计信息。

表44.6　形态面积大小统计

描述	牛市	熊市
高形态表现	-19%	-26%
低形态表现	-17%	-21%
高度中值(与突破价格百分比)	20.46%	31.63%
窄形态表现	-18%	-22%
宽形态表现	-18%	-24%
长度中值	25天	26天
形态平均长度	30天	31天
低窄组合形态表现	-19%	-23%
低宽组合形态表现	-14%	-19%
高宽组合形态表现	-20%	-27%
高窄组合形态表现	-17%	-22%
三个扇形的系列中第一、第二、第三扇形的平均宽度(天)	31,29,30[a]	31,28,41[a]
三个扇形的系列中第一、第二、第三扇形的平均高度(与突破价格的百分比)	22%,20%,19%[a]	34%,45%,73%[a]
窄扇形：股价到达最低点的天数	66	30
宽扇形：股价到达最低点的天数	56	26

注：(-)负号表示下跌；[a]表示样本小于30个。

高度 在两个市场中，高形态的表现都比低形态的要好。高度是最可靠的股价表现预测指标之一，所以要计算形态高度(并除以突破价格)，并将结果与表中的高度中值进行比较。比中值大的形态更有可能表现出众，尤其是在熊市中。

宽度 在熊市中，宽扇形的表现有所提升，但与窄形态的结果差别很小，24%:22%。在牛市中，扇形宽度对股价的影响没有差异。我用长度中值，而不是平均值，来确定形态宽度。

形态平均长度 倒置下降扇形的长度大约1个月，但由于这个数字是平均值，你的结果可能会与此有所不同。

高度和宽度的组合 无论是牛市还是熊市，都是既高又宽的形态表现突出。在熊市中，表现最好的形态与表现最糟糕的形态的差异是相当大的，跌幅是27%:19%。

扇形系列宽度和高度 我在表中所示为在同一个下跌价格趋势中三个扇形组成的形态系列的平均宽度和高度。在牛市中，随着价格趋势越来越低，出现在越低点的扇形往往变得越来越窄，越来越低。在熊市中，扇形变得越来越宽，越来越高。在所有情况下，样本量都很低，因此这些结果可能会发生变化。

扇形的宽度和时间 由于某种原因，窄扇形要花更长的时间才能达到最终的低点。我使用了长度中值(显示在表中)作为宽度的基准。

我们可以通过观察成交量来了解扇形吗？表44.7所示为一些答案。

表44.7 形态期间成交量统计

描述	牛市	熊市
上升成交量趋势表现	-17%	-23%
下降成交量趋势表现	-19%	-24%
U形成交量形态表现	-18%	-25%
半圆形成交量形态表现	-18%	-22%
既非U形又非半圆形成交量形态表现	-18%	-20%[a]
巨量突破表现	-18%	-24%
轻量突破表现	-18%	-22%

注：(-)负号表示下跌；[a]表示样本小于30个。

成交量趋势 成交量呈下降趋势的形态表现比成交量呈上升趋势的形态要好，但两者都很接近。

成交量形状 成交量形状只影响熊市形态的表现。那些有U形成交量的形态在突破后下跌了25%。那些有圆顶状成交量的形态突破后股价下跌22%。选择有U形成交量的形态，以便获得最好的股价平均表现。

突破成交量 突破日成交量大于前30天平均水平称为巨量突破，巨量突破有助于熊市扇形的表现，但与轻量突破的形态表现结果接近：24%比22%。

交易策略

表44.8所示为倒置下降扇形的交易策略。

表44.8　交易策略

交易策略	解释
测算规则	用于预测目标价格。计算形态最高点和最低点的差异，得出形态高度。突破价格（形态最低点）减去形态高度的结果就是目标价格
买入信号	当股价收于形态最低点下方，且在此之前不首先上涨到形态高点之上时。这时建立空头头寸或卖出长期持有的股票
卖出信号	如果价格上升到形态开始的价格水平，考虑平掉你的空头头寸。如果股价上升到形态高点之上，就退出交易。马上
搜索附近的支撑和阻力	避开附近的下方支撑。寻找小高点和小低点、水平价格运行的稳固区域、整数、趋势线以及形态的支撑和阻力
等待确认	等待价格收于形态低点下方

测算规则　使用测算规则作为查找在突破后目标价格的指南。要使用测算规则，首先计算形态高度，然后将其从突破价格向下投影。例如，图44.4所示的扇形高度是点B和点C　之间的价格差异。高点是11.55美元，低点是8.21美元，两者之差即形态高度为3.34美元。从形态低点8.21美元中减去形态高度，得出目标价格为4.87美元。突破后不到1个月，价格达到目标价格。

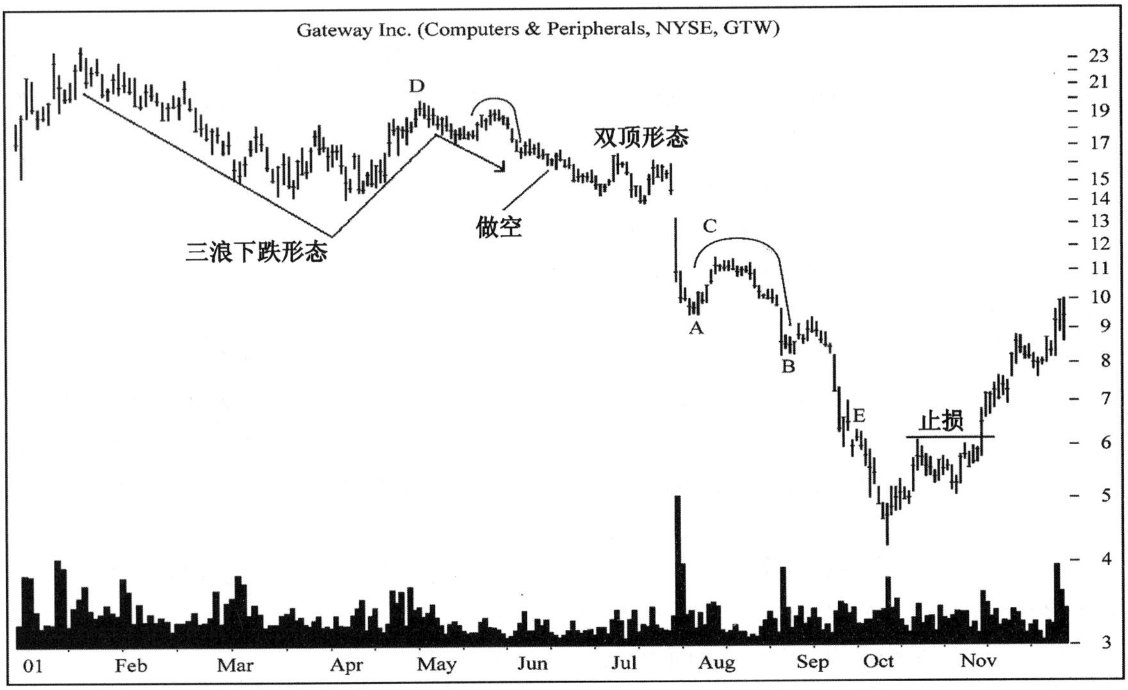

图44.4　正如在交易故事中所描述的，理查德做空了这只股票，停止了他的头寸。

警告：此方法预测的目标价格达到概率为27%（熊市）和38%（牛市）。我认为成功概率超过80%的预测才是可靠的，所以这个方法不符合要求。在你做目标价格估计时要保守。目标附近是否有支撑区域？如果是这样的话，价格更有可能在那里停止。

对目标价格的另一项检查方法是将其变为跌幅百分比。在这个例子中，预测股价下跌41%（即3.34美元/8.21美元）。由于图44.4中的扇形形态在熊市中，表44.3显示下跌至35%以上（最接近41%跌幅）的形态少于76%。这表明，目标定得太远，价格不太可能下跌到那么远。

买入信号 当价格收盘低于形态低点时，卖空。在图44.4中，股价收于点B下方。如果你持有这只股票，考虑卖出，因为价格可能会继续下跌。

卖出信号 如果价格反弹到图44.4中点A，即形态开始的价格水平，考虑平掉您的空仓。如果价格上升到形态的最高点(点C)，一定要平掉你的空头头寸。如果发生这种情况，股票就已经在告诉你，你犯了一个错误，快点离开。

搜索附近的支撑和阻力 这一步很重要。如果你知道在哪里有支撑和阻力，就可以判断价格会分别下跌或上涨到哪里。然后你会做出相应的交易或不交易的决策。

当股票触及附近的下方支撑时，通常会导致反弹。从表44.4中可知，当反弹发生时，它会中断股价下行的动量并使跌幅变小，因此，除非您有令人信服的理由，否则应避免交易有下方支撑的形态。

等待确认 在你做空股票之前，做好你的准备工作，确保股票值得做空。在倒置下降扇形确认前，不要做空，这意味着价格必须收低于形态低点。只有在确认后，倒置下降扇形才能成为有效的形态。

交易故事

图44.4所示为本章的交易示例。我以虚构的交易为基础描述这个故事，因为这是一种新的形态，而且因为做空能吓得我魂飞魄散。如果你不知道自己在做什么，就坚持站在做多的一边。这是理查德如何使用形态的故事。

理查德是一个经验丰富的交易者，当基本面允许时，他敢于做空股票。在2001年的熊市中，当技术公司股票被大规模抛售时，他开始寻找股票做空。他找到了一个候选者。他通过检查该公司和同行业中的其他公司，进行基本面研究。当他对自己的选择感到满意时，他等待正确的时机。当在5月的倒置下降扇形出现时，他发现了时机。

他检查了几个让他担心的形态识别特征。从1月开始，总体价格趋势是下跌的，最近4月(点D)的上涨除外。5月的扇形看起来不错，像一个倒置的J，顶部圆滑。碗形高度与形态高度的百分比是65%，接近61.8%的斐波那契数。形态的两端是空白的(意思是一个清晰明显的转弯)，形态看起来也成比例。大多数知识丰富的交易者在发现这个扇形时不会感到困难。再加上4月的“峰顶”(点D)，形态看起来也像一个双顶形态。

在价格收盘低于形态的最低点的第二天，他做空股票，以每股16美元完成建仓。随即，他在形态最高点之上20.05美元设置了一个止损指令，比一个整数(一个通常的阻力区域)略高，刚好高于两个小高点(扇形顶部的小高点和较早的在4月的峰值)。

股价沿着之前的下行的斜坡(1月至3月)直线下跌，这是一个三浪下跌形态，预计股价将跌到10美元下方。这一下跌给了他信心，他持仓挺过了6月的小双顶形态。

7月中旬，公司业绩数据公布，股价缺口跳空下跌，8月又形成了一个扇形。他计算出这个较低扇形的目标价格是4.87美元。他不认为价格会下跌那么远，但他密切监测，不断地降低他的止损价格，以防万一便获利了结交易。

10月初，价格达到了4.24美元的低点，然后开始反弹。他的止损点在6.35美元，在9月的小高点(点E)之上几便士，略高于10月初峰值。当价格触及他的止损点时，经纪人平掉了他的空仓头寸。

从16美元的买入价格到6.35美元的止损价格，他在大约5个月的担忧中赚到了60%。

交易秘籍

下面的列表包含交易这种形态的提示和观测结果，以帮助你选择表现更好的形态。更多的信息，请参阅相关的表格。

●查看辨识指南以正确选择形态。见表44.1。

●选择在熊市中的扇形，它的平均跌幅更大，而且有一半的形态可以达到这个平均跌幅。见表44.2。

●熊市中的扇形失败比率最低。见表44.3。

●避免反弹，因为反弹损害股价表现。见表44.4。

●缺口有助于牛市形态的表现。见表44.4。

●有一半的熊市扇形在突破后2个星期内达到了最低点。见表44.5。

●熊市形态往往在突破后1个月见底。见表44.5。

●选择既高又宽的扇形。见表44.6。

●出现在一个价格趋势中的系列扇形，在牛市的扇形会变得越来越窄，越来越低；熊市的扇形会变得越来越宽，越来越高。见表44.6。

●交易宽扇形。它们见底的速度更快。见表44.6。

●选择有下降成交量趋势的扇形。见表44.7。

●在熊市中，选择有U形成交量的扇形。见表44.7。

●交易熊市中突破成交量大于平均水平的扇形。见表44.7。

第四十五章　三落峰形态
Three Falling Peaks

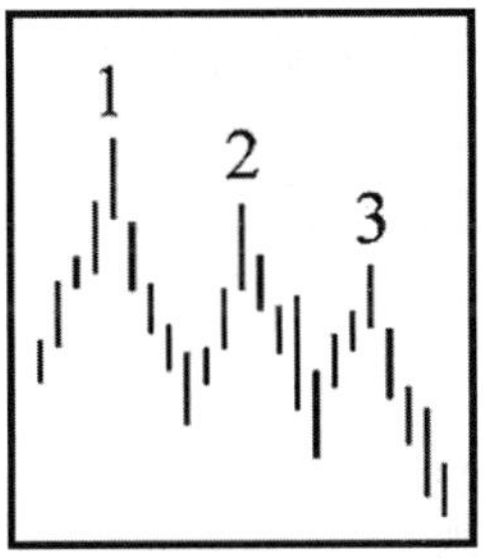

统计简报

向下突破

形状	三个波峰，每一个波峰的价格都比前一个波峰的低，彼此之间成比例关系。	
反转或持续	短期反转，行情看跌。	
	牛市	**熊市**
表现排名	8/21	6/21
保本失败概率	12%	4%
平均跌幅	17%	24%
趋势结束后的变化	56%	52%
成交量趋势	向下	向下
反弹概率	59%	62%
实现目标价格概率	33%	32%
意外发现	反弹损害突破后的股价表现。窄的形态比宽的形态表现更好。具有U形成交量的形态表现好。	
参见	三重顶部形态。	

我第一次了解到这个形态，是在罗伯特·费舍尔要求我支持他与延斯·费舍尔合著的书《蜡烛线、斐波那契和形态交易工具》(威利，2003)。在书中，他写到，三个下降的波峰形态是一个可靠的表演者。我同意，但这个形态在熊市中尤其有效。在熊市中，保本失败概率是

4%，股价平均跌幅24%。那24%的平均跌幅是从形态的最低点开始算起。如果你从形态的顶部测量，平均的下跌在牛市是34%，在熊市是44%。这些跌幅是可怕的，就像骑着平底雪橇从满是树木的小山滑下去一样。

如果我持有的股票出现了一个三落峰形态，我会关注。如果形态确认，股价就会下跌。形态可靠地预示着趋势的变化，其作用是反转进入形态之前的上升趋势。

此形态的一个令人失望之处是测算规则的成功概率。大约有1/3 的形态价格会达到目标价格(这是从最低点减去形态高度)。

导入

三落峰形态是什么样子的？我相信你的脑海里会出现一个形态的图像，图45.1所示为两个例子。这个形态由三个大小相等、形状相同的波峰组成，每个波峰都低于前面一个。

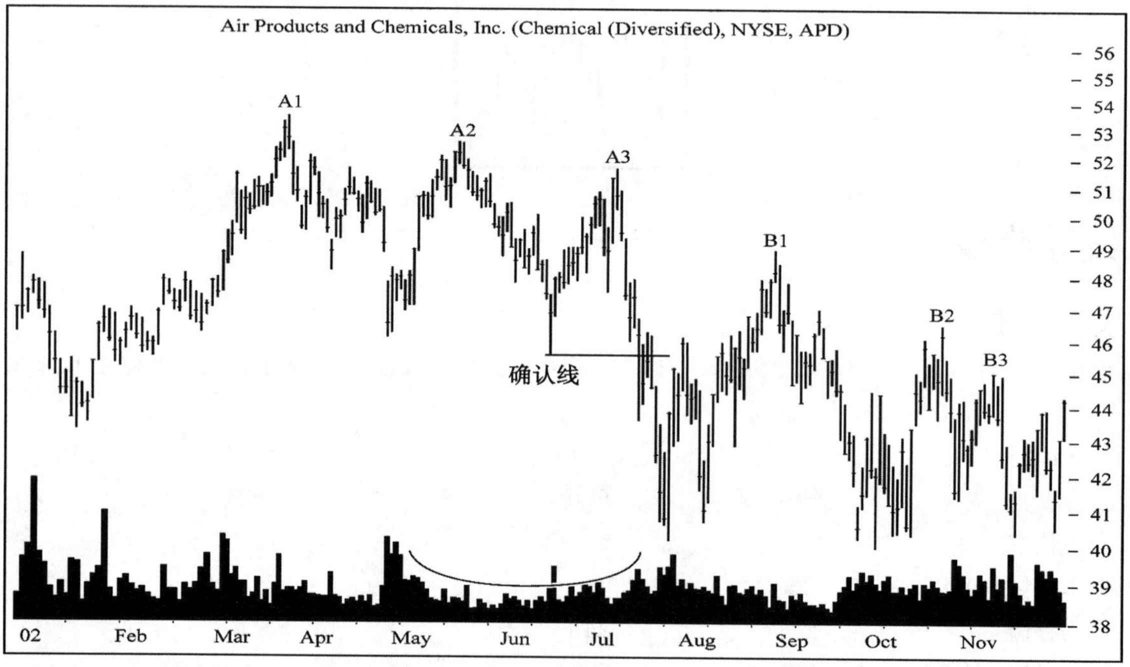

图45.1　这个三落峰形态开始于趋势的最高波峰，由两个相继走低的波峰延续下行。

辨识指南

表45.1所示为三落峰形态的识别特征。

表45.1　辨识指南

特征	讨论
上涨的价格趋势	从上涨的价格趋势末端开始，寻找三个下降的波峰
三个下降的波峰	每个峰值必须低于前一个峰值
比例	每个波峰看起来都与前一个波峰相似。如果你从宽峰开始，后面只选择宽的波峰
确认价格	只有当价格收盘在最低点下方时，形态才有效

上涨的价格趋势 既然我们正在寻找三个波峰，你就得准备数数。在股价图上从上涨的价格趋势结束的最高点，即下降阶梯开始的地方开始数。

三个下降的波峰 每个波峰的最高点必须低于前一个波峰的最高点。最高点不允许出现相同，因为我们不是在寻找双顶或三重顶。三个波峰不需要沿着一条直线向下倾斜的趋势线。

比例 三个波峰的大小和形状看起来应该相似。不要将一个宽的、高的波峰与一个短的、单日尖峰混淆。请仔细观察图45.2。波峰A1、A2和A3的大小相似。它们都是小高点，每个波峰都比前一个波峰低。注意看B波峰，它们的大小和形状要小得多，它们可以区分为三个独立的波峰，而不是来自同一价格拥塞区域的三个波峰。A1到A3的形态和B1到B3的形态都是有效的三落峰形态。

图45.2 波峰A1、A2和A3形成一个三落峰形态，波峰B1、B2和B3也形成了一个三落峰形态。波峰C和D太小和太窄，不能作为A1—A3形态的一部分。波峰E是可以的，但更高的波峰A3表明，作为系列中的最后一个波峰，A3是一个更好的选择。

识别特征中包含有关比例规则，原因是为了避免对波峰选择的混淆。仔细看峰值C和D，对我来说，这些峰值看起来像是我的割草机错过的杂草。它们是小的高点，和其他的峰值也一样，但它们并不在同一等级中。它们是从圆弧形A1波峰上冒出来的1天或2天的尖峰。它们的大小和比例与其他波峰并不相同。当选择三个波峰时，我忽略C和D，选择A1、A2和A3。

为什么不选择峰值E？这个峰值足够茁壮，可以加到形态中来，所以你可以称它为第三高峰。当A3出现时，你可能会质疑A1、A2、E形态的有效性，因为A3形成了更高的高点。我看形态的方式是，我喜欢看到可以沿A1、A2和A3的波峰画一条趋势线。使用E作为最后的波峰似乎不大协调。另外，在形态确认前的一个更高的波峰(比如A3，若E为第三峰)可能使形态无效。不过，我判定当股价收高于最高波峰的高点(A1)时形态无效，而不是股价收高于最低点(E)时。您可以考虑判定股价收在最低波峰高点之上时形态无效。我没有测试这种可能性，但它有可能会导致形态表现得更好。

确认价格 图45.2所示为恰好等于最低波峰低点的确认价格水平线。当价格收在确认线之下时，形态确认为有效的形态。确认线通常是第二个波峰和最后波峰之间的波谷。如果波峰1和波峰2之间的波谷是最低点，那么，使用最后一个波谷作为确认价格。这将使你介入(做空)或退出(长期持有)的时间比你等待价格收于最低点之下再介入或退出更早。

关注形态失败

图45.3是一个测验的依据。三个形态(A、B或C)中哪一个是有效的三落峰形态？让我从右向左说起，从C系列开始，C1到C3是否为一个有效的形态？我们正在寻找三落峰形态，这三个波峰都是上升的。因此，C系列不是一个三落峰形态。

图45.3 这些形态中哪一个是有效的三落峰形态？

B1、B2和B3呢？在这里，我们有三个波峰，每一个波峰都低于前一个波峰。B2和B3很窄，B1似乎更宽。你可以仅仅因为这个理由就排除它(我不会这样做，因为对我来说，它们看起来都很好)，但有一个更大的问题。是什么问题？确认。这种形态无法确认，因为价格在上升到形态最高点上方之前，未曾跌到低于形态的最低点。所以，B系列的波峰不是有效的三落峰形态。

A1、A2和A3呢？三个波峰形状相似，当价格收在A2和A3之间的波谷时，形态确认。这也是一个无效的形态。为什么？

看A2的波峰。看到A2左边的那个尖峰了吗？它是A2的一部分，比A1高了2美分。因此，第二波峰高于第一波峰，所以这个形态不是一个有效的三落峰形态。在我的统计数据中，没有把它作为一个有效的形态，但由于它的表现很好，你可能会研究类似的形态(后峰值略高于前峰值)，看看它们如何表现。

图45.4所示为一个三落峰形态的普通失败。股票在突破后下跌，但只下跌了少许就遇到支撑。在图中，一个形态形成于1999年11月开始的长期上涨趋势(图中未显示)的顶端。由于B形态在价格链中位置更低，它必然更接近最终的低点。它是点E，价格突破向下到达点E，但这个最低点只比点D低2%，然后股价便开始攀升。攀升到点F，涨幅高达58%。

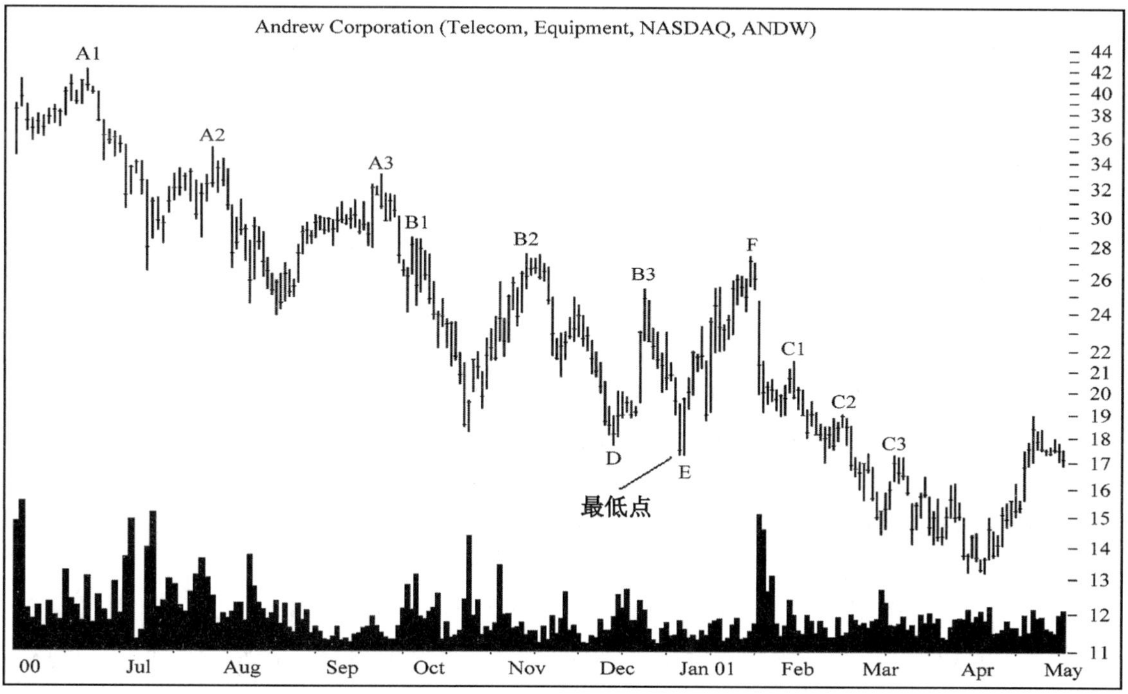

图45.4　下跌只比点D低2%，股票从点E到点F反弹58%，标志着趋势的变化。

如果你让时光倒流，就会看到在1995年有一个很大的支撑区域。这个支撑可能没有那么清楚，但10月底部价格和点D价格的接近表明那是一个有效的支撑区域。股价试图第三次穿透该区域，但是失败了。

图45.4中的教训是双重的。首先，最好的交易往往是在趋势发生变化后出现的。在下跌的趋势中所处的位置越低，三落峰形态就越接近最终的低点。但情况并非总是如此，因为我确定了什么是趋势变化(从最终低点上升20%)。最终的低点，就像在这个例子中，可以出现在一个下跌趋势的中间，而不是在趋势的结束。不管怎么说，这条指南还是不错的。

其次，在交易之前，一定要寻找下方支撑，尤其是在你打算做空股票的时候。一旦你进行交易，使用止损指令来保护你的资金。

统计数据

表45.2所示为三落峰形态的综合统计信息。

形态数量　这种形态既丰富又容易找到，所以我没有去搜寻很多股票。在从1995年末到2003年末期间的大约200只股票中，我发现了527个形态。

反转或持续 大多数形态出现在上升趋势的末端。它们作为反转形态。其他形态作为正在下行中的下跌趋势的一部分，有时作为系列三落峰形态的第二个或第三个三落峰形态。在牛市中，持续形态表现略优于反转形态，但在熊市中，反转的形态表现稍微胜出。

表45.2 综合统计

描述	牛市	熊市
形态数量	321个	206个
反转(R)、持续(C)数量	235R，86C	146R，60C
反转(R)、持续(C)形态涨/跌幅	-17%R，-18%C	-24%R，-23%C
平均跌幅	17%	24%
跌幅超过45%(数量或占比)	11或3%	12或6%
趋势结束后涨/跌幅	56%	52%
形态失败后涨/跌幅	58%	53%
标准普尔500指数的变化	-2%	-15%
到达最低点的天数	36	34

注：(-)负号表示下跌。

平均跌幅 正如人们可能预计到的那样，熊市24%的跌幅轻而易举地击败了牛市17%的跌幅。这一发现表明，这种形态在熊市中表现得比在牛市中更没有拘束。毕竟，它是一种看跌形态。

跌幅超过45% 很少有三落峰形态表现出异常大的跌幅——只有6%的形态跌幅超过45%。这样的小数字对于看跌形态而言是典型的。

趋势结束后的变化 一旦下跌的价格趋势在最终的低点结束，价格反弹，平均涨幅52%(熊市)和56%(牛市)。这些反弹幅度是典型的，只要你能知道什么时候趋势变化，就可以赚一大笔钱。

失败形态的表现 如果价格在突破后下跌不超过5%便反转上行，买入股票。出现这种情况后，股价的平均涨幅超过50%。即使你的交易晚一点进行，利润也是相当可观的。

标准普尔500指数的变化 在牛市和熊市中，指数都是下跌的。出现这样的情况是不寻常的，它也反映出了我测算下跌的方式。有关测算技术的更多信息，请参见术语表和方法章节。

注意指数的大幅度下跌——15%——帮助了熊市形态的表现(平均下跌24%)。这里的教训是，交易方向始终与市场趋势一致。在进行交易之前，问自己市场会上升还是会下跌，从而相应地去做多或做空。

到达最低点的天数 突破后，股价经过大约1个月的时间才达到最终的低点。熊市形态的股价突破后下跌24%，牛市中的下跌17%，但两者所花的时间几乎一样，所以熊市的跌幅一定更加陡峭。这一特点意味着熊市中每年都有更多的交易次数。

表45.3所示为这个形态的失败比率。请注意，熊市的失败比率低于牛市的失败比率。为了取得最佳投资业绩，在熊市中交易这种形态。此外，请注意，在最大股价跌幅的小变化下，失败概率是如何攀升的。例如，在熊市中，4%的三落峰形态在突破后无法下跌超过5%。在股价未能下降超过10%，这一比例攀升至15%，然后在股价未能下跌超过15%时，翻一番上升至33%。因此，速率先是翻4倍，然后再翻1倍。对于许多形态类型来说，这样的增长率是

典型的。

表45.3　失败形态数量或比率

股价最大跌幅(%)	牛市	熊市
5(保本点)	38或12%	8或4%
10	101或31%	30或15%
15	154或48%	67或33%
20	210或65%	94或46%
25	246或77%	123或60%
30	279或87%	149或72%
35	290或90%	169或82%
50	311或97%	196或95%
75	321或100%	205或100%
＞75	321或100%	206或100%

数字显示，在反弹发生之前，下跌的幅度可能不会太大，因为大部分的下跌已经发生。对于这句话，我的意思是从第一个波峰到第三个波峰的下跌不包括在这个统计表中，这里只计算在突破后的下跌。

表45.4所示为与突破及突破后相关的统计数据。

表45.4　突破与突破后股价表现统计

描述	牛市	熊市
从形态结束到突破	17天	27天
突破在年度价格区间低(L)、中(C)、高(H)各区域分布的百分比	L45%,C41%,H14%	L59%,C33%,H8%
形态在年度价格区间低(L)、中(C)、高(H)各区域突破后的跌幅	L16%,C18%,H17%	L24%,C22%,H30%[a]
反弹概率	59%	62%
反弹期间	9天	10天
出现反弹形态的平均跌幅	15%	23%
未出现反弹形态的平均跌幅	20%	26%
出现突破缺口形态的表现	-18%	-23%[a]
未出现突破缺口形态的表现	-17%	-24%
缺口平均金额(美元)	0.44	1.23

注：(-)负号表示下跌；[a]表示样本小于30个。

从形态结束到突破　熊市形态从结束到突破的时间要比牛市形态的多近一倍。我认为这个发现是不寻常的。在牛市中，形态股票正在下跌，但总体市场在上涨，这就像是逆流而上。你是顺流(熊市，向下突破)或逆流(牛市，向下突破)游泳，到达停泊在岸边的船哪个需要的时间更长呢？也许真的会出现非常可怕的情况，股票在牛市中暴跌，如果真是这样的话，牛市形态到达最低点所需要的时间应该比熊市形态的少，但统计结果不是这样(牛市36天，熊市34天)。我无法解释这样的结果。

年度位置　大多数时候，突破出现在年度价格区间低位区域。由于这是一个看跌形态，突破在形态的低点，这样的结果是合乎道理的。

年度位置及表现 在牛市中，表现最好的形态为在年度价格区间中间区域突破的形态。在熊市中，在年度价格区间中间区域突破的形态表现糟糕。

反弹 有超过一半的形态会发生反弹。发生反弹之后，平均来说，股价需要9到10天来完成回到突破价格的旅程。当反弹发生时，股价的表现会受到影响。例如，在牛市中，在突破之后，有反弹的形态股价下跌15%，没有反弹的形态股价平均下跌20%。

缺口 突破日缺口是罕见的，但当它们发生时，在牛市，突破后股价的表现稍微有所提升。在熊市中，股价表现变差，但与没有出现缺口的结果接近，而且样本量很少。

熊市中的缺口大小几乎是牛市的3倍。如果我必须解释这种反常现象，我会说熊市的向下突破往往比牛市的向下突破更猛烈，因为市场趋势确实帮助或阻碍了突破日缺口。

表45.5所示为突破后股价到达最低点的时间频次分布。两个市场条件下形态的表现都相似，但需要注意的是，在不到2周内，大约40%的形态达到了最终的低点。在3周内，有一半或更多的形态触底。这一发现表明，价格有很强的趋向下跌得又快又远。股票有可能不会这样，但这是交易这种形态的方法。迅速进入交易，保持警惕，因为你可能需要迅速退出交易。

表45.5 到达最低点的天数频次分布

天数	7	14	21	28	35	42	49	56	63	70	＞70
熊市	27%	16%	13%	7%	6%	5%	4%	3%	1%	3%	14%
牛市	26%	14%	10%	7%	7%	7%	2%	2%	3%	3%	17%

如果你持有一只股票，它出现了一个三落峰形态，那么，鼓起你的勇气，卖出股票。当价格暴跌时，你不应该让自己陷入其中。

表45.6所示为形态面积大小的统计数据。

表45.6 形态面积大小统计

描述	牛市	熊市
高形态表现	-17%	-24%
低形态表现	-18%	-24%
高度中值(与突破价格百分比)	23.50%	30.92%
窄形态表现	-18%	-25%
宽形态表现	-17%	-23%
长度中值	38天	46天
形态平均长度	47天	57天
低窄组合形态表现	-18%	-24%
低宽组合形态表现	-17%	-23%
高宽组合形态表现	-17%	-23%
高窄组合形态表现	-17%	-25%

注：(-)负号表示下跌。

高度 这些数字太过于接近，从统计角度上看，可以说是相同的。

宽度 在牛市和熊市中，宽形态都表现得比窄形态好。我用表中的长度中值作为窄和宽形态之间分割点。例如，在熊市中，突破后，窄形态的股价下跌25%，而宽形态的股价下跌23%。

形态平均长度 熊市形态的期间比牛市形态的期间长(平均长10天)。

高度和宽度的组合 由于低形态和窄形态各自的表现都最好，因此您会期望它们组合后能够有更好的表现。但它们没有。要把高度和宽度的组合作为另一个单独的形态来看待，就像是计算三落峰形态的三维(增加了深度)的表现。

在牛市中，表现最好的组合是既低又窄的形态；在熊市中，既高又窄的形态表现最好。但是，各组合的表现差异是细微的，这表明这个排序可能会随着有更多的样本而变化。

表45.7所示为与成交量相关的统计信息。

表45.7　形态期间成交量统计

描述	牛市	熊市
上升成交量趋势表现	-17%	-24%
下降成交量趋势表现	-17%	-24%
U形成交量形态表现	-20%	-25%
半圆形成交量形态表现	-16%	-23%
既非U形又非半圆形成交量形态表现	-17%	-23%[a]
巨量突破表现	-17%	-24%
轻量突破表现	-19%	-23%

注：(-)负号表示下跌；[a]表示样本小于30个。

成交量趋势　成交量呈上升或下降趋势，形态之间的表现没有差异。

成交量形状　当形态具有U形成交量时，突破后的股价表现更好。例如，在牛市中，有U形成交量的形态平均跌幅为20%。而有圆顶形状成交量的形态，平均跌幅16%。为了获得最佳投资表现，请选择具有U形成交量的形态。

突破成交量　轻量突破提升牛市形态的表现，但在熊市中使形态的表现变差。此外，巨量突破和轻量突破的表现差异细微。因此，不要仅仅基于突破成交量就孤注一掷地赌股价会大跌。

交易策略

表45.8所示为三落峰形态的交易策略。

表45.8　交易策略

交易策略	解释
测算规则	这个方法有1/3 的概率成功预测目标价格。计算形态最高点到最低点的距离，即形态高度，然后从最低点中减去形态高度，结果为目标价格
下方支撑	在交易前，检查支撑区域，避免交易附近有支撑的股票
提前进入	如果第一个波谷在第二波谷的下方，则使用第二个波谷作为确认价格，而不是用形态最低点作为确认价格
突破趋势线	绘制连接两个波谷的趋势线。如果它向上倾斜，那么收在趋势线下方就标志发生了突破，确认了形态
等待确认	在做空股票之前，等待价格收在突破价格下方(形态最低点或突破趋势线)

测算规则　将形态高度应用于向下突破，以确定价格会下跌到多远。不幸的是，这个方法只有1/3 的机会成功预测。例如，如图45.5所示，最高点是点1(49美元)，最低点是点A(33美元)，两者之差为形态高度16美元。最低点减去形态高度，得出目标价格为17美元。图

45.5中没有显示这个数字，但价格达到了目标价格，并继续下行。

下方支撑　在交易三落峰形态之前，请检查下方支撑。下方支撑将告诉你价格可能会下跌到多远。如果测算规则预测的目标价格在一个支撑区域附近，那么就更加可以相信价格会在目标价格附近停止下跌。如果下方支撑太接近突破价格，或过于强大，那么还是寻找别的交易机会吧。价格往往会有足够的力量穿过附近的支撑区域(那些距离不到5%的地方)。

上方阻力会告诉你，当事情出错时，你会损失多少。寻找附近的小高点，在那里设置止损指令，在最低波峰顶上方是一个好的止损位置。如果这个止损点离突破价格太远，那么，寻找一个更有希望的交易机会，或缩小止损点的距离(将它移动到离突破点更近的位置)。

提前进入　如果第二个波谷高于第一个波谷，使用第二波谷(两个波谷中最高者)作为确认或突破价格。当股价收在较高波谷下方时，你可以提前进入交易，而不必等待股价收于最低波谷低点之下。图45.5所示：点A是在三落峰形态中最低波谷的低点，但在点B下达做空股票的指令将使你在一个更有利的价格进入交易。

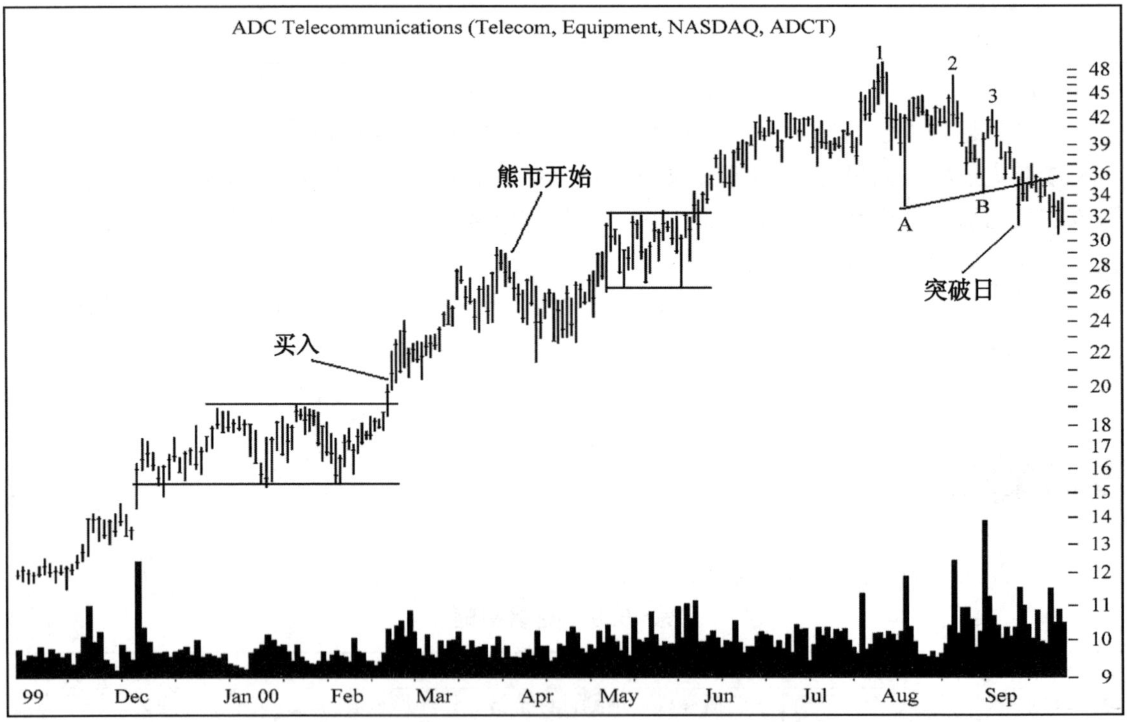

图45.5　当价格突破AB趋势线，确认了三落峰形态，这种情况是卖出信号。

突破趋势线　这个方法的使用类似于提前进入交易。当形态的最低点是在前两个波峰之间的波谷低点时，绘制一条连接两个波谷低点的趋势线。股价收在趋势线下方意味着一个向下突破，这是卖出多头仓位或建立空仓的时机。图45.5中的AB线代表趋势线。它必须倾斜向上，像图中显示的那样，只有这样才是有效的。如果趋势线向下倾斜，那就忽略它，使用形态的最低点作为突破价格。

等待确认　在交易三落峰形态之前，请等待股价收于形态最低点下方。但是，如果使用提前进入或突破趋势线作为交易信号，则忽略此原则。只有当价格收低于最低点时，形态才成为有效形态。我看到太多的情况，形态没有确认，而价格急剧上升。在这种情况下，做空形态很快就会出现亏损。一定要等待确认，除非你有一个很好的理由提前进入交易。

交易故事

仔细看梅洛蒂是如何交易图45.5所示股票的。在股票12月到次年2月交易区域中突破向上的第二天，她在每股20美元买入股票。她不知道熊市(依据标准普尔500指数)将在她买入股票1个月后(2000 年 3 月)开始。

在这个过程中，没有什么使她担心股票的表现。她认为，在那个上涨趋势(3月和4月)的回调是股价正常阶梯上行的一部分，这时熊市已经开始。价格在5月再次穿透另一个交易区间，这表明股票将会持续走强。

当价格达到峰顶点1，然后随着巨大的成交量下跌到点A时，她注意到了。她对市场的研究表明，伴随着高成交量的巨大价格波动往往意味着趋势的变化。当价格形成第三个较低波峰(点3)时，她画了一条连接两个波谷(A和B)的趋势线，这是一条向上倾斜的趋势线。在价格收盘低于趋势线的第二天，她卖掉股票，以每股34.27美元结束交易。她在这笔交易中赚了71%。

这只股票继续下跌，在2002年9月初达到1.02美元的新低，从她卖出股票位置下跌了97%。

交易秘籍

下面的列表包含交易这种形态的提示和观测结果，以帮助你选择表现更好的形态。更多的信息，请参阅相关的表格。

- 查看辨识指南以正确选择形态。见表45.1。
- 在熊市交易这种形态，因为它们在熊市中的平均跌幅最大。见表45.2。
- 交易失败形态。见表45.2。
- 熊市形态的失败比率最低。见表45.3。
- 选择在年度交易范围中间区域突破的形态(牛市)，或高位区域附近突破的形态(熊市)。见表45.4。
- 反弹使股价表现变差，所以避免交易附近有下方支撑的形态。见表45.4。
- 在许多情况下，价格会迅速下跌，所以如果你决定做空股票，要及早交易。见表45.5。
- 选择窄形态。见表45.6。
- 选取有U形成交量形状的形态。见表45.7。

第四十六章　三升谷形态
Three Rising Valleys

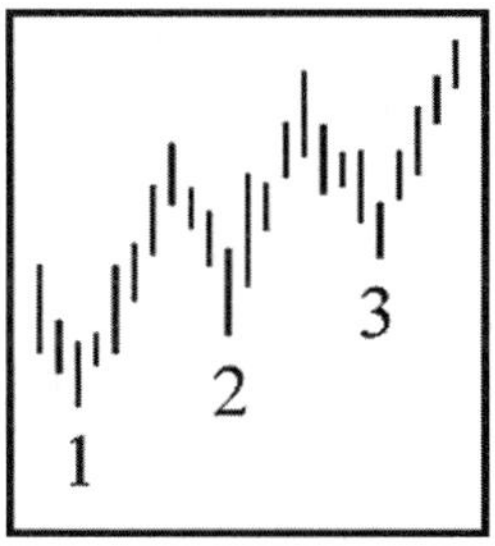

统计简报

向上突破

形状	三个小低点，每个小低点都高于前一个。	
反转或持续	短期反转，行情看涨。	
	牛市	**熊市**
表现排名	4/23	13/19
保本失败概率	5%	9%
平均涨幅	41%	22%
趋势结束后的变化	-33%	-33%
成交量趋势	向下	向下
回调概率	60%	65%
实现目标价格概率	58%	42%
意外发现	在年度价格区间高位区域附近突破的形态表现最好。高的形态比低的形态表现好。成交量呈上升趋势和成交量呈U形的形态表现更好。	
参见	三重底部形态。	

像三落峰形态一样，罗伯特·费舍尔和延斯·费舍尔在它们合著的《蜡烛线、斐波那契和形态交易工具》(威利，2003)中介绍了三升谷形态。

这种形态在牛市中的表现相当不错，失败比率低，平均涨幅高。在熊市中，表现也合乎人们对逆势突破形态表现的预期。三个形态中会有两个形态突破后发生回调。这个比率是相当高的，你应该预计你的交易会发生回调。

导入

三升谷形态是什么样子的？图46.1展示了一个很好的例子。通常情况下，这种形态会出现在上涨的价格趋势中。图中所显示的形态出现在一个短期的下跌趋势之后(从7月的峰顶开始)，但在这个短期下跌趋势之前，价格上升了近一年。

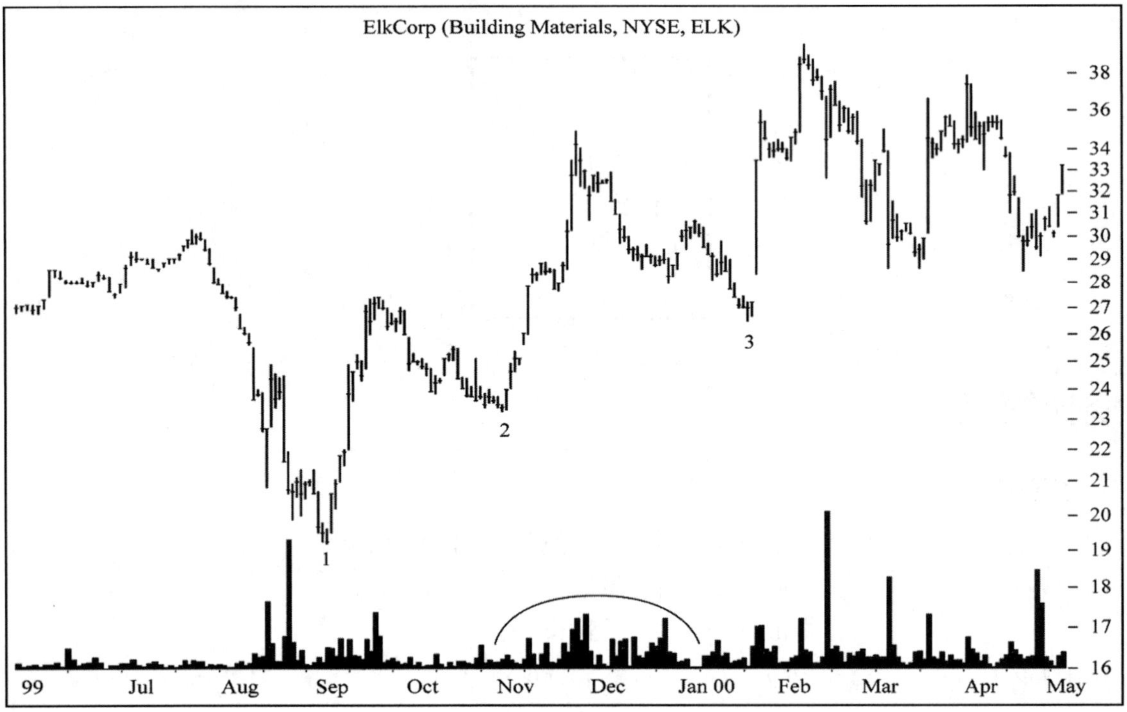

图46.1　三升谷形态。

图46.1中的三个波谷是明显的，它们的低点几乎沿着一条向上的趋势线。三个峰谷沿着一条直线并不是这个形态的必要条件，但却可能是你最常见到的。你的眼睛倾向于把波谷排成一行，所以你会选择似乎彼此相似的小低点。

图46.1中的成交量在形态的中间呈圆顶形状，它在这种形态中占到60%，但具有U形成交量的形态表现得更好。

辨识指南

图46.2所示为三升谷形态的一个示例。这一形态很好地出现在上涨的价格趋势中，还有其他较早前出现的形态没有显示在图中。点1、点2和点3标记的是小低点。每个波谷都高于前一个。在这个例子中，它们的形状也相似，都是宽的，不像6月的价格拥堵区域那样狭窄(点A和点A的右边)。

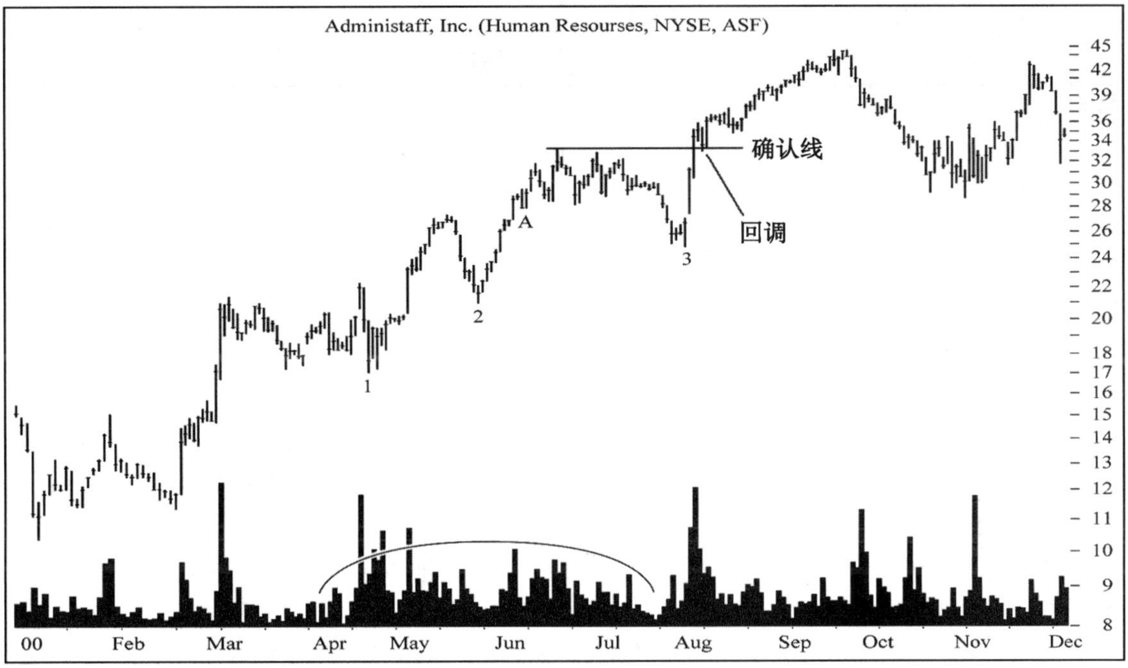

图46.2　通常，三升谷形态出现在上涨的价格趋势中。

当价格收盘高于形态最高点，这个形态确认。在这个例子中，价格在突破几天后回调，然后继续攀升，直到在9月见顶。这一峰值标志这只股票在熊市中34%涨幅的最高点。在这个例子中，成交量是圆顶形状的，这也是最常见的成交量形状。

图46.3　三升谷形态出现在下跌的价格趋势中。价格收在形态的最高点时形态确认。

图46.3所示为三升谷形态在下行趋势中的样子。这种形态是三浪下跌形态的一部分，三升谷形态充当这个下行趋势的持续(盘整)，而不是反转。

表46.1所示为三升谷形态的识别特征。

表46.1　辨识指南

特征	讨论
上涨的价格趋势	寻找三个连续的小低点，通常是在上升趋势中找到
三个上升的波谷	每个波谷必须高于前一个波谷
比例	每个波谷看起来应该和后一个波谷相似。如果你从宽的圆弧波谷开始，那么后面就只选择看起来相似的波谷
确认价格	只有当价格收高于形态的最高点时，形态才有效

上涨的价格趋势　在上涨的价格趋势中寻找这种形态，这是它们最常出现的地方。然而，在下跌趋势中出现的形态实际上表现得更好(在牛市下跌趋势中的形态涨幅45%，而在上涨趋势中的形态涨幅为36%)，因为它们充当反转形态。如果你能找到一个反转下跌趋势的形态，买入股票，并在新的上涨趋势中持有股票。如果市场决定给你一个教训，一定要用止损指令来保护你的投资。

三个上升的波谷　每个波谷底部都应该高于前面的波谷，这标志着一个股价的持续上涨。然而，如图46.3所示，突破后股价上升的可能性是极小的，尤其是在熊市中。

比例　每个波谷看起来应该和前一个波谷一样。在图46.3中，三个小低点宽度都是3天。在图46.2中，波谷的转弯更优美、更宽，小低点更加明显。避免将一个宽的小低点与一个窄的小低点混合配对。本章所示的统计数字假定每个波谷都像其他两个波谷。将类似图46.2中的点1、点2和点A的底部形状混合配对可能是可以的，不过图中这个例子显示，当价格下跌到波谷3时你会遭受下跌(从高点点A下跌16%)。

确认价格　一定要等待确认，也就是当价格收高于形态的最高点时，它确认三波谷形态是一个有效的形态，值得交易。太早进入交易会增加你的风险，尤其是在由下跌价格趋势进入的形态。

当然，也有例外，“交易策略”部分对它们进行了讨论。图46.3所示为提前进入交易能减少风险增加利润的例子。当波谷2和波谷3之间的波峰在形态的最高点下方时，那么将最后一个峰值(点A)作为新的确认价格。在图46.3所示的例子中，这样的改变将使收益从2%上升到12%。这并不多，但你可以积少成多，要赚100万美元，先要一便士一便士地攒。

关注形态失败

三升谷形态的保本失败概率很小，但它仍然存在失败形态。图46.3所示为一个失败形态的示例。标明1、2和3的小低点是上升的波谷，每个波谷低点都高于前一个波谷低点。小低点看起来形状相似，这里的小低点都是狭窄的尖峰。当价格收高于形态最高点时，形态确认。

为什么这个三升谷形态失败了？我发现选取大图然后放大是很有价值的。由于形态在点1开始，我会注意到这个三浪下跌形态，转弯标识点B到点C为第1浪，点C到点D为修正阶段，点D到点1为第3浪。在三浪下跌形态之后，最常见的反弹是一个股价回升到修正阶段，点C到点D。反弹之后，股价继续原来的趋势(在这个例子中下行)时是下注的一个很好机会。

由于修正阶段是一个价格水平运行的区域，它给任何愿意尝试攀登的价格构成了难以克服的挑战。我不会投资这样的形态，因为附近的上方阻力和价格下跌的可能性，使得下跌趋势重新开始。

注意点A，这是一个提前的确认价格。股价收在这个峰值上方，确认了形态，并带来12%的涨幅，远远高于图46.3所示的确认线测量的涨幅(2%)。

统计数据

表46.2所示为三升谷形态的综合统计数据。

表46.2　综合统计

描述	牛市	熊市
形态数量	248	248
反转(R)、持续(C)数量	165R，83C	181R，67C
反转(R)、持续(C)形态涨/跌幅	46%R，33%C	22%R，24%C
平均涨幅	41%	22%
涨/跌幅超过45%(数量或占比)	83或33%	41或17%
趋势结束后涨/跌幅	-33%	-33%
形态失败后涨/跌幅	-34%[a]	-30%[a]
标准普尔500指数的变化	15%	1%
到达最高点的天数	125	94

注：(-)负号表示下跌；[a]表示样本小于30个。

形态数量　令我大吃一惊的是，这种形态的数量在牛市和熊市之间平均分配。我使用不到100只股票便从1999年到2003年的数据中找到496个形态。

反转或持续　如表46.2所示，大多数情况下，这种形态会反转当前(下行)的价格趋势。反转也是最容易发现的。在牛市中，反转表现优于持续，但在熊市中情况正好相反：反转表现更糟。

平均涨幅　牛市的平均涨幅为41%，熊市为22%。牛市的结果高于其他看涨形态的平均值，但熊市的结果有点低。这些数字表明，你可以在牛市中交易这种形态，在熊市中，只有情况不可抗拒，才投资这种形态。

涨幅超过45%　超过1/3的牛市形态突破后涨幅超过45%。这是一个很强劲的表现。熊市形态中，涨幅超过45%的形态数量仅为牛市形态的一半。这一发现是避免在熊市中交易这种形态的另一个原因。

趋势结束后的变化　一旦价格达到最高点，无论市场状况如何，平均下跌都是33%。这些数字表明，如果你遇到一个失败形态，就做空股票，然后祈祷一个更低的价格出现。图46.3所示为这个策略是多有效。

失败形态的表现　那些突破后股价上升不到5%，然后反转的形态，会下跌30%～34%。因为一个失败形态是容易识别的，当你看到它，考虑交易。如果价格排列如图46.3波谷1、2和3，那么，画一条趋势线将波谷底部连接，在价格收于趋势线下方时做空股票。

标准普尔500指数的变化　总体市场推动牛市和熊市形态的价格走高。熊市形态的上涨是机缘巧合——从突破到最高点的日期恰好是指数上涨的时期。

到达最高点的天数 牛市形态比熊市形态明显需要更长的时间才能达到最终的高点(约4个月对3个月)。如果在熊市形态与牛市形态中突破后沿着同一个坡度往上爬，熊市22%的涨幅只需要67天，而不必花94天。因此，熊市形态的股价攀升在一个较低的斜坡上。对于活跃的交易者，就是那些想要使每年的交易获利最大化的人，应该专注地在牛市交易这种形态。

表46.3所示为三升谷形态的失败比率。牛市的数字低于熊市的数字。例如，5%的牛市形态在突破后上升不超过5%，在上升不超过10%时为15%，翻了3倍。在熊市中，超过一半的形态上升不超过20%。

表46.3 失败形态数量或比率

股价最大涨幅(%)	牛市	熊市
5(保本点)	12或5%	22或9%
10	38或15%	60或24%
15	58或23%	95或38%
20	85或34%	130或52%
25	106或43%	151或61%
30	118或48%	169或68%
35	136或55%	188或76%
50	173或70%	218或88%
75	203或82%	235或95%
>75	248或100%	248或100%

尽管表46.3中小的价格变动导致失败比率的增加似乎令人担忧，但与其他形态相比，这些数字是相当合理的。其他形态股价变动从5%到15%时，失败比率开始的时候低，接下来就翻三番，然后再翻一番。而三升谷形态失败比率的增长，增幅并不那么陡峭。

这些数字是什么意思？如果你的交易成本是5%，你想赚15%(总共20%)，三升谷形态不能实现你的预期的概率有多大？回答：在牛市34%，在熊市52%。这个结果说明两件事情：避免在熊市中交易这种形态；如果你的交易完美，平均来说，三个形态中会有两个达到你的目标。

当然，你不会每一个交易都很完美，那些不完美的交易会降低你的平均收益，所以你将不得不有所保留。模拟交易这种形态，看看是否能一直赚钱。如果你在模拟交易中不能获得利润，那么要么你做错了，要么你应该嫁给一个很有钱的人。

表46.4所示为三升谷形态突破及突破后相关的统计数据。

从形态结束到突破 平均来说，价格从最后一个波谷低点到形态最高点需要2个星期多。

年度位置 大多数股价从形态顶部向上突破的三升谷形态出现在年度价格区间的高位区域。

年度位置及表现 表现最好的形态在年度价格区间的高位附近突破。这是一个很好的消息，如果你是一个动量交易者，高点买入，更高点卖出。

回调 回调经常发生，超过60%的形态会发生回调，发生回调后，平均而言，股价需要9天或10天回到突破价格。当回调发生时，牛市形态的股价表现受到影响。例如，在牛市中，有回调的三升谷形态在突破之后平均涨幅36%。那些没有回调的涨幅为50%。在熊市中，结果相反，但表现差异小。

缺口 在牛市中，突破日缺口会损害股价表现。在熊市中，突破日缺口有助于股价表现。然而，随着样本量的增加，熊市的结果可能会发生变化(表46.4使用36个样本)。

表46.4　突破与突破后股价表现统计

描述	牛市	熊市
从形态结束到突破	20天	15天
突破在年度价格区间低(L)、中(C)、高(H)各区域分布的百分比	L8%,C30%,H62%	L13%,C34%,H52%
形态在年度价格区间低(L)、中(C)、高(H)各区域突破后的涨幅	L34%[a],C34%,H43%	L21%,C22%,H23%
回调概率	60%	65%
回调期间	10天	9天
出现回调形态的平均涨幅	36%	23%
未出现回调形态的平均涨幅	50%	22%
出现突破缺口形态的表现	37%	26%
未出现突破缺口形态的表现	42%	22%
缺口平均金额(美元)	0.44	0.32

注：[a]表示样本小于30个。

表46.5所示为突破后股价到达最高点的时间频次分布。牛市和熊市的表现相似，在第1个星期达到最终高点的形态很少，超过40%的形态在突破70天后还没有见顶。

表46.5　到达最高点天数的频次分布

天数	7	14	21	28	35	42	49	56	63	70	>70
熊市	16%	7%	3%	7%	8%	4%	4%	4%	4%	3%	40%
牛市	13%	5%	4%	4%	7%	4%	6%	2%	4%	6%	44%

看看突破35天后数字的小幅上涨。牛市和熊市的数字都显示出，在那段时间里，有一些形态达到了最高点。因此如果股票在你买入1个月后看起来像是要翻转，考虑卖出。

这种现象不是这种形态独有的，至于为什么发生这样的现象还是一个谜。

表46.6所示为与形态面积大小相关的统计信息。

表46.6　形态面积大小统计

描述	牛市	熊市
高形态表现	45%	23%
低形态表现	37%	22%
高度中值(与突破价格百分比)	23.80%	24.11%
窄形态表现	44%	22%
宽形态表现	39%	23%
长度中值	43天	42天
形态平均长度	54天	53天
低窄组合形态表现	39%	22%
低宽组合形态表现	34%	22%
高宽组合形态表现	42%	23%
高窄组合形态表现	53%	22%

高度　高形态比低形态表现好。在牛市中，两者的表现差异最大，分别为45%和37%。为了取得最好的投资表现，交易高形态。

宽度 在牛市中，窄的形态表现得更好，而在熊市中，宽的形态则略好一些。我用长度中值，而不是平均值，作为窄和宽形态之间的分割点。

形态平均长度 三升谷形态平均长度在牛市和熊市中的大致相同：形态期间稍短于2个月。

高度和宽度的组合 在牛市中，既高又窄的三升谷形态股价突破后上升53%。在熊市中，既高又宽的形态表现略佳，平均涨幅为23%。避免在牛市中做空既低又宽的三升谷形态(涨幅34%)。

表46.7所示为与成交量相关的统计信息。

表46.7 形态期间成交量统计

描述	牛市	熊市
上升成交量趋势表现	45%	26%
下降成交量趋势表现	38%	21%
U形成交量形态表现	52%	24%
半圆形成交量形态表现	38%	22%
既非U形又非半圆形成交量形态表现	33%	18%[a]
巨量突破表现	38%	22%
轻量突破表现	53%	24%

注：[a]表示样本小于30个。

成交量趋势 成交量呈上升趋势的形态表现比成交量呈下降趋势的好。差别最大的是在牛市形态之间，45%比38%。

成交量形状 成交量呈U形的形态在牛市和熊市中的表现都优于其他成交量形态，在牛市中，突破后股价上升的平均数达到惊人的52%！远远高于所有看涨三升谷形态41%的平均涨幅。

突破成交量 轻量突破有助于推高价格。例如，在牛市中，轻量突破的形态涨幅53%，而那些巨量突破的形态涨幅仅38%。对许多交易者来说，这样的结果可能听起来有点奇怪，但我注意到，巨量突破(仅向上突破)往往导致回调的出现。如果每个人都以突破价格买入，那么谁还会在接下来的日子里买入呢？没有购买需求，抛售压力迫使价格下跌，完成回调。回调损害向上的动量，突破后的股价表现变差。

交易策略

表46.8所示为三升谷形态的交易策略。

表46.8 交易策略

交易策略	解释
测算规则	计算形态高度(最高点减去最低点)，并将其加上突破价格，结果是目标价格
交易反转	如果你能断定下跌趋势的结束已经到来，那就买入股票
提前进入	如果形态的最高点在前两个波谷之间，则使用形态的最后一个波峰作为突破价格
突破趋势线	在连接波谷之间高点的向下倾斜趋势线上的收盘价，可以作为突破价格
等待确认	等待价格确认形态。通常这是指股价收在形态的最高点之上

测算规则 计算形态高度，并将形态高度加上突破价格，计算的结果就是目标价格。例如，图46.4中标记为1、2和3的三升谷形态，使用了点7(9.52美元)和点1(7.38美元)之间的价格差，计算出形态高度为2.14美元。将形态高度加上突破价格(最高点)，得出目标价格为

11.66美元。股价在3月初触及目标价格。在牛市中，测算规则预测成功的概率有58%，而在熊市中只有42%，所以，用这个方法估计目标价格时要保守一些。

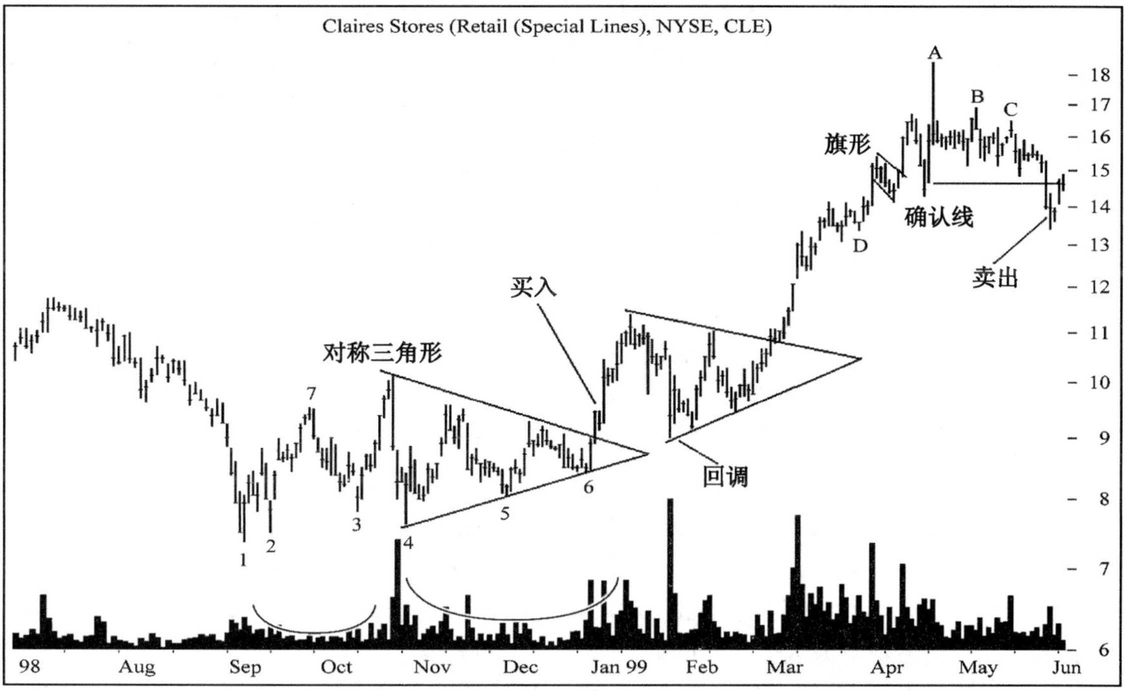

图46.4 一个三升谷形态变成了一个对称三角形形态。正如交易故事中所描述的，约书亚在技术指标显示出背离，股价开始下跌时卖出了股票。

作为对预期收益的检查，将形态高度变为股价移动百分比。在这个例子中，形态高度2.14美元比上形态的最高点(9.52美元)得到的百分比就是预测股价突破后的涨幅22%。如表46.3所示，在牛市中，大约38%(从34%到43%的途中)的形态将无法上升超过22%。这一发现意味着股价有62%的概率达到目标价格。如果目标的实现概率太低，那么降低你的目标价格，并寻找附近的上方阻力，价格可能会在那里停滞。

交易反转 在牛市中，形态作为价格反转时表现得比作为趋势持续好，因为反转形态出现在新趋势的最低点。寻找下方支撑，也许一个三升谷形态的扁平底部会将水平的价格移动变成上行的趋势。一定要使用止损指令，以防你交易错误，因为在下跌的趋势中以为趋势反转是一个冒险的举动。

提前进入 通常，形态的最高点代表突破价格。如图46.3所示，形态的最高点有时出现在前两个波谷之间，那么，使用第二个波谷和第三个波谷之间的最高点作为确认价格。这个策略会让你比使用形态最高点更早地进入交易。

突破趋势线 您还可以使用在形态的两个波峰之间绘制的向下倾斜的趋势线来确定突破价格。图46.4所示为一个对称三角形的顶部示例。当价格收在向下倾斜的趋势线之上时买入股票。

等待确认 无论使用哪种方法来确定突破价格，都一定要等待确认(即等待突破)。大多数情况下，突破意味着股价收高于形态最高点。提前进入或突破趋势线也确认这种形态。不等待确认这种游戏最好留给业余爱好者和交易新手，因为成功的可能性很小。

交易故事

约书亚做了图46.4所示的交易。10月下旬，他注意到了标记为1、2和3的三升谷形态。因为点4的价格跌到了点3以下，所以他对交易这个形态感到紧张。然而，他喜欢价格测试了低点1(在点4)然后反弹(标志趋势变化的三个条件之一，其他两个是：价格向上穿透向下倾斜的趋势线，以及股价收高于前一个小高点)。

他一直等到股价方向变得明朗才买入股票。在点6，他看到了第二个三升谷形态。然后，他沿价格峰值和波谷绘制趋势线，注意到趋势线构成的对称三角形态。向左看，上升的点7与对称三角形连接形成一个钻石形态。

他检查了“交易秘籍”清单，发现股票在标准普尔500指数上涨(好)的牛市。突破位置在年度价格范围的中间区域(差)。他预期股价会回调(差)。形态是低宽形态(最差组合)。但成交量上升(好)。成交量呈U形状(好)。顺势指标(CCI)在突破前一天发出了买入信号，但相对强弱指数(RSI)保持中立。简而言之，他面临着一幅混杂的技术图景。

约书亚用突破趋势线的方法来作为买入的信号。当价格在连接两个峰值的趋势线上收盘时，他以每股9.20美元买入股票。他用测算规则来预测目标价格，得出目标价格为11.66美元，与7月的最高点(最左边)一样高。如果他以那个价格卖出，他会赚27%。就在这个点的下方，有一个从1998年3月到5月股价由10.80美元上升到大约12美元(图中未显示)所形成的坚实的阻力区。他怀疑阻力区会导致回调。

他把限价卖出指令设置在11.47美元，低于目标价格的11.66美元和其他人可能的卖出价格11.50美元的下方。如果指令被触发，他会赚25%。

在接下来的日子里，他看着股票到达了阻力区，然后下跌。股价在1月中旬完成了一个回调。幸运的是，他的耐心得到了回报，股价恢复上行。它形成了另一个对称三角形，当股价突破向上，他删除了限价卖出指令，因为对称三角形的测算规则推测的目标价格(13.16美元)高于他的价格，他不想限制利润。

价格击中新的目标价格，但股价还继续上升，在点D停顿下来。然后，股价形成了一个旗形形态，旗形形态预测目标价格16.19美元。股价在穿透旗形顶部趋势线后2天击中了目标价格。价格在点A见顶，然后出现两个连续较低波峰(点 B 和点 C)。这是一个三落峰形态，它预示着股价将遇到麻烦。

他检查了两个他最喜欢的指标，即相对强弱指标(RSI)和顺势指标(CCI)。相对强弱指标从3月以来处在超买范围内，即使股价上涨，指数也表现出横向波动。顺势指标更具戏剧性。指标在3月见顶，然后从4月到5月波峰连续降低。这种背离，价格上涨，指标下降，是卖出的信号。

在价格被穿过三落峰形态确认线(形态的最低点)的第二天，他在13.77美元卖出了股票。在大约4个月时间里，赚了50%。股票继续走低，并在10月达到底部7.38美元。

交易秘籍

下面的列表包含交易这种形态的提示和观测结果，以帮助你选择表现更好的形态。更多的信息，请参阅相关的表格。

- 查看辨识指南以正确选择形态。见表46.1。
- 选择牛市的三升谷形态。见表46.2。
- 牛市中的形态有较低的失败比率。见表46.3。
- 挑选在年度价格区间高位区域附近突破的形态。见表46.4。
- 回调和缺口影响牛市形态的表现。见表46.4。
- 留意突破后1个月股价见顶。见表46.5。
- 选择高形态。见表46.6。
- 选择具有上升成交量趋势和呈U形状成交量的形态。见表46.7。
- 轻量突破的形态突出。见表46.7。

第四十七章　三角形之上升形态
Triangles, Ascending

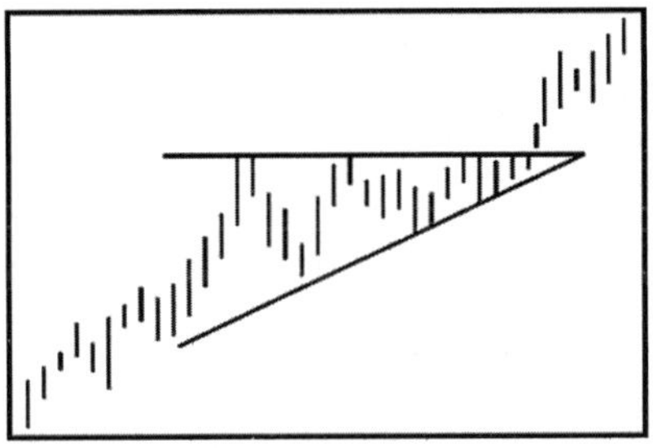

统计简报

向上突破

形状	有水平顶部和向上倾斜底部的三角形形状。突破方向是向上的。	
反转或持续	短期反转，行情看涨。	
	牛市	**熊市**
表现排名	17/23	11/19
保本失败概率	13%	12%
平均涨幅	35%	30%
趋势结束后的变化	-29%	-32%
成交量趋势	向下	向下
回调概率	57%	54%
实现目标价格概率	75%	63%
意外发现	回调损害股价表现。巨量突破的形态表现更好。	
参见	头肩形顶部形态；三升谷形态；三重顶形态。	

向下突破

形状	与向上突破形状相同，但突破方向是向下的。	
反转或持续	短期持续，行情看跌。	
	牛市	**熊市**
表现排名	9/21	9/21
保本失败概率	11%	3%
平均跌幅	19%	24%
趋势结束后的变化	52%	47%
成交量趋势	向下	向下
反弹概率	49%	45%
实现目标价格概率	68%	66%
意外发现	当突破后股价移动幅度小，向下突破形态的失败比率最低。反弹损害股价表现。没有突破日缺口的形态表现最好。高形态比低形态表现好。轻量突破的形态表现更好。	
参见	头肩形顶部形态；三升谷形态；三重顶形态。	

你有没有听过有人说："我碰巧在合适的时间在合适的地方？"也许你自己也说过了。投资和这个非常相似——选择正确的股票，在它启动之前。这是上升三角形成为我最喜欢的形态之一的原因：它可以在正确的时间告诉你哪里是正确的地方。如果你正确地交易，你可以赚一大笔钱。但是在我们开始讨论交易策略之前，让我们更仔细地看一下上升三角形。

因为向上突破形态的表现始终比向下突破形态的表现好，这个形态的最大意外发现是向下突破形态的保本失败概率比向上突破形态的小，但是在牛市，两者的差异很小，在熊市，向下突破形态的保本失败概率是3%，向上突破的保本失败概率是12%，向下突破形态的保本失败概率是向上突破形态的1/4。说到失败比率，从第二版开始，我把提前突破看成是真正的突破。在第一版中，我忽略了它们。因此，在第二版里的失败比率更高，平均涨幅或跌幅更小。这样改变的原因是为了让交易者不要忽视提前突破，因为每次突破看起来都是真实的突破。现在的统计数字反映了交易的实际情况。

导入

图47.1所示为一个上升三角形形态。连接小高点的一条水平趋势线和连接小低点的一条向上倾斜的趋势线构成了典型的三角形形态。随着股价在顶部的阻力和底部的支撑之间反弹，成交量逐渐减少。一个提前突破给出了即将到来的行动信号，在不到2个星期之后，价格再次突破上行。

为什么会形成上升三角形形态？想象你是一个大型共同基金的经理。这些年来，您的基金已经购买了图47.1所示的公司的数十万计股份。在看到股市上涨近一年后，你对继续持有它感到紧张。你认为股票的运行远远高于其公平的市场价值，而且你已经发现了另一家公司一个更有前途的情况。

图47.1　水平的顶部和底部的向上倾斜趋势线标志着这一看涨形成的边界。伴随着高成交量的提前突破往往无法与真正的突破区分开来。成交量趋势向下，直至提前突破。

你告诉交易部门，只要股价收低于18.50美元，就把所有的股票都抛掉。从1993年6月4日开始，交易部门抛售了2天的股票。因为你的基金有很多股票要处理，价格一攀升到18.50美元以上基金就抛售股票，使得价格下跌，股价无法上升超过18.50美元太远。您正在抛售的消息不胫而走，其他机构投资者也加入这股抛售风潮。它们凶猛的抛售使得需求饱和，股票开始下跌。在6月9日，股价跌至16.25美元的低位，在那里买入需求使得股价停止下跌。买家把在这个价格买入股票视为捡漏，对股票需求增加。购买的力量扭转股价下跌的趋势，股价开始上涨。开始时上涨迅速，但随着更多投资者愿意卖出股票，价格上涨速度减小了。当股票在6月16日再次触及18.50美元时，你的基金卖出更多股份，有效地阻止了股价的上行。股价在这个水平上挣扎了3天。再一次,抛售压力迫使价格下跌，股价下跌到正在形成的上升三角形的另一侧。价格最后一次反弹到达卖出区域，在那里停留了大约1个星期，然后供过于求使得股价掉头。交易部门的电话证实，持股已抛售完毕。

没有了等待抛售的股票阻止价格的上涨，伴随需求的增长，股价缺口跳高上行，暴涨到19.25美元。你的基金已经不在这只股票里了，但是股票抛售的压力并没有结束。其他机构仍在抛售股票，迫使股价跌回到三角形。价格跌到三角形的另一边，从较低的趋势线反弹，然后上行，从顶部突破而出。

如果要总结上升三角形形态的价格活动，我会说它的形成是因为股票是以固定的价格供应的。一旦供应耗尽，股票就会迅速突破上行。如果需求持续强劲，股价就会上涨。否则，股价就会撑不住自行下跌，然后要么重整旗鼓再次尝试上行，要么继续下跌。

辨识指南

在股价日线图中找到一个上升三角形是很简单的事情。可能是太简单了。我在一本通俗杂志上读到了一篇教程，其中几乎一半的三角形形态图解都是识别错误的。如果您对形态的有效性有任何疑问，其他人可能会分享同样的疑问。如果对同一个形状，其他人看到的形状和你看到的不一样，那么形态可能不会如你所料的那样运行。如果对形态的正确识别有疑问，在这种情况下，不要交易形态。把你的钱保存起来，用在交易一个你确信有效的形态上。后文我将会讨论形态的识别问题。表47.1所示为上升三角形形态的辨识指南。

表47.1　辨识指南

特征	讨论
三角形形状	两条价格趋势线，顶部的是水平线，底部的是向上倾斜线，构成一个三角形形态。两条线在三角形顶点相交
水平顶部趋势线	价格上升到水平阻力线然后离开水平阻力线下跌，如此循环至少两次（两个小高点）。价格不需要触及趋势线，但应该相当接近（比方说，距离趋势线在0.15 美元以内）。顶线不需要是完全水平的，但通常是水平的
向上倾斜的底部趋势线	股价下跌到一条向上倾斜的趋势线，然后从这条向上倾斜的趋势线反弹上升。股价下跌不需要触及趋势线，但应该接近（0.15美元以内）趋势线。股价下跌至少要有两次触及趋势线（小低点）
横穿形态	这是一个重要的特征。价格应该穿越形态几次，它们不应该在三角形的中心留出大量的空白
成交量	形态开始时的成交量比末端附近的成交量大。在即将突破之时，成交量通常很低
提前突破	这种形态较易提前突破，无论是向上还是向下突破。提前突破的成交量也很大，就跟真实的突破一样
突破	成交量巨大（但不是必须的），并且巨量持续数日。突破可以是向上或向下的，通常是跟随当前价格趋势的方向
突破后的价格活动	一旦价格穿透水平阻力线，突破确认，价格离开形态。随后的股价回调到形态顶部是普遍出现的。如果股价继续快速攀升，成交量可能仍会居高不下。对于向下突破，开始时成交量很高，然后通常会逐渐缩量，除非价格下跌迅速，在价格快速下跌的情况下，成交量可能会保持巨量

三角形形状　图47.1所示为上升三角形形态的典型示例。水平顶部趋势线的阻力击退了股价的上行，股价沿着一条稳步上升的底部支撑线反弹。两条逐渐收窄的趋势线，一条水平，另一条倾斜向上，勾勒出一个三角形的形状。这条上升的趋势线预示着价格的上涨，因此，形态的名称叫上升三角形。

水平顶部趋势线线、向上倾斜的底部趋势线　股价在顶部趋势线应该有至少两次的接近和回调（换言之，有两个清晰的小高点）。同样，在向上倾斜的底部支撑趋势线上要有至少两个清晰的小低点。两条趋势线在三角形顶点处相交，但价格通常在那个点之前突破形态。

横穿形态　价格应该横穿形态几次，而不是沿着其中一条趋势线走。这种形态内部看起来应该充满了价格棒线，而不是有许多空白区域。把价格转弯处剪掉，然后把它当作一个三角形形态，这是一个常见的形态选择错误。

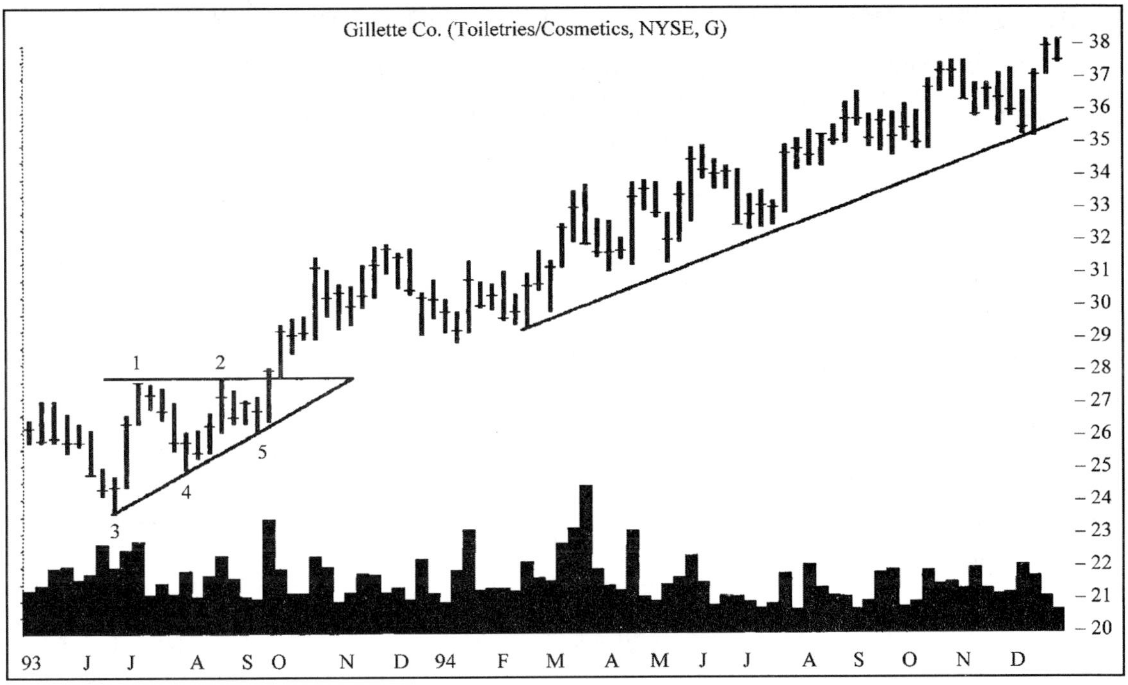

图47.2　周线图上的上升三角形形态。价格总体沿着三角形向上倾斜的支撑线上行。图中标示的数字是接触趋势线的小高点和小低点的计数。

成交量　随着三角形形态的形成，成交量在形态开始时是巨大的，但随后逐渐缩小，直到突破的那一天。通常成交量在突破日的前几天是异常低的，仿佛形态正在积聚力量做最后一推。当股价突破形态时，成交量会大幅上升，通常都会如此，但巨量突破并不是识别形态的先决条件。

提前突破和突破　你怎么能肯定这一突破不是一个提前突破？你不能。提前突破是股价收在两条趋势线的界线之外几天后，价格又回到了三角形的范围，最终飙升顶部趋势线之上，永远地突破了。提前突破的成交量与正常突破的成交量是无法区分的，并且都发生在与三角形顶点相同的距离上。

突破后的价格活动　一旦三角形形态有一个真正的向上突破，它会表现出什么样的行为？价格很快就从三角形中爬上来，但偶尔会回调到形态的顶部。成交量通常很大，支持股价的上升，而且，随着动量的积聚，成交量加速放大。如果价格上涨几个星期，成交量形态与当初相比，通常显得不稳定和巨量。

那么，这类形态的支撑和阻力的情况如何呢？如果你认为三角形是两条趋势线的短暂相交，你就能猜到支撑位置和阻力位置在哪里。沿着两条趋势线就是支撑位置和阻力位置。图47.2是周线图中一个上升三角形形态的例子。注意看，从形态开始到股价突破前的那个星期，成交量趋势总体是向下倾斜的。在股价突破的那个星期，成交量暴涨，之后，随着股价呈弧形上涨，成交量不断萎缩，一直持续到1994年前。随后，股价又开始上涨，这次上涨基本上沿着始于上升三角形形态的趋势线。股价一直沿着始于上升三角形形态的支撑线上行好几年。虽然三角形形态的斜线和之后的斜线两者斜率不完全一致，但是它们的趋势是一样的。如图中所标，这个三角形有两个小高点触及顶部趋势线，在底部趋势线上触线的有三个小低点。趋势线上的触点和价格在三角形内穿插是辨识这类形态的重要标准。

现在，您可能对正确识别上升三角形形态感到得心应手了。然而，有一些情况可能会愚弄不熟悉这种形态的投资者。图47.3显示的是第一种情况。盖住图的右半部分，问你自己，你在左边看到的看起来像不像一个上升三角形。在中间波峰上画一条水平线，向峰顶的左边和右边延伸，直到它与价格相交。虽然较低的向上倾斜线上有几个价格下跌然后反弹的接触点，但是，顶部趋势线没有这样的情况。

观察图47.3的右边，它看起来像是一个上升三角形吗？我可以听到你要求我降低水平趋势线，直到它触及12月中旬的两个小高点(低于数字1和数字2和数字3的中间位置)。这不是一个糟糕的猜测，对于小三角形，它是有效的，但其实你真正看到的是一个头肩形底部形态。左肩有一个很高的成交量尖峰(在数字1下方)。位于数字2下方，头部的成交量峰值较小。右肩显示的成交量进一步萎缩(数字3)。一个真正的上升三角形至少有两个小高点形成顶部趋势线，至少有两个小低点形成底部趋势线。

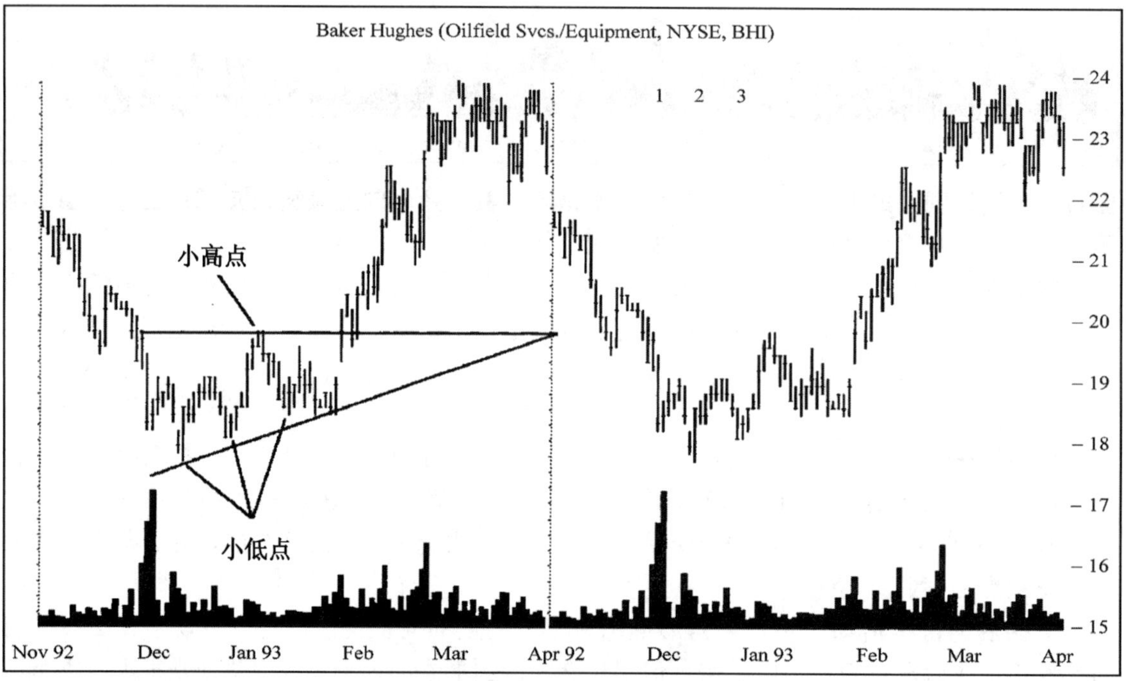

图47.3 不正确识别上升三角形形态的两种情况。左边看起来像一个上升三角形形态，其实这样的识别是不正确的。在12月的三个向下尖峰，标记的数字在图的顶端附近，是一个具有水平颈部的头肩形底部形态，而不是一个三角形形态。

图47.4所示为另一个错误识别的上升三角形的例子。这个形态在三角形的中心部分有太多的空白。一个轮廓良好的上升三角形的价格在接近顶点时从一侧反弹到另一侧。仔细观察图47.4。它说明了一个最常见的识别错误。新手会找到一个圆弧底部，然后绘制一条穿过顶部的水平线和另一个底部价格活动的切线，然后大喊："我发现了！一个上升三角形！"错了。

对比图47.4与图47.5。在图47.5中，我们注意到价格从三角形的一侧移动到另一个的次数。即使价格上升不是很远就回调到三角形顶部并向下运行，这个三角形仍然是一个形状很好的上升三角形。还要注意到总体下降的成交量趋势，尤其是在接近突破的地方。

图47.4　此形态不是有效的上升三角形形态。两条趋势线之间没有足够的股价交叉来构造一个有效的三角形形态。数字标记为小高点和小低点。

关注形态失败

图47.5所示为第一种失败类型：5%失败。严格来说，这不是一个5%失败(因为价格攀升了6%)，但它的样子就是典型的看起来失败的样子。5%失败是指，在价格突破后，股价上涨不到5%，然后就掉头向下，跌到形态低点下方。在这个例子中，股价离开形态的价格是6.13美元，达到高点6.50美元，即6%的涨幅。

大多数这种类型的失败都有两个原因。第一个是上方阻力，它很容易被发现。寻找一个价格相同的波峰或波谷，或者一个水平价格运行的坚实区域。股票形态、趋势线以及其他技术形态也构成阻力区域。在投资形态之前，一定要检查上方阻力。第二个是总体市场对突破方向的影响。如果形态突破向上，而市场趋势下跌，这可能足以扼杀一个有利可图的交易。同一行业的股票也会出现同样的影响。如果竞争对手的股票下跌，而你的股票是唯一的坚守，可能你的股票也会加入下跌大军，惨遭失败。在交易前检查市场趋势，同时检查同一行业的股票。

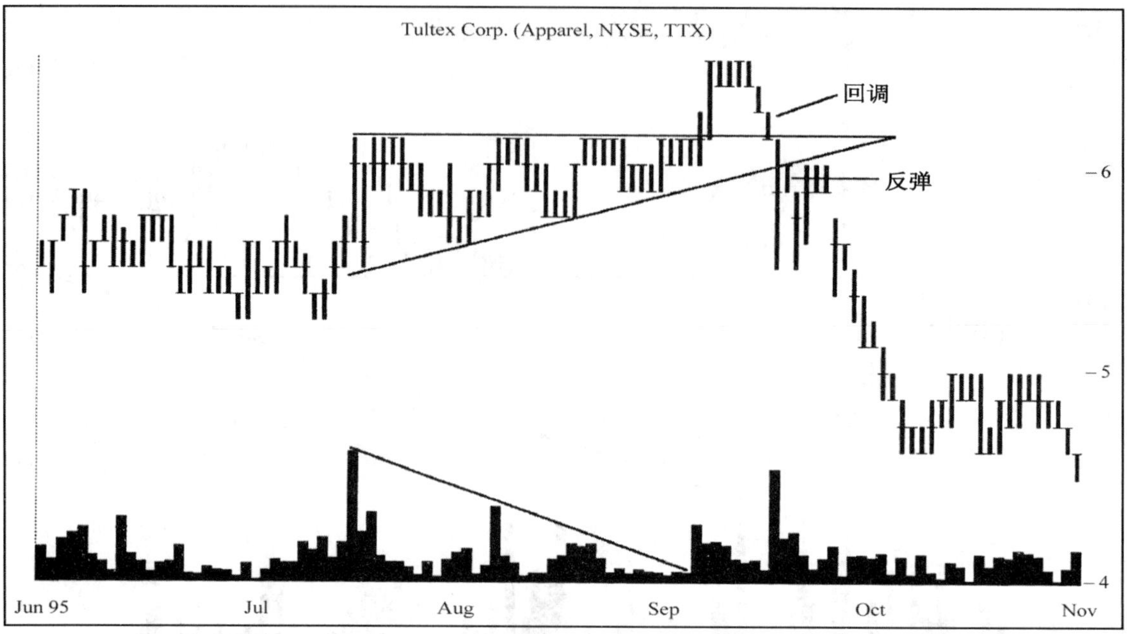

图47.5 一个正确绘制的上升三角形的好例子。小高点和小低点的数量是好的，从顶部趋势线到底部趋势线有大量的价格交叉。成交量趋势也是下降的，直到向上突破。

统计数据

表47.2所示为上升三角形形态的综合统计信息。

表47.2 综合统计

描述	牛市 向上突破	熊市 向上突破	牛市 向下突破	熊市 向下突破
形态数量	663个	103个	237个	89个
反转(R)、持续(C)数量	372R，291C	58R，45C	106R，131C	42R，47C
反转(R)、持续(C)涨/跌幅	36%R，34%C	37%R，23%C	-18%R，-19%C	-24%R，-25%C
平均涨/跌幅	35%	30%	-19%	-24%
涨/跌幅超过45%(数量或占比)	200或30%	25或24%	13或5%	8或9%
趋势结束后涨/跌幅	-29%	-32%	52%	47%
形态失败后涨/跌幅	41%[a]	20%[a]	-22%	-28%[a]
标准普尔500指数的变化	13%	-3%	3%	-11%
到达最高/低点的天数	185	97	64	39

注：(-)负号表示下跌；[a]表示样本小于30个。

形态数量 我找到的1092个上升三角形形态，包含在500只从1991年中期到1996中期的股票、500只主要从2000年到2003年(熊市)的股票中以及在这两个时间段之间找到的其他形态。

反转或持续 向上突破的形态作为下跌的价格趋势的反转，而向下突破形态作为下跌的价格趋势的持续。两者的数字都很接近，没有一方有绝对优势(反转形态占比是53%，持续形态占比是47%)。作为趋势反转形态的向上突破三角形形态表现突出，在熊市中尤其显著。而在向下突破的形态中，持续形态的表现优胜，但胜出不多。

平均涨幅或跌幅　与其他形态类型相比，这种形态的此项数字很普通。表现最好的和表现最差的都是在牛市。向上突破的股价突破后涨幅35%（最佳表现）和向下突破的跌幅仅19%（最差表现）。请记住，我的数据包括提前突破，提前突破也作为正常的突破来看待，这是形态表现数字较低的原因之一。请注意，表现最好的形态来自当价格运行方向与市场趋势一致之时：牛市向上突破，熊市向下突破。

涨幅或跌幅超过45%　向上突破的形态表现良好，超过1/4的形态突破后股价上涨超过45%。向下突破的形态在这一项上表现不好，所以表中的数字也是符合预期的。

趋势结束后的变化　一旦达到最高点或最低点后，股价下跌约30%（在股价见顶之后），或上涨约50%（在股价见底之后）。这些数字显示，如果你能成功地交易一个趋势的变化，你能赚到多少钱。

失败形态的表现　失败形态很容易被发现，当股价从三角形形态突破之后，在突破方向移动不到5%，便掉头返回到三角形形态，然后从形态的另一边冲出。当出现这种情况时，交易新趋势的方向。

标准普尔500指数的变化　将指数变化的数据与形态平均涨幅或跌幅进行比较。当市场看涨时，它有助于向上突破形态，但对向下突破形态不利。熊市数字也有同样的影响。这些数字表明，你应该交易市场趋势：牛市向上突破，熊市向下突破。逆势交易往往导致令人失望的结果。

到达最高点或最低点的天数　向上突破后股价到达最高点的时间比向下突破后股价到达最低点的时间更长。这一发现的含义是，熊市的下跌比牛市的上涨更陡峭。例如，熊市形态下跌24%需要39天。如果下跌幅度为35%（与牛市形态相同），应该花费57天，而不是牛市形态的185天。因此，熊市的跌幅更陡，但较短。

表47.3所示为上升三角形形态的失败比率。向上突破比向下突破有更高的失败比率，而表现最佳的形态出现在熊市。我认为这个发现是不寻常的，但熊市向下突破的形态样本量也是最少的，只有89个样本。更有趣的是，失败比率最低的形态数量，是向上突破失败比率为12%的形态数量的1/4。

表47.3　失败形态数量或比率

股价最大涨/跌幅（%）	牛市向上突破	熊市向上突破	牛市向下突破	熊市向下突破
5（保本点）	83或13%	12或12%	25或11%	3或3%
10	159或24%	30或29%	60或25%	9或10%
15	212或32%	37或36%	99或42%	26或29%
20	278或42%	50或49%	133或56%	38或43%
25	329或50%	54或52%	169或71%	46或52%
30	368或56%	59或57%	189或80%	63或71%
35	411或62%	65或63%	209或88%	70或79%
50	484或73%	79或77%	229或97%	85或96%
75	542或82%	90或87%	237或100%	89或100%
＞75	663或100%	103或100%	237或100%	89或100%

最好是通过例子来说明这个统计表，你可以这样阅读数据表：牛市向上突破的上升三角形在突破后大约1/3 (32%)涨幅不超过15%。一半(50%)涨幅不超过25%。对于向下突破，熊市的情况最佳，只有3%的形态在突破后下跌不超过5%，超过一半(52%)下跌不超过25%。

请注意，失败比率在最大价格上涨或下跌的小变化中是如何攀升的。当最大价格移动从5%到10%再到15%时，失败比率会翻倍或翻三倍，然后继续上升，但上升的幅度没再那么剧烈。失败比率的这种剧烈上升在所有形态类型中一贯如此。

比较牛市向上突破的失败比率和熊市向下突破的失败比率。在最大价格移动超过了15%以后，牛市取代熊市，显示出较低的失败比率。

这些数字是什么意思？尽管大多数失败比率开始时都很高，但它们的上升速度不像其他形态的那样快(其他形态在最大股价移动从5%到10%再到15%时，失败比率通常先是翻三倍，然后翻两倍)。如果你期望价格大幅上涨，那就交易在牛市中向上突破的形态，以获得最佳的投资表现。在股价突破后小幅度移动的情况下，在熊市中向下突破的三角形表现得最好。避免交易逆势运行的三角形形态(熊市向上突破或牛市向下突破)，因为它们表现不佳。

表47.4所示为与突破及突破后相关的统计数据。

从形态结束到突破 不必太关注这个统计。突破之前延迟的原因是由于我的计算机程序绘制三角形的方式。

年度位置 纵观统计表，上升三角形最常出现在年度价格区间的高位区域。

年度位置及表现 表现最佳的三角形突破位置在年度价格区间的高位或低位区域(向上突破)附近。避免交易那些在年度交易价格范围中间区域突破的形态。向下突破的三角形没有明显的趋势。

表47.4 突破与突破后股价表现统计

描述	牛市 向上突破	熊市 向上突破	牛市 向下突破	熊市 向下突破
从形态结束到突破	3天	4天	6天	5天
突破在年度价格区间低(L)、中(C)、高(H)各区域分布的百分比	L21%, C28%, H51%	L23%, C31%, H46%	L26%, C35%, H39%	L29%, C30%, H40%
形态在年度价格区间低(L)、中(C)、高(H)各区域突破后的涨/跌幅	L34%, C33%, H38%	L36%[a], C26%, H31%	L19%, C19%, H17%	L26%[a], C25%[a], H24%
回调/反弹概率	57%	54%	49%	45%
回调/反弹期间	11天	10天	11天	9天
出现回调/反弹形态的平均涨/跌幅	31%	22%	-17%	-20%
未出现回调/反弹形态的平均涨/跌幅	41%	41%	-20%	-27%
出现突破缺口形态的表现	35%	47%[a]	-13%[a]	-19%[a]
未出现突破缺口形态的表现	35%	28%	-19%	-24%
缺口平均金额(美元)	0.25	0.23	0.22	0.51
突破点与顶点的百分比	61%	63%	62%	57%

注：(-)负号表示下跌；[a]表示样本小于30个。

回调和反弹 有约一半的形态会发生回调和反弹，股价需要9～11天的时间返回到突破价格。在任何情况下，当发生回调或反弹时，股价表现都会受到影响。例如，熊市中的三角形出现回调时平均涨幅22%，没有回调时平均涨幅41%。

缺口　三角形形态很少出现缺口，所以表中这一项很多结果都是值得商榷的。向下突破的三角形在没有突破日缺口时表现最好。

顶点距离　将形态开始到突破点的时间长度与形态开始到顶点的时间长度进行比较。大多数时候，上升三角形的突破点出现在开始到顶点时间长度的约62%的位置。

表47.5显示股价突破后到达最高点或最低点的时间频次分布。许多表现较差的三角形形态很早就熄火了，通常在第1或第2个星期见顶。例如，在熊市中，38%向下突破的三角形形态在不到2个星期内达到最终的低点，在3个星期内，53%的形态将触底止跌。

表47.5　到达最高点或最低点天数的频次分布

天数	7	14	21	28	35	42	49	56	63	70	>70
熊市，向上突破	24%	5%	6%	8%	6%	1%	4%	1%	2%	0%	44%
牛市，向上突破	20%	7%	3%	3%	3%	1%	2%	2%	3%	2%	53%
熊市，向下突破	21%	17%	15%	4%	8%	6%	4%	3%	2%	1%	18%
牛市，向下突破	18%	9%	9%	6%	5%	5%	8%	4%	3%	5%	27%

一些三角形需要较长的时间才能达到其表现的最高点，尤其是牛市向上突破的形态。超过一半(53%)，在突破70天后仍然攀登在通往最高点的征途。向上突破到达最高点比向下突破达到最低点需要更长的时间。正如我之前提到的，向下突破的斜坡比向上突破的更为陡峭。因此，它们往往更快地到达底部。

表47.6所示为与形态面积大小相关的统计信息。

表47.6　形态面积大小统计

描述	牛市 向上突破	熊市 向上突破	牛市 向下突破	熊市 向下突破
高形态表现	43%	30%	−22%	−26%
低形态表现	30%	30%	−16%	−23%
高度中值(与突破价格百分比)	10.13%	13.65%	12.02%	16.32%
窄形态表现	33%	36%	−20%	−24%
宽形态表现	38%	26%	−18%	−25%
长度中值	45天	53天	51天	48天
形态平均长度	54天	65天	65天	58天
低窄组合形态表现	31%	34%	−18%	−24%
低宽组合形态表现	28%	24%[a]	13%	21%[a]
高宽组合形态表现	46%	27%	−20%	−27%
高窄组合形态表现	41%	41%[a]	−30%	−24%[a]

注：(−)负号表示下跌；[a]表示样本小于30个。

高度　在所有市场条件和突破方向上，高形态的表现等于或优于低形态。例如，牛市向上突破的高三角形形态平均涨幅43%，而低形态的平均涨幅仅为30%。

宽度　作为形态表现的预测者，宽度没有高度表现得那么坚决。有时是宽形态表现更好，有时是窄形态表现更好。逆势运行的三角形形态(熊市向上突破，牛市向下突破)，窄形态会表现得更好。当突破方向与市场趋势相匹配时，宽形态表现得最好。在所有情况下，我用长度中值作为窄和宽之间的分界点。

形态平均长度　三角形形态的平均长度大约是2个月。形态长度是从形态的开始到结束，即突破前几天的时间长度。形态长度不是从形态开始到顶点的时间长度。

高度和宽度的组合　通常情况下，高的形态都比低的形态表现好。三角形形态在突破方向与市场趋势一致(牛市向上突破，熊市向下突破)时，表现最好的是高宽组合的形态。逆势运行的三角形形态是既高又窄的形态表现得最好。

表47.7所示为与成交量相关的统计信息。

表47.7　形态期间成交量统计

描述	牛市 向上突破	熊市 向上突破	牛市 向下突破	熊市 向下突破
上升成交量趋势表现	39%	28%[a]	−16%	−26%[a]
下降成交量趋势表现	34%	31%	−20%	−24%
U形成交量形态表现	35%	36%	−20%	−25%[a]
半圆形成交量形态表现	35%	30%	−19%	−23%
既非U形又非半圆形成交量形态表现	39%	19%[a]	−16%[a]	−27%[a]
巨量突破表现	37%	33%	−18%	−24%
轻量突破表现	32%	22%[a]	−20%	−26%

注：(−)负号表示下跌；[a]表示样本小于30个。

成交量趋势　当突破方向与总体市场方向一致时，成交量呈上升趋势的三角形形态表现最好。当逆势运行时，成交量呈下降趋势的形态表现会更好。

成交量形状　让我感到惊讶的是，当突破方向与总体市场趋势一致时，随机成交量形状的三角形表现比其他成交量形状的形态突出。逆势运行的三角形在成交量呈U形时表现最好，在随机形状下表现最差。

突破成交量　对于向上突破的上升三角形形态，巨量突破有助于推高股价，使得形态有更好的表现。对于向下突破的形态，在突破成交量较小时股价表现得更好。

交易策略

现在，您可以识别上升三角形形态并且知道了它们的行为，那么，如何进行交易？在给出交易的例子之前，我将讨论交易策略和测算规则(见表47.8)。

表47.8　交易策略

交易策略	解释
测算规则	计算三角形开始处的形态高度。将形态高度加上水平趋势线的价格(向上突破)或从突破价格中减去形态高度(向下突破)，结果是最小的目标价格
等待确认	当价格收在趋势线上方时买入股票
在目标价格卖出	对于短期交易者，当价格接近目标价格时卖出股票（见测算规则）。对于中期和长期交易者，持有股票，直到基本面或市场条件发生变化
向下突破时卖出或做空	如果你持有的股票向下突破，卖出股票。如果你没有持有这样的股票，则做空它。如果股票发生反弹，这是另一个卖出股票和做空股票的机会，或增加你的空头头寸
做空	如果你做空出现上升三角形形态的股票，你的股票有43%的概率向下突破。如果它向上突破，立即平掉空仓

测算规则 上升三角形的形状表明价格会上涨，但会上涨多远？如果你计算形态的高度，并将其加上水平趋势线的价格，则结果就是预测的最小价格，这个称为测算规则。对于向下突破，从突破价格中减去形态高度，得出目标价格。

举一个向上突破形态的例子以清晰演示计算过程。仔细看图47.6所示的股票。形态开始时的高点(水平趋势线的价格17.63美元)减去形态的低点(在第一个小低点14.38美元)，计算出形态高度为3.25美元。形态高度加上形态最高点，即水平趋势线的价格，得到目标价格20.88美元。1992年7月中旬，大约在向上突破6个星期之后，当股价攀升到21.63美元时，达到了目标价格。

一个更直观的方法是画一条从形态开始(左上角)与向上倾斜趋势线平行的直线。在突破当天对应的平均线上的价格就是目标价格。图中所示为那条新的直线。确定形态开始的位置时要小心，因为过早地标记形态开始位置将导致一个异常高的目标价格。

等待确认 有30%的三角形形态向下突破，但在实际突破发生前，突破方向是不得而知的。如果价格收高于顶部趋势线之上，或收低于向上倾斜趋势线以下，则意味着突破。为了使交易失败的风险最低，等待确认，即价格收在趋势线之外，然后才交易股票。

在目标价格卖出 一旦价格突破，使用测算规则估计股价的移动。由于测量规则的不完善(见统计简报，“实现目标价格概率”的数字)，一旦价格接近目标价格，获利了结。使用过去的阻力区域来微调预测。

向下突破时卖出或做空 如果价格从三角形形态向下突破，那么立即卖掉你的股票。这也是一个做空股票的时机。如果出现反弹，等待价格重新回到下行的方向，然后再增加您的空头仓位。如果基本面改善或价格在支撑区域暂停，则平掉空仓，了结交易。

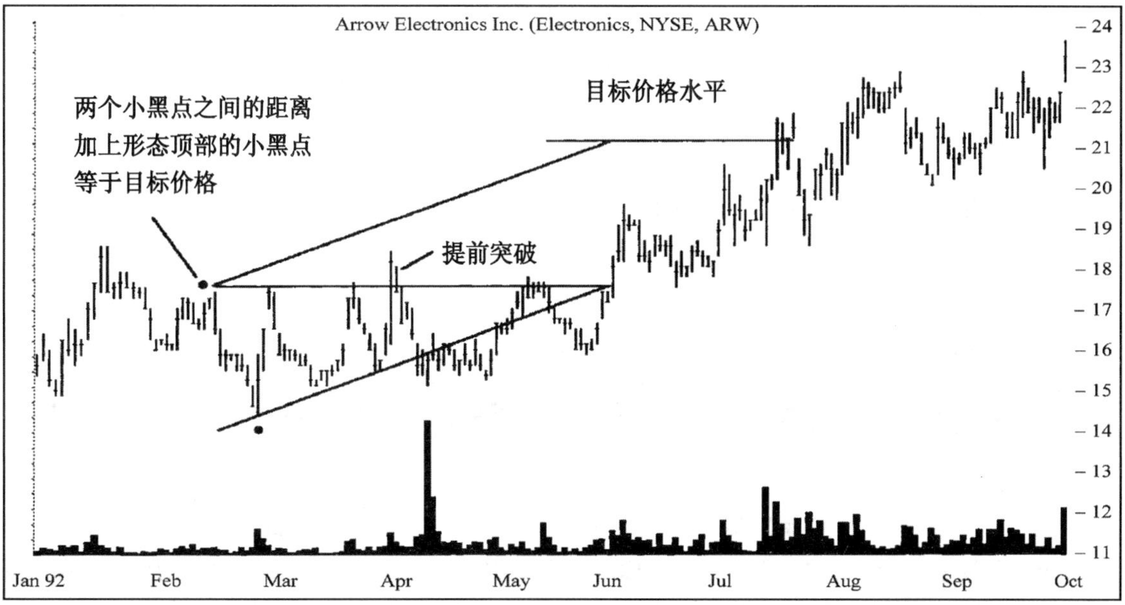

图47.6 有两种方法预测上升三角形的价格移动。形态开始的高点减去形态低点计算出形态高度(标记的两个圆点)。将形态高度加上标记的顶部趋势线价格，计算结果就是股票将攀升到的最小价格。或者，从形态的左上角开始画一条与向上倾斜的趋势线平行的直线，在价格突破位置对应的平行线的价格水平就是目标价格。

交易故事

丹是一个有数年经验的投资者。他是技术分析的新手，偶然发现了一个上升三角形形态。在做了一些研究以便熟悉这个形态之后，他发现，如果他推迟买入，直到突破后再买入股票，这增加他成功的机会。然而，他也将会放弃部分收益，因为股价上涨速度最快的部分发生在形态的开始。这是他需要做的权衡。

丹对图47.7所示的公司感兴趣，他注意到股票正在形成一个上升三角形。他认为，当成交量在8月19日跌至23400股时，突破已经临近了。两天后，在成交量较高的情况下，价格穿越三角形，峰顶超过形态的顶部。在接下来的几天里，价格在顶部水平趋势线上方站稳，等待需求增加来推动股价上升。决定性的突破发生在8月26日，虽然成交量是温和的。丹抓起他的计算器，计算出突破点与顶点的百分比，发现突破发生在形态开始到顶点之间70%的位置上。这个百分比预示着潜在的强劲突破。

然而，成交量所预示的却是另外一种情况。尽管在整个形态中，成交量一直在逐步递减，但这次突破没有出现高涨的成交量。看到这个隐形信号，丹决定在买入股票之前再等一等。

图47.7 交易一个上升三角形形态。如交易故事中所述，在股价回调到形态后，丹在点1买入了500只股票。他在点2，即在股价到达目标价格22.50美元的第二天，卖出股票。请注意在形态形成期间向下倾斜的成交量趋势，以及与三角形边界平行的两条支撑线。

相信有一个有利可图的机会就在眼前，他计算的目标价格，看看它是否提供一个有利可图的涨幅。预测的目标价格是22.50美元，比突破价格19.25美元高出15%。对丹来说，这个小的移动并不太令人兴奋，但它比银行利率要好得多。

突破两天后，股价开始下跌，并返回到形态顶部。丹在当天的高点19.50美元(在图47.7中点1)买入500只股票。随即，他设置一个止损指令，如果股价下跌到形态最低点下方0.15美元，卖出股票。这将把他的损失限制在相当高的15%，这个止损位置也略低于最接近的支撑水平(底部的16.75美元处)。他推测，如果股票下跌了，对股票需求的增长很有可能会击退价格的下跌，从而不会触发他的止损指令。

然后，他等待着，看着股票运行。股票在9月26日达到峰顶21.25美元，然后运行趋于水平，之后掉头下跌。由于股价没有接近22.50美元的目标价格，丹决定继续持有。股价继续下跌，直到10月5日在三角形的顶部水平趋势线上找到了支撑。从那一点开始，股价又开始上行。在万圣节，股票达到了他的价格目标，当天的高点达到23美元。他决定第二天卖掉这只股票。他在22.50美元清仓了结。

丹的净收益为1450美元，或每股赚差不多3美元。他在2个月内赚了15%。他认为他是幸运的，因为他在接近顶部的地方卖出了股票。当股票下跌回到10月初的支撑水平时，它可能还会继续下跌。他决定，一旦股票上涨10%，他应该提高他的卖出的止损单到保本点，如果是这样，在这个例子中，股价将过早地卖出他的股票。

交易秘籍

下面的列表包含交易这种形态的提示和观测结果，以帮助你选择表现更好的形态。更多的信息，请参阅相关的表格。

●查看辨识指南以正确选择形态。见表47.1。

●交易方向与市场趋势方向一致：在牛市做多，在熊市做空。见表47.2。

●交易失败形态。见表47.2。

●熊市的下跌比牛市的上涨更陡峭更短。见表47.2。

●在股价小幅移动的情况下，熊市向下突破的形态失败比率最低。牛市向上突破形态在股价移动超过15%以后，失败比率更小。见表47.3。

●避免交易在年度价格区间中间区域附近向上突破的形态。见表47.4。

●回调和反弹都损害股价表现，所以避免交易有上方阻力(向上突破)或下方支撑(向下突破)的形态。见表47.4。

●没有突破缺口的向下突破形态表现更好。见表47.4。

●预计突破发生在形态开始到顶点长度约62%的地方。见47.4。

●有一半的熊市向下突破形态在突破后3个星期内达到最低点。见表47.5。

●选择高形态。见表47.6。

●交易巨量向上突破的形态，交易轻量向下突破的形态。见表47.7。

第四十八章　三角形之下降形态
Triangles, Descending

统计简报

向上突破

形状	水平底部、向下倾斜顶部的三角形状。突破方向是向上的。	
反转或持续	短期持续，行情看涨。	
	牛市	**熊市**
表现排名	5/23	7/19
保本失败概率	7%	9%
平均涨幅	47%	27%
趋势结束后的变化	-30%	-34%
成交量趋势	向下	向下
回调概率	37%	52%
实现目标价格概率	84%	61%
意外发现	回调损害股价表现。既高又窄的形态表现最好。巨量突破有助于推高价格。	
参见	头肩形顶部形态；三落峰形态。	

向下突破

形状	与向上突破形状相同，但突破方向是向下的。	
反转或持续	短期反转，行情看跌。	
	牛市	**熊市**
表现排名	10/21	12/21
保本失败概率	16%	11%
平均跌幅	16%	25%
趋势结束后的变化	60%	50%
成交量趋势	向下	向下
反弹概率	54%	59%
实现目标价格概率	54%	50%
意外发现	反弹损害股价表现。高或宽的形态表现得比短或窄的形态好。巨量突破有助于推高价格。	
参见	头肩形顶部形态；三落峰形态。	

统计简报所示为下降三角形形态的重要统计结果。你最好的赌注是交易在牛市中向上突破的三角形。它们的保本失败概率最低，平均涨幅最高，此外，它们中84%的形态达到或超过目标价格。

在统计方面，我对第一版的一个重要变化是把提前突破看成是真正突破。我现在认为，一旦价格收在趋势线之外就是一个突破。这种判断标准的变化往往会增加失败比率，降低突破后的平均价格变动幅度。当我们讨论本章的“统计数据”部分时，请记住这一点。

意外发现相对来说是较少的，它们与其他许多形态一样。回调和反弹损害股价的表现，高度或宽度影响突破后股价的表现，突破成交量也影响突破后股价的表现。

导入

图48.1所示为下降三角形形态的许多典型特征。价格上涨，在形态的顶部与向下倾斜的趋势线相交后下跌。然后，股价从形态底部的一条水平趋势线上反弹。作为一个下降三角形，这样的成交量形状是异常的。通常情况下，成交量会随着突破的临近而缩小，但图中这一个形态成交量形状是一个U形趋势，成交量在开始和结束的地方较高，而在中间较小。突破方向是向下的，突破成交量较低。向下突破可以是巨量或轻量，但通常是巨量。突破后，价格在继续下跌前反弹回到三角形边界。

为什么会形成下降三角形？图48.1中显示的下降三角形在1994年10月开始形成，它作为一个下跌趋势的盘整部分。试想一下，你相信这只股票的公允价值是7.38美元，但股价比这个价格高出很多。你告诉你的经纪人如果下跌到7.38美元，就买入股票。在10月11日股价达到8.38美元的小高位，然后股票开始了好几天的下跌。2天后股价下跌到买入价格。你的经纪人买入了股票。

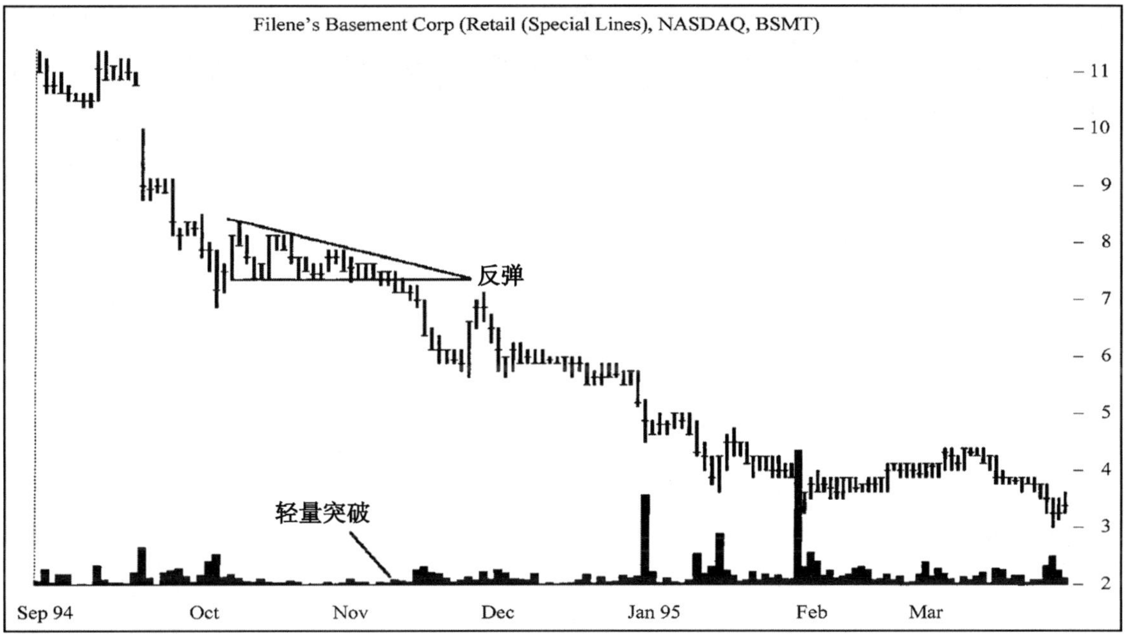

图48.1　一个形成很好的下降三角形形态，但其成交量形状不寻常。通常情况下，成交量呈下降趋势，且在突破之前成交量相当低。图中也所示为一个反弹，反弹被水平的阻力线击退。

你并不孤单。其他投资者相信股票正在重新测试一周前出现的低点，也买入股票。大家的买入给股票带来了短暂的底部。在接下来的2天里，股票回到7.38美元的水平，然后购买需求将股价推得更高。这一次，股票攀升的高点不如之前的小高点高，它只达到8.13美元，便掉头下跌。再一次，当股票达到7.38美元的低位时，购买需求的增加足以在这一水平阻止股价的下跌，股价反弹回升。在接下来的2个星期左右的时间里，你和其他投资者购买股票。但对股票的热情迅速消退，一系列不断变低的小高点勾勒出了一种向下倾斜的趋势。底部的7.38美元成为水平支撑线。

最终，投资者购买了足够的股票，或者没有钱买更多的股票，或者认为他们已经拥有足够的股票。股票于11月9日下滑到支撑线之下，收盘在当天的低点7.13美元。股票在这个价格附近徘徊几天，然后继续下行，这一下行坚定，成交量高。

反应敏捷的投资者意识到底部不再坚固，就卖出股票。现在，价格开始迅速下降，但很快就平稳下来。过几天来，抛售压力与购买需求相当，下跌停止，股价掉头反弹，开始上行。股价上行接近三角形的底部时，聪明的投资者很快就处置他们投资组合中剩余的股票。反弹结束了，股价掉头又开始下行。在3个月的时间里，股票达到略低于3美元的最低点，然后平走。这一跌幅为60%。

辨识指南

下降三角形具有独特的形态，使它们易于识别。仔细看图48.2所示的三角形。一个下降三角形出现在1993年3月和4月期间，标志着一个在1992下旬开始的长期上涨的结束。就像一个球在地板上弹跳一样，从支撑线上的每一个反弹的高点都比之前的反弹低，形态顶部出现向下倾斜的外观。在29.50美元的支撑区域是平坦的。这两个特征，即顶部一条向下倾斜的趋势线和底部一条水平的支撑线，是下降三角形的两个主要特征。在整个形态中，一个下降的成交量使得形态更加圆满。

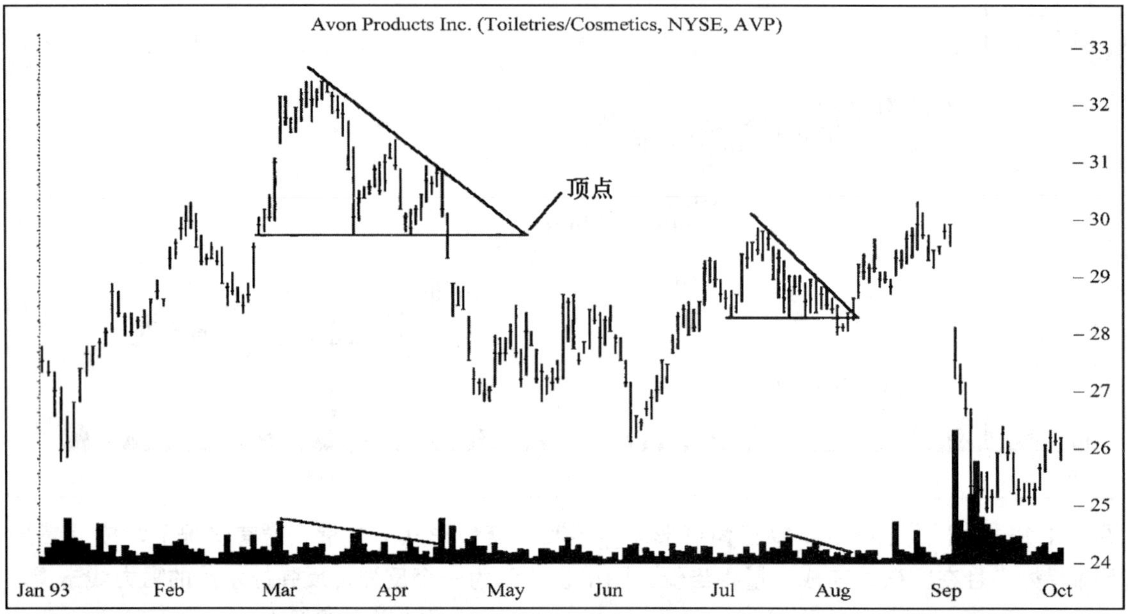

图48.2　3月的三角形形成于股价从1992年开始的长期上升之后。这个形成良好的形态有一个下降的成交量趋势，特别是在形态的后半部分。7月的形态是一个失败形态，因为股价没有像预期的那样立即下跌。超过1/3的下降三角形突破向上。

7月的形态也是一个下降三角形形态，虽然轮廓没有那么好。成交量形态在形态的前半部分是上升的，然后才下降直到三角形的顶点。我敢肯定，如果你持有这家公司的股票，在其中任何一个下降三角形卖出股票，你会很感到高兴。虽然第二个形态是一个失败形态，因为股价上升到了三角形顶部高点之上，但股价确实在1个月内开始下跌了。有时失败形态会提前提醒你趋势的变化，如7月的例子所示。

表48.1所示为下降三角形的辨识指南。

表48.1　辨识指南

特征	讨论
三角形形状	三角形形状的形态，由两条趋势线组成，底部的趋势线是水平的，顶部的趋势线是倾斜向下的，两条趋势线相交于三角形的顶点
水平的支撑线	一个水平（或接近水平）的底部，支撑股价。价格至少要两次触底（至少两个要么接触、要么接近趋势线的小低点）
向下倾斜的顶部趋势线	一条向下倾斜的价格趋势线，最终与水平的底部支撑线在三角形的顶点相交。价格应该上升并触及（或接近）向下倾斜的趋势线至少两次，形成两个截然不同的小高点
成交量	成交量逐渐减小，往往在突破前下降
突破	突破成交量通常很高，随后逐渐减少。不过，价格也可能在成交量较低时突破
突破以后的价格活动	价格通常会迅速下跌，以直线下行的方式达到最终的低点。大约有一半的概率会发生反弹

三角形形状　三角形形状的外观使下降三角形形态易于识别。寻找两条趋势线：底部一条是水平的，或几乎是水平的，顶部一条是倾斜向下的。这两条趋势线最终应该在三角形的顶点交汇，但价格通常在三角形到达顶点之前突破。

水平支撑线　价格在底部的反弹形成了水平的趋势线。这个假想的线充当股票的支撑。一旦价格收在底部趋势线的下方，底部趋势线就会抵制股价任何上行的移动。在水平趋势线上至少找到两个接触点。接触点应该是明显的小低点，而不是同一盘整区域的一部分。

向下倾斜的顶部趋势线　价格上下波动，一浪比一浪低，而这些波浪的顶部沿着一条向下倾斜的趋势线。趋势线作为一个阻力层，在顶部趋势线上寻找至少两个接触点，两个接触点都是小高点，但不是同一价格相邻很近的部分。

成交量　在三角形形成过程中，成交量通常会逐渐减少。当价格将要突破时，成交量通常会变得相当低，仿佛是在摔跤比赛前的积聚力量，然后在股价突破中爆发巨量。成交量在突破期间巨量并不是必须的，在将至突破时成交量低也不是必须的，但这是这种形态的典型行为。不要仅仅因为成交量看起来不寻常就排除一个下降三角形。

突破　价格可以在任何方向突破，包括根本没有突破，价格只是蜿蜒在三角形顶。如果你经常交易下降三角形形态，你会发现三个形态里会有两个是突破向下的。然而，突破方向与之前的价格趋势一致的情况一半左右，这意味着有时下降三角形形态作为反转形态，有时不是。

突破以后的价格活动　大约一半的概率，价格会回调(向上突破)或反弹(向下突破)，然后花不到2个星期的时间返回到突破价格。之后，任何事情都可能发生。然而，通常情况下，价格会沿着最初的突破方向运行，但有时不会这样——只是为了挫败最多数的交易者。

支撑和阻力沿两条趋势线出现。当股价回调到形态顶部时，通常会在倾斜的趋势线上停留。同样，股价的反弹也通常到形态的底部水平趋势线停止。突破后，价格往往跟随倾斜的趋势线下行。在下降三角形之后，股价反弹过程上升接触到水平趋势线后，停止上行。有时，价格需要好几次的尝试才能穿透水平阻力线上行。

三角形形态作为一个群组，很容易被发现。然而，有些情况下，确定三角形形态需要谨慎的做法。如图48.3所示，它看起来像一个下降三角形，但其实不是。成交量趋势不符合通常的下降形状。在图48.3中，当股价在三角形的开始处上涨时，成交量随之上升，股价到达顶部，随着价格掉头向下，成交量随之减少。然后，成交量随着价格下跌而上升，在突破后次日，成交量爆发性增长。

成交量对于许多形态来说不是一个关键因素，你不应该过分重视它。但是，不符合特征的成交量形态会是竖起的警告旗。再加上其他因素，它可能会让你避开这样的股票，去寻找一个更有前途的交易机会。

这个股价图还更糟。整个三角形只有一个小高点。形状良好的下降三角形的股价有数次从形态的一侧横穿到另一侧。三角形的中心没有大量的空白区域(见图 48.3 与图 48.1)。

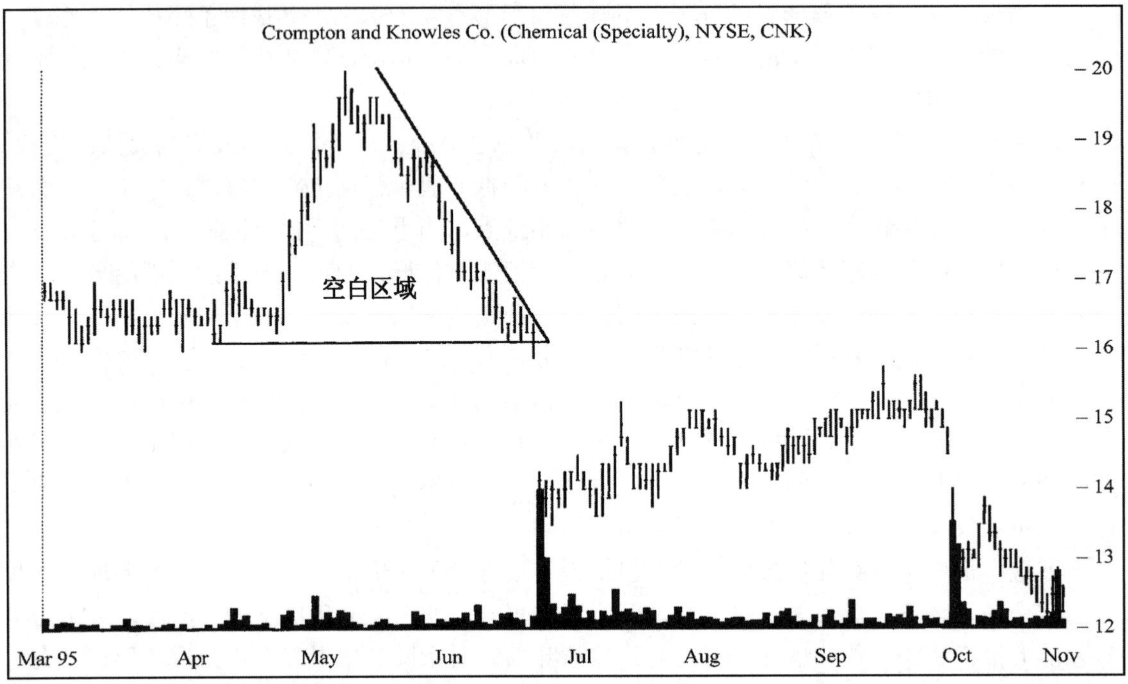

图48.3 这不是一个下降三角形形态。形态只有一个小高点，在形态的中心有太多的空白区域。标准的下降三角形形态，价格应该从一侧几次交叉到另一侧，形态至少两个小高点和两个小低点。

关注形态失败

图48.4所示的例子是交易员所憎恨的。突破方向向下，但下行只持续了短短2天，股价就反弹回到三角形。然后，仿佛从跳板上跳起来，价格上冲然后上行。当股价从三角形顶端上方上升时，这个下降三角形形态就变成了一个失败形态(因为一些交易者会在三角形顶端设置止损点以防止灾难性的损失)。攀升没有在那里结束。在向上突破之后，价格形成一个旗形形态。这是一个半旗形态，意味着股价之后的涨幅会等于旗形前的涨幅。在这个例子中，旗形后的上升大于旗形前的涨幅。

这个三角形出了什么问题？价格走势呈下行趋势进入形态，许多交易者预计股价会向下突破，但这个三角形形成于牛市中期。在一个不断上涨的总体市场(即，标准普尔500指数正在上升)，向下突破通常是一个警告信号。事实上，标准普尔500指数正在直线上行，直到8月，这只股票趋势反转。在大约2个星期的时间里，股价下跌，形成一个底部，然后形成更高的底部，然后又形成第三个更高的底部。这个三升谷形态预示着趋势的变化，并注定了向下突破的三角形失败。

除了市场浪潮抢走三角形的动量，这个三角形看起来几乎是完美的。价格触及每条趋势线几次，穿越三角形，不留空白区域，但成交量趋于上升而不是下降。三角形起点附近的两个小低点没有停留在水平趋势线上。如果你连接这两个低点绘制新的水平趋势线，突破可能会更快一些，但是如果你做空股票，你还是会赔钱的。

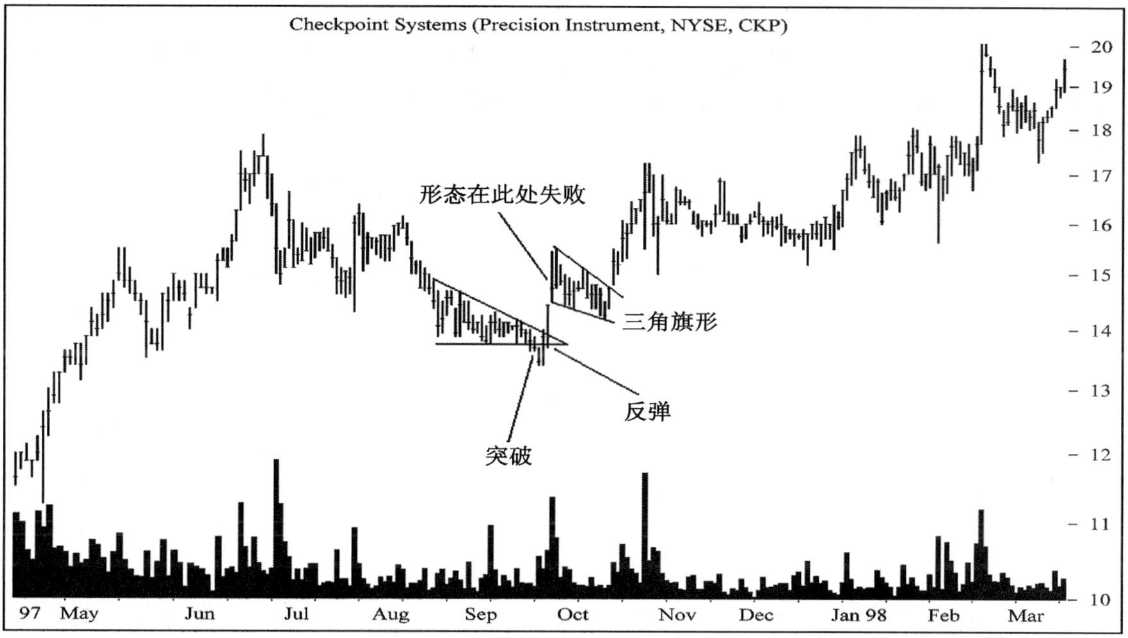

图48.4　这是一个失败形态的例子。一个短暂的向下突破使得这个下降三角形失败。下方的支撑和牛市帮助了价格趋势从下行转为上行。

在1995年夏天和秋天(图中未显示)，几个波峰出现在13美元附近。这些波峰起到了支撑作用，在阻止这一次股价的下跌中起到了一定的作用。下方的支撑加上股市的上涨截断了股价的下跌，把一个漂亮的下降三角形变成了一个丑陋的失败者。

统计数据

表48.2所示为下降三角形的综合统计信息。

表48.2　综合统计

描述	牛市 向上突破	熊市 向上突破	牛市 向下突破	熊市 向下突破
形态数量	312个	113个	561个	180个
反转(R)、持续(C)数量	84R, 228C	37R, 76C	377R, 184C	94R, 86C
反转(R)、持续(C)涨/跌幅	58%R, 43%C	27%R, 27%C	-16%R, -16%C	-26%R, -23%C
平均涨/跌幅	47%	27%	-16%	-25%
涨/跌幅超过45%(数量或占比)	125或40%	27或24%	19或3%	16或9%
趋势结束后涨/跌幅	-30%	-34%	60%	50%
形态失败后涨/跌幅	52%	43%[a]	-21%[a]	-25%[a]
标准普尔500指数的变化	13%	-4%	1%	-9%
到达最高/低点的天数	178	86	50	32

注：(-)负号表示下跌；[a]表示样本小于30个。

形态数量　我找到了1166个下降三角形，大多数来自1991年中期和1996年之间的500只股票，以及从2000年到2003年熊市的另外500只股票。其余的形态是在这两个期间之间，我在我的日常交易活动中发现了它们。

反转或持续 如果你把表中的数字相加，你会发现该形态作为反转的有592次，作为价格趋势持续的有574次。因此，下降三角形的作用可能是反转也可能是持续。不要相信突破方向会持续进入形态前的价格趋势。

当突破方向与市场趋势相一致时(牛市向上突破，熊市向下突破)，反转形态往往表现得比持续形态好。

平均涨幅或跌幅 牛市向上突破的三角形是明星形态，突破后，涨幅47%。熊市向下突破也表现很好，跌幅为25%。逆势运行的形态表现平庸。这些数字增强了人们的一个信念，即应该以当前的市场趋势为方向进行交易。

涨幅或跌幅超过45% 在牛市向上突破的形态中突破后涨幅超过45%的形态比重达到惊人的40%。请注意，相比之下，向下突破一侧的数字多么苍白，跌幅超过45%的三角形不到10%。

趋势结束后的变化 一旦价格达到最高点或最低点，会发生什么？对于向上突破，价格平均下跌约32%。对于向下突破，平均上升约为55%。因此，如果你能确定价格趋势的变化，即使你入市稍迟，仍然可以获利。

失败形态的表现 很少有三角形在突破后移动少于5%，所以，除了牛市向上突破，其余的样本数很小。这些失败形态在向下突破后掉头上涨了52%。

标准普尔500指数的变化 表48.2所示为总体市场对股价突破形态后涨幅或跌幅的影响。在牛市中，上涨的市场浪潮帮助抬升了所有的"船只"。在熊市中，抛售压力往往会阻止向上突破形态股价高升，并推动向下突破股价下跌更深。

到达最高点或最低点的天数 向上突破到达最高点需要的时间比向下突破到达最低点需要的时间更长。因此，熊市的下跌一定比牛市的上涨要陡峭。例如，熊市向上突破和向下突破的形态移动幅度差不多，为27%和25%，但牛市向上突破形态股票耗时几乎是向下突破形态的3倍(86天比32天)。

这些信息是什么意思？在牛市中，要耐心才能获得最大收益。在熊市中，要准备迅速退出交易。

表48.3所示为下降三角形的失败比率。牛市向上突破的三角形保本失败概率最低(7%)。向下突破形态的失败比率最高。

表48.3 失败形态数量或比率

股价最大涨/跌幅(%)	牛市向上突破	熊市向上突破	牛市向下突破	熊市向下突破
5(保本点)	21或7%	10或9%	91或16%	19或11%
10	35或11%	25或23%	211或38%	42或23%
15	62或20%	34或30%	300或53%	70或39%
20	81或26%	45或40%	394或70%	82或46%
25	111或36%	53或47%	449或80%	105或58%
30	131或42%	65或58%	487或87%	126或70%
35	152或49%	75或66%	513或91%	145或81%
50	198或63%	89或79%	552或98%	169或94%
75	238或76%	102或90%	561或100%	180或100%
>75	312或100%	113或100%	561或100%	180或100%

你如何理解这些数字？仔细看一下最高价格涨幅或跌幅15%的那一行。在牛市中，一半以上向下突破的三角形下跌不到15%。这是一个很大的失败比率。相比之下，向上突破显示，只有20%的形态未能上升超过15%。

请注意，在最大价格变动的小变化，相应的失败比率会急剧上升。例如，在熊市中向下突破的三角形以11%的失败比率开始，数字翻一倍到23%；然后几乎再次翻倍，到39%。

如果你想做空一个出现下降三角形的股票，那么只能在熊市中做这样的交易。而在牛市中交易向上突破的三角形。由于这么多的三角形在交易中这么早出现失败，这必然意味着有一些三角形的表现远远高于平均水平。因此，随着时间的推移，要密切关注你的持仓。有可能它将无法实现你的梦想。

表48.4所示为与突破及突破后相关的统计数据。

表48.4　突破与突破后股价表现统计

描述	牛市 向上突破	熊市 向上突破	牛市 向下突破	熊市 向下突破
从形态结束到突破	5天	3天	3天	3天
突破在年度价格区间低(L)、中(C)、高(H)各区域分布的百分比	L32%, C30%, H38%	L32%, C37%, H31%	L39%, C31%, H30%	L51%, C35%, H13%
形态在年度价格区间低(L)、中(C)、高(H)各区域突破后的涨/跌幅	L44%, C53%, H46%	L34%, C26%, H24%	L17%, C15%, H14%	L25%, C24%, H26%[a]
回调/反弹概率	37%	52%	54%	59%
回调/反弹期间	10天	11天	11天	10天
出现回调/反弹形态的平均涨/跌幅	36%	19%	-14%	-23%
未出现回调/反弹形态的平均涨/跌幅	54%	38%	-18%	-28%
出现突破缺口形态的表现	57%	24%[a]	-16%	-20%
未出现突破缺口形态的表现	45%	29%	-16%	-26%
缺口平均金额(美元)	0.23	0.41	0.24	0.67
突破点与顶点的百分比	64%	54%	66%	58%

注：(-)负号表示下跌；[a]表示样本小于30个。

从形态结束到突破　这个形态中这一行的数字是源于我绘制三角形形态的方式，所以你应该忽略此行。当价格收于顶部趋势线之上或低于底部趋势线(突破)时，三角形结束。

年度位置　向下突破的三角形往往出现在年度价格区间的低位区域。向上突破的形态最常在年度价格范围的中间或高位区域突破。

年度位置及表现　形态在哪个区域突破表现最佳，这是没有明确共识的。对于逆势运行的三角形形态(熊市上升突破，牛市向下突破)，在年度价格区间低位区域突破的表现最好。

回调和反弹　大约一半的形态会发生回调或反弹。价格完成一个回调或反弹，返回到突破价格，平均需要花费10或11天的时间。当价格出现回调或反弹时，股价表现就会受到影响。例如，熊市中的三角形形态，有回调的形态突破后的平均涨幅19%，没有回调的形态股价涨幅38%。因此，在交易前检查上方阻力或下方支撑。如果附近有价格拥堵区，比如距离不到5%，那么很可能价格会在突破时冲过拥堵区。否则，预计会有回调或反弹。

缺口　有时缺口有助于突破后股价的表现，有时会损害股价的表现，有时没有造成表现上的差异。例如，在牛市向上突破的形态中，缺口有助于股价表现。在熊市中，缺口有损股价表现。牛市向下突破的形态没有显示表现上的差异。

顶点距离 价格在形态开始到顶点长度的54%到66%的位置突破。牛市中的三角形(在开始到顶点之间约64%或66%处)往往比熊市(在开始到顶点之间54%到58%处)突破得迟。

表48.5列示突破后股价到最终的高点或低点的时间频次分布。在3个星期内，熊市中有56%的向下突破形态达到最终的低点，几乎1/3(31%)的形态将在第1个星期见底。在表格的另一端，在牛市中向上突破的三角形中有52%的形态在2个半月之后仍在寻找最终的高点。

表48.5 到达最高点或最低点天数的频次分布

天数	7	14	21	28	35	42	49	56	63	70	>70
熊市，向上突破	19%	4%	7%	7%	4%	6%	7%	3%	5%	4%	34%
牛市，向上突破	13%	6%	4%	4%	5%	3%	4%	4%	4%	3%	52%
熊市，向下突破	31%	14%	11%	8%	8%	6%	4%	2%	1%	0%	14%
牛市，向下突破	31%	9%	10%	7%	5%	5%	3%	3%	3%	1%	23%

将数字分组，我们可以看到向下突破形态的股价往往会比向上突破形态的股价更快地到达终点。熊市上升突破在突破后3到4个星期和6到7个星期有轻微的见顶倾向，请记住这一点。你可能需要在那个时候退出交易。

表48.6所示为与形态面积大小相关的统计信息。

表48.6 形态面积大小统计

描述	牛市 向上突破	熊市 向上突破	牛市 向下突破	熊市 向下突破
高形态表现	52%	27%	-20%	-28%
低形态表现	43%	27%	-13%	-23%
高度中值(与突破价格百分比)	11.63%	17.33%	11.50%	17.42%
窄形态表现	46%	31%	-14%	-23%
宽形态表现	47%	24%	-18%	-27%
长度中值	47天	56天	44天	45天
形态平均长度	59天	69天	53天	55天
低窄组合形态表现	43%	30%	-13%	-21%
低宽组合形态表现	44%	20%[a]	-12%	-26%[a]
高宽组合形态表现	49%	25%	-21%	-27%
高窄组合形态表现	57%	35%[a]	-18%	-28%[a]

注：(-)负号表示下跌；[a]表示样本小于30个。

高度 高形态表现得比低形态好。选择比高度中值高的形态，避免交易低形态。

宽度 宽的形态表现优于窄的形态，只有一个例外：熊市向上突破的形态。我用长度中值作为宽和窄形态之间的分割点。

形态平均长度 三角形平均长度是指从形态开始到结束(在突破的前几天，这是由于在计算机上绘制三角形形态的方式造成的)，长度范围从53天到69天不等。向上突破的三角形往往比向下突破的长度稍长。

高度和宽度的组合 到目前为止，表现最佳的高度和宽度组合是牛市中向上突破的高窄组合形态。它们的平均涨幅达57%！最差的表现是牛市向下突破的低宽组合，它们的跌幅只有12%。

根据突破方向对组合进行分组，结果表明那些突破方向与市场趋势方向一致的形态比逆趋势突破的形态表现得好。高窄组合的形态中向上突破的形态表现得最好。向下突破的形态中高宽组合的形态往往表现得更好。

表48.7所示为与成交量相关的统计信息。

表48.7　形态期间成交量统计

描述	牛市 向上突破	熊市 向上突破	牛市 向下突破	熊市 向下突破
上升成交量趋势表现	52%	21%[a]	-13%	-29%
下降成交量趋势表现	45%	29%	-16%	-24%
U形成交量形态表现	55%	26%	-14%	-27%
半圆形成交量形态表现	41%	28%	-17%	-23%
既非U形又非半圆形成交量形态表现	52%	27%[a]	-17%	-25%[a]
巨量突破表现	48%	28%	-17%	-26%
轻量突破表现	44%	25%	-15%	-22%

注：(-)负号表示下跌；[a]表示样本小于30个。

成交量趋势　运行方向与市场趋势一致的形态(牛市向上突破，熊市向下突破)，在整个三角形期间成交量呈上升趋势时表现更好。逆势运行的三角形在成交量呈下降趋势时表现更好。

成交量形状　在这里，再一次，突破方向与市场趋势一致的三角形在成交量呈U形状时表现良好。那些突破方向与市场趋势相反的三角形在成交量呈圆顶形状时表现更好。

突破成交量　在整个表格中，巨量突破都有助于股价的表现。悲观的交易者会注意到这些数字差异并没有那么遥远。即便如此，为了获得最好的投资表现，交易突破日成交量比30天平均水平高的形态。

交易策略

表48.8所示为下降三角形的交易策略。

表48.8　交易策略

交易策略	解释
测算规则	形态的最低点减去最高点，计算出形态高度。底部趋势线的值减去形态高度，得出预测的最小下跌价格。或者，从形态的左下角开始画一条平行于向下倾斜趋势线的直线，股价突破形态处对应的平行线上的值即为目标价格。对于向上突破，将形态高度加上股票击穿顶部趋势线时的价格
等待确认	因为突破的方向是未知的，一定要等待突破发生。在向下突破后，立即做空股票，或在价格反弹回到三角形底部并再次开始下行时，做空股票。另一种交易这种形态的方式是等待向上突破，然后买入股票
发生向下突破时卖出	对于短期交易者，一旦股价突破向下，立即卖出股票。股价可能会继续下跌。对于不想卖出股票的中长期持股者，考虑在测算规则的目标价格附近增加到你的持仓。使用支撑水平来帮助预测最终的低点
在目标价格处平仓	对于短期交易者，当股价接近目标价格时平掉你的空仓(请参阅测算规则)

测算规则　如你所料，测算规则试图预测突破后价格到达的价格。用三角形的最高点减

去底部趋势线的价格，得出形态高度。然后，从底部水平趋势线(向下突破)的值中减去形态高度，或将形态高度加上突破价格(向上突破)，结果就是目标价格。

计算图48.5所示三角形的形态高度，取最高点和最低点(由黑点标记)之间的差值。差值为1.44美元(即8.82-7.38)。水平趋势线的值减去形态高度，预测出价格将下跌到5.94美元。价格在突破日达到了目标价格(即 7.38-1.44)。由于测算规则预测的是最小的价格移动，最终的下跌往往更大。在这个例子中，股价在1994年4月中旬跌至4.69美元，总的跌幅为36%。

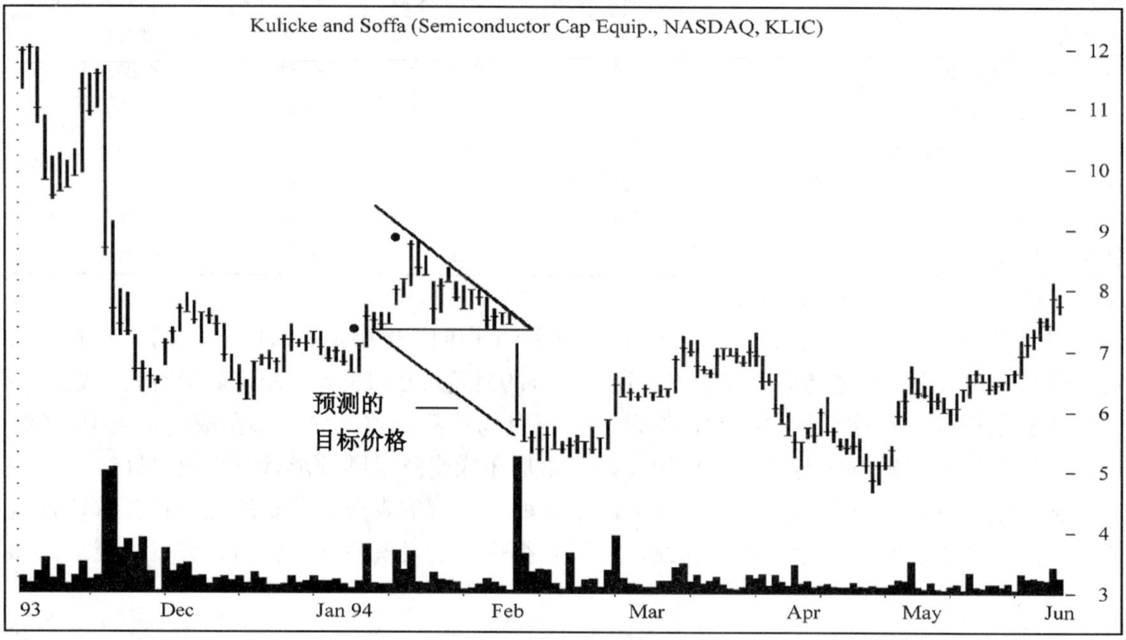

图48.5 有两种方法可以预测股价的最小下跌。取形态开始时两条趋势线的差(用黑点表示)，并从底部趋势线的值中减去该结果，或从左下角开始绘制一条平行于向下倾斜趋势线的直线，当价格突破形成时，对应的平行线的价格成为目标价格。

另一种预测目标价格的方法消除了繁琐的数学，只是从形态的左下角开始画一条与向下倾斜趋势线平行的直线。价格突破形态时对应平行线的价格就是目标价格。

等待确认 等待突破的发生是极为重要的，因为股价运行前方的方向是未知的。如果你在做空股票之前不等待向下的突破，股价可能很快会向上突破，离你而去。不管怎么样，做空股票并不是为胆小者准备的，它需要冒巨大的风险。如果错过了最初的突破，你通常可以等待反弹时做空。反弹也是增加你的空头头寸的好时机。等待价格重新下跌时再做空股票。当价格接近目标价格或形势改变(基本面或技术面)时，请平掉你的空仓头寸。

发生向下突破时卖出 由于向下突破可能会使价格迅速下跌，反弹通常允许你以比向下突破第二天更高的价格进入交易。如果股票没有反弹，那寻找别的交易机会。如果不发生反弹，不要追逐这只股票。如果股票下跌，你仍然决定做空股票，那么进入的时候可能会已经接近底部，这让你自己失望。

在目标价格处平仓 如果你做多股票，是一个中长期股票持有人，不想遭受这样的下跌(这个下跌可能会远远大于16%到25%的平均跌幅)，可以考虑在股价向下突破时卖出股票，然后等到股价到达目标价格后再买回股票。记住，测算规则意味着最小的价格移动，但价格达到目标价格也只有一半的概率。换言之，如果你卖出了股票，它可能不会像预期的那样下跌。

交易故事

雅各布是个投资新手。他有MBA学位，在保险公司工作，这使他适应了风险。尽管如此，做空股票仍然不是他的第一选择。图48.6所示的股票使他感兴趣。在突破前几天，他检查了形态的辨识指南。成交量趋势看起来不错：和预期的一样，总体呈下降趋势，直到突破前几个星期，成交量趋势才偏离正常形态。从形态一侧到另一侧的接触次数是好的，小高点和小低点是明显的。他的结论是，这是一个正在形成的有效的下降三角形。

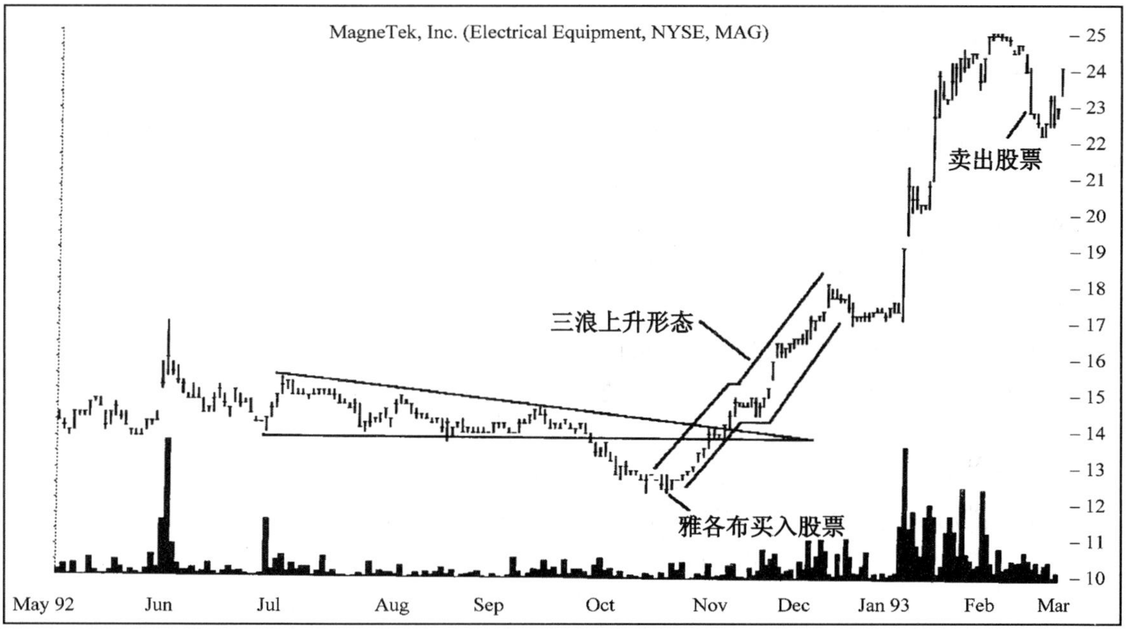

图48.6　如交易故事中所描述，雅各布在下降三角形实现目标价格后买入股票，而不是建立空头头寸。当价格攀升时，他提高他的止损点，最终在23美元被止损出局。他赚了2000美元的利润。一个三浪上升形态帮助他测量股价的涨幅。

雅各布对做空股票感到紧张，因为股票可能会掉头上升。不过，如果事情不妙，在三角形顶端的止损点将会限制他的风险。尽管如此，他对做空仍然感到不安，他其实想以较低的价格持有股票。他决定在股价到达目标价格后买入股票。

他计算了三角形的形态高度，发现股价的最小向下移动将是12.50美元。雅各布每天都看着股票，他看到股价向下突破，并开始下跌。股价第一次达到目标价格并小幅反弹，他怀疑股价已经接近低点。至少，这是他所希望的。

在1992年10月19日，雅各布在12.50美元的收盘价买入了200股，这正是他早些时候预测的目标价格。他将止损指令设在11.13美元，略低于之前12月份的低点11.25美元，这是一个支撑水平。然后，他查看了可能的回报，他相信股票将上升到它的旧高点17美元。他坐等佳音。

没有花很长的时间，股票见底反弹，开始攀升。在11月中旬，雅各布希望这一趋势是一个三浪上升形态的开始。他计算出他买入股票附近的低点与股价最近高点的差值，计算结果为2.63美元。他将此结果加到当前收盘价，计算出新的目标价格为17.50美元。这个数字与他最初的目标价格17美元相当接近。

在接下来的几天里，股票又开始向上移动。到12月初，股价已经达到了他的新目标价格，三浪上升形态完成。雅各布决定将止损点提高到16美元，这是一个支撑区域的顶部。如果股票在16美元卖出，他将获得28%的收益，这是可观的回报。到目前为止，结果令他满意，但他担心，随着股票的盘整，价格可能会达到他的止损点。

就在新年之后，股票又开始攀升，他坚持持股待涨。他不断地提高他的止损点，直到他在23美元被止损出局，那是在1993年2月中旬的股票下跌时。在扣除费用之后，这笔交易使他赚了将近2000美元，大大超过了他最初的估计。

交易秘籍

下面的列表包含交易这种形态的提示和观测结果，以帮助你选择表现更好的形态。更多的信息，请参阅相关的表格。

- 查看辨识指南以正确选择形态。见表48.1。
- 选择在牛市中向上突破的形态，或在熊市中向下突破的形态。见表48.2。
- 在向下突破反转后买入失败形态。见表48.2。
- 牛市中向上突破的形态失败比率最低。见表48.3。
- 查看上方阻力和下方支撑，避免回调和反弹。见表48.4。
- 预计股价在开始到顶点之间的大约56%(熊市)到65%(牛市)处突破。见表48.4。
- 预计熊市形态下跌迅速，56%的形态在3个星期内见底。见表48.5。
- 选择高形态或既高又窄的形态(向上突破)，或既高又宽的形态(向上突破)。表48.6。
- 交易巨量突破的形态。见表48.7。

第四十九章 三角形形态之对称三角形
Triangles, Symmetrical

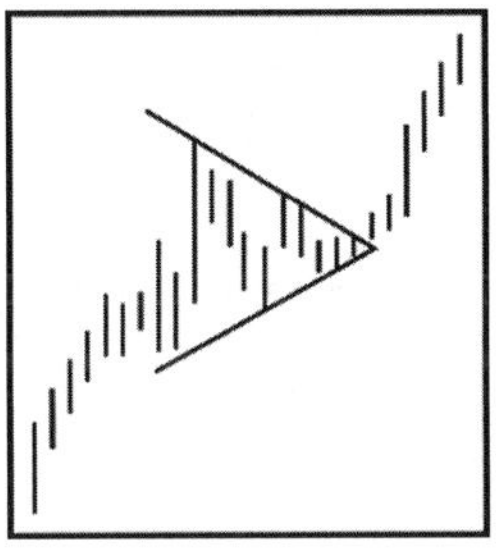

统计简报

向上突破

形状	价格沿着两条倾斜的趋势线运行，低点不断抬高，高点不断降低，最终两条趋势线相交。突破方向是向上的。	
反转或持续	短期持续，行情看涨。	
	牛市	**熊市**
表现排名	16/23	7/19
保本失败概率	9%	7%
平均涨幅	31%	26%
趋势结束后的变化	-31%	-33%
成交量趋势	向下	向下
回调概率	37%	55%
实现目标价格概率	66%	57%
意外发现	失败形态比原来的形态表现得更好。表现最佳的形态来自在年度价格区间低位区域附近的形态。回调损害股价表现。高窄形态比其他组合的形态表现得更好。	
同义词	螺旋形态。	
参见	钻石形底部形态；钻石形顶部形态；头肩形底部形态；头肩形顶部形态；三角形之上升形态；三角形之下降形态。	

向下突破

形状	与向上突破形状相同，但突破方向是向下的。	
反转或持续	短期反转，行情看跌。	
	牛市	**熊市**
表现排名	15/21	18/21
保本失败概率	13%	9%
平均跌幅	17%	19%
趋势结束后的变化	50%	45%
成交量趋势	向下	向下
反弹概率	59%	62%
实现目标价格概率	48%	42%
意外发现	失败形态比原来的形态表现得更好。表现最佳的形态来自在年度价格区间低位区域附近的形态。反弹损害股价表现。高窄形态比其他组合的形态表现得更好。	
同义词	螺旋形态。	
参见	钻石形底部形态；钻石形顶部形态；头肩形底部形态；头肩形顶部形态；三角形之上升形态；三角形之下降形态。	

在第一版，我把对称三角形分成顶部形态和底部形态，因为我想探索它们的表现差异。结果发现两者的差别很小。我还发现了人们无意中使用到错误的章节。因此，在这一版中我将这两章合并在一起。

统计简报所示为在不同的市场条件和突破方向下对称三角形的表现。在我看来，对称三角形并没有表现得和预期的那样好。平均涨幅或跌幅小于所有形态的平均值。这一结果在一定程度上可能是由于不再将提前突破单列。相反，我现在把它们当作实际突破，因为这就是有经验的交易者交易三角形的方式。这种变化造成了更高的失败比率和较小的平均涨幅或跌幅。

导入

图49.1所示为一个对称三角形形态。股价上涨到了形态的开始，并创新高。然后价格从形态的一边交叉运行到形态的另一边，使得高点渐低，而低点渐高。在将近2个月后，趋势已经准备就绪。沿顶部绘制一条向下倾斜的趋势线连接小高点，同时沿底部绘制一条向上倾斜的趋势线支撑小低点。

成交量趋势下降，虽然它在某些地方有尖峰。在6月末，股价试图离开形态，但被吸回来了。股价再一次尝试，用更高的成交量冲出三角形的顶部，但很快就回调了，然后转弯，掉头下行。

为什么会形成对称三角形？在随后的几天里，股价迅速攀升，不断创新高。最终，抛售压力满足了投资者对股票的需求，股价下跌。短线交易者感觉到趋势的变化，迅速出售它们的持股，给股票增加了压力。价格下跌到在几个月前的波峰支撑区域，或因为其他因素使得投资者认为此时的股票很划算。它们推测股价将会猛涨，所以为什么不加到趋势中呢，尤其是现在股价更便宜了？

这样的推测增加了股票的需求，使得股价再次上涨。但这一次，错过了较早的卖出机会的动量投资者现在卖出了股票。另一些人则认为，可能没有足够的上行动力将股价推到旧的高点，也卖出了股票。抛售压力使价格上涨中止在较低的高点上，并使股价掉头向下。

价值投资者看到股票下跌，因为基本面没有改变，于是随着股价的下跌一路买入股票。有些人在较低的价格增加它们的头寸，而另一些人则是第一次买入。对股票的购买使得价格不能直线下跌，而是水平线上缓慢移动。然而，最终一个更高的低点形成，它主要不是由于焦虑的买家，而更多的是由于卖家已经匮乏。

在整个趋势中，成交量逐渐减少。换手的股票越来越少，股票改变方向变得更加容易。最终，一个大的买单将股价拉升。当它穿透顶部趋势线时，它带出了投资者设置在趋势线上方，等待股价一旦超过趋势线便买入的指令。这额外的买入串联起来，成交巨量，价格飙升。

如果需求足够强劲，股价就会继续上涨。不过，价格有大约一半的概率会掉头回到三角边界——回调。价格在顶部趋势线上或在三角顶点水平上得到支撑。通常，价格会反弹，然后继续在原来的方向上行进。不过，有时候价格会继续下跌，它标志着上涨趋势的结束(如图49.1所示)。

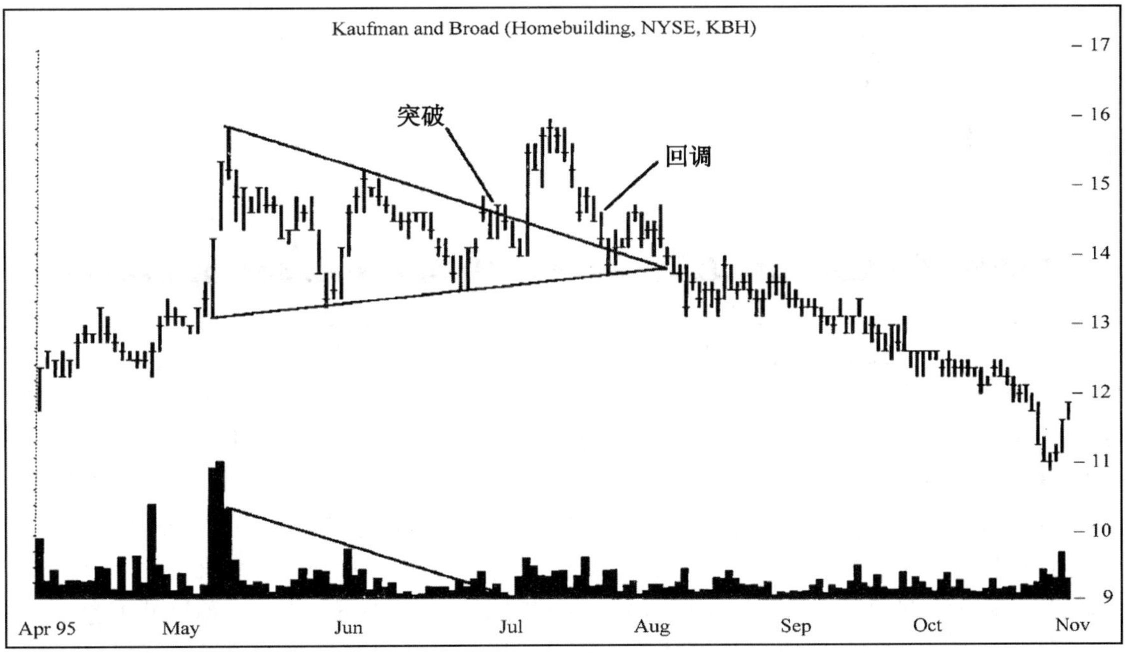

图49.1 一个价格小幅上涨的对称三角形。

辨识指南

表49.1列出了对称三角形的辨识指南。

表49.1 辨识指南

特征	讨论
形状	三角形形状形成于两条趋势线的范围之内。两条趋势线一条倾斜向上，另一条倾斜向下，相交于三角形顶点。趋势线不需要有相同的长度
接触点	至少应该有两个明显的小高点和两个小低点，它们触及趋势线(换言之，至少有四趋势反转)
成交量	在整个形态期间通常呈逐渐缩量，但递减可能是不规则的。在突破前成交量往往很低
空白区域	价格应该横穿形态，覆盖大部分的空白区域
突破方向	突破方向无法提前预知。当价格收在趋势线边界之外时突破发生
长度	形态长度通常至少超过3个星期。长度为3个星期或更少的形态归类为三角旗形态

形状 图49.2所示为一个提前向上突破的对称三角形。形态的整体形状是三角形，其轮廓为两条趋势线：一条从顶部向下倾斜，另一条从底部向上倾斜，两条趋势线在顶点汇合。

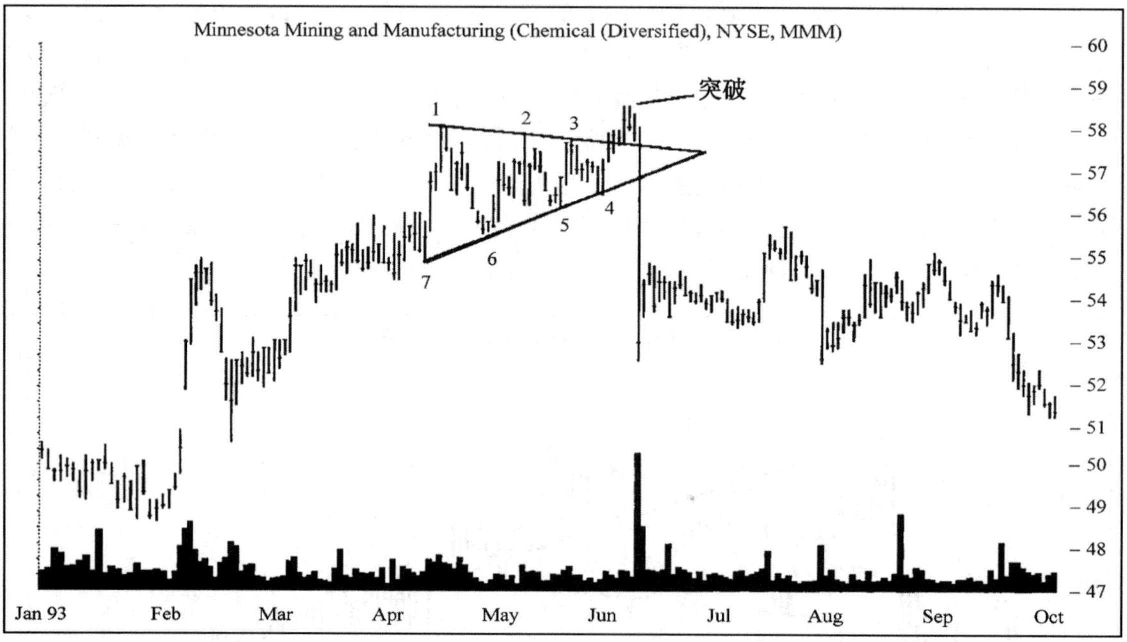

图49.2 一个向上突破的对称三角形。价格收在三角形外面，但在三角形顶点前返回到三角形。在这个例子中，价格不仅返回，还从另一边突破而出。数字标识了趋势线上的各个接触点。在一个“死猫”弹跳里，价格在1天内暴跌5美元，然后反弹，最终下行。

接触点 图49.2中用数字标识了小高点和小低点，它们触及或接近两条趋势线至少两次。这一特点是很重要的，因为接触点应该不同于个别波峰(小高点)和波谷(小低点)。

成交量 成交量形态是一个向下的斜坡。当价格下跌时，成交量可能会增加，但总体趋势是逐渐减少。我说一个对称三角形的成交量趋势不是递减是不正常的，但这并不意味着这种事情不会发生。即使成交量是递减的，它也可能不被发现，除非你运行线性回归计算公式，然后看运行结果直线的斜率。不管怎么样，超过80%的三角形确实所示为一个下降的成交量趋势，这个比重足够高，可以让你仔细考虑任何的偏差。

空白区域 价格必须横越三角形几次，覆盖所有空白区域。

突破方向 突破可以发生在任何方向，包括横向蜿蜒移动，但54%的形态将遵循当前的价格趋势(上涨趋势向上突破，或下跌趋势向下突破)。

长度　对称三角形可以是任意长度，但大多数分析人士表示，最小长度为3个星期。

图49.3所示为两个三角形形态。左边的那个不是一个有效的对称三角形。左边的三角形从小低点开始，上升到小高点(点B)。然后，价格沿着顶部趋势线下跌，达到小低点(点C)。注意，只有一个小高点(点B)和两个小的低点，但第二个小低点，即点C，没有包含在三角形中。这个形态不仅少了一个小高点和一个小低点，而且底部的趋势线也被错误地绘制。三角形中心的空白区域通常是辨识一个识别不正确的三角形的线索。价格应跨越形态并填满中心的空间。

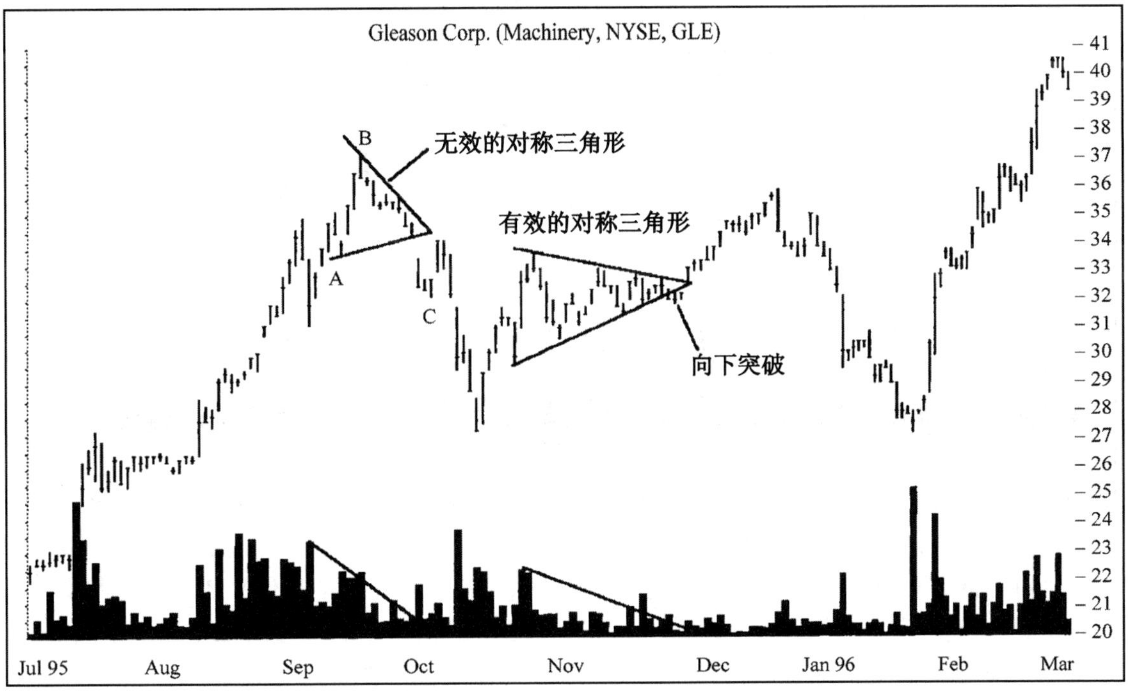

图49.3　两个对称三角形，一个有效，另一个无效。右边的三角形所示为一个提前向下突破，接着是一个有效的向上突破。左边的三角形是假的对称三角形。

在10月中旬的第二个三角形有许多小高点和小低点，它们触及两条趋势线。这是一个有效的对称三角形，但它有一个意外。就在三角形到达顶点之前，价格移动到三角形趋势线边界之外，然后反弹，突然大幅度上升。

当价格突破后移动小于5%，然后返回到三角形，并从相反的方向突破而出，这个三角形就是所谓的失败形态，此后股价在新的突破方向上的移动可能会很大。

在这两个形态中，成交量趋势主要是向下的。10月三角形开始时成交量是60100股，但到了突破前的前一天，成交量缩减到了4600股。缩量严重。

在将一个形态称为对称三角形之前，查看该形态的左边，看是否有一个小高点与形态右边的小高点对称？如果是这样，那么你可能看到的是一个头肩形顶部形态。

一个对称三角形的镜像，一个与您选择的形态背靠背的形态，可能意味着一个钻石顶部形态或底部形态。当其中有一条趋势线是水平的，那么形态是一个上升三角形或下降三角形。所有这些其他的形态都是你需要寻找的。许多形态表现得比对称三角形更加强劲，而且有更大的涨幅或跌幅。

关注形态失败

对称三角形有两种类型的失败。第一个是识别错误，图49.4所示为这类失败的一个示例。

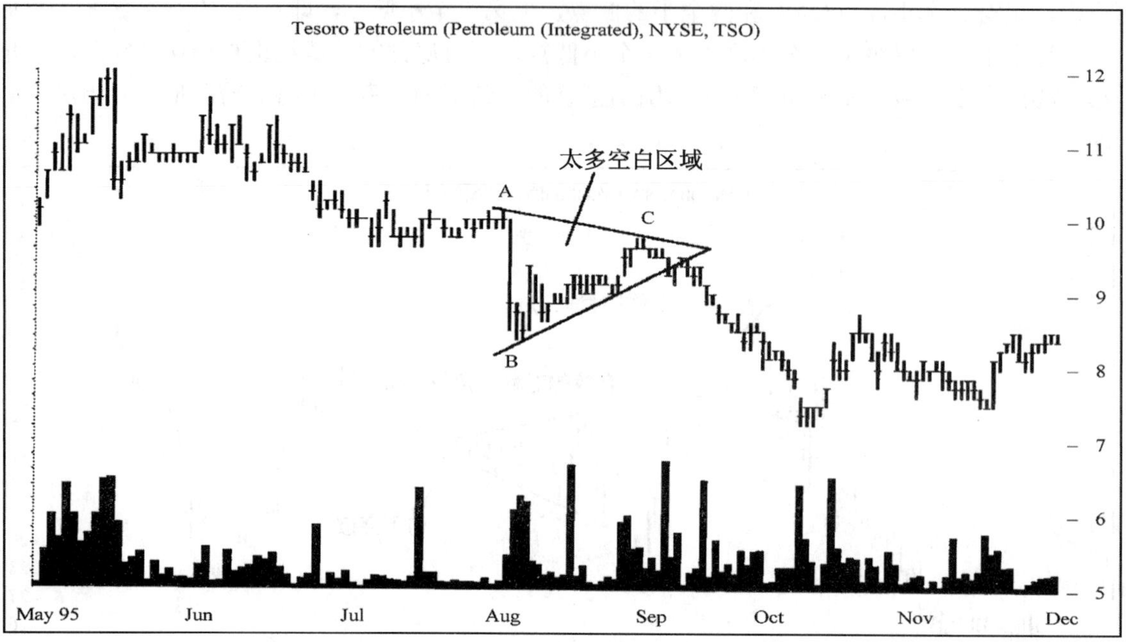

图49.4 一个无效的对称三角形。三角形内没有足够的价格交叉，留下大量的空白区域。

形态至少有两个小高点和两个小低点，这一点非常重要，我怎么强调都不为过。很多时候一个圆弧底部可能会诱使您从中创建一个对称三角形。价格的活动似乎随着时间的推移而缩小，但它其实只有一个小高点。图49.4是一个很好的例子。这个假的三角形从小高点(点A)开始，迅速下跌到小低点(点B)。然后，价格沿着底部趋势线蜿蜒上升，在点C与顶部趋势线交叉。三角形中心没有足够的价格横穿，无法形成一个可靠的对称三角形。虽然价格触及两条趋势线多次，但形态的中心有太多的空白区域。

图49.5所示为第二种类型的失败，这是我所说的5%失败，因为在反转之前价格没有继续在突破方向上移动超过5%。该图在2月和3月的对称三角形形态良好，有两个小高点和三个小低点，所有这些点都触及(或接近)各自的趋势线。两条趋势线相交，形态独自。我的意思是，这不是另一个形态的一部分。或者它是另一个形态的一部分？左边与三角形中的第一个小高点相结合的波峰可能是一个双顶形态的开始(或者，如果您包括在1月的较低的第二个峰值，那么形态可能是一个三重顶形态)。由于价格在达到更高的高点之前没有下跌到低于两个波峰之间的最低点，形态没有确认，所以它不是一个双顶形态(或三重顶形态)。

然而，把那个较高的高点作为股价折回到三角形顶点(3月下旬)的回调一部分，可以把双顶形态扩展成一个更大的三重顶形态。一旦价格下跌到三个波峰之间的底部之下，三重顶形态就确认了，股价向下运行，短暂地反弹(两次)到略高于形态底部，然后继续下跌。反弹形成了另一个对称三角形，如图49.5所示。

大图解释了为什么这个三角形会失败。不管你称之为嵌套三重顶还是多重顶(或其他诸如此类的名称)，在措辞中“顶部”一词就是一条很大的线索。如果它是一个三重或多个顶部，则突破方向是向下的。在这种情况下，三角形突破向上而不是向下是让人感到怀疑的。在你投资之前，要确保你的视野更宽广，翻到周线图，看看是否有与日线图不同的情况。如果看到两者有冲突，那就遵从周线图。

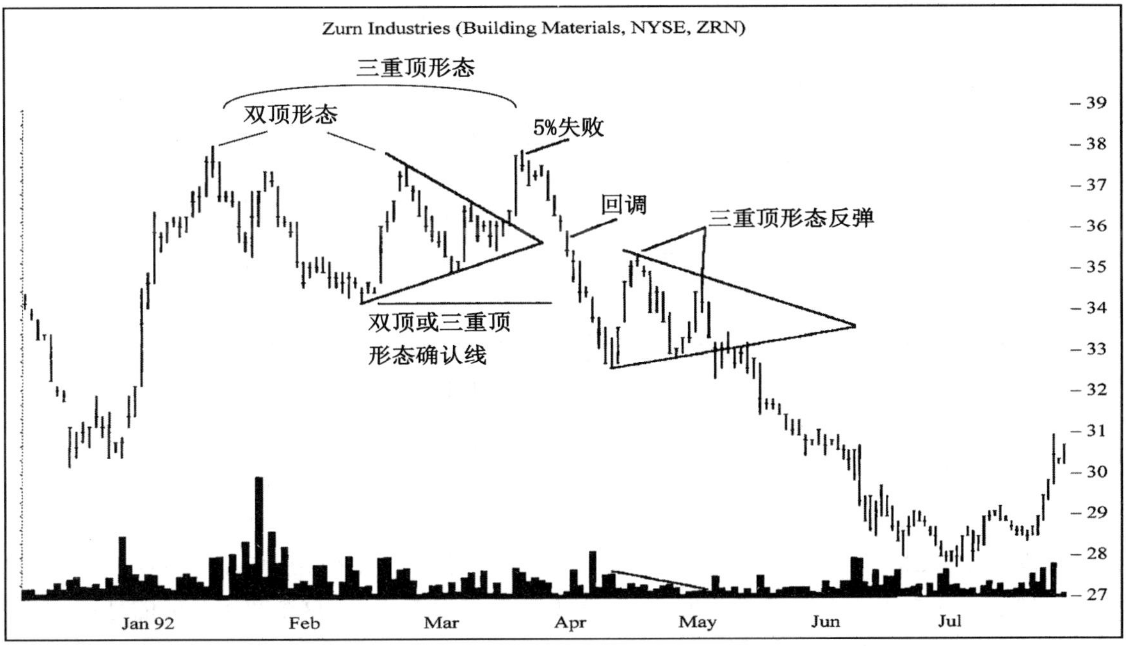

图49.5 左边的对称三角形有一个向上的突破，但突破后股价没有继续上升超过5%，形成一个5%失败。这个三角形是一个双顶或三重顶部形态的一部分。

统计数据

表49.2所示为对称三角形的综合统计数据。

表49.2 综合统计

描述	牛市 向上突破	熊市 向上突破	牛市 向下突破	熊市 向下突破
形态数量	476个	246个	361个	264个
反转(R)、持续(C)数量	195R, 281C	104R, 142C	164R, 197C	139R, 125C
反转(R)、持续(C)涨/跌幅	33%R, 30%C	24%R, 28%C	-17%R, -18%C	-19%R, -20%C
平均涨/跌幅	31%	26%	-17%	-19%
涨/跌幅超过45%(数量或占比)	144或30%	47或19%	12或3%	19或7%
趋势结束后涨/跌幅	-31%	-33%	50%	45%
形态失败后涨/跌幅	40%	38%	-23%	-28%
标准普尔500指数的变化	11%	0%	2%	-9%
到达最高/低点的天数	124	77	45	30

注：(-)负号表示下跌。

形态数量 我找到了1347个对称三角形，它们分布在500只从1991年中期到1996年中期的股票，200只从2000年到2003年的股票，以及两个时间段之间的其余股票之中。我没有做一个彻底的搜索，因为对称三角形是如此丰富，使用鼠标记录所有这些形态让我手腕酸痛，我不得不用另一只手(我会考虑让我的右手可以左右开弓)。

反转或持续 反转占了45%的形态，持续占了55%。在大多数情况下，持续的表现略好于反转。唯一的例外是在牛市向上突破的形态。牛市向上突破的形态中，反转平均涨幅33%，与之相比，持续涨幅为30%。

平均涨幅或跌幅 在牛市中，平均涨幅令人失望，只有31%。这个数字远远落后于其他形态类型的涨幅。它意味着，与对称三角形受欢迎一样，交易者交易其他形态类型大多都可以交易得很好。

涨幅或跌幅超过45% 近1/3的牛市形态突破后涨幅至少45%。虽然我喜欢看到一个更高的数字，不过这个数字仍然是相当体面的。在这一个项目里，向下突破永远也不会表现得很成功。

趋势结束后的变化 达到最高点或最低点后，价格反弹，但结果并不令人印象深刻。其他一些形态在牛市中向下突破见底后反弹60%。那才是我喜欢看到的上升类型!

失败形态的表现 一个失败的三角形是指形态突破后，其价格移动不足5%，然后便返回到形态，并从相反的一边突破。如果你看到一个失败形态，且新的突破确认(股价收于三角趋势线外)，交易新方向，便可并坐享其成了。

标准普尔500指数的变化 请注意总体市场，即指数，是如何帮助或阻碍对称三角形的平均表现的。在牛市向上突破的三角形表现最好，平均涨幅31%。这个数字对应的是11%的指数上升。下跌的市场帮助了在熊市中向下突破的三角形，它们下跌了19%，比牛市的17%的跌幅更好。

这些数字意味着什么？以市场趋势作为交易方向，可以取得最佳的投资效果。

到达最高点或最低点的天数 牛市中的三角形达到最高点所需要的时间比熊市形态达到最低点所需要的时间更长。例如，牛市向下突破的形态需要45天才能下跌17%，但在熊市中，下跌19%只需要30天。因此，熊市的跌幅比牛市的涨幅要更为陡峭，也更为短小。

表49.3所示为对称三角形的失败比率。对于小跌幅，熊市向上突破的三角形的失败比率最低。在股价移动超过15%之后，这一荣耀由牛市向上突破的三角形接管，它们的失败比率最小。

表49.3 失败形态数量或比率

股价最大 涨/跌幅(%)	牛市 向上突破	熊市 向上突破	牛市 向下突破	熊市 向下突破
5(保本点)	44或9%	18或7%	48或13%	25或9%
10	104或22%	44或18%	121或34%	81或31%
15	162或34%	78或32%	179或50%	126或48%
20	206或43%	115或47%	232或64%	153或58%
25	233或49%	139或57%	279或77%	193或73%
30	262或55%	162或66%	309或86%	211或80%
35	284或60%	178或72%	330或91%	226或86%
50	350或74%	210或85%	355或98%	251或95%
75	411或86%	229或93%	361或100%	263或100%
＞75	476或100%	246或100%	361或100%	264或100%

你应该怎么解读这张表格？我知道当你看到一张充满数字的表格时，你的眼睛可能会变得呆滞。且仔细观察熊市向上突破一栏。我看过的形态中有7%的形态攀升不到5%。在攀升到20%之前，几乎一半的形态败下阵来了。表现最糟糕的三角形牛市向下突破的形态，半数形态没能够攀升到15%。

假设你定了一个大目标，比如说赚50%。有多少个三角形表现得那么好？你应该交易牛市向上突破的三角形，因为它们显示出最好的表现。即便如此，74%的形态在突破之后将无法攀升到50%。

表49.4所示为突破及突破后相关的统计数据。

表49.4 突破与突破后股价表现统计

描述	牛市向上突破	熊市向上突破	牛市向下突破	熊市向下突破
从形态结束到突破	4天	3天	3天	3天
突破在年度价格区间低(L)、中(C)、高(H)各区域分布的百分比	L24%, C32%, H43%	L29%, C41%, H30%	L27%, C34%, H38%	L33%, C37%, H30%
形态在年度价格区间低(L)、中(C)、高(H)各区域突破后的涨/跌幅	L40%, C25%, H32%	L33%, C26%, H23%	L19%, C18%, H16%	L23%, C19%, H17%
回调/反弹概率	54%	55%	59%	62%
回调/反弹期间	11天	11天	10天	9天
出现回调/反弹形态的平均涨/跌幅	25%	21%	-15%	-18%
未出现回调/反弹形态的平均涨/跌幅	38%	34%	-21%	-21%
出现突破缺口形态的表现	35%	23%	-18%	-27%
未出现突破缺口形态的表现	31%	27%	-18%	-19%
缺口平均金额(美元)	0.36	0.23	0.37	0.57
突破点与顶点的百分比	75%	73%	73%	71%

注：(-)负号表示下跌。

从形态结束到突破 这一行的数字是以计算机程序绘制三角形的方式得出的结果。我列示这些数字只是为了保持数据的一致性。

年度位置 牛市的三角形经常在年度价格区间高位区域附近突破，熊市形态的突破则最常出现在年度价格范围的中间区域。

年度位置及表现 表现最佳的对称三角形在哪里出现？在所有情况下，表现最佳者突破在年度价格区间低位区域。那些形态就是要交易的形态。

回调和反弹 股价突破后，有略超一半的机会回调或反弹。熊市中向下突破的三角形最有可能反弹(62%的概率)。平均而言，股票返回到突破价格需要9～11天。当股价突破三角形后出现回调或反弹时，股价的表现就会受损。例如，在牛市中的三角形，出现回调的形态突破后的平均涨幅为25%，没有回调的平均涨幅为38%。

为了避免回调或反弹，在交易三角形之前，寻找附近的上方阻力或下方支撑。

缺口 当前突破缺口与当前的价格趋势方向一致时(牛市向上突破，熊市向下突破)，缺口对股价表现来说很重要。逆势三角形出现缺口与没有出现缺口的股价表现要么是相同，要么就是没有出现缺口的表现得更好。

顶点距离 从三角形的起点到突破的平均距离是从起点到顶点距离的大约73%，比在其他三角形形态类型长。

表49.5显示突破后股价到达最高点或最低点的时间频次分布。正如你在表49.5中看到的，许多对称三角形需要超过70天的时间才能达到最高点或最低点。然而，很大一部分形态在第1个星期到达它们本轮趋势的终点。事实上，大约1/4的向上突破三角形和超过1/3的向下突破三角形会在突破后1个星期内反转趋势。

向下突破的三角形显示，第3个星期(21天)的数字略有上升。如果你的股票在那段时间显示出趋势反转的迹象，那么就平掉你的空头仓位或进行做多交易。使用止损点来保护你的投资。

表49.5 到达最高点或最低点天数的频次分布

天数	7	14	21	28	35	42	49	56	63	70	＞70
熊市，向上突破	26%	9%	6%	7%	6%	4%	6%	2%	1%	1%	32%
牛市，向上突破	22%	8%	8%	3%	4%	3%	4%	3%	1%	3%	41%
熊市，向下突破	38%	8%	10%	9%	9%	4%	3%	5%	2%	2%	11%
牛市，向下突破	34%	8%	9%	7%	6%	4%	4%	3%	3%	4%	20%

表49.6所示为与形态面积大小相关的统计信息。

表49.6 形态面积大小统计

描述	牛市 向上突破	熊市 向上突破	牛市 向下突破	熊市 向下突破
高形态表现	38%	30%	-19%	-20%
低形态表现	26%	23%	-16%	-19%
高度中值(与突破价格百分比)	14.48%	18.10%	14.50%	18.04%
窄形态表现	30%	24%	-17%	-20%
宽形态表现	33%	28%	-18%	-18%
长度中值	42天	38天	39天	36天
形态平均长度	51天	50天	50天	46天
低窄组合形态表现	25%	21%	-17%	-19%
低宽组合形态表现	28%	25%	-15%	-19%
高宽组合形态表现	36%	30%	-19%	-18%
高窄组合形态表现	41%	31%	-20%	-23%

注：(-)负号表示下跌。

高度 在所有的市场条件和突破方向上，高形态表现都比低形态好。为了获得最好的投资表现，选择一个高的形态，形态高度是以从最高的小高点到最低的小低点为计量，再将结果除以突破价格，最后将比值与表中的高度中值进行比较。如果结果高于中值，那么它就是一个高形态。

宽度 宽形态也表现得比窄形态更好，除了在熊市中向下突破的三角形。我用表中的长度中值作为宽和窄形态之间的分割点。

形态平均长度 对称三角形的平均长度约为50天，即不足2个月长。

高度和宽度的组合 在任何情况下，都是高和窄组合的三角形表现最好。高度和宽度组合的表现优于其单个的表现。例如，高宽组合形态在牛市中向上突破后股价上涨41%，高于高形态的上涨38%和宽形态的上涨33%。

在交易之前，寻找既高又窄的三角形。如果找不到，则查找比中值高的三角形(请参阅“高度”)。

表49.7所示为与成交量相关的统计信息。

表49.7　形态期间成交量统计

描述	牛市向上突破	熊市向上突破	牛市向下突破	熊市向下突破
上升成交量趋势表现	26%	30%	-20%	-19%
下降成交量趋势表现	32%	26%	-17%	-20%
U形成交量形态表现	31%	32%	-18%	-19%
半圆形成交量形态表现	31%	24%	-17%	-20%
既非U形又非半圆形成交量形态表现	30%	23%	-19%	-20%
巨量突破表现	35%	29%	-19%	-19%
轻量突破表现	24%	22%	-15%	-20%

注：(-)负号表示下跌。

成交量趋势　将成交量趋势归类为突破方向与市场趋势一致的顺势突破三角形以及突破方向与市场趋势相反的逆势突破三角形中。顺势突破的形态中，成交量呈下降趋势时股价表现最好。逆势突破的三角形中，成交量呈上升趋势时股价表现最佳。

成交量形状　在熊市向上突破的三角形在成交量形状呈U形时表现最佳。它们的涨幅是32%，远远高于其他两种成交量形状的表现。对不同的突破方向和市场条件下的其他对称三角形，成交量形状对它们的重要性较小。

突破成交量　在所有情况下巨量突破都有助于股价表现，唯一的例外是在熊市中向下突破的三角形，它们在轻量突破后表现得最好。

交易策略

表49.8概述了交易策略。

表49.8　交易策略

交易策略	解释
测算规则	通过用形态的最高点减去最低点来计算形态高度。对于向上突破，将形态高度加上形态最高点；对于向下突破，则突破价格减去形态高度，结果为目标价格。另一种方法是，对称三角形可能是一个股价趋势的中途点，如果是这样，则据此适用相应的测算规则
顺势交易	作为趋势的盘整阶段，价格通常会从进入三角形时的趋势方向离开形态。
等待突破	一定要等待突破，以防三角形形态反转
交易失败形态	如果三角形形态突破后股价移动小于5%，便返回形态，然后从相反的方向突破，则交易新方向
形态内交易	如果三角形有足够的高度和长度，则在顶部趋势线上卖出或做空，在底部趋势线买入或平仓。一旦股价突破方向对你不利，在突破时平仓，或在价格接近三角形顶点时停止交易

测算规则　对称三角形有两种测算规则。图49.6所示为第一种。计算从形态最高点(点B，9.75美元)到最低点(点A，8.38美元)的距离，计算结果为形态高度(1.37美元)。根据突破方

向，将突破价格加上或减去形态高度，计算得出目标价格。在这个例子中，突破是向上的，所以目标价格为10.50美元(即9.13+1.37)。股价在不到1个月内达到了目标价格。

一些对称三角形的作用就像一个大版本的三角旗形态。它们是半旗形态，标记在股价移动的中途点上(像一个三浪上升或下跌形态)。如果三角形向下突破，股价可能会继续下跌并到达测算规则预测的目标价格。在这个例子中，从点C(在左边，11.88美元)到点A的距离，即第1浪的高度，为3.5美元，应从B点的值中减去第1浪高度，结果是目标价格6.25美元。点C是通向三角形的移动的起点，测算规则适用的是三浪上升或下跌形态的测算规则。

根据情况，使用一个或两个测算规则。使用形态高度是两个方法中比较保守的一个，它更有可能被实现。

顺势交易 很难或不可能确定股价会在哪个方向突破。总的来说，它会继续当前的趋势。即使在图49.6中，虽然这个形态作为当前下跌趋势的短期反转，但股价的长期趋势是向上的(图中未显示)。

等待突破 一定要等待突破。有时，价格挤出三角形顶点，却根本没有突破。这是罕见的，但它确实存在。一旦价格突破，交易方向与趋势一致：如果价格向上突破，则做多股票；如果向下突破，则做空股票。

交易失败形态 我注意到，即使价格在相反的方向发生突破(当前趋势的反转)，它也会迅速反转，恢复到原来的趋势上来。这意味着，例如，在一个上升的趋势中，股价向下突破，下跌了5%，然后掉头回升，上行更高的高点。图49.2和图49.3所示为这种类型的例子。这种反转的行为是值得注意的，尤其是在牛市的向下突破形态中。交易这些失败形态可能是有利可图的。

形态内交易 另一种交易三角形的方式是在底部趋势线附近买入股票，在顶部趋势线附近卖出，然后反手做空。有时候，对称三角形足够高而且足够长，你可以用这种方式获利，但必须要灵活。

交易故事

你能在交易对称三角形中赚到钱吗？是的。仔细看一下我在图49.6中所做的股票交易。有很多因素导致我交易这只股票，包括钻井设置数量的上升，上涨的油价，寒冷的天气，以及相关的政治事件(欧佩克收紧和可能的对尼日利亚的石油抵制)。所有这些因素都表明，冬季石油价格将继续上涨，石油领域服务业的需求将保持强劲。

另一个因素是股票价格沿着一条趋势通道的底部运行。用于创建趋势通道的方法有些复杂，它涉及用线性回归方法对收盘价绘制一条直线，然后绘制两条平行于回归线的直线，两条直线之间以标准差为距离。图49.6所示为通道顶部直线，我没有画出通道底部的直线，但它与点A相交，平行于顶部的通道线。这个趋势通道表明，价格将从通道的一边移动到通道的另一边。

由于向上突破时成交量微小，我决定推迟买入，等待回调。这是一项有风险的操作，但它奏效了。在12月1日，我买入了股票，价格是每股9.13美元。

对称三角形的顶点通常是一个支撑或阻力的地方。你可以在图49.6上看到这一点。价格跌至三角形顶点，在那里停留了3天。正如预测的那样，股票从那里起飞后攀升。虽然股票实现了测算规则预测的目标价格，我怀疑它会继续跨越到更高的通道线。股票在横穿通道的途中停滞，徘徊在线性回归线上(图中未显示，它与顶部通道线和点A等距)。这种停顿通常如此，我是预计到了。

大约1个星期之后，价格开始再次上涨，迅速地创出新高。当价格触及趋势通道的顶部时，我考虑卖出股票，但因为税收方面的原因，我没有卖出。我决定推迟到新年卖出，只差2个交易日。在1月2日，我卖掉了股票，卖出价格为每股11.63美元。销售的延迟使我的回报率从近40%下降到了27%。不过，对于1个月的持股时间，这是一个不错的回报！

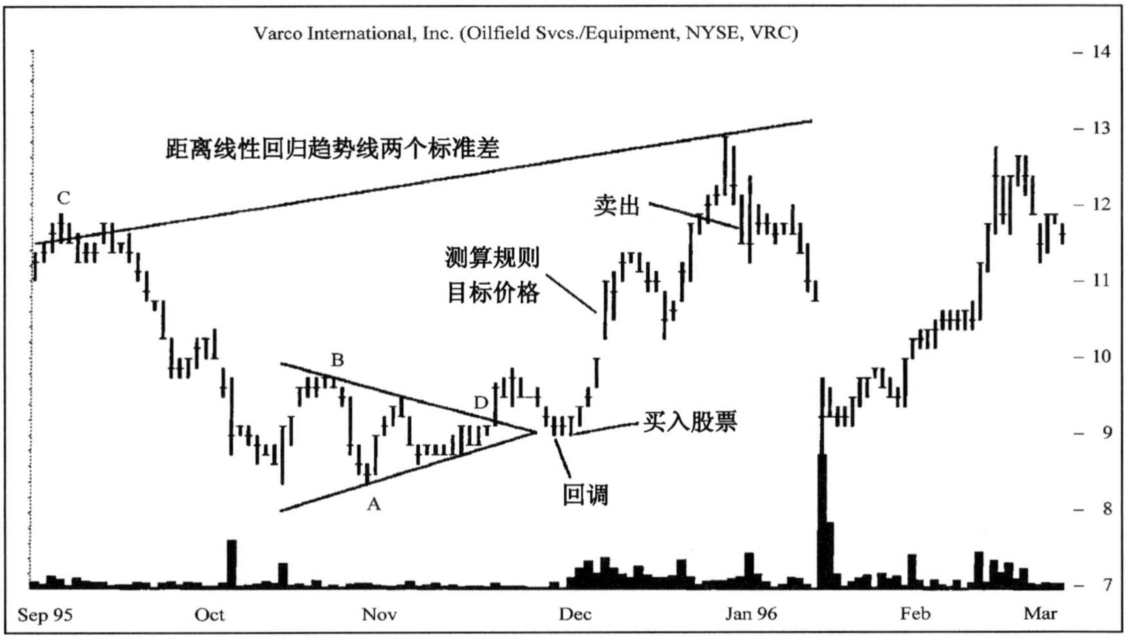

图49.6　对称三角形的测算规则。使用测算规则预测目标价格：从高点(点B)减去低点(点A)，然后将差异加上突破价格(点D)。

交易秘籍

下面的列表包含交易这种形态的提示和观测结果，以帮助你选择表现更好的形态。更多的信息，请参阅相关的表格。

●查看辨识指南以正确选择形态。见表49.1。

●交易突破方向与市场趋势一致(牛市向上突破，熊市向下突破)的三角形。见表49.2。

●交易失败形态。见表49.2。

●在熊市中向上突破的三角形在股价小幅度移动时(最多15%)失败比率最低，但牛市中的三角形在股价移动幅度较大时表现更佳。见表49.3。

●选择在年度价格区间低位区域突破的三角形。见表49.4。

●回调和反弹损害股价表现。见表49.4。

●预计股价在形态起点到顶点的73%处突破。见表49.4。

●1/4到1/3的形态在突破后1个星期内到达运行的终点。对于向下突破的三角形，预计突破后3个星期趋势会发生变化。见表49.5。

●选择高形态或即高又窄的形态。见表49.6。

●交易巨量突破的三角形。见表49.7。

第五十章 三重底形态
Triple Bottoms

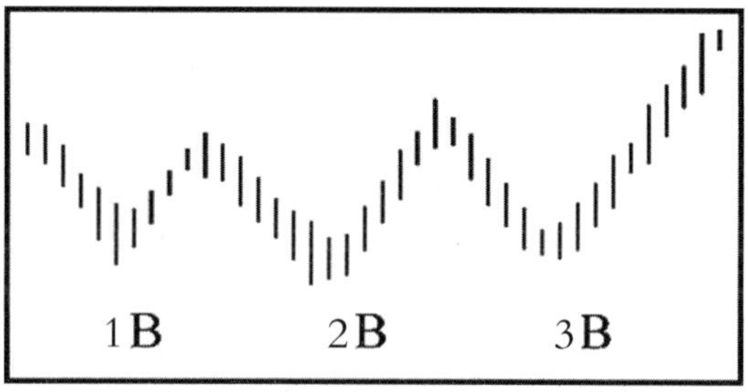

统计简报

向上突破

形状	三个不同的小低点，价格差不多一样。	
反转或持续	短期反转，行情看涨。	
	牛市	**熊市**
表现排名	7/23	8/19
保本失败概率	4%	8%
平均涨幅	37%	23%
趋势结束后的变化	-33%	-36%
成交量趋势	向下	向下
回调概率	64%	61%
实现目标价格概率	64%	57%
意外发现	回调损害股价表现。窄形态比宽形态表现更好。	
参见	扩散形底部形态；扩散形下降直角三角形；扩散形下降楔形；头肩形底部形态；复杂头肩形底部形态；下降三角形形态。	

关于三重底形态的意外事情是它们缺乏意外。在牛市中，三重底形态的失败比率低，平均涨幅高。在熊市中，它的表现平平，和你对于熊市看涨形态的预期差不多。

近2/3的三重底形态会出现回调，所以在你交易之前，要考虑到这一点。如果价格在回调后继续下跌，那么你的交易很可能会以亏损而告终。即便股价反弹上行，数据表明，股价表现也会受到影响。换句话说，表现最好的三重底形态是没有回调的三重底形态。

另一个意外发现是，窄形态表现得比宽形态好。通常，宽度不是形态表现一个很好的指示器，但高度是。这种不寻常行为的原因还不清楚。但有一件事我确信，熊市的三重底与牛市的三重底不同。通常，结果是相反的。例如，当最后一个底部比中间的底部高时，突破后的股价表现在牛市中很优秀，但在熊市中却表现平平。

导入

图50.1所示为三重底形态的例子。价格下跌到37美元的水平三次，每次股价都掉头上升，这一水平标志着一个支撑区域，阻止了股价的进一步下跌。清晰的V形凹陷，尤其是在最后一个波谷，在三重底形态中是典型的。从第一个波谷到第二个波谷的圆弧形上升也是三重底的特征，但它不是严格的必备条件要求。

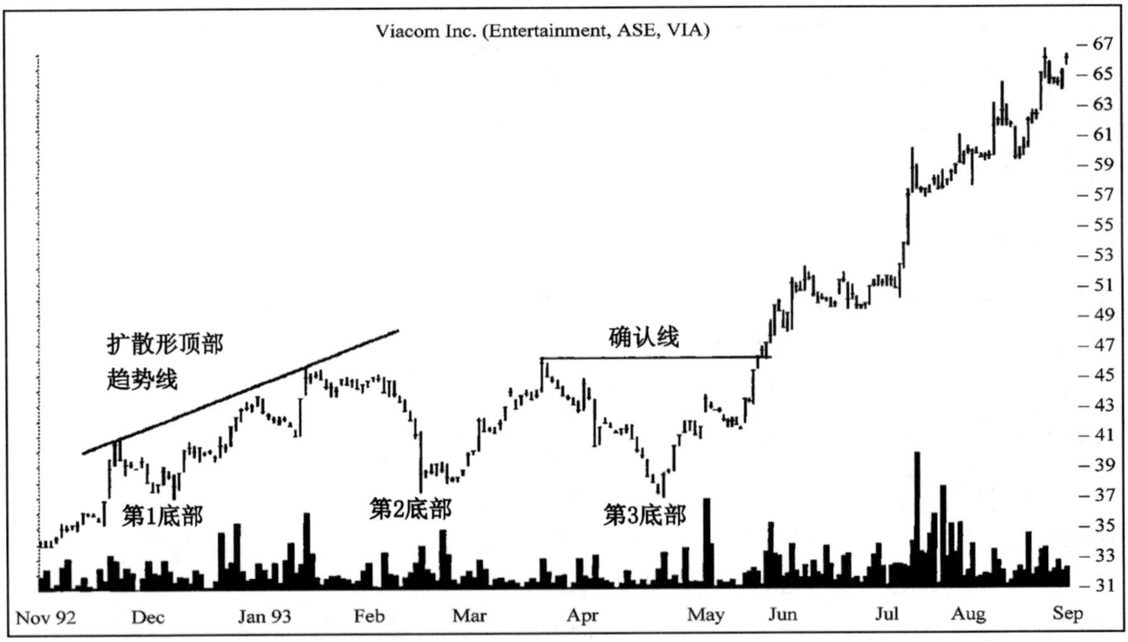

图50.1 一个有点不寻常的三重底形态，因为它形成于一个上升价格趋势的中间。价格最终从确认水平的46.50美元上升到67.50美元。

三个波谷的价格水平几乎相同，在这个例子中，两两之间的差异在0.38美元以内。这个特征是三重底形态的关键元素，在“辨识指南”一节中将会看到这一点。

每个股票形态图都是独一无二的，彼此有不同的特征。图50.1中的形态也不例外。经过一个长达5个月的趋势下跌之后，股价在1992年10月中旬到达底部。然后，价格反弹回升，攀上波峰，然后掉头向下，进入三重底形态的第一个底部。在第一个底部，股价遇到了1992年5月的峰顶所形成的支撑。价格从1月到3月攀升到了37美元的区域，但未能穿透阻力区域。

在顶部的多次突破尝试在很大程度上是对形态在底部所遇到支撑的反映。随着价格下跌至37美元，愿意在较低价格水平卖出股票的投资者很少。当有人出售股票时，买家蜂拥抢走股票，他们相信这样的交易非常划算。他们是对的。价格不会在37美元的水平上长期徘徊。如果仔细观察图50.1，就会发现每个波谷的底部都是一个单日的向下尖峰，虽然小，但是清晰可见。

形态的开始，从第1底部到第2底部，看起来像一个上升的直角三角形扩散形顶部形态，它的底部水平，顶部趋势线向上倾斜。然而，形态中心没有足够的价格交叉，所以它不是一个有效的上升直角三角形形态。当我看到一个形态中有大量的空白区域时，我总是很紧张(如图中所示的第1底部和第2底部之间的空白区域)。当第2底部和第3底部之间的上升远未到达那条向上倾斜的趋势线附近时，把戏就被拆穿了。

价格同样在约46美元的位置停止上涨，这使得三重底形态看起来像一个双顶形态。当价格达到37美元支撑区域时，这种形态也无法冲过支撑区域，股价掉头上行。此时，双顶形态仍然没有证实，它只是股价图中的另外两个波峰。

价格最终冲过上方阻力，并继续走高，沿着一条近乎直线的坡道上行。在这个例子中，三重底形态作为上升趋势的一个盘整。

辨识指南

表50.1所示为辨识三重底形态的辨识指南。

表50.1 辨识指南

特征	讨论
三个大的明显的底部	寻找三个分离明显的小低点。底部通常大且陡峭，它们之间的价格上涨波峰往往是圆弧形的，但这不是必要条件
价格相同	三个底部之间的价格差距小。中间的底部不应明显低于其他两个，否则，它便是头肩形底部形态
成交量呈下降趋势	总体的成交量趋势通常是向下的，但在三个底部的每一个底部都可能会很高。通常，在第1底部成交量最高，在最后一个底部成交量最低
确认点	价格必须高于形态的最高点(确认点)，否则形态不是一个三重底形态
周线图	由于三重底形态通常是价格幅度大，查看股票周线图有助于识别股价范围较大的形态

三个底部及其价格 我想大多数技术分析员会告诉你，没有任何三个底部可以成为一个三重底形态。三个底部通常很大，而且底部之间被大体圆弧的波峰很好地分离。每个底部的最低价格都在近乎相同的水平。如果中间底部的价格低于其他两个，那么你看到的可能是一个头肩形底部形态。如果底部的价格是相继走低，形态可能是扩散形态系列的一种。

成交量 在形态期间，成交量通常呈逐渐减少的趋势。由于形态通常比较长，有时候成交量形态会显得参差不齐或不规则。三个底部通常在底部见底的第二天出现成交量峰值，第一个底部的成交量通常是三个底部之中最高的。

确认点 图50.2展示了一个很好的例子。注意三个下行的价格凹陷。它们各自不同，清晰分离，底部之间的波峰相当明显。价格从约35美元的低点上升到略超40美元的确认线。确认线是形态期间股价到过的最高点，它也是突破点，价格必须上升到这个突破点之上，这三个小低点组成的形态才成为一个真正的三重底形态。当价格上升到确认线以上时，形态确认，股价将会继续上涨。

图50.2　一个具有三个宽阔的空间、清晰的波谷的三重底形态。在11月中旬出现了一个扩散形顶部。

您可以在图50.2中看到，三个底部的价格几乎相同。只有最后的底部没有达到目标。正如在“统计数据”部分看到的，这种情况通常预示这将是一个表现更好的形态。这个三重底形态是一个持续的大价格趋势的开始，股价将在16个月内从34.50美元的低点上升到73.50美元的高点。

这个形态的成交量趋势是向下的，成交巨量的最大聚集是在第1底部。中间底部的成交量很小，而在10月初的第3底部成交量更低。11月中旬，当价格上升到确认点时，成交量飙涨。

周线图　三重底通常大到足以在周线图上看得见。

关注形态失败

当价格达到确认线时，平均而言，股价通常已经从第3底部上涨了大约1个月。价格往往穿透阻力线，然后掉头折返，在继续上升之前做一些徘徊——大部分情况都是如此。在某些情况下，价格在确认点上方上涨不到5%，然后回调，并继续下行。当这种情况发生时，形态被称为5%失败形态。在三重底形态的研究中，所有的形态必须向上突破(上升到形态的最高点之上)，形态才被标记为三重底形态。由于所有的形态都有向上突破，只有5%失败仍然会从投资新手的脸上抹去成功投资的热情光辉。幸运的是，5%失败是罕见的。图50.3所示为这样一个失败形态的例子。这一形态是一个三重底形态，因为价格在9月中旬上涨到了确认线之上。但上涨是短暂的，股价只有1天收盘站在确认线之上，随后暴跌。

一个崭露头角的形态失败的迹象是什么？在这个例子中，进入三重底形态之前股价的弧形上升让人想起一个圆弧顶部形态。成交量形态平坦得可疑，不过，不规则或异常的成交量形态是常见的，不应该因此自动取消其作为一个形态的资格。也许最可能的失败不在于形态的表现，而是形态的识别。这三个底部是否很好地分开，每一个底部本身都是一个明显的小低点吗？每个底部低点的价格是否彼此接近，中间底部的低点有没有明显低于其他两个？

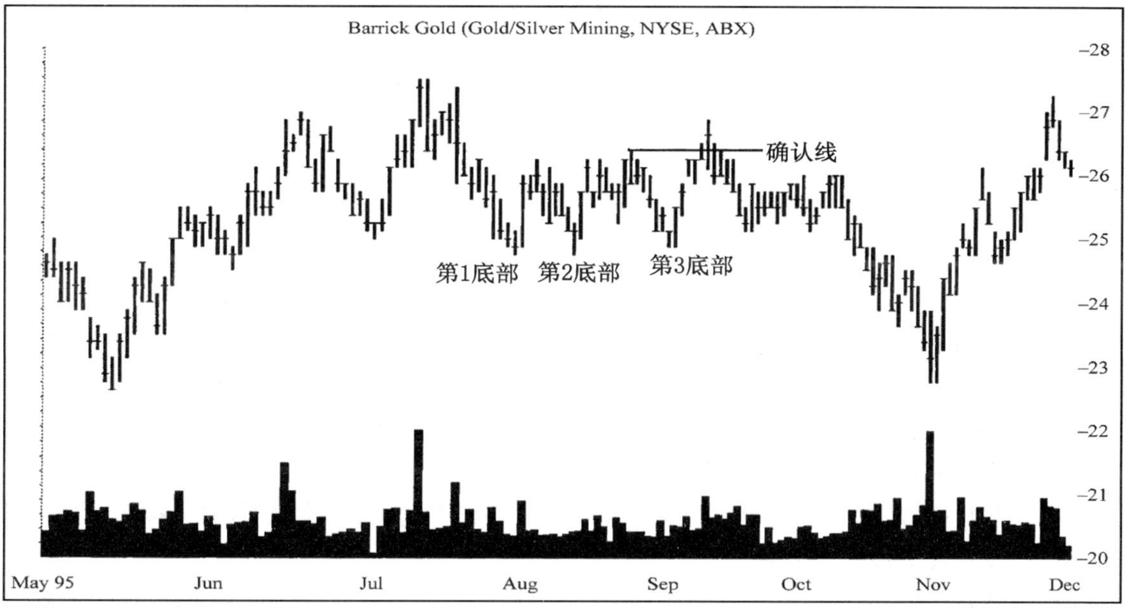

图50.3 三重底失败形态。这个三重底形态未能作出一个令人信服的向上运行。这是一个5%失败，因为价格在暴跌之前上涨没有超过5%。

当你观察这个形态的时候，它应该呈现出引人注目的样子，好像自己就会喊起来：“是的，我是三重底！”形态应该有一些熟悉的东西，一种使得一个有效的三重底形态区别于任何其他三个波谷结构的特征。如果形态不会尖叫：“买我呀！”那么你也许应该寻找别的投资机会。

统计数据

表50.2所示为三重底形态的综合统计数字。

表50.2 综合统计

描述	牛市	熊市
形态数量	286	316
反转(R)、持续(C)数量	251R，35C	211R，105C
反转(R)、持续(C)涨/跌幅	35%R，38%C	23%R，22%C
平均涨幅	37%	23%
涨幅超过45%(数量或占比)	92或32%	54或17%
趋势结束后涨/跌幅	-33%	-36%
形态失败后涨/跌幅	-29%[a]	-38%
标准普尔500指数的变化	17%	-2%
到达最高点的天数	165	80

注：(-)负号表示下跌；[a]表示样本小于30个。

形态数量 我搜索了从1991年中期到1996年中期的500只股票，从2000年到2003年的220只股票，以及从1999年到2004年的另外300只股票，同时还包括我在这些时段之间日常交易中发现的所有形态。这项研究接受了许多较短的形态(主要是在熊市中)，平衡了我在第一版中发现的较长的形态(牛市)。

反转或持续 如表50.2所示，在多数情况下，三重底形态作为下跌价格趋势的反转。不过，在牛市中，那些作为上涨价格趋势持续的形态表现略好于反转(分别为38%和35%)。在熊市中，结果翻转，反转做得稍微好一些。

平均涨幅 牛市形态的平均涨幅略高于其他看涨形态的平均涨幅，但熊市形态的平均涨幅略低于平均水平(所有其他形态类型)。这一发现表明，你应该专注于牛市的三重底形态。

涨幅超过45% 这个形态在两个市场都表现得很好，但牛市形态的表现更为突出，近1/3(32%)的形态突破后至少上涨了45%。熊市中表现这么好形态的大约是这个数的一半(17%)。

趋势结束后的变化 一旦达到最高点，根据不同的市场情况，股价平均下跌33%～36%。因此，如果你能确定什么时候趋势发生变化，那么做空股票，但要使用止损指令，以防犯错误。

失败形态的表现 向上突破的三重底形态在突破后价格移动少于5%便掉头向下的形态，其跌幅在29%～38%之间。这些失败形态是很好做空候选形态，因为它们很容易被发现。一旦你有信心股票会下跌，就做空股票。

标准普尔500指数的变化 在牛市中，指数攀升了17%，这有助于提升形态的平均涨幅。在熊市中，2%的跌幅虽然是微弱的，但仍抑制三重底形态向上突破之后的上行。

到达最高点的天数 请注意，平均而言，在牛市中达到最高点所需要的时间要比熊市的多出一倍。由于牛市中的价格涨幅并不是熊市的双倍，所以熊市的上涨一定比牛市的还要陡峭。这一信息表明，如果你在熊市中进行交易，就准备迅速获利了结，因为攀升很可能会陡峭而且快速。

表50.3显示三重底形态的失败比率。比率开始小，只是个位数字，但上升迅速。例如，牛市中4%的三重底突破后上涨不超过5%。这个数字翻到16%上涨不超过10%，28%上涨不超过15%。牛市一半形态上涨不超过30%，熊市一半的形态上涨不超过20%。

表50.3 失败形态数量或比率

股价最大涨幅(%)	牛市	熊市
5(保本点)	12或4%	24或8%
10	45或16%	65或21%
15	79或28%	116或37%
20	107或37%	159或50%
25	132或46%	199或63%
30	150或52%	217或69%
35	167或58%	239或76%
50	208或73%	275或87%
75	243或85%	297或94%
＞75	286或100%	316或100%

数字可能听起来令人担忧，但它们比其他形态要好。尽管如此，这个结果还是强调了你应该在牛市中交易三重底形态，才能得到最大的平均涨幅。

表50.4所示为与突破及突破后相关的统计数据。

表50.4　突破与突破后股价表现统计

描述	牛市	熊市
从形态结束到突破	35天	25天
突破在年度价格区间低(L)、中(C)、高(H)各区域分布的百分比	L23%，C37%，H40%	L23%，C34%，H42%
形态在年度价格区间低(L)、中(C)、高(H)各区域突破后的涨幅	L34%，C38%，H36%	L29%，C24%，H20%
回调概率	64%	61%
回调期间	10天	9天
出现回调形态的平均涨幅	34%	21%
未出现回调形态的平均涨幅	41%	26%
出现突破缺口形态的表现	34%	23%
未出现突破缺口形态的表现	38%	23%
缺口平均金额(美元)	0.51	0.63

从形态结束到突破　价格从第三个底部上升到突破点(形态中最高点的价格)需要大约1个月的时间。由于熊市上涨幅度较陡，所以需要的时间更少。

年度位置　大多数形态在年度价格区间的高位区域附近有突破。事实上，在高位区域突破的形态比在低位区域突破的几乎多一倍。

年度位置及表现　表现最佳的形态来自牛市中在年度交易范围中间区域突破的三重底形态。在熊市中，在年度交易范围低位区域突破的形态表现最好。

回调　三个形态会有两个出现回调。回调发生后，股价需要9或10天的时间返回到突破价格。当回调发生时，股价表现会受到影响。例如，在牛市中，发生回调的形态平均涨幅是34%，没有发生回调的形态平均涨幅为41%。

缺口　在牛市中，缺口会损害股价表现。这一发现可能会让许多交易者感到惊讶，它们过去常常交易缺口，认为它们是有助于股价表现的。在我研究的结果里，好坏参半。一些缺口损害了股价的表现，而另一些缺口则有助于股价表现。在熊市中，有或没有缺口，两者结果一样。

表50.5所示为突破后价格达到最高点所需的时间。许多形态超过70天才见顶。在表格的另一端，14%到15%的形态在第1个星期达到最高点。注意熊市中35天的峰值。如果三重底形态在突破后1个月显示出疲软，那么，考虑了结你的交易。这种疲软可能预示着趋势的变化。牛市在42天(突破后6个星期)数字略有上升，那里有5%的形态见顶。这个百分比听起来可能不太多，但如果正好让你遇到了，它就是百分之百了。

表50.5　到达最高点天数的频次分布

天数	7	14	21	28	35	42	49	56	63	70	>70
熊市	14%	8%	9%	6%	8%	7%	4%	3%	5%	2%	34%
牛市	15%	4%	5%	4%	2%	5%	2%	3%	2%	2%	55%

表50.6显示三重底形态面积大小的统计信息。

表50.6　形态面积大小统计

描述	牛市	熊市
高形态表现	34%	23%
低形态表现	39%	23%
高度中值(与突破价格百分比)	18.66%	16.26%
窄形态表现	37%	24%
宽形态表现	36%	21%
长度中值	78天	43天
形态平均长度	99天	60天
低窄组合形态表现	39%	25%
低宽组合形态表现	38%	18%
高宽组合形态表现	35%	23%
高窄组合形态表现	32%	23%

高度　三重底是少数低形态比高形态表现好的形态之一。然而，这一特点只出现在牛市，这可能是由于我在这项研究中增加了许多小的形态。

宽度　窄形态表现优于宽形态，而熊市中两者的表现差异更大——24%比21%。我用长度中值作为宽和窄形态之间的分割点。

形态平均长度　牛市形态长度(2个月)比熊市形态长度(3个月)长。这一发现可能是由于我的这个研究在熊市中加入大量的小形态。我记得从周线图中删除了一些宽形态，只是因为它们在我的每日价格屏幕的大规模滚动中不符合要求。

高度和宽度的组合　在牛市和熊市中表现最好的形态都是低窄组合的形态。在牛市中避免交易高窄形态，熊市中避免交易低宽形态，它们表现不佳。

表50.7显示三重底形态的成交量统计。

表50.7　形态期间成交量统计

描述	牛市	熊市
上升成交量趋势表现	38%	22%
下降成交量趋势表现	36%	23%
U形成交量形态表现	32%	26%
半圆形成交量形态表现	41%	22%
既非U形又非半圆形成交量形态表现	35%	20%
巨量突破表现	35%	24%
轻量突破表现	42%	20%
当第3底部成交量高于第2底部时平均涨幅	35%	24%
当第3底部成交量低于第2底部时平均涨幅	38%	22%

成交量趋势　结果是接近的。在牛市，成交量呈上升趋势的形态往往表现更佳。在熊市，结果相反，成交量呈下降趋势的形态表现更好。

成交量形状　在牛市，半圆形状成交量的形态表现显著优于其他形状。在熊市中，U形成交量的形态表现更好。

突破成交量　对于三重底形态，似乎是牛市形态走一边，熊市形态走另外一边，它们运行的方向是相反的。在牛市中，轻量突破的形态表现得更好，但在熊市中巨量突破更管用。

平均涨幅 我计算了围绕第2和第3底部5天的平均成交量，然后对比它们的表现。我发现，当最后一个底部的成交量低于中心底部时，在牛市中，形态的表现提升；但在熊市中，形态的表现恶化。

表50.8所示为其他统计信息。我对比的是三重底形态中间波谷(第2底部)和最后波谷(第3底部)最低点。当最后一个底部的价格高于中间底部时，牛市形态的表现最佳(涨幅43%)。在熊市中，同样的组合导致了最差的表现(21%)。

表50.8 其他统计

描述	牛市	熊市
第3底部高于第2底部时平均涨幅	43%	21%
第3底部等于第2底部时平均涨幅	29%	25%[a]
第3底部低于第2底部时平均涨幅	32%	25%

注：[a]表示样本少于30个。

如果在牛市交易这种形态，选择第3波谷较高的三重底形态，以获利最佳的投资表现。

交易策略

表50.9所示为三重底形态的交易策略。

表50.9 交易策略

交易策略	解释
测算规则	计算形态最高点到最低点的距离,得出形态高度。将形态高度加上最高点,结果是预期的最小价格移动,即目标价格
等待确认	由于多数三重底形态会继续下行,一定要等待价格上升到形态的最高点(确认点)之上
交易趋势线	画一条连接小高点的直线。如果它倾斜向下,则在价格收于趋势线之上时买入股票
等待回调	近2/3的形态会回调到突破价格,所以在投资或增加你的头寸之前,等待回调
止损	将止损指令设置在形态最低点下方0.10美元处。随着股价的上涨,抬高你的止损点

测算规则 测算规则预测最小的价格移动。用形态的最高点减去最低点，得出形态高度，然后将形态高度加上最高点，结果就是预测的最小价格移动。如图50.4所示的三重底形态，形态的最低点出现在第1个底部(21.25 美元)。股价在从第1个底部到第2个底部的上升中，达到了最高点。确认点是形态的最高点，因为价格必须高于这一水平，形态才确认为真正的三重底形态。在这个例子中，确认点为25.75美元。最高点与最低点之差为4.50美元，即形态高度。将形态高度加上确认点，得出目标价格30.25美元。股价在7月初达到了目标价格。

等待确认 当价格未能上升到确认点之上时，一定要等待确认。平均而言，股价从第3底部到确认点需要1个月的时间，但这很值得等待。在我所看到的形态中，到达确认点的最长时间是207天——差不多要7个月。这样的等待值得吗？是的，值得，因为突破之后价格上涨了54%!

交易趋势线 对于那些有向下倾斜的趋势线——一条线接连两个波峰高点的形态中，当价格收盘在趋势线之上时，买入股票。这一策略会让你更早地介入交易，降低失败的风险。

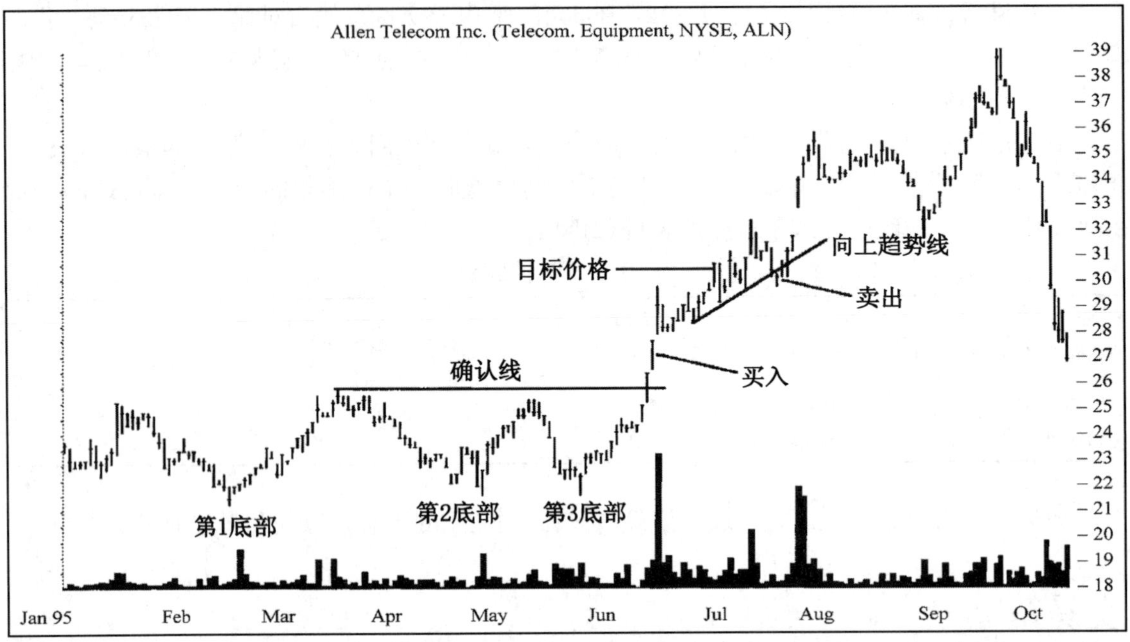

图50.4　这个三重底形态作为一个上升趋势的盘整。如交易故事中所描述的，罗素交易了这个三重底形态，但退出太快。在他卖出股票几个月后，股价跌至16美元附近。

等待回调　如果你在形态确认之前进行投资，价格很可能会恢复原来的趋势。如果原来的趋势是向下的，价格可能会跌到三重底所形成的支撑水平之下。在某些情况下，价格会在相当长的时间内(长到1年或更长)保持横盘。一旦价格穿透了确认点，你就应该投资吗？不一定。很多形态，但不是全部形态，会回调到确认价格水平。这也许不是传统意义上的回调，因为它是价格的蜿蜒下跌。股价在突破点暂停，然后横盘一段时间，收集力量以便向上推进。你经常会看到一个触及确认价格的单日向下价格尖峰，如果这样的下跌发生在形态确认后的30天内，那么它就是回调。

在某些情况下，价格很快跌回到确认点，通常在不到2个星期之内，但肯定不超过1个月。在这段时间里，你可以考虑建新仓或增持。但是，不要立即进行投资。介入的时间是在回调之后、价格已经反转，并且开始重新上行之时。否则，如果价格下跌并继续向下移动，你就会有赔了夫人又折兵的风险。这种情况很少发生，但确实会发生。

止损　如果你是如此不幸，误认了一个三重底形态或赶上一个失败形态，那么一定要在形态最低点下方约0.10美元处设置一个止损指令。三重底部是一个支撑水平，所以你应该在这一水平下方设置止损点，让股票在你被止损出局之前有机会反弹。

如果当前股价离这个止损点的距离太远，则将您的止损位置设置在较近的支撑区域下方0.10美元处。随着股价的上涨时，抬高你的止损点，这样，你就会在第一次出现麻烦的时候被止损出局，获利了结。

交易故事

罗素是一个在电信行业工作的工程师。他曾经说过，工程师知识的半衰期是10年。“二十年后，什么也没有留下！那时只能做管理了。”在那一天到来之前，他希望能从他熟悉的股票投资中积累一个储备基金。

他是一个股票玩家，一个头寸交易者，他可能会持有一只股票一周或两周，而有些时候，他会持股更长时间，偶尔，他的持股会持续数年，对于最有利可图的股票。

在图50.4所示的三重底出现之前，他已经投资于这只股票。尽管这只股票已经从近一年前的买入价格14美元攀升到现在，但看到三重底形态时他还是兴奋不已。他认为，这一形态作为这个上升趋势的盘整。他是对的。一天后，股票击穿了确认线，他买了更多股票，买入价格为27美元。他的分析表明，价格将上升到30.25美元，实现测算规则预测的目标价格。罗素相信，股票可以做得更好，他内心希望股价涨得更多。

在这一次买入之后，他持股待涨。随着股票攀升，他每天在交易日结束后登录他的股票账户，并绘制当日的价格变动。随着时间的推移，他能够随着价格的上升画出一条沿着每日低点的上升趋势线(图50.4)。

他沿着第三个底部的低点向上画了第二条趋势线(图中未显示)。当他将两条趋势线延长，它们在7月20日相交。当日，收盘价格比两条趋势线都低。卖出的时间到了。

那天晚上，罗素打电话给他的经纪人，下达了第二天在30.25美元将股票卖出的指令。第二天，消息传来,他的股票在30.25美元交易了。令他吃惊的是，他的交易价格和之前测量规则预测的目标价格完全一样。

他知道他卖出股票是正确的，因为穿透趋势线不是容易的事情。然而，在这个例子中，他错了。股票掉头，继续向上移动。很快，消息传来，公司的收益将比上年同期增长40%。这一信息使股票出现缺口跳空上行(突破性缺口)，股价最终达到39.38美元的高位。在达到最高点4个月后，股票的交易价格为16.13美元。

罗素在30美元离场后，股价又上涨了很多，看着股票轻松上升到近40美元，再看股票的暴跌，他觉得口袋里的绿钞比持股跟着股票到16美元要好得多。

交易秘籍

下面的列表包括一些提示和观察结果，用于选择表现良好的三重底形态。有关详细信息，请参阅相关表格。同时，如果三重底形态有一条向下倾斜的趋势线，在价格收盘在趋势线之上时买入股票。这条趋势线是连接三个波谷之间两个波峰最高点的直线。当它向下倾斜时，你通常可以以较低的价格买入股票，而不必等待正常的确认。

●使用辨识指南来帮助选择形态。见表50.1。

●在牛市中交易三重底形态。见表50.2。

●一旦股价突破后上涨不到5%，然后大幅下跌，交易失败形态。见表50.2。

●在熊市中，预计股价会有一个短而陡峭的上升。见表50.2。

●牛市中的形态有较低的失败比率。见表50.3。

●避免交易有上方阻力的三重底形态，它们可能会回调。见表50.4。

●如果价格在交易后1个月出现疲软，考虑卖出股票。见表50.5。

●选择既低又窄的形态。见表50.6。

●半圆形成交量形状的形态在牛市中表现得好。U形成交量形状的形态在熊市中表现得好。见表50.7。

●在牛市中，交易第三个波谷较高的三重底形态。见表50.8。

第五十一章 三重顶形态
Triple Tops

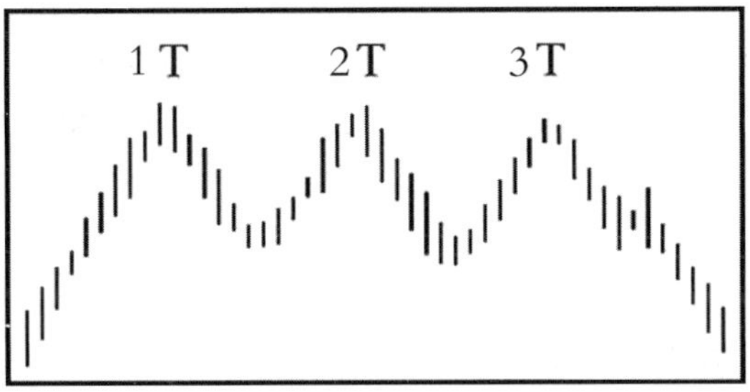

统计简报

向下突破

形状	三个不同的小高点，它们在相同的价格水平上。	
反转或持续	短期反转，行情看跌。	
	牛市	**熊市**
表现排名	7/21	12/21
保本失败概率	10%	5%
平均跌幅	19%	24%
趋势结束后的变化	53%	46%
成交量趋势	向下	向下
反弹概率	61%	64%
实现目标价格概率	40%	51%
意外发现	牛市的失败形态涨幅63%。反弹损害股价表现。缺口有助于股价表现。高或窄的形态表现优于低或宽的形态。有U形成交量的三重顶形态表现最佳。当最后波峰周围的成交量低于中心波峰的成交量时，三重顶形态表现很好。	
参见	扩散形态之下降直角三角形；扩散形态之下降楔形；头肩形顶部形态；头肩形顶部之复杂形态；三角形之上升形态。	

三重顶形态让我想起新墨西哥州的一些山脉或者纽约北部的山丘。山脉或山丘在平坦的平原上高耸屹立。它们看起来很奇怪，因为它们是孤独地耸立。我喜欢那些山脉，但对于三重顶就是另外一回事了。作为看跌的形态，它们预测价格将会下跌，对于持有股票的交易者来说，这绝不是一个好兆头。

在熊市中的低失败比率(5%)，加上这样的平均跌幅(24%)，使三重顶形态成为一个稳健的表现者。你可能会猜到，它在牛市的表现没有那么好。

这一形态的意外发现很多，但我相信你能猜到其中的大多数是什么。失败形态表现非常好，所以如果你看到一个确认的三重顶的价格下跌少于5%，买入它。在这种情况下，平均上涨63%的滋味是令人垂涎的。另一个不寻常的意外发现是，当最后一个波峰周围为微弱的成交量包围时，由于某种原因，这种情况预示着股价将会出现更大的下跌。由于统计数据是平均值，所以您的结果将与此有所不同，因此一定要使用止损指令并审慎管理资金。

导入

图51.1所示为日线图中的三重顶形态。这一形态让我想起了过山车，价格攀升到了第一个山头，然后，从顶部沿着向下的斜坡滑翔，然后由下往上滑到第二个山头，之后越过第三个山头。过了最后一个山头之后，股价下跌到确认线，在中途阶段做短暂停留，并决定下一步的运行路线。

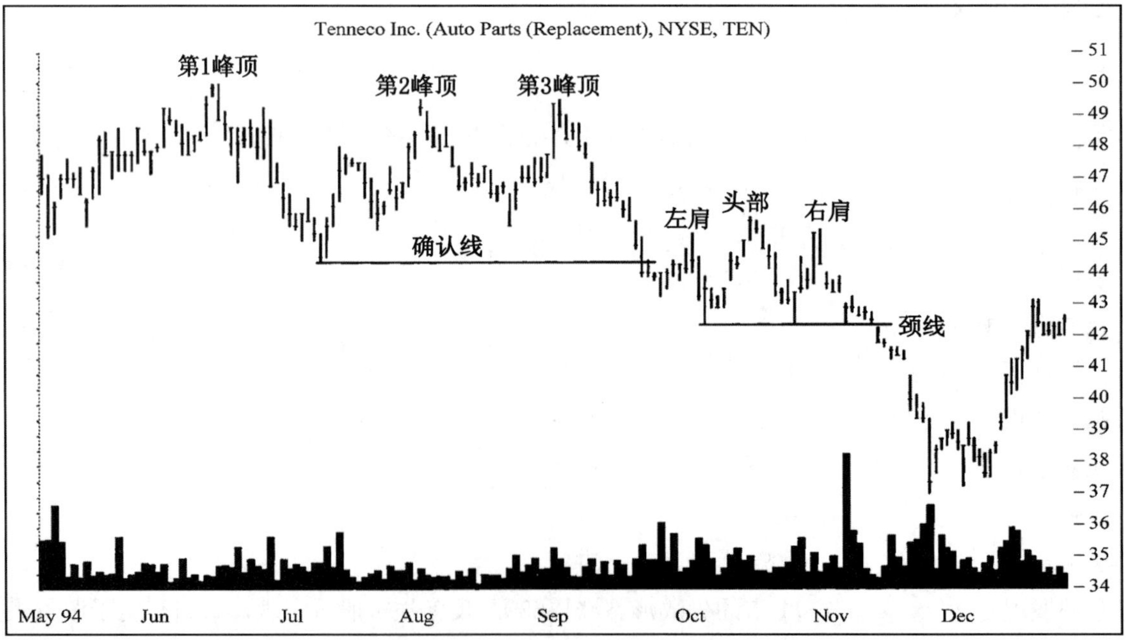

图51.1　三重顶有三个峰顶，通常跟着有一个反弹。在确认点上形成一个头肩形顶部形态，标志着股价将进一步走弱。

一个头肩形顶部形态的形成，警告投资者股价将进一步下跌。价格反弹到三重顶确认线，形成左肩，在头部形成最高峰，从头部下跌，然后上升形成右肩。价格穿过颈线，锁定了股票的命运。价格直线下跌，从三重顶形态的高点50美元，一直跌到37美元的低点。

三重顶形态的三个峰顶形成于约50美元，一个峰顶之间有两个波谷。最低的波谷低点标志着确认点，价格必须下跌到这一价格水平之下，才得以确认形态的有效性。确认后，价格通常会在暴跌前反弹到确认点。

辨识指南

表51.1概述了三重顶形态的辨识指南。

表51.1　辨识指南

特征	讨论
三个明显的大顶部	寻找三个小高点,它们之间清晰分离且都很明显。波峰的峰顶通常是尖峰,而波谷则相对较圆
相同的价格	三个峰顶之间的价格变化小。中心的峰顶不应该显著高于其他两个,否则它就是一个头肩顶部。波峰较小的三重顶部往往可能是一个扩散形的股票形态,尤其是直角三角形形态,所以也要关注形态的价格低点
成交量呈下降趋势	成交量趋势通常是下降的,但很可能看得出来。通常,成交量形态是平坦的,除了在每一个波峰的附近。通常在第一个峰顶的成交量最高
确认点	价格必须下跌低于形态的最低点(确认点),否则形态不是一个三重顶形态。连接波谷低点的向上倾斜的趋势线也可作为确认线
周线图	因为三重顶形态通常是大范围的价格形态,查看周线图有助于辨认期间更长的形态

三个明显的大顶部　在寻找三重顶形态或验证股价图上的三个波峰是否属于三重顶形态时，请查看每个波峰的最高点。三个峰顶在价格上应该互相接近。如果中间耸立的峰顶高出其他两个峰顶，表明这种形态是一个头肩形顶部形态。当顶部持续抬高，这样的股价活动意味着它是一个扩散形顶部形态。当观察这三个峰顶时，不要忽视波谷低点。如果三个峰顶之间的低点不断降低，则形态可能是一个扩散形下降直角三角形，甚至是一个扩散形下降楔形。

如果形态为一个扩散的直角三角形顶部形态，你可能在这个扩散形顶部形态突破之前从这个三重顶形态中赚到钱。至少在一个扩散形态里，你可以预见何时该获利了结(当价格接近底部向下倾斜趋势线时这样做)。

相同的价格　三重顶形态的三个峰顶通常是急剧上升的价格尖峰，在峰顶之间是较为圆滑的波谷。这种形态的各个形态之间有很大的差异，所以不要太挑剔。确保三个峰值分隔得好，且不是同一价格拥塞形态的一部分。每个顶部应该是它自己的小高点的一部分，一个明显的峰值，高出周围价格高点。三个峰值之间的价格差异通常是很小的，中间的峰值往往低于其他两个。大的价格变化应该被排除在形态的考虑之外。

成交量呈下降趋势　整体成交量趋势通常是下降且微小的，但形态与形态不同。在三个波峰上的成交量，特别是第一个波峰上的成交量，高于波谷上的成交量。

确认点　当价格收盘在最低水平之下时，这个三波峰的形态确认为三重顶形态。如果形态没有确认，那它就不是三重顶形态，股价可能会继续上涨。另外，在两个波谷低点绘制的向上倾斜趋势线也可作为确认线，通常，这种方法将允许您更快地进入交易。

要查看三重顶形态的样子，请仔细观察图51.2。三个峰顶是尖的，分隔得很好，而且清晰明显。三个小高点是明显的，这一点对于任何形态来说都是重要的。如果其他投资者不认识这个形态是什么形态，它们将不会尝试利用它。如果它们依据这种形态的特性适当地买入或卖出股票，这种形态将会失败。形态是一个自我实现的预言，它的成功取决于大家采取相同的行为方式。

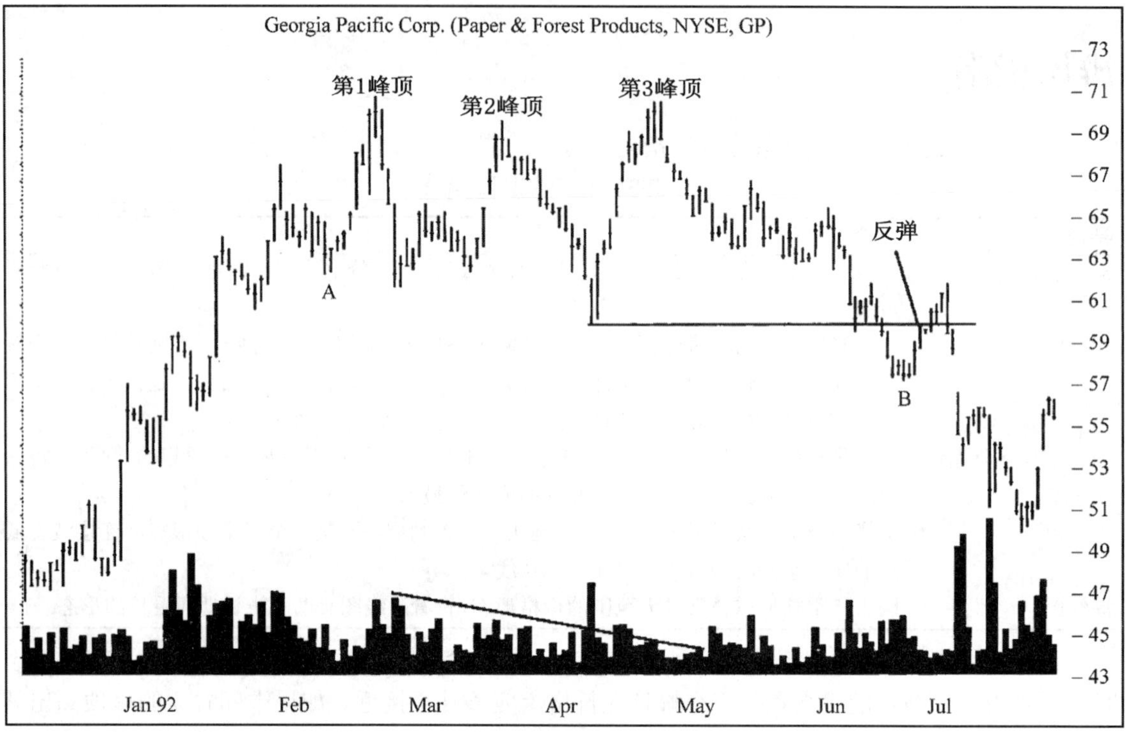

图51.2 这个三重顶形态所示为三个明显的间隔宽大、价格水平几乎相同的顶部。

这三个波峰的价格水平都差不多相同，但中间的峰顶略低。这个情况是常见的，因为相当数量(25%)的三重顶形态有较低的中间峰顶。

在图51.2中，下降的成交量趋势是明显的，三个波峰中，成交量最高的是在第一个波峰。

这个形态一个有趣的情况是一条连接低点的趋势线(图中未显示，但它连接图中的点A和点B)，与另一条连接三个顶部的趋势线，两条趋势线形成了一个下降直角三角形扩散形态的外观。在许多三重顶部，也出现这样的扩散形态。这一现象并不能降低三重顶形态的有效性，这只会使得这两个形态更易于交易(因为你可以在趋势线上买入或卖出，并利用局部上涨或下跌进行交易)。

周线图 更大的三重顶形态出现在周线图中，如图51.3所示。虽然三重顶形态的平均跌幅在19%到24%之间，但股价偶尔会下跌更远。正如你在图51.3中看到的，三重顶部标志着股票的峰顶。股价从32.94美元的高位骤跌至4.75美元，在2年内，股价的跌幅达到惊人的86%。

图51.3也说明了一些教训。有时候，买入并持有的策略是行不通的。不管你早一点卖出还是晚一点卖出，任何时候卖出都比你持有股票并随着股价一路上行又一路下跌要好得多。不要笑，这种事情我自己做过，不过不是这只股票。这可能是一个我们都曾经犯过但希望永远不会再犯的错误。除非你使用止损指令，否则你可能还会再犯一次。因为股票下跌，你会看到你的利润蒸发，但仍然希望它会掉头回升。然后，就在你恶心到卖出股票时，股价见底，然后开始回升。

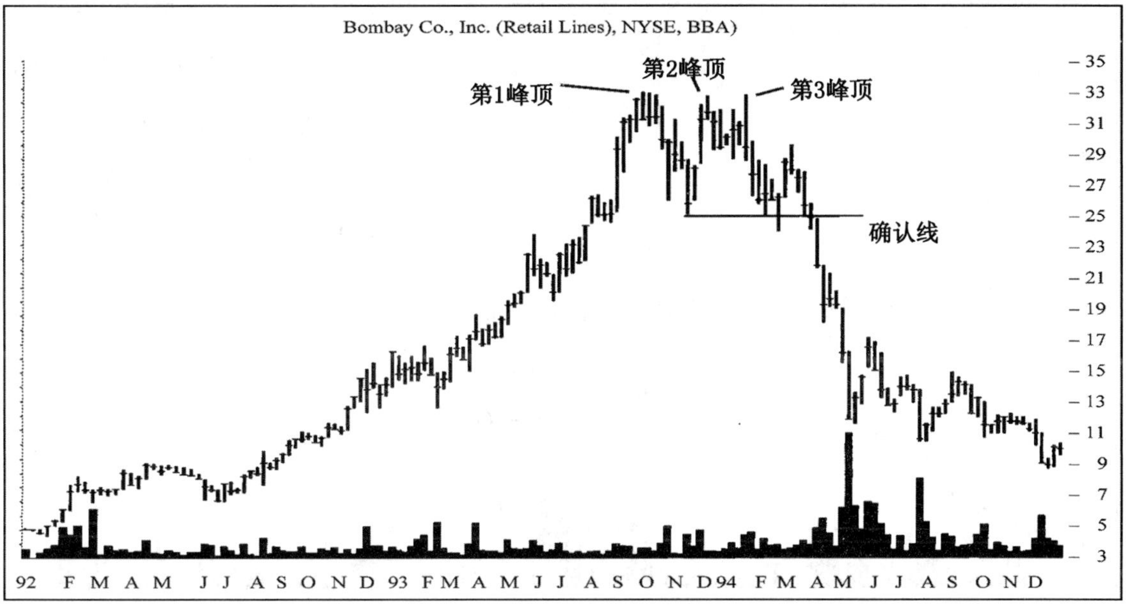

图51.3 周线图中的三重顶部反转形态。三重顶部标志着股票的最高点。

关注形态失败

三重顶形态的失败比率在10%，比我认为可靠形态应有的20%最大值低很多。当价格达到确认点后，继续向下移动少于5%便掉头反弹并大幅走高时，我将这样的三重顶形态称为失败形态。价格必须下跌到确认点，即形态的最低点，这是一个关键的点。如果价格没有下跌到那个水平，那么，这个三波峰的形态就不是三重顶形态，它只是一个小高点的集合(或者，也许，其他一些形态)。

图51.4所示为一个5%失败的典型示例。这三个顶部是明显的小高点，形成于2月股价的井喷上升之后。这并不奇怪，该股票需要休息，并决定回吐之前的部分收益，这种情况经常发生。从高处开始，股票回调大约4个百分点，然后重新上行。在价格开始重新攀升之前，股价的最低点只收于确认水平下方一点点，但这就确认了形态的有效。

如果你在20.25美元的确认点做空这只股票，当价格攀升到形态最高点时，你应该已经平掉了你的空仓，在这个例子中，它是23.88美元。这一策略将使损失保持在相当大的18%，但这肯定比希望股票下跌，却眼巴巴地看股价上升到33美元好得多!

有时，很难确切地确定为什么股票没有按预期的那样运行。通常基本面是关键。在这个例子中，由于勘探活动和深水钻井的增加，油田服务行业的业绩正在改善。1月下旬，美联储削减了两大利率0.25%，给市场带来总体经济将会改善的预期。

在技术方面，如果沿着三个峰顶和小低点绘制趋势线，则形态呈扩散形下降楔形的形状，因为三个峰顶的价格是连续下降的。对于楔形，很难预测突破将在哪个方向发生。基本面表明，突破将是向上的，这正是实际所发生的。形态作为股价积聚力量为下一浪上升做准备的休息地。

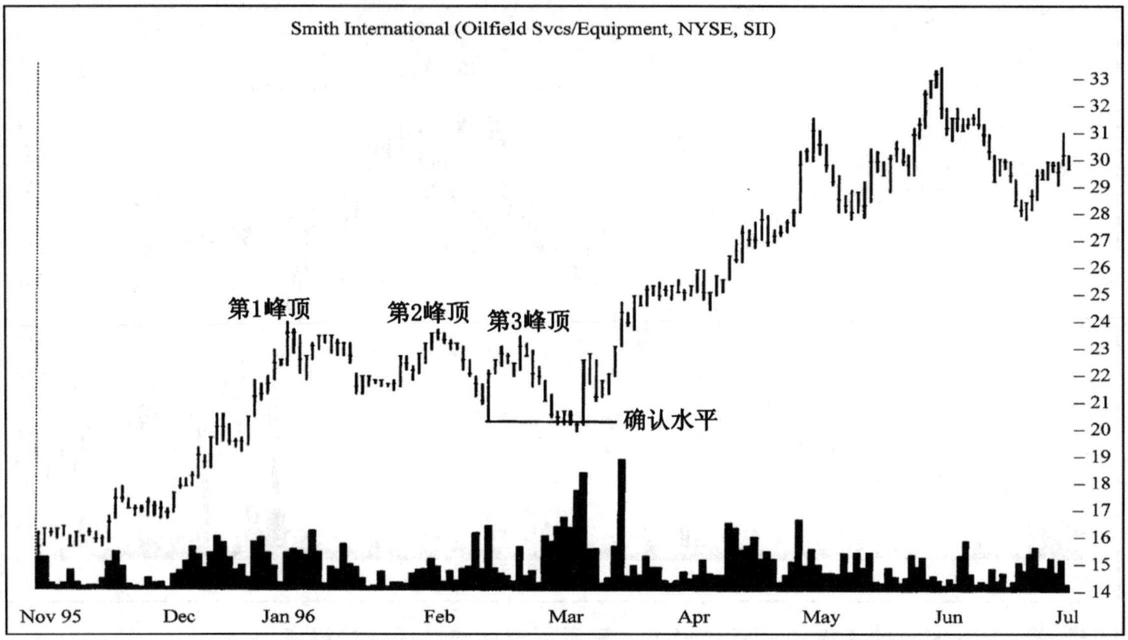

图51.4　这是一个5%失败的例子，突破后股价在掉头之前没有继续下跌超过5%。强劲的行业趋势在扭转股价走势方面起了重要作用。

有人可能会将这个形态当作一个三浪上升形态的修正阶段。当价格攀升到28.88美元时，三浪上升形态的目标价格很快地实现了。

统计数据

表51.2所示为三重顶形态的一般统计信息。

表51.2　综合统计

描述	牛市	熊市
形态数量	278	349
反转(R)、持续(C)数量	245R,33C	305R,44C
反转(R)、持续(C)涨/跌幅	-19%R,-19%C	-23%R,-25%C
平均跌幅	19%	24%
跌幅超过45%(数量或占比)	11或4%	23或7%
趋势结束后涨/跌幅	53%	46%
形态失败后涨/跌幅	63%	33%
标准普尔500指数的变化	1%	-15%
到达最低点的天数	60	42

注：(-)负号表示下跌。

形态数量　我使用500只从1991年中期到1996年的股票，作为牛市的代表，以及500只从2000年到2003年的股票，加上在这两个期间之间额外的样本，发现了627个三重顶形态。

反转或持续　由于我们讨论的是顶部形态，所以大多数形态都是上升趋势的反转。然而，我发现近100只形态作为下跌价格趋势的拥堵区，那些形态我称之为持续，因为价格在突破后继续下跌。

在熊市中，持续(25%)与反转(23%)的表现差异轻微。在牛市中，两者没有表现出差异。不过，如果你看到一个三重顶形成于一个下跌的趋势中，这样的形态可以考虑做空。

平均跌幅　熊市的平均跌幅为24%，稍大于牛市的跌幅(19%)。

跌幅超过45%　看跌形态在这一项数据中都表现得不太好，统计结果表明了这一点。只有7%的熊市形态在突破后下跌了45%以上。

趋势结束后的变化　在达到了最低点后，股价飙升的涨幅在46%～53%之间。这样的收益率听起来可能很大，我经常希望有这样的回报率，但与其他显示60%或更多涨幅的形态相比，它就相形见绌了。

失败形态的表现　如果发现一个三重顶形态的价格在突破后下跌不到5%，然后便向上拉升，买入它。上涨将很有可能是出类拔萃的。在牛市中，平均涨幅为63%，但这一观察结果仅来自18个样本。如果有更多的有效样本，结果十有八九会像棉袜一样在热水中收缩。

标准普尔500指数的变化　如果比较形态从突破到最低点的平均跌幅(19%，24%)与总体市场的变化(1%，-15%)，你可以看到市场如何影响三重顶形态的表现。熊市有助于推动形态的股价下跌。这一发现表明，你应该在熊市中做空股票，或在被洗劫一空之前卖掉长期的持仓。

到达最低点的天数　在牛市中，突破后股价需要大约2个月的时间才能达到最终的低点，在熊市中需要约1.5个月。比较两个市场的平均跌幅，熊市下跌的斜率必定比牛市的陡峭。这一发现强调了止损的必要性。如果没有止损，一不小心，你的损失会迅速扩大。

表51.3显示三重顶形态的失败比率。很明显，熊市的数字低于牛市。例如，我在熊市观察到的三重顶形态中，有5%的形态跌幅不足5%。将近一半(46%)，下跌不超过20%。在牛市中，结果更糟，63%的形态跌幅不超过20%。

表51.3　失败形态数量或比率

股价最大跌幅(%)	牛市	熊市
5(保本点)	29或10%	19或5%
10	81或29%	60或17%
15	137或49%	109或31%
20	174或63%	162或46%
25	208或75%	208或60%
30	229或82%	243或70%
35	249或90%	283或81%
50	272或98%	328或94%
75	278或100%	349或100%
＞75	278或100%	349或100%

表51.3表明，你应该在熊市中交易这种形态，那是考虑做空股票的时候了。如果你持有一只股票，并出现一个确认了的三重顶形态，卖掉它。一旦股价在低于现在出售价格20%的底部反弹，你还是可以买回股票的。

表51.3还表明，不要期望大幅下跌。熊市中仅有6%的股票将其价格下跌一半(94%的形态下跌不超过50%)。

表51.4所示为与突破及突破后相关的统计数据。

表51.4　突破与突破后股价表现统计

描述	牛市	熊市
从形态结束到突破	37天	29天
突破在年度价格区间低(L)、中(C)、高(H)各区域分布的百分比	L40%,C45%,H16%	L38%,C43%,H20%
形态在年度价格区间低(L)、中(C)、高(H)各区域突破后的跌幅	L18%,C19%,H21%	L24%,C24%,H23%
反弹概率	61%	64%
反弹期间	10天	12天
出现反弹形态的平均跌幅	18%	23%
未出现反弹形态的平均跌幅	21%	25%
出现突破缺口形态的表现	-21%[a]	-24%
未出现突破缺口形态的表现	-19%	-23%
缺口平均金额(美元)	0.85	1.76

注：(-)负号表示下跌；[a]表示样本小于30个。

从形态结束到突破　价格从最后一个峰顶下降到确认价格——形态中的最低点——大约需要1个月的时间。

年度位置　大多数三重顶形态的突破出现在年度价格范围的中间区域。这类形态的突破在形态的底部，这一点解释了为什么很少有突破出现在年度价格区间高位区域。

年度位置及表现　在牛市，表现最好的是从年度价格区间的高位区域附近突破的形态。在熊市，这一价格范围突破的形态表现最差。

反弹　在三个形态中几乎会有两个出现反弹。出现反弹后，价格需要11天的时间才能回到突破价格。当反弹发生时，股价表现会受到影响。例如，牛市中出现反弹的形态平均下跌18%，没有反弹的形态跌幅为21%。

缺口　有突破日缺口往往会使价格下跌得比没有突破日缺口更远。看看缺口大小：牛市中的缺口0.85美元，这个数翻一倍，就是熊市中的缺口大小(1.76 美元)。太大了！坏消息是，你必须在缺口之前持有股票的头寸，才能充分参与这样的下跌。

表51.5所示为突破后股价到达最低点的时间频次分布。第1个星期显示有最多的三重顶形态见底，大约25%。在熊市中，有一半的形态将在3个星期内达到最终的低点。因此，如果你做空一只显示三重顶形态的股票，预计股价将会出现一个迅速且急剧的下跌。在这张表格的另一端，牛市中近1/3(29%)的三重顶形态在突破2.5个月后仍在寻找最终的低点。

表51.5　到达最低点天数的频次分布

天数	7	14	21	28	35	42	49	56	63	70	＞70
熊市	25%	15%	10%	7%	6%	5%	4%	4%	3%	2%	19%
牛市	24%	10%	7%	6%	3%	4%	8%	4%	2%	3%	29%

注意在牛市的7个星期(49天)，8%的形态将在那个时候到达最终的低点。如果你在进入交易后1.5个月看到价格运行所示为停止的迹象，那么，平掉你的空头头寸。

表51.6所示为形态面积大小的统计数据。

表51.6　形态面积大小统计

描述	牛市	熊市
高形态表现	-20%	-24%
低形态表现	-19%	-23%
高度中值(与突破价格百分比)	19.44%	19.41%
窄形态表现	-20%	-24%
宽形态表现	-18%	-23%
长度中值	75天	50天
形态平均长度	95天	66天
低窄组合形态表现	-19%	-24%
低宽组合形态表现	-17%	-20%
高宽组合形态表现	-19%	-24%
高窄组合形态表现	-23%	-24%

注：(-)负号表示下跌。

高度　高形态比低形态表现好，但两者的结果比我预想的要更加接近。

宽度　窄形态的表现优于宽形态。两者的数字是接近的。我使用长度中值来区分宽形态和窄形态。

形态平均长度　三重顶形态的平均长度，在熊市是2个月，在牛市是3个月。

高度和宽度的组合　高度和宽度的最佳组合是既高又窄的三重顶形态。避免交易既低又宽的形态，因为它们表现最差。

表51.7所示为三重顶形态的成交量统计。

表51.7　形态期间成交量统计

描述	牛市	熊市
上升成交量趋势表现	-21%	-22%
下降成交量趋势表现	-18%	-25%
U 形成交量形态表现	-21%	-25%
半圆形成交量形态表现	-18%	-22%
既非 U 形又非半圆形成交量形态表现	-20%	-24%
巨量突破表现	-19%	-24%
轻量突破表现	-20%	-23%
当第3顶部成交量高于第2顶部时平均跌幅	18%	23%
当第3顶部成交量低于第2顶部时平均跌幅	20%	24%

注释：(-)负号表示下跌。

成交量趋势　如果成交量可以作为某种评估形态表现的尺度，那么这种尺度在牛市和熊市的行为就有所不同。在牛市中，成交量上升的三重顶形态比那些成交量下降的形态表现得更好。在熊市中，结果正好相反，成交量下降的形态表现突出。

成交量形状　成交量呈U形的三重顶形态在突破后往往表现良好。避免交易呈圆顶形状成交量的三重顶形态，因为它们表现最差。

突破成交量　轻量突破有助于三重顶形态在牛市中的表现，却损害三重顶形态在熊市的表现，不过，两者的表现差异轻微。

峰顶成交量 比较后两个峰顶周围5天的成交量，我们发现，当最后一个峰顶的成交量低于中间峰顶的成交量时，股价的表现就会提升。然而，数字都比较接近，所以不要期望它们之间会有很大的差别。

表51.8所示为当中间峰顶和最后一个峰顶的价格水平不同时股价突破后的表现。在牛市中，当这两个顶部价格相同时，三重顶形态突破后股价的跌幅会更大。在熊市中，这种组合会导致最坏的结果，但这方面的样本很少。在熊市中表现最好的是，当最后一个峰顶的价格比中间峰顶的价格高时，下跌的平均值为24%，不过这个百分比也就和所有熊市三重顶形态一样。

表51.8 其他统计

描述	牛市	熊市
第3顶部高于第2顶部平均跌幅	18%	24%
第3顶部等于第2顶部平均跌幅	24%	20%[a]
第3顶部低于第2顶部平均跌幅	20%	23%

注：[a]表示样本小于30个。

交易策略

表51.9概述了三重顶形态的交易策略。

表51.9 交易策略

交易策略	解释
测算规则	用形态的最高点减去最低点，得出形态高度。最低点减去形态高度，结果就是预期的最小的价格移动，即目标价格
等待确认	因为大多数三重顶形态的股价在形态之后是继续上升的，所以一定要等待价格收在形态的最低点（确认点）下方。一旦形态确认，价格通常会继续走低
交易趋势线	绘制一条连接两个波谷低点的趋势线。如果这条趋势线向上倾斜，则当价格收盘在趋势线下方时，形态确认。在形态确认后进行交易
等待反弹	绝大多数三重顶形态都有反弹，所以如果你错过了突破，当价格开始反弹后，开立你的空仓或增加你的空仓头寸
止损	对于空头头寸，请在最近高点上方的0.10美元处设置止损指令

测算规则 使用测算规则来帮助评估价格将会下跌的幅度。股价在形态中到达的最高高度减去形态的最低点，计算得出形态高度。形态的最低点减去形态高度，差额为预计股价到达目标价格。预计的目标价格是预期的最小移动。不幸的是，三重顶形态的测量规则只有40%（牛市）和51%（熊市）的机会成功预测，这意味着价格通常不会到达它们的目标价格。

图51.5使计算更加清晰。形态的最低点出现在12月下旬，当时价格短暂触及17.75美元。形态的最后一个峰顶是形态的最高点所在（23.38 美元）。两者的差值是5.63美元，即这个形态的高度。从最低点处减去形态高度，得出股价预计达到目标价格12.12美元（即17.75-5.63）。图51.5显示，在6月中旬，股价达到了目标价格。

为了更好地衡量结果的真实性，你可以看看预测下跌的百分比。从确认点（最低点）的17.75美元，下跌5.63美元是一个32%的跌幅。表51.3表明，突破后跌幅超过30%的形态占比不到18%。这是很糟糕的概率。

在大多数情况下，你应该查看股价的支撑水平。当股价下跌到一个水平，然后反弹，那个价格就是一个支撑水平。例如，在1991年7月、8月，股价16美元暂停(图51.5中未显示)，这一暂停创建的支撑水平使得股票下跌时在4月再次暂停。最终，股价穿过支撑水平，并暴跌至更低的支撑水平。

图51.5 有未经确认的双底形态的三重顶形态。正如交易故事中所描述的，丹妮尔在股价到达确认点之前卖掉了这只股票，然后在未确认的双底形态中惊慌失措。股票最终下跌了56%。在点A和点B之间出现一个下降扇形形态。

等待确认 在暴涨的牛市中，三重顶形态往往在骗人。三个价格波峰出现，但价格在飙升之前并不会下跌到确认点。因此，交易三重顶形态的一个重要准则是等待价格收盘在确认点下方。

交易趋势线 绘制连接两个波谷低点的趋势线。如果这条趋势线向上倾斜，当价格低于它的时候，就发出了一个交易信号。这种方法通常会让你比等待价格收于最低点下方时更早进行交易。

等待反弹 反弹发生的概率是60%，所以如果你错过了最初的突破，你通常可以在股价反弹时进行交易。图51.5所示为在突破2天后发生的快速反弹(我定义的突破是指当价格收在确认点之下时)。仅仅1个多月后，投资者就有了其他的机会在股价真正开始下跌之前增加它们的仓位(因为价格上涨到了突破点)。

止损 如果这项交易对你不利，请在最近的高点上方0.10美元处设置止损指令。由于三重顶部构成了一个阻力区域，在价格穿透阻力区域之前，股价不会触及你的止损指令。有时在股价下跌前会出现第4个峰顶。

交易故事

丹妮尔负责家庭财务，为了提高财富的回报率，她已经进入股市进行交易。她最初的一些交易是试探性的，但都有所收获。这给了她足够的勇气去进行图51.5中的交易。

她是一个聪明的、焦虑的、精力充沛的人，她比大多数人都愿意冒更大的风险，所以在1月初，当她抢先做空了股票，这一点就不足为奇了。她想使她的收益最大化，一旦价格明显下跌，她进行了交易，以每股21.50美元卖空股票。

在她做空后的第一天，股票掉头上升，形成了第四个峰顶。她没有割肉离场，而是决定坚持下去。这是一个很好的做法，因为随后价格翻转，并掉头下跌。7天之后，股价达到了17.75美元的确认点，但停滞不前。

对丹妮尔来说，看起来好像是这个三重顶形态变成了一个多重顶部，后来又发展成了一个未经确认的双底形态。每一天，当价格攀升，她的收益就减少，捂着空头头寸，她变得更加紧张。

最终，恐惧战胜了贪婪，她在22.25美元的位置上平掉了自己的空仓，遭受了不到一个百分点的小损失。在她离场大约一个星期之后，股票下跌，并持续下行。最终，股票跌至9.38美元的底部，大幅低于预期的目标价格，远远低于她做空时的价格(21.50 美元)。

丹妮尔在这项交易中犯了两个错误。首先，她没有等待价格收在确认点下方。如果她等待了，她会看到那个假的双底形态(它从来没有被确认为一个真正的双底形态，因为价格没有收于两个底部之间的最高点之上)。此外，她没有足够的耐心等到交易的圆满结束。当交易对你不利时，大多数时候，迅速了结一个头寸是明智的，特别是做空交易，因为做空交易的损失可以是无限的。然而，有些时候，比如这个交易，一定的耐心和适当的止损是必要的。由于三个峰顶代表了一个阻力区域，在这种情况下，明智的做法是，在形态的最高点上方设置一个止损指令，然后等待价格触及它。如果丹妮尔等待，这项交易会比她预期的结果更好。

交易秘籍

下面的列表包括了提示和观察结果，以帮助选择在突破后表现更好的三重顶形态。有关更详细的信息，请参阅相关表格。

●查看辨识指南以正确选择形态。见表51.1。

●做空熊市中的三重顶形态。表51.2。

●因为熊市形态的跌幅比牛市的要陡峭，因此，依此进行交易。见表51.2。

●交易牛市中的失败形态。见表51.2。

●选择在熊市的三重顶形态，因为它们有较低的失败比率。见表51.3。

●寻找下方的支撑以避开反弹，反弹损害股价的表现。见表51.4。

●突破日缺口有助于股价表现。见表51.4。

●1/4的形态在突破后第1个星期见底，所以准备快速平掉空仓。见表51.5。

●选择高或窄的形态，避免交易低宽形态。见表51.6。

●交易具有U形成交量的三重顶形态，避免那些具有半圆形状成交量的形态。见表51.7。

●选取最后一个峰顶周围的成交量低于中部峰值周围的成交量的三重顶形态。见表51.7。

●在牛市，选择最后一个峰顶的价格水平与中间峰顶的价格水平相同的三重顶形态。在熊市中，寻找最后一个峰顶的价格水平高于中间峰顶价格水平的形态。见表51.8。

第五十二章 楔形形态之下降楔形
Wedges, Falling

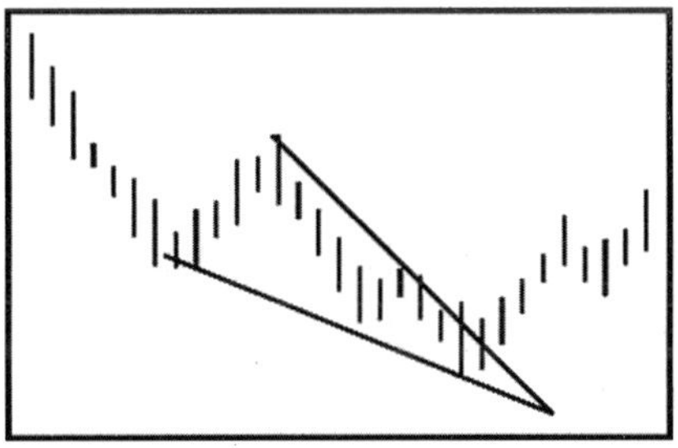

统计简报

向上突破

形状	一个下行的价格螺旋，由两条向下倾斜的、相交的趋势线构成其边界。	
反转或持续	短期反转或持续，行情看涨。	
	牛市	**熊市**
表现排名	20/23	11/19
保本失败概率	11%	11%
平均涨幅	32%	26%
趋势结束后的变化	-28%	-33%
成交量趋势	向下	向下
回调概率	56%	61%
实现目标价格概率	70%	60%
意外发现	失败形态表现好。回调损害股价的表现。高的形态比低的形态表现好。有随机成交量形状的楔形表现好。	
同义词	下降楔形。	
参见	三角旗形态。	

向下突破

形状	与向上突破形状相同，但突破方向是向下的。	
反转或持续	短期持续，行情看跌。	
	牛市	**熊市**
表现排名	17/21	7/21
保本失败概率	15%	6%
平均跌幅	15%	24%
趋势结束后的变化	51%	52%
成交量趋势	向下	向下
反弹概率	69%	72%
实现目标价格概率	30%	36%
意外发现	作为价格趋势反转的楔形表现优于作为价格趋势持续的楔形。高或宽的形态表现得比低或窄的形态好。	
同义词	下降楔形。	
参见	三角旗形态。	

统计简报所示为下降楔形的重要数字。与其他形态相比，除了熊市中的向下突破外，失败比率都有点高。平均涨幅或跌幅也很普通，再加上它们罕见的形状以及在股票形态丛中发现这种形态的困难，下降楔形是令人讨厌的东西，你可能不会想要交易它。不过，它们可以像两用扳手一样总有用得着的时候。

至于意外发现，这样的意外发现阵容说明它们是可疑的。我发现随机成交量形状的楔形有一个数字异常得高。当股价突破向上时，它们往往表现得很好。失败形态也表现得很好，但样本规模较小，导致我质疑它的结果。

最后，我做了一个突破距离顶点的频率分布，并发现，在牛市向上突破点在开始到突破与开始到顶点的55%到80%的位置的形态表现最好，平均涨幅为37%。请记住，即使一个下降楔形在突破距离顶点60%处突破，也并不意味着你会看到突破后37%的上涨。我们正在讨论的是概率问题，任何事情都可能发生，只不过是统计数据表明在那个位置突破的形态更强劲。

向上突破的楔形形态在使用形态的最高点作为目标价格(即测算规则)时，股价突破后实现预计目标价格的概率最高，这是一个容易实现的目标价格。对于向下突破，我使用突破价格减去形态高度的结果作为目标价格。使用这种测算规则，向下突破形态很少实现它们的目标价格，但向上突破形态表现得很好。

导入

图52.1所示为一个下降楔形。7月下旬，价格跌至新低，然后向上反弹。上升的动量没能够把股价拉升到之前跌幅那么高。随后，股价又出现一个上下振荡，到8月中旬，价格最终跌到新低。

图52.1　一个由两条向下倾斜的趋势线包围的下降楔形。

如果沿着底部的小低点画一条趋势线，再沿着顶部小高点画另一条趋势线，你会看到一个熟悉的下降楔形形状。下降楔形是罕见的形态，有价格运行在由两条倾斜向下并相交的趋势线为边界的范围之内。当在图表上绘制出两条趋势线时，形态看起来像一个向下倾斜的楔子。

一旦突破向上，股价会上涨并迅速攀升到形态的最高点之上。很多时候股价会继续上行。

辨识指南

表52.1所示为下降楔形形态辨识指南，但数量很少。

表52.1　辨识指南

特征	讨论
两条向下倾斜的趋势线	绘制两条趋势线，一条沿顶部，一条沿着底部。两条趋势线都必须倾斜向下，并最终相交
多个接触点	大多数形态至少有5个接触点，其中3个接触点在形态的一边，2个接触点在形态的另外一边。对接触点少于5个的形态应持怀疑态度
最短3个星期	下降楔形的持续时间最短为3个星期。任何持续时间更短的楔形可能是三角旗形态。形态持续时间很少超过4个月
成交量趋势	通常，成交量趋势向下，一直到突破

两条向下倾斜的趋势线　如前所述，两条趋势线构成价格活动的轮廓。两条趋势线都向下倾斜，顶部趋势线的坡度比底部的陡。最后，两条趋势线相交于楔形顶点。您可以在图52.2中的楔形看到这一点。这个楔形作为一个上升趋势中盘整形态的一部分。股价在6月中旬从这个收缩价格形态中突破之前，价格多次从一条趋势线振荡到另一条趋势线。

多个接触点　我通常认为5个接触点是确保形态良好所必需的最低限度。形态有多个接触点的原因是价格形态创造了几个小高点和小低点，每一个都比上一个窄。最少有5个接触点，可以防止类似于一个上升后逐渐下跌的价格形态被标记为楔形。随着价格在形态中的不断发展，需要有多个对立的趋势线接触点。例如，图52.2所示为6个趋势线上的接触点，其中5个接触点出现在前一个接触点的另一侧。

小高点和小低点在不断缩小的时候也在降低。向下倾斜的趋势线构成小高点和小低点的轮廓，这是正确识别下降楔形的另一个关键。避免水平或接近水平的底部趋势线，因为这样的形态很可能是一个下降三角形。对于下降楔形，两条趋势线必须向下倾斜。

最短3个星期 总的来说，楔形应至少有3个星期的持续时间，而且很少持续超过4个月或5个月。例如，这项研究的形态的持续时间从3个星期到1年不等。期间短于3个星期的形态可能是三角旗形。

成交量趋势 成交量趋势应该是向下的。但这不是不可违背的规则，这只是一个指南，它通常是正确的。在这项研究中，每10个形态中有7个显示出下降的成交量趋势。

一旦穿透了顶部趋势线，股价就会继续走高。图52.2所示为在6月中旬价格上演的一次突破，10月初股价到达最高点。从突破到最高点的涨幅为17%，远低于这类形态平均涨幅。

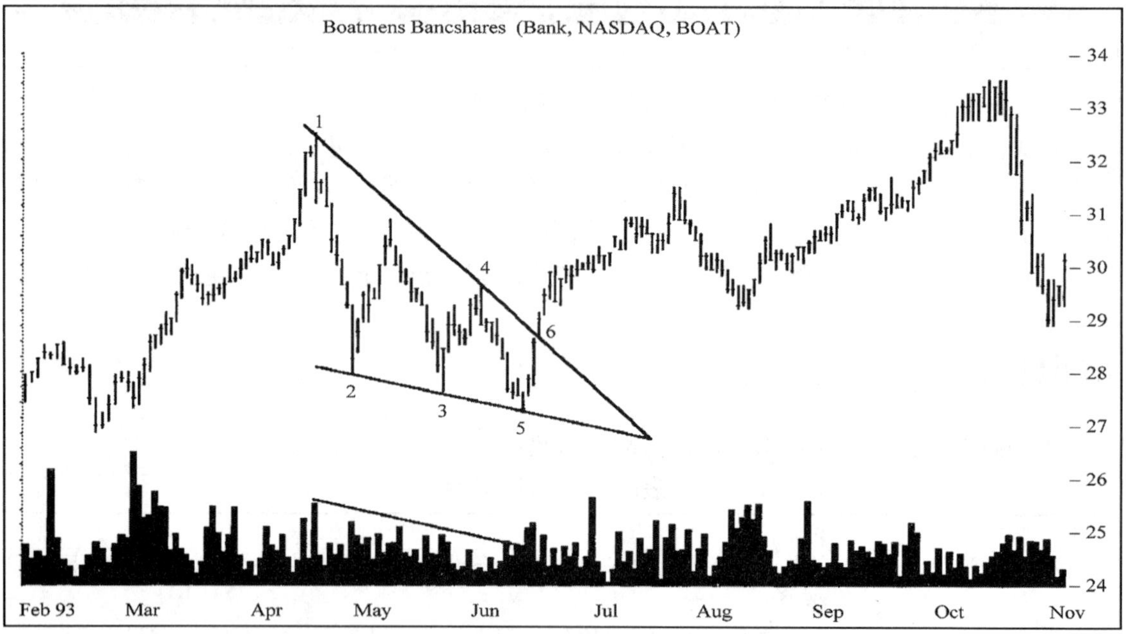

图52.2 一个有6个趋势线接触点的下降楔形。需要多个交替的趋势线接触点，才形成一个可靠的下降楔形。

为什么下降楔形会这样运行？大约半数的楔形作为当前趋势的盘整。如图52.2所示的楔形一样，当遇到湍流时，价格就会上升。投资者暂停它们的买入狂欢，在一边袖手旁观。股价回调之前的上涨，形成楔形，股价振荡在不断收缩螺旋里，直到对股票的购买热情恢复。成交量的逐渐减少表明了这种热情的缺乏。当买入的动量恢复时，价格和成交量在突破后再次急剧上升。

不要把一个下降楔形看作是一种形态的软弱，它是一种力量，像一个弹簧缠绕得越来越紧。当压紧弹簧时，弹簧会收缩，下降楔形上在价格和成交量上也是如此。在突破到来之时，被压抑的力量释放出来，价格冲破形态边界，急剧上升。

关注形态失败

像许多形态一样，下降楔形也遭受5%失败(参见图52.3)。下降楔形作为上升趋势的反转。虽然没有显示在图52.3中，股价在1994年12月初开始上涨。在形态形成期间，价格在一个收缩的通道中不断下行。在突破形态后，价格攀升，达到了45.38美元的高点，在突破价格43.25美元之上移动不足5%。从高点开始，价格在10月底跌至最低点(36.38 美元)。突破后，价格无法继续上涨超过5%，形成了一个5%失败。

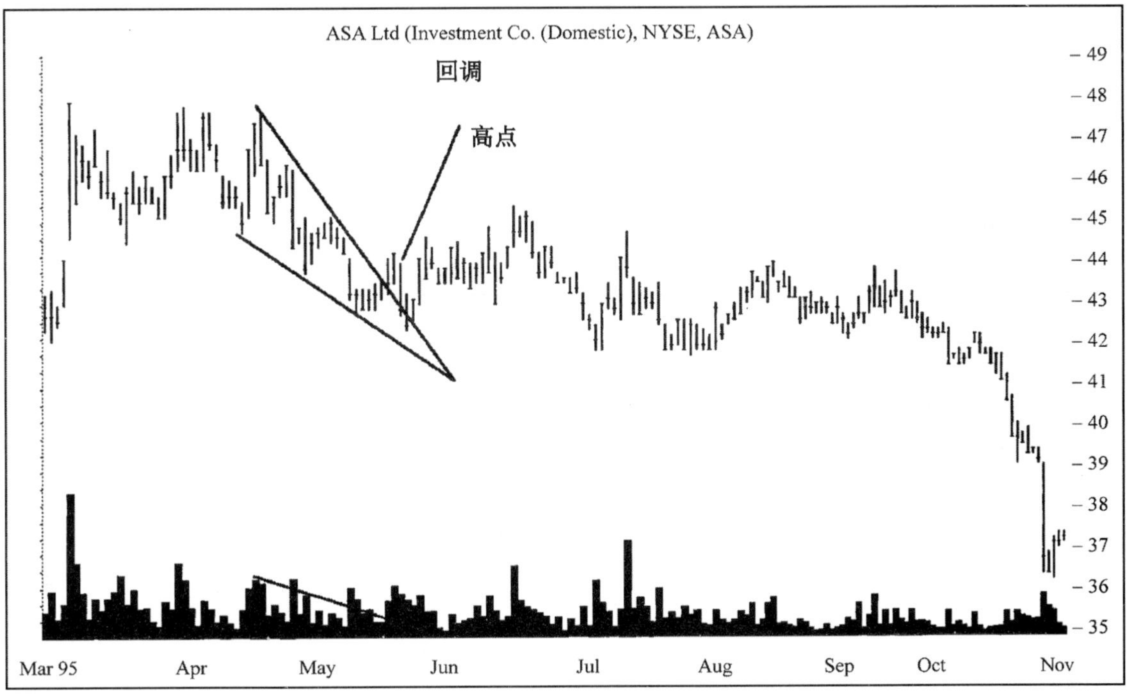

图52.3　一个5%失败的下降楔形的例子。价格在突破点之上移动不超过5%，便再次下跌。

导致5%失败的原因有很多。在这个例子中，上方阻力阻碍了股价的上行，所以在交易前一定要检查阻力。对于向下突破，查看附近下方支撑，它可能会停止下跌。

其他原因可能包括股市的急剧下跌，它可以使一个行业的股票持续数月下跌(想想2001年9月11日悲剧之后的航空公司股票)。当然，从牛市向熊市的转换将会使上行的股票涨幅降低，但即使是市场的短暂下跌也会对个股造成严重的破坏。

大宗商品价格的上涨也影响到股票市场。例如，天然气和石油价格影响到航空公司、化工、公用事业、石油公司、石油服务公司、炼油厂等公司的股票。美联储提高利率以减缓经济增长的举措可能会将股市推向衰退。对利率的上涨预期永远不会是股市的好兆头。

你买入股票之后会发生什么，这无关紧要。重要的是，你如何处理它。你很快就会获利了结，享受短期利润吗？你会长期持有股票，并经受损失吗？这些问题的答案，你应该在交易之前知道。当股价短期下跌时，将你的持股态度由短期交易转变为长期持有，这种游戏最好还是留给业余爱好者。它们就是那些持股下跌，然后在股票将要见底前抛售股票的交易者。

统计数据

表52.2所示为下降楔形的综合统计数据。

表52.2　综合统计

描述	牛市 向上突破	熊市 向上突破	牛市 向下突破	熊市 向下突破
形态数量	245个	126个	93个	78个
反转(R)、持续(C)数量	124R，121C	64R，62C	48R，45C	29R，49C
反转(R)、持续(C)涨/跌幅	32%R，32%C	27%R，25%C	-15%R，-14%C	-25%R，-23%C
平均涨/跌幅	32%	26%	-15%	-24%
涨/跌幅超过45%(数量或占比)	80或33%	30或24%	1或1%	10或13%
趋势结束后涨/跌幅	-28%	-33%	53%	52%
形态失败后涨/跌幅	38%[a]	52%[a]	-15%[a]	-20%[a]
标准普尔500指数的变化	8%	-2%	1%	-11%
到达最高/低点的天数	116	77	43	32

注：(-)负号表示下跌；[a]表示样本小于30个。

形态数量　我搜索从1991年中期到1996年中期的500只股票，以及从1999年到2004年中期的另外500只股票，这些形态包括向上突破和向下突破的形态，因为我想知道下降楔形突破向下的概率(下降楔形突破后应该是上升的)。我发现了542个形态，考虑到我查看了10年的股票价格数据，这个数量表明楔形是罕见的。

反转或持续　下降楔形形态中，作为价格趋势反转和作为持续几乎是均分的。向上突破形态往往会起到反转的作用，在向下突破中，持续形态稍微多一点。不过，反转形态的表现往往更好。

平均涨幅或跌幅　向上突破的数字并不令人振奋。事实上，它们低于其他许多看涨形态的平均涨幅。向下突破只在熊市中表现出色(24%跌幅)，但这一比率与所有形态类型的平均值相同。

涨幅或跌幅超过45%　向上突破的形态表现很好，24%和33%(分别是熊市和牛市的比率)的下降楔形突破后上升超过45%。向下突破的形态总是更难下跌那么远。但熊市数字显示，13%的形态设法下跌至少45%。

趋势结束后的变化　一旦达到最高点或最低点，价格趋势就会反转。在向上突破之后，价格从最高点下跌28%～33%。在向下突破后，股价从底部反弹上升，平均而言，涨幅达到令人垂涎的52%～53%。尽管如此，这一发现仍低于我们在其他形态中看到的60%。

失败形态的表现　如果价格在突破后波动不到5%，期待股价朝相反的方向冲出。交易新的方向，特别是如果最初的突破是向下时。由此产生的38%～52%的涨幅可能是相当可观的。

标准普尔500指数的变化　注意市场对形态突破后股价涨幅或跌幅的影响。当市场趋势和突破方向一致时，平均涨幅或跌幅往往大于逆势的突破。例如，在下降楔形向上突破之后，市场上涨了8%，股价平均上涨了32%。在熊市中，指数下跌了2%，而向上突破的楔形平均上涨了26%。

到达最高点或最低点的天数　牛市的上涨比熊市的跌幅要慢。通过比较熊市数字，你可以看到这个特征。向上突破的形态需要77天的时间才能上涨26%，但熊市只需要32天——少一半的时间——跌了几乎一样的幅度(24%)。因此，熊市形态达到最低点的坡度比牛市形态攀升到最高点的坡度更陡峭。

表52.3所示为下降楔形的失败比率。表现最好的形态是熊市中向下突破的形态。它们的失败比率最低，但这只是在突破后股价小幅度移动的时候。一旦价格波动超过15%，那么牛市中的楔形(包括两个突破方向)就会胜出。

表52.3　失败形态数量或比率

股价最大涨/跌幅(%)	牛市向上突破	熊市向上突破	牛市向下突破	熊市向下突破
5(保本点)	27或11%	14或11%	14或15%	5或6%
10	57或23%	32或25%	35或38%	16或21%
15	88或36%	51或40%	58或62%	27或35%
20	109或44%	60或48%	66或71%	39或50%
25	124或51%	69或55%	73或78%	48或62%
30	133或54%	81或64%	82或88%	54或69%
35	147或60%	88或70%	88或95%	58或74%
50	173或71%	100或79%	92或99%	71或91%
75	203或83%	116或92%	93或100%	78或100%
＞75	245或100%	126或100%	93或100%	78或100%

例如，50%在熊市中向下突破的楔形跌幅将小于20%，但在牛市中有44%向上突破的楔形涨幅将不超过20%。因此，如果你期望大的移动，就交易牛市向上突破的楔形，因为它们有较低的失败比率。

下面是使用表52.3的另一种方法。假设你发现一个下降楔形，峰值在15美元，螺旋下跌至10美元，在那里价格在牛市向上突破。既然测量规则说预计股价会攀升回到楔形的高点，那么发生这种情况的概率有多大呢？从10美元到15美元，股价移动50%。表中显示71%的形态将无法攀升到那么远。因此,测算规则可能是错误的，价格不太可能达到形态的顶端，在到达顶端之前股价便已经暴跌至少20%。

表52.4所示为与突破及突破后相关的统计数据。

从形态结束到突破　由于我用来绘制形态的程序的原因，这个形态从形态结束到突破的时间只是一个延误，请忽略这些数字。我列示它们只是为了表格的完整性。

年度位置　大多数情况下，下降楔形将会在年度价格区间的低位附近突破。

年度位置及表现　这一行的数字没有一致性。样本规模太小，不能做出任何明确的结论，但在年度价格范围中间区间突破时逆势形态似乎表现更好(熊市向上突破，牛市向下突破)。

回调和反弹　在所有情况下，除了一种情况例外，回调和反弹发生都损害股价的表现。这一例外的形态是牛市向下突破中的楔形。它们在出现反弹后表现得更好，但是样本量很小。在交易前，查看上方阻力和下方支撑。这些位置会告诉你交易的收益是否超过风险。

查看平均涨/跌幅两行数字之间的表现差异。例如，在牛市中，出现回调的楔形涨幅仅为24%，没有出现回调的楔形涨幅是43%。努力挑选那些不太可能回调或反弹的楔形(即，它们附近没有上方阻力或下方支撑)。

表52.4　突破与突破后股价表现统计

描述	牛市 向上突破	熊市 向上突破	牛市 向下突破	熊市 向下突破
从形态结束到突破	4天	3天	4天	4天
突破在年度价格区间低(L)、中(C)、高(H)各区域分布的百分比	L45%, C32%, H23%	L51%, C29%, H20%	L56%, C28%, H16%	L59%, C35%, H6%
形态在年度价格区间低(L)、中(C)、高(H)各区域突破后的涨/跌幅	L37%, C30%, H27%	L25%, C31%, H19%[a]	L15%, C16%[a], H11%[a]	L25%, C21%[a], H27%[a]
回调/反弹概率	56%	61%	69%	72%
回调/反弹期间	10天	9天	9天	8天
出现回调/反弹形态的平均涨/跌幅	24%	21%	-15%	-21%
未出现回调/反弹形态的平均涨/跌幅	43%	36%	-14%[a]	-28%
出现突破缺口形态的表现	39%	23%[a]	-18%[a]	-24%
未出现突破缺口形态的表现	31%	27%	-15%	-24%
缺口平均金额(美元)	0.25	0.26	0.54	0.87
突破点与顶点的百分比	57%	56%	59%	56%

注：(-)负号表示下跌；[a]表示样本小于30个。

缺口　牛市中的楔形在突破日出现价格缺口时表现更好。在熊市中向上突破的楔形在没有缺口时表现得更好。矛盾吗？许多分析师会告诉你，缺口会提升股价表现，但我发现的结果是混杂的，正如前文提到的。

缺口大小，对于大多数形态而言，是向下突破的缺口比向上突破的缺口更大。为什么会是这种情况尚未得知，但你应该把这些信息纳入你的短线交易。虽然在缺口前做空股票比较好，但在出现缺口后，你做空还能赚钱吗，或者缺口是否占据了跌幅的大部分呢？我个人的观点是，做空股票在大多数时候都不会有很大的收益，而且在交易之前，有一个缺口吃掉下跌的一部分，这意味着这样的交易更有风险。

顶点距离　发生突破的位置在表中的数字几乎是一样的：起点到顶点的途中56%到59%之处。正如前面提到的，牛市中(仅在牛市)最强大的向上突破发生在到顶点途中55%到80%之间的位置。那些在这个范围之内突破的形态平均上涨37%。我没有计算其他市场条件和突破方向上的变化，因为很少有形态在那里突破。

表52.5显示突破后股价到达最高点或最低点天数的频次分布。注意价格达到最高点或最低点的速度。在2个星期之内，超过一半的向下突破楔形已经触底。在3个星期内，65%的熊市形态已经达到了最低点。在表格的另一端，1/4和1/3的向上突破楔形在突破2.5个月后仍在寻找最终的高点。

表52.5　到达最高点或最低点天数的频次分布

天数	7	14	21	28	35	42	49	56	63	70	＞70
熊市向上突破	30%	7%	4%	3%	6%	6%	7%	2%	5%	1%	29%
牛市向上突破	20%	9%	7%	7%	4%	3%	3%	4%	4%	2%	36%
熊市向下突破	32%	19%	14%	5%	5%	4%	1%	0%	4%	3%	13%
牛市向下突破	44%	11%	4%	5%	6%	4%	1%	1%	1%	1%	20%

这些发现表明了两件事情。第一，如果你做空一只有向下突破楔形的股票，要准备好迅速获利了结。第二，对向上突破的楔形要有耐心。你仍然需要小心，但给股价空间以便它正常上涨和回调。

表52.6所示为与形态面积大小相关的统计信息。

表52.6　形态面积大小统计

描述	牛市 向上突破	熊市 向上突破	牛市 向下突破	熊市 向下突破
高形态表现	41%	34%	15%	25%
低形态表现	27%	20%	14%	23%
高度中值(与突破价格百分比)	17.75%	21.88%	16.87%	24.22%
窄形态表现	32%	23%	-14%	-22%
宽形态表现	32%	29%	-15%	-26%
长度中值	36天	33天	42天	40天
形态平均长度	43天	40天	49天	53天
低窄组合形态表现	29%	20%	-13%	-22%[a]
低宽组合形态表现	24%	21%[a]	-18%[a]	-24%[a]
高宽组合形态表现	40%	35%	-14%	-27%[a]
高窄组合形态表现	41%	33%[a]	-17%[a]	-22%[a]

注：(-)负号表示下跌；[a]表示样本小于30个。

高度　无论市场状况或突破方向如何，高形态的表现都比低形态的好。

宽度　宽形态的表现等于或优于窄形态。如果不是牛市向上突破的楔形，这一发现将是一个完全的胜利。牛市向上突破的宽形态和窄形态没有显示出表现上的差异。作为参考，我用长度中值来确定楔形是窄还是宽。

形态平均长度　我设定楔形长度至少为3个星期，没有上限。然而，长度超过4个月的楔形是罕见的。在我研究的542个形态中，平均长度不到2个月。

高度和宽度的组合　如果我有更多的样本，我觉得有信心，既高又宽楔形的表现将胜出。不过我以前被骗过。仅仅因为高度或宽度本身的特性是不能保证其在组合时表现良好的。从数字上来说，你应该避免交易低楔形。

表52.7所示为与成交量相关的统计信息。

表52.7　形态期间成交量统计

描述	牛市 向上突破	熊市 向上突破	牛市 向下突破	熊市 向下突破
上升成交量趋势表现	34%	25%	-12%[a]	-26%[a]
下降成交量趋势表现	32%	26%	-15%	-22%
U形成交量形态表现	31%	26%[a]	-14%[a]	-26%[a]
半圆形成交量形态表现	31%	19%	-15%	-22%
既非U形又非半圆形成交量形态表现	36%	32%	-15%	-23%[a]
巨量突破表现	36%	28%	-15%	-25%
轻量突破表现	28%	23%	-14%[a]	-20%[a]

注：(-)负号表示下跌；[a]表示样本小于30个。

成交量趋势 当形态突破方向与市场趋势一致时(牛市向上突破或熊市向下突破)，形态开始到突破期间的成交量呈上升趋势的形态表现得更好。而逆势形态在成交量呈下降趋势时表现更好。

成交量形状 向上突破的下降楔形中，随机成交量形状的形态表现胜过其他成交量形状。而向下突破形态的结果是混杂的，更多的样本可能有助于确定赢家。

突破成交量 在所有的情况下，如果突破日的成交量比前30天的平均水平大，表明楔形会表现得更好。轻量突破显示出较差的表现。

交易策略

表52.8所示为下降楔形的交易策略。

表52.8 交易策略

交易策略	解释
测算规则	对于向上突破,楔形的最高点就是目标价格。对于向下突破,使用突破价格减去形态高度的结果作为目标价格
突破后买入	由于价格可以在任何方向突破,在进行交易之前,等待股价收在趋势线之外
在回调或反弹后买入	如果你错过了突破,就交易回调或反弹。当价格重新在突破方向上运行时进行交易
注意暂时的下跌	大量的楔形会向下突破,然后掉头大幅上涨

测算规则 对于向上突破，目标价格就是形态的最高点。价格达到这一目标的概率，在牛市为70%，在熊市为60%。图52.4所示为一个示例。

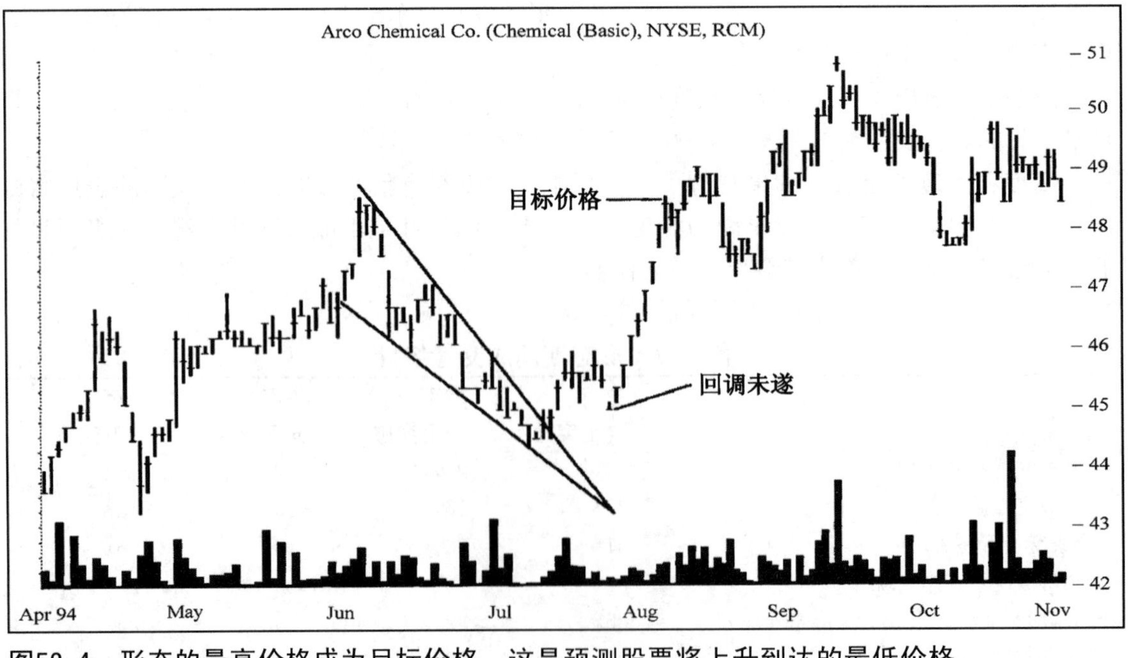

图52.4 形态的最高价格成为目标价格，这是预测股票将上升到达的最低价格。

最高点的价格，就像图52.4中形态在6月初的起点48.63美元，它成为目标价格。突破后，价格犹疑，企图回调到形态趋势线，却远远不能触及。从那里往后，股价直线上升。价格在8月初达到目标价格。旧高点是一个阻力位置，股价花了大约2个星期的时间，才能够把价格推到这一水平之上。价格继续走高，直到51美元的高点，才掉头下跌，然后进入漫长的下跌趋势。

对于向下突破，我通过从突破价格中减去形态高度来计算目标价格。例如，图52.4所示的下降楔形的最高点为48.63美元，最低点为44.38美元。形态高度是两者之差，即4.25美元。如果我们假设在形态下的低点出现向下突破，那么计算出的目标价格将是40.13美元(44.38-4.25)。10%的下跌听起来是合理的。

突破后买入 2/3(68%)的楔形向上突破，但你可能会绊倒在一个向下突破的形态上。等待价格收于趋势线边界之外，表明形态的突破。只有这样，你才能交易楔形。

在回调或反弹后买入 反弹(70%)比回调(58%)更有可能发生。如果不发生回调或反弹，则股价会有最佳表现。在交易前查看上方阻力或下方支撑。

如果楔形回调或反弹，你可以增加你的仓位或开新仓。只有在回调或反弹结束后才能这样做。在这里，我的意思是等待价格恢复上升(在回调后)或下跌(在反弹后)。在某些情况下，价格继续朝着相反的方向运行。

注意暂时的下跌 在研究这个形态时，我注意到一个有趣的巧合。有时价格下跌在底线趋势线下方，绕弯，然后向上回升。图52.5中的示例所示为这种行为。在图中你可以看到，在1月初，股价向下突破，然后绕弯，之后上行。在4月下旬，价格上升到44.25美元，远远高于低点27.75美元。

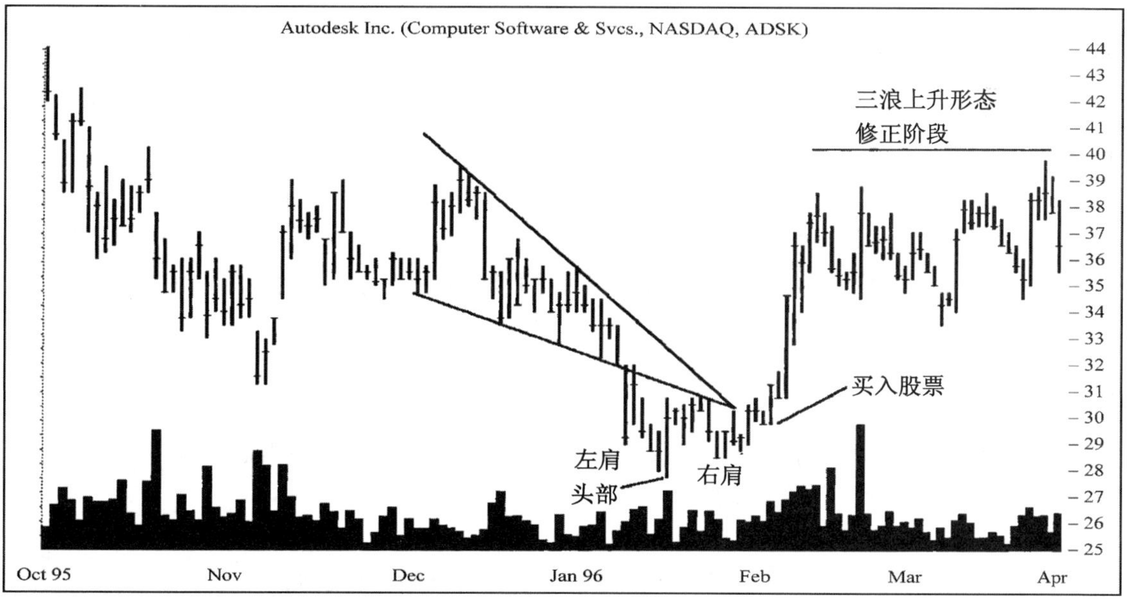

图52.5 超过1/4的下降楔形下跌到底部趋势线之下，然后迅速回升上行。随着价格在顶点附近盘旋，出现了一个小的头肩形底部形态。

有时，形态的向下突破以提前向下突破的方式出现。价格可能会跌到趋势线下方，几天后，股价重新回到形态，只是为了迅速冲到形态的另一边，然后进行向上的突破。无论哪种情况，股价的真正行动都是向上的。所有下降楔形中，超过1/4(27%)出现这种暂时向下并快速反转的情况。

交易故事

克林特是一家专门从事商会软件的小公司的CEO。这个生意竞争激烈，因为市场的增长是有限的，增加收入的唯一途径是从竞争对手那里夺走生意。一旦一家公司在商会中确立自己的地位，要撬开它几乎是不可能的。但克林特已经取得了一些成功，因为他提供的产品的广度以及老练的营销策略。

当克林特不操心他的业务，或者没有向潜在客户推销他的商品时，他会在股票市场玩股票，希望能赚到足够多的额外收入，以便某一天收购他最激烈的竞争对手。他将多媒体公司加入他的候选股票，这就是为什么他会警觉到图52.5所示的公司。

克林特看着股票暴跌，然后看到这个下降楔形形成。他希望这个新的形态标志着下跌结束终点，这样他可以以一个好的价格买入，价格将会上涨到旧高点，这真是令人垂涎的机会。

当股票在穿透楔形底部趋势线时，他等待着，看看接下来股价怎么走。股价转了一个弯，形成一个小的头肩形底部形态。他沿着楔形形态底部趋势线的斜坡画一条颈线连接形态两肩之间的波峰。

一旦价格推到颈线之上，且高于楔形的顶点，他向他的经纪人下达买入指令，以每股30美元买入股票。克林特买入的时机很好，在他买入股票两天后，股价已经攀升到30多美元了。他看到股价2月中旬到3月水平横盘运行，琢磨这是不是一个三浪上升形态的修正阶段。他决定按这个想法去操作交易。

这个三浪上升形态的底部在那个小的头肩形底部形态的头部27.75美元的位置，修正阶段的顶部是在38.50美元。两者之差10.75美元就是形态高度。从修正阶段底部33.50美元向上投射形态高度，得出目标价格44.25美元。他给他的经纪人打了电话，设置了一份按这个价格卖出股票的限价单。

在4月中旬，股票离开了修正阶段，并开始再次攀升第3浪。在4月下旬，他的经纪人在一封电子邮件里告诉他，股价达到了他的目标价格，股票在44.25美元卖出。克林特为自己的好运感到高兴，他不仅确实卖在了高位，而且股价到7月初暴跌到了30美元以下。

交易秘籍

下面的列表包括了提示和观察结果，以帮助选择在突破后表现更好的下降楔形形态。有关更详细的信息，请参阅相关表格。

●查看辨识指南以正确选择形态。见表52.1。

●楔形作为价格趋势反转表现优于作为价格趋势的持续。见表52.2。

●交易方向与市场趋势方向一致：在牛市做多向上突破形态，在熊市做空向下突破形态。见表52.2。

●熊市形态突破后股价下跌的速度比牛市形态突破后股价上涨的速度快，因此，在熊市形态向下突破之后，准备好迅速获利了结。见表52.2。

●交易失败形态，即在价格突破后下跌不到5%，然后开始上升时进行交易。见表52.2。

●在熊市中向下突破的楔形有最低的失败比率，但对于较大幅度的价格移动，向上突破的楔形表现得更好。见表52.3。

●回调和反弹通常会损害股价表现，因此避开上方阻力或下方支撑。见表52.4。

●牛市中的缺口有助于股价的表现。见表52.4。

●预计突破发生在通往顶点途中略过一半的位置。见表52.4。

●对于向下突破的楔形，打算迅速获利了结；对于向上突破的楔形要有更多的耐心。见表52.5。

●选择高或宽的形态，避免低形态。见表52.6。

●楔形的突破方向与市场方向一致时，成交量呈上升趋势的形态表现最好。逆势楔形则在成交量呈下降趋势时表现最好。见表52.7。

●选择有巨量突破的楔形。见表52.7。

第五十三章　楔形形态之上升楔形
Wedges, Rising

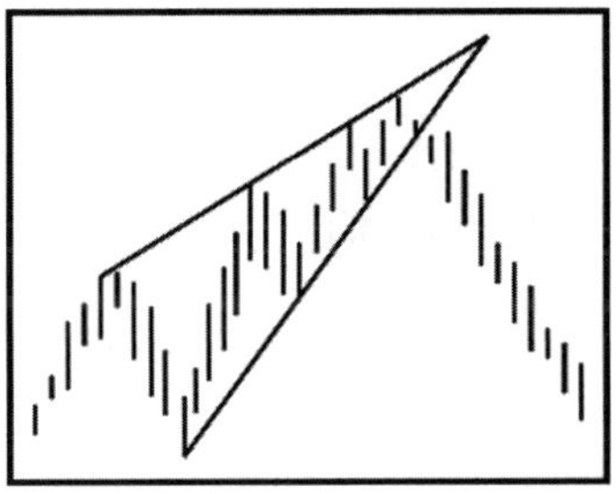

统计简报

向上突破

形状	一个上行的价格螺旋，由两条向上倾斜的、相交的趋势线构成其边界。	
反转或持续	短期持续，行情看涨。	
	牛市	**熊市**
表现排名	18/23	17/19
保本失败概率	8%	14%
平均涨幅	28%	17%
趋势结束后的变化	-30%	-35%
成交量趋势	向下	向下
回调概率	73%	66%
实现目标价格概率	58%	33%
意外发现	失败形态表现好。宽形态表现得比窄形态好。有上升的成交量趋势或巨量突破的楔形表现得好。	
同义词	上升楔形。	
参见	三角旗形。	

向下突破

形状	与向上突破形状相同，但突破方向是向下的。	
反转或持续	短期反转，行情看跌。	
	牛市	**熊市**
表现排名	20/21	21/21
保本失败概率	24%	15%
平均跌幅	14%	20%
趋势结束后的变化	53%	36%
成交量趋势	向下	向下
反弹概率	63%	63%
实现目标价格概率	46%	40%
意外发现	失败形态表现好。反弹损害股价表现。高形态比低形态表现好。	
同义词	上升楔形。	
参见	三角旗形。	

我收到一封电子邮件，询问标准普尔500指数是否是在2002年12月开始形成一个上升楔形。我打开股票图表，果然，那个楔形显而易见，时间几乎长达1年。在对股票图表的日常审查中，我没能找到这个形态。这是楔形的主要问题，无论是上升楔形还是下降楔形，你无法找到它们。它们不仅稀有，而且其螺旋式的价格运行似乎隐藏在历史价格系列中。有一些形态站出来，喊“我是上升楔形!”就像在这一章的数字所示，但大多数仍然隐藏，就像雨滴落入池塘。

统计简报给出了坏消息。上升楔形是糟糕的表演者。在所有市场条件和突破方向上，平均涨幅或跌幅均低于所有其他形态的平均值。失败比率，其中大部分是两位数，比我更喜欢看到的数字大，有的甚至超过20%，这是我认为表现良好形态的最大值。

有没有可以补救的品质？失败形态表现良好，击败所有上升楔形的平均上升或下跌。所以，如果你看到股价匆匆走出楔形趋势线外，然后返回，并在相反的方向上突破，这样的机会是值得仔细看看的。

也许最大的意外发现是，上升楔形是不适用通常的意外发现。例如，高的形态表现得比低的形态好，但这仅适用于向下突破的楔形。回调和反弹通常会损害股价的表现，但这仅适用于楔形的反弹(向下突破)。

导入

图53.1所示为一个上升楔形的例子。多年来，这只股票在25～31美元之间几乎水平的交易范围内运行。上升楔形在这个交易范围的底部附近形成。价格离开前一个高点下行，然后转弯，在10月上行。

图53.1　一个上升楔形，以及两个向上倾斜的趋势线。成交量趋势通常向下倾斜。

在价格深入形态之前，在股票图上并不能清楚地看到上升楔形的形成。价格在以两条向上的趋势线为边界的轮廓中，从一边来回振荡到另一边，这给出了一个线索。成交量的下降趋势支持了这个线索，即这种形态确实是一个上升楔形。

在12月中旬，价格并没有从形态中突破向下，只是蜿蜒下行。12月16日的成交量很高，这可能标志着真正的突破，但这只持续了1天。

价格试图反弹到形态的底部趋势线，但没有完全成功。价格下跌，然后反弹再创新高，之后下跌，在4月期间跌到另一个小低点。4月的这个新低标志着一个新的上升趋势的开始，到1996年中期这项研究结束时，这个上升趋势还在持续。那个时候，股票已经达到了58.63美元。

辨识指南

上升楔形和下降楔形是最难辨识的形态之一。不过，有一些指南可以使辨识变得更加容易一些，见表53.1。

表53.1　辨识指南

特征	讨论
两条向上倾斜的趋势线	绘制两条趋势线，一条沿小高点，另一条沿着小低点。趋势线必须向上倾斜，并最终相交
多个接触点	轮廓良好的上升楔形在两个趋势线上有多个接触点。对接触点少于5个(3个接触点在一边，2个接触点在另外一边)的楔形应持怀疑态度
最短3个星期	上升楔形的最短持续时间为3个星期。持续时间少于3个星期的楔形是三角旗形态。上升楔形形态长度很少超过3或4个月
成交量趋势	在整个形态期间，成交量通常呈下降趋势

两条向上倾斜的趋势线 在我讨论指南时，参阅了图53.2中的上升楔形。你可能首先注意到了两条倾斜的趋势线。两条线必须向上倾斜，并且不允许是接近水平的趋势线(水平顶部趋势线意味着这是一个上升三角形)。

价格上行，形成更高的高点和更高的低点，但两条趋势线构成价格活动的边界。价格很少在两条趋势线之外活动，直至最后突破。

多个接触点 一个轮廓良好的上升楔形有多个与趋势线的接触点。图53.2的接触点标记为1到5。5个接触点，即3个在一边，2个在另外一边。少于5个接触点的形态是不明朗的，它可能不是一个上升楔形。

最短3个星期 上升楔形需要时间来形成。随着价格不断从一条趋势线弹向另一条趋势线，股价出现新的小高点和小低点。股价需要超过3个星期来形成楔子的形状。短于3个星期的形态是三角旗形。然而，上升楔形不会持续很长时间。通常，顶点——两条趋势线相交的地方——标志着形态的结束。价格通常在起点到顶点的途中约2/3的地方突破。上升楔子很少持续超过3个月(仅21个形态或3%，是超过3个月的)。

成交量趋势 下降的成交量形态是正确识别上升楔形的另一个关键因素。大多数时候，成交量趋势向下，在突破前变得特别低。然而，这不是一个绝对的规则。如果你怀疑一个楔形，但它有上升的成交量趋势，那么，忽略它的成交量趋势，查看其他的特征(特别是接触点的数量)，以确保形态像一个上升楔形。在股价突破形态之前，不要投资它，这是一个明智的行动方针。

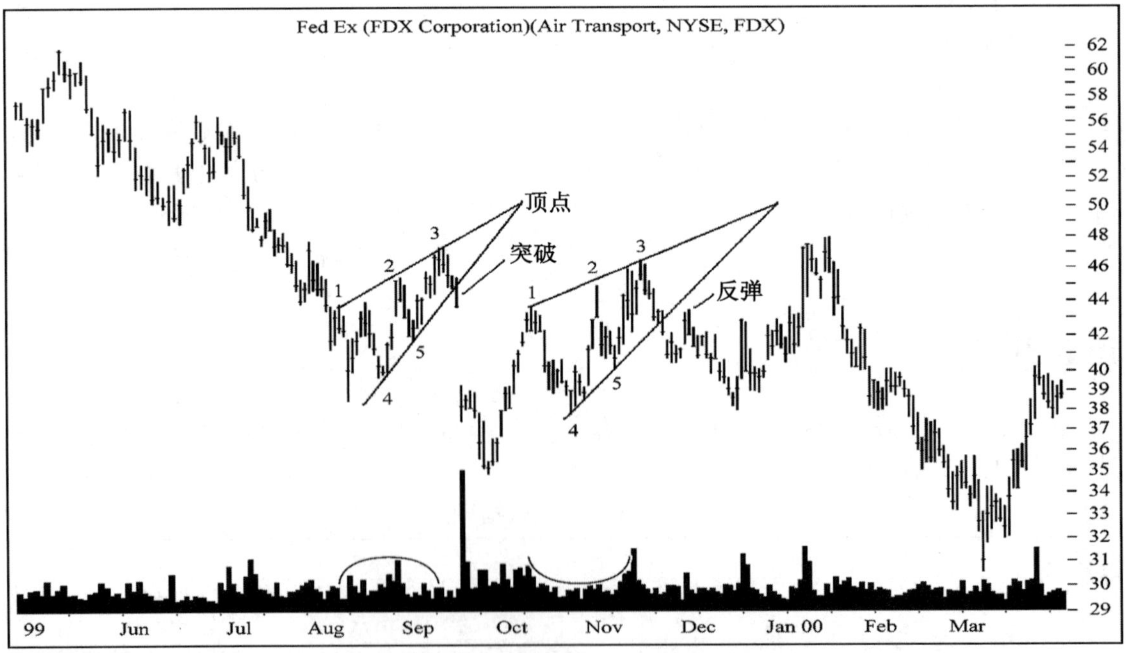

图53.2 图中所示的是两个上升楔形，每个楔形至少有5个与两条趋势线的接触点。其中一个楔形有圆顶形状的成交量，另一个楔形有U形的成交量。

上升楔形可以在任何地方形成。你可能会期望它们在一个长期的上升趋势结束时形成，大多数形态确实是出现在那里。偶尔，价格正在下行时出现的上升楔形，充当下跌趋势的反弹。在形态突破之后，股价重新下行。

关注形态失败

由于测量规则表现较差，以及平均涨幅或跌幅较小，因此，上升楔形的失败比率比其他形态更高，这一点不足为奇。仔细观察图53.3，这是一个5%失败的上升楔形。在突破后下跌不到5%，价格便上行走高，我称之为5%失败。

图53.3　一个5%失败的上升楔形的例子。在反弹之前，价格没能够下跌超过5%。

您可以在图53.3中看到，形态形成于一个持续近2个月的下跌价格趋势之后。楔形似乎是一个向下的价格趋势的回调。形态是一个三浪上升形态的第3升浪的一部分。图中未显示三浪上升形态的第1升浪，而是所示为第1升浪和第3升浪之间开始于9月下旬下跌的其中一部分。

因此，人们可能有理由怀疑这种形态可能不像预期的那样运行。价格上涨，触及顶部趋势线，然后反弹到另一边的趋势线。价格在上涨时从一边到一边交叉，形成一个不断收窄的价格通道。

价格在形态的起点到顶点的途中68%的位置向下突破，这个位置的突破符合预期。成交量是不寻常的，因为它呈向上的趋势，但突破前1个星期开始缩量。就在向下突破之前，成交量非常低。

一旦价格收盘在趋势线下方，投资者通常会卖出股票，这有助于压低股票价格。然而，这个突破的成交量很低。价格不必依靠巨量下跌，有时候它可以自食其力。在这项研究中，近半数(47%)的形态以低于平均水平的成交量突破。

如果在向下突破后做空股票，你将会受到惩罚。价格转弯，掉头上行，在不到2个星期的时间里，价格上升到了楔形顶端。过了3个月之后，价格终于从盘整区域突破而出，开始真正的攀升。在7月，股价达到了超过95美元的新高。

统计数据

表53.2所示为上升楔形的综合统计数据。

表53.2　综合统计

描述	牛市 向上突破	熊市 向上突破	牛市 向下突破	熊市 向下突破
形态数量	128个	64个	292个	137个
反转(R)、持续(C)数量	45R, 83C	18R, 46C	194R, 98C	85R, 52C
反转(R)、持续(C)涨/跌幅	28%R, 27%C	17%R, 17%C	-13%R, -17%C	-17%R, -23%C
平均涨/跌幅	28%	17%	-14%	-20%
涨/跌幅超过45%(数量或占比)	22或17%	8或13%	5或2%	10或7%
趋势结束后涨/跌幅	-30%	-35%	53%	36%
形态失败后涨/跌幅	36%	23%[a]	-17%[a]	-39%[a]
标准普尔500指数的变化	10%	0%	1%	-6%
到达最高/低点的天数	127	60	38	38

注：(-)负号表示下跌；[a]表示样本小于30个。

形态数量　在500只从1991年中期到2004年中期的股票中，我发现了621个上升楔形。不过，我认为这些形态是罕见的，尤其是在熊市。

反转或持续　根据突破方向，楔形作为当前价格趋势的持续(向上突破)或反转(向下突破)。在向下突破后，持续比反转表现好。在向上突破中，反转或持续之间没有实际的表现差异。

平均涨幅或跌幅　在第一版中，我的数据包括了提前突破，并将它们与实际突破分开。在这一版中，我把价格收盘在趋势线边界之外作为突破，不区分它是否为提前突破。使用这个重新定义的参数的影响是，增加了失败比率，制约了平均上升或下降的幅度。

表现最好的形态来自顺势楔形——牛市向上突破的和熊市向下突破的形态。在交易中坚持交易顺势突破形态，避免那些突破方向与市场趋势相反的逆势突破形态。

涨幅或跌幅超过45%　很少有楔形突破后股价移动幅度超过45%。表现最好的形态是在牛市，但即使17%的形态攀升超过45%，这仍然是一个糟糕的表现。

趋势结束后的变化　与这种形态的糟糕表现一样的是，在趋势结束后股价的表现也没有什么能让人兴奋的。只有在牛市中向下突破的楔形能在下跌见底后上升53%。不过，这仍然小于其他形态中的60%。

失败形态的表现　在所有情况下，失败形态的表现优于上升楔形的平均值。例如，在牛市中，从上升楔形向下突破后价格下跌低于5%便反弹的，它将飙升36%，这个涨幅远远高于向上突破形态的涨幅。

标准普尔500指数的变化　指数上升或下跌的最高值与楔形的上涨或下跌最高值同步。这一发现表明，在突破方向和市场方向相同的情况下(牛市向上突破及熊市向下突破)，形态表现最好。楔形的突破方向与市场趋势相反时，股价表现变差。

到达最高点或最低点的天数　对于向上突破，股价到达最高点的时间在2～4个月之间。对于向下突破，下跌平均持续38天(约5个星期)。熊市的下跌比牛市的上涨要陡峭。

表53.3所示为上升楔形的失效比率。在牛市中，向上突破的楔形失败比率最低。这一发

现可能听起来有些奇怪，因为上升楔形应该会向下突破，而且，大概这是表现最佳的方向。然而，牛市的失败比率(8%)只是熊市的一半(15%)。

表53.3　失败形态数量或比率

股价最大 涨/跌幅(%)	牛市 向上突破	熊市 向上突破	牛市 向下突破	熊市 向下突破
5(保本点)	10或8%	9或14%	70或24%	20或15%
10	30或23%	22或34%	128或44%	52或38%
15	46或36%	35或55%	180或62%	70或51%
20	67或52%	40或63%	216或74%	91或66%
25	77或60%	45或70%	237或81%	99或72%
30	84或66%	49或77%	254或87%	109或80%
35	93或73%	52或81%	272或93%	115或84%
50	109或85%	60或94%	288或99%	129或94%
75	116或91%	63或98%	292或100%	135或99%
＞75	128或100%	64或100%	292或100%	137或100%

与其他形态一样，失败比率在最大价格涨幅或跌幅的小变化时急剧上升。例如，牛市中有8%出现向上突破的楔形股价上涨幅度不足5%。这个数字翻了3倍，到涨幅最高为10%时为23%，涨幅最高为15%时为36%。超过一半的形态上升不超过20%。

表现最差的形态来自牛市中向下突破的楔形。几乎74%的形态跌幅不会超过20%。

如何使用表53.3？假设你的交易成本是5%，你想平均赚20%，总共是25%。哪个突破方向和市场条件下有最符合这个条件的楔形？答：选择在牛市中向上突破的楔形。它们中有60%的形态涨幅不会超过25%，但这是最好的地段。你真的希望做一赢两输的交易吗？那么赢局将不得不为你表演奇迹，净赚25%。

表53.4所示为与突破及突破后相关的统计数据。

从形态结束到突破　从形态结束到突破的时间受到我如何绘制形态的影响。我把价格第一次穿透趋势线时标记为形态的结束，而不是价格第一次收于趋势线之外时。所以，忽略这一行的数字，我列示这些数字只是为了表格的完整性。

年度位置　正如你所看到的，大多数上升楔形在年度价格区间的高位区域附近突破。少数形态的突破出现在低位区域。

年度位置及表现　表现最佳的形态是那些在年度价格范围的中间区域向上突破的形态，以及在年度价格范围低位区域附近向下突破的形态。结果可能会随更多的样本出现而改变。这些数字反映了形态在关联的价格范围内突破的概率，因此请记住这一点。

回调和反弹　回调发生的概率在66%～73%之间，反弹发生的概率是63%。在股价突破后，平均来说，股价回到突破价格的时间为8～10天。请注意，在许多情况下，价格并不需要返回到趋势线才被归类为回调或反弹，只要它接近或触及的突破价格就可以了。

出现反弹的楔形表现较差。例如，在熊市中，出现反弹的楔形下跌14%，没有出现反弹的楔形下跌29%。

缺口　只要突破方向与市场趋势一致(牛市向上突破或熊市向下突破)，突破日缺口就有助于股价表现。逆势楔形没有出现突破日缺口，其股价的表现不变或表现得更好。

表53.4　突破与突破后股价表现统计

描述	牛市 向上突破	熊市 向上突破	牛市 向下突破	熊市 向下突破
从形态结束到突破	3天	2天	3天	3天
突破在年度价格区间低(L)、中(C)、高(H)各区域分布的百分比	L10%, C28%, H62%	L13%, C34%, H53%	L16%, C26%, H59%	L15%, C35%, H49%
形态在年度价格区间低(L)、中(C)、高(H)各区域突破后的涨/跌幅	L27%[a], C28%, H28%	L12%[a], C21%[a], H16%	L16%, C15%, H13%	L28%[a], C25%, H15%
回调/反弹概率	73%	66%	63%	63%
回调/反弹期间	9天	10天	10天	8天
出现回调/反弹形态的平均涨/跌幅	26%	18%	−11%	−14%
未出现回调/反弹形态的平均涨/跌幅	31%	14%[a]	−19%	−29%
出现突破缺口形态的表现	38%[a]	17%[a]	−11%	−23%[a]
未出现突破缺口形态的表现	26%	17%	−15%	−20%
缺口平均金额(美元)	0.19	0.24	0.25	0.54
突破点与顶点的百分比	64%	56%	58%	63%

注：(−)负号表示下跌；[a]表示样本小于30个。

向下突破的缺口比向上突破的缺口大，这一发现和我在其他形态中看到的趋势一致。因此，如果你想利用一个潜在的缺口，必须在突破前进入交易。这个时候进入交易将增加你的风险，因为你不能准确预测突破的方向。作为参考，44%的形态是在与进入楔形价格趋势的同一个方向上突破。这一发现意味着，如果价格是上升到楔形，它很可能会突破向下；如果价格下降到楔形，它很可能会突破向上。

顶点距离　平均而言，突破发生在起点到顶点(两个趋势线接触的地方)途中56%～64%的位置。大多数楔形在牛市中出现向下的突破，最强劲的形态大突破在起点到顶点途中60%～90%的位置。

表53.5显示突破后股价到达最高点或最低点的时间频次分布。注意，有些楔形达到最终价格的速度非常快。例如，在牛市向下突破的楔形有35%在突破后第1个星期到达底部。到了第3个星期，57%的形态已经达到了最终的低点。相比之下，向上突破形态只有21%在第1个星期达到最高点，30%在第3个星期到达最高点。

表53.5　到达最高点或最低点天数的频次分布

天数	7	14	21	28	35	42	49	56	63	70	＞70
熊市，向上突破	34%	8%	11%	5%	2%	2%	2%	3%	5%	3%	27%
牛市，向上突破	21%	5%	4%	5%	6%	4%	1%	4%	5%	1%	45%
熊市，向下突破	30%	12%	8%	8%	7%	8%	5%	1%	5%	4%	11%
牛市，向下突破	35%	12%	10%	8%	5%	2%	4%	2%	3%	2%	16%

在表格的另一端，牛市中向上突破的形态有45%在70天(约2.5个月)后仍在寻找最终的高点。

请注意，在熊市中，21天后，向上突破楔形的数字有轻微上扬。在那期间，11%的形态到达最高点。如果你密切关注你的股票，你可能会看到它在突破后第2个星期开始见顶。准备好获利了结。

表53.6所示为与形态面积大小相关的统计信息。

表53.6　形态面积大小统计

描述	牛市 向上突破	熊市 向上突破	牛市 向下突破	熊市 向下突破
高形态表现	27%	22%	-17%	-21%
低形态表现	28%	12%	-12%	-19%
高度中值(与突破价格百分比)	15.12%	18.33%	15.00%	21.11%
窄形态表现	21%	16%	-12%	-21%
宽形态表现	34%	18%	-16%	-18%
长度中值	38天	34天	37天	37天
形态平均长度	46天	44天	42天	44天
低窄组合形态表现	24%	10%[a]	-12%	-19%
低宽组合形态表现	36%[a]	16%[a]	-12%	-17%[a]
高宽组合形态表现	32%	20%[a]	-19%	-19%
高窄组合形态表现	16%[a]	28%[a]	-13%	-25%[a]

注：(-)负号表示下跌；[a]表示样本小于30个。

高度　在大多数情况下，高楔形的表现比低楔形的好。唯一的例外是，在牛市中向上突破的楔形，低的形态表现更好。

宽度　除了熊市中向下突破的情况外，宽楔形的表现比窄楔形的好。那些熊市中向上突破的形态在形态狭窄时会表现得更好。作为参考，我用长度中值作为窄和宽形态之间的分割点。

形态平均长度　楔形的平均长度在不同的突破方向和市场条件下都是不变的：大约44天。

高度和宽度的组合　这个结果可能会随着样本量的增加而改变，不过高和窄组合的楔形在熊市中表现最好。在牛市中，表现最好的组合分别是既低又宽的组合(向上突破)和既高又宽的组合(向下突破)。

表53.7所示为与成交量相关的统计信息。

表53.7　形态期间成交量统计

描述	牛市 向上突破	熊市 向上突破	牛市 向下突破	熊市 向下突破
上升成交量趋势表现	33%[a]	18%[a]	-11%	-20%
下降成交量趋势表现	26%	17%	-15%	-20%
U形成交量形态表现	35%[a]	13%[a]	-14%	-16%[a]
半圆形成交量形态表现	23%	22%[a]	-15%	-20%
既非U形又非半圆形成交量形态表现	29%	16%[a]	-13%	-21%
巨量突破表现	29%	18%	-14%	-18%
轻量突破表现	25%	14%[a]	-14%	-21%

注：(-)负号表示下跌；[a]表示样本小于30个。

成交量趋势　向上突破的楔形在成交量呈上升趋势时表现更好，但样本量小，这意味着结果可能会改变。那些在牛市中向下突破的形态，在成交量呈下降趋势时表现得更好。

成交量形状　与成交量形状相关的结果没有一致的趋势。圆顶形成交量在逆势楔形(熊市向上突破，牛市向下突破)表现好。重申一遍，样本的增加可能会改变这个结果。

突破成交量 向上突破楔形在出现巨量突破时表现最好。在熊市中，向下突破的楔形中轻量突破的形态表现最优。

交易策略

表53.8所示为上升楔形的交易策略。

表53.8 交易策略

交易策略	解释
测算规则	价格至少应该跌到形态的最低点。对于向上突破，用形态的最高点减去最低点，计算出形态高度，将形态高度加上突破价格，结果是目标价格
突破后交易	等待突破(价格应收于趋势线之外)，以提高交易成功的概率
在回调或反弹后交易	如果你错过了突破，但仍然想交易股票，那么，在股价反弹时，当股价掉头向下时做空股票，或在回调中，当股价重新上升时，买入股票
迅速获利了结	由于突破后股价的移动幅度较小，要准备迅速交易，获利了结

测算规则 上升楔形测算规则与下降楔形的测算规则相反。测算规则预测价格至少应该下跌(向下突破)到形态的起点(形态的最低点)。对于向上突破，我使用的楔形高度加上突破价格作为目标价格。尽管预测的下跌通常很小，但达到这个目标价格的形态仍然不到一半。我认为80%预测成功率才是可靠的，所以这个测算规则的预测结果是不符合要求的。为向上突破，价格到达目标价格的概率在33%(熊市)和58%(牛市)之间。

图53.4所示为测算规则的一个应用。这个轮廓良好的上升楔形通过了表53.1中概述的所有识别准则。愿意做空股票的投资者将使用这个测算规则来衡量交易的盈利水平。在这个例子中，目标价格是形态的最低点(29.75 美元)。在突破1个星期后，价格就下跌到了目标价格。

图53.4 对称三角形的向下突破表明价格会下跌。向下突破的上升楔形的测算规则就是形态的最低价格，这个例子中是在29.75美元。

突破后交易 为了提高投资成功的概率，在股价向下突破后做空，或在股价向上突破后做多。在你进行交易之前，价格必须收在形态的趋势线之外。

在回调或反弹后交易 如果错过了突破点，也许你可以在股价回调或反弹时进入交易。63%的形态会反弹回到形态的底部趋势线。向上突破的形态做得更好，66%～73%的形态会回调。在价格回调或反弹后，在投资前，等待股价开始在突破方向上运行。

迅速获利了结 表53.8中的最后一条指南建议迅速获利了结。形态向下突破后的平均跌幅在14%～20%之间。因此，在所有可能的情况下，股票只是在重新上涨前做短暂的下跌。如果股票看起来像是正在向上反转，那么就平掉你的空头头寸。

如果你正在考虑做空股票，请检查股票的基本面，并确保有一个股价贬值的很好理由。股票没有理由只是因为你希望它下跌而下跌。

即使是短期(做多)交易者，我也不建议它们看到自己持有的股票出现上升楔形就卖出股票。当然，如果基本面建议卖出，那就卖掉你的持股，寻找其他的投资机会。

对于向上突破，这样的涨幅并不是那么令人兴奋——17%～28%的涨幅。如果你在熟悉的股票上看到了一个难以抗拒的机会，那么就进行交易吧。否则，楔形不是很好的交易候选形态。

交易故事

乔是一家大公司的中层经理。他天赋的特质之一就是耐心。他很容易处理压力，不让小问题困扰自己。在业余时间，他喜欢交易股票，并发展了对他很管用的做空股票的敏锐感觉。

从假期回来后，乔发现了图53.5所示的情况。他错过了最初的向下突破，但仍想做空这只股票。

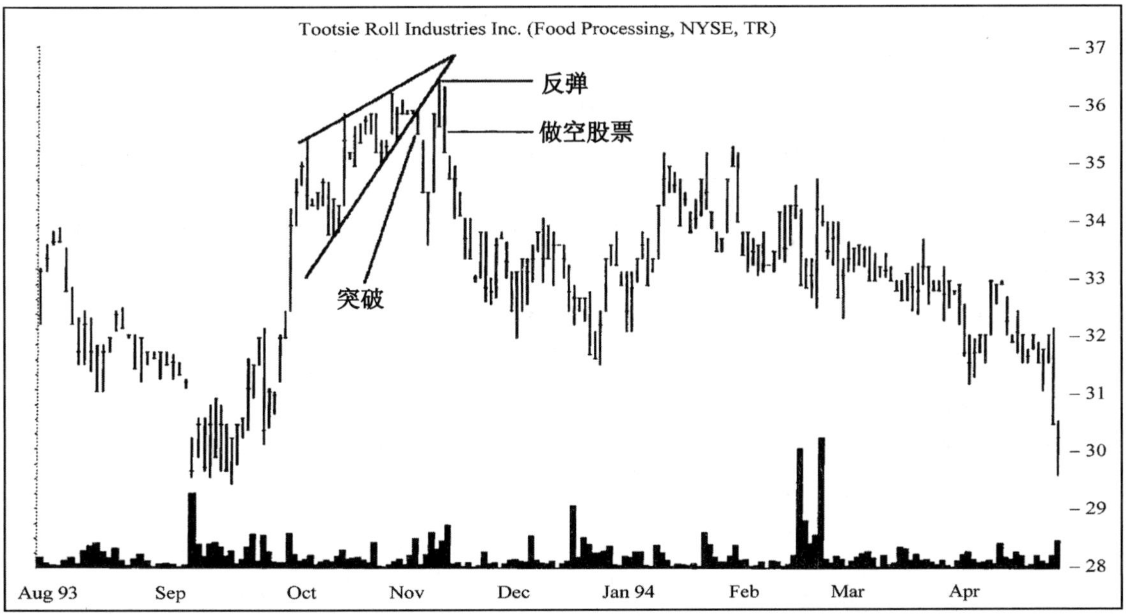

图53.5 这个上升楔形预测价格将跌至33.75美元。股价仅在2天内就下跌到了这个目标价格。

从较长期的角度来看这个股票图，乔认为，这个形态是一个长期下跌的价格趋势的向上反弹(图中未显示)。他相信股票至少会跌回到大约30美元的底部。他会考虑在这个点上结束交易，而不是在这个点之前，除非价格出现对他不利的上涨。因此，他在形态顶部高点之上约0.25美元处(36.75美元)，设置了止损指令。

如果股票继续在对他有利的方向上运行，那么它将完成一个三浪下跌形态。乔估计，这个三浪下跌形态将会让股票跌到28美元，也许还会更低。

在股票反弹回到底部趋势线，然后掉头向下的第二天，乔以每股36美元做空股票。他复查了测算规则，测算规则预测股票将跌至形态的底部，从他的交易价格下跌约6%。

乔密切注视着股票，并欣慰地看到，价格很快下跌低于33.75美元的目标价格。然后股票反弹。当股票在12月初攀升时，乔重新评估了他的空头头寸。从他能收集到的信息来看，基本面和技术面都没有改变，因此他决定不采取任何行动，耐心等待。

即使股票攀升到35美元以上，乔还是相信自己是对的。这种顽强的态度使他在这项交易中得到了很好的回报，股票很快又开始下跌。在5月，股票跌到了他的目标价格30美元，乔考虑平掉他的仓位，但他没有这样做。

股价横盘运行了大约4个月，然后再次下跌。在12月中旬，它达到了25.43美元的低点，然后掉头上行。乔在27美元平了他的空头头寸，就在1个星期后，股价又创新低。在这项交易中，乔用大约1年的时间，在他的1000股中赚了将近9000美元，回报率约25%。

交易秘籍

下面的列表包括了提示和观察结果，以帮助选择在突破后表现更好的上升楔形形态。有关更详细的信息，请参阅相关表格。

●查看辨识指南以正确选择形态。见表53.1。

●向下突破的形态中，持续形态表现最佳。见表53.2。

●当新的突破方向与市场趋势一致时，交易失败形态。见表53.2。

●熊市的下跌比牛市的上涨陡峭。见表53.2。

●选择在牛市向上突破的楔形，因为它们有最低的失败比率。见表53.3。

●反弹损害股价表现。见表53.4。

●缺口有助于股价表现，但只是在突破方向与市场趋势的方向一致时如此。见表53.4。

●向下突破后股价会迅速达到最低点。见表53.5。

●熊市中向上突破的形态可能在突破后2个星期出现疲软。见表53.5。

●在大多数情况下，选择高形态的楔形。见表53.6。

●在大多数情况下，选择宽形态的楔形。见表53.6。

●向上突破的楔形在成交量呈上升趋势和巨量突破时表现最好。见表53.7。

第五十四章 “死猫”弹跳形态
Dead-Cat Bounce

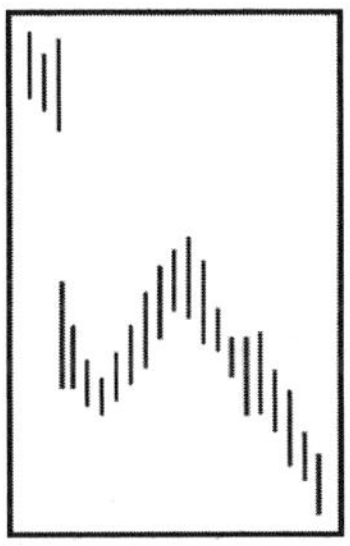

统计简报

事件	在一个骤然的下跌之后，有一个上行反弹，然后价格进入下跌趋势。	
反转或持续	短期反转，行情看跌。	
	牛市	**熊市**
表现排名	不适用	不适用
事件跌幅	31%	35%
反弹概率	28%	35%
反弹后跌幅	30%	40%
意外发现	大约有一半“死猫”弹跳形态的缺口在6月内回补。反弹后，超过75%的形态下跌到事件低点之下。在熊市中，第二大跌可能在6月之内出现。大的事件跌幅之后会有大的反弹，但股价需要更长的时间到达峰顶。小的事件跌幅之后发生小的反弹，但它们到达峰顶更快。	

如果你交易股票时间足够长，可能会遇到这只小幼崽：“死猫”弹跳(我无法抗拒使用双关语)。这个形态作为一个警告，在股价骤然下跌后迅速退出股票。

“死猫”弹跳形态由三阶段组成。首先，仅几次下跌中下跌30%以上，第一天的跌幅占整个跌幅的大部分。第二，价格反弹，回调部分下跌。第三，价格缓慢下跌，在反弹后股价下跌回吐所有的反弹上涨，甚至更多。

意外发现包括以下内容：如果价格在第一天缺口下跌，那么价格上涨到回补缺口，即封闭缺口，需要多久？大约一半的形态会在6个月内封闭缺口，剩下一半形态的股价仍然低于它们开始的地方。在价格反弹后，股价走低，超过75%的形态下跌到低于在事件下跌的低点。在许多股票中，一个“死猫”弹跳跟着另一个“死猫”弹跳，特别是在熊市。大的事件跌幅往往比小的事件跌幅反弹得更高，但需要更长的时间。

如果一个“死猫”弹跳发生在你的股票，持股等待价格向上反弹，然后卖出股票。价格可能会跌得更低，在3或6个月后可能会出现另一个“死猫”弹跳。在股票出现“死猫”弹跳后6个月内，不要在这只股票上交易任何看涨形态。

导入

“死猫”弹跳源于在一个意想不到的负面事件之后股票的行为。图54.1所示为一个典型的“死猫”弹跳示例。9月下旬，精明的投资者开始抛售他们的股票，压低价格，使成交量趋势上升。仅一个多星期，价格从高位42.44美元下跌到35.81美元。在10月9日，一家大型经纪公司降低了对股票的中期评级。股价暴跌，在2天内，股价下跌超过30%。

图54.1　一家大型经纪公司降低了对股票的评级，使得股价在大约3.5个月内暴跌50%。“死猫”弹跳让精明的投资者卖出它们的股票。并在下跌重新开始之前将损失降到最低。10月中旬和11月初的双峰(1、2)是一个双顶信号，表示股价将进一步下跌。

在接下来的1个半星期中，股价回升了一些，上升到32.81美元，吸引了投资新手购买股票。股票走低，然后再次攀升，形成一个双顶形态。这一上升是好消息的末尾。从第二个峰顶开始全都是下坡跌，直到1月中旬，股价到达底部。从事件开始前的高点到最终的低点，股价暴跌了50%！

辨识指南

“死猫”弹跳有共同的特征吗？是的，表54.1列出了它们共同的特征。

表54.1 辨识指南

特征	讨论
价格缺口	当日高点低于前一天的低点，在股票图上留下一个价格缺口(突破性缺口)
暴跌	由于负面公告,价格缺口向下并暴跌,跌幅通常在25%～40%,但可以高达70%
反弹	价格反弹涨幅在15%～35%。但不要受骗上当,下跌还没有结束
下跌	反弹结束后,股价又开始下跌。这一次下跌较缓慢,跌幅通常在15%～30%

价格缺口，暴跌 假设一家公司宣布一个负面事件，通常是在市场收盘后宣布。这个消息让股东们大吃一惊，它们排队抛售股票。压倒性的销售压力迫使股票在开盘时缺口跳空下跌。在这项研究中，我使用下跌15%作为最小的事件跌幅，但大多数事件跌幅范围为25%～45%，有一个高达78%。想象一下，一觉醒来时发现1万美元的投资只值2200美元。暴跌通常需要1天或2天，但价格开始反弹前，下跌趋势可能持续更长时间，最多8天。

反弹 价格反弹，收复了在事件下跌期间损失的大部分。反弹幅度通常在15%～35%之间，股价在5～25天达到反弹的顶端。

下跌 在反弹期间。股价到达峰顶后，价格下跌。股价缓慢下跌，直到下跌到反弹顶部之下15%～45%的趋势低点。通常，股价在10～50天之内完成这个旅途。

要正确理解这些数字，请仔细观察图54.2。47%，这是一天的跌幅。食品药品监督管理局的咨询小组驳回了塞法隆制药公司的Myotrophin药物申请。当消息传到华尔街时，公司股票缺口跳空下跌，股价几乎拦腰折断。成交量达到巨量的840万股，是正常成交量的15倍以上。在接下来的3天里，该股收复了部分跌幅，每股上涨2美元(从低点到高点)。然后，接下来开始漫长的下跌。就好像在伤口上擦盐一样，股票又以近乎斜线的方式下跌。从反弹的高点开始，该股又下跌了30%。

图54.3所示为更惊人的下跌。就在大规模下跌前3天，一家证券公司的报告说，它相信这家公司将继续保持强劲的销售和盈利趋势。也许是这份报告提高了人们的预期，但当这家公司宣布季度亏损，而不是华尔街预期的利润时，股价1天内下跌了近43个点，跌幅62%。

股票缺口下跌，这是大多数“死猫”弹跳形态的特征。一项负面新闻的发布太出乎意料，卖单压倒了购买需求。这只股票以比前一日低点低得多的价格开盘，成交量暴增，通常数倍于正常水平。图54.3显示因这一新闻成交量达到4900万股，大约是正常成交量的20倍。

通常，这一日下跌将成为一个新低，股价几乎立即开始回升。图54.3显示股票在第二天创出新低，但随后的一天股价收高。

在大幅度的下跌之后，反弹阶段开始了。大多数时候，股票会回升，回调一部分下跌。然而，牛津健康计划公司股票的反弹阶段是短暂的，只有1天的时间。在接下来不到2个月的时间里，股票跌去了一半。

什么类型的事件导致这些大跌？几乎所有的事件都是公司特有的：负面的收益意外、糟糕的同店销售数字、失败的兼并、会计造假、彻头彻尾的欺诈，诸如此类的事情。有时新闻影响不止一家公司。图54.2所示为塞法隆制药公司发生的事件，但凯龙制药公司的股票没有幸免。凯龙制药公司与塞法隆制药公司签有联合开发和销售Myotrophin药物的协议，所以它的股票也受到了打击，但跌幅没有塞法隆制药公司那么大(少于5%)。

大多数时候，投资者无法预测这一事件。如果你持有股票，你会输得精光。问题就变成了，你还想输掉多少？我们在“交易策略”部分看到，迅速抛售股票是有好处的。

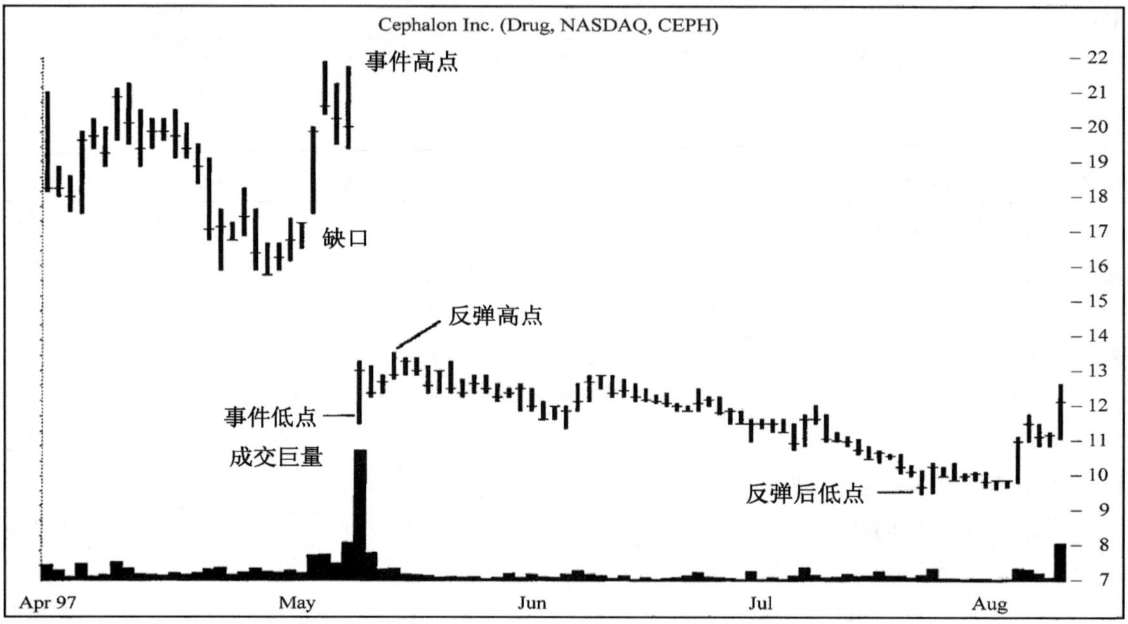

图54.2 一个负面的消息引发了“死猫”弹跳，这个形态是在价格缺口下跌时开始，然后反弹向上，之后下跌。

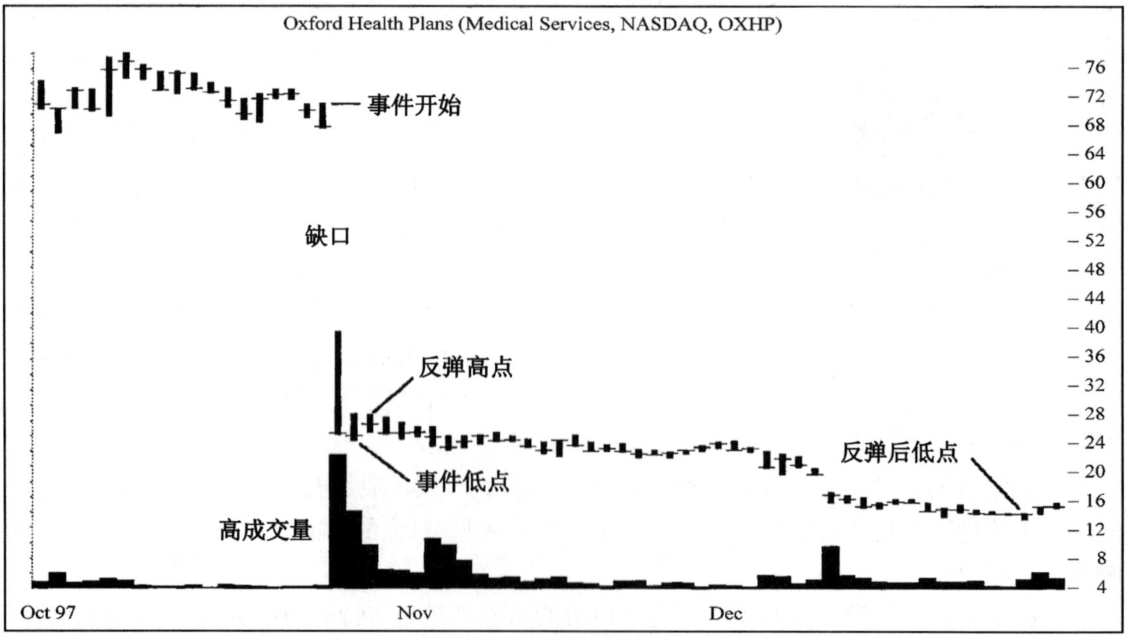

图54.3 负面新闻的发布引发了1天的大幅下跌，其中股价下跌43个点，或跌幅超过60%，但股价下跌并未结束。

关注形态失败

并非所有的大幅下跌都以“死猫”弹跳告终。仔细查看图54.4所示的事件。在1997年4月3日，该公司公布的收益未达到预期，同时宣布了终止与另一家公司的合并。几家券商下调了这个公司的股票评级。价格暴跌44%。像所有的“死猫”弹跳，股票回升了。不过，这只股票继续呈上升趋势，而不是反弹，然后掉头下行，不断走低。在不到3个月内，该股回补了全部下跌。

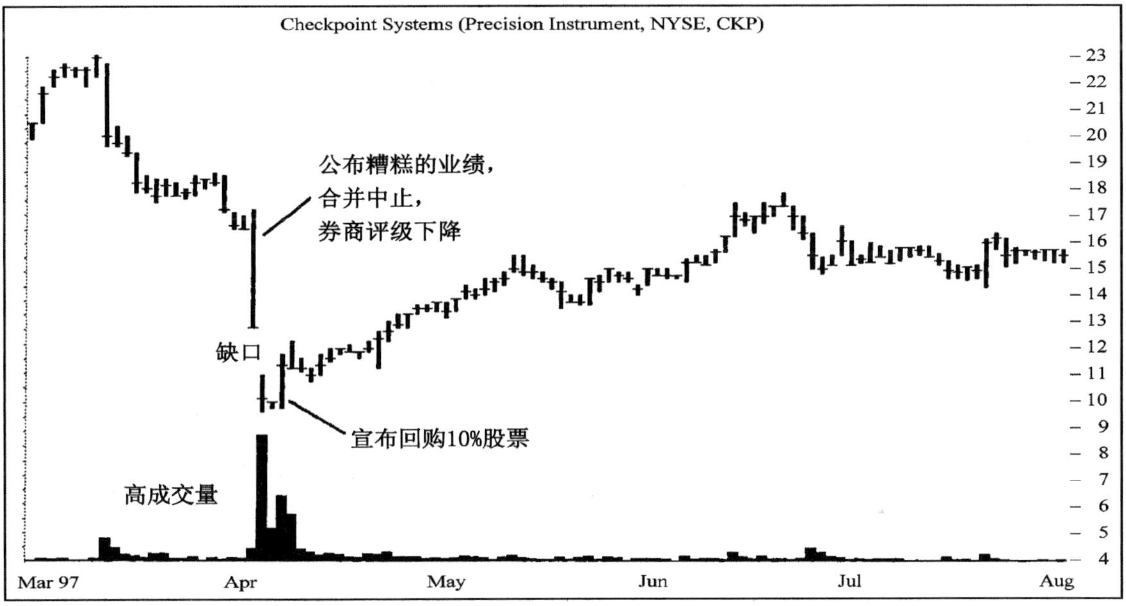

图54.4 一个“死猫”弹跳形态的失败。暴跌后，股价走高，不断上涨，而不是回落。

为什么股票反弹后没有走低？在负面新闻发布后发生的事件解释了这只股票的行为。几位内部人士购买了这只股票。甚至连公司也加入了这一行动，宣布回购10%的股票。这些消息加在一起，使股价走高。随后的事件保持了动量的建设，股价继续上涨。

统计数据

表54.2所示为“死猫”弹跳形态的综合统计数据。

表54.2 综合统计

描述	牛市	熊市
形态数量	454个	222个
反转(R)、持续(C)数量	237R，217C	115R，107C
发生在年度价格区间低(L)、中(C)、高(H)[a]各区域的分布百分比	L31%，C44%，H25%	L47%，C33%，H20%

注：[a]表示使用事件前一天的收盘价。

形态数量 我使用在第一版中发现的形态，加上新发现的形态。排除了那些事件下跌不到15%的“死猫”弹跳。我将事件下跌定义为从事件的前一天收盘到反弹开始之前的趋势低点。我用我的数据库来将事件与那些价格大幅移动作配比，所以如果股票下跌20%，但没有与它关联的事件，我就忽略它。我在1991年中期到2004年中期发现了676个“死猫”弹跳形态。

反转或持续 作为价格趋势反转的“死猫”弹跳形态只比作为持续的多28个。

年度位置 使用事件前一天的收盘价作为形态在年度价格范围中突破位置的参考，我们发现在牛市“死猫”弹跳最经常出现在年度价格范围的中间区域。在熊市中，它们通常发生在年度价格区间的低位区域的附近。

表54.3所示为事件下跌的统计数据。

表54.3 事件下跌统计信息

描述	牛市	熊市
具有事件日缺口的数量	337或74%	179或81%
缺口平均金额(美元)	2.59	4.06
事件跌幅(前一天的收盘价到趋势低点)	31%	35%
事件持续时间(事件日到趋势低点)	7天	6天
事件日次日收盘更低(数量或占比)		
事件日+1	207或46%	112或50%
事件日+2	76或17%	61或27%
事件日+3	39或9%	28或13%
事件日+4	14或3%	12或5%

缺口 有74%～81%的“死猫”弹跳形态以一个巨大的价格缺口开始。这意味着在市场收盘之后宣布消息。当交易开始时，价格大幅下跌，开盘缺口太大，随后的日内交易无法回补缺口。到了当天收盘时，牛市形态缺口平均2.59美元，熊市形态缺口超过4美元。

事件 事件下跌，即从事件前一天收盘价到趋势低点(开始大幅上升到反弹阶段之前)，跌幅平均超过30%。股价下跌到趋势低点大约需要1个星期，但这是由几个大幅大跌的形态拉起来的平均值。如果使用频次分布，你会发现大约一半的形态，价格在事件第二天跌得更低。除此之外，正如表54.3所示，连续收低的形态越来越少。

这些信息是什么意思？如果你想交易反弹，则在当天的低点买入股票。你有可能真的能够买入成功并跟上股价的向上反弹。

表54.4所示为“死猫”弹跳的反弹统计信息。

缺口回补 事件发生后，价格反弹，但反弹会有多高？在略低于1/4的形态中，价格反弹是足够高的，足以回补当天的缺口。这意味着价格至少会上升到事件发生前一天的低点。

在3个月时间里，超过1/3的事件日缺口会被回补。6个月后，一半以上的事件日缺口都回补了。从另一角度看，在事件的大幅下跌半年后，几乎一半出现“死猫”弹跳的股票价格尚未完全回补。

反弹 反弹高度，从事件后的趋势低点到反弹的最高点，在牛市平均28%，在熊市平均35%。这个发现让我很吃惊。我预计牛市的反弹将高于熊市，但表54.4所示情况并非如此。

对于两种市场类型来说，完成反弹的时间几乎相同：大约3个星期。请注意，熊市中的上升比牛市中的上升更快。因此，如果你想交易反弹，选择在熊市的“死猫”弹跳形态。

表54.4 弹跳统计信息

描述	牛市	熊市
反弹期间(到反弹高点)回补的缺口(数量或占比)	74或22%	41或23%
3个月内回补缺口(数量或占比)	127或38%	70或39%
6个月内回补缺口(数量或占比)	195或58%	96或54%
平均反弹涨幅(事件低点到反弹高点)	28%	35%
反弹持续时间(事件低点到反弹高点)	23天	21天
事件下跌中值	28.74%	33.32%
大的事件下跌导致的反弹涨幅	35%	44%
小的事件下跌导致的反弹涨幅	22%	29%
大的事件下跌导致的反弹持续时间	25天	25天
小的事件下跌导致的反弹持续时间	20天	16天

事件跌幅大小 我将事件跌幅的大小与随之而来的反弹进行了比较。表54.4所示为在事件前一天的收盘价到反弹前趋势低点的下跌中值。跌幅高于中值的，我称之为大事件，小于中值的为小事件。然后我比对了反弹高度和持续时间，发现大的事件下跌导致大的反弹；小的事件下跌导致小的反弹。例如，当下跌是一个大事件下跌时，牛市中价格反弹35%，小事件下跌显示平均反弹22%。

反弹持续时间与我在第一版中发现的不一样，因为我在这一版本中使用了更多的样本，而不是依赖于散乱样本的解释。我发现大的事件下跌导致的反弹需要更长的时间才到达峰顶。例如，在牛市中，大事件下跌的价格在反弹阶段平均需要25天达到峰顶；小事件下跌需要20天达到峰顶。

表54.5所示为反弹后的统计数据。反弹后是指从反弹的最高点到反弹后的低点——即反弹后变化之前的最低点。

表54.5 反弹后统计数据

描述	牛市	熊市
反弹后跌幅(反弹高点到反弹后低点)	30%	40%
反弹后持续时间(反弹高点到反弹后低点)	49天	42天
事件低点到反弹后低点	18%	27%
下跌到低于事件低点的形态(数量或占比)	306或67%	167或75%
从事件前一天收盘价到反弹后低点的跌幅	38%	48%
从事件前一天到反弹后低点日的持续时间	79天	69天
3个月内又有15%下跌的形态(数量或占比)	118或26%	105或47%
6个月内又有15%下跌的形态(数量或占比)	174或38%	135或61%

反弹后 一旦价格在“死猫”弹跳形态的反弹阶段达到峰顶，在牛市中股价会下跌30%，而在熊市中，价格就像石头落到水里，股价骤跌40%。在熊市中，让这么大幅下跌的时间比牛市更快：42天比49天。如果你想在熊市中在一个“死猫”弹跳后做空股票，尽量抓住时机，这样你就可以在反弹峰顶附近建立空仓，然后持空仓待跌。

事件低点到反弹后低点 这个标准衡量的是如果你决定经受一个“死猫”弹跳，股价的跌幅会是多少。在价格开始上升至反弹高点之前，事件低点是最低的低点。反弹后低点是股价反弹后的最低点。反弹后低点和事件低点的差异说明事件的大幅下跌后，事情会变得多糟糕。在牛市中，新增跌幅为18%，而熊市则为27%。超过2/3的股票(67%～75%)在反弹后下跌低于事件低点。

这些信息是什么意思？假设有人在收银机上用手抓住了公司的CFO，在熊市中，公司股票价格在2天内下跌了40%。如果你交易向上的反弹，那么后来是要卖出股票，或是持有？回答：持股待涨，然后在反弹高点卖出。一旦反弹完成，预计股价还会有27%的额外下跌，两个下跌合起来跌幅是67%。

事件开始到反弹后低点 事件前一天的收盘价到反弹后低点的跌幅，牛市为38%，熊市为48%。这一跌幅是投资者持有股票然后在最低的底部卖出时的平均跌幅。使人遭受这样的痛苦需要69～79天。

额外的“死猫”弹跳 在“死猫”弹跳后的几天里，我看了大量的股票大幅下跌(超过15%)。我认为，一个“死猫”弹跳接着一个“死猫”弹跳，因为管理层没能够在短短的一个季度里解决严重的问题。

在现有的数据中，有26%～47%的“死猫”弹跳在3个月内出现新的“死猫”弹跳，38%～61%的形态在6月内有另一个“死猫”弹跳。数字表明，你应该好好利用一个糟糕的形势，在反弹阶段卖掉长期持有的股票，特别是在熊市中。如果你不卖，将遭受股价的下跌，另一个“死猫”弹跳发生的概率很高。

表54.6所示为“死猫”弹跳三个阶段的时间频次分布，这些时间是日历时间，而不是交易日时间。这些数字告诉了我们什么？

表54.6 时间频次分布

天数	2	4	6	8	10	12	14	16	18	＞18
事件下跌,熊市	53%	8%	10%	7%	4%	3%	3%	2%	1%	9%
事件下跌,牛市	54%	6%	8%	8%	4%	3%	4%	2%	2%	11%
天数	**5**	**10**	**15**	**20**	**25**	**30**	**35**	**40**	**45**	**＞45**
反弹上升,熊市	30%	18%	8%	10%	9%	5%	2%	3%	3%	11%
反弹上升,牛市	26%	19%	12%	7%	7%	5%	4%	1%	4%	15%
天数	**10**	**20**	**30**	**40**	**50**	**60**	**70**	**80**	**90**	**＞90**
反弹后下跌,熊市	19%	20%	17%	6%	13%	5%	5%	4%	3%	9%
反弹后下跌,牛市	16%	20%	14%	11%	8%	5%	6%	4%	3%	15%

事件下降 仔细看事件下跌，统计表中第一块的数字。这个区块所示为大幅下跌后价格的快速见底。例如，在熊市中，53%出现“死猫”弹跳的股票在2天或更短的时间内达到了趋势低点。由于列的数字是可以累加的，71%(53%+8%+10%)的形态在6天或更短的时间内到达底部。

反弹 下一区块显示，价格到达事件低点后上升到反弹顶部的时间。例如，在熊市中，30%的股票显示一个“死猫”弹跳需要5天或更短的时间达到反弹的最高点，然后价格开始再次下跌。在10天的时间里，几乎一半——48%(30%+18%)的形态将达到反弹高点。

反弹后 最后一个区块所示为股价花多少时间才能到达反弹后的低点。例如，在熊市中，19%的形态在不到10天里达到反弹后低点。在1个月内，56%(19%+20%+17%)的形态将见底。

这张表格让你知道，股票平均要花多长时间来完成“死猫”弹跳的三个阶段：事件下跌、反弹阶段以及反弹后下跌。但是，请记住，既然我们在这里讨论的是概率问题，现实中任何事情都可能发生。

表54.7类似于表54.6，但是关于价格的。

表54.7 价格频次分布

百分比	15	20	25	30	35	40	45	50	55	>55
事件下跌，熊市	0%	6%	16%	17%	15%	11%	14%	6%	9%	6%
事件下跌，牛市	0%	13%	19%	22%	15%	11%	8%	3%	6%	4%
反弹上升，熊市	17%	11%	11%	9%	12%	8%	6%	2%	2%	22%
反弹上升，牛市	23%	15%	10%	11%	7%	8%	6%	5%	3%	13%
反弹后下跌，熊市	5%	15%	10%	10%	9%	9%	11%	6%	7%	17%
反弹后下跌，牛市	16%	15%	15%	14%	9%	8%	7%	5%	4%	7%

事件下跌 第一区块的数字显示从事件前一天收盘价到事件低点的跌幅。例如，在熊市中，6%出现“死猫”弹跳的股票显示跌幅为15%～20%。由于列是可累加的，39%(0%+6%+16%+17%)形态的下跌幅度高达30%。表54.7显示，大多数熊市的“死猫”弹跳(73%)形态的跌幅从25%到45%，大部分牛市形态(80%)的跌幅在20%～40%之间。

反弹 下一个数字区块显示反弹的高度，即从事件低点到反弹到达的最高点。例如，在熊市中，17%出现“死猫”弹跳的股票反弹了15%。大部分反弹(60%)的涨幅在15%～35%。在牛市中，大多数(59%)形态反弹的涨幅在30%以上。

反弹后 最后一个数字区块所示为从反弹阶段的最高点到反弹后低点的下跌幅度。例如，在熊市中，出现“死猫”弹跳的股票中有5%的股票将继续下跌达15%。另外15%的股票将继续下跌的幅度在15%～20%。大多数股票(64%)在反弹后下跌幅度从20%到45%不等。在牛市，反弹后跌幅较小，多数股票(60%)下跌15%～30%。

将表54.6和表54.7综合起来看，这些数字显示在“死猫”弹跳期间价格将会移动多长时间和多远。它们可以帮助你建立一个交易计划，以利用“死猫”弹跳。

交易策略

表54.8所示为“死猫”弹跳事件形态的交易策略，表54.9列出了从我的数据库中出现“死猫”弹跳的额外股票，您可以在其中磨炼您的交易技能。

表54.8 交易策略

交易策略	解释
卖出长期持股	等待反弹到达峰顶时卖出股票
做多	对于波段交易者，当价格结束事件下跌时买入，当价格在反弹阶段峰顶时卖出。不要因为便宜而买入一只出现“死猫”弹跳的股票。股票在未来几个星期里将会更加便宜
做空	在反弹到达高点时做空，然后等待价格走低，在趋势变化时平掉空仓

卖出长期持股 和事件下跌一样糟糕的是，在价格结束反弹的上涨之后，事情只会变得更加糟糕。表54.5显示，价格下跌低于事件低点18%(牛市)和27%(熊市)。你想冒这些额外损

失的风险吗？

因为你不能避免事件下跌，所以你应该离场，等待反弹。使用表54.6和表54.7来估计价格可能反弹的时间和幅度。我发现，随着股价上涨，在许多情况下，沿小低点的底部的向下倾斜趋势线是有效的。当价格收盘在趋势线以下，卖出股票。你可能抓不住反弹高点，价格可能会重新上升而不是在反弹后继续下跌，但卖出，获得了结是保护你财富的最好方法。

如果你碰巧做空了股票，然后出现一个“死猫”弹跳，预计反弹后会有额外的下跌。表54.5显示，在67%(牛市)和75%(熊市)出现“死猫”弹跳的股票会跌到低于事件低点。您可能会遇到例外的情况，因此，如果价格上升并回补了事件缺口(从表54.4中看到，22%和23%的形态出现这样的情况)，请考虑平掉您的空仓。

价格是否会再次下跌(反弹后)主要取决于公司采取的行动。内部人士是否购买了股票？公司宣布股票回购了吗？是公司的具体问题还是行业里所有的公司都受挫？如果该行业正在遭殃，那么查看其他行业的股票。查看行业是否显示出复苏的迹象？如果有，那么就平掉你的空仓。如果该行业正在遭受打击，而且市场正在下行，考虑到价格预期将会继续下跌，那么就可以在反弹时了结交易离场。有1/3(26%，牛市)到一半(47%，熊市)的形态将在3个月内有另一个“死猫”弹跳。通常，这些都是与季度业绩相关的事件，例如疲软的零售环境(同店销售不及预期，或利润不及预期)。如果公司不能在3个月内解决这些问题，那么接下来就会出现另一个“死猫”弹跳。

做多　交易反弹是一项冒险的举动，应该只由老练的波段交易者来尝试。首先，计算从事件发生前一天的收盘价格到事件低点之差的事件跌幅。跌幅是大还是小？将其与表54.4所示相关的牛市或熊市的事件跌幅中值进行比较。如果你在交易一个大的事件，可以期待一个大的反弹，但这样的大反弹往常比普通的反弹需要更长的时间。如果事件下跌很小，预计会有更小的但是更快的反弹。

历史价格系列寻找一个“死猫”弹跳，然后做模拟交易，以提高你的技能，然后再投入真金白银进行实战。表54.9列出了你可以练习“死猫”弹跳的股票。打印出股价图，用一张纸盖住它，然后向右滑动纸张，发现事件。在这种情况下，你会何时买入，何时卖出？

表54.9　其他“死猫”弹跳

公司	股票代码	日期
Abbott Labs	ABT	6/11/2002
Abgenix	ABGX	8/19/2002
Administaff	ASF	5/1/2002,8/1/2002
Advanced Micro Devices	AMD	1/14/1999,7/6/2001,4/18/2002,10/3/2002,1/17/2003
Airgas	ARG	4/27/1998,4/28/2000
Any airline stock	ALK, CAL, DAL, FRNT, NWAC, LUV...	9/17/2001(“9•11”事件后)
Alkermes	ALKS	7/1/2002
Alpharma	ALO	7/30/2002,8/15/2002,9/9/2003
Amazon.com	AMZN	7/24/2001,10/24/2001
American Power Conversion	APCC	7/31/2000

在事件下跌结束时买入(尽可能买在接近事件低点)。价格将在1天或2天内见底(根据表54.3所示，46%的形态缺口第二天出现更低价格)。您可以在第一天的低点设置一个买入指令，然后祈祷指令被触发。在牛市，上涨平均需要23天(表54.4)，在熊市，平均需要21天。表54.6显示更为详细的统计信息，以帮助您及时退出交易。上升到反弹高点的涨幅将会与表中显示的不同，不过你尽管放心好了。要灵活，并记住，表中显示的是将可能发生什么，但它不保证结果。

使用与“卖出长期持股”中讨论的相同提示，以尽可能接近反弹高点的价格退出交易。

做空 如果你认为自己可以做空股票赚钱，尝试在表54.9中列出的形态上练习你的技术。参考这一章所附的示例，练习这些股票形态的操作。

当价格在反弹顶部停止攀升时，考虑做空股票。使用你通常用来发现趋势变化的任何方法。这些方法可能包括的指标：如移动平均值、随机指数、相对强弱指数、顺势指标趋势线、形态图、支撑和阻力，等等。

预料股价至少下跌到事件的低点(见表54.5)。并非所有股票都能做到这一点，但这是下注的方式。如果价格的下跌不令人垂涎，那么，除非你有一个很强的理由相信股票会暴跌，否则就找另一个更有希望的交易机会。股价可能不会暴跌，所以要使用止损来保护您的投资。

检查基本面，了解为什么股票在一开始就暴跌(事件下跌)。这些知识经常会给你一个关于“死猫”弹跳形态未来的线索。很多时候，这个问题不能在当前的季度内解决，所以其他的季度可能也会受到影响。

交易故事

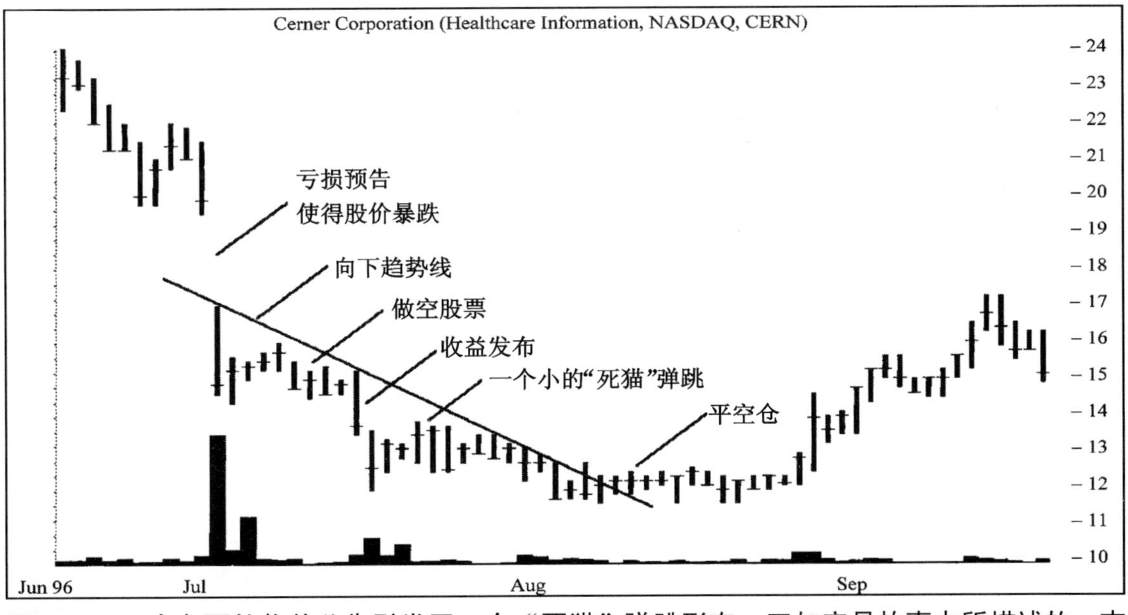

图54.5 一个负面的收益公告引发了一个“死猫”弹跳形态。正如交易故事中所描述的，吉尔在反弹之后做空股票，然后在价格收在趋势线之上时平仓。这项交易使她在1个月内获得了20%的收益。

如图54.5所示，塞纳公司股票出现一个“死猫”弹跳。在公司表示收益可能不及预期以及今年余下时间里前景堪忧之后，公司股价下跌了5个点(25%)。在接下来的4天里，股票都是收高，然后不断收低。吉尔看到股票爬上那个山坡后，卖掉了股票，卖出价为收盘价15美元。然后，她等待着，密切注视着股票。股价继续向下移动，正如预测的那样。

收益公告迫使股价在2天内再次下跌20%。吉尔坚持自己的仓位，期待另一个“死猫”弹跳。在接下来的1个星期左右，这只股票的上涨并不稳定，随后股价转弯，掉头下行。

她把从预告日开始的顶部连接成一条向下倾斜的趋势线。当价格最终收在趋势线之上时，她知道是时候平掉头寸了。第二天，她买回了股票，每股12美元，低于当日收盘价0.25美元。她坐下来，计算她的利润，她发现在短短的1个月内，自己每股赚了将近3美元，约20%的回报率。

尽管这个交易很好，但如果她等到11月再平掉仓位，她每股将会再赚1.50美元(股价到达10.50美元的低位)。然而，在她平仓的时间直到股价到达最终的低点期间，股票曾攀升回到17.2美元，这个故事告诉我们，你永远不会因获利而破产。

交易秘籍

下面的列表包括了提示和观察结果，以帮助选择在突破后表现更好的“死猫”弹跳形态。有关更详细的信息,请参阅相关表格。

●查看辨识指南以正确选择形态。见表54.1。

●近一半的股票在事件次日下跌得更低。见表54.3。

●1/4出现事件日缺口的股票在反弹期间回补缺口。见表54.4。

●事件日跌幅越大，反弹的幅度越高，但上涨速度更慢。见表54.4。

●股价在熊市下跌速度更快。见表54.5。

●出现“死猫”弹跳的股票中，有67%～75%的股票将在反弹结束后下跌到事件低点之下。见表54.5。

●出现“死猫”弹跳的股票中，有38%～61%的股票在不到6个月内将会出现另一个15%或更大的下跌。见表54.5。

第五十五章 “死猫”弹跳形态之倒置形态 Dead-Cat Bounce, Inverted

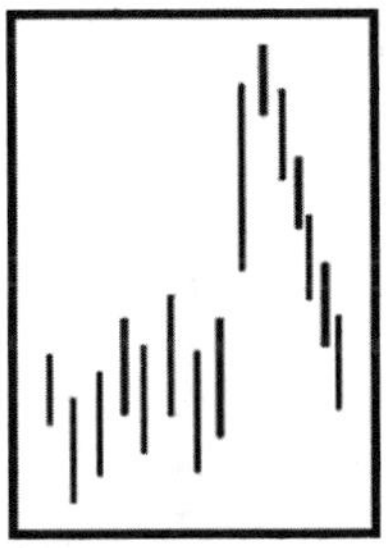

我称这种事件形态为“死猫”弹跳之倒置形态，或倒置“死猫”弹跳形态，是源于在一个出人意料的好事件之后价格的运行方式。我没有打破通常表格中的统计数据，因为我用一台电脑来寻找我跟踪的匹配的股票。在某些情况下，如果有超过3万个样本，全部检查它们将过于繁重。因此，本章的格式与其他章节不同。

导入

倒置“死猫”弹跳形态是什么样子的？图55.1所示为其中第一个例子，这是从我做的交易中得到的。倒置“死猫”弹跳形态从一个大的、1天的、向上的价格上行开始。在这个例子中，股票在财报公布后上涨了15%，缺口上行，成交量巨量。第二天，股价创下更高的高点、低点以及收盘价。但在接下来的几天，股价下跌，返回上行开始的地方，然后下跌到略低于起点。

这是我笔记本上的记录：“2/6/04。我买入400股，其中300股成交价为每股30.30美元，另外100股成交价为每股30.39美元。这是一个盈利旗形交易。由于总体市场疲软，我在买入股票前等待回调。价格可能会回调得更远，但我预计股价会重新攀升。回调可能会达到50%，股价会下行到27.50～28美元。这也是2003年8月到11月的峰顶位置。预计上升将达到35美元。根据股价的位置和形态图，股价可能会在34美元停顿。在35美元，这个位置会遇到2000年3月和7月峰顶形成的长期下跌趋势线。根据1-2-3趋势变化法则，股票正准备向上移动。价格穿透了下跌趋势线，重新测试了低点，现正突破以创新高。”

让我解释一下这个记录。这应该是一个盈利旗形交易，但你可以看到，这个旗形是一个失败形态，因为价格下跌而不是上行。如果当时我研究了倒置“死猫”弹跳，我就不会交易这个形态了。为什么？大的上行之后通常是大的下行。

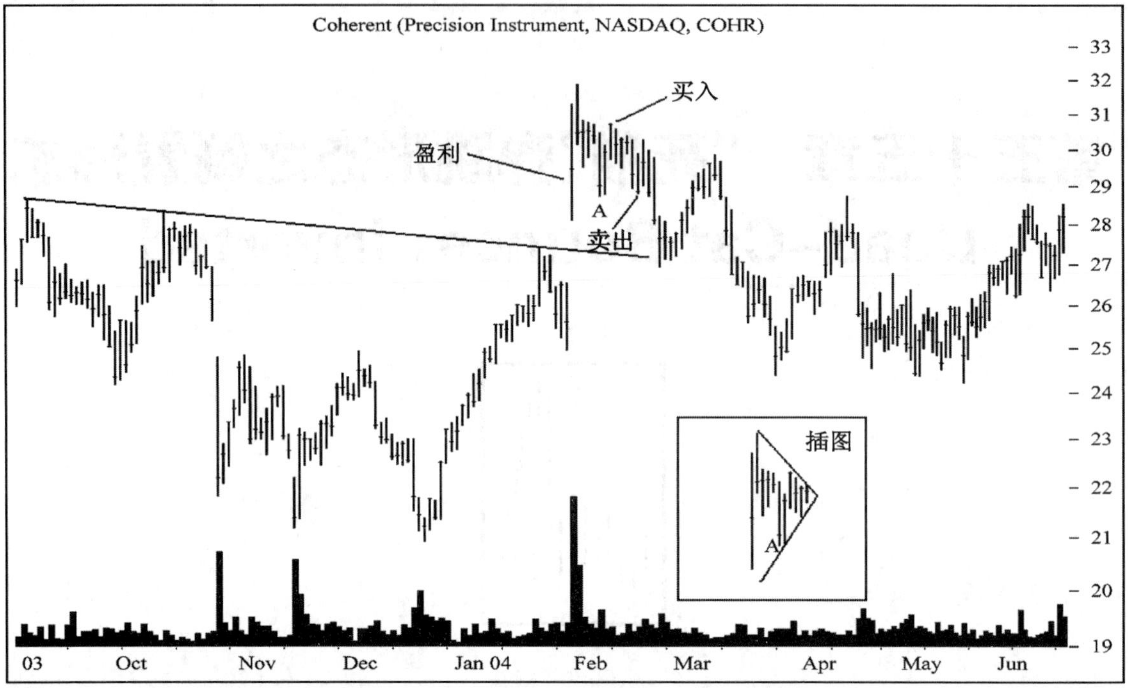

图55.1　公司盈利使股票上涨15%。第二天股价更高，然后开始下跌。

由于一个交易成功的可能性随着股票、行业以及总体市场的上行而提高，我等待市场的上行。标准普尔500指数在我买入股票前几天就开始上行了。如果股价回调到27.50～28美元区域，它将会得到先前峰值的支撑，但同时也会回补缺口。缺口通常支撑股票——正如它在2月下旬所做的——但股价在3月在价格通道中运行。

35美元的目标价格来自盈利旗形的预测。在股价大涨前一天的低点，价格在25.24美元见底，然后上行到31.88美元的峰顶，计算两者之差得出高度为6.64美元。从旗形低点点A的28.75美元算起，目标价格将是35.39美元。我保守估计，四舍五入后目标价格为35美元。

在上行的旗杆上回调50%是28.56美元，刚好高于缺口的顶端，同时刚好低于点A。我发现斐波那契回调数(如38%、50%以及62%)是有用的，可以帮助确定支撑和阻力区域。你可以看到，当价格在点A形成低点时，它接近50%回调标记，然后股价上行。

有时，我检查股价位置和形态图(盈利旗形)，以帮助确定支撑和阻力区域。盈利旗形所示为在34美元的上方阻力，在股价图上，一个坚实的区域出现在2002年3月和4月的价格区间(未显示在图55.1中)。

1-2-3趋势变化法则超出了本书的讨论范围(详见《交易经典形态》，威利，2002年)，趋势变化法则说明，当股价突破了向下倾斜的趋势线，重新测试了低点，但测试失败，股价上升后上涨高于前一个小高点，此时，价格趋势就从下跌变成了上涨。当价格缺口跳高上行到高于连接9月和10月峰值的向下倾斜趋势线时，如图55.1所示，这三个标准都满足了。

这是我笔记本上的卖出记录："2/12/04。道琼斯指数昨天上涨了123点，但这只股票几乎没有移动。今天，它已从一个三角旗形突破向下。是时候减少损失了。我将在明天市场开盘时卖出。这只股票没有我预想的那样运行，所以是时候卖出了。2/13/04。股票在29.255

美元卖出。”

由于我的交易成功依赖于市场帮助推高股价，当股票未能参与市场的反弹时，这通常是一个危险信号。再加上股价从三角旗形中突破向下(见图55.1中的插图)，这是一个卖出的信号。交易技术形态或事件形态的一个关键规则是，如果价格不按预期运行，则了结您的交易。我就是这样做了，这使损失减少到约450美元，或3.8%。如果我坚持持有股票，我可能会把持有一起下跌至5月的低点，损失将会是20%。

统计数据

对于这种形态，我没有列示统计数据的大表格，而是显示图形。让我先发一个警告。图55.2所示为数以千计样本的平均值，你的交易可能不像这个统计图表。尽管如此，所有的图表都建议，当价格到达更高的高点时，在第2天卖出股票。你在以后是否买回股票，取决于当时的情况和股价的运行。运用常识和你的交易经验来正确实施。

图55.2所示为29600个到37100个股价的高点、低点或收盘价移动了5%的事件形态的价格剖面图。我使用从1988年1月到2004年6月的250只股票来收集数据。并非所有股票都涵盖了这一期间。

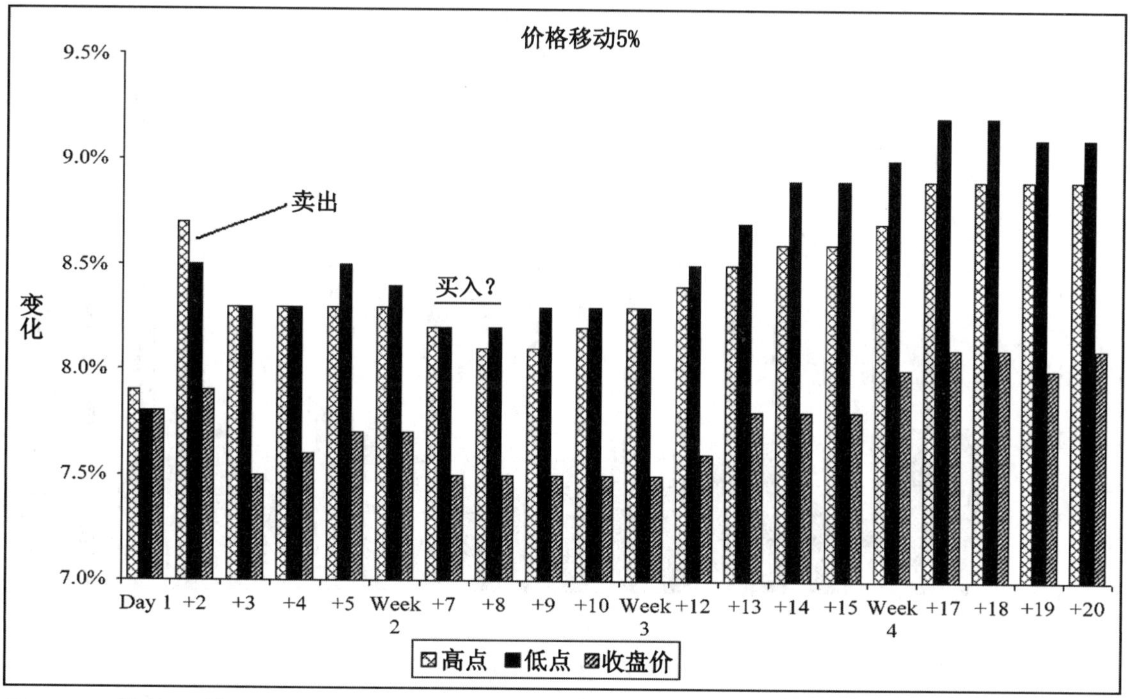

图55.2 价格又攀升了2天，然后下跌，横盘运行，之后再开始温和攀升。

图55.2是随着时间的推移平均股价变化的频次分布。垂直轴显示股价大幅移动前一天(称为基准日)与随后1个月内的低点到低点、高点到高点以及收盘价到收盘价之间的平均涨幅。例如，在第1天，日内低点和收盘价比前一天高出7.8%，而日内高点则高出7.9%。次日，与基准日的高点、低点以及收盘价相比，所有三个价格分组均移动得更高，分别为：高点高出8.7%、低点高出8.5%、收盘价高出7.9%。

这个统计图表是什么意思？如果你持有股票，它跳高上升5%，图55.2所示为接下来一个月内股价的平均价格行为。在最初的上行之后，预期股价在第二天会有更高的高点、更高的低点以及更高的收盘价格。那一天是卖出股票的时机。平均而言，在接下来的一段时间内价格将会下跌，并可能在第2个星期中间趋于稳定。这个时候日内低点下跌。这个位置可以考虑买回股票。预计股价将在3个星期后开始轻微上升，并持续上行进入第4个星期。

在这个频次分布图表中，价格数据使用的是中值而不是平均值。频次分布图表表明，价格高峰出现在第2天，然后缓慢向下，直到15天，股价开始上升。然而，到了月底，价格高点仍然远远低于第1天的高点。另一个频次分布显示，49%的倒置“死猫”弹跳形态在2天有更高的收盘价。这一比例在第3天下降到47%，但在第6天开始上升，直到第20天。在月底，53%的形态有更高的高点。

简而言之，如果你是一个波段交易者，数据似乎表明第2天卖出股票是最好的做法。对于一个头寸交易者，他持有一个数周、数月甚至数年的头寸，5%的移动可能不值得出售。如果价格回吐了所有的收益，它们认为这没什么大不了的，而你可能另有决定。

图55.3所示为价格上升至少10%的倒置“死猫”弹跳形态的价格频次分布。我在大约550只股票中，在1987年到2004年6月期间，找到了9300～11500个符合资格的样本。并非所有股票都涵盖全部数据期间。

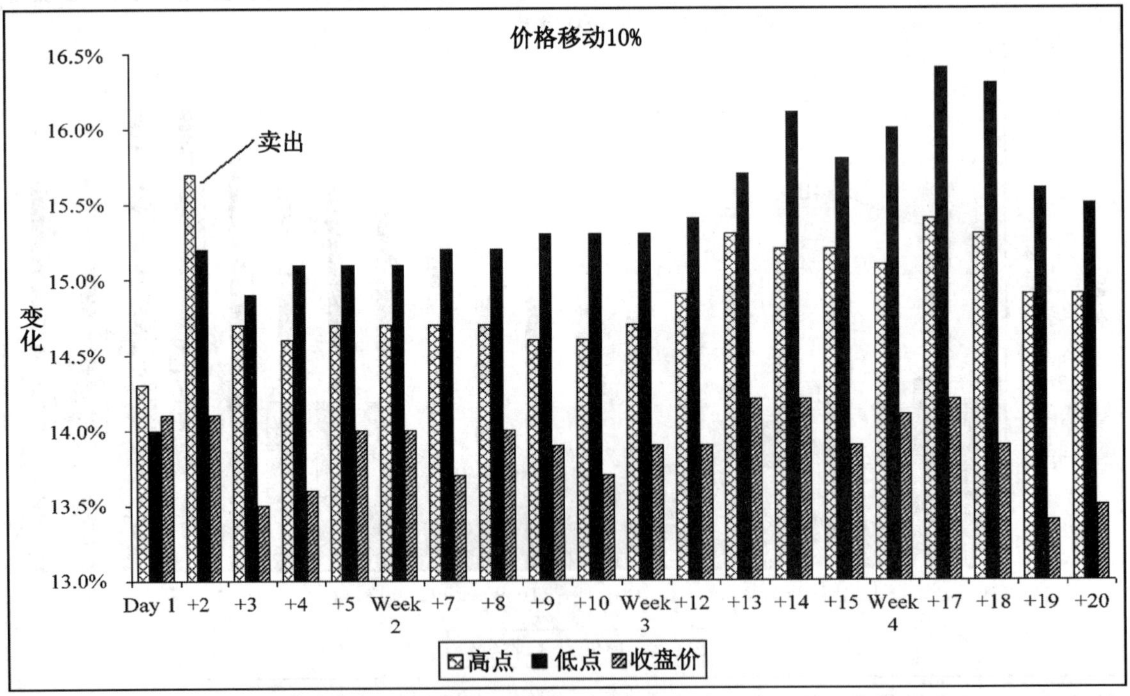

图55.3　对于股价移动10%的股票，最好的卖出时间是在第2天。那一天是接下来1个月的最高平均价格。

图55.3与图55.2显示的类似。在基准日后第1天，价格平均攀升14.1%，第2天攀升得更高(比基准日高出15.7%)，但收盘价与前一天相同。基准日后第2天是卖出股票的时机，因为它是未来1个月内的最高点。直到第13天，价格才会攀升到第2天的平均收盘价，到月底，收盘

价是低于第1天和第2天的。日内低点持续上升，在第4个星期中间时段达到峰顶。这一发现表明，一旦你卖出股票，就应该袖手旁观。随着日内低点的上升，股票只会变得更加昂贵。

使用高点中值的频次分布显示，第2天价格见顶，之后稳步下跌，直到月底。第三种频次分布表明，48%的样本在第2天有较高的高点。这一比例在第4天和第5天降至43%，然后稳步上升，到月底升至50%。这意味着一半的样本第2天的日内高点高于第1天，而另一半则低于第1天。

图55.4所示为一个更乐观的场景。我在1998年1月至2004年6月的550只股票中使用了2400～2600个样本。样本数量的差异是因为我在三组价格中单独收集数据的结果，此三组价格即为高点、低点以及收盘价。很多时候，收盘价其他两组价格有更多上行的样品。

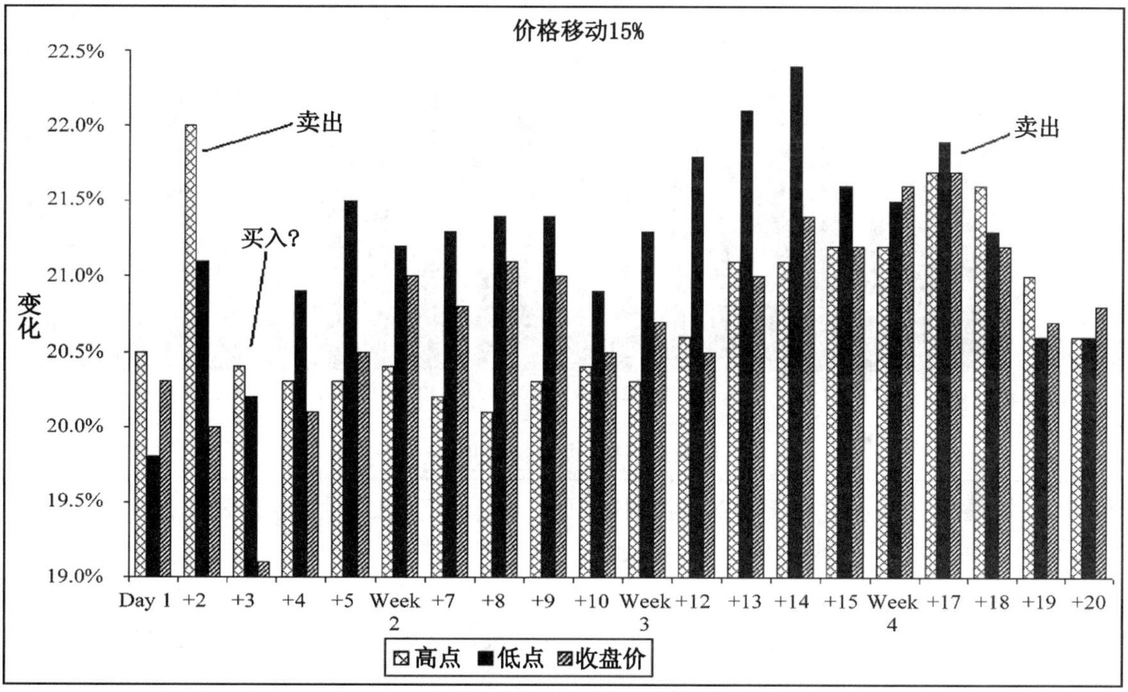

图55.4 图中显示价格移动至少15%的股价截面。在第2天卖出股票，然后在第2个星期中间再买回来。持股等待价格上涨，直到第4个星期。

该图所示为在基准日的基础上，平均价格最低变化15%的频次分布。该图建议你在第2天尽可能接近日内高点的价格卖出股票，这可能是未来1个月的最高价格。然后在次日接近日内低点的价格买回股票(如果你能想出如何做到这一点)，然后持股等待价格向上，直到第4个星期初期。到那个时候要卖出股票，因为价格到月底将会下跌。

使用中值的频次分布显示，在第1天日内高点为峰顶，然后下跌，在第8天、第10天、第15天以及第20天下跌触底。在月底(第20天)，高点的价格大幅低于第1天。另一种频次分布所示为价格在第1天高点为最高点的频次。频次开始是46%，然后在第3天下降到40%，在月底攀升到48%。

图55.5显示的股价截面使用的样本最少：从1988年1月到2004年6月期间的1000个和1300个样本，覆盖550只股票。在基准日后的任何一天，上升至少20%的股票是相对较少的。

如何使用这些信息？在第2天，价格高点平均比基准日高出29%，然后价格下跌，在第3天结束时收盘价最低。如果你能在第3天的日内低点买入股票，那就可以考虑买入，然后持股等待价格上涨，直到第2个星期初期(当日内高点为峰顶时)或一直持有到第4个星期的开始(高点峰顶再次出现)卖出，在月底价格将会走低。

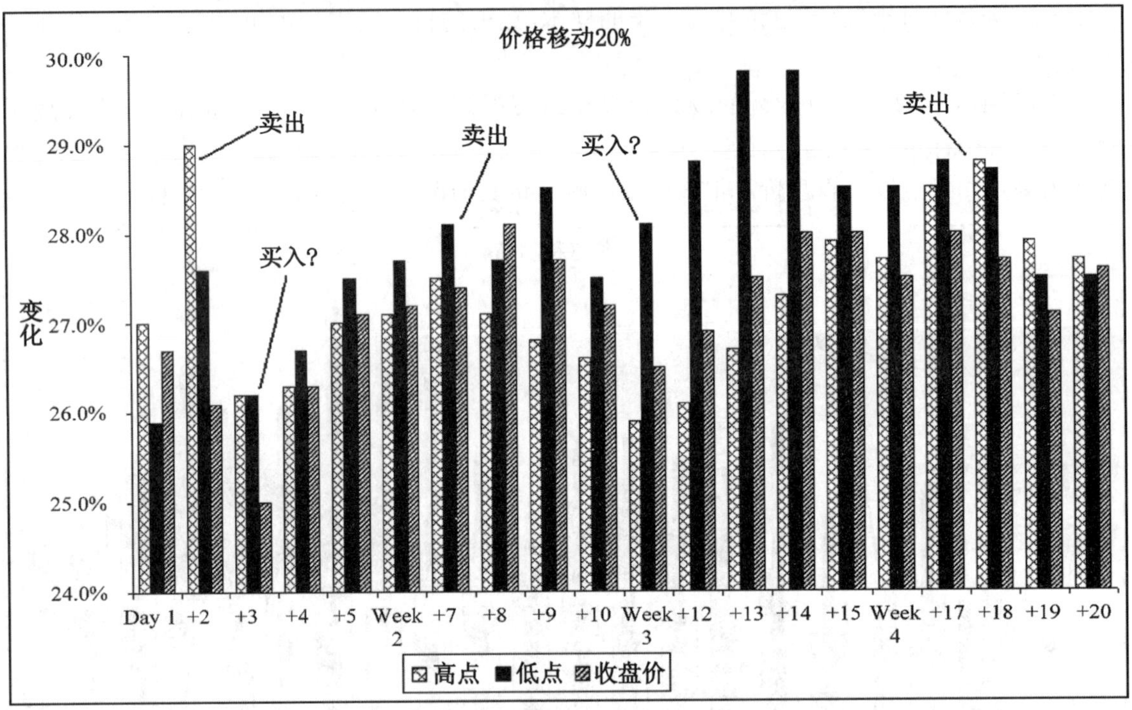

图55.5　此图显示价格变动至少20%的股价截面。在第2天卖出，并在第3天低点附近买回来。持有股票，直到第4个星期中间，然后卖出。

让我提醒你，如果你听从这个建议，你可能会赔钱。在第2天卖出是个明智的决定，但这么快就买回股票就不一定是明智之举了。股票可能会继续下跌，你应该考虑推迟买回，直到第3个星期开始，或者根本不要考虑买回。

以日内高点中值代替平均值的价格频次分布表明，价格在第1天达到最高点，然后下跌，直到第6天，之后基本上是水平移动直到月底。在月底，高点价格的中间值远远低于第1天。这种行为强调需要提早卖出。

计算价格高于第1天的次数频次分布显示，第2天是45%，第3天和第4天下降到低点，37%。随后数字上升，到了月底，47%的形态月底高点比第1天高点高。这些数字建议，在价格大幅上涨的当天卖出，然后再往别处寻找另一个交易机会。

交易策略

我以每股15.81美元买了1000股西南航空公司的股票。之后不到3个星期，该公司宣布，在经过2年的谈判后，公司与航空乘务员联盟达成了初步协议。因为这条新闻，股票收盘暴涨8%，收在17美元，一下子就给了我大约1200美元的利润。我卖了吗？没有，我有理由持有股票，虽然8%的上涨是好的，但仍然不够，我寻求的是20%或25%。

接下来的星期一，该股股价走高，但收盘下跌2%(16.64美元)，符合预期。股价继续下跌，最终击中我在15.41美元的止损指令，我的股票兑现离场。我将本来的1200美元收益整成了430美元的损失。哎！现在我是一个更积极的交易者(为了防止这种回调)，我知道如果价格上涨了5%或更多，那么获利了结是明智的。

表55.1所示为倒置“死猫”弹跳形态的交易策略。我是基于“统计数据”部分中讨论的图表得出这些策略的。由于图表代表平均的价格变化，您的结果将会与这些数据有所不同。在交易之前，问自己是否应该卖掉持股以保持利润。记住，资本利得税可能是重要的因素，如果总体市场呈上升趋势，你可以决定长期持有。然而，如果有人以80美分卖给你一张合法的美元钞票，还是应该交易的。20%的涨幅在股票中是罕见的，所以应该卖出股票，因为价格可能在未来几天里会下跌。当价格见底时，你总是可以再买回的。

表55.1 交易策略

交易策略	解释
计算涨幅	计算从基准日和第二天(即价格拉升5%到20%或更高的那一天)的收盘价之差。请参考“统计数据”部分中查看相应的平均价格截面图表，或使用以下提示
收盘时的涨幅：5%	5%的涨幅值得获利了结吗？在开始上涨后的一天卖出。在第2个星期买回，持股待涨，至第4个星期
收盘时的涨幅：10%	在开始上涨后一天卖出。不要买回来，因为价格可能会趋势下行
收盘时的涨幅：15%	在最初上涨后一天卖出。对于波段交易者，在第3天接近低点买入，在买入前仔细考虑具体情况，然后持股到第4个星期，当价格到达峰顶时卖出
收盘时的涨幅：20%	在最初上涨后一天卖出。对于波段交易者，考虑在第3或第11天接近低点买回，在第2个星期或第4个星期早期再次卖出。月底股价趋势走低

计算涨幅 比方说，你持有的股票从收盘价10美元上涨到12美元，涨幅为20%。请参考图55.5，查看下个月股价活动的平均价格截面。你的情况是否会像图中显示的那样，没有人真正知道。不过，在你制定交易计划时考虑一下这个截面。

收盘时的涨幅：5%～20% 所有四个截面图(图55.2到图55.5)都建议在股价大涨后次日卖出股票。您的卖出指令应该设置在事件日当天(第1天)的日高点。例如，如果价格上涨10%，峰值为20美元，但收盘时为19美元，请在第二天将限价单设置在20美元卖出，看看股价是否触发这个指令。如果价格没有达到20美元，而看起来像是已经见顶，就将限价指令改为市价委托，然后了结交易。股票在第2天可能无法达到更高的高度了，但你可能会得到比前一天收盘价要好的价格。记住，频次分布表示还有不到一半的股票第2天的价格比第1天高，所以请记住这一点。如果价格看起来像它已经在第1天见顶，那么就卖出股票，不要等待一个更高的高点，因为这可能不会在2天发生。

假设你要卖出股票。除了股票本身的因素之外，通常还有股市、行业以及市场相关的情况。如果股市上涨，你的股票很有可能会表现得很好，会在2天涨到更高的高点。在股票疲软时买回，密切关注市场、行业以及股票。如果价格看起来像是已经到达峰顶，那么就卖出。这里所说的峰顶，意思是形态看跌或技术指标显示背离(指标向下移动形成较低的低点，但股票显示较高的高点)，相对强弱指标的失效振荡(很小数值的M形振荡是强烈的短期趋势变化的信号)，或超买信号。

让我们使用图55.6所示的股票举一个例子。首先，计算股价移动。在“基准日”(在图中标记“买入”的那一天)的收盘价，股票收盘时为14.70美元。第二天，收盘价为17.70美元，涨幅为20%。因此，图55.5所示为正确的价格截面。假设在第2天在尽可能接近日内高点卖出，而且高点和低点都将高于前一天，但收盘可能会低于前一天。这种形态意味着最好在市场收盘之前卖出(至少在收盘前一小时，因为这是大户开始交易和交易活跃时期)，以避免进入收盘时的价格下跌趋势。在图55.6中，股票没有出现更高的高点，但有一个更高的低点和收盘价。在“基准日”之后一天卖出是最好的举措，前提是你的卖出价格高于收盘价(因为第二天的交易价格区间高于前一天的收盘价)。

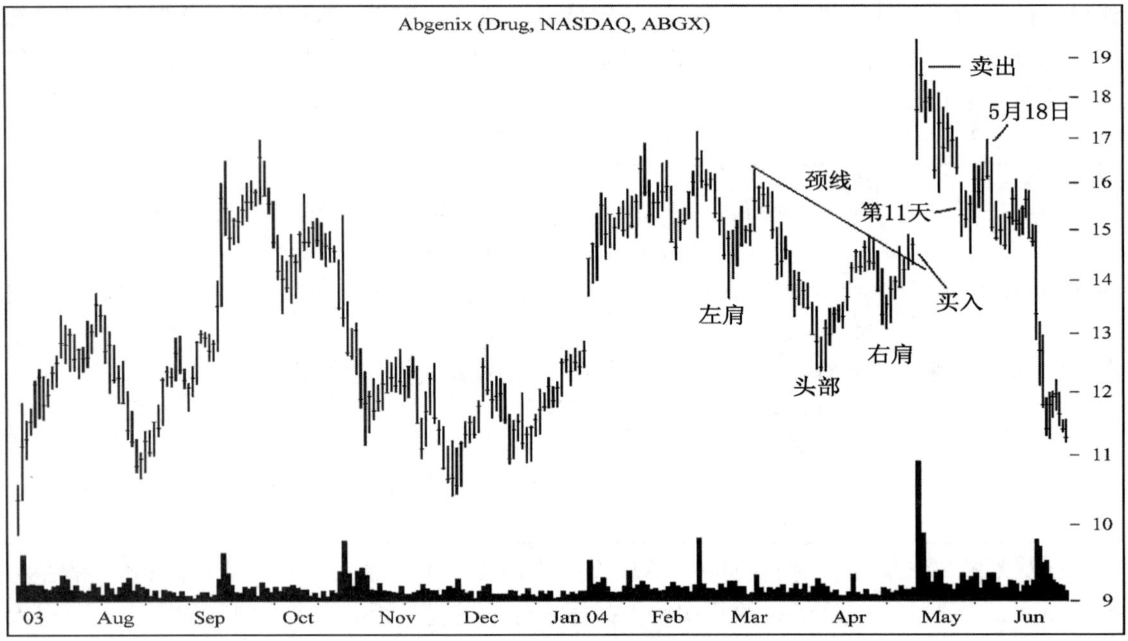

图55.6　一个头部和肩膀的底部标志着一个买入信号。第二天，价格上涨，股票在3天内卖出25%的涨幅。

价格截面图说明，如果你能在第3天或第11天当日低点附近买入。如果你是成功在第3天买入，并在第2个星期早些时候卖出，你会损失钱，因为股票下跌了。如果你买在第11天(见图55.6)，并在第4个星期早些时候卖出，那将是一个很好的交易，因为价格在5月18日达到16.99美元的小高点。

价格截面表现得如何？在第2天和第4个星期初卖出的交易是和在第11天买入一样都是好的交易。在第3天买入是一个亏损的交易，但如果你在5月18日(第4个星期初)卖出，那亏损就不多。

这个示例应作为一个警告。不要盲目地遵循投资建议，做你自己的研究。例如，其他股票的大幅上升如何影响您的股票？总体市场(使用标准普尔500指数表示)与你的股票趋势一致还是相反？该行业的其他股票表现如何？如果你是做多交易，而行业的其他股票和总体市场暴跌，你的股票表现如预期的概率就减小。

交易故事

图55.6所示为一个我在股市中所做的实际交易。这是我笔记本上的部分买入记录：“4/23/04。我相信股票会上升到16～17美元，如果幸运的话，股价将会穿过这个区域创下新的高点。收益是从今天起1个月，这给我足够的空间。下行风险是12.94美元，如果股价在那里止跌，损失将是12%。股票：600股的买入价14.668美元，100股的买入价14.67美元，另外300股在14.66美元。买入理由：头肩形底部形态，向上突破。心态：看涨，但急速上涨。我想在收盘前买入股票，这可能是一个精彩一击。我要靠头肩形态来决定。未来市场方向(猜测)：很难说。我预计市场会上涨几天，直到碰上较早的上升三角形，然后下跌，形成一个大的双顶形态。”

这是对我笔记本记录的解释。我在图中所示为那个头肩形底部形态。价格穿过了倾斜的颈线，发现一个买入信号。头肩形态的形状并不像人们希望的那么漂亮，因为肩部在价格和时间上都没有不对称在头部两边。

我按我的书《交易经典形态》分类这个形态为一个+3，意味着有一个很好的机会——但不能保证——价格将攀升到18.59美元的目标价格。为头肩形态的测算规则预测的目标价格为上升到17.51美元。这两个目标价格在我买入第二天就实现了。

我预计股票能到达旧的高点16～17美元，然后在那里暂停，但最终穿过这个区域上行。如果交易对我不利，那么在12.94美元止损(略低于13美元整数位)，且低于右肩低点13.08美元，这将使我的损失保持在一个相当大的幅度12%。

我喜欢检查下一次财报何时公告，因为我已经学会了在公告3个星期内不进行交易(我就在上一个公布日期加上3个月，或者检查一年前的公告时间，做一个大致的猜测)。因为我今年的交易时间的中值是26天(这是非常短的，但市场不稳定)，按照我的典型持有时间，意味着我可能会在公告之前卖出。这也意味着，随着公告日临近，价格下跌，我可能会买入。在许多股票中，价格将在季度中间开始下跌，不总是这样，但这是我注意到的。在收益公告前1个月交易股票，我认为是可接受的风险。

我买入股票，第二天，股票暴涨20%。那天晚上，我在财经新闻上听到了这一消息，并仔细看了一下股价图。我知道快速的上升常常伴随着快速的下跌，所以我决定卖掉以保护我的利润。这是笔记本上卖出股票的记录：“日期：4/27/04。股票：1000股，卖出价格：18.308美元。卖出原因：因为对癌症药物的炒作，昨日股价骤涨3个点。心态：谨慎。我预计股票会下跌回吐几乎所有的收益，但今天上午是上涨的，正在下跌。快速上涨往往伴随快速下跌。”

我卖出的价格远远高于当日的低点，但低于收盘价。不过，我很高兴，我在3个交易日内有25%的收益。你可以看到从那一点开始发生了什么事情。在6月初，因为公司与安进联合开发一种癌症药物的好消息，使股票下跌10%，价格远远低于我的买入点。

我最后赚了3611.79美元，这是为什么我很高兴我卖出了股票。

第五十六章　财报意外之利空形态
Earnings Surprise, Bad

统计简报

向下突破

事件	公司公告业绩，股票价格下跌。	
反转或持续	短期持续，行情看跌。	
	牛市	**熊市**
表现排名	3/5	3/4
保本失败概率	31%	26%
平均跌幅	13%	17%
趋势结束后的变化	51%	37%
成交量趋势	通常在公告日巨量。	
反弹概率	41%	45%
实现目标价格概率	69%	68%
意外发现	在熊市和下跌的价格趋势中表现最好。选择在年度价格区间低位区域附近的形态。一个糟糕的季报之后通常跟随着另一个糟糕的季报。反弹损害股价表现。高形态比低形态表现好。	
参见	财报意外之利好形态；财报公告之旗形形态。	

没有投资者或交易者喜欢意外，所以当一家公司公告业绩时，股票会如何表现？在熊市中，我查看的918个业绩公告中61%的股票突破向上！在牛市，我查看的1316个业绩公告中43%的股票突破向下。这个结果令我吃惊，但市场方向可能与突破方向关系不大。

在本章中，我只探讨导致向下突破的业绩公告。我以为这些都是利空的业绩意外。我还筛选了2234个导致日内交易范围比平均水平大的公告。

这些形态的表现显示在统计简报中。这种事件形态通常是短期看跌的持续形态，而不是当前价格趋势的反转。在许多情况下，进入这种形态的价格趋势向下，突破方向也是如此。

牛市和熊市的保本失败概率分别为31%和26%。我认为20%以上的保本失败概率是不能接受的，所以这种事件形态是很离谱的，交易这种形态时要小心。

平均跌幅牛市和熊市分别为13%和17%，稍逊于其他事件形态。一旦价格达到了最终的低点，在牛市中股价会飙升51%，在熊市中上涨37%。如果你能赶上这个回合，就可以赚很多钱。

在公告日，成交量很高(高于月平均水平)。超过1/3的形态发生反弹(牛市和熊市分别为41%和45%)，略低于其他事件形态的反弹概率(50%)。实现目标价格的概率也很低，69%和68%的股票达到了预期的目标价格。我认为这个比率在80%以上才是可以接受的，但很少有形态达到这个基准。

意外发现是很多的，但值得注意的发现不是真正的意外发现。它们证实了许多交易者都知道的事情。这种形态是看跌的，所以在熊市中表现得最好。表现最好的形态是那些出现在年度价格区间低位区域的形态，价格平均下跌20%。最后，在审查了2000多个形态之后，我确认，一个公司有了一个利空的季报之后，可能在下一季度也会表现糟糕。

导入

图56.1所示为财报公告后表现良好的股票的典型例子。很多时候，业绩公告并不令人吃惊，所以价格不会缺口下跌或大幅移动。相反，价格缓慢下行，而不是急速下跌，然后上演一个向下突破。这就是在这个例子中所发生的事情。价格一直下滑，直到最低点。股价在2月下旬重新下跌，最终达到了15.31美元的新低。

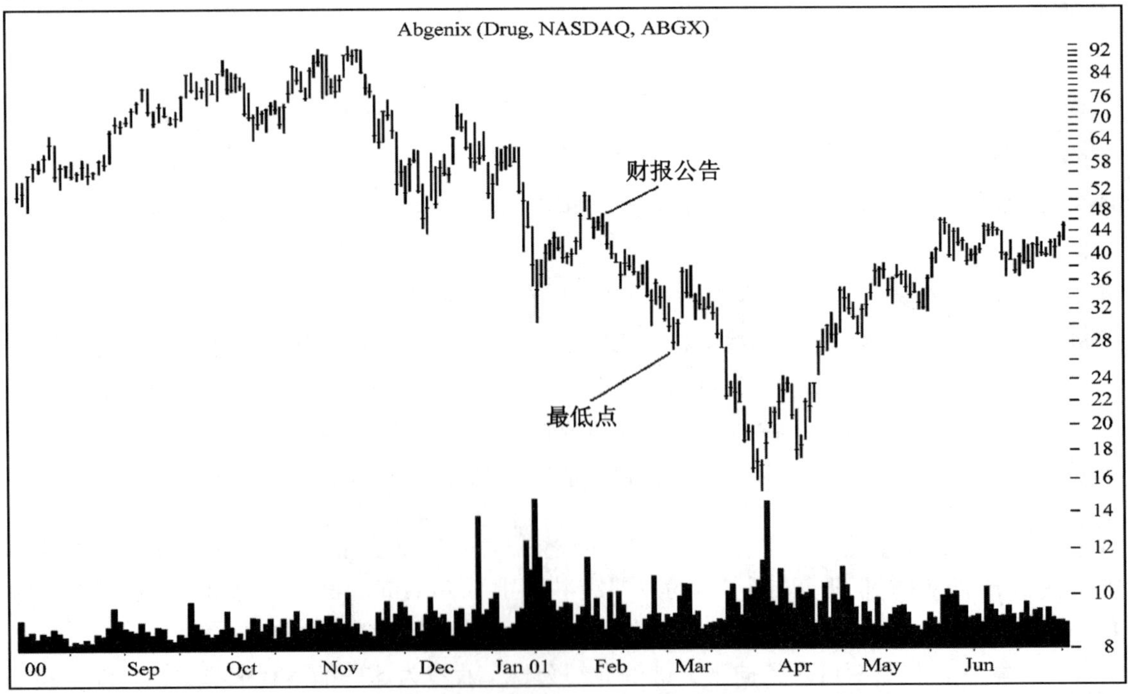

图56.1 价格趋势下跌进入到这一财报公告形态，然后突破向下，之后继续走低。

从43.75美元的突破价格到27.25美元的最低点，跌幅为38%。这一数字远远高于熊市中通常的跌幅(17%)。

辨识指南

表56.1列出了因财报意外而产生的形态的识别特征。

表56.1　辨识指南

特征	讨论
下跌的价格趋势	在下跌的价格趋势中等待公告的出现，最好是在熊市中
财报公告	公司宣布财报，然后股价下跌
突破	价格必须收在公告日的日内低点之下
附近的支撑	寻找可能阻止股价下跌的下方支撑区域

下跌的价格趋势　当您的交易方向与趋势一致时，投资表现会提升。因为我们正在讨论向下突破，所以寻找下行进入财报公告形态的下跌价格趋势。

财报公告　等待财报公布。如果离季度业绩公告不到3个星期，则推迟交易。因为在你的目标是赚钱的时候，生活中很少有东西比赔钱更伤人。如果你在突破之前交易股票，股价可能会在相反的方向突破，你就会亏钱。等待公告，然后再等待更长的时间，直到股价突破。

突破　当收盘价低于公告当日的日内低点时，就发生了突破。只有这样，你才应该考虑交易。等待向下突破，因为一个糟糕的公告可能会让股票飙升。为什么？因为市场预期公司的结果会更糟。

附近的支撑　如果您决定在财报公布后做空股票，请在股票交易的下方寻找支撑区域。这可能是整数支撑，或小的高点/低点支撑，或任何种类的其他支撑机制。如果支撑在附近，那么寻找另一个更有前景的交易机会吧。股票可能会在暴跌时穿透支撑区域(尤其是离支撑区域不到5%时，这种情况通常会出现)，但也可能在支撑区域反弹，所以为什么要冒险做空呢？

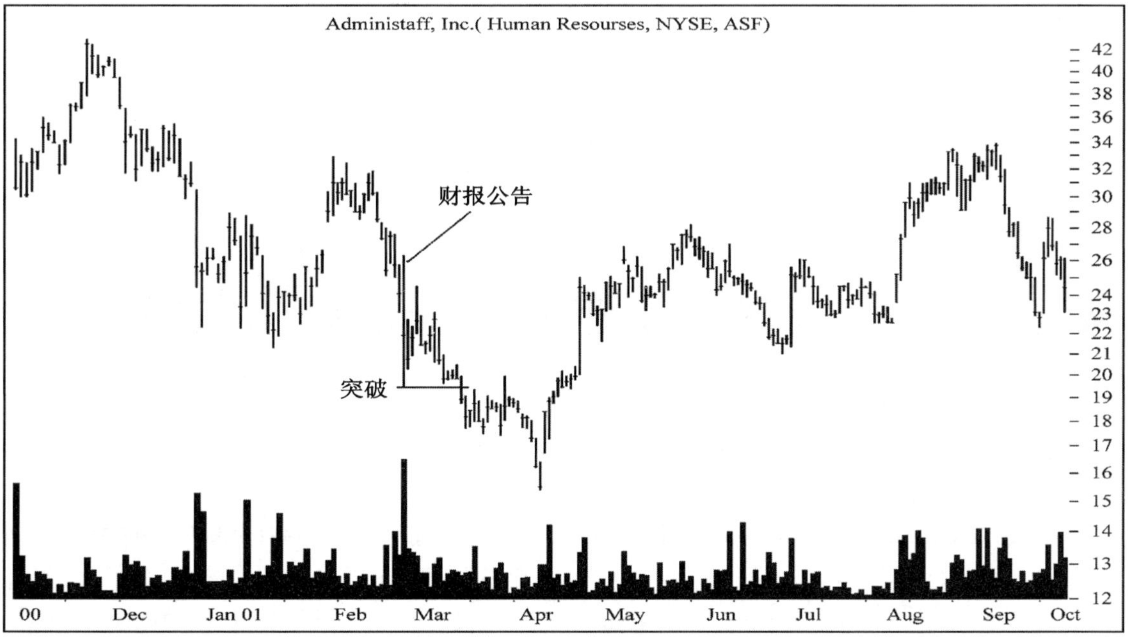

图56.2　在财报公告日，股价有很大的交易范围。最终，价格收盘低于公告日的日内低点，突破发生。

请以图56.2为例。在财报公布之前，下跌的价格趋势已经到位，这表明下行趋势将继续下去。在公告的当天，股价振荡幅度很大，从26.30美元到19.50美元，收盘价为21.90美元。之后，价格反弹了一些，然后转弯向下，最终当股价收盘低于公告日内低点19.50美元时发生了突破。这是做空的安全时间。在股价暴跌并到达最终的低点前3天，价格横盘运行了大约1个月。这只股票在熊市中从突破到低点的跌幅为21%，略高于17%的平均跌幅。

关注形态失败

由于保本失败概率远远超过20%，这种形态是不容易交易获利的。这种形态表现不佳的一个原因可能是形态下方的支撑。仔细观察图56.3。公告后的第二天，价格突破向下。当天，交易价格范围很宽，收盘价接近当日的低点。这种情况意味着第二天股价会更低。但股票却收盘大幅收高，然后，在接下来的日子里继续上行的趋势。

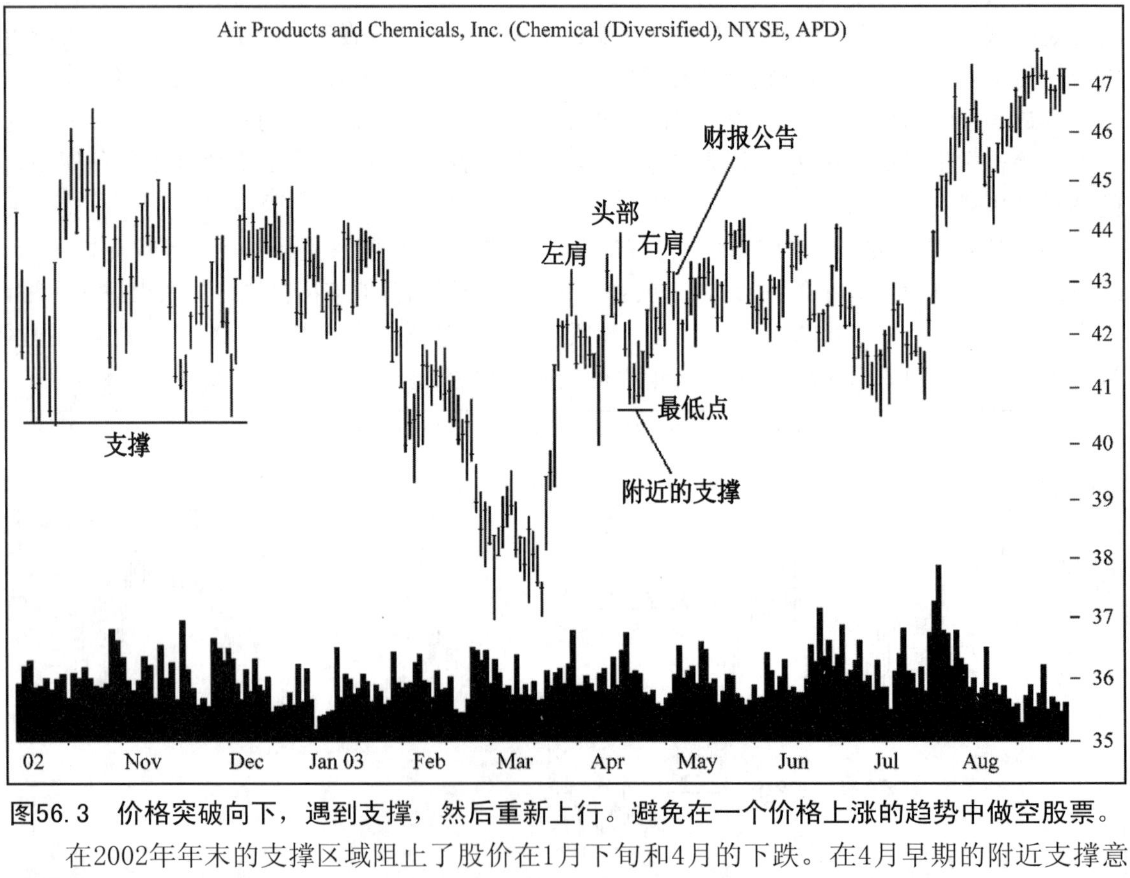

图56.3　价格突破向下，遇到支撑，然后重新上行。避免在一个价格上涨的趋势中做空股票。

在2002年年末的支撑区域阻止了股价在1月下旬和4月的下跌。在4月早期的附近支撑意味着价格可能也会在那里停止下行。

另一个形态失败的线索是股价的上涨趋势。从3月的低点，价格在1个星期里的攀升相当迅速，然后股价开始转弯。在财报公布的时候，价格看起来就像一个细尖的头肩形顶部形态（或钻石形态），但这个头肩形顶部形态没有确认。如果可以，在进行交易时一定要与当前的价格趋势一致。自3月开始，价格趋势是上涨的，所以忽略这一向下的突破。

统计数据

表56.2所示为这种事件形态的综合统计信息。我只看了从1995年初到2003年中期的100多只股票。并非所有股票都有财报公告，我只使用那些事件公告日有向下突破，且日内交易振荡幅度高于上一个月平均振幅区间的形态。这些过滤条件将2234个形态缩小到仅726个。当日内交易区间是平均水平的2倍或3倍时，平均跌幅有所提升(意味着价格下跌更深)，失败比率更低。日内交易区间越宽，股价表现越好。

表56.2　综合统计

描述	牛市	熊市
形态数量	450个	276个
反转(R)、持续(C)数量	189R，261C	111R，165C
反转(R)、持续(C)涨/跌幅	-12%R，-13%C	-16%R，-17%C
平均跌幅	13%	17%
跌幅超过45%(数量或占比)	13或3%	20或7%
趋势结束后涨/跌幅	51%	37%
形态失败后涨/跌幅	39%	25%
标准普尔500指数的变化	-2%	-6%
到达最低点的天数	28天	25天

注：(-)负号表示下跌。

形态数量　表56.2显示，大部分出现向下突破的财报公告事件形态出现在牛市中。这一发现并不奇怪，因为牛市持续的时间远远超过熊市。

反转或持续　大多数形态都充当了当前价格趋势的持续。由于突破是向下的，所以应选择在下跌的价格趋势中的形态。持续形态表现略好于反转形态。

平均跌幅　这类形态的平均跌幅与所有事件形态组的平均值相当。由于跌幅如此得小，你真的想交易这种形态吗？如果答案是肯定的，那么找到额外的理由再来做空股票。

跌幅超过45%　就好像要强调这种形态的表现是多么糟糕一样，我看过的形态中，下跌45%以上的不超过7%。是的，对于看跌形态来说，45%的门槛是很难达到的，但这种形态表现得这么可怜，表明你最好寻找别的类型的事件形态来进行交易。

趋势结束后的变化　一旦达到其最低点，在牛市中，股价将会反弹51%，在熊市中，反弹37%。我喜欢看到在牛市中反弹60%，但对于事件形态，51%的涨幅是一个很好的表现了。如果你能确定什么时候趋势从下行变成向上，那就买入股票，然后持股待涨。

失败形态的表现　如果价格突破后下跌少于5%，然后开始反弹，考虑买入股票。在牛市中，由此产生的涨幅平均为39%，在熊市则为25%。由于这些数字远远低于趋势结束后的涨幅，因此有理由谨慎行事。股价的上升可能没有你希望的那么大，所以要使用止损指令来保护您的投资。

标准普尔500指数的变化　在牛市和熊市中，标准普尔500指数从形态突破至最低点是下跌的。这是一个好消息，如果你认为下降的浪潮会降低所有船只。在熊市，指数下跌了6%，这有助于熊市形态的平均跌幅大于牛市形态的13%平均跌幅(牛市指数下跌2%)。

到达最低点的天数　价格从突破达到最低点花了大约1个月的时间。请注意，熊市见底时间比牛市的短，但平均跌幅更高(17%比13%)。因此，熊市下跌一定是比牛市下跌的幅度要陡。

表56.3列出了形态的失败比率。对于牛市，几乎1/3(31%)的形态没能够下跌超过5%。这个比率太大了！有一半的形态在下跌到10%之前反转。熊市1/4(26%)的形态下跌少于5%。超过一半的形态跌幅小于15%。

表56.3　失败形态数量或比率

股价最大跌幅(%)	牛市	熊市
5(保本点)	138或31%	73或26%
10	230或51%	123或45%
15	302或67%	156或57%
20	347或77%	186或67%
25	377或84%	206或75%
30	406或90%	224或81%
35	420或93%	238或86%
50	442或98%	264或96%
75	450或100%	275或100%
＞75	450或100%	276或100%

如表56.3所示，失败比率开始时高，而且很快变得更糟。有一半的形态只下跌了10%到15%，交易这种形态有意义吗？

表56.4所示为这种事件形态的突破及突破后相关的统计信息。

表56.4　突破与突破后股价表现统计

描述	牛市	熊市
从形态结束到突破	4天	5天
突破在年度价格区间低(L)，中(C)、高(H)各区域分布的百分比	L36%，C32%，H32%	L44%，C34%，H22%
形态在年度价格区间低(L)、中(C)、高(H)各区域突破后的跌幅	L14%，C11%，H13%	L20%，C16%，H14%
反弹概率	41%	45%
反弹期间	11天	11天
出现反弹形态的平均跌幅	12%	15%
未出现反弹形态的平均跌幅	14%	18%

从形态结束到突破　在两个市场中，价格在1个星期内收盘在形态的最低点下方。这个时间和事件形态的平均值差不多。

年度位置　突破发生在年度价格范围内的哪个位置？通常情况下发生在年度价格区间的低位区域附近。在牛市中，突破位置几乎是均匀地分布在年度价格范围的三分区域中。在熊市中，那些在年度价格区间高位区域附近交易的股票，最不可能公告糟糕的业绩报告。这是有道理的。如果投资者感觉到公司有麻烦了，它们就会惩罚股票。然后，公告确认了大家都知道的事情：公司有麻烦了。

年度位置及表现　在哪里发生突破的形态是表现最好的形态？同样，牛市形态在三个区域平均分布，但趋势是明确的。在牛市和熊市，那些突破在年度价格区间低位区域附近的财报公告事件形态表现最佳。牛市平均下跌14%，熊市平均下跌20%，熊市形态表现得更好。

反弹　有略少于一半的形态股价会反弹回到突破价格。这一发现表明，你不应该依赖反弹来建立空仓或增加现有的空仓。因为可能不会发生反弹。

发生反弹后，股价需要经过11天的时间来返回到突破价格，这个时间和所有事件形态类型的平均值差不多。当反弹发生时，它会剥夺向下的动量，使得股价表现受损。例如，在牛市中，当发生反弹时，价格平均下跌12%，如果没有反弹，平均下跌为14%。

表56.5所示为突破后股价到达最终低点的时间频次分布。对两个市场而言，近一半(47%和48%)的形态在不到1个星期内达到了最终的低点。在牛市中，67%(列7天、14天、21天的总和)的形态在不到3个星期内达到最低点。这一发现表明，你应该准备好迅速获利了结。

表56.5　到达最低点天数的频次分布

天数	7	14	21	28	35	42	49	56	63	70	＞70
熊市	48%	8%	8%	6%	7%	3%	2%	2%	4%	1%	11%
牛市	47%	13%	7%	5%	4%	4%	4%	3%	1%	1%	11%

注意到1个月后熊市数字的小幅上扬(7%的形态达到最终的低点)。我在其他形态见过这种行为。在事件发生后1个月，稍微有更多的股票小幅上扬，并开始反弹。在交易这种形态时，在突破后1个月要格外小心。

表56.6所示为形态面积大小以及成交量的统计信息。

表56.6　形态面积大小及成交量统计

描述	牛市	熊市
高形态表现	-14%	-20%
低形态表现	-12%	-15%
高度中值(与突破价格百分比)	5.01%	6.15%
公告日成交巨量形态表现	-12%	-17%
公告日成交轻量形态表现	-14%	-14%

注：(-)负号表示下跌。

高度　高形态的表现比低形态的好吗？是的。差别最大的是在熊市，当公告日的日内交易区间比高度中值(与突破价格的百分比)大，突破后股价下跌20%。相比之下，低形态只下跌了15%。

为得到表现最佳的形态，请选择高度比高度中值高的形态。事实上，当公告日的日内交易区间为月平均的2倍或3倍时，这种形态往往表现突出(牛市平均下跌16%，熊市平均下跌21%)。选择高度异常高的形态。

公告日成交量　传统观点认为，高成交量推动价格进一步上涨。表56.6显示的不是突破成交量，而是公告日成交量。在公告的日子，当成交量超过月平均水平，在熊市，价格下跌17%。与此相比，成交量低于月平均值时价格下跌14%。对牛市来说，结果是倒过来的。公告日成交量低于月平均成交量的事件形态往往会表现得更好。

交易策略

表56.7所示为交易策略，万一你决定交易这种形态，你会用得到。

表56.7 交易策略

交易策略	解释
卖出信号	对于中期或长期股票持有者，不必做任何事情，因为下跌可能是小的。对于波段交易者，考虑立即卖出以减少损失。如果价格缺口下跌，缺口较小，价格可能会在未来几天反弹，并封闭缺口
做空信号	在熊市中，等待股价收于形态低点之下，然后做空股票。股价可能在1个星期内见底，所以密切关注它。用止损指令来保护你的利润
测算规则	用于预测目标价格。在公告日，从日内高点减去日内低点，然后再用日内低点减去其差额，结果是目标价格。在牛市中，股价达到目标的概率是69%，在熊市中是68%
等待确认	交易者对公告的反应可以将价格推向任何一个方向。因此，在交易事件形态之前，等待确认——收盘低于日内低点

卖出信号 如果你持有一家公司的股票，这家公司发布了一份业绩报告，你应该怎么做？如果突破是向上的，那你就没事了；你坐好，看股票上涨就行了(请参阅第五十七章和第五十九章)。

如果突破是向下的，那么决策就会变得有些困难了。在熊市中，考虑卖出，因为价格平均可能会下跌17%。如果股票缺口下行，但缺口较小，可能在几天内回补(一个普通缺口)。如果缺口很大，那么你已经亏损了，或你的利润已经减少了。股票可能会“死猫”弹跳，所以阅读第54章。等待反弹，然后在价格回升到顶部且刚刚再次下跌之前卖出。

通常，这种形态突破后的下跌并不严重(请参见表56.3，看看有多少形态无法大跌)。如果你能忍受这样的损失，那么就坚持持有股票，特别是如果在牛市，价格呈上升趋势之时。然而，有时这种形态会起到对上升趋势的反转作用，立即卖出股票，或等待股价触及一个正确设置好的止损指令，然后被止损出局。

记住，影响业绩改变的时间通常要比一季度要长，所以如果公司在本季度的表现令人失望，那么有可能下个季度的表现也同样令人失望。我通过查看1963个业绩公告验证了这个预测。有866个业绩公告形态连续向上突破，有582个业绩公告形态连续向下突破(形态充当了价格趋势的持续)。在另外515个形态中，突破方向反转，从季度到季度，从下跌反转为上涨，或从上涨反转为下跌(价格反转)。因此，74%的财报公告((866+582)/1963)事件形态突破方向与上期的突破方向相同。如果一个季度的事业线是利空的，有74%的可能性另一个季度的财报也是利空的。

做空信号 此形态的表现较差，因此我建议你找其他事件形态做空。如果你有令人信服的情况，那么请查看“交易秘籍”部分。交易的股票应该在熊市中，且公告前的价格趋势是向下的。当价格收盘低于公告日的日内低点时，那就是做空信号。密切关注股票，因为一半的形态在突破后第1个星期见底。随着股价下跌，降低你的止损点。注意股票交易后4～5个星期的情况，因为股价有时会在那个时候反弹。

测算规则 价格会下跌多远？假设公告日的日内高点40美元，低点38美元，运用测算规则的方法是，先计算形态高度，然后将结果应用于突破方向。在此示例中，形态高度为2美元(40-38)，目标价格为36美元(38-2)。股价达到目标价格的概率约为70%。这个数字低于我喜欢看到的80%，所以在你预测目标价格时要保守。

等待确认 因为直到突破发生，突破的方向是未知的，所以，等待价格收盘低于公告日的日内低点。当这种情况发生时，它确认你有一个有效的形态，它是一个交易信号。

交易故事

你如何交易一个利空的财报意外事件形态？以图56.4为例，在2月，价格在从12月低点急剧上升后见顶(点1)。价格水平横盘运行了几个月，形成一个平坦的支撑区域(确认线)。和通常情况一样，价格攀升到旧高点(点2)时遇到了阻力。财报公布后一天，股价从峰顶下滑。

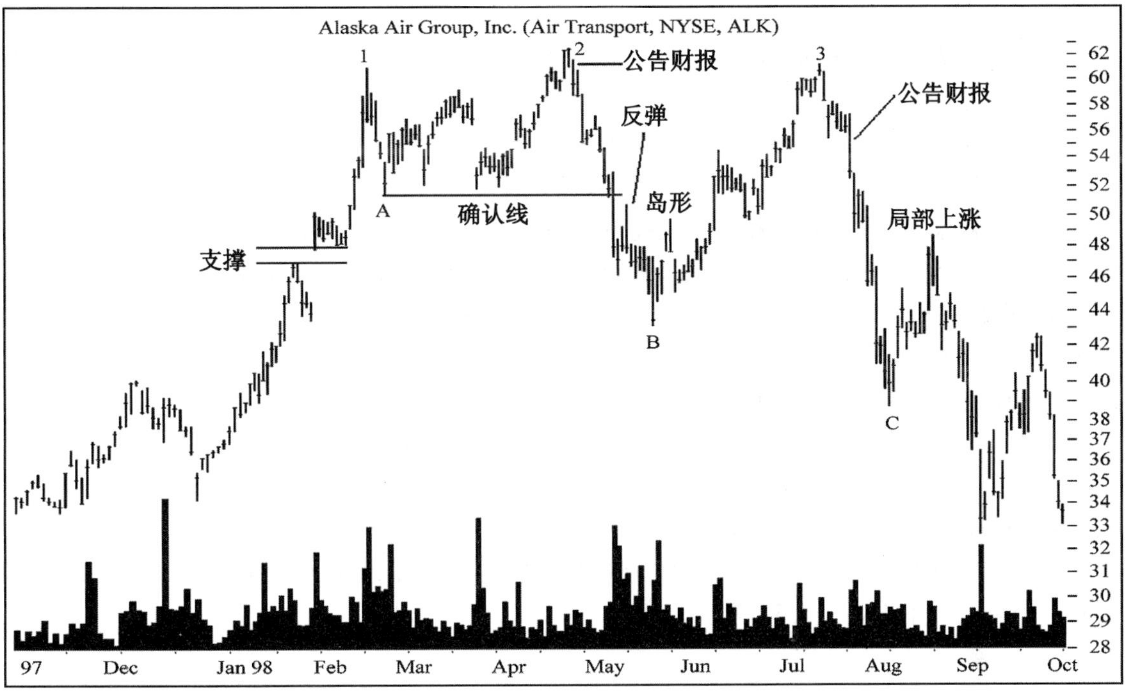

图56.4　双顶形态形成，股价暴跌。财报公告的第二次向下突破证实了一个利空的季报之后会跟随一个利空的季报。

我们能预测它会下跌得多低吗？在公告日，日内高点为61.56美元，低点为58.75美元。根据测算规则预测，股价至少下跌到55.94美元。两天后，价格就下跌达到了目标价格。

如果你做空这只股票，你可以预计价格会跌到确认线，并在那里停止下跌。为什么？因为之前的四个情形。事情确实就是这么发生的(从2月开始，3月结束)。如果我看到价格开始在这个区域附近反弹，我会平掉我的空仓。

股价并没有在确认线上停滞，而是收盘在确认线下方，确认了双顶形态。亚当和夏娃双顶形态的测算规则预测股价将下跌到40.38美元，这个目标价格是从确认线的价格水平减去双顶形态的高度计算得到的。

1月中旬的价格缺口是另一个支撑区。由于价格暴跌穿过了确认线，我预计股价在1月的支撑区域得到支撑。一个星期，这样的事情发生了。在一个单日反转中，价格回到了确认线，然后，随着成交量的减少，股价挣扎下行。

你会什么时候平掉空仓？我担心股价会在5月末那个高成交量的小岛形之后再次上升。成交量飙升意味着投资者对股票重新燃起兴趣。我会在那里平掉空仓。

正如你所看到的，价格没有下跌到双顶形态测算规则预测的目标价格(40.38美元)，只下跌到43.13美元的低点。请注意，第二次财报公告(在7月)将价格推得更低。记住，利空的季报之后通常是一个利空的季报。

那三个顶部(1，2和3)组成了一个三重顶形态或一个扩散的下降直角三角形形态(底部A、B和C)，在8月有一个局部上升，意味着一个向下的突破。9月初确实发生了一个向下的突破。

交易秘籍

下面的列表包括了提示和观察结果，以帮助选择在突破后表现更好的形态。有关更详细的信息，请参阅相关表格。

●查看辨识指南以便正确选择形态。见表56.1。

●寻找在下跌的价格趋势中的形态。见表56.1。

●这种形态通常是当前价格趋势的持续，所以交易方向与趋势要一致。见表56.2。

●只在熊市中交易这种形态，因为熊市形态平均跌幅最大。见表56.2。

●失败比率开始时高且不断上升。为了得到表现最佳的形态，寻找在公告日日内交易范围更大(2倍或3倍于月平均)的形态。见表56.3和表56.6。

●选择在年度价格区间低位区域的形态交易。见表56.4。

●避免反弹，查看可能导致反弹的下方支撑。见表56.4。

●预期会有一个快速但轻微的下跌。几乎一半的形态在1个星期内见底。见表56.5。

●选择高形态。见表56.6。

●从季报到季报，突破方向有74%的概率将是相同的。因此，一个利空的季报之后通常会有一个利空的季报。见表56.7。

第五十七章　财报意外之利好形态 Earnings Surprise, Good

统计简报

向上突破

事件	公司公告财报,股价上涨。	
反转或持续	短期持续,行情看涨。	
	牛市	**熊市**
表现排名	5/6	5/5
保本失败概率	29%	28%
平均涨幅	24%	14%
趋势结束后的变化	-27%	-31%
成交量趋势	通常在公告日成交巨量。	
回调概率	41%	44%
实现目标价格概率	76%	74%
意外发现	几乎有一半的形态没有办法上升超过10%。在年度价格区间低位区域附近的形态表现最佳。回调损害股价表现。高形态表现比低形态好。	
参见	财报意外之利空形态;财报公告之旗形形态。	

你听过多少次公司宣布良好的业绩而股票却下跌?这种形态反映的情况与之相反。一家公司公告了使市场感到意外财报。交易者喜欢他们听到的，并买入了股票，将股价推高。这就是一个利好的财报意外(利好财报意外形态)的全部。

利好财报意外形态的行为是短期看涨的持续。失败比率很高，几乎是30%。我认为20%以上的失败比率是不能接受的。大多数表现良好的技术形态有个位数的保本失败概率，但事件形态的表现比它们糟糕得多。

这种形态的平均涨幅与其他事件形态一致。如果你等待价格达到最终的高点，然后做空股票，牛市形态的平均跌幅为27%、熊市为31%，这是令人垂涎的。不幸的是，你必须准确地在峰顶做空，并确切地在底部平仓，始终做到这一点是不可能的。

意外的发现有很多。几乎一半的利好财报意外形态都没有能够上涨超过10%。这一发现应该敲响一个警钟。你可以选择在年度价格区间低位附近向上突破的形态来提高交易的成功概率，要避免交易附近有上方阻力的形态(避免回调)，选择高形态。我稍后将在本章的“统计数据”部分探讨这些组合。

导入

典型的利好财报意外形态是什么样子的？图57.1所示为两个示例。7月的公告出现在一个下行的价格趋势中。尽管突破是向上的，但上涨仅持续了1个星期就崩溃。然后价格反弹，并在8月到达新的小高点，之后股价重新恢复下行趋势。这个公告的教训很简单：如果价格趋势下行，就不要买入。

10月的公告后，股票表现更好。价格直线上升，直到遇到上方的阻力，形成一个扩散的顶部。随后，11月中旬，作为调查碳黑行业可能的价格垄断的一部分，美国和欧洲监管机构正在联合审查公司的文件，消息传出，股价暴跌。之后，股票恢复上行，并创下了新的高点。然后券商下调了股票评级，这足以让价格下滑。

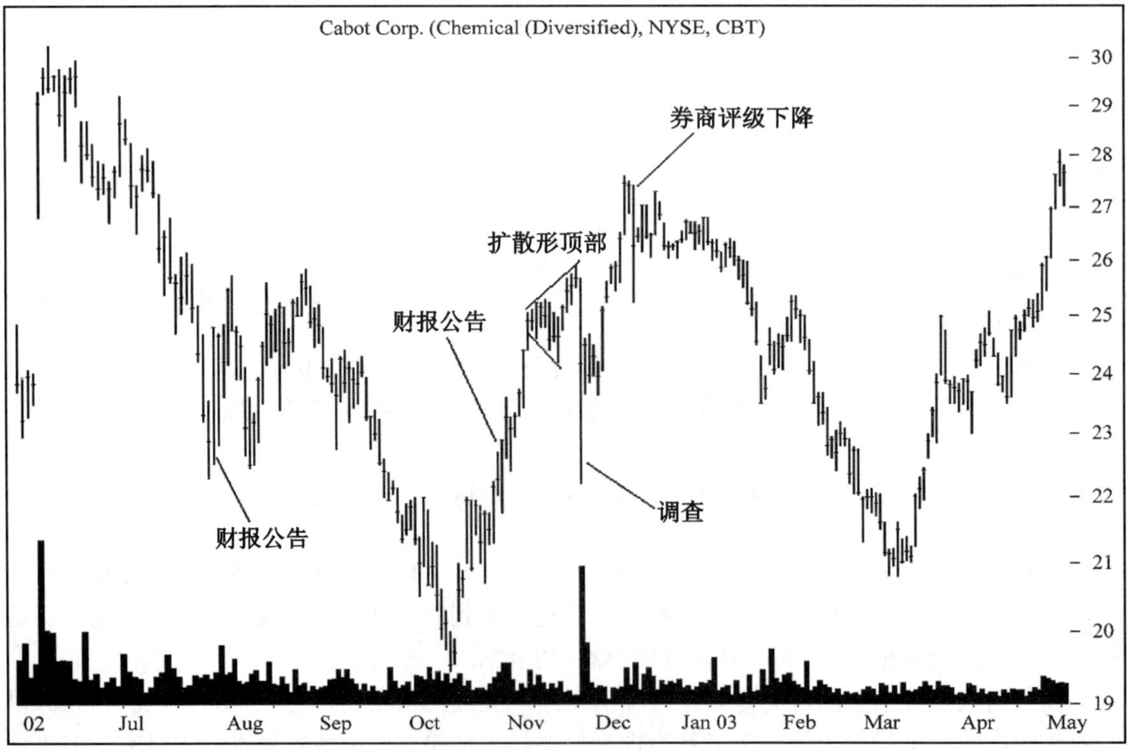

图57.1　7月的公告出现在下行的价格趋势中。在10月，公告将价格推得更高，但上涨持续不到2个月。

辨识指南

表57.1列出了利好财报意外形态的辨识指南。

表57.1　辨识指南

特征	讨论
上涨的价格趋势	寻找在上涨的价格趋势中出现的公告，最好是在牛市
财报公告	公司公告财报当天股价可能有大幅的交易范围，或，如果公告是在市场收盘之后，价格可能会在下一个交易日缺口上涨
大幅日内交易范围	在公告日，寻找一个大幅度的日内价格范围，这一范围大于1个月的平均值
突破	仅向上突破：价格必须收盘在公告日的日内高点之上

图57.2　在一个短期的下跌之后，财报公告反转了当前的趋势，推动股价走高。然后一个回调将股价跌到了突破价格，之后重新上行。这是一个失败的财报公告旗形形态，因为价格从形态的旗形部分向下突破。

上涨的价格趋势　对于所有技术形态和事件形态，您都应该以当前的价格趋势为方向进行交易。因为我们正在寻找一个向上突破的形态(毕竟，这是一个利好财报意外，而不是利空的)，我们要在上涨的价格趋势中寻找。这样，你就可以持股待涨了。牛市也有助于股价的上涨。

财报公告　当公司公告业绩时，股价可能在当天急剧上涨，如果是在市场收市后公告，股价可能会在第二天急剧上涨(有时价格会缺口上行)。您可以在报纸、互联网或财经电视节目中找到财报公告。公告通常每季度发布一次，因此在最后一个公告日加上3个月以估计下一次发布的日期。

大幅日内交易范围　纳入这个研究的形态，公告日的交易范围需要大于1个月的平均值。

平均而言，公告日当天的价格范围越大，突破后的股价表现就越好(更高的平均涨幅，更低的失败比率)。

如果价格在公告日冲高，而且上涨持续数天，价格可能会暂停，形成一个财报公告旗形形态(关于如何交易这种形态的提示，见第五十九章)。对于利好的财报意外形态，收入就像是打一个一垒安打，而不是一个全垒打。在典型情况下，价格通常不会直线上升，相反，上升更加从容。

突破 我只查看向上突破。当价格收盘在公告日的日内高点之上时，就发生了突破。

图57.2所示为作为反转的财报公告形态的示例。在价格下跌了几个月之后，财报公告似乎给股票注入了生机。价格上涨，但在1个星期内动量耗尽。然后，股价下行，回到突破价格，完成了一个回调。在接下来的几个月里，价格攀升过了30美元，从突破价格算起，上涨了30%。

这个利好财报意外形态像一个财报公告旗形形态。价格在一个急剧的直线上行之后暂停。不幸的是，价格从财报公告形态的三角旗形部分向下突破，使得形态无效。

关注形态失败

假如您持有CDI公司的股票，如图57.3所示。公司在4月末公告财报。你是持股、增持，还是卖出股票？答案：卖出。为什么？因为在公告后，价格暴跌——如图57.3所示——但如果你不知道未来会发生什么，你会怎么做？

图57.3 价格从这个财报公告中向上突破，但随后进入了一个持续的下跌中。为什么？

一些技术线索给出如何交易这个公告的暗示。首先，财报的公布并没有让价格走高。股价没有起色，就像有人死在急诊室的手术台上一样。如果财报真的比预期的要好，价格就会大幅上涨。

其次，峰值1高于峰值2，峰值2高于峰值3。这三个峰值代表了一个三落峰形态，暗示着一个看跌趋势的变化。峰值1也是一个看跌的头肩形态。关注周围的价格活动会给你这个形势疲软的线索。

统计数据

表57.2所示为利好财报意外形态的综合统计信息。我只查看了100多只股票，最早的公告发生在1995年1月。我使用表57.1中列出的辨识指南来筛选公告形态。表57.2只显示那些有向上突破且日内交易范围大于1个月平均值的形态。

表57.2　综合统计

描述	牛市	熊市
形态数量	393个	309个
反转(R)、持续(C)数量	152R，241C	144R，165C
反转(R)、持续(C)表现	24%R，24%C	14%R，13%C
平均涨幅	24%	14%
涨幅超过45%(数量或占比)	88或22%	25或8%
趋势结束后涨/跌幅	-27%	-31%
形态失败后涨/跌幅	-22%	-27%
标准普尔500指数的变化	5%	1%
到达最高点的天数	69	40

注：(-)负号表示下跌。

形态数量　我在两个市场上发现了大致相同数量的形态，这表明，熊市中出现了更多的利好财报意外(因为熊市较短)。这一说法可能不是真的，因为并非所有的股票都包含季度财报公告(受我所使用的小数据库的限制)，但这是一个很好的猜测。考虑到在熊市中，没有人预期会有利好的财报公告形态，所以期望很低。因此，利好的财报公告更容易让人意外。

反转或持续　利好财报意外形态作为当前趋势的持续(57%的概率)，而不是反转。只有在熊市中，反转形态才会表现得比持续形态突出，但也只高出1个百分点。

平均涨幅　正如你所料，牛市形态的平均涨幅比熊市形态的要高。这个结果建议你在牛市中交易利好财报意外形态。

涨幅超过45%　还需要我说突破形态后涨幅超过45%的股票很少吗？牛市数字，22%，几乎是熊市统计数字的3倍，但仍然远远低于其他技术形态的表现。另外，对于事件形态，与其他事件形态相比，这个成绩算是挺好的。

趋势结束后的变化　一旦达到了最高点，股价在不同的市场暴跌27%～31%。如果你能确定什么时候趋势将从上行变为下行，然后做空股票，持空仓待股价下行。做空股票像是漂流等级的5级急流：只有经验丰富的人才可以尝试。

失败形态的表现　如果价格突破后上涨不到5%，然后暴跌，股价从突破后的最高点下跌到最低点的平均跌幅为22%(牛市)和27%(熊市)。如果你要交易失败形态，你的平均回报率将比这个平均数更少，因为你应该等待价格突破，然后反转下行再进行交易。如果你确实交易了一个失败形态，那么在熊市中交易，最好是在疲软的行业(其他股票都表现糟糕)。

标准普尔500指数的变化 在股价从突破日到最高点之日期间，标准普尔500指数在牛市上涨了5%，在熊市上涨了1%。相比之下，同期的利好财报意外形态分别上涨24%和14%。

到达最高点的天数 平均而言，股价花费1个月(熊市)到2个月(牛市)的时间从突破达到最终的高点，但在头几个星期有一个见顶的形态数字很是惊人。

如果你仔细琢磨这些数字就会发现，牛市的上升斜率与熊市的相同，这是不寻常的，因为熊市通常会上升更快。

表57.3所示为在牛市和熊市中利好财报意外形态的失败比率。保本失败概率太高了，因为我认为20%是可接受的最大比率。牛市中29%的形态以及熊市中28%的形态都没有上升5%。几乎有一半的形态没能够上升到10%。不要指望这种形态会带来巨大的收益。

表57.3 失败形态数量或比率

股价最大涨幅(%)	牛市	熊市
5(保本点)	115或29%	86或28%
10	188或48%	147或48%
15	225或57%	201或65%
20	244或62%	227或73%
25	264或67%	249或81%
30	275或70%	267或86%
35	284或72%	276或89%
50	316或80%	290或94%
75	357或91%	303或98%
＞75	393或100%	309或100%

这些数字表明，这种形态可能对波段交易者有用，但其他人应该避开这种形态。为什么？让我举个例子。如果牛市的利好财报意外形态突破后价格上涨了5%，那么它将会下跌至少20%(按照趋势变化的定义)。至于保本，62%的牛市形态将无法上升超过20%。如果你错过了在顶部卖出，你的钱可能会被骗光。相反，这种形态只作为您的交易工具箱中的许多工具之一，把它当作看涨交易的确认证据。

表57.4所示为这种事件形态的突破及突破后相关的统计信息。

表57.4 突破与突破后股价表现统计

描述	牛市	熊市
从形态结束到突破	5天	5天
年度价格区间低(L)、中(C)、高(H)突破点分布比率	L26%,C32%,H41%	L30%,C33%,H36%
股价在年度价格区间低(L)、中(C)、高(H)位置突破后的涨幅	L30%,C18%,H25%	L19%,C13%,H11%
回调概率	41%	44%
回调期间	10天	10天
出现回调形态的平均涨幅	21%	13%
未出现回调形态的平均涨幅	26%	14%

从形态结束到突破　平均来说，在牛市和熊市，形态结束后都需要5天的时间才能达到突破。这个运行速度看起来很快，但其实股价要做也只是收于公告日日内高点之上。

年度位置　大多数利好财报意外形态在年度价格区间的高位区域突破。很明显，好消息将股价推向新高。几乎没有多少出人意料的利好财报出现在年度价格区间的低位区域附近。为什么？如果交易者开车经过它们最喜欢的零售商店，看到停车场里停满汽车，他们就可以预期到这个商店会有好的业绩。这种预期推高了股价。当利好财报意外公告时，股票已经受投资者的追捧了。那些出现在年度价格区间低位区域的利好财报意外形态是真的意外，股价攀升。要证明吗？继续往下读。

年度位置及表现　在牛市和熊市，表现最好的形态均在年度价格区间的低位区域突破。在牛市，价格攀升30%，在熊市，涨幅19%；在这个低位价格范围内突破的形态比在其他两个价格区域突破的形态表现更好。

回调　回调发生的概率在41%～44%。当回调发生的时候，股价需要10天的时间才能回到突破价格。

当回调发生时，股价的表现是否受到影响？是的。在牛市中，当回调发生时，价格的涨幅是21%，而不发生回调时，股价涨幅为26%。同样的情况发生在熊市中，只是表现的差异更小。

表57.5所示为突破后股价到达最高点的天数频次分布。例如，熊市中41%的利好财报意外形态在不到1个星期内就达到了最高点。略超一半(51%，列7天和列14天的总和)的形态在不到2个星期内到达峰顶。

表57.5　到达最高点天数的频次分布

天数	7	14	21	28	35	42	49	56	63	70	＞70
熊市	41%	10%	9%	6%	6%	7%	2%	3%	1%	3%	13%
牛市	41%	6%	6%	4%	3%	4%	4%	3%	2%	2%	25%

表57.5表明，这种形态会迅速达到最高点，相应地，价格涨幅较小。请注意，在熊市42天后，7%的形态见顶。我在突破后1个月就看到过这种数字的小波动，所以这一条用更长的时间才能发生小波动。不过，如果你持有一只股票，它一直表现得很好，注意突破6个星期后可能出现的疲软，股票可能见顶后开始下跌。

表57.6所示为形态面积大小及其成交量的统计信息。

表57.6　形态面积大小及成交量统计

描述	牛市	熊市
高形态表现	27%	16%
低形态表现	21%	12%
高度中值(与突破价格百分比)	4.57%	5.50%
公告日成交巨量形态表现	24%	14%
公告日成交轻量形态表现	22%	13%

高度　高形态的表现比低形态的好吗？是的。在两个市场中，高形态的表现都比低形态的要好得多。

要使用此特征，请计算从公告日的高点减去日内低点，计算结果为利好财报意外形态的高度。将形态高度除以突破价格(日内高点)，然后根据不同市场，将结果与表57.6中的高度中值进行比较。如果你的形态高度高于表中的中值，那么形态是高形态，否则，是低形态。为了得到最佳的股价表现，仅选择高形态。

公告日成交量　公告日成交量高于平均成交量的形态表现好于公告日成交量低于平均成交量的形态吗？是的，但差别很小。

交易策略

表57.7所示为利好财报意外形态的交易策略。我不建议仅仅因为一家公司公告了良好的业绩而交易这种形态。这种形态表现不够好，不足以弥补交易的风险。表57.3表明：几乎一半的利好财报意外形态上涨了10%后暴跌至少20%。这些形态都不是好的交易机会。

表57.7　交易策略

交易策略	解释
等待公告	永远不要在财报公告之前交易
买入信号	当价格收在公告日的高点之上时买入
交易方向与趋势一致	如果价格处于上升趋势，而且行业中其他股票表现良好，则买入
测算规则	利用公告日的价格，计算出日内的高低点之差，将差额加上日内高点，计算出目标价格
限价指令	对于波段交易者，按目标价格设置卖出限价指令。股价达到目标价格的概率为75%

等待公告　永远不要试图猜测突破的方向，并在财报公告之前买入。在交易之前，我总是检查下一次财报的发布时间(通常是在上一次公告的3个月之后)。如果是在3个星期内，我会放弃这项交易，因为我的持有时间通常长于3个星期，我不想在公告期间持股。在我做过的几次交易中，财报公告应该是利好的，但股价总是暴跌。为什么？因为交易者本来期望的业绩更高。业绩没有达到小道消息传来的数字，股价下跌，有时严重暴跌。

买入信号　如果你有一个难以抗拒的情况，则在价格收盘在公告日高点之上时买入。只有到了那个时候，形态才有效。

交易方向与趋势一致　只有在价格上涨的情况下才交易利好财报意外形态。检查总体市场的方向，如果市场正在上升，那么这种趋势也将支持你的股票。看看在同一行业的其他股票。它们上行(好)吗？它们显示看跌形态(差)吗？即使市场正在上行，它们中的大多数还是在下跌(差)吗？它们创新高(好)了吗？

尝试使用移动平均值筛选您的选择。只选择那些50天(或任何你感到满意的时间)的移动平均值上升的形态。检查其他指标的买入信号，在交易之前仔细权衡证据。

测算规则　使用测算规则来预测目标价格。例如，假设在公告日，日内高点是50美元，低点是48美元，形态的高度是2美元(50-48)。将此差额加到日内高点(50美元)，计算得出52美元(50+2)的目标价格。股价达到或超过目标价格的概率是74%(熊市)和76%(牛市)。

限价指令　由于事件形态是持续时间非常短的形态，这意味着与它们相关的上涨持续几天到几个星期，许多波段交易者将使用测算规则来设定目标价格。它们把限价卖出指令设置在目标价格附近或略低于上方阻力的位置。这种方法成功的概率约为75%(请参见统计简报“实现目标价格概率”)。

交易故事

图57.4显示的例子说明要从交易利好财报意外形态中获利是多么困难。在2001年11月价格触底后，股价开始了长时间的攀升。在4月，股价形成了一个三角旗形，由此进入财报公告。如果价格继续它正常的形态，我们可以期待价格会实现三角旗形态测算规则预测的目标价格，股价将上升到约56美元(即，旗杆高度约6美元，将其从三角旗形低点50美元向上投射)。保守地说，就55美元吧。

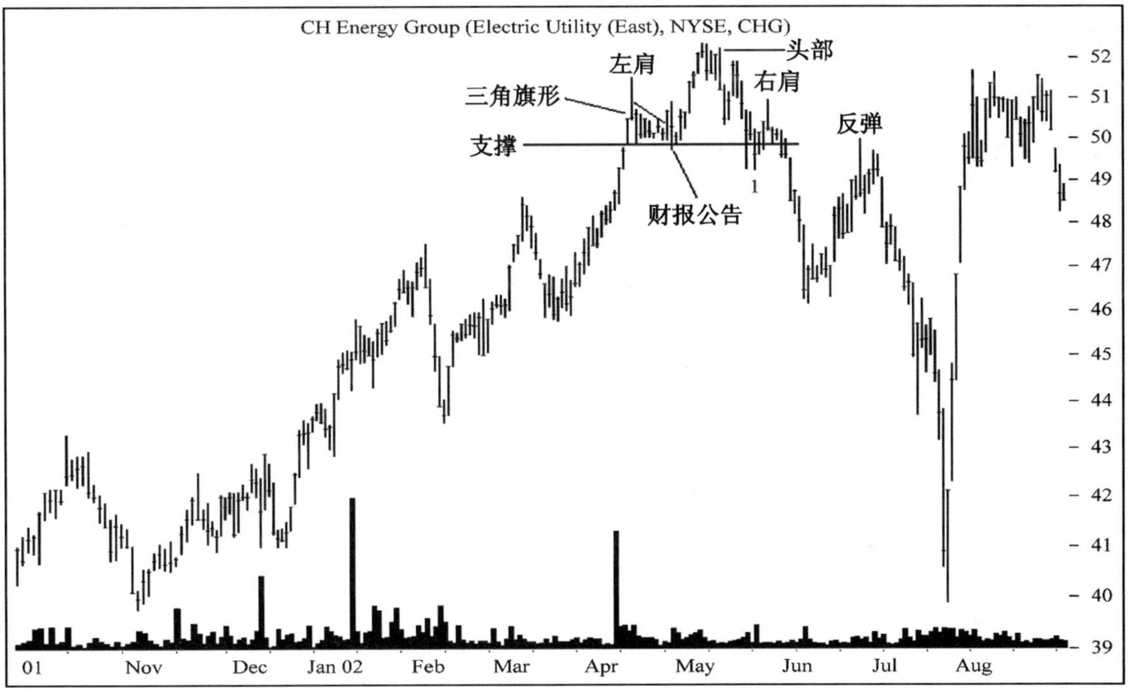

图57.4　正如这图中所显示的，财报公告之后的上涨往往是短暂的。

公告日的交易区间大于前一个月的平均值。这一观察结果意味着这是一个表现良好的利好财报意外形态。公告日的成交量也高于月平均水平，高于平均成交量水平的形态往往会表现得更出色。

价格将会攀升多高？在公告日，日内高点为50.90美元，低点为49.73美元，形态高度为1.17美元。将形态高度加上日内高点，得出目标价格为52.07美元。设置在52美元或略低于这个整数的止损指令将会很好地保护你的投资。股价花了6天达到了目标价格。

尽管出现了好的预兆——一个上升的价格趋势、公告日交易范围大以及成交巨量——股价迅速上涨，然后迅速暴跌。如果你交易了这个形态，你该怎么办？

如果是我交易，我就会在支撑线下设置止损指令。即使没有止损指令，股价收在支撑线下方时就是一个卖出信号，你有1个星期的时间撤离(从点1开始)。如果你坚持持股，那个反弹给你另一个机会在保本点附近离场，但那个机会只持续了一天。如果你错过这个时间卖出，价格将从大约50美元的高点下跌到30多美元。

这种行为在利好财报公告中是典型的。价格突破向上，攀升(在这个例子中只有3%)，然后暴跌。如表57.4所示，在熊市中的形态(如这种形态)突破在年度价格区间的高位区域附近时表现最差。我经常交易股价正在创新高的事件形态(或者接近新高)。我更喜欢那种形态，因为价格往往保持上行，特别是在总体市场也表现得很好的情况下。

如果一只股票正在创新低，这时一个利好财报意外形态出现，我不会交易它。价格有可能会回调，然后继续下跌，造成交易亏损。图57.4所示为我喜欢看到的设置，只是它发生在熊市中。股价从一个长旗杆的三角旗形中向上突破，然后……我怎么能不喜欢？

一旦不对称的头肩形顶部形态出现，那是让交易者离场的另一个警告。

交易秘籍

下面的列表包括了提示和观察结果，以帮助选择在突破后表现更好的利好财报意外形态。有关更详细的信息，请参阅相关表格。

●查看辨识指南以正确选择形态。见表57.1。

●选择在上涨趋势中、在牛市以及向上突破的形态。见表57.1。

●选择公告日日内价格范围大于1个月平均值的形态。见表57.1。

●交易方向与趋势一致，因为多数利好财报意外形态充当当前趋势的持续。见表57.2。

●这种形态的失败比率很高，所以要精挑细选。几乎一半的形态上涨不超过10%。见表57.3。

●选择在年度价格区间低位附近，但价格呈上升趋势的形态。见表57.4。

●回调损害股价表现，所以避免附近有上方阻力的那些形态。见表57.4。

●一半的形态将在突破后第1或第2个星期见顶。见表57.5。

●高形态比低形态表现得更好。见表57.6。

●选择公告日成交量巨大的形态。见表57.6。

第五十八章　FDA 药品批准形态
FDA Drug Approvals

统计简报

向上突破

事件	FDA宣布批准一项药物。股价在日内大幅上涨，并出现向上突破。
反转或持续	短期持续，行情看涨。
表现排名	6/6
保本失败概率	34%
平均涨幅	20%
趋势结束后的变化	-29%
成交量趋势	通常在公告日成交量巨大。
回调概率	61%
实现目标价格概率	81%
意外发现	反转表现大大优于持续。成交量高于平均水平的形态表现更好。

向下突破

事件	与向上突破形状相同，但突破方向是向下的。
反转或持续	短期反转，行情看跌。
表现排名	4/5
保本失败概率	39%
平均跌幅	13%
趋势结束后的变化	52%
成交量趋势	通常在公告日成交量巨大。
反弹概率	66%
实现目标价格概率	78%
意外发现	反转表现大大优于持续。成交量高于平均水平的形态表现更好。

谁会想到，当食品药品监督管理局(FDA)批准一项新药时，股票就会大跌？如果它不立即暴跌，它很快就会。当我查看FDA药品批准事件形态时，发现了这种反应，这让我很吃惊。我希望看到一个向上的突破，后面跟着一个旗形或三角旗形形态，然后股价继续攀升。然而，却有一半的形态向下突破！而向上突破的形态，42%在一周内呈下跌趋势。

你可能会认为，这种情况是投资谚语“谣言传播时买进，消息成真时则卖出”的一个很好的例子。这句谚语可能是正确的。即使在药品批准后，公司仍然必须把它投入生产和放到药房。这一过程可能需要很长的时间，甚至比药物利润影响到业绩的时间还要长。

统计简报所示为向上突破和向下突破的数字，但没有足够的样本可以将统计结果分成牛市和熊市。两个突破方向的保本失败概率都远远高于我认为可以接受的20%的最大值。在考虑你的佣金和交易成本的因素之后，作为一个形态最好的表现的平均涨幅或跌幅，表现是蹩脚的，而且，你可能会进入交易迟了，并且也不会在绝对的峰值或峰谷卖出。

如果你能确定什么时候趋势变化(当价格达到最终的高点或低点)，那么做空股票(向上突破)或做多股票(向下突破)，然后从中获利。

导入

图58.1所示为当我在数据库中搜索FDA药品批准形态时找到的例子。这个特殊的股票有我看过的药品批准形态中最多的形态。在1998年7月，第一项批准来了，股票价格攀升。然后，另一项药品批准来了，股票下跌。接下来的三项批准，在批准公告后股票下跌。我认为药品批准对公司来说应该是个好消息，然而……

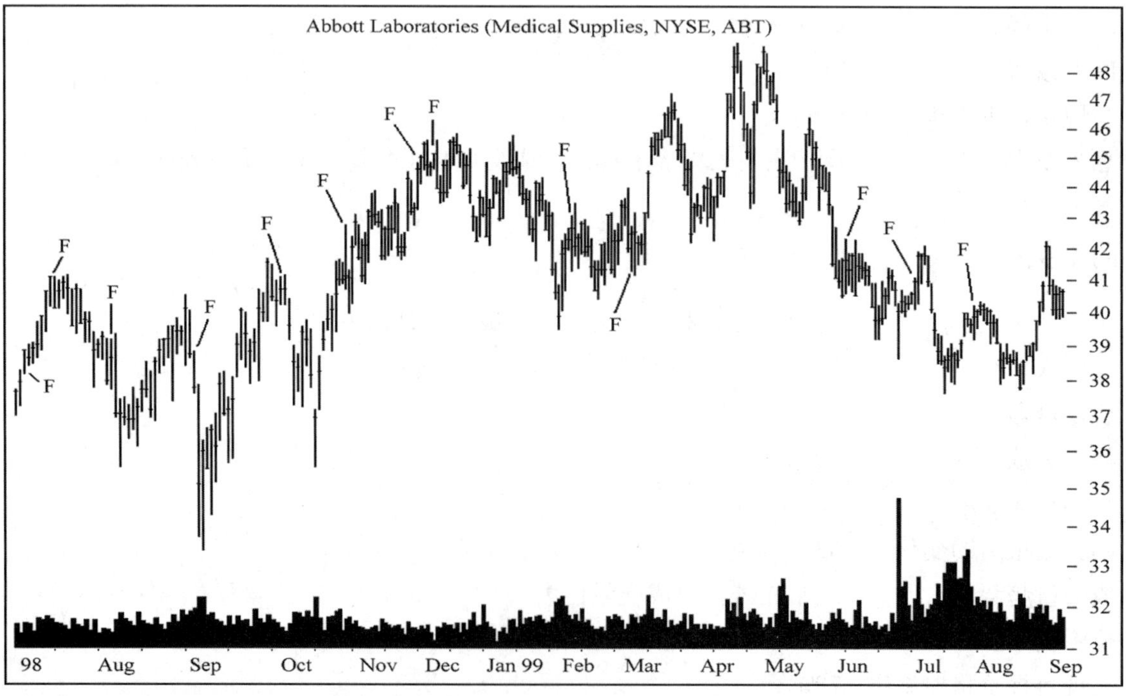

图58.1 字母F标志标记FDA药品批准的公告。

我发现的另一个意外是每年批准的数量。一些公司正忙于获得新药批准，有些公司则不然。我使用了一个受欢迎的网站搜索引擎，搜索了“FDA药品批准”这一关键词。搜索结果把我带到FDA的网站，我在网站上找到了已批准的药物和设备的清单，按月分类。我复制了这些数据，并使用我的编程技能和蛮力来提取公司名称、申请类别、批准日期以及药品名称。我没有包括以下内容：功效补药、标签修改或补充、几乎所有的医疗或生物设备、兽药批准。我没有使用新药申请，也没有包括暂时性批准。

听起来很混乱？情况变得更糟。想象一下，你是一家发现了一种新的阿司匹林药的医药公司。这种药物是以液体的形式出现的，它需要注射到你的身体内。后来，研究人员开创新配方，是一种解决方案(想一想眼药水)，比如凝胶、片剂、胶囊、奶油或软膏等，每一种有不同的剂量。这些变化需要FDA的批准，我们甚至没有谈及OTC药和仿制药。看看FDA的网站，你将惊叹这些公司在药品名称上多有创意。

辨识指南

表58.1所示为选择形态的辨识指南。

表58.1　辨识指南

特征	讨论
公告	新闻报道公告一项药品获得FDA的批准
大的价格振幅	在公告日或次日的日内价格区间必须大于1个月的平均值，或者在公告日的价格必须有缺口
突破	突破可以出现在任何方向，以收盘价在公告日的日内高点之上或低于日内低点为标志
成交量	预计公告日会有巨大的成交量
J形标准	**讨论**
倒置J形	对于向上突破，价格趋势上行，然后在顶部转弯，最后暴跌，形成一个倒置的J形状
价格上涨	突破后，价格上涨3个星期到6个星期，然后见顶。忽略不满足这些限制的形态，除非交易机会难以抗拒
穿透趋势线	价格通常沿着一条趋势线上行。当一条沿着底部绘制的趋势线被穿透时，就是卖出股票或做空的信号

公告　我对交易一个几十亿美元公司一个小的药品批准是不感兴趣的，这种类型的表现会呈现如图58.1所示的随机形状。相反，我在财经新闻中对FDA药品批准的消息进行了仔细的研究。图58.2所示为一个这种形态的例子。这不是一个很好的例子，但它所示为需要查看的内容。在2002年2月1日,《华尔街日报》报道称，FDA批准了聚乙二醇化非格司亭Neulasta，这是该公司的一个促进白细胞生长的基因工程药物Neupogen的长效版本。批准公告的那一天，股票缺口跳高上行。

大的价格振幅　我对数据进行了测试，发现在公告日大幅波动意味着未来会有更大的利润。因此，我计算了股票在公告之前1个月的平均交易区间，然后将公告日及次日的价格范围进行比较。如果这两天中有任何一天高于平均值，那么我就接受了这个形态。我包括第二天，以防公告没有在正常交易日公布。此外，我还包括价格缺口的天数，无论是缺口向上还是向下。

突破　突破方向可以是任意方向。当股价收盘价在公告日交易区间的顶部之上或低于底部时，就发生突破。突破可能在第二天发生，或者可能需要3个星期才发生，但通常会很快发生(向上和向下突破的平均值都是4天)。在图58.2中，在公告的次日，当价格缺口上行时，突破发生。

成交量 在公告日，预计成交量将高于平均值。这种反应并不总是发生，但当它发生时，对于向上突破，它通常意味着一个更大的涨幅。

倒置J形状标准、价格上涨、穿透趋势线 这是一个很有希望的形态的辨识指南与其他形态的辨识指南不同的地方。向上突破后，价格攀升，然后转弯，形成一个倒置J的形状，然后经过3～6个星期的时间见顶。这种转弯可能并不优美，但它往往遵循一条沿着价格低点的趋势线运行。可以把股价的这种运行看成是一个旗形或三角旗形，也许是一个向上倾斜的形态(旗形或三角旗倾斜的方向通常与当前的价格趋势方向相反)。穿透趋势线是一个卖出长期的持股或建立新空仓的信号。在图58.2中，价格沿着趋势线运行，直到在4月初穿透趋势线向下移动。

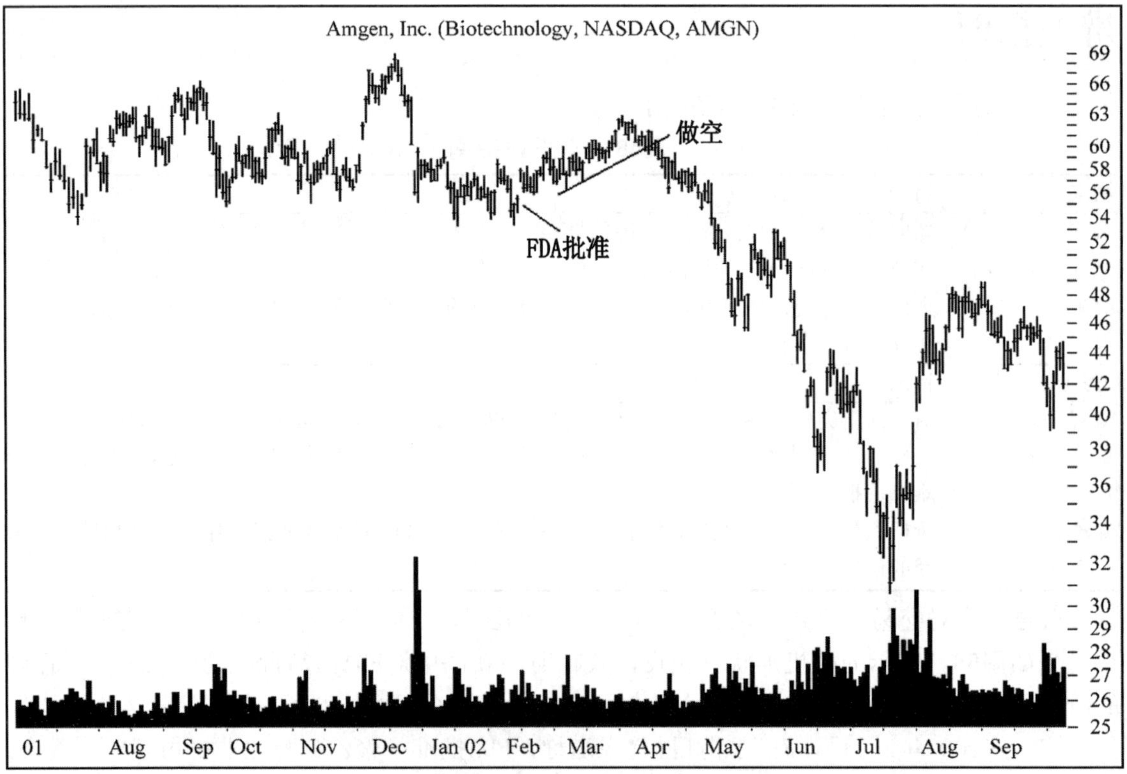

图58.2 在获得FDA批准后，价格缺口上行，然后在6个星期之后见顶。当价格收在趋势线下方时，一个卖空的信号出现了。

图58.3所示为另一个倒置J形态示例。在1996年4月10日，一则新闻报道说，Coherent(相干)公司获得FDA的批准，可以向市场投放一种激光器产品，这种产品可以用于消除皮肤标记，如纹身和胎记。当日公司股票攀升，在5个星期内股价达到峰顶，然后下跌。沿着4月到5月的3个小低点绘制的一条趋势线在大约3个星期后成为卖出股票或做空股票的信号。股价暴跌之前，在6月份，股价短暂地攀升到做空价格之上。在9月份，股价跌到了约15美元的低点。

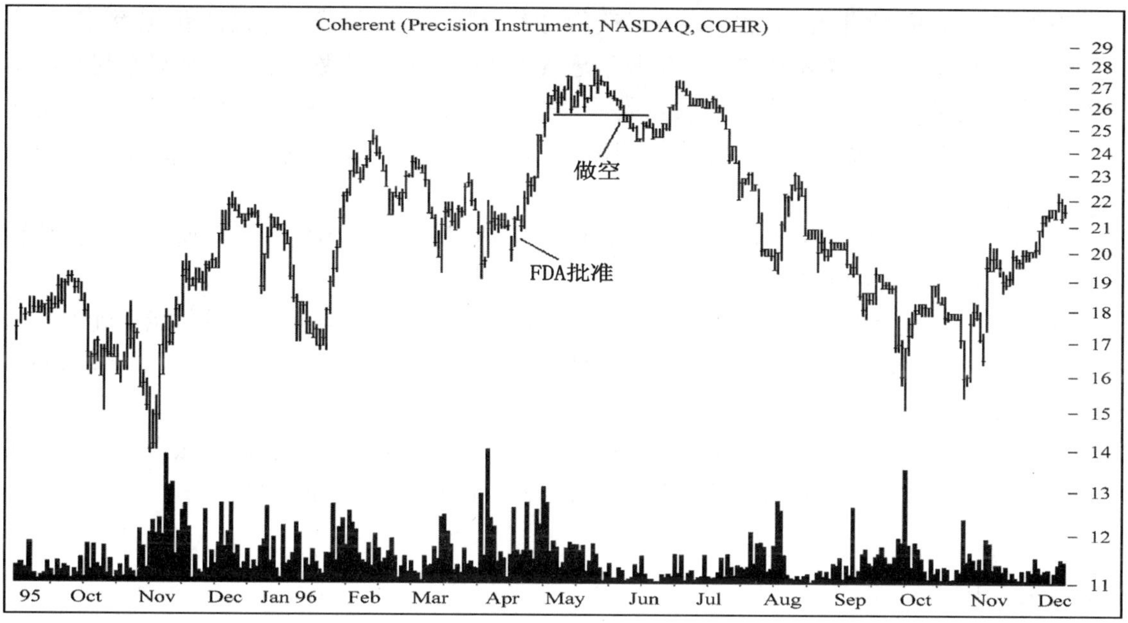

图58.3　该公司获得了激光器产品的批准后，股价攀升，见顶，然后暴跌。

关注形态失败

这种形态的主要失败来自交易者相信它们可以通过交易这种形态赚钱。请仔细观察图58.4，在7月，在新闻报道说FDA批准药品后出现了那个倒置J形的价格形态。价格到达一个小高点点A，然后下跌到点D。这一下跌没有穿透趋势线，没有发出做空的信号。这个转弯比通常所要等待的3～6个星期要快，这表明你可以推迟交易。

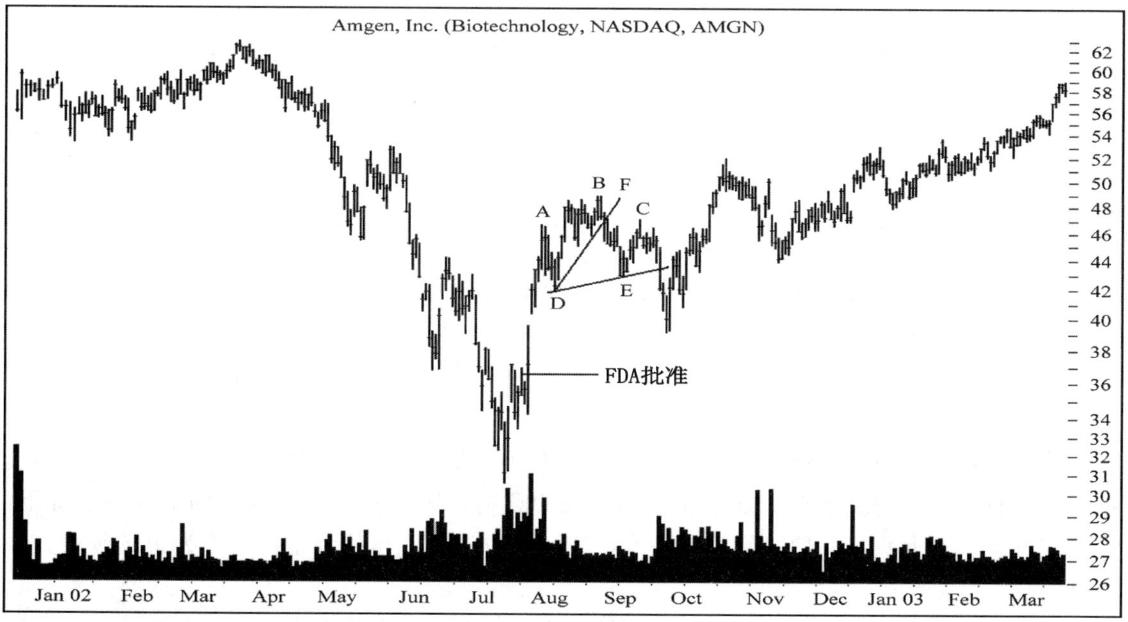

图58.4　一个头肩形态显示为三个波峰：A、B和C。

然后，价格从点D上升到点B。现在，我们可以绘制一条趋势线，连接低点点D到点B下方的低点。趋势线DF是一条做空线。股价收于这条趋势线下方就是做空信号。如果在趋势线下方的收盘价卖空股票，然后在低点买入股票——一个完美交易——那你就能赚16%。在现实世界中，没有人能完美地交易，所以在扣除成本之后你的收益会更少。这项交易是否值得冒做空的风险？

ABC是一个头肩形顶部形态。收盘在颈线DE下方是另一个卖出信号。即便如此，在反转前，股票在颈线下方的下跌并不是很大。

你什么时候做空？这是与我已经描述的J形形态有关的主要问题。如果你能正确地画出价格穿透的趋势线，那就好极了！否则，它就变成了一个猜谜游戏。想象一下，如果图58.4显示的价格是从点D继续下跌，你会因为不做空而深感内疚吗？

如果您仍然认为这种形态是可以交易的，请用一张纸覆盖图58.1。将纸张向右滑动，然后询问自己将在什么时候交易相关的药品批准形态(标记为F)。你做得怎么样？

统计数据

表58.2中显示的是与我查看的、符合辨识指南要求的所有FDA药品批准形态有关的统计信息，但不是与J形形态有关的那些形态(我对J形形态做了一个非正式的研究，“交易策略”部分讨论了这些结果)。

表58.2　综合统计

描述	向上突破	向下突破
形态数量	95个	96个
反转(R)、持续(C)数量	36R，59C	54R，42C
反转(R)、持续(C)涨/跌幅	24%R，17%C	-15%R，-11%C
平均涨/跌幅	20%	-13%
涨/跌幅超过45%(数量或占比)	17或18%	2或2%
趋势结束后涨/跌幅	-29%	52%
形态失败后涨/跌幅	44%	-21%
标准普尔500指数的变化	7%	-4%
到达最高/低点的天数	105	30

注：(-)负号表示下跌。

形态数量　药品批准形态的数量在向上突破和向下突破之间平均分配，但没有足够多的样本可以分成牛市和熊市。对于像FDA药品批准这样一个积极的事件，有一半的形态价格下跌，这真让我吃惊。从1995年到2004年的31只独特的股票中，我发现了191个符合识别准则的形态。

反转或持续　略超半数的形态充当当前价格趋势的持续，而不是反转。这一发现意味着批准并没有改变趋势的方向。这一结果出乎我的意料，因为我预计，在市场下行的情况下，股票应该会急剧上涨。即使股价没有骤升，我预计价格也应该趋势上行，因为市场预料到一个批准。

反转形态的表现大大优于那些充当持续的形态。例如，在牛市中，价格在反转后上涨了

24%，但在持续之后只上涨了17%。

平均涨幅或跌幅 对于向上突破的所有事件形态，价格上涨的幅度平均为24%，这种形态只攀升了20%。对于向下突破，一个好的形态将下跌18%，但这一形态的下跌只是13%。这种形态的表现令人失望。

涨幅或跌幅超过45% 突破后股价的涨幅或跌幅超过45%是衡量形态表现的一个很好的工具。对于向上突破，我查看的形态中有18%的形态攀升超过45%，向下突破的形态中仅2%的形态取得这样的成绩。对于向下突破形态来说，这么差的表现是典型的，因为在这一统计项目中，向下突破的形态从来没有表现好过。

趋势结束后的变化 一旦达到最高点或最低点，股价将分别下跌29%或上升52%。因此，如果你能确定什么时候趋势变化，特别是在向下突破之后，就交易股票。52%的涨幅让你有足够的时间来验证这一趋势已经改变，并进行一项新交易。为了取得最佳投资效果，请确认市场和在同行业中的其他股票的走势与您打算交易的股票的走势相同。

失败形态的表现 突破后股价下跌不到5%的形态，转弯掉头后，平均飙升44%。那些向下突破后攀升不到5%的形态，平均下跌了21%。因此，如果你看到突破后的价格反转方向，等待新的方向成立，然后交易新的趋势。

标准普尔500指数的变化 我喜欢把标准普尔指数看作是收集统计数据的控制组。从突破日到最高点或最低点当日的期间，对于向上突破形态，标准普尔500指数攀升了7%，对于向下突破形态，指数下跌了4%。将指数的结果与形态的平均涨幅或跌幅进行比较，以查看在同一期间内事件形态的表现。

到达最高点或最低点的天数 我仍然感到惊讶的是，股价需要超过3个月的平均上涨20%，但只用1个月的时间就下跌了13%。因此，平均而言，跌幅比涨幅更陡。

表58.3所示为此事件形态的失败比率。注意有多少形态没有上升或下跌超过5%，即保本失败概率。举个例子，34%向上突破的形态股价涨幅不超过5%。向下突破的形态更糟，39%的形态下跌不超过5%。远超一半(59%)的形态下跌不超过10%。

表58.3 失败形态数量或比率

股价最大涨/跌幅(%)	向上突破	向下突破
5(保本点)	32或34%	37或39%
10	46或48%	57或59%
15	59或62%	68或71%
20	67或71%	77或80%
25	71或75%	83或86%
30	74或78%	87或91%
35	76或80%	92或96%
50	80或84%	95或99%
75	87或92%	96或100%
>75	95或100%	96或100%

这张表对所有认为可以通过交易FDA药品批准形态赚钱的人发出警告。它们可能会在交易一两个形态中赚一点钱，但长期的表现往往是令人沮丧的。

表58.4所示为与突破及突破后相关的统计数据。

表58.4 突破与突破后股价表现统计

描述	向上突破	向下突破
从形态结束到突破	4天	4天
突破在年度价格区间低(L)、中(C)、高(H)各区域分布的百分比	L20%, C32%, H48%	L23%, C30%, H47%
形态在年度价格区间低(L)、中(C)、高(H)各区域突破后的涨/跌幅	L22%[a], C14%, H23%	L11%[a], C16%[a], H12%
回调/反弹概率	61%	66%
回调/反弹期间	8天	11天
出现回调/反弹形态的平均涨/跌幅	21%	-11%
未出现回调/反弹形态的平均涨/跌幅	16%	-17%

注：(-)负号表示下跌；[a]表示样本小于30个。

从形态结束到突破 这种形态需要4天才能突破。股票不需要很长的时间价格就会收高于批准日高点或低于批准日低点，完成突破。

年度位置 两个突破方向都最经常发生在年度价格区间的高位区域。

年度位置及表现 股价表现映射在年度价格范围内，结果显示，对于向上突破，在年度价格区间的高位区域附近突破的FDA药品批准形态涨幅23%，在中间区域突破的形态表现最差，收益仅14%。对于向下突破，最佳表现来自在年度价格区间中间区域突破的形态：它们下跌了16%。

回调和反弹 回调和反弹发生的概率在60%。当回调或反弹发生时，平均来说，股价要返回到突破价格需要8～11天。这样的时间范围是典型的。

对于许多形态，当出现回调或反弹时，股价表现会受到影响。你可以看到，对于向下突破，当发生反弹时，股价平均跌幅为11%。没有反弹的，平均跌幅为17%。对于向上突破，结果相反：那些出现回调的形态表现更好。

表58.5所示为股价突破形态后到达最高点或最低点所需时间的频次分布。在第1个星期，形态要么见顶(向上突破，42%的形态)或要么见底(55%)。一些幸运的形态需要超过70天才能达到最高点或最低点。

表58.5 到达最高点或最低点天数的频次分布

天数	7	14	21	28	35	42	49	56	63	70	>70
向上突破	42%	7%	3%	5%	2%	2%	1%	7%	1%	0%	28%
向下突破	55%	7%	6%	4%	1%	4%	2%	3%	0%	3%	14%

注意，7%的形态在突破后56天达到了最高点。因此，如果你持有一只股票，在它向上突破后2个月留意它的见顶迹象，考虑在价格骤跌前卖出(那些7%的形态将至少下跌20%，根据最高点的定义)。

表58.6所示为形态面积大小和成交量的统计。

高度 我计算了这种单日形态的高度，并按突破方向划分结果。然后，我把结果排序为低形态和高形态，并检查它们的表现。对于大多数技术形态和事件形态，高的形态表现突出。对于这种形态，向上突破是高的形态表现得更好，但对于向下突破的形态，两者没有表现出差异。记住，我只接受那些高点到低点平均价格范围比1个月平均值高的形态(见表58.1，“大的价格振幅”)。

公告日成交量 我将公告日成交量与1个月平均值进行比较，然后将这些形态按高于平均成交量和低于平均成交量进行分类。对于向上突破，那些高于平均成交量的形态突破后涨幅为20%。对于公告日成交量低于平均值的形态，突破后股价上涨19%。对于向下突破，趋势与向上突破是相同的，但结果差距扩大：分别下跌14%和11%。

表58.6　形态面积大小及成交量统计

描述	向上突破	向下突破
高形态表现	20%	-13%
低形态表现	18%	-13%
高度中值(与突破价格百分比)	3.78%	3.26%
公告日成交巨量表现	20%	-14%
公告日成交轻量表现	19%	-11%

注：(-)负号表示下跌。

交易策略与交易故事

我不建议交易这种形态，因为它们的表现是如此之差(可能的利润低，而风险高)，而且样本数量小使一些统计结果可疑。然而，我确实知道一件事是真实的：在公告日(或第二天)的日内交易区间越宽，股价表现就越好。

这一发现意味着什么？我计算了进入形态前的1个月的平均交易价格区间，并将其与公告日的价格区间进行了比较。在数学方面，这是前一个月每天高低点差异的平均值与公告日的高低点区间的比较。如果公告日的高低点区间大于平均值，则该形态往往表现突出。如果公告日日振幅是平均值的2倍，则该形态的表现会更好，且形态的失败比率更低。当公告日日振幅是平均值的3倍时，它也表现得更好。因此，寻找一个在公告日日内高低点价格范围宽的形态，以得到最佳的形态表现。

我在“辨识指南”一节中提到一个很有希望的形态。以下是满足J形识别准则的FDA药品批准形态非正式研究的一些相关统计数据。

我接受价格在突破后21天至48天(3～6个星期)后见顶的形态，然后计算穿透趋势线时的收盘价格到最终低点的价格之间的差距。我发现有20个形态(在15只股票中)符合表58.1所列的J形标准，它们的平均跌幅为18%。而所有向下突破的FDA药品批准形态的平均跌幅为13%。但样本量太小，在统计上没有意义，但这个结果看起来还是很好的。

图58.5所示为一个包含在J形研究中的形态的示例。在FDA批准后，价格迅猛上涨，但随后在点A见顶，然后掉头转弯，下跌到21.19美元的低位。点A是批准后38天。在价格穿透向上倾斜的趋势线之后进行做空交易。从股票穿透趋势线的收盘价格(35.20美元)到最终低点(21.19美元)，跌幅40%。

看一看如果你用点B而不是点A作为峰值会发生什么。一条更陡峭的趋势线意味着你将在价格下跌到大约30美元时做空股票。如果你是一个经验丰富的交易者，看到价格攀升到高点点B之上，就会亏损平掉你的空头头寸，然后眼巴巴地看着1周后价格暴跌。

我认为你可以以更低的风险交易其他看跌形态，而不必交易这种形态。

表58.7所示为一旦价格达到最高点或最低点然后反转时交易FDA药品批准形态的统计数据。

平均涨幅或跌幅 如果你等待最终的高点(向上突破)或最终的低点(向下突破)，这个统计表显示价格从那一点算起表现如何。对于向上突破，价格达到最高的高点后下跌29%。对于向下突破，价格平均上涨51%。

涨幅或跌幅超过45% 我不认为11%的形态跌幅超过45%很出类拔萃，但55%的形态涨幅超过45%是真的巨大。

到达最低点或最高点的天数 股价需要花大约3个月的时间平均下跌29%，或花221天平均上涨51%。股价移动幅度大需要更多时间。

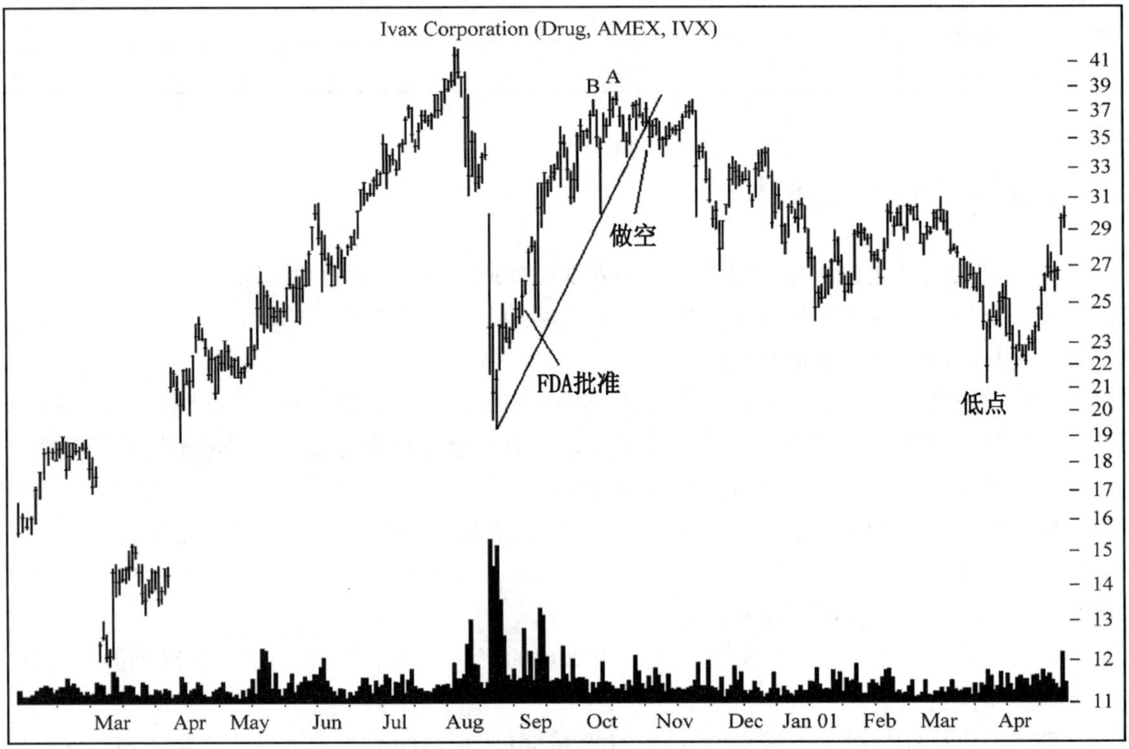

图58.5 在向上突破后4到6个星期，留意股价见顶。

表58.7 新交易策略的综合统计数据

描述	向上突破 然后下跌	向下突破 然后上涨
平均涨/跌幅	-29%	51%
涨/跌幅超过45%(数量或占比)	9或11%	49或55%
到达最高点或最低点的天数	86	220

注：(-)负号表示下跌。

这些信息是什么意思？如果你能确定股票已经到达顶部或底部，然后进行交易，持仓。股价在一个FDA公告形态向上突破后，等待价格反转后开始一个持续的下跌。对于向下突破，寻找一个长时间的上涨，平均上涨超过7个月(220天)，你有足够的时间赶上潮流。当然，这个策略的关键在于正确识别顶部或底部。你怎么才能做到这一点？答案有三个：经验、运气或两者兼而有之。

交易秘籍

下面的列表包含提示和观察结果，以帮助您选择表现突出的形态。有关更为详细的信息，请参阅相关的表格。

●寻找倒J形形态。见表58.1。

●选择作为当前趋势反转的形态。见表58.2。

●交易失败形态。见表58.2。

●失败比率开始时就高了，所以这是一个交易别的形态很好的理由，而不是药品批准形态。见表58.3。

●对于向上突破，避免在年度价格区间中间区域突破的形态。对于向下突破，那些在中间区域的形态表现最佳。见表58.4。

●预计有回调(有助于股价表现)或反弹(损害股价表现)。见表58.4。

●有42%～55%的形态在突破后第1个星期就达到最高点或最低点。快速获利了结。见表58.5。

●交易公告日成交量比平均成交量大的形态。见表58.6。

●一旦价格触及最终的高点或低点，然后反转时，交易股票。见表58.7。

第五十九章　财报公告之旗形形态
Flag, Earnings

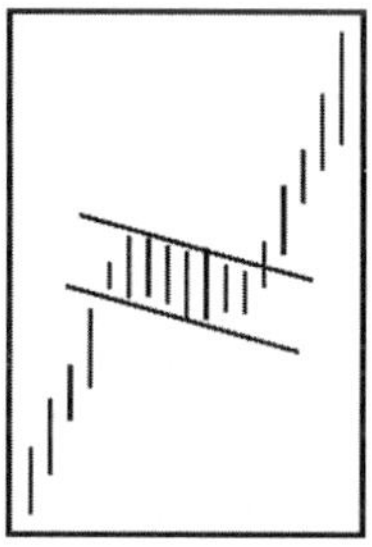

统计简报

向上突破

事件	一家公司公告财报，股票骤然上升。在旗杆顶部附近形成一个旗形、三角旗形或其他盘整区域。	
反转或持续	短期持续，行情看涨。	
	牛市	**熊市**
表现排名	1/6	1/5
保本失败概率	10%	16%
平均涨幅	34%	22%
趋势结束后的变化	-33%	-32%
成交量趋势	向下	向下
回调概率	63%	58%
实现目标价格概率	86%	84%
意外发现	反转形态在牛市中的表现明显优于持续形态。在年度价格区间低位区域附近的旗形表现突出。高形态表现突出。有轻量突破的旗形表现得更好。	
参见	旗形形态；高紧旗形形态。	

我在几年前发现了财报公告旗形形态，那时我想知道在一个好的财报公告之后会发生什么。我记得当我看到这种形态时我的眼睛睁得很大，我的心怦怦直跳，但直到最近我才开始探索这个发现。我在不知道这种形态是如何表现的情况下做了几次交易。本章将我的发现写出来，并加上统计数据来支持它。现在这种形态是我最喜欢的形态之一，因为它是如此容易发现，而且通常是有利可图的。

统计简报列出了财报旗形的重要细节，这种形态有时会在出人意料的良好财报公告之后出现。它在牛市的保本失败概率相对较低(10%)，平均涨幅(34%)相当体面，这种形态对波段交易者和头寸交易者都很好。

意外发现通常有很多，我将在“统计数据”部分解释。

导入

图59.1所示为我所说的财报旗形的一个很好的例子。当一家公司宣布一个很好的季度业绩公告时，交易者都会感到意外。很多时候，这样的公告在市场收盘后公布。公告发布在交易日内的什么时间是无关紧要的，除非你是一个日内交易者或灵活的波段交易者。我不会仔细研究实际的公告，而是专注于市场如何吸收这样的消息。我在公告的一两天内查看股价活动。

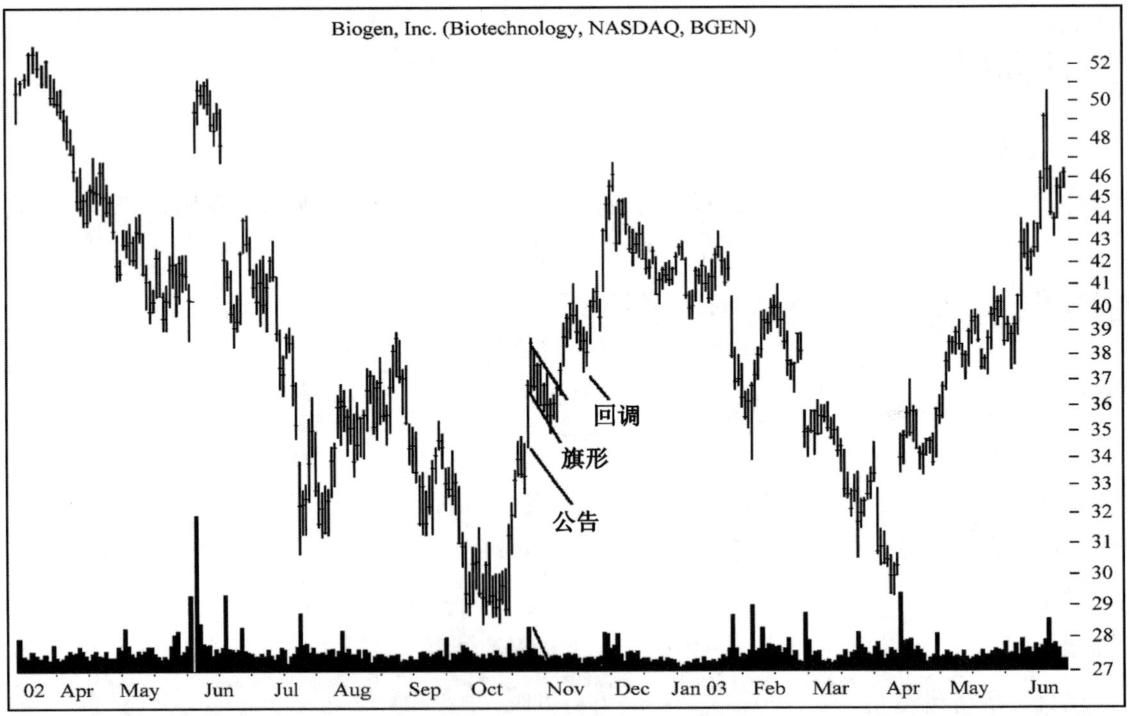

图59.1　图中所示为财报公告旗形形态的一个很好的例子。价格在公告日急速上升，在旗形部分暂停，然后重新上行。回调是经常发生的。形态期间的成交量通常呈下降趋势，如图所示。

在图59.1中，股价在公告前一周开始攀升，就好像交易者已经知道将要发生的情况一样。在公告的当天，股票迅速上涨，第二天涨得更高，旗杆完成。然后股价下跌进入典型的旗形形态——通常是一个向下倾斜的长方形(这个长方形也可以倾斜向上或水平)。在我的研究形态，我不关心旗形是什么样子。它可能像一个三角旗形或只是一堆曲线。

价格在穿透旗形趋势线后突破，然后上行一个星期，之后回调到突破价格附近，再上行更高。这种上升、停顿、上升的形态是财报公告旗形的典型特征。

辨识指南

表59.1所示为财报公告旗形的辨识指南。当我讨论这个表时，请仔细看图59.2。

表59.1 辨识指南

特征	讨论
财报公告	一份出人意料的良好业绩的公告会使股价飙升，如果公告是在交易日内公布，股价的飙升通常在同一天发生。如果公告日到股价上升之间间隔时间太长，比方说，超过2天，看看别处的交易机会吧
旗杆	价格通常以几乎垂直的方式上升
旗形	离开旗杆后，价格走势向下，但并不总是如此。价格可能会弯曲向上或水平，它可能看起来不像一个长方形的旗帜。任何形状皆有可能。该旗形应该看起来像一个与垂直的旗杆上行分开的盘整区域
突破	价格穿透旗形的矩形边框，向上移动。如果旗形部分的形状不规则，使用股价收于最高点之上
确认价格	确认是财报旗形成为有效形态时的价格。为了测试，我使用收盘高于形态最高点的价格作为确认价格，但价格穿透旗顶部边界将使你更快介入交易

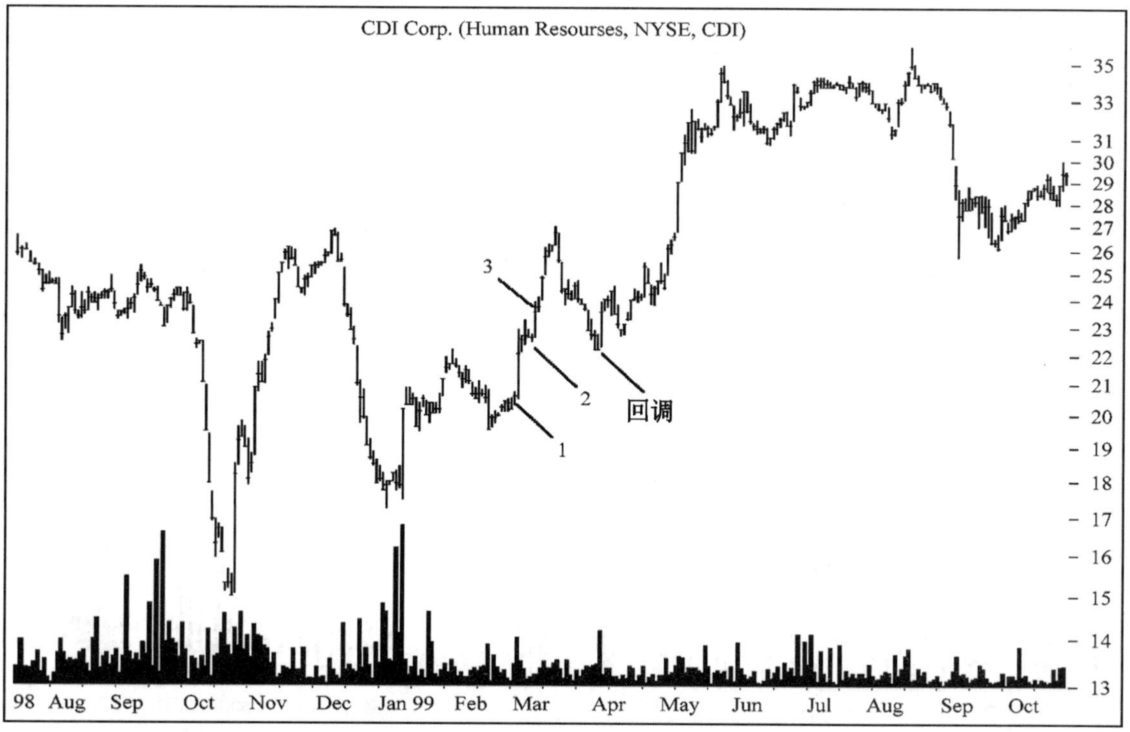

图59.2 一个表现良好的小的财报公告旗形反转形态。点1显示的是财报公告。点2是旗形的盘整区域。我认为突破是在点3——股价收盘价格高于形态高点。

财报公告 财报公告是这一形态的关键。如果公告宣称业绩比大家估计的好，那当然好，但它对您的钱包并不意味着什么。当业绩良好但低于传言的数字(交易者使用的非官方的业绩估计)时，股价往往会发生下跌。忽略任何谣言或已经发表的事实，只看股价发生了什么。如果交易者喜欢它们从公司听到的消息，它们就会买入。增加的购买需求将会使股价攀升，就像股价从图59.2的点1开始的上升那样。

我喜欢看到股价直线上行几天，但如果上涨足够长，只有1天也是可以的。多长是足够长？这需要你参考本章所附的数字，自己做出判断。小心价格缺口上升但上升幅度小的形态，这种缺口往往很快就会封闭(一个普通缺口)，这样的行情不值得交易。绝大多数的财报公告并没有大幅影响股价。每一个股票每年有四份财报公告，在投资之前，你应该谨慎，等待合适的机会。

旗杆 正如我所提到的，最好的形态是直线上行持续数天(5天是股价在旗杆上摆动上行时间的中值)。股价喷射上行形成了旗杆。旗杆的顶端通常是形态中的最高点。股价的上坡跑是几乎垂直的还是对角线倾斜的并不重要，向上运行才是重要的。再次说明，使用本章中的数字作为参考。

旗形 当价格从旗杆离开时，旗形本身就开始了。在这个例子中，我会在收盘价格高于旗形的时候，即在点3下达买入指令。在图59.1中，买入指令将在价格穿透旗形顶部的趋势线(顶部对角线)后第二天下达。

我把这个形态称为财报公告旗形，因为大多数的形态都含有旗形——长方形的盒子，通常倾斜向下，悬挂在旗杆上。例如，在图59.3中，旗形部分的形状是一个三角旗形。图59.2中的旗形部分形状是一个随机形状。

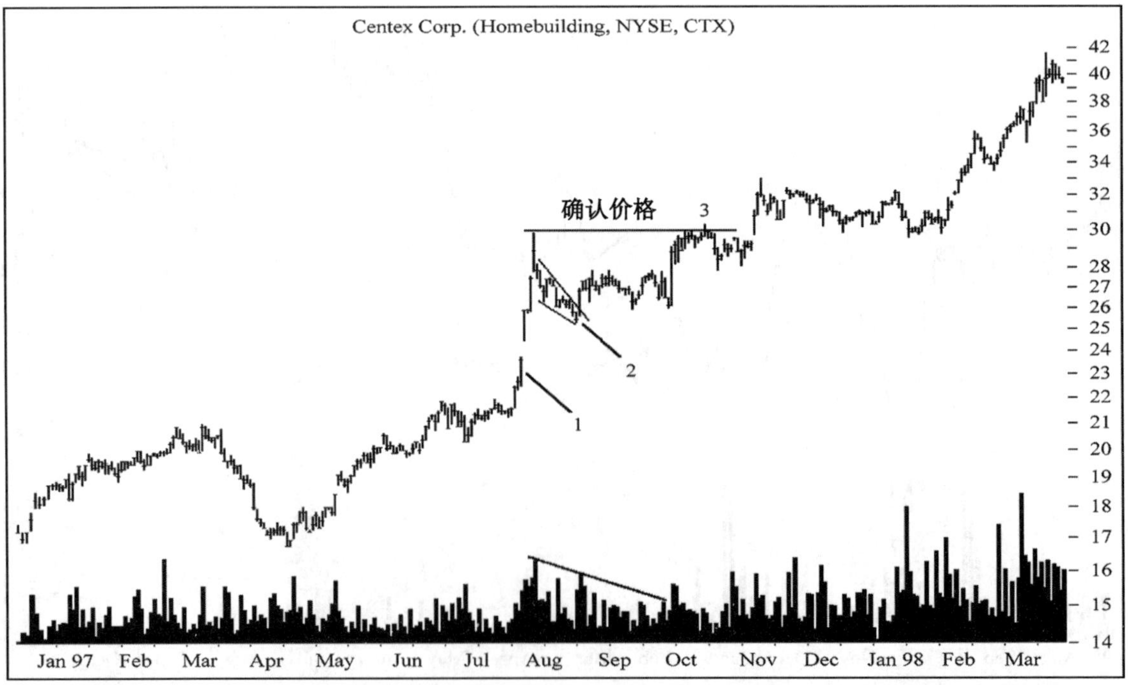

图59.3 点2的次日是一个买入信号。作为统计，我等待价格收高于形态的最高点后买入股票。点3的水平线是突破价格或确认价格。

突破　当价格收盘在形态高点之上时，买入信号出现。这个高点被称为突破价格或确认价格。你必须等待确认。有太多的情况，价格掉头下跌，跌到旗形低点之下，这意味着一个形态的失败，如果你持有这样的股票，这意味着损失。在某些情况下，如图59.1所示，当价格穿透趋势线时，您可以买入股票赶上趋势。这样的策略是好的，如果趋势线与旗形部分的形状相匹配。

确认价格　如图59.3所示，为了便于收集统计信息，我用形态中最高的高点作为确认价格。当股票收盘价高于该价格时，形态就成为有效的财报公告旗形。图59.3中确认价格是那条水平线。然而，如果旗形向下倾斜，如图59.3和图59.1所示，考虑在点2附近价格开始离开旗形做上坡攀升时买入。这个时点让你可以更早地介入，节省你的资金，降低你的风险。一定要等待确认，无论是股价收高于形态的高点还是穿透旗形的趋势线。

关注形态失败

图59.4所示为一个失败形态的例子。我已经强调了那个像地平线上的烟雾一样的上方阻力。我觉得重要的是，进入了形态的下跌的价格趋势。点1是公告，公告是在近2个月的价格下行之后出现的。避免所有出现在下行趋势中的旗形。为什么？因为这个形态通常作为当前价格趋势的持续，而不是反转。如果价格趋势下跌，旗形也可能会使股价反转上行，但为什么冒险呢？坚持交易在上涨的价格趋势中的旗形，这样在上升的浪潮中你的钱包就可以越来越鼓。

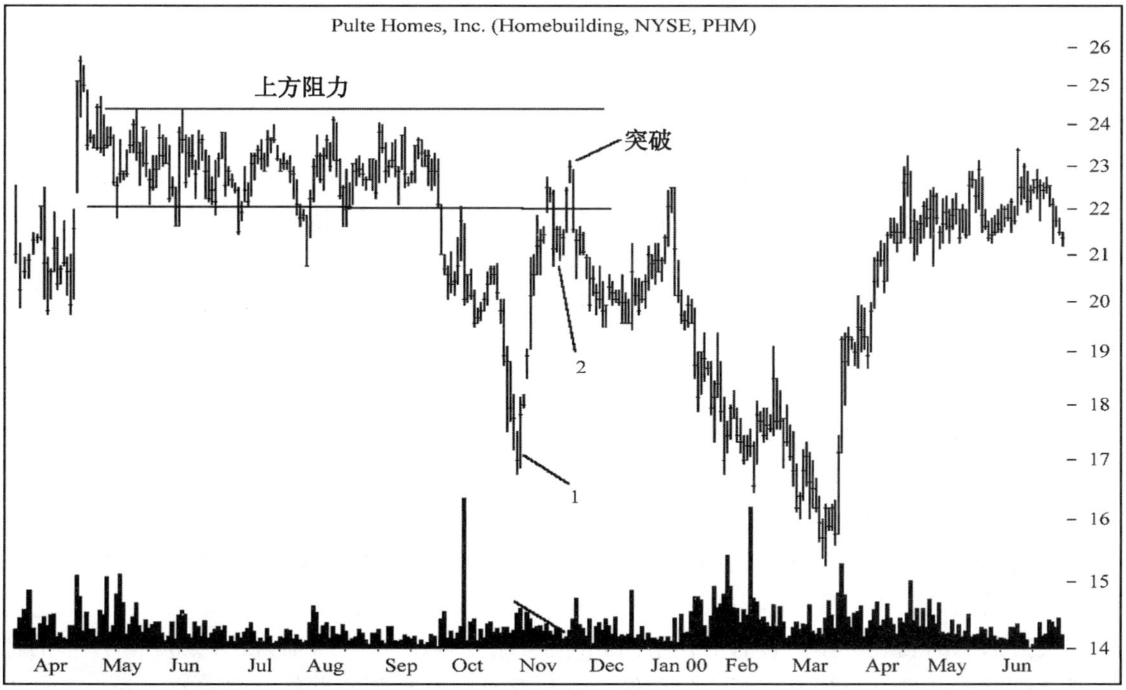

图59.4　上方阻力使得这一财报公告旗形(2)表现不如预期，但另一条线索是避免选择在下跌的价格趋势中出现的财报公告旗形。财报公告在点1。

不要对小的缺口感到兴奋。我说的是普通缺口。当财报公告旗形发生时，有时价格会缺口上升。通常，几天后，上行就会崩溃，股价下跌回补缺口。如果您等待确认，这种事情就不是一个问题，因为这样的形态不会确认。因此，一要提防与普通缺口相关的财报公告旗形，二要等待确认，除非你喜欢赔钱。

统计数据

我仔细检查我的资料库中从1995年1月至2004年6月的约220只股票，收集有关财报公告旗形的统计数据。由于数据库的限制，并非所有股票都有季度财报公告。尽管如此，我还是发现了564个财报公告旗形，表59.2列出了这些形态的综合统计数据。

表59.2　综合统计

描述	牛市	熊市
形态数量	384个	180个
反转(R)、持续(C)数量	87R，297C	48R，132C
反转(R)、持续(C)涨/跌幅	38%R，33%C	22%R，21%C
平均涨幅	34%	22%
涨/跌幅超过45%(数量或占比)	111或29%	26或14%
趋势结束后涨/跌幅	-33%	-32%
形态失败后涨/跌幅	-30%	-28%[a]
标准普尔500指数的变化	7%	1%
到达最高点的天数	114	80

注：(-)负号表示下跌；[a]表示样本小于30个。

形态数量　我在牛市中发现了384个财报公告旗形，在熊市中180个。这些数字表明，在同样的时间里，熊市中的财报公告旗形多于牛市(只是因为熊市较短，所以总数较少)，不过，牛市时期开始阶段(1995年)的财报公告旗形很少。

反转或持续　财报公告旗形作为当前价格趋势的反转还是持续？表59.2表明，这种形态有76%充当了短期趋势的持续。如果价格趋势上升进入财报公告旗形，股价可能会在突破后继续上涨。无论怎么样，这是交易的方法。

在牛市中，作为反转形态的财报公告旗形比作为持续形态的表现好得多。在熊市中，情况也是一样的，但结果差异较小。

平均涨幅　牛市的平均涨幅为34%，但熊市中涨幅只有22%。它们都远远高于所有事件形态的平均涨幅(牛市 24%和熊市 15%)。

涨幅或跌幅超过45%　在牛市中有略超1/4的形态(29%)，熊市中有14%的形态。涨幅超过45%。再次看到，这种形态表现是相当不错的。

趋势结束后的变化　一旦达到最高点，股价会掉头下跌33%左右。因此，如果你能辨别出什么时候趋势变化，可以考虑做空股票。使用止损，以防你猜错了。

失败形态的表现　在突破后上升不到5%便暴跌的形态，平均跌幅为28%～30%。跌幅的计算是从突破后的最高点到下跌到达的最低点——这是一个完美的交易，这样的完美交易你不可能做到。

标准普尔500指数的变化　计算从财报公告旗形开始日到最终高点日期间指数的变化，

牛市总体上涨7%、熊市1%。同期的财报公告旗形形态平均涨幅分别为34%和22%。

到达最高点的天数　如果你完美地交易这个形态，要花多长时间才能达到最大利润点呢？答：在牛市，114天，或约4个月；在熊市，仅2个月(80天)。从斜率来说，牛市的上涨比熊市的上涨稍陡。

表59.3所示为失败形态数量及比率。这是我用来支付经纪佣金、滑点、证券交易费用等的比率。该表所示为财报公告旗形在无法上升到某个幅度时的概率。例如，1/3(33%)的看涨形态和几乎一半的看跌形态突破后上升不超过15%。

表59.3　失败形态数量或比率

股价最大涨幅(%)	牛市	熊市
5(保本点)	38或10%	28或16%
10	90或23%	56或31%
15	127或33%	86或48%
20	159或41%	107或59%
25	190或49%	121或67%
30	215或56%	134或74%
35	228或59%	141或78%
50	288或75%	157或87%
75	329或86%	169或94%
＞75	384或100%	180或100%

表59.3对于许多技术形态和事件形态来说，令人担忧的是，最大价格涨幅的小变动会使失败比率迅速增加。例如，最大价格涨幅从5%上升到10%，失败比率翻一番，然后再次跳跃。因为每个交易都不同，你交易的结果会与此有所不同。注意安全，一定要使用止损。

假设你的交易成本高达5%，你想在每次交易上赚10%，总共就是15%，但你知道自己不会每次交易都盈利。你的经验是，三次交易中你会有两次盈利。因此，如果你将利润率提高到20%(加上费用总共25%)，这样才能弥补输的交易，在所有三次交易中有10%的平均利润率。有多少个旗形将无法上涨至25%？回答：在牛市49%，在熊市67%。这样看来，交易这种事件形态你不太可能会实现你的利润目标。

表59.4所示为与突破及突破后相关的统计数据。

表59.4　突破与突破后股价表现统计

描述	牛市	熊市
旗杆顶部到突破	18天	16天
突破在年度价格区间低(L)、中(C)、高(H)各区域分布的百分比	L14%,C27%,H59%	L17%,C32%,H50%
形态在年度价格区间低(L)、中(C)、高(H)各区域突破后的涨幅	L48%,C30%,H33%	L30%,C23%,H19%
回调概率	63%	58%
回调期间	11天	12天
出现回调形态的平均涨幅	30%	22%
未出现回调形态的平均涨幅	41%	22%

旗杆顶部到突破　从旗杆结束的次日到突破日，形态的旗形部分平均略超过2个星期。

年度位置　使用形态最高点(突破价格)作为基准，旗形在年度价格范围的哪个区域出现？对于牛市和熊市，大多数形态都出现在年度价格区间的高位区域附近。这个发现有直觉意义。如果商店里满是顾客，收银机也在响，投资者喜欢他们看到的东西，买入股票。购买需求推高了股价，然后公司公告的业绩比预期的业绩好，推动股价涨得更高。

年度位置及表现 表现最好的形态来自年度价格区间的低位区域。这个区域突破的形态在牛市中平均上涨48%，在熊市中上涨30%。显然，当股票如此之低的时候，很少有人预期财报会出人意料。

这一发现是否意味着应该在年度价格范围的低位区域买入有财报公告旗形的股票？我检查了涨幅百分比的中值，果然，在年度价格范围的三个区域中，位于低位区域的形态表现最佳，涨幅中值36%。在中间区域突破的形态涨幅中值24%，高位区域涨幅中值25%。

我得承认，如果股价接近年度价格区间的高位区域，而且是在上涨价格趋势中，我会买入股票，我从来没有在其他区域买入这种形态。我发现我的这些交易有大约2/3是对的。因为旗形在年度价格区间低位区域附近表现得更好，它们是值得仔细看一看的。

回调 回调发生的概率在58%～63%。如果你错过了交易股票的财报公告旗形，股价回调，你可能有另一个机会投资。回调还允许您增加现有的仓位。平均来说，股价会在11～12天完成回调。在牛市中，回调会损害股价表现。因此，在交易财报公告旗形之前，要查看上方的阻力。

表59.5所示为股价突破形态后到达最高点需要时间的频次分布。在第1个星期，许多财报公告旗形都见顶。在表格的另一端，熊市和牛市均有中11%的形态需要超过70天才能达到最终的高点(译者注：原文此处有误，此译文为正确表述)。

表59.5 到达最高点天数的频次分布

天数	7	14	21	28	35	42	49	56	63	70	＞70
熊市	48%	8%	8%	6%	7%	3%	2%	2%	4%	1%	11%
牛市	47%	13%	7%	5%	4%	4%	4%	3%	1%	1%	11%

在熊市中，在突破35天后，旗形有轻微的见顶趋势。因此，如果同一行业的其他股票在突破1个月后出现疲软，或者如果总体市场开始走低，请提高你的止损点或准备了结交易。

表59.6所示为形态面积大小的统计数据。

表59.6 形态面积大小统计

描述	牛市	熊市
高形态表现	37%	24%
低形态表现	31%	20%
高度中值(与突破价格百分比)	13.56%	14.67%
窄形态表现	33%	26%
宽形态表现	35%	17%
长度中值	14天	12天
形态平均长度	15天	14天
低窄组合形态表现	30%	25%
低宽组合形态表现	33%	14%
高宽组合形态表现	36%	20%
高窄组合形态表现	39%	28%

高度 对于大多数形态，高形态表现比低的好，财报公告旗形也不例外。形态高度比高

度中值高的形态，在熊市涨幅为24%，在牛市涨幅为37%。低形态的涨幅分别为31%和20%。因此，选择形态高度比中值高的形态，以得到最佳的平均表现。

宽度　突破后宽形态表现比窄的形态更好吗？是的，也不是。从公告日到突破日为形态长度，旗形长度中值在牛市是14天，在熊市是12天。在牛市，宽的旗形表现比窄的旗形更好，两者平均涨幅分别为35%和33%。但在熊市中，结果反过来了，两者分别为17%和26%。

形态平均长度　从旗杆开始到旗形末端的形态平均长度约为2个星期。

高度和宽度的组合　在牛市和熊市中，高度和宽度的最佳组合是高窄组合的旗形。最糟糕的组合是牛市中的低窄组合的旗形和熊市中的低宽组合的旗形。

表59.7所示为与成交量有关的统计信息。

表59.7　形态期间成交量统计

描述	牛市	熊市
上升成交量趋势表现	26%[a]	27%[a]
下降成交量趋势表现	35%	21%
巨量突破表现	33%	20%
轻量突破表现	36%	24%

注：[a]表示样本小于30个。

成交量趋势　财报公告旗形显示，93%的形态将会有下降的成交量趋势。我用线性回归计算从公告日到突破前一天的成交量。由于样本太少，形态的表现结果没有意义。

突破成交量　在这两个市场中，往往是有轻量突破的旗形在突破后表现得更好，而不是那些具有巨量突破的旗形。

交易策略

表59.8所示为财报公告旗形的交易策略。

表59.8　交易策略

交易策略	解释
测算规则	用于预测目标价格。计算形态高点与公告日低点的差异，得出形态高度，将形态高度加上形态中旗形的低点(旗杆右侧的最低点)，结果是目标价格。在牛市和熊市中，分别有86%和84%的形态实现目标价格
确认、买入信号	当收盘价在形态高点之上或穿透旗形趋势线时买入，决不要在没有确认的情况下买入股票
卖出信号	价格可能在突破后第1个星期见顶。在熊市中，在交易1个月后注意股价的疲软
警惕回调	有超过一半形态会发生回调，所以预期它会出现。如果发生回调，且价格开始反弹时，增加您的仓位

测算规则　测算规则预测价格最低限度将会上涨多少。要使用它，请计算从形态的最高点减去公告日的低点，得出形态高度。将形态高度加上形态旗形部分的最低点，结果为预测的目标价格。价格有84%至86%的概率达到目标价格。

例如，查看图59.5。形态高点(点2)是21.19美元，公告日的低点(点1)为17.25美元。两者的差异为3.94美元，将差异加到形态中旗形的低点(点3)19.63美元，得出目标价格23.57美元。股价在突破后4天达到了目标价格。

确认、买入信号 当股价收在形态最高点之上或穿透趋势线时，价格确认形态。在确认前不要买入，因为价格通常会下行而不是确认形态。

有两个买入信号。当收盘价高于形态高点时买入。在图59.5中，形态高点是点2上方的收盘价格。第二个买入信号是当股票的收盘价高于旗形的趋势线时。图59.1很好地描述了形态的旗形部分。两条平行的向下倾斜的趋势线突出了这个旗形，当价格穿透顶部趋势线时，买入股票。但有时，旗形是不规则的，不适合用趋势线。那就转到另外一个买入信号——股价收在形态的最高点之上。

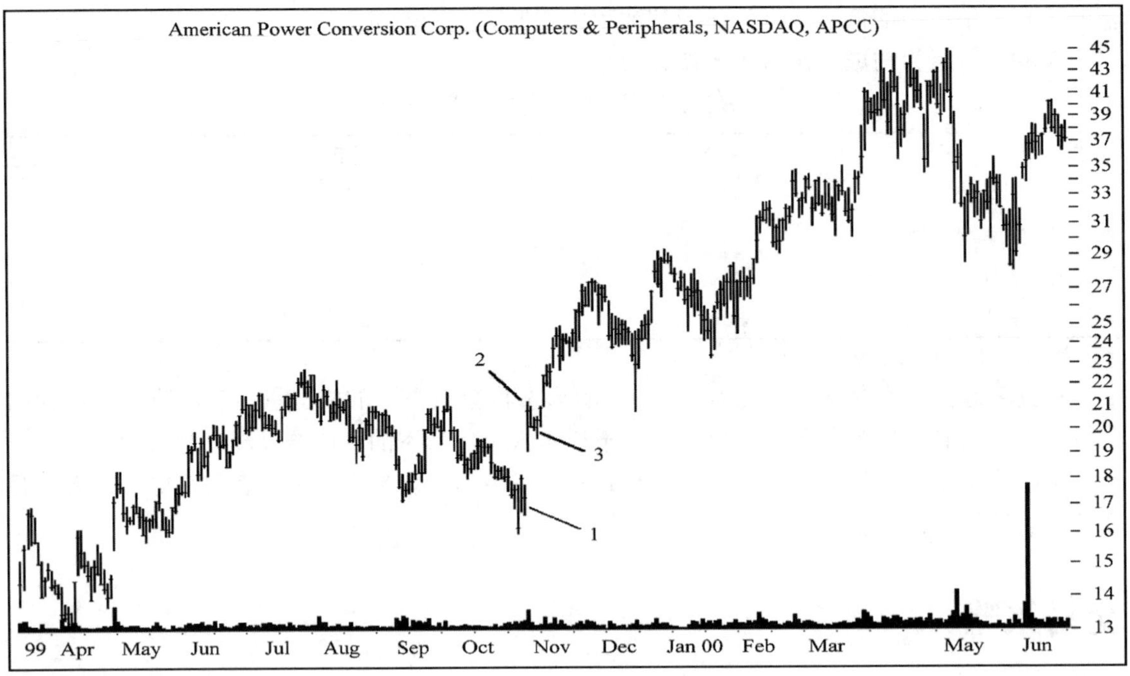

图59.5 财报公告后，价格缺口上行。运用测算规则，计算出形态高度(形态的最高点，点2，减去公告日的最低点，点1，将形态高度加上形态的旗形部分的低点(点3)，结果为预测的目标价格。

卖出信号 这不是一个容易交易的形态，因为价格可能会迅速上升，然后又大幅下跌。准备在突破后第1个星期左右，在回调之前卖出。在回调后，如果价格继续上涨，那么再次买入，并持股待涨。

警惕回调 有一半的形态会发生回调。预期附近的上方阻力会击退股价的上行，股价将会回调到突破价格。价格可能不会一路下跌，也可能会回调并继续走低。后一种情况是你必须注意的，没有什么比看到获利的交易变成亏损更让人伤心了。如果你在交易1个星期左右看到股价转弯，考虑卖出股票，获利了结。在价格开始反弹后，你一定可以再次买入。

交易故事

真实的交易是什么样的？图59.6所示为我交易的一个财报公告旗形。这是我笔记本上对买入的记录：“2/9/04。我在市场上买了400股，买入价格为31.75美元。这是一个财报公告旗形交易。上涨可能是：测算规则计算形态高度为31.45-28.54=2.91美元。形态低点的收盘价格30.63美元，股价上涨的目标价格是33.54美元，或四舍五入33.50美元。最近的钻石形顶部形态应该支撑这个形态。在10月的财报意外形态中，测算规则预测的效果很好，我希望这一次的预测也能奏效。竞争对手麦克斯公司也表现得很好。下跌的可能是到达最近的低点，约28美元，然后反转。那样会出现12%的损失，有点高。当我得到刷新的价格数据时，收紧止损点，使它离小低点更近。”

我们来理解这个记录，我用三浪上升形态的测算规则来计算目标价格，它也是财报公告旗形的测算规则。在我买入股票3天后，价格达到了33.50美元的目标价格。

10月的财报公告旗形始于旗杆的底部，如图59.6所示。价格在1天的长旗杆之后水平运行，然后急剧上升。在11月中旬的回调将所有的利润回吐，回吐甚至超过了之前的上涨。

上面提及麦克斯公司，表明我检查了业内的其他公司，以便了解它们的表现。我看到了由大的钻石形态和横向的价格运行所形成的支撑，中心位置在28美元附近。

这里是笔记本另外的记录：“2/9/04。心理止损点28美元。2/12/04。我在30.84美元设置止损指令，略好于小低点。3/4/04。止损点提高到32.13美元。3/5/04。在市场收盘之后，止损点上升到33.23美元。”

图59.6　我买入财报公告旗形，并在技术证据变成不利时卖出。

这些记录表明，我设置了一个止损点，并随着价格的攀升，从支撑区域28美元开始，不断提高止损点。当价格突破上升到一个新的高点，我提高我的止损点，并且将指令下达给我的经纪人。在价格创年度新高见顶的前一天，我把止损点提高到了32.13美元，略低于前一个小低点，但离高点36美元太远。第二天，我又把止损点提高了近1美元。

5天后，我卖掉了股票。这是我的记录：“3/10/04。我在市场上卖出了400股，因为(1)顺势指标背离，(2)相对强弱指标在几天前超买，(3)总体市场下跌，(4)股票下跌，

(5)股票已经穿透了一条向上的趋势线。股票以每股35.20美元卖出。”

顺势指标即CCI在价格走高的情况下，指标形成了不断降低的峰谷。相对强度指标即RSI在超买区域，但已进入中性区域。标准普尔500指数开始暴跌，股价上行如同逆流而上。股票也在下跌，价格已经穿透了向上倾斜的趋势线。由于一切看起来都不乐观，我卖出股票，在这次交易中赚1350美元。

你可以看到股票后来发生了什么。股价反弹，形成第二个高点，一个夏娃和夏娃双顶形态出现，然后股价下沉。卖出是正确的行动。

交易秘籍

下面的列表包含提示和观察结果，以帮助您选择表现突出的形态。有关更为详细的信息，请参阅相关的表格。

●选择符合辨识指南的形态。见表59.1。

●财报公告旗形作为上涨价格趋势的持续。避免交易熊市中的旗形。见表59.2。

●失败比率攀升迅速，因此要做好短期交易的准备，快速获利了结。见表59.3。

●买入在年度价格的低位区域的财报公告旗形。见表59.4。

●在牛市中，没有出现回调的财报公告旗形表现最好。所以，避免交易附近有上方阻力的股票。见表59.4。

●在熊市中，在突破后1个月内注意股价疲软。有1/4的形态在第1个星期见顶。表59.5。

●选择高形态。见表59.6。

●高窄组合的旗形表现最佳。见表59.6。

●选择轻量突破的旗形。见表59.7。

第六十章　同店销售公告之利空形态 Same-Store Sales, Bad

统计简报

向下突破

事件	零售商公告被市场解释为利空的同店销售数据，股价在公告当天或次日大幅下跌。	
反转或持续	短期持续，行情看跌。	
	牛市	**熊市**
表现排名	1/5	4/4
保本失败概率	26%	27%
平均跌幅	12%	14%
趋势结束后的变化	54%	39%
成交量趋势	通常在公告日成交巨量。	
反弹概率	53%	60%
实现目标价格概率	68%	69%
意外发现	在年度价格范围中间区域的形态表现好。反弹损害股价表现。高形态比低形态表现好。	
同义词	可比商店销售，成熟商店销售。	
参见	同店销售之利好形态。	

约翰很兴奋。他打电话给我，在电话中滔滔不绝地说，他最喜欢的服装零售商报告总销售额上升了30%。“30%！你能相信吗？”当我问起同店销售时，这点爆了他的气球。“3%。”他说。

同店销售是指营业时间超过一年、有时超过两年的商店的销售额。对于快速成长的零售商来说，同店销售是衡量连锁店运行状况的重要基准。如果总销售额每年增长25%，但同店销售变差，因为零售商正在一英里以外开设另一家新店，那么投资者可能希望避免这家公司的股票。最终，连锁店将用完可以建立新店的地方，然后，接下来怎么办呢？

我查看我跟踪的零售业股票，并搜索同店销售公告。我找到了数以百计的公告，所以我决定将范围限制在那些公告日或公告次日的交易范围高于平均交易范围的事件。毕竟，如果一家零售商宣布了糟糕的同店销售数字，而股票停滞不前，那么，投资者是否关心这只股票呢？消息走漏提升股价的表现。

我只使用向下突破的形态，所以这里的形态是看跌的，它通常发生在下跌的价格趋势中。因此，它是一个期间很短的持续形态(大约有一半的形态在不到1个星期达到最低点)。

保本失败概率超过25%，远远高于表现好的形态的一位数(所有形态)，也超过了我认为可以接受的20%极限。平均跌幅也很小(在12%至14%之间)。在达到最低点后，价格会怎样？平均而言，在牛市股价会攀升54%，在熊市为39%。哇！这一发现意味着一个交易机会：在股票见底后做多。这听起来容易，但很难做到。本章中的交易故事探讨了这种交易。

导入

典型的形态是什么样子的？图60.1所示为我们大家都希望遇到的一个卖空机会的例子。股票在1996年夏天开始崩溃(图中未显示)，自1997年10月以来的上行几乎是直线的。它在4月开始形成一个扩散形顶部形态，对于这个形态，我是犹豫的，因为形态中有大量的空白区域(如果5月中旬的波峰触及顶部趋势线，形态看起来可能会更好)。在股票形态中没有完美的事情，直到6月价格见顶时，这个顶部形态才得以正确地画出来。没有迹象表明未来会下跌。

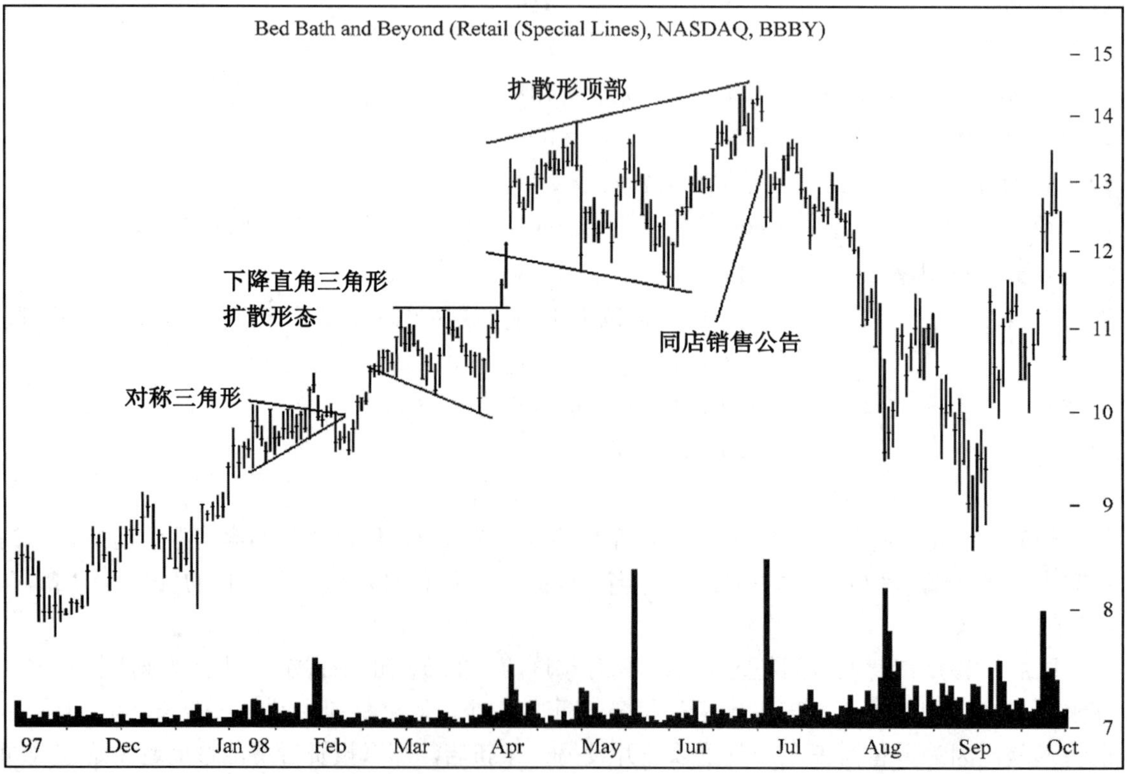

图60.1　当股票对利空的同店销售公告作出反应时，价格下跌。

当公告说商店的销售额低于预期，交易者们退出了对这家零售商的支持。股票缺口下跌，然后试图回补缺口，但失败了。价格在9月初达到谷底。

辨识指南

如何识别同店销售公告形态？通过听财经新闻。许多零售商定期(通常月度，但有时季度)，披露它们的销售数字。看看接下来会发生什么。如果股票大幅上行，那就是在第六十一章所讨论的同店销售公告形态。如果公告日那天或次日没有什么令人兴奋的事情发生，那么市场就会忽略公告，或者公告没有足够令人兴奋的东西来推动股票。然而，如果价格下跌，有时候缺口下跌，或如果次日下跌(如果在公告期间市场是关闭的)，那么它就有资格作为一个同店销售的利空形态。

图60.2所示为同店销售公告形态的另一个示例。2000年3月的季度销售报告(图中未显示)显示，该零售商在摄像机、卫星系统以及电视方面销售很好。第二季度，截至6月，该公司表示，数字产品的销售仍然强劲，但为什么股票下跌？这是一个追求技术分析基本原则的例子吗？

图60.2 价格在暴跌前完成了一次反弹。

在9月，该公司报告说销售疲软，但符合预期。消息传出后，该股在缺口下跌14%，但在大约1个星期内，股价回补缺口，交易价格回到之前水平，反弹完成。嚯！死里逃生，有人这么想。如果你持有股票，你就不会这么想。反弹和回调是退出交易或进入交易的最后一次机会。图60.2中所示为发生的事情。从公告前一天的收盘价格47.33美元开始，股票下跌到14美元，下跌了70%。注意9月的对称三角形顶点所形成的支撑。

表60.1所示为同店销售公告形态的辨识指南。

表60.1 辨识指南

特征	讨论
公告	公司公告月度或季度的同店销售数字
价格大幅下跌	在公告日或次日，价格缺口下跌，或有一个大幅下跌。当日交易价格幅度必须至少与月平均交易幅度一样大，或者，必须缺口下跌
向下突破	当价格收盘低于公告当日的日内低点时，发生突破
成交量	通常成交巨量

公告 许多零售商每月或每季度公告销售数字。我在财经报刊上读到，或者在晚间电视新闻广播中听到那些数据。互联网也是同店销售新闻的好来源。

价格大幅下跌 销售数字看起来似乎是可以接受的，但市场的看法才是最重要的。同店销售额的下降永远不会利好，但如果市场预期了更糟的结果，有可能股票价格会上涨。然而，如果预期的同店销售额是5%，而公告的结果是3%，这很可能会让股价暴跌。应该预期到那些意想不到的情况。

我计算了之前1个月的交易价格范围的平均值，并将其与公告当天或次日的交易价格范围进行了比较。如果日内交易范围比平均交易范围宽，那么我就把这些形态包括在我的研究中。我的研究中还包括了在公告日缺口下跌的形态，不理会它们日内交易范围。

为了辨识形态，寻找在公告日或次日(如果市场已经收盘或如果消息传递缓慢)股价大幅下跌的股票。有时，价格会像图60.1和60.2所示那样出现缺口。我寻找缺口和价格的大幅变动，但忽略了包括同店销售数字减少等其他一切因素。缺口和价格的大幅波动意味着一个更有希望(更好的表现)的交易机会。

向下突破 什么是突破？这里指股价收在公告日低点下方。即使股票缺口下跌，如果突破是向上的，我不认为它是一个同店销售公告利空形态。

成交量 预期成交量巨大，高于公告日前1个月的平均成交量。

关注形态失败

同店销售公告利空形态会有什么问题？图60.3所示为第一个表现较差的形态的示例。当时，公司被命名为综合商店，公司同店销售报告按商店开业至少2年为报告对象。7月中旬，该公司表示，6月的总销售额上涨高达69%，但同店销售额仅上升了3.4%。在前8个星期，销售额上涨了2.6%，本年累计上升了3.9%。

股票怎么样？公告当天和第二天，股价大幅下跌，然后反弹回到公告前的价格水平，之后形成一个上升扇形。请注意价格如何在3月缺口的顶端停止下跌的。巧合？也许，但缺口建立了支撑和阻力区域。

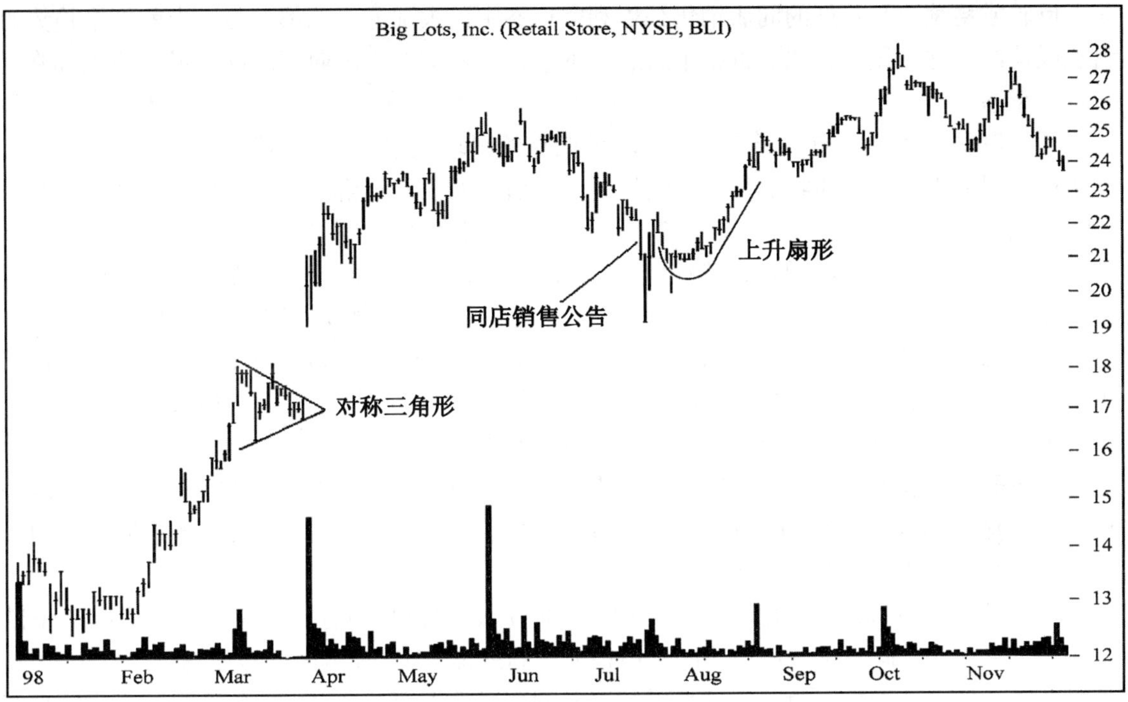

图60.3　在同店销售公告时价格下跌。价格迅速回升，创下新高。

统计数据

表60.2所示为同店销售公告利空形态的综合统计数据。

表60.2　综合统计

描述	牛市	熊市
形态数量	258个	78个
反转(R)、持续(C)数量	106 R，152 C	36 R，42 C
反转(R)、持续(C)涨/跌幅	12% R，11% C	16% R，13% C
平均跌幅	12%	14%
跌幅超过45%(数量或占比)	3或1%	1或1%
趋势结束后涨/跌幅	54%	39%
形态失败后涨/跌幅	38%	22%
标准普尔500指数的变化	-2%	-9%
到达最低点的天数	21	23

注：(-)负号表示下跌。

形态数量　我查看了我数据库中的所有的500多只零售商股票，从1995年初开始，只发现28只股票出现同店销售公告利空形态。您可能会猜到，我的数据是有限的，样本也是有限的。我在牛市中发现了258个有效的形态，但在熊市中只发现78个。请记住，这些形态的日内价格范围都比1个月的平均值宽。如果我允许所有的同店销售公告利空形态包含进来，那么结果表现得会更糟，但那样做我将会有大量的样本。

反转或持续 我看过的同店销售公告利空形态中，大部分形态都充当了当前价格趋势的盘整或持续。这一发现意味着价格下跌进入形态，并从形态突破向下。反转形态的表现略优于持续形态。

平均跌幅 从公告当日低点到形态的最低点的平均跌幅在牛市和熊市分别为12%和14%。如果您使用公告前一天的收盘价格，包括公告所引起的任何价格缺口，则平均下跌在牛市为15%，在熊市为17%。

跌幅超过45% 仅有1%的同店销售形态下跌了45%以上，因此，如果你期待一个巨大的跌幅，你应该寻找另一种形态交易。换言之，考虑迅速获利，否则可能没有利润可言。

趋势结束后的变化 一旦价格达到了最低点，平均而言，在牛市中，它飙升54%，在熊市中上涨39%。因此，如果你能看出趋势何时结束——即使交易迟了——买入股票。使用止损指令来保护你的投资，以免受不利的价格波动的影响。

失败形态的表现 根据市场情况，失败形态的涨幅在22%～38%。不要期望在你交易这些形态时有这样的收益，因为它们是测量最好的情况下股价突破形态后从底部到最高点的数字。这两个价格的转折点你可能都会错过。

标准普尔500指数的变化 两个市场的标准普尔500指数均有所下跌，牛市中指数下跌2%，熊市下跌9%，同一时期市场的同店销售公告利空形态平均跌幅分别为12%和14%。

到达最低点的天数 股价突破后需要多长时间达到最低点？大约3个星期。这些信息有助于交易者衡量它们预期可以交易的次数。一个在1个星期内达到最低点的形态比一个需要1个月才到达最低点的形态更有价值(假设它们的跌幅是相同的)。

表60.3所示为本章同店销售公告利空形态的失败比率。在牛市，失败比率开始时高，起点26%，并迅速攀升。突破后，一半的形态下跌不超过10%。熊市形态的数字开始时更差，27%的形态跌幅不超过5%。然而，它们的表现优于牛市中的形态，因为它们的失败比率没有那么陡，但它们仍然太高了。

表60.3 失败形态数量或比率

股价最大跌幅(%)	牛市	熊市
5(保本点)	68或26%	21或27%
10	135或52%	34或43%
15	177或69%	44或56%
20	201或78%	57或73%
25	223或86%	63或81%
30	234或91%	69或88%
35	244或95%	74或95%
50	256或99%	78或100%
75	258或100%	78或100%
＞75	258或100%	78或100%

表60.3的数字是什么意思？尽管公告的商店销售很糟糕，但似乎影响并不像人们预期的那么严重。换言之，在突破之后，价格不会下跌得很远。这一发现建议快速交易。失败比率还建议在熊市中交易同店销售形态，因为它们的失败比率较低。

表60.4所示为同店销售公告利空形态的突破及突破后相关的统计信息。

表60.4　突破与突破后股价表现统计

描述	牛市	熊市
从形态结束到突破	5天	4天
突破在年度价格区间低(L)、中(C)、高(H)各区域分布的百分比	L38%,C24%,H38%	L22%,C41%,H37%
形态在年度价格区间低(L)、中(C)、高(H)各区域突破后的跌幅	L12%,C14%,H10%	L13%[a],C16%,H12%[a]
反弹概率	53%	60%
反弹期间	11天	11天
出现反弹形态的平均跌幅	10%	13%
未出现反弹形态的平均跌幅	13%	16%

注：[a]表示样本少于30个。

从形态结束到突破　股价需要4～5天的时间才能收在公告日的日内低点之下。这个结果比我预想的要长，所以我检查了时间中值，发现时间中值在熊市是1天，在牛市是4天。很明显，有一些形态会使平均值上升。

年度位置　在年度价格范围内，同店销售公告利空形态的突破最常出现在哪里？答案取决于市场。在牛市中，这种形态出现在年度价格区间高位区域和低位区域附近，但在熊市中，形态更经常出现在中间区域。

年度位置及表现　将股价表现映射在年度价格范围内，我们发现在年度交易价格范围的中间区域突破的形态表现最佳。

这一发现的一个解释是，股票创下新高的公司表现好。然后乌云密布，股票开始缓慢下跌，仿佛寻求躲避暴雨。同店的销售额低于预期，股票大跌。更多的同店销售形态发生，推动股票进入年度交易价格范围的中间区域。随着股票接近年度价格区间的低点，事情渐渐变好，同店销售形态出现得更少。股票回升，并开始新的循环。

反弹　反弹发生的概率是多少？概率超过一半——牛市和熊市分别为53%和60%。因此，在你做空股票之前，先检查一下下方的支撑。附近的支撑区域可能会导致反弹。当发生反弹时，价格需要11天的时间才能返回到突破价格。

反弹损害股价表现。例如，在牛市形态中，平均来说，出现反弹的跌幅为10%，而那些没有出现反弹的跌幅为13%。

我想这种结果是因为动量方面的原因。价格下跌，出现向下的动量，但当反弹发生时，方向转为上行，扼杀了下行的动量。当反弹完成时，向下的动量虽然恢复，但热情减少了。因此，在反弹之后，价格往往不会下跌那么多。

表60.5所示为突破后股价到达最低点天数的频次分布。大多数牛市形态(50%)不到1个星期的时间就达到了最低点。熊市形态有超过一半(57%，7天栏和14天栏的总和)在2个星期之内见底回升。因此，预期您的同店销售公告形态快速见底。这一发现表明，对于波段交易者来说，同店销售公告利空形态是最有用的。

表60.5　到达最低点的天数频次分布

天数	7	14	21	28	35	42	49	56	63	70	＞70
熊市	45%	12%	9%	1%	3%	9%	10%	0%	4%	0%	8%
牛市	50%	12%	8%	6%	7%	2%	1%	2%	5%	1%	6%

注意熊市42天栏和49天栏中数字的波动。这表明，价格在突破后6～7个星期出现上涨趋势。因此，做好准备在那个时候获利了结。

表60.6所示为同店销售形态的面积大小和成交量统计信息。

表60.6　形态面积大小及成交量统计

描述	牛市	熊市
高形态表现	-14%	-15%
低形态表现	-10%	-14%
高度中值(与突破价格百分比)	5.61%	5.32%
公告日成交巨量表现	-12%	-15%
公告日成交轻量表现	-12%	-12%[a]

注：(-)负号表示下跌；[a]表示样本小于30个。

高度　高形态比低形态表现好。例如，在牛市中，低形态下跌10%，而高形态下跌了14%。我通过计算公告日的形态高度(公告日的日内高点减去日内低点)，然后除以突破价格(这个形态是公告日的日内低点)，以此来确定形态高低。然后，我将结果排序，选择高度中值作为高形态与低形态之间的分隔点。应该坚持交易高形态。

公告日成交量　我将进入形态前的月平均成交量与公告当日的成交量进行比较。对于那些公告日成交量高于平均水平的形态，在熊市中，突破后价格下跌了15%。那些低于平均成交量的形态突破后平均下跌12%。对于在牛市中的形态，结果不变。

交易策略

表60.7所示为同店销售公告利空形态的交易策略。

表60.7　交易策略

交易策略	解释
测算规则	用于预测目标价格。使用公告当天股票价格，通过从日内高点减去日内低点来计算形态高度。日内低点减去形态高度等于目标价格 价格达到目标的概率为68%
卖出信号、做空	当价格收盘价低于公告日的日内低点时，特别是当股价表现不佳(在同店销售公告形态之前，价格呈下跌趋势)时，卖出长期持有的股票或做空股票
买入信号、平空仓	一旦股价见底，价格开始回升时买入股票，或平掉空仓

测算规则　使用测算规则预测股票目标价格。使用公告日价格，通过从日内高点减去日内低点来计算形态高度，然后用日内低点减去形态高度，结果是目标价格。超过2/3的形态下跌到目标价格或更低，但到达目标价格之路有可能是颠簸的。有可能是你的形态正好不在下跌这列，所以要使用止损指令来保护你的钱包。

例如，假设一只股票所示为一个同店销售的形态，其日内高点10美元，低点8美元。股票突破下跌后，价格会下跌到多少？答：6美元。计算形态高度为2美元(10-8)，从日内低点(8美元)减去形态高度(2美元)，得到目标价格。如果结果为负值，则忽略它。你的股票可能不会破产。

如果下跌看起来异常大，请查看表60.3。在这个例子中，2美元的跌幅表示从8美元下跌了25%。股票跌到那么远的概率有多大？根据表60.3，86%的牛市形态和81%的熊市形态下跌不会超过25%。因此，根据统计，股价将不会下跌到6美元。

卖出信号、做空　如果你持有股票，在突破之前不要做任何操作。突破是指当收盘价格低于公告日的日内低点时。如果突破出现，请考虑立即卖出股票。你的股票也许会下跌40%。为什么要冒这个险？在接下来的几个季度中也可能出现其他的同店销售形态。疲软的商店销售就像群狗在翻你的垃圾袋一样，在你把垃圾拿出来的第二天，你发现垃圾散落在草坪上，狗们不断地出现。一个同店销售公告利空形态通常会跟随着另一个同店销售公告利空形态。

对于那些想做空出现同店销售公告利空形态的股票的人来说，这是一个警告：这种形态不是一个好的表演者(失败比率高，获利潜力低)，所以你应该有充足的理由才能做空股票。只是因为股票有一个同店销售公告利空的形态以及向下的突破是不够的。还要看价格下跌了吗？公告日出现成交巨量推动价格下跌了吗？日内交易区间是否异常的大——远远高于1个月的平均水平？附近是否有支撑，是否会有反弹？还要检查基本面。

买入信号、平空仓　如果你能知道股票何时见底，那就在股票见底后买入股票吧。如果你做空股票，那个时候就平掉你的空仓，或使用保持性的止损指令，当价格反转时止损了结。对于大多数同店销售公告利空形态，价格将快速达到最终的低点，通常就在一两个星期内(见表60.5)。

交易故事

你如何从本章的信息中交易获利？仔细看图60.4。

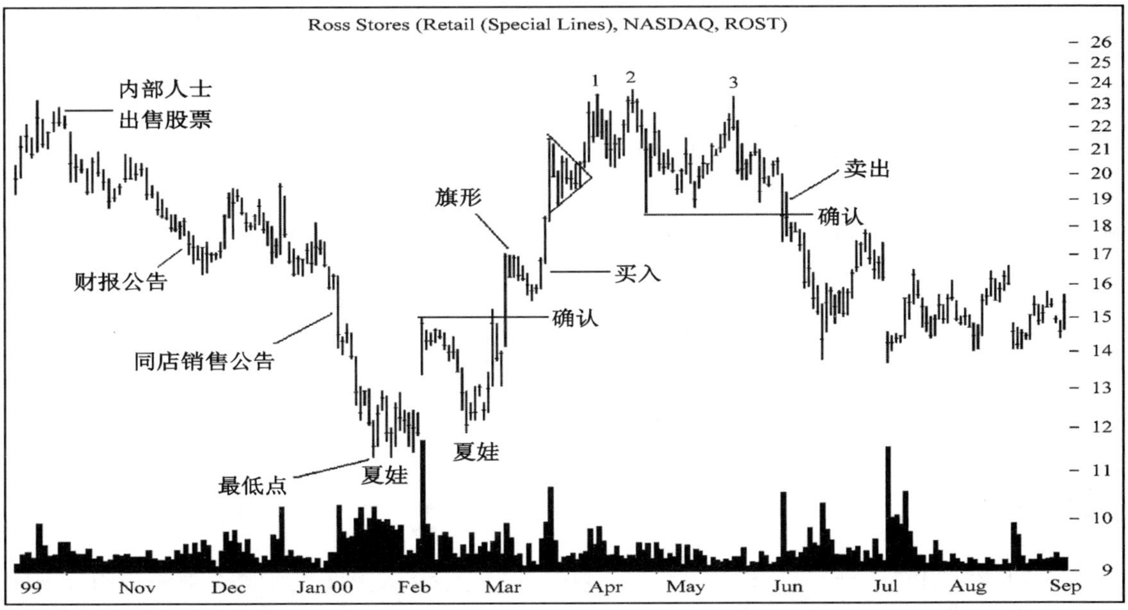

图60.4　正如交易故事中所描述的，萨莉在夏娃和夏娃双底形态确认后买入股票，并在三重顶形态确认时卖出。

萨莉是一位经验丰富的交易者，但她是一个心怀顾忌的、不激进的人。由于涉及内在风险，她不做空股票。她看到罗斯商店情况的发展，并密切跟踪，希望能从任何趋势中交易获利。

10月中旬，一家金融杂志报道说，两名内部人士卖出公司股票7万股。对它们来说，这样做是正确的，因为股票暴跌了。11月中旬公司发布财报公告，公告没有在市场上留下深刻的印象：股票持续下行了1个星期，然后反弹回升，在12月中旬再次下滑。

1月初，报纸报道称，同店销售数据持平。新闻一出，股价暴跌了近2个点。下跌停顿了2天，在第三天股价收低，上演了向下的突破。

最终，股价在新的一年中站稳了脚跟，在11美元见底(最终的低点)。价格在那个水平盘整，然后因为一个良好盈利预期和在1月同店销售上升7%的报告，股价缺口跳空上行。

这一上行是短暂的，在接下来的2个星期中，股价几乎回吐了所有的涨幅。价格再次触底，看起来好像股票正在形成一个双底形态。在那一点上，萨莉开始关注股票了。

当价格收在两个波谷之间的波峰最高点之上时，双底形态确认了，她得到了股票的报价，倒吸了一口气。股价已经在前一天收盘价格之上上升了几美元。她知道不要追逐这样的快速移动，所以当股票回调了它的涨幅，形成了一个旗形形态时，她只在一旁观望。

使用旗形的测算规则，她计算出目标价格。从2月的上升趋势开始的11.90美元(第二个夏娃底部的低点)到旗杆顶部17.09美元，旗杆的高度是5.19美元。旗形的底部是15.53美元，如果一切按预期的那样运行，则目标价格为20.72美元。

价格当天迅速攀升，离开旗形，她抓住了股价向上移动的中途买入股票，买入价格为16.40美元。由于旗形是半旗形态，她预期价格会上升到20.72美元的目标。

就在2天后，股价就实现了目标价格，达到峰顶21.53美元。如果她当时卖出股票，她会赚31%。她没有卖出。她希望得到更多。

3月下旬，价格回调形成一个对称三角形，然后向上冲出。现在是卖出股票的时候了吗？是的。她卖出了吗？没有。为什么不卖出呢？当被问及时，她只是耸耸肩，然后喃喃自语一些关于贪婪的事情。

当股票第三次触顶(峰顶1、2和3)时，一个警钟响起。当股价在6月1日收在三重顶形态的低点下方，形态确认时，她决定卖出股票。第二天，她卖出股票，卖出价格为18.60美元。她的收获是13%。如果她在三重顶的峰顶卖出，她将有一个可观的45%收益。

她做错什么了吗？她使用两个形态作为进入交易和退出交易的信号。她在旗形突破的当天买入股票，在三重顶形态确认次日卖出，卖出价格略高于确认价格。从这一点来看，她做得很好。然而，如果她按旗形的目标价格卖出，她的利润将翻倍。在这个例子中，她的错误是贪婪。

交易秘籍

下面的列表包含一些提示和观察结果，可帮助您选择表现更好的形态。有关更为详细的信息，请参阅相关表格。

●使用辨识指南选择同店销售公告利空形态。特别注意大幅的日内交易范围——大于1

个月的平均水平。见表60.1。

●反转的形态表现略优于持续形态。见表60.2。

●不要指望这种形态会有大幅下跌(超过45%)，只是1%的形态有那么大的跌幅。见表60.2。

●选择熊市中的形态，因为它们的失败比率最低。见表60.3。

●表现最佳的形态出现在年度价格区间的中间区域。见表60.4。

●有一半的概率发生反弹，出现反弹时股价表现变差。表60.4。

●突破后，价格通常需要不到2个星期的时间见底。在熊市，价格可能在6个或7个星期内回升。见表60.5。

●选择高形态。见表60.6。

第六十一章　同店销售公告之利多形态 Same-Store Sales, Good

统计简报

向上突破

事件	零售商公告出乎意料的利多同店销售数字，股票在公告当天或次日迅速上升，但很快就暴跌。	
反转或持续	短期持续，行情看涨。	
	牛市	**熊市**
表现排名	4/6	4/5
保本失败概率	20%	27%
平均涨幅	23%	14%
趋势结束后的变化	-28%	-31%
成交量趋势	通常在公告日成交巨量。	
回调概率	59%	70%
实现目标价格概率	82%	72%
意外发现	在年度价格区间低点附近的形态表现更好。 高形态比低形态表现好。	
同义词	可比店销售，成熟店销售。	
参见	同店销售公告之利空形态。	

如果你跟踪零售业，就知道同店销售的数据。一些分析家称同店销售是指可比较的或成熟的商店销售额。同店销售是营业时间超过一年(有时两年)的商店的销售额。同店销售和普通销售的区别在于商店开业，普通销售包括新开业商店的销售额。如果零售商在不关闭旧商店的情况下开设新店，预计销售额可能会上升，而且可能是大幅上升。因此，对快速增长的零售商进行年度比较是困难的。使用同店销售，比较就变得更加容易了。如果同店销售比去年同期季度增长了8%，那么这比零售商增加25%的商店、总销售额上升8%更好。因为这个普通销售的攀升可能完全来源于新开商店的销售额，而成熟商店的经营情况并不佳。因此，同

店销售数字对投资者很重要。

统计简报描绘了一个混乱的画面。当零售商宣布月度或季度同店销售，股票价格可以上升、下跌或原地踏步。本章不包括后两种可能性。事实上，我只包括了在公告当日或次日股价的变化比平均价格变动大的、在公告当日有明显价格缺口的形态。因此，本章着眼于积极的意外。只使用积极的意外的原因是要找到可交易的形态。如果同店销售公告日的股价看起来像其他任何一天一样，我们是否愿意交易这样的事件形态？

由于我只包括了向上突破的形态，同店销售公告利多形态通常作为当前看涨价格趋势的短期持续形态。保本失败概率非常高，在牛市20%，在熊市27%。20%是一个可怕的门槛。相比之下，表现良好的看涨形态的保本失败概率只有一位数字。突破后平均涨幅也很小，在牛市和熊市分别为23%、14%。

假设你买了一个出现同店销售公告利多形态的股票。会发生什么事？价格上涨，当然，但只有几个星期。一半的形态在2～4个星期内达到最高点。那又怎么样？跌幅是惊人的——牛市28%，熊市31%。你想冒那么大损失的风险吗？如果你是一个有经验的交易者，爱冒险，31%的跌幅是令人垂涎的。做空股票，以后我会解释要怎么做。

导入

图61.1所示为一个股价对同店销售数字比预期好做出反应形成的同店销售形态的例子。12月初，电路城公司报告11月同店销售额比上年同期下降了2%，季度下降了4%。新闻出现后，股票缺口上行，表明尽管这个数字很糟糕，但没有交易者原来预计的那么糟糕。坏消息成了好消息。

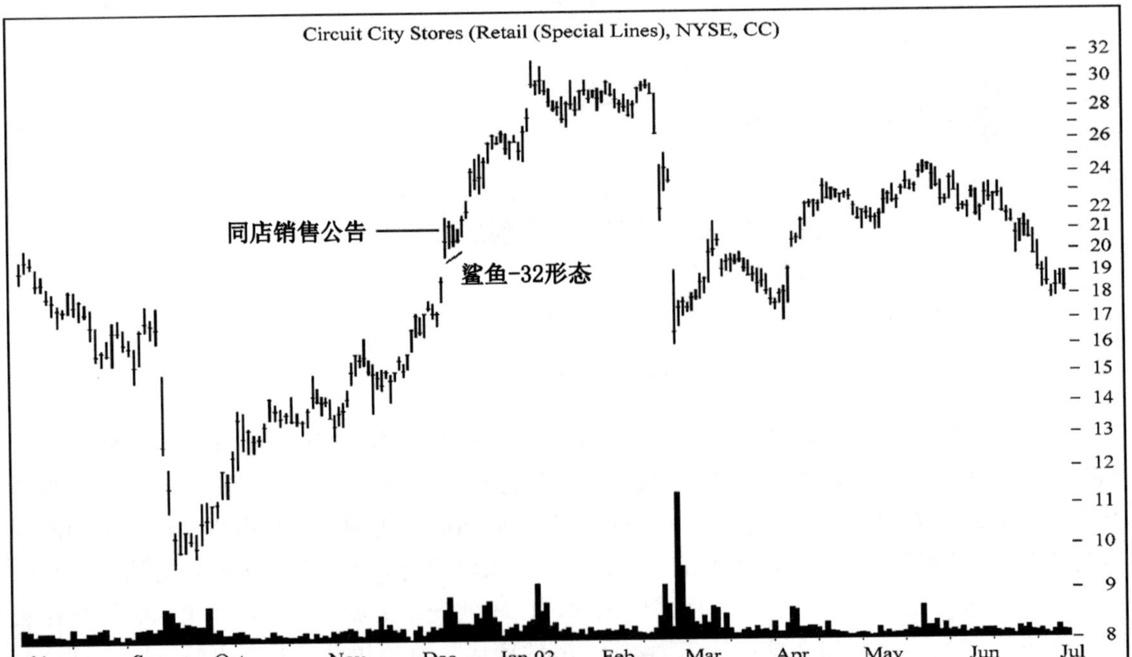

图61.1　股价缺口上升，因为消息称11月同店销售额下降了2%。

在公告的前一天，股票收盘价格为18.69美元。它形成了看起来像一个极小的对称三角形的鲨鱼-32形态，然后继续上升。最终，价格在31.40美元见顶，涨幅为68%。如果你排除了缺口，从突破价格(公告日的日内高点)算起，那么涨幅仍然是一个很强劲的45%。

这就是同店销售公告利多形态应有的表现。

辨识指南

辨识同店销售公告利多形态很简单，你只需要看报纸或者听电视上的财经新闻。寻找公告日大的价格振幅(宽的交易范围)。股价应该上行，甚至可能是缺口上行。如果股价移动不多，或者交易范围很平常，那么继续寻找别的股票。图61.2所示为三个利多形态的示例。

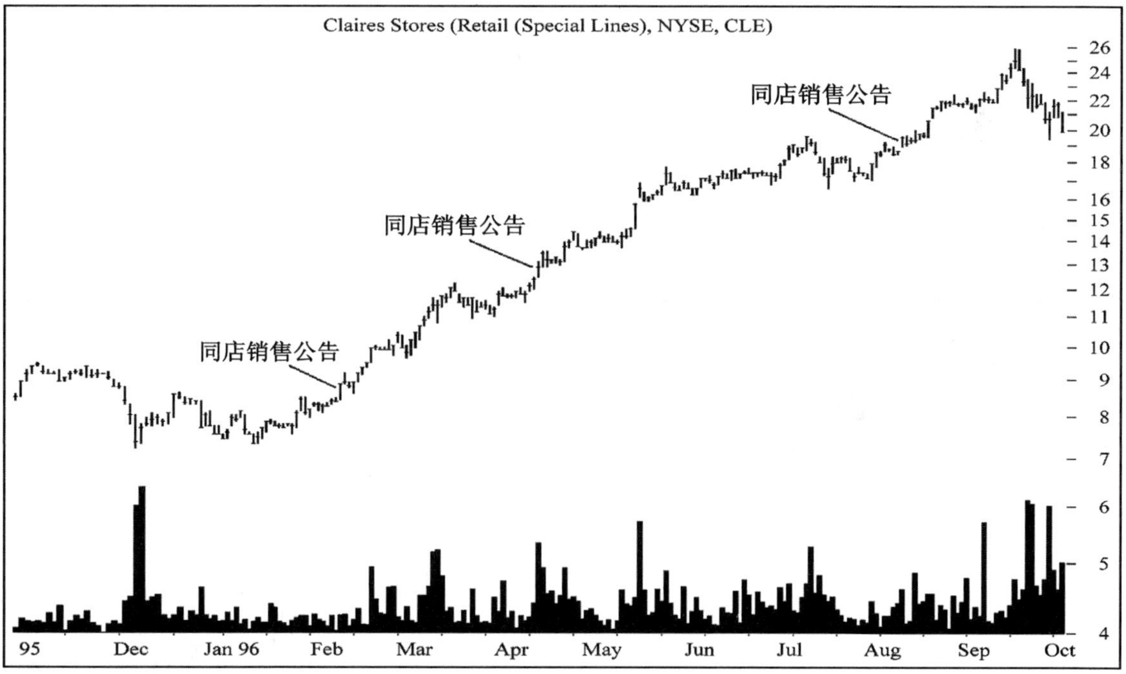

图61.2　价格因同店销售新闻而上涨或出现缺口上行。

在前两种情况下，公告日的日低点接近前一天的高点。在8月的例子中，价格缺口上升。我们正在寻找让市场感到意外，推动价格上涨的好消息。怎样定义大振幅由你自己来做。我的做法是包括缺口向上或有一个大的交易范围的当天或第二天。为什么会有第二天？因为市场可能在宣布期间是关闭的，任何价格的移动将在第二天发生。如果股票没有对公告作出反应，我就忽略它。表61.1列出了要检查的内容。

表61.1　辨识指南

特征	讨论
公告	零售商公告同店销售数据
大的价格范围	在宣布日或次日的日内价格区间必须大于1个月的平均水平，或者在交易开始时价格必须差距上升
向上突破	在接下来的日子里，价格必须收盘在公告日的日内高点之上。忽略向下突破
成交量	预计公告日会有大的成交量

公告 我从报纸上得知了同店销售公告。偶尔，同店销售公告出现在电视上，尤其是大型零售商的数据。互联网也是同店销售新闻的来源。

大的价格范围 我抓住了所有我可以找到的同店销售形态，然后通过比较它们的日内交易范围(日内高点减去低点)与1个月的平均值来过滤它们。如果公告日或次日的日内交易范围高于平均值，或者当交易开始时价格缺口上行，那么我就接受这个形态；否则，我放弃它。毕竟，如果市场对这个消息不感到意外，那就忽略这一公告，继续寻找另一个同店销售形态。

如果筛选的条件是公告日交易价格范围高出1个月平均值的2倍或3倍，则股价表现会提高(从突破点到达最高点的涨幅)，并且失败比率降低。

向上突破 我只看了向上突破的形态。我在第六十章讨论了向下突破的同店销售公告利空形态。

成交量 这不是一个规则，而是一个指南：在销售公告的当天，成交量通常高于平均水平。

关注形态失败

同店销售公告利多形态会出现什么问题？统计数据表明，对于交易者来说，这是有风险的形态。为什么？因为价格往往会返回到突破价格，并继续走低。图61.3所示为一个示例。

图61.3 价格趋势下跌进入形态，缺口上行，转弯，然后下跌。

价格呈下跌趋势进入这个形态，所以这一趋势是你应该谨慎交易这种形态的第一个线索。如果你遵守“顺势交易”的俗语，那么当下行变得明朗，你将会在公告后做空股票。

9月初，一项声明说，同店销售额增长了10%，业绩与市场平均估计一致。好消息！股价缺口上涨。在接下来的日子里，上升的势头减慢。“买谣言，卖新闻”的俗话攫住了交易者，在财报公告后，价格缺口下行。

图61.4所示为另一个警示故事和一个典型的例子，说明同店销售形态如何表现：价格急速上升，迅速见顶，然后暴跌。这发生在3月的同店销售形态。6个内部人士在3月的峰顶处卖出股票，然后股价下跌，在4月跌至18.70美元的低点，从峰顶到峰谷跌幅为24%。如果你持有股票，这是一个大的回吐。

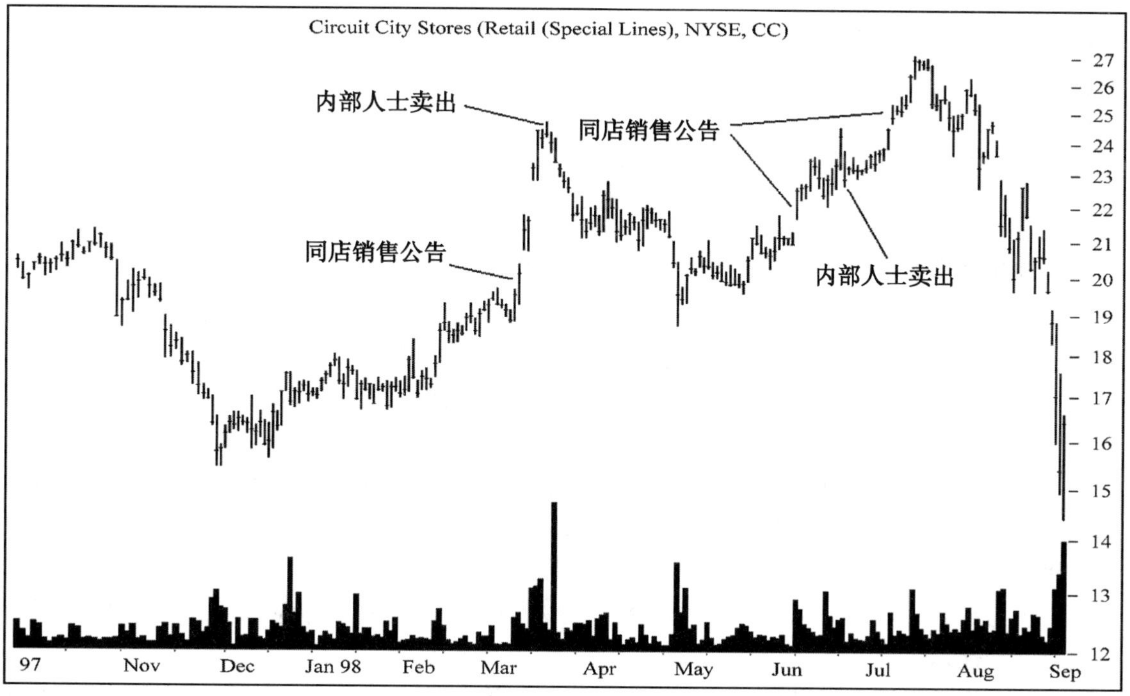

图61.4　同店销售形态所示为一个快速上升的趋势，随后一个月内大幅下跌。

6月公告同店销售上升12%，这推动股价攀上那座山峰。这一次，近十多位内部人士抛售了股票。另一个销售公告发生在7月，这是一个惊喜，因为价格缺口上涨。价格达到27.15美元的峰顶，然后滑入雪坡，雪崩开始了。价格向下滚雪球，直到它滚入14美元底部营地，然后反转。

图61.3和图61.4的意义直接地说，就是要小心。如果价格开始下跌，卖出股票。

统计数据

表61.2使用从1995年初到2003年底的29多家零售商的500多只股票的数据。我抛弃了许多形态，因为它们不符合表61.1所示的识别准则。表61.2所示为同店销售形态的综合统计数据，这些数据基于令人意外的利多的同店销售形态。

形态数量　我找到了足够多的形态(354个)，足以把它们分成牛市和熊市。不过，我在熊市发现的82个形态是有点少的，所以当我们检查统计数据时，请记住这一点。

反转或持续　绝大多数的形态都充当了当前价格趋势的持续。更确切地说，大多数情况下价格都是上升进入形态，我只接受那些向上突破的形态。在牛市，反转形态表现大大超出持续形态，28%比20%。

表61.2　综合统计

描述	牛市	熊市
形态数量	272个	82个
反转(R)、持续(C)数量	100R，172C	28R，54C
反转(R)、持续(C)涨/跌幅	28%R，20%C	14%R，14%C
平均涨幅	23%	14%
涨幅超过45%(数量或占比)	59或22%	6或7%
趋势结束后涨/跌幅	-28%	-31%
形态失败后涨/跌幅	-20%	-27%
标准普尔500指数的变化	7%	1%
到达最高点的天数	64	41

注：(-)负号表示下跌。

平均涨幅　这个形态的平均涨幅很小，牛市为23%、熊市为14%。为什么会这么弱呢？因为我测量涨幅的方法是从形态的高点到股价最终的高点。因此，有时发生在公告日的价格缺口不包括在结果中。如果包括那些缺口，平均涨幅在牛市为27%、在熊市为18%(从前一个收盘价格到股价最终的高点)。这些百分比仍然低于所有形态类型的平均涨幅。因此，无论你用多长的尺子，这个形态都不会达到平均水平。

涨幅超过45%　在牛市中，22%的形态上升超过45%，但在熊市仅有7%上升超过45%。这两个比率都很小，表明这种形态可能会使你陷入贫困，而不是获得利润。

趋势结束后的变化　一旦达到最高点后，价格平均下跌28%～31%。这个发现表明，如果在同店销售形态完成后，您交易这种形态，可以做得多好。由于这是最好的情况，所以您的结果可能会比这个低。

失败形态的表现　如果在突破后价格上涨不到5%，然后便掉头，价格就会在不同的市场情况下暴跌20%～27%。由于失败形态比趋势变化更容易发现，这个特性显示，在做空形态时，你可能会做得多好。再次重申，这个结果是基于最好的情况，测量是从突破后最终的高点到最终的低点。你的结果可能会少一些。我建议你在价格收在同店销售形态的低点下方之后做空。这样，你就可以确定趋势的变化，但要使用止损指令，以防万一。

标准普尔500指数的变化　从同店销售形态的突破日期到最高点的日期，标准普尔500指数牛市和熊市平均涨幅分别为7%和1%。

到达最高点的天数　价格突破后达到最高点需要多长时间？牛市约2个月(64天)，熊市约6个星期(41天)。在两个市场，这都是很快的，因为涨幅是如此之小。数据显示，两个市场的上升斜率差不多。

表61.3所示为同店销售形态的失败比率。这个结果和我对事件形态的期望接近。失败比率开始时高，20%的形态涨幅不超过5%，而且这是在牛市！接下来这一比例几乎翻了一番，有38%的形态未能达到10%的涨幅。有一半的形态在上升到15%之前见顶。因此，数据表明，如果交易这种形态，你应该做好准备，以便迅速获利了结。更好的办法是，根本不要交易这种形态。例如，财报公告旗形是一种更有希望的事件形态。

熊市形态的结果更糟。超过1/4(27%)的形态上升仅5%就见顶下跌。超过一半(54%)没能够跨过10%的横栏。结果是明确的：如果你确实交易了这种形态，坚持交易牛市形态，因为它们的失败比率较低。

表61.3　失败形态数量或比率

最高价格上涨(%)	牛市	熊市
5(保本点)	54或20%	22或27%
10	104或38%	44或54%
15	135或50%	52或63%
20	160或59%	59或72%
25	175或64%	66或80%
30	189或69%	70或85%
35	197或72%	72或88%
50	221或81%	76或93%
75	245或90%	80或98%
＞75	272或100%	82或100%

表61.4所示为与突破及突破后相关的统计数据。

表61.4　突破与突破后股价表现统计

描述	牛市	熊市
从形态结束到突破	4天	4天
突破在年度价格区间低(L)、中(C)、高(H)各区域分布的百分比	L27%,C25%,H47%	L17%,C41%,H41%
形态在年度价格区间低(L)、中(C)、高(H)各区域突破后的涨幅	L33%,C28%,H16%	L26%[a],C16%,H10%
回调概率	59%	70%
回调期间	10天	11天
出现回调形态的平均涨幅	19%	14%
未出现回调形态的平均涨幅	29%	14%[a]

注：[a]表示样本少于30个。

从形态结束到突破　从形态结束(公告日)到突破的平均时间是4天。这一发现是有道理的，因为突破发生时，价格收盘在公告日的日内高点之上。因此，不应该花很长时间来进行突破。

年度位置　我将年度交易价格范围分成三个区域，并计算了每个区域出现同店销售形态的频率。在三个区域中，不管是牛市还是熊市，出现形态最多的区域都是高位区域，几乎一半的形态突破在年度价格区间高位区域。

年度位置及表现　在年度交易价格范围内映射形态的表现，结果表明，突破出现在年度价格区间低位区域的同店销售形态在牛市平均上涨33%、在熊市26%，这些数字轻而易举地击败在年度价格区间高位区域突破的形态的涨幅(牛市 16%和熊市 10%)。

回调　回调发生的概率在牛市和熊市分别为59%、70%。图61.5所示为一个在7月公告后的回调示例。当发生回调时，价格需要10天或11天的时间才能返回到突破价格。

在牛市中回调损害股价的表现。例如，牛市中，那些出现回调的同店销售形态平均上涨了19%。相比于那些没有出现回调的形态的29%平均涨幅，这是一个巨大的差异。因此，在进行交易之前，查看上方阻力是有好处的。那阻力区域可能击退价格并且导致回调。

表61.5显示股价突破后到达最高点所需天数的频次分布。我认为这张统计表很重要，因为它能让你洞察到在获利之前你需要花多长时间。由于我们在这里处理的是概率问题，任何事情都可能发生，特别是低样本量的情况下。

表61.5　到达最高点天数的频次分布

天数	7	14	21	28	35	42	49	56	63	70	＞70
熊市	44%	13%	7%	5%	2%	6%	1%	0%	2%	4%	15%
牛市	36%	8%	4%	6%	6%	2%	3%	4%	1%	1%	29%

一部分形态(牛市和熊市分别为36%和44%)在突破后第1个星期内都达到了最高点。在2个星期内，57%的熊市形态和44%的牛市行情已经见顶。

请注意，6%的形态在熊市突破后42天内见顶。我在其他形态见过这种行为。因此，如果你有一个进展良好的交易正在进行，在交易后约6个星期留意股价的疲软，这可能是卖出股票的时间(仅就熊市而言)。

表61.6所示为同店销售公告利多形态的面积大小和成交量统计信息。

表61.6　形态面积大小及成交量统计

描述	牛市	熊市
高形态表现	30%	18%
低形态表现	17%	11%
高度中值(与突破价格百分比)	5.22%	5.68%
公告日成交巨量形态表现	22%	14%
公告日成交轻量形态表现	28%	13%[a]

注：[a]表示样本少于30个。

高度　我从日内高点减去日内低点计算了形态高度，并将形态高度除以突破价格(在这里是日内高点)，是我想要的结果。然后，我将计算结果与统计表中的高度中值进行比较，确定形态的高低。高形态在牛市中平均涨幅30%，在熊市18%；低形态的平均涨幅分别为17%和11%。因此，如果你想要交易形态，就交易高形态。记住，在这项研究选择的所有同店销售形态的日内高点和低点的交易幅度均高于1个月的平均值。

公告日成交量　我将同店销售公告当天的成交量与之前1个月的平均值进行了比较，成交量高于平均值的形态在牛市中突破后的平均涨幅为22%。成交量低于平均值的平均涨幅为28%。这一发现出乎预料，有时形态的表现令我吃惊。熊市形态的趋势显示预期的结果。

交易策略

表61.7所示为同店销售公告之利多形态的交易策略。

表61.7　交易策略

交易策略	解释
测算规则	用于预测目标价格。使用公告日价格,计算公告日的日高点减去日低点,得出形态高度将形态高度加上公告日的高点,得出目标价格。在牛市和熊市中,价格达到目标价格的概率分别为82% 和72%
买入信号	当价格收于形态高点之上时买入,并使用止损指令来保护利润
卖出信号	预计在交易后一两周内获利。在价格开始下跌时卖出股票
做空股票	在向上突破后,价格应迅速地到达最高点。一旦股价开始下跌,做空股票。留意在支撑区域附近(包括公告日缺口)的回调。使用止损指令来保护你的投资

测算规则　请参阅图61.5以应用测算规则。在4月的公告中，价格的日内交易范围从高点17.17美元到低点15.17美元，形态高度为2美元。将形态高度加上日内高点，计算出目标价格19.17美元。在这个例子中，价格于3天后在17.92美元见顶，远低于目标价格。不过，在我查看的形态中，82%的牛市形态和72%的熊市形态价格达到或超过了目标价格，见顶后大幅下跌(超过20%)。

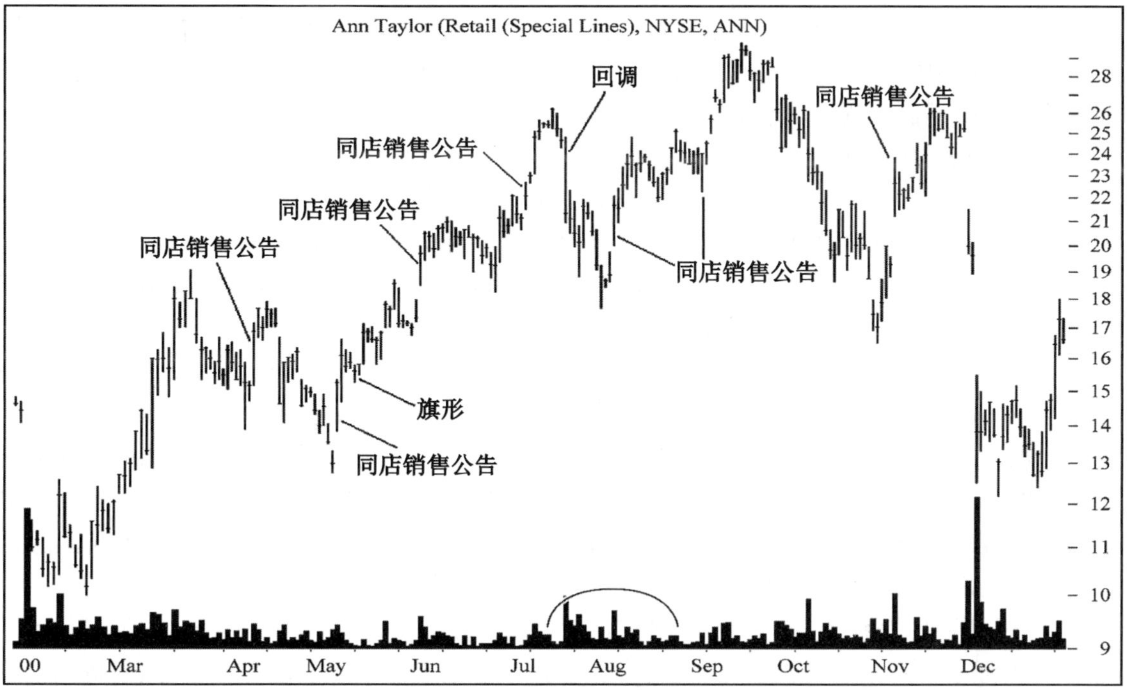

图61.5　价格上涨了几个星期，然后暴跌，但这种形态的运行并不总是如此。

买入信号　当股价收在公告日的日高点之上时，该收盘价格就是买入信号。由于同店销售形态由1天构成，股价不应该花很长的时间徘徊，它通常花4天时间(见表61.4)。我不建议只是因为有良好的同店销售数字而买入股票。股价可能在几周内会跌到买入价格以下。

卖出信号　什么时候卖出股票的话题只用几个段落讨论清楚是困难的。价格应该上涨，然后在一两个周内开始反转。当你感觉到顶部已经形成，价格正在下跌，就卖出股票，或至少收紧止损点。如果价格继续下跌，止损指令将带你离场。如果你没有卖出，接下来的下跌，在牛市平均为28%、在熊市平均为31%，远远高于形态在牛市和熊市的平均跌幅(23%和14%)。因此，下跌后你将失去所有的收益并亏损。

如果你持有的股票，公司公布了良好的同店销售，那么仔细观察股票。如果它突破向下，请参阅第六十章以了解更多信息。如果它强劲地突破向上，留意价格会在一两个星期内达到峰顶，然后会开始下跌。如果股票见顶，接下来的下跌可能是巨大的，所以考虑卖出股票。如果是在狂热的牛市，而且你也喜欢那家公司，那么持有股票，特别是如果股价处在年度价格区间低位区域(表现最好的形态在这里起步)。最终，股价下行时，要不断提高你的止损点，直到它被触发，你的持股被止损出局。

做空股票　做空股票是一项冒险的游戏，因为它的成功依赖于正确预测股价的顶部。如果你怀疑价格已经达到了最高点，现在正在下行，可以考虑做空。在进行交易之前，用止损指令来保护自己，并在基础分析和技术分析的基础上找到充分的投资理由。对于这种形态，顶部通常——但并不总是——来得很快。

交易故事

看看图61.5的交易示例。安泰勒每月公布同店销售数据。因此，你每年有大量的交易机会。图表上标记的形态都是有效的同店销售形态。它们向上突破，有的缺口向上，有的公告日或次日的交易价格范围高于平均交易范围。

在4月的公告中，价格攀升并在1周内掉头暴跌，最终收盘价格远远低于公告日前一天的收盘价格。这个掉头转弯的动作是一个回调的例子。5月的公告显示价格缺口上行，价格又上涨了1天，然后回调，形成一个旗形形态。在旗形之后，价格以阶梯的方式重新攀升。6月的同店销售形态类似于4月，只是更宽了。价格转身掉头，在公告日缺口处找到支撑。大部分的形态(91%)，价格会在到达缺口的底部之前停止下行。

7月的形态看起来很像4月的形态，包括后来的下跌。8月形态的行为就像5月的形态，是一个上升—回调方式的攀升。9月的攀升是4月形态的放大版，11月的形态也是如此。

在图61.5上，有5个表现相似的形态(4月、6月、7月、9月以及11月)，其他两个形态显示持续的上涨。这些形态表明，你应该避免买入股票之后、预期在形态之后股价会长期上涨而长期持股。一个更好的计划是积极地交易同店销售形态，快速买入，持股等待股价上行几天，然后卖出股票。或者，等待价格见顶，然后做空股票。

在您利用同店销售形态做空股票之前，请使用一张纸来覆盖本章中的每个图形，并慢慢地将其纸张向右移动。确定在同店销售形态之后，您将在哪个位置做空股票。然后将纸张继续向右移动，看看您将在哪里平掉空仓。你的表现怎么样？

在你跟踪的股票上进行练习，以掌握这个方法。在进入市场进行实际交易之前，在纸上磨炼你的技能和测试你的交易技术。同店销售形态是做空股票很有风险的方法，但它很容易操作。最困难的部分就是赚到钱。

正如我之前提到的，如果你持有的股票(长期持有)同店销售出乎意料，就使用止损点来保护自己。不断提高你的止损位置，直到下跌的价格把你踢出去。所有股票最终都会下跌，因此止损指令是锁定利润的好方法。

交易秘籍

下面的列表包括一些提示和观察结果，可以帮助您选择表现更佳的形态。有关各个提示或观察结果的详细信息，请参阅相关的表格。

●使用辨识指南选择同店销售形态。那些公告日交易区间宽的形态表现更佳，且失败比率更小。见表61.1。

●顺势交易。大多数形态都是上涨的价格趋势的持续，但反转形态在牛市中表现得更加突出。见表61.2。

●失败形态可能让做空股票更加容易。见表61.2。

●在熊市中避免交易这种形态，因为27%的形态涨幅不能超过5%，54%的形态涨幅不超过10%。见表61.3。

●选择在年度价格区间低位区域的形态。见表61.4。

●在牛市中，出现回调后股价的表现会受到影响。因此在交易前检查上方阻力。见表61.4。

●准备迅速获利。有近一半(44%)的熊市形态在突破后第1个星期见顶。见表61.5。

●高形态比低形态表现得更好。见表61.6。

第六十二章　股票评级下调形态 Stock Downgrades

统计简报

向上突破

事件	券商公布股票评级下调，股价上涨了1个星期，然后暴跌。	
反转或持续	短期反转，行情看涨。	
	牛市	**熊市**
表现排名	3/6	3/5
保本失败概率	25%	28%
平均涨幅	27%	14%
趋势结束后的变化	-30%	-34%
成交量趋势	通常在公告日成交量巨大。	
回调概率	49%	50%
实现目标价格概率	71%	64%
意外发现	表现最佳的形态出现在年度价格区间的低位区域。当发生回调时，股价表现会受到影响。高形态比低形态表现好。	

向下突破

事件	券商公布股票评级下调，股价下跌。	
反转或持续	短期持续，行情看跌。	
	牛市	**熊市**
表现排名	2/5	1/4
保本失败概率	26%	17%
平均跌幅	14%	19%
趋势结束后的变化	50%	35%
成交量趋势	通常在公告日成交量巨大。	
反弹概率	48%	45%
实现目标价格概率	69%	72%
意外发现	表现最佳的形态出现在年度价格区间低位区域。反弹损害股价表现。高形态比低形态表现好。	

如果你持有一只股票，券商对这只股票的评级下调，股票价格会怎么样呢？在我查看的股票中，39%的股票价格攀升！然而，价格通常不会攀升很长时间，当它最终暴跌，它下跌至少30%。你会立即卖出还是坚持持有并祈祷？平均而言，牛市和熊市中，股票价格在这个时候已经分别下跌到整个跌幅的71%和67%。以时间为基础计量，结果也是相似的，这个时间点在价格见底之前已经走过了73%(牛市)和71%(熊市)的路程。你有可能会在底部附近卖出。

导入

图62.1所示为一个繁忙的公告形态图。一家券商在3月中旬下调了股票评级，接下来发生什么？价格爬升了3天，然后水平运行。评级下调是一个很好的判罚，它在股市开始下滑一个月前就给警惕的投资者发出了警报。在不到2个星期之后，另一家证券公司提高了股票的目标价格(一个看涨的观点)。从后来股价的暴跌来看，提高目标价格的判断是一个糟糕的判断。

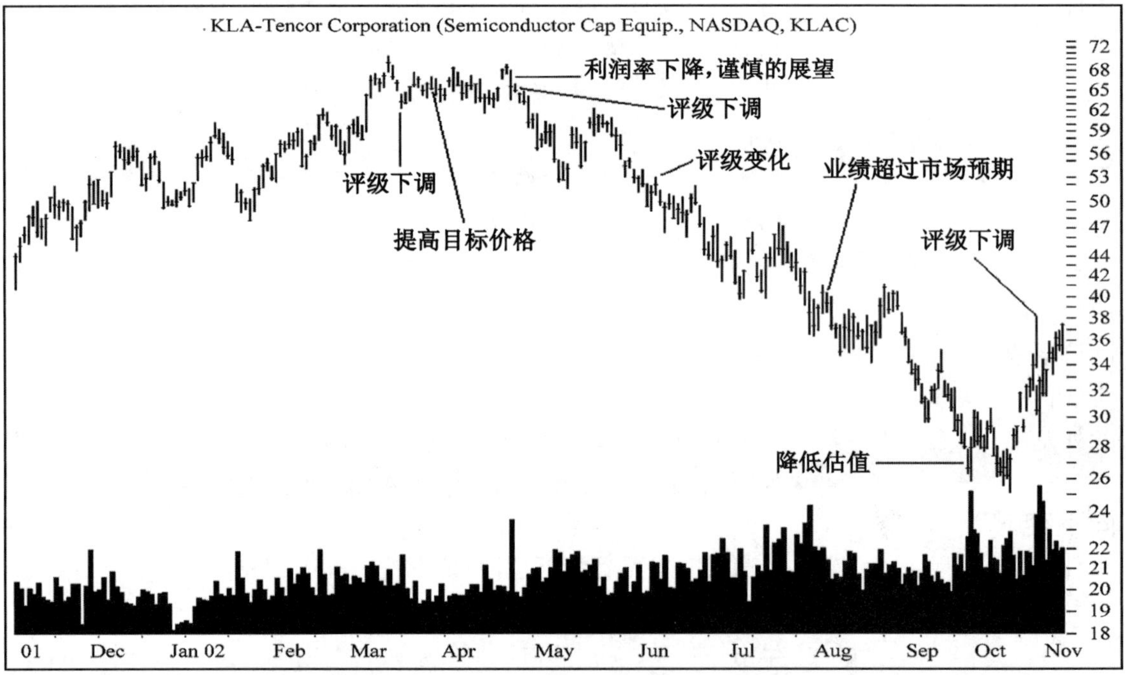

图62.1　第一次评级下调发生在价格暴跌前1个月。最后一个评级下调出现在股票触底之后。

季度财报在4月中旬到来，尽管该公司报告的收益比预期要好，但有一份报告警示利润率的下降和谨慎的展望。一天后，另一家券商下调了股票评级。这些公告的组合使股价暴跌。

早在6月，一家券商就将股票评级从“优于行业”改为“强烈买入”。这措辞听起来像是评级上调，但我知道了什么？在我的研究中，一家公司将股票评级从“买入”改为“增持”，让我迷惑不解。在本章的研究中，我没有注意到评级下调的措辞，只看事情的实质。

回到图62.1，业绩比预期的好，但在公告里，公司作出负面意见。股票继续下跌。在9月，另一家证券公司在股票跌至谷底2个星期前下调了对该公司的估值。在10月，即使价格正在回升，另一家券商也下调了对股票的评级。

辨识指南

如何知晓股票评级下调？你把频道调到财经新闻就可以了。重要的评级下调会成为报纸和电视的新闻。显然，许多新闻是在市场关闭的时候公布的，因为很多股票经常开盘时出现缺口。

图62.2所示为受股票评级下调影响的一个例子。价格缺口下行，但随后走高，并收高于形态高点，形成了一个向上突破。几天后，价格才开始下跌。从评级下调前一天的收盘价格46.23美元，股价跌到29.31美元的低点，跌幅为37%。对于证券公司来说，它们的判断是正确的，这是一个恰到好处的判罚。

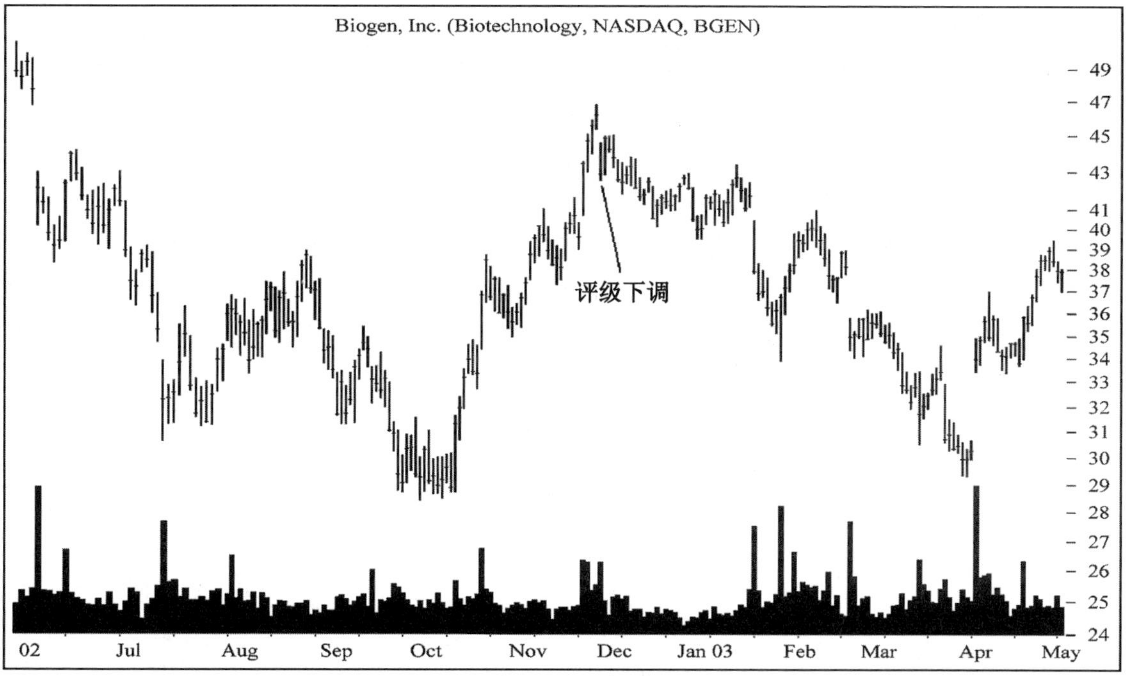

图62.2 价格缺口下跌，一天后向上突破，然后暴跌。

表62.1所示为因股票评级下调而导致的形态的辨识指南。

表62.1 辨识指南

特征	讨论
公告	券商对股票进行降级，财经新闻报道了这个消息
大的价格范围	寻找在日交易范围高于月平均水平的公告日交易范围
突破	通常向下突破
成交量	在公告日成交巨量
行为	对于向上突破，价格上涨，掉头转变，然后下跌。对于向下突破，价格下跌，但有近一半的概率反弹

公告 在收集统计数据时，我只包括那些在报纸或电视上，而不是在互联网上发布的股票评级下调公告。因此，评级下调都是由主要证券公司对广受欢迎的股票的评级。

大的价格范围 我测试这些形态，发现日内交易范围宽的形态表现得更好。我限定选择那些交易范围比形态前1个月的平均值大的形态。如果您使用的价格范围是平均值的2倍或3倍，则预期在突破后，失败比率会降低，平均利润会更高。

突破 当公告出现时，任何事情都可能发生，但通常突破是向下的。

成交量 当一个主要券商将股票降级时，预计在当天的交易会有大的成交量，如果公告时股票停止交易，那么下一个交易日会有巨量。

行为 对于向下突破，价格下跌，但有时有反弹，然后再重新下跌。对于向上突破，随着恐惧战胜贪婪，抛售压力超过了买入需求，价格掉转方向，股价暴跌。

关注形态失败

我只想写“卖掉所有降级的股票”，但这太简单了。当我查看数以百计的降级形态，发现降级公告有时出现在对的时间，有时出现在错误的时间，突破有向下的也有向上的。

图62.3所示为错误的时间出现的降级公告的示例。在12月的同店销售额上升4%的公告之后，投资者开始紧张。在1月初，因疲软的同店销售数据，股票缺口下跌。两天后，董事会授权公司回购额外股票，回购数量从原来的5000万股增加到9000万股。这有助于提振股价，但只是一段时间。当公司公布财报，业绩比预期的差，两家券商下调了股票的评级。看看2月的降级公告，离谷底有多接近。哇！就在一个星期之后，有传言说，五月百货公司可能会出价收购这家公司。股票开始反弹。

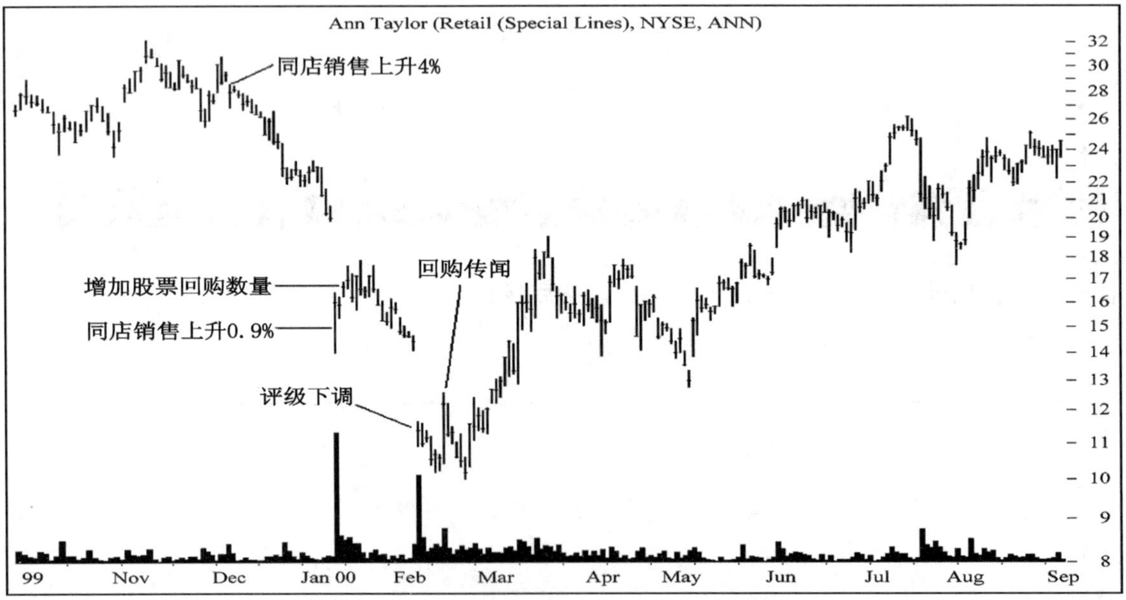

图62.3 评级下调后，一则谣言流传，称五月百货公司可能会收购这家公司。

图62.4所示为降级事件形态不确定的另一个例子。12月初，公司宣称节假日对计算机的强劲需求将会使公司的季度业绩超出预期，两家证券公司上调了对公司股票估值。一周后，另一家不同的证券公司下调了股票的评级。这是一个很好的判断，因为股票下跌了。股价一直下跌，直到另一家证券公司重申购买建议，并提出了积极的评价(1月初)，价格上涨。一

个业绩预警的消息扼杀了这一上涨(1月中旬)。这一消息并没有阻止一家证券公司发表对股票的正面评论(2月中旬)。股价在当日高位附近收盘，然后接着又暴跌两天。在一段时间里，价格攀升，乐观的评论似乎说中了。之后，同一家证券公司发表了负面评论，并削减了盈利的估计数(3月中旬)，股价应声下跌。在下跌的中途，有两家券商在6月中旬下调了股票评级。几天后，另一家证券公司下调了股票的评级。

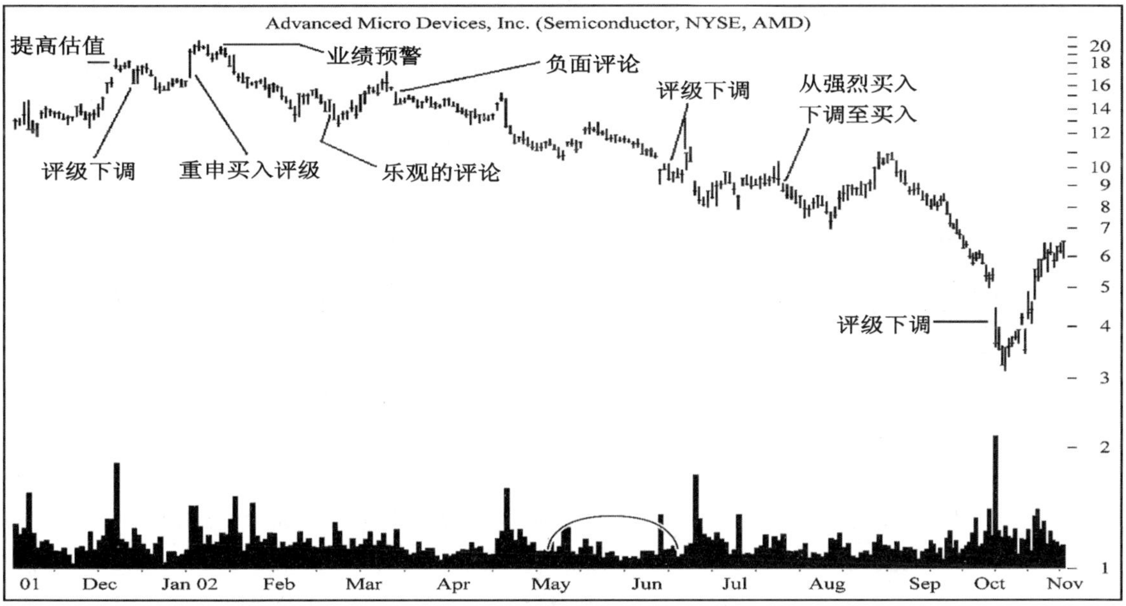

图62.4　一些券商对股票赞不绝口，而其他券商则将其降级。一家证券公司在股价见底前3天将股票评级下调。

7月中旬，一家证券公司将股票评级从“强烈买入”下调到“买入”。如果你真的采纳了这个建议，就会到大约9美元买入股票。然后，股价在不到3个月内跌至3.10美元。

从公司传来的消息不太好，股价继续下跌。在10月份，该公司预警，销售额将大幅下降。第二天，一家证券公司下调了股票的评级。这时，离底部只要3天的时间。此后，股票大幅反弹。

统计数据

表62.2所示为从1995年至2004年中期500多只股票的综合统计数字。许多股票没有评级下调，因为这些公司的规模太小，分析师不去跟踪，即使如果他们确实跟踪，评级下调也没有上新闻。其他公司既受欢迎又有新闻价值。

形态数量　我在牛市和熊市中都发现，降级形态向下突破的比向上突破的更多，这是预料之中的，我还认为，向上突破的数量将少于我发现的39%。

反转或持续　向上突破的形态主要是反转形态。向上突破反转形态表现优于向上突破持续形态。对于这种形态而言，向下突破是当前价格趋势的持续。在向下突破形态中，持续形态比反转形态表现好。为了取得最佳投资业绩，在牛市中买入降级形态后向上突破的股票，在熊市中做空向下突破的形态。

表62.2　综合统计

描述	牛市向上突破	熊市向上突破	牛市向下突破	熊市向下突破
形态数量	164个	108个	218个	201个
反转(R)、持续(C)数量	125R, 39C	92R, 16C	39R, 179C	30R, 171C
反转(R)、持续(C)涨/跌幅	27%R, 26%C	14%R, 11%C	-14%R, -14%C	-16%R, -19%C
平均涨/跌幅	27%	14%	-14%	-19%
涨/跌幅超过45%(数量或占比)	47或29%	6或6%	11或5%	21或10%
趋势结束后涨/跌幅	-30%	-34%	50%	35%
形态失败后涨/跌幅	36%	21%	-21%	-34%
标准普尔500指数的变化	7%	2%	-2%	-6%
到达最高/低点的天数	79	27	26	24

注：(-)负号表示下跌。

平均涨幅或跌幅　当突破方向是向上时，在不同的市场，突破后股价平均涨幅在14%和27%之间。向下突破的股票不同市场的跌幅平均在14%和19%之间。这些数字表明，为了取得最好的投资表现，你的交易方向应该与趋势一致：交易牛市向上突破的形态和熊市向下突破的形态。

涨幅或跌幅超过45%　股价真的会大幅下跌吗？不会。表现最好的形态是牛市向上突破的形态，这里29%的形态涨幅超过45%；其次是熊市向下突破的形态：10%的形态跌幅超过45%。

趋势结束后的变化　股价到达最高点或最低点之后的结果和预期的一致。向上突破的股票见顶后，价格平均暴跌至少30%。向下突破的股票在触底之后，上涨幅度在35%和50%之间。因此，如果你能知道趋势的变化，就可以赚钱。

失败形态的表现　在所有的情况下，失败形态均表现得比真正的形态更好，但这可能是因为我的测量方法。我计量的是向下突破后最低的低点到最高的高点(向上突破则方向相反)。

对于失败形态，一旦突破方向反转，对于向下突破形态，在价格收高于公告日的最高点时，进行交易对于向上突破形态，在价格收低于公告日最低点时，进行交易。交易新的方向将改善风险状况。

标准普尔500指数的变化　在形态向上突破后，标准普尔500指数攀升，在形态向下突破后，指数下跌。注意市场对股价平均涨幅或跌幅的影响，这一结果表明交易方向与市场趋势一致的重要性。

到达最高点或最低点的天数　突破后股价需要多长时间达到最高点或最低点？在熊市中股价下跌19%需要24天(熊市，向下突破)，但在牛市中攀升27%(牛市，上升突破)需要多花近3倍的时间(79天)。因此，熊市的下跌比牛市的上涨更陡，也更短。

表62.3所示为牛市形态和熊市形态两个突破方向上的失败比率。我认为5%是保本失败概率，是股票必须移动的最低数额，以覆盖所有的交易成本。您的成本可能高于或低于5%。

表62.3看起来可能很吓人，但其实不是。看看第一项，牛市向上突破形态，25%的降级形态未能在突破后上升5%以上。下一行表明，41%的形态涨幅未能超过10%。对向下突破的数据，阅读的方式差不多。牛市向下突破第一项显示，26%的形态在触底前仅下跌5%。

当你一栏一栏往下看后，就可以看到失败比率是如何攀升的。超过一半的降级形态在到达底部或顶部后，移动幅度不到10%～20%。因此，如果你期望在降级形态后有大的移动，你可能错了。大幅移动可能会发生，但如果你经常交易这种形态，就不应该用这样的赌法。

表62.3　失败形态数量或比率

股价最大涨/跌幅(%)	牛市向上突破	熊市向上突破	牛市向下突破	熊市向下突破
5(保本点)	41或25%	30或28%	57或26%	34或17%
10	68或41%	55或51%	106或49%	68或34%
15	79或48%	68或63%	129或59%	92或46%
20	89或54%	75或69%	153或70%	117或58%
25	96或59%	82或76%	168或77%	133或66%
30	103或63%	90或83%	181或83%	149或74%
35	111或68%	99或92%	191或88%	159或79%
50	122或74%	102或94%	210或96%	186或93%
75	140或85%	108或100%	217或100%	200或100%
>75	164或100%	108或100%	218或100%	201或100%

表62.4所示为与突破及突破后相关的统计数据。

表62.4　突破与突破后股价表现统计

描述	牛市向上突破	熊市向上突破	牛市向下突破	熊市向下突破
从形态结束到突破	6天	6天	5天	4天
突破在年度价格区间低(L)，中(C)、高(H)各区域分布的百分比	L48%, C22%, H30%	L58%, C22%, H19%	L46%, C29%, H25%	L62%, C25%, H13%
形态在年度价格区间低(L)、中(C)、高(H)各区域突破后的涨/跌幅	L35%, C26%, H22%	L17%, C9%[a], H12%[a]	L20%, C13%, H9%	L21%, C18%, H14%[a]
回调/反弹概率	49%	50%	48%	45%
回调/反弹期间	11天	10天	10天	10天
出现回调/反弹形态的平均涨/跌幅	27%	16%	-11%	-17%
未出现回调/反弹形态的平均涨/跌幅	27%	10%	-17%	-20%

注：(-)负号表示下跌；[a]表示样本小于30个。

从形态结束到突破　价格收在公告日内高点之上或低点之下前要花多长时间？答：4～6天。

年度位置　多数突破发生在年度价格区间的哪个区域？将年度价格区间分成三个区域：高位区域、中间区域、低位区域。我们发现，不管是什么突破方向和市场，多数突破发生在低位区域。

思考一下这个结果。大多数降级形态发生在年度价格区间的低位区域附近。如果你持有股票，这些信息对你不会有很多帮助，因为你已经经历了大部分的下跌。在一个完美的环境中，降级形态应该出现在高位区域，而不是在低位区域。换另外一个角度看这个问题：股票评级下调实际上可能是一个买入信号。然而，我不会在那个时候买入，因为在降级之后，价格会创下新低。因此，等待价格到达底部，然后再买入。

年度位置及表现　将形态表现映射到年度交易价格范围，结果显示，表现最好的降级发生在低位区域。这一结果遵循的理论是，你应该做空创新低的股票，而不是那些创新高的股票。

回调和反弹 股票评级下调后，约有一半的股票在一个月内价格恢复到突破价格的水平。然而，股价在这个价格水平上的逗留可能是短暂的，在许多情况下仅停留1天，然后便继续在原来的突破方向上运行。

平均而言，股票返回到突破价格需要10～11天。对于向下突破，反弹损害股价的表现。例如，当发生反弹时，牛市中的形态价格下跌11%。没有反弹的形态，股价跌幅平均为17%。许多其他技术形态和事件形态牛市和熊市中都所示为同样的结果。

表62.5所示为股价到达最高点或最低点所需天数的频次分布。很乏味，对吧？没有什么比盯着满是数字的表格更无聊了。你想知道什么时候卖吗？表格不会告诉你，但它暗示，一半的形态在第1个星期或第2个星期达到最高点或最低点。约2/3的形态在第3个星期左右到达顶部或底部。与其他组合的形态相比，牛市向上突破的形态需要更长的时间才达到最终的高点。这张表格强化了你应该准备迅速获利了结的信念。

表62.5 到达最高点或最低点天数的频次分布

天数	7	14	21	28	35	42	49	56	63	70	＞70
熊市，向上突破	52%	10%	10%	3%	5%	1%	3%	2%	2%	2%	11%
牛市，向上突破	37%	7%	5%	3%	4%	3%	1%	2%	1%	2%	34%
熊市，向下突破	45%	10%	9%	8%	5%	4%	3%	3%	2%	2%	7%
牛市，向下突破	41%	9%	15%	6%	6%	3%	3%	3%	2%	1%	11%

表62.6所示为对股票评级下调反应所形成的形态面积大小和成交量的统计。

表62.6 形态面积大小及成交量统计

描述	牛市 向上突破	熊市 向上突破	牛市 向下突破	熊市 向下突破
高形态表现	32%	19%	-20%	-22%
低形态表现	23%	9%	-10%	-17%
高度中值（与突破价格百分比）	5.76%	6.42%	6.52%	6.94%
公告日成交巨量形态表现	25%	14%	-14%	-19%
公告日成交轻量形态表现	38%[a]	8%[a]	-16%[a]	-15%[a]

注：(-)负号表示下跌；[a]表示样本小于30个。

高度 我找到给定的突破方向的形态高度与突破价格百分比的中值，然后将形态排序，分出高形态和低形态。在所有组合中，高形态的表现大大优于低形态。例如，在熊市中向上突破的形态，低形态的收益平均为9%，高形态的收益平均超出一倍（19%）。这一发现证实了我选择形态的标准中的一个：一个大的价格范围（比1个月平均值高）。价格范围是平均值2倍或3倍的形态表现更好（获得更高的利润），并且有较低的失败比率。

公告日成交量 我将公告日成交量与之前1个月的日平均成交量进行了比较，高出平均值为成交巨量形态，低于平均值为成交轻量形态，然后看它们的表现。在熊市中，成交巨量形态表现优于成交轻量形态。在牛市中，成交轻量形态表现得更好。由于大多数降级形态发生时都出现巨大的成交量，成交轻量的样本量很小，如果样本量增加，结果可能会改变。

交易策略

表62.7所示为对于向上突破和向下突破形态的交易策略。

表62.7 交易策略

交易策略	解释
测算规则	用于预测目标价格。使用降级当天的数据，通过从日内高点减去日内低点来计算形态高度。对于向上突破，将结果加上日内高点，得出目标价格；对于向下突破，从日内低点减去形态高度，结果就是目标价格。此方法成功预测的概率介于64%～71%之间
买入信号	没有。在券商降级股票后，不要购买股票。最可能出现的情况是，价格会下跌
卖出信号——向下突破	对于向下突破，立即卖出长期持有的股票，或在股价反弹并开始回落时卖出
卖出信号——向上突破	在降级形态之后，价格会在1～3个星期后见顶，所以考虑在股价向上突破后，出现掉头向下时卖出
做空股票——向下突破	做空股票是很有风险的，降级形态不是一种可靠的做空形态。太多的情况下，股价下跌1个星期或2个星期，然后反弹上涨。如果你还想做空，那就要在突破后立即做空，用止损指令来限制损失。表现最好的形态出现在年度价格区间低位区域，所以要在那里查找形态
做空股票——向上突破	如果突破方向是向上的，在股价上涨时看着它。它可能会很快见顶。当它开始掉头向下，做空它。使用止损指令来保护你的钱包（或手提包）。请参阅“交易故事——向上突破”中的示例

测算规则 使用测算规则预测目标价格。首先，计算股票评级下调当日的日内高点减去日内低点，得出降级日形态高度。对于向上突破，将结果加到日内高点；对于向下突破，从日内低点减去该结果。计算结果就是目标价格，即预期价格移动的最低水平。统计简报（“实现目标价格概率”）显示此方法的成功概率。

买入信号 除非你有令人信服的理由，否则不要在证券公司对股票降级后买入股票。在许多情况下，降级可能接近趋势的变化（从下行变为上行），这意味着降级往往发生在年度价格区间的低位区域，正值价格即将回升之时。等待股价到达底部，然后谨慎购买，因为更多的下行可能会变得明显。

卖出信号——向下突破 如果你持有股票，立即卖出，或者祈求股价反弹然后卖出。如果你决定持有股票，记住这个统计数字，即平均跌幅在14%～19%。你真的想持有一只今天价值1美元，而在几周内价值将是81美分的股票？

如果你持有一只股票出现了降级形态，你为什么还持有它呢？它很有可能已经从峰值价格下跌了很远。那你还在等什么？

卖出信号——向上突破 一些降级导致股价向上突破。请参阅交易故事，看看向上突破的形态是什么样子，以及如何交易这样的形态。

做空股票——向下突破 你可能在考虑在股票评级下调后以及任何缺口向下后做空股票。因此，相当一部分的跌幅可能已经在你身后。在我已经查看了很多情况，股票评级下调正在股价上涨之前。如果你持有做空的仓位，这是一个坏消息。使用止损指令来保护您的投资。

做空股票——向上突破 向上突破的交易故事给出了当突破是向上时如何交易股票评级下调形态的一个很好的例子。你要做的是，旁观价格上涨，然后在价格开始下跌时进入交易，做空股票。时间就是一切，在正确的时间进入交易可能是最难实现的。

交易故事——向下突破

唐纳有一个在低位买入股票、在高位卖出股票的成功策略。他的盈亏比率很高。并不是所有的交易都有利可图，但他收窄他的损失，并努力增加他的利润。他做的所有的事情都很顺利，甚至他对赚钱都感到了厌烦。交易不再令人兴奋，仿佛过去3年的熊市夺走了交易的乐趣。他决定尝试一种新的交易技术(见图62.5)。

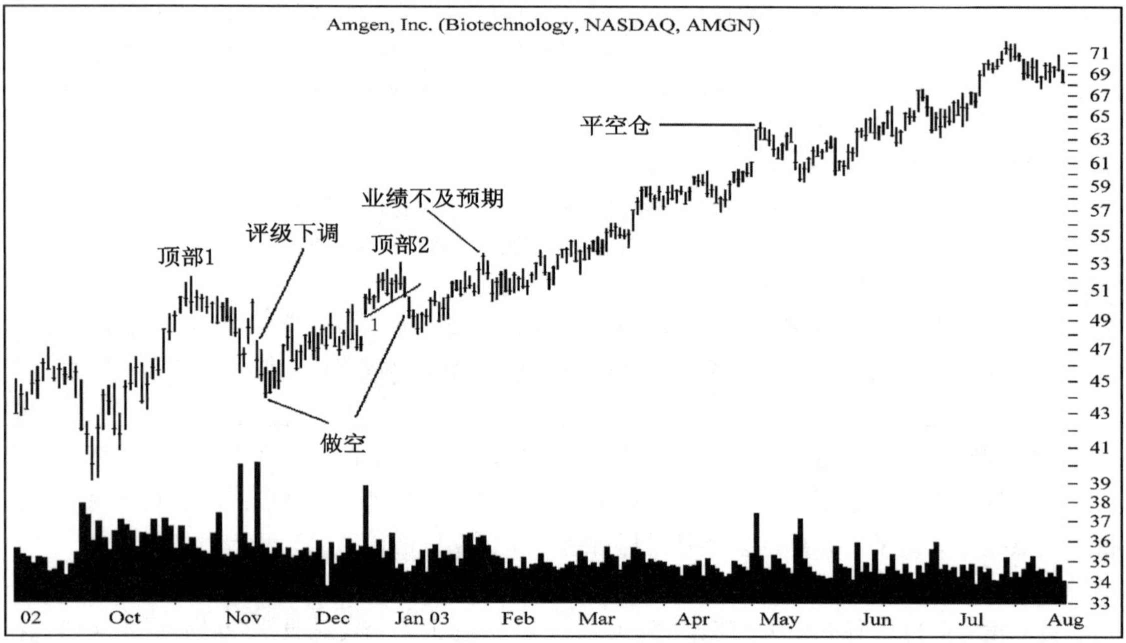

图62.5　正如在“交易故事——向下突破”中所描述，唐纳做空了股票，然后在股价看起来像一个双顶形态时再次做空。

唐纳关注了安进公司的股票，看着股价从2002年7月30美元附近的低点(图中没有显示)上涨。“药品股票波动，而波动性是获利的机会。”他说。为了证明他的观点，他在券商对股票评级下调后2天做空了股票，在另一个专利侵权诉讼的消息推动下，股价下跌。他在44.55美元做空了股票。当股价收盘低于这个价格时，他兴奋地揉搓他的手。

接下来的几天，当股价上涨时，他并没有担心。他希望股价反弹到缺口顶端(当股票的评级被下调时出现的缺口)，然后开始下跌。最近的9月份，新闻报道称，惠氏将大笔出售公司7.7%的股份，在未来一年里抛售近1亿股。这将有助于抑制股价的上涨。此外，在最近的7月和8月(图中不显示)，内部人士也在抛售。

尽管股价已经接近顶部1的价格水平，他还是对自己的持仓充满信心。在数字点1处，有4位内部人士出售了他们的股份。当经营公司的人不喜欢股票，这从来都不是一个好兆头……除非你打赌股票会下跌。与此同时，公司的消息很好。作为一份礼物，FDA在圣诞节前2天批准了公司在罗德岛建一家制造工厂。

价格上行，转弯掉头，然后开始下跌，形成顶部2。圣诞节后一天，一位法官驳回了公司关于医疗保险报销一项药品的诉讼。新闻一出，股票下跌。随着坏消息在他的脑海中鲜活出现，他看到了一个萌芽的双顶形态(顶部1和2)，当价格穿透短期趋势线时，他再次做空股票。卖空的股价为49.76美元。

跌幅只持续了2天，价格便再次上涨。在接下来的一个月里，他对自己亏损的仓位非常气愤。随后，公司报告说，销售额攀升了57%，净利润增长了近3倍。但这个业绩并没有达到市场的预期，股票下跌了2天，然后反弹。

在接下来的几个月里，内部人士继续出售他们的股票，但价格仍在攀升。到年底，他终于认输，公司公布了良好的业绩报告并提高预测数字之后，他平掉他的空头头寸。他的平仓价格是64美元。在第一次做空，他损失了44%，在第二次做空，他损失了29%。

“我想我已经足够兴奋了。”他说。他回到了他的旧交易方式，又在赚钱了。

交易故事——向上突破

图62.6所示为基于对股票评级下调时，股价向上突破的交易示例。在8月中旬，股价上行达到峰值后，当一家券商下调业绩估计时，股价暴跌。第二天，另一家券商下调了股票的评级，股价缺口下行。这一暴跌将股票推到5月份倾斜的趋势线下方。由于趋势线是已知的阻力线，缺口也是阻力线，价格有很大的可能不会很快回到旧的高点。当然，事后说出这样的话是很容易的。

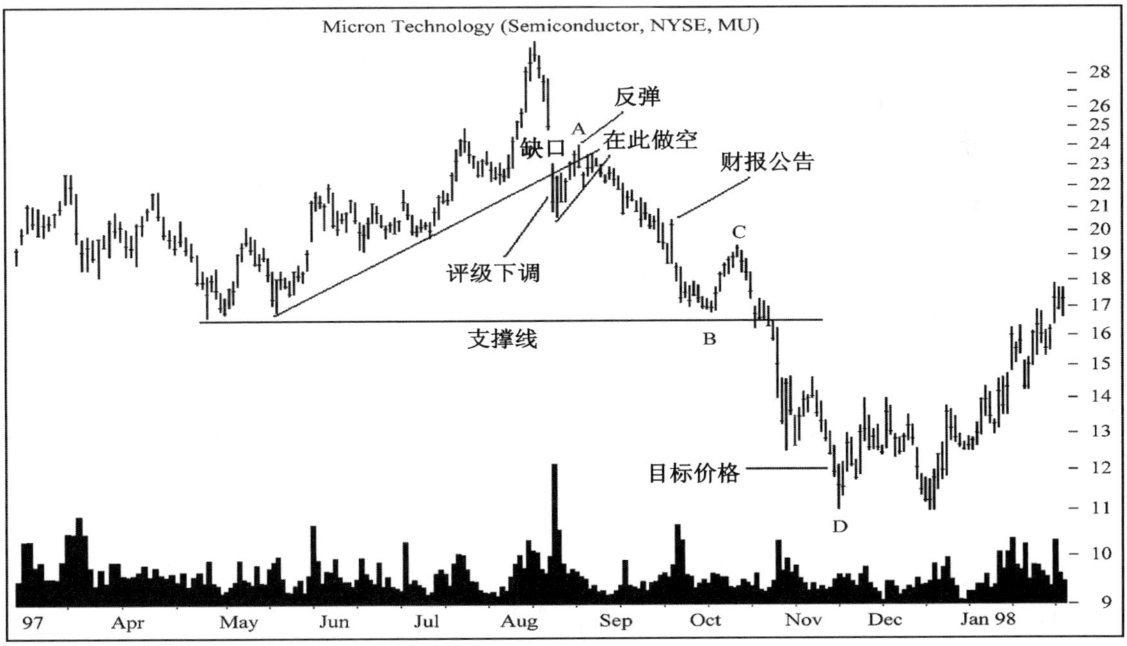

图62.6　如果专业人士交易，这些情况可以带来可观的利润。

来自不同证券经纪公司的消息令人困惑。一些公司甚至在公司公布收益好于预期的情况下下调股票的评级。其他公司发表了积极的意见，然后在股价见顶后改变主意，下调股票评级。在出现缺口的第二天，另一家证券经纪公司发表了积极的意见，并制定了新的目标价格。这个消息有助于推动价格上涨。股价拉回到5月的对角趋势线，但没能够回补缺口便下跌了。

在点A之后的任何时候都是做空股票的时候。在下跌之前通常出现反弹，这是交易这种形态的方式。如果你画一条连接低点的趋势线，一旦股价收低于该趋势线(从8月开始的短的对角趋势线，如图62.6所示)，你可以做空股票。

价格会下跌多远？我预计，股价可能会在5月底至7月的水平盘整区域(约20美元)暂停，小跌10%。如果价格穿过这一区域，那么下一个支撑区域将是4月的两个峰谷，在17美元左右，跌幅为23%(水平支撑线)。

如你所见，价格从20美元的第一个支撑区域钻了出来。公司公布了财报，业绩远远低于预期，但当天股价却飙升。第二天，几家大型证券经纪公司赶紧削减估值，股价下跌，跌幅超过了前一天的上涨。

价格确实在下一个支撑区域得到了支撑，如图62.6所示(点B)。价格攀升至点C，这是之前的支撑/阻力区域，价格水平20美元，然后下跌。

形态ABCD是一个三浪下跌形态。从点C到点D的移动应该是从点A到点B的下跌的镜像。因此，如果你盘算一下，得到的目标价格如图62.6所示，就在D点之上。该股下跌至目标价格，形成一个双底形态(点D和12月的低点)，然后下跌到点D。

至于退出交易，你可以在接近目标价格的时候退出。等待价格确切地达到目标是不明智的，因为下跌往往没有那么深。在这个例子中，一切进展顺利。有关三浪下跌形态的详细信息，请参阅第三十二章。

做空股票并不适合新手。它牵涉无限的风险，正如在第一个交易故事中唐纳发现的那样。不过，如果你发现一个向上突破的降级形态，股价掉头转弯，那么记住这一章。做基础分析，确保你有有效的技术面和基本面的理由做空股票。如果你决定进行交易，使用适当的资金管理技术来控制损失。

交易秘籍

下面的列表包含一些提示和观察结果，这些建议可以帮助您选择形态，以提高你的交易表现。有关更为详细的信息，请参阅相关表格。

●使用辨识指南选择可交易的形态。见表62.1。

●选择日内交易区间大于月平均水平2或3倍的形态。见表62.1。

●在熊市中做空向下突破的形态，而不是在牛市做空。见表62.2。

●如果出现了失败形态，交易它，因为突破后，股价在突破方向移动不足5%就反转，意味着股价在新的趋势可能很强劲。见表62.2。

●选择在熊市中向下突破的形态。其股价在突破后涨幅达到20%前失败比率最低。见表62.3。

●表现最好的形态来自年度价格区间的低位区域。股价创新低之后往往会继续再创新低。见表62.4。

●当出现反弹时，股价表现会受到影响。在交易前查看附近的下方支撑。见表62.4。

●一半的形态在1～2个星期内达到最高点或最低点。在不到3个星期的时间里，几乎2/3的形态出现反转。见表62.5。

●高形态比低形态表现得更好。见表62.6。

第六十三章　股票评级上调形态 Stock Upgrades

统计简报

向上突破

事件	证券经纪公司上调股票评级，股价上涨。	
反转或持续	短期持续，行情看涨。	
	牛市	**熊市**
表现排名	2/6	2/5
保本失败概率	18%	21%
平均涨幅	24%	16%
趋势结束后的变化	-30%	-32%
成交量趋势	在公告日成交量巨大。	
回调概率	63%	59%
实现目标价格概率	81%	77%
意外发现	持续形态比反转形态表现得更好。高形态比低形态表现好。近一半的形态股价在2个星期内下跌至少20%。	

向下突破

事件	与向上突破形状相同，但突破方向是向下的。	
反转或持续	短期持续，行情看跌。	
	牛市	**熊市**
表现排名	5/5	2/4
保本失败概率	38%	23%
平均跌幅	12%	18%
趋势结束后的变化	44%	35%
成交量趋势	在公告日成交量巨大。	
反弹概率	37%	17%
实现目标价格概率	67%	77%
意外发现	高形态比低形态表现好。股票评级上调后股价有35%的概率是下跌的。有一半的形态在1个星期内急剧上涨。	

证券经纪公司上调股票评级后价格会怎样？股票评级上调对股票及股票持有者来说应该是件好事情，对吗？不一定。

统计简报开始讲述这个形态的故事。股票评级上调后，任何事情都可能发生。例如，假设您拥有XYZ公司的股票，证券经纪公司将股票评级上调。你听到电视上的公告，或者第二天在报纸上读到新闻。这时的股价会怎么走？在牛市，大约有2/3(65%)的可能性股价会如期上涨，并突破向上，平均涨幅24%。见顶后股价将暴跌30%，回吐其所有收益且更多。

如果股票向下突破，在牛市，平均而言，预计股价将继续下跌12%，然后下跌停止，股价上涨44%。两个突破方向都有交易机会，但交易方向不是你期望的方向。后面将讨论关于交易新形态的更多信息。

意外发现包括旧的发现，也包括新的发现。很多(35%)股票在股票评级上调后向下突破。如果突破向下，超过一半的股票在1个星期内将开始一个持续的上涨(涨幅超过20%)。对于向上突破，情况正好相反：近一半股票在2个星期内大幅下跌(跌幅超过20%)。我在后面会讨论这些情况。

导入

图63.1所示为一个证券经纪公司对戴尔公司股票评级上调后，我所期望看到的情况。在公告的当天，价格收盘于当日高点。在随后的日子里，价格攀升得更高，然后休整了1个星期左右，之后继续上升。这种阶梯式上行的形态一直持续，到了10月，价格达到了最高点。突破价格为3.75美元，价格上涨到12.98美元，涨幅为246%。

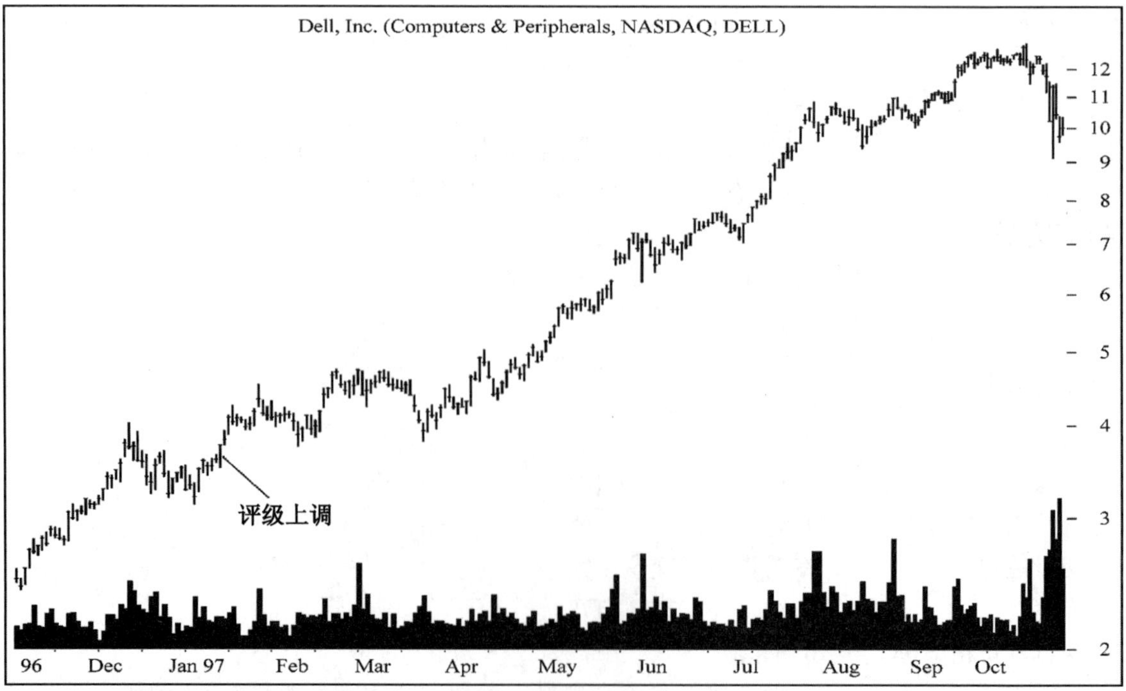

图63.1　此图所示为股票评级上调后价格应做何反应。

这就是我以为的这种形态应该有的表现，在少数情况下，形态确实如此表现。该图显示的是数据库中这种形态表现最好的股票。在大多数情况下，你是会失望的。股票评级上调往往是一个提前的卖出信号。在我看过的大多数形态中，价格要么立即下跌，要么在3个星期内下跌。因此，如果证券经纪公司股票评级上调你持有的股票，准备卖出。评级上调不是一个必然的卖出信号，因为股价可能会走得像图63.1。如果股价在股票评级上调后下跌，等待买入的机会。

辨识指南

图63.2所示为股票评级上调后所发生的一个典型示例。大多数情况下，股票在公告后上涨。因此，突破是向上的，当价格收盘在股票评级上调公告日的日高点时标志着发生了突破。突破后价格继续攀升，通常攀升的形态是阶梯式。

在这张图中，突破后价格仅上涨了11%。然后，世界末日到了，价格暴跌，股价跌穿沿着小低点绘制的趋势线(一个卖出信号)。股价一直下跌到5月才见底，跌幅为43%。

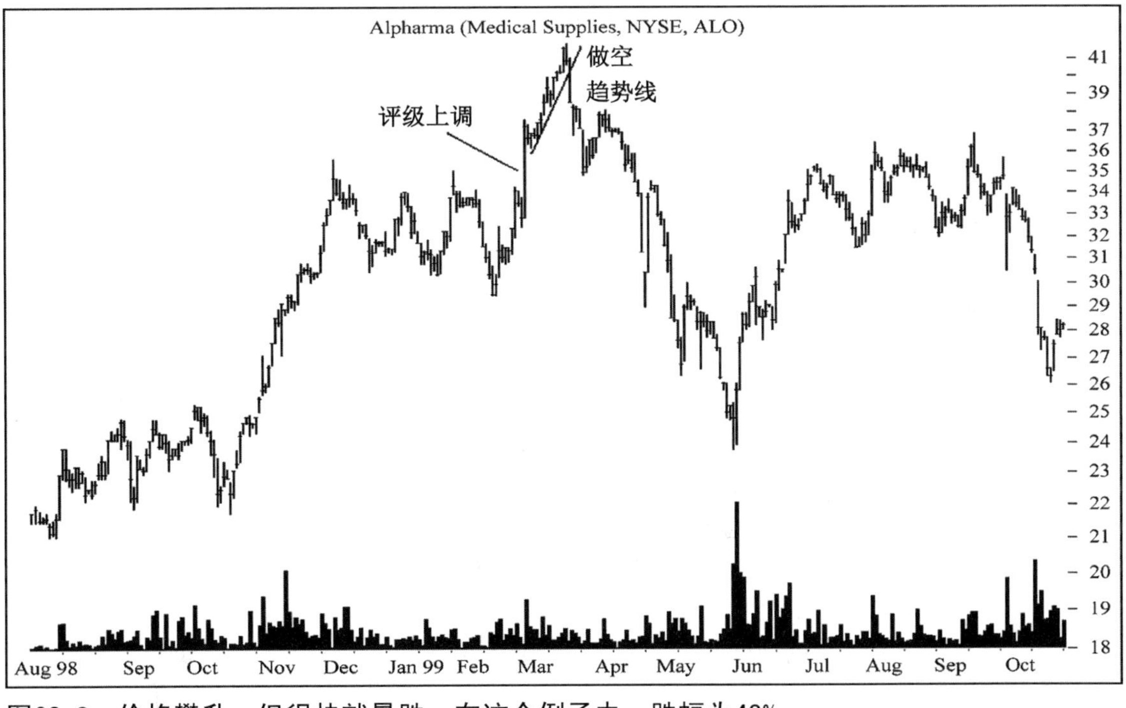

图63.2　价格攀升，但很快就暴跌。在这个例子中，跌幅为43%。

表63.1显示的股票评级上调的辨识指南使用了两种新的模式：在向下突破后买入，以及在向上突破后做空。我在本章的交易策略和交易故事中讨论这一模式。

公告　在研究中，我包括股票评级上调和添加到其评级列表，比如推荐列表、优先列表或关注列表中。我忽略重申评级，或对公司债务评级的上调。我也忽略买入、卖出、持有、增持等的评级上调。我选择的都是重要的评级上调，它们要么上财经新闻(报纸)，要么我在电视上听说过。我没有在互联网上搜索我跟踪的股票评级上调，也没有访问过上市公司或证券经纪公司的网站。

表63.1 辨识指南

特征	讨论
公告	证券经纪公司公布对股票评级上调，或将股票添加到其推荐的列表、优先级列表或关注列表中
大的价格范围	在公告日，寻找日内价格高点和低点范围超过1个月平均值的形态
突破	当收盘价格高于公告日的日内，高点或低于公告日的日内低点时，突破发生
价格下跌	对于向下突破，股价在不到2个星期内停止下跌，然后开始回升
价格上涨	对于向上突破，价格通常上升1～3个星期后见顶，然后暴跌
成交量	预计公告日会有巨大的成交量

大的价格范围 在研究中，我只包括那些在公告日或次日(如果公告时市场关闭)交易价格范围大于平均交易范围的，或者股价缺口向上或向下的股票评级上调事件形态。我用过去30天的平均交易区间作为基准，在两个突破方向以及两个市场，较大的日内交易区间(比如在平均区间2倍或3倍)的股价表现都有所提升，失败比率也有改善。

突破 当价格收于公告日内高点或低于公告日内低点时，突破发生。

价格下跌 期望在1个星期左右价格见底(大约一半的形态如此)。到达底部后，价格大幅攀升。形态看起来应该像图63.5中的股票评级上调形态。

价格上涨 对于向上突破，价格攀升，然而之后花更长的时间下跌，大约有一半的形态在3个星期内大幅下跌。形态看起来应该如图63.2所示。

成交量 股票评级被上调的当日成交量异常巨大。

关注形态失败

图63.3所示为事情会变得多么糟糕。一家证券经纪公司在股价刚到达新高6天后发布新的股票评级上调。随后，该股股价从峰值的39美元下跌，在几乎1年后，跌至9.62美元低点。如果股票评级上调是基于对未来1年股价表现的判断，你可以看到这是多么糟糕的评级上调。正如本章的统计数据证明，这不是一个孤立的事件。

让我赶紧补充一点，我不是在挑选证券经纪公司、分析师或证券经纪商。本章的研究表明，市场对证券经纪人乐观的股票评级上调的反应并不像很多人所期望的那样。这可能是华尔街谚语的一个例子：“买谣言，卖事实。”在某些情况下，随着价格攀升，股票评级上调是有先见之明的。然而，在太多的例子中，攀升是短暂的，价格将会暴跌。

图63.4是评级上调时机错误的另一个例子。股票在4月开始下跌，就好像投资界知道炼油行业有麻烦一样。然后公司公布季度业绩，亏损大于预期。多个证券经纪商下调了股票评级。股价巨量下跌，然后出现“死猫”弹跳。在一片废墟中，唯有一家证券经纪公司，一家美国最大的券商，将股票评级上调了。消息一出，股价攀升，但很快就掉头转弯，然后大幅下跌，达到1.24美元的低点。从股票评级上调当日的高点算起，跌幅87%。

在1月份，另一家证券经纪商在股票价格更高时，即14.05美元之时，将股票加到推荐名单。股票达到15.29美元的峰值后下跌到11.60美元。此时，另一家证券经纪公司降低对该行业的财务预测。如果你当时卖掉股票，那就意味着17%的损失。损失是大的，但和持有股票到直到10月低点的损失(91%的损失)相比，这不算什么了。

图63.3　在达到39美元的高点后1周，一家证券经纪公司将股票评级上调。价格开始一个长期的下跌，走到9.62美元的低点才结束。

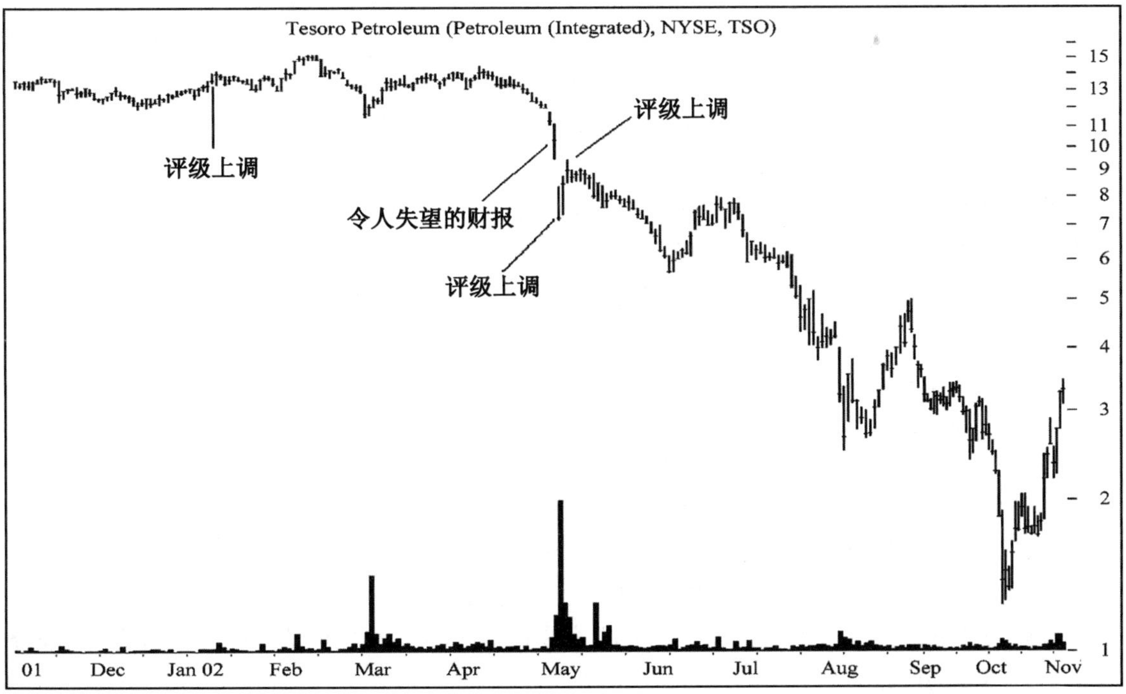

图63.4　该股从9.43美元的高位跌至1.24美元的低位。

如果股票评级上调意味着对公司及其股票的前景抱有乐观态度，那么除了上涨的价格，出现其他任何事情都意味着评级的失败。

统计数据

表63.2所示为交易员对股票评级上调反应的一般统计数据。

表63.2　综合统计

描述	牛市 向上突破	熊市 向上突破	牛市 向下突破	熊市 向下突破
形态数量	325个	129个	174个	70个
反转(R)、持续(C)数量	42R, 283C	34R, 95C	129R, 45C	43R, 27C
反转(R)、持续(C)涨/跌幅	16%R, 25%C	14%R, 16%C	-12%R, -13%C	-19%R, -16%C
平均涨/跌幅	24%	16%	-12%	-18%
涨/跌幅超过45%(数量或占比)	63或19%	16或12%	6或3%	4或6%
趋势结束后涨/跌幅	-30%	-32%	44%	35%
形态失败后涨/跌幅	38%	16%	-22%	-30%
标准普尔500指数的变化	5%	1%	-2%	-6%
到达最高/低点的天数	61	43	25	25

注：(-)负号表示下跌。

形态数量　从1995年初到2004年中期的大约500只股票中，我发现有698个股票评级上调形态通过了表63.1中列出的识别准则。许多股票没有任何评级上调的信息，而像英特尔这样的活跃股票有许多评级上调(这家公司有一打的评级上调)。这些统计数据并不是对股票评级上调形态的最权威研究，但它们捕捉到了证券经纪商对一些广受欢迎的股票的建议。

反转或持续　大多数股票评级上调发生在价格攀升之时(上升趋势)，最终向上突破。因此，它们充当的是当前价格趋势的持续，而不是反转。除了有一个组合例外，在其他所有的组合中，表现最好的形态都是持续形态。例外的组合是熊市中向下突破的形态，在这种情况下，反转形态表现得比持续形态好。

平均涨幅或跌幅　在牛市，股价向上突破后的平均涨幅为24%，高于其他市场类型和突破方向的组合。对于向下突破，表现最好的是当突破方向与市场趋势一致时。因此，为了取得最佳的投资效果，交易这种形态的方向应与当前市场趋势一致(牛市向上突破，或熊市向下突破)。

涨幅或跌幅超过45%　这一项目的测量结果表明，对于向上突破，19%的形态上涨超过45%。对于向下突破，只有6%的形态跌幅超过45%。注意牛市和熊市在突破方向与市场趋势一致时形态表现的差异。再次重申，顺势交易。

趋势结束后的变化　一旦价格达到其最终的高点或低点，它将反转，并出现大幅的移动。因此，如果你能准确地知道趋势的变化，你可以赚到很多钱。不幸的是，向下突破后的反弹不像某些形态的60%那么高。即使是向上突破之后，股价向下移动似乎也不那么强劲。

失败形态的表现　失败形态的优点是它容易辨认。为了安全起见，在价格确认新方向的突破后，再交易股票。

标准普尔500指数的变化　在形态期间(从公告日到最终的高点或低点)，指数没有大幅的移动。然而，“上升的浪潮托起所有的小船”的理论并没有受到影响，平均涨幅或跌幅反映了指数的涨幅或跌幅。

到达最高点或最低点的天数　突破后股价达到最高点或最低点需要多长时间？平均来说，对于向上突破，股价需要2个月或更短的时间；对于向下突破，需要大约1个月。到达最终的高点或低点相对较短时间的形态可能出现较小的涨幅或跌幅。如果你将到达最终的高点或低点的天数与平均涨幅或跌幅进行比较，就会发现熊市下跌的幅度比牛市的上涨还要陡峭。这一发现表明，你应该密切监视熊市中的任何交易。

表63.3所示为向上突破和向下突破的失败比率。注意这些值是如何以两位数开始的，而且会迅速地变得更加糟糕。这些结果表明，你应该避免交易这种形态，除非你经过了精挑细选。牛市的向上突破和熊市的向下突破表现最好。这是合乎常理的，因为它们与趋势方向一致。逆势交易的失败比率更高。

表63.3　失败形态数量或比率

股价最大 涨/跌幅(%)	牛市 向上突破	熊市 向上突破	牛市 向下突破	熊市 向下突破
5(保本点)	57或18%	27或21%	66或38%	16或23%
10	120或37%	60或47%	104或60%	27或39%
15	157或48%	73或57%	123或71%	34或49%
20	182或56%	86或67%	140或80%	41或59%
25	197或61%	94或73%	149或86%	51或73%
30	216或66%	102或79%	155或89%	55或79%
35	233或72%	108或84%	162或93%	60或86%
50	266或82%	120或93%	169或97%	66或94%
75	293或90%	126或98%	174或100%	70或100%
>75	325或100%	129或100%	174或100%	70或100%

我再举一些例子，以便更清晰地了解这个表格。在牛市股票评级上调形态中，如果价格向上突破，则有1/3(37%)的形态涨幅不超过10%。几乎一半以上的形态涨幅低于15%。牛市向下突破的形态表现最差，多达71%的形态跌幅不超过15%。不要交易牛市向下突破的股票评级上调形态。

表63.4所示为与突破及突破后相关的统计数据。

从形态结束到突破　由于股票评级上调事件形态发生在一天内，股价不应该花很长时间才收高于公告日的日内高点或低点，但它花费的时间比我预期的2到3天要长，平均耗时在3到5天之间。

年度位置　我查看了突破价格在年度价格区间的位置。对于多数的市场和突破方向，突破都发生在年度价格区间的高位区域，就好像证券经纪商在玩动量牌，希望有一个持续的上升趋势。与之不同的是在熊市向下突破的形态，它们多数在年度价格区间的低位区域突破。

这些信息是什么意思？通常，证券经纪公司在年度价格区间的高位区域将股票评级上调，就在股票大跌之前！

年度位置及表现　在年度价格区间的哪个区域发生突破的股价表现最好？最常见的情况是，在四种组合中，多数都是在低位区域突破的股票表现最好。例外情况是在牛市向上突破的形态，在那个组合中，在高位区域突破的股票表现最好。

回调和反弹　大约一半的形态会发生回调和反弹，在牛市向下突破的形态中，反弹率最低：37%。发生回调或反弹后，股价返回到突破价格需要的时间平均是10或11天。

大多数时候，回调和反弹会影响股价的表现，但影响较小。牛市中的向上突破是一个例外，那里的形态在发生回调后表现得更为好一些。

表63.4　突破与突破后股价表现统计

描述	牛市 向上突破	熊市 向上突破	牛市 向下突破	熊市 向下突破
从形态结束到突破	4天	3天	5天	5天
突破点在年度价格区间低(L)、中(C)、高(H)区域分布的百分比	L18%, C28%, H54%	L27%, C33%, H40%	L24%, C31%, H45%	L38%, C33%, H29%
在年度价格区间低(L)、中(C)、高(H)区域突破后股价的涨/跌幅	L21%, C23%, H25%	L20%, C15%, H14%	L16%, C12%, H10%	L21%[a], C16%[a], H17%[a]
回调/反弹概率	63%	59%	37%	50%
回调/反弹期间	10天	10天	11天	10天
出现回调/反弹形态的平均涨/跌幅	24%	15%	-11%	-17%
未出现回调/反弹形态的平均涨/跌幅	23%	16%	-13%	-19%

注：(-)负号表示下跌；[a]表示样本小于30个。

表63.5的数据令人兴奋。让我告诉你为什么。从定义上来说，最高点是指价格在一个高点之后下跌至少20%时，那个高点就被称为最高点，或最终的高点。与此类似，最终的低点是指价格攀升至少20%之前的低谷。我们在这种形态中看到的行为是，价格在向上突破后上升了一点，然后大幅下跌。对于向下突破，价格下跌一点点，然后大幅攀升。因此，您应该做空向上突破，做多向下突破。但是不要在突破后立即进入交易。更多交易策略在本章后半部分讨论。

表63.5　到达最高点或最低点天数的频次分布

天数	7	14	21	28	35	42	49	56	63	70	＞70
熊市向上突破	43%	10%	12%	2%	3%	5%	3%	1%	2%	2%	18%
牛市向上突破	35%	9%	8%	4%	4%	3%	2%	1%	3%	2%	29%
熊市向下突破	50%	16%	3%	4%	1%	1%	7%	0%	1%	1%	14%
牛市向下突破	53%	7%	9%	3%	6%	3%	4%	1%	1%	1%	10%

这张表格所示为价格到达底部或顶部的速度。牛市向下突破的形态，有53%在1个星期内达到最终的低点，然后上涨至少20%。熊市向下突破的情况与此相似，在第1个星期有50%的形态触底。在第2个星期，66%(50%+16%)的形态触底。只有牛市向上突破的形态才需要更多时间达到最终的高点。在第1个星期，有1/3(35%)的形态见顶。有1/4的形态(29%)在2个月(超过70天)内还没有到达最高点。

表63.6所示为形态面积大小和成交量的统计信息。

高度　高形态表现得比低形态好得多。例如，熊市向上突破中，高形态的涨幅是低形态涨幅的2倍，两者的涨幅分别为22%和11%。

要使用这一发现，就要确定形态的高低。将股票评级上调公告日的日内高点减去日内低点，然后再将结果除以突破价格。对于向上突破，日内高点为突破价格。对于向下突破，日内低点为突破价格。计算结果与表中列出的高度中值进行比较，确定您的形态是低形态还是高形态。为了取得最佳的投资结果，选择高形态进行交易，忽略低形态。

公告日成交量　我将公告日成交量与前1个月的日成交量平均值进行比较，确定公告日成交量为巨量或轻量，然后根据公告日成交巨量或轻量与股价的表现进行整理。统计显示，除了牛市向上突破形态之外，公告日成交巨量的形态表现比那些成交轻量的形态更好。在公告日成交轻量时，牛市向上突破后的股价上涨30%，公告日成交巨量时涨幅23%。在所有情况下，样本规模都很小，因此结果可能会改变。

表63.6　形态面积大小及成交量统计

描述	牛市 向上突破	熊市 向上突破	牛市 向下突破	熊市 向下突破
高形态表现	29%	22%	-15%	-22%
低形态表现	20%	11%	-11%	-14%
高度中值(与突破价格百分比)	5.61%	6.10%	5.32%	5.25%
公告日成交巨量形态表现	23%	16%	-12%	-18%
公告日成交轻量形态表现	30%[a]	11%[a]	-12%[a]	-13%[a]

注：(-)负号表示下跌；[a]表示样本小于30个。

交易策略

表63.7列出了交易策略以及简要的说明。我不再单独讨论这些策略，因为它们本身就不需要解释。此外，下面的交易故事使用了其中的大部分策略。

表63.7　交易策略

交易策略	解释
测算规则	用于预测目标价格。使用股票评级上调公告日的价格，通过从日内高点减去日内低点来计算形态高度。对于向上突破，将结果添加到日内高点；对于向下突破，从日内低点减去形态高度。计算结果就是目标价格。股价有67%～81%的概率达到目标价格(见统计简报“实现目标价格概率”)
买入信号	在向下突破之后，股价下跌，然后开始反转回升。当你确信股价正在上涨时，买入股票。使用止损指令以防你的判断错误，并锁定利润
卖出信号	在向上突破后，股价上涨，转弯，然后下行。在峰顶附近做空股票，用止损指令来保护你的收益
如果你持有股票	如果你持有股票，注意股价的突破方向。如果它突破向下，立即卖出股票，或在股价到达底部后买入更多股票。如果突破是向上的，抓紧你的股票，直到它到达峰顶，然后考虑卖出
等待确认	等待价格收盘在公告日的日内高点之上或低点之下，然后再进行交易

交易故事——向下突破

图63.5所示为一只股票在评级上调后出现突破向下的交易故事。在2月中旬，一家证券经纪公司将股票评级上调，股价缺口上行。第二天，价格下跌，收盘价格低于前一天的低点，标志了股价向下突破。

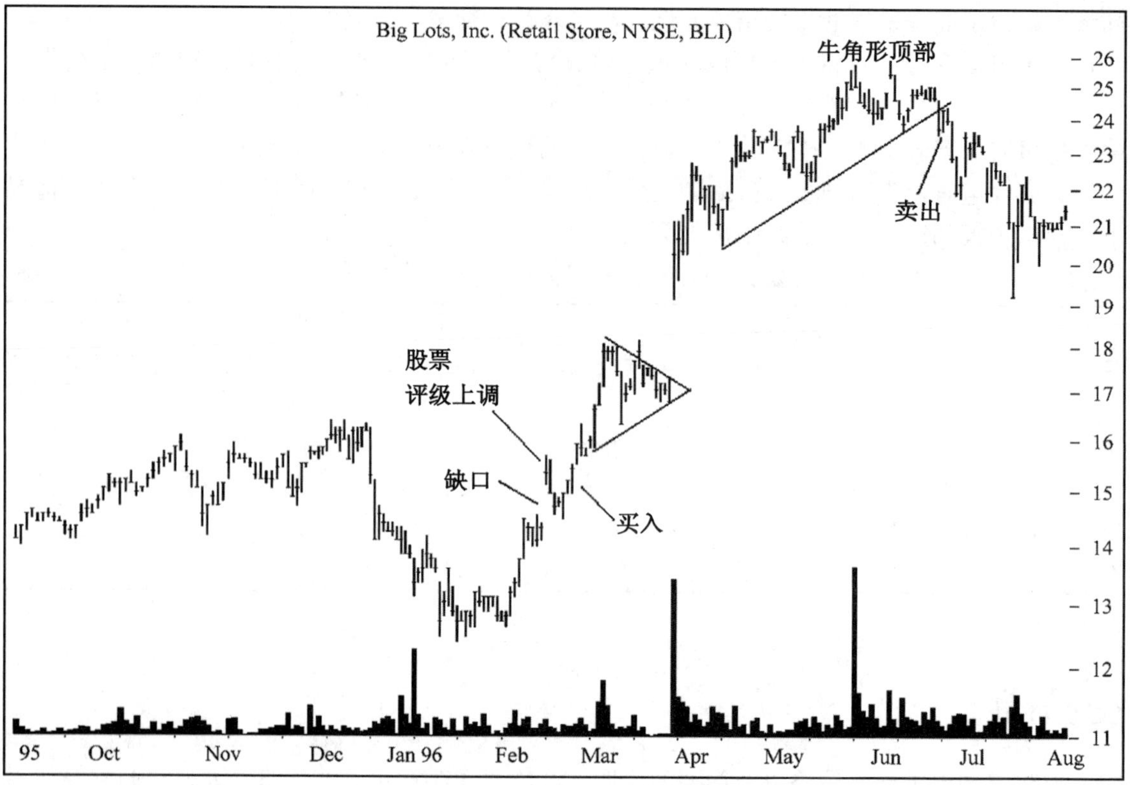

图63.5　正如在交易故事——向下突破的例子中所描述的，当价格在评级上调后停止下跌时，比尔买入了股票，并在股价穿透趋势线时卖掉股票。

比尔有一个业余爱好，在天气不好，不能打高尔夫球时，他喜欢交易股票。他是一个经验丰富的交易员。他喜欢老虎证券公司，已经跟踪它的股票几个月了。当一家证券经纪公司在2月公布将公司股票评级上调时，提振了他对股票的信心。

由于这次突破是向下的，他推迟购买，怀疑这一缺口将形成股票的一个支撑。他是正确的，因为价格在那里暂停下跌。然而，他知道，有时股价会继续下跌，所以他等待买入时机。

他应用测算规则来计算股票评级上调形态的目标价格。当天，股价达到了15.68美元的日内高点，日内低点15.12美元，计算出形态高度56美分。由于突破是向下的，他从日内低点减去形态高度(15.12-0.56)，得到目标价格为14.56美元。该股票在评级上调后2天达到了目标价格。当股价再次攀升时，他买入股票，买入价格为15.20美元。

在接下来的几天里，价格一直攀升，到了3月份，股价横向移动，形成一个对称三角形。当股价在3月初提前突破时，三角形还没有能够确认为对称三角形形态(没有足够的趋势线接触点)。

在3月26日，市场对公司正在收购凯蜂玩具公司的消息做出了正面的回应。股票缺口上行，并且至少有一家证券经纪公司上调了该股票的评级。

股票继续攀升。在5月和6月期间，周线图上，一个牛角形顶部形态出现，表明趋势的反转。这让比尔担心。他沿着小低点画了一条趋势线。在股价收盘低于趋势线的第二天，他卖出股票，卖出价格24美元。他在这次交易中赚了58%。他拿这笔钱买了一套新的高尔夫球杆。

交易故事——向上突破

图63.6所示为比尔更早一些时间的一个交易，那是一个做空交易。3月中旬，一家证券经纪公司提高了对股票的评级，股价缺口上行。在形态结束后，股价花了3天的时间返回到评级上调公告日的日内高点。股价沿着一条沿价格底部绘制的上行趋势线上涨。

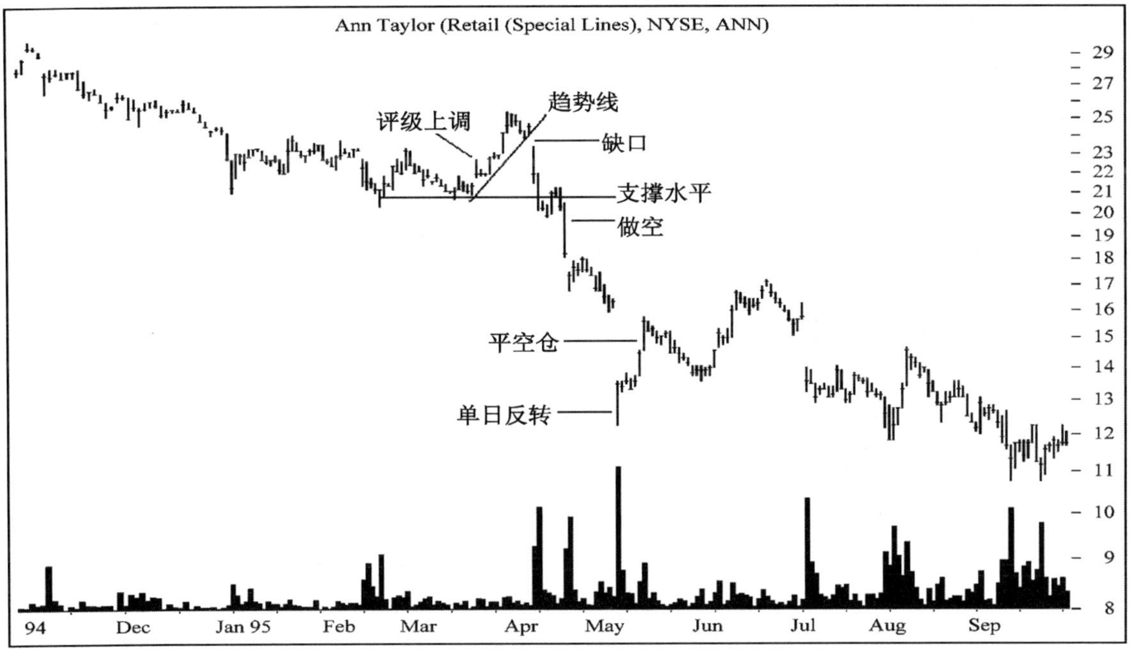

图63.6　正如在交易故事——向上突破的例子中所描述的，比尔在股价穿透支撑区域之后做空了股票，然后在5月的急剧上涨中惊慌失措。

为了好玩，比尔拿出一把尺子，把它举到监视器上，并测量了评级上调发生当天的形态高度。它测量到了形态的高度为3/8英寸。他把尺子向右滑动，看到价格在评级上调后6天就达到了目标价格(在价格见顶的前一天)。

当价格因为同店销售下降的消息而缺口下跌，离开趋势线时，比尔考虑做空股票。他不喜欢做空股票，但基本面似乎有利于他做空。尽管如此，他还是担心21美元到22美元的支撑水平。预计价格会在那里停滞，他没有做空股票。

2天后，价格穿透了支撑区的下边界。他还在等着。又过了1个星期，价格跌到了支撑区域下面，然后反弹回到支撑区域，之后又开始下跌。重新下跌是另一个做空的信号。

他做空股票，卖空股价为19.90美元，略低于20美元的整数支撑位置，这是另一个积极的技术因素。一天后，股票缺口下行，然后反弹，转弯，然后在5月初再次缺口下行。在那里，股票出现单日反转，形成带长尾的日线，收盘价格接近当日的高点。这种形态使他担心，因为它意味着短期趋势反转。

当价格上涨时，他下令在15美元平掉他的空仓头寸。在3个星期内，他获得25%的收益。

此后，价格下跌，最终在1996年1月达到了6美元的新低。如果他坚持持仓，他可以赚得更多。错过更多利润的机会困扰他了吗？不，因为做空使他操心，而且他还担心交易干扰他的高尔夫球比赛。

交易秘籍

下面的列表包括提示和观察结果，以便提高您的交易业绩。有关更详细的信息，请参阅相关表格。

●较宽的日内价格范围提升股价表现。见表63.1。

●买入或持有牛市向上突破的股票评级上调形态。此组合的平均涨幅为24%，远高于其他组合。见表63.2。

●选择持续上涨价格趋势的向上突破形态(持续)。见表63.2。

●牛市向上突破的形态失败比率最低。见表63.3。

●在牛市中，在年度价格区间的低位区域向上突破的形态表现最佳。见表63.4。

●向下突破的形态在年度价格区间的低位区域出现时表现最佳。见表63.4。

●反弹损害股价表现。见表63.4。

●有一半的向下突破形态在第1个星期到达底部。大部分向上突破的形态在不到3个星期内见顶。见表63.5。

●出现成交巨量的形态突破后股价表现有所提升。见表63.6。

●选择高形态。见表63.6。